中国学术名著提要

（合订本）

第六卷　民国编（上）

中国学术名著提要编委会　编

复旦大学出版社

目 录

民国编

哲学类

检论	章炳麟 2	中国近三百年学术史	钱 穆 38
訄汉昌言	章炳麟 4	东西文化及其哲学	梁漱溟 40
清代学术概论	梁启超 6	中国文化要义	梁漱溟 43
中国近三百年学术史	梁启超 10	近代中国启蒙运动史	何干之 46
中国哲学史大纲（卷上）	胡 适 12	新理学	冯友兰 49
科学与人生观	张君劢等 15	新原人	冯友兰 52
人生哲学（卷上）	李石岑 19	文化与人生	贺 麟 55
新唯识论	熊十力 22	十批判书	郭沫若 58
十力语要	熊十力 25	魏晋玄学论稿	汤用彤 60
先秦辩学史	郭湛波 28	中国哲学大纲	张岱年 63
近五十年中国思想史	郭湛波 31	近代中国思想学说史	侯外庐 66
认识论	张东荪 33	知识论	金岳霖 68
先秦诸子系年	钱 穆 36		

政法类

历代刑法考	沈家本 72	吴虞文录	吴 虞 98
汉律摭遗	沈家本 78	胡适文存	胡 适 100
先秦政治思想史	梁启超 82	独秀文存	陈独秀 104
宋渔父先生文集	宋教仁 85	守常文集	李大钊 108
孙文学说	孙中山 87	社会进化史	蔡和森 111
建国方略	孙中山 89	新民主主义论	毛泽东 113
五权宪法	孙中山 91	论联合政府	毛泽东 115
三民主义	孙中山 93	九朝律考	程树德 117
中华民国宪法刍议	王宠惠 96	三民主义的立法精神与立法方针	胡汉民 119

书名	作者	页码
比较宪法	王世杰等	121
杨杏佛文存	杨杏佛	124
国家存在论	李璜	127
乡村建设理论	梁漱溟	129
中国法律发达史	杨鸿烈	132
中国法律思想史	杨鸿烈	134
中国法律在东亚诸国之影响	杨鸿烈	136
法律哲学研究	吴经熊	138
民族复兴之学术基础	张君劢	140
六十年来中国与日本	王芸生	142
历代刑法志	丘汉平	145
新政治学大纲	邓初民	147
中国政治史	周谷城	150
中国法律之批判	蔡枢衡	153
中国政治思想史	萧公权	156
理性与民主	张东荪	158
中国法律与中国社会	瞿同祖	160
中国官僚政治研究	王亚南	162
帝国主义与中国政治	胡绳	164

历史类

书名	作者	页码
大清畿辅先哲传	徐世昌等	168
清稗类钞	徐珂	170
心史丛刊	孟森	172
中国历史研究法	梁启超	174
史学要论	李大钊	177
台湾通史	连横	179
清朝续文献通考	刘锦藻	182
新元史	柯劭忞	184
蒙兀儿史记	屠寄	186
清代通史	萧一山	188
清史稿	赵尔巽等	190
中国文化史	柳诒徵	193
本国文化史大纲	杨东莼	195
古史甄微	蒙文通	197
古史辨	顾颉刚等	199
历代名人生卒年表	梁廷灿	202
史讳举例	陈垣	204
中国史学史	金毓黻	206
隋唐制度渊源略论稿	陈寅恪	208
唐代政治史述论稿	陈寅恪	211
掌故丛编		214
文献丛编		215
史料旬刊		217
中国古代社会研究	郭沫若	219
青铜时代	郭沫若	221
明清史料		223
清代文字狱档		225
清季外交史料	王彦威等	227
近代中国留学史	舒新城	230
晚明史籍考	谢国桢	232
中国社会史纲	吕振羽	234
中国民族史	吕思勉	237
客家研究导论	罗香林	239
太平天国史事日志	郭廷以	241
近世中西史日对照表	郑鹤声	243
中国地方志综录	朱士嘉	245
奉天通志		247
历代人物年里碑传总表	姜亮夫	249
中国目录学史	姚名达	251
伪书通考	张心澂	254
中国近代史	蒋廷黻	256
中国通史	周谷城	258
国史大纲	钱穆	260
中国通史简编	范文澜	262
中国古史的传说时代	徐旭生	265
中西交通史	方豪	267

语言文字类

观堂集林	王国维	270
国故论衡(上卷)	章炳麟	275
文始	章炳麟	278
新方言	章炳麟	280
蜀方言	张慎仪	282
福建方言志	陈衍	284
流沙坠简	罗振玉等	286
殷虚书契考释	罗振玉	288
中华大字典	陆费逵等	290
辞源	陆尔奎等	292
客方言	罗翙云	295
十韵汇编	刘复等	297
四声实验录	刘复	300
中国文法通论	刘复	302
国语文法概论	胡适	304
国文法草创	陈承泽	306
修辞格	唐钺	309
歌戈鱼虞模古读考	汪荣宝	311
修辞学	董鲁安	313
诗词曲语辞汇释	张相	315
国文法之研究	金兆梓	317
实用国文修辞学	金兆梓	320
金文编	容庚	323
新著国语文法	黎锦熙	325
比较文法	黎锦熙	329
国语辞典	黎锦熙等	331
中国修辞学	张弓	333
现代吴语的研究	赵元任	335
音位标音法的多能性	赵元任	338
钟祥方言记	赵元任	340
湖北方言调查报告	赵元任等	342
词诠	杨树达	344
高等国文法	杨树达	347
中国修辞学	杨树达	349
厦门音系	罗常培	351
唐五代西北方音	罗常培	353
临川音系	罗常培	355
闽音研究	陶燠民	357
修辞学发凡	陈望道	359
中国文法革新论丛	陈望道等	363
试论助辞	陈望道	366
修辞学举例·风格篇	宫廷璋	368
修辞学讲话	章衣萍	371
修辞学	曹冕	373
右文说在训诂学上之沿革及其推阐	沈兼士	375
古书虚字集释	裴学海	377
甲骨文字研究	郭沫若	380
两周金文辞大系图录考释	郭沫若	382
卜辞通纂	郭沫若	384
殷契粹编	郭沫若	387
语言学论丛	林语堂	389
殷虚文字记	唐兰	391
古文字学导论	唐兰	393
甲骨文编	孙海波	395
辞通	朱起凤	397
新著修辞学	陈介白	400
辞海	舒新城等	402
中国文法论	何容	405
中国训诂学史	胡朴安	408
汉语音韵学	王力	411
中国文法学初探	王力	414
中国现代语法	王力	416
中国语法理论	王力	420
中国文法语文通解	杨伯峻	422
中国音韵学史	张世禄	424
北京话单音词词汇	陆志韦	427
古音说略	陆志韦	430
龙州土语	李方桂	432
双剑誃殷契骈枝	于省吾	434
联绵字典	符定一	436
中国文法要略	吕叔湘	438
汉语语法论文集	吕叔湘	441

粤音韵汇	黄锡凌 444	华阳凉水井客家话记音	董同龢 452
现代汉语动词形容词介词为一类说	傅懋勣 446	金元戏曲方言考	徐家瑞 454
训诂学概论	齐佩瑢 448	口语文法	廖庶谦 456
上古音韵表稿	董同龢 450	汉语语法论	高名凯 458

文学类

中国文学史	黄 人 462	敦煌本维摩诘经文殊师利问疾品演义跋	
清真先生遗事	王国维 465		陈寅恪 554
中国中古文学史讲义	刘师培 468	秦妇吟校笺	陈寅恪 557
陶渊明	梁启超 471	读哀江南赋	陈寅恪 560
摩罗诗力说	鲁 迅 474	陶渊明之思想与清谈之关系	陈寅恪 562
中国小说史略	鲁 迅 478	元白诗笺证稿	陈寅恪 565
魏晋风度及文章与药及酒之关系	鲁 迅 482	中国近代文学之变迁	陈子展 569
古小说钩沉	鲁 迅 485	中国诗史	陆侃如等 572
彊村丛书	朱孝臧 488	插图本中国文学史	郑振铎 575
元诗纪事	陈 衍 490	中国俗文学史	郑振铎 578
辽诗纪事	陈 衍 493	中国文学批评史	郭绍虞 581
金诗纪事	陈 衍 495	宋诗话辑佚	郭绍虞 584
雪桥诗话	杨钟羲 497	中国文学批评史	罗根泽 587
蕙风词话	况周颐 500	中国通俗小说书目	孙楷第 591
晚晴簃诗汇	徐世昌 503	日本东京所见中国小说书目提要	孙楷第 595
小说考证	蒋瑞藻 506	唐代俗讲轨范与其本之体裁	孙楷第 598
文学改良刍议	胡 适 509	钱牧斋先生年谱	金鹤冲 601
红楼梦考证	胡 适 512	胡应麟年谱	吴 晗 604
吴敬梓年谱	胡 适 516	高唐神女传说之分析	闻一多 607
五十年来中国之文学	胡 适 519	宫体诗的自赎	闻一多 611
白话文学史(上卷)	胡 适 521	文艺心理学	朱光潜 613
文学革命论	陈独秀 524	八仙考	浦江清 617
玉谿生年谱会笺	张采田 527	花蕊夫人宫词考证	浦江清 620
人的文学	周作人 530	中国新文学大系	赵家璧等 623
中国新文学的源流	周作人 533	人境庐诗草笺注	钱仲联 628
红楼梦辨	俞平伯 536	晚清小说史	阿 英 631
中国文学批评史	陈钟凡 539	白石道人行实考	夏承焘 634
孟姜女故事研究集	顾颉刚等 542	全宋词	唐圭璋 637
中国神话研究ABC	茅 盾 546	中国文学批评史大纲	朱东润 641
唐代俗讲考	向 达 549	中国文学发展史	刘大杰 644
宋江三十六人考实	余嘉锡 552	诗言志辨	朱自清 648

| 辛稼轩先生年谱 ……………… 邓广铭 651 | 谈艺录 …………………………… 钱锺书 654 |

艺术类

音乐 …………………………………… 660	宋元戏曲考 …………………… 王国维 700
顾曲麈谈 ……………………… 吴 梅 660	唐宋大曲考 …………………… 王国维 704
十七世纪以前中国管弦乐队的历史的研究	曲海总目提要 ………………… 董 康 706
……………………… 萧友梅 662	中国俗曲总目稿 ……………… 刘 复等 709
普通乐学 ……………………… 萧友梅 664	中国戏曲概论 ………………… 吴 梅 712
琴史补、琴史续 ……………… 周庆云 666	李笠翁与《十二楼》 …………… 孙楷第 715
中国音乐史 …………………… 郑觐文 668	述也是园旧藏古今杂剧 ……… 孙楷第 718
中国音乐史 …………………… 叶伯和 670	**书法** …………………………………… 721
东西乐制之研究 ……………… 王光祈 673	书林藻鉴 ……………………… 马宗霍 721
东方民族之音乐 ……………… 王光祈 676	书林纪事 ……………………… 马宗霍 722
中国音乐史 …………………… 王光祈 678	历代名家学书经验谈辑要释义（上卷）
中乐寻源 ……………………… 童 斐 680	……………………… 沈尹默 723
音乐通论 ……………………… 黎青主 683	沙孟海论书丛稿 ……………… 沙孟海 725
中国音乐文学史 ……………… 朱谦之 685	**绘画** …………………………………… 727
新舞蹈艺术概论 ……………… 吴晓邦 688	中国画学全史 ………………… 郑 昶 727
中国音乐史纲 ………………… 杨荫浏 691	书画书录解题 ………………… 余绍宋 729
小学音乐教材及教学法 ……… 缪天瑞 694	**园林建筑** ……………………………… 732
律学 …………………………… 缪天瑞 697	营造法原 ……………………… 姚承祖 732
戏曲 …………………………………… 700	清式营造则例 ………………… 梁思成 735

经济类

理财救国论 …………………… 康有为 738	杨杏佛讲演集 ………………… 杨杏佛 776
民国财政史 …………………… 贾士毅 741	中国国际贸易概论 …………… 武堉幹 779
中国人口论 …………………… 陈长蘅 744	中国人口问题 ………………… 许仕廉 782
实业计划 ……………………… 孙中山 747	中国资本主义在中国经济中的地位其发展
民生主义 ……………………… 孙中山 750	及其前途 ……………… 王学文 785
清史稿·食货志 ……………… 赵尔巽等 753	中国新工业发展史大纲 ……… 龚 骏 788
新元史·食货志 ……………… 柯劭忞 756	农业经济学 …………………… 董时进 791
张季子九录·实业录 ………… 张 謇 759	现代中国的土地问题 ………… 陈翰笙 794
经济侵略下之中国 …………… 漆树芬 762	中国田制史（上册） …………… 万国鼎 797
中华币制史 …………………… 张家骧 766	农业经济学 …………………… 许 璇 800
藕初五十自述 ………………… 穆藕初 768	新经济学大纲 ………………… 沈志远 803
无形资产论 …………………… 杨汝梅 771	人口问题 ……………………… 陈 达 806
盐政辞典 ……………………… 林振翰 774	经济学大纲 …………………… 李 达 809

统计学大纲	金国宝	812
财政学	何　廉等	814
财政学	尹文敬	817
会计学	潘序伦	820
中国经济思想史（上卷）	唐庆增	823
货币学	赵兰坪	826
中国金融研究	杨荫溥	829
中国厘金史	罗玉东	832
中国商业史	王孝通	835
中国田赋史	陈登原	838
通俗经济学讲话	狄超白	841
中国交通史	白寿彝	844
中国度量衡史	吴承洛	847
中国税制史	吴兆莘	850
中国救荒史	邓云特	854
中国水利史	郑肇经	856
古钱大辞典	丁福保	859
经济学概论	马寅初	862
江村经济	费孝通	865
晚清五十年经济思想史	赵丰田	868
中国棉业之发展	严中平	870
中国经济史讲稿	李剑农	873
中国经济建设之路	吴景超	876
工业化与中国工业建设	刘大钧	879
中国工业化计划论	谷春帆	882
中国经济原论	王亚南	885
中国经济史纲	朱伯康等	888
生产建设论	郭大力	891
中国农业经济史	陈安仁	894
中国近百年经济思想	夏炎德	897
货币学总论	黄宪章	900
中国国民所得（1933）	巫宝三等	903
欧美经济学史	赵迺抟	906
农业与工业化	张培刚	909
广义经济学	许涤新	913

科技类

变星研究法	张　云	918
星象统笺	高　鲁	921
历法通志	朱文鑫	923
医学衷中参西录	张锡纯	926
药盦医学丛书	恽铁樵	929

教育类

中国教育史	黄绍箕等	934
蔡元培教育论著选	蔡元培	938
黄炎培教育论著选	黄炎培	941
中学教育	廖世承	944
中国教育史大纲	王凤喈	947
中国教育史	陈青之	952
中国近代学制变迁史	陈宝泉	957
平民教育概论	晏阳初	960
近代中国教育思想史	舒新城	963
新教育大纲	杨贤江	966
比较教育	常导之	969
中国学制史	蔡芹香	971
教育通论	孟宪承等	973
小学教材研究	吴研因等	977
中国现代教育史	周予同	981
现代教育原理	钱亦石	985
中国书院制度	盛朗西	988
中国教育史	陈东原	991
教育哲学大纲	吴俊升	995
训育论	李相勖	999
现代中国及其教育	古　梅	1002
梁漱溟教育论文集	梁漱溟	1006
陶行知教育论文选辑	陶行知	1010
教学通论	罗廷光	1014
儿童心理学	黄　翼	1017
向传统教育挑战——学习心理学讲话		

………………………… 林汉达	1021	活教育的教学原则 ………… 陈鹤琴	1033
教育心理学 ………………… 萧孝嵘	1024	阅读心理·汉字问题 ………… 艾伟	1037
社会心理学 ………………… 孙本文	1029	教育哲学 …………………… 张栗原	1041

宗教类

佛教 …………………………………	1046	佛法概论 …………………… 印顺	1145
谛闲遗述语录 ……………… 谛闲	1046	**道教** …………………………………	1147
印光法师文钞 ……………… 印光	1050	道教史 ……………………… 许地山	1147
佛学研究十八篇 …………… 梁启超	1053	中国道教史 ………………… 傅勤家	1149
唯识抉择谈 ………………… 欧阳渐	1055	孙不二女丹诗注 …………… 陈撄宁	1152
欧阳竟无先生内外学 ……… 欧阳渐	1059	黄庭经讲义 ………………… 陈撄宁	1154
藏要 ……………………… 欧阳渐等	1065	南宋初河北新道教考 ……… 陈垣	1156
虎禅师论佛杂文 …………… 杨度	1072	道藏源流考 ………………… 陈国符	1158
新续高僧传四集 …………… 喻谦	1074	**基督教** ………………………………	1161
佛学大辞典 ………………… 丁福保	1078	元也里可温教考 …………… 陈垣	1161
首楞严经讲义 ……………… 圆瑛	1080	天主教传行中国考 ………… 萧若瑟	1163
中国佛教史 ………………… 蒋维乔	1082	基督教与中国文化 ………… 胡雷川	1166
瑜伽师地论科句披寻记汇编 … 韩清净	1084	耶稣传 ……………………… 赵紫宸	1168
真现实论 …………………… 太虚	1087	基督教进解 ………………… 赵紫宸	1170
法相唯识学 ………………… 太虚	1089	中国基督教史纲 …………… 王治心	1171
中国佛学 …………………… 太虚	1092	中国天主教传教史概论 …… 徐宗泽	1174
佛学概论 …………………… 王恩洋	1095	明清间耶稣会士译著提要 … 徐宗泽	1178
因明学 ……………………… 陈望道	1098	基督教思想史 ……………… 彭彼得	1184
陈那以前中观派和瑜伽派之因明 … 许地山	1100	基督教与文学 ……………… 朱维之	1187
法相辞典 …………………… 朱芾煌	1102	没有人看见过上帝 ………… 吴耀宗	1190
西藏佛学原论 ……………… 吕澂	1104	方豪文录 …………………… 方豪	1193
因明纲要 …………………… 吕澂	1106	**伊斯兰教** ……………………………	1195
因明大疏删注 ……………… 熊十力	1108	回回教入中国史略 ………… 陈垣	1195
佛家名相通释 ……………… 熊十力	1111	伊斯兰教概论 ……………… 马邻翼	1198
名山游访记 ………………… 高鹤年	1114	中国回教史研究 …………… 金吉堂	1202
续比丘尼传 ………………… 震华	1116	中国回教史鉴 ……………… 马以愚	1207
中国佛教史 ………………… 黄忏华	1119	中国伊斯兰史存稿 ………… 白寿彝	1212
汉魏两晋南北朝佛教史 …… 汤用彤	1121	**其他** …………………………………	1217
释氏疑年录 ………………… 陈垣	1127	中国宗教思想史大纲 ……… 王治心	1217
中国佛教史籍概论 ………… 陈垣	1130	宗教心理学 ………………… 夔德义	1222
密教通关 …………………… 持松	1133	中国古代宗教与神话考 …… 丁山	1225
因明大疏蠡测 ……………… 陈大齐	1141		

民国编

哲学类

检论 章炳麟

《检论》,九卷。章炳麟著。首次收入作者手定的《章氏丛书》。通行本有1915年上海右文社铅印线装本、1919年浙江图书馆木刻大字本及以后上海古书流通处据以翻印的木刻小字本、上海人民出版社1984年版《章太炎全集》本等。

章炳麟(1869—1936),字枚叔,因慕顾炎武之为人,改名绛,别号太炎。浙江余杭人。早年参加康梁的维新运动,加入过强学会,编辑过《时务报》。受西方自然科学影响,主张唯物论、进化论。1900年在上海唐才常召集的"张园国会"上,当场剪掉辫子,和清政府决裂。1903年发表《驳康有为论革命书》,又为邹容的《革命军》作序,被囚于上海的西牢。狱中三年,潜心佛学,成了法相宗(唯识宗)的信仰者。1906年出狱,东渡日本,参加同盟会,在欢迎会上发表演说,强调两点:"第一是用宗教发起信心,增进国民的道德;第二是用国粹激动种性,增进爱国的热肠。"1907年任《民报》主编,同保皇派论战,宣传革命。1910年退出同盟会,重组光复会,被推为会长。辛亥革命后回国,任南京临时总统府枢密顾问。1913年因反袁世凯被软禁,袁死后获释。1917年参加护法军政府,任秘书长。五四运动后,反对新文化运动,主张尊孔读经。晚年赞成抗日,反对"不抵抗政策"。在苏州设章氏国学讲习会,主编《制言》杂志,以讲学终老。著作编为《章氏丛书》、《章氏丛书续编》、《章氏丛书三编》、《章太炎全集》等。事迹见汤志钧《章太炎年谱长编》等。

《检论》为《訄书》(参见"清代编")的修订本,系作者被囚于北京钱粮胡同寓所时编定。作者于1910年即对《訄书》作了修改,现藏北京图书馆的手改本可以看作《检论》的部分初稿。1914年至1915年,又作了更多修订。全书分为六十二篇,原见于《訄书》而经过或未经过增删的论文有四十六篇,新增的有十六篇(主要见于卷二和卷九),另有附录七篇。其中既有他学术上的新见解,又有他对辛亥革命失败、袁世凯篡权以后中国政治的新思考。

卷一的四篇,讨论中国民族的起源和形成史;卷二的十篇,讨论六经的起源和历史内容,实即古代统治观念的形成史;卷三、卷四的十七篇,为古代中国的思想学说史;卷五、卷六的九篇,从社会学角度考察中国的人口、语言、文字、心理、宗教、风俗等社会一般问题;卷七的十二篇,提出从政治到经济的制度改革的设想及其历史依据;卷八的四篇,为人物评论,除扬雄外,所评均为少数民族王朝统治时期汉族不同类型的知识分子;卷九的七篇,则借助历史和时事的讨论,总结辛亥革命的失败经验,抨击袁世凯的黑暗统治。

其中《易论》一篇,从人类学、社会学的角度对《周易》做了新的研究,认为《易》"非谶记历序之侪",而是"记人事迁化"。解释"屯"、"蒙"、"需"三卦为人类形成的原始阶段,"民独知畋渔","婚姻未定,以劫略为室家"。"讼"、"师"、"比"三卦为私有财产出现及社会冲突发生之阶段,"农稼既兴,民之失德,干糇以愆,而争生存,略土田者作"。"履"、"泰"、"否"三卦为国家的建立,"帝位始成,大君以立。由是辨上下,定民志"。断言"此九卦者,生民建国之常率"。通过对《易》的研究,更加明确矛盾运动的普遍性,"群动而生,斜溢无节,万物不足供其宰割,壤地不足容其肤寸,虽成既济,其终犹弗济也"。表现于人类社会,则为生存竞争,"此为人以争竞,而得存活,《易》道故然"。但其结果,则不必为优胜劣败,有时恰好相反,"使暴人擅无穷之福利,而善士偷瞵息之成功也","是亦圣哲所以忧患"。

另有《商平》一文,是据《平等难》改成。原文中"君臣之权非平等,而其褒贬则可以平等"等保留君主制度的说法均被删除,指出"事之宜平者,独有君臣,诚不宜世及相授,尊其礼秩,建其童昏,令骅然肆于民上"。揭露袁世凯名为总统,实与君主无异,且很难自动下台,"今虽号以民主,其崇卑之度,无大殊绝,顾其实已长人。欲其轻去就,固难也"。

《检论》虽然删去了《訄书》中《客帝匡谬》、《分镇匡谬》、《解辫发》等著名篇章,反映了章炳麟当时的消极情绪,但书中所发表的学术见解及对辛亥革命所作的政治思考却是很有价值的。

(钱宪民)

菿汉昌言 章炳麟

《菿汉昌言》，六卷。章炳麟著。1933年收入《章氏丛书续编》，另有章氏国学讲习会单行本。现收入辽宁教育出版社2000年版、上海书店2011年版《菿汉三言》。

《菿汉昌言》为章炳麟继《菿汉微言》后的哲学短论集，内容大多以佛教唯识宗理论与《周易》、孔孟、老庄以及宋明理学各家思想相参证，以阐述其唯心世界观，并提倡尊孔读经以挽风教、存国性。全书分《经言》三卷，《连语》一卷，《区言》二卷。

章炳麟认为佛法与《周易》是相通的，"《易》中微言，具备三乘，故足以冒天下之道"。并以乾坤二卦来说明："乾以资始而行健，坤以得主而有常。乾即阿赖邪识，为万法缘起，故曰资始。恒转，故曰行健。坤即意根，执阿赖邪识为我，故曰得主。恒审思量，故曰有常。"

他认为佛法与老庄也是相通的。以唯识宗的"三自性"说来解释《老子》第一章："其言无名天地之始者，即依他起自性。有名万物之母者，即遍计所执自性。随顺依他，不取不舍，故以是观其妙。应用遍计，宜说义谛，故以是观其缴。两者本一自性，故曰具出而异名，同谓之玄。玄之又玄，则舍遍计所执自性，而入园成实自性。"以止观说来解释庄子思想，"佛家称止观不相舍离者，即庄生所谓知与恬交相养"。

至于儒家，更与佛教有许多相通之处。认为"孔颜之乐，由于无我克己"，"齐死生，等夷险者，未必皆能舍我。孔颜之乐，由于无我克己，则常变不足论"。认为儒家之仁，即是克己以后之人心相通，"人心本仁，徒以我相人相隔之，则彼此不相喻。一日克己，则彼此之心通而为一，自见天下皆归于仁，亦如释迦成佛而知众生本来是佛也"。以唯识宗"我法二空、万法唯识"的理论批评宋儒妄分理气，"以妄见天地万物言，唯有知，气则知之动，理则知所构也。以本无天地万物言，唯有知，所谓本觉也（孔子无知，谓离见相，非无本觉）。了此者，奚困于理气？（大抵诸儒所谓气者，应改称为力，义始相应）"同时，称赞王阳明的"致良知"说，"良知界限，不出阿赖邪识与意根意识，苟致良知矣，于诸利欲自可脱然"。

章炳麟是反对空谈、注重实行的,"夫不省内心,不务质行,而泛言宇宙之原、庶物之根,所谓咸其辅颊舌也"。因此,他关心当时的风俗人心,认为清末变法以来,风俗败坏,人心不古,"清末始言变法,好奇者乃并风俗而欲变之。于是文以新民之说,降及今兹,三纲九法无不摧破。同产至为匹耦,父子等于行路矣!"怎么办呢?他认为"纯佛法不足以维风教",因为"学佛不能破死生之见,又蔑视儒术者,则与王夷甫清谈无异。托于无执箸,故守节之志倾;托于无我慢,故羞恶之心沮"。只有恢复"文王周公之教","逮今世道衰微,邪说暴行所在蜂起。然则所以拯起之者,亦何高论哉?弟使人与禽兽殊绝耳。入则孝,出则悌,谨而信,泛爱众,而亲仁,行有余力,则以学文,可谓弟子矣;见利思义,见危授命,久要不忘平生之言,可谓成人矣;行己有耻,使于四方,不辱君命,可谓士矣。此三者,足以敦薄俗、立懦夫,于今救世之急,未有过于是者也。恢之以子路之行,博之以十五儒,义稍广矣;语之以致良知,论稍精矣。自是而上,随其资性,上规闵冉,下希明道、白沙,则视其人之所为也"。一句话,就是要崇尚名教,"当今之世,而欲使人殊于禽兽,非敦尚气节、遵践名教,又何以致之!"因此就要读经,"今学校之教,纵不能率以德行,经其可废邪?不能遍六经,《论语》《孝经》其可废邪?"特别是《论语》,"《论语》分条而说,得一言可以为善人君子"。当然,其他儒书也要读,"观儒书者,亦当如佛家判教。《易》、《论语》有无我之法;《中庸》多天趣之见;若《孝经》与《大学》、《儒行》、《缁衣》、《表记》、《坊记》,唯取剀切世务,不及玄旨也"。不但要读,而且要用,"六籍,文也。非徒诵习之,必也行乎"。他特别强调读史的重要,"《春秋》者,上以存国性,下以记成败。人不习史,爱国之念必薄。出而行事,犹冥行索涂也"。另外,针对当时学者寡廉鲜耻的状况,提出"以儒兼侠"的主张,"学者日益媮薄,至于寡廉鲜耻,以任侠之道对治,犹厉石可以攻玉"。

　　《菿汉昌言》是研究章炳麟晚年思想的重要材料。他放弃了早年信奉的唯物论思想和批评孔学的立场,和当时的新文化潮流形成了尖锐的对立。但他的用心仍在救世,"用宗教发起信心,增进国民的道德","用国粹激动种性,增进爱国的热肠",仍是他一贯坚持的根本理念。

(钱宪民)

清代学术概论 梁启超

《清代学术概论》，又名《前清一代思想界之蜕变》。共一册，三十三节，六万余言。梁启超著。原是为蒋方震《欧洲文艺复兴史》所作序言，因篇幅过大，遂独立成书。先以《前清一代思想界之蜕变》为题，连载于1920年11月、12月出版的《改造》第三卷第三、四、五期。次年2月由商务印书馆出版《共学社史学丛书》的单行本。后有1934年商务印书馆《大学丛书》本、1947年商务印书馆《新中华文库》本、1932年中华书局《饮冰室合集》本、1954年中华书局单行本、1985年复旦大学出版社朱维铮校注《梁启超论清学史二种》本、1998年上海古籍出版社单行本、2008年人民出版社单行本、2010年岳麓书社单行本等。

梁启超（1873—1929），字卓如，号任公，别号沧江，又号饮冰室主人。广东新会人。1890年从学于康有为。1895年赴京会试，随康有为发动"公车上书"，又组织强学会。1896年任上海《时务报》主笔，发表《变法通议》等；又编纂《西政丛书》，介绍西方政治经济理论。1897年任湖南长沙时务学堂总教习。1898年奉旨入京，参与"百日维新"，办京师大学堂、译书局、编译学堂。戊戌政变后，逃亡日本，主编《清议报》，后又办《新民丛报》，力谋起兵勤王，坚持君主立宪。辛亥革命后，回国集合立宪派、保皇党徒组成进步党。1916年，与蔡锷联合反袁，组织宪法研究会，出任段祺瑞政府财政总长。护法战争后游历欧洲。回国后在各地讲学，创办天津文化学院，主持清华国学研究院，并任北京图书馆馆长。另撰有《中国近三百年学术史》、《先秦政治思想史》、《中国历史研究法》、《新民说》、《中国法理学发达史》、《论中国成文法编制之沿革得失》等。主要著作收于《饮冰室合集》。事迹见丁文江、赵丰田编《梁启超年谱长编》。

《清代学术概论》是我国近代第一部较系统全面地总结有清一代二百多年学术思想发展的著作。自称"纯以超然客观之精神论列之"（《自序》）。起首即把清代学术思潮比喻为"文艺复兴"，是"对于宋明理学一大反动"。谓："综观二百余年之学史，其影响及于全思想界者，一言蔽之，曰'以复古为解放'。第一步，复宋之古，对于王学而得解放。第二步，复汉唐之古，对于程朱而得解放。第三步,复西汉之古,对于许郑而得解放。第四步,复先秦之古,对于一切传注而得解放。夫既已复先秦之古,则非至对于孔孟而得解放焉不止矣。然其所以能奏解放之效者,则科学的研究精神实启之。"将有清学术思想的内容和实质,归结为"以复古为解放"。

《清代学术概论》提出:"佛说一切流转相,例分四期,曰:生、住、异、灭。思潮之流转也正然,例分四期,(一)启蒙期(生),(二)全盛期(住),(三)蜕分期(异),(四)衰落期(灭)。无论何国何时代之思潮,其发展变迁,多循斯轨。"(第一节)

本书即以此四期一一加以述评。

启蒙期代表人物为顾炎武、王夫之、黄宗羲、颜元、阎若璩、胡渭、王锡阐、梅文鼎等。梁启超认为,他们为了纠正"束书不观,游谈无根"的王学的坏风气,大倡"舍经学无理学"之说,"教学者脱宋明儒羁勒,直接反求之古经",而考辨伪经,以唤起"求真"观念,或专攻"河洛",扫架空说之根据,以史学为根据,而推之于当世之务。对顾炎武的"贵创"、"博证"、"致用"的学术风格及治学精神,对黄宗羲猛烈抨击君主专制制度的民主精神以及王夫之关于"天理即在人欲之中"的反理学观点,对梅文鼎服膺科学至死不憾的追求,都给予极高的评价。"吾于清初大师,最尊顾、黄、王、颜,皆明学反动所产也。"又称黄宗羲的《明夷待访录》"则真极大胆之创论也","而后此梁启超、谭嗣同辈倡民权共和之说,则将其书节钞印数万本,秘密散布,于晚清思想之骤变,极有力焉"。在探索上述启蒙思想形成的四方面原因之后,亦指出其不足。比如,虽谓"经世之务",但不能与时消息、立见推行,"终不免成为一种空谈";清学之研究法既近于科学的,却又未能向科学方面发展,"我国数千年学术,皆集中社会方面,于自然界方面素不措意,此无庸为讳也"。

全盛期代表人物主要为惠栋、戴震。梁启超认为,这一派以考证学占领全学界,"夫无考证学则无清学也,故言清学必以此期为中坚"。他特别推崇戴震的"淹博"、"识断"、"精审",赞扬他"不以人蔽己,不以己自蔽","志存闻道,必空所依傍"的治学精神。赞扬戴震在《孟子字义疏证》中对宋明理学"以理杀人"的批判,称颂他"体民之情,遂民之欲"的观点。谓"疏证一书,字字精粹","其哲学之立脚点,真可称二千年一大翻案。其论尊卑顺逆一段,实以平等精神,作伦理学上一大革命。其斥宋儒之糅合儒佛,虽辞带含蓄,而意极严正,随处发挥科学家求真求是之精神,实三百年间最有价值之奇书也"。又从方法论的角度,总结戴震为代表的乾嘉学派的治学方法,认为"清儒之治学,纯用归纳法,纯用科学精神",其程序是:"第一步,必先留心观察事物,觑出某点某点有应特别注意之价值。第二步,既注意于一事项,则凡与此事项同类者或相关系者,皆罗列比较以研究之。第三步,比较研究的结果,立出自己一种意见。第四步,根据此意见,更从正面旁面反面博求证据。证据备则泐为定说,遇有力之反证则弃之。"以此说明乾嘉学派的训诂的具体方法,至今日于我们整理古典文献还是适用的。在对全盛期惠栋一派的

"汉学"作充分首肯之后,亦相当客观地指出它的缺陷:"平心论之,此派在清代学术界,功罪参半。笃守家法,令所谓'汉学'者壁垒森固、旗帜鲜明,此其功也。胶固、盲从、褊狭,好排斥异己,以致启蒙时代之怀疑的精神、批评的态度,几天阏焉,此其罪也。"又批评其"凡古必真,凡汉皆好"的形而上学态度。这些观点,确实是颇有见地的。

"其蜕分期运动之代表人物则康有为、梁启超也。"其源头则是由于庄存与开始治《春秋公羊传》,而刘逢禄、龚自珍等皆能传其学,康有为则能综集诸家说,梁启超则大弘其学,所以晚清得以形成声势浩大的今文运动。

《清代学术概论》虽然以尊崇今文学的立场出现,但仍然坚持褒贬两分的科学态度,实事求是地评价这派人物和学说。如对龚自珍,认为"自珍性喑宕,不检细行,颇似法之卢骚;喜为要眇之思,其文辞俶诡连犿,当时之人弗善也。而自珍益以此自憙,往往引《公羊》义讥切时政,诋排专制;晚岁亦耽佛学,好谈名理。综自珍所学,病在不深入,所有思想,仅引其绪而止,又为瑰丽之辞所掩,意不豁达。虽然,晚清思想之解放,自珍确与有功焉。光绪间所谓新学家者,大率人人皆经过崇拜龚氏之一时期。初读《定庵文集》,若受电然,稍进乃厌其浅薄。然今文学派之开拓,实自龚氏"。又如,对其老师自然是十分景仰的,一方面肯定《新学伪经考》"实思想界之大飓风也",《孔子改制考》、《大同书》"此二书者,其火山大喷火也,其大地震也",意在说明康有为的学说在思想解放运动和变法改制事业中的巨大作用;另一方面也提出乃师强史就我、歪曲事实的真实情况。"有为以好博好异之故,往往不惜抹煞证据或曲解证据,以犯科学家之大忌,此其所短也。有为之为人也,万事纯任主观,自信力极强,而持之极毅。其对于客观的事实,或竟蔑视,或必欲强之以从我。其在事业上也有然,其在学问上也亦有然。其所以自成家数崛起一时者以此,其所以不能立健实之基础者亦以此。"敢于坦率客观地批评,不加曲意回护,这种不抱门户之见的态度是可贵的。

梁启超在《清代学术概论》中对自己学术思想的形成、特点、演变以及作用,以相当的篇幅作了叙述和评析,最后作了如下概括:"其后启超等之运动,益带政治的色彩。""其保守性与进取性常交战于胸中,随感情而发,所执往往前后相矛盾。""启超之在思想界,其破坏力确不小,而建设则未有闻。晚清思想界之粗率浅薄,启超与有罪焉。……启超务广而荒,每一学稍涉其樊,便加论列,故其所述著,多模糊影响笼统之谈。甚者纯然错误。及其自发现而自谋矫正,则已前后矛盾矣。平心论之,以二十年前思想界之闭塞萎靡,非用此种卤莽疏阔手段,不能烈山泽以辟新局。就此点论,梁启超可谓新思想界之陈涉。虽然,国人所责望于启超不止此。以其人本身之魄力,乃其三十年历史上所积之资格,实应为我新思想界力图缔造一开国规模。若此人而长此以自终,则在中国文化史上,不能不谓一大损失也。"梁启超所作的自我品评,是相当中肯的。虽然晚年在学术史等方面的研究硕果累累,然而终究未能摆脱其流质易变、粗率浅芜的局限性。

《清代学术概论》认为"蜕分期的同时即衰落期",举其间代表人物为孙诒让、俞樾、章炳麟。尽管梁与章氏无论政见、学术思想皆大不同,形成一对立面,然对章氏的评价仍极公允,赞誉其"早岁所作政谈,专提倡单调的'种族革命论',使众易喻,故鼓吹之力甚大"。"既亡命日本,涉猎西籍,以新知附益旧学,日益闳肆。""治经学排斥今文派,其言常不免过当。而对于思想解放之勇决,炳麟或不逮今文家也。"

总之,《清代学术概论》以时代为经,人物为纬,对各时期的重要学派和代表人物作重点论述,也旁及其他,举凡清代学者于经、史、哲、文、舆地、历算、小学音韵、校勘辑佚、典章制度等方面的研究成果均有介绍、评述。同时综述清代思想的发展过程及其特点,并和欧洲文艺复兴思潮作比较,探讨清代科学不发达之原因。其书贯注了作者的感情,行文流畅,颇具感染力,但不免有主观牵强之处。

(胡　啸)

中国近三百年学术史 梁启超

《中国近三百年学术史》，一册。梁启超著。原为作者在清华、南开等校的授课讲义，约成书于1923年冬至1925年春。其中第十三至十六章《清代学者整理旧学之总成绩》曾发表于1924年6月至9月《东方杂志》。版本甚多，有1929年上海民智书局排印本、1932年中华书局《饮冰室合集》本、1936年中华书局单行本、复旦大学出版社1985年版朱维铮《梁启超论清学史二种》本、东方出版社1996年版、人民出版社2008年版、岳麓书社2010年版等。

近代对清代学术史的总结，首推章炳麟《訄书·清儒》一文，刘师培《近儒学术统系论》亦是同类作品。1920年梁启超《清代学术概论》在前人研究的基础上，以高屋建瓴之势，对清三百余年学术变迁进行了系统简明的概观，本书则以丰富的史料及充实的内容展现了清代学术的历史进程。全书十六章，可分为以下三大部分。

第一至四章，以《反动与先驱》、《清代学术变迁与政治的影响》为题，全面论述了从顾炎武、黄宗羲、王夫之等"经世"之学到乾嘉考据之学，再到道、咸之后以变法维新为主要内容的今文经学这一演化过程，指出其变化既受学术本身内在逻辑的制约，更受政治形势变迁的影响。作者认为，明末清初学者有感于王学的空疏而改变学风以趋经世致用，是明代政治衰亡的强烈刺激；乾嘉时期完全与实际脱节的汉学之所以兴盛，主要由于清政府统治逐渐走向稳定，文网日趋严密；近代"经世致用"的今文经学勃兴，则因为清朝政治面临新的剧变，加上西学输入的影响。

第五至十二章，分别对清代前期学术史各派及其代表人物逐一评价，对重要思想家的生平事迹、师友生徒、学术成绩、重要著述的思想价值均有较详备的论述。作者认为黄宗羲、孙奇逢、李颙、李绂等是王学的继承者和修正者，顾炎武、阎若璩、胡渭、万斯大等是清代经学的建设者。梁启超对遁迹深山的王船山、客死他国的朱舜水给予专门论述，对在清初史学上有贡献的万斯同、全祖望给予积极的评价。同时，对于清代程朱学派的代表人物张履祥、陆道威、陆陇其、王懋竑亦给予一定的肯定。作者把颜元及李塨、王源等的主张归之为"实践实用主义"，对在自然科学方面有较深造诣的王锡阐、梅文鼎等,也予以高度重视。在《清初学海波澜余录》一章中,梁启超还品评了方以智、陈确、唐甄等十余位各具特色的学者。

第十三至十六章总题为《清代学者整理旧学之总成绩》,占全书二分之一以上的篇幅。作者详细介绍以乾嘉学派为核心的数百名清代学者的治学成就,涉及经学、小学、校注古籍、辨伪书、辑佚书、史学、方志学、地理学、谱牒学、历算学、乐曲学等门类,既有各门类的综合述评,又有某一著作的简明提要。作者对乾嘉汉学作客观介绍,说明他们治学成果、治学精神和方法足为后人借鉴,同时也指出乾嘉学派背离清初"经世致用"的初衷而导致烦琐僵化。

本书根据进化理论,把清代近三百年的学术视为一个不断变化的过程,分析其内在的发展逻辑和外在的政治影响,属于近代意义上较具科学性的一部学术史。作者对近三百年学术史上各个不同的学派试图作出公正全面的评价,反对门户之见,以真实地反映学术界全貌。梁启超在章炳麟等人研究成就的基础上,依据大量的原始材料,把握各个学派的特点,概括地剖析不同时期的学术风貌,使此书成为研究清代学术的成功之作。在编撰形式上,改变了历来治学术史所用的学案体,以章节形式叙述清代学术的嬗代演变,或概论综述,或以代表人物论一学派思潮,或以书目举要显示学科成就,明白晓畅。

《中国近三百年学术史》的缺陷,在于其自言的"粗率浅薄"、"卤莽疏阔"。全书对有的学者只作浮光掠影的介绍,有些议论引证亦颇牵强。此书详尽论述的是清初之学和乾嘉之学,对清末今文经学的复兴,则未深入展开。

《中国近三百年学术史》一书资料丰富,论列纵横,头绪明晰,与钱穆的同名著作被认为是民国初期研究清代学术的双璧。

(吕 健)

中国哲学史大纲（卷上） 胡 适

《中国哲学史大纲（卷上）》，十二篇。胡适著。1919 年商务印书馆出版，1926 年又以《北京大学丛书》印行。有上海古籍出版社 1997 年版、岳麓书社 2010 年版等。

胡适（1891—1962），原名洪骍、嗣穈，字希疆，应留美考试时改名适，字适之。笔名有：自胜生、铁儿、冬心、藏晖室主人等。安徽绩溪人。幼入乡塾，即读《孝经》、《论语》等典籍。十三岁到上海，先后进梅溪学堂、澄衷学堂、中国公学，颇受严复、梁启超等影响，开始接触西方学术文化。清宣统二年（1910）赴美，先入康奈尔大学农学院，后转文学院学文学和哲学，曾与同时留美的赵元任等发起成立"中国科学社"。1915 年转入哥伦比亚大学攻读博士，师事杜威，自认实验主义从此成了他的"生活和思想的一个向导"。1917 年回国任北京大学教授，加入《新青年》编辑部，撰文反对孔教和封建观念，宣传个性自由、民主与科学，又提倡白话文，发动文学革命，为当时新文化运动的著名人物。五四时期，挑起"问题与主义"的论战，反对马克思主义。1922 年和丁文江创办《努力周报》，主张"好人"政府和"省自治的联邦制"。翌年主办《国学季刊》，提倡"整理国故"。1928 年任中国公学校长。1931 年创《独立评论》，支持蒋介石"攘外必先安内"的政策，并发表"全盘西化"的主张。1938 年出任驻美大使。1946 年任北京大学校长，同年 9 月参加国民大会，为大会主席团成员。1948 年去美国。1957 年任台湾"中央研究院"院长。1962 年 2 月 14 日，因心脏病发而卒。一生从事中国古代哲学史和思想史研究，涉及广泛，著述甚多。自称为学的目的"是注重思想学问的方法"，提出"大胆的假设，小心的求证"的治学方法，对学界颇具影响。著述甚多，后人辑为《胡适全集》（安徽教育出版社，2003 年）等。

《中国哲学史大纲（卷上）》是胡适刚返国任北京大学教授时，应教学需要，在其博士论文英文本《先秦名学史》的基础上改编的讲义，后修订成书。原计划撰写上中下三卷，但正式出版的只有上卷。为近代第一部用西方近代观点和方法撰写的中国哲学史著作。

全书分列十二篇目：第一篇，导言；第二篇，中国哲学发生的时代（共两章）；第三篇，老子；第四篇,孔子(共五章);第五篇,孔门弟子;第六篇,墨子(共四章);第七篇,杨朱;第八篇,别墨(共六章);第九篇,庄子(共两章);第十篇,荀子以前的儒家(共两章);第十一篇,荀子(共三章);第十二篇,古代哲学之终局(共三章)。另有附录《诸子不出于王官论》。

此书大体内容如下。

一、阐明哲学的对象和哲学史的目的。胡适给哲学下的定义是:"凡研究人生切要的问题,从根本上着想要寻一个根本的解决,这种学问叫做哲学。"关于哲学史,则是叙述、评论哲学家的学说或看法。即是说:"若有人把种种哲学问题的种种研究法,和种种解决方法都依着年代的先后和学派的系统,一一记载下来,便成了哲学史。"

在上述简明定义之后,他进一步明智地规定哲学史研究的目的和任务:一是"明变",即使学者知道古今思想沿革变迁的线索;二是"求因",还要寻出这些沿革变迁的原因;三是"评判",使学者知道各家学说的价值。应该说,这些规定是正确的科学的,而且本书也确实贯彻了这一研究的目的和任务。例如,考察老子的天道观,并不孤立地审视,而是与以前古人的"意志之天"观念以及孔子、墨子关于"天命""天志"思想,结合客观情况和历史上的变化,以求"明变"。又如,胡适指出:哲学家之所以具有不同的观点,原因在于个人才性不同、所处的时势不同、所受的思想学术不同。以老子而言,其所处时代的社会思潮,有忧时派、厌世派、乐天安命派、纵欲自恣派、愤世派等等,故可断定:"老子亲见那种时势,又受了那些思潮的影响,故他的思想,完全是那个时代的产儿。"可见,他没有离开社会历史背景去孤立评论个人的思想观点。

二、以校勘、训诂、贯通的手段,整理了中国哲学史史料上一些问题。胡适对三种手段的运用,颇具功力。如校勘秦汉典籍,考证了老子其人其书,考证了墨翟的生卒年等。又如在书中第八篇"别墨"里,考证了"彼"当是"伇"之误,"法"的古文原义,等等。这对把握后期墨家的哲学思想极有助益。

三、用中西哲学比较法评论哲学之得失。胡适是中国最早运用这种"比较法"研究哲学史的学者之一,这是与他有治"汉学"又兼治西洋哲学史的优越学识条件分不开的。他指出,这种中西比较法,可以使中西学术思想"互相印证,互相发明",以能更好了解"人类的官能心理大概相同,故遇着大同小异的境地时势,便会产生出大同小异的思想学派"。实际上,这更便于把握哲学家们的思想实质,以及中西哲学思想发展带有普遍意义的内容。书中评述了老子的无为主义,联系到欧洲十八世纪的经济学者、政治学者的放任主义的主张,得出"凡是主张无为的政治哲学,都是干涉政策的反动"的深刻性结论;论述老子和邓析子的激烈政治倾向与古希腊的"哲人"思想相比较,指出中国古代和古希腊的守旧派都是极度痛恨和扼杀激烈政治倾向的;把孔子在认识论方面强调"学"与康德的感性直观认识路线相对照,说孔子的"学"只是死读书,因而"造成一国的书生废物"的流弊,等等。这样对中西哲学相比较研究,区别其异同、是非、短长,进而对一种哲学主张或论断作出判断,所用方法是非常可取的。

四、以平等的眼光审视各派哲学,破除一向尊儒家为正统的旧哲学史观,构建新的中国哲学史的框架。应该说,这在当时封建传统意识仍相当顽固的社会历史条件下,敢于倡导新说,则是相当难能可贵的。胡适明白地讲:"哲学的发达全靠'异端'群起,百川竞流,一到了'别黑白而定一尊'的时候,一家专制,罢黜百家;名为'尊'这一家,其实这一家少了四围的敌手与批评家,就如同刀子少了磨刀石,不久就要锈了,不久就要钝了。"他一反旧哲学史观,主张以西方哲学体例和模式,来构思和建立中国哲学史体系,直接把老子、孔子的时代定为中国哲学诞生的时代,着重探讨了中国古代思想家的进化观念,注重实功事效的思想和逻辑方法,这些都是很有意义的。当然,其书以唯心主义实验主义的面貌塑造中国古代哲学家,有些方面是大胆歪曲了我国古代的思想资料,忽视以至抹煞中国哲学的特殊性,这种错误也是十分明显的。

本书出现于五四新文化运动时期,自然引起思想界、学术界的瞩目。特别是由于蔡元培为之作"序",称赞这是有"证明的方法"、"扼要的手段"、"平等的眼光"、"系统的研究"四大特长的书,认为不但可以表示作者的苦心,并且为后来的学者开无数法门。评价极高,过分赞美,则是由于奖励后学的原因。但不管怎样,此书在当时我国贫乏的学术界起了一定的积极作用。只是在上卷出版以后,始终未能完成中下卷,毕竟是一个缺陷。

(胡 啸)

科学与人生观 张君劢等

《科学与人生观》，上下册。为张君劢主编的"科学与玄学论战"代表性文集。1923年上海亚东图书馆出版。有辽宁教育出版社1998年版、黄山书社2008年版等。

张君劢(1887—1969)，原名嘉森，字君劢，一字士林，号立斋，别署世界室主人。江苏宝山(今属上海)人。早年入上海广方言馆，受改良主义思想影响。1906年入日本早稻田大学政治经济科。次年9月参加梁启超在东京组织的"政闻社"。1910年毕业回国，被清政府授予翰林院庶吉士。辛亥革命后，曾任宝山县议会议长，组织"民主党"。1913年入德国柏林大学，学习国际法、政治学。1915年返国，先后任上海《时事新报》主编、段祺瑞所设"国际政务会"书记长、冯国璋总统府秘书。1931年，与张东荪等发起成立"中国国家社会党"，并创办《再生》杂志，宣传国家社会主义。1934年任国社党中央总务委员会委员兼总秘书、国民参政会参政员。后任中国民主政团同盟常委、民社党主席等职。1946年以民盟代表身份参加"政治协商会议"，却在关键时刻倒向国民党。曾历任北京大学教授、上海国立自治学院院长、燕京大学教授、中山大学教授、民族文化学院院长等。1949年从澳门去印度，分别在德里大学、加尔各答大学等作演讲。1955年又在美国斯坦福大学作"中共政治"研究。1958年后，相继到德、日、意、英等国游说。后定居美国，1969年2月病逝于旧金山。哲学上崇信柏格森的"生命哲学"，主张以"我"为界的物质观和"自由意志"的人生观。强调恢复宋明理学，发扬"德智主义"，贬低经济发展和科学进步。1958年与唐君毅、牟宗三、徐复观联名发表《为中国文化敬告世界人士宣言》，是为现代新儒家的宣言文字。著作尚有《民族复兴之学术基础》、《立国之道》、《明日之学术文化》、《中西印哲学文集》等。事迹见程文熙《张君劢先生年谱长编初稿》、李日章《现代中国思想家张君劢》、郑大华《张君劢传》等。

《科学与人生观》是1923年在理论界掀起的"科学与玄学论战"(或称"人生观论战")中有代表性的论文汇集。这场论战标志着中国现代哲学对于具有世界普遍意义的科学与哲学的关系问题的理论思考。主要代表是以张君劢、梁启超等所形成的玄学派，以丁文江、胡适、吴稚晖等所形成的科学派。我国早期马克思主义者陈独秀等也参加了论战，为唯物史观派。这场论战具有深远的历史影响，值得重视。

《科学与人生观》一书，开首有陈独秀、胡适序言各一篇；其次为"附注"：胡适《答陈独秀先生》、陈独秀《答适之》。以下目次：张君劢《人生观》、丁文江《玄学与科学》、张君劢《再论人生观与科学并答丁在君》、梁启超《关于玄学与科学论战之"战时国际公法"》、胡适《孙行者与张君劢》、任叔永《人生观的科学与科学的人生观》、孙伏园《玄学科学论战杂话》、梁启超《人生观与科学》、章演存《张君劢主张的人生观对科学的五个异点》、朱经农《读张君劢论人生观与科学的两篇文章后所发生的疑问》、林宰平《读丁在君先生的"玄学与科学"》、丁文江《玄学与科学——答张君劢》、唐钺《心理现象与因果律》、张君劢《科学之评价》、张东荪《劳而无功》、菊农《人格与教育》、陆志伟《"死狗"的心理学》、丁文江《"玄学与科学"讨论的余兴》、唐钺《"玄学与科学"论争所给的暗示》、王星拱《科学与人生观》、唐钺《科学的范围》、颂皋《玄学之问题》、王平陵《"科哲之战"的尾声》、吴稚晖《箴洋八股化之理学》、范寿康《评所谓"科学与玄学之争"》、吴稚晖《一个新信仰的宇宙观及人生观》等二十九篇，约三十万言。

《人生观》一文是玄学派张君劢的代表作，原是作者在清华大学的演讲词，讲稿发表在《清华周刊》第二七二期。他认为，"人生观之中心点，是曰我。与我对待者，则非我也。而此非我之中，有种种区别。……凡此问题，东西古今，意见极不一致，决不如数学或物理、化学问题之有一定公式。""科学为客观的，人生观为主观的"；"科学为论理的方法所支配，而人生观则起于直觉"；"科学可以从分析方法入手，而人生观则为综合的"；"科学为因果律所支配，而人生观则为自由意志的"；"科学起于对象之相同现象，而人生观起于人格之单一"。"惟其有此五点，故科学无论如何发达，而人生观问题之解决，决非科学所能为力，惟赖诸人类之自身而已。"又指出："自孔孟以至宋元明之理学家，侧重内心生活之修养，其结果为精神文明。三百年来之欧洲，侧重人力支配自然界，故其结果为物质文明。""欧战终后，有结算二三百年之总账者，对于物质文明，不胜务外逐物之感。厌恶之论，已屡见不一见矣。"

《人生观与科学》一文，为梁启超参与论战之作。表面上处于中立地位，实际上是支持和赞同张君劢的。此文原发表于1923年5月29日《晨报》。主要论点就是认为科学理智不能解决人生观问题，人生观是"超科学的"。即："人类生活，固然离不了理智；但不能说理智包括尽人类生活的全内容。此外还有极重要一部分——或者可以说是生活的原动力，就是'情感'。情感表现出来的方向很多。内中最少有两件的的确确带有神秘性的，就是'爱'和'美'。'科学帝国'的版图和权威无论扩大到什么程度，这位'爱先生'和那位'美先生'依然永远保持他们那种'上不臣天子下不友诸侯'的身份。""关于情感方面的事项，绝对的超科学。""想用科学方法支配他，无论如何不可能,即能,也把人生弄成死板的没有价值了。"

《玄学与科学》一文,是科学派主将丁文江的代表作,原刊载于《努力周报》第四十八、四十九期。文章指出张君劢的人生观是把欧洲的柏格森、倭铿等的反理性主义哲学同中国的陆象山、王阳明"提倡内功的理学家"联合起来,组成"中西合璧的玄学",使"宋元明言心性的余烬又有死灰复燃的样子"。丁文江认为,科学可以解决人生观问题:"他说人生观如不为论理学方法所支配;科学回答他,凡不可以用论理学批评研究的,不是真知识。"他说"纯粹之心理现象",在因果律之例外;科学回答他,科学的材料原都是心理的现象,若是你说的现象是真的,决逃不出科学的范围。他再三的注重个性、注重直觉,但是他把个性直觉放逐于论理方法定义之外。科学未尝不注重个性直觉,但是科学所承认的个性直觉,是"根据于经验的暗示,从活经验里涌出来的"(参见胡适《五十年世界之哲学》)。他说人生观是综合的,"全体也,不容于分割中求之也";科学答他说,我们不承认有这样混沌未开的东西,况且你自己讲我与非我,列了九条,就是在那里分析他。他说人生观问题之解决,"决非科学之所能为力";科学答他说,凡是心理的内容,真的概念推论,无一不是科学的材料。此全文运用马赫、毕而生的"感觉复合论"、"经验论",论述"感官感触是我们晓得物质的根本",否认规律的客观性,所谓"因果律"不过是将觉官感触分类排列的次序而已。

《一个新信仰的宇宙观及人生观》一文,是被胡适尊称为"押阵老将"的吴稚晖所写,原载上海《太平洋杂志》第四卷第三、五号。自称要阐述一个"柴积上日黄中乡下老头儿信仰的宇宙观人生观"。认为"举现象世界、精神世界、万有世界",统统只是"一个",是有质地能感觉的"一个活物",既是宇宙本体,又是宇宙根源,世间万物皆由它"分化"而来。在剖析尼采的"权力意志"和柏格森的"生命之流"之后,认为此说"千对万对","也就够开除了上帝的名额"。断定"宇宙是一个大生命,他的质,同时含有力。在适用别的名词时,亦可称为权力。由于权力,乃生意志。其意是欲'永远的流动',及至流动而为人,分得机械式之生命,(质与力)本乎生命之权力,首造意志。"意为人也是宇宙进化的产物,而人生"便是用手用脑的一种动物,轮到'宇宙大舞台'的第亿垓八京六兆五万七千幕,正在那里出台演唱,请作如是观,便叫做人生观"。强调人生最要紧的节目有三个:吃饭、生小孩和招呼朋友。人生理想在使这三个节目演得"圆满"。这些又被称之为"漆黑一团的宇宙观和人欲横流的人生观"。

胡适的《科学与人生观·序》一文,是对这次论战作总结的意思。他声称对于这样一次声势浩大的论战,"多作一篇综合的序论也许可以帮助读者对于论点的了解"。作为"科学派"的支持者,在介绍和评论了论战的背景、内容和各人观点时,其中特别推崇吴稚晖的"新信仰的宇宙观及人生观"。认为"他一笔勾销了上帝,抹煞了灵魂,戳穿了'人为万物之灵'的玄秘。这才是真正的挑战者"。"反对科学的先生们!你们以后的作战,请向吴稚晖的'新信仰的宇宙观及人生观'作战。拥护科学的先生们！你们以后的作战，请先研究吴稚晖的'新信仰的宇宙观及人生观：完全赞成他的，请准备替他辩护，像赫胥黎替达尔文辩护一样；不能完全赞成他的，请提出修正案，像后来的生物学者修正达尔文主义一样。"最后，作者还提出自己的"科学人生观"，共有十条论据，但其结论是："这种新人生观是建筑在二三百年的科学常识之上的一个大假设，我们也许可以给他加上'科学的人生观'的尊号。但为避免无谓的争论起见，我主张叫他做'自然主义的人生观'。"

陈独秀的序言，以唯物史观来评论这场论战并阐释科学与人生观的关系。他指出：攻击张君劢、梁启超的人们，表面上好像得到了胜利，其实并未攻破敌人的大本营，有的暗中却已经投降了。就是主将丁文江大力攻击张君劢唯心的见解，其实他自己也是以五十步笑百步。文章对张君劢列举九项人生观，一一加以剖析，如大家族主义和小家族主义，"纯粹是由农业经济、宗法社会进化到工业经济、军国社会之自然现象"。最后郑重地宣称："我们相信只有客观的物质原因可以变动社会，可以解释历史，可以支配人生观，这便是'唯物的历史观'。"

（胡　啸）

人生哲学（卷上） 李石岑

《人生哲学（卷上）》，一册。李石岑著。原定上、下卷，只写出上卷。1926年上海商务印书馆初版，1933年再版。

李石岑（1892—1934），原名邦藩，字石岑，后以字行。湖南醴陵人。1912年底东渡日本留学，1920年春毕业东京高等师范学校。1915年为反对袁世凯复辟称帝，与潘培敏、邱夫之等创设学术研究会。次年，参加陈启修等成立的"丙辰学社"（后改名"中华学艺社"）。其间主编《民铎》杂志，借以"促进民智，培养民德，发扬民力"。1919年返国，参加五四新文化运动，在"尊重各种学术"的口号下，主张调和主义，大量介绍西方各派哲学。后曾主编《时事新报》副刊《学灯》。又入商务印书馆任编辑，主编革新后的《教育杂志》。后陆续受聘为大夏、光华、暨南诸大学教授。1920年10月曾与张东荪等陪同罗素到湖南讲学。笃信尼采、柏格森之学，主张探求人生的究竟，强调宇宙万物皆有"生机"。因倡言"人生哲学"而声名大噪。1927年赴法、德、英等国考察西方哲学，三年后回国，转而推崇"新唯物论"即辩证唯物论。1933年撰著《哲学概论》即正确提出：新唯物论代表着哲学的趋势，预测"在现在和最近的将来将有一个光华灿烂的发展"；认为它"为最正确的方法，因其能把握宇宙发展的全部"。1932年暑假，曾往福建教育厅讲演中国哲学，历时两个月。1934年秋因肾脏炎于上海去世，年仅四十三岁。著作尚有《李石岑论文集》、《哲学概论》、《西洋哲学史》、《中国哲学十讲》等。事迹见《中国现代哲学人物评传》、《湖南醴陵县志》等。

《人生哲学（卷上）》是在1923年"科学与人生观"论战之后，哲学界普遍地关注社会大变动和探索新的人生之路的背景下出版的。作者于此期间，先后在江苏、浙江、湖南、山东、上海等地讲演或讲学，其论题如《象征的人生》、《人生哲学大要》、《人格之真诠》、《教育与人生》、《佛学与人生》、《哲学与人生》、《科学与人生》、《尼采思想与吾人生活》等，极显明地围绕"人生"问题而倡言。1923年暑假，应山东省教育厅邀请，前往讲述"人生哲学"。后来整理成书，即1926年正式出版的《人生哲学》（卷上）。本来还在南京第一中学讲了《人生之迷》、《人生之归宿》，又在东南大学哲学研究会发表了一篇《人生哲学大要》，作为"结论"，这些作为下卷三章的内容。但后来因其观点转变，再未成书出版。

《人生哲学(卷上)》目次和主要内容如下。

第一章，绪论。第一节，人生哲学的定义。指出，人生哲学不完全等同于哲学，虽然就哲学全体而言处处与人生有关，但两者仍不能混同：哲学是全体的，人生哲学是部分的；哲学是注重原理的，人生哲学是注重现实的。人生哲学亦不应混同伦理学，并非"爱西克司"(Ethics)的异译。人生哲学主要在于阐明人生的真相与人类在自然界的位置等问题，不尽属风俗习惯之谈，亦不必尽关于人伦日用之要，而伦理学不谈生死，只讲人的行为规范的一种学问。关于人生问题包括人生的现实与人生的理想，一为人生的意义与价值，一为人类行为标准。故人生哲学的定义应为："人生哲学是探求'人生的究竟'的一种学问。"第二节，人生哲学的研究法。指出，要注重研究民族的人生哲学，认为这是理解他民族(如东西方诸民族)的根本。"我们如果懂得一个民族的人生哲学，那就对于那个民族更能彻底了解。东方民族所以有东方民族的样法，西方民族所以有西方民族的样法，无非是人生哲学在那里作祟。"又指出，研究人生哲学应循个人生活——家族生活——社会生活——宇宙生活，依次作多方面的考察。"我们考察那时代的人生哲学便可由那时代的人的内部生活和外部生活去决定，推而至于全人类莫不同然。"

第二章，近代人生问题概说。第一节，人生问题的起源及变迁。认为人的知识发达、衰老病死、天灾人祸、社会不公以及政治理想的变迁便是人生哲学的起源。而人生问题的变迁上的程序，"古代、中世都注重情意的方面，近世则注重知的方面，若在现代乃在谋知与情意之调和发达。所以现代的人生问题不是枝枝节节的灵魂问题、肉体问题，乃是生活全体的问题"。第二节，近代人的外部生活。认为"物质文明之发达，都会之膨胀，政治运动和社会运动之猛进——都是就西洋人的外部生活而言"。而中国人的外部生活，那是"爱国运动"以及"畸形的社会生活"。第三节，近代人的内部生活。认为西方人的怀疑而苦闷、沉溺于厌世的悲境以及道德观念之薄弱、善恶之无差别等，皆是其内部生活最显著之点。而中国人则要加上保守主义与低级的享乐主义以及家族制度之尊，这便是中国一般人的内部生活。

第三章，东西哲学对于人生问题解答之异同。第一节，西洋哲学方面之观察。第二节，印度哲学方面之观察。第三节，中国哲学方面之观察。介绍道家的老子、杨朱、庄子的人生观，儒家的孔子、曾子、孟子、荀子的人生观，汉唐的王充、"清谈家"、李翱等的人生观，宋明的理学与禅学、朱熹、王守仁的人生观，清代的戴震的人生观等。第四节，三方面哲学解答之比较。这里有：评梁漱溟的三个路向说，论"西方文化为物质的东方文化为精神的"之非是，论"西方文化为科学的东方文化为玄学的"之非是，我对于东西文化的看法，西洋人生哲学的特点，印度人生哲学的特点，中国人生哲学的特点,东西文化与东西哲学之系统的研究。最后的结论是:"然则西洋人解决人生问题可以说是用的科学的方法;中国人解决人生问题可以说是用道德的方法;印度人解决人生的问题可以说用的宗教的方法。""中国人的道德思想几乎完全不能解决近代人生问题。印度人的宗教思想亦仅可以部分的解决近代人生问题。西洋人的科学思想虽可以完全解决近代人生问题,但又不免发生种种弊端。所以都非有一种救济不可,如果有了救济的方法,我以为西洋的科学思想应该竭力提倡,次之便是印度的佛教思想和中国的老庄思想,因为佛法老庄都可以部分的有补助于近代人生问题之解决。至论到救济,我以为唯一的救济的方法,只有提出艺术思想。"

本书所论述人生哲学自有特点,是当时许多探索人生问题的著作较全面的一种。林志钧在此书"序"中指出:"石岑先生此书,网罗众说,折衷至当,而归于艺术的人生哲学之一途,真是研究有得之言,确无可易了。"

(胡　啸)

新唯识论 熊十力

《新唯识论》，三卷。熊十力著。1923年先在北京大学口头讲授，至1932年10月以文言文本自印行世，流传极少。1938年起，由本人及其学生译成语体文，1942年印行上中卷，1944年上中下卷全部成书，由商务印书馆印行。1947年收入《十力丛书》。1985年中华书局将《熊子真心书》、《新唯识论》文言文本及语体文本等和"附录"结集，以《新唯识论》为书名出版问世。又有上海书店出版社2008年版、岳麓书社2010年版、商务印书馆2010年版等。

熊十力(1884—1968)，原名继智，又名定中、升恒，中年后再改名十力。字子真，又作子贞，晚年自号黄冈逸翁、漆园老人。湖北黄冈人。幼从父读书，十一岁丧父，后从何炳藜附读半年。自谓"少时为探求宇宙论"，勤奋自学，涉猎极广。年未二十，即投身兵营，以谋革命。1904年参与创立科学补习所，翌年参加武昌日知会，并考入陆军特别学堂。1906年，筹设黄冈军学界讲学社，密商革命。辛亥革命爆发后任黄冈军政府参谋。后追随孙中山的"护法"运动，旋即失败。至此思想大变，弃政向学。1920年入支那内学院欧阳竟无门下。1922年北大校长蔡元培聘为特约讲师，讲授唯识论。翌年，将唯识论讲稿焚烬，另创"新唯识论"。此后长期任教于此。抗日战争期间居四川璧山著述，后陆续受聘至乐山复性书院、勉仁书院讲学，又主持北碚中国哲学研究所。1956年以后，为中国人民政治协商会议特邀代表及第二、三、四届全国委员会委员。其哲学思想以儒为宗，糅合佛学。主要发挥《周易》、宋明陆王心学和佛教大乘有宗法相唯识之学，自建"新唯识论"体系。所撰《新唯识论》乃是其哲学思想的核心和代表作。此外，还有《十力语要》、《佛家名相通释》、《原儒》、《体用论》、《乾坤衍》等著作。论著辑为《熊十力全集》(湖北教育出版社，2001年)

《新唯识论》是一部论述熊十力"新唯识"思想体系的著作。全书(语体文本)的结构是：卷上：第一章"明宗"、第二章"唯识上"、第三章"唯识下"、第四章"转变"；卷中：第五章"功能上"、第六章"功能下"、"后记"；卷下：第七章"成物"、第八章"明心上"、第九章"明心下"。书前有：新唯识论全部印行记、初印上中卷序言、附原本绪言节存、附笔记。书后有"附录"：略谈有宗唯识论大意、答问难、答谢幼伟、答友人、与扬中慎、与张君。

《新唯识论》的主旨在于穷究本体,反求本心。"今造此论,为欲悟诸究玄学者,令知一切物的本体,非是离自心外在境界,及非知识所行境界,唯是反求实证相应故。"

《新唯识论》首先认为"境不离识"、"心外无体"。此乃本书的核心思想。谓:"唯吾人的本心,才是吾身与天地万物所具的本体。""吾心与万物本体无二无别。"又谓:"哲学家谈本体者,大抵把本体当做是离我的心而外在的物事,因凭理智作用,向外界去寻求。""此其谬误,实由不务反识本心。易言之,即不了万物本原,与吾人真性,本非有二,遂至妄臆宇宙本体为离自心而外在……古德有骑驴觅驴之喻,盖言其不悟自所本有,而妄向外求也。"又指出,离开我的识别现起,便无所谓境。"试就瓶来说,看着它,只是白的,并没有整个的瓶,触着他,只是坚的,也没有整个的瓶。我们的意识,综合坚和白等形相,名为整个的瓶。在执有粗色境的人,本谓瓶境是离心实有的……。但若以实事求是的态度来审核他,将见这瓶境,离开了眼识看的白相和身识触的坚相,以及意识综合的作用,这瓶境还有什么东西在那里呢?由此可见,瓶境在实际上说全是空无的。"

《新唯识论》认为应该区别本心与习心、性智与量智的不同。本心,是吾身与天地万物所同具的本体,或称"真宰"。此心是虚寂的,无形无象,性离扰乱;也是明觉的,离暗无惑,无知无不知。"本心无对,先形气而自存。""故本心乃夐然无待,体物而不物于物者也。"何谓习心?指与物对待之心。"习心者,原于形气之灵。由本心之发用,不能不凭官能以显,而官能即得假借之,以成为官能之灵明,故云形气之灵,非谓形气为本原,而灵明是其发现也。形气之灵发而成乎习,习成而复与形气之灵叶合为一,以追逐境物,是谓习心。故习心,物化者也,与凡物皆相待相需,非能超物而为御物之主也,此后起之妄也。"若从认识论角度而言,所谓性智亦即本心,"性智者,即是真的自己底觉悟。此中真的自己一词,即谓本体"。所谓量智,"是思量和推度,或明辨事物之理则,及于所行所历,简择得失等等作用故,故说名量智,亦名理智"。量智是性智的发用,是缘一切日常经验而发展,其行相外驰,明辨事物的理则,因而理智所得为科学知识,但不能获知宇宙和人生的真解。

《新唯识论》认为宇宙乃大用流行,翕辟而变。宇宙万物都无自体,只是在那里极生动的、极活泼的、不断的变化过程中,"只于此,才识大用流行,也只于此,可以即用而识体"。从宇宙生成而言,本体所以成其为本体者,由于:(一)本体是备万理,含万德、肇万化、法尔清净本然;(二)本体是绝对的;(三)本体是幽隐的,无形相的,即是没有空间性的;(四)本体是恒久的,无始无终的,即是没有时间性的;(五)本体是全的,圆满无缺的,不可剖割的;(六)若说本体是不变易的,须已涵着变易了,若说本体是变易的,便已涵着不变易了,它是很难说的。"本体是显现为无量无边的功用,即所谓一切行的。所以说是变易的,然而本体虽显现为万殊的势用或一切行,毕竟不曾改移他的自性。"既然本体说为能变,非常非断,即可称"恒转"。"不常亦不断,才是能变,才能为大用流行,所以把它叫做恒转。""恒转"是依据一个最根本最普遍的法则。"这种法则是什么呢？我们以为就是相反相成的一大法则。"又指出:"我们要知道,所谓变化,从一方面说,他是一翕一辟的。""辟,只是一种动势。翕,也是一种动势。"已说本体即是恒转,至无而善动,而当动势用起时,即有一种摄聚,物质宇宙由此建立,"这由摄众而成形向的动势,就名之为翕"。"这一翕,便有成为形质的趋势。易言之,即由翕而形成一一实物了。恒转显现为翕的势用时,几乎要完全物化,若将不守他底自性,这可说是一种反动了。"但是,这时却别有一种势用俱起,"这个势用,是能健以自胜,而不肯化于翕的。申言之,即此势用,是能运于翕之中而自为主宰、于以显其自健,而使翕随已转的。这种刚健而不物化的势用,就名之为辟"。"翕的势用是凝聚的,是有成为形质的趋势的,即依翕故,假说为物,亦云物行。辟的势用是刚健的,是运行于翕之中而能转翕从己的——即依辟故,假说为心,亦云心行。""物和心,是一个整体的不同的两方面,现在可以明白了,因为翕和辟,不是可以剖析的两片物事,所以说为整体。""所以,把心和物看作为二元的,固是错误。但如不了解吾所谓翕辟,即不明白万变的宇宙底内容,是涵有内在的矛盾而发展的,那么,这种错误更大极了。"总之,在本书许多方面是表现出辩证法的思想,虽然它是唯心的,并且在最终又走向相对主义,但毕竟是非常可贵的。

《新唯识论》从"吾人所以生之理"而引申出"内圣外王"的人生论思想。认为:"仁者本心也。即吾人与天地万物所同具之本体也。"仁,即是本体,即是说本体具有道德的属性,理当成为人生价值的源头,"吾人一切纯真、纯善、纯美的行,皆是性体呈露"。"识得孔氏意思,便悟得人生有无上崇高的价值,无限的丰富意义,尤其对于世界,不会有空幻的感想,而自有改造的勇气。"又指出:"吾人本来的生命,必借好的习气,为其显发之资具,如儒者所谓操存涵养,或居敬思诚种种工夫,皆是净习。生命之显发,必由乎是。"意为"本心"必须修养净习,强恕复性。"然吾人果能反身而诚,则舍暗取明,当下即是。本分原无亏损,污染终是客尘。坠退固不由人,战胜还凭自己。人生价值,如是如是。"所以孔子平生之学,不外乎反求本心,洞识仁体,"学者求识仁体,却须如此下工夫。工夫做到一分,即是仁体呈露一分"。"故富贵不淫,贫贱不移,威武不屈,造次颠沛必于是,舍生取义,杀身成仁,都是关头时的当下。此时能不走作,才是真工夫,才是真本体。"这里已提出"内圣外王"的思想,在以后的著作《十力语要》、《原儒》中有系统的阐述。

研究《新唯识论》的著作有太虚《略评新唯识论》(《太虚大师全书》第五〇册,香港,1956年),周叔迦《新唯识三论判》(直隶书局,1933年)等。

(胡　啸)

十力语要 熊十力

《十力语要》,四卷。熊十力著。由作者哲学讲习语录和答学生友人书札汇编而成。1935年出版第一卷,1936年又出版第二卷,1939年再出版第三、四卷。1947年收入《十力丛书》再版。有中华书局1996年排印本、辽宁教育出版社1997年版排印本、上海书店出版社2007年版排印本等。

《十力语要》无一定的体例和体系,内容广泛,见解精辟,是反映作者哲学思想的代表作之一。

第一卷,共收信札五十二封,讲词记录二篇,序文一篇,传记和墓志铭六篇。

第二卷,有信札二十五封,其中《答马格里尼》的长信,详细论述老子及其书。另有《复性书院开讲示诸生》,为长篇演讲词。本卷有周通旦记录《熊先生哲学释疑》,全面阐释"新唯识论"的哲学主张。

第三卷,收五十四封信札。另有《附记》、《说食》、《黎涤玄记语》、《王准记语》四篇文字。其中《黎涤玄记语》有作者生平自叙,是研究其思想经历的重要资料。

第四卷,有信札三十封。另有《高赞非记语》。此卷原为高赞非的日记,记录熊十力的学术思想,辑为"尊闻录",四万余言。

《十力语要》与《新唯识论》相互发明。其论题主要有:东西方哲学与文化的比较;关于科学与哲学的关系;关于儒家"内圣外王"之学;关于对中国古代哲学和佛学的理解;关于对《新唯识论》的进一步阐释,等等。

一、东西方哲学与文化的比较。作者认为东西方文化在本质上是不同的,当前最紧要在于发扬东方文化的优质。如谓:"来函,谓东西文化,各有毒质,其说自是。世相,一切相待者也。优质所在,即毒质所存。天下皆知美之为美,斯不美矣。皆知美之为善,斯不善矣。老氏所以为达也。东方文化,其毒质已暴露殆尽。然其固有优质之待发扬者,吾不忍不留意也。西方文化之优质,既已显著。然率人类而唯贪嗔痴是肆,唯取是逞,而无厌足。(取者,向外追求)杀机充大宇。既造之,而亦畏之。既畏之,而又力造之。飞蛾投灭,猛虎奔阱,犹曰无毒质也。自非小知溺俗,其谁肯信。夫无超世之量者,必无超世之识,无超世之识,则不足与究真理。昧真理故,即偷活人间,而无所谓愿力。"又指出,某些西方人对中国哲学根本无知,言及中国哲学辄与宗教并为一谈,而在大学中亦不列中国哲学课程,此乃中西文化融通之一大障碍。实际是,中西哲学各有特点,优劣短长,应作具体分析。"中国哲学,有一特别精神,即其为学也,根本注重体认的方法。体认者,能觉入所觉,浑然一体而不可分,所谓内外,物我,一异,种种差别相,都不可得。唯其如此,故在中国哲学中,无有像西洋形而上学,以宇宙实体,当作外界存在的物事,而推穷之者("无有像"三字,一气贯下读)。西洋哲学之方法,犹是析物的方法。如所谓一元,二元,多元等论,则是数量的分析。唯心唯物与非心非物等论,则是性质的分析。此外析求其关系则有若机械论等。要之,都把真理(此中真理,即谓宇宙实体,后皆同此)当作外界存在的物事,凭着自己的知识去推穷他。所以把真理看作有数量、性质、关系等等可析。实则,真理本不是有方所有形体的物事,如何可以数量等去猜度?"以此证明中国哲学是足具异彩,是高明的。

二、关于科学与哲学的关系。认为科学真理与哲学真理是根本不同的。"玄学、科学,皆缘吾人设定有所谓宇宙(什么叫宇宙,自是一种假定)而试行穷究其中真理。即由穷究故,不得不方便善巧,姑为玄学科学之区别。科学尚析观(析观亦云解析),得宇宙之分殊,而一切如量,即名其所得为科学之真理(于一切法,称实而知,是名如量)。玄学尚证会,得宇宙之浑全,而一切如理,即名其所得为玄学之真理(于一切法,不取其相,冥证理体,而无虚妄分别,是名如理)。"又指出,科学的局限性是明显的。"略言之,科学无论如何进步,即如近世物理学,可谓已打破物质的观念。然总承认有外在世界。他们毕竟不能证会本体,毕竟不能通内外、物我、浑然为一。他们所长的还是符号推理,还是图摹宇宙的表层,不能融宇宙人生为一,而于生活中体会宇宙的底蕴("不能"二字,一气贯至句末)。新物理学,无法证会本体,旁的科学亦然。继今以往,各科学虽当进步,然其无法证会本体,当一如今日。科学的方法与其领域,终有限故也。"

三、关于"内圣外王"之学。这是作者的哲学思想体系的重要方面。作者认为"内圣"是道德价值的源头,"仁者,本心也,即吾人与天地万物为一体也"。但他虽承认"以仁为体"是社会道德、政法体制等的发源者,却主张对封建社会"别尊卑、定上下"的伦理纲常加以改造,"及人类进化,脱去封建之余习,则其制礼也一本诸独立、自由、平等诸原则。人人各尽其知能、才力,各得分愿。虽为父者,不得以非礼束缚其子,而论其他乎?"作者对"独立"、"自由"、"平等"诸概念重新加以界定和诠释,奠定其资产阶级的价值观念。依据"体用不二"的本体论,认为"内圣"的道德应通过"外王"即经世致用的渠道得以实现。应知内圣外王并重、道德事功并重乃儒学的基本精神,"儒主入世,故其哲学思想始终伦理实践。儒学不止是求知,而是即知即行,所谓体神化不测之妙,于庸言庸行之中。此儒术所为可贵也"。可惜,儒学内圣外王并重的精神并未得到发扬光大,致使中华民族愈益式微。"孔子内圣外王的精神,庄子犹能说之。至宋明诸师,而外王之学遂废。自此,民族愈益式微。此非我辈今日之殷鉴耶?"因此,学者应"浸浸上追孔氏,而求内圣外王之全体大用,不复孤穷性道矣"。

四、关于中国古代哲学和佛学的理解。作者在建构哲学体系时,对中国古代哲学和佛学有所评析,进而予以吸收。自称:"新唯识论,虽从印土嬗变出来,而思想根柢,实乃源于大易,旁及柱下漆园,下迄宋明巨子,亦皆有所融摄。囊括万有,要归于认识本心。而此所谓心,固与西洋唯心论者之心截然不为同物,此意未可以简单言之也,更难为不知者道也。"如此,对大易有极高的推崇,甚至认为他的《新唯识论》是以大易为标准,是阐发其旨归的。谓:"新论准大易而作。形式不同,而义蕴自相和会。"比如,现代达尔文进化论,"而以生源动力,创造不息,明进化,此实合于吾大易之旨。吾言进化,义主大易"。其次,对老庄的评价亦高,赞誉"老子之书,文辞虽约,而理趣奥博,广大如天,博厚如地。吾国历来学者,虽多留意钻研,然罕能追其宏通微妙,但各有所窥而已"。至于对儒家、佛家的思想论点,则多具体辨别,谓:"吾虽主张在谈本体处,融佛入儒,而立言要自有分际,非将儒佛一切比附、一切混同,而谓之无有异处也。"对宋儒虽肯定其心性之学,但批评之处则亦不少,如:"魏晋人上追晚周,派别却多。宋人比之,似觉规模狭隘。然他们所以宗主儒家,也有道理。儒家有两个优点,一是大中至正,上之极广大高明而不溺于空无,下之极切实有用,而不流于功利;二是富于容纳性,他底眼光透得远大,思想放的开阔,立极以不易为则,应用主顺变精义。"

五、关于《新唯识论》的阐释。首在说明撰写《新唯识论》的社会背景,承认有违背潮流的用意。自叹:"新唯识论,须从头另造,原稿可就者甚少。吾十年来精力,尽萃此书。在此欧化时代、唯物思潮汹涌之际,吾所为者,极不合时宜。然掉臂孤行,以亢乎往古来今而无所悔,则吾志也。"他认为,"新唯识论"是一种崭新的哲学,超越了唯物论与唯心论。"余以为哲学上之派别虽繁,要其解说宇宙之所以形成,其根本终不出唯心、唯物二派之论(如现代罗素,虽云非心非物,实则其根底仍不妨说是唯物论)。迂拙平生始于积测,终于反验,确信宇宙的本体,不是世所唯之心,亦不是世所唯之物。易言之,本体是什么,此非想所及,非言可表。然则毕竟无说乎?曰:只有在本体之流行处,假设言诠而已。不识此意,正是未曾读过新论。"所以,所谓"新论"乃是世上最完美的东方哲学,因为以前西洋人不承认"此土之哲学于形而上学,得成为一种学。新论,劈空建立,却以系统谨严之体制,而曲显其不可方物之至理。学者诚恳虚心、细心、熟习此论,必见夫此土晚周儒道,以迄宋明,旁及印土大乘,其诸哲学家中,对于宇宙人生诸大问题,无不网罗融合贯穿于新论之中。旁皇周浃,无所遗憾。又其针对西洋哲学思想以立言,而完成东方哲学的骨髓与形貌"。

(胡 啸)

先秦辩学史 郭湛波

《先秦辩学史》，一册。郭湛波著，胡适、嵇文甫校。1932 年由中华书局出版。有上海书店 1992 年版排印本等。

郭湛波(1905—?)，字海清，河北大名人。1932 年毕业于北京大学哲学系。后任教于北京大学、北京师范大学、中央大学等。1937 年在北京从事地下抗日活动。1940 年冬被捕入狱，三年后获释。不久赴重庆，出任三民主义青年团中央团部专员。抗战胜利后，至北京接收国立各大学，任临时大学训导长。后返南京，在立法院担任经济外交委员会秘书、秘书处简任编审。1949 年夏去台湾，续任"立法院"秘书处简任编审等职。退休后，任教于中国文化大学、辅仁大学。著作有《辩证法研究》、《先秦辩学史》、《论理学十六讲》、《近五十年中国思想史》、《中国中古思想史》、《近代思想史》等。

关于本书写作缘由，作者称"方法是锁钥，欲研究各种哲学思想，必先明了各种哲学方法"(《自序》)，而中国古代哲学方法就是"辩学"，但近代学者对于中国辩学均缺乏系统、专门的研究，故有写作此书的必要。

《先秦辩学史》是研究中国古代思想方法和逻辑学说的专著。作者认为中国辩学"不起于孔老，而起于邓析"，"到惠施，始盛行"，而公孙龙则是"集辩学之大成"者。公孙龙之后，名家都受辩学的影响，其"成就最著者，就是墨辩和荀子"(《自序》)。全书分为七篇。

第一篇，形名学的起源。指出形名学(辩学)就是中国的逻辑学(Logic)。批评西汉以后将形名学与正名学混合在一起的错误，说"正名学是封建社会的产物，讲道德的。形名学是商业资本社会的产物，讲知识的，哪能合在一起？"认为古代刑名学即形名学，而不是"法术学"，但二者又有内在的联系，讲法术必先刑名，所以，"申商韩，是刑名而兼法术"。认为"形名学起于郑国，而邓析是形名学的始祖"，形名学之所以发生于郑国，"完全是客观物质条件所决定；因为春秋时代的郑国，封建制度最先崩坏，商业最先发达；礼的观念最先破坏，法治观念最先产生，所以形名学始于邓析;申、韩源于郑学"。

第二篇,邓析。介绍邓析的生平以及他的"两可"说和"无厚"说。认为"两可"说,包括"可不可"和"然不然"两方面。"'可不可'是价值的判断;'然不然'是事实的判断。'两可'多关人事,'两然'多关自然。"后来的形名家——辩者,例如惠施、公孙龙等的学说,都是从这一点出发展开自己的形名学思想的。强调"无厚"说是讨论"有无"的形名问题,而不是讨论什么"天于人无厚也,君于民无厚也"的政治思想,但邓析倡导"无厚"说,却"给当时封建思想一个根本改造,封建社会一个重大的摧残"。所以说,邓析在中国形名学史上的功绩,"不在积极'形名学'之建设,而在封建'正名'之破坏"。并认为这就是邓析不能见容于当时社会的真正原因。

第三篇,惠施。介绍惠施生平以及他的"坚白"说和"同异"说。认为惠施学说来源于邓析,而不是来源于墨家或"别墨"。惠施"坚白"说是当时辩者最重要的一个问题,"坚白"即讨论个体(Real)与概念(Concept)的关系。例如石头,石是个体,坚、白是共相,"'石'的本体是看不见、摸不着的——自藏",这就是"坚白"说。认为惠施的"同异"说,是逻辑学的根本问题。"'大同异'是辩证逻辑(Dialetical Logic)的思维,是不承认有什么同异……是辩证法的对立融合法则。""'小同异'是形式逻辑(Formal Logic)思维。是承认有同异……是形式逻辑根本出发点。"

第四篇,公孙龙。介绍公孙龙的生平以及他的"白马非马"、"臧三耳"、"指物"、"通变"、"名实"等学说。认为"白马非马"从概念——名——来讲,是可以的,但从推理来讲,就不对了。名家对"白马"说的批评,"都不从逻辑学来观察,所以都不中肯"。"白马非马"说对辩学影响甚大,"狗非犬"、"杀盗非杀人"等命题皆从它而来。指出"名实"是逻辑上最重要的问题,在春秋时代只讲"名",却没有讲到"名实","到战国始讲到'名实'的问题",但战国时讲的"名实"并没有逻辑的意味,只是"到了公孙龙,'名实'始变成逻辑上的问题"。同时,分别论述了公孙龙、《墨经》和荀卿的"名实"说。

第五篇,公孙龙时代的"辩者"及其学说。认为公孙龙时代,简直可以说是"'辩者'的时代",辩学盛极一时,辩者满天下。他们当中有桓团、毛公、綦田子、兒说、田巴、孔穿、魏牟等。并且重点介绍了《天下篇》所述辩者的学说,例如"卵有毛"、"鸡三足"、"犬可以为羊"、"火不热"、"轮不辗地"、"龟长于蛇"等二十一事,以及《仲尼篇》所记辩者的学说(特别详述了"有心不意"、"发引千钧"两种学说)。

第六篇,墨辩。认为《墨辩》不是墨翟所作,也不是墨翟时代的学说和产物。并且着重介绍了"知"和"辩"的学说。作者先讨论了"知"的本质、来源、种类、用途等,指出"墨辩所谓'知'……是辩学的根本问题"。接着,讨论了"辩"的实质、方法、种类,指出"辩学至墨辩始成为完善的学说",而《墨辩》的两个根本法则是演绎法和归纳法。另外,还就《墨辩》中的墨家学说、辩者学说、诸家学说之辩论等几个方面作了介绍和评论。

第七篇,荀子。指出荀子的"正名"既有伦理的政治的意味,又有论理的意味,"一方承继儒家的思想,一方受辩者学说的影响,其方法实是辩学,却反对辩学",并痛心地指出:"由孔子的'正名'到荀子的'正名'恰成一个辩证的发展。不过到荀子以后,辩学中断,成了绝学。"最后,论述了荀子名学的特色。

《先秦辩学史》系统地论述了先秦哲学的方法,它反映了当时对中国古代逻辑学研究的深度和广度。

(董德福)

近五十年中国思想史 郭湛波

《近五十年中国思想史》，一册。郭湛波著。初稿完成于1934年，取名《近三十年中国思想史》，次年由北平大北书局出版。后采纳胡适、冯友兰等人的建议，加以修订，改为今名，1936年北平人文书店出版。有山东人民出版社1997年版，上海古籍出版社2005年版排印本。

《近五十年中国思想史》叙述了自甲午战争至当时的近五十年间，各主要思想家的政治观点、哲学思想及其在思想史上的地位和贡献，并评讲了时代思潮、思想论战及中国学者对西洋思想的介绍等情况。作者自称，是采用"新的科学方法——即唯物辩证法和辩证法唯物论"写成。分为八章。

第一章，导言。认为"中国社会变动最剧烈，莫过于春秋、战国；而中国思想史上，也以春秋战国思想为最。其次就是近代了，尤其近五十年来，中国思想变动之剧烈，别派之复杂，较之春秋战国只有增加，而无逊色。同时近五十年，中国社会变动之剧，也超过春秋战国数倍"。

第二至四章，五十年中国思想之演变。分三个阶段，对康有为、谭嗣同、梁启超、严复、章炳麟、王国维、孙中山、陈独秀、胡适、李大钊、吴敬恒、梁漱溟、张东荪、冯友兰、张申府、郭沫若、李达、陶希圣、金岳霖等十九位思想家的生平、哲学思想和政治思想及其在近现代思想史上的地位和贡献作了扼要的介绍和评述。

第一阶段(1894—1911)，"是代表中国农业宗法封建社会的思想"，以康、梁等为其代表人物。"这个时代的特征是尊孔……同时菲薄科学及西洋文明——所谓'物质文明'。"称谭嗣同的思想"是资本社会思想的反映，是中国思想史上一大革命"。

第二阶段(1911—1928)，"是代表工业资本社会的思想"，以陈独秀、胡适、吴敬恒等为其代表。"这个时代的特征，是反对孔子及一切旧的、传统的思想、学说、礼教、伦理、习惯；同时崇拜科学及西洋文明。"称陈独秀、胡适、李大钊为中国近代第一流的思想家，并特别推崇李大钊，说中国近五十年思想之第三阶段，即由李大钊"立其基而导其先河"。

第三阶段(1928—1936),"是由工业资本社会自身的矛盾,所产生的社会思想",以冯友兰、张申府、郭沫若、李达等为其代表。"这个时代的特征,以马克思体系的辩证唯物论为主要思潮,来反对第二阶段的思想学说。"称李达是继陈独秀、李大钊之后,宣传马克思学说最为有力、最有成绩的人。

第五章,五十年来中国思想方法。认为中国思想家素轻方法,直到近代,因受西洋的影响,始生变化。分别介绍了形式论理学、实验论理学、辩证法在中国的进展,及"数学逻辑于笛卡儿的思想方法"和"中国古代思想方法的研究"。并对金岳霖作了专门介绍,称他"能容(融)合各种方法系统,别立一新的方法系统"。

第六章,五十年来中国古代思想之整理与批评。分别对"反孔思潮"、"疑古思潮"、"诸子思想的复兴及整理"进行了论述。称吴虞"是反对孔子学说思想最力的人";认为以钱玄同、顾颉刚为主将的疑古思潮,实受惠于《新青年》倡导的新思潮;推胡适、梁启超、冯友兰为整理诸子思想成绩最佳、影响最大的三个人。

第七章,五十年来中国思想论战。分别介绍"孔教"与"文体论战"、"东西文化"论战、"科学与人生观"论战、"中国社会史"论战等情况。

作者认为,"白话文言"文体之争,"是五十年来中国第一次大冲突";"东西文化"之争,实则是"中国宗法封建社会思想与西洋工业资本社会思想的冲突";而爆发于1923年的"科玄论战"则是"战云弥漫,短兵相接,血战数次,以决胜负",其间,陈独秀向胡适发出的挑战,成为这次论战的转折点,并为下次论战作了基础;称中国社会史论战"以郭沫若、陶希圣二氏成绩最佳"。

第八章,中国五十年来思想的介绍。分别论述了严复之进化论思想的介绍,李石曾之互助论的介绍、王国维之德国思想的介绍、胡适之杜威思想的介绍、张君劢和张东荪之柏格森思想的介绍、张申府之罗素思想的介绍、陈独秀之马克思思想的介绍、李达之俄国及辩证唯物论思想的介绍等。认为"中国近五十年思想最大之贡献,即在西洋思想之介绍"。

《近五十年中国思想史》是民国时期著名的思想史著作。所论各家,多系同时代人,虽广泛占有材料,却颇见难度,所论常欠精当,但对中国近代思想史、哲学史的研究仍不失为一部有参考价值的思想史论著。

有关《近五十年中国思想史》的研究著作有高名凯《评郭湛波近三十年中国思想史》(1936年7月3日,《大公报·史地周刊》)及高瑞泉为上海古籍出版社版所写的导读等。

(董德福)

认识论 张东荪

《认识论》,一册。张东荪著。1934年上海世界书局出版。

张东荪(1886—1973),原名万田,字圣心。浙江杭县(今杭州)人,一说江苏吴县(今苏州)人。日本东京帝国大学哲学系毕业。辛亥革命后任南京临时政府内务部秘书,后任《时事新报》、《解放与改造》主编,中国公学、政治大学、光华大学、燕京大学等校教授和广东学海书院院长。五四时期追随梁启超,成为研究系的重要成员。后作文挑起"社会主义"的论战,宣传罗素等人的基尔特社会主义,反对在中国通过阶级斗争而建立"劳农专政"。30年代初,又挑起"唯物辩证法的论战"。"九一八"事变后的1934年和张君劢等组织国家社会党(后为民主社会党),任中央总务委员。1946年1月参加在重庆的政治协商会议,因倾向于赞同共产党的新民主主义,与张君劢政见分歧而退党。1949年初以"民盟代表"的身份主张走和平解放北平的道路,并作为傅作义将军的和谈代表参与同共产党的谈判。建国后,曾任中央人民政府委员、政务院文化教育委员会委员、北京大学教授等职,后因故免职。其哲学的主要特征在于综合折衷西方的康德主义、新实在论、实用主义等流派。主张所谓"架构论"宇宙观和"多元认识论"。认为"认识的多元论以条理认为真的外界,则势必谓外界只是空的架构而无实质"(《认识论》)。著作尚有《新哲学论丛》、《阶级问题》、《道德哲学》、《思想与社会》、《知识与文化》等。

《认识论》是一部反映张东荪哲学思想的代表作。张东荪在1931年底发表于《哲学评论》上的《条理范畴与设准》一文中,最先提出"多元的认识论";1932年发表于《大陆杂志》上的《认识论的多元论》,又展开了进一步论述;《认识论》一书则把这种认识论完善起来,形成独特的认识论体系。

《认识论》共分五章,据作者《自序》所言:"前四章是门人王光祥根据 Gamertsfelder and Evans Fundamentals of philosophy 的一章写下来的,因为该书实在是一本顶好的哲学概论。但却经我删去不少。至于第五章乃是我个人的主张。我这主张寓之于心中好多年,现在愈想愈觉有些自信。"因此,《认识论》的重点乃是第五章《认识的多元论》。内容大致如下。

一、依循康德的批判实在论而建立多元认识论。张东荪认为,他个人主张这种多元认识论,或称之认识的多元论,亦称之知识之多元说。它既不同于把"能知"吸收于"所知"或"所知"并归于"能知"的一元论,亦不同于只承认主观和客观的对立的二元论。康德的批判实在论是三元论,因为他们主张于能知的心与被知的物以外尚有所谓"义蕴"。康德的批判哲学是隐然仍用二分法,因为他把"材料"与"方式"分开,不过后者能层层推进罢了。"我的认识多元论大体上可说仍是循康德的这条轨道。但重要之点却有不同。"

二、一切感觉的内容都是"不存在者"。认为感觉(或称感相)虽然由外物所引起,但其内容却不是对外物的反映,因而不表示外物,同时也不能在心理上找到根据。"一切感觉的内容都是'不存在者',或者说感相本身决不表示外物,它并非在外界的存在者,但亦非存在于心内。他是一个中间物,而不存在于世界上。这正和所谓'幻相'在性质上差不多。"即是说,感觉同外界的关系只是"相关共变",从感觉中只能得到方式而不能获取材料、或"条理",而不能获取外界的内容。

三、外界条理不是物质而是"原子性"、"连续性"、"创变性"。认为"认识的多元论承认外界有其本有的条理,不过这些条理却又十二分难以知道。"据作者自称:只发现"原子性"、"连续性"、"创变性","亦许不止这三个,但我们却无法发见他。"这外界条理只是映于我们的认识上,这"正好像戴了眼镜看东西,而必先经过眼镜一样"。但这三个条理都不是客观存在的物质实体的性质,故"千万不可把这三个条理合称之为'物质'"。而且,这三个条理既是外界本有的,又是不能独立存在的,还必须依赖人的主观认识作用。因为虽然"外物本来只是一个构造方式,但这构造方式又不完全属于外物本身"。

四、对于认识的立法和名理的先在性之见解。认为外界条理要进入人的认识必须经过主观固有的先验格式:一为"直观上的先验格式",一为"名理上的先验格式"。康德把空间和时间作为先验直观形式的观点是颠扑不破的,因为空间与时间在认识论上"不是经验上具体的大小与先后,乃仅仅乎是一个纯粹的格式"。"空间与时间只是认识上属于主观的。换言之,即只是能知者施行认识时所必须的条件,而与外界仅有相关而非一致。""以上乃是讨论认识的自立法度,换言之,即是认识上的先验格式。详言之,在认识凡有直观,其材料虽是感相,然而却必先具有此种格式。因为没有这种格式,则感相虽印在我们感官上,但不能认识经验。"这就表明,作者在感相的阶段即走上先验的唯心主义。其次,认识的多元论也不能不承认另一种先验格式是名学上的。名理上的先验格式一为动的,一为静的。动的是"相涵关系",是先验名理基本律;静的是一组一组的"设准"。设准类似概念,但又与概念有别。这些"名学之基本律令"或"涵义关系"或"先在性设准",在认识论上的地位是绝对的。"我们实在无法发现他是从哪里出来的。不得已我们只好把他看为最根本的,换言之,即是认识时,下判断,有分别,成思想,就非先有他不可。他不是后起的,不是假定的,不是制成的。而乃是先验的基础的。"

五、多元认识论的研究对象是"知者"与"所知"中间那一段东西。作者说,"我则以为在这个中间内却有许多东西,换言之,即是复杂的。""我的工作就是分析中间这一段,以明其共有若干层,以及各层如何互相作用。至于两端之背后则完全超出我们的可知界了。"但是,这中间的认识论即多元认识论,"实在是一个最复杂的东西。其中有幻影似的感相;有疏落松散的外在根由;有直观上的先验格式;有方法上先假设的设准;自然而然分成的主客;有推论上的先验名理基本律;更有习惯与行为而造成的所谓'经验的概念'"(《多元认识论重述》)。这一概括全面包涵了多元认识论所讲的认识的各个环节及其特征。

张东荪在提出多元认识论的哲学主张之后,自然引起哲学理论界的瞩目,曾陆续有文作出评价。1936年上海世界书局出版《张东荪的多元认识论及其批评》一书,则反映此种情况,可以参阅。今人的研究有北京图书馆出版社1999年版左玉河《张东荪学术思想评传》等。

（胡　啸）

先秦诸子系年 钱 穆

《先秦诸子系年》,四卷。钱穆著。书稿约成于1930年。通行本有:(一)1935年商务印书馆初版本;(二)1956年香港大学出版社增订本,在保留初版本结论大体的前提下,添列例证,补增细节,增损所及八十四篇,占原书篇数的一半,字数三万多,占原书分量的十分之一;(三)1984年中华书局影印本;(四)2001年商务印书馆影印本;(五)2011年九州出版社排印本。

钱穆(1895—1990),原名恩荣,字宾四。原籍江苏无锡,出身家境贫寒的书香之家。七岁入私塾,十岁进小学,十三岁起先后就读于常州、南京两所中学,后因辛亥革命爆发而辍学。1912年始,从事乡郊小学教学,1921年应聘任厦门集美师范学校国文教师。1930年秋,经顾颉刚推荐,赴燕京大学任国文教师,以后在北大、清华、北平师大、西南联大和华西、齐鲁、江南等大学任教授。出版了《先秦诸子系年》、《中国近三百年学术史》、《国史大纲》等论著。1949年赴香港,创办新亚书院。在港十八年,出版了《宋明理学概述》、《老庄通辨》、《两汉经学今古文平议》等多种著作。1967年离港赴台,任华岗文化学院(今文化大学)历史系教授,继续从事讲学和著述,出版了《朱子新学案》、《中国学术通义》等著作。在台期间,历任"中央研究院"院士、台湾故宫博物院特聘研究员、台北中国历史学会第四—十三届理事,第十四届后为监事。晚年表达了祖国和平统一的愿望。一生自学成才,以教学和撰述为业,著作多达几十种,字逾千万。著述辑为《钱宾四先生全集》(台北联经出版事业公司,1998年)、《钱穆先生全集》(九州出版社,2011年)。治学受清章学诚"六经皆史"观点影响,兼涉经、史、子、集四部,在学术界有很大的影响。生平史料见载于钱穆《八十忆双亲·师友杂忆》(岳麓书院,1986年)等。

钱穆原想写《先秦诸子学通论》,因通论必考求诸子生卒行事先后,如果诸子的年世不明,则其学术思想的来龙去脉便不能确说,于是自1923年秋始,着手草著《先秦诸子系年》。在资料匮乏、课务繁忙的情况下,一丝不苟,日积月累,至1930年冬基本完稿。

《先秦诸子系年》是一部考辨先秦诸子世年、生平事迹及师友渊源的著作。全书由《先秦诸子系年考辨》四卷一百六十三篇和《先秦诸子系年通表》(含通表四、附表三)两大部分组成,另有《自序》和《跋》各一篇。《考辨》卷一专考孔门儒家,以考订孔子居多,为先秦学术初萌期,《通表》第一与此卷相应;《考辨》卷二起墨子,终吴起,为先秦学术酝酿期,《通表》第二与此卷相应;《考辨》卷三考晋、楚、魏列国诸子,为先秦学术烂漫壮盛期,《通表》第三与此卷相应;《考辨》卷四始春申、平原两君,迄吕不韦、韩非、李斯,为先秦学术归宿期,《通表》第四与此卷相应(据增订本中华书局影印本,下同)。

以往史家考证诸子年世,通常依据错误百出的《史记·六国年表》,不免有三大缺失:(一)"各治一家,未能通贯";(二)"详其著显,略其晦沉";(三)"依据史籍,不加细勘"(《自序》)。《先秦诸子系年》通观群书,纠正往昔考证之偏失:上溯孔子生年,下及李斯卒岁,对前后二百年间先秦学者无不一一详考,做到首尾呼应,前后排比联络,一以贯之。作者以古本《竹书纪年》为据,厘订传世今本以及《史记》的伪误,进而博考群书,参证诸子的行事、政治上的事变、六国的世次与山川地理,参伍以求,错综以验,辨伪订讹,定世排年,考儒墨两学为先秦诸家发端,由此分源别派,使先秦二百年间的诸子的生平出处、师友学术、渊源流变,粲然条贯,秩然就序。

如《史记》载,田齐前后历十世,而《先秦诸子系年》根据《纪年》及其他古籍订正为十二世。说:"《庄子·胠箧篇》:'田成子杀齐君,十二世有齐国'(《鬼谷子》亦有此语)。《史记》自成子至王建之灭只十世。《田齐世家·索隐》引《纪年》:'田庄子卒,立田悼子。悼子卒,乃次立田和'。又云'齐康公二十二年,田侯剡立。后十年,齐田午杀其君'。则尚有悼子及侯剡,适得十二世,与《庄子》合。盖《史记》误也。"(卷二《田齐为十二世非十世辨》)

又齐伐燕,据《孟子》及《战国策》为宣王,非湣王。而《史记》于齐系前缺两世,威宣之年误移而上,遂以伐燕为湣王,与《孟子》和《战国策》皆背。钱穆认为若依《纪年》增悼子及侯剡,排比而下,威宣之年均当移后,乃与《孟子》、《战国策》冥符(卷三《齐伐燕乃宣王六年非湣王十年辨》)。

《先秦诸子系年》除纠正《史记》十多处讹误外,还以同样的考证手法,订正了《史记索隐》诸家所引《纪年》出现的错误。如据《史记》,田庄子卒在齐宣公四十五年,《田齐世家索隐》引《纪年》误为十五年。《先秦诸子系年》根据《史记》,参照《吕氏春秋·顺民篇》、林春溥《战国纪年》、《礼记·檀弓》等证之,认为《索隐》引《纪年》文脱一"四"字,实为"四十五"年(卷三《田庄子卒年考》)。

《先秦诸子系年》材料翔实,考订审慎,为研究先秦诸子事迹和思想学说有价值的参考书。

(董德福)

中国近三百年学术史 钱 穆

《中国近三百年学术史》,二册。钱穆撰。1931年秋,钱穆在北京大学讲授中国近三百年学术史,"因撮记要"。1937年由商务印书馆初版,后台湾商务印书馆多次重版。1986年中华书局据台湾商务印书馆1980年版影印出版,又有九州出版社2011年版排印本。

20世纪对清代学术史的研究,章炳麟、刘师培等人开启先路;徐世昌网罗旧日词臣,辑为《清儒学案》;梁启超著有《中国近三百年学术史》。钱穆认为梁氏之书与自己观点相左者颇多,故而撰写这部与梁氏同名的著作。

本书记述有清一代二百六十多年学术思想的成就及其历史进程,凡十四章,前有《自序》,后有《附表》。《自序》叙述成书缘由、撰作目的和清代学术的总体概观。钱穆认为,欲治清代学术,必先知宋学。因而首章《引论》"略述两宋学术概要。又以宋学重经世明道,其极必推之于议政,故继之以东林"。其余十三章分别论述清代学术名家的生平、著述及其学术思想,包括黄宗羲,附陈确、潘平格、吕留良;王夫之;顾炎武,附马骕;颜元、李塨;阎若璩、毛奇龄,附姚际恒、冯景、程廷祚、胡渭、顾祖禹;李绂,附万字兆、王懋竑、朱泽沄、全祖望、蔡上翔;戴震,附江永、惠栋、程瑶田;章学诚,附袁枚、汪中;焦循、阮元、凌廷堪,附许宗彦、方东树;龚自珍,附庄存与、庄述祖、刘逢禄、宋翔凤、魏源、戴望、沈垚、潘德舆;曾国藩,附罗泽南;陈澧,附朱一新;康有为,附朱次琦、廖平、谭嗣同。《附表》依年代先后罗列明神宗万历元年(1573)至清宣统三年(1911)间有关学术活动,并附有学者生卒年。

本书不专列清代考据成就,而特重学术思想。钱穆认为,乾嘉考据学家"相率逃于故纸丛碎中……而皆足以坏学术、毁风俗而贼人材",故非真正之学术而见略于书中。他认为,真正的学术应"唱风教、崇师化、辨心术、核人材";所以全书侧重论述清代学者对古今治乱之学的用心所在。他主张治近代学术应以治宋学始,对宋明之学明道议政风气甚为推崇,论述上继东林遗绪的黄宗羲、王船山、顾炎武、颜元、李塨等人学术时,都特别注重他们经世救国思想;对于以后清代学术偏于训诂考订以及纠缠于汉宋之争,则颇多非议。对龚自珍、曾国藩、陈澧、康有为等处于清统治衰世的学术人物,钱穆着力借他们表明一代学风的变易情状和所谓真正学统。

钱穆长于考据,其国学功底与考证功夫在本书中得到充分体现,但抑汉学而崇宋学痕迹随处可见。如阎若璩著《尚书古文疏证》,毛奇龄撰《古文尚书冤词》予以驳难,钱穆扬毛抑阎,说阎氏为显示其书精巧无缺,曾依《古文尚书冤词》改正旧说而不言明,由此可知考据家心性修养之不足。在分析戴震学术的前后两期变化,及其《孟子字义疏证》的成书经过时,钱穆推断戴氏之学曾受惠栋的影响,由并尊朱熹转而反对朱熹。他还认定康有为的《新学伪经考》、《孔子改制考》源出于廖平的《辟刘篇》、《知圣篇》,并由此解释康氏学术思想的发展。

本书《附表》篇幅占全书六分之一。钱穆从众多文献中撮玄辑要,排比成体,以补正文重点论述之不足,显一代学术进程之全貌,既具资料价值,亦便于查寻检索。

本书在论学思想、撰作风格、评点态度、考证结果等方面与梁启超同名之作相异,自成一家之言,是一部在学术界有影响的著作。

(吕　健)

东西文化及其哲学 梁漱溟

《东西文化及其哲学》，五章。梁漱溟著。系根据陈政和罗常培两人对著者两期讲演的笔录编纂而成。成书于1921年。1921年至1930年期间，在山东、北京、上海等地先后十次出版发行。通行本有：（一）北京财政部印刷局排印本；（二）上海商务印书馆排印本；（三）商务三版排印本，第三版《自序》称对该书有两个悔悟，表示愿意取消本书第四章讲"孔家哲学所说'中庸'是走双的路之一段"和关于西洋、中国、印度三方生活之真解一段话；（四）商务八版排印本，第八版《自序》承认该书所根据以解释儒家思想的方法和心理学见解错误，拟写新作加以救正，此本最为全面。今有商务印书馆1999年版，上海人民出版社2006年版等。

梁漱溟(1893—1988)，原名焕鼎，字寿铭，又字萧吾、漱冥，后以漱溟行世。广西桂林人，祖父一代起定居北京。血统系元朝宗室。出身"世代诗礼仕宦"家庭。早年受父梁济(字巨川)影响良多，一度崇信康、梁。民国元年(1912)前后，"热心社会主义，达于高潮"。旋即潜心佛法。1917年应邀赴北京大学任教，1924年到山东、广州、河南等地自办教育，从事"乡村建设"。曾担任广东省立第一中学校长、河南村治学院教务长、北平《村治》月刊主编、中国民主同盟秘书长等职。解放战争期间，曾参与"国内和谈"。解放后任全国政协委员。梁漱溟糅合柏格森"生命哲学"和儒家主观唯心主义哲学，认中国为"职业分途"、"伦理本位"的社会，缺乏"阶级的分野"，据此攻击共产党的阶级斗争理论和革命实践。后多有反省。一生著作宏富，尚有《印度哲学概论》、《唯识述义》、《中国民族自救运动之最后觉悟》、《乡村建设理论》、《中国文化要义》和《人心与人生》等。今编为八卷本《梁漱溟全集》。生平史料见梁漱溟《自述》、《我的自学小史》、《我的努力与反省》，李紫翔《梁漱溟的四十年》，汪东林《梁漱溟问答录》，李渊振等编《梁漱溟年谱》等。

鉴于西洋人"未闻大道"的"可怜"和中国人"人生的无着落"，梁漱溟决然放弃佛家生活，"导他们于至好至善的孔子路上来"(《自序》)。即此为本书写作目的。

《东西文化及其哲学》是五四时期思想文化领域阐发和弘扬儒家哲学的代表作。全书共分五章。

第一章"绪论"。批评时人在"东西文化及其哲学"这一问题上的三种错误意思,特别指明中西两家文化调和融通说得不对且不可能。认为西学东渐至那时,已向"中国化"的"咽喉去着刀",故研究这一问题尤为迫切和必要。

第二章"如何是东方化？如何是西方化？（上）"。通过对中外学者的批评,提出文化的根源在"意欲"。"西方化是意欲向前要求为其根本精神的","赛恩斯"（科学）和"德谟克拉西"（民主）实导源于此。而东方化"意欲"致力方向（即文化）与西方化绝异。

第三章"如何是东方化？如何是西方化？（下）"。认定人生有三大问题：（一）人对物质世界的问题；（二）人对人（"他心"）的问题；（三）人对因果必至之势的问题。与此相应,有三种不同的解决问题的方法：一是向前奋斗,改造局面（第一路向,西洋属之）；二是回想的随遇而安（第二路向,中国属之）；三是根本取消问题（第三路向,印度属之）。西方人走"向前的路向",开出了征服自然、科学和民主的"文明",而中国文化"以意欲自为、调和、持中为其根本精神",印度文化"以意欲反身向后要求为其根本精神",故以上三种文明简直没有相同之处。

第四章"西洋中国印度三方哲学之比较"。此章分析最详。后形而上学、知识论、人生哲学、宗教几方面详尽比较三方情势。把源自《周易》形而上学的孔家人生哲学,概括为"对于生之赞美"、"不认定的态度"、"一任直觉"、"不计较利害"等四种基本精神。说只有这样的"随感而应"的生活才是最快乐、最高明、最合理的生活。中国人也因此在物质享受上、社会生活上、精神生活上较西洋人"优长与胜利"。

第五章"世界未来之文化与我们今日应持的态度"。先指明西方已有三方面的变迁：一是"事实的变迁"（经济变迁）；一是"见解的变迁"（科学的变迁）；一是"态度的变迁"（哲学的变迁）。认为由此必然产生文化的变迁。著者以柏格森、倭铿、罗素、泰戈尔等为例证,指示此刻西洋新风气多呈现出"东方采色",并大胆提出"世界文化三期重现说",即随着人生三大问题的顺次转移,三大根本态度次第递进,人类宜先走完第一条路,再走第二条路,再走第三条路。中国人和印度人不待第一路走完"便中途拐弯",走上了第二和第三条路,"成为人类文化的早熟"、"不合时宜",种种文化缺失皆由此而来。但"此刻则机运到来",世界最近未来文化必然是中国文化的复兴,继之是印度文化的复兴。鉴乎此,梁漱溟郑重表明,我们现在应持的文化态度是："第一,要排斥印度的态度,丝毫不能容留"；"第二,对于西方文化是全盘承受,而根本改过,就是对其态度要改一改"；"第三,批评的把中国原来态度重新拿出来"。其后把"中国原来态度"即"适宜的第二路人生",解释为孔子"刚"的精神,认为它既"弥补了中国人夙来缺短……又避免了西洋的弊害"。

本书是我国第一部运用比较法研究东西文化及其哲学之作,曾轰动一时,对后人研究文化哲学有着不可忽视的导向性作用。蒋百里誉"此亦迩来震古烁今之著作"(《梁任公先生年谱长编》)。其作用和影响是正、负两方面的,它引导人们走孔子这条路,毕竟与当时潮流背道而驰。

有关《东西文化及其哲学》的研究论著有胡适《读梁漱溟先生的〈东西文化及其哲学〉》,《梁漱溟思想批判》第一、二辑中的有关文章,艾思奇《批判梁漱溟的哲学思想》等。

（董德福）

中国文化要义 梁漱溟

《中国文化要义》，一卷。梁漱溟著。始撰于 1941 年，1949 年完稿。通行本有 1949 年成都路明书店排印本、1987 年学林出版社重印本。又有上海人民出版社 2005 年版。

作者生平事迹见"东西文化及其哲学"条。

梁漱溟认为，要明白中国社会近百年的变化，首先必须明白"当初未曾变的老中国社会"（《自序》）。鉴乎此，自《乡村建设理论》出版后，于 1941 年开始着笔草著《中国文化要义》，且作且讲，历时八年乃告完成。

《中国文化要义》是梁漱溟几十年来形成的对于中国文化和中国历史见解的总结。从比较中西文化异同入手，凸显了中国文化和中国社会的特殊性。全书由自序和十四章组成。

第一章"绪论"。先对"文化"一词作出界定，指出中国文化有着鲜明的个性，接着罗列并详细说明了中国文化的十四大特征，最后指点出中国民族品性的十个特点，作为研究进程中的"参考佐证的资料"。

第二章"从中国人的家说起"。通过对冯友兰家庭观的批评，主张人类文化"流派"说，反对"阶梯"说，强调中西文化各有个性，"各走各路"。与西洋相比较，中国不是"迟慢落后"，而是"过而后不及"。

第三章"集团生活的西方人"。指出"宗教问题实为中西文化的分水岭"，西洋以"基督教者作中心；中国却以非宗教的周孔教化作中心"，中西两方社会构造及演化不同都取决于此。认为西方中世社会集团生活特盛，个人压迫严重，故有近代之反抗。个人主义、自由主义、民主主义……如此种种，均源于此。

第四章"中国人缺乏集团生活"。首先就公共观念、纪律习惯、组织能力、法制精神几点，谈西人所长吾人所短；再从宗教、经济、政治等方面，说明中国人素缺集团生活；最后指明西方由基督教而来的集团生活与中国由周孔教化而来的家庭生活，其实质迥然相异。

第五章"中国是伦理本位的社会"。认为中国社会特重家庭生活,以伦理为本位,人与人之间"互以对方为重","整个社会各种关系而一概家庭化之",个人观念、权利一词,简直没有。指出伦理之于经济,则按伦理关系之亲疏厚薄而"共财"、"通财";伦理之于政治,则"视一国如一大家庭"。强调伦理有宗教之用,可以"填补"中国宗教之缺乏、使中国人生能得到精神上的寄托。

第六章"以道德代宗教"。指出中国两千余年来的周孔教化并不是宗教,它"专从启发人类的理性作功夫",但它可以代替宗教而为用,认为周孔礼俗,是后二千年中国文化之骨干,中国"以伦理组织社会"。

第七章"理性——人类的特征"。认为"理性"就是"吾人平静通达的心理",它与"理智"不同:"知的一面曰理智,情的一面曰理性",西洋偏长于理智而短于理性,中国则偏长于理性而短于理智。认定中国民族精神源于孔子儒家,其特点为"向上之心强","相与之情厚"。

第八章"阶级对立与职业分途"。认为阶级是"反乎理性"的,为中国所没有。说明在中国,土地可以自由买卖,土地集中不明显,"遗产诸子均分",所以从经济上看,中国产生不了阶级对立;再从政治上看,说科举考试是机会开放的,人人可以通过自己的努力而为官,不存在阶级对立之形势。指出在中国只有"一个统治者",而没有"统治阶级",它是"职业分途底社会"。

第九章"中国是否一国家"。断定中国不像一国家,而是"国家消融在社会里面,社会与国家相浑融"。对照西洋,认为中国因缺乏阶级对立而不像国家,也因缺乏阶级对立而归趋于封建解体。说"中国封建毁于士人"。进而指出中国政治有"伦理化"、"无为化"、"权力一元化"等特殊性,中国正好"介于似国家非国家,有政治无政治之间,而演为一种变态畸形"。

第十章"治道和治世"。认定中国社会是以伦理为本位的职业分途的社会,中国人生是"向里用力",与西洋"向外用力"恰好相反,因此中国社会秩序之维持,"不假强制而宁依自力",这当中士人有着巨大的功用。指出中国二千年来,是"以儒家为治之本而摄取法家在内的"。

第十一章"循环于一治一乱而无革命"。认为"中国历史自秦汉后,即入于一治一乱之循环,而不见革命",数十次改朝换代,都是"换汤不换药",社会构造、社会秩序没有本质的更替,其所以如此,关键在于中国经济停滞不前,没有发生产业革命,而产业革命之所以不见,认为是"对内求安",心思向里用力的中国人生态度使然。

第十二章"人类文化之早熟"。通过分析中西文化之异同,得出中国文化"理性早启"、"文化早熟"之结论。说西方着重解决"人对物"的问题,力气向外用,为"身的文化"、"有对"的文化;而中国则着力于"人对人"的问题,力气向里用,为"心的文化"、"无对"的文化。中国正因为"文化早熟",遂没有民主、"人权自由"及"民治制度"。强调中国是"病在高明,非失之愚笨"。

第十三章"文化早熟后之中国"。指出"科学从理智来",而不是从理性来,故中国没有科学,从而也就没有产业革命,中国已"陷于盘旋不进"之境地。认为中国文化早熟,造成了中国文化五大病,即:"幼稚"、"老衰"、"不落实"、"落于消极亦再没有前途"、"暧昧而不明爽"。

第十四章"结论"。根据第二至第十三章的详细讨论,对第一章所列中国文化十四特征作了总结,认为"归根结蒂,一切一切,总不外理性早启文化早熟一个问题而已"。

《中国文化要义》对中国社会及其文化特殊性的分析有其独到之处,但它主张中国缺乏阶级对立、文化由"圣人"创立,其消极影响也是显而易见的。

(董德福)

近代中国启蒙运动史 何干之

《近代中国启蒙运动史》,一册。何干之著。1937年上海生活书店出版,收入《民国丛书》第二编。

何干之(1906—1969),原名谭毓均,又名谭秀峰,曾先后化名谭卫中、谭华生、杜鲁人、何汉生。1936年以何干之作笔名写文章,自此改名。出生于广东台山县一华侨家庭。1920年至1924年,就读于广州广雅中学和岭南大学附中,1926年入中山大学。受五四运动影响,自学马克思列宁主义,并创办"秋明书店",出售进步书刊。两年后被学校开除,回乡任《台州日报》记者,因发表"时评",抨击腐败的政治而受追缉。旋即赴日本,入早稻田大学和明治大学学习经济学。"九一八"事变后,参加罢课斗争而回国。其后,任教于广州女子师范和民国大学,并与温盛刚等筹建中国左翼文化总同盟广州分部,办《世界情势》、《文化阵线》等刊物。1934年至上海,编《时代论坛》,并参加了中国共产党。其间发表《近代中国启蒙运动史》等七本专著和大量论文。"七七"事变后,奉调至延安,相继在陕北公学、抗日军政大学、中央党校、华北联合大学、华北大学等校任教和担任领导。50年代后,任中国人民大学教授、历史系主任,同时被聘为中国科学院哲学社会科学部专门委员、全国高校教材编审委员等职。晚年致力于中国现代革命史的研究。因"文革"折磨而突发病离世。其主要著作有:《中国经济读本》、《列强支配中国的经济网》、《中国的过去、现在和未来》、《中国社会性质问题论战》、《中日国力的对比》、《转变期的中国》、《中国社会史问题论战》、《中国社会经济结构》、《三民主义研究》、《鲁迅思想研究》、《中国现代革命史》、《中国民主革命时期的资产阶级》等。

1936年9月至1937年春夏间,关于新启蒙运动的讨论极为热烈,何干之曾发表《新启蒙运动的争战》、《新启蒙运动与哲学家》等文参与论辩,在此基础上写成《近代中国启蒙运动史》。是书的出版,引起思想文化界的注视,对于推动新启蒙运动的开展起了积极的作用。

《近代中国启蒙运动史》共列七章,探讨从鸦片战争为起点的近代中国启蒙运动的历程。虽名为史,实是史论并重,对30年代初在思想文化战线上掀起反对日本侵略中国的新启蒙运动,作了深刻而全面的论述。

第一章,启蒙运动的意义及其社会基础。这实际上是本书的"导言"。指出"启蒙"即是打破欺蒙、扫除蒙蔽、廓清蒙昧,亦即是思想解放运动,它是资本主义兴起以后的产物;中国启蒙运动也是随着资本主义出现的,鸦片战争是新旧中国的转变点。当然最重要的是社会运动,但思想运动总是落后于实践一大步,并且又跳不出标语的圈子,这对社会运动是很不利的。现在中国思想战线需要做"输入文明"和"创造理论"的工作,因为"这种输入和创造工作,是更高级更深入的社会运动的准备工作,所以也能得到最强有力的社会力量的同情与赞助"。

第二章,新政派的洋务运动。(一)东洋社会的停滞与新政派的变法。谓"中国思想的停滞,那是东洋社会停滞的反映",故新政派变法"不从经济基础上发掘社会变迁的原因","他们对于中国社会史的知识是很笼统很浅薄的",变法"不是自发的,而是被动的"。(二)中学为体西学为用的洋务运动。"总而言之,他们所要保存的纲常、圣道;所要革新的是器械、工艺、炮兵。"

第三章,戊戌维新运动。从"甲午战争与洋务"、"康有为的反古思想及其空想主义"、"谭嗣同的个性及其思想"、"梁启超的民权思想"四方面加以论述。

第四章,五四新文化运动。从"五四文化运动的社会基础"、"民主主义与政治改革"、"科学的方法与新世界观"、"反对礼教与思想解放"、"个人主义与个性解放"、"文学革命运动与社会运动"等方面加以论述。对五四运动的主将李大钊、陈独秀、胡适、鲁迅等人的思想主张以及在运动中的作用,都有非常客观的和科学的评价。

第五章,新社会科学运动。下分:(一)启蒙运动的第一次否定。指出,1926年以后,没有巩固五四运动的成果,理应有一个广泛的深入的思想运动,作为政治社会运动的辅导,"破坏旧的文化传统,建立新的思想体系。可是这个任务,在国民革命时代,可说是完全被放弃了。"于是后来出现了新社会科学运动。(二)怎样认识现代中国社会构成。对托洛茨基、拉狄克和约瑟夫、布哈林等苏联思想界,王学文、潘东周的新思潮派,严灵峰、任曙的动力派,钱俊瑞、薛暮桥、孙冶方的半封建派等都有评述。作者主张中国现代社会是半封建半殖民地社会。(三)怎样认识中国社会的历史过程。叙述苏联、日本、中国的史学家关于"亚细亚生产方式"和奴隶制问题的争论以及作者本人的观点。

第六章,国难与新启蒙运动。下分:(一)启蒙运动的第二次否定。认为六年的国难,提醒了中华民族的自觉,今日出现爱国主义的理性运动称之为新启蒙运动,是对五四运动的肯定,亦即是否定之否定。(二)新启蒙运动的提出。指出新启蒙运动就是文化思想上的爱国主义运动,自由主义运动,理性运动,是建立现代中国新文化运动。这是由陈伯达首先提出,艾思奇补充,经过朱光潜、狄超白、沈于田、蒋弗华、炯之、柳湜、张申府等人的文章讨论后所确定的共通的结论。

第七章,目前思想文化问题。下分:(一)新启蒙运动是文化思想上的爱国主义运动。意谓"国难产生了新的文化运动,而新的文化运动又以解除国难以爱国主义为依归"。(二)新启蒙运动是文化思想上的自由主义运动。指出:"新启蒙运动的终极目的是反对异民族的侵略,争取祖国的独立自由。在这最高的目标之下,与它不两立的思想当然不能让它自由生存、自由发展。这里就划出了思想自由的界限,就是凡是文化思想在终极的效果上有利于民族,能够提高民族力量,对于抗敌救亡有一点一滴的贡献的,都应当许可它自由存在,自由发展。"(三)新启蒙运动是理性运动。认为新启蒙运动必须唤起全民族自我醒觉,反对异民族奴役,反对旧礼教,反对复古,反对盲从,反对迷信,反对一切愚民政策,要使四万万同胞过着有文化有理性光明的独立的精神生活。(四)新启蒙运动是创造现代中国新文化的运动。认为必须保存中国文化最精良的传统,一方面又接受西洋文化的最新成果。应用最新文化整理批判旧的思想旧的传统,同时又发扬光大新文化体系,辩证的或有机的综合而创造中国的新文化,同时也是创造世界的新文化。(五)新启蒙运动与哲学家。指出哲学并不是莫测高深的冥想,而是人们的思想方法与行动方法,必须把这一方法或大道理应用中国社会实际生活的各个方面。中国的社会只有应用高级的思维方法,才能重新估量它的价值,还它的本来面目。中国社会的变革,赋予我们哲学思想的责任实在太大了。(六)新启蒙运动与经济学家。称"我们做新启蒙运动的经济学者,应当认清楚他们的文化任务,在于使全国国民认识中国社会的构成及其运动的规律性"。

(胡　啸)

新理学 冯友兰

《新理学》,一卷。冯友兰著。写于1937年。初有石印本,1939年正式出版。近年有多种单行本。

冯友兰(1895—1990),字芝生。河南唐河人。"幼承庭训",习读四书五经。1915年从上海中国公学大学预科班毕业后,入北京大学文科中国哲学门,习中国哲学。1919年留学美国,并获哥伦比亚大学哲学博士学位。1923年回国后,历任中州大学、广东大学、燕京大学、清华大学哲学教授,清华大学哲学系主任兼文学院院长。1939年至1946年,任西南联合大学哲学教授兼文学院院长。30年代初出版《中国哲学史》;西南联大期间著有《新理学》、《新事论》、《新世训》、《新原人》、《新原道》和《新知言》所谓"贞元六书",糅合程朱理学和新实在论,构造了客观唯心主义"形上学"体系。1946年赴美国任宾夕法尼亚大学客座教授。归国后任清华大学校务会议主席。1952年起一直任北京大学教授、中国科学院社会科学学部委员,从事哲学教学、研究和著述。晚年重新编写了七卷本《中国哲学史新编》。一生著译颇丰,另有《人生哲学》、《南渡集》、《中国哲学史料学初稿》、《中国哲学史论文集》初集及二集等。论著汇为《三松堂全集》。生平史料见载于自著《四十年的回顾》、《三松堂自序》等。

早在1931年,冯友兰在《大公报》上连续发表了几篇《新对话》,1937年在《哲学评论》上发表《哲学与逻辑》一文,在这些文章中,《新理学》的主要观点已经有了萌芽,后充实、发挥而成书。

《新理学》是冯友兰"贞元之际所著书"的第一本书,是其哲学著作的理论基础,是"总纲"。它以新实在论、逻辑实证论,对程朱理学作了改铸,集中反映了作者的自然观,着重讨论共相与殊相的关系问题。全书由绪论和理、太极、气、两仪、四象、道、天道、性、心、道德、人道、势、历史、义理、艺术、鬼神、圣人等十章组成。

《绪论》部分声明本书所讲之系统,是"接着"宋明以来的理学讲的,而不是"照着"宋明以来的理学讲的,"非以前所谓理学之意义"的理学,而是"最哲学底哲学",故名新理学。

《新理学》以很大篇幅阐述客观唯心主义宇宙观。主要概念有：理、太极、气、道体、大全、真际、实际等。指出理是事物存在的根据，是"实际事物之所以然之故"，是事物的"当然之则"；理又是"事物之极"（极有"标准"和"极限"两层含义）。总括众极，称为"太极"，故"太极"是"所有众理之全"，它"冲漠无朕，万象森然"。气是事物构成的条件，道体是事物的流行，大全是理、气、道体的总和。总一切事物之有叫实际，总一切理（太极）之有叫真际。

关于真际与实际的关系，指出：真际是形上的、抽象的，是永恒绝对的，是人们思维的对象，实际是形下的、具体的，是暂时相对的，是人们感觉的对象；真际是内在的本体，是第一性的，实际是外在的显现，是第二性的，真际派生并决定实际，先有理、真际，后有实际。而且实际的事物之有无、多少，对理、真际并无影响，因为理、真际"不生不灭，不增不减"，是超时空、超现实的精神实体，宇宙万物皆源于此。

那么，实际存在的事物是如何由理、真际产生的呢？《新理学》又安排一个"气"作为理的"挂搭处"。指出气是某类事物实现某理所依据的材料，它有相对和绝对之分，绝对的材料称为"真元之气"，是"不可名状，不可言说，不可思议"的，它本身无性，无名，无状，无象，可以叫"无极"，是没有任何物质性的精神实体。

《新理学》认为，任何一具体事物的存在必有两所依："其所依照是理，其所依据是气"，由气至理之间的程序，即所谓"无极而太极"，就叫做"道"，实际的事物也就在"无极而太极"的过程中产生着、发展着、存在着。

《新理学》还用"十二辟卦圆图"描述世界发展图式，认为事物的发展在于阴（静）阳（动），其发展过程分为成、盛、衰、毁四个阶段，每个阶段又分三个小阶段，从而形成一个周律，万事万物都按这一周律，"时时生灭，时时变化"，这叫做道体的"日新"。说道体的日新从不同角度看有循环、进退、损益、变通等四种。

在认识论方面，《新理学》认为理、太极既是认识的对象，又是检验认识的标准，是永恒不变的绝对真理，它先于认识而先验地存在。

就认识的程序言，主张认识"从经验中得来"，"由知实际底事物而知实际，由知实际而知真际"，但又强调"及知真际，我们即可离开实际而对于真际作形式底肯定"，"并不另需经验以为证明"。

此外，《新理学》论述了在以上理论思想支配下对形下的具体的实际问题，如社会、道德、历史、艺术、鬼神、圣人等方面的看法。

《新理学》以现代西方哲学来解释、发挥程朱理学，体现了中西哲学的汇合，内容虽不免陈旧，形式上却是新的、近代的。它曾被指定为旧中国的大学教材，在学术界、思想界有较大影响。贺麟先生曾说:"冯先生《新理学》一书出版后,全国各地报章杂志,以及私人谈话,发表评论,异常之多"(《当代中国哲学》),可见影响之大。

(董德福)

新原人 冯友兰

《新原人》,一卷。冯友兰著。成书于1943年。1943年重庆商务印书馆初版。近年有多种单行本。

作者生平事迹见"新理学"条。

《新原人》是冯友兰"贞元之际所著书"之一,曾在《思想与时代》杂志上单篇连载,后汇编成书。全书由"自序"和"觉解"、"境界"、"自然"、"功利"、"道德"、"天地"、"学养"、"才命"等十章组成。通过对"觉解"和"境界"说的阐发,详细论述了新理学的人生哲学。

《新原人》指出:人与动物的区别在于"人生是有觉解的生活",人生的意义生于人对于宇宙和人生有所觉解。所谓"觉解",是指人"自觉到自己对事物有所了解"。"觉解是明,不觉解是无明",没有人的觉解,宇宙世界便没有光明、毫无意义。而人之所以有觉解,"因为人是有心底",即人有"知觉灵明"。说"宇宙间有了人,有了人的心,即如黑暗中有了灯"。

如何"觉解"?《新原人》强调要"尽心尽性"。指出人不但有"心",同时也有"性",人之性,"即人之所以为人,而以别于禽兽者"。人充分发展其心的知觉灵明,叫作"尽心",尽心则知性,知性后努力使此性完全实现,即是"尽性"。说"尽心尽性的最高义,是充分发展人的高一层的觉解",即觉解"人之所以为人",从而努力达到"人之理"的标准。

《新原人》认为:由于觉解或尽心尽性的个体差异,宇宙和人生对不同的人有不同的意义,由此构成人的不同精神世界,即"境界"。指出人们可能得到的境界有以下四种。

第一,自然境界。处在自然境界中的人,他们的行为是"顺才"或"顺习"的。所谓"顺才",就是率性而行;所谓"顺习",就是依据个人的习惯或社会的习俗自然而行的行为,这样的行为可以说是"行乎其所不得不行,止乎其所不得不止"。这是一种最低的境界,处于"浑沌"状态,对所行事的性质无清楚的了解,可以说是"不著不察"。认为过原始生活的人,小孩子及愚人,其境界多属自然境界,即使是生活于高度工业化的社会中的人,包括智力很高,在某些方面有天才的人,其行为若是顺才或顺习的,则也处于自然境界。

就道德价值的实现而言,处于自然境界中的人,顺其所有的天然倾向而行,不了解某道德规律的意义,亦不自觉其行为合乎某道德规律,这样的行为可以称之为"自发底道德行为",是"合乎道德底",却不能说是"道德底",它没有道德价值。

第二,功利境界。处在功利境界中的人,他们的行为是"为利"的,而且是"为自己的利"。这是一种较低的境界,功利境界中的人,对"自己"和"利",对"目的"和"贵贱"等均有清楚的了解,"达此目的则为成,不达此目的则为败。成则喜欢,败则悲伤","好贵而恶贱。贵则喜欢,贱则悲伤"。指出有些人的行为,虽对他人或社会有很大的意义,但就其出发点是为自己的利,求自己的快乐而言,其境界仍为功利境界。

第三,道德境界。处在道德境界中的人,他们的行为是"行义"的。"行义"者,以"求社会的利",替社会做贡献为目的。处在这种境界中的人,认识到"社会是一个全,个人是全的一部分",也即"对于人之性已有觉解",认识到社会的制度及其间的道德规律,都是属于"人之所以为人之理中",属于"应有之义"。

《新原人》将抽象的"理",作为道德行为的出发点,提出道德行为的规定:首先,必须符合"人之理"和"社会之理";其次,"有觉解底,行道德底事底行为,始是道德行为";最后,凡属道德行为,还必须是"尽伦尽职底行为"。具有道德境界的人,为贤人,觉解程度较高,行为受其意识支配,"尽人伦","尽人职"。

第四,天地境界。处在天地境界中的人,他们的行为是"事天"的。这种人不但了解"社会之全",而且了解"宇宙之全",是"圣人"。指出"圣人有最高底觉解,而其所行之事,则即是日常底事,此所谓'极高明而道中庸'"。

认为达天地境界者,知天、事天、乐天、同天,与"理世界"相通。他们能从"大全"的观点、"天"的观点,即从"较高底观点"看事物,则"任何事物,都是宇宙大全的一部分,都是理的例证",一切区别都是相对的,因此,处于天地境界中的人,超成败、超顺逆、超贵贱、超限制、超生死。

《新原人》指出,天地境界是最高的境界,其意义是说:"在天地境界中底人,自同于大全。'体与物冥'。'我'与'非我'的分别,对于他已不存在。……自同于大全,并不是'我'的完全消灭,而是'我'的无限扩大。在此无限扩大中,'我'即是大全的主宰。"这里《新原人》由客观唯心主义倒向了主观唯心主义,而它关于"大全是不可说底,亦是不可思议,不可了解底"观点,又带有神秘主义的色彩。

《新原人》指出,以上四种境界,按其层次说,"是一种辩证的发展过程",一个人处在哪种境界,不是一成不变的,而是常有变化的。认为只有"以诚敬存之",才能使他"常住于某种境界"。

此外,《新原人》还讨论了"才"、"为"、"命"及"死生"等问题,对中国古代的伦理哲学、印度佛教的人生哲学和西方近代的道德哲学亦有涉及,对它们的介绍和批评都烙上了新理学的客观唯心主义的鲜明印记。

《新原人》是传统儒家人生哲学在现代的表现,无论在思想上还是政治上都产生了一定的影响。

(董德福)

文化与人生 贺 麟

《文化与人生》,一册。贺麟著。系作者抗日战争期间写的有关人生、道德、教育、法制、宗教、中国哲学等文化各方面的论文汇集。1947年上海商务印书馆初版,1988年商务印书馆增订版,2011年上海人民出版社版。

贺麟(1902—1991),字自昭。四川金堂人。幼读私塾,深受儒家熏陶。十三岁小学毕业后考入省城成都联合高中,此时即认为哲学应当与文化修养、生活体验相结合,立志成为一博古通今、勤于思索的哲人。1919年,考入清华学堂。1926年赴美入奥柏林大学哲学系。两年后,获学士学位。再转至哈佛大学,学习德国古典哲学,1930年再获硕士。同年启程去德国,进柏林大学。翌年,因愤于日本侵华,提前结束留学生涯而返回多难的祖国。从此长期执教于北京大学哲学系,任副教授、教授等职。1956年调中国科学院哲学研究所任研究员、研究室主任。曾任全国外国哲学史名誉会长。早年宣传唯心主义哲学,素有"中国的费希特"之称。认为"心"是"最根本、最重要的东西","所谓物质,一定是经过思考的物质","不可离心而言物"(《当代中国哲学》)。"离心而言物,则此物实一无色相、无意义、无条理、无价值之黑漆一团,亦即无物。"(《近代唯心论简释》)其哲学思想实是陆王心学与新黑格尔主义融合体,先后写出《朱熹与黑格尔太极说之比较观》、《五伦观念的新检讨》、《自然的知行合一论》等文,以及《近代唯心论简释》、《文化与人生》、《当代中国哲学》等著作。最终完成其"新心学"的理论建构。1949年后,清算自己过去的唯心主义,而崇信辩证唯物论和唯物史观。在翻译和介绍黑格尔哲学方面成绩卓著,有译著《现代西方哲学讲演集》、《黑格尔哲学讲演集》等。著译辑为《贺麟全集》。生平见三联书店1993年版《会通集——贺麟生平与学术》等。

《文化与人生》原版收三十八篇论文,1988年新版又增收了五篇,共四十三篇。除自序外,其篇目是:儒家思想的新展开;抗战建国与学术建国;经济与道德;物质建设与培养工商业人才;物质建设与思想道德现代化;法治的类型;五伦观念的新检讨;论假私济公;论英雄崇拜;论人的使命;信仰与生活;理想与现实;乐观与悲观;自然与人生;观念与行动;基督教与政治;论研究宗教是反对外来宗教传播的正当方法;基督教和中国的民族主义运动;纳粹毁灭与德国文化;诸葛亮与道家;读书方法与思想方法;从看外国电影谈到文化异同;战争与道德;宋儒的新评价;杨墨的新评价;功利主义的新评价;宣传与教育;漫谈教学生活;陆象山与王安石;人心与风俗;树木与树人;学术与政治;政治与修养;王船山的历史哲学;论哲学纷无定论;文化武化与工商化;王安石的哲学思想;认识西洋文化的新努力;西洋近代人生哲学的趋势;反动之分析;革命先烈纪念日感言;向青年学习。

其中有三篇论文值得重点介绍。

一、《儒家思想的新开展》。原刊登于1941年8月《思想与时代》第一期,此文可算是作者阐发现代新儒家思想的代表作。劈头即提出:"根据对于中国现代的文化动向和思想趋势的观察,我敢断言,广义的新儒家思想的发展或儒家思想的新展开,就是中国现代思潮的主潮。"认为,中国近百年来的危机,根本上是一个文化的危机。五四运动以前,儒家思想在中国文化生活上失掉了自主权,丧失了孔孟的真精神,因而丧失了新生命,这才是中华民族的最大危机。五四新文化运动最大贡献在于破坏和扫除儒家的僵化部分,反而洗刷和促发孔孟程朱的真面目显露出来。加之西洋文化的输入,又使儒家思想得到新发展的一大动力,有可能使儒家思想把握、吸收、融合、转化西洋文化,从而使儒家得以复活、充实而有新的发展。所以,"道德传统的解放,非儒家思想的提倡,西洋文化的输入与把握,皆足以促进儒家思想的新开展"。文章提出三条企求儒家思想的新开展的意见:第一,必须以西洋的哲学发挥儒家的理学;第二,必须吸收基督教的精神以充实儒家的礼教;第三,必须领略西洋的艺术以发扬儒家的诗教。文章得出最后结论是:"只要能对儒家思想加以善意同情的理解,得其真精神与真意义所在,许多现代生活上、政治上、文化上的重要问题,均不难得到合理、合情、合时的解答。……如是,我们可以相信,中国许多问题,必达到契合儒家精神的解决,方算得达到至中至正、最合理而无流弊的解决。"

二、《五伦观念的新检讨》。原刊于1940年5月《战国策》第三期,这又是一篇颇有争议的文章。本文旨在于"要从检讨这旧的传统观念里,去发现最新的近代精神"。认为从本质上分析,五伦观念实包含四层要义:(一)五伦是五种人与人之间的关系,它特别重视人,即注重道德价值,而不甚注意宗教、科学的价值;(二)五伦观念认为人伦乃是常道,规定人生的恒久关系;(三)以等差之爱为本而善推之;(四)五伦观念的最基本意义和最高最后发展是三纲说。文章最后提出:"要想从根本上发挥补充五伦观念,也须从发挥补充此四要素着眼。此外都是些浮泛不相的议论。为方便起见,综括起来,我们可以试给五伦观念下一界说如下:五伦观念是儒家所倡导的以等差之爱、片面之爱去维系人与人间的长久关系的伦理思想。这个思想自汉以后,被加以权威化、制度化而成为中国传统礼教的核心。这个传统礼教在权威制度方面的僵化性、束缚性,自海通以来,已因时代的大变革和新思想、新文化的介绍,一切事业近代化的推行,而逐渐削减其势力。现在的问题是如何从旧礼教的破瓦颓垣里,去寻找出不可毁灭的永恒的基石。在这基石上,重新建立起新人生、新社会的行为规范和准则。"

三、《宋儒的新评价》。原刊登于1944年5月《思想与时代》第三十四期上,这篇乃为宋儒作翻案的文章。文末所作的结论,已现出全文的主旨。认为:"(一)宋以后的中国文化有些病态,宋儒思想中有不健康的成分,我相当承认。须校正宋儒的偏蔽,发扬先秦汉唐的精神,尤为我们所应努力。(二)程伊川的错处仅在于误认夫死妻再嫁为失节,与近代人对夫妇及贞操的看法不同。假如程伊川生在现代,他也许不再固执那种旧贞操观念。伊川所提出'饿死事小,失节事大'的根本原则,至今仍有效准。在饥饿线上尚在为教育、为学术守节操的学者们,已经在实行并证实伊川的原则了,更无法去反对他。(三)宋代之衰弱不振,亡于异族,主因是开国时国策有错,宋儒责任甚轻。宋儒哲学中寓有爱民族、爱民族文化的思想,在某种意义下,宋明儒之学,可称为民族哲学,为发扬民族、复兴民族所须发挥光大之学。(四)宋儒格物穷理,凡事必深究其本源,理论基础甚深厚,虽表面上似玄虚空疏,而实有大用,故发生极大的影响,说宋儒不切实用,大都是只就表面论,而不明程朱学说之全体大用者。"

《文化与人生》所集各文提出了许多独特的见解,很能表现一个哲学学者的思考训练,具有其理论魅力和深邃性,为当时思想文化界所瞩目,而且至今仍值得深入探讨。

(胡　啸)

十批判书 郭沫若

《十批判书》，十篇。郭沫若著。1945年初版于重庆，1950年经修改补充后由人民出版社再版。1956年由科学出版社重排新版，后多次印刷。收入《郭沫若全集·历史编》。又有东方出版社1996年版等多种单行本。

郭沫若(1892—1978)，原名开贞，字鼎堂。四川乐山人。1913年中学毕业，次年赴日本留学，原学医，返国后从事文艺。五四时期，积极投身新文化运动。1921年出版第一部诗集《女神》，并与郁达夫、成仿吾等组织"创造社"。1924年后，接受马克思主义思想，倡导革命文学。1926年参加北伐战争，任国民革命军总政治部副主任。次年参加南昌起义，8月加入中国共产党。再次年旅居日本，从事古代史和甲骨文、金文的研究，发表《中国古代社会研究》、《甲骨文字研究》、《卜辞通纂》等重要著作。抗战开始，回国从事抗日运动，不久相继发表《屈原》、《虎符》、《棠棣之花》等历史剧及大量诗文。《青铜时代》等有创见的著作亦公开出版。新中国成立后，历任中央人民政府委员、政务院副总理、中国科学院院长、人大常委会副委员长等职。又当选全国文联主席、中国人民保卫世界和平委员会主席，中国共产党第九、十、十一届中央委员等。他学识渊博，才华横溢，著述甚多，著作由后人辑为《郭沫若全集》。

《十批判书》是作者1943年留居重庆时所写的有关研究先秦诸子思想的论文集，因收十篇题为"批判"的文章而定名。为《青铜时代》的姊妹篇。内容如下。

一、《古代研究的自我批判》。总结了作者初期的古史研究，对1930年初版的《中国古代社会研究》书中有关"封建"制、井田制、人民身份、工商业、奴隶解放等问题的观点和文献、卜辞、古器物资料等作了修正。

二、《孔墨的批判》。认为孔子的基本立场"是顺应着当时的社会变革的潮流的"，"企图建立一个新的体系以为新来的封建社会的韧带"；墨子在公家腐败、私家前进的时代，是袒护公家、反对乱党的，和孔子思想处于相反的地位。

三、《儒家八派的批判》。依据《韩非子·显学篇》论述儒家八派：子张之儒,似为孔门的过激派,对墨翟稍有影响；子思之儒、孟氏之儒、乐正之儒,应是一系；颜氏之儒当指颜回派,《庄子》书有《人间世》等篇有关他的"心斋"、"坐忘"的资料；漆雕氏之儒是指漆雕开,为孔门的任侠一派；仲良氏之儒,疑为陈良的一派,屈原应出于其门下；孙氏之儒就是荀子的一派,荀子是子弓的徒属。上述追源溯流的八派考查,足见儒家内部派别性相当可观,有的派别与儒家以外的派别并非是势同水火的。

四、《稷下黄老学派的批判》。探讨了黄老之术何以培植、发育和昌盛于齐国,道家三派即宋钘尹文派、田骈慎到派、环渊老聃派的理论主张之异同以及演变等。

五、《庄子的批判》。认为庄子本是"颜氏之儒",而后是道家的中心人物,使道家真正成了一个学派与儒墨鼎足而三的一个人。其主张人与"道"合为一体,因而才能体现人生之意义。庄子后学和思孟学派思想接近,失却反抗性而转型为御用品。

六、《荀子的批判》。除论述荀子的循环宇宙观、复古的历史观、与知识论相矛盾的性恶论以及隆礼义尊法制的政治论外,还考证了《仲尼》篇亦非荀子手笔,断定荀子并无"恃宠处位终生不厌之术"的主张,从而不至于"轻率地诬枉古人"。

七、《名辩思潮的批判》。分析和评述了列御寇、宋钘、尹文、兒说、貌辩、昆辩、告子、孟子、惠施、庄周、桓团、公孙龙、墨家辩者、邹衍、荀子等的名辩思想和业绩。

八、《前期法家的批判》。上追子产,论及李悝、吴起、商鞅、慎到和申不害等的法学理论,断定李、吴、商都出于儒家的子夏,慎、申则属于黄老学派,并认为子夏氏之儒在战国时代已别立门户,而不为儒家本宗所重视了。

九、《韩非子的批判》。认定韩非不仅综合申不害和商鞅的法术思想主张,从其远源来说应是道家与儒家,而且更采纳墨子的绝对君权主义。其把墨子的尊天明鬼、兼爱尚贤扬弃了,而特别把尚同、非命、非乐、非儒的部分发展到了极端。

十、《吕不韦与秦王政的批判》。作者针对当时有人"歌颂嬴政,有意阿世",对秦始皇作了大胆的否定。从世界观、政治主张和一般倾向等方面分析,证明吕不韦与秦始皇是绝对的对立：前者是封建思想的代表,而后者则依然站在奴隶主的立场。吕不韦所编的《吕氏春秋》是有永存的价值的。

《十批判书》是一本史料丰富、说理性强、颇有独到见解的论著,引起哲学界、史学界高度注意,同时也存在一些不同的评价。

(胡　啸)

魏晋玄学论稿 汤用彤

《魏晋玄学论稿》，一册。汤用彤著。为1938年至1947年发表的有关魏晋玄学的九篇论文的汇集，其中八篇原载于20世纪30年代末的《学术季刊》、《图书季刊》等杂志。人民出版社1957年结集出版，中华书局1962年新版。又有上海古籍出版社2001年版、三联书店2009年增订版、北京大学出版社2010年版《魏晋玄学论稿及其他》本。

汤用彤(1893—1964)，字锡予。原籍湖北黄梅，生于甘肃渭源。幼年读书于父的塾馆，勤奋刻苦，自谓"幼承庭训，早览乙部"，对历史兴趣浓厚。1912年入北京顺天学校，1914年进清华学堂。三年后毕业，留校任国文教员，兼任《清华周刊》总编辑。翌年赴美，相继在哥伦比亚大学、哈佛大学研究院学哲学，并习梵文、巴利文。1922年获哲学硕士学位后返国。先后在东南大学、南开大学、中央大学、西南联大任教授、系主任。1930年起于北京大学任教，从此再未离开过。1947年曾去美国加利佛尼亚大学讲学。新中国成立后，任北京大学校务委员会主任委员、副校长，中国科学院哲学社会科学部委员、历史考古专门委员等职，并任全国政协第一届委员、第三届常务委员，全国人民代表大会第一、二、三届代表。早年在美国签名声援五四运动，但对新文化运动的意义并未理解。20年代初回国即发表《评近人之文化研究》一文，支持提倡封建文学的《学衡》观点。后态度有所转变，时感"读书无心，救国乏术"，始终关怀祖国的命运和文化遗产。专治佛教史和哲学史，精于考订，治学严谨，把考据之学实事求是传统和西方分析哲学思想方法结合起来，在佛学和玄学诸领域颇有创见，贡献甚大。可参阅《汤用彤学记》(三联书店，2011年)。主要著作有《汉魏两晋南北朝佛教史》、《隋唐佛教史稿》、《印度哲学史略》等，后人编为《汤用彤全集》。

《魏晋玄学论稿》共收录九篇论文。它们是：《读人物志》、《言意之辨》、《魏晋玄学流别略论》、《王弼大衍义略释》、《王弼圣人有情义释》、《王弼之周易论语新义》、《向郭之庄周与孔子》、《谢灵运辨宗论书后》，附录《魏晋思想的发展》。

书中的重点内容可概括为如下四个方面。

首篇《读人物志》，是对三国魏刘邵（一作"劭"）《人物志》的评述，借此说明当世的思想内容，以及学问的变迁。他认为，此书论旨在于考察才性选拔人才，但其书大义可分为：（一）品人物则由形所显观心所蕴；（二）分别才性而详其所宜；（三）验之行为以正其名目；（四）重人伦则尚谈论；（五）察人物常失于奇尤；（六）太平必赖圣人；（七）创大业则尚英雄；（八）美君德则主中庸无为。汤用彤对此书大义剖析如此具体，是非常宝贵的，启示了后人对《人物志》真义的了解。他又认为，此书亦叙述了汉末晋初的思想学术的变迁。正始前后，谈论殊异。《人物志》为正始前之学风之代表作品，而后遂趋于虚无玄远之途，鄙薄人事。最后，对名法儒道四家作了说明，提出刘邵、王弼所陈君德虽相同，而他们的发挥颇殊异；刘邵以名家见知，而王弼则为玄学之秀，这是不可不注意的。

其次，《言意之辨》一文，最为要紧。此文以前未正式发表过，只在昆明由北京大学文科研究所油印散发过。汤用彤最早论述言意之辨是玄学体系的基础，认为若详其源实起于汉魏间评论人物之名理之学。如王弼之说起于"言不尽意"义已流行之后，凡所谓"忘言忘象"、"寄言出意"、"忘言寻其所况"、"善会其意"、"假言"、"权教"诸语，皆承袭《易略例·明象章》所言，用于经籍之解释，深契合于玄学之宗旨，亦用以会通儒道二家之学，而于名士之立身行事亦颇有影响。可知"言意之辨"在玄理中的地位是至为重要的。

第三，探索了魏晋玄学的产生及其流别，这在《魏晋玄学流别略论》、《魏晋思想的发展》两篇文章有具体的论述和剖析。他认为，魏晋思想颇为复杂，但两种趋势仍是很清楚的，一方面是承继汉代的旧说，另一方面则是新学，新学就是玄学，其中心问题是"理想的圣人之人格究竟应该怎样？"因此而有"自然"与"名教"之辨。经过剖析，认为玄学的产生与佛学无关，玄学是从中华固有学术的自然演进而出的"新义"，玄学与佛教在理论上没有必然的关系。"易言之，佛教非玄学生长之正因。反之，佛教倒是先受玄学的洗礼，这种外来的思想才能为我国人士所接受。不过以后佛学对于玄学的根本问题有更深一层的发挥。所以从一方面讲，魏晋时代的佛学也可以说是玄学。而佛学对于玄学为推波起澜的助因是不可抹杀的。"（见《魏晋思想的发展》）

那么，玄学的发展和佛教对玄学的发挥究竟起何作用呢？理论流别方面有相似之处，因为中心问题是辨本末有无之理，则其一，为王辅嗣之学与释氏所谓本无宗者；其二，为向秀、郭象之学与释氏支道林之即色论者；其三，为心无义，虽不行南朝，然颇行于晋代，独有支愍度乃立"心无义"，与流行学相径庭；其四，为僧肇之不真空义。他虽具有谈玄趣味，但又鄙薄老庄，服膺佛乘，当然几乎是突破玄学的藩篱了。

最后，本书以三篇论文述评了王弼的思想，为后来研究魏晋玄学的"贵无"论打下基础。在《王弼大衍义略释》一文里，作者对王弼"以无为本"、"体用一如"的宇宙本体论作了深刻的阐释和剖析。认为，汉代宇宙学说演为魏晋玄学之本体论，重要在于汉魏间《易》学之变迁，而王弼注释大易，摈落象数而专敷玄旨，推陈出新，乃是最重要的演变标志。汉儒以元气化生的宇宙构成论，说明天地万物未形之前，元气已存，或者说万有之外、之后，别有实体，如依此而言体用，则体用分为二截；而王弼主张以无为本，从本末关系、动静关系、一多关系等方面论让本无即太极，宇宙全体为关键之秩序，即体即用，则天地即太极，"谓寂然至无为天地万物之本之极也"。这样就克服了汉儒的体用二截之弊病，"王弼太极新解为汉魏间思想革命之中心观念"。又，在圣人有情或无情说方面，实乃联系"自然"与"名教"的关系问题。汉儒上承孟、荀之辨性，多主性善情恶，推久至极有圣人纯善而无恶可以说无情。何晏在体用、动静等方面似未脱汉代宇宙论，所以亦主张圣人无情说。而王弼主体用一如，不能言静(性)而废动(情)，"圣人即应物而动，自不能无情"，所论天道、人事以及性情契合一贯，自然比何晏的说法更有道理、更符逻辑，所以王弼是首先把"名教"和"自然"或者说社会原则和自然原则的统一性的哲学问题提出来并给以充分论证的哲学家。

应该指出，汤用彤在这些文章结集成书出版时，特地写了"小引"于书前，其中提到："在我的文章中对王弼哲学思想很加称赞"，"但实是在主观上同情唯心主义"。话说得很是中肯，然而他对魏晋玄学的研究所作的重大贡献是不能抹杀的。

（胡　啸）

中国哲学大纲 张岱年

《中国哲学大纲》,副题《中国哲学问题史》。一册。张岱年著。始撰于 1935 年,1937 年成稿。商务印书馆排版,因抗日战争爆发未能印出。1942 年曾在北平私立中国大学印为讲义。1958 年商务印书馆按原书纸型出版,1982 年中国社会科学出版社出修订版。有江苏教育出版社 2005 年重印本等。

张岱年(1909—2004),字季同,别署宇同。河北献县人。早年受其兄张申府引导,阅读马克思、恩格斯著作译本,开始了解辩证唯物论和历史唯物论基本原理。同时对英国二十世纪初分析学派的著作亦多留意。大学时代即撰写哲学论文,发表有数十篇之多。1933 年北平师范大学毕业之后,即受清华大学聘请,任哲学系助教。1943 年起,在私立中国大学、清华大学任副教授、教授。1952 年调至北京大学任哲学系教授。先后担任中国哲学史学会会长、中国社会科学院哲学研究所兼职研究员、中国孔子基金会会长等。著作主要有《真与善的探索》、《中国伦理思想研究》、《中国哲学史方法论发凡》等。论著由后人辑为《张岱年全集》。

《中国哲学大纲》基本结构如下。

序论:(一) 哲学与中国哲学;(二) 中国哲学之区分;(三) 中国哲学之特色;(四) 中国哲学之发展。

第一部分:宇宙论。第一篇,本根论,下分八章;第二篇,大化论,下分六章。

第二部分:人生论。第一篇,天人关系论,下分三章;第二篇,人性论,下分五章;第三篇,人生理想论,下分八章;第四篇,人生问题论,下分九章。

第三部分:致知论。第一篇,知论,下分三章;第二篇,方法论,下分二章。

结论:中国哲学中之活的与死的。

《中国哲学大纲》具有如下鲜明的特点。

一、第一次把中国哲学条理化、系统化。依据哲学的定义、研究对象,分宇宙论、人生论、致知论三个方面,把中国哲学未加分化的内容,分类归纳,去粗存精,去伪存真,使中国哲学脱离模糊、笼统的弊病,而显出清晰的条理和系统,这不仅有利于把握中国哲学的问题,而且有利于发展中国哲学。

二、是第一部中国哲学概念范畴发展史。从中国哲学概念范畴入手,考察中国哲学发展的历程,即能把握中国哲学史极其丰富的内容,所谓逻辑的和历史的统一。本书始终贯彻这一特点,如:"本根论",考察了道论、太极阴阳论及五行说、气论、理气论、多元论等;"大化论",考察了变易与常则、反复、两一、大化性质、终始、有无、坚白、同异等;"人生问题论",考察了义与利、命与非命、兼与独、自然与人为、损与益、动与静、欲与理、情与无情、人死与不朽等。以概念范畴为中心,在动态中考察源流演变、分解融合、对立转化等侧面,揭示其复杂的内涵,这便是"范畴史"、"问题史"。

三、也是中西哲学范畴比较史。本书既注重异中求同,又刻意同中求异,有比较才有鉴别,避免牵强附会,失去中国哲学自身的特质。如在分析中国哲学本根论时,指出既类如西方哲学的本体论(Ontology),即同属于形而上的玄思,但两者又有很大的不同。"西方哲学中常认为本根在现象背后,现象现而不实,本根实而不现,现象与本体是对立的两世界。这种'本根是虚幻现象之背后实在'之观念,多数中国哲人,实不主持之。中国哲人决不认为本根实而不现,事物现而不实,而以为事物亦实,本根亦现;于现象即见本根,于本根即含现象。所以怀特海(Whitehead)所反对的,西洋哲学中很普遍的'自然之两分',在中国哲学中是没有的。"这种比较研究而深刻分析的论述,在书中是很多的。

四、从剖析范畴中得出中国哲学全体的特点。即从树木之条分缕析,并不支离烦琐,亦不局限阻滞,而是辩证论述,从部分中求得全体。如对中国哲学之特色的分析,认为中国哲学与西方哲学相比,有个特点,即:合知行;一天人;同真善;重人生而不重知论;重了悟而不重论证;既非依附科学亦不依附宗教。"以上六点,可以说是中国哲学之一般特色,即中国哲学之一般的根本倾向,与西洋或印度的哲学不同的。……想了解中国哲学,必先对于中国哲学之根本性征有所了解,不然必会对于中国哲学中许多思想感觉莫明其妙,至多懂得其皮毛,而不会深悟其精义。"

五、本书虽有欠缺之处,但在"修订本"中以"补录"和补充性的"附注"加以完善。如作者自谓,在取材方面,忽略了《管子》和《吕氏春秋》。至于汉唐的哲学,仅仅以董仲舒、王充为重点,对于唐代刘禹锡、柳宗元的学说未加引述。在论述范围方面,对历史观未有涉及。形神问题、志功问题、天人相分、天人相胜等问题,亦未能详细论述。这些不足之处,作者根据实事求是的原则,予以补充完善了,这是值得肯定的。

本书论点精辟,资料丰富,概念明确,论证严密,是继胡适、冯友兰等之后在中国哲学史研究领域的又一杰作。

(胡　啸)

近代中国思想学说史 侯外庐

《近代中国思想学说史》，上、下卷。侯外庐著。生活书店1947年出版。

侯外庐(1903—1987)，原名玉枢。山西平遥人。六岁发蒙习字，十五岁前读完四书五经。1924年就读于北京大学法学院，习法律；同时亦在北京师范大学研习史学，历时两年。1927年春留学于法国巴黎大学文学院。1930年回国后，先后任哈尔滨政法大学，北平大学教授。30年代初因宣传抗日在北平被国民党政府逮捕，经营救假释出狱。1936年曾翻译出版《资本论》第一卷全译本。建国后历任政务院文教委员会委员，中国科学院学部委员，中国社会科学院历史研究所所长，中国史学会理事，中国哲学史学会名誉会长，全国政协常务委员等职。著有《中国古典社会史论》、《中国古代思想学说史》、《中国古代社会史论》等。主编有《中国思想通史》、《中国近代哲学史》等。事迹见自传《韧的追求》。

《近代中国思想学说史》是侯外庐继《中国古代思想学说史》之后运用唯物史观清理清末至民初之思想发展历程的一部断代专门史著作。全书以时间为纲，人物为目，共分三编。

第一编："第十七世纪中国学术之新气象"。梳理十七世纪气象博大深远的启蒙思想。以十六章二十四节具体分析了王船山、黄梨洲、顾亭林、李恕谷、傅青主、李二曲、朱舜水及唐铸万等人的思想。

第二编"中国第十八世纪学术——专门汉学及其批判"。叙述十八世纪的汉学运动。以五章十四节分述戴东原、章学诚、汪中、焦循、阮元及方东树等人的思想。侯氏认为此时段的汉学运动，为学问而学问，正是乾嘉对外闭关对内安定的学术暗流，戴（东原）章（实斋）二子不过是清初大儒思想的余波，所以这个时代并非梁启超所谓清代的学术极盛时代。

第三编"中国第十九世纪思想活动之巨变"。认为十九世纪中叶至二十世纪初叶的文艺再复兴，接受了西洋学术的直接影响，内容殊为复杂多面，直与现在文化相连。以十六章三十四节分述经今文学家龚定庵，维新派康有为、谭嗣同，章太炎，古史学家王国维。其中对章太炎的思想学说以"章太炎的科学成就及其对于公羊学派的批判"和"反映十九世纪末叶社会全貌底太炎哲学思想"两个章节分别述之。

《近代中国思想学说史》是以唯物史观研究近代哲学思想历史的典型著作,代表了马克思主义史学家对于17世纪以来中国思想史的基本认识。以时代为纲、人物为目的研究模式亦具代表性。侯氏自述《近代中国思想学说史》所本的研究精神唯"实事求是"和"自得独立"。故《近代中国思想学说史》除了作为一种史学流派的典范著作,具有范式意义,其对史料的爬梳钩沉亦称翔实精深。

(孙　青)

知识论 金岳霖

《知识论》，一卷。金岳霖著。书稿完成于1948年，商务印书馆1983年出版，又有中国人民大学出版社2010年版。

金岳霖（1895—1984），字龙荪。湖南长沙人。自幼接受西学的濡染和传统文化的熏陶。1911年考入清华学堂，1914年毕业，旋赴美留学，先后在宾夕法尼亚大学和哥伦比亚大学研习政治学。1920年获博士学位后，离美赴英、法、德、意等国游学。1925年回国。历任清华大学、西南联合大学哲学系教授、系主任、文学院院长，并担任中国哲学理事和常务理事等职。自1952年起，先后任北京大学哲学系主任、中国社会科学院学部委员、哲学研究所副所长、全国政协委员、民盟中央常委、中国逻辑学学会理事长等职。学术上受格林、休谟、罗素影响颇大，三四十年代即形成哲学体系。他学贯中西，独辟蹊径，在逻辑学、本体论、认识论等方面玄圃耕耘，屡有建树，为中国哲学的近代化作出了极大的贡献。善于将逻辑分析用于哲学研究，具有丰富的辩证法因素，但因把思维的抽象作用和形式逻辑的规律绝对化，导致形而上学和先验论。著作尚有《逻辑》、《论道》等。生平见《金岳霖的回忆与回忆金岳霖》（四川教育出版社，1995年）等。

早在20世纪三四十年代，金岳霖就着手写《知识论》，曾陆续以单篇发表。完稿后，不幸遇敌机空袭将稿子遗失，只得重起炉灶，于1948年底再次将洋洋七十万言的《知识论》一书写成，1983年正式出版。

《知识论》体系庞大，内容丰富，含导言和十七章九十九节。用金岳霖自己的话说，"本书底主旨是以经验之所得还治经验，或以得自官觉者还治官觉。知识者实在是以所与摹状所与，在多数所与中抽出意念以为标准，然后引用此标准于将来的所与，以为接受将来的所与底方式。"围绕这一主旨，对近代以来哲学认识论的基本问题，如感觉论、概念论、因果论、真理论等都作了全面详细的考察、批评，提出了一系列独创性见解，形成客观主义知识论学术体系。

一、"所与是客观的呈现"。

指出本书所讲知识论是关于知识的理的学问。强调承认外在的客观性是建构认识论唯一可靠的立脚点,说"在实在主义的立场上,'有独立存在的外物'是一无可怀疑的命题"。所谓有外物,是指:(一)"被知底独立存在感";(二)"性质底独立感";(三)外物"各有其自身的绵延的同一性"。在外物存在的客观性问题上,批评了西方哲学自贝克莱、休谟以来,直到康德、罗素和维也纳学派的"唯主方式",揭示其实质是"自我中心论"。

接着,提出了"正觉底呈现是所与,它总是客观的"观点。此所谓"正觉",即知识者在正常状态下形成的感觉;此所谓"所与",即感觉经验或经验材料。认为所与是把知识者同外物联系起来的可靠的桥梁,所与是内容,也是对象,"内容和对象在正觉底所与上合一"。

二、"所与底收容与应付"。

《知识论》认为,所与只是知识的来源,它本身还不是知识,要形成理性的知识,必须对"知识底材料"(所与)进行加工,这叫作"所与底收容与应付"。指出"抽象的意念"是知识者在认识过程中收容与应付所与的最主要的工具,其作用表现为"摹状"和"规律"(规范)两方面。

说"所谓摹状,是把所与之所呈现,符号化地安排于意念图案中。使此所呈现的得以保存或传达";"所谓规律,是以意念上的安排,去等候或接受新的所与"。指出意念对所与的摹状和规律的双重作用是"不可分离",相辅相成的,无规范不能摹状,无摹状不能规范,任何知识的形成都离不开意念对所与的双重作用。但又认为意念是静态认识结构,"根本是不能变的"。

三、思议原则和归纳原则。

《知识论》提出思议原则和归纳原则,来为知识的可靠性作"理论上的担保"。思议原则又叫作"思议底基本的规律",指形式逻辑中的同一律、排中律和矛盾律。认为这三条思议原则"是摹状底摹状和规律底规律",任何意念离开它们都不能发挥摹状和规范所与的作用。三者在逻辑上先于经验事实,与经验事实无关,是知识可靠性的先天必要条件。

但知识的可靠性还要靠归纳原则来担保。认为归纳原则是永真的先验原则,"只要经验继续,归纳原则总是真的"。并用相当大的篇幅试图从理论上证明归纳原则永真,反驳了怀疑主义的观点。

四、真假的定义和标准。

认为知识是求"真"的学问,迄今为止有代表性的真理论共有四种:(一)融洽说;(二)有效说;(三)一致说;(四)符合说。《知识论》对以上四种真理论一一加以详细分析批评,然后提出具有自己特色的真理论。

《知识论》区分了"真"的定义和"真"的标准问题。指出:"本书以符合与否为真假底定义,以融洽、有效与一致,为符合底标准。"在"真"的定义上,赞同符合说,但强调此所谓"符合"乃是命题与实在的"固然的理"相符合,与普通的"符合"说是不同的。

从理论上看,符合与否为真假底定义,可是符合本身不是经验可以得到的,因此主张在经验的范围里,还需利用融洽、有效、一致等作为衡量符合的辅助标准,把四种真理论有机地结合起来成为一个整体。

此外,《知识论》还讨论了西方认识论中提出的思想、时空、因果、事实、语言、知识等问题,提出了不少精辟的富于启发性的见解。

《知识论》是中国现代哲学史上具有现代精神的哲学专著之一,以理论分析见长,是"一部技术性很高的哲学专业著作"(冯友兰《怀念金岳霖先生》,《哲学研究》1986年第一期),对中国哲学的现代转型有着积极的作用。

有关《知识论》的研究论著有《金岳霖学术思想研究》(四川人民出版社,1987年)、胡军《道与真:金岳霖哲学思想研究》(人民出版社,2002年)、袁彩云《经验·理性·语言——金岳霖知识论研究》(人民出版社,2007年)等。

(董德福)

民国编

政法类

历代刑法考 沈家本

《历代刑法考》,十三类七十二卷。沈家本撰。收入《沈寄簃先生遗书·甲编》,民国初年刻本。1985年中华书局以《历代刑法考》为书名,出版邓经元、骈宇骞点校的《沈寄簃先生遗书·甲编》,共四册,本书收入其中。

沈家本(1840—1913),字子惇,号寄簃。浙江归安(今湖州)人。清末修律的主要主持人之一。同治三年(1864),"援例"进京入刑部任职郎中。次年参加浙江乡试中举,光绪九年(1883)参加礼部会试成进士。以后主要在刑部任职,官至大理院正卿、法部侍郎兼修订法律大臣、资政院副总裁。其法学著述,除本书外,还有同时收入《沈寄簃先生遗书·甲编》的《明律目笺》、《明大诰峻令考》、《历代刑官考》、《寄簃文存》等,以及未收入的《读律校勘记》、《秋谳须知》、《刑案汇览》等。法学以外的著作,有收入《沈寄簃先生遗书·乙编》的《诸史琐言》、《古书目四种》、《日南随笔》等。晚年还整理所搜集之古籍,编辑刊刻《枕碧楼丛书》,有《南轩易说》、《刑统赋解》、《无冤录》等十二种,其中多数是法学古籍。

全书包括:《刑制总考》四卷、《刑法分考》十七卷、《赦考》十二卷、《律令》九卷、《狱考》一卷、《刑具考》一卷、《行刑之制考》一卷、《死刑之数》一卷、《唐死罪总类》一卷、《充军考》一卷、《盐法考·私矾考·私茶考·酒禁考·同居考·丁年考》一卷、《律目考》一卷、《汉律摭遗》二十二卷。

《刑制总考》四卷,以朝代为纲目,考察从唐虞至明代历代刑罚体系的构成与演变。

"唐虞"部分,考证唐虞时期的象刑、五刑、五流以及鞭、扑、赎刑、赦等。作者认为不能简单否认"画衣冠异章服"的象刑。围绕唐虞时期的"赦",作者认为"'与其杀不辜、宁失不经'二语,尤为用刑者之所当寻绎……近来泰西之法,颇与此旨暗合"。"夏"部分指出:"夏后氏刑制……未易质言之也。""商"部分指出:"(纣王)淫刑以逞,而国亦随之亡矣。""周"部分指出:"刑者,古人不得已而用之……典狱非讫于威,后之用刑者其当知其意也夫。"

"秦"部分认为:"(始皇)重刑之往事大可鉴矣。""汉"部分列举汉代刑罚,未多作评论。"蜀"

部分认为:"蜀继汉后,当用汉法。""魏"部分认为:"(曹魏)用刑非无矜恤之意。""吴"部分指出:吴国刑罚制度"大约承汉之旧法"。"晋"部分指出,晋代制定刑罚制度时,"讨论颇为详审,故当日众以为便,而马(端临)氏以宽弛讥之,其非法之过而用法者之过也"。

"宋·齐"部分搜列《唐六典》、《通考》的两条资料。"梁"部分,考察南梁刑政得失,对《通典》所谓"衣冠之与黎庶,如草木之有秀茂"的观点,提出不同看法:"凡人皆同类……法之及不及,但分善恶而已,乌得有士族匹庶之分?"并总结梁朝历史教训说:"梁之弊在法废,不在刑轻。""陈"部分提及南陈创"官当"制度。"北魏"部分指出:"世宗亦意在宽政,是其并吞北方,政令统一,与南朝并峙,非偶然也。"北齐、北周刑罚体系为"死、流、刑(徒)、鞭、杖"。隋代刑罚体系为"死、流、徒、杖、笞"。

"唐"部分,考察唐代五刑体系的沿革过程,总结其刑政得失。有感于唐代出现过周兴、来俊臣之流酷吏,指出:"有其法者,尤贵有其人矣……若空言立法,则方策具在,徒虚器耳。"对天宝年间、元和年间一时废除死刑之事,议论道:"近日泰西人有创除去死刑之议者,究未能实见诸施行,殆亦斯民之教育尚难臻此境界乎!""宋"部分对凌迟刑比较注意,认为"凌迟之法虽沿于五代,然不常用也"。"辽"部分指出:"(辽)穆宗尤好杀,天祚荒暴,遂至于亡。""金"部分,认为金《泰和律》律文可能并不沿《唐律》。"元"部分认为,"明代充军之制,盖即源于元之出军",元代的迁徙,"盖即唐之移乡也",不同于流刑。"明"部分认为,明代刑罚并不皆重于唐,明太祖在洪武三十年以后不再采用《大诰》,说明了"重刑之无效",而明代的"霜降审录重囚"之制,"实仁政也"。

《刑法分考》十七卷,以刑罚种类为纲目考察各种刑罚的由来与沿革。第一卷有"夷三族"、"缘坐"、"连坐"、"保任"等目,考察株连刑的起源、沿革与种类。作者按语认为,《尚书·泰誓》所说"罪人以族"的"族"指一般的株连亲族而不是"夷三族","三族乃秦法"。第二至第四卷,有"醢"、"炮烙"、"沉河"等目,考察生命刑和法外酷刑,大体上将生命刑分为三大类,即野蛮的原始死刑,用刀斧执行的死刑,以及不用刀斧执行的死刑,并分别考证其存续时代、执行方法、适用对象等。第五至第七卷有"肉刑"、"除肉刑"、"宫"等目,考察肉刑的创制、废除、关于恢复肉刑的议论,以及各种肉刑的存续时代、执行方法、适用对象等。就汉文帝除肉刑,按语说:"止奸之道,在于教养,教养之不讲而欲奸之格也难矣哉。"作者考定汉文帝时"宫刑实已除"。对于"自宫",按语说:"自宫禁例,明代可谓严厉矣,而明代阉竖之祸,较之唐宋为烈,可见徒立一重法而无实意以行之,亦徒法而已。"第八至十卷有"充军"、"迁徙"等目,考察流放刑,大体上将其分为三大类,即在流放地服兵役、服劳役和仅人身受管制而不服役的三大类流放刑,并分别考证其存续时代、执行方法、适用对象等。对于刺配刑,按语说:"刺配之法,宋人多议其非,欲改而终不行,习惯之难改如此。"唐代流刑的实际执行与律文规定有出入,"可见《唐律》之文在唐代不能一律遵用"。第十一至十三卷考察各种自由刑、劳役刑、财产刑等,分别考证其存续时代、执行方法、适用对象等,有"城旦"、"司寇"、"罚作"等目。按语谓:"城旦,秦制,汉因之……北周始定名为'徒'。""工役"目考察秦汉时期各类以犯人充役的做法,分析当朝者的不同的动机。"罚金"目指出罚金与赎刑为两种不同的刑罚,中国古代曾经有罚金刑,北朝、隋唐"罚金之名无复有用之者"。第十四卷考察体罚刑,有"杖"、"鞭"、"督"三目。对于执法官吏不按法定程式执行体罚刑的现象,按语说:"临民之官好以扑挞示威,自古已然,不自今始。"第十五卷考察各种"贱民"的名称、由来、社会地位,以及相关的法律制度,大体上把奴婢分为罪奴和无罪之奴两大类,有"奴婢"、"奴婢放赎之制"、"部曲考"、"杂户"等目。十分赞赏汉高祖"民以饥饿自卖为人奴婢者,皆免为庶人"之诏,认为"后世奴婢但有主家放出及本人赎身之事,而国家无赦免之文,亦刑法中一缺典也"。第十六卷考察赎刑的创制、演变、适用对象、社会效果等。对于前人认为赎刑庇护富人的说法,按语说:"'富者得生,贫者坐死',自汉以来议赎法者皆以此为言;第国家立法,但问其当于理否耳,苟当于理,则法一而矣,只论罪之当赎不当赎,不能论其人之富与贫。"第十七卷考察官员名誉刑和刑讯等,有"免官"、"官当"、"除名"等目。对于汉代"赃吏三世禁锢"之类法规,按语说:"赃吏固当惩,锢及其子则非法矣。"对于刑讯,按语说:"考囚乃不得已之事,任意笞箠,即属非法。"对于南朝的"测罚",按语认为其"上测有时,行鞭有数,以视惨酷之无度者,实为胜之"。对于武则天时期酷吏索元礼、来俊臣的酷法拷讯,按语说:"非则天之狠毒,索、来之徒乌能得志哉?"

《赦考》十二卷,考察古代宥赦制度。第一卷为"原赦",从一般理论的角度考察宥赦词义和宥赦制度的演变,考证三代"赦过宥罪"的对象是"情可矜原者",后世的"大赦"肇始于春秋时期的"肆大眚"。第二卷考察汉代宥赦的具体原因和事例,认为"赦非善政",列举"改元"、"大丧"、"封禅"、"祥瑞"、"劝农"、"遇乱"等二十三种宥赦原因。第三卷考察汉代宥赦的种类和次数,认为"大抵盛时赦少,乱时赦多",分"特赦"、"曲赦"等六个子目。第四、五卷考察魏晋至明历代诸朝的大赦事例与宥赦次数,以朝代名或时期名分为二十个子目。第六卷考察魏晋以后的特殊宥赦,分"曲赦"、"外国赦"、"赦属国"等七个子目,其中"外国赦"所涉者有"东夷扶桑国"和"文身国","赦属国"所涉者有"高丽国"。第七至九卷考察汉后历代历朝宥赦诏令的具体适用情况。第十卷考察汉后历代历朝颁布宥赦诏令时所采用的仪式、颁布宥赦诏令前的星象物兆,以及相关事例。第十一、十二卷考察历代政治家对宥赦制度的评论,以及录囚、审录与宥赦的异同。对宥赦,基本上持否定态度,对有利于防止冤狱的录囚、审录制度,则基本上持肯定态度。

《律令考》九卷,以时间先后为序考察历代立法、法律形式以及相关史实等。第一卷考察先秦主要法律形式名称的得名及其主要立法。对传说时代的立法,按语说:"有官必有法,特古时法令简质不若后世之繁";"周代律令之书,今不传耳……不得云未有也",并认为它们是公布法。第二卷考察秦汉蜀吴立法,认为"汉之有律有令,承秦之名也"。秦国"分异令","将使人人有自立之才力,庶不惰而后不贫,此实强民之本计,今时泰西父子异居,实具此意,勿谓彼法之异于中国也"。两汉刑罚轻重差异的根本原因在于皇帝,"西汉重刑,虽创于张、赵,实孝武信任之;东汉轻刑,固议自郭、陈,实光武不取梁统重刑之议"。第三卷考察魏晋至隋的立法,认为,曹魏时期各家法律解释的不同,"不过轻重出入之间,其精要之旨实不能显相违背也"。隋初所修"开皇律","轻重得中……惜隋文意尚惨急,不能慎守此范围也"。第四卷考察《唐律》源流沿革、唐司法实践。认为所谓《唐律疏议》,"其书原名《律疏》"。"废止死刑之说实胚胎于唐,虽未全废而存者已少矣"。"唐法之改重,多在肃宗后"。第五卷考察五代时期立法,后唐对劫盗处罚特重,认为:"此等处断,都非唐法……仍非法也"。对后晋以死刑处罚强奸、和奸,认为"和奸之男女并处极刑,晋法之重可谓极矣,强奸之男子坐杀当亦起于此时"。第六卷考察宋代立法,认为:《刑统》为有宋一代之法制,其后虽用《编敕》之时多,而终以《刑统》为本";宋代法制常因人废立,作者认为:"法之行也,全在当局之人主持之,自古无真是非,不自今日始矣。"第七卷考察辽金立法与唐宋立法的沿革关系,金太祖反对把为盗者处死,说"以财杀人,不可;财者,人所致也",作者认为此语是"千古名言"。第八卷考察元代立法,认为:"《元史·刑法志》以《大元通制》为本……《元典章》各门皆载有断例,当为《通制》之原文。"元代至元年间曾恢复肉刑,作者认为,"此时元政已日败坏,忽又定此令,孙卿谓'肉刑行于盛世',此古人欺我"。第九卷考察明代立法,指出:"《明律》初准于唐,自胡惟庸诛后,废中书而政归六部,是年更定《大明律》亦以六曹分类,遂一变古律之面目矣。"对明太祖的重刑政策,作者认为:"此虽因时制宜,未可执一而论,然重法之无益于治,其成效可睹矣。"并指出:"热审之制,即《月令·孟夏》'断薄刑,决小罪,出轻系'之意,良法。"

《狱考》一卷,从"狱"的字义、狱名、狱制、狱政等方面考察历代监狱情况。作者认为:"狱,从㹜、从言;㹜,两犬相啮也,语斤切,相啮必相争,人之相争亦类是,故从㹜、从言,以言相争而后有狱,此会意字。"考证先秦至明代各地方各部门所设各类监狱及其名称,指出:"古者狱无监名,称狱为监,盖自《明律》始,今则通称为监矣。"在狱制方面,着重考证唐以后监狱制度。在狱政方面,就晋代谚语"廷尉狱,平如砥,有钱生,无钱死",作者指出:"晋世谚语如此,今则此风犹未替,古今一辙,言之可慨。"文稿所引宋胡太初《画帘绪论·治狱篇》,阐述中国古代监狱问题相当周致,很有参考价值。

《刑具考》一卷,有"桔梏桎"、"杻"、"械"、"盗械"、"校"、"枷"、"徽硕"、"墟绁"、"锁"、"钳钛"、"鞭"、"笞杖"、"拶指"、"夹棍·脑箍"、"槛车"等十九目,分别考察羁束身体自由的械具、体罚刑器具和拷讯器具的沿革始末。

《行刑之制考》一卷,考察执行死刑的手续、方式、场所、时间、不适宜执行刑杀的日期、对死刑犯尸体的处理等。《周礼·秋官·掌囚》载,执行死刑时须"明梏",即"书其姓名及其罪于梏而著之",作者指出:"明梏之制,若今行刑者以纸书姓名及其罪绾于小竿、插犯人之背,曰'斩条',以示众是也。"对于《礼记·王制》所谓"刑人于市,与众弃之"的说法,作者认为:"刑人众弃之义,即国人杀之之义,盖必与天下共之,而不出于一己之私意也。"

《死刑之数》一卷,统计历代死罪数量。作者比较唐以后历代死罪数量,认为"大抵元死罪视唐尤少,明则多于唐,而视宋为少,说者多谓明法重,而未考死罪之数,实未为多也"。对于废除死刑之说,作者说:"近数十年来,欧洲学者创废止死刑之说,诸小国中有实已施行者,而诸大国皆不能行,亦虚悬此学说而已。推原其故,欲废死刑,先谋教养,教养普而人民之道德日进,则犯法者自日见其少,而死刑可以不用。故国小者尚易行之,若疆域稍广之国,教养之事安能尽美尽善?犯死罪而概宽贷之,适长其奸心,而日习于为恶,其所患滋大。《盘庚》云:'殄灭之无遗育,无俾易种于兹新邑',《泰誓》云:'除恶务本',古人之言,非无故也。"

《唐死罪总类》一卷,"斩"、"绞"二目,摘录《唐律》分则(即除《名例》篇以外诸篇)中应当判处死刑的罪名,其中应判斩刑者八十九罪,应判绞刑者一百四十三罪。一条律中有数种罪行应判死刑者,并列摘录,各以一罪计。

《充军考》一卷。作者不同意王明德《读律佩觿》"充军之令,从古未有,始自前明"的说法,认为"发罪人以充军,秦汉之时久有此令,特不在常刑内耳"。详细考察明代充军制度后,作者首先指出:明代充军,"仍依律问罪而后派遣,不以充军为本罪,其本罪有斩、绞、流、徒、杖之别,而依例充军,又不尽论本罪之轻重,更非为流罪加等之用也"。然后摘录《问刑条例》中除"关涉军职者"以外的充军款目共一百三十三条。比较明清两代充军制度的不同之处,指出清代充军制度的"窒碍不通",认为清代充军制度"名存而实亡矣"。

《盐法考·私矾考·私茶考·酒禁考·同居考·丁年考》合一卷,考察中国古代专卖制度、户籍制度,及其相应的刑罚等。《盐法考》考察历代盐专卖制度及其相应的刑罚,指出"私盐之禁令罪名,实始于汉武"。《私矾考》考察宋明两代的矾专卖制度,仅收《宋史·食货志》与《明会典》的两条资料。《私茶考》考察唐宋两代茶叶专卖制度及其相应的刑罚,考证"古者茶未有税,有税自唐建中始"。《酒禁考》考察西周至汉魏关于控制酒的禁令,包括限制酿酒饮酒的法令、酒专卖制度,以及相应的刑罚。《汉律》有"三人以上无故群饮,罚金四两"的规定,作者认为这项规定"当本于周法,特轻重悬殊耳"。汉武帝"天汉三年(前98年),初榷酒酤",实行酒专卖,作者指出:"税酒自此始"。《同居考》考察古代亲属同居制度,以及与此紧密相连的刑罚制度。《丁年考》比较考察中国历代和中西各国不同的法定成年年龄、法定责任年龄。中国古代"成丁之年",最低为十六岁、最高为二十五岁,历代不同。并按绝对无责任、相对无责任、减轻时代、刑事丁年四项指标的不同情况,制有四份《中西各国责任年龄表》,涉及俄、葡、意、奥、日、英、匈、德、法、比等二十六国。

《律目考》一卷,考察《法经》至《明律》历代刑法典篇目名称的异同沿革,并附有《明律目源流》一文。关于《法经》,作者指出:"贼、盗二字,义本不同,故《法经》分为二篇"。《汉律》久已亡佚,但作者以魏《新律·序略》为线索,指出其律目、篇次"尚可考也"。对《魏律》十八篇篇目,《唐六典》与《晋书·刑法志》的记载有矛盾,但"未详其故"。《晋律》、《梁律》的二十篇律目记载得比较清楚,作者仅指出"梁代律目之异于晋者"。北朝的律目,作者认为"元魏改律,史无明文",《北齐律》"大约承《晋律》而改定",成为十二篇规模,北周《大律》则是在《晋律》的基础上新增、分立、改称,成为二十五篇。关于《开皇律》、《唐律》、《宋刑统》的篇目,作者认为《开皇律》十二篇基本上沿用了《北齐律》律目,《唐律》则完全沿袭了《开皇律》的律目,而《宋刑统》"一本于唐,其篇目当同",金《泰和律》十二篇"实《唐律》也"。《元史·刑法志》所载元代律目,作者认为其本"出于《大元通制》"。关于明代刑律,作者认为,洪武七年《明律》"篇目准于唐,而《名例》移于篇末,盖用古法也",其后以《名例律》为篇首,以六部职能为类,分设《吏律》等六篇,并指出此举"实时为之也"。

《历代刑法考》在系统整理中国法制史史料方面是一个创举,内容丰富、取材广博,不仅有刑法制度的史料,还收录了立法、司法、行政乃至民法、经济法方面的史料,对资料的处理也相当得体,按目分列、缕析条分,并且结合当时背景,提出自己的见解和评说,是学习研究中国法制史的必读参考书。

(姚荣涛)

汉律摭遗 沈家本

《汉律摭遗》，二十二卷。沈家本撰。成书于民国初年。

作者生平事迹见"历代刑法考"条。

本书搜录散见于史籍中的汉代法规，并以"按语"形式加以分析评说，是《历代刑法考》的重要组成部分。后收入《沈寄簃先生遗书·甲编》。《自序》谓："《汉律》久亡，其散见于史传者百不存一；然使搜罗排比，分条比类，按律为篇，其大凡亦可得而考见焉。"在本书之前，清末有两种考证《汉律》的专著，其一为杜贵墀的《汉律辑证》，其二为张鹏的《汉律类纂》，但前者"尚有遗缺"，后者"编次亦未分明"，作者于是"取杜、张二书重为编次，以律为纲，逐条分入，目之可考者取诸《晋志》，事之可证者取诸《史记》及班、范二书，他书之可以相质者，亦采附焉"。

全书二十二卷，根据《汉律》律目及内容篇幅分卷，但卷无专名，以数序之，如《汉律摭遗卷一》、《汉律摭遗卷二》等。卷下以可考律目名设目，目之下分列相关案例法令。

第一卷为概述。作者认为《汉律》在晋代已趋于亡佚，但北朝元魏时或许还能见到《汉律》原书。论述汉代律、令、科、品式、章程的篇目及其属性。指明汉代法律除萧何《九章律》、叔孙通《傍章》十八篇、张汤《越宫律》、赵禹《朝律》外，还有许多单行律令。

第二卷至十五卷搜录《九章律》以及相应的诏令、案例。

《盗律》部分，有关于"重大盗事"的法规、"劫略"等九个可考律目、以及虽属《盗律》但不属可考律目的法规。"盗事之重大者"指直接损害皇权、中央集权的侵犯财产罪，有：盗宗庙服御物、盗天牲、侵庙地、盗乘舆服御物、盗武库兵、主守盗、盗所收财物等。这些犯罪一般都要判处死刑。属可考律目的"劫略"，有：夺人掠房、强盗、攻盗等；"恐猲"有恐猲取财等；"和卖买人"指奴婢买卖、略良人妻、略赎身之旧奴婢等；"持质"指劫持人质以索求财物，东汉曾规定，"有持质者，皆当并击，勿愿质"；"受所监"指官员收受部下财物，包括直观的"受所监临"、变相的"贱买贵卖"等；"受财枉法"，指"曲公法而受略"，有：行言许受财、听请、为人请求枉法等；"还赃畀主"是关于赃物归还原主的规定;"贼伤"指故意伤害人,行盗时杀伤人亦属此。无法归入已知律目的《盗律》内容,有:从行而盗(皇帝随行人员的窃盗行为)、盗马、盗牛、通行饮食(资助护送在逃盗贼)等。

《贼律》部分,有"大逆无道"等十个可考律目。无法归入可考律目的,有"无尊上、非圣人、不孝"等。可考律目的"大逆无道",有:谋反、大逆、腹诽、造作图谶、恶逆、不道、大不敬、左道、媚道、降敌等;"欺谩"指诬蔑欺诈类犯罪,"欺谩者,事之对于君上者也",有:诋欺、谩、诬罔、罔上不道等;"诈伪"指以一般人民为侵害对象的欺诈类犯罪,"诈者,虚言相诳以取利,伪者,造私物以乱真",有:诈取、诈疾、盗铸钱、非子、非正等;"逾封",意为逾越分封制度的名分,有:附益、名田他县、左官、外附诸侯、阿党等;"矫制"即诈称擅称君命、专擅行事,有:矫制大害、矫制不害、宣诏误言、专擅等;"杀伤人畜产",即非法屠宰家畜,其"妄杀牛",相当于《唐律》的故杀官私牛马,但《汉律》"不得屠杀少齿"的规定,则"不专指牛"。"无目可考"的《贼律》条文有:无尊上、非圣人、不孝、殴父母、杀季父、杀兄、杀弟、杀父之继母、杀妻、杀子、杀朝廷使者、杀奴婢、蛊人及教令、谋杀人、杀不辜一家三人、使人杀人、骂坐、保辜、狂易杀人、雠怨相报、过失杀人等。

《囚律》部分,有"告劾"等七个可考律目。"告劾"即告发、被告发,有:妇告威姑(子妇告发婆母)、诬告、劾(被人所告)等;"传复",即传逮审讯;"系囚"意为囚犯管理,有囚徒私解脱桎梏、颂系等;"鞫狱",即审理案件,有:掠者唯得笞榜立、辞讼有券书者为治之、读鞫已乃论之、疑狱等;"断狱",即判决案件,有:二千石受其狱、自听正法解、理官决罪三日得其宜乃行之等。

《捕律》部分,据两《汉书》中所见的逮捕、收捕、诏捕、逐捕、疏捕、名捕、追捕、急捕等,作者按语谓:"《纪》、《传》之中言捕者,其法不同,疑《汉律》中必有分别,今不可考矣。"关于官吏的捕盗责任,西汉有《沈命法》,即"群盗起不发觉,发觉而捕弗满品者,二千石以下至小吏皆死",东汉则规定"牧守令长但取获贼多少为殿最,唯蔽匿者乃罪之"。

《杂律》部分,内容涉及借贷、受贿、婚姻家庭等方面。有"假借"等八个可考律目。"假借",即借贷,有:受息过律、不偿责、加贵取息等;"不廉",即官员不廉洁,有"辜榷为奸利"等;"轻狡",即轻佻狡黠有害社会秩序,有:离载下帷(二人同乘一车而垂下帷屏)、绝蒙大巾持兵杖、三人以上无故群饮酒、长吏车骑从者不称其官服、与人妻奸、吏奸部民妻、淫寡女、与后母乱、禽兽行、私为人妻等;"淫侈",即衣食住行奢侈不当违反定式,以及不当得利等,有:车服嫁娶葬埋过制、诸名田畜奴婢过品、葬律、从吏过例、得遗失物持诣乡亭县廷等。

《具律》部分,有刑罚种类:罚金、罚作、复作、顾山、司寇、隶臣妾、鬼薪白粲、城旦舂、耐、黥、劓、斩左右趾、宫、笞、弃市、要斩、磔、枭首、族等,并涉及汉文帝除肉刑之举;有定罪量刑的通则:先请、爵减、赎、收孥相坐、监临部主见知故纵、免、削爵、迁徙、谪戍、民年七十以上若不满十岁有罪当刑者皆完之、一人有数罪以重者论之、亲亲得相首匿、禁锢、犯法者各以法时律令论之、赦等。

《兴律》部分，有"考事报谳"等九个可考律目。"考事报谳"，关于皇帝派员外出办事，有：遣复考、论报等。"擅兴徭役"，有：役使附落(擅自役使新归化的部落)、擅徭大乐令(擅自役使宫中乐人)等。"烽燧"，关于边境烽燧管理的法规。

《厩律》部分，关于厩传方面的案例与法规。有九个可考律目，皆与使用驿传乘骑有关，如"逮捕"、"告反"、"登闻道辞"等；古代战争必用马，妨害国家马务的，归属"乏军兴"，有：知人盗官母马为臧、不出持马、马不适士等。

《户律》部分，事关赋役、社会福利、官员俸禄、婚姻家庭等方面。作者按语谓："《户律》目无可考。"普通税种有算赋、口赋、户赋等。免除赋税称"复"。特别财产税有"算缗钱"，税率为"千钱出算二十"。社会福利方面主要是赈灾恤贫养老之类法规，有："赐年九十以上及鳏寡孤独帛，人二匹、絮三斤，八十以上米，人三石"等。官员俸禄依月发放，如"丞相大司马大将军俸钱月六万"。婚姻家庭方面的法规有："乱妻妾位，免、徙"、"弃妻畀所赍"、"宫人出嫁不得适诸国"等。

第十六卷搜录《傍章》、《越宫律》、《朝律》，以及相应的诏令、案例。作者根据杜贵墀《汉律辑证》所说"叔孙通益律所不及，即以所撰礼仪益之"，凡关于礼仪的资料，即汇集于《傍章》部分。有：祠宗庙丹书告、祭功臣于庙廷、侍祠醉歌、临丧后、告归等。《越宫律》事关宫室官府门禁、乘舆队列、宫中机密等。有：阑入宫门殿门、酎宗庙骑至司马门不敬、跸先至而犯之罚金四两、辟除行人、无故擅入官府、漏泄省中语、刺探尚书事、触讳等。《朝律》，事关臣下朝见皇帝。有：朝请、十月朝献、不使人为秋请、私朝留他县等。

第十七至十八卷搜录《金布律》等九部单行律。《金布律》，事关金钱财货，有"毁伤亡失县官财物"、"罚赎入责黄金为价"、"平庸"、"坐赃"等四个可考律目，其中"毁伤亡失县官财物"目无事可证。《酎金律》事关诸侯助祭贡金，作者按语认为："金布二字所包者广，酎金亦金事，当在《金布律》中，或酎金为《金布》之一目，《汉律》既亡，他无可考矣。"《尉律》，作者考证其为官吏考选法，有："学僮十七已上始讽籀书九千字乃得为吏"、"察吏民茂材异等可为将相及使绝国者"、"不为亲行三年服不得选举"等。《田租税律》(《田令》)，事关农业税、农业生产管理，有："田租税"、"解衣而耕谓之襄"、"商者不农"、"敛民钱以田为率"等。《钱律》，事关货币管理，有："盗铸"、"上林三官铸钱"等。《上计律》，事关上报统计文书等，有："尚书主大计"、"计文书断于九月"、"敕遣计吏"等。《大乐律》，事关宫廷乐舞，有"大予乐"、"卑者之子不得舞"等。《田律》，事关田猎，有"无干车无自后射"。

第十九卷搜录《棰令》等二十一种汉令。《棰令》，事关笞刑刑具规格、执行方法。《公令》，事关官员待遇，有"吏死官得法赙"。《水令》，事关水利，有"均水约束"。《功令》，事关补官，有"能通一艺以上者补文学掌故缺"等。《养老令》，事关优恤高龄者，有"受鬻法"、"赐高年帛"、"赐高年爵"等。《马复令》,事关推行民间饲养马匹,有"不欲为吏者出马"、"官假马母"等。《秩禄令》,事关官吏职守、编制、品级,有"都吏"、"游徼循禁盗贼"等。《任子令》,事关保任子弟为官,有"父任"、"兄任"。《祀令》(《祠令》),事关宗庙之制,有"擅议宗庙"。《斋令》,事详斋戒,有"不斋"、"斋不谨"。《戍卒令》,事关戍边士卒,有"戍卒岁更"。《予告令》,事关官员退休,有"吏二千石告"、"三最予告"。

第二十卷分为《杂录》、《律说》二目。"律说"是《汉书》所载法规、案例,有些不知应归于何类律令,这些内容便汇组成"杂录",有"不合众心"、"众职废"、"为奸逸"等。《律说》为著作名,作者按语谓:"《汉书》诸家注中颇引《律说》,而不著其名,无以知其为何人之语,然必汉时说律诸家。"

第二十一卷为《军法》,有"亡失多"、"后期"、"首谋不进"、"勒兵而守曰退"等。第二十二卷分为《决事类》、《春秋断狱》、《廷尉决事》三目。"决事类",事关判例法,有"决事比"、"辞讼比"、"尚书旧事"、"司徒都目"等。"春秋断狱",事关经义决狱,有"拾道旁弃儿以为子"、"乞养子杖生父"、"武库卒盗弩"、"为姑讨夫"等。"廷尉决事",亦关判例法,有"狂病杀母弟"、"前世决事"。

经沈家本对汉代法制史料探隐发微,征稽整理,并以汉代人的说法解释《汉律》,终使久已亡佚的《汉律》面貌大致可观。20世纪80年代在湖北江陵张家山出土了五百多支汉律竹简,相信这些竹简将证明沈氏资料工作的严谨,并解决其当时无法解决的一些问题,可参张伯元《〈汉律摭遗〉与〈二年律令〉比勘记》(收入氏著《出土法律文献研究》,商务印书馆,2005年)。

(姚荣涛)

先秦政治思想史 梁启超

《先秦政治思想史》，又名《中国圣哲之人生观及其政治哲学》。梁启超撰。其中本论第三至七章曾以《儒家哲学及其政治思想》为题，初刊于1922年12月12日至20日《晨报副刊》。全书于1923年商务印书馆初版印行，1944年重庆中华书局重印。收于《饮冰室合集·专集》第十三册第五十卷。近年有多种单行本。

作者生平事迹见哲学类"清代学术概论"条。

本书是作者1922年秋冬间为南京东南大学和法政专门学校讲授先秦政治思想的讲稿。本拟分四部分，其中拟述汉以后至当代政治思想的后论部分因故未能完成。

本书有自序，其后分序论、前论和本论三部分。序论三章：本问题之价值、问题内容及资料、研究法和本书研究之范围。前论八章：时代背景及研究资料、天道的思想、民本的思想、政治与伦理之结合、封建及其所生结果、阶级制度兴替状况、法律之起源及观念、经济状况之部分推想。本论十三章：时代背景及思潮渊源、政治思想四大潮流及研究资料、儒家思想、道家思想、墨家思想、法家思想、统一运动、寝兵运动、教育问题、生计问题、乡治问题、民权问题和结论。

"序论"综述中国政治思想的特点、研究内容和方法。首先指出，中国自春秋以来，"政治思想有大特色三：曰世界主义，曰平民主义或民本主义，曰社会主义"。中国传统政治思想常以全人类为对象，不采西方的国家主义；民为邦本的思想深入人心；强调国民生计，并以分配论为首，生产论次之。其次，分述四类研究对象：学者著述及言论、政治家活动之遗迹、法典及有关制度、可证时代背景和意识的其他材料。最后提出专题、时代和宗派三种研究方法，并强调注重思想家立论的哲学基础、秉持科学的客观态度和慎用外来观念、术语等。

"前论"阐述诸子出现前的政治思想。作者将这段历史分为部落、封建和霸政三期，从思想特征、宗法、封建、阶级、法律等制度和经济状况各方面进行阐释，认为当时抽象的天意政治观是突出特点，即"有感觉有情绪有意志之天直接指挥人事者。既而此感觉情绪意志，化为人类生活之理法，名之曰天道，公认为政治所从出而应守"。民本思想已有萌芽，并与天治主义结合。第二章主文后收列有关该时期天道、民本思想的材料并简要附述天道的历史演进。至封建期的周初，开始大规模异族通婚，并广泛推行宗法制，使家族组织成为政治主要元素，尊祖辅之以敬天，最终形成"家族本位的政治"。封建制在当时政治生活中具有分化和同化的作用。"所谓分化者，谓将同一的精神及组织，分布于各地，使各因其环境以尽量的自由发展"；"所谓同化者，谓将许多异质的低度文化，醇化于一高度文化总体之中，以形成大民族意识"。当时奴隶制因自耕农经济而并不发达，但贵族与平民的阶级分野在春秋前仍极为明显；后由于宗法、婚姻、政变、移民等原因日渐模糊。在法制方面，法初时即刑罚，起源于战争中，专适用于异族或下层阶级；至周代出现礼刑一致的观念，法与伦理结合，成为教化工具；其中伦理义务在当时是双向的。经济方面，在农业经济下，土地先为国有而由私人使用；君国一体后转属私有。这是土地制度一大变化。

"本论"先分学派、再按专题，详述诸子政治思想。儒家学说核心是"仁"，其内容"智的方面所表现者为同类意识，情的方面所表现者为同情心"。为实现"仁"，主张先从最亲密者做起，并强调"正名"为政治之本，要求名实相符，还坚持以提高国民人格为政治根本目的，以教育为主要手段。儒家学派中孟子主性善论，并绝对排斥功利主义。荀子主性恶，承认社会不平等，强调礼的定分作用，与法家有相通之处。

道家思想以自然界为中心，否认人的创造力，排斥干涉主义。作者认为道家理论漏洞在于人与物同视，"不体验人生以求自然，乃以物理界或生物界之自然以例人生之自然，于是欲以人所能弘之道弘人，结果处处矛盾而言之不复能成理"。但其思想又有揭露人类缺点和抛弃卑下物质文化、追求高尚精神生活等积极意义。作为个人的、非社会的、非人治的道家思想之后学，有顺世的个人主义、循世的个人主义、无政府主义和物质主义等四派，分别以杨朱、陈仲、许行和慎到为代表。其中慎到为道家至法家的过渡者。

"墨家唯一之主义曰'兼爱'"，以平等普遍为特征，而以人之利己心为前提；主张义利统一，其所谓利，兼及社会全体。作者认为，墨家学说是极端实用主义，提倡以自由意志力遏抑物质生活至维持生命的最低限度并以刻苦劳作为义务，实现其至高的精神追求。墨家还提出政治组织形成于人民同意，但由此衍生出"尚同"观念后，又主张个人思想应统一于"尚贤"产生的君主。墨家后学有惠施、公孙龙和宋钘、尹文等派。其中宋钘对墨学曾作唯心论的修正。

法家政治思想汇融前此各派，"儒家所谓'名正则言顺，言顺则事成'、墨家所谓'中效则是，不中效则非'之义，而归宿于以与律、度、量、衡同性质之'法'整齐之而使归简易，则聋瞽可以与聪明同治，而道家'无为'之理想乃实现"。作者认为法家主张舍弃一切主观标准，并因性恶论而注重物质条件。但其最大缺点在于立法权不能正本清源。尽管提出法律公开主义为权宜，却不能防止君主专制、乱法。同时人与物不同,法家不顾被治之人具有主观能动性的事实,故又陷入窘境。比较儒、法两派,"儒家以活的动的生机的唯心的人生观为立脚点,其政治论当然归宿于仁治主义——即人治主义;法家以道家之死的静的机械的唯物的人生观为立脚点,其政治论当然归宿于法治主义——即物治主义"。二者优劣,不辨自明。

专题研究集中在统一、乡治、民权等关键问题上展开。作者认为对于统一,儒家、墨家思想均为超国家主义,主张和平、联邦式统一,法家采国家主义,坚持武力的帝国式统一。对生计,儒家专重分配平均,法家则以国家财富增长为中心,并提出许多欧洲晚近才发明的经济原则。乡治专题中突出介绍儒家的乡治思想,认为其理想制度"在物质生活上采合作互助的原则,在精神生活上以深厚真挚的同情心为之贯注",应予称道和弘扬。"民权之说,中国古无有也。法家尊权而不尊民,儒家重民而不重权,道、墨两家,此问题置诸度外,故无称焉。"但个别如尹文子欲将法治主义建立于民众基础之上、管子设立法定民意机关及儒家体察民意以必察为信条等理论,都颇有独到之处。

最后作者批判了撷拾欧美学说一鳞半爪以诋责传统的流弊,并提出"精神生活与物质生活的调和"及"个性与社会性的调和"两问题作为结语。

《先秦政治思想史》是梁氏有代表性的学术著作,全面系统地把握先秦政治思想发展脉络,于诸子学说用力尤深。在体例上将儒家与诸子并立、兼用学派和专题的分析法;在材料运用上,充分显示出作者深厚的学术功底和对史学新方法的熟练驾驭。作者有倾向性地突出传统文化的优越性,尤其对儒家思想褒誉甚多,乃至某种程度上于西方思想有排抵之嫌。但全书力求进行客观叙述,书中对先秦政治思想的整体把握和许多论断都具有重要的学术参考价值。

(王志强)

宋渔父先生文集 宋教仁

《宋渔父先生文集》，宋教仁撰。民立报馆1914年版。

宋教仁(1882—1913)，字遁初(亦作钝初)，号渔父。湖南桃源人。早年接受传统的教育，1904年开始从事革命活动。他与黄兴、陈天华等在长沙创立革命团体华兴会，并参加湖北省第一个革命小团体——科学补习所，后因筹划湖南起义失败流亡日本，留学东京。他创办《二十世纪之支那》杂志，促进了同盟会的成立，被推举为同盟会司法部检事长和《民报》撰述。1911年1月回到上海，担任《民立报》主笔，并与谭人凤等在上海成立同盟会中部总会，积极筹备在长江流域发动革命。武昌起义后促成上海、江苏、浙江等地起义和筹建临时政府。1912年任南京临时政府法制院院长，临时政府北迁后，改任农林总长，不久辞职。8月同盟会改组为国民党，任代理理事长。国民党在国会选举中取得多数席位，他试图成立政党内阁，以制约袁世凯。1913年3月20日，被刺杀于上海。其著述后人编有《宋渔父先生遗著》、《宋教仁集》、《宋渔父日记》等。事迹可参吴相湘《宋教仁传》。

宋教仁的资产阶级民主革命思想以排满的民族革命思想为起点，后渐认识到"民族的革命与政治的革命不可不行于中国矣"，从而发展到民主革命。对于清政府的"立宪"骗局，他从一开始就进行了深刻的揭露和尖锐的批判，本书中的《清太后之宪政谈》、《钦定宪法问题》、《宪政梦可醒矣》、《中国古宪法复活》和《希望立宪者其失望矣》等文均专为此而写。他指出，实行宪政"利于国民而不利于满政府"，"西太后纵发大慈悲"，也决不会"舍己从人，而行此上背祖宗成法，下削子孙权利之非常举动"。因此，"立宪者，决非现政府所得成者也。现政府之所谓立宪，伪也，不过欲假之以实行专制者也；其所以设资政院，立内阁，非以立宪国之立法机关与责任政府视之者也，故其所以对付资政院之权限与内阁之组织者，亦不得责以立宪之原则者也；其所谓宪法大纲者，不过欺人之门面，赖人之口实，万不可信者也"。

宋教仁向往西方资本主义的议会政治和国家制度，认为"今后吾国政治变革，结局虽不可知，然君主专制政体必不再许其存在,而趋于民权的立宪政体之途,则固事所必至者"。在政体问题上,他坚持责任内阁制,其理由是"内阁不善而可以更迭之,总统不善则无术更易之,如必欲更易之,必致摇动国本。此吾人不取总统制而取内阁制也"。另一层用意则是为了排除封建旧官僚在革命队伍内部的势力,使中央政府的实际权力掌握在资产阶级革命派手里。

为了实行责任内阁制,作者努力从事政党活动,宣传政党政治。本书中收入许多作者在各地的演说辞和发表政见等文章,表现了作者在1913年初这一政治上最活跃期的思想观点。如:"为今之计,须亟组织完善政府,欲政府完善,须有政党内阁。今国民党即处此地位,选举事若得势力,自然成一国民党政府。""我们要停止一切运动,来专注于选举运动。……我们要在国会里头,获得过半数以上的议席,进而在朝,就可以组成一党的责任内阁;退而在野,也可以严密的监督政府,使它有所惮而不敢妄为,应该为的,也使它有所惮而不敢不为。那么,我们的主义和政纲,就可以求其贯彻了。"

本书作者对制订法律特别是宪法的必要性也有较深刻的认识,他指出:"宪法者,共和政体之保障也。中国为共和政体与否,当视诸将来之宪法而定。"主张通过全国民主选举产生国会,由国会制订宪法,既不要受外力的干涉,也不要被居心叵测的人所操纵。"良宪法"一旦制定,要坚决执行,一切"政治进行,先问诸法,然后问诸人",使其不致成为一纸空文。

书中还包含了作者为发展国家而拟定的一系列内政和外交的具体政策,如:整理军政、划分中央和地方行政、整理行政、整理财政、开发产业(包括兴办国有山林、修治水利、放垦荒地、振兴实业、奖励仿造洋货工业和奖励商品输出等)、振兴民政、兴办国有交通业、振兴教育、统一司法、运用外交等,反映了中国资产阶级要求发展资本主义的迫切愿望。

本书是研究中国近代史和中国资产阶级民主与法制思想的重要资料。

(徐永康)

孙文学说 孙中山

《孙文学说》，又称《心理建设》。孙中山撰。作于1918年。次年6月正式出版，以《孙文学说》（卷一"行易知难"）为题。该书原拟包括卷二"三民主义"、卷三"五权宪法"，但未续出。后编为《建国方略》之一（《心理建设》）。

孙中山(1866—1925)，名文，字德明，号逸仙，一号中山。广东香山县（今中山市）人。出身农民家庭。早年在檀香山、香港、广州求学，获医学博士学位。1894年上书李鸿章，提出"人能尽其才，地能尽其利，物能尽其用，货能畅其流"等四条建议，遭拒绝。遂赴檀香山创立兴中会，并在香港成立总会，走上革命道路。1895年10月，在广州筹备武装起义未成，流亡日本。1905年，在日本联合华兴会、光复会等革命团体成立中国同盟会，被推为总理。同年11月，创办《民报》。1895年起，先后联合海外华侨与会党及国内新军，发动和领导广州、惠州、广西镇南关等多次武装起义。1911年4月发动黄花岗起义。同年10月10日武昌起义后，被推为中华民国临时大总统，1912年1月1日在南京宣誓就职。同年2月13日，南北议和，遂辞去临时大总统。3月主持制订《中华民国临时约法》。8月同盟会改组为中国国民党，被选为理事长。1914年流亡日本，成立中华革命党。1915年发表《讨袁宣言》，1916年发表《第二次讨袁宣言》。1917年因段祺瑞解散国会，在广州组织护法军政府，并当选为军政府大元帅。1921年就任非常大总统。1924年1月，在广州主持召开中国国民党第一次全国代表大会，发表改组宣言，确立"联俄、联共、扶助农工"三大政策，将旧三民主义发展为新三民主义。同年11月，应北京政府邀请，北上讨论国事。1925年3月12日，在北京逝世。著作编为《中山全书》、《总理全集》、《孙中山全集》等。事迹见陈锡祺《孙中山年谱长编》等。

《孙文学说》为孙中山政治、哲学思想的结晶，重点是阐述他的宇宙进化论和知行观。

全书共分"知行总论"、"能知必能行"、"不知亦能行"、"有志竟成"等八章。

本书目的在于批评"知之非艰，行之惟艰"说，因为"予之建设计划，一一皆为此说打消"，"倘能证明知非易而行非难",则"中国人无所畏而乐于行,则中国之事大有可为矣"。

孙中山举饮食、用钱、作文、建屋、造船、筑城、开河、电学、化学和进化十事来证明"行之非艰,而知之惟艰"。他相信达尔文的进化论,认为进化是"自然之道",进而把宇宙进化分为三期:物质进化、物种进化和人类进化。第一期:"太极(此用以译西名"伊太"也)动而生电子,电子凝而成元素,元素合而成物质,物质聚而成地球"。第二期:"由生元(孙以之译细胞——引者)之始而至于成人",此期原则为物竞天择,优胜劣败。第三期则为人类进化,其进化原则不是竞争,而是互助,"社会国家者,互助之体也;道德仁义者,互助之用也"。

孙中山的"行易知难"论可用一句话来概括,就是"以行而求知,因知而进行"。从人类认识史来看,就是"其始则不知而行之,其继则行之而知之,其终则因已知而更进于行"。具体地说,有三个论点。第一,"能知必能行"。"天下事惟患不能知耳,倘能由科学之理则以求得其真知,则行之决无所难。"因此,他十分重视科学的作用,"夫科学者,系统之学也,条理之学也。凡真知特识必从科学而来也。舍科学而外之所谓知识者,多非真知识也"。第二,"不知亦能行"。上一条是对"能知"的人说的,这一条是对"不知"的人说的。"人类之进步,皆发轫于不知而行者也,此自然之理则,而不以科学之发明为之变易者也。故人类之进化,以不知而行者为必要之门径"(第七章"不知亦能行")。因此,他十分重视力行的作用,"有志国家富强者,宜黾勉力行也"。第三,"有志竟成"。这是孙中山回顾自己的革命经历后得出的结论。"夫事有顺乎天理,应乎人情,适乎世界之潮流,合乎人群之需要,而为先知先觉者所决志行之,则断无不成者也,此古今之革命维新,兴邦建国等事业是也。"因此,他非常强调人心的作用,甚至把心看作是"万事之本源"。

根据各人认识能力的不同,孙中山把人分为三类,即先知先觉的发明家、后知后觉的鼓吹家和不知不觉的实行家,强调先知先觉的思想领导作用。

孙中山的"行易知难"论,就其重视科学、提倡力行、强调人要有志气、这种志气要顺天应人等方面来看,都是很有意义的。但也有夸大人心的作用,特别是先知先觉作用的倾向。

(钱宪民)

建国方略 孙中山

《建国方略》，一卷。孙中山著。1918年中国国民党中央宣传部初版。此外有1922年上海民智书局版、1927年上海明利书局版、1930年上海商务印书馆"万有文库"版、1938年上海三民图书公司版等多种。又有中州古籍出版社1998版评注本。

作者生平事迹见"孙文学说"条。

本书是研究和规划中国国家建设的专著。分三部分。其一为心理建设，即孙文学说；其二为物质建设，即实业计划；其三为社会建设，即民权初步。第一、三部分前有自序。

以《孙文学说》或《心理建设》为题的建国方略之一，参见上一篇提要。建国方略之一：心理建设——孙文学说，行易知难。

建国方略之二：物质建设——实业计划。本书认为行远自迩，登高自卑，国家建设须注重基础设施，故从十方面规划了国家基础建设。甲、交通之开发；乙、商港之开辟；丙、铁路中心及终点并商港地设新式市街，各具公用设备；丁、水力；戊、设冶铁制钢厂；己、矿业；庚、农业；辛、蒙、新之灌溉；壬、于中国北部及中部造森林；癸、移民于东三省、蒙、新、青海、西藏。以下又分六大计划进一步阐述。第一计划，北方的建设：北方大港、西北铁路系统、蒙新之殖民、开浚运河、开发直隶山东煤铁矿源。第二计划，东方大港建设：整治扬子江，改良扬子江现存水路及运河，建设内河商埠，创设大工厂。第三计划，南方建设：改良广州为世界港，建设西南铁路系统，沿海商埠及渔业港等。第四计划，铁路建设。第五计划，粮食、衣服、居室、行动、印刷等各项工业。第六计划，矿业等基础产业。

建国方略之三：社会建设——民权初步。这部分自序指出："何为民国？美国总统林肯氏有言，民之所有、民之所治、民之所享为民国也。"所谓民权，指人民有权选举官吏、罢免官吏、创制法案、复决法案，即所谓四大民权。孙中山认为，民权发达，必须以团结人心、纠合群力为前提，为此，又须举行集会，"民权初步"便是用以教导国民如何行使民权的第一步。但中国数百年来严禁集会,致使集会的原则、条理、习惯、经验等等几乎无从谈起。自从西学东渐以来,哲学、宗教、理化、政治、经济、农工商兵、历史、文艺等等皆有专书,唯独缺乏浅近需要的"议学"专书。本书概括创始于英国、长期流行于欧美各国的集会讨论、解决问题的经验和习惯,论述集会的原则、步骤、方法,要求"凡欲负天下之责任者,不可不熟习此书"。家族、社会、学校、农团、工党、商会、公司、国会、省会、县会、国务会议、军事会议等等各种各样会议,皆须以本书为法则。本书这部分由二十章及一个附录组成,详尽阐述集会(包括临时集会和永久集会)组织法、议事规则及程序,有关机构及个人的权利义务。二十章篇目为:临时集会之组织法、永久集会之成立法、议事之秩序并额数、会员之权利义务、动议、离奇之动议并地位之释义、讨论、停止讨论之动议、表决、表决之复议、修正之性质与效力、修正案之方法、修正案之例外事件、附属动议之顺序、散会与搁置动议、延期动议、付委动议、委员及其报告、权宜问题、程序问题。附录内容为集会"章程并规则之模范"和"议事表"。其中第一章指出,凡有规则的会议必须举定成员,专门责成其行事必按一定程序,有条不紊。如提议一案必当先请于主座以讨地位,得地位而后发言,而后按次讨论,而后依法表决。一言一行,秩序井然。如此方可收集思广益的功效,与会者亦能练习其经验而增其智能。关于开会的程序,以下各章有详尽论述,以供摹仿、学习,让民众掌握民权初步。

本书是研究孙中山思想、中国近现代经济史以及政治、法律制度的重要参考资料。

对本书的研究著作,主要有魏冰心《建国方略浅说》(上海中央图书局,1927年)、季克仁《建国方略概要》(上海法学社,1929年)、倪文亚编《建国方略大意》(中央陆军军事学校政治训练处,1929年)等。

(朱淑娣)

五权宪法 孙中山

《五权宪法》，一卷。孙中山1921年3月20日的演讲。同年由广东官印局发表，名为《录大总统五权宪法讲演录》。1924年，孙中山再次作此演讲时，内容稍作修改。后出版发行的《五权宪法》，主要根据孙中山1924年讲稿。版本甚多，主要单行本有上海民智书局1925年版、新时代教育社1928年版、青年书店1940年版等。

作者生平事迹见"孙文学说"条。

《五权宪法》是1921年孙中山在筹建中华民国军政府过程中在广东省教育会所作的一次专题演说，全面阐述了"五权"思想。开篇即指出"五权宪法"是他独创，是在研究西方各国宪法之后，认识到三权（立法、司法、行政）的不完备，从而想出的补救办法。

孙中山指出美国的三权宪法不很完备，而且流弊很多。为了对三权进行补救，在其中加入了中国古代的弹劾权和考试权，认为这是中国古代很好的制度。和西方的三权宪法相比，中国古代也有自己的三权宪法：考试权、君权（兼立法权、行政权、司法权）和弹劾权。而西方则将弹劾权兼于立法权之中，将考试权融于行政权之中。孙中山以中西合璧，独创出其认为完备的五权宪法，即立法权、行政权、司法权、弹劾权、考试权。既弥补西方"三权"的不足，又除去中国古代的"君权"。认为这种"五权分立"的政体，是各国制度上没有过的破天荒的政体，可以使民族的国家、国民的国家和社会的国家，都得到完全无缺的治理和四万万人最大的幸福。

五权中，孙中山最重视的是考试权。他认为，美国由于没有考试制度，官吏无论是选举，是委任，都有很大的流弊。而考试权，就是"大小官吏必须考试，定了他的资格，无论那官吏是由选举的抑或由委任的，必须合格之人，方得有效"。这样，就可以消除盲从滥举与任用私人的流弊。弹劾权又称监察权，就是"专管监督弹劾的事"。在政府机关中，对失职或渎职的官吏，进行弹劾。

五权宪法是孙中山"民权主义"思想的重要组成部分。他高度评价了五权宪法的作用，指出五权宪法是建设国家的基础，是政府中支配人事的大机器，也是调和自由和专制的大机器。五权宪法的基本出发点,就是由人民把握宪法。人民有了宪法这架机器,可以"自己去驾驶,随心所欲,驰骋翱翔",才能真正实行民治。

孙中山指出直接民权的重要性,认为真正的民权,应该是直接民权。直接民权包括四种:选举权、罢免权、创制权、复决权。他将五权宪法比作一架大机器,将直接民权比作这架大机器中的掣扣。直接民权又称政权或人民权,而前述的五权又称治权,或政府权。四个政权和五个治权,各有各的统属,各有各的作用,要分别清楚,不可紊乱,必须用人民的四个政权,管理政府的五个治权,"那才算一个完全的民权的政治机关"。

孙中山将宪法看成一架机器,体现了"权能分开"的思想。他认为,为了一方面保证真正的民权,另一方面保证政府的统治效能,必须将"权"和"能"分开。中华民国的主权属于全体国民,四万万人民是今天的皇帝。民国的各种官员,上至总统,下至巡差,都是人民的公仆,是帮助人民管理国家的能工巧匠。人民要利用政府和五权宪法这个治国的机器治理国家,实现自己的权利。总之,政治主权在于人民,或直接行使之,或间接行使之,其间接行使时,为人民的代表者或受人民委托者,只尽其能,不窃其权,予夺的自由仍在人民。

孙中山还惋惜地指出,一般人对五权宪法不很了解,即使专门学者也不以为然,而制订宪法的议员在制订约法和宪法时也置五权宪法于不顾。因此他希望各省议员能制定五权宪法,作为治国的根本大法;民众则要细心研究五权宪法,赞成五权宪法。

"五权宪法"的思想是孙中山政治思想,尤其是民权主义思想的重要组成部分,是他引为自豪的独创思想,也是他终生坚持的观点。在五权宪法和民权主义中,孙中山以推翻君权,推翻封建帝制和建立资产阶级民主共和国制度作为救国救民和实现人民民主权利的根本途径,在中国历史上是了不起的进步。不但划清了资产阶级民主主义同资产阶级改良主义的界限,在一定程度上批判了西方的政治制度,而且提出了自己的创见,是他政治思想中极可贵之处。但五权宪法有其不成熟的一面,不仅在理论上不很科学,实践中也难以通行,已为历史所证明。

(李小宁)

三民主义 孙中山

《三民主义》，一卷。孙中山 1924 年演讲。笔记稿由国民党中央执行委员会编辑，经孙中山修改后同年分三册印行，年底出版合印本。主要单行本有上海民智书局 1924 年版、上海新时代教育社 1927 年版、上海中华书局 1935 年初版、上海三民图书公司 1941 年新二版、上海正中书局 1946 年版、上海商务印书馆 1947 年版等。

作者生平事迹见"孙文学说"条。

三民主义指民族主义、民权主义和民生主义。本书是孙中山从 1924 年 1 月 27 日起，在广州国立高等师范学校礼堂所作演讲的内容，经记录整理，由孙中山修改后发表。"民族主义"自序中称，当时正"值国民党改组，同志决心从事攻心之奋斗，亟需三民主义之奥义，五权宪法之要旨，为宣传之资"，所以每星期作一次演讲。8 月 24 日后，由于对付商团叛乱及准备北伐而中辍，民生主义部分没有讲完。全书分三部分：民族主义（包括自序、六讲）、民权主义（六讲）和民生主义（四讲）。

"民族主义"开篇指出，三民主义是救国主义，是促进中国国际地位平等、政治地位平等、经济地位平等，使中国永久适存于世界的一种思想、一种信仰和一种力量。

"民族主义"共六讲。第一讲指出要救中国，想中国民族永远存在，必须提倡民族主义。孙中山分析了民族和国家的区别以及民族的起源，认为中国只有家族主义和宗族主义，没有国族主义，而中国由于绝大部分同是汉民族，故应提倡民族主义，增强民族凝聚力，用民族精神救国。第二讲主要论述中国遭受列强政治力和经济力的压迫，其转机在于唤醒民众。必须消灭当时中国面临的三种威胁：政治力、经济力和列强人口增加的自然力的压迫（第一讲最后已提出要努力增加民族人口，以挽救危亡，而致富强），方不至于亡国灭种。第三讲认为中国的民族主义真正失去已经几百年了。并分析其原因，认为最重要的因素就是被异族所征服。第四讲，大力反对帝国主义国家之间的民族征服战争，认为应该实行民族自决，要讲和平，只有将和平的民族主义重新恢复并发扬光大，才能实际去谈世界主义。第五讲主要论述恢复民族主义的两种方法：一是让民众认识到现在所处的生死攸关的地位，正在遭受政治力、经济力和列强人口增加的三大压迫；二是要使中国人从一盘散沙中团结起来，组成很大的团体，将宗族主义扩充到国族主义。第六讲，在前五讲的基础上，论述如何恢复我们民族的地位。认为必须以恢复民族精神、民族主义为基础，还要恢复我们固有的道德、知识和能力，学习欧美的长处。中国强盛后，还要对世界负一个大责任，要"济弱扶倾"，这才是我们民族主义的真精神。

"民权主义"也分六讲。第一讲开篇即将民权予以定义，认为民权便是以人民管理政事。认为人类历史分为四个时期：第一时期，人同兽争，用气力。第二时期，人同天争，用神权。第三时期，人同人争，国同国争，这个民族同那个民族争，用君权。现在是第四时期，国内相争，人民同君主相争。第四时期中，民权渐渐发达，故称民权时代。又认为由神权到君权到民权的世界潮流，是不可逆的，当时的中国也应实行民权，反对君权。第二、三讲分别论述与民权相关的"自由"和"平等"，指出自由和平等为欧洲人而非中国人所迫切需要的东西，主张应以三民主义去革命，而不主张以革命去争取自由和平等，因为提出的目标，要大家去夺取，一定要人民有切肤之痛，人民才热心来附和。第四讲认为，民权在实行过程中遇到了几次障碍。欧美先进国家，民权实行了一百多年，也只得一种"代议政体"，这种制度在中国实行，发生了很多流弊。故对民权，要在中国找一个根本解决的办法，而不能简单仿效欧美。第五讲认为，他已经找到了这样一种办法，就是改变人民对政府的态度，将"权"和"能"分开。国家政治在根本上要人民有权，管理政府则付之于有能的专门家，人民对专门家不要看作是很荣耀很尊贵的总统、总长，而要看成车夫、木匠等任何一类工人，国家才能进步。第六讲进一步论述解决民权问题的办法，除了"权"和"能"分开外，还要使人民和政府的权力彼此平衡。就是用人民的四个政权（选举权、罢免权、创制权、复决权）管理政府的五个治权（行政权、立法权、司法权、考试权、监察权），这样才算是一个完全的民权的政治机关。

"民生主义"只有四讲，由于前述原因，还缺两讲（关于住和行）。第一讲指出，"民生就是人民的生活、社会的生存、国民的生计、群众的生命"，"民生主义就是社会主义，又名共产主义，即是大同主义"。民生问题之所以产生是由于工业革命以后，机器化大生产使许多人没有工做，没有饭吃，产生了社会问题。认为在当时研究社会问题、主张社会主义的千百家之中，研究得最透彻和最有心得的是马克思，但马克思的理论也有其缺陷：马克思以物质为历史的重心，本书则主张历史的重心是社会进化，社会进化的重心又为民生，故归根结底历史的重心应为民生。关于社会进化的原因，本书以为是人类求生存的需要，社会的进化是由于社会上大多数人的经济利益相调和，而视马克思以阶级斗争为社会进化的原因是倒因为果。第二讲解决民生主义的方法，认为解决中国的民生问题不应仿效欧美,而要有自己的办法,这就是平均地权、节制资本、发展国家实业,并详细阐述了具体措施。本书还多次指出,民生主义就是共产主义,就是社会主义,应视共产主义为一个好朋友。第三、四讲分别论述民生主义的两个重要问题:吃饭和穿衣。主张振兴实业,发展农桑经济,发展纺织工业,民生问题便可解决。

《三民主义》是孙中山关于新三民主义思想的阐述,是孙中山革命思想的一次重大发展。其反对帝国主义的民族主义,反对地主资产阶级专政的民权主义,反对地主资本家"操纵国民生计"的民生主义,都与旧三民主义有明显不同,适应了新民主主义革命发展的需要,成为中国民族民主革命阶段统一战线的政治基础和共同纲领。

(李小宁)

中华民国宪法刍议 王宠惠

《中华民国宪法刍议》，王宠惠著。成书于1913年3月，同月上海南华书局出版，5月国民党粤支部再版。收于《王宠惠先生文集》(国民党党史委员会1981年出版)。

王宠惠(1881—1958)，字亮畴。广东东莞人。生于香港，幼年就读香港圣保罗书院、皇仁书院。1899年考入北洋大学法科，专攻海洋法。毕业后任教于南洋公学。后赴日及欧美留学，获耶鲁大学法学博士学位，并考取英国律师资格，当选为柏林比较法学会会员。留学期间参加同盟会。辛亥革命前夕回国，辛亥革命爆发后被选为广东代表，参加孙中山为临时大总统的南京临时政府，任外交总长。孙中山辞职后转任司法总长，数月后辞职，任教于东吴大学。1921年作为中国代表出席太平洋和会，1922年曾署北洋政府总理。1928年任南京国民政府司法院长。三十年代两次担任海牙国际法院法官。抗日战争时任外交部长、国防最高委员会秘书长。1945年出席联合国创立会议，参与联合国宪章的制订。1947年再任司法院长。其一生曾参与《中华民国宪法》(北洋政府时期)、《中华民国民法》、《中华民国训政时期约法》、《中华民国刑法》、《中华民国宪法》等重要法典的起草、制订工作。著述尚有《宪法平议》、《比较民法导言》、《比较民法概要》、《五权宪法》、《困学斋文存》等，今人辑有《王宠惠先生文集》。

本书分上、下两篇。上篇讨论有关宪法的理论及中国立宪的注意要点，分绪论、宪法之性质、宪法之内容、宪法之解释、非行政法、国会、议院政府、总统及副总统之选举、省制九节。下篇为作者草拟的《中华民国宪法草案》，分总纲、国民、立法、行政、司法、会计、省制、附则八章，共一百条。每条之后均有说明。

作者认为，"宪法者，不祥之物也"，因为近代国家宪政史上，"其得之也，必先以杀人流血于前；其失之也，亦必继以杀人流血于后"。然而宪法是国家根本法，可以"变而为最祥之物"。要做到这一点，宪法"非因一人而定，乃因一国而定；非因一时而定，乃因永久而定"。尤其强调"宪法必依一国之情而定，不能依一时之特别事故而定"，必须"顺乎民意，合乎国情"。

作者经广泛比较论证后,认为中国立宪应采用刚性宪法,宪法修正案要由国会两院出席议员三分之二以上多数提出,再经三分之二以上多数地方议会议决。因刚性宪法之故,中国宪法的内容也应较为广阔,应包括国家最重要的制度。宪法的解释权应归法院。

本书分析欧美行政法院的缘起、现状及理论,认为民权国家民与官吏在法律上地位平等,"即应受同一法律之支配",如设立行政法院,"利及于一部分之官吏而已"。断言"夫行政法之始意,非谋行政上之便利而使官吏享有身份上之特权"。因此主张中国不应设行政法院,而应采用普通诉讼法进行诉讼。

在国家政权机构的组织形式问题上,本书广泛比较引证西方宪政国家实际政治制度,主张中国应采用"议院政府"制,即行政机关国务院向由国民选举产生的国会众议院负责,总统不应负政治上之责任,众议院有弹劾总统的权力。由地方议会选举组成的参议院则有审判总统的权力,并负责任命最高法院法官及独立的审计院长。并论述议院政府的五大利益：一是发扬人民的民权精神。二是防止"专制毒焰之复燃",并指出这是中国当前最重要的政治任务。反驳以美国宪法为例要求实行总统制的说法,指出美国因实行联邦制,"中央政府对内之权力甚为薄弱",而且各州有自己的民军,允许民间携带武器,足以防止专制。又举南美诸国仿美实行总统制而政变迭起之例"为中国之殷鉴"。三是"国犹舟也,政策即航行之方向也,而政府则汽机也"。航向由议院把握,政府可全力"励精图治以求政策之进行"。四是可以使元首超然于党派斗争之外,甚至可调和党派斗争。五是"立法机关之代表民意,较多于行政机关,是以行政权应受立法权之指挥",从而可避免社会矛盾及政治风潮,并举英国为例加以证明。

在中央与地方的关系上,作者主张应强调省权。认为中国一省抵欧洲一国,应在宪法中明列各项省权,包括地方自治事项、应由全国统一的事项、应由中央批准的事项三大类。省立法机构不仅选举参议院议员,总统、副总统也应由省立法机构选举产生。

本书是民国时期最早的宪法专著之一,对于揭露袁世凯独裁阴谋、提醒国人防止帝制复辟,在政治上有一定作用。本书根据西方宪法学原理,结合中国当时具体情况,在宪法学领域内进行了探索,在中国宪政史上有一定的意义。

（郭　建）

吴虞文录 吴 虞

《吴虞文录》,上、下两卷。吴虞撰。1921 年上海亚东图书馆初版,1927 年重印。另有 1936 年成都吴氏爱智庐刊线装本。又有四川人民出版社 1985 年版《吴虞集》本、黄山书社 2008 年版单行本。

吴虞(1871—1949),原名久宽,字又陵,亦作幼陵。四川新繁(今新都)人。早年入成都尊经学院,戊戌变法后兼求新学。1905 年赴日本法政大学学习法律、政治、经济等。两年后回国,任教于成都各学堂。不久因反抗其父并撰文批判礼教被通缉,离开成都。辛亥革命后,积极参与办报撰文,主张非儒。1917 年在《新青年》上连续发表文章,批判"吃人的礼教"。先后任教于北京大学、北京师范大学、四川大学等。1933 年离开教育界隐居,直至去世。除本书外,还著有《吴虞文续录别录》、《秋水集》、《国文撰录》、《骈文读本》、《宋元学案粹语》和《吴虞日记》等。

《吴虞文录》主要收录作者在五四运动前后批判传统礼教的论文。其中包括《家族制度为专制主义之根据论》、《说孝》、《道家法家均反对旧道德说》、《礼论》、《吃人与礼教》、《儒家主张阶级制度之害》、《儒家大同之义本于老子说》、《明李卓吾别传》和《墨子的劳农主义》等十七篇文章。书前有胡适序,书后附录收列作者之妻吴曾兰所作《女权平议》和《孽缘》。

吴虞以西方近代思想学说和中国"异端"思想来同正宗儒学相"比较对勘"的方法,论述了"打倒孔家店"的必要性和必然性。说"不佞常谓孔子自是当时之伟人,然欲坚执其学以笼罩天下后世,阻碍文化之发展,以扬专制之余焰,则不得不攻之者,势也"(《吴虞文录·致陈独秀》,以下只注篇名)。在吴虞看来,儒学排斥"异己",使"国内之学"和"域外之学"不得伸张发达,造成"愚民日陋劣,政府日专横,学绝道丧"(《明李卓吾别传》)的恶劣后果。认为儒学的教条和道德已经陈腐无用,其"影响于亡国亡种实大矣"(同上)。

吴虞称孔丘为"盗丘"、"国愿",说他是"佞谄"之徒,是"专制时代官僚派之万世师表"(《儒家主张阶级制度之害》)。强调既"为共和之国民",则不能"甘为孔氏一家之孝子顺孙"而与共和原则相"背畔"(《家族制度为专制主义之根据论》)。除直接批孔外,还特别历数荀子之罪,指出荀学倡礼教,是不合于民主共和精神的,它使"君主既握政教之权,复兼家长之责,作之君,作之师,且作民父母,于是家族制度与君主政体遂相依附而不可离"(《读荀子书后》)。

书中列述史实,剖析文义,从事实和理论上对传统礼教进行全面批判。《家族制度为专制主义之根据论》分析传统经典说教,指出其实质是"以孝弟二字为二千年来专制政治与家族制度联结之根干,而不可动摇",并认为"法律之所以不良,实以偏重尊贵长上,压抑卑贱,责人以孝敬忠顺,而大不平等之故";对《新刑律》删除部分传统"不孝"行为的刑事责任表示赞许,以之为立宪国文明法律的标志。《说孝》考述"孝道"感恩和养亲的初义,认为其发展到极点,即出现埋子养亲、割肉事亲等荒唐事,批判传统孝道的局限,主张父母子女之间,"不必有尊卑的观念,都当有互相扶助的责任。同为人类,同做人事,没有什么恩,也没有什么德"。《礼论》认为,当时所称的礼,并非三代之制,而不过是嬴秦尊上抑下之旨,直接承继于荀卿的重礼思想;与礼紧密联系的刑,也是以等级为根本原则。"专制之国其御天下之大法,不外礼与刑二者而已,而礼刑皆以尊卑上下之阶级为其根本。"《吃人与礼教》是读鲁迅《狂人日记》后有感而作,从形象实证角度,以传统正史为依据,列举齐桓公、汉高帝、臧洪和张巡等人,"一面尊孔子,一面吃人肉",指出"孔二先生的礼教讲到极点,就非杀人吃人不成功",辛辣嘲讽了封建礼教。《儒家主张阶级制度之害》直接批判传统等级制度及维护这种制度的封建旧法,指出"孔孟之道在《六经》,《六经》之精华在《满清律例》,而《满清律例》,则欧美人所称代表中国贵贱阶级制度之野蛮者也"。

在《道家法家均反对旧道德说》和以他妻子吴曾兰的名义发表的《女权平议》中,以自由、平等的法权观念和人道主义原则,批判封建主义的节义观,反对夫权思想,提倡妇女解放。说"天尊地卑,扶阳排阴,贵贱上下之阶级,三从七出之谬谈,其于人道主义皆大不敬,当一扫而空之"(《吴虞文录》卷下附录)。

《吴虞文录》虽缺乏一定的理论深度,但其反孔非儒思想,不失为五四新文化运动中一支强有力的生力军。胡适为《吴虞文录》作序说吴虞乃"中国思想界的一个清道夫"。柳亚子曾赞誉吴虞"其言非孔,自王充、李卓吾以来,一人而已"(转引自《吴虞日记》)。

有关《吴虞文录》的研究论著,有唐振常《章太炎吴虞论集》(四川人民出版社,1981年)、邓星盈等《吴虞思想研究》(四川教育出版社,1996年)等。

(王志强)

胡适文存 胡 适

《胡适文存》，三集十七卷。胡适著。第一集（一至四卷），1921年上海亚东图书馆初版，1931年十五版；第二集（一至四卷），1924年上海亚东图书馆初版，1931年八版；第三集（一至九卷），1930年上海亚东图书馆初版。此外，1953年台北远东图书公司将《胡适文存》第一、二、三集，与由《胡适论学近著》第一集删改而成的第四集合刊，作四集出版。全部四集又收入《胡适文集》（北京大学出版社，1998年）、《胡适全集》（安徽教育出版社，2003年）。

作者生平事迹见哲学类"中国哲学史大纲（卷上）"条。

《胡适文存》第一集四卷：收录1911年至1921年间的文章。

卷一，论文学之文。有《文学改良刍议》、《历史的文学观念论》、《建设的文学革命论》、《论文学改革的进行程序》、《谈新诗》等文，加上寄陈独秀、答钱玄同等书信，共二十八篇。其中最为重要且富有历史意义的，是《文学改良刍议》，这是一篇新文化运动中极具有启蒙性作用的雄文。最初发表在1917年1月二卷五号《新青年》上，指出："吾以为今日而言文学改良，须从八事入手。八事者何？一曰，须言之有物；二曰，不摹仿古人；三曰，须讲求文法；四曰，不作无病之呻吟；五曰，务去烂调套语；六曰，不用典；七曰，不讲对仗；八曰，不避俗语。"

卷二，据作者在"序例"所言，它与卷三"都可说是方法论的文章"。有《诗三百篇言字解》、《诸子不出于王官论》、《墨子小取篇新诂》、《实验主义》、《问题与主义》、《杜威先生与中国》、《清代学者的治学方法》等十一篇。《实验主义》一文，是胡适1919年春所作，介绍其老师杜威的哲学，实际上亦是他自己的哲学思想。下分：（一）引论。（二）皮耳士——实验主义的发起人。（三）詹姆士的心理学。（四）詹姆士论实验主义。这前四部分起先载1919年4月15日出版的《新青年》六卷四号。（五）杜威哲学的根本观念。（六）杜威论思想。（七）杜威的教育哲学。这后三部分收入1919年北京大学学术研究会编印《学术讲演录：实验主义》；《问题与主义》实际上是包括三篇文章，即《多研究些问题，少谈些主义》、《三论问题与主义》、《四论问题与主义》（论输入学理的方法)。1919年7月20日《每周评论》第三十一号上发表了胡适的《多研究些问题,少谈些主义》。文中把问题与主义截然对立起来,认为"空谈好听的'主义'是极容易的事","空谈外来进口的'主义'是没有什么用处的","偏向纸上的'主义'是很危险的"。"我因为深觉得高谈主义的危险,所以我现在奉劝新舆论界的同志道:'请你们多提出一些问题,少谈一些纸上的主义'。""现在中国应该赶紧解决的问题,真多得很。从人力车夫生计问题,到大总统的权限问题;从卖淫问题到卖官卖国问题;从解散安福部到加入国际联盟问题;从女子解放问题到男子解放问题……哪一个不是火烧眉目紧急问题?"此文发表后,受到了蓝志先、李大钊的驳难,为此胡适又写了《三论问题与主义》、《四论问题与主义》,刊载于1919年8月24日、8月31日《每周评论》第三十六号、第三十七号。

卷三,有《国语文法概论》、《水浒传考证》、《水浒传后考》、《红楼梦考证》(改定稿)四篇。

卷四,杂文。有《归国杂感》、《易卜生主义》、《贞操问题》、《不朽》、《新思潮的意义》、《吴虞文录序》等二十五篇。在《归国杂感》里,胡适认为:这二十年来中国并不是完全没有进步,不过惰性太长,向前走三步又退回两步,所以到如今还是这个样子;《贞操问题》是批判封建道德的文章。认为"替未婚夫守节和殉烈的风俗"是"不合人情、不合天理的罪恶;还要公认劝人做烈女,罪等于故意杀人","因为贞操不是个人的事,乃是人对人的事;不是一方面的事,乃是双方面的事"。"诚意的贞操是完全自动的道德,不容有外部的干涉,不须有法律的提倡。"在《不朽》一文里,胡适提倡"立德""立功""立言"的不朽,而非宗教家所解作灵魂不灭的意思。前者他称作"社会的不朽论"。认为"这个'大我'是永远不朽的,故一切'小我'的事业、人格、一举一动、一言一笑、一个念头、一场功劳、一桩罪过,也都永远不朽"。这实际上是夸大"小我",使偶然性夸大为必然性。《新思潮的意义》说,既要研究问题,又要输入学理。指出:"我们对于旧有的学术思想有三种态度:第一,反对盲从;第二,反对调和;第三,主张整理国故。"

《胡适文存》第二集四卷:收录自第一集出版以后至1924年这三年内的文章。作者谓:"第一二卷为讲学之文,第三卷为论政治之文,第四卷为杂文。"

卷一,有《国学季刊发刊宣言》、《发起人〈读书杂志〉的缘起》、《古史讨论的读后感》、《一个最低限度的国学书目》、《论墨学》等十三篇。

卷二,有《科学与人生观序》、《孙行者与张君劢》、《读梁漱溟先生的东西文化及其哲学》、《五十年来中国之文学》、《五十年来之世界哲学》等七篇。1923年1月开始的"科学与玄学"论战,论战主将丁文江、张君劢以及其他参战者陆续发表数十篇文章,汇集成书。胡适为此书作序,即《科学与人生观序》。是文亦反映作者的哲学观点,指出:"那光焰万丈的科学,决不是这几个玄学鬼摇撼得动的。"又自称:"我们如果深信现有的科学证据只能叫我们否认上帝的存在和灵魂的不灭,那么我们正不妨老实自居为'无神论'者。"《五十年来之世界哲学》一文指出:"三百年的科学进步,居然给我们一个动的变的宇宙观了。但关于生物、心理、政治的方面,仍旧是'类不变'的观念独占优胜。""达尔文不但证明'类'是变的,而且指出'类'所以变的道理。这个思想上的大革命在哲学上有几种重要的影响。最明显的是打破了有意志的天帝观念。"

卷三,有《十七年的回顾》、《黄梨洲论学生运动》、《我们的政治主张》、《我的歧路》等十三篇。《我们的政治主张》是胡适起稿,由蔡元培、王宠惠、陶行知、李大钊、梁漱溟等十六位教授签署发表的"政治意见"书,提出所谓"好人政府"一个目标,作为改革中国政治的最低限度的要求。政治改革有三个基本原则,即"我们要求一个宪政的政府"、"我们要求一个公开的政府"、"我们要求一种有计划的政治"。《我的歧路》一文,实际上是胡适对自己的经历的简述。自称"我是一个注意政治的人","从此以后,哲学史成了我的职业,文学做了我的娱乐"。在谈到"实验主义"时,承认"谈政治只是实行我的实验主义,正如我谈白话文也只是实行我的实验主义。实验主义自然也是一种主义,但实验主义只是一个方法,只是一个研究问题的方法。他的方法是:细心搜求事实,大胆提出假设,再细心求实证。一切主义,一切学理,都只是参考的材料,暗示的材料,待证的假设,绝不是天经地义的信条"。此外,在其他方面也作了辩解。

卷四,有《吴敬梓年谱》、《西游记考证》、《镜花缘的引论》、《跋红楼梦考证》等十七篇。

《胡适文存》第三集九卷:收录第二集以后至1930年期间的文章。在"自序"里,谓:"第一卷是几篇可以代表我对中国几个重要问题的态度";"第二卷至第四卷都是整理国故的文字。卷三的三篇只是治学方法的三个例子,卷四是整理佛教史料的文字";"第五、第六卷都是考证旧小说的文字";"第七卷是我读书杂记";"第八卷是我关于中国文学的几篇序和跋";"第九卷是一些杂文";除卷一和卷九外,"其余七卷文字都可算是说明治学方法的文字"。

卷一,有《我们对于西洋近代文明的态度》、《请大家照照镜子》、《漫游的感想》等五篇。在《我们对于西洋近代文明的态度》一文里,提出许多有价值的见解。提出:"没有一种文明单是精神的,也没有一种文明单是物质的。""今日最没有根据而又最有毒害的妖言是讥贬西洋文明为唯物的,而尊崇东方文明为精神的。""西洋近代文明的精神方面的第一特色是科学。科学的根本精神在于求真理。""信任天不如信任人,靠上帝不如靠自己。"

卷二,有《几个反理学的思想家》、《治学的方法与材料等》等五篇。

卷三,有《左传真伪考的提要与批评》等三篇。

卷四,《禅学古史考》、《论禅宗史的纲领》等七篇。

卷五,有《重证红楼梦的新材料》等三篇。

卷六,有《三侠五义序》、《儿女英雄传序》等九篇。

卷七,有《陆贾新语考》、《汉初儒道之争》、《胡笳十八拍》、《墨子》等十七篇。

卷八,有《白话文学史自序》、《词选自序》等十四篇。

卷九,有杂文若干篇。

《胡适文存》收文比较广泛,涉及文学、史学、哲学、伦理学、教育学和政治学等方面,宣传了实用主义思想,提倡"大胆假设,小心求证"的方法论,以及社会改良主义的主张等。为研究胡适政治和学术思想的重要材料。另外,是书的"附录",一般都是与作者商榷、论争的文章或信件,易于全面客观了解双方的论点。

(胡 啸 朱淑娣)

独秀文存 陈独秀

《独秀文存》,三卷。陈独秀著。成书于1922年,同年亚东图书公司出版。另有远东图书公司版和1987年安徽人民出版社重版本等。

陈独秀(1879—1942),字仲甫,号实庵,谱名庆同,官名乾生。笔名有众甫、陈由己、独秀山民、只眼、女婴小弟、T.S、撒翁、顽石、明夷等二十八个。安徽怀宁(今安庆)人。出身官宦富商,早年曾中秀才,不久留学日本。1904年回国创办《安徽俗话报》。后因反清活动,受当局迫害而逃亡日本。辛亥革命后,1912年任安徽都督府秘书长,兼任安徽师范学堂校长。次年"二次革命"失败,又被迫逃亡日本。1915年回国,在上海创办《青年》杂志(第二期改名《新青年》),首倡科学与民主,是五四新文化运动的主要领袖。1917年任北京大学教授、文科学长。1920年发起建立上海共产主义小组,1921年在中国共产党第一次代表大会上被选为中央局书记,是中国共产党的主要创始人。1927年因路线错误在党内被撤职。1932年遭国民党政府逮捕入狱,1937年出狱。晚年贫病交加,仍刻苦自励,注重操守,研习文字学终生。一生著述颇丰,各类文章、著作、诗词、书信达一千六百篇以上。已辑集出版的主要有《独秀文存》、《实庵学说》、《字义类例》、《小学识字教本》等。后人编有《陈独秀文章选编》、《陈独秀先生抗战文集》等多种。生平事迹见陈独秀《实庵自传》,以及今人所撰年谱及多种传记等。

《独秀文存》是五四时期批判封建旧思想、倡导新思想的著名文集。全书分三卷,收入作者1915年至1922年的文章书信二百七十多篇。卷一为论文(六十一篇),卷二为随感录(一百六十篇),卷三为通信(五十二篇)。大多曾发表于《新青年》,其书"大抵取推翻旧习惯,创造新生活的态度"(蔡元培《独秀文存·序》),主要反映了五四时期陈独秀的激进民主主义思想;有些文章宣传了马克思主义的观点,对当时存在的多种社会问题进行了探讨,也包含有某些唯心主义理论。主要内容是有以下几点。

科学和民主思想。认为中国人要脱离蒙昧时代并成为文明强国,必须"以科学与人权(按即民主)并重",两者"若舟车之有两轮"(《敬告青年》),缺一不可,救弊起衰,唯此两项。指出科学是一种方法或精神,即尊重事实和规律,强调"分析"和"实证",破除"迷信"和"无知妄作",反对"空谈"和"玄杳"。关于"民主",五四前认为民主就是"平等人权"、"独立自主之人格"、"个人思想自由"(《东西民族根本思想之差异》等),并严格区分儒学"民本主义"和西洋近代民主主义,属于资产阶级民主范畴;五四运动后,则倾心于社会主义民主,揭露资产阶级民主的实质是"欺骗世人把持政权的诡计"(《民主党与共产党》)。

反孔批儒思想。《独秀文存》抨击了尊孔复古逆流:(一) 从分析孔教"三纲"入手,揭露"孔教与帝制,有不可离散之因缘"(《驳康有为致总统总理书》),认为若孔子儒家思想不"铲除净尽",则无数袁世凯将接踵而至(《袁世凯复活》)。(二) 根据现代社会生活要求自由、平等,要求"个人人格独立"、"个人财产独立",论证了孔子之道不合于现代生活(《孔子之道与现代生活》),指出若不攻破儒家"三纲"之说,则"吾国之政治、法律、社会道德,俱无由出黑暗而入光明"(《答吴又陵》)。(三) 反对把原始儒学(孔孟)与后世儒学(宋明理学)截然划开,把罪恶归诸后儒,而认为两者实一脉相承,罪魁祸首就是孔子,从而彻底堵住了尊孔者的辩护。

哲学思想持进化论宇宙观。他推崇生物进化论,认为自然界和人类社会,物质现象和精神现象,都是遵循着"新陈代谢"和"生存竞争,优胜劣汰"规律而进化发展的。"宇宙间精神物质,无时不在变迁即进化之途"(《孔子之道与现代生活》),此乃宇宙"根本大法",据此断定伦理道德、文学艺术等均应随时代而进化。并主张唯物主义和无神论思想:肯定物质世界的客观实在性和不灭性,提出"物体白真"、"实质常住","一切思想行为,莫不植基于现实生活之上"(《今日之教育方针》)的唯物论思想,批判儒、释、道的唯心主义观点。《独秀文存》还抨击了宿命论、鬼神迷信思想和基督教的神学唯心论,提倡积极向上的人生(《有鬼论质疑》、《人生真义》、《科学与神圣》等),主张"以科学代宗教,开拓吾人真实之信仰"(《再论孔教问题》)。

文学革命论。根据宇宙大变迁的根本法则,以"必不容反对者有讨论之余地"(《再答胡适之》)的革命精神,主张文学须随社会而变迁,以白话代文言。把文学革命看作是改造"国民性"、"革新政治"和思想启蒙的"利器"。提出要推倒"贵族文学"、"古典文学"、"山林文学",建设"国民文学"、"写实文学"、"社会文学"(《文学革命论》)。认为新文学必须能"抒情写实",走近代欧洲文学的道路。

论及政治法律的文章主要有《敬告青年》、《谈政治》、《吾人之最后觉悟》、《旧思想与国体》、《宪法与孔教》、《实行民治的基础》、《中国式的无政府主义》、《二十世纪俄罗斯的政治革命》、《除三害》、《法律是什么东西》、《革命与作乱》、《驳康有为致总统总理书》、《民主党与共产党》等。主要内容如下。

重法治、重人权。认为欧美国家所谓法治者,其最大精神乃为法律面前人人平等,绝无尊贵卑贱之分。东西方民族根本思想差异中很重要之点在于是否重法制,西洋民族以法治为本位,以实体为本位,东洋民族以感情为本位,以虚文为本位。"西方国家之重治,不独国家然,社会、家庭莫不如是,些微授受,恒依法立据。"关于人权,指出:"集人成国,个人人格之高,斯国家人格亦高;个人人权之巩固,斯国家人权亦巩固。我国旧律无子得以出妻,表明夫妇间问题恒由产子问题而生,忽视个人权利",这是不能容忍的。论及法律的公正性时指出:"盖宪法,全国人民利益之保证也,决不可以杂以优待一族一教一党一派之用。"并谴责司法机关对达官贵人犯罪视若无睹,对贫穷男女则科以严刑峻法。

关于国家政体,先是主张建立立宪政治和民主共和国。指出在国家组织、社会制度、伦理观念上民主共和国与专制国家全然相反,万不能调和。故只有打倒专制制度,建立西洋式社会,先制定宪法和法律,切实做到法律面前人人平等。认为所谓民权、所谓自由莫不以国法上人民权利为之保障,故民主共和国要保障人民法律上之平等人权、伦理上之独立人格、学术上之破除迷信思想自由。主张要由人民直接议定宪法,国会保障实施,国会之唯一责任与作用即代表国民监督行政之非法活动。俄国十月革命后,作者大力倡导实行无产阶级革命和无产阶级专政。盛赞俄罗斯革命与法兰西革命一样都是代表人类历史的进步。指出:封建主义是对少数人的民主,资本主义是对次少数人的民主,主张全体人民实际的幸福,只有社会主义政治。因而号召"早日建成一个开明专制即无产阶级专政国家",要造成无产阶级对有产阶级的革命,这是当代各国最重要的大事。指出:民主政治及议会政策在中国比在欧洲格外地破产了,无产阶级专政是劳动阶级获得解放的唯一途径。被压迫阶级只有造成新的强力,利用政治法律机关及革命手段征服压迫者,废除财产私有、工银劳动制度,废除不平等的经济状况才能解放。本书还认为,革命是一种手段,和平的方法无法彻底改造不良的社会制度和分子,所以要革命。但革命不是目的,革命的目的是除旧布新。理想的现代民主国家应当是国民之公产,以人民为主人,以执政者为公仆。

关于政党政治,作者认为,一党一派的主张若不发展成国民多数之运动则不易成就。政党政治不适合用于中国。政党若不改造则政治绝没有改造的希望。要由社会中坚组织有良心的依赖国民为之后援之政党,改造国家。对于无政府主义,本书持否定态度,指出俄罗斯若以克鲁泡特金的自由组织代替列宁的劳动专政,则不但资产阶级马上恢复其势力,连帝制复辟也必不可免。陈独秀作为五四新文化运动的领导人、中国共产党的创始人,其在历史上的作用难以低估。本书主要汇集其在《新青年》发表的文章,对于研究其思想及演变、新文化运动、资产阶级民主主义及马克思主义在中国的传播史、中共党史乃至整个近现代史,都是十分珍贵的资料。

研究《独秀文存》的主要成果，有曾乐山《五四时期陈独秀思想研究》(福建人民出版社，1983年)、马连儒《陈独秀思想论稿》(人民出版社，2010年)、祝彦《陈独秀思想评传》(福建人民出版社，2010年)等。

（朱淑娣）

守常文集 李大钊

《守常文集》,李大钊著。作者部分文稿和讲稿的汇编。1933年编成,鲁迅为之作题记。因出版困难,1939年才问世,旋即遭当局没收。1939年北新书局初版时名《守常全集》,1949年北新书局重印出版,改名《守常文集》,为通行的版本。

李大钊(1889—1927),字守常,少年时曾名耆年,字寿昌。河北乐亭人。幼失父母,由祖父教养成人。1907年考入北洋法政专门学校。1913年东渡日本,考入东京早稻田大学政治本科。1916年未毕业即归国参加反袁斗争,投身新文化运动。撰写《青春》、《法俄革命之比较观》、《布尔什维克的胜利》、《新纪元》、《我的马克思主义观》等大量文章,宣传马克思主义。1918年起任北京大学图书馆主任,经济学教授。1920年发起成立北京共产主义小组,是中国共产党的创始人之一。中国共产党成立后,实际负责北方区党的工作。1924年1月参加国民党"一大",同年率中共代表团赴莫斯科参加共产国际第五次代表大会。1926年4月被捕,次年4月被军阀张作霖杀害。生平事迹见朱文通主编《李大钊年谱长编》(中国社会科学出版社,2009年)等。著作辑为《李大钊全集》(人民出版社,2006年)。

本书涉猎经济学、政治学、法学、社会学、历史学、文字学诸领域。有关政治、法律方面的主要论著有《唯物史观在现代史学上的价值》、《东西文明根本之异点》、《由经济上解释中国近代思想变动的原因》、《我的马克思主义观》、《布尔什维克的胜利》、《平民主义》等。

《唯物史观在现代史学上的价值》一文介绍了唯物史观,指出:"对历史有宗教的、政治的、经济的解释等,除对历史的经济解释(The Economic Interpretation of History)即唯物史观外,其余种种唯心的解释均告失败。"马克思主义唯物史观的要旨是:"人类社会一切精神的构造,都是表层构造;只有物质的经济构造,是这些表层构造的基层构造。"所以,思想、宗教、法制等不能限制经济的变化、物质的变化,而物质和经济可以决定思想、宗教、法制等。

《东西文明根本之异点》分析了东西方文明的区别、差异。在政治、法律方面的根本区别在于

"东方想往英雄,其结果为专制政治","西方依重国民,其结果为民主政治","东方求治,在使政象静止","西人求治,在使政象活泼","东方专制制定宪法多取刚性,赋以偶像之权威,期于一成不变,致日新之真理无缘入法。西方制定宪法多取柔性,俾以调和之余地,期于与时俱化"。

《由经济上解释中国近代思想变动的原因》被认为是中国近代哲学史上第一篇用马克思主义观点分析人类思想变动原因的文章。文中指出:传统中国社会只是一群家族集团,个人的个性、权利、自由都被禁锢在家族之中。"君臣关系的忠完全是父子关系孝的放大体,因为君主专制制度完全是父权中心的大家族制度的发达体。"中国的大家族制度,就是中国的农业经济组织,就是二千年来社会的"基础构造",一切政治、法度、伦理、道德、学术都建立在这个大家族制度上作它的表层结构。孔子学说之所以能支配中国二千年人心的缘故,不是因其学说具有绝大的权威,而是因为"他是适应中国二千年来未曾变动的农业经济,是中国大家族制度上的表层结构"。政治上的民主主义运动,是推翻父权的君主专制政治之运动,也就是推翻孔子的忠君主义之运动。

《我的马克思主义观》陈述了作者的马克思主义法律观。指出:经济现象决定法律现象,"故经济的要件是历史上唯一的物质要件"。法律是"人类综合意志中最直接的表示",也只能受经济现象的影响,而不能影响经济现象。"许多法律均在经济现象前暴露出他的无能,诸如十七、十八世纪法国维持商业平准的商法、二十世纪初期英国的禁遏脱拉斯(Trust)的法律等宣告无效均说明此。"有些法律自始即无力与经济现象抗衡,继则其适用范围日趋减缩,几至乌有。法律现象远远追不上其所欲控制的经济现象,这是"法律的惰性"。法律对经济乃至社会存在着非决定性的作用。"这样说来,经济现象和法律现象都是社会的原动力,他们可以互相影响。"在经济构造上建立的一切表面构造,如法律等,不是绝对的不能影响于各个经济现象,但是他们都是随着经济全进路的大势走的,都是辅助着经济内部变化的,有时阻碍经济发展,但终不能"反抗经济全进路的大势",改变经济发展方向。

《平民主义》述及民主政治、联邦主义、法律上的男女平等诸问题。关于民主政治,"平民主义是 democracy 的译语",现在的平民主义"不仅是一个抽象的政体,实在是一个抽象的人生哲学"。真正的平民主义就是把政治上、经济上、社会上一切特权阶级,完全打破,使人民全体都是为社会、为国家作有益工作之人。指出平民主义的政治理想源于亚里多士德、柏拉图,近代国家即本于他们所理想的城邦国家而来,"政治总体不完备,断没有完备的人"。认为平民主义的精神主要是:人们"在国家法令下,自由以守其规范,自进以尽其职分,以平均发展的机会,趋赴公共福利的目的"。国家与人民之间"但有公约的遵守,没有强迫的压服,政府不过是公民赖以实现自己政治事务之工具罢了"。强调现代民主政治,不是对人的统治,而是对物的管理。我们若欲实现平民主义,"不必研究怎样可以得着权力,应该研究怎样可以学会管理事物的技术"。作者断言,在世界上,今日所谓的民主政治,远没有达到其发达圆满的境界。

关于联邦主义,指出"世界大同的通衢,就是人类共同精神联贯脉络,平民主义、联邦主义都是这一条线上的记录",两者合于一个渊源,即个性解放。"没有联邦的组织,而欲行大规模的平民政治,必不能成功。"联邦主义与地方、民族等社会单位的个性的自由和国家的共性的互助两点均相适宜,个中界限,以适应他们生活的必要为标准。联邦主义不过是平民主义另一种形态罢了。许多国家、民族因感情、嗜性、语言、宗教不同连年纷争,改行联邦主义后仇怨涣然冰释。

关于法律上的男女平等,认为人民在宪法上享有的权利,妇女和男子一样享有。一切阶级、阶层均可能变动,唯两性的差别永久不变,故两性间的平民主义比什么都重要。在妇女没有解放的国家,绝没有真正的平民主义,现代欧美号称自由国家,依然没有达到真正的平民主义的地步,因为他们的一切立法、言论、思想都是以男子为本位的。"专制主义为男性的","男子气质都易流于专制之倾向,全赖那半数妇女的平和、优美、仁慈气质相与调剂,终能保住人类气质的自然均等"。

李大钊最早将马克思主义,特别是唯物史观,引入中国思想界,开创以马克思主义研究中国政治、经济、法律、文化,指导中国实践之先河。

研究《守常文集》的主要成果,有吕明灼《李大钊思想研究》,莫里斯·迈纳斯《李大钊与中国马克思主义的起源》,韩一德、王树棣编《李大钊研究论文集》,刘建军等《李大钊思想评传》等。

(朱淑娣)

社会进化史 蔡和森

《社会进化史》,蔡和森著。上海民智书局1924年初版。现收入《蔡和森文集》(湖南人民出版社,1979年;人民出版社,1980年)。

蔡和森(1895—1931),原复姓蔡林,名泽膺,字润寰,学名彬。湖南湘乡人。中国共产党早期领导人之一。少年时期曾做过学徒,三年期满后入学读书。1913年秋考入湖南第一师范学校,与毛泽东相识,并结为挚友。1918年,与毛泽东共创"新民学会"和《湘江评论》,被推选为新民学会评议会干事。五四时期开始接受马克思主义,并作为华法教育会组织的第一批留法学生赴法勤工俭学。1920年八九月间提出创建中国共产党的设想。1921年因参加并领导三次留法学生的斗争被强行遣送回国,同年底在上海加入中国共产党。先后被选为中央委员、政治局委员,曾任中央宣传部长、《向导》周报主编和上海大学社会系教授等职。1931年在香港被英帝国主义逮捕,引渡回广州后被害。现存遗作约有二百余篇以及《俄国社会革命史》文稿,主要著作收入《蔡和森文集》。传记有罗绍志等《蔡和森传》(湖南人民出版社,1980年),附录有《蔡和森年谱》。

本书原为蔡和森1923—1924年间在上海大学讲授"社会进化史"课程的讲义,约起草于1923年夏。全书由一简短的绪论及三篇组成,共约十五万字。

绪论"有史以前人类社会的演进过程",分为三节。简明扼要地介绍了史前人类社会的演进过程,指出史前社会可分为野蛮时代、半开化时代、文明时代三个阶段。并认为野蛮时代是以攫取自然生产的时代,半开化时代是"对自然生产加以劳动而获得积极的创造方法的时代",文明时代则是"以工业和技术把自然生产制造为人为生产的时代"。

第一篇"家族之起源与进化",分为十一章。分析研究了家族发展的历史,指出生殖与生产是人类进化的两大动因。野蛮时代为群体婚姻制,半开化时代为对偶婚姻制,而一夫一妻制家族的实质是建立在社会条件之上的,"特别因为个人财产制胜了原始的、自然的共产制"。在分析了文明时代一夫一妻制家族的发展及特点后,作者指出:近代大工业社会的一夫一妻家庭既不是经济单位,又不是政治要素,大工业已冲破了两性间家庭劳动及社会生产劳动的分工,"贬谪数千年的妇女至此才渐有恢复原始时代的重要地位而趋于解放之可能"。

第二篇"财产之起源与进化",共有十四章。详细分析了私有财产制度的演进过程。指出在原始社会的漫长时期中,人类并不知道私有财产为何物,人们只能依靠集体力量才得以生存。随着生产力的发展,出现剩余产品后,私有财产的观念"慢慢的、并且很困难的才深入人类的头脑里面"。私有财产制度逐渐发展,由氏族共产制发展至村落集产制,由动产的私有制发展至不动产的私有制,最终成为压倒一切的财产制度。作者又指出,有大工业社会,"伟大的生产力"使得资本家再也无法控制,从而使得"人类的历史又朝着共产主义的方向前进了"。

第三篇"国家之起源与进化",共有十章。指出国家和家族、财产制度一样有发生、发展、消亡的演进过程。原始社会并没有国家,因私有制的发展使血缘纽带氏族组织瓦解,被阶级压迫机构国家代替,而封建国家又被近代代议制国家取代。认为资本主义国家只是"资产阶级一切事务的行政委员会",而在当代资本主义国家已发展为帝国主义国家,是"全世界无产阶级和压迫民族之恶敌",必将随着阶级的消灭而消灭,断言"世界革命的成功,只是时间迟早的问题"。

本书以恩格斯《家庭、私有制和国家的起源》及列宁《国家与革命》等马克思主义经典著作为理论依据,并且参考了很多世界文明史资料,又结合中国历史,说明社会进化的规律。例如认为历史上的"井田制"及"模仿或梦想井田制而发生的授田、均田、班田、限田等制度与学说,莫不为远古集产制度之遗影"。

《社会进化史》视界开阔,内容生动,具有很强的说服力,在作为讲义时就吸引了众多的学生,出版后很快成为宣传历史唯物主义的畅销书。在大革命时期,本书广为流传,成为培训国民革命运动及农民运动的重要教材,具有重要的影响。

(郭　建　徐永康)

新民主主义论 毛泽东

《新民主主义论》，毛泽东著。首次发表于1940年1月延安《中国文化》创刊号。后编入人民出版社1952年出版的《毛泽东选集》第二卷，同时出版单行本。1969年人民出版社将四卷《毛泽东选集》合编为一卷本，此文亦收入。

毛泽东(1893—1976)，字润之。湖南湘潭韶山冲人。1913年在长沙入湖南第一师范学校学习。此后，创办"新民学会"和《湘江评论》。1921年7月代表湖南共产主义小组到上海出席中共第一次全国代表大会，会后任中国共产党湘区委员会书记、中国劳动组合书记部湘南分部主任和湖南省工团联合会总干事。1923年6月在广州出席中共第三次全国代表大会，当选为中央执行委员会秘书。1924年初，参加中共帮助孙中山改组国民党的活动，在国民党第一、第二次全国代表大会上被选为中央候补执行委员，任宣传部代理部长。1927年8月出席在汉口召开的"八七会议"，提出"枪杆子里面出政权"的著名论断，当选为临时中央政治局候补委员。接着，发动秋收起义，在井冈山建立第一个农村革命根据地。1931年11月中华苏维埃共和国临时中央政府在江西瑞金成立，当选为中华苏维埃共和国主席。1933年1月当选为中共中央政治局委员。1935年1月中共中央在贵州遵义召开政治局扩大会议，当选为政治局常委并确立了在党中央的领导地位。1936年12月任中共中央军委主席。1943年3月当选为中央政治局主席和中央书记处书记。以他为主要代表的中国共产党人，把马克思主义普遍原理和中国革命具体实践相结合，创立了毛泽东思想。建国后，当选为中华人民共和国主席、全国政协名誉主席。在中国共产党第八、九、十次全国代表大会上，均当选为中共中央主席和中央军委主席。主要著作辑为《毛泽东选集》。生平可参看今人所编年谱及多种传记。

《新民主主义论》写成于抗日战争相持阶段。此时日本侵略者停止了正面战场的战略性进攻，集中主要力量攻击中共领导的抗日根据地，同时又对国民政府采用了政治诱降手段。以汪精卫为代表的亲日派在南京成立了伪政府，充当日本侵略者的爪牙。国民党顽固派则采取"防共"、

"限共"、"溶共"政策,对中共严加"防范",甚至还制造惨案,打击中共领导的抗日力量。在这一紧要的历史时刻,本文回答了人们十分关心的中国向何处去的问题,给中国人民和中国革命指明了方向。

本文分十五个标题:"中国向何处去"、"我们要建立一个新中国"、"中国的历史特点"、"中国革命是世界革命的一部分"、"新民主主义的政治"、"新民主主义的经济"、"驳资产阶级专政"、"驳'左'倾空谈主义"、"驳顽固派"、"旧三民主义和新三民主义"、"新民主主义的文化"、"中国文化革命的历史特点"、"四个时期"和"文化性质问题上的偏向"。内容丰富,主要有以下三个方面。

第一,阐述了文化、政治和经济的辩证关系。认为"一定的文化'当作观念形态的文化',是一定社会的政治和经济的反映,又给予伟大影响和作用于一定社会的政治和经济;而经济是基础,政治则是经济的集中的表现。这是我们对于文化和政治、经济的关系及政治和经济的关系的基本观点"。

第二,论述了中国新民主主义革命的性质、领导者和发展前途。从中国新民主主义革命的特点出发,认为中国新民主主义革命的性质,"不再是属于旧的世界资产阶级民主主义革命的范畴,而属于新范畴",即是新的世界革命的一部分,"无产阶级社会主义世界革命的一部分了"。这一革命的领导者"不是属于中国资产阶级,而是属于中国无产阶级了"。它的发展前途"是为社会主义的发展扫清更广大的道路",因此,必然是社会主义。

第三,叙述了新民主主义政治、经济和文化中的一些重要问题。论及新民主主义政治问题时,着重指出要建立民主共和国。"现在所要建立的中华民主共和国,只能是在无产阶级领导下的一切反帝反封建的人们联合专政的民主共和国,这就是新民主主义的共和国,也就是真正革命的三大政策的新三民主义共和国。"在讲到新民主主义经济时,阐明了国营经济与私有财产、资本主义生产问题。"在无产阶级领导下的新民主主义共和国的国营经济是社会主义的性质,是整个国民经济的领导力量,但这个共和国并不没收其他资本主义的私有财产,并不禁止'不能操纵国民生计'的资本主义的发展。"在讲到新民主主义文化时,主张要建立新文化,它"是在观念形态上反映新政治和新经济的东西,是替新政治新经济服务的"。

此外,本文还驳斥了"资产阶级专政"、"'左'倾空谈主义"和国民党顽固派等的一些错误论点。

《新民主主义论》系统总结了中国近代民主革命的经验,将马克思主义的普遍原理与中国革命的具体实践相结合,精辟地分析了中国社会革命的性质、任务及途径,为中国革命指出了正确的方向,具有极其重要的历史意义。

(王立民)

论联合政府 毛泽东

《论联合政府》,毛泽东著。发表于1945年4月24日,是毛泽东在中国共产党第七次全国代表大会上的政治报告。1953年由人民出版社编入《毛泽东选集》第三卷出版。1969年人民出版社将四卷《毛泽东选集》合编为一卷本,仍收入此文。另外,人民出版社于1953年出版单行本,1975年再版,并对部分注释作了修改。

作者生平事迹见"新民主主义论"条。

本文写于抗日战争最后胜利的前夜,也是决定中国命运的紧要关头。国际反法西斯战场节节胜利,希特勒面临灭亡。中国人民抗日斗争也取得了辉煌胜利。在中共七大召开前夕,抗日民主政权已控制了十九个大解放区,面积达九十五万平方公里,人口九千九百五十万人。日本侵略军占领的大多数中心城市和交通线,已在抗日军队包围之中,中共根据广大人民群众的意志和愿望,要坚决打倒日本侵略者,解放全中国,建立一个独立、自由、统一、民主、富强的共和国。国民党政府则要篡夺抗日战争的胜利成果,镇压进步力量,把中国引到反民主的、独裁的歧路上去。此时,毛泽东科学地分析了国内外形势,对有关中国前途与命运等一系列重要问题作了论述。

本文有五个大标题:"中国人民的基本要求"、"国际形势和国内形势"、"抗日战争中的两条路线"、"中国共产党的政策"、"全党团结起来,为实现党的任务而斗争"。其中,在"抗日战争中的两条路线"内,分十二个小标题,即:"中国问题的关键"、"走着曲折道路的历史"、"人民战争"、"两个战场"、"中国解放区"、"国民党统治区"、"比较"、"'破坏抗战、危害国家'的是谁?""所谓'不服从政令、军令'"、"内战危险"、"谈判"和"两个前途"。在"中国共产党的政策"内,分五个小标题:"我们的一般纲领"、"我们的具体纲领"、"中国国民党统治区的任务"、"中国沦陷区的任务"和"中国解放区的任务"。而在"我们的具体纲领"里还有十个小问题,即:"彻底消灭日本侵略者,不许中途妥协"、"废止国民党一党专政,建立民主的联合政府"、"人民的自由"、"人民的统一"、"人民的军队"、"土地问题"、"工业问题"、"文化、教育、知识分子问题"、"少数民族问题"和"外交问题"。

上述标题大致反映了全文的结构和内容。

《论联合政府》涉及面相当广泛,主要内容如下。

首先,科学地分析了当时形势。认为"整个世界上反对法西斯侵略者的神圣的正义的战争,已经取得了有决定意义的胜利,中国人民配合同盟国打败日本侵略者的时机,已经迫近了"。但是"反法西斯的人民大众和法西斯残余势力之争,民主和反民主之争,民族解放和民族压迫之争仍将充满世界的大部分地方"。尽管如此,"法西斯侵略势力是一定要被打倒的,人民民主势力是一定要胜利的。世界将走向进步,决不是走向反动"。此时的中国,面临着两条路和两条路线的选择。"在中国人民面前摆着两条路,光明的路和黑暗的路。""两条路线:国民党政府压迫中国人民实行消极抗战的路线和中国人民觉醒起来团结起来实行人民战争的路线。"中国共产党要在这种路和路线的斗争中,克服一切困难"将中国建设成为一个独立、自由、民主、统一和富强的新中国"。

其次,明确提出了争取光明前途的主张。认为光明的中国应是一个新民主主义的中国。"放手发动群众,壮大人民力量,在我党的领导下,打败日本侵略者,解放全国人民,建立一个新民主主义的中国。""我们主张在彻底地打败日本侵略者之后,建立一个以全国绝大多数人民为基础而在工人阶级领导之下的统一战线的民主联盟的国家制度。""废止国民党一党专政,建立民主的联合政府。"断言:"这是一个历史法则,是一个必然的、不可避免的趋势,任何力量,都是扭转不过来的。"当然,要实现这一目标需有一支人民的军队。"没有人民的军队,就没有人民的一切。"

最后,阐明了加强党的领导的必要性。认为中国人民要取得中国革命的胜利,必须有中国共产党的领导。"三次革命的经验,尤其是抗日战争的经验,给了我们和中国人民这样一种信心:没有中国共产党的努力,没有中国共产党人做中国人民的中流砥柱,中国的独立和解放,中国的工业化和农业近代化都是不可能的。"为了充分发挥中国共产党的作用,本文指出"掌握思想教育,是团结全党进行伟大政治斗争的中心环节。如果这个任务不解决,党的一切政治任务是不能完成的"。

《论联合政府》总结了二十余年来中国革命和中国共产党建设的经验,把马克思主义的普遍原理与中国民主革命的具体情况结合起来,提出了适合中国国情的民主革命理论,丰富了马克思主义,也为以后的解放战争的胜利进展奠定了思想理论基础。

(王立民)

九朝律考 程树德

《九朝律考》,程树德辑著。上海商务印书馆1927年初版(分上、下册)。1934年为商务印书馆"国难后第一版",列入《大学丛书》,1955年又重版。现常见版本为中华书局1963年版及1988年重印本,商务印书馆2010年版。

程树德(1876—1944),字郁庭。福建闽侯(今福州)人。毕业于日本法政大学。归国后历任北洋政府参政院参政、国务院法制局参事和帮办,北京大学、北平大学法学院和清华大学政治系教授等职。其主要著作还有《中国法制史》、《论语集释》等。

对中国古代法律的起源问题,程氏宗沈家本之说。他根据《管子·任法》载:"故黄帝之治也,置法而不变,使民安其法者也",《淮南子·主术训》载:"黄帝治天下,法令明而不暗",《北堂书钞》引太史公《素王妙论》载:"黄帝设五法,布之天下"等,论证黄帝时已有法律。他又根据《左传》等记载黄帝时有刑官,论证有官必有法,不过古代法令简单质朴,而且多半是习惯法。对中国法制史的其他问题,程氏也多有创说。

作者"序"指出:"汉晋士大夫,往往治律,马融、郑玄、羊祜、杜预皆律家也。六朝以后,祖尚玄虚,律令科条,委之胥吏,其治此者,非陋则俗,斯学浸微。今古律之存者,皆自唐以下。窃不自量,欲尽搜罗唐以前散失诸律,考订而并存之。"说明《九朝律考》旨在填补唐以前法律史料散失的空白。其中《汉律考》撰成后,曾单独梓行,其余部分完成后,作者又增订《汉律考》,由七卷扩为八卷,再合为一书出版。

本书主要是资料汇集,作者尽力搜集唐代以前已散失的律令、刑名和有关资料,加以考证,而考证以正史为主。引文皆标明出处,并以类相从,分类辑录成书,同一类中,则以年代先后为序。每条之下,间有考证,别为按语以别之,按语亦以考证为主,一般不涉及论断。全书计分汉律考八卷,魏律考一卷,晋律考三卷,南朝诸律考二卷(包括梁律考和陈律考各一卷),后魏律考二卷,北齐律考一卷,后周律考一卷,隋律考二卷,合共九朝,凡二十卷。

程氏认为九朝诸律其源皆出于李悝《法经》,而《法经》之影响,则及于唐宋乃至元明。"九章之律,出于李悝《法经》,而《法经》则本于诸国刑典,其源最古。……商君有言,不观时俗,不察国本,则其法立而民乱。自汉以后,沿唐及宋,迄于元明,虽代有增损,而无敢轻议成规者,诚以其适国本,便民俗也。"

比较南朝与北朝的修律情况,程氏指出,北魏"五次修定律令,考订之勤,超越前代。齐律科条简要,仕门子弟,尝讲习之,南朝则异是"。其中宋、齐均沿用晋律,"梁陈虽间有增改,而大体悉仍晋律之旧",即使有所增减,亦"均见文句之间",可见"南朝诸律,实远逊北朝,其泯焉澌灭,盖有非偶然者"。由此之故,"唐宋以来相沿之律,皆属北系,而寻根溯源,又当以元魏之律为北系诸律之嚆矢矣"。北系诸律中之最优者则为北齐律,"今齐律虽佚,尚可于唐律得其仿佛"。例如唐律与齐律,篇目虽有分合,而沿其十二篇之旧;刑名虽有增损,而沿其五等之旧;十恶名称,虽有歧出,而沿其重罪十条之旧;即使如受财枉法处绞刑之类对具体犯罪的处罚规定,其轻重亦与唐律相同。"即可因之推见齐律,而齐律于是乎为不亡矣。"

基于上述认识,作者在正文前所附"律系表"中指出了自《法经》至清律的发展沿革线索,对此后研习中国法制史者产生了相当的影响。

《九朝律考》最大的贡献是对唐以前法律资料的搜集与考订,对这一时期散见于各种典籍的法律资料,作了辛勤梳理,在考古研究屡有新发现的今天,仍有很大的学术价值。尤以对汉律的考订最为详尽,篇幅也最长,共分律名考(包括律、令、科、比)、刑名考、律文考、律令杂考上、律令杂考下、沿革考、春秋决狱考和律家考八卷。全书也不乏独到的研究心得与精当的考辨。如《晋律考》"非所宜言"后,作者"按:非所宜言一条,始于秦律,汉律晋律梁律北齐律均有之,今唐律不载。唐律本于隋开皇律,殆隋代删去之"。《陈律考》"陈律专重清议"条后,亦分析了清议的源流:"按南朝诸律,率重清议,不自陈始。《隋志》梁制士人有禁锢之科,其犯清议,则终身不齿,是梁律已如是。"另据《晋书·卞壸传》、《陈寿传》等记载,知此制实始于晋,北朝诸律,都无此科。而其影响所及,至明洪武年间申明亭之制,"犹有南朝重清议之遗意也"。对以往著作中的疏失之处,作者也屡有订正。如在《汉律考》"无子听妻入狱"条后,作者据《晋书》、《北史》等书记载,认为这一做法"是魏晋以来,久已著为成例,然其制实始于汉。赵翼《陔余丛考》谓近世囚无子者,许其妻入宿,古时未有定制,特长吏法外行仁,恐不尽然"。又《后魏律考》"断狱律"条后,程氏指出:"按《刑罚志》有赦律何以取信于天下,天下焉得不疑于赦律乎二语。沈氏《律令考》因谓魏律应有赦律篇目。细绎《魏志》语意,系指名例律中赦书条项,且自汉及唐,亦未闻有以赦为篇目者。《晋书》屡称礼律,然晋律篇目现存,并无所谓礼律也。姑存其说而纠正其谬误于右。"可见作者治学严谨之一斑。

(徐永康)

三民主义的立法精神与立法方针 胡汉民

《三民主义的立法精神与立法方针》，胡汉民著。发表于1928年12月5日。后收入王养冲主编的胡汉民政论文集《革命理论与革命工作》第二册，上海民智书局1932年初版。

胡汉民(1879—1936)，字展堂，初名衍鹳，后改名衍鸿，号不匮室主。广东番禺人。1898年任广州《岭海报》记者。1902年中举人。1904年留学日本法政大学速成法政科。翌年加入同盟会，为《民报》编辑，始用笔名汉民。后任同盟会本部书记长，多次协助孙中山组织起义。辛亥革命时任广东都督，继而任孙中山临时大总统秘书长。二次革命失败后流亡日本，加入孙中山组织的中华革命党，为政治部长。护法战争时任广东军政府交通总长。参与国民党改组工作。孙中山北上后，任广东省长，代行大元帅之职。孙中山去世，主持国民政府组建工作，任外交部长。后因涉嫌参与刺杀廖仲恺，去职赴苏俄考察。1927年支持蒋介石反共清党，起草清党纲领，并任南京政府主席。旋下野赴欧洲考察。1928年国民党宣布"北伐"胜利后，致电国民党中央，建议建立五院制国民政府，并起草《训政大纲》。回国后任立法院长，主持民法、土地法、商法等法典法规的制订工作。1931年被蒋介石囚禁，后寓居香港，创办《三民主义月刊》，主张抗日、反共、反蒋。1935年被选为国民党中央执行委员会主席，于赴任途中卒。著有《唯物史观之伦理的研究》、《三民主义者之使命》、《三民主义的连环性》、《讲演集》、《不匮室诗钞》等。今人汇编为《胡汉民先生文集》。传记资料有《胡汉民自传》等。

本文是胡汉民就任立法院长时关于立法问题所作的演说。认为任何时代的立法都具有时间、空间、事实三要素："第一，它必须是为一定时代而立的"；"第二，它必须是为一定的领土范围而设立的"；"第三，它必须是为一定的事实而设的"，强调立法必须根据社会的要求。

本文对传统法制作了激烈的批判，认为中国传统法制的特性一是专制，一是因袭，从而阻碍社会进步。主张新的立法必须在四个方面与传统法律决裂：首先是以民族利益的基础取代传统法律的家族制度基础；其次是以保障民族精神、民权思想、民生幸福为中心，取代传统法律以维护专制君主为中心；再次是注重农业、工业并进的民族经济关系，取代只注重农业的传统；最后是要分清公法、私法，并将划分基准置于民族利益之上，取代原有的公法、私法不分，将私法纳于家族主义公法之下的传统。

本文强调立法精神必须根据三民主义。并举例说明通过完善法制，得以与列强交涉，取消列强在华领事裁判权，就是实现民族主义。而"要得到这种法律的实惠，同时又必须人民有组织、经济有进展"，也就包括了民权主义、民生主义的精神。并确定了在三民主义精神指导下的立法范围。指出这一立法范围包括以下六项："关于社会安全"，"关于社会团体制度"，"关于公共道德"，"关于社会财力之保育"，"关于社会经济之进步与发展"，"关于文化之进步"。

本文在立法方针上强调"社会之安定，为立法之第一方针；经济事业之保育发展，为第二方针；社会各种现实利益之调节平衡，为第三方针"，即在立法方针上否定西方资本主义各国立法所采取的"权利本位"方针，强调立法的社会性质，强调法律的社会调节功能。

《三民主义的立法精神与立法方针》一文，奠定了20世纪30年代中国制订一系列法典法规的总的指导原则，对当时国民政府立法工作产生了直接影响。其立法理论在一定程度上突破了西方资本主义立法理论的框架，具有相对独创性。在中国近现代法制史、法学史上具有一定地位。但本文一概抹杀法律的阶级性，抽象地强调"民族性"、"社会性"；尤其是对三民主义的诠释背离孙中山在国民党改组时期提出以"三大政策"为中心的新三民主义，暴露了作者不科学的法学观点。

（郭　建）

比较宪法 王世杰等

《比较宪法》，王世杰、钱端升著。1928年商务印书馆初版，作者署名为王世杰，1929年再版。后增署合著者钱端升，分别于1936、1943和1946年增订重版，先后收入《现代社会科学丛书》、《大学丛书》和《新中学文库》。今有商务印书馆1999年版、中国政法大学出版社2004年版等。

王世杰(1891—1981)，字雪艇。湖北崇阳人。早年就学北洋大学采矿冶金科，1913年出国，先后就读于伦敦大学和巴黎大学，获政治经济学士和法学博士学位。回国后任教于北京大学，并参与创办《现代评论》周刊。1927至1938年间历任国民政府法制局长、立法委员和海牙公断院公断员。抗战期间任国民参政会主席、国民党中央监察委员。战后任外交部长、巴黎和会代表团团长。1949年去台湾，任"总统府"秘书长、"中央研究院"院长。著有《中国奴婢制度》等。

钱端升(1900—1990)，江苏上海县(今上海市)人。早年就读于清华大学，1919年赴美留学，获哈佛大学哲学硕士和博士学位。回国后历任清华大学、中央大学、西南联合大学和北京大学教授。建国后，任北京政法学院院长、宪法起草工作顾问、中国政治学会名誉会长、中国法学会副会长。著有《中国政府与政治》、《民国政治史》等，译有《法国政府》、《德国政府》等。

本书以各国宪政实践和学说为基础，系统阐述宪法学原理，并记述中国宪政史及当时宪政制度。书前有作者初版序、再版序、增订三版序、增订四版序。正文分六编(初版五编，1936年版增为六编)。第一编"绪论"，两章：宪法的概念、国家的概念。第二编"个人的基本权利和义务"，两章：人民的基本权利，人民的基本义务。第三编"公民团体"，四章：公民选举权，公民直接立法权，公民直接罢免权和公民总投票。第四编"国家机关及其职权"，四章：议会、行政机关、法院和联邦制度。第五编"宪法的修政"，两章：宪法修改的可能性、宪法修改的程序。第六编"中国制宪史略及现行政制"，四章：清季之预备立宪、辛亥革命及北京政府时代的制宪、国民政府时代之制宪和国民政府的机构。章下分节、目、款。正文后有"附录"十一项：《宪法大纲》、《十九信条》、《中华民国临时约法》、《中华民国约法》、《中华民国宪法》、《中华民国训政时期约法》、《中华民国宪法草案》和四部《中华民国政府组织法》。书末开列参考书籍多种。

"绪论"综述宪法和国家的基本理论。先论述宪法的特征,即形式和实践上与普通法律相异之处,如宪法效力、修改程序及内容的特点,宪法分类和西方宪法观念演变沿革等基础知识。本属政治学或国家学的国家理论,因与宪法的精神和有关条文联系密切,故也以一专章说明;其中主权理论是重点。书中列举西方学者对主权限制、分割和归属问题的各派理论,并分析某些学说利弊得失,如在主权有无限制的问题上,列述叶林一派的"主权自限"说,然后指出"倡主权自限说的人,不过是说在政策上,行使主权者应该遵守他自己的法律;他们并没有说,行使主权者如果违越这种限制,尚有何种法定机关,对于他得以行使何种法律制裁"。所以这种限制,也是一种道义上的限制。

第二、三编叙述公民宪法地位的有关理论,涉及公民人身、居住及迁徙、工作等六项自由权利,财产权、受国家教育、救恤和劳动保护等受益权,全体公民作为参政实体(即"公民团体")享有的选举、直接立法和罢免权等。其中自由权和选举权是重点。对各项自由权,均详述其含义、具体内容及各国有关规定,如"意见自由"目述及其定义、分类、刊行自由、教学自由、演剧自由、广播自由和西方各国所采原则、制度。对选举权,述及其性质、程序、方式及普选、选区、选民权利、强制投票、选举争议解决等内容。

第四编论述议会、行政机关和法院的性质、组成、权力、运行机制和相互关系等,并兼述联邦制度的特性、类别。论述中一般先列基本理论,次述各国现行制度,最后说明中国当时有关规定,评论较少,但偶有例外。如针对中国行政法院体制,指出其两大缺点:"一则行政法院为一级一审制,所以讼案拥挤不堪,行政法院不能迅速处理;二则行政法院与行政机关缺乏正当联系,法院的评事甚少具有实际的行政经验者。这两个缺点颇违行政法院设立的本意,而使行政法院的效用不著"。

第五编论述宪法修改的可能性、提案、议决和公布程序等。

第六编阐述自清末预备立宪至成书时的中国宪政史及当时宪政制度。按时间顺序,先述历次制宪活动始末,对《宪法大纲》、《临时约法》、《中华民国约法》等十余部宪法性法律,以及清末政制、君宪运动、西南护法、省宪运动、当时立宪活动等重大宪政事件,都有所论及。次述当时中国宪政的有关原则和制度,包括政党制度、国民政府、立法、司法、行政、考试和监察五院、国民参政会组成、机制等。其中特别对国民党一党独裁、践踏法制的所谓"党治"提出批评。

《比较宪法》从理论和事实上全面论述宪法学基本问题,取材广泛,深入浅出。当时因坊间缺乏参考书籍,普通学子以及一般留心宪政问题的人,虽具研究宪法之愿,却无从得到系统的宪法知识("初版自序")。在此背景下,本书对普及宪法学知识有积极意义。书中有关当时宪政思想和宪政制度的论述,对研究近现代中国法制有一定参考价值。

(王志强)

杨杏佛文存 杨杏佛

《杨杏佛文存》,三辑。杨杏佛著。1929年平凡书局初版。1991年上海书店据平凡书局版影印,收入《民国丛书》第三编。

杨杏佛(1893—1933),名铨,字杏佛,谱名宏甫。江西玉山(一说清江)人。1911年8月入河北唐山矿学堂预科,加入中国同盟会。10月武昌起义时,参加革命活动。1912年任南京临时政府总统府秘书处收发组组长,后因不愿留任于袁世凯政府,同年11月赴美,入康乃尔大学读机械工程专业。毕业后入哈佛大学攻工商管理、经济学和统计学。1918年回国。1920年任南京高等师范学校教授,东南大学工科主任。1922年与赵元任等发起组织中国科学社,编辑出版《科学》杂志。1924年赴广州任孙中山秘书。1925年五卅惨案后,创办《民族日报》,参加中国济难会发起工作。1926年任国民党上海特别市党部执行委员、国民党中央上海政治分会委员,并参加孙文主义学会上海分会。1927年参加上海工人第三次武装起义,"四一二"政变后被撤销国民党职务。1928年任中央研究院总干事。1931年任国民政府财政委员会委员,曾撰文向国际国内报道红军情况。1932年任中国民权保障同盟筹备委员会总干事、临时执行委员会委员。1933年任中国民权同盟上海分会执行委员,并组织筹备北平分会。其间奔走于民主斗争前线,设法营救被国民党政府关押的政治犯。同年6月18日在上海遭国民党特务暗杀。除本书外,还著有《加里雷倭传》、《思想界与中国今日之祸乱》、《代议制与中国之乱源》、《康桥集》、《杨杏佛讲演集》等。

《杨杏佛文存》是作者自1918年回国后十一年内所著文稿的汇编集,共十余万字。据作者自序,十一年中,由实业而教育而政治,凡所努力梦想之实业改造、教育革命、民族独立,却百无一成。"文存"所载都是作者"有触而发不吐不快之言"。全书分三辑。第一辑,主要关于政治、思想、实业、教育等方面的议论文章;第二辑,针对五卅惨案和各国退还庚款两大事件所发的评论。第三辑,作者十一年间与章行严、张东荪等就各方面观点问题进行的磋商论战。

第一辑共二十篇:社会自救与中国政治之前途、思想界与中国今日之祸乱、思想的惰性、中山先生几个伟大的观念、回忆、烦闷和觉悟、代议制与中国之乱源、中国近三十年之社会改造思想、科学与革命、民国十三年之学术观、人格教育与大学、教育革命与中国学术及政治前途、整顿教风与整顿学风、全国教育会议以后、最不注意之工业教育、工程教育、纱业恐慌之分析、贫乏与劳动、詹天佑传、"妇女与家庭"序。主要观点如下。

政治上,认为中国祸乱之延长是政治与社会分离的结果,而政治与社会本不可分,政治是社会事业的一部分,政治为社会而存在,社会则不为政治而存在,明白了这些才可谈论立国之道。

思想文化上,认为当时思想界存在几大弊病,是社会动荡、停滞不前的重要原因之一。首先,思想界人士的堕落自私。其次,当时百家争鸣的各种思想大多只是昙花一现,仅有文学价值,而不能付诸实践以救国。再次,当时学者有两大病:好从政和好攻人,而没有真正的学术,没有真正超越时间和国界的不朽之作。

科学上,要求科学与革命相结合,科学家以革命的精神,革命家用科学的知识,共同改造社会。

教育方面,主张教育是实现三民主义的工具,是国民革命中最重要的一部分。教育须时时顾及政治、军事、经济、家庭、社会等其他各部分的状况与需要。对当时教育界存在的诸多问题,如教育商化,不重视德育教育,不重视工业教育等,进行了猛烈抨击,提出要整顿教风、学风。

实业方面,作者重视实业救国,故当时最有希望的纱业出现恐慌,作者立即著文予以分析。且以詹天佑为例,痛惜中国工程人才对实业发展无用武之地。

该辑还载有怀念孙中山及论述贫乏问题、妇女问题等文章。

第二辑共二十五篇,分两个主题:"五卅惨案中的呼吁"(十九篇)和"各国退还庚款问题"(六篇)。前者收"五卅惨案"发生后,作者在其主办《民族日报》上逐日发表的社论。主要号召民众由此发奋,振兴民族精神,求民权、民生之解决;反对帝国主义,实行不合作(经济绝交);并对当时一些名流两面做人的态度、扮演和事佬的角色,进行了尖锐批评。作者主要从庚子赔款的主权和用途等方面对当时各种意见和主张作了评述。认为应当先争主权,再谈用途。当时英政府所议决的,并非庚款的退还,而只是指定庚款作为中外互利事业的用途。故作者主张,英庚款应由英政府正式声明退还中国,由中国组织董事会和监督委员会,自行管理和支配。而在用途上,则应限于当时中国所急需,而为政府及社会力所不及的教育学术事业,如设立研究所、推广教育等。

第三辑分六部分。(一)"与章行严论农国书"。作者针对当时或完全农业化、或完全工业化的各种主张,提出"农工不可偏废",并阐述其中理由(后附章行严农国辩)。(二)"与张东荪论科玄之争书"。作者主要就科学、科学方法提出自己的几点意见(后附张东荪复书)。(三)"与江亢虎论新社会主义与新民主主义书"。作者对江亢虎的新社会主义与新民主主义提出质疑,认为江君的新民主主义不仅不能补民主主义的流弊,反而变本加厉,既非民主主义,更非职业代议;而其新社会主义仅有一部分为社会主义,但也不新,两者实在皆名实不符(后附江亢虎答书)。(四)"与东大同学论军阀与教育书"。主要指出非打破奴隶式的教育不可,而当时东南大学为学阀之大本营,号召同学"努力求仁"。(五)"与梁任公论赴美印《四库全书》书"。对美国干预已退赔庚款的用途提出质疑(后附"梁启超复杨铨书",已对此事予以澄清)。(六)"与王儒堂论革命外交人才书"。主张以革命人才办理革命外交(附王儒堂复书)。

作者从政治、思想、教育、实业等方面提出的观点及其对当时种种流弊的尖锐批判,表明了作者关注时势的发展和爱国民主进步的思想,对于当时激励民心,促进革命,起了积极的作用。

关于杨杏佛及其著作的研究,有陈崧《杨杏佛简论》(《历史研究》1985年第二期)等。

(李小宁)

国家存在论 李璜

《国家存在论》,一卷。李璜著。1929年初版,收入上海中国书局印行"黄皮小丛书"之四。影印本有台湾文海出版社《近代中国史料丛刊》第91集。

李璜(1895—1991),字幼椿。四川成都人。十三岁入成都洋务局英法文官学堂。1914年入上海震旦学院学习法语。1919年留学法国,获巴黎大学文科硕士学位。在法期间曾与曾琦合作组织巴黎通讯社,为上海各大报特约记者,并建立中国青年党。1924年1月回国,参加李大钊、王光祈等组织的少年中国学会,不久,分化成为右翼代表。同年10月,与曾琦等在上海创办青年党机关报《醒狮》周报。1934年回四川组织安抚委员会。1937年抗日战争爆发后,被聘为国防最高委员会参议会参议。1938年在汉口创办并主持《新中国报》。历任武昌大学、北京大学、成都大学历史学教授。从1938年6月至1945年4月,任第一、二、三、四届国民参政会参政员,并任参政会主席团主席。抗战胜利后,被派为赴美出席联合国大会中国代表团代表。1946年11月,被选为制宪国民大会代表。1947年任国民政府经济部部长,未就任。1948年任总统府资政。1950年去香港,从事写作和教学。后去台湾,任"总统府"资政。除本书外,还著有《法国文学史》、《学钝室回忆录》、《国家主义的教育》、《欧洲远古文化史》、《法国汉学论集》等。传记有陈正茂《李璜传》、台湾"国史馆"编印《国史拟传》第4册。

《国家存在论》是反映李璜国家主义思想的一本重要论著。全书包括序言、国家存在的认识、国家存在的条件、国家存在的理由等四篇。序言副题为"国家与社会的关系"。作者认为,黑格尔和马克思的根本主张虽然不同,但都相信政治权力足以支配一切社会生活。黑格尔强调政治社会权力,马克思强调经济社会权力,但前者的国家神圣说和后者的经济社会一元说是一样的"定于一尊"。而当时德国流行一种反对黑格尔和马克思的观点,将政治、经济、宗教、家庭等社会组织并列,否认其中任何一种具有超越的地位;或将社会视为抽象的总体,而称其他社会组织为"联合互相消长,但又能合其功用,以成总体社会的功用"。作者对此着重作了批驳,特别认为"联合"

一词不仅不适当,并会令人误会,而社会"虚体观"也不宜于真正社会学的研究。

第一篇"国家存在的认识"。阐述国家的定义及国家与民族、政邦、政府、祖国的关系。作者特别强调对国家"正名"的重要性,认为国家乃是一定的人民同住一定的领土,保有一定的主权;而此人民或共同血统,或共同语言;彼此有共同物质利益和共同习惯、信仰、文化与志愿。国家与民族的区别在于其具有一定的领土,而民族则未必;与政邦的区别在于政邦强调冷冰冰的主权,而国家则以情感融合为重;与政府的关系在于政府是代表国家行使其主权的政治机关,国家不可无政府,政府却不便是国家;而国家与祖国在实质生活上虽同为一物,而精神的维系上,国家的不衰亡,则全凭祖国之义。

第二篇"国家存在的条件"。作者以世界上各国的历史和现状为例,逐一分析了国家存在应具备的条件。也即上章国家定义中所述的七个要素:人民、领土、主权、血统关系、言语关系、共同利益以及共同习惯信仰文化与志愿。

第三篇"国家存在的理由"。首先阐述国家在进化过程中,是必然要发生而存在的,不是人为的,也不是天命的。其次,认为国家之所以能存在,有其功能和效用,这就是国家的防御和教化的功能。最后,作者认为由于国家有这种功能而不可能被取消,除非有别的组织将其替代。以此反对马克思主义关于国家必然随着阶级社会消亡而消亡的科学论断,反对国际主义学说和运动。

本书是国家主义派(形成于1923—1924年间的资产阶级政治和学术派别之一)的一部重要论著。书中提出要推行国家主义,一国之内的国民具有共同的物质利益,否认不同阶级之间存在斗争;国家的功能是防御和教化,否认国家是阶级矛盾不同调和的产物,否认国家将随着阶级社会的消亡而消亡,认为国家不可取消等观点,均成为国家主义派的代表性观点,奠定了当时国家主义理论的思想基础,是研讨李璜及国家主义派政治哲学观点的主要参考资料。

(李小宁)

乡村建设理论 梁漱溟

《乡村建设理论》，一名《中国民族之前途》。梁漱溟著。据作者自序，本书思想"萌芽于民国十一年，大半决定于十五年冬，而成熟于十七年"。1928年演讲于广东地方警卫队编练委员会，题为《乡治十讲》。1937年山东邹平乡村书店出版，收入《民国丛书》第四编。有上海人民出版社2006年版单行本。

作者生平事迹见"东西文化及其哲学"条。

本书分为甲、乙两部。甲部为"认识问题"，乙部为"解决问题"。甲部主要分析中国社会、政治问题，乙部则是正面论述以乡村组织、乡村建设解决中国社会、政治问题的途径与方法。

本书认为中国传统社会具有伦理本位、职业分立的特性。政治上没有统治阶级，只有统治者；没有革命，只有周期循环的一治一乱。国民对于政治消极而散漫，"人人向里用力，各奔前程，则一切事他们都自谋了，正无烦政府代谋也"。维持社会秩序并不是靠法律，而是靠教化、礼俗、自力，而这三者皆与宗教无关，均出于理性。士大夫就代表这一理性。到近代，打上门来的西洋文化重团体、重科学技术，强大而有组织，破坏了中国固有的伦理本位及职业分立，尤其"中国原来是一大乡村社会，中西相遇，引发中国社会的变化，此变化的结果就是乡村破坏。所以我们常说，一部中国近百年史，从头到尾就是一部乡村破坏史"。

作者强调中国传统社会已在外力作用下彻底瓦解，这是中国文化的失败，"中国今日的失败，正从他过去的成功而来"。而近百年来盲目模仿西方，由于消极无为的政治传统、分歧百出的各种思想流派、社会上并不存在某个有力的阶级等等原因，企图实行"宪政"、"法治"、"党治"等等政治措施只能是适得其反，非但不能建立有力的国家权力，反而加速自觉地破坏社会结构。作者由此得出结论，中国的政治问题只能通过解决社会问题来得到解决。

基于以上分析，作者在乙部"解决问题"开出了解决中国社会、政治问题的药方。分为"新社会组织构造之建立——乡村组织"，"政治问题的解决"，"经济建设"，"末后我们所可成功的社会"

四段。

本书认为建立新的社会组织构造为当务之急,而这种社会构造只能在乡村建立、发展的基础上。作者主张继承宋儒始创、明清两代曾以政府力量推广的"乡约"组织形式,以"乡学"为中心,从乡村教育入手,逐步团结乡村居民,由教育而扩展至各类公共事务、经济建设,乃至乡村基层政权。主张乡学、乡约的组织不能通过行政、法律的途径,必须是通过说服、教育、示范而实现,"乡村建设是一个生长的东西、慢慢开展的东西"。作者又认为乡村组织的维持也不能依靠法律,而应依靠"新的礼俗"。这种新的礼俗是在传统礼俗基础上加以"团体精神"而形成的。作者大段援引法国社会连带主义法学家狄骥的理论,论证西方社会并非完全依靠法治维持,强调法治不适用于中国乡村社会。并反对农村的阶级划分及阶级斗争,"今日中国社会需要整理改造,而不是阶级革命;农民的地位需要增进,而不是翻身"。

第二段《政治问题的解决》。作者认为,解决中国问题的动力全在于知识分子与乡村居民结合所构成的力量。"知识分子今后要想在解决中国问题上表现力量,非与农民联合起来,为农民而说话,以农民作后盾不可。"而第一要务是"统一稳定"。

第三段《经济建设》。作者认为中国旧日社会的经济构造既非封建社会的,也非资本社会的,而是一种盘旋不进的特殊的经济构造。西洋工商业所以有这样大的威力,总起来说不外"巧"和"大"两个字。中国则是拙而且小,所以不能自存。中国要进于巧和大,必须有一个方针路线:"就是散漫的农民,经知识分子领导,逐渐联合起来为经济上的自卫与自立;同时从农业引发了工业,完成大社会的自给自足,建立社会化的新经济构造。"

从农业做起是因为农业所受压迫比较松缓,而且是活命的根源。中国的农业根基厚,可作为翻身的凭借。尽力于农业,其结果正是引发工业,中国工业的兴起只有这一条路。因为:(一)农村劳力过剩,自然要用到工业上来。(二)农业兴则资本、市场两不为难。(三)近年工业有移向内地的趋势也可作证明。(四)工业向乡村分散,农业工业相结合,都市乡村化,乡村都市化。

要促兴农业,必先除去四大障碍:治安问题,运输问题,农民负担问题,灾害问题。这要靠乡村运动来统一中国社会,以全国乡村大联合为中枢组织。"必须有此一个总脑筋,而后中国经济建设才能讲。"要积极使农业进步须把握三个要点:流通金融,引入科学技术,促进合作组织。至于土地问题应实行耕者有其田和土地合理使用。

最后,本书的理想社会是:与传统社会相比是"转消极为积极",与西方社会相比则是"转偏倚为正常"。其特点是:先农后工;乡村为本,都市为末;以人为主体,而非物支配人;伦理本位,合作组织;政治、经济、教育(或教化)三者合一而不相离;以理性代替武力维持社会秩序。

本书对于中国传统社会的分析有其理论深度,在一定程度上把握住了中国传统文化及传统社会的特征。然而其一概否认中国农村存在阶级差别、否认君主专制政体对中国传统社会影响的观点，则失之主观、武断，有将传统社会过于理想化的倾向。本书将乡村建设，尤其以乡村自治组织的推广作为包治中国社会政治、经济、文化问题的灵药，只能是一厢情愿的空想。本书所附《我们的两大难处》一文，也承认乡村建设运动有"高谈社会改造而依附政权"和"号称乡村运动而乡村不动"这两大根本性缺憾。但本书代表了当时独树一帜的"乡村建设派"理论，是中国近代思想史上重要的资料。

千家驹、李紫翔主编的《中国乡村建设批判》（新知书店，1936年）一书，编入了评论本书的主要论文，可视为对于本书的主要分析评论。

（郭　建）

中国法律发达史 杨鸿烈

《中国法律发达史》，上、下二册。杨鸿烈编著。上海商务印书馆1930年10月初版，1933年为"国难后一版"。1967年台湾商务印书馆再版。1990年上海书店影印。中国政法大学出版社2009年版季立刚校勘本最为精善。

杨鸿烈（1903—1977），又名炳堃，别号宪武。云南晋宁人。国立师范大学外文系毕业后，入清华大学国学研究院研究历史。后又留学日本东京帝国大学，获博士学位。曾先后任上海中国公学历史系主任、云南大学师范学院院长兼教授、河南大学历史系主任、无锡国学专修馆讲师等职。抗日战争时期曾任汪伪国民政府宣传部编审司司长。1946年去香港，任香港星岛日报英文译员、香港大学讲师。1956年返回大陆，任广东省文史馆馆员。杨氏较早对中华法系进行了系统的研究，认为中华法系数千年来与道德相混自成一独立系统，且对其他东亚诸国具有深远影响。并提出了中华法系的一些特点，如法律与道德没有明确的界限，某些道德规范同样具有法律约束力，甚至直接规定为法律；以刑律为主，很多民事关系或触犯道德的行为也依刑律进行处理；律文之外，有许多"例"，而且后者较前者有更高的效力；司法权与立法权不分，立法者也往往是执法者，等等。主要著作另有《中国法律思想史》、《中国法律在东亚诸国之影响》等。

本书共分二十七章，各章标题分别为：导言、上古——胚胎时期、周、春秋、战国至秦、西汉——成长时期、新莽、东汉、魏（附蜀吴）、晋（附后赵等五胡）、后魏、北齐、后周、宋、南齐、梁、陈、隋、唐、五代、宋、辽、金、元、明、清——欧美法系侵入时期、民国。导言部分主要论述中国法律之特点与其在世界文化的位置、本书研究的范围和目的、研究的方法、法律史的史料等，其余各章则大体从法典、诉讼法、刑法总则、刑法分则、民法、法律思想等几个方面阐述各时期法律制度的内容与发展。书后附有《民国刑法与两次修正案篇目表》、《中国历代法律篇目表》。

杨鸿烈认为，中国法律的起源"信而可征"的历史是自殷周开始的。从中国最古的成文法典——战国时魏国李悝制定的《法经》，经汉魏以来，法典发展日益完备，唐明时走向成熟。《大清现行刑律》受罗马欧美法系影响,铲除不合时宜的野蛮刑名,打破了明清律的六部体制,既适应了新环境,又不失中国法典的本来面目。在论述各时期法制的发展过程时,作者对古代的法制人物和法典时有别具特色而引人注目的评价。如关于法典发展,作者认为:"中国法系到了西汉才可说已由蒙昧的幼稚时期慢慢地成长了,因为春秋战国两个时代关于立法司法的史料实在是异常缺乏,虽由各种比较可信的古书里辑出若干条,但终没有如汉代各种典籍诏令和文人著述里保存的那样丰富。""魏代承东西两汉之后,对于法律的贡献虽因时期的短促,战争的频仍,而结果也很足赞美,魏武帝和文帝、明帝都很努力国家的司法事业……尤其使人值得注意的即编纂法典,将战国秦汉以来的法典大加修改并重新编列次序,成为后代法典的模范。"中国法律到了明代可说有了长足的进步,《大明律》比较《永徽律》"更为复杂,又新设许多篇目,虽说条数减少,而内容体裁,俱极精密,很有科学的律学的楷模"。"实在算得中国法系最成熟时期的难得产物。"关于人物,作者指出:"王莽是中国历史上空前未有的一个欲托古改变社会一切根本组织的牺牲者。"在他执政期间,法典虽如《汉书》所说:"律令仪法未及悉定,且因汉律令仪法以从事",但最使人惊叹不已的便是他能由社会经济的不平等进而推论犯罪的来源,以"土地国有"、"均产"、"废奴"为消灭犯罪的治本方法。隋文帝和隋炀帝"父子二人都是很喜欢改革的人,虽说他二人的生性行为均只能开风气,不足为师法"。清末沈家本则"是深刻了解中国法系且明白欧美、日本法律的一个近代大法家,中国法系全在他手里承先启后,并且又是媒介东方西方几大法系成为眷属的一个冰人"。

本书是我国最早的中国法制史专著之一。书中搜集的资料较为详备,在体例和内容上也有自己的特点,如将一些重要法制人物的思想观点放在同一时期的法律制度之后叙述,以明了法律思想与法律制度之间的关系与影响;对罪名的摭取列举之细致,在同类著作中也是很为突出的。但与丰富的资料相比,书中论述的部分略显单薄,有些部分在大量资料之后缺乏必要的分析说明和理论概括。

(徐永康)

中国法律思想史 杨鸿烈

《中国法律思想史》，二册。杨鸿烈著。上海商务印书馆1936年初版。1984年上海书店根据商务版出版影印本。1998年又由商务印书馆出版影印本。2004年中国政法大学出版社出版了经范忠信、何鹏校勘的重排本。

作者生平事迹见"中国法律发达史"条。

本书是研究中国法律思想史的一部专著，全书上下二册，共五章。第一章导言，概述定义和范围、中国法律思想的"动""静"两方面的考察研究的必要、中国法律思想史上四个时代的划分、史料的种类及其鉴别、三种研究法的得失比较。第二章殷周萌芽时代。第三章儒墨道法诸家对立时代。第四章儒家独霸时代。第五章欧美法系侵入时代。上述诸章中，以第四章所占篇幅最多，论述也最详尽，其中又分二部：第一部为一般法律原理的泛论，有阴阳五行等天人交感及诸禁忌说、德主刑辅说、兵刑一体说和法律本质论与司法专业化诸说；第二部为特殊法律问题的辩难，包括刑法、民法两方面，刑法方面有法律平等问题、法律公布问题、亲属相容隐问题、刑讯存废问题、族诛连坐问题、复仇行为问题、肉刑复兴问题、以赃定罪问题和赦罪当否问题。民法方面有婚姻问题、别籍异财问题和亲子关系问题。

中国法律思想史是晚于中国法制史而形成的一门学科。作者为这门学科下了定义："中国法律思想史是研究中国几千年以来各时代所有支配法律内容全体的根本原理，同时并阐明此等根本原理在时间上的'变迁'与'发达'及其在当时和后代法律制度上所产生的影响。"中国法律思想史和一般所谓中国法制史的含义不同，后者是以中国历代法律制度的兴废与其演进的情形为研究对象，又和所谓中国法理学史的范围也不一样，因为所谓"法理学"乃指"法律的知识"和"法律的科学"而言，法理学史也不过只研究法理学说之历史的变迁，范围较"法律思想史"狭隘得多。杨氏的这些论述，对中国法律思想史学科的建立起了很大的作用。

在本书中，杨鸿烈将中国法律思想史划分为四个时代：殷周时期是法律思想的萌芽时代，春秋战国至汉代以前是儒墨道法诸家对立时代,而秦亡汉兴历三国、魏、晋、南北朝、隋、唐、五代、宋、元、明以至清末两千余年很长的时间均为儒家独霸时代,自清朝道光时鸦片战争以来,英、美各国在华的领事裁判权确立,于是对中国法系的本身发生空前未有的打击。20世纪初,中国法系更发生根本动摇,此后数十年,便为欧美法系侵入时代。杨氏对中国法律思想发展的分期,虽有不够精当之处,对第四阶段法律思想的分析也稍嫌粗糙,但这种分期较紧密地联系了本学科发展的特点,至今仍基本上为法律思想史学界所参考沿用,如《中国大百科全书·法学卷》"中国法律思想史"条对法律思想历史发展的阶段划分也定为四个时期,在时间上大体也参照了杨说。

  本书虽撰于七十多年以前,但其中不少观点在今天看来仍不失其价值。如谈到法家思想时,指出法家思想固然有其缺点,但在两千多年以前就有那样成系统精密深奥的学说出现,也不能不说那时我中国民族的智力已发展到很足惊人的地步,但为什么后来便进步缓慢,甚至于有中断的趋势呢?这其中的重要原因便是思想的不自由——统于一尊。分析古代的民法思想时,杨氏认为,中国人几千年来讲到法律,便联想到刑罚,以为"刑即法,法即刑","法律"与"刑罚"几乎是"同物而异名",只知道用刑罚来科处犯法的人,却没有想到法律也可用来处理私人的一切交涉事务。杨氏把民法思想不进步、不发达的原因归纳为三点:第一是民法的发生较晚,第二是专制政体的漠视私益,第三是儒家重义轻利学说的流弊。

  按问题的性质分类排比,将各学派和代表人物有关的思想一一归入其中,围绕该项问题,结合历史发展作专门论述,是本书第四章的主要研究和阐述方法,这在此前同类著作中甚为少见。这种论述方法在对具体问题作分析时,史料集中,脉络清晰,更便于探寻问题原委,找出其规律,故常为后来治史者所借鉴。本书在一定程度上还克服了作者在《中国法律发达史》中偏重资料整理的不足。

  作为我国学者研究中国法律思想史的第一部著作,本书对本学科的创立起了奠基石的作用。正如书后结论所说:"中国几千年法律思想演进的情形不像一般所理想的那样贫乏,实际上中国法律思想的范围牵涉得很为广大,内容的义蕴很为宏深,问题很为繁多,不是只懂法学而不熟习史事的人所能窥其究竟,也不是专攻历史不娴法学的人所能赏识或拣择其有关系的'浩如烟海'的史料。"这番话,既说明了创立中国法律思想史学科的必要性,也概括了这门学科是介于法学与历史学之间的边缘学科的特征。

  关于本书的研究,可参看中国政法大学出版社排印本前范忠信、何鹏撰写的《杨鸿烈及其对法律思想史学科的贡献》。

(徐永康)

中国法律在东亚诸国之影响 杨鸿烈

《中国法律在东亚诸国之影响》，杨鸿烈著。上海商务印书馆1937年初版。1971年台湾商务印书馆再版。1999年中国政法大学出版社出版了经刘广安校勘重排本。

作者生平事迹见"中国法律发达史"条。

本书分六章，标题分别为：导言；中国法律在朝鲜之影响；中国法律在日本之影响；中国法律在琉球之影响；中国法律在安南之影响；结论。书前有全书提要。书中还附有：中国与朝鲜诸国存立年对照表、中国文化影响朝鲜之图表、日本法律属于中国法系时期之内容比较表、琉球法制史年代对照表、安南法制史之参考书目、中国朝鲜日本安南法律史之年代对照表等十多种图表。

本书作者先从中国法系的外延研究入手，详述诸家关于中国法系在世界法系之地位的意见，然后叙述中国法系的内容和范围，并从唐律、明律及会典两方面比较朝鲜、日本等东亚各国的法律受中国法律的影响。

作者指出，"中国法律自殷、周以迄宋、明，皆汉族一系相传，循序进展，中间虽有五胡、辽、金、元、清之侵入，但皆被同化，而于编纂法典，传播法律知识尤极努力，且影响诸国者，东至于渤海、朝鲜、日本、琉球，南至安南、缅甸，西至西域，北至契丹、蒙古"，其中日本、朝鲜、安南、琉球的文献资料较多，也是本书的重点。根据其接受影响的法律内容不同，又可分为两个时期。第一是摹仿唐律令的时代，比如日本有天智天皇时的《近江令》，文武天皇时的《大宝律令》，元正天皇时的《养老律令》以至醍醐天皇时的《延喜格式》；朝鲜有新罗、百济、高句丽及高丽太祖王建一代之法制；安南有李太祖、陈太宗及黎太祖三朝的法制。第二为摹仿《明律》及《会典》的时代，如日本有武家时代末期藩侯所纂法条及明治维新时的《假刑律》（即《暂行刑律》）、《新律纲领》及《改定律例》等；朝鲜有朝鲜太祖李成桂的《朝鲜经国典》、《经济六典》，太宗的《续六典》，世祖的《经国大典》，李太王的《刑法大全》等；安南有阮世祖的《嘉隆皇越律例》，宪祖阮旋的《钦定大南会典事例》等；琉球有乾隆时的《科律》及咸丰时的《法条》。

作者逐章分析了朝鲜、日本、安南等国受中国法律影响的情况。认为中国与朝鲜的关系最为深长，但前后《汉书》和《三国志》关于箕子"八条"的记载并不可信。到三国鼎立时代，高句丽颁律最早，必受晋以后诸律的影响，故其律始仿《北齐律》而有"十恶"之名；新罗颁律虽在高句丽百余年之后，然尚在日本《十七宪法》之前八十五年；百济于晋时即能输入汉学于日本，其浸染中国文化至深，故其律令必自汉、魏脱胎而出，可惜文献不足征。高丽立国四百余年，法制史料较为丰富。《高丽律》虽仿《唐律》，然仅七十一条，十分简单；高丽法院亦仿唐制，然实不称名；其刑法关于"谋反大逆"、"漏泄大事"等罪的处分全付阙如，惟"渎职"、"诬告"、"伪造文书"、"奸非"、"窃盗"等罪的处分均同《唐律》而稍有出入；民法大部分亦沿袭《唐律》的规定。李朝一代均遵用《大明律》，惟币制有异；另因国境狭小，赎刑和流刑的规定有改变。

至于日本，自天智天皇时代至醍醐天皇时代全面输入中国法律，律、令、格、式，应有尽有，较之朝鲜、安南，尤见完备。且日本并非一味照搬，而是善于改造，如唐制原甚复杂，到日本一变为简单；《唐律》虽有"十恶"规定，《大宝律》则省略合并诸节目而成为"八虐"，"八议"亦改为"六议"；又因崇信佛教，故一切刑罚处分较唐减轻一等乃至二等，犯罪连坐范围亦极狭小，可见当时立法者斟酌取舍的苦心。自后白河天皇以后，武士专权，为政惟行苛法，情况有所改变，但到明治元年所编《假刑律》及三年十二月所公布《新律纲领》，其体裁犹以《大明律》为蓝本。明治六年又颁行《改定律例》，其形式已同欧陆法典之顺数目次序列举条款，又废止笞、杖、徒、流等刑名，然法律名词仍沿《大明律》而未改。自隋唐至此时，日本法律受中国影响已达一千六百年。

琉球文化之发达约始于明初，自明至清，凡五百余年，所受中国影响至为深长。其国于清乾隆五十一年颁行《科律》，自《大清律》四百三十六门中抉取一百零三条，均加以精细注释，且能适应岛国民情，因时制宜。

另据《后汉书·马援传》，当时汉律已在安南施行，李、陈两朝校定律格，亦遵用唐、宋之制，至黎朝法典，大部分均摹仿《唐律》，一小部分则受《元律》及《大明律》影响。到近世阮朝，法典编制始径以明清律为蓝本，其法律文句多同《大明律》，惟条例则间取自《大清律例》及黎朝的条例。安南被法国吞并之时，其属地处断狱讼仍用中国律，惟河内、海防诸地始用法国律。

本书虽间有汉族正统、民族同化等错误观点，但作者从法典篇目、刑名、罪名、量刑轻重等方面对中国法律影响周边国家情况所作的详细考证和分析，为中华法系的研究工作提供了可贵的参考。

关于本书的研究，可参看中国政法大学出版社排印本前刘广安所撰的《杨鸿烈与中华法系研究》。

（徐永康）

法律哲学研究 吴经熊

《法律哲学研究》,吴经熊著。1933年作为《法学丛书》之一种,由上海法律编辑社出版,1947年再版。有清华大学出版社2005年重排本。

吴经熊(1899—1986),字德生。浙江鄞县(今宁波)人。1920年东吴大学毕业,同年赴美留学,1922年获密歇根大学法学博士学位。1923年又至哈佛大学研究比较法学和哲学,还曾旅欧任法国巴黎大学、德国柏林大学研究员。1924年回国,先后任东吴大学法律系主任、法学院院长,国民政府立法委员、驻梵蒂冈大使。1949年旅美,任新泽西州西顿大学法学教授、夏威夷大学教授。后任台湾中国文化大学教授、名誉校长等。著述颇丰,除本书外,主要著作尚有《中西文化研究》、《哲学与文化》、《禅学的黄金时代》、《新经全集》、《圣咏译义》、《法理学》、《法学论文集》、《唐诗四季》、《正义的源泉》、《内心乐园》等。

《法律哲学研究》由作者1927至1932年间的多篇论文编成。分别为《中国旧法制底哲学的基础》、《新民法和民族主义》、《三民主义和法律》、《唐以前法律思想底发展》、《法律之多元化》、《斯丹木拉之法律哲学及其批评者》、《新民法侵权行为责任的两种方式》、《六十年来西洋法学的花花絮絮》。全书虽为论文汇编,但贯彻一个基本精神,即力图分析法律表象之下的哲学基础。

对中国传统法律进行法哲学基础的研究,是本书主要内容之一。在《中国旧法制底哲学的基础》一文中,作者归纳这种法哲学基础为"天人交感的宇宙观"、"道德化的法律思想"、"息事宁人的人生观"三项。指出传统的宇宙观是以人事解释自然,再将人事化的自然界作为人世间的模范。因此所谓"天人交感"实际是"拟人化的宇宙观"。这种人事化的核心则是贵族式的等级制度。作者指出,传统法哲学对法律的根本态度是视法律为道德的工具,作者称之为"道德一元化的法律史观"。批评这一观念"对于道德太过认为奇货可居,而对于别种的利益简直是一笔勾销",导致权利观念无从发生。作者还激烈批判了息事宁人的人生观,认为传统息讼之说压抑了法学的发展,并且使"民族容易落于'心理压迫'的状态",平时尽力忍耐,至忍无可忍则大为爆发,

"谩骂就是那禁止争讼的道德的私生子!"并且还使得"民族容易学得一种假冒为善的脾气"。

本书另一主要内容是从法哲学角度诠释当时国民政府新公布的法典。在《新民法和民族主义》一文中,指出虽然"就新民法从第一条到第一二二五条仔细研究一遍,再和德意志民法及瑞士民法和债编逐条校对一下,倒有百分之九十五是有来历的",但是首先"选择得当就是创作,一切创作也无非是选择";其次"泰西最新法律思想和立法趋势和中国原有的民族心理相吻合",强调19世纪末至20世纪初西欧法学思想已从个人主义立场向社会本位立场转化,举例20世纪初以来对于"契约自由"、"民事责任过错原则"、"亲属关系"等项原则的修正,说明西方法律"已从刻薄寡恩的个人主义立场上,一变而为同舟共济、休戚相关的连带主义化了。换言之,他们的法制与我国固有的人生哲学一天接近似一天! 我们采取他们的法典恰巧同时也就是我们自己文艺复兴中重要的一幕,也就是发挥我们的民族性!"在《三民主义和法律》一文中,总结传统文化最好的特性是"中和"之道,并以此分析新民法特色。又以民族、民权、民生三项主义分析新民法,逐一列举了三民主义在新民法中的体现。

大力宣传当时流行于西方的新康德主义法学派及社会法学派思想,是本书又一重要内容。着重阐发了斯丹木拉(R. Stamuler,现通译为施塔姆勒)的法哲学思想。认为德国法学发展至斯丹木拉、美国法学发展至社会法学派(庞德等人)而集大成,总结当时法学趋势是"打倒机械化法学",主张法律应是多元化的,由个人本位向社会本位演进。大声疾呼中国应进一步崇尚法学,吸取西方最新的法学成果,"法学的过去属于西洋,法律的将来或许属于中华"。

《法律哲学研究》对于中国法学的发展有很大影响。有关传统法律的反思及对西方法学思想的引进,促进了中国的比较法研究和法哲学研究,其观点和论断曾长期为法学研究者引用。作为现代法典的起草人之一,本书作者对法典的诠释也具有很大影响,其意见及若干警句式的结论也曾多为后世法学著作引用。

(郭　建)

民族复兴之学术基础 张君劢

《民族复兴之学术基础》，二卷。张君劢著。1935年北平再生社初版。2006年中国人民大学出版社出版重排本，收入《张君劢儒学著作集》。

作者生平事迹见"科学与人生观"条。

《民族复兴之学术基础》主要收集作者1935年之前几年在各省所作的讲演，以及"九一八"事件后与友人论学之文。全书分上下两卷，上卷为学术思潮，下卷为民族复兴。作者自叙，其要旨不外乎民族之自救，在以思想自主、文化自主为基础，故合两类于一书之中。

本书包括绪言、凡例及正文二十五篇。卷上《学术思潮》十五篇："学术界之方向与学者之责任"、"中国新哲学之创造"、"科学与哲学之携手"、"人生观论战之回顾"、"思想的自主权"、"当代政治思想之浑沌"、"德国经济学之特点"、"中外思想之沟通"、"东西政治思想之比较"、"'唯物辩证法论战'序"、"'五十年来德国学术'序"、"黑格尔之哲学系统与国家观"、"黑格尔之哲学系统及其国家哲学与历史哲学"、"关于黑格尔哲学——答张真如先生"、"再与张真如先生论黑格尔哲学"。卷下《民族复兴》十篇："中华民族性之养成"（四讲：甲、世界观与国家观，乙、欧洲民族性之养成，丙、中华民族之回顾，丁、中华民族之未来）、"从东北热河的失陷说到民族复兴的责任"、"民族复兴运动"、"中华民族复兴之精神的基础"、"历史上中华民族中坚分子之推移与西南之责任"、"复王吉占'恒'论广西居民来源书"、"民族观点上中华历史时代之划分及其第三振作时期"、"山西对于未来世界战争之责任"、"十九世纪德意志民族之复兴"、"常燕生'德意志民族自由争斗史'序"。

作者认为，当时中国的衰败，病根不在于军事、政制、学术或社会组织等等的一枝一节，而在根本，在心脏。活动于一民族中的人，事事须以民族为念。民族建国的成绩，应在于内部政治的安定，从而能以国际主体的资格，竞争于列强之间。而内部政治安定，则以在文学、哲学、科学方面须先有其民族固有的作品或其民族自创的学说以为象征。文哲科三者，虽超于民族、国家之上，但文哲科之作家，却离不了本民族的特性，故其成绩，虽不以国家民族为限，却能增进民族自信心、自尊心，而间接推动民族建国之大业。有了民众所推崇的文艺与学说，又能使得民族情感、民族思想、民族意志随之集合而融化，这也正是民族建国的大前提。学术创作有裨于民族复兴之处正在此。而对当时从政治下手的民族建国运动，造成党派纷争，主义不相容，作者认为于民族复兴反而有害无益。

可见，卷上《学术思潮》主要从科学、哲学、经济学等学术角度出发，介绍德国学术、黑格尔哲学、德国经济学等西方学术思想，对比东西方学术思想和政治思想，阐述中外思想的沟通，目的在于指出中国学术界的方向和学者的责任，在于获取民族思想、文化的自主权。

卷下《民族复兴》，作者认为东北四省遭到外来侵略时政府不抵抗，民众不能团结一致，大多数中国人对抗日漠然无动，种种问题与其说是外交上、军事上的失败，毋宁说是民族性的缺陷，中国人尚未形成以国家为中心的政治观念，而仍在中世纪的"世界观念"的樊笼之内。而立国于世界之上，最重要的在于有自己本民族的、本国的特点，有自己的民族性。东北热河的失陷使得民族复兴已成为迫切责任。作者详细阐述了民族复兴运动和民族复兴的精神基础，并以十九世纪德意志民族复兴为例，鼓励民众从大失败大挫折中振作起来，民族的复兴一定可以有希望。

《民族复兴之学术基础》是张君劢国家主义学说的代表作之一。全书提倡思想自主、文化自主，提倡民族复兴，主张中华民族要有自己文哲科方面的精神灵魂。虽然有些论点不无偏颇，但在当时历史条件下尚有一定进步意义。

（李小宁）

六十年来中国与日本 王芸生

《六十年来中国与日本》，王芸生著。1932年至1934年由大公报出版部初版，共七卷。修订版八卷，三联书店1979年至1982年出版，2005年重印。

王芸生（1901—1980），原名德鹏。河北静海（今属天津）人。出身贫寒，自学成才。1925年五卅运动期间，积极参加反帝宣传活动，曾受当局通缉。1926年起任天津《商报》总编辑，1929年入《大公报》社，历任编辑、主笔和总编辑。1948年到解放区。1949年后，任天津、北京《大公报》社长，中华全国新闻工作者协会副主席，中国人民外交学会第三届理事会理事。

1931年"九一八"事变爆发后，全国各界痛思国难由来，反省处变之道。当时的《大公报》总编辑张季鸾念国家之危难，提议由作者任主编，在该报特辟专栏，每日刊载一段中日关系的史料，以警醒国人。此书即是将该专栏文章汇为一编并加以厘正增补而成。因此，"本书之作，所以望国民之知耻而怀奋也"。修订本除对原书七卷加以修改外，又续作第八卷，以大事记形式叙述1920年至1931年间中日关系的发展史。

本书每卷正文前均附照片若干幅，涉及有关中日关系之重要人物、事件、地点、地图等。每卷另附"本卷参考书目"，详载每卷所征引的史料来源及版别。第一卷卷首有陈振先和张季鸾"序"。全书除篇首"古代关系之追溯"专章外，正文共七十章。第一卷：中日始订条约、台湾之侵扰、朝鲜交涉开始、中国正式通使日本、琉球群岛之吞并、韩乱之初发展与戡定、中韩商务章程、甲申之变与中日冲突、李伊会定天津条约、巨文岛事件、俄韩要结之一幕虚惊；第二卷：甲午之战、广岛拒使、马关议和、议论朋兴与烟台换约；第三卷：俄法德三国之干涉、台湾之割让、互遣使臣、辽东之收回、东北铁路问题之发端、李鸿章使欧与中俄密约、中东铁路与道胜银行、朝鲜凶变与日俄争韩、中日商约之缔结、津沪厦汉租界之增辟、德占胶州、俄租旅大、南满铁路之创建、划福建为日本势力范围、美国宣布门户开放政策及"附论"中俄密约辨伪；第四卷：庚子事变、东三省交涉、英日同盟、中日通约续约、日俄战争、第二次英日同盟、中日北京会议及"附论"辟所谓"秘密议定书"；

第五卷:伊藤渡韩与保护条约、满铁会社与关东都督、新奉吉长铁路协约及借款合同、大连设关、日法协定、韩皇废立与日韩新约、日俄协定、新法铁路问题、所谓间岛问题、二辰丸事件、美日协定、安奉铁路问题、中韩界约与东省五案、锦瑗铁路与诺克司计划、第二次日俄协定、朝鲜之灭亡、四国银行、第三次英日盟约;第六卷:中华民国之诞生、二次革命、山东之攻略、二十一条交涉;第七卷:帝制之干涉、日俄协定及第四次密约、郑家屯事件、赠勋之波折、参加欧战、蓝辛石井协定、西原借款、中日军事协定、巴黎和会。章下又分节,有的章内容极为丰富,如第六十章"二十一条交涉"包括"二十一条之历史背景"等六十节,第七十章"巴黎和会"包括"巴黎和会之阵容"等五十二节。由于内容浩繁,头绪众多,在第二卷的部分小节中又以眉批形式标注子目,以便检索。

本书以1871年《中日修好条约》签订至1931年"九一八"事变爆发这六十年间中日两国关系为研究对象(初版七卷仅写至1919年五四运动),以时间先后为序,以目录所列重要事件为纲,搜集、整理、排比各种史料,有的还加以辨析,阐述数十年来中日关系的发展演变。同时,作者又以"赘言"形式对历史时势、外交策略等略加评述。另外,成书时所增"古代关系之追溯"专章,回顾自先秦至近代中日交往的悠久历史,以说明"日本受中国文化之提携陶熔者,两千余年",旨在唤起中华民族之自省。

本书以中日关系为中心,视野广阔,将近代以来中国与各国的外交关系视为一个统一整体。作者指出:"自甲午以后,中日外交渐成为世界的关系,与欧美各国有不可分离之势。如甲午之后俄国之侵略东北,德国之经营山东,均为后此对日关系之前身;及以后美国之注意满蒙问题,以及华盛顿会议等之,均与中日外交成直接关系,故亦不能略而不述。""1907年之国际外交大势,为决定朝鲜及东三省命运之关键,故本卷于日法协定、日俄协定各章,均作缜密而扼要之纪述。"本书将当时与中日关系密切相关的中、日与美、英、法、德、俄、朝鲜等各国关系都纳入研究视野,使其成为一有机整体。而在错综复杂的近代中国外交中,又始终不失重心地将主要关注点集中于中日问题,如:"庚子事变为中外关系之总爆发,中日问题仅为其中之一部分,则仅举其大要,余若两宫西狩、东南自保等,均不备举。"在中日关系中,又选取对时局发展有重大影响的事件,详加论述。如:"新法路问题,系日本以'并行线'三字阻挠中国在东省筑路之开端,锦瑗路问题,系美日两国对华政策之大冲突,历史意义至为重大,故编者于此两章用力尤多。"但对于无关宏旨的细节问题,如"日本军队根据马关条约对威海之占据及撤退,亦以无大意义而弗详";"如鸭绿江采木及水陆电线等问题,以无重大关系,故从略"。在具体问题的详略、取舍上,体现了作者独到的史识。

本书的编著,以中、日、英、美、德、法各国大量原始史料、当事人口述及当时最新的研究成果为基础。作者指出:"中国过去谈外交之书,其中文件及观点,每有自西文辗转译来者;本书以力求准确为本,关于中国方面者,文件必取原文,纪事务求近确,关于日本方面者,文件则取中国政府之正式译本,或直接译自东文,宁不雅驯,亦存其真。"中国方面之军机处档案、中日全权大臣会议东三省事宜节录、驻俄、驻日使馆档案、外交部藏新法铁路档案、二辰丸档案、安奉铁路档案、锦瑷铁路档案、奉天交涉署档案以及各种当事人记录、密电、信札和口述,均弥足珍贵,有助于澄清历史真相。有些史料赖此书之记载得以保存。日文、西文材料中,《明治大正昭和历史资料全集》《支那关系条约集》、Treaties and Agreements with and concerning China、British Documents on the Origins of the War、Foreign Relations of the United States、The Memoirs of Count Witte 等均为研究中外关系史的基本史料。作者全面综合地运用相关史料,对前人没有深入研究的许多重要问题,如关于甲午海战,"本卷之纪事,参考中外书籍二十余种,兼采私人藏稿及熟知当时情事者之笔谈",进行周详的记述。另外,从第三卷起,书中所征引的史料,除极个别有特殊原因者外,均注明出处,给后来学者有效利用本书成果进行更深入的研究带来了相当的便利。

本书虽系应时之作,但作者坚持学术研究公正、客观的态度,史料翔实,议论得当,在当时即产生了很大的社会影响。20 世纪 40 年代前后,"凡查考中外关系、中国近代史的人,总要看《六十年来中国与日本》这部书"(刘大年《王芸生先生和他的〈六十年来中国与日本〉读后记》,收于修订版"附录")。作为中外关系史研究的名著,本书也受到外国学者的重视,先后两度被译为日文出版。

(王志强)

历代刑法志 丘汉平

《历代刑法志》,丘汉平辑。1938年商务印书馆出版。1962年群众出版社据商务版翻印。1988年群众出版社据中华书局出版的二十四史点校本,重新编辑出版。

丘汉平(1904—1990),原籍福建海澄,生于缅甸仰光。1924年毕业于上海国立暨南大学商科,次年吴淞中国公学商学院毕业,1927年上海东吴大学法学院毕业。后返回仰光,次年春赴美留学,1929年获乔治·华盛顿大学法学博士。次年赴欧考察后返上海执行律师业务。自1931年至1939年,先后任国立暨南大学教授,兼外交领事专科主任、南洋文化事业部主任,东吴大学法学教授、中国公学宪法教授、交通大学商事法教授。创办华侨中学、侨光中学、华海中学,收纳侨生。抗战期间,先后任福建省政府委员兼省银行总经理、省财政厅长、交通部直辖驿运管理处长,创办省立福建大学并兼校长。1949年后去台湾。著述有法学及经济理论等约十余种。有《丘汉平法学文集》(中国政法大学出版社,2004年)。

刑法志是我国纪传体史书篇目之一"志"书的一种。始创于汉代班固的《汉书》,此后各纪传体断代史多相沿用。二十四史中《晋书》、《魏书》、《隋书》、《旧唐书》、《新唐书》、《旧五代史》、《宋史》、《辽史》、《金史》、《元史》、《明史》等,以及《清史稿》,都有"刑法志"(《魏书》称"刑罚志")。其主要内容大多首先论述法律和刑法的起源、性质、目的、作用,继之回顾历史上法制发展概况,然后详叙一代刑事立法的指导思想和刑事法律、法令的修订大略,刑法的沿革变迁及其得失,重要罪名、刑种和刑罚制度的创制与发展,审判、执行,监狱制度的变革兴废情况,刑具的规格与使用概况,以及一代大案、要案或典型性案例等等。其中还记载有关言论,有的且加以作者的分析和评论。丘汉平将上列各刑法志及其注释全文予以汇集。二十四史中有的朝代没有"刑法志"的著录,丘汉平又从各该断代史"纪"、"传"中收集有关法律的材料,分类汇编,分别汇成《后汉刑法志》、《魏刑法志》和南北朝各朝刑法志,另收入了清人汪士铎所撰《南北朝刑法志》和明代宋濂撰《元刑法志》,作为附录,总成一编,名为《历代刑法志》。每篇依次标出内容细目,列于书眉,以便检索。1988年群众出版社版本未署编者名,除《汉书》至《清史稿》的"刑法志"外,附录有:《汉书·王莽传》(节录)、《后汉书刑法资料选》、《三国志魏书刑法资料选》、《南北朝刑法志》(清汪士铎撰)、《新元史刑法志》(柯劭忞撰),并删去原有书眉上的细目。

《历代刑法志》对我国古代法制的发展作了比较全面的记录,不少记载成为重要史料而被经常引用。如《汉书·刑法志》载:"圣人因天秩而制五礼,因天讨而作五刑。大刑用甲兵,其次用斧钺;中刑用刀锯,其次用钻凿;薄刑用鞭扑。大者陈诸原野,小者致之市朝,其所由来者尚矣",成了中国古代"刑起于兵"的有力论据。《汉书·刑法志》对汉文帝改革肉刑的记述也为后人了解刑罚发展史上的重大转折提供了较完整的材料。

《历代刑法志》还保留了古代法制史的许多史料。如《晋书·刑法志》所载:魏国李悝"撰次诸国法,著《法经》。以为王者之政,莫急于盗贼,故其律始于《盗》、《贼》。盗贼须劾捕,故著《网》(疑"囚"之误)、《捕》二篇。其轻狡、越城、博戏、借假不廉、淫侈、逾制以为《杂律》一篇,又以《具律》具其加减。是故所著六篇而已,然皆罪名之制也"。至今仍是《法经》内容的最早的记载。又如该篇以大量篇幅转录了张斐注律表的主要内容,其中既有"知而犯之谓之故,意以为然谓之失"、"两讼相趣谓之斗,两和相害谓之戏"、"取非其物谓之盗,货财之利谓之赃"等二十个有关刑法术语的解释,也有如"论罪者务本其心,审其情,精其事,近取诸身,远取诸物,然后乃可以正刑"等论述刑法精神和审判原则的精辟言论。

在各朝《刑法志》中,也间有作者对当时法制状况的评论,从中可了解其法律思想。如《明史·刑法志》中有议论说:"刑法有创之自明,不衷古制者,廷杖、东西厂、锦衣卫、镇抚司狱是已。是数者,杀人至惨,而不丽于法。踵而行之,至末造而极。举朝野命,一听之武夫、宦竖之手,良可叹也。"这一评论堪称恰当,也表明了作者在封建正统法律思想指导下的写作立场。

本书除汇编各朝《刑法志》以外,还辑录了其余各朝正史中有关法律制度的资料,以便研究者的查找和使用,因而具有重要的史料价值。

(徐永康)

新政治学大纲 邓初民

《新政治学大纲》，邓初民著。1946年生活书店收入《新中国大学丛书》出版，至1947年已第四版。有中国社会科学出版社1984年版重排本。

邓初民(1889—1981)，原名希禹，字昌权，笔名肥豚、田原等。湖北石首人。1913年留学日本，考入东京法政大学。在留日期间学习并接受了马克思主义理论。回国后于1925年任湖北省立法政大学教务长，1928年任教于上海暨南大学。1945年加入中国民主同盟。1949年后历任山西省副省长、山西大学校长等，并曾任中国政治学会名誉会长。主要著作尚有《政治科学大纲》、《民主的理论和实践》、《世界民主政治的新趋势》、《阶级论》、《新中国政治问题讲话》等。

本书作者自序说明了新政治学的含意，认为传统的旧政治学并非科学，而"新政治学的基本特征，是它把政治关系的运动法则放置在社会内部的阶级对立上，而以'阶级矛盾'为政治关系的基本内容"，揭示人类政治活动的规律，是科学的，是全新的政治学。

本书分为绪论、阶级论、国家论、政府论、政党论、革命论共六编，并附作者《民主政治的新趋势》一文节录，作为补充说明。

"绪论"共三章。主张政治学研究的对象应为阶级、国家、政治、政党、革命五大课题，其任务是考察分析政治现象的本质、构造、机能，"并依据所探求出来的因果律指示改造的方法"。在批判了传统的几种政治学研究方法后，指出着重从经济生活关系说明政治形态，以运动的、全面的观点分析政治现象的现实论理学——唯物辩证法方法才是"唯一的、科学的研究方法"。

"阶级论"一编共八章。按照马克思主义的观点，强调阶级是在生产关系中有不同利益的集团，并分析了阶级的产生及发展。指出现代资本主义社会的基本阶级是资本家阶级与工资劳动者阶级，从属阶级是地主阶级、小资产阶级，以及知识分子、游离分子。认为下层知识分子既受剥削又帮助剥削，而其中少数上层分子则接近资产阶级。作者按此理论分析了中国的社会阶级，着重指出中国资产阶级不全同于欧洲资产阶级，尚具有一定的进步性与革命性。

"国家论"一编共三章。首先批判了各种旧有的国家学说,强调国家是"建立于经济之上的政治的秩序",是社会的上层建筑,是阶级矛盾不可调和的产物。批判以"土地、人民、主权"为国家三要素的传统学说。描述国家从起源、经古代、中世封建、近代代议制的发展,以及经由社会主义国家而归于消灭的过程。在分析了中国国家发展的特点后,指出清末以来在帝国主义的侵略下,"不得不停顿于半殖民地半封建的状态"。

"政府论"一编共六章。认为政府"是国家的机关或形式",着重分析议会政府(议会政治)、法西斯独裁政府、苏维埃政府的组织方式、活动规制。指出民主与独裁是"相反相成互相渗透的辩证的对立的统一体",是历史的、发展的观念。资本主义民主曾在历史上表现其进步性,而法西斯独裁则是以"布尔乔亚之公开专政(独裁)代替布尔乔亚的形式民主"。苏维埃政权是"公开的普罗列塔利亚专政",与法西斯专政有本质上的不同,"是以建设社会主义、消灭阶级对立和消除一切剥削基础为目的的","是专政,也是民主"。在对中国当时政府的分析中,认为是"具有特殊任务和特殊历史内容的政府",应按孙中山五权宪法理论,造成"革命的东方式的政府形态"。

"政党论"一编共十五章。首先根据列宁的建党理论,强调政党是"由全阶级中之先进分子结集而成之指导社会斗争的组织",是"阶级的头脑、阶级的先锋"。并指出政党是近代资本主义社会的产物,以"阶级的自觉"为形成之条件。政党的三要素为党员、主义及政纲和组织。又以俄国革命进程为例,说明政党战略与策略的关系,说明政党的秘密、公开、国会、武装、国家五种斗争方式。在"布尔乔亚政党"专章中,指出资产阶级政党的对立,只是代表了资产阶级中某些利益集团的对立,并无本质不同。在"普罗列塔利亚特政党"专章中,介绍了第三国际政党的特征。在"中国的政党"专章中,追溯了中国近代政党的发展,介绍了国共两党的政纲,并介绍了全国联合救国会的政见。

"革命论"一编共八章。指出革命是社会制度的变革,"革命的根本问题是政权问题"。并介绍了列宁有关帝国主义及社会主义革命的理论。在"当前资本主义总危机与革命高潮"一章中,分析了二十世纪三十年代以来的世界形势,指出国际工人阶级反法西斯斗争的无产阶级统一战线、劳动人民的人民阵线、反战反法西斯反帝国主义的民族统一战线已汇成世界革命高潮。"中国革命论"一章指出中国革命现阶段性质是反帝反封建的资产阶级民主革命,又是以工农为中心的全民革命,"它一方面为资本主义的发展、亦即为中国的近代化扫除障碍,另一方面也为较高级的社会秩序建立基础"。

《新政治学大纲》根据马克思列宁主义理论构筑起新政治学的框架,阐明马克思主义政治学的主要观点。其政治学主要研究对象"五论"的观点,在 1949 年以后我国政治学学科发展中具有重要意义。本书注意分析中国现实政治状况,在理论上说明当时抗日救国统一战线的性质及发展方向,具有广泛的政治影响。

(郭 建)

中国政治史 周谷城

《中国政治史》，周谷城著。1940年中华书局出版。1981年修订后由中华书局再版。

周谷城(1898—1996)，湖南益阳人。早年就读北京高等师范英语部。先后任教于长沙第一师范、上海暨南大学附中、中国公学、中山大学、暨南大学和复旦大学。大革命时期，曾任职于湖南省农民协会和省农民运动讲习所。1949年后任复旦大学教授，并历任中国农工民主党中央主席、全国人大常委会副委员长兼科教文卫委员会主任委员。除本书外，主要著作还有《中国社会史论》、《中国通史》、《世界通史》、《史学和美学》、《形式逻辑与辩证法》等。主要著作收入《周谷城全集》。

本书共分五篇，每篇各分三章。第一篇"部族联合的完成"（周平王东迁洛邑前，即公元前770年前）：古代氏族的概观，由氏族到部族，周初部族的联合。第二篇"政治社会的确立"（自周平王元年至新莽元年，即公元前770年至公元9年）：社会经济的变革，新兴阶级的活动，秦汉帝国的建立。第三篇"门阀藩镇的交替"（自新莽元年至北宋初元，即公元9年至960年）：支配政治的门阀，压倒门阀的武功，门阀藩镇的迭更。第四篇"绝对专制的完成"（自北宋初至鸦片之战，即公元960年至1840年）：由割据到统一，九百年间的专制，商人地主与专制。第五篇"民主政治的创造"（自鸦片战争到五四运动，即公元1840年到1919年）：列强对华的压迫，社会阶级的变化，旧民主政治的创造。每章又各包括三节。修订本最后一节内删除"反帝国主义及军阀"和"国民参政至初创"两目，并重写了"五四运动之影响"子目下的内容。

本书的研究，"不是政治思想史，不是政治制度史；更与一般专讲理乱兴衰的政治史绝不相同。理乱兴衰为政治现象。然政治现象实为各种社会势力所造成。故善为政者，应该洞明每一时代支配政治的主要社会势力"。作者着重研究中国有史以来各时代支配政治的主要社会势力及其作用，并阐述其发展嬗变的原因，尤其是经济因素的重要影响。

本书借鉴西方近代人类学、历史学的理论，认为中国政治史的发展先后经历了以血统关系为中心的"氏族社会"(gentile society)和以地域、财产为中心的"政治社会"(political society)。在政治社会中,根据不同的主导政治势力,又可分为工商奴隶主统治的秦汉帝国、封建地主统治的魏晋隋唐时期、商人和地主并重的宋明清时期和民主政治日益发展的近代时期等四个阶段。认为古代氏族社会包括从上古至西周末年的漫长时期。作者从辨析姓与氏的区别入手,叙述古代氏族的名称、种类、分布状况,及其分化、混合的发展变化过程。认为西周初年是氏族组合形成的部族走向大联合的时期,标志着中国民族初步形成。西周以前的政治生活中,部族首长、辅相和民众都起着相当重要的作用,有明显的军事民主制色彩。到周初,各部族进一步联合,产生共同的首长,即周天子。在这一氏族不断融合的漫长过程中,奴隶是必然产物;民族形成后,贵族奴隶主的等级制得到巩固,农业经济空前发展。至春秋战国时期,上层贵族逐渐腐化,部族战争增多,地主阶级和工商奴隶主势力不断抬头。地主和商人、高利贷者们参与政治活动,引导社会政治从礼治转向法治。在这个基础上,经过霸政和部族减少、联合重组,统一的秦汉集权帝国建立。这实际上是工商奴隶主的政权。

作者对比氏族社会和政治社会中部族联合和集权帝国这两大典型的政治形态,认为二者都出现于奴隶制阶段,但前者以血统及身份关系为中心,政治单位为"国",是部族之间的领导与被领导关系,以礼为政治手段,语言文字不统一,性质上只是"部族的联合"(confederacy of tribes);而后者以财产及地域关系为中心,政治单位为"郡",剥削阶级直接统治被剥削阶级,以法为政治手段,语言文字也得以统一,性质上已成为统一的民族(nation or people)。

此后的六朝隋唐时代,血统关系与财产关系又相互结合并有所发展,出现以地主阶级为主体的门阀势力。随着隋唐时代商业发展,国际市场扩大,武力成为维持国际贸易的重要手段。同一时期,门阀贵族日益腐化,寒素奋进,通过军功压倒门阀,武人势力不断坐大,出现藩镇割据的局面。宋代以后,政府依靠商人势力的扩张,对地主阶级既打击又拉拢,在宋、明、清各朝建立了绝对专制的政权。商人依靠专制政府统一货币、度量衡和税收的政策得以发展,成为专制政府的经济支柱。作者认为,这一时期地主阶级已失去绝对优势,所谓重农贱商,实际上只是在文化、教育方面拉拢、羁縻地主阶级。得以参政的地主往往重视功利,与在野的反政府派相对抗,其矛盾根本上可视为地主阶级与商人阶级的摩擦。

近代以来,中国不断受列强压迫,新式产业创兴,引起社会关系的变化。旧时代的社会阶级包括皇室、官僚、富商大贾等人构成的剥削阶级和农民、手艺工人、小商人、学徒等构成的被剥削阶级。经过产业革命,官僚、地主、商贾成为资本家,与其对立的是产业工人、无产阶级。另外,还有旧式士大夫逐渐形成新式自由职业者。各阶级在政治上提出不同的要求,出现阻碍和推进政治进化的两大势力。随着时代发展,改造政治的运动越来越被新阶级支持。五四运动、北伐等事件,在建设民主政治过程中有重要意义。

　　本书大量吸取西方近代社会科学的重要理论,并充分运用比较研究法。如在论述由氏族到部族的发展中,作者引据穆尔根(L. H. Morgan,今译摩尔根)研究雅典社会的结论:"雅典人的社会的体制,显示着如下的系列:第一,即以血族关系为基础的氏族;第二,即大抵出自一个本源的氏族,因分离作用而派生出来的氏族的同胞,即胞族;第三,由使用同一种方言的数个胞族组成的部族;第四,即由数个部族借合同作用构成一个大的氏族社会,占领同一地方的人民或民族。"接着指出,其第一项相当于中国的姓或姓所代表的诸氏族,第二项相当于氏或氏所代表的诸氏族。第三、四项分别相当于中国殷商时代的国和周初的天下。又如对秦汉帝国、宋明各代,作者认为,"秦汉帝国盛时及其前后,奴隶最多;这与西洋史上罗马帝国时代的情形颇相似。……其次秦汉帝国是统一黄河长江两流域许多并立的部族而建立起来的;这情形也与罗马帝国相似,罗马帝国是统一地中海沿岸许多并立的部族而建立起来的。又其次秦汉帝国以后,六朝时代,曾盛行门阀制;罗马帝国以后,中世纪,曾盛行 feudal system。……这又是秦汉帝国以后与罗马帝国以后相似的情形之一";"门阀时代之前,有秦汉帝国的专制;此等专制,相当于罗马帝国的专制,均系并立部族统一后的产物。门阀时代之后,有宋明各代的专制;此等专制,相当于十四到十七世纪欧洲各国的专制,均系封建势力削弱后的产物"。所不同者,欧洲中世纪后工商阶级战胜了封建地主,而中国工商阶级系取得了与封建地主同等的地位。这种类比方式,体现了包括作者在内的当时学术界对于人类社会、政治发展模式的一元论观点。同时,作者也指出,唐末五代时期出现军阀割据而未及早实现绝对专制,是由于中国幅员辽阔所产生的特有现象。

　　《中国政治史》是以政治学、人类学、历史学等西方近代社会科学理论为指导研究中国政治史的早期重要著作,体系完整,观点鲜明,对当代的政治学、历史学研究有一定的参考价值。

(王志强)

中国法律之批判 蔡枢衡

《中国法律之批判》，蔡枢衡著。1942年初版，1947年收入《中国人文科学社丛刊》，由正中书局再版。

蔡枢衡（1904—1983），江西永修人。早年留学日本，回国后任北京大学、西南联合大学教授。1949年后任职于中央人民政府法制委员会、国务院法制局、全国人大常委会办公厅等机关。主要著作还有《刑法学》、《刑事诉讼法教程》、《中国法理自觉之发展》和《中国刑法史》等。

本书包括正文六篇和附录六节。正文篇目：法哲学及法史学上的两大问题、沈家本派及其反对派批判、法学的新立场及其应有的法律观和方法论、今日的中国法之新认识、明日的中国法应有之面目和精神、建设新中国法学之基本原则和前提条件。附录包括：西洋法律的输入、旧道德与新法律之矛盾及其归宿、人治礼治与法治、宪政与农人、抗战建国与法的现实、中国旧法制之合理的认识。

本书是对中国近代以来法治状况、尤其是其中固有法律文化和外来传统两大因素的全面反思。作者开宗明义指出："三十年来的中国法和中国法的历史脱了节；和中国社会的现实也不适合。这是若干法学人士所最感烦闷的所在，也是中国法史学和法哲学上待决的悬案。"作者将主张法制改革和西化的，同沈家本意见相近的一派称为"沈派"，将反对派称为"反沈派"。数十年来，沈派的意见在立法过程中始终占主流，其出发点在于撤销领事裁判权，并以新法的力量图中国之强盛。但沈派对新法与历史、社会的脱节持漠视态度，这是由于他们代表特定的背景："若要追根溯源，想把握变法政策或立法政策定立的本质，那便不能不承认是中华民族在国际政治上——尤其是经济上丧失了独立自主性的结果。所以，民族自我意识的欠缺算是沈派先天的缺憾。"而代表民族自我意识和民族自觉的反沈派重视法律与历史的关系，是国情论者，强调农业社会的固有法则和方式。其弱点在于没有意识到近代以来传统农业社会已发生变化，工商业不断发展，而且都受到来自外国的冲击；他们所提倡的法律道德一元论、礼治论，充分暴露其经验论的贫乏性。在对两派法律主张进行全面分析和批评后,作者认为:"沈派的政策和立场因为无(意)识的和近百年来现实的民族身份相适合,所以能占上风;反沈派因为没有正确把握住现实,所以终落下风。将来殖民地身份之丧失,自然也是沈派失足的契机。"

当沈派失势之时,国家工商业的发达,使反沈派也难以死灰复燃。因此,未来占主导地位的必然是第三种立场。"中国法学第三立场或第三阶段的世界观和法律观,必然抛弃反沈派的法律道德合一论,保存反沈派之国情论的唯物论或反映论,而抽去其农业社会的具体内容,摄取其国情论的、唯物论的、或反映论的抽象因素。"对于沈派,"必然抛弃其撤销领事裁判权和当时所谓'图强'的具体内容,而保存其抽象的促进社会发展和维持社会秩序的目的观。"

作者进一步分析上述两种脱节现象的性质和原因。他指出,现实法律与历史的脱节,是近代以前独立自主的状态与近代以来殖民地性之间的不联接,是中国农业社会秩序与外国工商业社会秩序的不联接。这种脱节,是历史发展的必然产物。二者之间的过渡,符合历史的一般法则。因此,这种状态,"只是具体的不联接,不是抽象的不联接","而且觉得二者的精神,比一般场合还要特别接近些"。法律与社会的不适合,是由于把变法被当作撤销领事裁判权的手段,而不是作为社会自然发展的结果。在法制模式上,直接采取高度发达的工商业社会法制形态,对社会的反作用特别小,而社会自然发展的程度又较慢,因此出现这种一般法则中没有包含的不相适合的特殊情形。抗战胜利后法制改革,应当废除不平等条约,消除现行法的殖民地性、金融资本主义性和买办性,法律即能发挥其促进社会发展的作用。

作者尖锐批评当时的法学研究状况:"摘拾和祖述是数十年来中国法学著书、讲义、法学论文和教室讲话的普遍现象。……若从社会背景看,祖述和摘拾都和殖民地性质有不可分的关系。"建设新的中国法学,应该是自觉的创造。这种超越沈派和反沈派的第三阶段的创造中,"创造者的感觉、表象、概念、判断和推理构成的根据是中国的法律、学说、判例、风俗、习惯、思想和第二阶段的著作,以及中国的历史、社会和理想等等"。创造不反对比较,但中外比较研究中须与社会背景保持密切联系,而不是简单的法律异同比较。新法学的创造,还需要把握自我现实的本质,需要把握一切有关的社会科学知识并融会贯通,需要有意识地掌握科学的方法论。

附录中,"西洋法律的输入"回顾清末变法的历史,揭示其历史合理性和必要性,并探讨中国旧律的特色和可继承性。"旧道德与新法律之矛盾及其归宿"列述旧有道德和新式法律之间的矛盾并分析其成因,主张以经济发展、法制教育等方式调和二者关系。"人治礼治与法治"分别剖析三者的历史和现实意义。"宪政与农人"强调民主宪政的真正实现不能置农民于不顾,不能脱离占中国人口绝大多数的农民,呼吁政府重视宣传、普及教育并改善农民生活。"抗战建国与法的现实"批评法学研究中讲义文化、教科书文化和解释法学充斥、与法制实践脱节的落后状况。"中国旧法制之合理的认识"在前人研究基础上,探讨儒家思想与中国传统法制的关系及原因。

  本书从宏观角度回顾中国法制近代化的历程,从历史、政治、经济、哲学诸侧面深刻反思这一过程中出现的法律与历史、与社会脱节的两大问题,对当时法制和法学研究、教育状况提出中肯批评,并展望中国法制与法学的发展方向,在当时缺乏批判精神和独立意识的中国法学界独树一帜,发人深省。书中所探讨的问题、体现的研究角度以及不少具体结论,对当代法制建设和法学研究仍有重要的参考价值。

(王志强)

中国政治思想史 萧公权

《中国政治思想史》,萧公权著。1946年国立编译馆于重庆初版,第二册由上海国立编译馆出版、商务印书馆承印,至1948年已发行第三版。其后除台湾外,大陆辽宁教育出版社1998年、新星出版社2005年分别出版重排本。

萧公权(1897—1981),字恭甫,号迹园,笔名巴人、石沤、君衡。江西泰和人。1918年考入清华学校高等科。1920年赴美国留学,先后就读于美国密苏里大学、康奈尔大学,主修政治哲学。1926年获康奈尔大学博士学位后回国。先后任教于南开、东北、燕京、清华、北京、四川、光华、台湾等多所大学,讲授中外政治思想史等课程。为中央研究院首批院士之一。1949年后旅美,任美国华盛顿大学远东与苏联研究所客座教授。主要著作尚有《政治多元论》、《中国乡村》、《康有为思想研究》等。后人辑有《萧公权全集》。

本书体例以时代为经,以思想派别为纬。全书由绪论及五编构成。"绪论"认为中国政治思想起于晚周,而政治思想的演变可分为创造、因袭、转变、成熟四个阶段,根据政治思想的历史背景则可分为封建天下、专制天下、近代国家三个时期。因此全书结构既不按历史朝代、也不按思想学派,而是结合两者划分篇章。第一编"封建天下之政治思想——创造时期"讲述春秋战国时期的各派政治思想,共六章,分别介绍政治思想代表人物的学说。第二编"专制天下之政治思想(上)——因袭时期",共八章,讲述秦至宋元时期的政治思想。第三编"专制天下之政治思想(下)——转变时期(上)",共五章,讲述明代至清太平天国的政治思想。第四编"近代国家之政治思想(上)——转变时期(下)",共四章,讲述戊戌维新前后及辛亥革命时期的政治思想。第五编"近代国家之政治思想(下)——成熟时期",仅一章,讲述孙中山的政治思想(未完)。

本书在同类著作中有如下特点。首先是注重从社会政治背景说明政治思想的发展演变。如认为在晚周社会政治背景下,"政治思想之可能态度,不外三种:(一)对将逝之旧制度表示留恋,而图有以维持或恢复之;(二)承认现状,或有意无意中迎合未来之新趋势而为之张目;(三)对于一切新旧之制度均感厌恶,而偏重于个人之自足与自适"。并指出在当时旧有封建制崩溃形势下,儒墨两派可归于第一类,法家则为第二类,道家为第三类。又如认为东汉政治黑暗,因而桓谭、王符、崔寔、荀悦等思想家一反儒家原有之圣君贤相、归仁化义的乐观态度,而仲长统"不仅叹世乱之愈酷,且复疑救乱之道","殆无异于对专制政体与儒家治术同时作破产之宣告"。"消极之政治抗议"的道家黄老思想得以流行,由提倡"虚君无为",至鲍敬言"发为无君之论"。然而至唐代统一全国,"盛世之乐观与民族自信心之心理共相恢复,而儒术亦随之中兴"。同时,本书又强调社会政治对政治学说思想的选择,如认为"儒家思想以鲁国之历史背景为依据,于四派之中最富地域之色彩;法家对七雄之当前需要而立说,最富于时间之意义;道家为我,超越时空;墨家承认封建之政治而攻击宗法之阶级,徘徊于新旧潮流之间而两无所可"。

其次,本书注重政治思想流派的传承与相互影响。如认为"创造时期"的创造并非凭空发生,各思想流派均有传承前代传统,"儒、墨、道三家似均有殷遗民之背景"。儒家之"仁"的学说来自殷商政治传统,法家起自三晋秦国,则有姬周积极进取的遗风。又如本书认为儒家民本、民族之观念,至明代而受高度重视,并举明初刘基、方孝孺,明中期王守仁、李贽,明末清初之顾、黄、王、唐甄等人为例,是"上复先秦古学,下开近世风气"。另一方面,本书又强调各思想流派的互相影响、融合,认为晚周各派虽互相论战,实际有交互影响。管子的思想"上承封建之遗意,下开商韩之先河"。儒家在西汉初年以贾谊为代表,包容黄老之说,汉武后以董仲舒为代表,"始则与阴阳五行之言相糅杂,终之以符命谶纬之迷信"。宋代理学则有援道入儒与援佛入儒两种流派。

再次,本书评述历史上流行的政治思想,着重其有理论意义的观点,至于具体政治问题的讨论则从略。如宋代理学虽声势很大,但作者认为其"政治思想并无创新",叙述相当简洁。近代政治思想家中,作者认为康有为、梁启超打破了儒学及专制政体不可变易的传统,开风气之先,是"肩我国思想解放之任者",因此加以重点评述。

本书的这些特点,使得内容紧凑,条理分明,说服力较强,在中国政治思想史研究上有相当重要的地位,被认为是一部有影响的著作。

(郭 建)

理性与民主 张东荪

《理性与民主》，一卷。张东荪著。1946年商务印书馆出版。后有上海远东出版社1995年版《张东荪文选》本、岳麓书社2010年版单行本。

作者生平事迹见"认识论"条。

据作者自序，《理性与民主》是其在"准俘虏"生活中写的第三部书。第一部是在燕京大学授课时的《知识与文化》，第二部是出狱后半年出版的《思想与社会》，本书紧接《思想与社会》之后，并继续前两书的问题而从另一方面作进一步发挥。至第六章末段尚未完竣。日本投降后，作者出席重庆政治协商会议，取消了计划中的第七章，匆匆结尾。

《理性与民主》是张东荪阐述其民主思想的重要著作之一。作者认为，民主主义不是一个政治制度，而是一种有特色的文明。而作为文明全体，却把政治制度包含在内，并且这种文明的特色又在于其自身能常有进步。全书共六章（序论、文明与进步、人性与人格、理智与条理、自由与民主、中国之过去与将来），并有后序。

本书主旨是从哲学、社会学、史学、心理学等方面综合解答人类何以必须有文明，文明何以必须进步等问题。在第二章"文明与进步"中，从解释"文明"、"文化"、"进步"等名词着手，阐述文明只是文化中的较高级阶段，而进步与文明相联，因为文明是文化的进步，文明自身又在不断进步。"进步"是西方独有的概念，人类的进步不在于能造成规则生活，而仅在于能突破固定的习惯。作者将文明大致分作三期：第一期是以死亡威胁为中心而结成的迷信文明，第二期是以生活威胁为中心而结成的竞争文明，在打破第一期文明的封闭性之后，从第二期文明的病态中挤逼出的理性则使得第三期文明得以产生，而现在正处在向第三期文明的过渡时期。

作者认为，第二期文明是病态的、丑的，但这种病态究竟是人之本性，还是由于违拗本性而成的？于是在第三章"人性与人格"中就人性与人格作了阐述，认为东西方关于人性问题的见解存在差异,中国无"人格"却有"人伦"观念,中国思想杂有全体主义之姿势,而西方则以"人格"为中心;"人格"又以"自我"为中心,最后发展为"个人主义"。并且,早在古罗马时期,"人格"的观念就在法律中得到体现。罗马法不承认所有人都有人格而成为法律主体享受自由权,奴隶在法律上没有人格。外国有人格观念可以用法律加强之,即由法律保障人权。而中国的人格观念即使有,也只发达到道德方面为止,而未达到法律方面。作者又从法哲学、心理学等角度对比了中西方的差异,认为文明的进步在于自觉的人格观念,而西方文化上的人格观念是不会变更的。西方文明根本是进步的,人格观念一天也不会没落,同样,理性一天也不会没落。

在第四章"理智与条理"中,作者分别详论中国由礼至理的"理"与西方由法至理的"理",指出二者的差异。在对理智的态度上,中国直接把所有的心力用于如何做人的问题上,西方文化则注重理智,由理智开拓了实用之门,在理智与做人关系上是间接的。而文明的进步,世界的和平则不能没有理性主义。重振"讲理之风",虽于中国文化的根底是有所据的,但须变为西方人"讲理的态度"。

与人格和理性相关,在第五章"自由与民主"中作者论述了自由与民主,这是中国文化中所没有的概念(最为接近的只有"自得"),也易为中国人所误解,由此作者详述了他所理解的西方文化中的自由和民主。

最后,在第六章"中国之过去与将来"中,作者从分析中国的历史和现状出发,指出中国的将来在于彻底实行民主主义,而这和中国历史上的传统办法完全相反,故在中国,实行民主不仅是政治制度上的问题,而且涉及全部文化。

本书从各个角度论述了东西方文化差异,且认为中国文化应全部转变为西方的理性和民主,未免偏颇。但本书介绍了西方文化人类学、哲学、法哲学、逻辑学等方面理论,介绍了西方的自由、平等、天赋人权、契约主义、个人主义等概念,在比较政治学上有一定的理论价值,是研究中国现代思想史的重要资料。

(李小宁)

中国法律与中国社会 瞿同祖

《中国法律与中国社会》,瞿同祖著。1947年上海商务印书馆初版,后有中华书局1981年修订版、中国政法大学出版社1999年版、商务印书馆2010年版等。

瞿同祖(1910—2008),湖南长沙人。1936年毕业于燕京大学研究院。历任中国大学、云南大学、西南联大讲师、副教授、教授。后出国先后任美国哥伦比亚大学中国历史研究室研究员、美国匹兹堡大学研究员、加拿大不列颠哥伦比亚大学副教授。1965年回国,曾任湖南省文史馆馆员、文史资料委员会副主任、湖南省政协常委、中国社会科学院近代史研究所研究员。其著作还有英文版《清代地方政府》、《汉代社会结构》、《中国思想与制度》等。

本书系作者据其在云南大学和西南联合大学的中国法制史和社会史讲稿改写,作者出国后,又加以补充、修改,译成英文版《传统中国的法律与社会》,穆东书店于1961年在巴黎及海牙出版,作为巴黎大学高等研究实用学院第六部的经济及社会科学《海外世界:过去和现在》丛书之第一辑第四种。

《中国法律与中国社会》是用社会学的方法研究中国法制史的专著。全书分六章。第一章"家族",论述家族范围、父权、刑法与家族主义、血属复仇、行政法与家族主义。第二章"婚姻",论述婚姻的意义、婚姻的禁忌、婚姻的缔结、妻的地位、夫家、婚姻的解除、妾。第三章"阶级",论述生活方式、婚姻、丧葬、祭祀。第四章"阶级(续)",论述贵族的法律、法律特权、良贱间的不平等、种族间的不平等。第五章"巫术与宗教",论述神判、福报、刑忌、巫蛊。第六章"儒家思想与法家思想",论述礼与法、德与刑、以礼入法。正文前后分别有导论和结论,最后附录了作者写于1948年的《中国法律之儒家化》一文。

作者在"导论"中指出,本书主要目的在于研究并分析中国古代法律的基本精神及主要特征。而由全书的论述得出的最后结论则是:家族主义和阶级概念始终是中国古代法律的基本精神和主要特征,在法律上占有极为突出的地位。法律承认父权,确定父亲有支配和惩罚子女的权力。

儿子无独立的自主权,不能有私财,不能与父母分居,也不能自由选择配偶。法律上也承认夫权,承认尊长的优越地位。家族成员之间的纠纷,和侵犯、伤害等罪都是根据当事人在家族中的身份而裁决的。亲属容隐、留养等法律都说明家族伦理在法律上占据重要的地位。法律承认贵族、官吏、平民和贱民的不同身份。法律不仅明文规定生活方式因社会和法律身份不同而有差异,更重要的是不同身份的人在法律上的待遇不同。贵族和官员享受法律上的特权,而贱民在法律上则是受歧视的阶层,处于最低下的地位。他们不能与良民通婚,也不能应试做官。简言之,中国古代社会是身份社会,中国古代法律是伦理法律。

造成这种现象的原因主要是由于儒家思想的影响。法律的儒家化是汉以后逐渐形成的。儒家化是中国法律发展史上的一个极为重要的过程,中国古代法律因而产生了重大、深远的变化。为此,本书详细阐述了汉以后至隋唐中国法律儒家化的过程。

对法律史的研究无疑将涉及法律的发展过程,并要注意法律的变化。各时期法律不同,法典体制和内容、司法组织、司法程序、刑罚以及各种罪名的处分都有所不同。本书将汉代至清代二千余年间的法律作为一个整体进行分析,撇开烦琐细微差异,而抓住重大的变化,试图寻求共同之点以解释法律之基本精神及其主要特征,并进而探讨此种精神及特征有无变化。作者的这一努力,使中国古代法律的基本精神及主要特征清晰地展现在读者面前。

从历史学、法律学、社会学以及文化人类学的角度研究中国古代法,充分利用古代法律文献以及包括野史在内的历史资料,大量使用个案和判例,注意律文以外的观念、意识、民俗、风情,于变中见不变,在现象中求本质,这些都是本书的特色。在论述过程中,作者不仅把眼光放在对条文的分析上,而且更注重法律的实效问题。因为条文的规定是一回事,法律的实施又是一回事,社会现实与法律条文之间,往往存在着一定的差距。要想知道法律在社会上的实施情况,是否有效,执行的程度如何,对人民的生活有什么影响等等,必须透过条文看到深层次的东西。正如作者所说:"如果只注重条文,而不注意实施情况,只能说是条文的、形式的、表面的研究,而不是活动的、功能的研究。"这一研究方法的突破,使本书被视为最早运用法律社会学方法进行研究的著作之一。

本书对中国法律史上的许多问题常有独到的见解,论证有力,说明透彻,研究范围也有所拓展,具有重要的学术价值,是该研究领域的必读参考书。

(徐永康)

中国官僚政治研究 王亚南

《中国官僚政治研究》,王亚南著。1948年10月生活书店初版,后有中国社会科学出版社1981年版、商务印书馆2010年版等。

王亚南(1901—1969),原名际主,字渔邨。湖北黄冈人。毕业于武汉中华大学教育系。年轻时参加北伐军,大革命失败后到上海谋生。后东渡日本,客居东京三年。1931年回上海,两年间与郭大力先后合译出版李嘉图《经济学及赋税原理》和亚当·斯密《国富论》。1933年11月参加福建事变,担任福建人民政府机关报《人民日报》社社长。福建事变失败后赴德国深造。1935年重返上海,与郭大力继续合译马克思的德文本《资本论》,1938年秋读书生活书店首次出版该书三卷全译本。抗日战争时积极投身抗日救亡运动。解放战争时期全力支持爱国学生运动。王亚南先后执教于中山大学、厦门大学和清华大学,1950年6月起任厦门大学校长。当选为第一、二、三届全国人大代表,福建省政协副主席。历任中国科学院哲学社会科学部委员、常委,《新建设》和《经济研究》编委,福建哲学社会科学联合会主任委员等。主要著作另有《中国半封建半殖民地经济形态研究》、《中国地主经济封建制度论纲》、《政治经济学史大纲》、《〈资本论〉研究》、《经济科学论纲》、《中国官僚政治与官僚资本》等。

《中国官僚政治研究》是我国第一部用马克思主义科学方法系统地剖析中国传统官僚政治的著作。1943年夏,英国李约瑟教授访王亚南于广东坪石,并以中国官僚政治问题就教。王经过数年研究,陆续撰写成文,分篇连载于上海《时与文》杂志,1948年10月,由生活书店结集出版。在当时战争环境中,本书出版并未引起人们注意,两次印刷仅三千五百册。时隔三十余年,在经历了"文革"动乱后,人们痛感传统官僚政治的严重危害,于是孙越生接受厦门大学经济系和王亚南夫人李文泉的委托而校订本书,为尊重历史和保持原书风格,校订时只限于改正一些误植,修订了译名和若干引文,以及对文字略作润饰,于1981年重新出版。

本书副题为"中国官僚政治之经济的历史的解析"。全书分十七篇,即:论所谓官僚政治;官僚政治在世界各国;中国官僚政治的诸特殊表象;中国官僚政治的社会经济基础;官僚、官僚阶层内部利害关系及一般官制的精神;官僚政治与儒家思想;官僚贵族化与门阀;支持官僚政治高度发展的第一大杠杆——两税制;支持官僚政治高度发展的第二大杠杆——科举制;士宦的政治生活与经济生活;农民在官僚政治下的社会经济生活;官僚政治对于中国长期停滞的影响;中国官僚政治在现代的转型;传统的旧官僚政治的覆败;新旧官僚政治的推移与转化;新官僚政治的成长;中国官僚政治的前途。1981年版本在正文前保留1948年著者《自序》,还补充了校订者写的《再版序言》,书后还附录校订者写的《王亚南生平》。

官僚政治曾在不同程度上存在并作用于一切国家的某一历史阶段,但把官僚政治当作一个特定形态或体制加以论述,却较罕见。本书认为,官僚政治得从技术的社会的两方面说明,而当作一种社会体制研究的官僚政治,更是重视它的社会的方面,虽然同时没有理由不注意到它的技术的方面。一旦官僚政治在社会方面有了存在依据,它在技术上的官僚作风就会更厉害;反之,属于事务的技术的官场流弊,纠正相对较易。技术性的官僚作风,不但可能在一切设官而治的社会存在,在政府机关存在,且可能在一切大规模机构,如教会、公司,乃至学校中存在。可是,真正的官僚政治,当作一个社会体制看的典型的官僚政治,却只允许在社会的某一历史阶段存在,就欧洲说,是在16世纪到18世纪末,乃至19世纪初的那一个历史阶段,即由封建贵族政治转向资产者的民主政治的过渡阶段存在。

作者指出,中国的官僚政治如同世界其他各国的官僚政治一样,是一个历史的表象。由它的发生形态到形成为一个完整的体制,以至在现代的变形,其间经过了种种变化。中国古典官僚政治形态的特殊表象分别体现在它的三种性格中:一是延续性,指中国官僚政治延续期间的悠久,它几乎悠久到同中国传统文化史相始终;二是包容性,指中国官僚政治所包摄范围的广阔,即官僚政治的活动,同中国各种社会文化现象如伦理、宗教、法律、财产、艺术等等方面,发生了异常密切而协调的关系;三是贯彻性,指中国官僚政治的支配作用有深入的影响,中国人的思想活动乃至他们的整个人生观,都拘囚锢蔽在官僚政治所设定的樊笼中。中国现代官僚政治虽然大体照应着中国社会经济各方面的形质上的改变,从国外吸收了一些新的成分,把原来的传统形态变化了,但原来的传统形态并不会因此被否定或代置,相反,只有变本加厉或强化。

本书以历史与逻辑相结合的手法,环环相扣,层层深入,由抽象及具体,由局部到全貌,对中国自秦汉迄于民国的官僚政治形态作了深刻的系统分析,揭示出其运动规律及与中国封建社会长期停滞的关联,颇多卓越创见,至今仍有重要的学术价值和现实意义。

(徐永康)

帝国主义与中国政治 胡 绳

《帝国主义与中国政治》,胡绳著。成书于1948年5月。同年由香港生活书店初版,1949年分别由生活书店和生活·读书·新知联合发行所再版。后由人民出版社多次印行。

胡绳(1918—2000),祖籍浙江杭州,生于江苏苏州。早年就读北京大学哲学系。1936年在上海参加抗日救亡运动。40年代任重庆《读书月报》主编、《新华日报》编辑。1949年后,历任国家出版总署党组书记、中共中央政治研究室副主任、《红旗》杂志副总编辑、中共中央文献研究室副主任、中共中央党史研究室主任、中国社会科学院院长等职,曾任全国中共党史研究会第二届会长,并当选为第四、五届全国人大常委,第七届全国政协副主席。主要著作还有《从鸦片战争到五四运动》、《历史和现实》等。论著编为《胡绳全书》。

全书包括六章:新关系的建立(1840—1864),"中兴"和媚外(1864—1894),洋人的朝廷(1894—1911),"强"的人(上,1911—1916),"强"的人(下,1916—1919),革命与反革命(1919—1925)。

本书以中国近代史为研究对象,重点探讨从1840年鸦片战争至1925年大革命这八十五年间"帝国主义列强对半殖民地中国之间的关系",着重论述"帝国主义侵略者怎样在中国寻找和制造他们的政治工具,他们从中国统治者与中国人民中遇到了怎样不同的待遇,并且说明一切政治改良主义者对于帝国主义者的幻想曾怎样地损害了中国人民的革命事业,等等"。

作者从鸦片战争前夕的中外关系入手,简要回顾了鸦片战争的经过和不平等条约的签订,指出:"鸦片战争就成为一关键:帝国主义对中国民族的压迫以此为起点,专制统治者与人民的对立由此而加强,而抱着侵略野心的列强与中国政治之间也展开了前所未有的一新形势。"此后二十余年,列强对华侵略遭到中国人民的坚决反抗,这与清政府的妥协投降形成鲜明对比。同时,在太平天国等中国人民反抗清政府的运动中,帝国主义列强表面作出中立姿态,而实际上,尤其在天津条约和北京条约签订以后,全面与清政府进行军事合作,积极镇压人民革命斗争。作者认为,中国与帝国主义列强的关系中,清政府已不能代表完整意义上的"中国",因为"也有着经常爆发武装抗争的农民的中国"。因此,在研究中国近代史、近代中外关系史时,应兼顾这三者之间的关系。至甲午战争以前,列强对清政府软硬兼施,使之逐渐成为其统治中国的工具。当权者中洋务派虽然也推行改良措施,但以军事为中心,主要依靠购买外国武器、取得列强帮助,其近代工业的建设在官僚资本控制下,阻碍了民间资本的自由发展。而同一时期,不满的情绪在下层广大人民中积蓄,上层士大夫中也出现了与统治集团意志相背离的反对帝国主义压迫的新思想。此后,1895 年至 1900 年,中国面临被瓜分的危机。在世纪之交至 20 世纪初叶,相继发生了戊戌变法、义和团运动和辛亥革命。作者认为,维新变法的失败,"就因为他们一方面坚决排斥下层人民大众的力量,另一方面又寄托幻想在帝国主义者身上"。在人民反抗帝国主义的义和团运动中,清政府的统治集团中一部分人迫于情势,给予表面的支持,而地域悬隔、或坐拥重兵的地方大员们却依然把维护与列强的关系放在首位,实质上都是迎合帝国主义的利益。经过辛丑之变,清政府沦为洋人奴才的面目暴露无遗,中国人民从中吸取深刻教训,反对帝国主义侵略的群众爱国运动不断增长,广大人民推翻清政府的革命决心也日益坚定。

辛亥革命后,帝国主义列强表面上保持中立,实际上迅速寻找所谓"强"的人作为其代言人,袁世凯、段祺瑞、吴佩孚等正是日、美等帝国主义扶植的统治中国人民的反动势力。以反帝的五四运动为标志,中国人民反对帝国主义、反对军阀统治的民主爱国运动涌起新的高潮,人民成为革命的主流,而帝国主义列强则运用武力和财力,进行恐吓和收买,压迫中国人民,阻挠中国革命。

在"尾语:未完成的故事"中,作者指出在太平天国、辛亥革命和 1925 年至 1927 年大革命中,"抱着侵略野心的帝国主义在三个时期的基本立场都是破坏中国革命,阻止中国的进步,而扶持一个反革命的和倒退的势力。他们在每一时期的革命形势刚开展而获得优势时都曾表示出伪装的'中立',且向革命方面表示'好意';而在'中立'和'好意'的烟幕之下进行其阴谋"。最后,作者总结帝国主义在历史上对中国的侵略罪行,认为帝国主义者选中的统治者一定是人民的敌人。因此,如果对列强、对其代言人寄以希望,就会对人民解放事业造成严重损害。

本书史论结合,以论为主,从政府当局、人民大众与帝国主义列强三者之间的矛盾研究近代中国与东西方列强的关系,是在马克思主义指导下进行中国近代政治史、中外关系史研究的代表性著作,在当时的理论和宣传上有重要的价值,对此后相当长一段时期内的中国近代史研究也产生了深刻的影响。

(王志强)

民国编

历史类

大清畿辅先哲传 徐世昌等

《大清畿辅先哲传》,四十卷。徐世昌主编,王树枏等撰。成书于1917年。有民国年间刊本。

徐世昌(1855—1939),字卜吾,号菊人,又号东海、弢斋。直隶天津(今天津市)人。清光绪进士,授翰林院编修。光绪二十一年(1895)袁世凯在小站练兵时,以翰林兼管营务处。三十年署兵部左侍郎,后兼练兵处会办。三十三年为东三省第一任总督、钦差大臣,兼管三省将军事务。宣统二年(1910)任军机大臣,授体仁阁大学士。辛亥革命后,助袁世凯窃取总统职位。1914年任政事堂国务卿。1918年由安福国会选为总统。1922年下台,迁居天津租界,成立编书处、诗社,以编书、赋诗、写字遣兴。除本书外,另编有《清儒学案》、《退耕堂政书》、《书储楼藏书目》、《欧战后之中国》、《水竹村人集》、《将吏法言》、《东三省政略》等。

王树枏《序》称:"光绪初元,树枏尝辑直隶人物,依圣门四科之目分类纂录,曰德性科,性理之学属之;曰言语科,词章之学属之;曰政事科,经济之学属之;曰文学科,考据之学属之。总名之曰《北学师承记》。惜其时搜讨未备,迄未成书。二十余年,宦游四方,稿本泰半散失。甲寅之岁,弢斋徐公有纂修《大清畿辅先哲传》之举,索树枏旧稿,存者寥寥,且简略不足备甄择。公乃博为搜辑,凡国史所载以及私家撰著,其文献实有可以征信者,罔不穷搜博考,力为表章。"并表明是书编撰之由在于"萃一邦之文物,以汇成一代之典章"。自1915年设局编撰,历时三年而成。

《大清畿辅先哲传》系清代北方人物传记汇录。全书为八目:名臣传七卷,名将传二卷,师儒传九卷,文学传八卷,高士传一卷,贤能传八卷,忠义传三卷,孝友传二卷。附列女传(包括母仪传)一卷,贤李传一卷,节义传一卷,贞烈传二卷,才艺传一卷。所传人物,各以年代、朝代先后为次。

在徐氏前,魏莲陆有《北学编》,专叙理学一门,范围狭窄,又语焉不详。徐书意在表彰先哲,所以广为罗列清代文治大兴,收顺治时在榜进士多达二百余人。北方学风朴实,不喜标榜,碑铭传志流传甚少,方志所载亦略而不详,故本书尽可能全面地为清代北方名臣及文人学士立传。如有名而学术及生平事迹难考的,则阙而不载。历朝名臣如只有姓名,不存事迹,也不著录。如清初吏部侍郎、宛平胡兆龙,工部尚书、通州扬正中等,事迹无从考查。但也有官阶极高,虽无赫赫战功,而行事慎恪,一向在朝中有声望的也采录。名臣传内官断自侍郎以上,外官断自巡抚以上。贤能传中名将断自副将以上,殉难者一律收入忠义传内。此外,八旗、满洲、蒙古汉军,虽然有屯居在近畿之内的,因为都加入旗籍,也都不采录。

本书分类以事迹为重,并不只凭名位高下。如纪文达为名臣,但其文学鸿博,淹贯古今,故列在文学传中。张盖、赵湛、刘逢源等人都以文学见长,但又亢志高节,以逸民自居,所以列于高士传中。孙夏峰、刁蒙吉、杜紫峰等都是高士,但他们倡明道学,继往开来,所以列于师儒传中。魏贞庵、魏环极、朱石君、郝中山等人都为师儒,梁宝立、黄昆圃、王振声、张文襄等人都是文学之士,但于国家功勋卓著,所以列在名臣传中。本书改"儒林传"为"师儒传",这样便可将所谓"道学"收录在内。又根据《南史》、《梁书》、《辽史》改"文苑传"为"文学传",这样就可将辞章、考据学收录在内。此书对京都外各官,凡有政绩可以叙述的,都收入在"贤能传"中。因为此书旨在网罗贤哲,阐发各家行迹及学术,所以在编次列传时,以科分年代为先后,对于无科可分者,就以做官年代为先后。二者皆无,则依朝代编次。

清初修明史,收录的人物多属南方人,北方名流遗漏太多。此书编辑时正值清史创修阶段,但编者多依据官方采录的材料。本书取材广泛,有清一代畿辅先哲之生平事迹及学术活动收录详尽,为研究清代学术文化的重要文献。

(雷汉卿)

清稗类钞 徐 珂

《清稗类钞》,徐珂纂辑。成于 1917 年。初刊本为同年商务印书馆铅印断句本,分四十八册。1984 年中华书局据以标点,分十三册出版。

徐珂,字仲可,浙江杭州人。生卒年不详。清光绪间举人。曾任袁世凯幕僚,未几告退,赴上海任商务印书馆编辑。卒年六十。另著有《小自立斋文》、《可言》、《康居笔记》等书,编有《天苏阁丛刊》初、二集。

《清稗类钞》系清代掌故轶闻汇辑。编者博采各家文集、笔记、说部及当时新闻报刊记载,仿照清初潘永因《宋稗类钞》体裁,将所辑资料分门别类,依性质同异、年代先后类次。"记载之事,以有清一代顺治至宣统为断,间有上溯天命、天聪、崇德者,而又述及隆裕后之崩。"(《凡例》)全书分为时令、地理、外藩、外交、礼制、教育、兵刑、狱讼、吏治、幕僚、种族、宗教、婚姻、风俗、方言、农商、工艺、师友、会党、著述、性理、经术、文学、艺术、音乐、物品、服饰、饮食等九十二类,凡一万三千五百余条,三百余万言。书前有诸宗元序、自序及凡例各一篇。

本书内容包罗广泛,举凡清代历朝大事、社会经济、典章制度、学术文化、名人逸事等皆有涉及,记述亦称完备。书中有关两次鸦片战争、中法战争、戊戌变法和辛亥革命的许多记载,对研究中国近代史颇有参考意义。编者据以纂辑的不少新闻报刊,因时隔已久而罕有流传,故其中许多记载报道皆赖是书而得以保存,如关于《时务报》馆址位于上海城北泥城桥的记述即为一例。对于当时士大夫阶层所不屑注意的底层社会状况和事迹,是书亦多有搜集,这些内容不仅仅于可资谈助,并为研究清代社会史提供了丰富的史料。

本书"虽皆掇拾以成,而剪裁镕铸,要亦具有微恉,典制名物,亦略有考证"(自序)。与当时流行的各类清代野史丛钞、秘史野记大多凭诸传闻臆说者不同,《清稗类钞》皆依据大量资料和当时发生的事实而作系统记述,并非信笔写来或故作耸人之谈。如有关清代宫廷秘史的记载,编者并未蹈袭当时小说家猎艳争奇之风,而是博采各种笔记文集,据实而书。

《清稗类钞》的缺点,主要在于全书所辑资料未注明出处,读者在征引时,若非经过核对查实,难以据为信史。又全书分类失之于琐碎,内容上亦有遗漏重复之处。

（张荣华）

心史丛刊 孟 森

《心史丛刊》,三册。孟森著。1916年商务印书馆辑印,1936年大东书局再版。原为作者于民国初年起,应各日报、月报之约陆续写出刊登的考据文章,后汇印成册。现有岳麓书社1985年版本,为原书加《清初三大疑案考实》三篇,又有台湾和香港的影印本两种。另有辽宁教育出版社1998年版、中华书局2006年版《孟森著作集》本。作者谓该书多"网罗轶事,非史家所必取之资",而为"谈野史者,或有取焉","为别于一般史料"故名"丛刊"。此书的写作,是为纠正清末民初无数不经荒诞之说,"偶举一事,不惮罗列旧说,稍稍详其原委,非敢务博贪多,冀折衷少得真相耳"。

孟森(1868—1937),字莼孙,号心史。江苏常州人。青年时期受当时洋务与变法影响,未沿科举之途。清光绪二十七年(1901)游学日本,攻读法律。回国后随郑孝胥往广西参与边务,编撰《广西边事旁记》。后参与立宪活动,武昌起义时,为江浙军攻南京起草誓师文。民国后,热心促成政党运动,译《平民政治》一书。1912年袁世凯解散国会后,结束政治活动,编撰明清史料《朱三太子事迹》、《董小宛考》等文。1929年受聘于中央大学历史系,著《清朝前纪》讲义,1931年任北京大学历史系教授。详参《孟心史学记》(三联书店,2008年)。著作还有《明史讲义》、《清史讲义》、《满洲开国史讲义》、《明清史论著集刊》等,辑入《孟森著作集》(中华书局,2006年—2008年)。

《心史丛刊》第一集三篇:奏销案、朱方旦案、科场案;第二集五篇:西楼记传奇考、王紫稼考、横波夫人考、孔四贞考、金圣叹考;第三集七篇:袁了凡斩蛟记考、董小宛考、跋《聊斋志异·颠道人》、记周文襄公见鬼事、丁香花、字贯案、闲闲录案。所述的内容基本有两大类:一类是史料因统治者隐讳而模糊不清的,甚至官书上绝不提起,因而有可能湮没无闻的,它们大多暴露了清代特别是清初统治者对汉族士大夫阶层的高压。另一类是在民间长期的流传中,失去了事情的本来面目,甚至变得怪诞离奇的。

前一类如《奏销案》,清顺治十八年之江南大案。牵涉到苏州、松江、常州、镇江四属的官绅士子一万多人,但仅见于官书片言。由于此案为清廷所讳言,百姓亦不敢干犯时忌,作者只能从传状、碑志、笔记一类"傍见侧出"之文中寻找有关史迹。揭示当时清廷"积怒于南方人心之未尽帖服,而假大狱以示威"的本质。作者引董含《三冈识略》著文片断,共三十余篇,以证江南奏销案之祸:"江南赋役,百倍他省,而苏松尤重。""巡抚朱国治强愎自用,造欠册达部,悉列江南绅衿一万三千余人,号曰'抗粮'。既而尽行褫革,发本处枷责,鞭扑纷纷,衣冠扫地。如某探花,欠一钱,亦被黜……"可见清廷荼毒缙绅之惨酷。考证顺治十四年之乡试舞弊案的《科场案》、乾隆四十二年之文字狱的《字贯案》等,都属于这一类。

后一类如《董小宛考》。董小宛为明末南京秦淮名妓,嫁当时著名的四公子之一冒襄作妾。清时有小宛被南下清军掠入宫中的传说,还有将顺治的宠妃董鄂混同董小宛的讹误。作者以此文辟疑。考证董小宛的生卒及经历种种,证实小宛十五岁时,顺治始生,七岁之顺治何能纳二十二岁之妃?还详考小宛生前与死时种种情状及对冒辟疆的深笃感情,最终证实小宛和董鄂妃根本是两个人,风马牛不相及,澄清了事实,归还本真,且斥责好事之徒,"倒乱史事,殊伤道德"。

近人研究本书的论著,可参看三联书店2008年版《孟心史学记——孟森的生平和学术》。

(史新绿)

中国历史研究法 梁启超

《中国历史研究法》，一册。梁启超著。系1921年撰者在天津南开大学所作课外讲演稿，同年发表于《改造》杂志。次年一月，商务印书馆出版单行本（初版以《中国文化史稿》第一编为副题）。《中国历史研究法补编》系撰者1925年10月至次年5月在清华大学所作讲演稿，由周传儒、姚名达据笔记整理而成，1933年商务印书馆排印出版。本书收入《饮冰室合集·专集之七三》。1987年上海古籍出版社将《中国历史研究法》和《中国历史研究法补编》重新标校，以《中国历史研究法》之名合印出版。另有人民出版社2008年版、中华书局2009年版、岳麓书社2010年版等。

作者生平事迹见"清代学术概论"条。

《中国历史研究法》系史学理论与方法论专著。凡六章，十余万言。前有《自序》，述及编撰缘起。第一章《史之意义及其范围》。梁启超界定历史为："记述人类社会赓续活动之体用，校其总成绩，求得其因果关系，以为现代一般人活动之资鉴。"并从史学的对象、范围、任务、目的等侧面作详备分析。

第二章《过去之中国史学界》。追溯中国史学的起源，对史著主要体裁（纪传、编年、纪事本末、政书）的源流及优劣一一考察评骘；对左丘明、司马迁、班固、荀悦、杜佑、司马光、袁枢、刘知幾、郑樵、章学诚等在史学上的贡献作了充分肯定，并对清代史学作了总体概观。

第三章《史之改造》。列举旧史与新史的六点区别，以说明改造旧史的理由，其区别即：为当权者服务和为一般人服务；为死人服务和为今人活动；内容芜杂和突出重点；"强史就我"和求一客观性历史；残缺误陋和重于描述人类活动之"情态"；支离破碎、不成体系和前后照应、有机贯通。

第四章《说史料》。分别对文字以外的史料（包括"现存之实迹及口碑"、"实迹之部分的存留者"、"已湮之史迹其全部意外发现者"、"原物之保存或再现者"、"实物之模型及图影"）和文字记录的史料（包括"旧史"、"关系史迹之文件"、"史部以外之群籍"、"类书及古逸书辑本"、"古逸书及古文件之再现"、"金石及其他镂文"、"外国人著述")作出评述。

第五章《史料之搜集与鉴别》。系全书篇幅最长的一章,主要论述史料搜集的途径和方法,列举出鉴别伪书的十二种方法,证明真书的六种方法,以及伪事的七个种类,辨证伪事的七种方法。

第六章《史迹之论次》。阐发了描述历史事实之间关系的各种方式,对"知人论世"、史事的表达能力与列表、"比事"等也有论及。另外还列论了自然科学与历史的三大区别。作者以大量篇幅,对历史上的因果律提出了深刻而独到的见解,揭示出时势与英雄的关系,详细而有条理地说明了治史者研究因果之态度及其程序。

梁启超在本书中提出了自己的一套史学理论体系。他一方面吸取中国史学的优秀传统,另一方面运用西方学说批判旧史学的弊端,倡导历史研究的客观态度和"经世致用"精神,同时总结归纳出一套较为科学的史料学和历史编撰学,这些都为中国史学理论的近代化作出了很大贡献。

《中国历史研究法》于20世纪20至40年代曾被作为史学入门的教科书。书中阐述的史学理论体系在史学界产生过显著的作用和影响。

《中国历史研究法补编》约十万言。分《总论》与《分论》两部分,前有《绪论》。《总论》分三章。第一章《史的目的》。第二章《史家的四长》,阐述了史家所应具备的史德、史学、史识、史才等。第三章《五种专史的概论》,论述有关人的专史、事的专史、文物的专史、地方的专史和断代的专史。

《分论》是补编的主要部分,按前述五种专史分五个部分(其中《事的专史》、《地方的专史》与《断代的专史》仅存目),各部分下再分若干章。《人的专史》为七章(第七章《人表及其做法》仅存目)。其中《人的专史总说》概论引传、年谱、专传、合传、人表五种形式的专史。《人的专史的对相》引论应该为之作传的七种人物:思想及行为的关系方面很多,可以作时代或学问中心的;一件事情或一生性格有奇特处,可以影响当时与后来,或影响不大而值得表彰的;在旧史中没有记载,或有记载而太过简略的;从前史家有时因为偏见,或者因为挟嫌,记载完全不是事实的;本纪及列传过于简略的皇帝及政治家;与中国文化上政治上有密切关系的外国人;近代学术、事功比较伟大的人。《做传的方法》说明为文学家、政治家、方面多的政治家、方面多的学者、有关系的两人、许多人作传的各种方法。第四章至第六章结合实例,详尽具体地论述合传、年谱、专传及其做法。

《文物的专史》为五章。第一章《文物专史总说》概论政治、经济、文化三种类型文物的专史。第二至第四章就上述三种文物专史及其做法分别加以论述,特别是对语言史、文学史、神话史、宗教史、道术史、史学史等的做法一一作出详切的说明。《文物专史的做法总论》就编撰文物专史所涉及的专门学问、搜集资料、鉴别史料等问题加以说明,并论述了做各门不同的文物专史的原则。

确切而言,《中国历史研究法补编》并非《中国历史研究法》的补遗之作。以横向的论述对象而论,后者注重的是搜集考证史料的史料学,而补编着眼的则是营构叙述史事的史撰学;以纵向时间发展而论,补编所显露的史学思想较后者亦有所变化发展。从《中国历史研究法》到《中国历史研究法补编》,梁启超对传统史学从因承优点到尽量肯定;对史学目的,从为历史而历史到重申学以致用;对在《中国历史研究法》中所主张的历史因果、社会进化,梁氏在《补编》中表示怀疑。

《中国历史研究法补编》着重介绍了各类专史的撰写方法,而这些又都是撰者近三十年治史的经验之谈,颇能指示历史研究的门径,启迪后学,因此产生过极大的影响。

（王　浦）

史学要论 李大钊

《史学要论》，一册。李大钊撰。1924年由商务印书馆作为"百科小丛书"第五十一种出版，署名李守常。收入河北人民出版社1984年版《李大钊史学论集》等多种选集。另有单行本多种，商务印书馆1999年版、河北教育出版社2001年版、江苏文艺出版社2011年版、北京出版社2011年版等。

作者生平事迹见"守常文集"条。

1920年后，李大钊在北京大学等校开设多种史学课程，写了大量史学讲义，致力于唯物史观的宣传，《史学要论》正是在此基础上提炼而成。本书共六篇。

第一篇《什么是历史》。论述"历史是在不断的变革中的人生及为其产物的文化。那些只纪过去事实的记录，必欲称之为历史，只能称为记述历史，决不是那生活的历史"。作者依据马克思的历史观指出，从来的史学家，单从社会的上层（特别是政治变动）说明社会变革，而不顾社会的基础，那样的方法不可能真正理解历史。马克思的唯物史观以人类社会发展的基础，即社会的经济结构——人们的经济关系为中心去考察社会的变革，发现了"因果律"，"遂把历史学提到科学的地位"。

第二篇《什么是历史学》。主张"今日的历史学，即是历史科学，亦可称为历史理论。史学的主要目的，本在专取历史的事实而整理之，记述之；嗣又更进一步，而为一般关于史的事实之理论的研究，于已有的记述历史以外，建立历史的一般理论"。书中反对将历史学的任务局限于考证特殊史实，主张历史学应成为与其他科学相同的发见人类社会"普遍的理法"的科学。史学家的最终使命可以说是成立一历史理论即历史科学，为其他学科及人生修养奠定基础。

第三篇《历史学的系统》。把广义的历史学分为记述的历史和历史理论两部分，前者是后者的基础，而后者能给前者提供不可缺少的解释与说明。记述的历史分为人类史、民族史、国民史、社团史、氏族史、个人史（传记）；与此相应，历史理论亦分别论说上述群体与个人的经历。"人类经历论是研究记述人类总体的经历的部分";"民族经历论,是比较种种民族的经历,研究普通于一般民族经历的现象的部分";"国民经历论,是就一般研究说明普通于国民生活的现象的部分";"社会经济论是研究氏族生活国民生活民族生活以外的种种社会集团的生活的部分";"氏族经历论就是于血族或可看做血族者的集团生活讨究普通现象的部分";"个人经历论是研究个人生活的普遍现象的部分"。作者由此进而说明了历史研究法、历史编纂法在史学系统中应有的地位。

第四篇《史学在科学中的位置》。认为史学、哲学和文学均源于古代神话,"渐进而流别各殊",各分疆域,但终有朝宗归一的趋势。作者着重论析了培根、奥古斯丁、孔多塞、圣西门、孔德、维科、马克思、冯特和德国西南学派的历史思想,说明"史学在科学系统中发展的径路"。

第五篇《史学与其相关学问的关系》。论述在史学与文学的关系上,史家固然要有文才,但更重要的是冷静的头脑和如实的记叙。在史学与哲学的关系上,史家应有一指导史的研究倾向的哲学观点,历史理论的建立亦要求助于历史哲学或一般哲学,史学研究法与一般哲学认识论及方法论亦有关涉;哲学亦应列入历史事实,人生哲学和历史哲学尤须以史学研究的成果为基础。在史学与社会学的关系上,"历史学是把人类社会的生活纵起来研究的学问,社会学是把人类社会的生活横起来研究的学问"。

第六篇《现代史学的研究及于人生态度的影响》。论述"史学能陶炼吾人尊疑、重据的科学态度,造成我们脚踏实地的人生观",使人懂得"社会的动因……乃在社会的生存的本身","这种历史观,导引我们在历史中发见了我们的世界,发见了我们的自己"。

《史学要论》阐述了史学的内涵、分类、地位、功能及与相关科学的关系等一系列历史学的基本问题,对中国马克思主义新史学,特别是史学理论的建立具有奠基意义。

(王 浦)

台湾通史 连 横

《台湾通史》,三十六卷。连横撰。成书于 1918 年,次年初刊。台海出版社 2013 年出版了初刊影印本。另有《台湾文献丛刊》本、商务印书馆 1983 年版、华东师大出版社 2006 年版、九州出版社 2008 年版等。

连横(1878—1936),字武公,号雅堂。台湾台南人,先世为明朝遗民。自幼秉承家教,勤于读书,不应科举之试,很早接触到有关明末和台湾的史籍,逐渐养成民族意识和反清思想。先后主持《台南新报》及《台湾新闻》汉文部,组织"浪吟诗社"。清光绪三十一年(1905)日俄战争后,携眷内渡,在厦门创办《福建日日新报》鼓吹排满,旋遭封禁返台。民国后入清史馆,1914 年返台。1924 年创办《台湾诗荟》月刊。1931 年举家定居上海,专事著述。著有《雅堂文集》、《剑花宝诗集》(均载《台湾文献丛刊》)。事见连震东《连雅堂先生家传》,附于《台湾通史》。

《台湾通史》记载隋大业元年(605)至清光绪二十一年(1895)凡一千二百九十年间台湾史事,体例仿效《史记》、《汉书》而略作变通,分纪、志、传,另附表、图,"图见于各卷之首","表则入于诸志之中"(自序)。

纪四卷,依年月顺序分类纵述。卷一《开辟纪》记述发现、经略台湾的过程,上溯隋代,下止南明时期郑成功驱逐荷兰人,光复台湾。侧重于弘扬先人筚路蓝缕的开拓精神,揭露欧、日人久怀染指台湾的野心。卷二《建国纪》记述拥奉南明朝廷、沿用永历年号三十余年(1847—1883)的郑氏政权活动,及郑成功、郑经、郑克塽三代抗清之事。末附《延平郡王世系表》。卷三《经营纪》记述康熙二十二年(1883)台湾纳入清朝版图后至光绪二十年(1894)以前清政府开发台湾的情形。卷四《独立纪》记述甲午战争后台人自立"台湾民主国"抗击日本侵占的经过,后为日人所迫,易名《过渡纪》。

志二十四卷,书中为卷五至卷二十八,分二十四目叙述,与附表九十九种一起构成全书主干。《疆域志》记载台湾地理概貌及各府县厅建置沿革。《职官志》叙述官制沿革及各时期吏治优劣,附职官表五种。《户役志》记载户口、丁役数目变化,附有关户口、丁税、番饷表八种。《田赋志》记述自荷兰人统治至清末刘铭传执政时期各种田赋制,附租率、税率、征赋表十一种。《度支志》记财政收支状况和货币制度,附各项收支表二十种。《典礼志》叙述各种礼仪及其含义,附《各府厅县坛庙表》。《教育志》记儒学、书院兴替及清末所设西学堂,附表二种。《刑法志》记各时期立法情况。《军备志》载屯田兵、班兵、乡勇至水师、炮兵等军备沿革,附陆军、水师、炮台等表十四种。《外文志》叙述与日本、荷兰、欧美外交得失。《抚垦志》记载历代番政大事,附有关屯田、抚垦局之表三种。《城池志》载各府厅县建置沿革及其规模。《关征志》记各时期征收税饷情况,附表五种。《榷卖志》记专卖制及鸦片进口情况,附表二种。《邮传志》记水陆运输及清末邮电事业,附道里表四种。《粮运志》记额征米谷及运送兵饷之制,附表六种。《乡治志》记乡民自治情形,附善堂、义塚表二种。《宗教志》论述当地各种教派利弊得失,附庙宇表一种。《风俗志》叙述岁时、服饰、婚丧、宫室、饮食诸方面习俗及其与内地的贯通性。《艺文志》排列《艺文表》三种,分别记载方志十五种二百卷、台湾人士撰作四十种二百零三卷、宦游人士撰作八十种一百六十卷。《商务志》叙述各时期与海外贸易状况,附通商、贸易等表五种。《工艺志》概述纺织、刺绣、雕刻、绘画、铸造、陶制、煅灰、烧煨、竹工、皮工等方面发展。《农业志》叙述农副业生产状况及农副产品种类,附《台湾各属陂圳表》。《虞衡志》记载草、木、竹、藤、花、卉、畜、禽、兽、虫、鱼等生长种类。

传八卷,书中为卷二十九至卷三十六,依年代先后分立专传、合传及类传记述,凡六十篇。其中外籍人士仅传其在台期间事迹,本地人物则述其一生。卷二十九为南明时郑氏政权诸王公大臣之传,以早期开拓台湾有功的颜思齐列传为首篇,余传宁靖王、诸臣、诸老及陈永华、林圯、林凤、刘国轩诸人事迹。卷三十为清朝入主台湾初期的人物列传,包括施琅、吴球、刘却、朱一贵、欧阳凯、蓝廷珍、扬文魁等人。卷三十一为康熙末至乾隆末之间的人物列传,包括王世杰、施世榜、林成祖、陈文、吴凤、林爽文、吴福生、黄教、福康安等人。卷三十二为嘉庆至光绪初年的人物列传,包括许尚、杨良斌、张丙、李石、林恭、王得禄、谢金銮、姚莹、徐宗幹、吴沙、郑勒先、姜秀銮等人。卷三十三除了为戴潮春及平定戴潮春之变的丁日健、林文察、林奠国、罗冠英等立传,并为治台颇有政绩的沈葆桢、刘铭传等人作传。卷三十四、三十五为类传,分循吏、流寓、乡贤、文苑、孝义、勇士、货殖、列女八目立传。卷三十六专为谋立"台湾民主国"反抗日本侵占的英雄人物立传,其中有倡议自主的丘逢甲,血战八卦山的吴汤兴、徐骧、吴彭年,抗日烈士林昆冈,以及唐景崧、刘永福等人。

全书内容,大致体现了阐扬民族自立精神、重视民众抵御外侮之斗争。既广搜博采旧籍遗闻,又注重实地考察结果,提倡国以民为本,详述不同时期民生状况等方面。其缺陷则在于站在汉族为本位的立场撰史,时常流露出尊汉、排满、轻番的民族偏见,并于叙事论人间有歧误失实之处。然而正如撰者所言:"台湾固无史也,康熙二十三年,巡道高拱乾始纂《府志》,略具规模;乾隆二十九年重修,其后靡有续者。各县虽有方志,而久已散佚。"(《艺文志》序)其未佚之作则多陈见,"语多粗漏","不足以备一方文献"(自序)。故《台湾通史》的问世,有力地改变了上述状况,至今仍属颇具参考价值的台湾史研究著作。

有关《台湾通史》的研究之作,主要有今人方豪《连氏〈台湾通史〉新探》、《台湾通史艺文志订误述例》(均载《方豪六十自定稿》,台湾学生书局,1969年),徐泓《连横与〈台湾通史〉》(载《六十年来之国学》史部第九篇,正中书局,1974年)。

(张荣华)

清朝续文献通考 刘锦藻

《清朝续文献通考》，本名《皇朝续文献通考》，简称《清续通考》。四百卷。刘锦藻撰。1921年成书。通行本为1935年至1937年上海商务印书馆万有文库"十通"本，浙江古籍出版社2000年版影印"十通"本。

刘锦藻(1854—1929)，字澄如。浙江吴兴(今湖州)人。清光绪二十年(1894)进士，历任户部主事、工部都水师行走、内阁侍读学士等职。光绪三十年，浙江兴筑沪杭铁路，任副总理。后又与张謇创办大达轮船公司，任总理。宋慈袍所著《汤寿潜传》附有《刘锦藻传》。

本书编撰于1894年之后，历时二十八年。最初计划从乾隆五十一年(1786)编至光绪三十年(1904)，依《清文献通考》项目，增《外交》、《邮传》二考，共三百二十卷。1911年后有感于"虽岁月无多而新政适起事例夥颐"(凡例)，继续编至宣统三年(1911)，并补《实业》、《宪政》二考，遂续成清朝一代文献资料。

《清朝续文献通考》卷首有陆润庠序一篇。全书共分三十考，记载时间为一百二十六年。其取材宏富，与《清朝文献通考》相比，其门目编次也因时变通，除新增《外交》、《邮传》、《实业》、《宪政》四考外，《征榷考》增厘金、洋药；《国用考》增银行、海运；《选举考》增贡选；《学校考》增书院、图书、学堂；《王礼考》增归政、训政、亲政、典学；《兵考》增长江水师、海陆军、船政；《职官考》则因官制变更而全改。

清朝前期的典章文献已由《清朝文献通考》一书记载。《清续通考》继《清通考》之后系统地整理了清后期的典章文献。这一时期，中国社会各方面都发生了很大变化，记载这种变化的文献资料也随之大量涌现，亟待整理。刘锦藻出身刘氏嘉业堂藏书世家，并购得缪荃孙艺风堂藏书，获得丰富资料，"究心国故"、"穷年搜订"，并"博考详稽、裁决精审"(《清续通考》陆润庠序)。他虽至死以清朝遗臣自称，但由于时势之变，也曾参与一些工商活动，对当时中国社会的变化了解较深，记载也颇为详细。除了在《征榷》、《国用》诸考中有所反映外，新增四考尤具特色。

《邮传考》、《实业考》记载了清末经济发展尤其是工商业发展的状况。对新机构建立始末、旧制度改造原委,尤其是各种新式工业如制造轮船、修建铁路等叙述极细致。《实业考》还收录了不少有关当时农工商业的各种调查材料和统计数据,为向来史书所无。

《外交考》记载清朝后期的外交关系。刘锦藻认为,"乾隆五十年前我为上国,率土皆臣无所谓外交也,理藩而已",而今"海禁大开,百夷麕集","中外情势视前迥殊",因而增设"外交"一考(卷三百三十七卷首案语),比较客观地反映了当时清政府与列强的关系。尤其对涉及主权、领土、赔款等方面记叙更为详尽,流露出对割地赔款、丧权辱国的悲愤心情。另外,书中有关在外华工的资料,对研究近代华侨史有一定参考价值。

《宪政考》汇集了有关清末宪政的大量文献,再现了清末新政的情形,包括清政府派遣官员赴欧洲、日本等国考察,其后制定宪法大纲、议院章程及至全国范围内实行宪政的具体步骤等。但刘锦藻的记载仅限于慈禧懿旨、上谕及官方文书,而对当时社会人士的政治主张则避而不录。

《清朝文献通考·经籍考》和《四库全书总目》记录了清前期的各类著述。《清续通考》则对清后期著述进行了整理,收录书目极多,仅子部杂家一门,就列丛书一百余种。对于宣统三年前成书而刊刻于此年以后的书籍,也予以分类附载。在编辑方式上亦较以前史书的《经籍志》、《艺文志》有所改进,不仅列出书目,并对原书的编撰经过、著者生平等作简略介绍。

《清续通考》因其保存了大量清代史料而具有一定的学术价值。但终因其为私人所撰,部分资料只能采自私家著述,其可信度值得分析。

(金 燕)

新元史 柯劭忞

《新元史》，二百五十七卷。柯劭忞撰。有1922年天津徐氏退耕堂刊本、1930年开明书店"二十五史"刊本、1989年上海书店版《元史二种》本等。

柯劭忞(1850—1933)，字凤荪，号蓼园。山东胶州人。清光绪十二年(1886)进士，授翰林院编修。宣统元年(1909)迁侍讲，后历国子监司业，外任湖北学政、湖北提学使、贵州提学使和京师大学堂经科监督署总监督、山东宣抚使等职。入民国，以前朝遗老自居，被选为参政院、立法议会议员，皆不就。1914年，兼代清史馆馆长、总纂，负责审阅和改补《清史稿》本纪、天文志及儒林、文苑、畴人传等；再因《新元史》得日本东京帝国大学授予文学博士称衔。1925年，为东方文化事业总委员会委员长，主持《续修四库全书总目提要》。另著有《译史补》、《春秋穀梁传注》、《文献通考注》、《蓼园诗钞》等。《碑传集三编》、《民国人物传》第六卷等有传。

《新元史》是纪传体元代史。计本纪二十六卷，表七卷，志七十卷，列传一百五十四卷，卷首有徐世昌序。全书篇幅浩繁，乃为诸元史和续修元代历史书中最大的一种。与《元史》比较，增立了序纪、昭宗纪、氏族表、行省宰相年表、文苑传、蛮夷传，改顺帝纪为惠宗纪、儒学传为儒林传、良吏传为循吏传、孝友传为笃行传、外夷传为外国传，合诸王表入宗室世系表、祭祀志入舆服志，分礼乐志为礼、乐二志，删后妃、公主二表和奸臣、叛臣、逆臣三传之目。而相同目下内容补缀者不计其数。该书写作伊始，自作者在职翰林院起，"假所贮《永乐大典》读之，择裨于元史者钞为巨帙"。此后，又搜得《元史译文证补》原稿，和"《四库全书》未收之秘籍，傍及元碑拓本三千余事。于是，参互考订殆数十年之精力"，至1920年方才竟作。

《新元史》问世初期，曾得到普遍赞扬，但自20世纪40年代以降，陆续有学者对其非议。总而言之，其优点：（一）采用资料丰富，有《元朝秘史》、《元典章》、《元圣武亲征录》、苏天爵《元名臣事略》、李志常《长春真人西游记》、姚燧《牧庵集》，甚至当代外国学者的新作，如那珂通世《成吉思汗实录》、大桥顺《元寇纪略》等；（二）补正段篇众多。其缺点：徐世昌序称作者"逢抵牾者，必博求证据,不敢逞胸臆以决之;其虚罔者,核诸事实不难知也",然而,若论其书中所异于他书者,其中的相当部分处理不够"矜慎",武断结论、草率理解的现象不胜枚举。同《蒙兀儿史记》作者屠寄一样,本书作者于音韵学、语言学所知极为有限。可是,前者的书中文间常有夹注,由此可以让读者判断见解之得失;而柯氏作品中这种夹注甚少。梁启超曾评曰:"《新元史》彪然大帙,然篇首无一字之序,无半行之凡例,令人不能得其著书宗旨及所以异于前人者在何处。篇中篇末又无一字之考异或案语,不知其改正旧史者为何部分,何故改正,所根据者何书。"虽然作者在事后又成《新元史考证》一书;不过,其号为"考证",大都仅及引用载籍名称,并无具体说明。因此,是书决不能如同《元史》一样在研究过程中当作原始资料来使用。

有关《新元史》的研究论著,行文质疑、证补类有陈叔陶《新元史本证》(中研院史语所集刊,1936年)、翁独健《新元史蒙兀儿史记爱薛传订误》(《史学年报》1940年第2期)、杨志玖《新元史阿剌浅传正误》(《文史杂志》第6卷第2期,1948年)等,作品评估类有张承宗《清代的元史研究》(《复印报刊资料》1993年第2期)等。

(王 颋)

蒙兀儿史记 屠 寄

《蒙兀儿史记》，一百六十卷。屠寄撰。有 1934 年重编刊本、1958 年北京古籍出版社刊本、1989 年上海书店版《元史二种》本等。

屠寄(1856—1921)，字敬山，号结一宧主人。江苏武进(今常州)人。清光绪十一年(1885)举人。光绪十五年，入两广总督张之洞幕，为广雅书局襄校兼广东舆地局总纂，主修《广东舆地图》，并与缪荃孙共同主持整理《宋会要辑稿》。十八年，中进士，授翰林院庶吉士。二十年，迁工部主事。二十二年，又为总纂，主修《黑龙江舆地图》。二十九年，任京师大学堂正教习。三十年，改奉天大学堂总教习。1912 年，充武进县民政长，后又为北京大学国史馆总纂。著有《黑龙江舆地图说》、《黑龙江驿程录》、《结一宧诗稿》等。而《蒙兀儿史记》一书，于 1913 年启笔，大部分文卷成于十年内。作者去世后，由其侄正叔补完，并陆续分三次付印。迨 1934 年，再由其子孝宧重新编排，增遗落者，去重复者，然后予以刊刻。

《蒙兀儿史记》全书包含：纪十八卷(缺后妃等一卷)，列传一百二十卷(缺忙哥帖木儿、旭烈兀、阿剌浑、合赞、擖儿马罕、刘因、合儿班答、驸马帖木儿、巴别儿等九卷)，表十二卷(缺行省、丞相二卷)，志一卷。此外，卷首具孟森所作序。其写作本旨，与邵远平、魏源以及同时的柯劭忞等相同，"不满于旧史草率者"，故而改作以弥憾。与《元史》、《元史新编》、《元史类编》比较，该书内容明显增加，特别是孛儿只吉氏太祖、太宗、定宗、宪宗四朝和窝阔台、察合台、伊利汗国的人物事迹。在资料方面，"多出于旧史，然其考订旧史以综合新材，无一字不由审订其时日而后下笔"。所谓"新材"，盖《元朝秘史》、《元典章》、郑麟趾《高丽史》、拉施特《史集》、萨囊彻辰《蒙古源流》、外籍学者多桑《蒙古史》、乞米亚可丁《蒙古史》和"斡鲁速(俄罗斯)人所著《蒙古泉谱》"、"英吉利人所编史书"，以及时人文集、笔记、小说、方志、碑铭等数百种。在结构方面，正文间有注，着重阐述自己观点来由，亦考证过程、原始依据、歧异分析。这些部分，可以被认为是全书的精华，至今仍为研究者所推崇。在体例方面，译名从《元朝秘史》是该书的特色之一，所宗书不见者，始照他书；

而本纪不用诸帝庙号,于名字下缀"可汗"二字。

《蒙兀儿史记》自问世以来,颇得学者们赞许。在众多续补或续作《元史》的作品中,其与《新元史》一直被认为是其中最好的著述:规模宏大,记叙精良;而与柯氏作品相比,更易处皆有说明,尤其方便读者。又缘作者具有两次负责编制省舆图经历,而其在西北地理上也肯花费工夫,是书的《元史西北地附录考证》亦深受称道。不足之处:(一)作者不谙音韵,特别是古代西北民族语言与汉文的转译规则。即入书名所用"蒙兀儿"一词,虽本于洪钧,但借以转译"Monggol",则作"蒙兀"即可。(二)作者不识外语,所以域外资料全凭子侄或他人代译,其中错误难免。而所选用者多非原作整体译本,间有篡改原义引用者,故而鱼龙混杂,正讹并存。(三)各志皆被删略,于选官制度、赋役情况、军队组编、刑法执行、礼乐祭祀、政区河渠等皆不能从整体考察。

有关《蒙兀儿史记》的研究,有余大钧《论屠寄的蒙兀儿史记》(《元史论丛》第三辑,1986年)等。

(王 颋)

清代通史 萧一山

《清代通史》,原书三卷。萧一山编撰。上卷问世于1923年,逾年出版中卷,数年内下卷付印。20世纪60年代撰者于台湾完成《清代通史》全稿,修订补充为五册,1963年台湾商务印书馆出版。1986年中华书局将台湾商务印书馆1980年修订版《清代通史》影印出版。2006年华东师范大学出版社重印。

萧一山(1902—1978),名桂森,号非宇。江苏铜山(今徐州)人。1920年考入北京大学历史系,1924年毕业留校任教。1931年,应南京中央大学之聘,为清史教授。1932年赴欧考察文化教育,并于英国剑桥大学研究一年。在欧期间,广为收集太平天国史料,回国后于1934年编成《太平天国丛书》、《太平天国诏谕》、《太平天国书翰》、《中国近代秘密社会史料》等。1935年至1938年,任河南大学文学院院长,同时与范文澜合办《经世半月刊》。1938年至1943年,任东北大学文学院院长,写成《清史大纲》和《曾国藩传》二书,编就《非宇馆文存》十卷。1944年任西北大学文学院院长。抗战胜利后,一度应李宗仁之聘出任"北平行营"秘书长。1948年赴台,任台湾中研院近代史研究所研究员等。

撰者自述,《清代通史》之作,发端于民国三四年间(1914—1915)日本人稻叶君山《清朝全史》中译本的出版。他以本国历史由外国人编写为一种耻辱。受此刺激,遂在北京大学明清史专家朱希祖、孟森等指导下,专治清史,经三年努力,在不满二十二岁之际,完成《清代通史》上卷。后毕生致力于此,遂成巨帙。

《清代通史》是一部叙述自后金汗国成立至清朝灭亡历史发展过程的著作,凡十七篇九十八章,另附有七种年表(1963年版《清代通史》将之单独编成第五册),共五百余万字,书前及表前均有《叙例》。梁启超、李大钊和日本京都帝国大学教授今西龙博士等为之作序。

萧一山撰本书时,清代内阁档案正拨归北京大学整理,使之得以窥见其他学者所未见的大批第一手资料,并广泛披览了其他原始史料。他在书中依据"信以传信,疑以传疑"之法保存了各种不同的记载,对史料又注意辨别真伪,适当剪裁,融会贯通,使本书在叙史纪事方面颇能翔实可信。

萧一山以"民族革命史观"作为研究近代史的枢纽,对李自成起义,并对自郑成功、天地会、白莲教,至太平天国、义和团、辛亥革命,都给予肯定评价。如对义和团,指出"庚子事变本质上亦系救国运动,惟思想愚昧",评定该运动为"民族自决后爱国运动之横流"。对清代秘密社会中的反政府组织和连绵不断的起义活动,他亦加以赞许。该书将洪秀全与咸丰帝的名字并列、清朝年号与太平天国年号并用,实际上将太平天国肯定为与清廷同等地位的政权,肯定太平天国运动是一场近代史上具进步倾向和推动作用的革命。

在《清代通史》以前,《清鉴易知录》、《国朝史略》等记述清代历史的著作均沿用旧史体裁。稻叶君山《清朝全书》虽具新的条理,但"观点纰缪,疏舛颇多";夏曾佑《中国古代史》虽是新史体裁的开山之作,但失之于简略。而以新的章节体裁描述历史,且规模巨大、材料丰富、条分缕析、议论纵横的断代史著,实奠基于《清代通史》。萧一山把清代历史按时间顺序分若干阶段,于每一段中,再分别叙述其政治、经济、文化各方面的情况。对于制度,考溯其源流;对于事件,归察其因果;对于人物,概述其生平。撰者另在"附言"、"附记"、"附载"、"附录"中申述了己见。全书文笔流畅、表达明晰、前后贯通、浑然成体,而且十分注重历史前因后果的关系,给读者以通俗清楚的历史概念。

萧一山十分重视史表,认为表能"置繁赜于简明,条事物为一贯",他把一些繁琐枯燥而又零碎难记的事件、人物、数字、著作、制度、行政区划等,按其一定的关系,制成各表。有的提纲挈领,钩玄提要,如《清代大事年表》;有的按历史的连贯性,使重复介绍的文字省却,如《清代宰辅年表》、《清代军机大臣年表》、《清代督抚年表》、《爱新觉罗氏世系表》。全书史表占整一册,史表编撰颇为审慎,仅《清代学者生卒及其著述表》,花费"三年之力,尚未完成;而六十万之书,亦不过费时三年而已",这就使本书的表,增加了可靠程度和使用价值。

《清代通史》是清史研究的奠基之作。吴相湘《萧一山发愤治清史》(《民国百人传》)、萧立岩《萧一山》(《中国史学家评传》下卷)等,对其生平及《清代通史》均有专门论述。

(齐 中)

清史稿 赵尔巽等

《清史稿》，原本五百三十六卷，今本删去《时宪志》附《八线对数表》七卷，为五百二十九卷。赵尔巽等编。完稿于1927年。版本有关外本、关内本、长春大同印书馆本、日本广岛本、上海联合书店影印本、中华书局标点本、上海古籍出版社二十五史影印本等。

赵尔巽(1844—1927)，字次珊，号无补。汉军正蓝旗人。清同治六年(1867)举人。十三年进士，授翰林院编修。后历任贵阳道、新疆布政使、陕西布政使、湖南巡抚、户部尚书、盛京将军和四川总督等。宣统三年(1911)改任东三省总督。武昌起义爆发后，任奉天(今辽宁)都督，以"保安会"代替总督衙门。民国成立不久去职，隐居青岛。清史馆设立后为馆长。《中华民国名人传》上册、《近世人物志》和《中国史学家评传》下卷等书有传。

1914年，北洋军阀政府设立清史馆，延聘前清总督赵尔巽为总裁(后改称馆长)，组织纂修班子着手编写清史。前后参与撰史的有柯劭忞、缪荃孙、王树柟、夏孙桐、马其昶、吴廷燮、张尔田、金兆蕃、秦树声、王式通、朱师辙等百余人，另有名誉职聘约三百人。1920年完成初稿，推柯劭忞、夏孙桐负责修订整理。1926年再度修订。次年赵尔巽决定将史稿付刊，旋病故，由柯劭忞代理馆长。柯因与负责发刊事宜的袁金铠、金梁意见不合，对刊印之事未予过问。至1928年全书编印完成，前后历时十四年。

本书是一部纪传体清史未定稿，仿《明史》设纪、志、表、传，记载清天命元年(1616)至宣统三年(1911)共二百九十六年历史。

本纪二十五卷，记清帝十二代，包括入关前的太祖努尔哈赤、太宗皇太极以及末代皇帝溥仪。各篇中，以高宗(乾隆)本纪分量最重，共有六卷。清史馆曾定有《清史本纪书例》，规定了撰写本纪时"必书"的十六项内容，试图弥补前代正史本纪部分记事简略、纪传脱节等不足。但实际上对此十六条并未完全实行，如文字狱、改流设州等重大问题的记载极为简略，颇多疏漏。

志一百三十五卷，分作十六目。其内容包纳了《明史》十五志，只是改《五行志》为《灾异志》、《历志》为《时宪志》，将《仪卫志》并入《舆服志》，新增《交通志》、《邦交志》。其中比较重要的有《时宪志》十六卷,反映了清代引进西洋历法后的变化;《地理志》二十八卷,反映出清代的疆域概貌及其沿革,在诸志中分量最多;《兵志》十二卷,新增清末水师及海军建置的内容;《艺文志》四卷,依《四库全书总目》分类,为经史子集四部,除收录有清一代著述,并将清人辑集的古佚书附载于相应门类之后;《交通志》四卷,为《清史稿》所新创,分记铁路、轮船、电报、邮政四项内容,反映了清末交通的状况;《邦交志》八卷,亦为以前诸史所无,分十九小目介绍清代中外关系,特别是清末以来与世界各国的外交关系。

表五十三卷,析作十目。《皇子世表》五卷,仿《明史·诸王世表》而作,记载清代十二等封爵情况。《公主表》一卷,循《辽史》、《元史》例而设,不另列传。《外戚表》一卷。《诸臣封爵世表》六卷,与《明史·功臣世表》内容相类。《大学士年表》二卷、《军机大臣年表》二卷,相当于《明史》的《宰辅年表》。《部院大臣年表》十九卷,与《明史·七卿年表》相仿,另增理藩院及清末新设机构。《疆臣年表》十二卷,为新创之目,分列各省总督、巡抚及各边将军都统表。《藩部世表》三卷,专记蒙古各部封爵及袭次情况。《交聘年表》二卷,分别表记光绪元年(1875)起清朝派驻各国的大使,及咸丰十一年(1861)起十九国派驻清朝的大使。

列传三百十六卷,有目之传十四类,即后妃、诸王、循吏、儒林、文苑、忠义、孝义、遗逸、艺术、畴人、列女、土司、藩部、属国传,共六十二卷。其余均为散传,占二百五十四卷。与《明史》散传的编排有章、结构严谨相比,《清史稿》显得疏漏较多。

《清史稿》的主要价值在于汇集大量史料,并作了一番初步的整理,给后人留下比较详细系统的有关清代历史的素材。"欲知中华民国肇建之由,不能废清代二百六十八年之历史而不讲,即不能废此一百册《清史稿》而不用。"(容庚《清史稿解禁议》)

《清史稿》除了政治观点上的严重问题,如对清室诸帝歌功颂德,诋毁革命党人的反清活动和各族人民的反抗斗争,对清季遗老称扬备至等外,在学术方面的失误,一是记载失实漏略之处较多。如张勋在复辟流产后逃入荷兰使馆乞求庇护,而传中则谓"为外人破户劫之,始脱去"。《食货志》中对清末厘金问题、外人在华投资、关税自主权的丧失等重大问题都不作记载。《德宗本纪》不载1900年八国联军侵占北京之事,《艺文志》漏载《红楼梦》、《聊斋志异》等清代文学名著等。二是体例不确,繁简欠当。如章学诚、万斯同应入《儒林传》,却列于《文苑传》;王国维应入《儒林》或《文苑》,却列入《忠义传》;陆心源《仪顾堂题跋记》应入《艺文志》目录类,却列入艺术类;在近代影响甚巨的严复应立专传,却附略传于《林纾传》之末;荣亲王两岁而亡,竟为之立传,简亲王德霈、礼亲王昭梿皆有功业,却反而无传。章学诚传仅二百余字,赵尔丰传却十倍于此。除上述两点失误外,书中尚有不少叙述自相矛盾、违背详近略远的原则等缺点。由于《清史稿》的一系列错误,尤其是思想内容上的问题,南京国民政府曾根据故宫"《清史稿》审查委员会"呈文的建议,于1930年宣布《清史稿》为禁书,不得流行于世。直至抗日战争时,始重新流传。

有关《清史稿》的著述,首推朱师辙《清史述闻》一书。朱氏系参与《清史稿》编纂并负责厘定成书之人,《清史述闻》初成于1944年,1957年三联出版社出版,近年上海书店出版社重印。全书共十八卷。卷一至五叙述了《清史稿》从发凡起例、汇集资料、写作分工至成书刊行的过程,总结了编撰中的得失教训。卷六至十三为"丛录一",汇集了有关体例拟议及纂著方法的十五篇文章,包括梁启超《清史商例第一书》、夏孙桐《上清史馆长论清史稿现尚不宜付刊书》等。卷十四至十八为"丛录二",辑录学人有关评价之文,包括傅振伦《清史稿评论》、范希曾《评清史稿艺文志》、孟森《清史稿应否禁锢之商榷》、容庚《清史稿解禁议》等。今人武作成《清史稿艺文志及补编》(中华书局,1982年)及王绍曾主编《清史稿艺文志拾遗》(中华书局,2000年)增补大量《清史稿·艺文志》失收书目。另有汪宗衍《读〈清史稿〉札记》(中华书局香港分局,1977年)与《清史稿考异》(文会书舍,1985年)、陈万鼐《〈清史稿·乐志〉研究》(人民出版社,2010年)、赵晨嶺《〈清史稿·本纪〉纂修研究》(花木兰文化出版社,2013年)、佟佳江《清史稿订误》(中华书局,2013年)等。

《清史稿》初印一千一百部,其中四百部由金梁在未经馆长核准的情况下运往东北,称为"关外一次本"。史馆人员在检阅留存的七百部时,发现金梁改动了原稿,并私作《校刻记》,遂剔除私增内容,保持原书面貌,这批书称为"关内本"。两种本子在清史馆职名、校刻记、艺文志序及列传内容上有所不同。1934年,长春大同印书馆将关外本重印,内容上作了增删,称为"关外二次本"。1977年中华书局出版《清史稿》校点本,即以"关外二次本"为底本,参校以"关外一次本"、"关内本"。关于史实错误及同音异译的人名、地名、官名、部落名称等,一般不改动,只在本篇内略作统一。清朝避讳字,尽量改回。对少数民族名称,凡带有侮辱性的字样,除旧史中习见的泛称之外,均已加以改正。史文的脱、误、衍、倒和异体、古体字等,也作了校改。还有由于行、段的错排,以致事理不合处,已发现的也经过查对校正。但原文文理不通,或人名、地名等脱误查不到出处的地方,都维持原状(《清史稿出版说明》),这是目前最好的一种本子。

1961年,台湾组建"清史编纂委员会",约集清史专家以《清史稿》为底本,就其失误进行补纂改正。委员会主任张其昀,副主任萧一山、彭国栋,总编纂彭国栋,委员有方豪、李宗侗、黎东方、简又文等二十人。同年书成,改名《清史》,凡五百五十五卷。与《清史稿》比较,本书主要增写了《南明纪》五卷、《明遗民列传》二卷、《革命党人列传》四卷,并将郑成功传、洪秀全传改为《郑成功载记》二卷、《洪秀全载记》八卷,取消张勋、康有为合传,将康与谭嗣同合传。但书中亦有不少删改不当、自相歧义及沿误袭陋之处,还称不上是一部理想的新清史。

(张荣华)

中国文化史 柳诒徵

《中国文化史》,柳诒徵著。撰于1919年至1922年。初为南京高等师范学校讲义,1925年至1928年《学衡》杂志社分期发表,并出合订本。有1928年中央大学排印本,1932年南京钟山书局本,1947年正中书局大学用书本。近年有中国大百科全书出版社1988年版、上海古籍出版社2001年版、上海三联书店2007年版、东方出版社2008年版、岳麓书社2010年版等。

柳诒徵(1880—1956),字翼谋,晚号劬堂。江苏镇江人。幼孤家贫,刻苦读书。清光绪二十七年(1901)进江楚编译局,编译新书以启风气。1903年赴日考察教育。回国后创办小学堂,并从事商业学堂的实业教育。1908年起,历任两江师范学堂、南京高等师范学堂、浙江大学、贵州大学、中央大学文史教授,并任南京国学图书馆馆长。1948年为中央研究院院士,并任考试院委员、国史馆纂修。1949年后,为上海市文管会委员。著述还有《历代史略》、《中国教育史》、《中国商业史》、《国史要义》等。

柳诒徵以"昌明国粹,融化新知"的观念指导文化史的研究。他自叙著书动机说:"盖晚清以来,积腐曝著,综他人所诟病,与吾国人自省其厥失,几若无文化可言。欧战既辍,人心惶扰,远西学者,时或想象东方之文化,国人亦颇思反而自求。然证以最近之纷乱,吾国必有持久不敝者存,又若无以共信。实则凭门期之观察,遽以概全部之历史,客感所淆,矜馁皆失。欲知中国历史之真相及其文化之得失,首宜虚心探索,勿遽为之判断。"他以为,借助文化史的研究,可以明了"中国具有特殊之性质,求之世界无其伦比也"。

本书共三编。第一编"上古文化史","自邃古以迄两汉,是为吾国民族本其造之力,由部落而建设国家,构成独立之文化之时期";第二编"中古文化史","自东汉以迄明季,是为印度文化输入吾国,与吾国固有文化牴牾而融合之时期";第三编"近世文化史","自明季迄今日,是为中印两种文化均已就衰,而远西之学术、思想、宗教、政法以次输入,相激相荡而卒相合之时期"。柳诒徵按历史进化论的观点划分历史,并注意到中外文化的融合交流;另一方面,在内容分配上存在明显的详古略今倾向,其中第一编占全书百分之四十的篇章,古史传说与周朝历史又占第一编的大部分。

本书在史学思想、史学方法、编撰体例、内容格局等方面,都呈现出新旧交错、中西杂糅的特点,其表现,一是存在大量信古、复古的观点。从总体上看,柳诒徵论述的重点是教育、学术、宗教、文艺等精神文化,并试图将儒家伦理道德规范为"民族全体之精神",强调孔子儒教的决定作用。这样,在叙述上大量摘引儒家经典,着力论证古制周礼是中国传统文化的根基,虽然承认历史有进化之律,却主张中国文明"渐降而渐进",在汉以后表现为文化日益衰微的过程。在他看来,所谓文化就是以民族精神为最根本,并且只有以上古的伦理精神为依归。因此,在整个文化史研究和材料取舍上,他将儒家经典皆作史料记载看待,深信不疑,并全盘肯定传统文化。

二是明显受到西方史学的影响。柳诒徵吸取了历史进化论的观点,认为治史之道"一以求人类演进之通则,一以明吾民独造之真际。欲知其共同之轨辙,当合世界各国家各种族之历史,以观其通。欲知其特殊之蜕变,当专求一国家一民族或多数民族组成一国之历史,以觇其异"。他已注意到把世界性与民族性结合起来考察历史,一定程度上打破了封建史家以朝代兴替为历史分期的旧传统。本书将教育、文艺、社会风俗、经济生活、物产建筑、图书雕刻之类作为历史的重心来论述,使文化史在史学中占有一定的位置,并跳出了封建史书帝王家谱史法的窠臼。

《中国文化史》是中国最早的综合型文化史著作之一。它在时代跨度上通贯古今,从中国人种起源到五四时期;在具体内容上无不涉猎,举凡典章、政制、教学、文艺、社会风俗,以至经济生活、物产建筑、图书雕刻之类均有述及;在材料运用上,广采博收,从六经、正史、诸子百家、历代著述到近代中外论著、报章杂志、统计资料,引用材料约六百余种。本书在当时另辟中国文化史研究的蹊径,并且在搜集、整理、保存史料上作出了成绩。因此,它自20世纪20年代问世后的流传和影响甚广,被誉为"一本庄严郑重的巨著"(英士《书评》,《图书评论》第一卷第三期,1932年)。即如胡适虽指摘了其中许多纰漏,也认为"柳先生的书,可算是中国文化史的开山之作"(《书籍评论》,《清华学报》第八卷第二期,1933年)。

(范　兵)

本国文化史大纲 杨东莼

《本国文化史大纲》,杨东莼撰。北新书局1931年版。又有江苏文艺出版社2011年版,书名改为《中国文化史大纲》。

杨东莼(1900—1979),湖南醴陵人。早年入北京大学读书,参加北京马克思学说研究会。大革命失败后,赴日本从事研究和翻译工作。回国后先后任广西师范专科学校校长,广西地方建设干部学校教育长,武汉大学、四川大学、华西大学、厦门大学等教授,香港达德学院代理院长,香港《大公报》社顾问等。建国后,任中南军政、行政委员会委员,中国民主促进会中央秘书长、副主席,广西大学校长,武汉华中师范学院院长,国务院副秘书长,中央文史馆馆长等。另著有《中国历史讲话》、《中国学术史讲话》、《国际新闻读法》、《抗战的形势》等。译作有《费尔巴哈论》、《古代社会》等。主编有《大众文化丛书》。

《本国文化史大纲》共分三编。第一编"经济生活之部"六章:(一) 初民的生活状况;(二) 农业;(三) 土地制度与赋税制度;(四) 农业经济下的民生;(五) 商业货币杂说;(六) 工业。第二编"社会政治生活之部"十章:(一) 中国社会之演进及其结构;(二) 政治制度之变迁;(三) 中央官制与地方官制之演变;(四) 乡治制度之演变;(五) 参政制度之演进;(六) 教育制度之演进;(七) 司法制度之演进;(八) 兵制之演进;(九) 宗教;(十) 礼教。第三编"智慧生活之部"十章:(一)至(二) 先秦诸子;(三) 学术的厄运与经学的特盛;(四) 清谈与玄学的特盛;(五) 佛学时代;(六) 理学时代;(七) 考据学(汉学)时代;(八) 维新运动与新文化运动;(九) 文学与美术;(十) 科学。全书各章篇幅,长者在一万字以上,短者三四千字。

作者在序言中指出:"文化就是生活。文化史乃是叙述人类生活各方面的活动之记录。"认为编写中国文化史应注意两点:一是要记录和现代生活相关的祖先的活动;二是不记录哪怕当时很重要但与今天无关的祖先的活动。在结构上,作者认为如果按朝代更替叙述每一朝代的活动,易于变成一本"流水账簿",呆板而无生趣,因此在编书过程中打破了朝代观念,而以具体事实作为单元。在叙述方法上,作者尽力坚持客观立场,阐明一事实之前因后果与利弊得失,以及诸事实间之前后相因的关联。

20世纪初,通过一些留日学生的译述,一些外国学者的文化史研究成果被陆续介绍到中国,其中也包括若干中国文化史著作。如日本中西牛郎的《支那文明史论》(普遍学书室,1901年)、田口卯吉的《中国文明小史》(刘陶译,广智书局,1903年)、白河次郎的《支那文明史》(竞化书局,1903年)等。1902年梁启超的《新史学》主张用进化论的发展观念来重新研究历史,实际上也是提示出要用一种现代观念和新的方法来研究中国的传统。杨东莼《本国文化史大纲》是国人编著中国文化史较早的尝试之一。

(邹振环)

古史甄微 蒙文通

《古史甄微》，一册。蒙文通撰。初为讲义稿，始撰于1927年春。修改稿刊于1929、1930年《史学杂志》第一、二卷。增订稿于1933年上海商务印书馆出版。1999年巴蜀书社据商务重版本整理排印，收入《蒙文通文集》第五卷。

蒙文通（1894—1968），四川盐亭人。早年受业于廖平。1920年代起，先后执教于成都大学、中央大学、河南大学、北京大学等。四十年代任四川省图书馆馆长，兼华西大学、四川大学教授。五十年代后兼任中国科学院历史研究所第一所研究员。另著有《经学抉原》《中国史学史》《越史丛考》《古地甄微》《古族甄微》《道书辑校十种》等。生平事迹可参看三联书店2006年版《蒙文通学记》（增补本）、中华书局2012年版《蒙文通先生年谱长编》。

《古史甄微》一书撰作，缘起于1915年其师廖平有关上古五帝情形的命题，意在"破旧说一系相承之谬，以见华夏立国开化之远，迥非东西各民族所能及"。撰者经十余年思索而解题，"爰原本遂古，迄于春秋。本为究论史乘，而多袭注疏图纬之成说，间及诸子，殆囿于结习而使然也"。本书约九万字，分十二篇：三皇五帝，历年世系，上古开化，江汉民族，河洛民族，海岱民族，上古开化，虞、夏禅让，夏之兴替，殷之兴替，周之兴替，三代文化。前有"自序"一篇。本书内容及论证主题，大致体现于如下三方面。

一、否定"三皇五帝"一系相传的古史体系，认为此乃战国时期晚起之论，不可为据。而六经皆史论、托古改制论亦未得古代文化发展真相，二论皆"未可以上穷古史之变"。

二、"古民族显有三系之分"，即江汉、河洛、海岱民族，以部落之名又可称为炎族、黄族、泰族。居于东方沿海地带的泰族首先兴起，为中国最早土著之民，其后炎、黄二族分别起于西南、西北。上古中国之中心，始在鲁、卫之地，次移至伊、洛、黄河交汇之地，再移至三辅之地，此即"汉族自东而西之迹"。

三、三系民族各有不同的文化特色。东方之泰族富于研究思考，长于科学与哲学，举凡礼乐、乐器、律吕、算法、医术乃至礼事、政令、图典、文字等,皆创自泰族,其族"俨然一东方之希腊"。南方之炎族"放旷浪漫"长于明妖祥、崇宗教,"颇似印度"。东北之黄族崇实用,好刚劲之习,长于立法度、制器用,举凡实用器物皆自黄族创制,"颇似罗马"。泰族为中国文明泉源,炎、黄二族继起而增华之,故上古开化过程是"起于渤海,盛于岱宗,光大于三河"。

本书所述内容及主题,又体现出撰者三种学术观点。一是重视地域文化之研究,将此作为理清上古史纷繁纠结状况的关键所在。二是否定清末民国出现的"中国文明西来说"和"中国民族西元论"。三是借推崇东方泰族之文化,证明儒家学说"实为中国文化之精华"。

顾颉刚《当代中国史学》下编第三节中称赞此书"是一部极有见解的作品,他从地域上分剖古史传说的同异,确也寻得了古史传说一部分的真相"。对本书提出反证的,则有张荩的《古史甄微质疑》(《史学杂志》二卷三、四合期)一文。

(张荣华)

古史辨 顾颉刚等

《古史辨》，全七册。第一、二、三、五册由顾颉刚编著，第四、六册由罗根泽编著，第七册分上中下三编，由吕思勉、童书业编著。于1926年至1941年间陆续出版。前五册由景山书社出版，第六、七册由上海开明书店发行。全七册收入《民国丛书》第四编。1981年，上海古籍出版社将全书影印出版，并增编古代地理专集为第八册，附有全书作者索引和分类索引。又有海南出版社2005年重排本。

顾颉刚(1893—1980)，原名诵坤，字铭坚，号颉刚。江苏苏州人。1920年毕业于北京大学。先后执教于北京、厦门、中山、燕京、复旦等十余所大学，为中央研究院院士、北平研究院研究员及中山大学历史语言研究所主任。1927年创办民俗学会和《民俗周刊》。1934年创办《禹贡》半月刊，并发起组织禹贡学会。1936年创立边疆研究会，宣传抗日。1949年后任中国科学院历史研究所研究员，主持《资治通鉴》和二十四史点校工作。生平可参看顾潮《顾颉刚年谱》(增订本，中华书局，2011年)。另著有《秦汉的方士和儒生》、《汉代学术史略》、《史林杂识初编》、《孟姜女故事研究集》等多种。著作由后人编为《顾颉刚全集》，2010年由中华书局出版。

1923年，顾颉刚在《读书杂志》第九期上发表《与钱玄同先生论古史书》，大胆标举"层累地造成的中国古史"的见解，指出所谓中国古史，皆由后人逐步垒造而成，早已失去原来真实的面貌。例如禹很可能是九鼎上铸的一种动物，后来才被塑造成人王。这一惊人之见在当时引起很大轰动，并得到胡适、钱玄同、罗根泽、傅斯年、周予同等人的支持。这批被称为疑古派或古史辨派的学者，在当时掀起了一股颇具声势的疑古思潮。与此同时，刘掞藜、柳诒徵、胡堇人等一些信古的学者也先后撰文，进行针锋相对的驳斥和反击，从而展开了一场古史论战。论战双方的文章和信函等，便由顾颉刚等人汇辑于是书。

《古史辨》系考辨中国古代史事及史料真伪的论文汇编。七册共汇集三百五十余篇文章，凡三百二十五万余字。顾颉刚为重印本所作的《我是怎样编写〈古史辨〉的?》，说明了与前人疑古思想的继承关系:"我的学术工作,开始就是从郑樵和姚、崔两人来的。崔东壁的书启发我'传、记'不可信,姚际恒的书则启发我不但'传、记'不可信,连'经'也不可尽信。郑樵的书启发我做学问要融会贯通,并引起我对《诗经》的怀疑。所以我的胆子越来越大了,敢于打倒'经'和'传、记'中的一切偶像。"在第一册前的长篇自序中,顾颉刚也详细叙述了自阅读康有为《孔子改制考》后,如何经数年酝酿而形成"推翻古史的明了的意识和清楚的计划"。

《古史辨》第一册出版于1926年,上、中、下三编收录顾颉刚、胡适、钱玄同、刘掞藜、胡堇人、丁文江、柳诒徵、魏建功、容庚、王国维、李玄伯等人讨论古史的书函和文章,共六十四篇,以禹为讨论的中心问题,兼及历代的辨伪运动。

第二册出版于1930年,分三编收录顾颉刚、傅斯年、张荫麟、刘复、魏建功、马衡、周予同、冯友兰等人的文章五十四篇。上编讨论古史问题,中编讨论孔子和儒家的问题,下编主要是时人对第一册的评论。书前有编者自序,其中讲道:"最使我惆怅的,是有许多人只记得我的'禹为动物,出于九鼎'的话,称赞我的就用这句话来称赞我,讥笑我的也就用这句话来讥笑我,似乎我辨论古史只提出了这一个问题,而这个问题是已经给我这样地解决了的。其实,这个假设,我早已自己放弃。"

第三册出版于1931年,分上下两编收录顾颉刚、李镜池、容肇祖、俞平伯、刘大白等人的文章五十一篇。上编讨论《易经》,下编讨论《诗经》。"其中心思想是破坏《周易》的伏羲、神农的圣经地位,而恢复它原来的卜筮书的面貌;破坏《诗经》的文、武、周公的圣经地位,恢复它原来的乐歌面貌。"(《我是怎样编写〈古史辨〉的?》)书前另有编者自序一篇。

第四册出版于1932年,副题为"诸子丛考",分上下两编收录胡适、罗根泽、钱穆、梁启超、王正己、高亨、刘盼遂等人的文章六十八篇。上编讨论儒家和墨家,下编讨论道家和法家。书前有顾颉刚序、钱穆序和编者自序各一篇。

第五册出版于1935年,分上下两编收录钱玄同、钱穆、顾颉刚、刘节、谢扶雅等人的文章二十八篇。上编讨论汉代经学的今古文问题,下编讨论阴阳五行说起源问题及其与古帝王系统的关系问题。书前有刘节序、编者自序各一篇,以及《史汉儒林传及释文叙录传经系统异同表》、《五德终始说残存材料表》。

第六册出版于1937年,为第四册诸子丛考续编,分上下两编收录罗根泽、孙次舟、杨筠如、张西堂、唐钺、李峻之、刘汝霖、叶青、唐兰等人的文章五十篇。上编通考先秦诸子,下编专考《老子》。书前有冯友兰序、张西堂序及编者自序各一篇。

第七册出版于1941年,分上、中、下三编收录顾颉刚、杨宽、杨向奎、吕思勉、童书业、蒙文通、缪凤林、陈梦家、吴其昌等人的文章二十五篇。上编为古史传说的通论,中编为三皇五帝考,下编是唐、虞、夏史考。其中上编刊载了杨宽《中国上古史导论》一书。全书前有柳存仁《纪念钱玄同先生》、杨宽序，编者吕思勉自序、童书业自序各一篇。

"《古史辨》是中国近来疑古文献的大成。"（第六册冯友兰"序"）以顾颉刚为代表的疑古学者，倡导以演变进化的观点去看待历史传说，打破历史循环论和古代为黄金世界的旧观念，并坚持实证主义的治学方法，强调对史料的"考信"、"辨伪"，以期通过考辨史料的真伪来澄清历史事实，并由此养成求真征实的科学态度和方法。各册录存的大量论文，既继承了前人的疑古辨伪精神，也吸收了现代社会学和考古学的方法与成果，对古籍和古史作了一系列细致完密的辨伪考订，尤其对长期受人尊崇迷信的《尚书》、《周易》、《诗经》等儒家经书及孔子学说作出系统的考辨，推翻了尧、舜、禹、文、武、周公的传统上古史体系，使古史资料的批判利用产生根本的变化，大大推进了现代辨伪学的发展，并对中国史学走上独立性和科学性的发展道路作出了很大贡献。但另一方面，由于理论、方法上的局限和形式主义的偏向，古史辨派学者的研究成果也或多或少地存在着怀疑过头、见解片面的缺陷。

研究论著有王汎森《古史辨运动的兴起》（台北允晨文化，1987年）等。

（张荣华）

历代名人生卒年表 梁廷灿

《历代名人生卒年表》，梁廷灿编。1927年成书。有商务印书馆1930年"万有文库"铅印本、北京图书馆出版社2002年影印本。

梁廷灿，生卒年不详，广东新会人，梁启超之侄。长期跟随梁启超，管理其家事务及图书，并编集《饮冰室文集》。由梁启超介绍至清华大学图书馆工作，并任清华国学研究院助教，后转至北平图书馆工作。抗日战争期间返乡，病逝于新会平民医院。著述除本书外，还有《饮冰室藏书目初编》（合编）、《梁氏饮冰室藏书目录》。

大凡学术工具书，愈便检阅，则价值愈增。自清钱大昕编《疑年录》行世，古今名人生卒年表的编制日益繁多，续其书的有五，后人辑为《疑年录汇编》。梁廷灿在帮助其叔父梁启超检查资料之余，悉心收集资料，对《疑年录汇编》加以增补，编成《历代名人生卒年表》。廷灿本以自用，启超为省海内外学者之精力，取而交商务印书馆出版。

《历代名人生卒年表》属图表类的学术工具书。首有梁启超序，次凡例、名人生卒年表四角号码索引、名人生卒年表笔画索引、名人生卒年表，末附帝王生卒年表、闺秀生卒年表、高僧四角号码索引、高僧笔画索引、高僧生卒年表。全书共收名人四千余人，上起孔子之时，下迄1921年。每人皆列表著录姓名、字号、籍贯、生卒年、公历纪元、岁数，不录生平事迹。表中有不能确定其生卒年的，而其人在思想界或社会上有相当地位，则"列于同时有往来者之间……非徒以增篇幅，亦以备知人论世之参考耳"（凡例）。书中所附高僧生卒年表录高僧五百余人，因翻检不易，也制一索引。帝王表著历代帝王四百三十一人，全采自张季易《疑年录汇编》。历代闺秀生卒表收有闺秀一百十五人，较前有所增补。

《历代名人生卒年表》著录人物较多，体例较合理，检索也较方便。后来姜亮夫编《历代名人年里碑传总表》多仿是书，二书可参证使用。

后人补充此书缺漏者，有金涛《历代名人生卒年表补遗》，载1935年《国风月刊》七卷一期；陶容、于士雄《历代名人生卒年表补》,载 1936 年江苏省立国学图书馆年刊。2002 年北京图书馆出版社将《历代名人生卒年表》及《历代名人生卒年表补》影印合并出版。

(巴兆祥)

史讳举例 陈 垣

《史讳举例》，八卷。陈垣撰。成书于1928年2月。载同年12月《燕京学报》第四期。1934年初版（《励耘书屋丛刻》第二集第一种），1958年科学出版社据此本重版，后由商务印书馆据刘迺龢校本重版。又有上海书店出版社1997年版、中华书局2004年版。

陈垣（1880—1971），字援庵。广东新会人。自学成才，早年曾任教于小学、中学，办过《时事画报》、《震旦日报》及光华医院、平民中学。后任北京大学、北平师范大学、燕京大学等校教授。1926年至1952年任辅仁大学校长。又先后任京师图书馆馆长、故宫博物院理事、故宫图书馆馆长、中央研究院院士、北平研究院特约研究员。1952年后，任北京师范大学校长、中国社会科学院哲学社会科学学部委员、历史研究所二所所长。除本书外，尚著有《二十史朔闰表》、《中西回史日历》、《元典章校补》、《元西域人华化考》、《明季滇黔佛教考》、《通鉴胡注表微》等，汇为《励耘书屋丛刻》。论著由后人辑为《陈垣全集》。

避讳学作为史学的一门辅助学科，前人已有述作，如清顾炎武《日知录》、钱大昕《十驾斋养新录》与《廿二史考异》、王鸣盛《十七史商榷》、周广业《经史避名汇考》等。陈垣在前人有关著述特别是钱大昕用避讳释疑成果的基础上，汇集、推广前人史讳考释的精义，撰成《史讳举例》一书，对历朝避讳现象作出科学的总结，将避讳学发展成为理则分明的专门之学。

《史讳举例》共八十二例，书前有《序》，后附《征引书目略》，凡八万余言。《序》说明何谓避讳，避讳之历史、流弊，避讳学之功用、历史，以及本书体裁、撰著目的。

卷一《避讳所用之方法》。列举避讳常用之法：改字、空字、缺笔及改音。

卷二《避讳之种类》。列举改姓、改名、辞官、改官名、改地名、改干支名、改常语、改诸名号、改物名等类避讳，以及文人避家讳、外戚讳、宋辽金夏互避讳、宋金避孔子讳、宋禁人名寓意僭窃、清初书籍避胡虏夷狄字、恶意避讳等种类。这两卷之例皆具普遍意义。

卷三《避讳改史实》。列举历史记载中因避讳而改前人姓、名、谥号，以及改前代官名、地名、书名、年号等史实。

卷四《因避讳而生之讹异》。列举因避讳改字而致误、缺笔而致误、改字而原义不明,因避讳空字而注家误作他人、因空字而后人连写遂脱一字、讳字旁注本字而连入正文,因避讳一人二史异名、一人一史前后异名、一人数名、二人误为一人或一人误为二人、一地误为二地或二地误为一地、一书误为二书,因避讳改前代官名而遗却本名、改前代地名而遗却本名等,凡此皆避讳而引致阅读与理解发生种种差错。

卷五《避讳学应注意之事项》。列举并判析避讳时应注意的问题:避嫌名、二名偏讳、已祧不讳、已废不讳、翌代仍讳、数朝同讳、旧讳新讳、前史避讳之文后史沿袭未改、避讳不尽或后人回改、避讳经后人回改未尽、南北朝父子不嫌同名。

卷六《不讲避讳学之贻误》。列举不知为避讳而致疑,不知为避讳而致误,不知为避讳而妄改前代官名,不知为避讳而妄改前代地名,非避讳而以为避讳,已讳而以为未避,以为避讳回改而致误等种种因后人不明避讳法则,而在读书中产生的贻误。

卷七《避讳学之利用》。列举避讳学的以下用途:因讳否不划一知有后人增改、知有小注误入正文、知有他书补入、知书有补版,因避讳断定时代、断定二人为一人,因犯讳断定讹谬、知有衍文脱文,因犯讳或避讳断为伪撰,据避讳推定而讹误、避讳存古义古音。此卷于史家颇有使用价值。

卷八《历朝讳例》。对秦、汉、三国、晋、南北朝、唐、五代、宋、辽、金、元、明、清历代避讳现象作一小结,并列出历朝世次、帝号、所出、名讳、代字、举例各栏的避讳表,以便读者查阅。

本书为避讳学方面最有权威的总结性著作。作者欲建立与欧洲之纹章学相类的科学,以极丰富的历史知识和极深厚的考据功力,把史讳的具体例子加以合理而明晰的归纳,纲目分明,条理井然,概括了我国历史上的避讳情况,全面系统地为避讳史作了清理。书中所引史料达一百多种,包含经史子集(参阅《史讳举例·征引书目略》)。

《史讳举例》为文献鉴定和史料考证提供了一种专门方法,成为一本对后人研读旧籍极具价值的工具书。

(吕　健)

中国史学史 金毓黻

《中国史学史》，一册。金毓黻撰。成书于1939年9月。1944年重庆商务印书馆初版。1957年商务印书馆出修订版，删去初版中的第十章和结论部分。1962年中华书局、1999年商务印书馆分别重印修订版。2001年河北教育出版社再版，将初版第十章和结论内容作为附录重新收入，作为"二十世纪中国史学名著"丛书之一面世。2012年，南京大学出版了《金毓黻与〈中国史学史〉》。

金毓黻(1887—1962)，原名毓玺，一名玉甫，字谨庵、静庵，别号千华山民，书室号静晤。辽宁辽阳人。1916年北京大学毕业。历任奉天省议会秘书长、黑龙江省教育厅科长、吉林省财政厅总务科长、辽宁省政府秘书长、辽宁省政府委员兼教育厅长。1936年后任南京中央大学历史系教授、国史馆纂修、北京大学教授。1952年后任中国科学院历史研究所第三所研究员。另著有《渤海国志长编》、《东北通史》、《宋辽金史》、《静晤室日记》等，编有《辽东文献徵略》、《奉天通志》、《辽海丛书》等。生平可参《金毓黻自传》及金景芳撰《金毓黻传略》。

《中国史学史》是系统梳理两千多年中国史学发展历程的专史著作。始撰于1938年在重庆任中央大学教授时，初为结合教学需要而编撰的讲义，历时一年多完稿，凡三十二万余字，以文言写就。本书在内容结构上颇取法于梁启超《中国历史研究法补编》"文化专史及其做法"一节所示四目，在研究方法上明显受到清乾嘉考据学的影响，在史学观念上则通过阅读向达译《班兹史学史》等书而受美国鲁滨孙一派新史学理论的影响。全书计分十章，前有《导言》，末有《结论》。

第一章《古代史官概述》，认为中国史学源出于史官，"史"为官名，汉代以后始作为书名。古代典籍为史官专掌，故私家无由修史，先秦世袭史官之制在司马迁以后中断。

第二章《古代史家与史籍》，认为先秦史家有孔子和左丘明二人，其时史籍主要有《尚书》、《春秋》、《左传》、《国语》、《国策》以及残存的《周书》、《竹书纪年》、《世本》等。

第三章《司马迁与班固之史学》，认为中国史学萌芽于孔子、左丘明，大成于司马迁、班固。马、班二氏作史宗旨与孔子暗合,《史记·太史公自序》及《汉书·叙传》中寓有后世所谓史意、史例、史法。

第四章《魏晋南北朝以迄唐初私家修史之始末》,指出此时期私修史书可分为后汉史、三国史、晋史、十六国史、南北朝史五类,如同先秦王官失守而造成诸子学的兴盛,汉代以后史官失守,遂造成此时期私史繁多的盛况。

第五章《汉以后之史官制度》,指出汉代中叶以后的史官,在史官与历官是否并为一职、记注与撰述是否分途等方面与先秦史官迥然不同。并且此后之史官,有其名而无其实,为其实者,每以他官典修史之任,居其名者,辄以史官为虚饰之具。

第六章《唐宋以来设馆修史之始末》,认为唐宋以后设馆官修之史可分为四类:编年体之实录、纪传体之正史、典礼、方志。官修史书成于众手,其史学成就远不如同时期的私家修史。

第七章《唐宋以来之私修诸史》,认为此时期私修诸史可分为四类:一曰纪传体之正史、别史,其中又可分作八目:创作、改修、分撰、总辑、补阙、注释、合钞、辑逸。二曰编年体之通鉴。三曰以事为纲之纪事本末。四曰属于典志之通史、专史。因时涉多忌,史难举职,此期私史特征在于避近代而转趋前古,怯于创作而转勇于改修,不敢谈治乱兴衰而转考典章制度。全书以此章篇幅最长。

第八章《刘知幾与章学诚之史学》,以刘、章二氏为"评史家"之圭臬,此类司马迁、班固之为"作史家"之权舆,认为论史学之专书,具有家法,言成经纬,则自刘氏始,而章氏继之,郑樵不得与焉。

第九章《清代史家之成就》,提出清代史学三期说:第一期多治现代史,以研讨明代事迹为本位,以黄宗羲、万斯同、全祖望等为代表;第二期转而治前代史,以钱大昕、王鸣盛、赵翼、邵晋涵等为代表;第三期转而治边疆史地,以徐松、张穆、何秋涛、丁谦等为代表。凡此皆随时人之好尚、世势之推移而异其治史之鹄的,有不知其然而然者。

第十章《最近史学之趋势》,从史料搜集与整理、新史学之建设及新史之编纂等方面展开论述,勾勒清末至民国时期的史学趋势,认为其特征在骛新和富于疑古精神,其宗旨是要为中国史学别辟一新纪元。

撰者在书末《结论》中,概括提出中国史学经历了创造、成立、发展、蜕变、革新阶段的分期说,并揭示全书要义有二:备史籍之要删,为史学之总录。

本书并非中国史学史研究的发轫之作,但堪称为这一领域的奠基性力作。有关简评文章,可参今人瞿林东为河北教育出版社2001年新版撰写的《前言》。新版据1957年修订本重新排印,却又称"为恢复本书在四十年代的面貌",将修订本删去的第十章和结论作为"附录"收入。此实为失当之举,据1944年初版排印才是原貌呈现。

(张荣华)

隋唐制度渊源略论稿 陈寅恪

《隋唐制度渊源略论稿》，陈寅恪著。写定于1940年。商务印书馆1944年初版（中央研究院历史语言研究所专刊之一种），1946年再版，影印本收于1989年上海书店版《民国丛书》第一编。1954年三联书店重版，1963年中华书局再版。1982年上海古籍出版社编入《陈寅恪文集》，2001年三联书店编入《陈寅恪集》。

陈寅恪（1890—1969），江西义宁（今修水）人。清末湖南巡抚陈宝箴之孙，著名诗人陈三立之子。早年留学日本、德国、瑞士、法国、美国。1925年回国后任教于清华学校国学研究院。1928年任清华大学历史系、中文系合聘教授。1930年兼任中央研究院理事、历史语言研究所研究员兼第一组主任、故宫博物院理事、清代档案编委会委员等职。抗日战争爆发后，随清华大学南迁，先后于长沙临时大学、西南联合大学、香港大学、广西大学、成都燕京大学等校任教。1948年赴广州，在岭南大学、中山大学任教直至逝世。陈学识渊博，通晓包括梵文、突厥文、西夏文在内的十多种文字，对魏晋南北朝史、隋唐史、蒙古史、唐代文学、清代文学及佛教史等均有精湛研究，在将比较语言学与诗文证史的方法运用于历史研究的实践方面取得重大成就。他也是我国敦煌文献研究和以敦煌资料补史证史的开拓者之一。尚著有《唐代政治史述论稿》、《元白诗笺证稿》、《柳如是别传》、《寒柳堂集》、《金明馆丛稿》初编、二编等，皆收入《陈寅恪文集》与《陈寅恪集》。其生平可参阅蒋天枢编《陈寅恪先生编年事辑》及卞僧慧《陈寅恪先生年谱长编（初稿）》。

《隋唐制度渊源略论稿》是一部系统地考辨汉魏至隋唐各种制度渊源和演变的著作，凡八章十余万言。首章《叙论》说明撰作缘由、总体观点（即隋唐两代制度的全体因革要点）和著述体制。自第二章至第六章，分别就礼仪（附都城建筑）、职官、刑律、音乐、兵制和财政各种制度，详尽论证《叙论》所述观点，对隋唐两代制度的局部发展过程进行阐述。末章《附论》乃是一篇略同于全书后记的短文。

本书一反隋唐制度继承西魏、北周的流行见解，提出隋唐制度实有三个来源，一是北魏、北齐,二是梁、陈,三是西魏、北周;而以北魏、北齐为主,西魏、北周诸制度影响及于隋唐者,实较微末。在三源中,北魏、北齐一源的内容最为复杂。它是中原、河西、江左三个地域文化因素的总汇,通过不同途径汇合了汉魏以来华夏文化的各种因素,成为隋唐制度的主要渊源,并在东亚地区产生重要的影响。

所谓梁、陈之源,是指梁代继承创作、陈代因袭无改、隋代统一中国后又予以吸收采用而传至唐代的各类制度。这种南朝后半期的文物制度,因王肃等输入不及而未能为魏孝文帝及其子孙所采用,因此北齐的一大结集中没有梁、陈文化的因素,梁、陈成为隋唐制度一独立之源。

对隋唐制度影响最小的是西魏、北周之源。西魏、北周诸制的创立,有异于山东及江左的旧制,它或为六镇鲜卑的野俗,或为曹魏、西晋的遗风。就地域而言,是关陇区内保存的旧时汉族文化在适应鲜卑六镇势力过程中产生的一种混合品。所有旧史中关陇的新创设及依托《周官》的各种制度皆属此类,后世史家往往认为隋唐制度是西魏、北周的遗物,其实这是极大的谬误。

以上结论贯穿于全书始终,撰者以三源流说为全书的理论骨架,综合旧籍所载及新出遗文,对隋唐两朝各种制度一一作出分析、推论。其引用书籍有:正史、《通鉴》、《通典》、《唐会要》、《唐六典》、《唐律疏议》、《大唐新语》、《九朝律考》、《洛阳伽蓝记》、《水经注》、《太平御览》、《西魏将相大臣年表》、《欧阳文忠公集》、《落骕楼文集》、《郡斋读书志》、《习学记言》、《白氏长庆集》、《元氏长庆集》、《颜鲁公文集》、《文选》、《玉海》等。

《隋唐制度渊源略论稿》搜集排列大量史料,着重分析"礼仪"部分。撰者认为礼仪影响虽只限于少数特殊阶级,但礼制与士大夫关系密切,而士大夫于当日又居于极重要地位,故不可忽视。因《周官》主封国制而不用郡县制,不合中央集权和统一的历史趋势,故北周宇文泰用苏绰之议恢复周官,不可能成为唐制的主要渊源,惟有北齐这一源流才能明确解释隋唐集权官制的所以发生。与礼仪、职官相同,隋唐刑律亦有梁陈一源。元魏定律初期参与者多中原士族,其家传律学乃汉律,与南朝谨奉晋律有所不同;以后定律,又输入河西保持或发展的汉、魏、晋文化因素和江左西晋以来律学,"于是元魏之律遂汇集中原、河西、江左三大文化因子于一炉而冶之,取精用宏,宜其经由北齐,至于隋唐,成为二千年来东亚刑律之准则也"。

"职官"部分提出北周"关中本位主义"的著名论点,认为宇文氏割据关陇,与北齐、江左成鼎立之势,而其物质、文化均不及后二者,故为谋求自身发展,除充实物质的政策外,还需得精神上的凭借;因此利用特殊的地理位置,毅然舍弃江左、山东文化,而拟《周礼》旧制,以适应关中地区汉化尚浅的鲜卑野俗。故其制度仅是一时权宜,为后世所不采。作者进一步指出,北周模仿《周礼》所定官制仅限于中央,而《唐六典》制作非承北周之旧,唐官制亦与《周礼》无关。

本书将中国制度史及隋唐史的研究推进至一个新的境界,成为后世这一方面研究的出发点。

本书论证方法不仅继承了清乾嘉学派精密考订史料的传统,而且广泛运用了人类文化学的新方法,还运用以诗文、出土文物证史的方法,受到后世研究者的高度重视。

(吕 健 陈 墨)

唐代政治史述论稿 陈寅恪

《唐代政治史述论稿》,又名《唐代政治史略稿》,陈寅恪著。1943年商务印书馆初版,1947年再版,影印本收入《民国丛书》第一编。1957年三联书店再版,1982年上海古籍出版社编入《陈寅恪文集》,2001年三联书店编入《陈寅恪集》。另有上海古籍出版社1997年版《蓬莱阁丛书》本。1988年上海古籍出版社另有影印手写本,书名题作《唐代政治史略稿(手写本)》。

作者生平事迹见"隋唐制度渊源略论稿"条。

书前有作者1942年自序,通常版本与手写本的序文的写作时间、地点不同,内容略有出入,一般认为前者系付印前重忆旧序而作。蒋序并引述作者之言:"此书之出版,系经邵循正用不完整之最初草稿拼凑成书,交商务出版。"本书正文包括三篇:统治阶级之氏族及其升降,政治革命及党派分野,外族盛衰之连环性及外患与内政之关系。

上篇"统治阶级之氏族及其升降",首先考证李唐王室种族归属。作者从唐王先世李重耳、李熙父子的事迹入手,广泛征引、校勘史料,认为二人即北魏将领李初古拔、李买得父子。然后以其家族墓葬所在地为线索,考定李唐王室先世为赵郡望族李氏败落的分支或攀附的冒牌,并非如通说所谓其祖籍为关内武川。作者再条列唐王先世母系血统,综合前述考证结论,提出"关中本位主义"的著名论点,认为随北魏汉化政策的不断推广深入,其腐化性也日益显著,边塞六镇的鲜卑和胡化的汉族对汉化产生积极的反动,酿成叛乱。此六镇剽悍善战的民族后多数归于高齐,少数属于北周。北周为与财富兵强的高齐及神州正统的江左相对抗,物质、精神均有未敌,必须首先使精神上有同出一源的信仰,并受同一文化的熏习。汉化政策已经过时,而只有以割据的关中之地依附古说,称汉化发源地,所以对功高诸将,均改易其祖籍至关内,改易汉姓为胡姓,巩固关中团体之情感。后姓氏改复从旧,而郡里仍以讹传讹,唐王先世属籍即其一例。武则天时科举兴起,关中本位政策开始崩坏,造成统治阶级内部一大变动。安史之乱后,中央与藩镇并立,关于其统治阶级的论述也从两方面展开。中央统治阶级主要包括代表武则天时新兴阶级的外廷士大夫和代表汉化不深的蛮夷或蛮夷化汉人的阉党。作者以科举制沿革及宦官家世为前说之例证。唐中后期河北藩镇独立,在政治、经济、军事、文化上均与中央分离,而成一独立团体,究其原因,在于种族、文化均有胡化因素,与中原不同。作者逐一考述安禄山、史思明及四十三位活动范围与河朔有关者生平、家世,指出其不外两类:或本人即为胡族(十二人),或久居河朔、长于骑射、渐染胡化(三十一人)。河朔之地之所以胡化的原因有三:隋季之丧乱、东突厥之败亡(手写本未列此因)、东突厥之复兴。本篇最后指出:"有唐一代三百年间其统治阶级之变迁升降,即是宇文泰'关中本位政策'所鸠合集团之兴衰及其分化。"唐初内外合一,将相无别,宦官无从插足;玄宗朝关陇集团崩溃后,文则进士,武则蕃将,内则阉官,遂分歧而不复合。

中篇"政治革命及党派分野",以唐代皇位继承不固定的事实为贯穿始终的线索,首先提出,唐代政治革命有中央和地方之别。玄宗朝为关中本位政策崩坏的转折点,此前操持关中主权者即可宰制全国,故只有中央革命能成功,此后则地方革命亦能成功。作者详尽分析武德九年、神龙元年、神龙三年、景龙四年四次唐前期中央政治革命的经过,结合唐都城结构等要素,认为其成败原因在于玄武门之得失和屯卫北门禁军的向背。在依次论列太宗至顺宗十一朝皇位继承不固定的事实后,作者将宪宗后各朝的皇位继承与内廷、外朝关系合并论述,指出,武周以前统治阶级包括关陇集团和山东士族。后者以门风优美和家传经学相尚,唐中后期牛李党争中李党就是其集中代表;皇室对其本持压抑政策,后期则亦动企羡攀附之念,频繁与之通婚。武后大力选拔进士后,以此进身的寒族,通过座主门生及同门的密切关系,相互勾结,牛党即其阶级代表。由于科举中明经科所重经术为山东旧族家学,故在奖掖新兴贵族的背景下,受到普遍轻视。牛李二党因社会基础不同,故对传统礼教的尊奉程度,是其区别的主要标志。尽管二者产生于同一时间,地域大相错杂,少数混同在所难免,但整体上泾渭分明,除极个别外,鲜有能周旋二党之间而仕途得志者。在详考宪宗至哀宗十朝皇位继承及文宗时"甘露之变"的经过后,作者认为,宣宗以前外朝牛李二党或与内廷阉官相勾结,或徒为后者傀儡,都各自拉帮结派,相互倾轧;皇位继承不固定而几乎全操纵于内廷。宣宗朝后,内廷控制皇帝废立依旧,且起同类自觉,全为一体,不欲联络外朝士大夫自相攻击,故外朝失去各自的内助,党争归于消歇;于是士大夫们不得不假藩镇武力翦灭阉党,而自身亦罹"白马之祸",徒具形式的唐中央政权终致崩溃。

下篇"外族盛衰之连环性及外患与内政之关系",指出"所谓外族盛衰之连环性者,即某甲外族不独与唐室统治之中国接触,同时亦与其他之外族有关,其他外族之崛起或强大可致某甲外族之灭亡或衰弱,其间相互之因果虽不易详确分析,而唐室统治之中国遂受其兴亡强弱之影响……盖中国与其所接触诸外族之盛衰兴废,常为多数外族间之连环性,而非中国与某甲外族间之单独性也"。并论证了内政与周边民族的密切关系所产生的重大历史影响:百济、新罗之盛衰直接影响到中国与高丽之争,而中国取高丽而不能保,则由于为西北强敌吐蕃所制;而后吐蕃与唐室俱衰,乃有南诏之兴起。

陈寅恪治唐代政治史,特重统治集团的变迁转移和种族文化的联系融合。本书以关中本位政策之形成与破坏为解释唐代政治之要诀,而究此政策形成之因,终为关陇统治集团的利益。对牛李党争、宦官专制、藩镇割据,陈氏之书亦莫不以山东旧族、进士出身的新兴统治阶级、边徼蛮夷氏族、胡族下层阶级的升降变迁解释之。同时又认为统治阶级家族与门第的分野,通常隐含文化的分野,汉人与胡人之分别,则在于文化而不一定为血统。因此,《唐代政治史述论稿》的释义中心概念是"文化"及与"文化"相关的"种族"、"氏族"、"家族"、"门第"、"阶级"、"集团"等。

本书搜集大量史料,分门别类,增省分合,中间以"寅恪案"形式表述作者的分析说明,既保存旧籍的规模,又显现新知与创见。陈寅恪在钩稽旧史,次第先后时,实已渗入了个人的独特见解。书中既有对正史、《通鉴》中为人熟知的记载的慧眼发现,又有对其他一些不为史家注意的材料的钩沉援引。另外,还以敦煌写本、碑刻铭文等新发现资料补史证史。

《唐代政治史述论稿》与《隋唐制度渊源略论稿》皆为研究唐史的划时代著作。陈寅恪对唐代士族与庶族地主的研究,对西北民族与汉族关系的研究等,极富启发意义。后来的唐史研究者莫不以此为出发点,或承继补充发挥,或批评异解商榷,足见此书影响之巨。

《唐代政治史述论稿》一出,即引起广泛注意。其深入新颖的见解令人耳目一新。所论争的主要点:李唐氏族问题,这方面的代表性论著有《朱希祖先生文集》中朱氏的有关论文,日本金井之忠《李唐源流出于夷狄考》;关陇集团及关中本位政策问题,这方面的代表性论著有美国霍华德·韦克斯勒(Howard Wechsler)《初唐政府中的宗派主义》(*Factionalism in Early Tang Government*);武则天崇尚进士科与唐党争问题,这方面的代表性论著有《剑桥中国史·隋唐史卷》中的有关章节,毛汉光《唐代大士族的进士第》;安禄山之乱的起因问题,这方面的代表性论著有《剑桥中国史·隋唐史卷》中美国彼得森(C. A. Peterson)撰写的有关章节。另外,岑仲勉《隋唐史》一书对陈书的各个方面亦有评议。

(吕　健　陈　墨)

掌故丛编

《掌故丛编》，十辑。故宫博物院掌故部编。成书于1928年1月至1929年10月。有同时期和记印刷局本，另有1990年中华书局影印合订本。

辛亥革命后，1924年溥仪被逐出故宫，冯玉祥组织"办理清室善后委员会"，负责清点故宫物品和宫内档案。次年，故宫博物院成立，下设图书、文献部。1927年文献部改名掌故部。掌故部在整理故宫所藏档案中，将具有史料价值的一部分编辑成《掌故丛编》。

《掌故丛编》系经发表的清代宫中档案、内务府档案、内阁大库档案及军机处档案的汇编丛书。由陈垣、沈兼士负责，许宝蘅主编，单士元、刘儒林编辑，共出版十辑。每辑皆按专题刊出，即乾隆八件、世祖谕旨十二件、圣祖谕旨一百十八件、钦定宫中现行则例、仁宗遇刺案二十八件、年羹尧折七十六件、鄂尔泰折十四件、徐连夔诗附殷宝山案七十六件、英使马戛尔尼来聘案九十二件，以及王锡侯字贯案、王沅爱竹轩诗案、李秀成谕李照寿文、李秀成招降赵景贤文、太平天国文件、禁书目录、西征随笔等。所载均原文钞录，名称、体裁照仍其旧，有须说明原委或考据辨证的，附案语。有关掌故书籍未经刊行，或世间罕见流传者，也采录分期附印。丛编各辑略以类从，不拘时代次序，各为首尾。此书内容丰富，资料珍贵，极受世人重视。

有关《掌故丛编》的研究，有冯尔康《清史史料学》、倪道善《明清档案概论》等的有关部分。

（巴兆祥）

文献丛编

《文献丛编》,三十六辑,另有增刊六辑。由陈垣、沈兼士负责,许宝蘅主编,单士元、刘儒林等编辑。1930年至1943年由故宫印刷厂陆续刊印出版。

《文献丛编》刊印前,故宫博物院曾于1928年1月起刊行性质相同的《掌故丛编》,至1929年10月已出十辑。后因故宫图书馆掌故部独立为故宫文献馆,遂改称《文献丛编》。

《文献丛编》系清代内阁大库档案,内务府档案和军机处档案的选辑。其中先后整理发表的内容有苏州织造李煦奏折,康熙朱笔御旨,康熙与罗马使节文书,雍正朝关税史料,雍正朝文字狱,圆明园史料,修建京师大学堂史料,俄罗斯档,乾隆朝文字狱,乾隆朝天主教流传中国史料,密记档,荷兰国交聘案,英吉利交聘案,关于鸦片战争之中英交涉史料,英法联军战役之中英、中法交涉事件,太平天国史料,教案史料,徐锡麟革命史料,秋瑾女士亲笔告国人书,台湾风俗图等。

《文献丛编》所载,有不少为《筹办夷务始末》所缺收。如第七、八辑所载奕譞论越南尺牍,第九辑奕譞论中日交涉尺牍;第二十三及二十六辑,载有英法联军入京后所犯罪行的史料;第二十七辑所载琦善与义律议商《川鼻草约》的经过等,皆属初次发表的重要文献。此外,如第二十一、二十二辑有关马嘉理案的文件,第二十九、三十、三十二辑有关清末教案的档案史料,第三十四至三十六、三十八至三十九辑有关义和团活动的档案记载等,也都是足资参考的资料。对军机处所藏有关辛亥革命档案记载,编者选录许多电报,以《宣统三年电报档选录》为名,陆续刊于第十五至十九辑。但电文选录起自十一月二十一日,而非十月十日即武昌起义爆发之日,故多有遗缺。

《文献丛编》的不足之处,在于各辑所录史料不列目录,也不附索引,使人寻检不便。不少专题之下所辑史料也有明显缺遗,编者并未就所立标题尽量网罗有关文献,而仅仅辑录一部分,如所辑辛亥革命的史料,便给人以无头无尾的印象。

总的来说，《文献丛编》汇集了大量珍贵的清代档案史料，对研究清代政治、经济、外交、军事、宗教等极具参考价值，至今仍为清史研究的必读之作。

（陈　墨）

史料旬刊

《史料旬刊》，四十册。由故宫博物院文献馆李宗侗负责，单士元主编。1930年至1931年陆续由京华印书局刊行。

《史料旬刊》系清代宫中档案、内务府档案、内阁大库档案及军机处档案史料选编。《发刊前记》表明编辑方针为"凡属有关文献，可依考证者，随时发见，即行刊布，片鳞只爪兼容业纳"。其中先后发表的档案资料有俄罗斯国喇嘛学生案，雍正安南勘界案，道光十一年查禁鸦片烟案，乾隆二十四年英吉利通商案，道光朝外洋通商案，乾隆朝外洋通商案，咸丰十年英法兵入京焚毁圆明园案，割辫案，朱三太子案，嘉庆诛和珅案，台湾黄教案，薙发案，河南青阳教案，道光朝关税案，道光朝留中密奏等。

《史料旬刊》录存了大量关于清代政治、经济、外交、文化、军事、宗教等方面的珍贵档案，其中以外交和宗教方面的内容居多。大量发表的新资料，大大丰富了有关清代历史的知识，颇有助于了解清代社会发展的具体过程。如第三十五至三十九册，载有《道光朝留中密奏专号》，收五十多名朝臣疆吏递呈的密折，属于时人所不知的机密文件。如云南巡抚颜伯焘在密奏中陈述了民间吸食鸦片之风的迅速蔓延，并在"银贵钱贱"的原因上反对黄爵滋的见解，指出："云南、贵州等省地薄粮少，每年藩库所出，皆赖他省拨解，始敷支用。又自开辟新疆至今，已将百年。臣曾任甘肃布政使，尝总计内地银两出关供口外各城廉饷，以及官民公私等项，每岁四五百万；乃商贾营运入关者，每岁不过二百万。即此以观，则漏卮已不止如该寺卿所论。此外固有臣所不能周知者。区区一鸦片，而谓国计之盈虚必在于此，尚未通盘筹计也。"

有关清末中外通商交涉方面的档案史料，在《史料旬刊》各辑多有辑录。如道光十四年（1834）律劳卑事件及其造成的严重局势，各种史籍极少记载，而《旬刊》第二十三和二十五册中，录存了时任两广总督的卢坤报告事件经过的奏折，其中虽不免曲解粉饰之处，但也为后人考证事件真相提供了直接材料。

《史料旬刊》的不足之处在于零碎拼凑,缺乏刊印计划,故发表的档案史料颇有片面性。但总的来说,《史料旬刊》以其大量的第一手资料,为研究清代政治、经济、外交、宗教等提供了可靠的立论依据,至今仍为研究清史的必读之作。

(陈 墨)

中国古代社会研究 郭沫若

《中国古代社会研究》,郭沫若著。1930年联合书店初版本,1947年上海群益出版社修订重印,1954年人民出版社改排出版。收入《沫若文集》卷十四、《郭沫若全集·历史编》卷一。又有多种单行本。

作者生平事迹见"十批判书"条。

本书系撰者已刊未刊论文之结集,前有自序、解题。正文篇目为:导论《中国社会之历史的发展阶段》、第一篇《〈周易〉时代的社会生活》、第二篇《〈诗〉〈书〉时代的社会变革与其思想上之反映》、第三篇《卜辞中的古代社会》、第四篇《周代彝铭中的社会史观》、附录《追论及补遗》。其主要内容反映在以下几方面。

首先,运用马克思主义研究中国古代社会。郭沫若自述从事古代中国社会研究的目的之一,就是为了"向搞旧学问的人挑战,特别是想向标榜整理国故的胡适之流挑战"。按照辩证唯物主义和历史唯物主义的原理,他对中国古代文献典籍、甲骨文和金文作了认真的考释,全面考察了商周两代的渔猎、牧畜、农业、工艺、贸易等方面的情况,认为商代是"金石并用时代","商代的产业是由牧畜进展到农业的时期","周代是青铜器时代",生产有了更大的发展。他还考察家庭及阶级关系、社会政治制度和意识形态,认为商代是原始公社社会,但已经有了"用作服御"、"用于牲畜耕作的奴隶",西周是奴隶制度,春秋以后直至近代为封建社会。

其次,首次提出了"西周社会奴隶制说"。关于在中国历史上有没有出现过奴隶社会,这是一个争论很多的问题。郭沫若按照马克思揭示的社会形态演进的规律研究中国古代社会,认为大抵在西周以前就是"亚细亚的原始公社社会,西周是与希腊、罗马的奴隶制时代相当,东周以后,特别是秦以后,才真正进入了封建时代"。如此明确地提出中国古代存在奴隶制社会的,无论在国内还是在国外,这都是第一次。

再次,论证中国古代经历了西周以前的原始公社制,西周时代的奴隶制和春秋以后的封建制,分析了这几个社会形态之间的转变推移,驳斥"中国社会特殊论"。郭沫若从研究甲骨文和青铜器铭文开始,将考释古字和研究古代历史相结合,论证了殷代社会的农牧渔业、工艺的生产状况及贸易、货币的情形,揭示了殷代的奴隶制和阶级关系,并对当时的家庭婚姻制度和日星岁干支等天文历数作了历史的考察。郭沫若根据西周后期社会状况的变化,认为周室东迁以后,中国社会才由奴隶制逐渐转入封建制,从那以后在农业方面中国才有地主和农夫的对立,工商业方面方有师傅和徒弟的对立。秦统一天下以后,名义上是废封建而为郡县,其实中国的封建制度一直到最近百年都是依然存在的。

《中国古代社会研究》是郭沫若运用历史唯物论研究中国历史的成果。他在自序中说:"本书的性质可以说就是恩格斯的《家庭、私有制和国家的起源》的续篇。"郭沫若沿着恩格斯开辟的"路径",用马克思主义深入研究中国社会的历史,"写满这半部世界文化史上的白页"。郭沫若提出的关于中国古代史的新见解,尤其是中国存在奴隶社会的论断,在当时影响颇大,对中国社会性质和发展规律的科学探讨起了推动作用。

本书也存在不少缺陷,撰者后来就多次承认,在初期研究中"犯了公式主义的毛病",对旧的材料"没有把时性划分清楚,因而便夹杂了许多错误而且混沌"。同时,他研究的某些结论不够严密。但总的说来,《中国古代社会研究》不失为运用历史唯物主义研究中国历史的开拓性著作。

(唐兴霖)

青铜时代 郭沫若

《青铜时代》，郭沫若著。1945年重庆文治出版社初版，1954年人民出版社排印，收入《郭沫若全集》，又有中国人民大学出版社2005年版。

作者生平事迹见"十批判书"条。

《青铜时代》是郭沫若1934年至1945年间研究先秦社会及诸子学术思想的论文集，与《十批判书》为姊妹篇。全书除"导论"、"后记"外共十二篇。

第一篇，先秦天道观之进展。作者运用马克思主义观点，对从殷人到战国末荀子关于天道思想的演变作了探讨，论及了殷人固有的图腾与宗祖神的观念，殷人的帝，周人的天，老子的道，孔子的思想，墨子的宗教复兴，庄子的思想，荀子对先秦思想的集成等。

第二篇，《周易》之制作时代。提出《周易》作者既非孔子，又非文王，而是战国初年的馯臂子弓。

第三篇，由周代农事诗论到周代社会。通过分析周代农事诗，指出他在《中国古代社会研究》中提出西周是奴隶社会的见解，"始终是毫无改变"，并纠正了中国古代不存在井田制的说法，认为中国历史上"井田制是存在过的"。

第四篇，驳《说儒》。对胡适《说儒》篇认为儒本殷民族的奴性的宗教，到了孔子才"改变到刚毅进取的儒"，孔子的地位完全与耶稣基督一样等观点进行了驳难，提出儒"是春秋时代历史的产物，是西周的奴隶制逐渐崩溃中所产生出来的成果"。并认为"孔子是不出世的天才"。

第五篇，墨子的思想。提出墨子的思想"充分地带有反动性——不科学，不民主，反进化，反人性，名虽兼爱而实偏爱，名虽非攻而实美攻，名虽非命而实皈命"。墨子是"满嘴的王公大人，一脑袋的鬼神上帝，极端专制，极端保守的宗教思想家"。

第六篇，公孙尼子与其音乐理论。认为《乐记》"不一定全是公孙尼子的东西"，但"主要的文字仍来自《公孙尼子》"，要论公孙尼子，就应该把"可疑的来剔开，才比较可以得到他的真相"。

《乐记》所论述的，除纯粹的音乐外，也有歌有舞，有干戚羽旄，有缀北府，"但大体上是以音乐为主"。音乐与政治的关系，音乐可以"成为政治的龟鉴"，"成为重要的政治工具"。

第七篇，述吴起。提出吴起"在中国历史上是永不会磨灭的人物"，作为兵学家与孙武并称，作为政治家与商鞅并称。但吴起"本质是儒"，"算得是一位真正的儒家的代表"。

第八篇，述老聃、关尹、环渊。指出"老子确是孔子之师老聃，《老子》书也确是老聃的语录"。"特集成《老子》这部语录的是楚人环渊。"他又指出"关尹即是环渊，关环、尹渊均一声之转"。

第九篇，宋钘、尹文遗著考。指出宋钘这一派"无疑是战国时代的道家学派的前驱，而它的主要动向是在调和儒墨的"。宋钘、尹文都是齐国稷下学士，《管子》一书中的《心术》、《内业》、《白心》、《枢言》几篇是宋钘、尹文的遗著。

第十篇，《韩非子·初见秦》发微。提出《初见秦》既不是韩非所作，也不是张仪所作，而是吕不韦所作。

第十一篇，秦、楚之际的儒者。提出秦始皇焚书坑儒以后，儒者的动向分为三类：一部分是在秦朝任官职，如李斯。一部分埋头研究或著书，如荀子。另外一大部分参加了革命，如张良、陆贾、叔孙通等。

第十二篇，青铜器时代。提出"殷代已经是青铜时代了"，青铜器时代的下限"是在周秦之际"，"由秦以后便转入铁器时代"，提出"在殷末周初时代是中国奴隶制生产最盛的时候"。作者的殷周为奴隶社会的见解，纠正了在《中国古代社会研究》中提出的殷为原始社会的观点。

《青铜时代》是郭沫若"偏于考证"的一部学术著作，坚持了以马克思主义为指导的原则，在许多方面有新的突破。他完善和修正了自己过去提出的若干论点，如纠正了殷代是原始公社社会、中国古代不存在井田制、周初有了铁器的看法，确认殷代是奴隶社会，在中国历史上井田制是存在过的，铁器出现于春秋战国时代。

本书也存在一些缺点，如对孔、墨的见解就受康有为"托古改制"说的影响，扬孔子，贬墨子，有牵强之处。他为了现实政治斗争的需要，而有时与自己提倡的"是什么还他个什么，这是史家的态度，也是科学家的态度"的主张相抵触。

（唐兴霖）

明清史料

《明清史料》，罗振玉主持，陈寅恪、傅斯年、徐中舒等审编。以中央研究院历史语言研究所的名义出版。甲编十册，于1931年印布。1935年、1936年又陆续出版乙、丙两编各十册。丁编十册，于1948年编竣后交上海商务印书馆，至1951年由中国科学院出版，北京图书馆出版社2008年重印。

清内阁大库系保存明清档案之所在，因年久屋坏，于宣统二年（1910）动工整理，事先将库存档案移于文华殿内。当时阁议以远年旧档无用，奏请焚毁。罗振玉闻后亟请勿毁，拨交学部收藏。民国后，旧档归入教育部历史博物馆。1921年，馆因经费积欠，将档案装入八千麻袋，计十五万斤，以四千元代价售于纸店以化浆造纸。罗振玉知后，以三倍价买回，但已散失一千麻袋。罗氏检其可刊布者，辑为《史料丛刊初编》十册印行，内容有不少清初珍贵史料。后李盛铎又以一万六千元买得。1929年，中央研究院历史语言研究所又以一万八千元由李处购买，比前重量已减少两万余斤。遂成立明清史料编刊会，陆续整理刊印。

清内阁大库档案，系皇帝及内阁大臣处理政务后留存的重要文件。全部档案从时代上可分为三类。一是清档，即清入关后至宣统元年以前约二百六十余年积存的档案，其分量几乎占内阁档案的全部。这些清档所含内容有：帝王的制诏诰敕；臣工进呈的题本、奏折、贺表、揭帖及随本进呈的各项图册、单、签等；外藩各国的表章；试卷，金榜；内阁各项档案、文移、稿件等。二是盛京旧档，为后金天聪、崇德间的重要文件，属于清代开国史料。三是明档，为清初顺治、康熙年间征集的明天启、崇祯两朝档案，及旧存的实录、诰敕等。后两部分内容仅占全部档案的千分之一。

《明清史料》即来源于清内阁大库档案，系有关明天启、崇祯和清顺治、康熙等朝政治、经济、军事、文化、外交等方面的原始文献汇编。书前有蔡元培《序》、徐中舒《内阁档案之由来及整理》和傅斯年《明清史料发刊例言》各一篇。据发刊例言所云，"此所刊布，皆整理中随时检出，以为值得流通于世间者"。"明清两代公文程式，宜别编一书，影印成之，不以入此。"并交代全书编例，

"每件自成一编,不复依如何之公式排列次叙"。"此刊题、奏、书、启、揭帖、示、谕等名,皆各件固有者;编印时所标题目,仅在各件原名上加衔名、人名,凡于内容方面,概不涉及,以免冗繁。又原件有前后残缺者,则用六号字注明上缺下缺字样;有文字漫灭者,则以□表之;有涂灭窜改者,其涂灭字如可辨时,仍照原字排出,别加【 】号表之,如不可辨时,则以□表之,其窜改字则用六号字排于涂灭字下。"

本书甲编,第一册收明稿边情贼情三十一件,沈阳旧档二十三件,顺治元年六月至二年正月奏章三十四件。第二至第六册,收顺治二年二月至十八年七月奏章,内容以军事征战为主,其中有洪承畴奏章四十八件。第七册收朝鲜史料。第八至第十册收明末边情史料。

乙编第一至第六册,内容系有关明末边情的史料。第七至第八册,收录明末浙、闽、粤三省海贼、山寇、红夷、倭患,以及云、贵、川三省土司的史料。第九至第十册为流贼情形的记载。

丙编第一册收沈阳旧档。第二册收洪承畴奏章。第三册以下收顺治朝奏章,内容多关涉用兵事件。

丁编第一至第三册收郑成功史料。第四至第七册收明末边情史料。第八至第十册收康熙朝奏章,其中九、十两册皆为三藩之役史料。

《明清史料》所载内容,多系明末清初稀有文献,具有较高的史料价值。这些资料的刊行,使不少已被湮没或遭到涂饰的史迹,得以再现和纠正,对推进明清历史的研究起了很大作用。二十世纪三十年代,学者将清内阁档案的刊布,与殷墟甲骨、战国秦汉竹简、敦煌写经等同列为当时有极高学术价值的四件大事。《明清史料》至今仍属研究明末及清代历史的基本史源之一。

中研院历史语言研究所在1949年后,由李光涛主持,将运往台湾的一百箱清内阁档案加以整理编印,于1953年至1954年出版汇集有台湾史料的"戊编"十册。1957年至1958年出版"己编"十册,接着出版"庚编"、"辛编"、"壬编"各十册。至1975年又出版"癸编"十册。至此,《明清史料》凡十编一百册全部告成。

(张荣华)

清代文字狱档

《清代文字狱档》，共九辑。故宫博物院文献馆编。1931年至1934年间陆续出版九辑。1986年上海书店将其汇编影印，列入《清代历史资料丛刊》，后于2007年重印，施加新式标点，改繁体直排为简体横排，又增加"补辑"部分，共编入五案，附于原书之后。该社2011年又出版增订本。

《清代文字狱档》系雍正、乾隆两朝六十五起文字狱的原始档案汇编。材料出自当时北平故宫博物院文献馆所藏军机处档、宫中所存缴回朱批奏折以及《实录》。编印时逐件于标题下注明出处；对各案中缺收之档亦一一标明。收档内容，包括雍正、乾隆谕旨、办案诸臣奏折及案犯供状等，直录原文。凡一案内上谕、奏折、咨文等已见于前而复经征引者，为省略起见，仅用小字注明已见某案某页。所收各档，均依各案时间先后及材料顺序归类，分作九辑排列。

第一辑收档七十五件。其中谢济世著书案二件，王肇基献诗案五件，丁文彬逆词案二十件，刘震宇治平新策案五件，胡中藻坚磨生诗钞案四十三件。

第二辑收档六十三件。其中刘裕后大江滂书案三件，程鏊秋水诗钞案五件，陈安兆著书案三件，蔡显闲渔闲闲录案五件，齐召南跋齐周华天台山游记案二十二件，李绂诗文案三件，李浩结盟安良二图及孔明碑记图案十件，屈大均诗文及雨花台衣冠冢案十二件。

第三辑收档五十六件。其中澹归和尚遍行堂集案十八件，严谮私拟奏折请立正宫案十八件，王尔扬撰李范墓志称皇考案五件，袁继咸六柳堂集案七件，龙凤祥麝香山印存案五件，贺世盛笃国策案三件。

第四辑收档五十六件。其中刘翱供状案八件，黎大本私刻资孝集案三件，陶煊张灿同辑国朝诗案四件，李骥虬峰集案三件，陈希圣诬告邓谌收藏禁书案二件，黄检私刻其祖父黄廷桂奏疏案二十一件，智天豹编造本朝万年书案五件，石卓槐芥圃诗案四件，祝廷诤续三字经案三件，艾家鉴试卷书写条陈案三件。

第五辑收档四十八件。其中魏塾妄批江统徙戎论案三件，戴移孝碧落后人诗集案二十三件，吴英拦舆献策案二件，刘遴宗谱案二件，吴碧峰刊刻孝经对问及体孝录案四件，叶廷推海澄县志案三件，程明諲代作寿文案四件，卓长龄等忆鸣诗集案七件。

第六辑收有关尹嘉铨为父请谥并从祀文庙案的档案七十二件。

第七辑收档六十五件。其中柴世进投递词帖案三件，李超海武生立品集案四件，安能敬试卷诗案三件，王珣遣兄投递字帖案二十一件，陆显仁格物广义案二件，韦玉振为父刊刻行述案二件，沈德潜选辑国朝诗别裁集案四件，王大蕃撰寄奏疏书信案四件，梁三川奇冤录案一件，焦禄谤帖案二件，高治清沧浪乡志案三件，方国泰收藏涛浣亭诗集案二件，回民海富润携带回字经及汉字书五种案十一件，戴如煌秋鹤近草案一件，楼绳等呈首河山氏谕家言暨巢穴图略案二件。

第八辑收档四十二件。其中杨淮震投献霹雳神策案五件，林志功捏造诸葛碑文案一件，阎大镛俣俣集案五件，余腾蛟诗词案六件，李雍和潜递呈词案十一件，王寂元投词案三件，徐鼎试卷书有平缅表文案三件，王道定汗漫游草案二件，乔廷英李一互讦诗句悖逆及乔廷英家藏明传梅雉园存稿案二件，冯起炎注解易诗二经欲行投呈案四件。

第九辑收有关曾静遣徒张倬投书案的档案四十四件。

清代以满族入主中原，且建立起较汉、唐、宋、明版图为大的统一大帝国，政治上文化上的专制主义统治较之各代更为严密。文字狱之盛，也远较历代为甚。清王朝尤忌讳带有反满情绪的文字，连带所有史著中的"夷狄"及各种与怀念明王朝、颂扬汉民族有关的著作亦遭封禁。为此深文周纳，屡兴大狱，株连甚众，成为"脍炙人口的虐政"，其影响深且巨。有关文字狱的档案，是后人了解、研究其真实面貌的第一手资料。作为这方面的一部专题档案汇编，本书具有重要的史料价值。

（齐　中）

清季外交史料 王彦威等

《清季外交史料》,二百七十一卷。王彦威、王亮父子合编。定编于1931年。有1932年北平王希德铅印本(二百十八卷),1934—1935年北平清季外交史料编纂处分卷铅印本,台湾《近代中国史料丛刊》影印本,另有1964年台湾银行经济研究室编印的《清季外交史料选辑》。

王彦威(1843—1904),字弢夫,号黎盦老人。浙江黄岩人。清同治举人。先充黄体芳幕僚,后历任工部虞衡司主事、员外郎、军机章京、方略馆及会典馆编修等职。光绪三十年(1904),补太常寺少卿。著有《清朝掌故》、《清朝大典》、《史汉校勘记》、《黎盦丛稿》、《枢垣笔记》、《扈从笔记》、《秋镫课诗屋日记》等。

王亮(1887—?),字希隐。彦威四弟彦武之子过嗣。毕业于北京大学。曾任江苏候补知府、陆军部员外郎及驻秘鲁嘉里约领事。民国后,任职于国务院、陆军部、内务部及外交部等,授中将,被派赴欧美、日本考察政务。著有《十二国游记》,已佚。

王彦威既有史学研究之功底,"又究心中外政治"(《行状》),光绪十二年出任军机章京,得睹军机处所藏档案。遂将道、咸、同三朝未刊之《筹办夷务始末》录为副本收藏。后又以"像直余闲,摘取事由,记明月日,凡属旧事,则由大库调取案卷,其新事则皆承直时逐日所寓目者,因按年编次,分别纂录",以求"前车之覆,后事之师,辑而存之,于以见事变之丛生,因应之当否,亦古今得失之林也"(自序)。王彦威搜集光绪元年至三十年四月之文件,定名为《筹办洋务始末记》,除外交文牍外,凡财政、军事、教育、实业、交通、边防等项有关交涉之重要文电,亦分别纂录。历时近二十年,未及付梓即卒。王亮子承父业,重新编辑,以此编注重外交,因改名《清光绪朝外交史料》,其无关交涉者,概未列入,间有遗漏,亦博采增补,并续辑至光绪三十四年,历时十年,完成全书,凡二百十八卷。王亮又辑《宣统朝外交史料》二十四卷。王彦威于庚子年间随朝廷西逃,见闻所及,复逐日笔之于书,定名为《庚辛纪事》,王亮则以体例不同,乃另编为《西巡大事记》十二卷。

为便于考察一事之始末,便于翻检,王亮另编《清代外交史料索引》十二卷,后附条约一览表。又编《清季外交年鉴》四卷,附《清代约章分类表》一卷,后附边疆划界等图十六帧。以上各部分陆续出版,在台湾版影印本中合而为一,辑成是书。

《清季外交史料》是研究清末光绪、宣统年间中外关系的编年体史料集。诸书是清末唯一由私人编纂的外交史料,其卷帙是道、咸、同三朝《筹办夷务始末》的总和。收集文件包括诏书、上谕,奏折、条陈、片(有上谕都附于后,有涉及外事附照会、凭单、节略),照会、国书,外使致总署函,条约,懿旨、文电、函,藩属国咨文等,可谓包罗万象。内容依时间先后排列,每件悉有标题,每册皆列目录,而附以事件索引,简单易检。前后附有序文十四篇(包括作者自序三篇),跋三篇,王彦威墓志铭、行状、王氏家传、述略、例言各一篇,另有说明、勘误表数篇。

正文含六部分:《光绪朝外交史料》二百十八卷;《宣统朝外交史料》二十四卷;《西巡大事记》十二卷;《清季外交年鉴》四卷;《清季外交史料索引》十二卷;地图十六幅。

《清季外交史料》是研究清末近四十年间中外关系的一部重要史书,记事全面,史料珍贵,"取材不限于存档,凡枢垣进呈,留中不发之本,暨外部与各使会议、语录,悉经采集,故其内容详赡丰富"(袁同礼序)。虽所抄之材料,在当时为秘本,至民国已有部分流行于世,但蒋廷黻在序言中仍估计其中所收材料,还有百分之五六十是不曾发表过的。他评价此书问世后,清朝的外交从鸦片战争直到清末年,几全成为公开的事实,学者如要知道这段外交史——中国近代史的重要方面——"在资料上不应再感缺乏了",从而以前的史著均须大加修改。蒋并指出该书出版在世界学术界的重要意义——"此后他们将逐渐知道中国材料的重要"。胡适据其价值在序文中将该书与周口店北京猿人、古石器时代文化、新石器时代文化等近世八大发现相提并论,誉为"近世史学家搜求材料运动中的第九件大事"。此外,过去私家著述,率多讳饰,而王亮坚持"是编所录,悉按事实,不稍增减,以期补私家之未备,昭事实于来兹",这种严谨的治史风格亦是该书颇值称道之处。

但本书也有不足之处。由于搜集之稿,得自传抄,不免漏略、倒置之弊,更有伪作不足信者,"袁昶三折"即一明显事例,由于《光绪朝外交史料》均未注明录自何档,故遇有疑滞,无从对证。而编者随意改动文件中的名辞,也会给研究者带来误导。如改"伯理玺天德"为总统之例(据陈恭禄书所言)。此外,就文书本身而言,谕旨往往存在本乎主观幻想,通篇自大之言,自欺欺人的弊病,而奏疏粉饰谎报、欺蒙朝廷的也比比皆是。因此,不加疑问挪为信史,不免过于草率,须利用其他材料,相互参考以求事迹之真实。

本书自问世以来,备受推崇,为其作序者即从政界要人蒋介石、徐世昌,至学界精英蔡元培、胡适等,均赞誉不绝。此后,凡史学史著作中论及外交史料,《清季外交史料》必与三朝《筹办夷务始末》相提并论。其中最有影响、论述最详尽得当者,当属陈恭禄的《中国近代史资料概述》(中华书局,1982年)。

(单　弘)

近代中国留学史 舒新城

《近代中国留学史》，一册。舒新城撰。1933年中华书局出版，后收入《民国丛书》第一编。另有由上海文化出版社1989年据中华书局1939年版影印，收入《东西方文化影印文库》。又有上海书店出版社2011年版。

舒新城(1893—1960)，原名玉山，学名维周，字心怡，号畅吾庐，曾用名建勋。湖南溆浦人。1917年毕业于湖南高等师范本科英语部。曾任教于湖南第一师范学校，创办《湖地教育月刊》。1921年任上海中国公学中学部主任，主持该校的道尔顿制试验。1923年加入少年中国学会，次年任成都高等师范学校教育学教授。1925年后辞去教职，致力于教育理论和中国近代教育史的研究，编著有《中国新教育概况》、《近代中国教育史料（四册）》、《十四年中国教育指南》以及合编《中国教育辞典》等。1928年应中华书局之聘，主持《辞海》编纂工作。1930年，任中华书局编辑所所长兼图书馆馆长，曾主持编辑《百科全书》、《世界文学名著》、《国防丛书》，影印《古今图书集成》，编印《四部备要》。1959年开始主持修订《辞海》。生平见载于《我和教育——三十五年教育生活史(1893—1928)》。

作者对留学问题关注甚久，搜集了大量关于留学问题的材料，遂整理编著为《近代中国留学史》一书，目的在于"从历史上说明现在留学问题的因果并求出一条新路径以引导本末"。通过对六十年来留学史的研究，他认为"中国六十年的留学政策都是以受教育代替研求学术"，建议今后的留学政策"当以研究学术改进本国文化为唯一目的"，并提出改进方法是"国家应调查国内学术界之需要，通盘筹算，预订每年应派出研究某种学术名额，公开向全国召集此项专门人才，留学生研究期满回国后，应严格试验其学，及格者以适当事业使之办理，俾能展其所长，以免空耗国家财经、个人精力"。

全书共分十五章，并附有六十年留学大事记。

第一章至第九章以时间为序，叙述六十年来留学史概况。第一章：留学创议。近代留学之创议,首推容闳。第二章:留学初期。1872年首批赴美留学至1881年清政府撤回在美学生为留学初期。第三章:欧洲留学之始。赴欧留学以沈葆桢于光绪元年(1875)派遣福建船厂学生随法人去法习船政最早。李鸿章亦于光绪二年派天津武弁卞长胜等七人随德人去德习陆军。第四章:日本留学之始。政府派遣学生留日始于甲午战争后的光绪二十二年。光绪二十四年始由政府令各省选派学生。第五章:西洋留学之再兴。甲午之役后,国人因为外患之交逼及日本变法之成,对西洋学术已不专慕其军事,而认识到其物质文明大胜于中国。清政府迫于时事艰难,为讲求实学,于光绪二十五年议定派遣学生出洋分入各国农工商等校专门肄业以便回华传授办法。西洋留学亦再次大兴。第六章:留日极盛期。光绪二十七年至三十二年五六月间为留日极盛期,留日学生达万余,对以后的政治、文化产生深远影响。第七章:庚子赔款与留美。1908年美国决定将庚子赔款之一部分归还中国,中国外务部即与驻京美使商定派遣游美学生办法。第八章:勤工俭学与留法。民国八年(1919)、九年间勤工俭学始盛。与勤工俭学最有关系的组织有留法俭学会、勤工俭学会与华法教育会。第九章:日本对华文化事业与留日各部特送留学。日本退还的庚款将用于在华办理图书馆、博物馆及精神科学研究所、自然科学研究所与补留学生等事。第十章:官绅游历贵胄游学女子游学。叙述官绅游历、贵胄游学及女子游学之源流发展。第十一章:留学资格与经费,第十二章:留学管理,第十三章:留学奖励,这三章全面考察了近代留学生的选拔制度、管理制度及任用制度等一整套运作机制。第十四章论述六十年留学指导思想的变迁。第十五章为总结之论。

《近代中国留学史》一书概括了近代中国留学问题的重要史实,运用大量翔实的统计数据,保存大批第一手资料,对于研究中国近代教育史、中外文化交流史及中外关系史均有重要的参考价值。

(周峥嵘)

晚明史籍考 谢国桢

《晚明史籍考》，二十四卷。谢国桢编著。初稿成于1931年，北京图书馆1933年初版。1964年修订后改名《增订晚明史籍考》，由中华书局上海编辑所出版，1981年上海古籍出版社重版。又有华东师范大学出版社2011年版。

谢国桢(1901—1982)，号刚主。河南安阳人。1925年入清华学校国学研究院学习。1927年任教于南开中学。后任北京图书馆编纂兼金石部收掌之事。1932年任教于南京中央大学，1937年任职于长沙西南联合大学图书馆。抗战期间，供职于北大史学系、图书馆，川帮大中银行。1946年供职于上海大中银行。1948年于昆明云南大学和王华书馆任教，次年于天津南开大学历史系任教。1957年后调任中国科学院历史研究所研究员。另著有《明清之际党社运动考》、《明末清初的学风》、《南明史略》等。

明末清初之际，史学发达，著述颇丰。至清乾隆时，严禁野史，使晚明史籍"复壁深藏"。民初以后，对晚明史料的收集整理开了风气。谢国桢在此基础上作晚明史料研究，曾先后发表《清初三藩史籍考》、《晚明流寇史籍考》和《清开国史料考》等文，后集成《晚明史籍考》一书。

本书搜辑明万历至崇祯以迄清康熙平定三藩事件时为止的史籍，收有这些史籍的目录和叙例，并加以考订，是一部资料丛编，共约八十余万言。增订本前有自序、凡例，后有《补遗》、《初版本朱希祖先生序》和《综合索引》。

卷一通记有明一代史乘，卷二、卷三为万历至崇祯之史籍，卷四、卷五为党社之史籍，卷六、卷七为农民起义之史籍，卷八为甲乙之际之史籍，卷九为总记南明史乘，卷十、卷十一为南明三朝之史籍，卷十二为鲁监国之史籍，卷十三为郑氏始末之史籍，卷十四为抗清义师之史籍，卷十五为清初三藩之史籍，卷十六为史狱之史籍，卷十七、卷十八为传记，卷十九、卷二十为文集题跋，卷二十一、卷二十二为杂记，卷二十三为明季史料丛刻及书目，卷二十四为宫词诗话小说传奇。

编者自言，是书体例"略仿杨凤苞《南疆逸史·跋》"，以时代先后为序，副之以事实内容性质的分类。全书以甲申为限分两个时期,每个时期先列总论通论之史乘,后据内容分列各类史籍。每类之中,亦据事项略分子目,即把内容相关、共叙一事的诸种史料按时间之次第一一排列。另外,因记南明建立各朝史事之书,多为传记体,故专列二卷。同样,其他文集题跋、杂记、明季史料丛刻及书目、宫词诗话小说传奇等,虽不属某一具体史事,但皆为某一专门类别,因此亦于最后分卷归类,将相关史籍罗列于其中。

本书考订各种史籍,先列书名卷数、版本所藏,写明撰者著录时代及籍贯;然后钞录此书之序跋、题跋、凡例;最后是编者按语,说明此书之内容及其价值。后两部分占篇幅的大部。

本书作者认真披览了梁启超、朱希祖、伦明、傅增湘、马廉等人及北平图书馆、故宫博物院图书馆、东方文化会、孔德学校图书馆、南京图书馆、辽宁故宫博物院、上海涵芬楼、吴兴刘承幹嘉业堂、海盐张元济涉园、平湖葛氏传朴堂、上虞罗氏殷礼在斯堂等十数处公私所藏的晚明正史稗乘,并傍及日本、朝鲜流传之书,将这些地方的晚明史籍过目登册,汇集成书,故而此书采撷甚广,网罗的晚明史部及野史稗乘较为完备。且类例分明而便于查检,考订精审而利于研读,资料价值很高。

柳亚子曾把《晚明史籍考》比作了解南明史料的一把钥匙:"要知道南明史料的大概情形,看了这部书,也可以按籍而稽,事半功倍了。"(《怀旧集·续忆劫中灰的南明史料》)。

本书的研究论著有商传《谢刚主师与〈晚明史籍考〉》(《明史研究论丛》第六辑,2004年)。

(吕　健)

中国社会史纲 吕振羽

《中国社会史纲》，全书原计划分四册或三册，第一分册《原始社会史》，第二分册《奴隶社会和初期封建社会》，以下分册未完成。吕振羽撰。《原始社会史》初名《史前期中国社会研究》，书成于1933年。1934年由北平人文书店出版，1943年桂林耕耘出版社署以《中国原始社会史》之名增订出版。《奴隶社会和初期封建社会》初名《殷周时代的中国社会》，书成于1934年。1936年由南京文化印刷社、上海不二书店先后出版，1946年出版修订本。1949年上海耕耘出版社分别以《原始社会史》和《奴隶社会和初期封建社会》之名作为《中国社会史纲》第一、第二卷合辑出版。1961年、1962年，三联书店分别将《史前期中国社会研究》和《殷周时代的中国社会》二书重新出版。

吕振羽(1900—1980)，湖南邵阳人。早年就读于湖南工业学校，曾参加北伐战争。大革命失败后，留学日本，返国后任《村治》编辑，创办《新东方》和《文史》杂志，任教于民国大学、朝阳大学和中国大学，参加了30年代的中国社会史论战，提出殷商奴隶社会说与西周封建说。1937年后赴湖南开展抗日救亡工作。1939年赴重庆，任复旦大学教授。1941年后在中共华中局高级学校等处工作。1949年后相继任大连大学、东北人民大学校长，中共中央党校教授，为中国科学院哲学社会科学部委员。著作另有《简明中国通史》、《中国政治思想史》、《中国民族简史》、《中国社会史诸问题》等。

《史前期中国社会研究》共十二章，凡二十余万言，前有李达序和作者自序。《殷周时代的中国社会》亦二十余万言，包含两部分：第一部分《殷代的奴隶制社会(前1766—前1122)》，分五章；第二部分《两周——初期封建制社会(前1122—前245)》，分三章。作者以马克思主义的社会发展史理论为框架，通过中国史和世界史的比较研究，划分中国史为下列连续发展阶段：传说中尧舜的时代为母系氏族社会，传说中的夏代为父系本位的氏族社会，殷代为奴隶制社会，周代为初期封建社会，由秦代至鸦片战争前这一阶段为变种的即专制主义的封建社会，由鸦片战争到现代为半殖民地半封建社会。作者特别强调社会发展的一般规律性,坚持人类社会历史发展是依据一元法则运动。

胡适和"疑古派"等人通过文献考据,认定根据东周以前确切的历史记载,科学的历史研究应起自商代。郭沫若当时对史前史作过初步探求。《史前期中国社会研究》则把中国历史的研究推向殷代以前悠久的传说时代。该书用地下出土遗物印证古文中的传说神话,勾勒出中国史前社会的发展轨迹,分析了各阶段的演进过程及其内部结构,考察其婚姻制度、社会组织以及图腾、都市、战争等各方面状况,对有巢、燧人、庖牺、尧、舜、禹、夏、商所属的时代及其所使用的工具都有所断定,填补了我国史前社会研究的空白。

奴隶制阶段在中国历史上存在与否,是20世纪30年代论战的一个重点问题。郭沫若首先确定中国存在奴隶制,但认为殷代为氏族社会。吕振羽《殷周时代的中国社会》指出,殷代虽无铁器,但根据冶炼遗址、冶炼技术和产品数量,可断定殷代有质量较高的青铜器,工艺亦颇精巧;农业已不是刍料的种植,而是一种盛大的农业经营;手工业专业化分工程度亦颇高;劳动者已有多余的生产品,商业和都市皆有所发展。殷代已出现了私有财产、阶级、国家。该书将甲骨文、《易卦》爻辞及其他文献中不同身份的人排成三个层次:属于奴隶主贵族阶级的天子、帝、王、公、侯、大人、君子、卿、史、巫、卜、邦伯、师长、吏等;属于种族内的下层自由民和市民的武人、邑人、行人、旅人、商、幽人、万民、庶群、畜民、小人等;属于被统治阶级的奴隶的刑人、臣、小臣、奴、奚、妾、役、牧、仆、御、童仆、侑等。"殷革夏命"即是从氏族公社制转为奴隶制的革命,商汤建立了奴隶主国家,政权的实际掌握者却是僧侣贵族,神权支配一切,战争的主要目的是掠取奴隶和征服异族。本书对奴隶的来源、婚姻制度、意识形态各方面进行了考察,论证了殷代社会的奴隶制性质。

本书还首创"西周封建说"。郭沫若认定西周是奴隶制,吕振羽则提出周原为殷属领,武王讨纣是一场象征奴隶制转向封建制的战争,从此开始了向封建庄园制的过渡,奴隶和平民转化为农奴。至周宣王时代,中央已完成了过渡,但黄河流域的其他封邦、南方与东南地区的封建化却经过一个更长的时期。直至春秋战国,封建制方取得绝对支配地位。西周至战国的初期封建社会,农奴(即民、庶人、众人、小人等)有小部分私田、用一部分劳动时间去耕种领主的公田,以劳役地租的形式向领主提供剩余劳动,还要向领主缴纳无定额的贡献,提供徭役和差役等。土地名义上归周王,实际由封建贵族阶级的领主占有。领主有内服外服之分,并逐渐构成下级对上级履行一定贡纳义务的封建等级制。该书还考索了周代的手工业、商业、高利贷、都市、意识形态诸方面情况,完整地阐述了"西周封建说"理论。

本书将传说、文献与考古成果相互印证、综合运用,认为:"从后代文字上的取材,无论出自真书伪书,都只有神话传说的价值:既一律当作神话传说看,当然未有真伪之别了。"(《殷周时代的中国社会·初版序》)他大量引用历年考古发掘的成果及中外学者的有关意见,充实其立论根据。该书依据文献记载将尧至商的地理分布情况整理首尾,再与考古发现对应排比,说明仰韶各期文化所指示的时代与区域恰好与传说相符,从一个方面解决了史前研究史料缺乏且真伪难辨问题。

《中国社会史纲》虽有公式化和粗略化倾向,但对先秦社会史的探索自成一家之言,是现代中国马克思主义史学体系的奠基性著作之一。朱政惠《吕振羽和他的史学研究》(湖南教育出版社,1992年)对本书有分析。

(王 浦)

中国民族史 吕思勉

《中国民族史》,一册。吕思勉著。1934年世界书局初版,收入《民国丛书》第一编。后有中国大百科全书出版社1987年版、东方出版社1996年版、上海古籍出版社2008年版《中国民族史两种》本、岳麓书社2010年版。

吕思勉(1884—1957),字诚之。江苏武进(今常州)人。毕生致力于文史研究与教学工作,历任东吴大学、光华大学、华东师范大学教授。在中国通史和断代史、民族史、制度史、学术史、史学史、文学史、文字学等方面均有著述。除本书外,主要有《白话本国史》、《吕著中国通史》、《先秦史》、《秦汉史》、《两晋南北朝史》、《隋唐五代史》、《中国民族史》、《先秦学术概论》、《经子解题》、《中国制度史》,以及《吕思勉读史札记》等著作编为《吕思勉文集》,由上海古籍出版社陆续出版。生平事迹见载于李永圻编《吕思勉先生编年事辑》(上海书店,1992年)。

《中国民族史》是我国第一部关于民族史的学术著作。全书共十三章,分别叙述中国境内十二个民族的源流。(一) 汉族。汉族为最初组织中国国家之民族,其语言、习俗、文化等,皆自成一体,一线相承。初居黄河流域,渐向长江、粤江流域发展,其奄有中国广大领域,定于秦、汉平南越开西南夷之日。(二) 匈奴。匈奴为与汉族有关系最早、最密者,公元前二世纪至一世纪,匈奴据今内外蒙古,为汉族之强敌。一世纪末为汉族所破,辗转西迁,直至欧洲为止,与汉族无甚交涉。四世纪之初,乘晋室乱而崛起,五胡十六国中胡、羯及后赵皆为匈奴所建,后遭冉闵屠戮而衰落,逐步与汉族同化。(三) 鲜卑。鲜卑似即古所谓条支,散居中国北部。秦汉时,则在今辽、热之间。公元前一二世纪之间,为匈奴所破,余众分保乌桓、鲜卑二山,鲜卑在匈奴之后。徙居匈奴旧地,遂大盛。至二世纪后半叶,与中原王朝相抗衡。三世纪末叶崛起,前后燕、西秦、南凉、拓跋魏、宇文周为鲜卑所立。至581年,隋代宇文周,鲜卑在中原割据之局结束,其族融化于汉族。公元十世纪之初,居于西辽河上游流域的鲜卑种落之一的契丹崛起,1125年为金所灭。(四) 丁令。异译作敕勒,亦作铁勒。地在匈奴及西域诸国之北。在鲜卑入内地后,雄踞汉南北。五世纪中叶,丁令分部之突厥代替柔然称雄,至七世纪初亡,继之者为同族回纥。八世纪初叶,回纥为黠戛斯破,弃汉南北,居河西及天山南路至今,而居于西方的西突厥,六世纪中叶为中国破,后又臣服于大食。元代,有部分入居中国。(五)貉族。古貉族居辽、热、河北之间。自燕开五郡,发展到东北,此族分支建国的有夫余、高句丽及百济。夫余亡于三世纪之初,高句丽、百济则成为朝鲜半岛之主人。(六)肃慎。肃慎在汉以后居于松花江流域。初服属夫余,后亦臣事高句丽。七、八世纪之间,因契丹叛乱,东走出塞,建渤海国,称为海东盛国。926年为辽所灭,1114年北部之黑水部曰女真者兴起,灭辽及北宋,奄有中国之半,后亡于元,其居长白山之一部四百年后兴起,是为清,其居黑龙江上游者为室韦,其别部唐时曰蒙兀,即后来之蒙古。(七)羌族。此族在今陇、蜀之间,及西康、青海、前藏之境,其分支东出,受汉族文化之熏陶最早者曰氐,三代时,即与中原有交涉。据河、湟肥饶之地,为中原王朝冲突者,为汉时之西羌。(八)藏族。南北朝时嚈哒据今于阗之地,其兵威远暨西亚。至突厥兴,为其所破。嚈哒系后藏民族之北出者。藏族所据地为湖水区域的后藏。藏族因所居之地闭塞、发展缓慢,信教之心极笃,蒙、羌两族,亦受其影响。(九)苗族。南方之族可分为三:其一曰苗,另为越、濮。苗族古称黎,汉以后称俚,亦作里,因其地居正南,古书多称为蛮。五帝时,苗族据今长江中流、洞庭、彭蠡之间,后为汉族破。周时,江域之地入楚。此族退居湖南,自汉以后,又沿洞庭流域西南退。(十)越族。江南、浙江、福建、广东沿海及部分湘、赣地区,古代皆为越族所据,且有深入川、滇者。(十一)濮族。此族后称猓猡,今称彝族。其地在苗族之西;贵州西境、云南东境、四川南境为其居住区,古代濮族曾深入北方,达今秦、豫之境。湖北西半也曾为其占据。(十二)白种诸族。白种人分布于葱岭以西,与中国关系较浅,但不乏往来。葱岭以东,亦有小部落的白种人分布。

通过对以上十二个民族源流的梳理,作者认为,中国历史上主要的民族可分为三派:匈奴、鲜卑、丁令、貉、肃慎是北派;羌、藏、苗、越、濮是南派;汉族居其中,不断与南北两派逐渐交流和融合。南派民族与汉族因矛盾缓和而融合也较缓慢,北派则与汉族矛盾激烈,融合也较迅速。先是匈奴,继而鲜卑(鲜卑、乌桓、奚、契丹)和丁令(突厥、回纥),最后是肃慎(金和清)。作者发表了不少创见,如认为夫余即是貉的后裔,藏族起源于嚈哒,原在于阗,彝族起源于濮等。

《中国民族史》一书广征博引,考证精当。正如陈协恭在序中所说,既能"贯串全史,观其会通",又能"比合史事,发见前人所未知之事实"。但因条件所限,作者对一些民族的风俗、习性的讲述和部分观点有一定局限性。作者本人在1952年写的《自述》中也说此书"考古处有可取,近代材料不完全,论汉族一篇,后来见解已改变"。

(周峥嵘)

客家研究导论 罗香林

《客家研究导论》，一册。罗香林撰。成书于1933年夏，同年11月初版。1992年上海文艺出版社据初版本影印，删去其中两幅插图附页及第九章，收入《中外文化要籍影印丛书》。

罗香林(1906—1978)，字元一，号乙堂。广东兴宁人。早年毕业于清华大学历史系。1943年与傅斯年等在重庆发起组织中国历史学会。1949年以后迁居香港。1964年任香港大学中文系主任兼东方文化研究所所长。另著有《中国民族史》、《唐代文化史》、《唐元二代之景教》、《百越源流与文化》、《中国族谱研究》等十余种。

《客家研究导论》系对客家文化作系统研究的专著。书前有撰者自序，除陈述成书经过外，列出有关客家研究的十二项课题，并揭示本书实属其中的第一项，即"就客家问题各个方面，作个统括叙述，使一般读者于这专题能有相当概念"。另有朱希祖、吴康序各一篇。全书正文八章，对客家发源、社会组织、生活习俗、文化模式、语言系统以及客家的族群分布、客家在历史中的地位等重要论题作了较为全面的探讨。

第一章《客家问题的发端》。追溯了20世纪30年代以前中外学者的研究状况。撰者将客家研究的发展分作三期，1868年至1904年为第一时期，1905年至1916年为第二时期，1920年至1930年为第三时期。并从族派系属及来源、语言、界说、文教、风俗等五个方面分析以往研究的成就及欠缺。文中提出了对后人影响很大的"客家界说"："这是就客家方言的成形及分布以建立的客家界说，此外从客家住地为方志所载其地户口宋时主客分列一史实观察，亦可推知客家先民的迁移运动在五代或宋初是一极其显著的事象，'客家'一名亦必于是时。是时，客家居地虽说尚杂有无数的主户，然而新种一入，旧种日衰，主户的言语日为客语所排驱，主户的苗裔亦渐渐为客家所同化，而失却其特殊的属性。"

第二章《客家的源流》。通过一系列族谱资料的引证，说明客家先民的主体是中原士族；并依次叙述了东晋永嘉之乱以来客家的五次迁徙运动，包括迁徙之前的居住地和迁徙路线。最后讨论了客家民系成形的年代及血缘问题。

第三章《客家的分布及其自然环境》。撰者"根据各地志书及谱牒,以及个人亲向客家人士访问所得的消息,与夫其他零星记载,以为排比的资料",从中统计出客家分布于粤、闽、赣、桂、湘、川、台等七省一百二十七县,其中纯客住县三十二个,非纯客住县九十五个。在此前提下,撰者依据二十年代的几个人口调查报告,分别列出纯客住县与非纯客住县的人口统计表,总计客家人口共一千六百五十四万八千多人,占当时全国人口的百分之三点七九。并补充说:"此乃初步粗略的估计,究之实际,客家人口或不止此数,然无论如何当未超过二千万以上。"此外,撰者还从地势、河流、气候、物产、矿藏五方面对客家居住的自然环境作了论述。

第四章《客家的语言》。列有《客家韵类表》、《客家韵部阴阳声同入表》、《广韵韵部客语分合表》、《客语声纽表》、《客语音素表》等,对客语的韵纽、呼调、语法、辞类及与古代各期语音的比较等,逐一作出分析,并对同时期学者的有关研究成果作了介绍。

第五、六章《客家的文教》。逐项分析了客家的爱国与保族的思想、普通信仰与特殊宗教、气骨与体面的观念、屋宇与祖坟的建筑、技击与械斗、学术、文艺、艺术等,对历代客家文人的诗赋辞章有录存,并列有《明末清初客家节义忠逸表》,颇具价值。撰者强调:"要想了解客家民系的所以构成,客家民系的活动景况,客家民系的将来趋势,都不能不注意客家文教的研究。"

第七章《客家的特性》。从客家家人各业的兼顾与人材的并蓄、妇女的能力和地位、勤劳与洁净、好动与野心、冒险与进取、俭朴与质直、刚愎与自用七个方面评价了客家人的独特性格。

第八章《客家与近代中国》。叙述了鸦片战争以后客家人在推动中国走向近代化历程中的贡献,着重论述了作为客家后裔的洪秀全太平天国起义、孙中山革命活动的成就与影响。

本书所考定之"客家界说",是对客家研究的主要贡献之一,但其中存在着较严重的失误,即视"主户"为土著,指"客户"为客家,把主客之分与土客之别混为一谈。以后撰者在1950年所作《客家源流考》,对此仍未予纠正。周振鹤《客家源流异说》(《学术月刊》1996年第3期)对本书所持客家五期迁徙说提出质疑。此外,由于受当时历史条件的限制,以及撰者缺乏充分的实地调查,书中提出的客家分布区域及人口统计,存在着程度不一的缺失,远非最终结论。当然,对此也不能苛求前人,因为在客家研究的这些基本问题上,至今仍未得出比较可靠的结论或统计数字。

作为20世纪30年代以前有关客家研究的集大成者,《客家研究导论》是我国第一部系统分析客家文化的力作,也是中华民族迁徙史和文化史研究领域的一项重要成果,至今仍不失其权威性,为客家研究的必读之作。

(张荣华)

太平天国史事日志 郭廷以

《太平天国史事日志》,郭廷以编撰。是书编撰始于1926年秋,前后五易其稿,至1933年成书。1934年春由国立中央大学排印。后复经四次修正,1937年春于上海付印,因抗日战争爆发,印刷延搁。1939年春重新排版,1946年由商务印书馆印行。1989年上海书店据商务印书馆1946年版影印出版。

郭廷以(1903—1975),字量宇。河南舞阳人。1926年冬毕业于东南大学历史系,1927年任国民革命军总司令部编史局秘书,继任中央党务学校编译部编译。1928年秋起,先后任教于清华大学、河南大学、中央政治学校、中央大学、中央干部学校。1949年去台湾,任台湾大学教授、台湾省立师范大学教授兼文学院院长。1955年任台湾"中央研究院"近代史研究所首任所长,1968年为该院院士。主要著作尚有《近代中国史事日志》、《太平天国历法考订》、《近代中国史》、《台湾史事概说》、《中华民族发展史》、《郭嵩焘年谱》等,并主持编辑了大型近代史资料丛刊。

民国初年,太平天国研究曾一度为学术界所重。是书编者费十年之功专治太平天国史,认为"要写太平天国史,必先把太平天国的史实,用比较的方法,考订其准确性;再按其时间的顺序,列举下来,以时间来统帅错综复杂的事实,俾便发现其因果或前置与后随的关系——然后可以着笔"(罗家伦序)。本书便是编者在这一指导思想下所撰成的。

《太平天国史事日志》以编年形式记载太平天国历史,附以捻军史事。起自嘉庆元年(1796),迄至同治七年(1868)。书前有罗家伦序及凡例、目录,另编有《要目》,依史事性质略加分排。

本书以时间先后为序,逐日编排史事。年、月、日中西历并举。本书内人名如系外人,即注明外文。考释文字以注的形式附于有关事项之后,并在目录中注明。

本书又有相当分量的附录文字。附录一《天历与阴阳历对照及日曜简表》,将太平天国历法与中、西历列表加以对照。附录二《太平天国人物表》。该表先解说太平天国爵职,而后列出《王表》、《国宗王宗表》、《侯表》、《丞相表》、《将表》、《检点指挥表》、《六等爵表》、《翼王部属》,实为详明的太平天国职官表。附录三《主要战役及将帅表》，将太平军与清军双方的主要战役概况及参战人员系列简要加以说明。附录四《清督师大臣表》。附录六《剿捻统帅表》。附录七《洪清两方洋将简表》。附录八《引用书目》。

本书编者多方搜集史料，参考书籍过五百种。中文部分有太平官书与总集、专集、当事人记述及其他原始资料、系统记述、杂刊、传记与年谱、地方志、期刊。征引西文共四十三种。编者注意到地方志中保存有太平天国史料，常为他处所不能见者之有价值记载，故编纂本书时参考了十七省三百七十四种方志。

本书注重考订，凡"材资去取，均经审慎考虑"（凡例）。所附注文往往比勘众多史料，引述各家观点，篇幅超过所系史事的数倍。编者用各种材料相互校正，来断定一事发生时日的先后。原拟每事注明所目，以备取证，后因事多彰著，各书互见，如逐一标引，太显冗繁。故本书一般不列材料出处。但遇有疑难，编者于注释之中详加说明；而不能决者，各种说法并存。附录的各种表、图，如《太平天国人物表》，除姓名外，还列人物籍贯、经历、生卒，并有附注，所收达一千余人之多，颇便查检利用。

由于成书时间关系，许多史料编者未及利用，书中考证亦有失当之处。但作为太平天国研究的工具书，《太平天国史事日志》确实达到了编者"节省具有才识德学之史家之精力时间"（凡例）的目的。

（齐　中）

近世中西史日对照表 郑鹤声

《近世中西史日对照表》，郑鹤声编。1934年成书。有1936年商务印书馆铅印本、1981年中华书局重印本。

郑鹤声(1901—1989)，字萼荪。浙江诸暨人。1924年毕业于东南大学历史系，入史地研究会，任《史地学报》总编辑。次年起陆续在云南高等师范学校、东陆大学、南京中央大学等校任教。1931年任南京国立编译馆专任编译兼人文组主任。1946年任南京国史馆纂修兼史料处处长。1949年后，任中国科学院中国近代史研究所研究员、山东大学历史系教授。精研史籍，著述颇丰，主要有《中国近代史》、《中华民国建国史》、《汉隋间之史学》、《中国史学史》、《重订司马迁年谱》、《班固年谱》、《中国史部目录学》、《中国文献学概要》(合著)、《郑和下西洋资料汇编》(合编)等。

我国史籍多用甲子纪日，时序检核，颇费精力。且历数屡变，推算尤为困难。明末以后，海航大通，中西史日之对照，其用更繁。因此，郑氏编成《近世中西史日对照表》书稿，供治史者使用。

《近世中西史日对照表》是阅读明、清各朝实录和《东华录》时参考用的历表类工具书。首郑鹤声自序、例言，后为表。全书由三部分组成：一为《近世中外年号纪元对照表》，列中国、日本、朝鲜三国年号、公元、甲子及距民国年数。二为《近世中西史日对照表》，乃此书之主体，表起明武宗正德十一年(1516)，迄民国三十年(1941)，凡四百二十六年。以公历为主，每年二页，每页六格，每格为一月，首行记公历月份，括号内注明阴历月份，次记阳历日序、阴历日序、星期、干支(节气附内)。三为《太平新历与阴阳历史日对照表》，每页六格，每格乃一月，每格又分五行，首列太平新历月份，并附阴阳历月份，次记太平新历日序、干支(附节气)、阴历日序、阳历日序。

中西史历不一，为治史带来极大不便。近世以还，研究中西史历换算者不乏其人，研究成果亦颇为丰硕，如陈垣《中西回史日历》、薛仲三等《两千年中西历对照表》、高平子《史日长编》、寿孝天《五千年间星期检查表》等。郑氏《近世中西史日对照表》为此类历表名作，且别具特色。

一、时限较近。历表换算、查考中西回历年月日的时间有长有短，陈垣《中西回史日历》、薛仲三等《两千年中西历对照表》包括时间从公元元年至 2000 年,共二千年;高平子《史日长编》从汉高祖元年(公元前 206)到民国十八年(1929),凡二千一百三十五年;寿孝天《五千年间星期检查表》起公元元年至 5000 年,共五千年。而《近世中西史日对照表》仅四百二十六年,以葡萄牙人剌匪尔别斯特罗(Rafael Perestrello)于明正德十一年(1516)来华为始,体现了关于"欧洲船舶入中国之始,亦即近世史之肇端"(例言)的学术观点。

二、针对性强。一般历表都以研究中国史推算公元年月日而作,《近世中西史日对照表》则专为研究《明实录》、《清实录》、《东华录》以及太平天国史而编,适应面相对狭而专。清顺治元年前历法实行《大明历》,二年始行《大清历》,《东华录》记载顺治元年前以《大明历》大统术为准,元年后以《大清历》(《万年书》)时宪术为准,故《近世中西史日对照表》针对《东华录》的编纂特点以《万年书》时宪术为标准。太平天国发令纪事,俱依《太平新历》。《太平新历》乃阴阳历损益杂糅而成,其年月日与阴阳历有异。《太平新历与阴阳历史日对照表》明晰其间差别,指出相互对应年月日,为读研究太平天国史所必用。

三、体制细密。历表大都以阳历为纲,注明相应的中历年月日,或以阴历为衡,以阳历、干支、星期为权。此书除沿袭正规编制方法外,还附入节气,在每页侧注明清纪年与公元年数,与陈垣《中西回史日历》有出入的也在有关的页边标明。全书体例清晰而合理,四百二十六年间的中西历日子、星期、干支、节气、年号,一检即得,使用便捷。

《近世中西史日对照表》是一部研治清史、太平天国史必备的参考书,颇有实用价值。虽然它涉及的年代不如其他历表长,但体制精当,对后来的历表编制有相当大的影响。

(巴兆祥)

中国地方志综录 朱士嘉

《中国地方志综录》,三册。朱士嘉编。成书于1935年,后有续补。有同年商务印书馆本及1958年增订本。

朱士嘉(1905—1989),字蓉江。江苏无锡人。1932年毕业于燕京大学,获硕士学位,任辅仁大学讲师,继为燕京大学图书馆中文编目部主任。1939年受美国会图书馆之聘赴美,任该馆东方部中文编目主任,从事所藏方志整理工作。次年,被聘为西雅图华盛顿大学远东系副教授。1950年7月回国,历任武汉大学历史系教授兼图书馆馆长、湖北省文史研究馆副馆长、馆长、名誉馆长,兼任湖北大学教授、湖北省政协文史资料委员会副主任、中国地方志协会副会长等。编著另有《官书局目汇编》、《美国国会图书馆藏中国地方志目录》、《宋元方志传记索引》、《美国迫害华工史料》、《十九世纪美国侵华档案资料选辑》、《中国旧志名家论选》,合作编有《中国地震资料年表》、《中国天象记录总表》、《中国天文史料汇编》、《中国地方志联合目录》等。

方志有专目始于清初徐氏传是楼藏《天下志书目录》和乾隆中周广业《两浙地方志录》。20世纪二三十年代,何澄一、谭其骧、万国鼎等相继编《故宫方志目》、《国立北平图书馆方志目录》、《金陵大学图书馆方志目》等。朱士嘉受其影响,大学毕业后即以系统了解全国方志收藏为志,先后调查了国立北平图书馆、北平故宫博物院图书馆、上海东方图书馆、浙江天一阁、嘉业堂、美国国会图书馆、哈佛大学图书馆、日本图书寮和内阁大库等五十余家国内外公私立图书单位的方志收藏情况,遂编成《中国地方志综录》。后又继续征访,陆续搜集七百三十种方志,辑为《补编》发表于《史学年报》二卷五期(1938)。1949年后,全国各图书馆收购或接管了许多地方志,其中约有七百多种为《综录》和《补编》所缺。故1955年起,编者查访了国内二十六家图书馆,征集到《上海徐家汇天主堂藏书楼方志目录初稿》等二十八份方志目录,对原书作了核对、充实,写成增订本。

《中国地方志综录》是一部地方志的综合书目,为馆藏方志专目的集合体。此书1935年版,首有顾颉刚序、自序、凡例,末有附录,收录志书五千八百三十二种,九万三千二百二十七卷。依清代行政区划,列表著录省志、府志、州志、厅志、县志、乡镇志的名称、卷数、纂修者、编纂时间、版本、庋藏和备考。备考或记复本,或注古今地名,或述装订形式。附录有《宋代地方志统计表》、《元代地方志统计表》、《明代各布政使司地方志分类统计表》、《明代各布政使司地方志分类统计总表》、《明代地方志分省统计表》、《明代地方志分类统计表》、《清代各省地方志分类统计表》、《清代各省地方志分类统计总表》、《清代地方志分省统计表》、《清代地方志分类统计表》、《民国各省地方志分类统计表》、《民国地方志分省统计表》、《民国地方志分类统计表》、《历代各省地方志分类统计表》、《历代地方志分类统计表》、《历代地方志分省统计表》、《馆藏方志种数统计表》等十七种,以及十五幅方志统计图、《民国所修方志简目》、《上海东方图书馆所藏孤本方志录》、《国外图书馆所藏明代孤本方志录》、书名索引。

本书增订本篇目依次为自序、凡例、正表、附录、补遗、参考书目、索引,共著录全国四十一个图书馆现存方志七千四百十三种,十万九千一百四十三卷,较原书更正错误一千二百余条,多收志书一千五百八十一种,一万五千九百零六卷。体例如前,稍事更张。全书以现行政区编排分录,各省方志则依《清一统志》次序排列。纂修人有二人者,第一人为主修,第二人为总纂;如主修、总纂各二人或其中一个有二人,则加圆点以示区分,不再注"修"、"纂"字。方志版本在清以前多为刻本,民国多为铅印本,一般不注。清之铅印本,民国之刻本,则注明。一志有数种不同版本,版本间加点。修年与刻年相差时间较长的,标出修年。藏书栏列二十八个收藏方志丰富的单位,其他图书机构有藏,则于备注栏说明。此外,如有稀见方志、志书有缺卷、政区古今异名,也于备注中予以注出。附录有二,一是国民党运往台湾方志稀本目录,计二百三十二种;二是美国国会图书馆藏中国稀见方志目录,计八十种。补遗补入方志近百种。索引较原书增加了人名索引,书名索引改四角号码为笔画排列,以利检索。

《中国地方志综录》是第一部反映全国现存志书的馆藏联合目录。其编辑方法发前人所未发,体例之精、规模之巨前所未有,多为后人所仿效。

有关《中国地方志综录》的研究著作,有来新夏《中国地方志综览(1949—1987)》(黄山书社,1988年)等。

(巴兆祥)

奉天通志

《奉天通志》,二百六十卷,首一卷。成书于1934年。1937年刊行铅印本一百册。1982年,《东北文史丛书》编辑委员会据辽宁省图书馆藏稿本标点,另列《勘正表》分附各册之后,由沈阳古旧书店发行。

清光绪三十三年(1907),东北地区正式划分为奉天、吉林、黑龙江三省。时徐世昌即令三省各修通志,1921年省当局亦有修志之议,皆因故中辍。至1927年,始于沈阳故宫文溯阁成立奉天修志馆,分设总裁和正、副馆长,吴廷燮等六人任总纂,于省吾等十八人为纂修,另有分纂、徵访十余人。初拟书名《辽宁通志》,并刊《辽宁通志总章拟目商例》一册,仿《吉林通志》、《新疆通志》例,拟目二十有一。"九一八"事变后,书稿散失不少,遂由金毓黻再事纂辑整理,费时二载而成。

《奉天通志》卷首有甲戌十月叙、职名、凡例各一篇。正文卷目为:卷一至五十大事志,卷五十一至五十八沿革志,卷五十九至六十六疆域志,卷六十七至八十六山川志,卷八十七至九十六建置志,卷九十七至一百礼俗志,卷一百零一至一百零六氏族志,卷一百零七至一百零八田亩志,卷一百零九至一百十二物产志,卷一百十三至一百二十一实业志,卷一百二十二至一百四十一职官志,卷一百四十二至一百四十四民治志,卷一百四十五至一百五十三教育志,卷一百五十四至一百六十选举志,卷一百六十一至一百六十七交通志,卷一百六十八至一百七十二军备志,卷一百七十三至二百二十二人物志,卷二百二十三至二百五十二艺文志,卷二百五十三至二百六十金石志。全书叙事断限,上迄周秦,下迨清末,其中有不易分者亦叙至民国。

本书征引典籍庞博,将两千余年有关史料尽力网罗,并对当时奉天省各类状况均作采访调查,可称资料丰富,记载全面。如历修《盛京通志》以明代史事多涉时忌而少有记载,是书则就《辽东志》、《全辽志》及《明实录》中尽力搜补采辑;《盛京通志》未及详载乾隆以后清代史实,是书亦据《清实录》等书多所辑补。各志叙述采自前人志书或史籍者,皆注明出处;记载出自各乡土志或各署档案者,亦均予注明。

本书修纂之人,皆知名学者或对辽宁地区历史、地理颇有研究的专家,故全书考订确凿,编排得体,将两千余年辽宁地区重大事件与历史人物生平事迹大致网罗在内,使《奉天通志》成为研究辽宁地方史的必读之书。

　　《奉天通志》初刊时,东三省业已沦陷,修纂人员亦作星散,是书因以审校草率,漏略讹误不一而足。点校本所附勘正表对此多有纠正,颇资参考。

(张荣华)

历代人物年里碑传总表 姜亮夫

《历代人物年里碑传总表》,姜亮夫编。成书于1937年,同年商务印书馆出版。1959年中华书局出版修订本,易名《历代人物年里碑传综表》。

姜亮夫(1902—1995),原名寅清,字亮夫。云南昭通人。清华大学研究院毕业。先后任大夏大学、暨南大学、中国公学、复旦大学教授。1935年赴法国巴黎大学进修,两年后回国。历任云南大学教授兼文学院院长、昆明师范学院教授、浙江金华英士大学教授兼文学院院长、云南教育厅厅长、杭州大学教授等。另著有《夏殷民族考》、《张华年谱》、《陆平原年谱》、《中国声韵学》、《瀛涯敦煌韵辑》、《屈原赋校注》、《楚辞书目五种》、《陈本礼楚辞精仪留真》、《昭通方言疏证》等。论著由后人辑为《姜亮夫全集》(云南人民出版社,2002年)。

1929年前后,姜亮夫设想仿裴松之《三国志注》之例为各史作注,翻读历代碑刻及唐以后文集中的碑传,"摘录标题与姓氏生卒,以为备检之用"。两年后,编成《历代碑传集总目》。又以清钱大昕以来诸家疑年录可补者实多,遂把生卒年可考者摘出,别为《六续疑年录》。1933年由沪赴河南大学任教,把钱大昕、吴修等诸家疑年录和自编《六续疑年录》合钞成册,"以为案头翻检之书"(《补订历代人物年里碑传综表序例》)。1935年又补入吴荣光《历代名人年谱》、梁廷灿《历代名人生卒年表》、张惟骧《疑年录汇编》等著述中材料,遂整理成书。

《历代人物年里碑传总表》是一部稽查中国历史人物生卒年、籍贯及碑传情况的工具书。虽继钱大昕、吴修、钱椒、陆心源、张鸣珂、闵尔昌等之后而作,但在文献学史上仍有较突出贡献。

一、体例周备。《总表》吸取钱大昕、吴荣光、梁廷灿诸家著作之长,依年代列表,记载秦迄民国二十四年(1935)人物的姓名、字号、籍贯、岁数、生卒年和出处。收录标准为,唐以前生卒年可考者一律收录,宋后则加选录,明清以后则征选加严,清尤甚。生卒年不仅记国号、帝号、年号,而且载年数、干支、公元。备考不仅录资料来源,而且记问题考证。"一以明其源,兼以备学人之检讨也。其为钱氏以来诸家所考订者,亦一并求其本源,一一注明"(《总表序例》,下引文同)。

二、收录人数多，范围广。考人物年里创于钱大昕，后续者不断，但著录数量和范围十分有限。钱大昕、吴修等六种疑年录所收人物，总计不过三千七百余人。号称丰富的张惟骧《疑年录汇编及补录》和梁廷灿《历代名人生卒年表》，也只有三千九百二十八和四千人。是书"凡有一德之足以影响一方，一事之动关当世治乱，一艺之足以传于后世者，皆在当录之例"，共收人物一万二千余，皆数倍诸家之书。

三、取材广泛而宏富。《总表》征引材料不仅包括钱大昕以来各种疑年录，如吴修《续疑年录》、钱椒《补疑年录》、陆心源《三续疑年录》、张鸣珂《疑年赓录》、闵尔昌《五续疑年录》和作者自编《六续疑年录》，以及吴荣光《历代名人年谱》、梁廷灿《历代名人生卒年录》、张惟骧《疑年录汇编》等，且"多采自汉、唐以来各家文集中之碑传以及杂史金石笔记之属，而时贤未刊之稿，及寒斋所藏新出碑拓所取亦颇夥"。凡正史无专传、文集中未见碑传的，多据《通鉴》、《续通鉴》诸书。清光绪以来人物，多采《申报》、《东方杂志》、《国闻周报》等报刊。而作者"见之贤达，知之不误者，亦录之"。后人为先贤补作的传记，也在所收之列。有关人物年里之资料，凡能见到的，几无不取。

四、融表、索引为一体。《总表》以人为经，以字号、籍贯、生卒年为纬，附姓名四角号码、笔画编排索引，方便查索。同时，备考栏注明人物传记出处，为进一步查阅、研究有关人物原始资料提供了线索。它具有生卒年表、人物传记索引双重功用。

《总表》的主要缺陷，一是查考尚有不周。如王士禄与王西樵，王兰生与王交河，因名号而误分为两人。张履、张生洲，以前后更名而误为二。王佐、于成龙，以姓名相当误名。二是字号、籍贯、年龄、生卒等有不少脱略，尤以生年为多。

1959年修订本纠正了《总表》之误，增加了新材料，删去了帝王、闺秀、高僧三表。收录的下限亦改为民国八年(1919)。人物编排，生卒年全的，以生年排；只知卒年的，按卒年列。姓名索引去掉四角号码，保留笔画，并于姓名后注明生年与卒年，以提高利用价值。2001年收入《姜亮夫全集》第十九卷，由编者门人昝亮参考汪宗衍《疑年偶录》等相关资料，增补改动重书、缺误、错简等例数百处，索引也做了相应调整，并据1937年版恢复了帝王表与高僧表，为二表编制了笔画索引。

（巴兆祥）

中国目录学史 姚名达

《中国目录学史》，姚名达著。成书于1937年。1938年商务印书馆将其列入王云五、傅纬平主编的《中国文化史丛书》第二辑出版。今有上海古籍出版社2002年版。

姚名达(1905—1942)，字达人，更名显微。江西兴国人。毕业于清华大学研究院，曾任商务印书馆编辑兼特约撰述。1934年起，任复旦大学、暨南大学教授，1940年改任国立中正大学史学系教授。1942年7月7日，在江西与日军搏斗，旋遇害。另著有《刘宗周年谱》、《程伊川年谱》、《目录学》、《中国目录学年表》等。

《中国目录学史》系近人所著第一部中国目录学专史，是有关中国目录学历史与概况的学术专著，除篇前自序外，共计十篇，篇下分目。

《叙论篇》系全书导论。概述何为目录、何为目录学，介绍目录的种类与目录学的范围，说明著者对中国目录学史特点的认识及安排本书架构的意图。

《溯源篇》推究目录的渊源，追溯上古典籍与目录之体制，着重分析刘向、刘歆父子对目录学的贡献。举凡书籍之产生、传述、整理、校勘、写定、分类、编目以至插架，该篇莫不推寻其原始状态，混合叙述；不似后此各篇以主题为纲领，分门别类加以叙述。

《分类篇》篇幅约占全书的四分之一，主要内容是研究中国古代的各种图书分类法。对《七略》、类书、《中经簿》、《七志》、《七录》、《隋书·经籍志》的分类方法，及《隋志》以后闯出四部牢笼的十几种分类法，《隋志》以后对四部分类法的修正与补充，都有较为翔实的阐述。该篇的最后部分介绍了近人对新分类法创造的尝试、西洋近代分类法的四大派别以及杜威的十进法。

《体质篇》勾勒了中国编目方法的演进过程。著者将构成目录的各部分内容称作"体质"，对目录是否应包括"解题"、"检字引得"等内容作了分析。最后简述几种变形的目录形式，如辞典、年表。著作自认为《分类篇》及《体质篇》系全书最为重要者，"欲知中国目录学之主要精神，必亦于此求之"（《叙论篇·目录学史之组织》）。

《校雠篇》论述了古代校雠与目录之间的密切关联,并分别就汉、魏吴两晋、南北朝、唐、宋、元、明、清各个阶段校书过程中与目录学史相关的内容作了探讨。

《史志篇》论述各时代史志中专录文献书目的部分及有关的目录专著,凡正史艺文志之来源,后世补志之纷起,莫不加以评骘。

《宗教目录篇》论述佛教、道教、基督教文献目录,大体以书名为主,类似解题。因宗教目录向为正统的目录学家所不道,知者尤鲜,故该篇考证稍详,篇幅较长,其中佛教目录占绝大部分。

《专科目录篇》说明专科目录的作用及其源流,分别介绍中国古代专科书目的编制情况,溯古详今,侧意提倡。这些专科分别是:经解、译书、哲理、宗教、文字、教育、社会科学、自然科学、应用技术、艺术、文学创作、地理、金石、历史、国学论文。其中宗教目录仅介绍现代学者对此的研究情况。

《特种目录篇》界定特种目录与专科目录之分野,确定特种目录为"性质特别而又不限于一科者",如丛书、个人著作、地方著作、禁书、刻书、阙书、版本、善本、敦煌写本、举要、解题、辨伪等种类的书目,然后就上述各种目录逐一介绍。

《结论篇》略陈著者对于中国古代目录学及现代目录学之感想,提出对于将来目录学之希望。著者认为,"我国古代目录学之最大特色为重分类而轻编目,有解题而无引得"。而"现代目录学,粗视之,若大反古代;细察之,则古代之遗毒未及尽祛,而其优点已丧失矣"。因此希望"依事物而标题"、"精撰解题",提倡书库目录与阅览室目录分家,书库目录可依学术排列,阅览室目录当循事物之主题编制。

著者曾取自古至今有关于目录学的零星史事,依年代先后逐件系年,编成《通纪篇》。原拟系于本书《溯源篇》后,因数量太多,易名《中国目录学年表》单独成书。这一资料长编性质的工作虽费时最多,却使本书建立在"逐书考察其内容、逐事确定其年代、逐人记述其生平"的坚实基础之上,进而提出一些新的论点,如认为《诗》、《书》皆丛书,《隋志》四部分类源出《七略》、《七录》而非继承荀勖、李充,佛经之《旧录》及《别录》即支敏度之《经论都录》及《别录》;认为目录必兼解题与引得而有之,丛书必须拆散而不应合入总类,文集如不作分析目录则宜改入总类等等。这些论点尽管存在可商榷之处,但毕竟可成一家之言。

著者认为在中国目录学史上,各个时代并无特别的差异,因此用断代法给每一朝代强立名义反而不妥。本书的撰写不取此法,不以时间顺序对中国目录学史作纵向的描述,而是横向地取若干主题,通古今而直述,使其源流毕具,一览无余。但这种叙述法亦存在一些问题,如同一事件分散在各题之中,不能识其全貌。又如各题各篇时代不明,先后倒乱,忽古忽今。但两者权衡,考虑到目录学史的特点,本书的编撰形式能较好地适应内容。

据作者自序,本书存在两大病:其一为"剪裁之失均",如详究佛经目录而忽略藏书目录,讲述分类而忽略编目,甚至同于特种目录篇中亦各有详略,每无理由之可陈。其二为"精懈之不等",有时专读一书,兼旬弥月,有时片刻之间,涉猎数部,初则每书必目击心知,后则竟至于望名生义。

(齐　中)

伪书通考 张心澂

《伪书通考》，上、下册。张心澂编著。商务印书馆1939年初版（有上海书店出版社1998年重印本），1955年出版修订本。

张心澂(1887—1973)，字仲清，广西临桂（今属桂林）人。入京师大学堂译学馆主修英语，卒业后任职于清邮传部和民国交通部。除本书外，还著有《中国现代交通史》、《交通会计》、《铁道会计》、《银行新会计教程》等。

伪书是指作者隐匿本名而托名前人的作品。在中国古籍中，有原作者已无考而托名于前人的，有成书较晚而相传为前代著作的，有原书已佚而后人有意作伪的。考订伪书的作者或著作时代，即"辨伪"，对辨明古代学术思想的真实面貌有很大作用。自宋以来，已出现了许多辨伪专著，如姚际恒《古今伪书考》、胡应麟《四部正讹》等。张心澂在此基础上，搜集其他书籍的辨伪之说，汇编而成《伪书通考》。

《伪书通考》（修订版）共分七部分，前有修订版序和例言，后附索引。凡十万余言。所辨之书共计一千一百零五部。

第一部分《总论》。阐述以下十个问题：为什么要辨别伪书；伪的程度；伪书的产生；作伪的原因；伪书的发现；伪书的范围；辨伪的产生；辨伪的规律；辨伪的方法；辨伪的条件。

第二部分《经部》。考辨下列各类伪书共八十八部：易类二十三部、书类八部、诗类七部、礼类十四部、春秋类九部、孝经类四部、经总类三部、四书类九部和小学类十一部。

第三部分《史部》。考辨下列各类伪书共九十八部：正史类四部、编年类五部、纪事本末类一部、别史类五部、杂史类三十一部、传记类十五部、地理类二十二部、职官类三部、政书类十部和史评类二部。

第四部分《子部》。考辨下列各类伪书共三百二十四部：儒家类二十六部、道家类十九部、墨家类二部、法家类五部、名家类三部、兵家类十七部、农家类五部、医家类二十一部、杂家类五十九部、小说家类六十一部、历算类六部、术数类五十一部、艺术类十八部、谱录类八部和类书类二十三部。

第五部分《集部》。考辨下列各类伪书一百四十五部：楚辞类一部、别集类四十三部、诗集类二十一部、词曲类二十一部、总集类三十六部和诗文评类二十三部。

第六部分《道藏部》。考辨下列道教类伪书共三十三部：洞真类七部、洞玄类一部、洞神类十四部、太清类一部、太平类一部、太玄类八部和正一类一部。

第七部分《佛藏部》。考辨下列佛教类伪书共四百十七部：晋世类二十六部、梁世类八十五部、隋世类一百五十三部、唐世类一百四十五部、宋世类二部、明世类一部和近世类五部。

《伪书通考》列入的伪书（含已佚亡之书）包括以下几种：全书伪造；部分伪造；发生过伪造之疑问；本非伪造而撰人或时代被误认。对于每一种属于以上范围的书，编者先列书名和卷数（或篇数），后分别标以"伪"、"有伪作增入"、"疑伪"、"误认撰人"等结论，然后把搜集到的古今人对于这一书籍的辨伪之说，或驳议批评他人或辨其不伪的话，按时代先后为序加以列举（如某书辨伪之专著已佚亡，或未能竟得而无从摘录，则只列书名），并一一注明出处（从他书所引者得来的，无从或未及查明原书，则亦注明某书所引），编者自己的见解则以"心澂按"的形式列于各说之末。间或对于某说中某语有意见者，就在某语下加括弧，列"澂按"之语。同时，编者还说明伪书的撰者和一些与书籍真伪有关的撰者真伪的考辨文字。

《伪书通考》收罗材料极其广泛，下限直至近人著作及论文。它以书名为纲，把其他书中有关的诸辨伪之说加以征引罗列，极有资料价值，是伪书考辨的集大成性著作。《伪书通考》的分类亦吸取中国古代书籍分类法，查检翻阅颇为便利。但对一书的真伪判定不能说绝对无误，近年地下发掘的新发现又表明，一些过去已认定为后世伪作者，在很早以前就已成书。《伪书通考》的结论大都据各名家所考证认定，博采诸家辨伪之说而加以总结，因此，学者在了解一书真伪情况、参考有关考辨材料时，一般都要利用到它。

1984年学生书局有郑良树编著的《续伪书通考》（三册）出版。

（王　浦）

中国近代史 蒋廷黻

《中国近代史》，一册。蒋廷黻撰。1938 年作为《艺文丛书》之一由艺文研究会出版。1955 年台湾启明书店重印，改名为《中国近代史大纲》。1987 年岳麓书社仍以《中国近代史》书名收入"旧籍新刊"排印出版，后有多种单行本。

蒋廷黻（1895—1965），湖南宝庆（今邵阳）人。1912 年留学美国，先后于派克学院、奥柏林学院学习，1919 年入哥伦比亚大学学习。1921 年以观察员身份参加华盛顿会议。1923 年获哲学博士学位。回国后任南开大学历史学教授。1929 年任清华大学历史学教授兼历史系主任，以研究外交史、近代史驰名。30 年代初提倡"大专制"而后才能实现政治民主的主张。1932 年与胡适等创办《独立评论》。1936 年至 1938 年 2 月任驻苏大使。1945 年任国民党政府出席联合国大会及安理会代表。后去台湾。病逝于纽约。主要著作尚有《最近三百年东北外患史》（与《评〈清史稿·邦交志〉》、《琦善与鸦片战争》同收入岳麓书社版《中国近代史》）和《近代中国外交史资料辑要》、《蒋廷黻回忆录》等。

《中国近代史》概述鸦片战争至抗日战争前中国的历史，凡四章二十三节（岳麓书社版删去最后一节），前有《总论》。

《总论》中指出，中国近代之所以是一个特殊时期，在于中国遇到了"那个素不相识而且文化根本互异的西方世界"，"到了十九世纪，西方的世界已经具备了所谓近代文化，而东方的世界则仍滞留于中古，我们是落伍了"，于是近百年中华民族的历史就成了中国人尽快地追赶西洋人的历史。

从这一角度出发，本书认为，鸦片战争之所以失败，是因为我们的军器和军队是中古的军器和军队，政府也是中古的政府，人民，连士大夫阶级在内，都是处于中古时期的，因此中国人对西洋的看法仍停留于中古社会对夷人的看法。蒋廷黻把琦善等视为抚夷派，认为他们"把中外强弱的悬殊看清楚了"，"是不足责的"；而把林则徐视为剿夷派代表，颇多责难，认为他们不明强弱之势。剿夷与抚夷之争的结果虽是剿夷派的崩溃,但为了得到一个对待西洋的新的正确的态度,"民族丧失了二十年的光阴"。

对太平天国运动,本书目之为中国旧社会"一乱一治"的"循环套",认为洪秀全企图建立新朝但没有成功,而曾国藩却"从艰难困苦中"拯救了旧社会和旧文化。中国开始从"中古"状态解脱出来,经历了一个从国防工业近代化到民用工业近代化以至教育文化、政治制度近代化的过程。本书认定洋务运动是近代化的起步,从洋务派的"自强"运动起,"步步向前进"。但民族的惰性,使民族接受西洋文化受到极大阻碍,使洋务运动这一本不彻底的自强运动更不彻底,最后归于失败。同时士大夫"轻举妄动"地处置中外关系,终于使中国沦于瓜分的厄运。

本书把康有为所领导的变法运动视为继洋务运动之后"我国近代史上救国救民第二个方案",但"因为西太后甘心作顽固势力的中心"而变法维新依旧失败。蒋廷黻把"义和团运动"看作"我国近代史上第三个救国救民的方案",认为"这个方案是反对西洋化、近代化的",是与第一、第二方案方向相悖的历史倒车,故亦未能"复兴民族"。本书认为只有孙中山的民族复兴方案才是真正的中国近代化的方案,从康有为变法至孙中山革命,中国终于扫除了清统治这一民族复兴的障碍。以后经十五年的军阀割据,中国仍问题重重,但蒋廷黻最后对于"抗战救国"必将实现仍具有信心。

《中国近代史》是以文化史观研究中国历史的著作,它以中西文化的冲突和中国中古文化的"西洋化"作为解释中国近代史的线索,颇能代表当时"全盘西化"主张者对中国近代史的认识。全书虽仅五万余字,却能抓住重大事件和人物,以点带线,融会贯通,勾勒出近代中国的轮廓。由于作者专长外交史,有较丰富的国际知识,故对近代许多事变的国际背景能作出明确的交代,指明其中的错综关系。《中国近代史》虽然引用史料不多,但仍插入一些掌故,给人以形象感。本书的文笔简洁流畅,以较通俗的笔调描述历史过程,但又不失其学术性。

作者把帝国主义列强的经济侵略比作人不可缺少的"水",过高地估计西方帝国主义对中国近代化所起的作用,而忽视西方对中国的经济压榨和政治渗透给中国近代化造成的阻碍。本书鼓吹"全盘西化",把中国的近代史等同于资本主义化,不无偏颇,但在对近代中国认识方面仍是一种代表性论著。

(王 浦)

中国通史 周谷城

《中国通史》，上、下册。周谷城撰。1939年上海开明书店初版，后多次重印。1957年上海人民出版社出版修订本，第二次修订本仍由该社于1981年出版。

作者生平事迹见"中国政治史"条。

《中国通史》系撰者在暨南大学授课讲义的基础上增订而成，全书约八十万字。记述自远古至20世纪20年代的中国历史，试图通过对一系列重要的历史事件、历史人物和文明成就的介绍和评价，从中发现中国社会和中华民族发展的基本线索及规律。书前有撰者《弁言》和《导论》，其中标举本书写作的指导思想是"历史完形论"，即主张历史学是研究人类过去之活动，分解此活动之诸因素，寻找出诸种因素之间必然的不可移易之关系，明白人类活动是客观的独立存在，尊重历史的客观性，维护历史自身的完整性。撰者进而阐述了"完形的通史"的标准："维护完形之通史，其文章之内容应与其有意义之题目相符合；诸有意义之题目所代表的诸事情，应该彼此相关联。事情与事情之联系，反映为文章与文章之联系；文章与文章之联系，反映为题目与题目之联系。倘标题全无意义，那便不能表明文章内容之彼此相关，而显示着历史自身之完整性了。"本书大致依编年顺序分四篇记述。

第一篇《古代史》，含"原始社会史"与"古代史"两部分内容。原始社会史由五个发展时期所构成："中国猿人文化期"、"河套文化期"、"山顶洞文化期"、"仰韶文化期"、"龙山文化期"。撰者认为《礼运篇》描述的"大同"社会，基本反映了原始社会的情形。"古代史"包括夏、商、周、秦、西汉五个朝代，时限自公元前21世纪至公元9年，其中又以公元前722年为限分作前后两大阶段。整个古代史的发展过程主要就是奴隶与奴隶主斗争的过程。

第二篇《中世前期》，时限自公元9年至959年。撰者在此提出了有关中国古史分期的一种见解，即封建社会的开端在王莽元年（公元9年）。在本时期中，封建制在东汉得以确立，并经过魏晋南北朝的民族大融合及南方经济的大发展，至唐代时期封建政治、经济和文化发展皆臻鼎盛。

第三篇《中世后期》，记述时限为公元 960 年至 1840 年，为中国封建社会的持续时期。本时期历史发展主要特征是种族之间的斗争趋于激烈，如宋代与西夏、辽、金的对抗，蒙古族和满族先后入主中原等。

第四篇《近代史》，记述时限为 1840 年至 1919 年，这一时期发展的线索在于中国人民反抗外来侵略的斗争。记载重点在鸦片战争、太平天国运动、在不平等条约下中国的殖民地化、戊戌维新、辛亥革命、新式产业创兴、教育学术及思想的变革等。

撰者在《结论》中论述了五四运动的历史意义。

（陈　墨）

国史大纲 钱 穆

《国史大纲》,上、下两册。钱穆撰。1940年上海商务印书馆初版,1974年台北商务印书馆出版修订本。北京商务印书馆有影印本。收入《钱穆先生全集》(九州出版社,2011年)。

作者生平事迹见"先秦诸子系年"条。

1933年秋,钱穆在北京大学讲授中国通史,写有《中国通史笔记》(后以《中国通史参考材料》之名印行)。抗战之际,钱穆随校南迁,以《中国通史笔记》为底本加以整理,并自魏晋以下陆续起稿,撰成《国史大纲》。

《国史大纲》系通论中国历史和文化的史著。计八编四十六章,前有《凡读本书请先具下列之信念》、《引论》和《书成自记》。

《国史大纲》一书的史观,有下列特点。

一、主张用"温情"与"敬意"对待中国的历史文化,反对将活的历史变成死的材料。钱穆针对民国以来"欧风美雨"侵染下产生的所谓"全盘西化"论及疑古派的"古史层累造成说",坚持认为中国的历史与文化是一永久的生命源泉,是中国现实社会发展的原动力。他强调从自身历史与文化的内部获取新的生机,而不是盲目外求,本民族国家当下发展方有前途。他主张,对中国历史与文化的研究,应"将死的材料返回活的人事的记载","附随一种对本国已往历史之温情与敬意",去体察先民对国家对民族的贡献,将自身的生命汇入文化的生命,激发对本民族的热情,以自觉地延续本国历史的生命。

二、强调中国历史与文化的独特性。钱穆认定中国史之进展与欧洲有不同的途辙,中国政制由封建而跻统一,由宗室外戚军人所组之政府渐变而为士人政府,由士族门第再变而为科举竞选,逐步演进为以考试与铨选为骨干的天下为公、选贤与能的政制,而不是所谓的"专制政体",亦非"无民权、无宪法";中国的学术思想早脱宗教之羁绊,学术与宗教之自由并未为政治所严格束缚,将科学的不发达归罪于中国学术思想的旧传统,也是一种不悟史实的倒果为因;中国的社会组织更不是封建社会或资本主义社会,而是自成一格。撰者称,研究中国历史"不必先存一揄扬夸大之私,亦不必抱一门户之见,仍当于客观中求实证,通览全史而觅取其动态"。实际上,全书中心意图,不过是要论证中国历史所造就的中国政治、中国社会、中国文化并未落后于西方,甚至是有过之而无不及。

三、记叙取纲目体例,史实注意纵横取摄。全书分编、章、节,每节立一标题,皆先为提纲,概括史事,"悉削游辞,以便总揽"。并在提纲下,或夹注或低格另行,对提纲作具体说明。这与宋朱熹《通鉴纲目》模仿《春秋》所作之纲不尽相同,朱书之纲重在"辨名分,正纲常",而钱著之纲更多提要史事的性质。《国史大纲》的内容以政治制度为最要层的结构,社会经济为最下层的基础,学术思想为中层的干柱。此三者又相互衔接连贯,而成一记叙历史的横向整面。同时,撰者又十分注意纵向的时代变化,认为"变之所在,即历史精神之所在,亦即民族文化评价之所系",因而全书侧重于通过觅取历史动态而著录历史进程。如认为战国时历史变动在学术思想,书中相关章节即着眼于学术思想;认为秦汉时变动在政治制度,书中便侧重于政治制度;认为魏晋时变动在社会经济,书中便重点说明社会经济。通过对史事的这种"纵横摄取",《国史大纲》论证了独特观点,并与中国历史著作传统记述"世道兴衰"和"人物贤奸"相贯通。

四、坚持著史之现实目的在于"通史致用"。在《引论》中,钱穆指陈晚近中国之大病,在于士大夫的无识,不明国史真相,进而对我国数千年的文化妄肆破坏,引入"不切国情之新制度",以求全变故常。并责备这种一切归罪古人的做法,使腐败混乱变本加厉,成了今日的病态。他宣称历史有其自身的降升进落,不能因见彼我之骤落突进而意迷神惑,毁我就人,自绝生命。他自诩揭示了民族历史与文化的生命真相,同时没有回避中国历史上种种复杂疑难问题,唯有依循他对历史所作的解释,方能诊治历史的病原,接续历史的生命,真正使国家和民族得以演进。

《国史大纲》记述了自虞夏至清末的中华民族的历史进程。当时被列为教育部部定大学参考书,成为国民党官方史学中最有影响的一部通史著作。其若干学术见解,赢得陈寅恪、缪凤林、吕思勉等学者赞语,书中许多基本思想且在后来新儒学身上得到了回应。由于此书对中国历史与文化所持的见解具有明显的保守主义与官方政治色彩,也受到过各方面的激烈批评。

(齐　中)

中国通史简编 范文澜

《中国通史简编》,共三编二十二章,另书前序文一篇。范文澜著。成书于1941年。主要版本有延安新华书店本、上海新知书店本、华北新华书店本、三联书店本和沈阳新中国书店本等。今有商务印书馆2010年版。

范文澜(1893—1969),字仲沄,号芸台。浙江山阴(今绍兴)人。1917年北京大学预科毕业。1927年起,先后在北京大学、北京师范大学、女子师范大学、中国大学及朝阳大学等校任教。1940年到延安,任延安马列学院历史研究室主任、中央研究院副院长兼历史研究室主任、中共北方大学校长、华北大学副校长兼研究部主任等职。1949年后,任中国科学院近代史研究所所长、历史学会副会长等。除本书外,还著有《中国近代史》(上册)、《正史考略》、《群经概论》、《文心雕龙注》等。论著由后人辑为《范文澜全集》(河北教育出版社,2002年)。

1940年范氏到达延安后,组织延安马列学院历史研究室七位同事共同编写《中国通史简编》,作为干部补习文化之用。拟定编写宗旨为"略前详后,全用语体,揭露统治阶级罪恶,揭示社会发展法则"。经过两年多的努力,到1941年,全书上、中两册编成(下册计划编写近代部分,但因作者随后参加延安整风运动,暂时搁置。直到1946年,才将部分写成的文稿以《中国近代史》上册的书名出版)。因各位作者写作风格不同,内容详略不一,后经范氏从头改写,遂成此书。

本书上起远古,下迄鸦片战争前夕,上下数千年,纵览十余朝代,包括原始社会、奴隶社会和封建社会三种社会形态,内容十分丰富。根据对中国历史发展规律的考察,全书分作三个历史时期。

一、原始公社制到中央集权制封建国家的成立(远古至秦)。作者认为,这一时期是中国历史上三种社会制度更替嬗变、社会变革风云激荡的时期。主要包括传说中的黄帝、尧、舜时代,夏、商、西周和春秋战国时代。其中,传说中的黄帝、尧、舜时代,是中国历史上的原始公社制时代。夏、商两代是奴隶占有制时代。西周时期,中国封建制度已经开始。春秋战国时期,则是新旧制度更进一步演变,并最终由分裂走向大一统的时期。在这里,作者提出的"西周封建"说,在中国史学界独树一帜,堪称一家之言。除此之外,作者还对周代以来的思想文化状况进行了论述,尤其是对诸子百家思想的产生及发展作了较多的分析。

二、中央集权制封建国家建立后的对外侵略及外族的内侵(秦汉至南北朝)。主要包括七部分内容,即秦朝封建官僚主义中央集权制的成立;两汉的对外发展;三国时期的内战;两晋时期外族的入侵;南朝中国文化的南迁;北朝异族的被同化及秦汉以来文化概况等。作者指出,这一时期,政治上由于秦汉的统一及加强中央集权制的措施,使封建制国家更进一步巩固。西汉以来统治者不断对外侵略以及随之而来的外族入侵,使社会陷入严重的混乱之中,从而导致了两汉以后接连不断的割据混战。经济上,虽然秦汉时期社会生产力得到了一定程度的发展,但因战争的破坏和统治者的穷奢极欲,使社会经济受到很大破坏。两汉以后,"社会经济的发展呈现出严重的停滞状态"。在民族关系上,随着南北朝时期少数民族的不断入侵,使其与中原地区的接触越来越多,侵入中原地区的少数民族,很快被汉民族先进的文化所同化,使这些少数民族放弃了落后的生产方式,跳跃式地进入了封建制时代。在阶级关系上,由于封建地主阶级的残酷压迫和剥削,农民起义不断爆发,如秦末、西汉和东汉农民起义等。在思想文化上,一方面,自西汉董仲舒提出"罢黜百家,独尊儒术"后,儒学独尊的局面逐步形成;另一方面,随着印度佛教的传入和中国道教的发展,儒佛道三派之间展开了激烈的斗争。

三、封建经济的发展及停滞(隋唐至清鸦片战争)。主要包括隋、唐、五代、宋、元、明、清历史。作者认为,隋唐至清末是中国历史上一个循环往复,并最终走向停滞的历史时期。隋唐时期,随着国家的重新统一,封建经济得到了迅速的发展。唐末政治腐败,藩镇割据,导致了五代十国的大分裂,工商阻滞,生产停顿,社会经济受到严重破坏。北宋建立后,封建中央集权制得到恢复和加强,社会经济开始进入复兴时期。南宋时期宋金对峙,北方地区战乱不休,使封建经济出现南盛北衰的局面。元明清三代,除明代社会经济得到恢复和发展外,元和清两代封建经济几乎陷于停滞状态。尤其是清代,由于统治者推行严格的闭关锁国政策,更加窒息了生产力的发展,使封建经济完全陷入停顿状态。此外,作者还对这一时期的农民起义和思想文化状况进行了论述。前者如对唐末、元末、明末农民大起义的分析;后者如对儒佛道嬗变、宋明理学产生及清代考据学出现的考察等。

《中国通史简编》的中心思想,是试图用阶级斗争的理论,阐明中国历史发展的基本规律,揭示人类历史的本质。因此,该书在各个章节的叙述过程中,突出反映这样几个特点:一是充分肯定劳动人民对历史的创造作用;二是按照社会发展规律划分历史阶段;三是反映统治阶级压迫和人民群众反压迫斗争;四是注意搜集生产斗争的材料,反映劳动人民在推动历史发展中的决定作用。

本书也有缺陷或不足。作者以阶级斗争作为历史发展的基本线索,虽然对当时的革命斗争起到了推动作用,但却将纷繁复杂的历史研究变得简单化或绝对化,对以后历史学的研究产生了消极影响。此外,诸如对历史人物或事件的评价、历史过程的叙述方法及史料的运用等方面也都不同程度地存在着一些问题,这充分反映出作者所处的时代条件和写作条件的局限性。

由作者自己改写的修订本于1953年至1965年间,陆续由人民出版社出版,共三编四册(远古至五代)。作者逝世后,其余未完成部分由中国社会科学院近代史研究所中国通史组负责改写修订完成,书名改为《中国通史》。改写修订后的本子,对原书内容和体例均有很大改动,对一些疏误或不足处也作了一定更改。

(丁孝智)

中国古史的传说时代 徐旭生

《中国古史的传说时代》,一册。徐旭生撰。1943 年中国文化服务社初版。1961 年科学出版社出版增订本,1985 年文物出版社、2003 年广西师范大学出版社分别重版增订本。

徐旭生(1988—1976),原名炳昶,以字行,笔名虚生、值庵。河南唐河人。出身书香门第,1906 年考入译学馆学法文,1911 年毕业。1913 年赴法国巴黎大学学哲学。1919 年回国,任教于开封第一师范学校、河南留学欧美预备学校。1921 年任北京大学哲学系教授,1925 年兼任《猛进》周刊主编。后历任北京大学教务长、北平师范大学校长、北平史学研究所所长、北平研究院代理副院长、中国科学院考古研究所研究员。另有《徐旭生西游日记》,译有《欧洲哲学史》。

《中国古史的传说时代》是综合研究中国上古史的专著,约二十六万字。撰者从传世文献和考古发掘两方面入手,并结合相关民间传说,历时十余年写成此书。自述"这件工作于 1939 年春才开始,搜集探讨大约一年,次年春开始写作,初稿于 1941 年冬,前后经历约近三年,但是我有意从事这项工作却相当早"(序言)。

全书凡六章:一、《我们怎样来治传说时代的历史》;二、《我国古代部族三集团考》;三、《洪水解》;四、《徐偃王与徐楚在淮南势力的消长》;五、《五帝起源说》;六、《所谓炎黄以前古史系统考》。书前有"编辑大意及例言"、"序言"各一篇。撰者将公元前 1300 年盘庚迁都以前大约一千余年定义为传说时代。本书内容及学术见解大体集中在如下三个方面。

一、上古部族的分野,大致可区分为华夏、东夷、苗蛮三大集团。华夏集团地处黄河中游两岸中原地区,包括黄帝、炎帝两大支。东夷集团地处山东东部沿海地区及河南一部和安徽一部,包括太皞、少皞、蚩尤等。苗蛮集团地处长江中游两岸、湖南、湖北及江西地区,东至吴越地区,包括三苗、伏羲、女娲、驩兜等。三大集团之间不断接触交往,时而战争,时而相安,渐次融合而形成后来的汉族。

二、黄帝、颛顼、帝喾、唐尧、虞舜五帝时代发生的三次大变革,形成了中国古文明的渊源。第一次是黄帝占据中原,华夏族与东夷族渐次融合同化,从部落林立的局面逐渐形成若干部落大联盟。第二次是在氏族社会末期,生产力有所发达,贫富分化,产生特权阶层和社会分工,高阳氏首领颛顼"绝地天通"的大胆改革,使人神分化,有人专管社会秩序一部分的事,有人专管为人们求福免祸一部分的事。第三次是大禹治水后,农业生产进一步发展,氏族制度逐渐解体,政治组织渐渐地取得固定的形式,出现了有定型、有组织的王国。

三、区分有关传说时代史料"原始性的等次性",批评《古史辨》派的极端片面倾向。"文献中最可宝贵的史料是在出土的实物上所保存的,例如在甲骨文和金文中的。"除了出土新史料的突出重要性,传世文献可分为两类:"一为专篇的、成系统的,大家看过可得着一个综括印象的;二为零星散见的、不成系统的,有时候不靠前项资料就很难知道把它向哪里安插的。"研究传说时代的人,一方面必须把未经系统化的材料与经过系统化的综合材料分别开,并且重视前者而小心处理后者;另一方面要认识到两类史料大都有事实为核心,要区分掺杂神话的传说和纯粹的神话,不能把传说全部归入神话。古人并不作伪或凭空臆造,《尚书》、《史记》等书中记载的靠不住的材料,是因为古人在做综合工作时使用的方法不够精密。基于上述认识,有关传世文献可分为三等:《尚书》中《甘誓》、《商书》、《周书》,《周易》中卦爻辞,《诗经》、《左传》、《国语》及《山海经》等,为第一等;《尚书》的头三篇(指《尧典》、《皋陶谟》、《禹贡》),《大戴礼记》的两篇(指《五帝德》、《帝系》),《史记》的头三篇(指《五帝本纪》、《夏本纪》、《殷本纪》)等,为第二等;《世经》等东汉时期出现的新综合材料,为第三等。

《中国古史的传说时代》一书中有关三皇五帝、古史系统的具体见解及对《尚书》、《山海经》等文献的评价,分别在各种古史论著中得到转述或商榷。徐氏本人此后曾撰写了《试论传说材料的整理与传说时代的研究》(与苏秉琦合写,载《史学集刊》1947年第五期)、《应该怎样正确地处理传说时代的史料》(《人民日报》1956年12月19日)、《略谈研究夏文化的问题》(《新建设》1960年第三期)等,对原书中的内容及观点有所补充和修正。本书揭橥的"三集团说"后经苏秉琦加以引申发挥,形成考古学文化的区系类型理论。

(张荣华)

中西交通史 方 豪

《中西交通史》,方豪撰。初版于1946年,曾多次印行。1977年台湾出版是书第六版,凡五册。另有岳麓书社1987年版、上海人民出版社2008年版等。

方豪(1910—1980),字杰人。浙江杭县(今杭州)人。1922年入杭州天主教修道院,并自习文史。1928年至1934年间,在宁波圣保禄神哲学院研习神学,1935年晋升为司铎。1941年后历任浙江大学、复旦大学、辅仁大学等校教授。1949年后执教于台湾大学,1974年入选中研院院士,不久选为评议员。另著有《宋史》、《中外文化交通史论集》、《李之藻研究》、《中国天主教史人物传》、《方豪文录》、《方豪六十自定稿》等,编有《马相伯先生文集》等。生平参阅林泉《方豪》(载《传记文学》1981年三十八卷三期)等。

《中西交通史》系记载史前时期至明清之际的章节体中西文化交流史,凡四篇六十九章三百七十四节。书前有《导言》一篇,首先将中西文化交流史所包含的内容规定为"民族之迁徙与移殖,血统、语言、习俗之混合,宗教之传布,神话、寓言之流传,文言之借用,科学之交流,艺术之影响,著述之翻译,商货之交易,生物之移殖,海陆空之特殊旅行,和平之维系(使节之往还、条约之缔结),和平之破坏(纠纷、争执与大小规模之战斗等)"。并从中国学者对西北史地、域外地理的研究,欧美日本对中国的研究,以及敦煌学的产生等方面阐述中西交流史研究的兴起。

第一篇《史前至秦汉魏晋南北朝》。分别论述史前时期至先秦时代的中西关系,汉以前中国知识的西传,汉代对西域的经略,汉击退匈奴后之中西交通,汉通西域的效果,汉代中印之间的交流,汉代对黎轩之认识,汉代与大秦的关系,古希腊罗马作家对中国的论述,魏晋南北朝时期的中西交通,汉末至南北朝与西方各国之佛教关系,法显等人访印度的贡献等问题。

第二篇《隋唐五代及宋》。分别论述隋代的中西交通,贾耽所记通西方的三条途径,唐宋时代的海舶、市舶司、贸易港,对外侨的管理,胡贾、来华黑人及南海华侨之创业,宋人所记中国与南洋及西南亚之交通,隋、唐、宋时期与中亚之佛教关系,传入的印度学术,中国发明物之西传,西域人之华化及传入之西方艺术与游戏,唐宋与印度、波斯、阿拉伯之政治关系,阿拉伯人对中国的记载,唐宋与拂菻之关系,唐宋时的火袄教、摩尼教、景教及回教等。

第三篇《蒙元及明》。分别叙述蒙古西征的影响,元代邮驿对中西交通的贡献,元代与南海的交通,元代的对外贸易、贸易港、西游之中国人、基督教、回教,元代记述中国的外国人,元代与其他外来宗教的关系,元代中西学术的交流,明初与西方及南洋之陆海交通、欧洲人对中国的记载,明代中叶中西交通与华侨的拓殖、欧人的东来,嘉靖时西人在我国沿海之活动。篇末附《明代之四夷馆》。

第四篇《明清之际中西文化交流史》。分别从天文学与历学、数学、机械工程学与物理学、军器与兵制、生物学与医学、地理学、图画、建筑、语文学诸方面探讨明清之际中西文化交流的状况,并论述了欧洲宗教与神哲学的东传,中国经籍、美术的西传。

本书问世之前,张星烺、向达、张维华等人,或汇聚资料,或专题考订,或校正旧籍,于中西文化交流史研究领域各有建树。但在体系的严整、考证的缜密及内容的宏富诸方面,《中西交通史》均已超迈前人之作,至今仍是中西文化交流史研究的必读著作。

(陈　墨)

民国编

语言文字类

观堂集林 王国维

《观堂集林》,王国维著。成书于1921年。有同年乌程蒋氏初刊本,共二十卷;1927年罗振玉刊《海宁王忠悫公遗书》本,共二十四卷;1940年商务印书馆刊《海宁王静安先生遗书》本,共二十四卷;1959年中华书局刊本,共四册二十二卷,附别集二卷。以上刊本,编次和内容不尽一致,而文字校勘以中华书局本为最善。今有河北教育出版社2003年排印本。

王国维(1877—1927),字静安,一字伯隅,号观堂,又号永观。浙江海宁人。少时家贫,肄业于杭州崇文书院。清光绪二十四年(1898)到上海,在罗振玉所办的东文学社学习外语、哲学、文学等。1901年赴日本东京物理学校留学。1902年回国后,历任南通师范学堂心理与伦理学教员、江苏师范学堂教员。1906年随罗振玉进京,任学部总务司行走、图书馆编译等。1911年避居日本,尽弃前学,专治经史和古文字学。1922年后历任北京大学研究所国学门导师、清华研究院教授。1927年投昆明湖自尽。平生天资聪颖,学识渊博,先后研究过哲学、文学、历史地理、古器物学、蒙古史等,颇多建树,于古文字学音韵训诂学尤为突出。著述甚多,大部分收入《海宁王静安先生遗书》和《观堂集林》,另有《海宁王忠悫公遗书》,收录其生前未刊及未竟之作,以《王国维全集》(浙江教育出版社、广东教育出版社,2010年)收集最全。

本书是王国维关于古代史料、古器物、文字学、音韵学的重要论文的合集。全书各卷的主要内容如下。

卷一"艺林一",是对于《尚书》《诗经》中某些词句和史实的考证。收有《洛诰解》、《周书顾命考》等十篇书信和论文。

卷二"艺林二",是对于古代成语的论述和古代音乐、舞蹈的考证。收有《与友人论诗书中成语书》、《释乐次》、《说勺舞象舞》等九篇书信和论文。

卷三"艺林三",是关于古代宫室、玉器、礼器的考证。收有《明堂庙寝通考》、《说觥》、《说珏朋》等十篇论文。

卷四"艺林四",是关于古代经典和官制的考证。收有《汉魏博士考》等三篇序跋和论文。

卷五"艺林五",是关于《尔雅》、《方言》等古书的释例和考证。收有《尔雅草木虫鱼鸟兽名释例》、《书郭璞方言后》等九篇论文。

卷六"艺林六",是关于甲骨文、金文的考释。收有《释史》、《释天》、《释旬》等二十篇论文和序跋。

卷七"艺林七",是关于古代六国文字的考证。收有《战国时秦用籀文六国用古文说》等九篇论文。

卷八"艺林八",是关于古音、古韵书的考证和今人韵学著作的评述。收有《五声说》、《唐诸家切韵考》等十七篇论文和序跋。

卷九"史林一"和卷十"史林二",是关于上古侯王、制度的考证。收有《殷卜辞中所见先公先王考》、《殷周制度论》等三篇论文。

卷十一"史林三",是关于汉司马迁的年谱。收有《太史公行年考》一篇论文。

卷十二"史林四",是关于上古地理的考证。收有《秦都邑考》、《宋刊水经注残本跋》等十九篇论文和序跋。

卷十三"史林五"和卷十四"史林六",是关于上古西北少数民族的考证。收有《鬼方昆夷玁狁考》、《鞑靼考》等九篇论文。

卷十五"史林七"和卷十六"史林八",是关于蒙古史料和蒙古语词的考证。收有《萌古考》、《蒙古札记》等十篇论文和序跋。

卷十七"史林九",是关于西域出土的汉唐古简的考证。收有《流沙坠简序》等七篇序跋。

卷十八"史林十"和卷十九"史林十一",是关于古代钟鼎彝器、封泥、玺印、量器等的考证。收有《商三句兵跋》、《匈奴相邦印跋》等三十三篇序跋。

卷二十"史林十二",是关于古代石经、碑刻等的考证。收有《魏石经考》、《九姓回鹘可汗碑跋》等十三篇论文和跋文。

卷二十一"史林十三",是关于唐宋以来古籍、医棋、小说、经卷等的考证。收有《唐写本残职官书跋》等二十七篇序跋。

卷二十二"史林十四",是关于匈奴服饰及其传入中原的考证。收有《胡服考》一篇论文。

别集卷一,收录语言文字、史料方面的考证文章共十七篇;卷二,收录钟鼎、瓦当、石鼓、碑铭等的考证文章共四十八篇。

《观堂集林》在学术上的贡献是巨大的和多方面的,正如著名学者梁启超所说:"几乎篇篇都有新发明"(王静安先生墓前悼词)。而此书在语言文字学上的贡献主要有以下几点。

一、成功地释读了大量古文字,极大地推动了甲骨文、金文的研究。王国维《殷虚文字类编序》曾云:"书契文字之学自孙比部而罗参事而余,所得发明者不过十之二三。"其实这十之二三数百字的释读,大部分是罗振玉和王国维所为。从本书来看,王氏释读古文字的方法是:(一)运用古音通假的理论。如《齐子仲姜镈》"保虡兄弟"的"虡"字,吴大澂谓即《诗经》"眉寿保鲁"之"鲁",罗振玉同。王氏《鬼方昆夷玁狁考》根据上古"鱼"、"吾"同音,指出"保虡兄弟"即"保吾兄弟"。(二)根据汉字的形体结构和字形演变规律。如1923年河南郑州出土的铜器铭文"王子晏次之卢",王氏《王子婴次卢跋》根据汉字从一贝与从二贝,意义无别,确认"晏"即"婴","婴次"就是楚公子婴齐。(三)根据语句、辞例的对勘。如王氏《释物》根据卜辞"贞后祖乙古十牛"、"贞后祖乙古物",认为"物"乃杂色牛之名,以后才用于杂帛。(四)根据古代文献记载的史实。如王氏《释滕》根据《礼记·檀弓上》孟虎为滕伯文之叔,认为孟虎亦为滕国人,由此推论《滕虎敦》之"滕虎"即滕孟虎。

二、在大量掌握古文字资料的基础上,完善和发展了传统的文字学理论。其发明主要有:(一)自刘向、班固、许慎以来,都以为《史籀篇》的"籀"为人名,王氏《史籀篇疏证序》认为"籀"非人名,而是诵读之义,首句"大史籀书"就是太史读书,后人因取其中二字为篇名。(二)王氏《战国时秦用籀文六国用古文说》提出,殷周文字到战国时分为两支,秦国使用籀文,以后发展为大篆、小篆、隶书,今文经用之;东方六国使用古文,古文经用之。(三)王氏《释天》根据卜辞"天"为人之象形,卜辞和金文又有在"天"上加一横者,此为指事,而篆书从一从大,则为会意,提出"文字因其作法之不同,而所属之六书亦异"这一重要观点。(四)王氏《科斗文字说》提出科斗文原是周代古文,以其形似蝌蚪故名。而魏晋以后凡异于通行的隶书的文字,如篆文等,均谓之科斗文。(五)王氏《桐乡徐氏印谱序》和《齐鲁封泥集存序》提出兵器、陶器、玺印、货币、封泥、瓦当等古代文物上的文字为今日研究战国时代六国文字的唯一材料,其重要性实与甲骨金文相同。

三、根据新发现的唐写本韵书残卷等资料,对中古韵书进行了卓有成效的整理和研究。其主要工作有:(一)《书巴黎国民图书馆所藏唐写本切韵后》确认敦煌出土的唐写本《切韵》第一种为陆法言原书,第二种和第三种均为长孙讷言笺注本,并考证其异同。(二)《李舟切韵考》提出中古韵书分为两大系列,隋陆法言《切韵》、唐孙愐《唐韵》、五代徐锴《说文解字篆韵谱》、宋夏英公《古文四声韵》等为一系,其特点是覃、谈韵在阳、唐韵之前,蒸、登韵在盐、添韵之后,泰在霁前,入声韵不与平上去三声韵次序相配;唐李舟《切韵》、五代徐铉《改定说文解字篆韵谱》、宋陈彭年《广韵》等为一系,其特点是收m、n、ng的韵部分别以类相从,入声韵和平上去三声韵次序相配。并由此证明李舟在音韵学史上的功绩。(三)《天宝韵英陈廷坚韵英张戬考声切韵武玄之韵诠分部考》提出唐代有记录当时方言的韵书,如张戬《考声切韵》、唐玄宗《韵英》和陈廷坚《韵英》都是秦音韵书,并考证各家分部。(四)《书金王文郁新刊韵略张天锡草书韵会后》确认一百零六韵的平水韵并不始于刘渊《新刊礼部韵略》,在刘书之前已有金王文郁的《平水新刊韵略》、金张天锡的《草书韵会》,都分一百零六韵。

四、对于古代词义进行了大量的考证,成功地阐明了古代文献资料中的许多疑难问题。其采用的具体方法是:(一)利用"以声音通训诂"的方法,尤其是利用词语的双声关系来解释词义,探明词源。如王氏《肃霜涤场说》根据古籍马有"肃爽马",雁有"肃爽雁",水有"潇湘水"等,认为《诗经》"九月肃霜"当是天气高清之义;又根据古籍中清肃广大之义有"涤荡"、"条畅"、"条邲"、"俶傥"、"偶倜"、"佚宕"等多种形式,认为《诗经》"十月涤场"当是肃清之义。(二)根据古书上下文和辞例,推断古代词义。如王氏《与友人论诗书中成语书》集古籍中"如何不淑"、"子之不淑"、"遇人之不淑"等例,推断"不淑"为古代遭际不幸之成语。(三)根据古代或地下发掘的实物,确定古代词义。如王氏《说环玦》以罗振玉所藏古玉为据,确认上古之玉环乃由三玉片串联而成,"环"的本义是"完"(完整,完全),后世才以一玉片制成。

五、发凡举例,阐明古代语文著作的内容、体例和价值。如王氏《尔雅草木虫鱼鸟兽名释例》指出草木虫鱼鸟兽之俗名多取雅名,而以其特征区别之,有以产地区别者,称之为"山"、为"河"、为"海"、为"泽"等;有以形状区别者,大者称之为"王"、为"牛"、为"马",小者称之为"叔"、为"女"、为"羊"等;有以颜色区别者,称之为"白"、为"赤"、为"黑"等;有以滋味区别者,称之为"苦"、为"酸"等;有以果实区别者,有实者称之为"母",无实者称之为"牡",等等。又如王氏《书尔雅郭注后》指出,汉人注经,不独以汉制说古制,且以今语说古语,"凡云今谓厶(某)为厶者,上厶其义,下厶其音也,其音如此,其字未必如此"。经王氏如此发凡举例,读者再遇见"羊枣"、"马兰"等词语,应能知晓其义;而读到《周礼》"司爟"注"今燕俗名汤热为观"时,也必能知道"观"为燕地某字之音,"汤热"是其义。

由此可见,《观堂集林》在语言文字学上的成就是巨大的,方法是先进的。同时,从此书也可以发现作者在语言文字研究中有两个特点,一是十分重视地下发掘出来的古代实物,如甲骨、钟鼎、简牍、兵符、玺印、封泥、石经等,认为这是考证古史的最可靠的材料,这与当时某些学者不信甲骨,纯粹从古书到古书的态度是鲜明的对照。二是把音韵、文字、训诂之学与历史、地理、天文、音乐等紧密地结合起来,使之成为汉学其他各科的锐利武器。他的《殷卜辞中所见先公先王考》不仅考证出了殷王世系,开创了甲骨文断代研究之端绪,而且证明了《史记·殷本纪》的记载基本上是可靠的,给予当时的疑古风气以重大的打击。正如郭沫若所说,王国维的知识产品,"好像一座崔巍的楼阁,在几千年的旧学城垒上,灿然放出了一段异样的光辉"(《中国古代社会研究》自序)。

智者千虑,必有一失。《观堂集林》在释读古文字、论述古音韵时,也间有失误。如其《释牡》一文信从孔子"推十合一为士"之说,认为"牡"从士声,兼会意,盖"牡"表雄性,"士"表男子,而"牝"从匕,"匕者,比也,比于牡也"。其实"牡"和"牝"在甲骨文中分别从雄性生殖器和雌性生殖器,他的"推十合一"和"比于牡"用后代的伦理思想去附会古文字,自然是不妥的。又如他的《五声说》认为上古阳声自为一类,有平而无上去入,阴声有平上去入四类,合为五声。其实阳声韵之平与阴声韵之平当同为平声,如此上古仍为四声,王氏误甚。据说他晚年准备修改此说,但未能见诸文字。

研究本书的著作,有戴家祥等《王国维学术研究论集》(华东师大出版社,1983 年)、赵诚《二十世纪甲骨文研究述要》(书海出版社,2006 年)第五章、洪国梁《王国维之经史学》(花木兰出版社,2010 年)第一章《观堂集林考述》等。

(杨剑桥)

国故论衡（上卷） 章炳麟

《国故论衡》（上卷），一卷。章炳麟著。收入《章氏丛书》。有 1917 年至 1919 年浙江图书馆木刻本，1924 年上海古籍流通处据此本影印。另有民国年间右文社铅字排印本。浙图木刻本素称善本，右文社本讹字较多。今有上海古籍出版社 2003 年版陈平原点校本、商务印书馆 2010 年版张渭毅点校本。

作者生平事迹见"检论"条。

《国故论衡》（上卷）是关于传统小学以及音韵学、文字学的重要论著，同时也涉及语言理论、文言与白话之争等问题。章炳麟有关语言文字之学的重要论文大部分已包括在内。全书共收入论文十一篇：《小学略说》、《成均图》、《音理论》、《二十三部音准》、《一字重音说》、《古音娘日二纽归泥说》、《古双声说》、《语言缘起说》、《转注假借说》、《理惑论》、《正言论》。这些论文主要涉及以下几个方面：（一）章氏关于小学研究的基本思想。（二）章氏的古音学说。（三）章氏有关"六书"中转注、假借的理论。（四）对于文言与白话之争、文字的拼音与表意之争的意见。

关于小学的研究的基本方法，章氏一方面认为形体、故训和音韵三者都很重要，不可偏废，认为"三者偏废，则小学失官"，另一方面又特别强调音韵研究的重要性。他指出："董理小学，以韵学为候人。""文字之本，肇于语言。形体保神，声均（韵）是则。"这些思想完全贯穿在他的《文始》、《新方言》和《小学答问》等著作中，对黄侃等人以及后来从事传统语言学研究的学者有很大的影响。

在古音学研究上，《成均图》、《二十三部音准》和《古音娘日二纽归泥说》等篇构成了一个完整的体系。这一体系包括三个要点：（一）古韵分部。章氏认为，从顾炎武起，江永、段玉裁、王念孙、孔广森等各家越分越细，这是由于"前修未密，后出转精"的缘故。他自己的分部即以采各家之长的夏炘二十二部集说为基础，加上自己所创立的队部，定为二十三部。（二）韵转理论。章氏在吸收孔广森阴阳对转说的基础上,建立了自己的韵转理论。他创造了一张"成均图",把自己的古韵二十三部排列在这张圜形的图上,用以说明它们之间的远近通转关系。对于章炳麟的韵转理论,有些学者讥为"无所不转,无所不通"。他们认为,既然所有的韵部皆可通转,分部也就失去了意义。其实这是一种误解。章氏虽然建立了大量的韵转条例,但他并没有讲所有的韵部都可以通转。而且各种韵转的地位、韵部之间的关系也不是一律相同的,对转有正、次之分,旁转有远近之分,这里就包含着区别一般与个别、多数情况与少数例外的意思。尤其需要强调的是,在章氏以前,孔广森等人讲对转注重的是诗韵、谐声、假借、读若等材料中的某些矛盾现象,他们提出对转理论主要是为了解释这些矛盾现象;而章氏讲韵转,主要是从语言和语义的关系来讨论语言演变中的声音转变规律,他的韵转理论已经超越了古音学的范围而跟训诂学紧密地联系起来了。因此,我们也不能局限在古音学范围里来评价他的韵转理论。(三)上古声纽。上古声纽研究是清代古音学的薄弱环节,只有钱大昕一人提出过"古无轻唇音"和"舌头舌上类隔不可信"二说。章炳麟完全赞同并进一步提出古音娘母、日母归泥母的主张。这在谐声、读若、声训等材料中有广泛的证据,是章氏对古音学的又一重大贡献。

在文字学方面,《国故论衡》主要对传统"六书"中的转注、假借提出了新的解释。在章氏以前有些学者提出象形、指事、会意、形声为体,假借、转注为用的说法,认为六书中象形、指事、会意、形声是造字之法,它们可以产生新字,而转注、假借仅仅是用字之法,不能产生新字。章炳麟不同意这种说法。他认为转注、假借也都是造字的法则。一般泛称的同训,虽然也可以称为"转注",但这不是六书中所讲的转注。一般文字上的同声通用,后人虽然统称"假借",但也不是六书中所讲的假借。他认为六书中的转注和假借应该指这样的情况:文字是语言的符号,用文字代语言的时候,总是"各循其声"的。但是同一名义,方言读音有所不同,它们之间的关系或者是双声相转,或者是叠韵相迤。遇到这种情况,如果是另造一字的,这就是"转注"。语言日益发展,文字也日益孳乳衍生,这时就需要加以节制,所以对于意义虽有引申但声音仍旧切合的情况不另造新字,这就是所谓"假借"。章氏这种说法主要是从文字的繁衍与节制,语言与文字的矛盾运动来解释"转注"和"假借"的。这种解释虽未必符合许慎《说文解字》自序里所讲的六书的本意,但是在文字学理论上具有一定的价值。

对于文言和白话之争,《国故论衡》既不赞成以文言代替白话,也不赞成用白话取代文言。章氏认为我国的情况是"文质素殊",口语与书面语一向背离,他担心"若以语代文便将废绝诵读,若以文代语又会丧失故言",希望用恢复"古语夏声"的办法来解决言文脱离的矛盾,这显然是一种不切实际的想法。

在文字的表意与拼音之争问题上,章炳麟认为拼音文字"宜于小国,非大邦便俗之器"。中国幅员辽阔,方言分歧严重,所以不宜推行拼音文字。

研究《国故论衡》的论著,主要有庞俊、郭诚永《国故论衡疏证》(中华书局,2008年)等。

(靳 华)

文始 章炳麟

《文始》,九卷。章炳麟著。成书于 1911 年。有 1913 年浙江图书馆原稿石印本、1915 年上海右文社《章氏丛书》铅印本、1919 年浙江图书馆《章氏丛书》木刻本、1999 年上海人民出版社《章太炎全集》本等。其中上海右文社的本子错讹较多,而后两种本子为较好的版本。

《文始》是一部探求汉语语源的著作。书前有《文始叙例》一篇,叙述作者关于文字演变的基本观点和全书体例,另有《成均图》一幅并说明、《纽表》一张并说明。作者把《说文》中的独体字(如"人、上、心、木、日、水"等)称为初文,而把《说文》中的独体字的省变字(如"匕、尢")、合体象形字(如"果、朵")、合体指事字(如"叉、㕚")、声具而形残字(如"氐、凡"),以及同体重复的字(如"二、艸")称为准初文,两者合计共五一〇字。作者认为,其他字都是在初文和准初文的基础上演变发展出来的,这种演变发展的方式有二:一是音义相同或音义相近而字形不同者,为变易;一是音义转变而字形新出,为孳乳。文字的变易和孳乳,在语音上必定遵循韵转和声转的规律。韵转的远近规律可以从《成均图》所列古韵二十三部来验证,凡阴弇和阴弇(如支部和歌部)、阳弇和阳弇(如清部和真部)、阴侈和阴侈(如之部和幽部)、阳侈和阳侈(如蒸部和东部),分别为同列,凡二部同居(如谈部和盍部)为近转,凡同列相比(如东部和阳部)为近旁转,凡同列相远(如东部和蒸部)为次旁转,凡阴阳相对(如支部和清部)为正对转,凡自旁转而成对转(如侯部和阳部)为次对转;声转的远近规律可以从《纽表》来验证,凡同纽者(如见母和见母)为正纽双声,凡同类者(如见母和溪母)为旁纽双声。此外,作者还规定,凡依照近转、近旁转、次旁转、正对转和次对转而变易、孳乳者,即为正例(称为"正声"),凡仅仅依照双声、不在上述五转之中而变易、孳乳者,即为变例(称为"变声"),变例是正例的补充。这样,作者从初文、准初文出发,按照声音远近的关系,意义的引申转变,一一阐明汉字的变易和孳乳的过程,全书共收五六千字,分列在九卷即上古九类韵部共四五七条字族之中。

作者所收的汉字,大多同时代表了汉语中的语词,因而此书虽然表面上看来是一种字源、字族的研究,实际上也是一种词源、词族的研究,正如今人王力在《中国语言学史》第三章中所说:"章氏这种做法,令人看见了词汇不是一盘散沙,词与词之间往往有某种联系,词汇也是有条理的。"例如卷五阳声阳部乙"京"字条云:"《说文》:'京,人所为绝高丘也。从高省,丨象高形。'此合体指事字也。对转鱼,孳乳为'虚',大丘也,亦与'丘'相系。还阳,又孳乳为'壙',一曰大也。《孟子》:'犹水之就下,兽之走壙也。'《章句》曰:'兽乐壙野。'《诗》以'曠'为之。对转鱼,'壙'变易为'野',郊外也。然'京'又有大义,《释诂》曰:'京,大也。'孳乳于鱼,为'鱋',海大鱼也。于鹿为'麔',大麃也。于贝为'魧',大贝也。'京'以'丨'象高,亦有特立之义,对转鱼,于木为'格',木长貌。《释木》:'栈木,干木。'郭璞曰:'殭木也,江东呼木觡。'然则木立死亦曰'格',与称'苗'同矣。'格'还阳为'僵',《说文》不录。对转鱼,为'枯',槁也。'枯'所孳乳,于人为'殆',枯也。与'於'属之'刳'相系。于鸟为'腒',鸟腊也。尧如腊,舜如腒,言其枯也。还阳,于穀为'稯',穀之皮也,亦合虚义。"作者在高义上把"京、虚、壙"系联为同源词,在大义上又把"京、鋸、麔、魧"系联为同源词,在枯死义上又把"格、僵、枯、殆、腒"系联为同源词,这种做法不但在具体的词源、词族的研究上有着重要的参考价值,而且在语言学方法论上有着重要的意义,给予后人诸多启发。

当然,章氏的研究还有许多粗糙的地方,他不懂得字源和词源的不同,初文和准初文可以作为字源,但不一定是词源,"鲸、黥、惊、景"可以说是从"京"变易、孳乳而来,但"鋸、麔、魧"却不一定是从"京"变易、孳乳而来。同时,章氏的音转规则也过于宽泛,在他的《成均图》上,几乎没有哪一部不能直接或间接地转入任何其他一部,这样,对于同源词和词族的判断就失去了语音上的限制,造成了许多牵强附会,例如"壙"和"野"虽然韵母属于阳部和鱼部对转,但是声母一为溪母,一为喻四,两者相距太远,把它们作为同源词,尚欠依据。此外,章氏还过于迷信《说文》,而极力排斥甲骨文等新出土的古文字材料,这也影响了本书的科学价值。例如卷一阴声歌部甲"爲"字条,根据《说文》"爲,母猴也"的说解,而说"爲""对转寒,变易为'猨',善援,禺属。母猴好爪,动作无厌,故孳乳为'僞',诈也"。其实从甲骨文看,"爲"本是役象劳作之义,跟"母猴"毫无关系,跟"猨、僞"更是风马牛不相及的。

有关《文始》的研究著作,有王力《中国语言学史》(山西人民出版社,1981 年)、周大璞《训诂学要略》(湖北人民出版社,1980 年)、殷寄明《中国语源学史》(吉林人民出版社,2002 年)等。

(杨剑桥)

新方言 章炳麟

《新方言》,十一卷,附《岭外三州语》一卷。章炳麟著。收在《章氏丛书》第四种内,通行1919年浙江图书馆的木刻本。另有1999年上海人民出版社《章太炎全集》本等。

《新方言》是利用传统的音韵学、训诂学和文字学的知识考求方言本字和语源的著作。全书分十一卷,前十卷是释词、释言、释亲属、释形体、释宫、释器、释天、释地、释植物、释动物,共收方言词语八百条左右;第十一卷是音表,包括古音韵母二十三部和古音声母二十一纽表。书前有《自序》,书后有刘光汉(刘师培)和黄侃的《后序》。

《自序》述及写作本书的目的和原则,并指出方言词语演变的途径和语源难明的原因。作者不满足于清代方言学的著作,认为杭世骏、程际盛的著作只是撮录字书,未为证明;钱大昕的《恒言录》"沾沾独取史传为征,亡由知声音文字之本柢";翟灏的《通俗编》则多以唐宋之前传记杂书为根据,而忽视古训,且少分析说明。作者试图上稽《尔雅》、《方言》、《说文》诸书,解释方言中难晓的词语,并追溯其本字和语源,既以古通今,又以今证古。《自序》指出方言词语演变的途径和语源难晓的原因有六:一曰一字二音,莫知谁正;二曰一语二字,声近相乱;三曰就声为训,皮傅失根;四曰余音重语,迷误语根;五曰音训互异,凌杂难晓;六曰总别不同,假借相贸。对方言词语的演变进行了理论探讨。

作者对传统小学有深入的研究,并且对现代方言的语音及其演变也颇能审辨,所以本书在古语和今语的证合方面颇多贡献,其成就超过清代一般的方言学著作。例如卷二:"《说文》:斦,柯击也,从斤良声,来可切。今人谓椎有柯柄可举击者为斦头,从良声读如郎。山西正作来可切。"卷四:"《公羊隐二年传》:妇人谓嫁曰归,嫁则有家,引申谓家为归。春秋齐鲁有归父,郑蔡有归生,楚有仲归,皆字子家。广语谓家里为归里。"卷六:"《说文》:戆,愚也,涉降切。今江南运河而东至浙江皆以婞直为戆,读如渠绛切。"这些内容正可以作为考证现代方言词语的本字和语源的重要参考;同时也可以作为了解古代词语的含义的重要参考。黄侃评论说:"已陈之语,绝而复苏,难喻之词,视而可识。"作者是传统方言学的最后一位大师,本书也是成就最大的同类传统方言学著作。

但是作者对方言的创新发展缺少认识,而认为"虽身在陇亩与夫市井贩夫,当知今之殊语,不违姬汉",试图从汉代以前的古书里追索所有现代方言词语,这就难免穿凿附会,不切实际。例如:"《易》:大壮。马融曰:壮,伤也。《方言》:草木刺人谓之壮。郭璞曰:壮,伤也。'壮'、'创'声近,'壮'借为'创'。刀伤亦得名'壮',非独草木刺人矣,今人谓剃发伤皮为打壮,淮南音侧亮切,江南浙江音侧两切。"此例仅用音近来说解,显得牵强。此外,作者只注重汉代以前的典籍,而弃置唐宋以后的文献材料,也有割断语言发展历史之嫌。

附录的《岭外三州语》取温仲和和杨恭恒的客话著作"凡六十余事,颇有发正"。引证考释的方法和前十卷一样,例如:"《尔雅》:庞,壮大也。《方言》:凡物之大貌曰丰庞。""三州"是指广东的惠州、嘉应州和潮州。

本书的研究论著有孙毕《章太炎〈新方言〉研究》(华东师范大学出版社,2006年)等。

(游汝杰)

蜀方言 张慎仪

《蜀方言》,原名《今蜀俚语类录》。二卷。张慎仪著。有民国《箴园丛书》本等,另有1987年四川人民出版社的张永言点校本,与《续方言新校补》、《方言别录》合刊。点校本将原书中不习见的古字和异体字改为通行的正体字,对原书引文中的脱误和节取失当之处,也加以补正。

张慎仪(1846—1921),字淑威,号芊圃,晚年又号厩叟。四川成都人,原籍江苏阳湖。一生著述丰富,一部分汇刊为《箴园丛书》,其中有《续方言新校补》、《方言别录》、《诗经异文补释》、《广释亲》、《厩叟摭笔》、《今悔庵诗》、《今悔庵文》、《今悔庵词》等。未刊稿有《尔雅双声叠韵谱》、《忍默宧尺牍》等,已佚。

《蜀方言》何时成书无考。作者在凡例中谈作此书的动机时说:"扬子《方言》兼采异国殊语,不限一域;断域为书,始于李实《蜀语》。至清而毛奇龄著《越语肯綮录》,胡文英著《吴下方言考》……皆胜于李。予纂《蜀方言》二卷,窃欲步其后尘。"

《蜀方言》书首有凡例。正文分上、下两卷,无标目,词条编排的次序是:天地、水火、称谓、人体、行为、疾病、买卖、房屋、服饰、饮食(以上上卷)、农具、舟船、器皿、作物、家畜、鸟兽、虫鱼、一般语词(以上下卷)。书中主要收录已见于文献记载而当代仍然使用的四川方言词语,逐一考其本字,注明出处,征引非常广博;虽见于记载而当代已经不用的古蜀俚语,则不收录。体例参照翟灏《通俗编》和李实《蜀语》,每个词条分为两部分:前一部分注明本字,后一部分注明其在字书、韵书或其他文献中的出处,一般不注音,或仅引韵书反切说明读音。如:"灭火曰熄。《说文》:'熄,一曰灭火。'"又如:"舟尾曰艄。《集韵》:'艄,师交切,音梢。船尾。'"

本书取材广泛,内容丰富,是了解和研究清末民初四川方言不可缺少的文献,且有助于考求方言的本字,如:"铸铜铁器曰铸,下'铸'字今音若'到'。古从寿得声之字有作'到'音者,如'翿、捯、祷'诸字是也。"也有助于探讨古今方言词语的演变,如:"疥疮曰干疙老。《集韵》:'瘔痦,疥疮也。'"书中每条皆注明来历,于古有据,是其谨严之处,但是俗语如"摆龙门阵"(谈天)、"扮门头"(诱骗)之类,以及方言俗字,因不见于文献记载而不予收录,是其缺失。

(沈榕秋)

福建方言志 陈 衍

《福建方言志》,一卷。陈衍编撰。1922年开雕于福州,又刊于《福建新通志》,有1922年排印本。日本学者波多野太郎所编《中国方志所录方言汇编》第九编(横滨市立大学纪要,人文科学第三号,1972年)有收录。也收录于2001年由福建人民出版社出版的《陈石遗集》。

陈衍(1856—1937),字叔伊,号石遗老人。福建侯官(今福州)人。清光绪举人,任学部主事,曾为张之洞幕客。辛亥革命后所作《石遗室诗话》,是同光体诗派的主要著作。另有《石遗室文集》,又辑有《近代诗钞》、《辽诗纪事》、《金诗纪事》、《元诗纪事》等。

书前有自序,称:本书系辑录以下四本书中研究词语的材料,加以取舍、编排、疏通、比较、补充而成:何治运《何氏学》、黄宗彝《榕城方言古音考》、刘家谋《操风琐谈》、谢章铤《说文闽音通》,而引谢书尤多。谢章铤系福建长乐人,谢书作于光绪三年(1877),分正、附两卷。正卷从《说文系传》出发,录其音义近似闽语者,对照闽语,加以解释,即以方言证古训。附卷则选取《越语肯綮录》、《直语补正》、《通俗编》等书中词语,与闽语作比较研究。如:"伉,藏物也。今俗犹呼藏为'伉',音苦浪切。按闽语以藏为'困',当作此'伉'。"此条即将闽语与《越语肯綮录》所录吴语词作比较。在清代的方言学著作中,不同方言间词语的比较研究,以谢书的成就最为突出。谢书有光绪三十年陈宝璐识刊本。刘书共四卷,前两卷多以闽音证古音;后两卷解释闽语词汇,先列雅言,后出闽语。有民国十五年(1926)上海仓圣明智大学编印本。余两书未见。黄书和刘书曾为谢章铤采入所著《稗贩杂录》中。

《福建方言》将所收词汇按意义分成十三类,即言天、言地、言宫室、言人、言身体、言器服、言饮食、言动作、言名词、言助词、言情状、言动物、言植物。内容较全面,分类、编排也较同类方言志合理。对词语释义,先出释文,后出方言,再加按语。对词语的解说,如采自刘著则在按语中称"刘云",如采自何著则称"何云",余类推。参酌比较,持论颇审慎。如:"乱发曰翁,乱草亦曰翁,几团曰几翁。谢云:'《说文》:翁,颈毛也。'"又如:"目大曰盷。刘云:'《说文》:盷,目大也。'古本切。案,当音衮。"间或用别地方言相印证,如:"馄饨曰扁食。蜀语。"又如:"谓味减曰醉。台湾语,《赤嵌集》。"

本书所收词语大多为闽语,但也有少量不是方言词,作者只是注明方言读音而已。如:"生读商。刘云。案,此系生产之生。"对漳州方言读音,则特别指出是"漳州语"。如:"空呼曰坑,漳州语。通呼曰贪,漳州语。"

本书博采众书之长,内容较为丰富,但在取舍之间也有失当之处。如:"潘,读'捧'上平声。何云:潘,淅米汁也。今行此音。"作者采取何说。何书虽然有注音的优点,但是释义较简,而谢书的解说更详尽:"潘,水部,淅米汁也。徐锴云:'《左传》曰:遗之潘沐。'潘可以沐也。浦漫反。按,闽语淅米水谓之米潘。古人以潘沐发,今蜀俗尚然。"似以兼采谢、刘之说为妥。

(游汝杰)

流沙坠简 罗振玉等

《流沙坠简》，三册线装。罗振玉、王国维编撰。上虞罗氏宸翰楼 1914 年影印，1934 年校正重印。有中华书局 1993 年版。

罗振玉（1866—1940），字叔蕴，一字叔言，号雪堂，又号贞松老人。生于江苏淮安，因祖籍浙江上虞县永丰乡，又称上虞人、永丰乡人。五岁入塾，十五岁通五经，十六岁中秀才。清光绪二十二年（1896）起，在上海办学农社、《农学报》，介绍西方农业技术，翻译日本和欧美的农学著作百余种。1906 年由端方等人推荐，任清政府学部参事，在京常游厂肆，搜集大批甲骨、铜器、字画、碑帖、古籍等。辛亥革命后，旅居日本九年。治学由农业、教育转为经史之学，1919 年返国，曾策划清室复辟，又参与伪满洲政权的成立。后卒于旅顺。读书勤奋刻苦，十六七岁时得《皇清经解》一部，一年之中通读三遍。经史之外，训诂名物、金石文字无不留意，被誉为近代金石学的集大成者、甲骨学的奠基者、近代考古学的先驱。生平著作一百三十余种，刊印书籍四百余种。甲骨文方面有《殷商贞卜文字考》、《殷虚书契前编》、《殷虚书契菁华》、《殷虚书契考释》、《殷虚书契续编》等；金文方面有《梦郼草堂吉金图》、《殷文存》、《贞松堂集古遗文》、《三代吉金文存》等；敦煌学、简牍方面有《鸣沙石室遗书》、《流沙坠简》（与王国维合作）、《鸣沙石室古籍丛残》等；其他古器物图录、石刻资料汇编有《殷虚古器物图录》、《昭陵碑录》、《汉熹平石经残字集录》等。主要学术著作汇为《罗振玉学术论著集》（上海古籍出版社，2010 年）。

王国维生平事迹见"观堂集林"条。

《流沙坠简》是过录、考释古文字和古文献的著作。书前有罗振玉和王国维所作序各一篇。罗序叙述编辑此书之缘由和经过：清光绪三十四年（1908）英籍匈牙利人斯坦因，在我国敦煌等地大肆盗掘古代简牍、纸片、帛书，其中大多是汉简，载返英国，两年后由法国汉学家沙畹为之考释。沙氏的考释系用西文撰述，不便于中国学者阅览，罗氏遂与王国维合作，重加校理、参订。王序叙述并考证简牍等出土之地及与之相关的史事。

本书据沙畹书中照片选录简牍、纸片和帛书等,共五百八十八枚,并加释文、考证。全书分订为三册。第一册是小学术数方技书(包括《急就篇》、历谱、医方等)、屯戍丛残、简牍遗文三个部分的原物照片,由罗振玉排类;第二册是《小学术数方技书》考释(作者罗振玉)和《屯戍丛残》考释(作者王国维);第三册是《简牍遗文》考释(作者罗振玉等)。其中以《屯戍丛残》考释最为重要,篇幅也最长,对汉代屯戍、烽燧制度等有较详细的考证。此外,作者对许多历史事实和历史地理问题,如玉门之方位、西域二道之分歧、魏晋长史之治所、部曲尉侯数前后之殊、海头和楼兰两地东西之异等,皆有所考证和发现。逐简考释的方法是:先注明出土地点及尺寸,再将原文逐一转写,考释部分或有或无,或长或短,不尽一律。如《释二·四十二》:"木简出蒲昌海北,长一百六十七米里迈当、广十米里迈当。(以下简文)国才 □□表言。(以下考释)右简与禀给无涉,误列于此。"

本书最末有王国维所写的《跋》。作者据斯坦因所撰纪行,对《屯戍丛残》考释作一些补正。又有王国维所撰《补遗及考释》和《附录》。《补遗》选录斯坦因在尼雅盗掘的晋初木简;《附录》为日人橘瑞超在罗布泊盗掘的简牍和纸片。作者对其中前凉西域长史李柏表文一篇、书稿三篇有较详细的考释。《附录》还转写斯坦因纪行书中的附图,图中有简牍出土地点、烽燧地点四十四处。作者列表对照各烽燧顺序号、汉时名称和所出木简,甚便检索。

本书所录为汉代文字的原物照片,是研究汉代文字的重要参考资料。同时作者据此考证汉代的社会、文化、地理,言之凿凿,对汉代历史的研究多有贡献。

(游汝杰)

殷虚书契考释 罗振玉

《殷虚书契考释》，一卷。罗振玉著。1915年石印本一册，1927年东方学会石印增订本三卷二册。收入中华书局2006年版《殷虚书契考释三种》，又文物出版社2008年影印《殷虚书契考释》原稿。

第一部甲骨著录刘鹗的《铁云藏龟》于1903年出版，次年孙诒让作《契文举例》。刘氏《铁云藏龟》仅辨认了少数干支文字，未能通读卜辞；孙氏《契文举例》不乏精到之论，然谬误甚多，公开出版(1917年)较迟，影响不大。真正读通卜辞、理清卜辞内容并产生实际影响的，首推罗氏之书。罗氏于1914年编印《殷虚书契前编》后，因"书既出，群苦其不可读也"，就集中精力研究甲骨卜辞，"日写定千余言"，"发愤键户有四十余日，遂成考释六万余言"（自序），于1915年出版，这就是《殷虚书契考释》。全书分为八章：都邑、帝王、人名、地名、文字、卜辞、礼制、卜法。罗氏认为研究甲骨文难在文献不足、卜辞过简和字形多变。想掌握甲骨文，首先要认识文字，其次是通读卜辞。因此"文字"、"卜辞"两章是全书主干。"文字"一章释读文字达四百八十五个，实际上成了第一部甲骨文字典。"卜辞"一章通读卜辞七百六十六条，依内容分为八类：卜祭、卜告、卜享、卜出入、卜田渔、卜征伐、卜禾、卜风雨。其余数章，是罗氏在考释文字、通读卜辞的基础上，结合文献来考求商代典制。罗氏在自序中讲述其考释甲骨文的方法是"由许书以溯金文，由金文以窥书契"，指明许慎《说文》是他考释文字的基础。同时罗氏考释文字又不为《说文》所束缚，而是有所超越，既能利用甲骨文纠正《说文》的某些错误，又能考释出一些与《说文》字形不同的甲骨文。不少结论，至今仍是颠扑不破的。1927年罗氏又对此书作了增订，分为上、中、下三卷，"文字"一章释读甲骨文增至五百七十一字，"卜辞"一章通读卜辞已超过一千条，增加了杂卜类。罗氏把形、音、义皆可知的五百六十字跟《说文》作了比较："与篆文合者十三四，且有合于许书之或体者焉，有合于今隶者焉，顾与许书所出之古、籀则不合者十八九，其仅合者又与籀文合者多，而与古文合者盖寡。以是知大篆者盖因商周文字之旧，小篆者又因大篆之旧，非大篆创于史籀，小篆创于相斯也。"罗氏对中国古代文字演变的这种观点是通达的,对王国维等人产生了很大的影响。

《殷虚书契考释》是甲骨学史上里程碑式的著作,王国维在跋初印本时说,"三代以后言古文字者,未尝有是书也",在序增订本时又说,"此三百年来小学之一结束也","后之治古文字者于此得其指归,而治《说文》之学者,亦不能不探源于此"。郭沫若曾说:"甲骨自出土后,其搜集、保存、传播之功,罗氏当居第一,而考释之功也深赖罗氏。"又说《殷虚书契考释》"使甲骨文字之学蔚然成一巨观,读甲骨者固然不能不权舆于此,即谈中国古学者亦不能不权舆于此"(《中国古代社会研究》)。王、郭的评价是公允的,虽然在甲骨学发展已逾百年的今天看来,《殷虚书契考释》不免有错误之处,但在当时却是研究甲骨文的学者案头必备的。

研究本书的著作,有王宇信《甲骨学通论》(中国社会科学出版社,1989年),黄德宽、陈秉新《汉语文字学史》(增订本,安徽教育出版社,2006年),赵诚《二十世纪甲骨文研究述要》(书海出版社,2006年)的有关篇章。

(叶保民)

中华大字典 陆费逵等

《中华大字典》,陆费逵等编。1915年中华书局出版,四册,线装缩本十册。1958年中华书局重版,二册。

陆费逵(1886—1941),字伯鸿,又字少沧。浙江桐乡人。清光绪三十年(1904)在武汉办新学界书店,次年参加湖北革命团体"日知会",兼任《楚报》主笔。《楚报》被封后避居上海,任昌明书店经理兼编辑,1906年后任文明书局、商务印书馆国文部编辑兼《教育杂志》主编。1912年在上海创办中华书局,历任局长、总经理,兼编辑所所长,主持编写《新学制教科书》、《新编国民教育教科书》等,影响甚大。著有《教育文存》五卷。

陆费逵在《中华大字典》序中指出,《康熙字典》有四大缺点:解释欠详确;讹误甚多;通俗语未采入;体例不善,不便检查。编者以《康熙字典》为借鉴,补阙纠谬,改善体例,编出一部新颖的现代字典来替代传统的字书,这就是《中华大字典》。

《中华大字典》是我国现代第一部汉语字典,也是《汉语大字典》出版以前收字最多的字典。

此书的编排依照《康熙字典》,按子、丑、寅、卯等十二地支为十二集,并沿用《康熙字典》的二百十四个部首,但调整了一些部首的排列顺序,如"手、毛、心、爪以物同,入、八、儿、几以形近"而分别排列在一起,这是兼取许慎《说文解字》"据形系联"和顾野王《玉篇》"据义系联"的办法来编次的。在所收的每个字下面,均先以反切注音,后解释字义,列举书证。新收之字,除正文本字以外,兼列籀、古、省、简、或、俗、讹诸体。

《中华大字典》与《康熙字典》相比,有了显著的改进。

一、全书共收汉字四万八千多个。收字范围广,收录了一些《康熙字典》未及收录而当时已经广泛使用的字,其中有有关西方科学技术的新创汉字,如"铱"、"镍"等。

二、注音采用以《集韵》反切为主,另加注直音的办法,每音只用一个反切,每个反切只列在一个字头之下。如"與"有四音,就列四个字头,下面各自标出反切。《集韵》未收之字,则兼采《广韵》或其他韵书、字书的音切。这就比《康熙字典》一音并列几个反切的做法显得眉目清楚,更加切合实用。

三、释义分项解说,每项只注一义,只列一个书证,并用㈠㈡㈢等数字标明顺序。这是在汉语字典中首次使用数字明确标明义项,以后的汉语字典、词典多沿用之。同时每个单字义项的排列,一般先列本义,次及引申义、假借义,显得条理清晰。

四、有意识地收入和解说复音词。在有的单字解说中,引出了一些复音词,如"宕",义项㈢下列有"延宕、拖宕",义项㈣下列有"偏宕、流宕",义项㈤下列有"跌宕文史"等。同时对引出的有些复音词还予以解说,如"志"字下,解释了"志士"、"远志"。这就使《中华大字典》具有现代语文词典的雏形。

五、对形体虽同而音义并异的字,都另列字头,排在本字之次。如"札,一點切,报也"、"札,侧瑟切,甲叶也",即分列两个字头。这就突破了历来字书以字形为纲的窠臼,开始从音义结合上来考察汉字。

六、成功地运用了乾嘉学派的研究成果,纠正了《康熙字典》中的错误两千多条。

《中华大字典》是中国传统的字书向现代语文字典、词典过渡时期的产物,又加上编撰仓促,故缺点不少。主要表现在条目分析有的失之琐细,如"舉"字共列出五十个义项,显然未经科学归纳而一味离析;大量罗列书证而缺乏新见;对有的错误旧说未加订正;释义和引书名称有时前后不一等。

关于《中华大字典》的研究著作,主要有刘叶秋的《中国字典史略》(中华书局,1983年)、陈炳迢的《辞书概要》(福建人民出版社,1985年)等著作中的有关章节。

(徐祖友)

辞源 陆尔奎 等

《辞源》，十二集。陆尔奎等编。商务印书馆1915年出版正编，1931年出版续编，1939年出版合订本，1951年出版改编本，1979年至1983年出版修订本（共四册），1989年出版合订本。

陆尔奎（1862—1935），字浦生，号炜士。江苏武进（今常州）人。清光绪十七年（1891）举人。早年曾在天津北洋学堂、上海南洋公学任教席。力主维新，与同乡、国民党元老吴稚晖过往甚密。后被广州知府龚心湛聘为广州府中学堂监督，并两次前往日本考察教育。1906年进商务印书馆，1908年开始编《辞源》。晚年积劳成疾，双目失明，回家乡淡泊明志，自奉节俭。

《辞源》不论是在收释的知识内容上，还是在编纂工艺上，都不愧是一部推陈出新的有划时代意义的新型工具书。

我国古代辞书大多是解经的工具、经学的附庸，其知识内容往往是拘于一隅的。《辞源》则在继承古代字书、韵书、类书的基础上，充分吸取了外国辞书的特点，广收博采语词及百科性词目，古今中外，无不详备，开创了我国现代辞书——兼有语词和百科的综合性词典的新格局。《辞源》计收单字一万三千个，复词五万余条，续编又增补了三万余条，共收词目号称十万条，其收录词条之夥，门类之广，堪称史无前例。它一方面从语词的角度收集字词、成语、典故、俗语、习语等，另一方面又从实用的角度博采了国学、古籍中有关经史、地理、典章、制度、文化、技艺、博物等的条目，尤其是从现代社会科学、自然科学、应用技术中广泛采收新名词、新术语（如银行、租界、治外法权、杯葛运动、实用主义、多项式、毕达寻拉之定理、化学元素、红外线等），以及古今中外的人名、地名、书篇名等，不啻是融旧知新学于一炉的万宝全书。《辞源》编纂和出版的年代，正是我国封建社会濒于解体、民主革命运动蓬勃兴起和西学东渐的年代，所以它对传统文化知识的解释，充分吸收了前人的研究成果，而且它还提供了不少新的见解，这正适合了大众"贯通典故"的要求，而对于西学新词的收录和解释也切合了大众"博采新知"的需要。《辞源》既是一部研究国学的重要辞书，又是一种传播新思想的启蒙工具，对于当时的新文化运动无疑是很有积极作用的。

《辞源》在编纂工艺上也有很多创新。首先,它开创了"部首·笔画·以字带词"的综合编排方法,使条目的排列和查检更加严整有序。《辞源》一方面借鉴了《康熙字典》的部首、笔画排检法,将一万三千个字头归属于二百十四个部首,同一部首中的字,再以笔画多少为序;另一方面更参酌了《佩文韵府》《骈字类编》收录字词的方式,略加改革,在各字头之下,带上该字头为词首字的所有复词条目。对这些多字条目则按"字数、笔画"的原则排列,词条的字数少的在前,多的在后;同词首字的词条按其第二字笔画的多少为序,少的在前,多的在后,第二字相同的,则按第三字的笔画多少为序,依此类推。《辞源》的这个编排方法,比以往所有的辞书,无疑是进步严密多了,其后所出的辞书如《辞海》等,纷纷沿用其例。其次,《辞源》在词条微观结构的撰写上也有了较实用的细则凡例,如对每个单字都先注上《音韵阐微》的反切注音,有的还加注汉字直音,标明其所属韵部,然后再分项解释字义,举证说明。单字条目后所带的多字条目,也都一一分项解释并给出书证。释义程序和方法,大致同一而稍有灵活变化,通常是在词条下先说明词义和用法,然后引书证明;有的更在引文之后,又略加按语辨析;有的则先列引文,再附说明;有的为了避免解释与引文重复,或因引文足可代替解释,即只录引文,不再注释;有的因原文较长,不便照录,即撮叙大意,然后再标出来源;有的常识性词条,无须引注词源而应明其变革的,则用综述的方式加以说明。上述做法说明了《辞源》对词条微观结构的写法,比起以前的许多辞书来,是条理分明、眉目清楚多了。

《辞源》作为一部开山的力作,其功诚不可泯,但其中的不足与失误亦属难免。书中一些有关社会政治、经济和自然科学的名词术语大都早已陈旧过时,或者解说不免于错误、片面;即便是在语词文史类条目中也时有出现音义解释的错误(如"俺,邵剑切";"铅,余全切";"孤僻,所居荒远也";"方兄,对僧道者的敬称");在书证资料方面的疏误之处更多,鲁鱼亥豕、张冠李戴的事时有发生,甚至有的所谓书证竟是编者杜撰的(如"悬殊"条所引《三国志》"贤圣之分,所觉悬殊"句);所收条目,也很有不平衡处,显得取去失当,有时不分轻重巨细地胡乱凑数进来,如相当数量的佛学条目,有的则连常识性条目也失收了,如"散曲"条就未见收录;在编排体例上也多有不尽完善之处,如引书格式不相一致,引书不详标卷次篇目,笔画相同的字条排列未见规则,如此等等,都说明了《辞源》需要进一步的修订提高。

1939年起,商务印书馆曾组织增订《辞源》,至40年代末新集词条资料达五万余则,后因故未果,仅于1951年出了一种修订缩编的《辞源》改编本,其内容与样式同旧本并无大别。1958年后,国家决定对《辞源》修订重编,并根据与《辞海》、《现代汉语词典》适当分工的原则,将《辞源》修订为阅读古籍用的工具书和古典文史研究工作者的参考书。1964年出版了《辞源》修订稿第一册,后工作陷于停顿,1976年前后重新工作,由吴泽炎、黄秋耘、刘叶秋任总纂,于1979年至1983年先后出版了《辞源》修订本四册,1989年出版了合订本。

《辞源》修订本根据"以语词为主,兼收百科;以常见为主,强调实用;结合书证,重在溯源"的编纂修订方针,对旧《辞源》作了彻底的重编,使其在许多方面发生了重大的变化。

一、词目的调整。《辞源》修订本删去旧《辞源》中的现代社会科学、自然科学、应用技术方面的名词术语,对古代语词和文史词目也作了不少增删,收词止于1840年。这样,《辞源》修订本共收单字一万二千八百九十个,复词八万五千一百三十四条,共九万七千零二十四条,在总条数上与旧《辞源》不相上下,而在具体词条上则发生了很大的变化。

二、注音的改革。《辞源》修订本废弃了原来不古不今的《音韵阐微》的反切,单字下改注汉语拼音和注音字母,并加注《广韵》的反切,标出声纽,《广韵》不收的字,采用《集韵》或其他韵书、字书的反切;另外,还对多字条目的首字一一作出了读音的标注。这样,《辞源》修订本的注音不仅有很大的实用价值,而且对文史研究工作有重要的参考价值。

三、释义的改进。《辞源》修订本利用学术界的最新成果、第一手的资料对词条逐条辨证,得以纠正了旧《辞源》的不少释义错误,用语力求简明确切,在诠释时并注意探索词语的来源及其发展演变,力求反映词义的历史嬗变的轨迹。

四、资料的核证。《辞源》修订本对全书所使用的书证资料一一作了复核,并统一加标了作者、书篇名和卷次,这就从根本上加强了《辞源》的科学性和权威性。

五、体例的革新。《辞源》修订本采用了"参见"形式,把一个词目涉及的有关条目结成一片,以提供较完整的知识信息;有的条目,在解释和引证之后,还略举参阅书目,以扩大知识容量。在编排上,《辞源》修订本对"部首、笔画"排检法更作了第三层次笔顺的考虑,使所有同笔画的字头和词目也有了次序可循。

总之,经过重编的《辞源》修订本已同旧本有了根本的不同,它是一部高质量的古汉语范畴的以语词为主兼收百科的综合性词典。当然,由于《辞源》卷帙浩繁,修订时间有限,又成于众手,因而书中各部分之间的质量并不平衡,解说、溯源、引证都不无疏失之处,如"韦应物"条称"《唐书》有传",其实新旧《唐书》皆无传,又如"抛砖引玉"仍复引述了旧《辞源》不合史实的常建邀赵嘏续诗的传闻,"五世同堂"仅作了解释而举不出书证,再如将"郢匠"不确切地随文释义地解作"对考官的敬称"等等。

《辞源》的研究著述,主要有刘叶秋的《中国字典史略》(中华书局,1983年)、沈岳如《〈辞源〉修订史略》(载《辞书研究》1996年第4期)等。另田忠侠著有《辞源考订》(东北师范大学出版社,1989年)、《辞源续考》(黑龙江人民出版社,1992年)二书,摘拾《辞源》溯未及源、引文不确、释义欠妥、立目失当等方面的问题加以考订纠误,后增补为《辞源通考》(福建人民出版社,2002年);史建桥等编有《〈辞源〉修订参考资料》(商务印书馆,2011年),均可参阅。

(阮智富)

客方言 罗翙云

《客方言》，十二卷。罗翙云著。版本有中山大学国学院丛书第一种，1922年序刊。有陈修点校本(华南理工大学出版社，2009年)。

罗翙云(1868—1938)，字蔼其，广东兴宁人。青年时举于乡，后入京任职。1915年返里聚徒授学，后任中山大学教授。

罗氏于辛亥革命后闭门谢客，授徒自给，讲授《尔雅》、音韵、训诂，凡有客家方言词语出于其间者，则加详说。积稿数年，编成本书。

书前有章炳麟序言和作者自序，书后有门人罗家骏跋。据章氏序，正文只有十卷，但今正文有十二卷，可能曾经罗家骏整理、增添。卷目如下：释词、释言(上下)、释亲、释形体、释宫室、释饮食、释服用、释天、释地、释草木、释虫鱼、释鸟兽。

章氏序略述客家的来历，指出研究客家方言对解决主客纷争的意义，认为本书出版之后，"客话大明，而客籍之民亦可介以自重矣"。

作者的长篇自序详引音学大师之说，试图举例证明今客话尤其多存古音。指出今客方言声母与钱大昕"古无轻唇音"、"古无舌上音"之说，章太炎"娘日二纽归泥"之说相合。今客方言韵母，耕青通于真谆，阳唐合为一部，江韵今音近阳、古音近东，侵覃谈盐添咸衔严皆读闭口，以上皆合于乾嘉诸大师的古音说。五华客方言声调只有平上入三声，而无去声，与段玉裁"古无去声"说相合。举证大致可信。

本书编排体例依从《尔雅》，即按义类编排。考证词语的方法则遵循章太炎《岭外三州语》，即上列客方言词语，下以小学故训通之。对于追溯词源和考证本字，用力甚勤，如："谓立曰'企'，《方言》：企，立也。《说文》训为举踵。《通俗文》：举跟曰'企'。《诗·河广》：跂予望之。即'企'之借。王逸《楚辞注》引《诗》正作'企予望之'。此许义也。今俗谓直立为'企'，义同《方言》。"又如："背心曰背搭，'搭'者'当'之声转。《仪礼·乡射礼记》'韦当'注：直心背之衣曰当。背搭者背当也,谓当乎其背也,'当'与'搭'双声。"

作者追溯词源或字源,在音韵方面多用所谓"声音流转"解释,有时难免牵强而令人难以置信。如:"盛谓之张,俗以器盛物曰张。盛以碗曰碗张,盛以盘曰盘张。'张'与'装'声近而义不属。'张'即'盛'音之变,通语读'盛'入彻母,读'张'入知母,舌上音旁纽相迤,遂变而为'张',非别有字为其语根。"所谓"碗张"即"碗盛"、"盘张"即"盘盛",并无别旁证,只是猜测之词。

研究客方言的著作,在本书之前有黄香铁《石窟一征》、温慕柳《嘉应州志·方言》、杨恭恒《客话本字》。黄书是发轫之作,温书以音韵为主,杨书考求本字,本书以训诂为主,兼及音韵和本字,是集大成之作,又因借鉴章太炎《新方言·岭外三州语》的研究方法,其成就超过以前诸书。本书不仅是清末民初客方言的优秀词典,也是研究客方言词源的优秀著作。

(游汝杰)

十韵汇编 刘 复等

《十韵汇编》,三册。刘复、魏建功、罗常培编。北京大学出版组 1935 年出版。

刘复(1891—1934),原名寿彭,改名复,初字半侬,改半农,号曲庵,笔名寒星、范奴冬。江苏江阴人。1911 年辛亥革命爆发,肄业于常州中学堂,参加革命军。后在上海任中华书局编辑,开始著译生涯。二十六岁时被破格聘为北京大学预科教授,兼任《新青年》编辑,提倡白话,反对文言。1919 年赴欧洲留学,就读英国伦敦大学,并在该校语音实验室工作。1921 年改入法国巴黎大学,1925 年获博士学位。同年携带大批语音实验仪器回国,任北京大学教授、北京大学研究所国学门导师、中法大学国文系主任、辅仁大学教务长等。1929 年在北京大学建立我国第一个语音实验室。1934 年在绥远调查方言时染疾病故。一生著译甚丰,有新诗集《瓦釜集》(北京北新书局,1926 年初版),语言学著作《四声实验录》(中华书局,1951 年)、《中国文法通论》(北京大学出版组,1919 年初版),以及《敦煌掇琐》(国立中央研究院,1925、1934、1945 年)等。

魏建功(1901—1980),江苏海安人。1921 年进北京大学中文系,从钱玄同等学习文字、音韵、训诂学。1925 年毕业后,任北京大学研究所国学门助教、副教授、教授。曾任《国学季刊》编辑主任。1949 年以后,历任北京大学中文系主任、副校长等职。1955 年应聘为中国科学院哲学社会科学部委员等。著有《古音系研究》等。论著由后人编为《魏建功文集》(江苏教育出版社,2001 年)。

罗常培(1899—1958),字莘田,号恬庵。北京市人。出身满族平民之家,家境贫寒,一面做速记员,一面求学。1919 年毕业于北京大学中文系,曾任天津南开中学国文教员、北京第一中学校长。1923 年以后历任西北大学、厦门大学、中山大学、北京大学等校教授。1929 年任中央研究院历史语言研究所研究员。1945 年至 1948 年赴美国讲学。1950 年任中国科学院语言研究所所长。罗氏对语言学有多方面的贡献:在汉语音韵学上用现代语音学理论,结合中国传统的研究,著有《汉语音韵学导论》、《汉魏晋南北朝韵部演变研究》(与周祖谟合作)等;在汉语方言的调查研究方面,填补了前人许多空白,著有《临川音系》、《唐五代西北方音》、《厦门音系》等;在少数民族语言的调查研究方面,做了许多开创性的工作,著有《贡山俅语初探》、《莲山摆彝语文初探》(与邢公畹合作)等。此外在语音学、文化语言学和曲艺音韵等方面也有独特的贡献。论著由后人编为《罗常培文集》(山东教育出版社,1999—2008年)。

《十韵汇编》是《切韵》系统韵书的一个汇编集,收录了王国维手写英国伦敦大英博物院所藏的敦煌石室本《切韵》残卷三种(简称"切一"、"切二"、"切三"),法国巴黎国家图书馆所藏五代刊本《切韵》一种(简称"刊"),法国巴黎国家图书馆所藏敦煌石室本唐写本王仁昫《刊谬补缺切韵》一种(简称"王一"),唐兰手写北京故宫博物院所藏唐写本王仁昫《刊谬补缺切韵》一种(简称"王二"),吴县蒋斧所藏唐写本《唐韵》一种(简称"唐"),德国柏林普鲁士学院所藏唐写本韵书残卷一种(简称"德"),日本大谷光瑞《西域考古图谱》所收唐写本韵书残卷一种(简称"西"),以及《古逸丛书》覆宋本《大宋重修广韵》一种(简称"广"),共十种。

本书的特点如下。

一、把《广韵》和《广韵》以前的几部韵书汇编在一起,以《广韵》为主脑,而以其他的韵书资料抄录在《广韵》同一韵的上面,各种韵书资料都用简称标明(唯"德"、"西"两部韵书资料较少,附在各韵之末),极便于比较研究。《广韵》是把《古逸丛书》本的原文剪贴上去,并在底上将每行字都编成号码,其他抄录在上面的韵书资料,每行字也都编上号码,查检十分迅捷。

二、本书卷末有两种索引:(一)分韵索引。其体例是依照《广韵》次序逐字编排,于各韵书格子内注明本汇编的行数;凡各韵书的字与《广韵》同义异形者,则另立此字于韵部之后,而于字外识以括号,于《广韵》格子内注明其所同之字;凡各韵书之韵不见于《广韵》本韵,而见于《广韵》他韵者,亦附于本韵之后,而于《广韵》格子内注明其所见之韵部。(二)部首索引。其体例是依照《康熙字典》的部首笔画,逐字编排,每字都注明在本汇编中《广韵》的某声某韵某行。如果依照查得的行数,对检《分韵索引》,则又可知此字是否见于其他韵书,见于何处。

三、附有《广韵》校勘记。《广韵》刻本甚多,文字、反切多有讹误,此书参照张氏泽存堂宋本、涵芬楼影印宋巾箱本、符山堂刻顾亭林藏元略注本、扬州书局刻曹楝亭藏宋本、段玉裁手校本等,于每韵之末出校勘记。

本书对于考证韵书的源流、《切韵》的原貌,具有十分重要的作用。例如关于《切韵》取舍损益吕静、夏侯该、阳休之、李季节、杜台卿五家韵书的情况,可以从本汇编所收录的王仁昫《刊谬补缺切韵》的韵目小注中查到。又如关于《切韵》是否区分轻、重唇音的问题,可以对《切韵》残卷和《广韵》的唇音字的反切加以比较,从而发现越是早期的韵书,唇音类隔现象就越多,《切韵》不分轻、重唇音的论点也就得到了进一步的证实。

本书前面附有魏建功长达八九万字的序言，详细叙述反切来源、韵书存目、现存韵书内容、音韵学的研究途径等问题，材料丰富，立论严谨，实可作为一部音韵学史来研读。研究本书的著作有叶键得的《十韵汇编研究》（台湾学生书局，1988年）。

（杨剑桥）

四声实验录 刘 复

《四声实验录》,刘复著。有上海群益书店 1924 年版、北京中华书局 1950 年重印本。

作者生平事迹见"十韵汇编"条。

本书是用语音实验仪器研究汉语方言声调的著作,全书分八大部分。

一、"引言",说明本书的主旨和实验语音学的性质。

二、"声音之推断",简介物体发声的原理。

三、"语音与乐音",除介绍语音和乐音在声学上的异同外,着重论述声调形成的声学条件,即音高和音长。并且指出声调中的音高是复合的,不是单一的;声调的进行是滑动的,而不是跳动的。

四、"浪纹计(Kymorgraph)",介绍声调实验最实用的仪器——浪纹计的构造和工作原理。

五、"计算及作图",介绍如何计算在浪纹计上所画出的浪纹,以及如何根据计算所得结果画出直观的图形,即声调曲线。

六、"声音与对数",介绍什么是对数以及语音的高低与声浪震动数的对数关系。

以上六个部分是详细说明用实验方法研究声调的原理与方法。

七、"已实验的四声",报告对十二个地点方言的声调实验的结果。用于实验的仪器是浪纹计,实验的材料是"衣、以、意、乙"四个字。即请发音人读这四个字,由浪纹计实验它们的语音。这十二个地点是:北京、南京、武昌、长沙、成都、福州、广州、潮州(广东)、江阴(江苏)、江山(浙江)、旌德(安徽)、腾越(今云南腾冲)。每地的报告都用图表和乐谱表示各类声调的高低,并配有例字,例字旁边有标示调形的符号。各地的图表包括分图和总图两种,分图表示每一类声调的调形,总图将各类声调曲线综合在一张图表上。图表上的调形曲线是以"万国音程"(1891 年所定)A=435 为标准,用对数定理画出的。作者以北京声调的实验为例,对图表加以详细的说明。北京声调的实验结果,从调形曲线看,阴平是高升调、阳平是中升调、上声是低升调、去声是升降升调。

本部分还论述了声调的三个特征：（一）声调最重要的特征是音高的高低起落,不过语音的长短也是入声区别于其他调类的重要条件；（二）声调的调值有共性也有个性,即同一个地点的声调请不同的人发音,实验的结果大同小异；（三）声调音高的起落是滑动的渐变的,不是跳动的突变的。作者还有一个说明,即本书所记录的声调是所谓标准声调,即单字调,而不是平时说话时句子中的声调,即连读变调或受语调影响的声调。

本部分最后提出各处各类声调的共同点：（一）平声最为平实；（二）上声最高；（三）去声最曲折；（四）入声最短。

八、"余论（今日以前的四声论）",介绍前人对声调的议论,包括《公羊传·庄公二十八年》、唐《封演闻见记》、《魏书·江式传》、《通志·七音略序》等书中有关声调的记载,以及周颙和沈约、钱玄同、黎锦熙、吴敬恒、蔡元培等人有关声调的论述。

本书是中国第一部实验语音学著作,首创用语言实验仪器研究汉语声调。在它的影响下,罗常培《临川音系》(1941)、王力《博白方音实验录》(1931)都用刘复实验声调的方法研究和记录声调。本书的缺点是,许多声调曲线不能反映实际语言中的真实的声调调形,在调类方面也有些错误。

（游汝杰）

中国文法通论 刘 复

《中国文法通论》,刘复著。成书于1919年。1920年上海群益书社初版印行,以后多次重印。作者生平事迹见"十韵汇编"条。

《中国文法通论》是作者在北京大学预科讲授汉语语法的讲义,后经整理而成。此书使用的语言资料以先秦古文为主,也有现代汉语的例句,研究方法是以斯威特(H. Sweet)的《新英语语法》为依据。全书分三讲。

第一讲,着重阐述文法的研究方法,包括:(一)文法的界说。认为"所谓某种语言的文法,就是根据了某语言的历史或习惯,寻出条理来"。(二)文法的研究范围。指出文法须研究"怎样地采用这种语言的材料;怎样地把这种材料配合起来",即今天所说的词法和句法两个方面。(三)理论的文法和实际的文法的区别。指出前者指比较几种语言而得出的条理或定理,后者指某国文法或某种语言的文法。(四)文法的研究方法。主张分历史的、比较的、普通的三种,并强调归纳法,注重实证。在这一讲中作者提出了"兼格说",认为"欲其贵也"中的"'其'字是兼格代词,它一面做'欲'字的受格,另一面又做'贵'字的主格",兼格说对以后的语法研究影响很大。

第二讲,从"理论的状况"和"文法的状况"分别论述词法和句法。关于词法,刘氏根据"文字的意义和作用"将词分为:(一)实体词(即名词、代词及用如名词者)。(二)品态词(又分"永久的"和"变动的"两类,永久的即形容词,变动的即动词)。(三)指明词(又分"量词"和"标词"两类,量词即数词、量词和部分副词,标词即指示代词和部分副词)。(四)形式词(即判断词、介词、连词、助词等)。(五)感词。作者把实体、品态、指明三类词合称为实字,"因为它有的确的意义,或明显的作用",把形式词称为虚字,因为"实字之外,还有许多少不了的字,并没有的确的意义,或明显的作用,只是文中必须用它,使它把实字与实字的关系表示出来"。刘氏把汉语的词分为五大类,改变了《马氏文通》以来的九类说,又把动词和形容词归为一类,也反映了汉语形容词的性质和功能接近于动词这一特点。

关于句法，作者认为句子是指"意义的独立单位"，"无论句的形式是怎样，只须它能把一种独立的意义，明白表示出来，就是句的资格"。作者把句子分作简句和复句两种，简句又分普通句、特别句和独字句。普通句指"主词和表词相接而成句"，即有主语和谓语的句子，特别句指主语和谓语有空缺的句子。复句则指"凡以两个或两个以上的子句合成的文句"。子句就是简句。复句再分主从和衡分两种。刘氏的这个句子类型系统已经初具规模，大体反映出汉语句子结构的特点。刘氏的句子成分设主词和表词，即主语和谓语，认为"凡做主词的，诚然都是实体词，而做表词的，却于品态词之外，还可以包括一部分的指明词"。此外还有端词、加词和先词，如他所说，"白雪"的"雪"处于正位，为端词，"白"处于辅位，为加词，先词是"表词的变体"，如"飞鸟"的"飞"，则所谓端词即中心语，所谓加词和先词即定语。

第三讲，论述语言的起源、发展和汉语的语法特点。作者认为"言语是社会所产出的东西，所以它无一时一处不受社会的支配"。关于汉语语法的特点，作者指出了许多复杂现象如动词"败"，可作及物动词，也可作不及物动词；虚词"的"的增减，用以形成声调的和谐；宾语的伸缩，是为了合于奇偶律等等。

《中国文法通论》重视语法理论和语法的研究法，尤其注重汉语语法的事实。其本意是反对对西洋语法的机械模仿，企图全面修正《马氏文通》，以"建造起一个研究中国文法的革新的骨骼来"。全书虽然未能把旧说完全打破，理论叙述也过于抽象、单薄，但因袭之中带有许多革新的意味，因而此书在当时语言学界有一定的影响，被称为文法革新派的代表著作之一。

（杜高印）

国语文法概论 胡 适

《国语文法概论》,胡适著。载《胡适文存》第三卷,上海亚东图书馆1921年版。又收入《胡适文集》(北京大学出版社,1998年)、《胡适全集》(安徽教育出版社,2003年)。

作者生平事迹见哲学类"中国哲学史大纲(卷上)"条。

《国语文法概论》是研究汉语语法理论的著作,集中反映了作者的语言观。此书注重国语,注重白话文和国语文法;强调文法研究的方法,主张把归纳的、比较的、历史的三种研究法结合起来应用,并总结出一些文法规律;论述结合汉语的事实,文字深入浅出,通俗易懂。全书分为国语与国语文法、国语的进化、文法的研究法三篇。

一、国语与国语文法。首先论述什么是国语。作者认为国语要有两种资格。"第一、这一种方言,在各种方言之中,通行最广;第二、这种方言,在各种方言中,产生的文学最多。"胡氏确认,"我们现在提倡的国语是一种通行最广最远又曾有一千年的文学的方言",因此即使按"严格说来",国语也已经具有这种资格,北方官话已经取得了共同语的地位。其次论述什么是国语文法。作者指出,各种语言都有自己的文法,而王引之的《经传释词》是"文法学未成立以前的一种文法参考书",《马氏文通》的出版,"方才有中国文法学"。关于汉语文法学迟迟产生的原因,作者认为原因有三:一是中国的文法本来就很容易;二是中国的教育本限于少数人,故无人注意大多数人的不便利;三是中国语言文字孤立几千年,不曾有和其他语言文字相比较的机会。同时作者认为"国语文法不是我们造得出的,它是几千年演化的结果,是中国'民族的常识'的表现与结晶"。

二、国语的进化。作者指出,国语的演化是进步,还是退化? 或者说,白话是古文的进化,还是古文的退化? 这个问题是"国语运动的生死关头"。作者认为"语言文字的用处极多,简单说来,一是表情达意;二是记载人类生活的过去经验;三是教育的工具;四是人类共同生活的唯一媒介物"。从语言的使用看,"文言竟没有一方面不是退化的",而"白话在这方面没有一方面的应用能力不是比文言更大得多"。因此文言是退化的,白话是进化的。对于古代文言发展到近代白话这一大段历史,作者概括为两个发展的趋势:一是该变繁的都变繁了,如复音词的增加、字数的加多;二是该变简的都变简了,如词语变得更概括、语法变得更简易划一。

三、文法的研究法。作者强调研究方法的重要性,认为"现在国语文法学最应该注重的,是研究文法的方法"。研究文法的方法是:

(一) 归纳的研究法。认为归纳法是根本的研究方法,"凡不懂得归纳法的,决不能研究文法"。作者引用白话的"了"和《马氏文通》中作宾语的疑问代词两个例子,详细解说归纳法的使用。

(二) 比较的研究法。指出这个方法可分做两步:第一步,积聚比较参考的材料,越多越好。第二步,碰到难以解决的语法问题,可以寻求别种语言里同类例子,用以帮助解决问题。作者批评陈承泽的"独立的研究"说,"我老实规劝那些高谈'独立'文法的人,中国文法学今日的第一需要是取消独立。但'独立'的反面不是'模仿',是比较与参考"。

(三) 历史的研究法。作者指出,"我们要研究文法变迁演化的历史,故须用历史的方法来纠正归纳的方法"。历史法又分做两步:第一步,举例时,应注意每个例发生的时代,每个时代的例排在一起。第二步,先求每个时代的通则,然后比较各个时代的通则:若各时代的通则是相同的,便可合为一个普遍的通则;若各时代的通则彼此不同,则应进一步研究各时代变迁的历史,寻出沿革的痕迹及原因。

作者指出以上三种方法,"归纳法是基本方法,比较法是帮助归纳法的,是供给我们假设的材料的;历史法是纠正归纳法的,是用时代的变迁一面来限制归纳法,一面又推广归纳法的效用,使它组成历史的系统"。也就是说,归纳法虽然是基本的,但是三种方法要同时并用,比较法和历史法也是重要的。

《国语文法概论》的许多观点和方法至今仍然可取。它的缺点是对语言和文学的功用不加区分,比如说语言文字是"记载人类的过去的经验"的,是"表情达意"的。同时称西方语言为"高等语言",把语言分为高等的和低等的,这是不正确的。

有关《国语文法概论》的研究著作,主要有何容《中国文法论》(开明书店1949年改版,商务印书馆1985年新版)等。

(杜高印)

国文法草创 陈承泽

《国文法草创》,陈承泽著。商务印书馆 1922 年版,1957 年重印,1982 年作为《汉语语法丛书》之一重新出版。

陈承泽(1885—1922),字慎侯。福建闽侯(今福州)人。年轻时曾中乡举。后留学日本,习法政兼攻哲学。回国后,先后担任商务印书馆编译员,以及《民主报》、《时事新报》、《独立周报》、《救国日报》、《法政杂志》、《甲寅杂志》、《东方杂志》、《学艺杂志》编辑。勤于著述,对语言文字之学有深入的研究。除本书外,另有论文多篇。

《国文法草创》是研究古代汉语语法的专著,用文言写成。全书虽仅五万字左右,但作者搜集材料达数百万字,写作七八年之久,易稿十余次。此书先在《学艺杂志》上连载发表,再经过一年多时间的反复审查增删,变更之处,在三分之一以上,乃最后成书。书前有自序。1957 年重印,有吕叔湘《重印国文法草创序》。

全书十三篇,即:(一) 绪言,(二) 研究法大纲,(三) 文法上应待解决之诸悬案,(四) 字与词,(五) 名字,(六) 动字,(七) 象字,(八) 副字,(九) 介字,(十) 连字,(十一) 助字,(十二) 感字,(十三) 活用之实例。

第一篇"绪言",主要叙述著书目的。作者批评当时研究汉语语法因袭模仿外国语法的不良风气,指出:那些因袭外国的语法著作,其说明方法似乎新颖,研究范围也较广泛;但由于因袭模仿,对汉语语法研究不深,只能触及皮毛,而且常常牵强附会,所以不能看作"研究之正轨"。为了改变这种不良风气,作者乃"探语学共通之原理,考组织变迁之沿革……比较东西之异同,沟通新旧之隔阂"。可见作者写作此书意在革新汉语语法学。

第二篇"研究文法大纲",提出研究中国语法的三个重要原则。其一,"说明的非创造的",指研究语法要从客观事实出发,归纳用例,总结规律,而不应从主观出发,任意臆造。其二,"独立的非模仿的",指研究汉语语法要从汉语语法特点出发,"务于国文中求其固有之法则",而决不应

"取西文所特有者,一一模仿之"。作者认为模仿的语法会导致"削趾适履,扞格难通"。其三,"实用的非装饰的",指研究语法要理论联系实际,讲求实用,要"以近世普通文为中心,而发现最便说明之原理原则",以利于应用;而不应去"推寻语源"或"搜集奇僻"。

第三篇"文法上应待解决之诸悬案",讨论了四个问题:一是字类系统问题。《马氏文通》以来的语法书,大抵模仿外国文法把词分为名、代、象、动、副、介、连、助、感等九类。作者认为这样的分类对说明汉语语法"颇有冗赘与不足之处"。因此提出了"字类系统更定"的意见,如取消代词大类改作为名词的一个小类等等。二是字类界划问题。作者提出了区分词类的两条原则:(一) 词类区分"在文位上不能辨别时,须另立一辨别之标准";(二) 分出的词类要做到类有定词,即一类词应收集该类的一切词"而无所挂漏"。三是本用活用问题。认为词有"本用"和"活用"之别,词的归类"必从其本用而定之,而不从其活用而定之"。四是引申顺序问题。指出"字义引申顺序,应属文法研究范围之外,然文法研究可为解决引申顺序之标准,故亦附及之"。

从第四篇到第十二篇是逐篇讨论汉语词类,包括虚词和实词,名词(名词、代名词),动词(自动词、他动词),象词(一般象字、指示象字、语助象词),副词(限制副词、修饰副词、疑问副词),介词(前置介词、后置介词),连词(一般连词、条件连词),助词(语末助词、语首助词、语间助词),感词等等。

第十三篇"活用之实例",详细叙述词类的转化与活用。作者认为词的"兼类"(如自动词兼他动词)、"引申"(如名词作量词用)都不是活用。他把"活用"分为两大类,第一类是"本用的活用",列有九种。此类活用是在具体句子里"词类的变异",于词性"则无所变动",例如"仁人心也,义人路也"句中的"人",就是名词活用作象词(形容词)。第二类是"非本用的活用"。此类活用不但在具体句子里词类"生于变动",而且于词性之说明上"亦复生于变动者"。此类活用再分为:(一)"一般的非本用的活用",例如"春风风人"的第二个"风"字,名词活用作动词。(二)"特别的非本用的活用",例如"正其衣冠"中的"正"字,象词(形容词)活用作动词。在这类活用里,值得注意的是作者提出了"致动"、"意动"的概念,这在汉语语法史上是首创。所谓致动,就是他动词以外之词,"变为他动,而……含'致然'之意",例如"鸟不能自其羽"中的"白"是象词为致动用;所谓意动,就是他动词以外之词,"变为他动,而……含'以为然'之意",例如"诸侯用夷礼则夷之"中第二个"夷"是名词为意动用。

《国文法草创》最有价值的是第二、第三、第十三篇。从全书来看本书既有语法研究理论的一般阐述,也有对古汉语语法的描写和说明,所以本书既有理论意义,又有实用价值,在汉语语法学史上具有一定的地位。本书阐发的语法研究的三原则,对 20 世纪 30 年代末汉语语法革新的讨论有很大影响,对今人研究语法仍有其指导意义。例如关于词类的区分和建立,就只能从词在句子中的位置来归纳决定,而不能像西方语言一样从形式上来决定。他对古汉语规律的总结,特别是"词类活用"、"致动"、"意动"等概念也为以后的语法学著作,如杨树达的《高等国文法》、吕叔湘的《中国文法要略》、王力主编的《古代汉语》以及其他古汉语教材等纷纷采用。

后人对《国文法草创》的评价都很高。如陈望道说:"此书最能从根本上发现问题,而且有许多地方极富暗示。"(《'一提议'和'炒冷饭'读后感》)吕叔湘说:"《国文法草创》是《马氏文通》以后相当长的一个时期内最有意思的一部文言语法书……里边包含许多宝贵的东西。'以少许胜人多许'的评语,著者是可以当之而无愧的。"(《重印国文法草创序》)当然,《国文法草创》也有不足之处:一是只谈词类,未充分描写句法,因此,还没有能建立起一个完整的语法体系;二是此书文字艰深,能读懂的人不多,影响也就不如别的书大。

(范　晓)

修辞格 唐钺

《修辞格》，唐钺著。1923年商务印书馆初版。

唐钺(1891—1987)，字擘黄。福建闽侯(今福州)人。早年就读于福州华英学院。1911年考入清华学校，1914年赴美国入康乃尔大学攻读心理学。1917年毕业后又入哈佛大学继续研读心理学，1920年获博士学位。回国后任北京大学哲学系心理学教授。1922年至1926年任上海商务印书馆编辑，后至清华大学心理学系任教。1930年起任中央研究院心理研究所所长兼研究员。五十年代后任北京大学心理学系教授。另著有《西方心理学史大纲》等。

《修辞格》最早建立了我国较为全面而科学的修辞格系统。全书除在绪论、结论中论述了辞格的定义、作用和使用原则等理论问题外，分五章论析二十七种辞格。

本书的主要贡献包括下述两方面。

一、提出新的辞格理论。本书绪论部分指出："凡语文中因为要增大或者确定词句所有的效力，不用通常语气而用变格的语法。这种地方叫做修辞格。"这是我国最早的辞格定名(过去有人称它为"修辞现象"或"词样")和辞格定义。作者进一步论述了辞格的三大作用：(一)可以帮助人们发展自表的能力；(二)可以满足求知欲；(三)是一种美感的享受。又指出修辞格只是修辞学的一部分，而不是全部。分析虽然简略，但能突出重点。结论部分又提出辞格八条使用规则。如"修辞格与本题不甚贴切的不要用它"；"修辞格不可用的过多"，"太多使读者生厌因而减少——甚至全失——效力，并且使人觉得藻绩太过，失却自然"；"用修辞格要'一以贯之'"，"修辞格不可过于巧纤"，"不可过于怪僻"，"太旧的，不可用"等等。论述全面、精彩而有新意。另外，作者还特别指出：使用辞格要"指挥自如，有得心应手之乐，不是单在形式上用工夫可以达到这种目的，还要深观物理历练人情以积蓄实际材料"。这一点，可说是抓住了辞格运用的根本。

二、建立辞格体系。第一至第五章具体论述了修辞格的系统。这是参照英国纳斯菲尔(J. C. Nesfield)《高级英文作文学》的分类，斟酌损益而成的。在这个体系问世之前，我国关于修辞手法或辞格的论述,虽有悠久的历史,但始终未能形成一个较为科学的系统。作者的修辞格体系及分类如下。

  第一,根于比较的修辞格:

    (甲) 根于类似的:(一) 显比;(二) 隐比;(三) 寓言。

    (乙) 根于差异的:(一) 相形;(二) 反言;(三) 阶升;(四) 趋下。

  第二,根于联想的修辞格:(一) 伴名;(二) 类名;(三) 迁德。

  第三,根于想象的修辞格:(一) 拟人;(二) 呼告;(三) 想见;(四) 扬厉。

  第四,根于曲折的修辞格:(一) 微辞;(二) 舛辞;(三) 冷语;(四) 负辞;(五) 诘问;(六) 感叹;(七) 同辞;(八) 婉语;(九) 纡辞。

  第五,根于重复的修辞格:(一) 反复;(二) 俪辞;(三) 排句;(四) 复字。

以上的分类是建立在心理学的基础之上的。作者对一些辞格的心理基础作了论述,如"不说一件东西的正当名字而以他的随伴或附属的东西称呼他,叫做伴名格。这格是根于联想,因为一个东西同他的伴属常在一起,所以一说他的伴属就想起这个东西自己了"。

  《修辞格》虽然仅有四万多字,但正如陈望道在《修辞学发凡》中所评价的那样:它是"科学修辞论的先声,对于当时的影响很大;从这本小书出版以后,修辞学便又换了一个新局面"。近人胡怀琛在《修辞的方法》一书中也赞扬《修辞格》"大纲细目极清楚,而且很合伦理"。但是该书模仿西方修辞学的痕迹较重,结合汉语辞格的实际还不够,是其缺点。

(宗廷虎)

歌戈鱼虞模古读考 汪荣宝

《歌戈鱼虞模古读考》,汪荣宝著。1923年刊于《华国月刊》第一卷第二、三期。

汪荣宝(1878—1932),字衮甫,又字太玄,别号思玄。江苏吴县(今苏州)人。清光绪丁酉(1897)科拔贡,曾任兵部七品京官。早年留学日本早稻田大学。1906年任京师译学馆教职,后任京师大学堂监督。热心于国语运动,1909年曾与劳乃宣、赵炳麟等人一起在北京发起简字研究会,从事文字改革的社会宣传工作,1912年任读音统一会会员。曾任民国政府临时参议院议员和众议院议员,并先后任驻比利时、瑞士和日本公使。除写有文字音韵方面的论文外,还著有《清史讲义》、《思玄堂集》、《法言义疏》等。

长期以来,传统的音韵学有"古无麻韵"一说,认为今天的麻韵虽然读作a,可是在中古音中却分属于现在读o的歌、戈韵,和现在读u、ü的鱼、虞、模韵,因此,今天麻韵的a音是从西域来的。汪荣宝的这篇文章反对这个说法。他首先注意到一般语言的规律,他说:"人生最初之发声为阿a;世界各国字母多以阿为建首;阿音为一切音之根本,此语言学之公论也。"由此推断上古汉语也应当有a音。其次,他注意到日文假名中的汉音,他指出,日本假名五十音中的十个代表音在魏晋六朝和唐代的汉语中是这样对译的:

假名	a	ka	sa	ta	na	ha	ma	ya	ra	wa
汉字	阿	加	左	多	那(奈)	波	末	也	罗(良)	和

这十个字中,歌韵五个字、戈韵两个字、麻韵两个字、末韵一个字。他说:"今列十字中取材于歌戈者七字,则歌戈之与a音相谐可知。"再次,他又注意到了古代阿拉伯人和欧洲人游记中的汉字音读。九世纪时阿拉伯人的游记中,称中国滨海方面与sila诸岛为界,"其民白皙,臣属中国"。汪荣宝认为这是指斯罗(朝鲜),"阿拉伯人所记,既非出自身经,则必得之中国人之传述。古音斯读

如 si，sila 之为斯罗译音，毫无疑义。此唐人读罗为 la 之证矣"。再次，他还注意到六朝隋唐时佛经中的梵汉对音，指出"波、簸、婆、魔、磨、罗、逻"等汉字均对译梵文 a 音，"苟非古人读歌戈如麻，则更无可以说明之法"。最后，他注意到中国古籍中所译的外国人名地名，如 Pars 译为"波斯"，Java 译为"阇婆"等等，"其对音之例，无不相同"。其结论是："唐宋以上，凡歌戈韵之字皆读 a 音，不读 o 音；魏晋以上，凡鱼虞模韵之字亦皆读 a 音，不读 u 音或 ü 音也。"他对这个结论坚信不疑，称"南山可移，此案必不可改"。

《歌戈鱼虞模古读考》一文和过去的汉语古音研究相比，有很大不同。在研究目的上，它不再继续划分韵部，而是替清代和近代学者已经分出的韵部拟测具体的音值；在研究的方法上，它摆脱了汉字的束缚，主要着眼于汉语和外语的对音和译音上。这一切，为汉语音韵学开辟了新途径，使汉语音韵学的面貌为之一新，因而引起人们的广泛注意。此文发表以后，章炳麟、徐震等马上著文反对，钱玄同、林语堂和唐钺等则极力赞同，作了充分的肯定。这就是后人所谓古音研究上的第一场大辩论。

不过，《歌戈鱼虞模古读考》虽然注意到了两种语言之间的对音和译音，但是没有注意到用中古的译音来做上古音值的证据，这是不妥当的；其次，不同语言有不同的语音系统，音译只能是近似的，不宜做绝对的肯定，更何况魏晋时代的梵汉对音，大多经过中亚语言的转译，并非直接来自印度。因此，他的结论是有缺陷的。根据后来的研究，关于歌、戈两韵的音值，汪氏之说大致可成定论；但鱼、虞、模韵在魏晋以上则跟歌、戈韵分得很清楚，未可混为一谈。

有关《歌戈鱼虞模古读考》的研究著作，主要有王力《汉语音韵学》（中华书局，1956 年）、周斌武《汉语音韵学史略》（安徽教育出版社，1987 年）、杨剑桥《汉语现代音韵学》（复旦大学出版社，1996 年）等书的有关章节。

（徐川山）

修辞学 董鲁安

《修辞学》，原名《修辞学讲义》，董鲁安著。北平文化学社 1926 年出版，重版时更换为今名。

董鲁安(1896—1953)，又名璠，后更名於力。北京市人。北京高等师范学校毕业后，曾在北京、天津等地高校任教二十多年。著有诗文集《游击草》等。

此书由体性论、文格论、批评论三大部分组成，是我国现代最早的建立修辞学体系的专著之一。

作者在"导言"中论述了修辞学的定义、使命及其与文法学、论理学的关系等问题。认为"修辞学是用精审的方法，表示内心情思的一种技术"，它研究表述文章内容的选择和排列的法度和技巧，并认为修辞学的使命是使文章写得对和好，而写得好更为重要。

第一编"体性论"，主要论析文章中字、句、段、篇等组织的修辞。特点是继承了古代文章学的观点，也沿用和发展了 1913 年出版的王梦曾《中华中学文法要略·修辞编》的看法，建立了用字、用词、造句、成段、谋篇的修辞学体系。

第一章"选字"("字"指单纯词)。论述"选字"的规则是：认定字义，适应读者，注意惯例，慎守格律。

第二章"属词"("词"指复合词、兼词或分句)。论述主要成分和关节词的关系，附加成分和主语、述语、宾语的关系，情态词的用法。这两章讲各类词的用法，既涉及修辞问题，也与语法有关。

第三章"诠句"。认为使用句子必须注意：(一) 与语法适合，(二) 完全而清楚，(三) 前后一贯，(四) 健劲有力，(五) 声韵和谐等。又分别论述句的匀称、句的组织、句的类别等问题。在"句的匀称"一节中强调"一句要包括一个主要的思想"，分句要"叙述综合思想"，分述"要注意共同关系"等原则。在"句的组织"一节中，论述造句的两个"义法"：第一，注意句子在上下文中的特殊地位，注意它的名称、起结及其停顿；第二，注意句与句之间"调谐一贯"。这样，就首先要"注意句首"，即造句时应将重要的意思安置在句首(或先在句首点出)；同时也要注意句尾，一个长句结尾的词语应当精确,最好表示一个重要特点等。另外还论述句与句之间的搭配、陪衬和连接。在"句的类别"一节中,分别述及短句、长句、顿句、散句、骈句的用法。在二十年代的修辞学专著中,如此细致地分析用句,是难能可贵的。

第四章"编段"。探讨"怎样给在另换一个意思的时候,另分作一段"及"每段分开的文章,怎样才会使他们联读"。作者把"段"看作"全篇文章的雏形",认为写作时必须认真对待,"尤须一丘一壑,小有洞天,才极文章的能事"。如此强调段在"字、词、句、段、篇"中的地位和作用,论理又十分清楚,这在当时的修辞书中很为少见。

第五章"全篇纲要"。强调写文章前列整篇纲要的重要,同时论述了"题旨"是"全篇的中心",必须格外重视。第六章"缮辞",论述了文章的蓄势、镕裁、和谐、情彩等四种风格,它们具有遒健、峻整、娴雅、生动等性质。在修辞学著作中详细论述以上四种风格,并能总结形成这四种风格的具体语言运用规律,这应该说是此书的一个特色。

本书第二编"文格论"与第三编"批评论",专论文体的类别、作法。第二编从文章的"说理、记事、抒情"三种功用论述到"论辩"、"疏证"、"叙记"、"描写"四种文体。第三编从另一角度,即把文章体制分为诗歌、散文两类。同时又指出戏曲兼有散文和诗歌的体裁,应另立一类。该编论述了这三种文体的性质、类别和作法。第二、三编不是此书的重点部分,其中有些论点也可以商榷。

此书的主要贡献除了建立用词、造句、编段、谋篇的修辞学体系外,尚有以下两方面。

第一,该书问世之前,我国修辞学界只研究古代汉语修辞。修辞学专著不仅全用文言文写作,且连例句也全从古汉语著作中选用。运用半文半白的语言进行诠释,已经算是凤毛麟角了。修辞学界流行"文言文可以修辞,白话文不能修辞"的偏见。董氏此书,诠释概用语体,不取奇辞奥义,行文全用浅近的白话文;所收例句古今并蓄,既收文言文例句,也引用了不少白话文例句;诠释与例句一律使用新式标点。研究白话文修辞,作者可以说是开风气之先。

第二,此书在现代修辞学史上最早论及修辞和"题旨"的关系,提出了"全篇各段,每段各节"必须"前后一贯,语不离宗"的观点。这个"宗",就是"题旨"。他主张必须"抱定题旨立论",认为"题旨"也就是"古文家所说的眼目",乃是"全篇的中心",是"牵一发而动全身"的问题,千万轻视不得。除了强调整篇文章要首先重视"题旨"之外,他还最早提出段的"题旨"和句子必须围绕一个中心的观点,这是对修辞和题旨关系论述的进一步发挥。这些理论除了在修辞理论上具有一定的开拓意义之外,也为实用修辞奠定了理论基础。

(宗廷虎)

诗词曲语辞汇释 张 相

《诗词曲语辞汇释》，六卷。张相撰。作者五十岁后始撰。现有中华书局 1953 年版、上海古籍出版社 2009 年版。

张相(1877—1945)，原名廷相，字献之。浙江杭州人。幼年丧父，依母成立，曾考取秀才。中日甲午战争后，忧心国事，潜研日语，冀以探索东西各国富强之道。译有《十九世纪外交史》，译文流畅典雅，深为时人推崇。清光绪二十九年(1903)起，相继于杭州安定学堂、府中学堂和崇文学堂任教。1914 年入中华书局，主编文学、历史、地理教科书等。著作尚有《古今文综》、《春声集诗文稿》(未刊)等。

张相从壮年起，浏览诗词，绅绎疑滞，以为前人诗集"虽有旧注，多重典实，间涉语辞，究亦寥寥"(自序)。所以五十岁后，便手自笔录诗、词、曲中的语辞，积数巨帙。六十岁后遂专心于此事，笔录整理，阅六年始成。又两年，孤灯深夜，扶病奋斗，赓续要删，始成定本。

此书是第一部专释诗、词、曲中虚词(也有少数实词)的著作。全书共分六卷，标目五百三十七，收词八百余条，附目六百余。书前有自序，书后附弟子金兆梓的跋。书中收集了唐、宋、金、元、明代诗、词、曲中习用的特殊词语，这些特殊词语，多为虚词，而这些虚词"皆用以组辞成语，间亦以衬托神情，故实字犹骨骼，此则其关节脉络也"(跋)。正确地诠释虚词，对于理解文义有很大的作用，如唐人"停车坐爱枫林晚"句，"坐"的释义与意境的理解，便有极大关碍。特别是其中尤多方音俗语，"不特非雅诂旧义所能赅，亦非八家派古文所习见"(自序)。比如同一"争"声，唐人写作"争"，宋人作"怎"；同一"拚"声，宋人写作"拚"，唐人作"判"。凡此种种，均需加以辨析和补正。同时，语辞的字形"或则音转，或则形讹，尽有与雅诂旧义相违甚远或至适相反"者(自序)，它们大都是古代口语，而时过境迁，后人不免望文生义。如杜甫《少年行》："马上谁家白面郎，临阶下马据人床。"其中"白面"一词，应作"薄媚"(见郭茂倩《乐府诗集》所引注)，是唐代口语中"放肆、捣乱"之义，屡见于敦煌变文中。但后人不解其义，误改为音近的"白面"，不但使释义大相径庭，也使全诗的深刻含义全失。同时,诗词曲中的虚语辞,历代学者只是零星地论及,一则由于"贵远贱近",轻视这些近代词语的研究,再则由于诗、词、曲的资料实在太过浩繁,又缺乏前人的研究作为依傍,难以着手。而张相独任其艰,反复吟哦诗词,揣摩意境,细心寻绎词义,又广泛寻求旁证,力求准确与完备。

此书体例谨严,考证严密。在援引例证时,严格以诗、词、曲的顺序为次;诗以唐人为中心,宋诗次之;词则以宋人为中心,金元次之;曲以金元人为中心,元以后次之。在考据释义上,则综合各证,先假定释义,释义不足以概括,然后才另求别解。对此,作者使用了多种方式,力求准确,其中大多相当科学,如体会声韵、辨认字形、玩绎章法、揣摩情节、比照意义等。仅"比照意义"一法,就又有多种方法,如异义相对,取相对之字定其义;同义互文,取互文之字定其义;前后相应,以相应之字定其义;文从省略,则玩全文以定其义,或以异文对证,或以同义异文相证等。同时,本书所引的资料极为浩繁,仅其所引例句而言,每一标目下少则十余条,多可至五十余条。

由于诗词曲的语辞,大都来源于口语,所以此书的释义,有些有助于阐明汉语发展史上的问题。如"哪"字,是来源于"尔"还是来源于"若",一直聚讼纷纭,此书卷三"若个"条下,引诗例九条,均释为疑问词"哪",可确证"哪"来自"若"。

此书也存在着一些缺陷。如在收词范围上,由于所研究的材料,时间跨度在唐宋以降的上千年间,作品的体裁又是多种多样,所以挂一漏万的情形在所难免。另外上古作品中习用,而诗词曲中又作别解的一些语辞,如"处"字,先秦作"处所"解,诗词中多以指"时间"等,这些词未能分别标明;一些字面生涩而义晦的语辞,如元曲中"撮哺"作"相帮"解、"幔帐"作"蹩脚"解等,依张相所定的体例,均应在本书探讨范围内,却付之阙如。同时,就已收的词语而言,在举例释义中也存在着一些尚可商榷的问题。

补充本书的著作,有王锳《诗词曲语辞例释》(中华书局1991年第二次增订本)等。

(陈　崎)

国文法之研究 金兆梓

《国文法之研究》,金兆梓著。成书于1921年。中华书局1922年初版印行,以后多次重印。1955年中华书局修订版,1983年作为《汉语语法丛书》之一,由商务印书馆重新出版。

金兆梓(1889—1975),字子敦,号芚盦。浙江金华人。毕业于北京大学预科,后入北洋大学矿冶系,因母病家贫辍学。曾任浙江省立第七中学教员、校长,北京高等师范学校教员、北京女子文理学院讲师、上海大夏大学教授等职。1927年起,历任中华书局教科图书部长、编辑所副所长、总编辑,《新中华》杂志社社长。50年代初期,任苏州市副市长。1957年应邀任中华书局副总编,兼上海中华书局编辑所主任,后任上海文史馆馆长。早年研究语法修辞,后期研究历史。著述有《国文法之研究》、《实用国文修辞学》、《尚书诠译》、《中国近代史》、《芚盦治学类稿》等。

《国文法之研究》是作者在北京高等师范学校讲课时的讲稿,经整理而成。这是一本汉语语法理论著作。作者力图冲破西洋语法的藩篱,推翻《马氏文通》的旧格局,另外创造一个新格局。主张"某国的文法根据某国的历史和习惯加以说明",汉语语法同其他语言语法"尽有不可强同,而且不必强同的地方",认为我国语法的研究应该"专注重我国文字的历史和习惯"。因此,此书的重点在于讨论汉语文句组织的多种习惯用法,而词类的区分只是大体上提出一个新计划,并不加以详细的阐述。此书分为如下三章。

第一章《导言》。论述五个问题:(一)编纂本书的目的。(二)逻辑现象与语法现象之间的关系。认为逻辑是"整理思想的规则",语法是"整理文字的规则","思想是世界人类所同的,文字却各有各的习惯",逻辑的现象是理论的,科学的;语法的现象是历史的,习惯的。因此一般情况下,语法要服从逻辑,说话要合乎事理;但有时一句话虽然不合逻辑,可是大家都这么说,也不得不认为是正确的。(三)语法和国文法的定义。指出语法"是根据语言文字的习惯,用方法去寻出个规律来,说明怎样的运用这种规律配合起来作发表意思之术";国文法"是将我国语言文字的习惯寻出个规律来,作发表意思之术"。(四)语法的范围。认为语法包含词法和句法。(五)语法的类别。认为语法分为记载的语法和说明的语法,而本书属于后者。

第二章《文法的研究法》。主张同时使用历史的、比较的、普通的三种研究方法。历史的研究,是从语言文字的发展上去研究。例如词品的区分由于引申、活用的缘故,渐趋不甚分明;复音词渐渐孳乳,形成同义的、近义的、双声叠韵的、词义相对的、重叠的、附加的、多音的等七种;词在语句中的位置较趋确定,施动、被动日见分明;虚词的用法渐趋确定等等。比较的研究,指跟方言和别种语言进行对比研究。例如古代的"矣"就是现代的"哩",古代的"尔"就是现代的"呢";而宋元语录里又有印度佛教语言的影响,《元曲选》里也有蒙古语的痕迹,现今的白话作品,更有欧洲文字的影响。普通的研究,就是研究语言现象所以成立的原理。历史的和比较的研究是单就特种语言讲的,而普通的研究则是就一切语言讲的。例如汉语中的词类活用、词的读破、名词的重叠等各种语法现象,在世界各种语言中都是存在的。

第三章《逻辑的现象和文法的现象》。本章是全书的重点,分两部分。

(一) 逻辑的现象,阐述逻辑的基本概念和基本概念的互相配合。认为"体"(substance)和"相"(attributes)是两个基本观念。标指体的称为体词,如"水"、"火"等;标指相的称为相词,如"透明"、"流动"等。相又分两种:一是定相,如"良弓"的"良";一是动相,如"飞鸟"的"飞"。而将基本观念配合起来构成意义的方法,又有本词和加词的不同。如"红花"的"花"居正位,是本词;"红"居副位,是加词;"花萼"的"花"仍然是体词,可是成了加词了。又如认为"发表思想时,有两个顶要紧的观念":主词(即主语)和表词(即谓语)。而做主词的不一定是体词,相词也可以做主词,如"红亦不肥,绿亦不瘦"两句中的"红"和"绿";作表词的不必一定是相词,量词和标词都可做表词,如"道二"、"某在斯"的"二"和"斯"。

(二) 文法的现象,专论字、字群和句。所谓"字"即今天说的"词"。作者从语言文字的演变上分析了文与字、名与字、结合语与字、词(相当于助词、叹词等)与字、虚字与词、字的分合、字义的引申、字义的伸缩、通假、词品(词类)的分配等十个问题。此书的词类系统有三个特点:第一,实字(包括体词、相词和副词)、虚字(包括提命虚字、联系虚字、传吻虚字、绝对虚字)、传感字(如"哉、乎、耶、矣、也")三大类并列,改变以往虚字和实字的两分法。第二,相词包含动词和静词,认为它们在汉语中有很多相同点。第三,介词和连词的区分,规定连词表示并列关系,介词表示主从关系,不同于西方语言连词只用于句、介词只用于词。所谓字群,是指意义不完整的字与字的结合,相当于今天的短语或词组。所谓句,是指"意义的独立单位",认为"毋论一个字或几个字,只要能表示完全的意思,都可以叫做句"。句子可以分为简句和复句两类。简句再分普通句、特别句、独立句(又称句字)三种。复句指"句和句连合表示一个完全意义的",子句就是"构成复句的简句"。又认为句子的构成可分作对内的构造、对外的构造两类。对内的构造是指"积字成句",涉及本词、加词、主词、表词等之间的关系。句子的构成全依靠主词和表词两者的关系而成,而主词和表词又依靠本词和加词而成。对外的构造是指"积简句而成复句",涉及句与句之间的关系。这种关系有主从和衡分两种,所组成的复句叫主从复句(即偏正复句)和衡分复句(即联合复句)。

《国文法之研究》强调"专注重我国文字的习惯和历史"去研究汉语语法,反对"拿国文迁就西文";汉语词类系统先三分,传感字既不归到实字里,也不归到虚字里;确立相词的界说,看到汉语中动词和静词的功用有若干相同点。这些见解对后来的汉语语法研究起了积极的作用,因此它被称为文法革新派的代表著作之一。可惜本书只相当于一个绪论,不少的问题未能展开详细的论述,而分析问题时又认为语法的研究"不能不根据逻辑的现象",似乎把逻辑与语法的关系看得过重了。

(杜高印)

实用国文修辞学 金兆梓

《实用国文修辞学》，金兆梓著。中华书局1932年出版。

作者生平事迹见"国文法之研究"条。

本书是我国第一本以"实用"命名的修辞学专著。它是作者在《国文修辞学》讲义的基础上，参考中外修辞学著作写成的。全书除"导言"外，分七章论述。

"导言"部分对修辞学的定义、功用，以及与邻近学科的关系等，颇有独到的见解。关于定义，作者认为："修辞学者，科学而兼艺术者也：以其阐明建立言说之律言，则为科学；以谙习其律而用于言说言，则为艺术。"正因为兼有两者，修辞学亦可称为修辞法。关于修辞学的功用，他认为是"取最适当之语，置诸最适当之地位，使作者之思想或感情想象，皆易印入人之视听，而无晦涩疑似之虞"。因此他干脆主张："修辞学者，教人以极有效极经济之言说文辞，求达其所欲达之思想感情想象之学科也。"至于修辞学与其他学科的关系，作者不仅指出修辞学与文法、逻辑、文评学等有密切关系，而且提出修辞学与心理学、音韵学、文字学、美学等亦有密切关系。

第一章"题目"、第二章"材料"，论述如何命题与收集材料。主要与文章学有关，但其中论"题文"的部分亦属于修辞学的范围，如"题文必须清晰"，"题文不可为无意义之联缀"，尤其是论述"题文须与题旨相称"，颇有见地。

第三章"谋篇"、第四章"裁章"，主要论述篇章结构问题。关于谋篇，作者强调了谋篇之步骤有三：命意、选材、布局。布局方面继承了梁代刘勰、元代陈绎曾的观点，提出将篇分为"引端"、"正文"、"总束"三部分。"引端"即篇的开头，宜和易、简短、自然、生趣。"正文"即一篇之主体，除要求语言文字须围绕一篇的"主意"进行布局外，还要注意"排比须有次序"与"关联须紧凑"两点，即要求做到"首尾圆合，条贯有序"，而关联之法有章首与章尾关联两法。"总束"即篇的结尾，要求不可做作、须有余韵、须能"该约"（总括全文）。关于"裁章"，除强调语言文字的表达须不离开章旨之外，还概括出必须遵守"醇一"、"清晰"、"生动"、"谐和"等原则。

第五章"炼句"和第六章"遣词",论述的都是消极修辞范围。作者把句的构成分为文法上的结构与修辞上的结构两部分。文法上的结构又分对内之结构与对外之结构两个方面。修辞上的结构分为短句、长句、张句、弛句、偶句、递句、叠句等七类。而句的整理也必须具备醇一、清晰、生动、谐和四要件,并具体论述达到此四要件的具体规律。如"醇一"须遵守"确定主词"、"主词必当位于句首"、"少用包孕句"等八点。如"清晰"须注意"顺立位"(语序)、"加词加句应与所加之本词本句相紧接"、"须斟酌虚字"等六点。"遣词"一章,论述的是词之构成与词之选择。综述古代诸家观点后,提出遣词之法须恰如其分,须明辨疑似,须力避歧义,须避已不通用之旧词,须避不通用之新词,少用科学术语,少用译音语或外国字,须避方言,尽量用习语,当慎辨共别,须避割裂杜撰之陋词,避古写,须调语气等十三条规则。

第七章"藻饰",探讨的是积极修辞范围。作者具体论述了活用、譬喻、寓言、特指语(即借代)、夸饰、用典(即引用)等六种修辞手法,所谓"正言之不足以道达情意,乃求一曲达之方之谓也"。

本书还有两大贡献。

第一,沿用了王梦曾《中华中学文法要略·修辞编》和董鲁安《修辞学》所建立的用词、造句、谋篇的体系,并有所发展。其发展主要表现在两个方面。一是从注意实用出发,突出谋篇布局。作者不仅在次序上,把谋篇放在最前面,使修辞学体系的顺序依次为谋篇、裁章、炼句、遣词、藻饰,而且着重论述了谋篇布局的重要性。他以"筑室"来比喻作文,认为"筑室"除了收集材料之外,就是讨论"经营方法"的问题了。他说:"经营之法,首在谋全篇之结构,亦犹筑室之前,必先定图样以为之准绳。"因此他把"谋篇"放在第一位。他又以指挥千军万马来比喻作文:"以文字拟军,文句犹军队,章段犹旅团,而断章驭篇,将全军以应敌,则全在作者之统率调度得其宜也。成军之统率调度,斯即行文之谋篇矣。"说的也是同一道理。二是把辞格("藻饰")独立出来与篇、章、句、词的用法并列,这一做法是本书首创的。

第二,论文章的"主意"及"章旨",有自己的特色。他要求语言文字围绕一篇文章的"主意"进行布局。"主意"即一篇的中心,它只能有一,不能有二,要能够统率全篇。同样,他也提出"章旨"(即有人所说的段旨)的理论。认为章旨之对于章,如同"主意"之对于篇,章旨应该成为一章之中心,章旨也只能有一,不能有二。一章言辞的安排,也应围绕章旨而定。"章旨既定,则或就章旨而铺张引申之,或就章旨而说明参证之,或就章旨而罕譬曲喻,或乃条疏综断之。"至于作者提出的炼句必须"醇一"的原则,虽没有明确运用"句旨"这个词,但已包含了类似的意思。因为作者所谓的"醇一",就是一句只能表达一个意思,即使是复句,表达的"主意"也只能有一,不能有二。总的来看,金兆梓的"章旨"论是对董鲁安所提出的"题旨"论的进一步发展。

《实用国文修辞学》是 20 世纪 30 年代一部重要的修辞学著作,在我国现代修辞学史上占有重要地位。其不足之处是有些地方把文章学和文法学的内容也一并揽入,超出了修辞学的范围。关于本书的研究著作,有宗廷虎《中国现代修辞学史》(浙江教育出版社,1990 年)等。

(李金苓)

金文编 容 庚

《金文编》，十四卷、附录二卷、通检一卷。容庚编著。1925年贻安堂初版，1939年商务印书馆再版于香港，因战争破坏，流传不及百部。1959年经中国科学院考古研究所校订，作为《考古学专刊》乙种第九号由科学出版社重版。作者晚年继续增订，新版于1985年由中华书局出版。

容庚(1894—1983)，字希白，号颂斋。广东东莞人。出身前清书宦之家。1914年就读于东莞中学，1921年任东莞中学教员。1922年，入北京大学研究所国学门为研究生。1926年毕业后，先后在北京大学、燕京大学任讲师、副教授、教授，并主编《燕京学报》，兼任北平古物陈列所鉴定委员。1934年，倡议成立考古学社，出版《考古社刊》。抗战胜利后，任岭南大学中文系主任、中山大学中文系教授。他对古文字学作出了很大贡献，其中尤以青铜器方面为多。著作尚有《商周彝器通考》、《宝蕴楼彝器图录》、《武英殿彝器图录》、《西清彝器拾遗》、《海外吉金图录》、《金文续编》、《秦汉金石录》等。还与张维持合编了《殷周青铜器通论》。晚年研究书画碑帖，也有一些论著。

容庚少年时，从四舅邓尔疋学习《说文解字》。后读《说文古籀补》、《缪篆分韵》诸书，萌生了补辑之志。1917年，拟定《殷周秦汉文字》编纂计划，《金文编》为其一部分。1922年，北游京师，过天津访罗振玉，以所编《金文编》稿本请正，极获赞赏。1925年，此书增补写定，由罗振玉代为印行。

《金文编》是一部内容丰富、体例谨严的商周金文字典。初版有罗振玉、王国维、马衡、邓尔疋的序言和自序及凡例十一则。1939年版增入沈兼士序，抽去罗、邓两序。三版序言只用王、马两篇，凡例改为十则。此书收金文一万八千余字，其中正编共一千八百九十四字，重文一万三千九百五十个；附录有一千一百九十九字，重文九百八十五个。这些金文主要是据历代出土的三千多商周青铜器的铭文拓本或影印本临摹而来，其所据拓本和影印本有邹寿祺《周金文存》、罗振玉《殷文存》、《梦郼草堂吉金图》及续编、《秦金石刻辞》、《雪堂汉两京文字》、《古镜图录》、盛昱《郁华阁金文》、方濬益《缀遗斋彝器款识》、陈介祺《簠斋吉金录》、吴大澂《愙斋集古录》、端方《陶斋吉金录》及续录、刘心源《奇觚室吉金文述》、朱善旂《敬吾心室彝器款识》和吴式芬《攈古录金文》。同时,以上拓本和影印本未及采录的新出土的铜器铭文,也一一收入。这些金文,其确可肯定或编者以为某家考释可从的,列为正文,大体以《说文解字》分部排比,各字上方标注篆文,并编排顺序号码;其有疑义或不可辨识的,则作为附录。重文列于各字之下。每一金文都注明出处。书后附有采用彝器目录、引用书目,和笔划检字索引。这样,商周秦汉铜器铭文,无论已识还是未识者,只要翻开《金文编》,就可以尽览无遗了。

容庚治学态度严谨,释字谨慎,书中立说大多可信。正编金文多有注释,释文往往结合《说文》等古代典籍,兼采各家考证之说,言简意赅,切中要害。如卷一"𣂕"字下先出释文:"祈,从旂从单,盖战时祷于军旅之下会意。罗振玉说王孙钟'用蕲眉寿'犹《诗·行苇》'以祈黄耇'、《宾之初筵》'以祈尔爵'也。"然后罗列颂鼎、颂敦、毕鲜敦、㠱季良父壶、伯侯父盘等二十四件铜器上出现的"祈"字的二十六个重文。

随着新材料的出土以及金文研究的进展,《金文编》的收字已有缺漏,其附录中的字亦续有释出。尽管如此,《金文编》仍然为研习金文者所必备,对于研究商周时期社会发展及我国文字源流仍然具有重要的价值。

研究《金文编》的著作,有陈汉平《金文编订补》(中国社会科学出版社,1993年)、董莲池《金文编校补》(东北师范大学出版社,1995年)、严志斌《四版〈金文编〉校补》(吉林大学出版社,2001年)、赵诚《二十世纪金文研究述要》(书海出版社,2003年)等。

(周伟良)

新著国语文法 黎锦熙

《新著国语文法》,黎锦熙著。1924年商务印书馆初版,以后多次重印。

黎锦熙(1890—1978),字劭西。湖南湘潭人。1911年毕业于湖南优级师范史地部,后从事教育工作,编过中小学教材,当过报纸编辑。1915年应教育部之聘,任教科书特约编纂员。1920年起,先后任北京高等师范学校、北京女子师范大学、北京大学、燕京大学国文教授,兼任中国大辞典编纂处总主任。1948年任北京师范大学文学院院长、国文系主任。建国后,任中国科学院哲学社会科学学部委员。另著有《比较文法》、《国语文法纲要六讲》、《汉语语法十八课》、《汉语语法教材》(合著)等三十余部。

1920年起,作者在北京的几所高等学校里讲授国语文法,编写了许多片段的讲义,记录了零星的笔记,后来据此形成全书的长编;在长编的基础上,简练篇章,脱稿而成《新著国语文法》一书。

本书以白话文为描写对象,全书共分二十章。书前有《引论》,讲述句本位文法和图解法;又有《原序》(1924)、《订正新著国语文法新序》(1933)和《今序》(1951)。本书主要内容综述于下。

一、关于"句本位"文法。当时通行的文法著作都是以词类为纲来讲文法的,本书一改传统的方法,提倡以句子为纲来讲文法,即"句本位"文法。本书批评一些文法书的"词本位"文法体系,认为"仅就九品词类,分别汇集一些法式和例证,弄成九个各不相关的单位,是文法书最不自然的组织,是研究文法最不自然的进程"(《引论》)。并指出,如果采取"句本位"文法,即由句子决定词类,由句法控制词法,则不但可以得到正确的词类用法,而且可以发现一种语言的普通的文法规则,可以有助于学习和翻译他种语言,可以帮助心灵的陶冶。"句本位"文法,"退而'分析',便是词类底细目;进而'综合',便成段落篇章底大观"(《引论》)。作者按照这样的指导思想编排组织本书,例如第二章论述词法,第三、四、五章论述句法,第六章又是词法。作者又认为:最适用于解释句本位文法的工具是"图解法"。

二、关于词类问题。作者认为词类是词"所表示的各种观念"分出来的若干种类。比如：名词是事物的名称，用来表示观念中的实体的，例如"桥"、"太阳"；动词是用来叙述事物之动作或功用的，例如"造"、"出来"；形容词是用来区别事物之形态、性质、数量、地位的，如"长"、"温和"、"一座"、"那个"等。本书区分词类采用意义（观念）标准。根据汉语中语词所表示的"各种观念"，作者把汉语的词分为"五类九品"，列举如下：

　　（一）名词、（二）代名词 …………………………… 实体词
　　（三）动词 …………………………………………… 述说词
　　（四）形容词、（五）副词 …………………………… 区别词
　　（六）介词、（七）连词 ……………………………… 关系词
　　（八）助词、（九）叹词 ……………………………… 情态词

根据"观念"来分类实际上是逻辑分类。在替词归类时，作者又使用了另一标准：依据词在句中的位置、职务定类，使词类和句子成分对当。但由于汉语的词在句中的位置或职务错综复杂，而变更时又不像印欧语那样有词的形态变化，所以"国语的九种词类，随他们在句中的位置或职务而变更，没有严格的分业"，进而得出了"依句辨品，离句无品"的结论。

三、关于单句的成分。句子是由词构成的，词入句后便转化为句子的成分，"句本位"文法的"重心"就是分析句子的成分。本书把单句的成分确定为以下三类六种：

　　（一）主语、（二）述语 ……………………………… 主要的成分
　　（三）宾语、（四）补足语 …………………………… 连带的成分
　　（五）形容的附加语、（六）副词的附加语 ………… 附加的成分

主语是一句话里的主体，如"日出"中的"日"；述语是述说主语的，如"日出"中的"出"；宾语是外动词作述语时的连带成分，如"工人造桥"的"桥"；补足语是述语的连带成分，或补足主语，如"工人是劳动者"中的"劳动者"，或补足宾语，如"工人请我讲演"中的"讲演"；形容的附加语是添加在实体词上的附加成分，如"一座长的铁桥"中的"一座"和"长的"；副词的附加语是修饰或限制述语的附加成分，如"工人赶紧修铁桥"中的"赶紧"。析句时，首先要确定两个主要成分"主语"和"述语"，先找出两个中心词；然后再找出连带或附加于中心词上的连带成分或附加成分。这种析句法可以称之为"中心词分析法"或"句子成分分析法"。

四、关于实体词的"位"。作者所谓实体词的"位"，指的是"名词或代词在句中的位置"。讲"位"的目的，主要是为了把实体词的词性固定下来。本书根据词在句中的位置和职务确定词类，

把词类和句子成分一一对应,如说名词、代名词常作主语、宾语,动词常作述语等等;但是词在句中的位置和职务常有变更,特别是实体词,变更尤多,它不仅可作主语、宾语,还可作补足语、形容词的附加语、副词的附加语等。本书替实体词设"位",就是说实体词不管充当什么句子成分,词性都不改变,只是所居职位不同。本书替汉语的实体词设立了"七位":(一) 主位,指用作主语的实体词;(二) 宾位,指用作宾语的实体词;(三) 补位,指用作补足语的实体词;(四) 领位,指用作形容词附加语的实体词;(五) 副位,指用作副词附加语的实体词;(六) 同位,指用作与上述五种位同一成分的实体词;(七) 呼位,指离开上述六种位而独立的实体词。同时,本书又设立了各种位的"变式",例如主位直接倒装在述语之后的,便是"变式的主位",宾语在动词或句首,便是"变式的宾位"等等,论证了汉语的变式句。

五、关于复句。本书对复句分析详尽,把复句分成三个大类:

(一) 包孕复句,又叫子母句。其特点是两个以上的单句,只是一个母句包孕着其余的子句。包孕复句又分为三个小类:名词句、形容词句、副词句。

(二) 等立复句。其特点是两个以上的单句,彼此接近,或互相联络,即都是平等而并立的。等立复句又分为四个小类:平列句、选择句、承接句、转折句。

(三) 主从复句。其特点是两个以上的单句,不能平等而并列,而是以一句为主,其余为从。主从复句又分为六个小类:时间句、原因句、假设句、范围句、让步句、比较句。

六、关于句子的语气。根据句子所表示的语气,本书把句子分为五类:(一) 决定句,表语气的完结;(二) 商榷句,表语气的商度;(三) 疑问句,表然否的疑问,或表抉择、表寻求的疑问;(四) 惊叹句,或表惊讶、咏叹,或表其他种种心情;(五) 祈使句,或表决定,或表商榷。在讨论这五大类句子时,也讲述了汉语特有的用在句尾表示语气的助词,以及各个助词的作用。

《新著国语文法》是我国第一本以白话文为对象的系统而完整、并有很大影响的语法著作,作者的"句本位"思想和他所引进的西方的"句子成分分析法",在汉语语法史上具有重要的地位。此书内容丰富,材料翔实,结构谨严,条理分明,作为教科书是很合适的。在相当长的一段时间里,此书曾作为许多大、中学校的教材,许多人采用它的体系编写教科书,对普及汉语语法知识,发展汉语语法学起了很大的推动作用。同时代的一般语法著作比较重视词法而忽视句法,本书强调建立"句本位"的汉语语法体系,就其重视句法这一点来说,是符合汉语实际的。

本书的缺陷主要有以下三点。一是对汉语语法的特点重视不够。此书拿《纳氏文法》的格局来描写汉语语法,所以有机械模仿英语语法的弊病,例如仿照英语的"格"而替汉语设立"位"。作者自己也承认:"《新著国语文法》的英文法面貌颇浓厚,颇狰狞。"(《今序》)二是在词类区分上,一方面主张根据意义(观念)区分词类;另一方面又提出根据词在句中的位置或职务来定类,所谓"依句辨品,离句无品";进而又用实体词"七位"来限制实体词的转类或通假,以摆脱"依句辨品"造成的困境。这就使此书在区分汉语词类问题上左支右绌,矛盾百出。三是在解释各种语法现象时常常从逻辑或心理出发,用逻辑分析代替语法分析。例如在讲省略的时候,经常凭自己主观想象填充一个所谓被省略的词;在讲"刮风了"、"响雷了"这样的句子时,又说这些都是倒装句,是"变式"。所以王力批评此书是"先有理,后有法"(《中国语言学史》)。

有关《新著国语文法》的研究著述,主要有廖庶谦《评黎锦熙的〈新著国语文法〉》(载《文化杂志》第三卷第一、二、三期,1942—1943年,又载《中国文法革新论丛》,1943年)、陈望道《〈评黎锦熙新著国语文法〉书后》(载《中国文法革新论丛》,1943年)、张拱贵等《〈新著国语文法〉对汉语语法学理论的贡献》(载《北京师范大学学报》1984年第6期)等。

(范　晓)

比较文法 黎锦熙

《比较文法》,黎锦熙著。成书于1931年。1933年北平著者书店出版,1958年科学出版社校订重版。

作者生平事迹见"新著国语文法"条。

《比较文法》是作者的教学讲义。本书依据《新著国语文法》的体系,专讲词位和句式,实质是《新著国语文法》第四章"七位"的扩大,主要拿白话的句子和文言的句子、英文的句子进行比较。作者的目的是要写一本供高中学生用的教材。全书除绪论外,共分七章。书前有作者的序。全书内容简介于下。

一、绪论。指出文法可以从三个方面进行比较:(一)本族语文法与他族语文法比较。(二)标准国语文法与本族语方言比较。(三)以国语中今语文法与古文文法比较。又指出:"句式多矣,又将何以纲纪之? 曰:以'词位'。""欲究句法,先明'词位'。"

二、主位。主位指"实体词用为句中之主语者"。主位的位置,先主后述为常序,主后于述为变式句法。变式的主位分为两式:(一)主在述后,如"下雨了"中的"雨"。(二)主在述中,如"外面走进一个人来"中的"一个人"。

三、呼位。呼位指"实体词在句首或句中或句末,皆离句而独立者"。呼位分为:(一)先呼后语者,如"孺子,下取履!"中的"孺子"。(二)先语后呼者,如"而今而后,吾知免夫! 小子!"中的"小子"。(三)语意未完中间以呼者,如"归休乎! 君! 余无所用天下为"中的"君"。

四、宾位。宾位指"实体词用为外动词之宾语者"。此章又比较详细讨论了"双宾位"和"变式的宾位"。双宾位分为三式:(一)通式,指"通中西古今而皆可如此作也",如"我送张先生一本书",作次宾的"张先生"在前,作正宾的"一本书"在后。(二)原式,指正宾在前,次宾在后,"谓之原者,在逻辑上应如此作也"。如"我送一本书给张先生"。(三)变式,指正宾用"把"或"以"字提在动词之前,"谓之变者,宾本在动后,变而置动前"。如"我把一本书送张先生"。对于非双宾的句式,以先动后宾为常序,因此变式的宾位是指宾先乎动的句式,分为二类:(一)宾在动前,如"我把这本书读完了"中的"这本书"。(二)宾在句首,如"这本书我已经读完了"中的"这本书"。

五、副位。副位指"实体词用为句中之副词的附加语者"。副位分为两类:(一)前边介词介绍的,如"一只小麻雀飞在电杆上"中的"电杆上"。(二)前边省略(或本无)介词,如"我们走路,你们坐车"中的"路"、"车"。介词在副位之前是常序,副位在介词之前是"变式的副位",变式副位分为两类:(一)副在介前,如"信以守之,忠以成之"中的"信"、"忠"。(二)副在句首,如"大夫逆于境者,执其手而与之言"中的"大夫"与"之"同为副位。

六、补位。补位指"实体词之用为补足语者"。补位分为两类:(一)对于主语之补位,如"人有手"中的"手"。(二)对于宾语之补位,如"工人推举张君为代表"中的"代表"。对于宾语之补位,内部又可分为许多小类。此外,先动后补为常序,补位先乎动称"变式的补位"。变式的补位分为两类:(一)补在动前,如"古之人有行之者,文王是也"中的"文王"。(二)补在句首,如"君子者,若人"中的"君子"。

七、领位。领位指"词或语句,用以区别或增饰句中之实体词者"。领位分为:(一)统摄性领位,如"张先生的帽子"中的"张先生"。(二)修饰性领位,如"玻璃的窗户"中的"玻璃"。(三)主语性领位,如"狮子的勇猛"中的"狮子"。(四)宾语性领位,如"职业的选择"中的"职业"。另外还有"变式的领位",指"脱离所领之词而先行者",变式的领位分为两类:(一)领在述前,如"由也,千乘之国可治其赋也"中的"千乘之国"。(二)领在句首,如"细大之义,吾未能得其中"中的"细大之义"。

八、同位。同位指"于一单句中,两个以上的实体词同在一位,而以后词复指前词者"。同位分为三类:(一)相加的同位,如"右丞相陈平患之"中的"右丞相"和"陈平"。(二)总分的同位,如"狄伐廥咎如,获其二女,叔隗、季隗"中的"二女"与"叔隗、季隗"。(三)重指的同位,如"齐晋秦楚,其在成周微甚"中的"齐晋秦楚"与"其"。

《比较文法》侧重于古今汉语语法的对比,是对比语法研究的首创之作。书中比较的实例非常丰富,有助于了解汉语与他语之间、古今语法之间句法上的异同。在比较和分析一些语法规则时,提出了许多问题,并有一些精到的论述,还罗列了语法中各种各样的"变式"现象,可启发后人作进一步的研究。此书的不足之处主要是:在语法体系上远不够细密;在中外语法比较上,外语材料极少,写得比较单薄;对"常序"句的比较过于简单,而对"变式"句的分析却过于琐碎。"常序"还是"变式",在古今汉语中和在不同的族语中不完全一样,但却没有区别对待。

(范　晓)

国语辞典 黎锦熙等

《国语辞典》，黎锦熙、钱玄同主编，中国大辞典编纂处编。1937年至1943年商务印书馆出版，平装八册；1947年商务印书馆再版，精装四册，并附《补编》；1957年商务印书馆再版，有删节，并改名为《汉语词典》。

本书第一主编黎锦熙的生平事迹见"新著国语文法"条。

本书第二主编钱玄同(1887—1939)，原名夏，字中季，少号德潜，后改掇献，又号疑古，常效古法缀号于名前，自称"疑古玄同"。浙江吴兴人。1905年入上海南洋中学，1906年入日本早稻田大学，与章太炎、秋瑾等革命党人交往，1907年加入同盟会。辛亥革命后任浙江省教育总署视学，1913年起任北京高等师范、北京大学等校教授。五四运动时期，坚决反对封建文化，提倡文学革命。又积极参加国语运动，提倡汉字改革。曾与鲁迅等人一起随章炳麟学习语言文字学，著有《文字学音篇》、《国音沿革六讲》、《说文部首今读》等。论著由后人编为《钱玄同文集》。

早在五四运动以前，黎锦熙有感于中国传统字书的缺陷，认识到编纂汉语语文词典的重要性，主张编一部新型的汉语词典，供学校汉语教学、广大群众学习语文和专门学者研究汉语时使用和参考。1920年，国语辞典编纂委员会成立。1923年中国大辞典编纂处成立，黎锦熙担任编纂处的总主任。他设想，《国语大辞典》要"给四千年来的语言文字和它所表现的一切文化学术等结算一个详密的总账"，因而"规模务求大，材料务求多，时间不怕长，理想尽高远"。1928年以后编纂处各项工作并力进行，并计划1948年成书，分三十卷，三卷合订一册，共十册，按注音字母顺序编排。到1937年抗战爆发时，编纂处共剪录书报近五百万张，黎锦熙、钱玄同、刘复也分别写了带有示范性质的《释"巴"第一》、《"ㄅㄚ"稿本》、《"一"字稿本》。但是因为《国语大辞典》规模庞大，卷数过多，加之当时战乱不断，一时无法成书，编纂处遂决定利用已经搜集的材料，先编纂一些中小字典、词典，以供社会急需，《国语辞典》就是其中的一种。

《国语辞典》是我国第一部描写性详解型现代汉语词典。它的特点表现在排序、注音、收词、释义四方面。

一、排序。打破了传统的字书、韵书、义书的编序方式,以注音字母声母为纲,以韵母为目,始于"ㄅㄚ",终于"ㄙㄚ",单字及复词均按此原则排列。这是我国第一部严格意义上的音序词典,开了后出的《现代汉语词典》单字和复词汉语拼音音序排列的先河。同时,由于它将所收的同音字全部排列在一起,因而也可视为一部汉语同音字典。

二、注音。从来字书、韵书均以反切注音,不懂音韵学的人,实难掌握,加以语音因时、地而变化,因而所注反切很多已不合今音,在应用上尤感不便。而且一般字典、词典的注音,多限于单字,而复词、成语、术语中的各字,均不注读音。《国语辞典》对注音尤为重视,它收录的全部单字、复词、成语、术语均依1932年公布的标准国音(即北平音系)为标准,逐字用注音字母标注读法及声调。凡经史古籍中的生僻字,均参酌唐宋以来的韵书,循古今音变条例,斟酌定音;凡属活语言,则依北平口语音注音。单字还附注直音和反切,旧入声和尖团字的读音,单字在口语中的"儿化"、"轻声"及词儿连写等,也以国语为标准注出。凡学习标准国语的人以及想依国音来诵读新旧典籍的人,得此书随时检寻,不但可矫正单字的读音,且可知复词前后音节孰轻孰重,以与活语言相切合。

三、收词。全书收词十余万条,超过当时的一般词典。编者根据"凡独立成词、自具一义"者均予收录的收词原则,尤注重收录文籍和口语中习见恒用的词汇,而无论其雅俗。对于近代汉语的口语词,也十分注重,如宋、元、明、清时的白话,凡见之于语录、说部、词典的尽量予以搜求收录。

四、释义。释义用语简明扼要,力除旧字书训解含混不清之弊。不一一详引书证,酌注义项出处或引举例句,以配合词义解说。

此书的缺点是选词计划不周,有缺有滥,收录了不少非定型词;释义苟简,使人不易理解等。

有关《国语辞典》的主要研究著作,有刘叶秋《中国字典史略》(中华书局,1983年)、陈炳迢《辞书概要》(福建人民出版社,1985年)的有关章节等。

(徐祖友)

中国修辞学 张 弓

《中国修辞学》,张弓著。天津南开华英书局1926年出版。

张弓(1899—1983),笔名檠铭、海鸥。江苏灌云人。1924年毕业于武昌师范大学,任天津南开大学附中高中部国文教员。1941年起,先在北平中国大学、中法大学任课,后任北平师范学院、北平临时大学教授。50年代以后历任河北师范学院、河北大学教授,并兼任中国科学院河北省分院语文研究所研究员、中国修辞学会名誉会长、河北省语文学会会长、河北省社联副主席。除本书外,还著有《现代汉语修辞学》。

作者在例言中指出,《中国修辞学》一书以阐明中国修辞的"特相"为主旨。全书分两大部分:(一)"总说"——论述中国修辞学的界说及中国修辞的进化观等;(二)"分说"——分类说明中国修辞的方式。

"总说"部分列八节,论述了"修辞"一语的根源、修辞的意义、修辞学的定义和界说、中国修辞的进化观等问题。在修辞理论方面作者认为修辞学可以从两方面下定义:"就'效用'说,是美化文辞的一种技术";"就'本质'说,是分类说明修辞过程的一种科学"。因此中国修辞学就是"中国美化文辞的方术"或"说明中国修辞过程"的科学。作者将修辞学视为技术与科学的观点,与只将修辞学看作一种技术的观点显然不同。作者又明确认为修辞学是一门独立的学科,有它自己的研究范围,指出"本稿的范围,限于说明中国美饰文辞的过程,毫不侵及'文法学'、'作文法'、'文字学'、'文学概论'等科的领土"。这种观点与某些把修辞学与文法学等学科混淆起来的著作相比前进了一步。作者把汉语修辞划分为"辩说期"(春秋战国)和"词章期"(汉代至现代)两个阶段。并指出第一阶段的特点是"言语修辞特盛",第二阶段的特点是"文章修辞渐盛"。勾勒虽嫌粗略,但在修辞学专著中论及中国修辞的发展变迁大势尚属首见。

"分说"部分将修辞方式分为五大类:(一)化成式,即通过"变化形体"以"增加文辞的美与力"的修辞方式。包括人化、物化、较物等十六种。(二)表出式,即"根据原情意而用种种的组织命题之形式表出,可特别的引人注意并足动人美情"的修辞方式。包括曲达、双关、反语等二十三种。(三) 布置式,即"依据形式美的原则,以构造种种美好的方式,使读者自然发生运动、均比、对照、变化等美情"的修辞方式。包括抑扬、回环、反复等十三种。(四) 譬喻式,即"于原观念上附加与原观念'异本质而有恰似点'之新观念,藉使原观念更明了而丰实"的修辞方式。包括明喻、暗喻、讽喻等十种。(五) 代替式,即"用甲观念代表乙观念,利用两个观念的特殊关系以组成美辞"的修辞方式。包括分代、合代等五种。这五大类六十七种辞格,主要是受日本岛村抱月《新美辞学》的影响。近人王易、陈介白也采用岛村抱月的观点将辞格分为四大类。张弓则增设了代替式一类,对譬喻式又按意义、形式、内容三方面分类,并且最早将移觉(即通感)、回环等列为修辞方式,这些都是他的贡献。

(宗廷虎)

现代吴语的研究 赵元任

《现代吴语的研究》，赵元任著。本书系清华学校研究院丛书第四种，1928年在北京出版，1935年影印再版。1956年11月科学出版社根据原版本影印，删去附录中的第六种表格《读文吟诗乐调》，并将前五种表格重编次序，重新出版。

赵元任(1892—1982)，曾用名宣重、重远。江苏常州人，出生于天津的紫竹林。清光绪三十三年(1907)入南京江苏高等学堂预科，1910年考取清华学校庚子赔款官费生留学美国。1914年获康奈尔大学文学学士学位和数学学士学位，1918年获哈佛大学哲学博士学位。先后在康奈尔大学、哈佛大学和国内的清华学校执教，讲授物理学、数学、心理学、语言学等课程。1925年任清华国学研究院导师兼哲学系教授，1929年任中央研究院历史语言研究所研究员兼语言组组长，主持并亲自调查各地方言。1938年起任美国夏威夷大学、耶鲁大学、哈佛大学等教授，1945年当选为美国语言学会会长，1947年任加州(伯克莱)大学讲座教授。卒于美国麻省剑桥。生平可参看赵新娜《赵元任年谱》(商务印书馆，2001年)。

赵元任既是语言学家，又是音乐家。作为语言学家，他对中国语言学有全面的贡献和深远的影响，一生撰有语言学专著二十多种，论文近二百篇，其中最著名的专著有《现代吴语的研究》、《中国话的文法》(*A Grammar of Spoken Chinese*)等，最著名的论文有《音位标音法的多能性》(The Non-uniqueness of Phonemic Solutions of Phonetic Systems)、《中国方言当中爆发音的种类》、《北京、苏州、常州语助词的研究》等。作为音乐家，他曾创作《教我如何不想他》等歌曲和《海韵》等钢琴曲共一百余首。论著由后人编为《赵元任全集》。

1927年10月清华学校研究院派赵元任和杨时逢到吴语区实地调查方言。他们在两个半月时间里，调查记录了三十三个地点方言，即宜兴、溧阳、金坛(西周)、丹阳、丹阳(永丰乡)、靖江、江阴、常州、无锡、苏州、常熟、昆山、宝山(霜草墩)、宝山(罗店)、周浦、上海、松江、吴江(黎里)、吴江(盛泽)，以上江苏；嘉兴、吴兴(双林)、杭州、绍兴、诸暨(王家井)、嵊县(崇仁镇)、嵊县(太平市)、余姚、宁波、黄岩、温州、衢县、金华、永康,以上浙江。其中有十八个地点方言是在当地找本地人发音调查记录的,有十五个地点方言是找已出乡的人发音调查记录的。《现代吴语的研究》即根据这一次调查记录的部分材料整理而成。

本书所用音标有三种。一是吴语音韵罗马字,根据国语罗马字拼法原则扩充而成,用以标记吴语的音类,如"ou"类在金华读éu,在常州读ei。二是注音罗马字,为行文和印刷上的便利,用国语罗马字拼音的方法约略表示语音,如用ch表示无锡话的ch或上海话的ts。三是国际音标,用以分辨差异较细微的语音。如音韵罗马字的"an"韵,用注音罗马字可以分辨an,ä,é几种音,用国际音标可以详细注出[an][æ̃][ɛ][E][e]等音。

全书正文分"吴音"和"吴语"两大部分,包括主要表格六种。正文前有作者所写的序言(中文英文各一篇)、译名表、调查说明及调查地点地图。英文序言实际上是本书内容的提要。本书在体例上的重要特点是以表格的形式概括调查研究的成果。正文的主要内容包括在六种表格中,文字部分是对表格的说明,以帮助读者阅读这些表格。

正文第一部分为"吴音",又分四章。

第一章"吴语声母",包括凡例(附甲表:辅音音类表)、第一表"声母表"、声母的讨论。声母表左端排列三十三个调查地点,上端排列中古三十六字母,表中列出三十六字母在各地的今音。"声母的讨论"讨论了有关声母发音方法的若干特点和问题,包括带音跟吐气问题、破裂摩擦问题、鼻音问题。作者认为吴语的塞音闭而未破时,声带并不颤动,等开的时候接着就是一个带音的h,即弯头ɦ,因此听起来好像很浊。

第二章"吴语韵母",包括凡例(附乙表:元音音标表)、第二表"平上去韵母表"、第三表"入声韵母表"、韵母的讨论。韵母表左端排列三十三个调查地点,上端排列中古二百零六韵韵目,表中列出二百零六韵在各地的今音。"韵母的讨论"讨论了吴语韵母的韵头、韵尾和主要元音的特点,并比较各地的异同及其与古音、国音的关系。作者认为今吴语的开口、合口、齐齿、撮口大致是古开口、合口、齐齿、撮口;今韵母的主要元音变化很大;吴语不大有真复合元音;入声韵除嘉兴、温州外都略带一点喉部的关闭作用。

第三章"吴语声调",包括凡例、第四表"声调表"、声调的讨论。声调表是吴语声调的分类跟音值表。表的第一行是古音的平、上、去、入,第二行是古声纽的清浊,第三行是今吴语调类的名称,第四行是例字,第五行是国语的声调。表左端是三十三个调查地点。表中注出各地各类声调的调类名,声调线和音乐简谱。作者记录声调的方法是照音管所定的绝对音高,用有长短的音乐符号写在五线谱上。作者认为吴语的声调大致分为两派:一派是平、上、去、入依声母的清浊各分阴阳两类,一共八调;另一派把阳上归入阳去,只有七调。作者还认为阳调类的调形比阴调类复杂,这是阳调的浊声母影响声带状态的结果。

第四章"声韵调总讨论",包括"各地的特点"和"吴语全部的公共点"两节。作者指出吴语的公共点是:声母方面並、定、群、澄、床、从六母平(上)、去、入皆跟清音有别,合古音分类,不合国音;微、日两母白话用鼻音(近古音),文言用口音(近国语);见、晓系齐撮颚化,去古音远,跟国音近;n、l不混。韵母方面,元音比国音"高化",例如麻韵古读前 a,在国音变后 ɑ,在吴语变 o;复合元音大多变单元音,例如 ai、ei、au、ou 往往变成 ä、é、o、e,去古音很远;没有 m 韵尾,也不辨 n 和 ng 韵尾;古山、咸摄字往往全失去鼻音。声调方面,有入声而没有-p、-t、-k 韵尾,最普遍的是有八声或七声(阳上归阳去),跟古音近,离国音远。作者在本章末尾提出吴语的定义:"吴语为江苏、浙江当中並、定、群等母带音,或不带音而有带音气流的语言。"这个定义为后来的学者所公认,并一直沿用至今。

正文第二部分为"吴语",又分两章。

第五章"词汇",包括"凡例跟索引"和"第五表:三十处七十五词的词汇"两节。本章取最常用的词和吴语跟别处特别不同的若干词,一共七十五个,以国语为纲,列成比较表(第五表),只有一两地点才有的词,另列成各地特别词表,收录在第五表之后。词的注音用注音罗马字。词的汉字写法是知道字就写字,不知道字就写音,写音的条件是以本地字注本地音(声调也包括在内)。表五上的七十五个词的次序大略依照通用的程度。

第六章"语助词",包括"凡例跟举例"和"第六表:二十二处五十六用的语助词"两节。作者在凡例中指出,汉语方言语法,在句子结构上是差不多的,所以讲方言语法差不多就是讲语助词。第六表以国语为纲排比语助词,对语助词的每一种用法,作者都以苏州话为例一一说明。

附录载《北风跟太阳》故事一篇,分别用汉字(苏州话)、国际音标、注音罗马字、吴语音韵罗马字书写。

正文和附录之后载《现代吴语调查表格》,共十一种。另有《吴音单字表》和《国语——吴语对照词汇》。这十一种表格是:(一)发音人资格;(二)声母音值;(三)韵母音值;(四)韵尾与下字关系;(五)单字声调;(六)喻母等阴阳上问题;(七)全浊上去问题;(八)不成词两字声调;(九)成词两字声调;(十)成词三字声调;(十一)北风(搭)太阳。

《现代吴语的研究》材料可靠,审音精细,表格详明,方法新颖,慧眼独具。本书是第一部用现代语言学的知识研究汉语方言的划时代的经典著作,所创立的调查记录和分析汉语方言的规范一直为后来的学者所遵循。可惜本书调查点偏重苏南吴语,对浙江中部、南部吴语设点太少。

(游汝杰)

音位标音法的多能性 赵元任

《音位标音法的多能性》，赵元任著。原文是用英文写的，题名为 The Non-uniqueness of phonemic solutions of phonetic systems。原载中央研究院《历史语言研究所集刊》第四本第四分，1934 年出版，1957 年转载于裘斯（Martin Joos）主编的《语言学论文选》（*Readings in Linguistics*）。叶蜚声中译文载于《赵元任语言学论文选》（中国社会科学出版社，1985 年）及《赵元任语言学论文集》（商务印书馆，2002 年）。

作者生平事迹见"现代吴语的研究"条。

本书是研究早期音位学的单篇论文。全书分三部分，各部分的要点如下。

第一部分，"音位的定义"。作者在分别讨论了帕默（H. L. Palmer）、布龙菲尔德（L. Bloomfield）、琼斯（D. Jones）等人给音位下的定义之后，提出了自己下的定义："音位是一种语言里全部音类中的一类，语言中的任何词都能体现于一个或若干个这些类的序列，被认为具有不同发音的两个词，其构成词的音类或音类的次序是不同的。"

第二部分，"影响音系的音位答案的因素"。这一部分是本书的主干，包括以下三节。

一、单位在时间上的大小。对语音的分析，因受时间因素的影响，可以有不充分分析和过度分析两种方法。根据不充分分析法，可以用较少的符号表示动态语音，例如用[ɑu]表示[ɑou]或[ɑoɑ]，即只要表示动态过程的起讫点即可。根据过度分析法，可以用两三个符号表示一个音。例如吴方言中带浊气流的单元音 a，通常写作[ɦa]。其实其中的[ɦ]是附丽于[a]之上的，并不是独立存在的一个语音。但是我们仍然可以把[ɦa]看作是两个可以分开的音位。在特殊的情况下也可以用零符号代表语音，即把语音的空缺算作音位或音位的变体。如德语元音前头必有[ʔ]这个音，但是不必写出，不写出也可以知道其存在。相反也可以用符号来表示零音值，例如苏州话里有[əu]这个音位，但是[əu]中的[ə]在唇音后永远不会出现，所以用在唇音后的[ə]这个符号代表零音值。

二、把语音归入音位。作者提出语音归纳成音位要考虑下述因素：(一) 语音准确,或者音位的范围小；(二) 整个语言的语音模式简单或者对称；(三) 节省音位的总数；(四) 照顾本地人的感觉；(五) 照顾词源；(六) 音位之间互相排斥；(七) 符号的可逆性。

三、符号的选择。把语言归纳成音位以后,就要考虑选择什么符号代表音位。归纳音位和选择符号虽然不是一回事,但是影响符号选择的有些因素和影响归纳音位的因素是并行的。例如节省音位数目也意味着节省符号数目。此外,在选择符号时还有一些因素需要考虑：(一) 尽可能不超出二十六个罗马字母的范围；(二) 在二十六个常用字母之外,尽量选用不太古怪的字母,例如[c]不太古怪,[ɯ]就显得古怪得多了；(三) 注意音的变异范围的分度；(四) 避免使用附加符号；(五) 和其他语言的音位标音取得一致。

第三部分,"音质标音和音位标音"。音质标音即严式标音,音位标音即宽式标音。严式标音标出所有语音上的区别,而不管这些区别对辨别语义有无作用；宽式标音根据事先制订的原则标出能够辨别语义的语音区别。严式标音对于以下目的是非常有用的,有时是不可缺少的：(一) 需要引证某一种没有辨别语义作用的语音特征；(二) 比较不同方言中的词或音的异同；(三) 指出音变的苗头或残迹；(四) 在得出合适的音位系统之前不偏不倚地考虑一种语言的总特征；(五) 语言或语言学教学需要。

作者在结束语中指出,本文提出了音位的新定义,努力证明一种语言的音位归纳不一定只有一种答案。"不同的答案不是简单的对错问题,而可以只看成适用于各种目的的好坏问题。"

本文是"最优秀的对早期音位学具有指导意义的论文"(裘斯语)。其见解深入,实例恰当。后来的学者在研究音位学和现代汉语音位系统时常常引用这一篇经典论文。

（游汝杰）

钟祥方言记 赵元任

《钟祥方言记》，赵元任著。本书系中央研究院历史语言研究所集刊甲种之十五，1939年上海商务印书馆发行。科学出版社1956年据原纸型重印。又收入《民国丛书》第四编。

作者生平事迹见"现代吴语的研究"条。

作者于1936年应邀编写湖北省钟祥县县志中的方言部分，借此机会较详细地在当地调查方言，调查的地点包括城内和城外的西北乡。调查所得材料除供给县志外，还用来写作本书。

书前有作者的序和凡例。序中交代了调查钟祥方言和写作本书的经过。全书分四章，各章主要内容如下。

第一章"音类总表"。先列出十七个声母、三十六个韵母和四个声调，然后对每个声母和韵母的音值、每类声调的调值和调形，详加说明。

第二章"本地音韵"。包括A和B两部分，即A：单字音音类；B：同音字汇。A部分讨论声母、韵母和声调之间的相互关系，包括声母跟韵母的关系、介音跟韵的关系、声母和声调的关系、声母韵母声调间的关系，以上几种关系皆列表逐条加以详细说明。最后是单音字全表，分韵列出十二张表格，对表中有音有义无字的音节，皆用脚注释义。B部分是同音字汇，分韵列出三十六张表格。其特点有二：一是从表上可以看出今韵与《广韵》的关系，即在每表上端横行先列今韵，后列《广韵》韵目与之对照；二是对表中的例外字或不规则字，皆用符号注明。

第三章"比较音韵"。列表比较钟祥方言与国音及中古音的关系。与国音的比较分声母、韵母和声调三部分；与中古音的比较包括声母、声母发音方法、声母系组、等呼、韵母、韵尾、声调的比较，还包括不定条分字详单和例外字。本章对例外字的讨论非常详赡，分摄共列出例外字约四百个，对每一个例外字皆列表指出古声母、韵母、照例读音不规则处、今钟祥音、国音和可参考的方音，另有附注。

第四章"钟祥语"。包括"分类词汇"和"钟祥语举例"两部分。词汇分天文、地理、动物、房屋等四十类,共收二千多条口语词汇。最后一类是助词,共十四个,对每一个助词都详细分项说明其功用,并且举出实际用例。从中可看出钟祥方言的一些语法特点,例如助词"达"的功用有四项,即起事、完事、叙事、时间附属逗,这就关系到语法上的"体"的表达手段。"钟祥语举例"是成篇的语料,即《北风和太阳的故事》的汉字文本和国际音标记音本。

本书的下述优点为同类的方言志所不逮:一是语音分辨和描写非常精细。第一章使用严式国际音标,通过与各种方音比较,分析钟祥方音精细入微,无以复加。例如说:声母 kh 是舌根爆发摩擦清音,严式国际音标是[k^x],它的送气稍为带一点舌根摩擦音[x],近似陕西山西的[kh]而略弱,但比国语的[kh]粗重一点,如"考、口、康、苦、宽"等字。二是表格的编排巧妙、合理、详明,各项复杂内容皆用表格形式表达,使读者一目了然。三是对例外字的调查、记录和分析细致详尽。四是用语法的眼光分析助词,慧眼独具。作为一本中等篇幅的方言志,从全面和深入两方面来衡量,除了语法稍嫌不足外,本书应该是最优秀的无懈可击的方言志。

(游汝杰)

湖北方言调查报告 赵元任等

《湖北方言调查报告》,共两册。赵元任、丁声树、杨时逢、吴宗济、董同龢撰。中央研究院历史语言研究所专刊之一种,有商务印书馆 1948 年版。

本书第一作者赵元任的生平事迹见"现代吴语的研究"条。

本书第二作者丁声树(1909—1989),号梧梓。河南邓县人。1932 年毕业于北京大学中文系,同年进中央研究院历史语言研究所。1944 年赴美国考察。1949 年后任中国科学院语言研究所研究员,中国科学院哲学社会科学部委员、《中国语文》杂志主编等职。早年致力于古代汉语研究,发表《释否定词"弗"、"不"》等论文。后从事方言调查,编写《方言调查字表》、《古今字音对照手册》等。又主编《现代汉语词典》,与人合著《现代汉语语法讲话》等。

1936 年中央研究院历史语言研究所组织第六次方言调查,即调查湖北省各地方言,本书即是这次调查结果的报告。调查整理的方法和报告的大纲是由赵元任规划的。除董同龢外,著作者均参加了调查、记音。发音合作人大多是来自全省各地在武昌上高中的学生。

本书是汉语地区方言早期调查研究的代表性著作。全书分总说明、分地报告(卷一)、综合报告(卷二)三大部分。

"总说明"包括对标音符号的说明、对音韵概念的解说、调查字表、调查程序、调查地点等。

卷一"分地报告"排列了六十四个地点的材料。湖北全省当时有七十一个县,除潜江、谷城、远安、宜城、建始、五峰、咸丰七县外,每县都有一个调查点。调查点不一定设在县城,多数在乡下。每地有一份调查报告,每份报告的项目相同,都包括以下七项:发音人履历、声韵调表、声韵调描写、与古音比较、同音字表、音韵特点以及读物——会话或故事等。在"分地报告"前有一个"说明",对这七个项目有详细说明。"分地报告"占全书的大部分篇幅。

卷二"综合报告"包括"综合材料"、"湖北(方音)特点及概说"、"湖北方言地图"三部分。

"综合材料"共有四种:总理遗嘱、狐假虎威故事、特字表、极常用词表。前两种材料是逐字排比六十四个地点的语音。特字表则逐字排比各地特字的语音。所谓特字是指不合音变规律的方言字,例如"遍"字,按《广韵》是帮母字,但是当阳、随县等地读[phie],好像是来自滂母。极常用字表是将一些最常用的词分地排比,大多用方块汉字写出,无汉字可写的则注音标。这些词是用问句子的方法调查出来的。例如问"不早了,快去罢"的本地说法,调查"了、快、罢"这三个词。极常用词表中实际上也包括若干关系到语法结构的短语或单句,例如"拿得动吗?""给我一本书。"等。

"湖北(方音)特点及概说"包括分析特点表、综合特点表和分区概说三部分。"分析特点表"列出十一个语音项目在四个有代表性的地点的读音。这十一个项目是:(一)声母发音部位;(二)声母发音方法;(三)次浊声母及影响;(四)韵母开合;(五)韵尾:a. 阳韵舒声,b. 入声;(六)韵母元音:阴韵;(七)韵母元音:阳韵外转舒声;(八)韵母元音:外转入声;(九)韵母元音:阳韵内转舒声;(十)韵母元音:内转入声;(十一)声调。四个有代表性的地点是:宜昌、孝感、咸宁、石首。"综合特点表"把湖北方言各区内部大体一致或全省大体一致的语言特点归纳起来,用表格形式加以说明。"分区概说"把全省方言分成四个区:第一区西南官话;第二区楚语;第三区赣语;第四区湘语,并且说明各区的若干语音特点。

"湖北方言地图"共六十六幅,包括声母图、韵母图、声调图、特字图、词类图、分区图、综合图。综合图把音类同言线、特字同言线和词类同言线综合表现在一张图上。

本书所采用的调查方言的方法、整理分析方言材料的方法以及各种表格,对后来的汉语方言调查工作起到指导作用。本书是中国第一部有现代的方言地图的语言学著作。不足之处有二:一是内容偏重语音;二是调查记音没有在实地进行。

(游汝杰)

词诠 杨树达

《词诠》，十卷。杨树达撰。有1928年商务印书馆初版本、1954年中华书局重排本、上海古籍出版社1986年版、湖南教育出版社2008年版。

杨树达(1885—1956)，字遇夫，号积微。湖南长沙人。清光绪二十三年(1897)考入梁启超等举办的时务学堂，1905年官费赴日本留学，学习"欧洲语言与诸杂学"。辛亥革命以后回湖南，任省立第一女子师范学校、省立第一师范学校国文教员。1920年任北京高等师范国文系主任、教授，又任清华大学和私立中国大学教授。1937年返长沙，任湖南大学教授。建国后当选为中国科学院学部委员。杨树达初治经学，留学日本时参考日语和英语语法写了《中国语法纲要》，又写了《马氏文通刊误》。回国后，积多年教学经验和研究心得，撰成《高等国文法》一书。其后又因文法自有界域，不能尽畅虚词讨论之意，遂将《高等国文法》中的虚词抽出，写成了专论古汉语虚词的《词诠》一书。除汉语语法外，杨氏对音韵、文字、训诂和修辞学亦深有研究。主要著作有《积微居甲文说》、《耐林廎甲文说》、《卜辞琐记》、《积微居小学金石论丛》、《积微居小学述林》、《中国修辞学》等。又著有《汉书补注补正》、《汉书窥管》、《汉代婚丧礼俗考》、《淮南子证闻》、《积微居读书记》、《盐铁论校释》等。著述由后人辑为《杨树达文集》。

《词诠》是一部研究古汉语虚词的专著。除一些常用虚词外，还采录了一部分代词、副词等，共收字四百七十二个，以注音字母为序，查检非常方便，这在当时是一种进步。此书的体例是"首别其词类，次说明其义训，终举例以明之"(《词诠》序例)，有的还加按语。它集历史上虚词研究之大成，词性明确，论证严密，举例详尽，对前人的虚词著作，也往往加以引用，以资印证。例如：

夫(ㄈㄨ)

一、人称代名词　彼也。○子木曰：夫独无族姻乎？(《左传》襄二十六年)按《楚语》作"彼有公族甥舅"。……二、指示形容词　此也。○夫人不言，言必有中。(《论语·先进》)……三、指示形容词　彼也。用在名词之上，故与第一条异。○日君以夫公孙段为能任其事而赐之州田。(《左传》昭八年)……四、指示形容词 《孝经疏》引刘瓛曰：夫,犹凡也。○思夫人自乱于威仪。(《书·顾命》)……五、提起连词 《孝经疏》曰：夫,发言之端。○夫国君好仁,天下无敌。(《孟子·离娄上》)……六、语中助词 无义。○掌以夫遂取明火于日。(《周礼·司烜》)按郑司农曰：夫,发声。……七、语末助词 表感叹。按据钱大昕及近人汪荣宝之考证,"夫"古音当如"巴",即今语之"罢"字。○古之聪明睿智神武而不杀者夫！(《易·系辞》)……八、语末助词 表疑问。○路说应之曰：然则公欲秦之利夫？周颇曰：欲之。(《吕氏春秋·应言》)

由此可见,"夫"字列有多达八种用法,每种用法都举许多例证,例证的出处也注释详明,可据以查对原文。同时,清王引之的《经传释词》对于多个虚词的通常用法,因为是"常语",便往往"略而不论"。《词诠》与此不同,即使一些常见的、习用的虚词,比如"也"、"且"、"故"等字,也都一一列出十多种用法,"若"、"於"、"以"等字一一列出二十多种用法,十分详尽。有些虚词同时含有实义的,也标明词类,并说明用法。如"则,名词,法则也。'伐柯伐柯,其则不远。'(《诗·豳风·伐柯》)'天生烝民,有物有则。'(又《大雅·烝民》)",作者这样处理,显然有便于初学者。

《词诠》的特色不但在于博采过去训诂学上的创获,一一训释虚词的所有意义,而且在于利用现代语法学的知识,结合虚词在语句中的功用给予语法的描写,也就是说,作者比较成功地将训诂学和语法学这两方面结合起来了。以上举"夫"字条为例,同释一"彼也",作者分为人称代名词和指示形容词两类,使读者依据语法上词类的分别来把握虚词在语句结构中的功用,比之纯粹沿用传统的训诂方法的解释,界划要明确得多。书中替所有的虚词、所有的用法都确定了词性,这在当时可谓是创举。

作者在文字学、训诂学等方面有很深的研究,所以书中训释周秦两汉古书中的虚词尤为详密精当,多所发明。例如认为"以"可假借为"台",训"何",用以解释《诗经·召南·采蘩》"于以采蘩？于沼于沚"。认为"已"又有"如此"之义,用以解释《汉书·赵充国传》"于臣之计,先诛先零,已则罕幵之属不烦兵而服矣"。认为"其"又训"将",用以解释《左传·隐公十一年》"吾子孙其覆亡之不暇,而况能禋祀许乎"。这无论对于专门研究者还是一般读者,都是深有启迪的。

《词诠》的不足之处主要有：(一) 没有把"字"和"词"严格区别开来。此书以解释"词"为名,却仍然是字典式的编制,把不同的词归在同一个"字"下,而没有认清古汉语中的同字异词现象。(二) 没有把语法成分和词类区别开来。杨氏认为"词无定义,虚实随其所用,不可执著耳"(序例)。这里所谓"词无定义",就是指"词无定类",而"随其所用",就是指根据词在语句中所充当的成分而确定其词类。所以同一个疑问代词"何",充当宾语,杨氏就称它为"疑问代名词",充当定语,杨氏就称它为"疑问形容词",充当状语,杨氏又称它为"疑问副词"。这样的处理不仅在理论上无法自圆,而且也使读者迷惑不清,难以理解。(三)只收单词不收复音词。先秦两汉时代的汉语,不但实词的复音词已经大量产生,虚词的复音词也有不少,作者忽视复音词的诠释,不能不说是习惯势力的影响。此外,此书的书证颇有讹误,引用时也宜加小心。

有关研究著作,有张在云等《词诠校议》(云南教育出版社,1998年)等。

(徐川山)

高等国文法 杨树达

《高等国文法》,杨树达著。商务印书馆 1930 年初版,有 1955 年重印本、1984 年重排本。又有上海古籍出版社 2007 年版、湖南教育出版社 2008 年版。

作者生平事迹见"词诠"条。

1911 年,杨氏从日本回国,在湖南长沙教授文言语法,并开始阅读《马氏文通》。对于马氏之作,他一方面认为其"于荆榛荟蔚之中,芟夷剔抉,辟一康庄,其功伟矣"(《高等国文法序例》),而另一方面又"心多弗慊"(同上),认为马氏之书师西法而"颇有削足适履之讥","马氏小学甚疏,凡所训释,颇多未审"(孙楷第《高等国文法序》)。于是,1919 年杨氏开始作《马氏文通刊误》,1920 年杨氏任教于北京师范大学,又开始作《高等国文法》。从 1920 年至 1929 年,杨氏一边将书稿用于教学,一边修改增删,"历时九载,教授亦不下十余次",终于著成《高等国文法》一书。此书作成之后,作者又应学生要求,将书中虚词摘出,增益材料,另成《词诠》一书。两书体例不同,但后者实出于前者,其内容亦互有补充,彼此相辅,堪为姊妹篇。

《高等国文法》共十章,第一章"总论"叙述语言的起源、变迁、类别,汉语的缘起、发展以及汉语文法学的产生;第二章至第十章分别介绍名词、代词、动词、形容词、副词、介词、连词、助词和叹词的种类和用法。

此书的特点有以下四方面。

一、语言材料十分丰富,词类划分十分细密。本书采辑例句,始自诸经诸子,迄于《后汉书》、《三国志》,兼采六朝唐人,所收例句非常丰富。在此基础上,又十分详尽而仔细地划分词的小类及其用法。例如副词一类中又分为表态副词、表数副词、表时副词、表地副词、否定副词、询问副词、传疑副词、应对副词、命令副词和表敬副词等十个小类,其最后三个小类为《马氏文通》所无,而询问副词和传疑副词马氏又混而不分。

二、广泛吸收前人研究成果,杂采众家之说。本书广泛吸收前辈学者包括清代刘淇、王念孙、王引之、俞樾、章炳麟等的训诂学成果,例如第三章叙述古汉语第二人称代词"若、女、戎、尔、而"旧属日母,"乃"旧属泥母,接着引章炳麟"古音娘日二母归泥说",指出"若、女、戎、尔、而"古音与"乃"字声母同,古汉语第二人称代词实只有一系。同时,本书又大量吸收同时代人的研究成果,如第一章"总论"采用胡以鲁《国语学草创》的语言理论,第四章动词的致动用法和意动用法则采取了陈承泽《国文法草创》的观点。

三、注意订正《马氏文通》的讹误,更加切合古汉语实际。例如马氏以"咸、皆"等为约指代词,本书定为表数副词,古汉语"咸、皆"用作状语,当以本书所定为善。又如《论语》"君而知礼,孰不知礼"的"而",马氏定为承接连词,本书定为假设连词,从文意来看,亦以本书所定为善。

四、建立以词法为中心的语法系统,阐明文言语法的一般规律。本书详于词法,略于句法,某些文言句法也是分别置于各词类中叙述的。例如形容词用于主位(主语)和宾位(宾语),本书称为"名词之通假",即形容词的名词化,置于第二章"名词"中叙述;而代词用作动词(谓语),本书则称为"代词之变用",置于第三章"代名词"中叙述。

《高等国文法》与《马氏文通》相比较,虽然有许多进步之处,在一定程度上反映了汉语语法面貌,但是此书还是用治国学(小学)的方法来研究语法,缺乏对汉语的全面的分析与描写,尤其是句法描写显得支离破碎、体例不一。因此王力先生批评杨氏"长于考据而短于理论",《词诠》"等于一部'新经传释词'",而《高等国文法》"等于拿一部'新经传释词'进行一种新的排列法"(《中国语言学史》)。其次,杨氏虽然批评《马氏文通》模仿拉丁语语法,但是他自己也往往拘泥于英语语法而歪曲古汉语的事实。例如他把"在、适、诣、之、如、涉、过"等认作关系内动词,不认作外动词,就是因为这些词译成英语是内动词。再次,杨氏过信省略之说,例如认为《史记·伯夷列传》"父欲立叔齐,及父卒,叔齐让伯夷"一句"让"字后省略"于"字,《汉书·霍光传》"群臣后应者,臣请剑斩之"一句"请"字后省略一"以"字,事实上,古汉语此类现象繁多,本是正常用法,并不能归为省略。此外,像"彼、夫、匪"一类词,杨氏既归为他称代名词(第三人称代词),又归为指示代名词(指示代词),再归为指示形容词,而实在它们的词汇意义无别,仅在句中所处位置有主位(主语)、领位(定语)的不同,这样不仅在理论上说不通,而且使读者徒生迷惑,殊不可取。

(杨剑桥)

中国修辞学 杨树达

《中国修辞学》，杨树达著。世界书局1933年出版。1955年更名为《汉文文言修辞学》，由科学出版社再版，1980年中华书局重印。此后上海古籍出版社1983年/2006年版、湖南教育出版社2008年版、湖南人民出版社2010年版均恢复原书名。

作者生平事迹见"词诠"条。

此书是作者在清华大学讲授修辞学时撰写的，曾四易其稿。全书包括"释名"、"修辞之重要"、"修辞举例"、"变化"、"改窜"、"嫌疑"、"参互"、"双关"、"曲指"、"夸张"、"存真"、"代用"、"合叙"、"连及"、"自释"、"错综"、"颠倒"、"省略"等十八章，有以下主要特色。

一、强调修辞的民族性，反对仿袭外国。二十世纪初，西学东渐，修辞学界在吸收、借鉴外国修辞学说过程中出现机械模仿、生搬硬套的现象。作者对此深为不满，其自序中说："语言之构造，无中外大都一致，故其词品不能尽与他族殊异，治文法者不能不因。若夫修辞之事，乃欲冀文辞之美，与治文法惟求达者殊科。族性不同，则其所以求美之术自异。况在华夏，历古以尚文为治，而谓其修辞之术与欧洲为一源，不亦诬乎？昧者顾取彼族之所为一一袭之，彼之所有，则我必具，彼之所缺，则我不能独有，其贬己媚人，不已甚乎！"他认为修辞具有民族特点，汉语修辞与欧洲不同，不应仿袭外族，削足适屦。修辞学"为一族文化之彰表"，研究者应具有"自尊其族性之心"。作者正是在这种指导思想下建立了自己的修辞学体系。近人郭绍虞在《修辞剖析》一文中评析说，我国现代修辞学有两大流派，一派来自西洋或东洋，另一派注意发扬民族传统，杨树达便属于后一派。

二、注重发现、继承与发展古代修辞理论。作者遵循"义当沉浸于旧闻而以钩稽之法出之，无为削己足而适人履"的原则，努力发现和继承古代的修辞理论。例如在第一章中列举了《易·系辞》"其旨远，其辞文，其言曲而中"、《礼记》"情欲信，辞欲巧"、《论语》"出辞气，斯远鄙倍矣"三句话，然后加按语说："文，巧，远鄙倍，言辞当求美也。"又举出《礼记》"不辞费"一句话加按语："不辞费,言当求简也。"又引《论语》:"辞达而已矣。"加按语:"达谓明白晓畅,辞能达意也。"这说明作者发现和继承了《易经》、《礼记》、《论语》等古籍中的观点,也主张修辞应当具有求美、求简、明白晓畅的原则,并加以系统化。又我国古代对修辞手法早有论述,如汉代王充、梁代刘勰论"增"与"夸饰",唐代孔颖达论及变文、互文、肖文、倒文等。至于错综、双关、代用等,唐宋元明清各代均有论析。作者既继承了前人的论述,又有进一步发展。如将"错综"法分为"名称"、"组织"与"上下文之关系"等三类,其中有些规律是新总结出来的。

三、研究方法含有辩证法因素。作者研究修辞不是采用观点加例句的方法,而是注重从大量修辞实例中分析归纳,概括出修辞的各种规律。这是科学的方法。同时在总结规律时,不是偏执一端,只看一面,而是注意从事物的对立两端去分析考察。如在"修辞之重要"、"嫌疑"、"存真"等章中既从正面举例说明规律,又从反面举例说明弊病,这样就能比较全面地看问题。所以近人徐特立曾称赞此书"有合于辩证法"。

本书的行文采取实例加按语的方式,在关键处画龙点睛地阐明观点,言简意赅。但仅仅运用按语的方式,则不免影响对修辞理论与规律全面系统的阐述,也影响到读者对本书的理解。作者认为语法是世界性的,修辞是民族性的,语法学可以借鉴西洋,修辞学不能借鉴西方,这种看法也尚欠全面。

(宗廷虎)

厦门音系 罗常培

《厦门音系》，罗常培著。有中央研究院历史语言研究所1930年版、科学出版社1956年新一版，后收入《罗常培文集》第一卷（山东教育出版社，1999年）。

作者生平事迹见"十韵汇编"条。

作者1926年在厦门大学任教期间，搜集调查了当地方言的材料，1920年又在北京聘请厦门的发音合作人作进一步深入的调查。本书即是依据这两次调查所得的材料写定的。

本书用现代语音学方法描写地点方言，并且比较研究古今音韵的异同。全书包括七章。第一章"叙论"，简要论述厦门方言研究的历史，说明作者写作本书的动机和经过。第二章"厦门的语音"，包括"声母"、"韵母"、"声调"三节。声调是用渐变音高管模拟发音反复听辨测定的，调值记在五线谱上。声调部分还论述了连读变调前轻后重的特点，最后还讨论了形容词和副词重叠形式的意义和语音变化。第三章"厦门的音韵"，叙述厦门方言的罗马字拼音系统。第四章"厦门音和十五音的比较"，包括"十五音的源流"、"声母比较"、"韵母比较"三节。第五章"厦门音与《广韵》的比较"，包括"声母比较"、"韵母比较"、"声调比较"三节。第六章"标音举例"，包括一个调查语助词用法的故事《北风跟太阳》和四首当地民歌。"语助词故事"用国语、厦门话、国际音标和厦音罗马字逐字对照。每一首民歌皆录乐谱、歌词，并有国际音标和厦音罗马字逐字对照。第七章"厦门音与十五音及《广韵》比较表"，这是一份长达一百五十一页的表格，是全部音系材料的总汇。表的排列以韵为经，以声为纬。有关"韵"的项目排在横行上端，包括厦门音的韵类、韵值、调类、十五音韵母、韵摄、《广韵》韵目、等呼七项；有关"声"的项目排在竖列左端，包括厦门音的声韵、韵值、十五音声母、《广韵》声类四项。全表共收四千六百三十六字，每一字在表中皆占有一个位置。从其所占的位置可以知道它们的古今音韵地位。表后有索引。全书正文前有"自序"一篇，述及本书写作经过和厦门音符合古音的若干特征。

作为地点方言语音的调查报告，本书制作一系列表格，用以比较研究古今音，醒目而精细，这种方法对后来的方音研究有示范作用。语言描写比较细致,利用乐谱记录声调,也是本书的特色。本书是现代闽语厦门话研究的奠基作品。

研究本书的著述,有周长楫《重读〈厦门音系〉》(《方言》1999年第3期)。

(游汝杰)

唐五代西北方音 罗常培

《唐五代西北方音》，罗常培著。有中央研究院历史语言研究所 1933 年版、科学出版社 1961 年重印本，后收入《罗常培文集》第二卷(山东教育出版社，2008 年)。

作者生平事迹见"十韵汇编"条。

本书分两大部分。第一部分"唐五代西北方音"，又分四节：(一) 本篇所用的几种材料；(二) 从敦煌汉藏对音写本中所窥见之唐五代西北方音；(三) 从《开蒙要训》的注音中所窥见的五代敦煌方音；(四) 唐五代西北方音与现代西北方音的比较。第二部分"《唐蕃会盟碑》中之汉藏对音"，又分两节：(一) 所用材料中所有的汉藏对音；(二) 所论汉藏对音的音韵条理。正文前有自序，介绍本书的写作动机、材料、方法和结论等。正文后有附录三种。

本书是研究汉语断代语音史的专著。作者利用几种汉藏对音材料研究唐五代西北方音，所用的材料有五种，即汉藏对音《千字文》残卷、汉藏对音《大乘中宗见解》、藏文译音《阿弥陀经》残卷、藏文译音《金刚经》残卷和《唐蕃会盟碑》拓本。前四种材料一共有一百五十二个对音，可以涵盖《切韵》的所有声类和除下列十个韵之外的所有韵类，这十个韵是：幽、废、夬、臻、耕、栉、盍、洽、锗、迄。作者的研究方法是，先拿这几种汉藏对音的材料同《切韵》比较并推溯它们的渊源，然后再拿这些对音材料同六种现代西北方音比较，来探讨它们的流变。由于《唐蕃会盟碑》有纪年，可据以考证其余几种材料的时代顺序。

作者根据研究结果认为，如果从藏文的写法来看，唐五代西北方音有以下特点。

一、声母方面。轻唇音非、敷、奉母大多数写成[ph]，已经露出重唇音分化的痕迹。明母在收声-n 或-ṅ的前面读 m，其余的变ʼb；泥母在收声-m 或-ṅ的前面读 n，其余的变ʼd。舌上音混入正齿音。正齿音的二三等不分。床母大部分由禅母变审母，但澄母却变成照母的全浊。摩擦音的浊母禅、邪、匣母变同清母审、心、晓母。y 化的声母并不专以三等为限。

二、韵母方面。宕、梗两摄的鼻收声[ŋ]一部分开始消失或变化。鱼韵字大部分变入止摄。

通摄的一三等元音不同。同韵字往往因受声母的影响变成不同韵。一等[ɑ]元音同二等[a]元音在藏文写法上没有分别。合口洪音同合口细音在藏文写法没有分别。入声的收声[p][t][k]，藏文写作 b、r(或 d)、g。

此外，作者发现注音本《开蒙要训》所反映的五代敦煌的语音也有若干特点值得重视。韵母方面的特点是：梗摄同齐、祭两韵对转,止摄同鱼韵旁通。声母方面的特点是：全浊声母有变成全清声母的趋势,齿头音受腭化影响开始混入舌上音和正齿音,泥来不分,娘日不分。

本书结论的准确性由于以下三方面的原因受到影响：一是汉藏对音材料零散,不成系统；二是没有现代沙州、敦煌一带的方音材料；三是现代沙州、敦煌一带居民在历史上的移民背景还没有经过考证。

在汉语古音学史上,本书首次比较系统地利用敦煌石室所藏的汉藏对音的写本,来研究汉语的历史音韵,从而使古音研究进入一个新的境界。本书又是用现代语言学方法比较系统地研究古代地区方言的开创性著作。

（游汝杰）

临川音系 罗常培

《临川音系》,罗常培著。成书于1936年。1940年中央研究院历史语言研究所出版,1956年科学出版社再版。后收入《罗常培文集》第一卷(山东教育出版社,1999年)。

作者生平事迹见"十韵汇编"条。

1933年7月罗常培在青岛初次遇见游国恩,对游的临川口音产生了兴趣,感到有些特点很值得注意,于是利用三天时间把临川语音大致记录了下来。1934年底,在北京又对另一位发音人进行了调查,除了详细问了一遍临川音系外,又把单字调和连字调用浪纹计记录下来,同时还记了不少词汇。1936年4月赵元任将前一年在江西调查方言时所灌的临川音档副片送给了罗常培。同年,罗常培对以上材料进行了整理,写成了这本《临川音系》。

《临川音系》分为六章。第一章"叙论",讲了临川在地理上的位置和研究临川方言的意义。第二章"语音分析",描写了临川音系的声、韵、调系统。第三章"本地的音韵",内容包括音节表、临川方音的共同点、同音字汇、文白音的差别、所搜集材料的内部差异。第四章"比较音韵",进行了临川音与《广韵》、临川音与北京音的比较。第五章"特殊词汇",列出了词汇表,表中所收的词主要是"临川话与普通话相差较多的那些语词"。第六章"标音举例",有四篇标音读物,是发音人语音的记录。书中有"临川元音舌位图"、"临川声调曲线图"、"临川调形比较图"、"联词声调曲线图"。书末附有本书内容的英文提要。

《临川音系》一开头应用史传、族谱和地方志的记载找出客家几次迁徙的路线与江西的关系,然后从语音的特点比较临川话和客家话的共性与差别。通过两方面互相参证,把客、赣方言的亲属关系联系了起来。在分析单字调和连字调的时候,书中用浪纹计的实验来辅助耳听,通过科学的手段为我们提供了比较可靠的实验数据。这本书除了将临川音与《广韵》音系比较外,还有临川音与北京音的比较,列出了简明的声类、韵类、调类的比较表,找出了两者的对应关系,使方言研究能够更好地为推广普通话服务。这本书已注意到收集、研究特殊的方言词汇,列举了二十二类临川话与普通话差别较多的词汇,除了注音之外,还附了一些语源学的注释。以上这些方面为研究这种方言或别种方言的现代语音学、历史音韵学,以及研究方言与普通话的关系,都起了示范性的作用。

(沈榕秋)

闽音研究 陶燠民

《闽音研究》,陶燠民著。原载中央研究院历史语言研究所集刊第一本第四分(1930年),1956年科学出版社据原书影印,出版单行本。

陶燠民(？—1934),福建福州人。1925年入清华大学哲学系就读,1930年与吴宓等同赴欧洲游学,在巴黎大学学习语音学。

《闽音研究》是研究闽语福州方言语音的著作。书前有简要的"序说",说明本书研究范围限于福州城内中流以上社会所操之方言,并介绍前人研究闽语的若干种著作,其中研究闽语音韵的有明代嘉靖万历间(1522—1620)戚继光所著《八音》和清代乾隆间学海堂刊刻的《戚林八音》。全书分八部分,主要内容如下。

一、"闽语之韵纽"。先列出韵母表,用注音字母和国际音标标音,并与《戚林八音》及国语的韵母作比较;再列出声母表,亦用注音字母和国际音标标音,并与《戚林八音》及国语的声母作比较;最后按发音部位和发音方法列出闽音声母和韵母总表。

二、"闽语之声调"。把福州话声调分为七类:阴平、上声、阴去、阴入、阳平、阳去、阳入。用乐谱表示调值。指出声调变化引起韵母变化的三条规则,即:(一)平声、上声的单元音 i、u、y,读去声时变为 ei、ou、øy;(二)平声、上声的复元音 ei、ou、øy,读去声时变为 ai、au、ɐy;(三)平声的韵尾[-ŋ],读入声时,变为[-k],如[eiŋ]变为[aik]、[eik]。最后指出元音音质的变化,只限于阴去、阴入、阳去三类声调;音质的变化,不会产生新的韵母,即在韵母系统范围内交错变化。

三、"闽语罗马字"。仿照国语罗马字略加增改,用以拼写福州话。先列出字母表,再说明拼写的规则和声调的拼写。

四、"声母之类化"。讨论连读时上字韵母引起下字声母同化的音变现象。归纳出四种同化现象,一一指出同化的规律,并且举例加以说明。例如:棉袍 Mieng bor → [mieŋ mɔ];水仙 Tjoei sieng → [tøwěi lieŋ];皇帝 Hwong dah → [xwɔŋ na];布裤 Buoh kow → [pwɔ ou]。

五、"声调之转变"。讨论连读变调,分四类:常例转变;惯用词组(如若干地名和状词)变调;词义或文法变调(如助动词 lao,轻读重读,意义有别);单字特殊变调。作者已注意到后来学者所谓"广用式"和"窄用式"(或"专用式")的区别。作者主要讨论"常例转变",又限于两字组的连调变化。指出两字组变调仅变上字,下字不变;三字组变调,中字跟末字的声调转变,首字跟已转变的中字的声调转变。对两字组变调列有表格,并说明变化规律。因变调而产生的新声母有[ß,ɲ,ʒ]三个;新韵母有[ou]和[ei]两个;新声调有"变上"一个。

六、"闽音与古音之比较"。指出闽音和古音相合的若干条例,如:舌上归舌头,"知、彻、澄"读 di、tiek、deirng;"日、娘"归"泥","日、娘"读 nik、niuong;轻唇归重唇,"傅、腹、匪"读 bwok、bouk、pii;"见、溪"等牙音声母,部位仍同。还指出"诵读之音,与通行之官音相似,而口语则近古",如"火"诵读作 huoo,口语作 hoei。

七、"国音和闽音之比较"。列表比较国音和闽音之异同。列有声母表和韵母表各一份。表的上端列出福州话的声母或韵母,表的左端则列出国音的声母或韵母,表中则填汉字。然后用文字说明国音和闽音的参差离合。

八、"附录:各种庹语之构成"。"庹语"即民间反切语,以口语为根据,或颠倒其双声叠韵,或掺杂别的声母或韵母,以达到保密的目的。最通行的是"仓前庹",为城内仓角头流氓所创,其切法是:分拆一个字的声母和韵母,先取其韵配以"栗"声,后取其声配以"期"或"京"韵,四声不变,连而读之。例如:福 houk → lhouk heik → luk heik。

本书是现代闽语研究的奠基作品。全书文字不多,但少而精,研究范围涉及福州方言语音各方面的主要问题。记音准确,研究深入,叙述简明扼要,表格明白细致,条理分明。本书所揭示的规律成为后人研究福州话的基础。与同时代同类作品《厦门音系》相比,本书的薄弱环节在于现代福州语音和古音的比较研究不足。

本书的研究论著有陈泽平《陶燠民〈闽音研究〉的标音法》(第九届中国语音学学术会议论文,2010 年)。

(游汝杰)

修辞学发凡 陈望道

《修辞学发凡》,陈望道著。成书于1932年,上海大江书铺同年出版。1950年后分别由开明书店、上海新文艺出版社、上海文艺出版社、上海人民出版社、上海教育出版社等多次再版,又收入《陈望道文集》第二卷(上海人民出版社,1980年)、《陈望道学术著作五种》(复旦大学出版社,2005年)、《陈望道全集》第四卷(浙江大学出版社,2011年)。

陈望道(1890—1977),原名参一,笔名佛突、晓风、任重、云帆、张华等。浙江义乌人。早年毕业于浙江之江大学。1915年赴日本留学,先后在早稻田大学、东洋大学、中央大学学习。1919年回国,任教于杭州第一师范学校。1920年任《新青年》编辑,完成《共产党宣言》在国内第一个中文全译本,参加中国共产党早期组织。后任复旦大学、上海大学、安徽大学、广西大学等校教授。建国后任复旦大学校长、华东高教局局长、中国科学院哲学社会科学学部委员、《辞海》(试行本)主编等,并任全国人大常委、全国政协常委。一生对新文化运动和中国语文研究有重大贡献。另著有《作文法讲义》、《美学概论》、《因明学》、《文法简论》等。论著由后人编为《陈望道全集》。

《修辞学发凡》是中国现代修辞学的重要里程碑。全书共十二篇。第一、二、三、十篇为修辞学理论,包括修辞释义、修辞和语辞的关系、修辞和题旨情境、修辞的任务和功用、修辞的两大分野和语辞使用的三境界、修辞现象的变化统一等。第四篇内容为消极修辞。第五至九篇为积极修辞,分辞格和辞趣两大部分。第十一篇为文体风格。第十二篇为修辞学小史及结语。本书批判地继承了古代和外国修辞理论的精华,并以汉语修辞现象为基础,建立了第一个中国化的科学的修辞学体系。这个体系的价值突出地表现在以下几方面。

一、系统的修辞理论

(一)调整语辞说。指出"修辞不过是调整语辞,使达意传情能够适切的一种努力"。强调修辞是为"达意传情"服务的一种手段,因而要认清两点:首先,是调整适用而不仅是修饰。因为把修辞仅仅理解成修饰,很可能离开情和意,片面追求形式,容易导致以辞害意。其次,是语辞而不仅是文辞。过去的学者往往只重视书面语修辞(即"文辞"),不重视口语修辞(即"语辞")。本书认为修辞应该包括书面语修辞和口语修辞,两者不可偏废。调整语辞说对明确修辞学的对象、目的和范围都有一定作用。

(二)"语辞形成的三阶段"说。语辞的形成可以分为收集材料、剪裁配置、写说发表三个阶段,而修辞现象产生于第三阶段。"材料配置定妥之后,配置定妥和语辞定着之间往往还有一个对于语辞力加调整、力求适用的过程。"这个过程不论长短都是"修辞的过程",这个过程上所有的现象便是修辞现象,而修辞现象就是修辞学研究的基本单位。这一论点对明确修辞学的对象,处理好修辞过程中读听者、写说者和作为"传达中介"的语辞这三种"要素"的关系等,都是有益的。

(三)"以语言为本位"说。全书贯串着"以语言为本位"的思想,这是一大特色。如第二篇中汲取了索绪尔的语言学理论和西方文字学、语音学、语法学等学科的理论,阐述了语言的性质、构成要素、声音语和文字语的关系等问题。这些论述的目的,乃是帮助读者从语言学的角度,认识修辞同语言、同语言文字的形音义中固有因素、临时因素的关系。这一理论,不见于前人的修辞论析。20世纪50年代以后有些修辞学著作很重视修辞与语言、词汇、语法三要素的关系,就是在此基础上的进一步发展。

(四)"修辞以适应题旨情境为第一义"说。"题旨"和"情境"是此书首创的术语。所谓"题旨",就是"一篇文章或一场说话的主意或本旨"。所谓"情境",就是写说的对象、目的、时间、环境、条件、上下文等因素。本书主张研究修辞不能脱离内容,形式主义地单纯讲修辞技巧,必须强调对题旨情境的适应,并且把它放在"第一义"的位置上。人们在运用修辞技巧时,"临时大概必要心眼中只有题旨情境才好。而平时又当两面并重"。语言文字本身没有什么美丑,它的美丑是由题旨情境决定的。"题旨情境"说与前人相比,不同之处有三:一是内涵比前人全面,不仅由两者共同构成了一个系统,它们的内部又各自包含若干子系统。二是把对题旨情境的适应,作为"修辞的标准、依据",并进而把它提到"第一义"的高度,使这一论点成为一切修辞原则中的总原则。三是运用"内容决定形式"的观点,并使它成为修辞研究的总纲领。"题旨"和"情境"的论点是对修辞理论的一大创新,已成为我国修辞学的宝贵遗产之一。

二、科学的修辞手法规律系统

《发凡》的修辞规律体系主要由两大分野组成。全书把修辞手法分为消极修辞和积极修辞两大部分。

(一)消极修辞。认为凡能使修辞呈现明白、清晰情貌的,称为消极修辞。消极修辞只要求明白精确地表述概念,使人易于"理会",它的特点是"抽象的、概念的",必须处处同事理符合,其运用都要合乎客观的常规,即"说事实常以自然的、社会的关系为常轨;说理论常以因明、逻辑的关系为常轨"。它要求遵守文法和逻辑上的一切规则,只求实用,不计华巧。所用词语质朴而平凡,使听读者从辞面上就能理解清楚,因此辞面和辞里紧密结合。

具体说来,《发凡》提出消极修辞的纲领有四点:(1) 意义明确。即把意思分明地显现在语言文字上,毫不含混,绝无歧解。指出应该使用意义分明的词,使词和词的关系分明,用词应分清宾主。(2) 伦次通顺。依顺序、相衔接、有照应的语句,称为伦次通顺。(3) 词句平匀。选词造句以平匀为标准,即要求平匀而没有怪词僻句,匀称而没有驳杂的弊病。(4) 安排稳密。要求注意词句的安排,要切合内容的需要,要有切境切机的稳和不盈不缩的密。

(二) 积极修辞。

(1) 辞格论。该书建立了较为科学的辞格系统。首先,对辞格进行了系统的分类,即根据辞格的构造和功能,分为材料上、意境上、词语上、章句上四大类三十八格。其次,提出系统研究辞格的理论,即既要研究"每式之内的系统",又要研究"各式之间的系统"。同时提出对修辞方式应从五个方面进行系统探讨,即要研究修辞方式的构成、变化、分布、功能以及各种修辞方式的相互关系。还提出辞格的四大效用,即应具有指导实践、帮助写说与听读等方面的效用。再次,该书对汉语特有辞格的深入总结,引人注目。它第一个将析字格设为独立的辞格,参考古代有关论说,系统地总结了该格的具体规律。同时还对回文、藏词等辞格作了系统而详尽的研究。

(2) 辞趣论。辞趣就是关于语感的利用、关于语言文字本身的情趣的利用。具体地说,就是"如何利用各个语言文字的意义上、声音上、形体上附着的风致,来增高话语文章的情韵"。并分辞的意味、辞的音调、辞的形貌等三个方面作了深入探讨。

三、"文体或辞体"论

"文体或辞体"论即"语文的体式"论,论及语言风格的问题。语文的体式是修辞手法综合运用的表现。作者归纳了"语文体式"八个方面的分类,即:(1) 地域的分类,(2) 时代的分类,(3) 对象或方式上的分类,(4) 目的任务上的分类,(5) 语言的成色特征上的分类,(6) 语言的排列声律上的分类,(7) 表现上的分类,(8) 写说者个人语言风格的分类。这可说包举了语文体式各个角度的分类法,比较全面而科学。《发凡》第十一篇重点对第七种分类即"表现上的分类",从语言运用的角度分为四组八种:(1) 由内容和形式的比例,分为简约和繁丰;(2) 由气象的刚强和柔和,分为刚健和柔婉;(3) 由于话里辞藻的多少,分为平淡和绚烂;(4) 由于检点工夫的多少,分为谨严和疏放。这四组八种的分类,力图以语言材料、表现方法等语言表达方式的特点为依据,使语体类型的区分和特点的说明,表现出一种可以从物质标志上加以把握的特性。这是《发凡》与当时某些修辞学著作的不同之处,避免了古代和现代修辞某些论著采用含混说法的弊端。

四、唯物辩证的研究方法

陈望道的研究方法具有辩证唯物主义的特点。表现在以下几方面。

(一) 归纳法和演绎法的统一。归纳法是《发凡》大量运用的方法之一。作者经过十几年的艰辛劳动,搜集了大量材料,从汉语的书面语和口语中精选出八百多个例句,再对它们进行观察研究,从中分门别类地概括出规律来。例如"借代",作者就先把它们分析归纳成旁借和对代两类,其中旁借又归为四式,对代又归为两式,各式之中又概括出特点。与此同时,作者又运用了演绎法。例如"藏词",被分为藏头、歇后、藏腰三种。其中"藏腰"手法是作者根据演绎法推断出来的,到了晚年才找到了适例,在1979年的新版本中,终于把这一佳例补充了进去。

(二) 分析法和综合法相统一。《发凡》中总结的每一种修辞手法,几乎都离不开分析和综合的辩证统一。例如"析字",《发凡》顺着"字有形、音、义"三方面去逐个分析它们的矛盾,于是把析字格分为化形析字等三类,再根据字形等变化特点,又把每类分为三式。这三式合起来是析字格的一部分,而这三类综合起来又成为完整的析字格。一个辞格的形式是如此,一个具体修辞现象的剖析是如此,整个体系的建立也是如此。

此外,《发凡》还运用了逻辑和历史相统一的方法、抽象和具体相统一的方法和比较方法。上述这些研究方法,当时有些修辞学著作虽然也不同程度地采用,但却没有《发凡》用得全面而彻底,联系汉语修辞现象实际也没有《发凡》那样深刻。

本书出版后受到学术界的普遍重视,被多所高等学校用作教材。刘大白在《序》中称赞此书为"中国第一部有系统的兼顾古话文今话文的修辞学书"。后出的不少修辞学著作如陈介白《修辞学》、徐梗生《修辞学教程》、章衣萍《修辞学讲话》等,都曾在写作过程中参考了这本著作。20世纪50年代以后的不少修辞学专著,或在全书的体例上,或在辞格的分析上,都不同程度地受到此书的影响。

有关本书的研究著作,可参看复旦大学语言研究室编《〈修辞学发凡〉与中国修辞学》(复旦大学出版社,1983年)等。

(宗廷虎)

中国文法革新论丛 陈望道等

《中国文法革新论丛》,陈望道等著。1940年上海学术社编辑出版,作为《学术》杂志第二辑发行,收论文二十六篇,书名《中国文法革新讨论集》。1943年陈望道重新编定,收论文三十四篇,由重庆文聿出版社出版,书名改从今名。1957年《中国语文》杂志社据文聿出版社印本,增收《论语文现象与社会关系》一文,编入《中国语文丛书》,由中华书局出版,1959年改由商务印书馆出版,1987年商务印书馆重版。

作者生平事迹见"修辞学发凡"条。

1938年10月,陈望道在上海《译报》副刊《语文周刊》上发表了《谈动词和形容词的分别》一文,因讨论方言语法涉及普通话语法体系的缺点,因而引起了这次文法革新大讨论。这次讨论持续到1943年3月,前后四年半。参加讨论的学者主要有陈望道、方光焘、傅东华、张世禄、金兆梓,此外还有许杰、廖庶谦、汪馥泉、陆高谊等。讨论的文章先后发表在《语文周刊》、《东方杂志》、《学术杂志》、《文理月刊》、《理论与现实》、《复旦学报》、《读书通讯》等刊物上。《语文周刊》从第三十期至三十六期专辑进行讨论。讨论的区域由上海到香港、重庆、广东、广西。讨论的范围很广,涉及文法学的各个方面,还涉及文化界所关心的欧化国化问题。

文法革新讨论者主张"根据中国文法事实,借镜外来新知,参照前人成说,以科学的方法、谨严的态度,缔造中国文法体系"(陈望道《序言》),他们讨论的主要问题如下。

一、关于一线制和双轴制。为了寻求解决汉语词类上错综复杂问题的途径,傅东华以汉语没有词形变化为理由,否认词的自身有分类的可能性,提出了"分部依附于析句"或"析句依附于分部"的总原则,制定了分部(即今划分词类)和析句(即今分析句子成分)相通用的名称。它们是名词、言词、训词(后改为状词)、指词、助词、系词、语词、声词(后改为叹词)。词类用这八类名称,句子成分也用这八类名称,词类和句子成分完全等同,因此被称作一线制或单线制。与此相对,多数人则坚持分部和析句分开,即双轴制的观点。金兆梓认为分部和析句"原本是两事,不是一事,不必混为一谈"。方光焘也提出不同的意见,认为语和句在方法论上是不好合并的。陈望道以"张生作文"为例加以辩驳,说明"张生"和"文"的职务虽然不同,词性却是相同的,并主张"析句含其纵而分部连其横"。经过半年时间认真讨论,傅东华表示愿意放弃原来的看法,终于由分歧走向统一的局面。

二、关于词的分类。为了改变语法研究中机械模仿、生搬硬套的风气,从汉语的实际去分词类,方光焘提出广义形态说。他认为,"'一块墨'、'一块铁','墨'和'铁'既然可以同'一块'相结合,当然可以列入同一语法范畴"。又说,"从词与词互相关系上,词与词的结合上也可以认清词性。所谓'关系',所谓'结合',都无非是一种广义的形态"。主张"凭形态而建立范畴,集范畴而成体系"。傅东华表示异议,认为"单单根据词与词的关系和结合,有时还是靠不住的"。因而他认定"非拿完全的句子做单位不可","中国语文不但无狭义形态,也并无广义形态"。陈望道在讨论中提出功能说,他所说的功能指"字语在组织中活动的能力"。他深信每个词都有功能,功能是词的要素之一,因此可以根据功能分词类。他以"开水"、"水开"为例,说"一个'开'字用在附加组织,一个'开'字用在统合(即今主谓)组织,便是'开'字在组织中有这两种活动的能力,也就是'开'字有这两种功能","我们不能说'吗开'、'吗水',便是'吗'字在组织中没有这种活动的能力"。

三、关于汉语语法学的对象。方光焘认为"文法学是以形态(广义的形态)为对象的,要从形态中发现含义",并坚决表示"研究文法决不可以意义为出发点"。张世禄则认为汉语的语序尤为固定,汉语语法的研究应该重视语序,主张"凭语序而建立范畴,集范畴而构成体系"。陈望道的看法同方光焘较相近,但认为根据中国文法的现象,用"形态"这一个词来指称文法的对象非常之不便,因而主张"文法学是以表现关系为对象的","这在讲中国文法时固然说起来顺一点,就在讲有形态变化的语文的文法时怕也还是说得过去的。我们不妨把那有变化的形态看做关系的表征"。

文法革新讨论的问题还有:文法研究的方法,怎样才是一个好的文法体系,语文现象同社会的关系,要不要分文言文法和白话文法,汉语是不是单音节语,汉语有没有词尾,文法学和文字学、训诂学、词汇学的关系,对《马氏文通》、《新著国语文法》的评论等。

这次讨论"以文法事实为准绳,完全根据文法事实立言,不问是否超越范围"(陈望道《序言》)。讨论为改变语法研究中的机械模仿风气作了理论上的准备,为科学的汉语语法体系的建立作了有益的探索,讨论中提出的一些新概念,如"功能"、"广义形态"等,实际上与后来的"分布"理论相近,可以说是我国语法学界对结构主义理论和方法的首次运用和探讨。这次讨论"开创了我国集体讨论语法学术问题的新风气,注意从实例的讨论中引申出基本理论和原则问题"(胡裕树《重印〈中国文法革新论丛〉序》)。这些对后来的语法研究是有重要意义和参考作用的。

这次讨论存在忽视汉语句法特点的现象,认为汉语语法的特点主要表现在词类问题上,而各种语言的句法则差不多。而事实上并非如此,汉语的句法结构同印欧语应该说是很不相同的。

(杜高印)

试论助辞 陈望道

《试论助辞》,陈望道著。发表于《国文月刊》第六十二期(1947年),又载于《中国语文参考资料选辑》(中华书局,1955年)。此文副标题是"纪念《马氏文通》出版五十年"。

作者生平事迹见"修辞学发凡"条。

全文分上、下两节。

上节主要讨论三个问题:(一)指出当时流传的关于助辞的种种成说均渊源于《马氏文通》。(二)对《马氏文通》有关论述助辞的原意进行探测。认为马氏"把中国的单辞和西文的单辞一一地对比,一一编入西文所有或他所定的辞部或字类中……但还剩下了这些……'华文所独'的,无以名之,名之曰助字"。(三)提出需进一步研究助辞的一些问题,如:助辞应当并入别部还是独立为部?是否仍用语气、辞气来说明助辞?助辞的功能是什么?应当怎样再分类?

下节讨论四个问题:(一)助辞是否有意义和实辞虚辞的区别。批评助辞及虚辞"无意义"的观点。指出助辞是一种单辞,"而每一单辞,都有声音和意义两种要素……若说助辞没有意思、意义,除非助辞不是单辞,否则便与单辞的定义不相容"。对于实辞和虚辞的区别,作者认为应该"着眼在组织上的差别"。"实辞在组织上能够独立自主的,可以称为'自立辞',虚辞是在组织上必须依附实辞才能成一节次的,可以称为'他依辞'……自立辞可就其自身寻求意义,他依辞必须就该辞和自立辞的连贯上寻求意义"。(二)讨论"语气"、"辞气"、"口气"等用语。认为这些用语"含义实在太不一定,又似乎很难界定",因此主张另用新语。(三)对助辞提出"新说"。(四)把"新说"和《马氏文通》的旧说进行比较。

全文的重点是在下节,而提出"新说"又是重点中的重点。其"新说"的主要内容如下。

一、关于助辞的性质问题。认为助辞同语文组织的结构最有关系,助辞的功能在于"添显",即"能够添显组织中需要加强阐明的部分,强调它,渲染它,使助辞既加之后,其强弱明暗与未加的时候不同,而这不同又正是说者所要显示的"。又认为助辞有"两种添显功能,纵里显局势,横里显格式"。

二、关于助辞的分类。提出要根据"纵横交织的两种功能"来替助辞分类,并采取"以纵为纲"的区分法。于是依据局势分为起发、提引、顿挈、收束、带搭等五种,依据格式(即位置)分为前置、中置、后置等三类。这三类五种列成一表为:

格 式	局 势	
	起 发	前 置
	提 引	
	顿 挈	后 置
	收 束	
	带 搭	中 置

作者指出,三类五种助辞里,以后置类中的"收束"一种为最多,以中置类中的"带搭"一种为最少。

三、关于对各种助辞的说明。(一)收束助辞(后置类),用在句末煞句,如"这是天字号了"中的"了","我是不愿去的"中的"的"等。(二)顿挈助辞(后置类),在句末作顿上挈下之用,例如"喜欢呢,和他说说笑笑"中的"呢","米呀,茶叶呀……都到上屋来取"中的"呀"等。(三)提引助辞(前置类),通常加在谓部的前面,如"近日可有新闻没有"中的"可","岂有不善教育之理"的"岂"等。(四)起发助辞(前置类),多用在句首揭举事物,如"兀那汉子,你那桶里甚么东西"中的"兀那"。(五)带搭助辞(中置类)常用在主部和谓部中间,带搭两个节次,使之更为显眼,如"我也记得是中的第七名"中的"的","封肃喜得眉开眼笑"中的"得"等。

本文是作者从组织上研究功能分类的一个成果,在汉语语法学史上,其功绩在于廓清了历来对助辞的模糊界说,指出助辞也有功能,也有意义,继承和发展了《马氏文通》关于"助字"的学说。本文对实辞和虚辞的分界、助辞的分类等也是从功能着眼,这在语法研究方法上是有进步意义的;关于助辞的细密分类以及严谨的说明,对后来的研究都是有启发作用的。只可惜文章中所举的例句古今杂糅,因此不能显示汉语断代的助辞体系。

(范 晓)

修辞学举例·风格篇 宫廷璋

《修辞学举例·风格篇》，宫廷璋著。1933年北平中国大学国学系出版。

宫廷璋，湖南湘潭人。生卒年不详。除本书外，还著有《礼教之过去与将来》，译有柏尔《西藏之过去与现在》。

本书是作者于北平师范大学研究院工作时为中国大学国学系学生撰写的。作者原计划写一部修辞学著作，包括风格、结构、体裁、词藻四篇，风格篇先行问世，其余三篇未见出版。

全书由"绪论"与"风格论"两部分构成。绪论部分论述了修辞学的定义、效用及界域等问题。风格论部分包括"概论"、"至善之标准"、"审美之标准"等三章。第一章"概论"着重于理论探讨，论述了风格的定义、主客观因素、共同性质及最高原则等基本问题。第二章"至善之标准"总结了善良风格由明晰、遒劲、俊逸三大要素构成，并进一步多层次地概括了三大要素形成的具体规律。第三章"审美之标准"将美分为秀丽、雄伟、滑稽三类，并分述此三类构成的具体规律。

此书问世之前，尽管我国古代有着丰富的风格学论述，但一直没有出现过一部语言风格学专著。作者从国外吸收了有关理论，建立了我国第一个语言风格学体系。具体说来，此书主要贡献如下。

一、善于吸取外国理论，并提出自己的见解。如关于风格的主、客观因素，作者吸取了美国卫尔史（Wells）与德国魏克列格尔的观点，认为风格的形成与主、客观因素密切相关。主观因素即指写说者的道德、品格、智力、嗜好等；客观因素主要指题目的性质、所抱的目的、对方的能力等。作者还进一步提出，正是由于风格的形成受到"天性、人工"等主、客观因素的左右，所以风格多样而富于变化，并且随民族、时代、个人的不同而不同。再如关于风格的最高原则，英国斯宾塞尔（Herbert Spencer）曾提出语言文字表达思想应贯彻节省思虑和感觉的"经济"原则，卫尔史在此基础上提出"节省并刺激注意力"的原则。美国吉能（Genung）将二人理论用之于风格三要素，认为通过风格的明晰、遒劲、俊逸，便可具体实现这一原则。本书作者在综合吸收各家理论的基础上提出了自己的观点:"作文乃心相感应之道。人有智识感情意志想象,则为文当诉之智识感情意志想象。……诉诸智慧感情固赖节省之效,诉诸想象玩味,尤赖刺激之功。节省可以减疲劳延精神,刺激则可以起反应添兴趣。节省犹机器之少磨擦,刺激犹机器之加膏脂。除明晰偏重节省理解力之外,遒劲、俊逸大都兼具节省刺激感情与想象之用。所谓雄伟秀丽滑稽之美,则刺激欣赏力者居多。而欣赏本非一种单纯心力,故风格之最高原则,不如概括言之曰:节省并刺激读者或听者之各种心力。"(第二章)所提"节省"、"刺激"原则,颇有说服力。

二、以心理学、美学为理论基础。此书第一章"概论"中的一些理论,如风格的最高原则等吸收了心理学研究成果,第二章"至善之标准"中所提出的理论同样以心理学为基础。德国魏克列格尔认为风格的形成与人类的智慧、想象、感情三种心理官能密切有关,因而形成了智慧、想象、感情三种风格。后人沿用这一观点,而把风格改称为明晰、遒劲、俊逸三种。吉能《实用修辞学》从心理学角度立论,将此三者称为善良风格的三大要素,本书作者采用了吉能的"三大要素"说作为体系的框架,同时在论述"三大要素"各自的结构时,又参照了卫尔史《完全修辞学》中以心理学为视角的分类法,并有所调整,提出:凡诉诸智慧,如纯粹、透彻等原理,均属明晰类;凡诉诸感情兼意志如深刻、简炼等原理,均属遒劲类;凡诉诸想象兼感情如典雅、生动等原理,则属俊逸类。这一概括,比起前人来更具体化了。

第三章"审美之标准"则建立在美学理论的基础上。卫尔史的《完全修辞学》运用美学原理,将文辞表现之美分为秀丽、雄伟、滑稽三类。德希威尔《修辞作文要素》将文辞表现之美分为秀丽、雄伟、机警、诙谐、沉郁等数类。本书基本采用卫尔史的分类,同时又将机警、诙谐并入滑稽类,将沉郁纳入秀丽类中。

三、体系比较完整,并具有层次性。此书的风格论体系由概论、至善与审美标准等三部分构成,三者相互制约,又有内在联系,组成了一个整体。同时这一体系又是一个多层次的结构。第一层次由风格理论、至善标准、审美标准组成;第二层次由构成至善与审美标准的三十种要素组成;第三层次由字、句、篇章、语音、文体、修辞手法等要素组成;第四、五层次则由更为具体的语言运用规律组成。每一层次的各项规律,既是组成上一层次的要素,又是下一层次的系统,体系比较完整,层次井然分明。

四、重视总结语言运用的具体规律。作者从语言运用的视角,概括出语音、语法、词汇、篇章、修辞手法、文体等各种因素的表达规律。以风格的"明晰"为例,作者指出"明晰"由"纯粹"、"透彻"、"朴质"、"精密"、"惬当"、"团聚"、"贯串"等七种要素组成。这些要素主要指用字结构须遵惯例;言辞须明白晓畅、纯净无华、精当稳密;措辞形式须适合题目与环境;语句组织与联络须明白无误等。再以"明晰"的要素之一"精密"为例,作者提出须注意:(一)选字,忌混淆同字根之字,忌空泛字,忌浮夸、纤巧之词,同义之字并用而义分深浅,要辨别常语与异诂等;(二)察意,宜察异字而同义或同字而异义,辨别消极与积极之字,辨别叠字与单字,忌无心之矛盾或前后不符等;(三)斟酌字数;(四)注意排列等。这样注重语言运用具体规律的总结与古代关于风格的论述有较大不同。它显示了风格研究从偏重文学表现向偏重语言运用、从点悟式向科学概括式的转变。

五、实例丰富、全面。全书举例涉及古今中外,文言白话,诗词、歌赋、戏剧、小说、公文、演说、史书、书信等多种语体。选用实例的另一特点是兼举正反两方,通过实际比较,有助于读者识别符合与违背规范的界限。

本书的缺点是体系照搬西方的框架,而非植根于汉语风格实际的土壤之中;对我国古代风格理论的精华又继承不够;对具体规律的总结也有失之繁琐之处。

(宗廷虎)

修辞学讲话 章衣萍

《修辞学讲话》，章衣萍著。1934年上海天马书店印行。

章衣萍(1902—1946)，原名鸿熙。安徽绩溪人。早年入师范学校读书，毕业后到北京大学旁听。1928年起在暨南大学讲授国学概论及修辞学。抗战爆发后到成都开设书店。著有短篇小说、诗、散文多种，又撰有《作文讲话》。

《修辞学讲话》共六讲。第一至第三讲论修辞学的意义、内容与形式，以及辞格论等。第四、第五讲是文体论和文类论。第六讲谈修辞学史。此书是在吸收了英、美、意大利等国的修辞学理论的基础上写成的，其要点如下。

一、论文辞的四要素及其关系。认为现代修辞学是专门研究"文辞"的，而"文辞"包括四种要素：思想、情绪、想象、形式。前三种是"文辞"的内容，第四种是表现"文辞"内容的形式。修辞学所研究的是形式方面的事，但要使修辞美妙而令人感动，则必须注重内容。作者指出，要写出好文章必须有独立的思想，真挚、深刻、高超的情绪和创造性的想象。关于形式方面，着重论述了选字、炼句、成篇的修辞。这里所说"文辞"的内容与形式，实际上是指文章的内容与形式。作者重视形式，又强调内容方面的修养，这在其他修辞学书中还不多见。

二、关于辞格的理论。认为修辞格源于自然的创造，而创造是无穷无尽的，因此在书中列举几百种辞格让人学习仿造，这"是一种无用的傻事"。他反对滥用辞格，把辞格当成"唯一的法宝"，同时也反对对辞格进行全面系统地研究。认为只要"指出几种最重要的修辞格的应用"就行了。这些见解既有合理因素，也有偏激之处。

三、文体论的特色。在"文体论"中介绍了亚里士多德等西方修辞学家、文学家的观点，认为"文体就是文章的姿态，换一句话说，文体就是文章的风韵趣味、形态、风格"。提出文体可分成国家、时代、个人文体等，而修辞学应注意个人文体。个人文体分为简洁体和华衍体、刚健体和柔和体、平淡体和艳丽体、幽默体和讽刺体等四组八类。

此外，该书还列专节论述了"欧洲修辞学思想的变迁"和"中国修辞著作小史"。

20世纪二三十年代我国出版的修辞学专著，从日本借鉴论点者较多。章著别树一帜，从欧美修辞学说中吸取营养，论点较为新鲜。而作为教科书，此书写得浅显生动、文笔流畅，也有着自己的特色。

关于此书的研究著作，有宗廷虎《中国现代修辞学史》(浙江教育出版社，1990年)等。

（李金苓）

修辞学 曹 冕

《修辞学》，曹冕著。商务印书馆1934年初版。

曹冕，生卒年不详。曾先后任清华学校及中央政治学校国文讲席。据作者的"编著大意"所说，此书是为大学一年级学生编写的，以实用为主，目的是帮助学生提高写作能力。

全书由"通论"、"文章之结构"、"文章之分类"三部分组成。

一、"通论"。论述了修辞学之定义、修辞之基本要务、现代文字之特色等内容。作者认为"修辞以达意为准"，"修辞学者，以语言文字，藉省察与文饰之二作用，善达己意于人之艺术也"。主张修辞学应"列于艺术之中，以修辞为艺术"。作者吸取了英国斯宾塞尔(Spencer)与美国吉能(Genung)关于修辞须注重"经济主义"的观点，主张"以经济为作文之要义"。具体论点有四：(一) 减轻读者理解语言文字的工夫，语句须"浅显平易"；(二) 以生动离奇的字句，使读者反复想象；(三) 含蓄不尽，令读者细心体会；(四) 作者的言辞与读者的美感，须调和而契合。

二、上编"文章之结构"。

第一章，字法。主张字法又从辨义和辨音两方面立论。辨义又有"正面字义之选择"（要求精确、明确，方言俚语等须避用等）与"包含字义及比喻"（论比喻的原理、功用、分类等）两法。辨音则要求音节声调的和谐。

第二章，句法。指出句法的格律有三：(一) 统一律，即句不论长短，以有一单独完全意义为原则。(二) 变化律，即善于变化各种句法。如长句、短句、整句、对句、排句、递进句、交错句、连环句、遥对句等。(三) 侧重律，即句之地位以句末为重、句首次之、中为轻，故一句之主旨放在句末。但也有句首侧重、倒文侧重等。

第三章，段法。概括出段的格律也有三：(一) 统一律，认为段有段旨，段必须统一于段旨。(二) 衔接律，指出句与句之间的衔接有明接与暗接两法，段与段之间的衔接有"无显明之衔接"与"有显明之衔接"两法。(三) 变化律，认为段的变化有虚实、浅深、反正、顺逆、宾主等法。

第四章，篇法。概括出篇的格律有四：（一）统一律。篇有篇旨，段有段旨，句有句旨。"句之旨统于段，段之旨统于篇，是为篇之统一。"一篇的大旨为全局的纲领。（二）衔接律。篇法的衔接即古人所谓血脉、文脉，主要有伏、应、断、续四个方面。（三）变化律。提倡新颖变化，反对陈陈相因，强调文章之道贵乎变，认为须根据文章的性质不同，确定不同的侧重点。（四）侧重律。篇法侧重点一在篇首，一在篇末。

三、下编"文章之分类"。

第一章，描写文。概括了列举法、选择法两大法则。第二章，叙述文。既概括出全篇的组织法，有纲领法、侧重法、本末法、分类法、旁写法、议论法等；又概括了一篇之中的诸多法则，如原叙、正叙、倒叙、类叙、追叙、暗叙、补叙、夹叙、插叙等。第三章，说释文。分为"事物的本体的说释文"与"事物的代名词的说释文"两种。第四章，论辩文。形式常分为三部分：引论、论证之实体、结论。还归纳了论辩文能立能破的多种具体方法等。

本书在继承中外修辞学遗产的基础上，提出了自己的观点，为修辞学的发展作出了贡献，主要表现在以下三点。

第一，继承了前辈修辞学家提出的由字法、句法、段法、篇法组成的体系，且有一定程度的发展和深入。如在语音修辞、炼句修辞、初步用辩证法的观点总结段法、篇法规律方面，观点新颖，分析细致。

第二，继承了前辈修辞学家提出的"题旨"说。不仅论述了"篇旨"、"段旨"，还论述了"句旨"，论述后者时尤有创新。

第三，论文章分类部分，将应用文分为描写、叙述等四种文体，并从心理学原理，"以人之心思为标准"，结合实用进行解释。

（李金苓）

右文说在训诂学上之沿革及其推阐 沈兼士

《右文说在训诂学上之沿革及其推阐》,沈兼士著。原载《庆祝蔡元培先生六十五岁论文集》(中央研究院历史语言研究所,1933年),后收入《沈兼士学术论文集》(中华书局,1986年)。

沈兼士(1886—1947),原名坚,一名臤(古"贤"字)士、坚士。浙江吴兴(今湖州)人。清光绪三十一年(1905)留学日本铁道学校。在日加入同盟会,并与马裕藻、钱玄同等人在东京随章炳麟研习文字音韵之学。回国后在嘉兴、杭州等地任教。1911年与马裕藻等人发起"国学会",推章炳麟为会长。1917年到北京大学任国史编纂处编纂员,后改任国文系教授、北京大学研究所国学门主任。又曾任北平中法大学、清华大学国文系教授,辅仁大学文学院院长及教育部"国语统一筹备委员会"、"国语推行委员会"委员等职。1947年因脑溢血去世。平生精研文字训诂之学,在探讨、总结传统的训诂学理论方面,成绩显著,发明颇多。主编有《广韵声系》,论文先后结集为《段砚斋杂文》(协和印书局,1947年)和《沈兼士学术论文集》。

《右文说在训诂学上之沿革及其推阐》对右文说作了系统的总结和深入的探讨。其搜求之富,条理之密,可谓右文说之集大成者。

全文共九章。第一章"引论",阐述作此书的缘由。作者认为宋人始倡"右文"之说,清儒亦屡经道及,然未有专著详加讨论。本书就是利用《说文》形声字来"试探中国文字孳乳,及语言分化之形式"。

第二章"声训与右文",指出右文不等于声训。声训是"任取一字之音,傅会说明一音近字之义,则事有出于偶合,而理难期于必然";而"右文须综合一组同声母字(指同声符的形声字),而抽绎其具有最大公约数性之意义,以为诸字之共训",这比声训之法要谨严得多。

第三、四、五章为"右文说之略史",分述宋代王圣美、戴侗,明清黄生、钱塘、段玉裁、王念孙、焦循、王承吉,清末章炳麟、刘师培等学者关于右文的学说。

第六章"诸家学说之批评与右文之一般公式",对历来诸家右文之说,作一总评。认为以前诸说,缺少历史眼光和科学方法。其实右文之字,屡经衍变,对声符相同而字义相去较远的字,要作具体分析,切忌一概而论,动辄谓"凡从某声,皆有某义";而文字孳乳,音衍形异,所以语音相近的字虽然声符不同,字义也可能相通(如"今"、"禁"之右文均有含蕴义);研习右文,虽然应以《说文》为本,但是也需参考别的文献,以沟通音理,不可一味拘泥于《说文》。在此基础上,作者用精密的归纳法拟出右文说的一般公式,又分别举例说明本义分化式、引申义分化式、借音分化式、本义与借音混合分化式、复式音符分化式及相反义分化式。

第七、八章为"应用右文以比较字义"和"应用右文以探寻语根"。这两章的要点,在于表明右文说在训诂学上的应用,阐发右文说与语言学的关系,而为中国训诂学开辟一个新的途径。其第七章共列举十五个例子,说明应用右文说,有益于订正古书讹误,有益于判断异训得失,有益于发现《说文》的说解并非全为语言本来意义。其第八章指出,右文说能较合理地推测明了古字形与语义表里之间的关系,有效地研究周代以来语言的源流变迁,在利用《说文》、《方言》、《释名》等材料研究语根时,避免这些材料本身的缺憾,同时避免近世学者推寻中国文字之源时,多取演绎法而贸然附会他字之义的做法。

第九章"附录",收录了魏建功、李方桂、林语堂、陈寅恪等知名学者致作者的讨论右文说的信件。

由上可知,沈氏此文实在是近代训诂学上的重要著作,但是作者认为"欲凭古文字以考古语言,则舍形声字外,实无从窥察古代文字语言形音义三者一贯之迹",则未免过于偏执。

同时,书中所举诸例亦有失当之处。如以"农"为声符的"脓、浓"诸字皆有"浓厚"义,而"农"字本身则无此义,作者明白这一点,但因章炳麟《文始》称"农""盖出于乳",遂谓"乳于古亦为泥纽音,故农借为乳而得浓厚之义",殊为牵强。再如"龃龉"是联绵词,联绵词不可分训,沈氏为证从"吾"之字有"逆"义,却说"龉,齿不相值也",显属不当。又如,以"皮"为声符之"簸、破"有"分析"义,"帔、被"有"加被"义,"跛、坡"有"倾斜"义,而"披"既有"分裂"义,又有"覆盖"、"加被"义,作者却说它有"倾斜"义,并引《方言》"披,散也"为证。然《方言》卷六明言"披,散也。东齐……器破曰披",是"披"字"分析"义显然,称其为"倾斜"义,不知何所据。

(陈重业)

古书虚字集释 裴学海

《古书虚字集释》，十卷。裴学海著。1932年商务印书馆初版。有1954年中华书局重刊本。

裴学海(1899—1970)，曾用名裴会川。河北滦县人。幼时就读私塾，十七岁考入滦县师范学校。1928年考取清华大学国学研究院，受业于梁启超、陈寅恪和赵元任等名家。毕业后在天津教家馆，1933年在天津省立一中任教，1954年起任河北大学教席。

《古书虚字集释》是一部汇释古汉语虚词的词典。它酌采清代刘淇的《助字辨略》、王引之的《经传释词》、俞樾的《古书疑义举例》以及近人杨树达的《词诠》和《高等国文法》、章炳麟的《新方言》、孙经世的《经传释词补》诸书对虚字的研究成果，而以《经传释词》为主。裴氏在自序中说："刘、王、俞、杨四家之书，虽皆大醇而不无小疵……然则古书之虚字，固尚有研几之必要矣。"因此，他对"前修及时贤之未及者，补之；误解者，正之；是而未尽者，申证之"。

本书共收虚字二百九十个，释文凡四十余万字。由于它收虚字的范围主要限于周秦两汉的古书，而且其中已经被前人解释清楚的不收，故收字少于《助字辨略》《词诠》等同类书籍。

全书的编次仿效《经传释词》，以唐末僧人守温的三十六字母为排字顺序。第一、二、三、四卷为喉音字；第五卷为牙音字；第六卷为舌音字；第七、八、九卷为齿音字；第十卷为唇音字。

在编写体例上，裴氏认为"实字有本义与引申及假借之义，虚字亦然"，所以对每个虚字都先谈本义，再谈引申义和假借义。凡采前人之说，皆于注中说明出处。以卷二的"庸"字为例，先说本义："庸，用也。"并以古书中的例句为证。接下去列出与此义相关的假借字，采用"字或作×"的方式："字或作'容'。《老子》：'兵无所容其锋。'"接着用双行小字注出"说见《诸子平议》"。这就是说，"庸"表示"用"的意义时，有假借字"容"。《老子》这个例句的"容"借作"用"，说见俞樾的《诸子平议》一书。再接着列举"庸"的各项引申义，如：

庸，犹"何"也。……

庸，犹"岂"也。……

若有与某引申义相关的假借字,就附在该义项之后,如:

>庸,犹"岂"也。……字或作"容"。《后汉书·杨秉传》:"以此观之,容可近乎?"

这就是说,《后汉书》中这个例句的"容"字,是"庸"的引申义"岂"的假借字。

本书的主要价值如下。

一、补充和增加了《经传释词》等一系列有关虚词著作未能阐发的内容。如卷一"与"有训作"而"的,引《说苑·杂言篇》"是以君子择人与交,农人择田而田"等例句为证,而《助字辨略》、《经传释词》、《词诠》等都没有提到"与"有用如连词"而"的语言现象。又如卷一"于"训"在"条目下引《说苑·立节篇》:"义者轩冕在前,非义弗乘;斧钺于后,义死不避。"指出此例的"于"与"在"为互文,说明"于"有"在"的用法。这比起《经传释词》引《礼记·曲礼》"于外曰公,于其国曰君"要明确有力得多。

二、订正前人著作中对有关虚词的误解。如卷一"攸"训"所"条目下引《尚书·无逸篇》:"乃非民攸训,非天攸若",认为《经传释词》训"攸"为"用"是错误的,"魏石经'攸'皆作'所'",句中"攸"后面的"训"和"若"皆为"顺"义,因此,"攸"释为"所"一说可以成立。又如卷二"为"训"谓"条目下引《论语·为政篇》:"是亦为政,奚其为为政?"《助字辨略》谓"为为政"之上一个"为"字是语声,而本书则认为应当作"谓"讲,这是比较恰当的。

三、搜集例句非常丰富,所分义项也很细密。如卷五"其"训"于"条目下,收集的例句有四十条之多;而"其"的义项,包括通常用法和特殊用法,书中共举出了四十五种之多。此外还收录复音虚词,如由"其"和别的字组成的"其诸"、"其者"等等。

本书在国内外有一定的影响。我国编写的有关古代汉语方面的书籍,大多把它作为主要的虚词专著加以介绍。在国外,日本中国语文研究会编写的《中国语文学事典》、加拿大多伦多大学杜百胜编写的《古汉语虚词词典》,都把它作为主要参考书目之一。

本书的不足主要表现为以下几点。

一、只限于用前人的训诂考据方法,没能用现代语法学的观点来研究虚词。如《论语·宪问篇》:"爱之能勿劳乎?忠焉能勿诲乎?"《马氏文通》释"焉"为"于是"应该是对的,因为"忠"是不及物动词,而"爱"是及物动词。但裴氏不取此说,而认为"焉"和"之"为互文。又如卷九认为"者,人之代名词也",其实,"者"和其他词语结合,有称代作用,但不全是称代人,如《孟子·告子上》:"两者不可得兼","二者"称代的是"鱼"和"熊掌",而不是称代人。

二、沿用古人"以词训词"的方法,用"×,×也"的格式来训释虚词,很少结合词句的结构来作语法功能的描写。大量的"以词训词",而当训释词是多义时,只好用例句来帮助读者理解。这样训释的结果,可以因人而异,而使许多读者无法确切掌握每个虚词的不同功用。

三、沿用《经传释词》以喉、牙、舌、齿、唇五音来编排虚字的方法,对一般不明古音的读者来说,就无法利用这种音序,只能从书前的目录中逐卷检索所要找的字的页码,颇为不便。

对于书中在释义方面的某些错误和不足,裴氏在1954年《重刊的话》中已有所说明,并表示"想在今后一二年内对本书加以修订"。修订工作历时十余年,至1965年完稿。遗憾的是,修订稿在"文化大革命"中佚失。

书后附有与本书有关的三篇论文。第一篇《经传释词正误》,是在书中已匡正《经传释词》的误收误解以外,又另举出十余处错误,以备学者参酌。第二篇《本书说解述要》,认为虚词和实词一样,也有本义、引申义和假借义,因此书中的说解方法,也因之而异。其属本义者自不待言;其属引申义者则以意相联;其属假借义者则以声相通。第三篇《类书引古书多以意改说》,认为类书在引古书时,遇到古言古义,尤其是虚词,当读之不能尽解时,就以为文不成义,辄以意改。而清儒校勘古书多据类书所引,以订正不误之原书,是很荒谬的。

（于　江）

甲骨文字研究 郭沫若

《甲骨文字研究》，二卷。郭沫若著。1931年上海大东书店初版，为手写石印线装本。另有1961年科学出版社《考古学专刊》本、1983年科学出版社《郭沫若全集》本（收入《考古编》第一卷）。

作者生平事迹见"十批判书"条。

作者于1928年寓居日本时开始研究甲骨文字，1929年夏便写出了《甲骨文字研究》。初版时有1929年的"自序"和"序录"、1930年的"自跋"两篇和"后记"一篇。全书收录甲骨文字的考释论文十七篇。第一卷收十六篇：《释祖妣》、《释臣宰》、《释寇》、《释攻》、《释作》、《释封》、《释挈》、《释版》、《释耤》、《释朋》、《释五十》、《释和言》、《释南》、《释䍃》、《释蚀》、《释岁》。第二卷收《释支干》一篇，分为十节：支干表、十日、十二辰、何谓辰、十二辰古说、十二辰与十二宫、岁名之真伪、十二次、余论、附录。

郭氏研究甲骨卜辞，不拘泥于文字、史地之学，志在探讨中国社会之起源，立意颇高，而又在"自序"里指出"文字乃社会文化之一要征"、"欲进而追求文化之大凡，尤舍此而莫由"。与《甲骨文字研究》同时写成的还有《卜辞中之古代社会》，后者对商代的生产状况和社会组织进行了理论性的探索和概括。在考释方法上，对罗振玉、王国维的成说去粗取精，补充修正，注意卜辞的文法结构，不斤斤于一字一词的发明考证，在对商代社会的总体把握中考释甲骨文字，因此多有创获。《释祖妣》一文，根据人类社会的发展规律，考释了"祖（且）"、"妣（匕）"的本义，论证了上古时代的生殖崇拜、宗教起源、婚制的发展，并由此对古籍中有关记载作了创造性的解释。如《墨子·明鬼篇》"燕之有祖，当齐之有社稷，宋之有桑林，楚之有云梦也，此男女之所属而观也"，前人于此"祖"字即多不得其解，清人毕沅以"祖"为祖道，王念孙认为乃祖泽，孙诒让以为王说近是，而俞正燮则以为"祖"可能是"驰祖"。郭氏指出："祖与社，古人每对言"，"祖、社同一物也"。"古人本以牡器为神，或称之祖，或谓之社，祖而言驰，盖荷此牡神而趋也。此习于近时犹有存者，往岁于仲春二月上巳之日,扬州之习以纸为巨大之牝牡器各一,男女群荷之而趋,以焚化于纯阳观之前,号曰迎春。所谓'男女之所属而观'者,殆即此矣。"对《墨子》这段聚讼纷纭的记载,郭氏以甲骨文字考释为基础,以民俗为辅佐,所作诠释颇能令人信服。

其余如《释臣宰》认为古文字中的"臣"和"民"都是"古之奴隶","宰亦犹臣",阐述了商代奴隶的名称、来源、逋逃及身份、升迁,进一步对奴隶制作了论述。《释耤》则论农具,《释朋》论币制,《释岁》、《释支干》论天文历法,《释五十》论数制,等等。在考证具体文字上也常能独创新意,超迈前人。如《释五十》一文在分析了甲骨数字分书和合书的现象后,指出罗振玉把甲骨文中的"五十"和"十五"均读为"十五"的错误,揭示了甲骨文中"五十"、"六十"等数字合书的特殊形态。

郭氏开创了通过古文字研究而探讨古代社会的道路。《甲骨文字研究》乃郭氏的第一本甲骨文研究专集,由于材料及具体历史条件的限制,初版中的不少看法是不太正确的。所以本书在1952年重印时,作者写了《重印弁言》,在篇目上作了增删,删去了释"寇、攻、作、封、挈、版、南、繇、蚀"等字的九篇,增加了《释勹、勿》(曾收入《古代铭刻汇考续编》)一篇。郭氏在《重印弁言》中强调了"这些考释,在写作当时,是想通过一些已识未识的甲骨文字的阐述,来了解殷代的生产方式、生产关系和意识形态"的初衷,纠正了初版中"把殷代看成金石并用时代和原始氏族社会的末期"这一错误的看法,指出《释支干》一篇中所谈的"十二支起源的问题,在今天看来,依然是一个谜"。

有关《甲骨文字研究》的研究,可参考陈梦家《殷虚卜辞综述》(科学出版社,1956年,后有中华书局1988年排印本)、王宇信《甲骨学通论》(中国社会科学出版社,1989年)、赵诚《二十世纪甲骨文研究述要》(书海出版社,2006年)的有关章节。

(叶保民)

两周金文辞大系图录考释 郭沫若

《两周金文辞大系图录考释》，八册。郭沫若撰。本书初版只有考释，没有图录，1932年在日本印行。1934年作者汇集铭器及器形照片，编写《两周金文辞大系图录》共五册，1935年又撰成《两周金文辞大系考释》共三册，皆在日本出版。20世纪30年代作者在日本，志在研究中国古代社会，为此系统整理历代相传和晚近出土的铜器铭文，寻求文献以外的实物资料，撰成上述两书。五十年代作者对两书作了修改、补充，抽换、增补了部分内容，于1958年由科学出版社合成《两周金文辞大系图录考释》一书出版，共分八册，列为中国科学院《考古学专刊》甲种第三号。上海书店出版社有重印本。

作者生平事迹见"十批判书"条。

本书是汇集和研究青铜器铭文的著作。分图录和考释两大部分。图录分为录编和图编两部分。图编专辑器形，为各器的照片或摹本，共二百六十三件，包括西周王臣之器和东周列国诸侯之器。录编专辑铭文，分上下两卷，上卷收西周器铭二百五十件，下卷收列国器铭二百六十一件，为拓本或临摹本。历来金文著作多有录无图，本书将录和图对照编排为一大特色。全书前五册为图录，后三册为考释。考释分上下两编，与录编两卷相应，对各器铭文逐器进行考释，内容除辨释和训解文字外，还兼及研究历史。或与史书相印证，如"唯王十又四祀十又一月丁卯，王在毕烝"，对其中"毕"字的考释为："文王墓所在地。《史记·周本纪》引《泰誓》文：'大子发上祭于毕'。《集解》引马注：'毕，文王墓地名。'……"或探讨古代社会，如对《曶鼎》一段讼词，作者认为："此段讼词于古代社会之考察上至关重要，据此可知当时奴隶贩卖公行，而奴隶之值，五人以实物交易时约当马一匹丝一束……"或考证帝王世系，如据《越王钟》考证越王世系。

书首有《诸家著录目表》和《目录表》。《诸家著录目表》列出本书所据诸家书目，包括宋人著作、清人著作、近人著作和海外著作，共四十三种，又《诸家著录目补》列出二十九种。《目录表》共列出本书研究的器物目录。《目录表》后有《列国标准器年代表》，将各国标准器及其年代列成对照表格,以器之年代确信且属于春秋战国者为限。作者即以这些标准器作为考订所有铭器年代先后的标尺。书末有英文导言(Introduction)一篇,简介全书内容和要点。

全书除有上述各部分外,另有下述两个单篇,关系作者研究金文的基本观点,甚为重要。

一、《彝器形象学试探》。此系图编的序说。作者在此文中将青铜器划分为四个时期,即滥觞期,大致相当于殷商前期;勃古期,相当于殷商后期至周初期;开放期,相当于荣懿之后至春秋中期;新式期,相当于春秋中叶至战国末年。作者并指出各期器形的特点,但对滥觞期只是推测而已。

二、考释部分的《初序》。此文指出彝器之可贵处在足以征史,并说明自己整理器铭的方法是以年代和国别为条贯,就器物本身的内证——字体、形制、辞例、花纹等,来推定年代,不据外在之尺度。作者用上述方法,认为西周器有年代可征或近是者有一百六十二器,东周列国器有一百六十一器,共有三百二十三器。此数于存世之器未及十分之一,但是大抵乃金文辞之精华。

本书选录和考释足以征史的重要的两周有铭青铜器,把金文研究和古代社会研究结合起来,为金文研究开辟了新方向。本书的许多观点对古文字学、历史学和考古学有深刻影响。

关于本书最重要的研究成果是朱凤瀚等整理的《张政烺批注两周金文辞大系考释》(中华书局,2011年)。

(游汝杰)

卜辞通纂 郭沫若

《卜辞通纂》,不分卷。郭沫若撰。成书于 1933 年。初版为同年日本东京文求堂石印本(合《别一》、《别二》、《考释》、《索引》共四册)。另有 1958 年科学出版社《考古学专刊》本、1983 年科学出版社《郭沫若全集》本(收入《考古编》第二卷)。

作者生平事迹见"十批判书"条。

1928 年郭沫若东渡扶桑,流寓十年间,他潜心于中国古代史和甲骨文、金文的研究。鉴于当时甲骨文大多收集在《铁云藏龟》、《殷虚书契》等书中,不但分散、漫无诠次,而且绝大部分没有现代汉字的释文;又由于殷墟所出流入日本的大批甲骨,除一小部分在日人林泰辅编《龟甲兽骨文字》一书中著录出版外,其余大部分都散落各藏家之手,而无法利用。郭氏遂"以寄寓此邦之便,颇欲征集诸家所藏以为一书"。为此,他千方百计探访日本各家所藏甲骨情况,了解到东洋文库和中村不折、中岛蠔山等各家共收藏三千片左右。于是郭氏改变初衷,决定为学者提供较全面的资料,同时为方便使用而进行重新擘画。因而从刘鹗《铁云藏龟》、罗振玉《殷虚书契》、《殷虚书契后编》、《殷虚书契菁华》、《铁云藏龟之余》、王国维《戬寿堂所藏殷虚文字》、林泰辅《龟甲兽骨文字》等七书和各家所藏甲骨中选择了具有重要史料价值的菁华部分,进行分类排比考释。而摹录之本如明义士《殷虚卜辞》,拓印不精之本如叶玉森《铁云藏龟拾遗》之类,均所不录,遂使《卜辞通纂》能以精善、新颖之面目问世。

全书第一部分《通纂》,共收甲骨八百片。按内容分为干支(八片)、数字(二十八片)、世系(三百二十六片)、天象(七十四片)、食货(三十八片)、征伐(一百四十片)、田游(一百三十七篇)、杂纂(四十九片)八组。对于这种分类的意义,郭氏在此书《述例》中说得极为明白:"以卜辞每卜几均有日辰",所以干支"适为判读之键,故首出之";"纪卜之数亦几于每卜必有","故以数字次于干支";"世系在定夺卜辞之年代与历史性";"世系之排比……倒溯而上以入于神话之域……故以天象次于世系";"天时之风雨晦冥与牧畜种植有关,故以食货次之";殷时"奴隶得自俘虏,故以征伐次之";"征伐与田游每相因,卜辞中尤多不别,故以田游次之";"余则零碎散简,汇为杂纂,以殿于后"。

第二部分《别录》,分而为二。别录之一为"大龟四版"拓墨、新获卜辞拓本二十二片、何叙甫氏甲骨拓本十六片。别录之二为日本所藏甲骨择尤。二部分合计收甲骨一百廿九片。

第三部分《考释》,其一是对《通纂》所收甲骨八百片按所分八项,逐项加以考释。考释的内容,首先是注明所收甲骨之出处,已著录者标以书名简称和编号,未著录者,则注明藏家。如第四六四片,标以"《戬》三六·一四",表明为王国维书所著录;第四三片,标明"马衡氏藏,同氏拓赠",则为私家所藏,以前未见著录。其次为释文,大有便于甲骨学之初学者。复次为文字之考释、疏证或文字内容之说明。每一组后,又分别作一小结。综览全篇,既可使读者全面系统地认识每一类甲骨文的内容,还可以从各组卜辞的内容中了解殷商时代社会生活各方面的一般情况。其二是对《别录》一、二所收甲骨一百二十九片进行的考释,体例同前。

《卜辞通纂》的贡献有如下四个方面。

一、甲骨断代。郭氏编纂《卜辞通纂》时,曾做了断代研究的设想,企图以贞人、书体、人物考证殷墟甲骨的历史年代范围,旋以得悉董作宾已撰为专著《甲骨文断代研究例》而作罢。后来《卜辞通纂》付梓之际,董氏以所著《断代例》三校稿本相示,郭氏在《后记》中说道:"尤私相庆幸者,在所见多相暗合,亦有余期其然而苦无实证者,已由董氏由坑位贞人等证之矣。"由此可见郭沫若《卜辞通纂》与董氏同时做了较系统的断代研究,并取得了一定成绩。

二、订正世系。例如郭氏认为,罗振玉、王国维之"羊甲"说,和董作宾的"羌甲"说,虽殊途而实同归,前者谓"羊甲即《史记》之阳甲",后者亦以"羌甲"为"阳甲","羊"、"羌"、"阳"声音固可通,但皆与殷王世次不相合。郭氏以其明智睿识指出:"羊甲"、"羌甲"者,"其实乃芍甲,即沃甲"。同时,郭氏又对罗、王未释而董作宾认为是沃甲的"虎甲"作出了"虎甲"当为"喙甲","喙甲"才是《史记》中之"阳甲"的科学论断。由于此说确乎不移,原持旧说者后都改从郭说,此说遂成定论。

三、发明古代文化。例如他证明殷王之车驾仅二马(见第七三〇片),以此断定骖驷之制乃后起;确认祈年多于二、三月,亦于十月、十一月以卜来年,从而推断周人三社之礼实有所本(见《食货》组)。此外,有关田猎区域(见第六三五、六四二及六五七片)、虹霓传说(见《天象》组)、称风神为帝史(见第三九八片)等,都是过去"罗、王诸家所未识"的发现。

四、缀合甲骨碎片。《卜辞通纂》对材料的整理排比还表现在对甲骨碎片的缀合上,其中由四片复合者(即第五九六片)一片,由三片复合者(如第二五九片)二片,由二片复合者(如第二二〇片)则多达三十片,表现了郭氏的博闻强识和惊人的判断能力。

《卜辞通纂》一书,所收甲骨大都是国内外的珍品,而且包括用科学方法发掘出土的新资料;同时,由于郭氏之考释多有创见,此书一经问世,就引起国内外学者的极大重视,获得极高的评价。此书被认为是我国第一部在历史唯物主义指导下的甲骨分类选释著作,是研究中国奴隶制社会最重要的史料之一。

(宦荣卿)

殷契粹编 郭沫若

《殷契粹编》，郭沫若著。成书于 1937 年，同年日本东京文求堂书局出版。1965 年作为中国科学院考古学研究所《考古学专刊》甲种第十二号，由科学出版社出版。收入《郭沫若全集》考古编第二卷。

作者生平事迹见"十批判书"条。

1936 年夏，郭沫若滞留日本，精研古文字学。这时收藏家刘体智（善斋）托人将其所藏二万片甲骨的拓片《书契丛编》二十册带往日本，供郭沫若选辑。郭沫若遂选录了一千五百九十五片，并作了考释，编成《殷契粹编》一书，在日本出版。1965 年，此书经中国科学院考古研究所抽换新的拓片，由胡厚宣补释、于省吾校阅，再版发行。

《殷契粹编》全书分两个部分。第一部分是刘体智所藏甲骨的拓片，这些拓片是按其内容来分类编排的。其分类"大抵与《卜辞通纂》相同。唯此乃一家藏品，各类有多寡有无之异，故浑而出之，不复严加限制，次序以类相从"（《殷契粹编·述例》），大致上有世系、天象、食货、征伐、田游、杂纂等类别。

第二部分是郭氏对第一部分的甲骨拓片的考释。虽然郭氏说"考释乃为初学者之便而为之"（《殷契粹编·述例》），但其中也有不少重要的考证。如有关殷商始祖夔，王国维论断为帝喾，但无凭证。郭氏指出，本书的第一、二片甲骨中均有高祖夔字样，而第三片则明言"夔眾上甲"，足以证明"夔为帝喾之说确不可易"（《殷契粹编·序》）。又如，王国维考证了殷商先公先王的世系，纠正了数千年来史籍的谬误。郭沫若在本书中，由断片的缀合，再次论证了殷代先公的世系次序，为王氏的论断增添了新的证据。此外，对古代宫廷建筑和官吏的设置，诸侯国派遣子弟往殷都学习的礼制，根据不同时期的契刻风格而进行甲骨断代，度量衡制度的考订，卜辞的文法、通假字的考订，以及由特定祭祀而论定《尚书》非伪作和殷人神话的残迹等各个方面，本书都有新鲜的见解。

此书的释文,完全按原拓片的轮廓摹写,包括行款等一仍其旧,使后学者得以目睹原甲骨的风貌。同时书末附有索引和殷代世系表、干支表等,极便检索。因此《殷契粹编》至今仍是甲骨学者的必读之书。

有关《殷契粹编》的研究文章,有姚孝遂的《〈殷契粹编〉校读》(载《古文字研究》第十三辑,中华书局,1980年)。

(陈 崎)

语言学论丛 林语堂

《语言学论丛》，林语堂著。有上海开明书店 1933 年版、台湾文星书店 1967 年重版（有作者为新版写的序言）、上海书店 1989 年《民国丛书》影印版等。1998 年编入由东北师范大学出版社出版的《林语堂名著全集》第十九卷。

林语堂(1895—1976)，原名和乐、玉堂，笔名有毛驴、宰予、萨天师等。福建龙溪人。1916 年上海圣约翰大学毕业，任教于清华大学。1919 年赴美国哈佛大学学习，后至德国莱比锡大学攻读语言学，获哲学博士学位。1923 年回国，先后在清华学校、北京大学、北京女子师范大学等校任教，并曾与赵元任等人一起制定国语罗马字。20 世纪 30 年代初曾创办并编辑《论语》、《人间世》、《宇宙风》等刊物。抗日战争时期在欧美从事教学、写作和翻译。1954 年出任新加坡南洋大学校长，1966 年携家自美国回台湾定居，1976 年在香港病逝。一生著述和译作甚丰。语言学方面的成就集中反映在《语言学论丛》中。

本书编录作者在 20 世纪 10 年代末至 30 代初所发表的语言学论文，共二十二篇。这些论文大致可以分为四类：（一）古音研究；（二）汉语方言学研究；（三）国语罗马字及检字法研究；（四）词典学和翻译学研究。这些论文篇幅有长短，内容有深浅，比较重要的有以下四篇。

一、《古有复辅音说》，此文原载《晨报》六周年增刊。在国内首倡"古有复辅音说"，并提出三方面的证据：一是古今俗语中的联绵字，如"孔曰窟笼"、"角曰矻落"、"圈曰窟李"、"云曰屈林"（以上有关 kl-）；"不律曰笔"、"蒲为勃卢"、"蓬为勃笼"（以上有关 pl-）；"团曰突栾"、"螳曰突郎"、"铎为突落"（以上有关 tl-或 dl-）。二是读音及异文，如《左传·庄公三年》"公次于滑"，《公羊传》、《穀梁传》并作"公次于郎"。三是文字谐声，如以"果"谐"裸"、以"各"谐"路"（以上有关 kl-）；以"禀"谐"廪"（有关 pl-）；以"睦"谐"陆"（有关 ml-）等。

二、《前汉方音区域考》，此文与作者所撰《西汉方音区域考》皆发表于《贡献》(1927)。这两篇文章在中国现代语言学史上率先研究古代汉语方言地理。作者利用扬雄《方言》中指明词语传布范围的地名材料,根据地名并举的频率高低,将西汉方言划分为以下十四个区域:秦晋、梁及楚之西部、赵魏自河北以北、宋卫及魏之一部、郑卫周、齐鲁、燕代、燕代北鄙朝鲜洌水、东齐海岱之间淮泗、陈汝颍江淮(楚)、南楚、吴扬越、西秦、秦之北鄙。文中插有扬雄《方言》地名并引次数图和前汉方言区域图。后一图是中国第一张古代方言分区图。

三、《研究方言应有的几个语言学观察点》,原载《歌谣》增刊(1923年)。此文是汉语方言学史上第一篇研究汉语方言学理论问题的论文。作者在本文中提出以下十个论点:(一)应研究读音的历史演变和方言地理分布;(二)应以《广韵》的二百零六韵为研究起点;(三)应用现代语音学的方法辨音、审音、记音;(四)应注重方言口语而不是汉字读音;(五)应尽力求出语音变化的规律;(六)词源研究应注重寻求文化史上的痕迹;(七)应在今方言中寻求词的古音古义;(八)应根据汉语实际研究汉语语法;(九)应比较研究各地方言句法的异同;(十)应研究方言口语中新出现的语法现象。以上论点首创现代方言学理论,甚为精审。

四、《论翻译》,原是商务印书馆函授社国文科讲义稿,发表于20年代中期,是研究翻译理论的重要论文。本文论述翻译的性质、标准和译者应有的素养等,指出翻译是一种艺术,译者应具备三个条件:一是能对原文文字和内容透彻了解;二是要有相当的国文程度,能写清顺畅达的中文;三是译事上要训练有素。"此三者之外,绝对没有什么纪律可以作译者的规范。"翻译的标准有三:一是忠实,二是通顺,三是美。作者以杰出翻译家资格论翻译,所论甚为允当、中肯。

此外,《左传真伪与上古方音》对高本汉《论左传之真伪及其性质》(《北京大学研究所国学门月刊》第六、七、八号,1927年)有所评论,并研究《春秋》三传方音问题。《论汪荣宝歌戈鱼虞模古读考书后》和《再论歌戈鱼虞模古读》是"古音大辩论"中的重要论文,极力支持汪荣宝对歌戈鱼虞模古读的观点和方法。

(游汝杰)

殷虚文字记 唐 兰

《殷虚文字记》，一卷。唐兰著。1934年成书，有同年北京大学石印本。现有1978年中国社会科学院油印本、1981年中华书局影印本。

唐兰(1901—1979)，字立厂，又作立庵、立盦。浙江嘉兴人。1918年始习医学。1920年就读于江苏无锡国学专修馆，精研小学，与王蘧常、吴其昌并为唐文治的三大高足。1925年在天津主编《商报》、《文学旬刊》及《将来月刊》。1932年起，先后执教于北京大学、清华大学、北京师范大学、辅仁大学、中国大学等。1936年任故宫博物院专门委员。卢沟桥事变后，内迁昆明，任西南联合大学副教授、教授。抗日战争胜利后，任北京大学教授。1952年调故宫博物院工作，先后任研究员、学术委员会主任、副院长等职。唐氏毕生从事教学与科研，对于中国古文字学提出了一整套理论，对甲骨文字的考释有许多精辟的见解，在青铜器名物考订和断代研究上贡献突出。一生著述甚丰，除本书外，主要有《古文字学导论》、《天壤阁甲骨文存》、《中国文字学》、《唐兰先生金文论集》等。

本书是唐氏1934年在北京大学任教时讲授甲骨文字的讲义。书成以后，作者续有所见，曾做了若干补充，有的批于书眉，有的全翻旧说，重加改写。惜改写之稿被毁。1981年版只就旧稿及书眉批语重新编印。

唐兰考释甲骨文字最服膺孙诒让之偏旁分析法。本书考释方法，以此为骨干，先求字形，进而求其本义，考其声音及通假。或以古文字去今久远，考证难明，乃就古代刻辞，求其辞例以助之。此书释字之特色，除重偏旁分析外，又重文字发展之历史，一字每求其孳乳之渐，故能通贯其条例。唐氏自以为"所识殷虚文字，较之昔人，几已倍之"。而此书所列，尤为其所自信真且确者，始笔之于书。

如其中"蠿"字，先是叶玉森察卜辞文义，知为季节名，以其形似蝉，遂以为卜辞以蝉为夏，释此字为"夏"字。唐氏乃严核字形，以蝉不当有角，以为乃像龟之属，此字当释为"秋(穐)"，此释至今不刊。又如"壴、鼓、鼛、喜"诸字,作者既据戴侗《六书故》等故籍定"壴"像鼓形,又悟"鼗"在卜辞当读为"艱",得孙诒让、胡光炜、郭沫若诸家从来未明之义,大量从"壴"诸字之卜辞乃得通读,明其辞义。

卜辞去今日久,故释字及通读极难,作者为学,譬如积薪,后来必居上。即以作者自身而言,先后亦有不同。如此书开卷第一字,作者释"ʊ"为"屯",后即发现错误,卜辞"Ɣ"字方是"屯",当如于省吾先生所释。后唐氏自释"ʊ"为"未"字,惜未能成稿。

作者《序言》中首言:"考据之术,不贵贪多矜异,而贵于真确,所得苟真确,虽极微碎,积久自必贯通。"此精神于书中时时可见,如其释"习"字,其"羽"部是否为"彗"字,虽未可必,然以为"习"与"叠"、"袭"音近,故有重复义,并引卜辞"习一卜"、"习龟卜"诸辞为证,重申"习"之义,与后来郭沫若以"习卜"为三卜解,正谬判然矣。

由于甲骨文考释是一门新兴的学科,所以初起发展甚快,此书刊出后作者不断补正修改颇多。在 20 世纪 30 年代,此书释字之成绩颇为突出,尤其是严扣字形及同形旁的字集中论列的方法,至今仍值得遵循。所以此书堪与罗振玉《殷虚书契考释》、叶玉森《殷虚书契前编集释》、于省吾《甲骨文字释林》等同为考释甲骨文字之重要经典文献。

研究本书的著作,有王宇信《甲骨学通论》(中国社会科学出版社,1989 年)、王若娴《唐兰古文字学研究》(花木兰文化出版社,2012 年)的有关章节等。

(柳曾符)

古文字学导论 唐 兰

《古文字学导论》,唐兰著。成书于1935年。有北京来薰阁初版手写石印本、1981年齐鲁书社影印增订本。

作者生平事迹见"殷虚文字记"条。

1934年唐兰执教于北京大学,讲授古文字学,编写了《古文字学导论》作为讲义。后手写石印二百部公开发行。1936年作者重加改订,惜未完成。1981年齐鲁书社将未完稿附于原书后,并收入作者的《第三版跋》,增补修订了原书论及而未曾收入的图版,遂成为目前所见的定本。

《古文字学导论》是中国古文字学界第一部系统的理论性著作,对于古文字的研究方法、汉字的起源及其构成理论都有指导作用。

本书分为上、下两编。上编主要讲述古文字学的范围和历史,文字的起源和演变。作者主张将古文字学分列于传统的小学之外,成为以文字形体为具体研究对象的、独立的、有系统的学科;而古文字的范围应该包括小篆和小篆以前的文字。作者并将古文字按时代和地域的不同划分为四系,即殷商系文字、两周系文字(止于春秋末)、六国系文字和秦系文字。它们的材料来源,分别为殷墟龟甲兽骨的刻辞,铜器铭文,竹简、陶器、古玺和货币,秦汉石刻等,所论具有创造性。在汉字起源问题上,作者认为殷商系的文字,图形已极为简单,根据文字由象形发展为象意的规律,可以推定中国的文字"至少已有一万年以上的历史;象形、象意文字的完备,至迟也在五六千年以前;而形声文字的发展,至迟在三千五百年以前"。关于古文字的结构形体,作者认为,传统的"六书说"是"发源于应用六国文字和小篆的时代,本是依据当时文字所作的解释",因而并不适用于古文字,所以应该改为象形、象意、形声的"三书说"。主张象形字是含义明确而形体单一的独体字,象意字是含义抽象的或表现人与其他事物之间的关系或表示动作行为的词,而形声字则是经象形、象意孳乳而成的。"三书说"曾震动了当时的古文字学界。

下编着重论述识别古文字的方法以及古文字的分类法。作者首先确定"一个古文字学者所应当研究的基本学科",包括文字学和古器物铭学,然后详尽地论述了"怎样去认识古文字"。作者系统地提出识辨古文字的四种方法:对照法、推勘法、偏旁的分析和历史的考证。对照法即用同一个字在不同时代的不同变体来相互比较,往往可以得出正确的结论。推勘法即用寻绎文义、推敲辞例以及叶韵的关系,来推勘文字的正确释义。这前两种方法,虽有较好的作用,但都有一定的局限,因此作者详尽地介绍了孙诒让的偏旁分析法,即"把已认识的古文字,分析做若干单体——就是偏旁,再把每一个单体的各种不同的形式集合起来,看它们的变化;等到遇见大众所不认识的字,也只要把字分析做若干单体,假使各个单体都认识了,再合起来认识那一个字"。作者认为只要释读了一个偏旁,就可以得到一组同偏旁的字,即字族,再辅之以"历史的考证"的方法,即历史发展的角度,追溯文字的演化、通转、混淆和改革,这样就可以发现许多规律,"由此,好些以前不能识或不敢识的文字也都认识了"。

在古文字的分类上,本书抛弃了《说文解字》的部首系统,而在"三书说"的基础上,完全根据文字的形式,把由象形字分化的单体象意字归并入同一"部",再将其分化出来的复体象意字隶属于"科",由象形、象意孳乳出来的形声字则隶属于"系","根据这个方法,就可把每一个原始象形所孳乳出来的文字,都组成一个系统",这可称之为"自然分类法"。

《古文字学导论》最后论及创造新文字的问题,并提出了具体的设想和计划。主要是在形声字的基础上,规范、统一而成为易读易记的"新形声字"。

研究本书的著作,有吴浩坤、潘悠《中国甲骨学史》(上海人民出版社,1985年),赵诚《二十世纪甲骨文研究述要》(书海出版社,2006年),王若娴《唐兰古文字学研究》(花木兰文化出版社,2012年)的有关章节等。

(陈　崎)

甲骨文编 孙海波

《甲骨文编》,十八卷。孙海波编撰。成书于1934年,有同年哈佛燕京学社石印线装本。现有1965年中华书局改订本。

孙海波(1910—1972),字涵博。河南潢川人。早年毕业于北京师范大学研究院。建国后任河南省历史研究所研究员。

此书是孙氏二十四岁时编就的。书中所收甲骨文主要见于1933年前著录出版的《铁云藏龟》、《铁云藏龟之余》、《铁云藏龟拾遗》、《殷虚书契前编》、《殷虚书契后编》、《殷虚书契菁华》、《龟甲兽骨文字》、《戬寿堂殷虚文字》八种书籍,只要字形可以辨认,全部摹录。全书十八卷中,正编十四卷,合文一卷,附录一卷,检字一卷,备查一卷,有唐兰、容庚、商承祚的序言各一篇,以及自序和凡例。

《甲骨文编》收录单字二千一百十六个,每字皆依原形摹录,并注明录自某书的书名及卷、页、片号。正编十四卷收录已被认识或可以按偏旁隶定的单字一千零六个,其中见于《说文解字》者八百十三个(据陈炜湛《甲骨文简论》统计,而陈梦家《殷虚卜辞综述》统计为七百六十五个)。依《说文解字》始一终亥的五百四十部首次序编排,每条字条以篆文作字头统摄;余下一百九十三个按偏旁隶定而不见于《说文》的字,就附在同部首的字后面,而以隶定后的字作字头;各字条一般都收有异体数个。合文一卷收录一百五十六字。附录一卷收录未识出的一千一百一十字。备查一卷注明一些甲骨文资料中的常用而未被收录的字的出处。收入正编的字都有简明的注释。孙氏在《凡例》中说明各字注释乃"博采通人","以己意为定"。据陈梦家统计,《甲骨文编》对诸字的考订,采自近二十家的成说,主要是孙诒让、罗振玉、王国维、王襄的研究成果。

《甲骨文编》摹写逼真,注释博采众家之长,每字注明出处,罗列异体,凡此种种优点深受研习者的欢迎。容庚很早就指出:"此书之用,不仅备形体之异同,且可为各书之通检,由字形而探求字义,得藉此以为梯阶。"陈梦家虽然认为此书"创造性和判断力"不足,但同时又说此书"摹写较真,举例较备,采录之说较多","这本字汇对于研究卜辞有了很大的方便,对于以前所已考释的字也用了一番功夫加以去取"。

《甲骨文编》印行之后产生了较大的影响,但此书成于甲骨文研究的草创阶段,可供采用的书籍不多,整个考释水平不高,加上孙氏又未能及时收录一些业已发表的新的发掘材料,在选用诸家成说时不够精审,以致把已诠释的字误入附录,而一些未成定论的字却归入了正编,体例上也有不完备之处,如容庚就认为"备查一卷,多而无用,似可删去"。

随着甲骨文的不断出土,新材料的大量增加,甲骨学的日益发展,《甲骨文编》已不能满足研习甲骨者的需要,增补改订势所必然。浙江海宁人金祥恒在董作宾指导下对《甲骨文编》作了补充,征引材料达三十八种之多,收录甲骨文五万余字,成《续甲骨文编》,于1959年由台北艺文印书馆印行。但诚如陈炜湛所说,此书"摹写不精,有失原形","照搬《说文》,不加诠释"。《续甲骨文编》仍未能完全替代《甲骨文编》。有鉴于此,1965年中华书局出版了《甲骨文编》的改订本。改订本《甲骨文编》由中国科学院考古研究所编辑,仍由孙海波编撰。编撰前由考古研究所邀请了唐兰、商承祚、于省吾、张政烺、陈梦家、郭沫若共同商讨改订的体例。这样,新版与1934年旧版相比,体例已有不同,如备查一卷便删除了。最主要的是材料大加增益,新成果充分吸收,充分利用了已经著录的四十一种甲骨资料。正编收录一千七百二十三字(其中见于《说文》的九百四十字),附录收入二千九百四十九字,共计四千六百七十二个单字。旧版《甲骨文编》的优点全部被吸收在改订本中。改订本《甲骨文编》是甲骨研究领域中使用率最高的工具书之一。

研究本书的著作,有陈梦家《殷虚卜辞综述》(科学出版社,1956年)、陈炜湛《甲骨文简论》(上海古籍出版社,1987年)的有关章节等。

(叶保民)

辞通 朱起凤

《辞通》，二十四卷。朱起凤编纂。1934年开明书店初版，1982年上海古籍出版社重印。

朱起凤（1874—1948），字丹九。浙江海宁人。出身世代书香之家，自幼受道德文章家风熏陶。十六岁应童子试入选，二十一岁补为廪生。曾任硖石米业小学国文教员、硖石图书馆馆长、海宁国学专修馆馆长、教育部国语统一筹备委员会特约编纂员等职。早年曾参加同盟会，投身辛亥革命和二次革命。著作除《辞通》外，另有《古欢斋杂识》手稿存世。

清光绪二十一年（1895），朱起凤外祖父吴浚宣任海宁安澜书院院长，以诗文课士。二十二岁的朱起凤深得其赏识，帮其阅改课卷。一次，朱起凤见卷中有"首施两端"字样，疑为笔误，遂加批"当作首鼠"于卷上。卷发，合院大哗。学生公开贻书指责："《后汉书》且未见过，乌能阅文！"原来"首施"、"首鼠"同词异形，前者见于《后汉书·西羌传》，后者见于《史记》。这一教训使他自感学业不足，开始发愤读书，潜心钻研古书中的同词异形现象。自翌年起，至1930年，积三十余年之力，易稿十数次，独力编成《辞通》一书，凡三百万言。

《辞通》初名《蠡测编》（取《汉书·东方朔传》"以蠡测海"之意），后改为《读书通》，又鉴于前人已有《读书通》之名，遂改为《新读书通》，最后应开明书店之请，易名《辞通》出版。

《辞通》是一部以古书中的双音节同义异形词为收录、比较对象的词典。这些词语主要是联绵字，也有一些复合词和词组，它们或在字音、或在字形、或在字义上有密切的联系，编者通过音韵、校勘、语义诸方面的分析比较，帮助读者认清这些词语之间的关系，从而真正读懂古书。全书收录词语约四万条，分为数千组，每组由一个习见的双音节词语领头，后面跟着数量不等的异形别体。全书按每组领头词语第二个字所属的平水韵韵部，依次排列，其余异形别体则按其所出经史子集的次序排列。考虑到现代读者不便，书后有按全部词语的首字编排的四角号码索引。如对四角号码检索法不熟，书后又有笔画索引，可据以检得首字的四角号码。书前的《辞通检韵》则供检索领头词语第二个字的卷数页码之用。

《辞通》的诠释方式通常是领头词语下解释词义,间或加注反切或直音,然后在这组词语的最后加按语,扼要阐明这组词语之间的关系。也有仅加按语、甚或连按语也不加的,大抵因词义或词语之间的关系浅显易懂,或见于原注,无须赘言。此书所收录的同义异形词大致有如下三种情况。

一、因音同或音近而产生的同词异形。包括联绵字,如《庄子·秋水》"眝洋",《释名》作"望佯",《史记·孔子世家》作"望羊",《论衡》作"望阳"。叠音字,如《孟子》"欣欣",《晋书·陈元达传》作"忻忻",《史记·万石君奋传》作"訢訢",《汉书·礼乐志》作"熙熙",《唐书·孔戣传》作"轩轩"。通假字,如《尚书·禹贡》"岷山",《史记·夏记》作"汶山",《管子·小匡》作"文山",《楚辞·天问》作"蒙山"。

二、因字形相近或字体缺损而造成的同词异形。如《水经注》"旱山",《山海经》作"毕山"。又如《史记·天官书》"玄戈",《文选·张衡西京赋》作"玄弋"。

三、因意义相同或相近而产生的同义异形。如《论语》"邦家",《汉书·孙宝传》作"国家",《后汉书·应劭传》作"朝家"。又如《汉书·萧望之传》"门生",《晋书·李密传》作"门人",《晋书·唐彬传》作"门徒"。

《辞通》的特点有三。

一、搜罗宏富。编者亲自从四百多种古籍(主要是唐以前的古籍)中摘录第一手资料,其中经、子、史三类比较齐全,集部中重要的著作,大体囊括无遗。从学科来说,除文学、历史、哲学、韵书和字典外,还旁及天文、地理、卜筮、宗教、生物、医学、军事、法律,以及历代金石铭文等。因占有丰富的资料,故所收异形词数量多,价值高。

二、引文详密。举证详载书名、篇名,以利读者覆按。引文文意完整、断句准确、夺讹极少。

三、考订精审,发明良多。如战国魏人范雎,左从"且"不从"目"。宋元之际胡三省注《资治通鉴》误定音为"雖",以致字误为"睢"。清钱大昕据武梁祠画像作"范且"考定"注读为雖,失之甚矣"。《辞通》引《韩非子·外储说左上》两例均作"范且",补钱氏之说,不但使钱氏论断更加确凿有据,而且对范雎的事迹较《史记》有所补充。

对于《辞通》的成就,章炳麟、胡适、钱玄同、刘大白、林语堂、程宗伊、夏丏尊都在所作序中给予很高评价。章炳麟说:此书"方以类聚,辨物当名,其度越《韵府》(指《佩文韵府》),奚翅什佰!"钱玄同将《辞通》按语简洁,但求诠释明白,不以繁征博引为贵比之于段玉裁注《说文》、王念孙疏《广雅》。

《辞通》的不足之处是:(一) 忽视唐宋以降的语言资料,全书极少引用唐宋乃至元明清时代的书证,这些时代的同义异形词得不到反映;(二) 许多条目没有释义,或者虽有释义而生僻难懂,一般读者难以索解。

《辞通》刊行后,朱起凤又有补正,但未及成书。后由其子吴文祺主编完成《辞通补编》(上海古籍出版社,1991年)。相关情况可参吴文祺《关于〈辞通〉和〈辞通补编〉》(《辞书研究》1983年第四期)。

(王安全)

新著修辞学 陈介白

《新著修辞学》,陈介白著。1936年世界书局出版。

陈介白(1902—1978),河南西平人。出身农村知识分子家庭。曾就读于北京大学预科、燕京大学中文系。毕业后先后任教于北京大学、北京师范大学、华北文法学院、天津河北女子师范学院、山西大学、南开大学等校。著有《修辞学》、《文学概论》、《中国文学史概要》等。

《新著修辞学》是在其《修辞学》基础上扩展而成的。全书共三编。第一编"总论",论述修辞学的定义、变迁、效用、修辞的目的观、修辞的内容及组织等八个问题。第二编"词藻论",共十章,第一至三章论述语彩的意义及分类,第七至十章论述譬喻、化成、表出、布置法等四大类六十种辞格。第三编"文体论",论述文体的意义及分类等问题。该书的框架与王易的《修辞学》和《修辞学通诠》"多有类似之处,特别是第二编和第三编"。但《新著修辞学》的成就远远超过了王易的这两本书,尤其在理论的阐述上,较多地引进了日本和西方的美学、心理学理论。

在引进美学理论方面,主要有下述两项内容。(一)论修辞学的定义。主要引进了日本岛村抱月的观点,认为修辞学即"美辞学",是研究"辞之所以成美之学",是一种"美化文辞的学术","是一种论文质并美的科学"。书中因此给修辞学下定义:"修辞学是研究文辞之如何精美的表出作者丰富的情思,以激动读者情思的一种学术。"它既包括内容上的"情思整理到美",即"以精美的文字表示丰富的情思";也包括"外形的文字也要修辞到美",即"丰富的情思藉着精美的文字"而感动读者。(二)论辞格和"积极的语彩"的美学基础。由于修辞学是一种美化文辞的学术,要求文字具有感人的魅力,所以本书也注意从美的角度论及修辞格的形式及其修辞效果。例如认为倒装法是"颠倒普通文法上的顺序,以增强文势,协加声音,而惹人注意,以唤起感情的方法",而这种方法正是"依照形式美的原理以助词的情味"的,所以在一般诗歌、文章中用得较多。又认为叠字法能增加文字的优美,对照法使两种相反的事件或情景彼此对照相映、可收到"相形益彰的情趣"等等。而关于"积极的语彩",作者着重论述了"口调"(普通的音调)和"律格"(特殊的音调)的美学基础。"口调"可大别为句读法、奇偶法、谐音法三种。所谓"句读法",是"由句子长短参差而修饰文辞,以成音调的美";所谓"奇偶法",是"由字句相偶相间隔以成音调的美";所谓"谐音法",是"由字句的间隔谐调,或由于字音的反复重叠以成音调美而惹起快感"。至于"律格",则基于音位、音度、音长、音数等形式美的原理组成。而不论"口调"或"律格"的构成,都基于形式美的变化。

在引进心理学理论方面,主要有下述两项内容。(一)论修辞学的目的。认为修辞的目的在于"动情",所谓"动情",就是不仅要使文章富于情,而且要使文章刺激读者的感情。作者以韩愈《论佛骨表》为例,说明此文之所以娓娓动人,不仅在于论理精密,而且在于"注意焦点上所聚之情强烈之故","情愈集中,而意识的状态愈焕发而实现"。(二)论辞格和文体的心理基础。作者将辞格分成四大类,分别论述了每一类的心理基础。如譬喻法除最能动人感情外,还具有另外三种心理上的效果,即由适合的感觉而带来的快感,在适合的感觉内又有发现的快感和心的活动范围能扩大的快感。

作者关于文体的心理基础的观点与王易相同,即把文体分为主观和客观两类。主观的文体由作家的风格和"兴会"组成。风格和作家的个性、精神密切有关,而"兴会"则是一种"感于物而显示的心理状态",它往往因人因地而异。比如同是秋夜,苏轼见而生极乐的"兴会",因而写了《赤壁赋》,欧阳修则产生悲伤的"兴会",因而作《秋声赋》。作者根据"兴会"的种类将文体分为快乐体、忧郁体、刺激体、沉静体、神妙体、诙谐体六类。至于客观的文体中"由思想性质而分"的一类,也是建立在心理的基础上的,共分为"知"与"情"的两类。"知"的一类多倾向于思索与理智,它的效力可使人知晓或理会,记事文、叙事文、说明文、议论文可归入其中;"情"的一类多倾向于情绪与想象,它的效用可使人感动或神往,诗歌、戏剧、小说可归入其中。

《新著修辞学》在引进国外修辞学观点、建立自己的理论体系方面,成绩是显著的。它主要吸收了日本岛村抱月《新美辞学》、五十岚力《新文章讲话》、佐佐政一《修辞法讲话》的大量观点,也参考了英美有关修辞学家的众多理论。此书建立的修辞学体系比较完整,不仅在理论上有相当深度,在"语彩"、"想彩"及文体论的例证方面也比较丰富,分析较为详尽。

研究本书的著作,有郑子瑜《中国修辞学史稿》(上海教育出版社,1984年)等。

(宗廷虎)

辞海 舒新城等

《辞海》，十二集。舒新城、张相等主编。中华书局1936年出版上册，1938年出版下册，1947年出版合订本。20世纪60年代后有多次修订。

舒新城生平事迹见"近代中国留学史"条。张相生平事迹见"诗词曲语辞汇释"条。

《辞海》是继《辞源》之后又一部中型的综合性辞典。从内容到形式，以至整个规模、编辑设计，《辞海》在许多方面无疑是借鉴于《辞源》的，所以这两部辞书有不少相似之处。不过，《辞海》编写人员先后不下一百人，他们苦心耕耘，并不满足于仿效《辞源》，而是力图在《辞源》的基础上，自出心裁，有所改进，有所创造。

《辞海》确实有不少特点。在收录词条上，《辞源》以语词为主，兼收百科。而《辞海》却以百科为主，兼收语词，旧版收词凡八万五千八百零三条，其中单字一万三千九百五十五条，普通语词二万一千七百二十四条，而百科词却收了五万零一百二十四条，百科部分几占全书的五分之三。就是在普通语词的收录上，《辞海》也有与《辞源》不同的侧重点，《辞源》重在搜集古代语词，《辞海》则在收录古代语词的同时，还强调采收近现代的新语词、活语词，如在"一"字条下即收了"一工、一干、一火、一方、一些、一味、一注、一芹、一派、一般、一副、一造、一发、一饷、一霎、一应、一瞥"等复词，这就是黎锦熙在《辞海》卷首的序中称为"赏奇"的博采"常俗用字"的特色。

在音义诠释、书证资料的运用上，《辞海》由于有了前车之鉴，就得以避免《辞源》许多疏误不足之处，而能有所改进和提高。《辞海》的注音是仿照《辞源》而取《音韵阐微》的反切的，但不因循墨守。如在"铅"字下注："余全切，音沿，先韵。今读如牵。"前句取《音韵阐微》音，后一句则特地说明今音已有变化，这就比墨守《音韵阐微》的音来得好。《辞海》还根据当时教育部所公布的《国音常用字汇》所定的字音，以注音字母和国语罗马字为工具，制成《国音常用字读音表》附于书后，这既便于读者查检字音，同时也增强了辞书正音的权威性。《辞海》在释义取证方面，由于比勘查证的功夫较深，也有长足的进步。对百科词的解释，由专家专人编撰，一般都写得比较严谨精当；而对于普通语词的训释，也时有创新。如收"一发"条，并释出"越发、一同"等近现代新义；在"壁"字条下增释了"方面"等新义，使释义更全面完备。《辞海》所取书证资料，除来自第二、三手的字书、韵书、类书外，还讲究直接查证第一手资料，所以资料性错误比《辞源》少一些；而新采用的书证，不少是比较精彩的。例如"抛砖引玉"条，《辞源》只举出常建写诗引出赵嘏续篇的虚妄传说为证，却说不出资料来源；《辞海》则径直举出卢纶诗和《传灯录》为书证，显然略胜一筹。

此外，《辞海》在编写体例等方面也有相当大的改进。例如《辞海》引书举例大都加注篇名，不仅方便读者，也增强了书证资料的可信程度。又如《辞海》废弃《辞源》旧式的句读法，全书一律使用新式标点，这也是一个很大的进步。

尽管《辞海》在当时是一部后来居上的综合性辞书，毕竟有其时代的局限性，存在不少错误和缺点，有的甚至还是沿袭了《辞源》的疏失。其中大部分的百科词条，由于时代的进步、社会的变迁和观念的更新，日渐显示出政治性的、科学性的以及知识性的谬误，从而变得陈旧无用；还有一些其他错误。例如有一些抄自《佩文韵府》、《骈字类编》的书证并未复核，造成了以讹传讹。如"骏骨"条将元稹诗引错，"存神"条将冯衍的《显志赋》误为班固所作，"敛迹"条所举两书证也都不实，"九星"条所谓《周书》的书证则是子虚乌有。这类错误间有发生。还有编者说引文皆出书篇名，其实也不全如此，如在"解"字条下就有"解维、解组、解手、解铃系铃"等条书证没有出书篇名。在收词上，《辞海》也有盲目性，各科词语不成比例，随意收录，佛教条目全书收了三千多条，占全部百科词条的百分之六，但同是宗教条目，基督教条目只收几百条，伊斯兰教甚至不足一百条。佛教条目同其他宗教条目、其他学科条目是无法平衡的；然而在这几千条佛教条目中，仍然找不到"佛经、禅学、瑜伽宗"这样重要的条目。在音义解释方面，《辞海》的错失也不少，如"九春"条将"三年"义误释为"九年"，"孤僻"条将"孤高不合群"义误释为地势偏僻等等。至于义项的漏列，那更是举不胜举了。

1957年后，主编舒新城组建了辞海编辑委员会，着手修订重编工作。舒逝世后由陈望道继任主编。1962年，中华书局辞海编辑所出版了《辞海》修订试行本十六分册，1965年出版《辞海》未定稿。陈逝世后由夏征农继任主编，上海辞书出版社出版了1979年修订版《辞海》三卷本，次年出版缩印本，1983年又出《辞海》增补本。随后，先后有1989年新二版《辞海》、1999年版《辞海》，其中1989年版《辞海》另编有各分册凡二十六种。

《辞海》(1989年版)除了其中部分词目及资料是承继旧版《辞海》的以外，大都是经过改编或新编的。

首先,《辞海》(1989年版)根据"以百科为主,兼顾语词"的编纂思想,重新设计了收词的框架体系。全书收词凡十二万条,其中单字一万六千五百三十四个。在规模上大大超过了旧版《辞海》,而且进一步将百科词与语词之间的配比调整为七比三,增加了百科词的收录。由于五十多年来社会的重大变迁和科学文化的显著发展,故而对百科词目作了大规模的增新删旧的工作,许多新出现的学科如系统论、信息论、控制论、耗散结构论、协同论、突变论、环境科学、人口学、人才学、科学学、辞书学等的常用名词术语都被采收进来,即便是传统学科的新名词,如化学中的液体金属、准金属、高压液相色谱法和钚、铹等新发现的元素,语言学中的心理语言学、数理语言学、机器翻译、深层结构、转换生成语法、法位学等,也都不遗余力地注意收辑,许多现代人物、政治法律的条目也无不搜罗。同时删除旧版中一些无关紧要的条目,如一些佛教条目。经过整编,百科条目达到了八万多条,这样就使学科体系进一步趋于完善与合理。其语词部分,则根据同《辞源》、《现代汉语词典》适当分工的原则,多从实用的需要出发,着重选收古代和近代语词,这样,新版也就比旧版丰满而有特色。

其次,《辞海》(1989年版)在纠正旧版舛误、提供新知方面也做了大量工作。旧《辞海》存在着许多错误,其中包括字音字形的、释义的政治性、科学性、知识性方面的以及书证资料上的错误,新版《辞海》一一作了订正。对所有资料还逐条查核,并且对词条的新的音义书证资料作了大量的增补,这样新版的内容就更准确、更新颖、更充实了。

再次,《辞海》(1989年版)在编纂方法上也大有改进。全书除摘引古籍资料外,一律运用现代汉语普通话;所用字体与字形,概以国家语委所规定的通用字、简化字和新字形为规范;字音则全部加注汉语拼音,并酌附汉字直音;条目之间建立参见系统,使之互相贯通,扩大信息量;废弃旧的文字学原则的部首排检法,新制检字法原则上完全依据字形定部的二百五十部部首排检;为方便查检,还另编有笔画查字表、汉语拼音索引、四角号码索引和词目外文索引;为补充正文和扩大辞书的综合性功用,还附录了"中国历史纪年表"、"中国少数民族分布简表"、"世界货币名称一览表"、"计量单位表"、"元素周期表"等十二种附表。

当然,《辞海》(1989年版)由于篇幅宏大、学科繁多、内容丰富,而又短期成于众手,释文难免有优劣之分,其间不免存有错误和缺点,各部分和条目之间的照应也间有疏漏。

关于《辞海》的研究著述,主要有刘叶秋的《中国字典史略》(中华书局,1983年)等书的有关章节。

(阮智富)

中国文法论 何 容

《中国文法论》,何容著。成书于 1937 年。有 1942 年独立出版社初版本、1949 年开明书店改版本、1957 年新知识出版社重印本。1985 年作为《汉语语法丛书》之一,由商务印书馆重排出版。

何容,生卒年不详。曾就学于北京师范大学中文系,从黎锦熙学语法。1927 年参加过北伐军,1935 年任北京大学中文系教授。抗战时期,曾在西北师范学院任教,后任教育部国语推行委员。1946 年赴台湾,后任台北国语推行委员会副主任。著作另有《简明国语文法》、《何容文集》等。

《中国文法论》是作者依据在北京大学讲授汉语语法的讲义,经过改写而成。他把《马氏文通》以来直到 20 世纪 30 年代的主要语法著作做了比较、分析和归纳,从语言学理论的高度加以评论、总结,提出了许多深刻的见解。全书分八个部分,各部分主要内容如下。

一、"文法浅说"。从一般语言学的理论出发,探讨语法、语法学和研究语法的方法,以作为全书论述的基础。作者认为,语法指"语言的表意方法"。从形式上分,各种语言的表意方法有词的顺序、词的结合、重叠、音变、重音和声调、附加成分等六种。"一个方法不一定只表示一种意思,一种意思也不一定只用一个方法来表示。""考察出这种表意方法而予以系统的说明,就成为文法学。"作者认为文法学里的意类不是逻辑的范畴,同现实世界也并不相合,而语句的组织也并非都是可以用逻辑的关系来解释的。因此,我们给语句的构造以逻辑的说明,也只是一种形式上的说明;在解释到实际意义的时候,往往是不合逻辑的。

二、"论中国文法的研究"。对中国的语法学作一鸟瞰,讨论中国文法学产生较迟的原因、《马氏文通》以来的文法研究以及中国文法学的方法。作者认为,中国文法学迟迟产生的原因不仅跟汉语本身文法简易有关,而且跟文字有关,"因为语言里有些该由文法学来说明的现象,被我们记称语言所用的文字给隐没甚至弃掉了"。又认为《马氏文通》以来的文法学,"大体上都因袭马氏的系统,就是有些改变,也不过是改得更像英文法"。即使有创见的文法书,其创见"也只是关于各个词有没有一定的类,名词应该有多少格这些方面的","只是给语句的构造一种逻辑的说明"。

作者在介绍了胡适、林语堂、陈寅恪提出的研究中国文法的方法以后,批评以往的文法研究,"把欧洲语言的文法里的通则,拿来支配我们的语言"。主张参考叶斯柏森的《文法理论》,把文法学分为两个部分——morphology 和 syntax,来建立中国文法学的新系统。

三、"论词类区分"。述评《马氏文通》以来词类区分的概况,并提出自己的词类区分标准。作者指出词有定类和词无定类两种不同的主张,前者如陈承泽、胡以鲁等,后者如马建忠、黎锦熙、刘复等人,他们都有"一个共同的认识,就是词类是由词义的不同而分的",只不过"他们对于'义'的看法不同"。词有定类者认为,一个词在不同的场合可能会有不同的意义,但是以其常用的本义定其类,其他只是特殊用法,只是活用;词无定类者认为,一个词在不同的场合常常意义不同,用法也不同,因而其类也就不同。作者认为,"词的类是从语言自身的表意方法上表现出来的","各类词都有其共同的形式上的特征以别于他类词",因此词类区分应从形式特征来分,而从意义出发是不容易说明白的。

四、"论语句分析"。评论以往的析句办法,并提出自己的主张。作者指出,析句的目的,"是给语句的构造一种逻辑的说明"。可是以往的语法著作中,析句的观点却由句,即分成几个部分说明各部分间的关系,转移到词,即说明语句中各个词的关系,"就是由逻辑的观点移转文法的观点了"。作者认为,句法指"集词成句的方法",应该分作三步来讲:"第一,词和词可以发生甚么样的关系;第二,一个句子里的词和词,应该有甚么样的关系;第三,怎么样使词和词发生成句所需要的关系。"并推崇叶斯柏森《文法理论》中的附加式、接结式和等级说。附加式相当于偏正关系,接结式相当于主谓关系,附加式不能成句,接结式可以成句,等级说是指语句中不同的结构层次。例如"浅红花","花"是第一级,"红"是第二级,"浅"是第三级;"浅红花的毯子","毯子"是第一级,"浅红花"是第二级,"的"是表附加关系的虚词,本身无等级可言;"浅红花的毯子贵","浅红花的毯子"是第一级,"贵"是第二级。作者指出,"用这个方法来讲语句构造,既有等级的差别以说明词与词的关系,所谓'位'或'格'那种不必要的名目,也就可以不立了;词本身的性格,也就不至于老是和词与词的关系纠缠不清,而成为词类解说上的矛盾了"。

五、"论所谓词位"。评论前人的"位"、"次"理论。作者指出,所谓"位"不是"前后左右的'位置',而是主、宾、补、领、副、同、呼种种不同的'职位'"。并强烈地批评说:"已经有了一套名目叫做'语',要讲实体词的用法,直截了当的说它作某'语'就可以了,何必再立一套和'语'差不多是平行的名目,而绕个弯子说它是在某'位'呢?"作者指出,《马氏文通》的"次",和上述"位"并不相同,"次"是论述"实字相涉之义"的,"位"不能脱离句子,"次"则可以。并批评许多人连《纳氏英文法》都不曾仔细读,却要怪马氏"不明理论"。

六、"论复句与连词"。评论前人所讲复句的差异,论说并列复句、包孕复句和单句的划分以及复句的分类。作者主张把包孕复句和单句归到一起,同并列复句对立,因为"所谓并列复句,乃是句与句的连结;所谓包孕复句,却是句的一种特殊构造"。作者指出,复句的分类是根据不同的连结词,但是连结词可以分类,复句却不容易分类,"等立复句和主从复句的分类,就不免有这种情形"。并指出,我们文法书里的复句系统,其基础"不能不说是英文法的复句系统",分别主句和从句好像根本不符合汉语的习惯,因此刘复把主从、等立两类复句合并,总称为并列式的复句,"是很合理的"。

七、"《马氏文通》的句读论"。详细地分析和评论马氏的"句"和"读"的理论。作者指出"马氏的句读论是不能完全以英文法的术语所表之概念去理解的",否则"不免要发现《文通》中有许多莫须有的错误",因而忽略了它的真正的矛盾。马氏句读论的实质是"以中国固有的'句''读'之名,表西文法所谓 Sentence 和 participle phrase 相当之实"。但是中国之所谓句读,与西方语法所谓 Sentence 和 phrase 属于两个不同的范畴,前者是指文章读断法,后者是指语句构造法,"马氏把它混而为一,自不免顾此失彼,以致两皆失之"。

八、"助词、语气和句类"。讨论助词的特点和用法,语气和句类的关系。作者指出,语气的表示用助词,"然而事实上没有助词的语句,也一样可以有语气"。黎锦熙从心理的方面总括出句子的五种语气,这五种心理的态度在语言里"各用相当的助词来帮助,或竟由助词表示出来",但是"语言所能表示出来的心理的态度,似乎也不只五种吧?"作者认为,"我们中国语里的语句,并不是都要用助词的,依助词所表的语气来分别句类,就有许多语句是无类可归的了"。

《中国文法论》是我国第一本汉语语法理论著作,观点比较正确,评价也很公允。它在比较各家体系的异同、揭示各种学说的矛盾方面下了很大的功夫,作者对于早期汉语语法研究中的许多问题的评论和见解,至今仍有重要的参考价值。作者关于词类区分的观点在理论上具有重要的意义,它揭示了形式特征(形态)对于词类区分的重要性。虽然作者未能提出具体在汉语研究中怎样操作,但是道路却已经是指明了。作者所说的叶氏的"等级说",也就是"三品说"。"三品说"在20世纪三四十年代我国语法学界曾风靡一时,其目的是企图在词类和句子成分之间插入词品一级,以为两者的桥梁。从表面上看,"三品说"要比死抠词类来研究汉语的做法高明得多,但实际上并不能说明偏正结构以外的各种语法关系。作者批评了黎锦熙的"位",但没有批评马建忠的"次"。实际上,在汉语中"次"的设立也完全是架床叠屋,没有必要的。

关于本书的研究,可以参看龚千炎《中国语法学史稿》(语文出版社,1987年)、邵敬敏《汉语语法学史稿》(修订本,商务印书馆,2006年)等。

(杜高印)

中国训诂学史 胡朴安

《中国训诂学史》，胡朴安著。成书于1937年。有1939年上海商务印书馆本、1983年北京中国书店影印本、1984年上海书店影印本。

胡朴安(1878—1947)，原名有忭，学名韫玉，字仲民，又字颂民，号朴安。安徽泾县人。幼攻经史，精文字训诂之学。清末在上海加入同盟会，又为"南社"成员，任《国粹学报》编辑。民国成立后，先后供职于上海《民立报》、《太平洋报》、《中华日报》和《民国日报》，并任中国公学、复旦公学、暨南大学等校教授。抗日战争期间，先后任正风文学院教务长、新中国学院文学院长、上海女子大学教授等。1939年4月，因脑溢血半身不遂，乃居家著述。抗战胜利后，任复刊后的《民国日报》社社长及上海通志馆馆长。1947年7月因肝癌病逝。所著另有《周易古史观》、《儒道墨学说》、《中庸新解》、《庄子章义》、《墨子解诂》、《荀子学说》、《离骚补释》、《俗语典》（与胡怀琛等合编）、《六书学》、《中国文字学史》、《泾县方言考》、《中华全国风俗志》等，还撰有《朴学斋丛刊》、《朴学斋算书四种》，辑有《朴学斋丛书》等。

1937年2月，胡氏所撰《中国文字学史》为上海商务印书馆编入《中国文化史丛书》第一辑出版，后又应约为该丛书第二辑撰写《中国训诂学史》，乃将其在大学讲授训诂学的讲稿加以整理写成此书。

全书除"绪言"外，共六章：第一章，《尔雅》派之训诂；第二章，传注派之训诂；第三章，《释名》派之训诂；第四章，《方言》派之训诂；第五章，清代训诂学之方法；第六章，今后训诂学之趋势。胡氏分期"不以时代分，而从性质分"，这样，虽无从明白训诂学变迁之迹，但全书以《尔雅》、《释名》、《方言》等训诂学专书及传注派训诂为主线，来贯穿"多于文字学史数倍而未已"的训诂学史的材料，仍是十分恰当的。

作者在"绪言"中指出，东汉学者不仅兼习众经，且兼习今古文及纬书，所习既多，异同愈出，既遇异文异字，又有不同师说，加以简册错乱，要据此考彼，据彼证此，则不能不有合理的方法，这样就产生了训诂学。而在东汉以前的今文家时代,治学者皆师弟口耳授受,且又墨守一家之说,故"虽有训诂而无需乎训诂"。因此,所谓"训",应是指"能分析其内容,形容其状况,顺其意而说之",所谓"诂",应是指"不仅作今古方俗言语之解释,必疏通经义,使人知旨趣之所在也"。

全书第一、二、三、四章为重点,而第一、二章着力尤多。对重要的训诂学专书及训诂学史料,胡氏都先考证作者及著述年代,然后详细介绍此书内容及条例,再指出其在训诂学上之价值,最后对各书的续广本、校注本作介绍评说。按照这一体例来编写的有第一章的《尔雅》、《小尔雅》、《广雅》,第二章的毛传、郑笺,第三章的《释名》,第四章的《方言》。相比之下,第三章只述《释名》、第四章只述《方言》,其续广校注本数量亦很有限,远不能与"《尔雅》派"、"传注派"等蔚成一派的众多专书、史料相提并论。另外,第二章还对《埤雅》、《埤雅物异记言》、《尔雅翼》、《骈雅》等十五本《尔雅》派之专书,及王念孙《释大》等释一名一物而类于"雅学"之短篇小说、第三章还对《经典释文》、十三经注疏中唐人的义疏、宋代理学家的训诂、《经籍籑诂》等作了较为详细的介绍与评说。

第五章"清代训诂学之方法",指出清代学者以文字通假、训诂异同、声韵流变、虚词辨别、章句离析、名物考证、义理推求等七种方法来说明声音训诂名物之变迁,推求古书义理之所在,有分析、有比较、有综合,条理清楚,观点鲜明。

第六章"今后训诂学之趋势",简要地介绍利用甲骨文、金文材料的"考证法",以及广取书证、用统计方法来探究词义、辨别古籍真伪的"推测法"。

作者对非亲自所见之书或已散失之书,均宁阙勿论。如"《广雅》以后之群雅"节,虽列出《要雅》、《续尔雅》、《六经类雅》、《埤雅广要》、《大尔雅》等十部书名,但却不予评说。又如"陆佃之《埤雅》节",虽指出"明有千户牛衷者,就陆氏原书二十卷,增摭群书所载,复成二十卷,为四十卷。其书尚存",但因"未经寓目",故亦不论。全书搜罗丰富,甚至旁及未经刊行而有价值之书,如《埤雅物异记言》一书。

此外,书中多有胡氏本人研究心得。如引王国维《尔雅草木虫鱼鸟兽名释例》及陈玉澍《尔雅释例》,论《尔雅》条例;据陆德明《经典释文序录》,将《经典释文》条例归纳整理为九条;据王国维《书郭注〈方言〉后》之说,求得《方言》条例六条;而论《释名》条例,除引顾千里《〈释名〉略例》所提之十条,又谓"顾氏十例尚有漏略","当增八例";至于《广雅》条例,则全为胡氏自己研究整理,共得二十二例。对所引诸书,亦多所评论,如对明代方以智《通雅》,指出其《释器》中"金石"一目,是金石之文字;《总目》之"金石"一目,是矿物。"二者不同,同一'金石'之标目,似乎嫌浑。"又如称清代吴玉搢之《别雅》,"虽足以通经籍之异同,实则不过太仓之一粟。《四库提要》推为'小学之资粮,艺林之津筏',未免太过"。

《中国训诂学史》的不足之处主要有以下几点。

一、作者认为东汉始有训诂学,同时又称"训诂之方法,至清朝汉学家始能有条理有系统之发见,戴氏震开其始"。这一看法,有失偏颇。汉代已是训诂学蓬勃发展时期,而训诂学解释词语所运用的形训法、义训法、声训法,远在春秋战国时期便已发其端。即如胡氏引戴震所言之"搜考异文,以为订经之注"的训诂方法,早在宋代也已有人运用了。

二、汉代已有《尔雅》、《方言》、《说文》、《释名》这四种各有特点的训诂专书。《说文》虽是字书,但解释文字从形、音、义三方面着手,其训释或因字形构造以说义,或取书传古训而说义,或据声旁为释,或依方言之训,所以它又是一部对后世影响极大的训诂专书。胡氏虽然明乎此,但因已撰写了《中国文字学史》,所以对《说文》、《玉篇》、《类篇》等形、音、义兼释的一大批字书只字不提,这样便无从反映中国训诂学史的全貌。

三、胡氏认为训诂学史"可以经传注疏为中心",即使《尔雅》所记,"论其范围,亦不过经传注疏之附庸"。然此书中"传注派之训诂",距反映经传注疏实际尚远。《经典释文》虽荟萃汉魏以来训诂,但此书"不如《十三经注疏》中之训诂更为丰富也";而《经籍籑诂》虽为"集传注派之大成",却只集唐以前经传子史注疏及训诂书中之诠释,且有不少遗漏讹误之处,所以二书并不能代替"传注派训诂"。胡氏于"孔颖达、贾公彦之义疏"节谓"汉人之训诂,已另为一篇,记之綦详",但全书并无专论汉人训诂之章节。至于唐以后,或经传子史注疏如朱熹《四书集注》、洪兴祖《楚辞补注》及清儒诸多注疏,或训诂专书如黄生《字诂》及《义府》、王引之《经传释词》、刘淇《助字辨略》等,亦均未言及。

四、有些材料引用失当。如介绍《方言》内容,认为《方言》"原书虽略以类次,但分之未密",于是便不引聚珍本、《四部丛刊》本、影宋本,而改录明代陈与郊"无甚发明"的《方言类聚》本。这样,《方言》第一卷第一条"党、晓、哲,知也"被列为第二卷《释言》第二条,致使读者大惑。又如释"读如"、"读若",引段玉裁《周礼汉读考·序》:"读如、读若者,拟其音也。古无反语,故为比方之词。"其实清代学者对此多有异议。钱大昕已曰:"许氏书所云'读若'……假其音并假其义。"而"读如"不但拟音,且指明假借。

研究《中国训诂学史》的著作,有李建国《汉语训诂学史》(安徽教育出版社,1986年;上海辞书出版社,2002年,修订版)等著作的有关章节。

(陈重业)

汉语音韵学 王 力

《汉语音韵学》,原名《中国音韵学》。共四编七章。王力著。1936年商务印书馆初版,1956年中华书局重印版改今名。

王力(1900—1986),字了一。广西博白人。二十四岁入上海南方大学,次年入上海国民大学。二十六岁进清华大学国学研究院。1927年留学法国巴黎大学专攻实验语音学,以《博白方音实验录》获博士学位。1932年回国,历任清华大学、西南联大教授。1939年至1940年在越南河内研究东方语言。抗战胜利后任中山大学教授、文学院院长,创办语言学系。1948年任岭南大学教授、文学院院长。1952年任中山大学教授、语言学系主任。1954年任北京大学教授、汉语教研室主任,同年任中国文字改革委员会委员,参与制定《汉语拼音方案》。1955年任中国科学院哲学社会科学学部委员、语言研究所学术委员。一生勤勉治学,著述极丰,除本书外,还有《中国文法学初探》、《中国现代语法》、《中国语法理论》、《中国语法纲要》、《汉语史稿》、《汉语诗律学》、《中国语言学史》、《龙虫并雕斋文集》等。主要著作收入《王力文集》。

《汉语音韵学》分前论、本论上(《广韵》研究)、本论中(由《广韵》上推古音)、本论下(由《广韵》下推今音)四编,共七章。第一至第三章是前论,第四章是本论上,第五章是本论中,第六、七两章是本论下。第一章"语音学常识"。运用现代语言学原理和方法,对语音学的常识做了介绍。第二章"汉语音韵学名词略释"。同样运用现代语言学的原理,科学地对中国传统的音韵学名词进行解释。第三章"等韵学"。详细介绍了等韵学的基本原理、源流以及韵图、等韵学家等。第四章讲《广韵》。叙述代表汉语中古音的《广韵》音系。主要内容是:(一)《广韵》的历史。认为《广韵》的前身应是陆法言的《切韵》,在《切韵》和《广韵》之间又有《唐韵》,但《唐韵》也是据《切韵》而作的。(二)《广韵》的声母。认为《广韵》有四十七个声母,这是根据《广韵》的反切上字的系联考订出来的。(三)高本汉所假定的《广韵》声母的音值。(四)《广韵》的韵母。介绍《广韵》二百零六个韵部,九十个韵母,这些韵母是根据反切下字的系联考订出来的。(五)高本汉所假定的《广韵》

韵母的音值。第五章讲上古音。详细介绍上古音的研究概况,主要内容有:(一)古音学略史。(二)顾炎武、江永、段玉裁、戴震、钱大昕、孔广森、王念孙、江有诰、章炳麟和黄侃的古音学说。第六章讲《广韵》以后的韵书。主要介绍《礼部韵略》、《集韵》、《五音集韵》、《韵会》、《中原音韵》、《洪武正韵》和《音韵阐微》等。第七章"现代音"。首先介绍汉语的注音字母和国语罗马字,然后介绍汉语方言的分类研究方法,以及各大方言的语音特点。

汉语音韵学是研究古人说话的声音的一门学科,由于话音是一发即逝的,又由于古人在语音研究上的局限,传统的讲音韵学的书就显得过于玄虚幽渺了。正如颜之推在《颜氏家训·音辞篇》中所说:"古语与今殊别,其间轻重清浊,犹未可晓;加以内言外言、急言徐言、读若之类,益使人疑。"由此,音韵学也就被人视为"绝学"。其实,从现代语言学的观点来看,汉语音韵学一点儿也不神秘。例如传统所谓唇、舌、牙、齿、喉"五音",释真空的《篇韵贯珠集》解释为:"见等牙肝角木东,舌心徵火喻东风。北方肾水羽唇下,西面商金肺齿中。喉案土宫脾戊己,西南兼管日来同。后进未明先哲意,轩辕格式为君明。"说了一大通,仍使人如堕云雾之中。而用现代语音学知识,按照辅音的发音部位就可以把"五音"说得清清楚楚。《汉语音韵学》一书把"语音学常识"置于第一章,其价值首先就在于此。

其次,代表隋唐时代语音系统的《广韵》是我国现存最早最全的韵书,也是历来音韵学家们研究最多最深入的韵书,研究上古音必须拿它来做阶梯,研究近代音也必须拿它做基础,《广韵》在音韵学上的重要性于此可见。《汉语音韵学》一书采用相当大的篇幅专论《广韵》,这是完全正确的,也是本书的科学性所在。

再次,传统音韵学很少重视现代汉语方言。其实,音韵学音值研究的一个重要途径,就是利用现代方言的历史比较,来构拟古代的音值。同时音韵学上的结论也必须能解释现代方言的由来,才可令人信服;由此,学术研究还可进入到汉语语音史的阶段。《汉语音韵学》一书第七章专述官话、吴语、闽语、粤语、客家话音系,这是本书又一重要特色。

最后,此书每一节内容之后都附有大量参考资料,便于人们阅读和查考。例如本书第三十四节"古代音值问题"后就附有汪荣宝《歌戈鱼虞模古读考》一文主要内容。有时,作者在所附参考资料中还会加上简单按语。如第三十八节"中原音韵"后所附《四库全书总目》云:"考齐梁以前,平上去无别,至唐时如元稹诸人作长律,尚有遗风;惟入声则各自为部,不叶三声。"王力按语云:"南北朝霁祭韵多与屑薛韵叶,《提要》此语未尽然。"十分明显,这些按语不仅对于读者是一种启发,同时也具有重要的学术价值。

由于《汉语音韵学》以科学的方法和原理阐述汉语音韵学的基本概念和研究过程,所以在当时以及后来的语言教学中影响很大,作者在此书中的观点也屡被引述。不过,因为此书成书较早,就目前看,其中有些观点已显陈旧。作者在后出的《汉语史稿》、《中国语言学史》、《汉语语音史》等著作中已经作了补充和修订。

（杨剑桥　徐川山）

中国文法学初探 王 力

《中国文法学初探》,王力著。原载《清华学报》十一卷一期(1936年)。1940年商务印书馆改为今名出版单行本。

作者生平事迹见"汉语音韵学"条。

《中国文法学初探》对《马氏文通》以来简单比附的研究方法提出了批评,认为汉语语法研究要重视汉语语法的特点,并提出要区分古今语法的历史观点。本书的旨趣"不在乎搜求中国文法里的一切系统,只在乎探讨它的若干特性,希望从此窥见中国文法学的方法"。全书共十章,主要讨论六个方面的问题。

一、比较语言学和汉语语法。作者认为,拉丁语属于印欧语系,汉语属于汉藏语系,二者的关系相差甚远;从拉丁语法的比较上建立汉语语法,就不免有牵强附会的毛病。"我们对于某一族语的文法的研究,不难在把另一族语相比较以证明其相同之点,而难在就本族语里寻求其与世界诸族语相异之点。""比较语言学能帮助我们研究,但我们不能专恃比较语言学为分析中国文法的根据。"最重要的工作是探求汉语语法的特点。

二、对待西洋语法的态度。作者认为,古汉语的某些语法区别,如果没有颠扑不破的证据,是不能信其有的,例如名词的单复数、阴阳性,就不能去比附西洋语法的数与性。中国人的心理是只要把两个观念依一定的次序放在一起,就显出它们的关系来。"我们决不能拿中文比附英文,而说'马壮'是'马是壮'或'马为壮'的省略。"作者又指出,每个字只有一个音节,不能认为每个词只包括一个字。因此"我们不能把中国语认为单音缀的语言"。

三、死、活语法和古、今语法。认为"凡偶见于书,其后不复为人所用者,就是死文法;凡其用能历千年而不替者,就是活文法"。而要研究汉语语法,首先必须把死文法"另列专篇,不与活文法混杂",这样才能系统分明,研究出成效。古文法和今文法,是指"普通说的文言文的文法与白话文的文法"。作者认为文法应分为古今两大类,"至少该按时代分为若干期,成为文法史的研究"。"中国语的词性算是富于弹性的,而中国古文比今文还更富于弹性","关于中国古今文法的变迁,尽可以写成一部很厚的《中国文法史》"。

四、词性和词类。作者分词性为本性、变性和准性三种。本性指"不靠其他各词的影响而能有此词性的",准性指"为析句的便利起见,姑且准定为此词性的",变性指"因位置关系,受他词之影响,而变化其原有的词性的"。作者认为最该注意的是本性与变性的分别,并总结出变性的规律十条。作者按照中国人的心理,把汉语的词分作名词、代名词、动词、限制词、关系词、助词、感叹词七类。主张"形容词与副词不必区别",称作限制词;"连词与介词不必区分",称作关系词。这个词类系统改变了《马氏文通》以来词分九类的成说。

五、文法成分。文法成分指一般所说的虚词,作者认为"文法成分是文法学的主要对象",并根据句尾助词能形成语句的不同性质,把汉语的句子分为两大类:(一)名句,也就是表明句,"普通只用'也'字煞尾",如"仁,人也","知之为知之,不知为不知,是知也"。(二)动句,"普通不用句尾助词,如果用的时候,则于过去时用'矣'字,现在时用'也'字",如"吾既许之矣","子曰,不知也"。作者又认为"中文的特点者,仍在文法成分之少用。事物关系之表现,在中文里往往是不显的"。例如表明语与主格的关系,名词用作表明语,可以不用系词,既可说"孔子,鲁人也",也可说"孔子,鲁人"。此外,甲句与乙句的关系也往往不用文法成分表现,特别是在古文里。例如假设句,连词"苟"、"若"可以不用。"在这种种方面,我们都可以看出西文的组织偏重于法的方面,中文的组织偏重于理的方面。"

六、汉语中的词序。作者认为"词的次序在中国语里,其固定程度远非西文所能及,所以谈中国文法决不能不谈及词的次序"。并列举了"主格先于其动词"、"目的格后于动词"、"领格先于其所领之名词"等九条规律。

《中国文法学初探》的主要特色是:对以往的语法研究方法提出了质疑和批评,反对削足适履的模仿语法;主张从亲属语言的比较中揭示汉语语法的特点,以建立汉语语法学体系;十分重视古今语法研究的方法,十分重视汉语语法的实际,十分重视古今语法的区分。作者自谓:"这仿佛是一篇宣言,我在这篇文章里确定了我的研究方向和方法。"但作者主要从意义出发研究汉语语法,主张从语象(即语言观念)或者说中国人的心理上着眼;把词类认作孤立的词的分类,因而有本性、准性和变性之说,这些都为后人所批评。

(杜高印)

中国现代语法 王 力

《中国现代语法》,王力著。商务印书馆1943年出版上册,1944年出版下册。1954年中华书局据商务印书馆原纸型重印。1985年作为《汉语语法丛书》之一,由商务印书馆重版。又收入《王力文集》。

作者生平事迹见"汉语音韵学"条。

1937年夏起,作者阅读《红楼梦》,"看见了许多从未看见的语法事实。于是开始写一部《中国现代语法》,凡三易稿"(自序)。1938年秋作者在西南联合大学讲授"中国文法研究"课,将此稿印为讲义。后来重加修改,分为两部书,一部专讲汉语语法规律,一部专讲汉语语法理论,相辅而行。到1939年冬分别完成上册,1940年夏分别完成下册。专讲规律的名为《中国现代语法》,即是本书,专讲理论的名为《中国语法理论》。这两部书目录相同,体系相同,但侧重点不同,可以说是姊妹篇。

本书除《导言》外,分为六章,书前有朱自清序(1943),作者自序(1943)和例言。六章之中比较重要的是第一、二、三章。

第一章,"造句法(上)"。主要讲以下几个问题。

一、字和词。提出"每一个音所代表的语言成分,叫做字","语言的最小意义单位叫做词"。

二、词类。根据意义区分词类。先把汉语的词分为"理解成分"和"语法成分"两大部分,前者"都有它的理解……能给予咱们一种实在的印象,后者与前者对立,对于实物实质实情无所指"。"理解成分"都是实词,如名词、数词、形容词、动词;"语法成分"中有半实词(副词)、半虚词(代词、系词)和虚词(联结词、语气词)。虚词中还有一个"记号"。

三、词品。采用叶斯柏森(Otto Jespersen)"三品说"的理论,在汉语语法中区别词类和词品,认为"词在字典里的时候,分类不分品;词在句子里的时候,分品不分类"。"词类是一个词独立的时候所应属的种类;词品是词和词发生关系的时候所应属的品级,研究语法的时候,词品比词类更重要"。词品分为三个品级：（一）首品，指词在句中"居首要地位者"，如"飞鸟"中的"鸟"。（二）次品，指词在句中"次于首品者"，如"飞鸟"中的"飞"黏附于首品"鸟"上，就是次品。（三）末品，指词在句中"地位不及次品者"，如"高飞之鸟"中的"高"，黏附于次品"飞"上，就是末品。

四、仂语。仂语是指"两个以上的实词相联结，构成一个复合意义的单位者"。可分为两大类：（一）主从仂语，指必须有一个中心，其余的词都是修饰这一个中心的仂语，如"小牛"、"微笑"等。（二）等立仂语，指两个以上的同品实词相联结的仂语，如"夫妇"、"好坏"等。

五、句子。"两个以上的实词相联结，能陈说一件事情者"称为"连系式"，"由连系而成的语言形式叫做句子"。句子是完整而独立的语言单位，由主语、谓语两部分组成。为分析句子方便起见，连系式不论是否成为一个完整的句子，都叫做句子形式，每一个复杂的谓语不论已否变为谓语的一部分，都叫做谓语形式。根据谓语的性质，句子可分为三类：（一）叙述句，是用来叙述一件事情的，以动词为谓词，如"张先生生了一个孩子"。（二）描写句，是用来描写人和物的德性的，以形容词为谓词，如"这一所房子很大"。（三）判断句，是用来判定词所指的是什么或属于什么种类的，主语和谓语间加系词"是"作为联系工具，如"他是李德耀"。又把内部包括不止一个句子形式的句子分为两种：（一）句中虽有句子形式，但嵌得很紧，以致不能在被包含的句子形式的起点或终点作语音停顿的，称作包孕句，如"我们不知道张先生来"。（二）句中有两个以上的句子形式，联结比较松弛，可以在每一个句子形式的终点作语音停顿的，称作复合句。复合句又分为两类：（一）等立句，指其中的包含的句子形式有平等的价值的，如"今日正遇天气晴明，又值家中无事"。（二）主从句，指其中所包含的句子形式有主要和从属之别的，如"你不敢，谁还敢呢？"如果复合句由三个以上的句子形式联合而成，则另立一名，叫做多合句。

第二章"造句法（下）"。主要讲六种造句法的语言形式。

一、能愿式，指着重陈说意见或意志的语言形式（句中有表示能愿的词，如"能、可、必、要、肯、敢"等）。分为：（一）可能式，指表可能性、必然性或必要性的能愿式，如"不能自出心裁"之类。（二）意志式，指表意志的能愿式，如"不要性急"之类。

二、使成式，指叙述词和它的末品补语构成因果关系的语言形式，如"推倒了油瓶"、"弄坏了他了"之类。

三、处置式，指用助词（"把"或"将"）把目的位提到叙述词前面以表示处置的语言形式，如"把手绢子打开"、"将他两人按住"之类。

四、被动式，指叙述词所表示的行为为主位所遭受的语言形式。分为：（一）叙述词前有助动词"被"（或"叫"）的，如"我们都被人欺侮了"之类。（二）没有"被"字的被动式，如"五儿吓得哭哭啼啼"之类。

五、递系式,指句中包含着两次连系,其初系谓语的一部分或全部用为次系的主语的语言形式,如"催他去见贾母"、"是宝二爷自己应了"、"这话说得太重了"之类。

六、紧缩式,指紧缩起来,两部分之间没有语音停顿的复合句,如"还要买一个丫头来你使"、"不问他还不来呢"之类。

第三章"语法成分"。主要讲以下内容。

一、系词,指连接主位和表位的一种词。现代汉语中常用系词只有"是",常用的准系词只有"像"、"如"。系词构成判断句有种种情形。

二、否定词,指表示否定作用的一种词,如"不、没有、别、无、非"等。各个否定词所起的否定作用。

三、副词,指介乎虚实之间的一种词(半实词)。按其用途,分为八种:(一) 表示程度,如"很、太、极"之类。(二) 表示范围,如"都、单、又"之类。(三) 表示时间,如"已经、还、正、才"之类。(四) 表示方式,如"悄悄、连忙、将就、大约"之类。(五) 表示可能性或必要性,如"可能"之类。(六) 表示否定,如"不、别"之类。(七) 表示语气,如"难道、简直"之类。(八) 表示关系,如"若、虽、因"之类。

四、记号,指附加于词、仂语或句子形式的前面或后面以表示它们的性质的"附加成分"。分为两种:(一) 附加于前面的叫"前附号",如动词前的附号"所、打",序数的前附号"第",称呼的前附号"阿、老"。(二) 附加于后的叫"后附号",如修饰词的后附号"的",名词的后附号"儿、子、头",首品的后附号"头",复数记号"们",代词的后附号"么",动词的后附号"得",情貌记号"了、着"等。

五、语气词,指表示语气的虚词,如句末的"的、了、吗、呢、啊"等。语气词所表示的各种语气。

六、联结词,指居于两个语言成分中间担任联结职务的虚词,如"和、并、及、而"等。联结词所联结的各种情况。

七、情貌,指时间的表示着重在远近、长短及阶段的。分为:(一) 普通貌(不用情貌记号)。(二) 进行貌(用记号"着"表示)。(三) 完成貌(用记号"了"表示)。(四) 近过去貌(用记号"来着"表示)。(五) 开始貌(用末品补语"起来"表示)。(六) 继续貌(用末品补语"下去"表示)。(七) 短时貌(用动词重叠表示,如"瞧瞧")。

第四、五、六章,主要讲以下几个问题。

一、替代法。讨论代词及其替代用法。所列代词有人称代词、无定代词、复指代词、交互代词、被饰代词、指示代词、疑问代词,并详细讨论这些代词的替代作用和具体用法。

二、称数法。主要讨论基数、序数、问数的表示法及人物、行为的称数方法。

三、特殊的语言形式。分节讨论叠字、叠词、对立语、并合语、化合语、成语、拟声法、绘景法、复说法、承说法、省略法、倒装法、插语法、情绪的呼声、意义的呼声等。

四、欧化的语法。分节讨论复音词的创造、主语和系词的增加、句子的延长、可能式、被动式、记号的欧化、联结成分的欧化、新替代法、新称数法,等等。

《中国现代语法》是一本在汉语语法学史上有很大影响的语法著作。其主要特色是:(一)重视汉语特点,努力从汉语事实出发来总结现代汉语的语法规律,因此突破了传统语法依照西洋语法为蓝本所建立起来的语法框架。书中揭示了不少汉语语法与印欧语法的不同之处,如指出系词在汉语里是不一定需要的,句子里不一定有动词;提出了汉语一些特殊的句法结构"处置式"、"使成式"、"递系式"、"紧缩式"等,这些都是作者为了表彰汉语语法的特点而细心探索的结果。(二)重视白话和口语,尤其是北京口语。书中引例以《红楼梦》为主,辅以《儿女英雄传》。正如朱自清所说:"这两部书是写的语言,同时也是说的语言。从这种语言下手,可以看得更确切些。第一,时代确定,就没有历史的纠葛……。第二,地域确定,就不必顾到方言上的差异……。第三,材料确定,就不必顾到口头的变化。"(《朱序》)(三)注意语言的发展变化。书中专论"欧化的语法",谈到"主语和系词的增加"、"句子的延长"、"联结成分的欧化"等等,都反映了"五四"以后现代汉语所受印欧语的影响,注意到了汉语的发展变化。不过本书根据意义概念标准来区分词类是欠妥的;重视句法是好的,但词法部分过于薄弱;另外书中到处用"三品说"分析句法,有些地方显得牵强。

有关本书的研究,可以参看林玉山《汉语语法学史》(湖南教育出版社,1983年)、龚千炎《中国语法学史稿》(语文出版社,1987年)、邵敬敏《汉语语法学史稿》(修订本,商务印书馆,1996年)等著作的有关章节。

(范 晓)

中国语法理论 王 力

《中国语法理论》，王力著。商务印书馆1944年出版上册，1945年出版下册。1955年中华书局重印，又收入《王力文集》。

作者生平事迹见"汉语音韵学"条。

《中国语法理论》是一部从理论上论述汉语语法的专著。全书除"导言"外，分为六章，即第一、二章"造句法"，第三章"语法成分"，第四章"替代法和称数法"，第五章"特殊形式"，第六章"欧化的语法"。1955年版书前有"新版自序"。

本书成书经过和讨论汉语语法规律的内容与《中国现代语法》相同，不重复介绍。这里着重介绍理论方面的内容。

一、关于研究族语语法要注意族语的特征的理论。本书认为："甲族语所有而乙族语所无的语法事实，正是族语的大特征，族语结构上的特征就是语法的主要部分，如果乙族语区域的人熟读了甲族语的一部分语法书，而于甲族语的结构方式还不免误会的时候，这一部语法书一定不完善的。"（"导言"）因此作者反对把西洋语法的形态学范畴硬搭配在没有形态变化的汉语上，主张根据汉语语法的特点来建立汉语语法体系。正是这种理论，指导着作者对汉语语法特点进行细心的探索，揭示了描写句里不用系词、复合句和递系式常用意合法、及物动词和不及物动词或形容词结合可成为使成式、时间的表示着重在情貌等等汉语语法的特点，建立一个旨在表彰汉语语法特征的汉语语法体系。

二、关于词类的理论。首先，在区分词类的问题上，本书采用意义（概念）标准。作者认为，汉语中的词，"它们完全没有词类标记，正好让咱们纯然从概念的范畴上分类，不受形式的拘束"。又说，"这种分类，简直可说是逻辑上或心理学上的分类"。在这种观点指导下，本书对各类词（特别是实词）的解释，就都从概念出发下定义，如说"实物的名称或哲学科学创造的名称"叫名词；"表示实物德性"的叫形容词，"指称行为或事件"的叫动词，等等。其次，本书认为汉语语法中区分词类不太重要,理由是在西洋屈折语里,不讲词类无法谈它的屈折形式,而汉语是"孤立语",词类可以从概念的观点上去区分,"就越发失去了它在语法上的重要性"。在这种理论指导下所建立的语法体系,对汉语的词类、词法就不可能重视。

三、关于词品的理论。本书引进了叶斯柏森(Otto Jespersen)"三品说"的理论,认为:"从概念的范畴来分,那是词类;从功能(职务)的种类来分,那是词品。"(《新版自序》)词类"是在字典里可以注明的。词品则是指词和词的关系而言。……咱们可以从词和词的相互关系里,依照它们受限或主限的不同,定出若干品级(ranks)来"。本书给"三品"下的定义是:"词在句中,居于首要地位者,叫做首品;地位次于首品者,叫做次品;地位不及次品者,叫做末品。"作者认为"三品说"在中国语里尤其必要。

四、关于向心结构的理论。本书引进了布龙菲尔德(Leonard Bloomfild)的"向心结构"的理论。布氏把语法结构分为"向心的"和"背心的"两类。作者认为:仿语从形式上说,它就是布氏所说的向心结构;从作用上说,凡词群没有句子作用者,都是仿语。因此,在解释仿语时,本书既采用"三品说",也采用"向心结构"说。

本书重视理论,通过理论来进一步说明汉语语法规律。这样做比之有些语法书只是简单地描写规律是前进了一步。它不但使人们知道汉语语法有哪些规律,而且知道怎样来解释这些规律,不仅知其然,而且知其所以然。关于族语语法应当阐明该族族语语法特征的理论,使作者在揭示汉语语法特点方面作出了很大的贡献,对后来的语法著作有很大的影响。但是本书在理论上也有一些不妥之处,如关于用概念标准区分词类,那是心理上、逻辑上的分类,而不是语法上的分类;而且实际上作者也并没有彻底贯彻这种理论。关于汉语中区分词类不重要的理论,使得作者所建立的汉语语法体系里词类好像显得可有可无似的,这也就在一定程度上削弱了语法体系的科学性。书中吸收了叶斯柏森"三品说"和布龙菲尔德"向心结构"的理论来分析汉语语法,有些地方也解释不通,而同时引进这两种理论来分析仿语,不免陷于矛盾。例如"种田"按"三品说"的理论,"田"是主要的词,是首品;按"向心结构"理论,"种"是主要的词,是中心词。碰到这样的情形,就很难自圆其说。这一点,作者后来也承认了。

有关本书的研究,可以参看林玉山《汉语语法学史》(湖南教育出版社,1983年)、龚千炎《中国语法学史稿》(语文出版社,1987年)、邵敬敏《汉语语法学史稿》(修订本,商务印书馆,1996年)等著作的有关章节。

(范　晓)

中国文法语文通解 杨伯峻

《中国文法语文通解》,杨伯峻著。商务印书馆1936年初版,1955年重版。

杨伯峻(1909—1992),原名德崇。湖南长沙人。1932年毕业于北京大学中文系。历任中学教员、中山大学讲师、湖南《民主报》社社长,北京大学、兰州大学中文系副教授。1960年后任中华书局编辑。长期从事古籍整理和古代汉语的教学研究工作,著述另有《列子集释》、《文言语法》、《论语译注》、《孟子译注》、《春秋左传注》等。

《中国文法语文通解》是一部古今汉语虚词综合研究的著作。此书采用"语文通解"的形式,即把古代虚词同现代虚词加以分类排比,说明它们的词性,指明它们的用法。全书分十二章,主要内容如下。

一、关于虚词。此书认为汉语几千年来变化最大的是虚词,"说明这种种虚词变迁的痕迹,应该是今天的文法研究者的任务之一"。认为从"语文通解"的形式可以看出古今虚词变迁的历史,可以帮助读者更准确地使用现代的虚词。

二、词的分类。书中指出,词类是指"词在文法上的分类",分类的标准是意义、性质和功用。并简述名词、代名词、动词、形容词、副词、介词、连词、助词、叹词九类词的名称和定义。

三、名词和代名词。本书把名词分为独有、公共、集合、物质、抽象五类,此外有附类单位词。把代名词分作人称、指示、疑问、复牒四类。人称代名词又分自称、对称、他称、泛称、己身五种;指示代名词分作近称、远称、他称、通称、旁称、虚称、无称、泛称、分称、全称十小类,并作了古今比较。此书又论及名词、代名词在语句中的位置,分做主位、宾位、领位三项。而不赞同呼位和补位的说法。

四、动词和形容词。动词分做外动词、内动词、同动词、助动词四类。外动词又分普通、不完全、双宾三小类;内动词又分普通、不完全两小类。形容词分做性态、数量、指示、疑问四类。此书首次论述了几种形容词同时使用时的序次:"指示形容词位置在最前,数量形容词次之,性态形容词又次之。"

五、副词。此书认为,"副词是一种修饰词,除掉名词和代名词由形容词修饰外,它可以修饰其他的词类"。并把它分做表数、表态、表时、表地、否定、询问、传疑、应对、命令、表敬十类。

六、介词和连词。此书指出,"介词以及所介者,虽称介词语,其功用仍同于副词"。介词按意义的不同分为介所向、介所给之人物、介所从等二十七类。此书认为连词的作用"在联络词与词,语与语,或句与句,节与节以表示它们互相之关系"。明确提出了连词可以连接大于句的节和段。连词分为等立、选择、陪从、承递、转捩、提挈、推拓、假设、计较、范围十小类。

七、助词和叹词。此书把助词按位置分为语音、语中、语末三类,语末助词又分十三小类。认为叹词的位置是自由的,有置于句首的,有置于句中的,有置于句末的,又有独立的。

八、标点符号。认为标点符号的用处是:减少读书的困难,免除文意的误会,使文字的效力格外完全、格外巨大和格外活泼。

本书的主要特色是:(一)语言材料丰富,有上古的语言材料,也有中古的和现代的语言材料;既搜集书面的,又搜集口语的。(二)态度认真,分析细致。例如表态副词就细分做四十六小类。但是此书专门研讨词类的问题,而不论说句法的问题;就词类系统的总体上说,它没有超越《马氏文通》和《高等国文法》的范围;虽然词法研究有时讲到词的功用,但是多从词的个别意义上去分析研究,缺少应有的归纳概括。

(杜高印)

中国音韵学史 张世禄

《中国音韵学史》，上、下两册。张世禄著。1938年由商务印书馆初版印行，1984年上海书店重印。

张世禄(1902—1991)，字福崇。浙江浦江人。从小受到家学的熏陶。后入东南大学，师从胡小石、顾实、柳诒徵等。1926年毕业后任厦门集美学校语文教师，1928年至1932年任上海商务印书馆编译所编译员。1932年至1947年，历任暨南大学、复旦大学、无锡国专、中央大学等校教授，其间曾在中央研究院历史语言研究所从事研究。1952年起任复旦大学教授。主要著作除本书外，尚有《广韵研究》、《张世禄语言学论文集》等。

《中国音韵学史》共分九章。第一至第五章为上册，第六至第九章为下册。

第一章"导言"。全面地论述了中国音韵学发展与研究的历史，指出了音韵学在中国文化史中的重要地位。

第二章"古代文字上表音的方法"。第一节谈中国语言文字的特殊性决定了中国语的演进和文字的性质；第二节谈"形声"、"假借"和音义的关系。

第三章"周汉间的训诂和注音"。第一节谈"声训"的渊源和体例；第二节谈"读若"和音义的关系；第三节讲述周秦两汉时人们的辨音和审音的问题。

第四章"'反切'和'四声'的起源"。第一节介绍"二合音"和"双声"、"叠韵"的原理；第二节介绍字音的分析和"反切"的起源；第三节讲述"字调"的区别和"四声"名称的来历。

第五章"魏晋隋唐间的韵书"。第一节介绍魏晋六朝的韵书和诸家对韵部的分合；第二节介绍陆法言的《切韵》和唐代各种韵书的派别。

第六章"字母和等韵的来源"。第一节介绍三十六字母的系统和演变的经过；第二节论述了等韵的原理以及它的起源。

第七章"宋后韵书和等韵的沿革"。第一节论述从《广韵》到近代《诗韵》间的音韵学发展历程;第二节论述宋代以后等韵表的演变;第三节着重讲了近代北音韵书的源流情况。

第八章"明清时代的古音学"。第一节论述古音学的起源以及宋至明清诸家从郑庠到黄侃的古音学研究成果和他们的理论;第二节讲述近代对于《广韵》的研究情况。

第九章"近代中国音韵学所受西洋文化的影响"。第一节讲反切的改良和国音字母的产生;第二节着重阐述了西洋语音学理论输入中国后对中国音韵学发展和研究所产生的巨大影响。

《中国音韵学史》的特点是史论结合。在这部著作中,作者系统地吸收、运用现代语言学的理论方法来研究中国音韵学的发展历史。这对于揭示音韵学发展规律十分重要。比如清代的古音学,从顾炎武至黄侃,虽然"前修未密,后出转精",但从现代的眼光看,其理论和方法存在着缺陷。他们所建立的韵部,无论如何细密,终不免有各部间相通的字音,于是由"异平同入"之说进而发明"阴阳对转"、"旁转"诸例;对于上古声纽研究,只能求合而不能求分,在合并的各类上又有着相通的问题,于是发生了章炳麟的"古双声说"、黄侃古韵二十八部和古声十九类的理论。这就使上古音系统和以陆法言的《切韵》为代表的中古音系统相混,而且把《广韵》二百零六韵简单地看作是因古今音变而设的。张世禄指出,造成这样的情况是由于用汉字作标音工具,没有采用现代语音学中音素分析法,结果是只能认识一些同音或双声叠韵的关系,无法作语言系统上的分析。作者指出,中国音韵学要在古人的基础上有所发展,必须采用音标来作注音工具,同时根据现代语言学理论运用汉字以外的材料来整理现代音,考订古代音。此书对汉语音韵现象的论述还直接吸收了现代语言学的成果。例如对于古籍中常见的双声叠韵的联绵字,作者指出,它们大多是由具有复辅音声母的单音节词演变而来的。对上古汉语复辅音现象的揭示是现代语音学的重要发展,作者将这一成果用来解释古汉语的双声叠韵,是很有说服力的。

《中国音韵学史》的另一个特点是研究传统的音韵学范畴和术语比较深入。比如古人用疾徐、长短、轻重、缓急、清浊等来规定四声,这就把音质、音强、音长、音高混为一谈。但实际上音势的强弱和音量的长短也能影响音调的高低变化,现代实验语音学也已证明了这一点。同时,元音和辅音的不同性质以及它们在音节中的拼合形式与汉语四声的分别也有联系。古人的这种规定有它的合理性。作者在指出了这种复杂现象的同时,还进一步揭示了这种现象的内在原因。他认为汉语各种声调的演化成功,是原始汉语复音词和词尾变化的节缩作用。既然声调的产生和音素的变异有关,那么古人对声调的种种规定和描写必然包含着其他有关因素。

本书的《重印后记》集中反映了自高本汉以来近半个世纪的音韵学研究新成果,把同期汉语音韵学研究的进展分成四个领域:(一)中古《切韵》音系的研究,包括 j 化声母、重纽、介音、轻重唇音字、元音数量、纯四等韵有无 i 介音、《切韵》的性质等问题;(二)上古音研究,包括声母、主要元音、介音、韵尾、声调等问题;(三)近代音研究,包括八思巴字、《中原音韵》、入声、儿韵的发生等问题;(四) 汉语拼音文字的研究,在介绍国内外音韵学说的同时,十分注重对这些学说的分析评价。例如指出罗常培对鱼虞两韵在中古的地域分布考证"颇有可议"之处,因为近年来对南北朝和隋代诗人用韵的研究证明,可区分鱼虞的方言区域不仅仅是罗氏所说的太湖一带,它也包括长江以南和西北地区及幽燕一带的方言。王力曾认为上古阴声韵尾 d、g、b 较多的现象是不合理的,而张世禄认为闭音节丰富的语言并非罕见,因为迄今为止的研究表明,不仅原始印欧语是 CVC 的组合,即使在汉藏语言范围内,也有老芒语和邵语等是闭音节占绝对优势的语言。由此可见,在历史上汉藏语言的闭音节是较多的,后来才逐渐减少。

(徐川山)

北京话单音词词汇 陆志韦

《北京话单音词词汇》,陆志韦著。1938年由燕京大学印出,书名为《国语单音词词汇》。1951年人民出版社出版修订本,改为今名。1956年科学出版社据1951年版重印。

陆志韦(1894—1970),别名陆保琦,浙江吴兴(今湖州)人。1913年毕业于东吴大学,1915年赴美留学,在芝加哥大学心理学系获哲学博士学位。1920年回国,历任南京高等师范、东南大学、燕京大学教授,燕京大学校务委员会主席、校长。1941年冬,因支持学生抗日运动,曾被日军逮捕入狱。1949年后继续主持燕京大学工作。1952年起任中国科学院语言研究所研究员、哲学社会科学学部委员。又曾担任中国科学院心理研究所筹备委员会主任、中国文字改革委员会委员、汉语拼音方案委员会委员等职。陆氏本是研究心理学的,后因实验心理学获得新发展,而国内无法得到先进仪器,遂改治语言心理,进而研究汉语音韵学、汉语词汇学、汉语语法学,创获甚多。另著有 The Voiced Initials of The Chinese Language(《汉语的浊声母》)、《古音说略》、《诗韵谱》、《汉语的构词法》等。部分论著由后人编为《陆志韦语言学著作集》(中华书局,1985、1990、1999年)。

《北京话单音词词汇》列举北京话的单音词和单音词根,并附六千多条例句,说明每一个词或词根的用法。书前有《说明书》(1938年版称为《序论》),主要讨论汉语语法。《说明书》分为两章:第一章"汉语的词",第二章"单音词的词类"。其内容主要如下。

一、关于汉语的词。作者认为,要替词下定义比较困难;与其给词下定义,还不如先说明怎样来规定某个语言格式是一个词,而不是词的一部分或是几个词。作者提出,根据语音原则来鉴定汉语的某个格式是不是一个词"是不可能的",而意义原则"只有辅助的功用",所以"基本的原则得在语法上寻找"。所谓语法原则就是"同形替代"原则,其方法是:(一)一个词先从它的环境里提出来,又搁在别的同形式的环境里;(二)它们留下的空隙又必须用同类的词补上,比如要鉴定"吃"是不是单词,可编造些跟"我吃饭"这个例子同形式的句子,例如：

    我吃饭   我吃饭

    他吃面   我盛饭

    猴儿吃花生   我煮饭

    …………   …………

在左边那些同形式的句子里，把"吃"从它的环境"我……饭"里提出来，又把它搁在"他……面"之类同形式的环境里；在右边的例子里，又用别的话把"我……饭"中的空隙补上，"盛"、"煮"替代了"吃"；"吃"显然是句子里独立的成分，也就是词。这里举的是单音节的例，假如一个语音形式不是单音的，那就得再用同形替代原则进一步进行分析，分析到不能分析为止，所得到的语音符号就是词。所以词是同形替代法的"最后产品"。

  为保证格式的同形并有效地进行同形替代分析，作者又认为应加上某些条件限制：（一）凡是已经知道一个符号是两个以上的词合起来的，就不用它来替代另一个不知道是不是单词的格式，如"三轮车"的"三轮"不能替代"轿车"的"轿"。（二）任何符号不能用它自身的一部分或是用零形式来替代，如"大红棉被"的"大红"不能替代"红"。（三）"有"不用"没"替代，如"有用"和"没用"不能互相替代。

  二、关于单音词的词类。在区分词类的标准问题上，作者认为："汉语分别词类的标准，最重要的应当是词在句子里最普通的地位，其次是它自身的意义。"并指出：句子的格式能规定词的地位；地位变了，词的类别也就跟着变化。这就是说，是以"句子的格式"来规定"地位"，并借词的"地位"来区别词类。作者用北京话最简单的两个格式来说明其中的词的地位：

    （一）红花   大海   好人

    （二）吃饭   在家   指着他

在格式（一）里，"红"附加在"花"上，形容"花"；在格式（二）里，"吃"不是附加在"饭"上，而是接近"饭"。这样就得到三类基本的词：（一）名词，它是受限制的，别的词可以附加在它上面；（二）变化词（动词），它是能加在名词前边接近名词的；（三）形容词，它是能附加在名词的前边而形容名词的。

  本书根据以上区分词类的标准和方法，把汉语的词分为七大类（其中有些大类还分为若干小类）：（一）名词，如"花"、"饭"。（二）变化词，如"吃"、"走"。（三）形容词，如"红"、"好"。形容词内还包括有"形容变化词"，如"火儿"、"气儿"。（四）指代词，下分为三个小类：a. 代名词，如"他"、"你"、"我"；b. 数名词，如"一"、"二"；c. 助名词，如"一个人"、"两匹布"的"个"、"匹"。

(五) 副词,下分两个小类：a. 上加副词,如"不好"、"可来了"中的"不"、"可"；b. 下加副词,如"关上"、"坏透"中的"上"、"透"。(六) 作用词,下分三个小类：a. 引起词,如"一说就成"、"从那天起"中的"一"、"从"；b. 联接词,如"我和他"、"一块钱零两吊"中的"和"、"零"；c. 语助词,如"你来吗"、"你来呀"中的"吗"、"呀"。(七) 杂词,下分三个小类：a. 感叹词,如"啊"、"唉"；b. 问答词,如"噢"、"哼"；c. 象声词,如"吱"和"擦的一声"中的"擦"。

本书用来鉴定词和非词的"同形替代"原则,和根据词在句中的地位来区分词类的方法,在汉语语法史上是首创的,所分出的词类和对词类的说明也面目一新。但是本书也存在一些问题,主要有两点：(一) "同形替代"是分析词素和音位的正当手续,而"用它来认识词……特别是对于像汉语那样的语言来说,这手续是学院式的"(《重印〈北京话单音词词汇〉声明》)。在语言中不同的词有着不同的活动能力,用"同形替代"原则来决定词和非词,其结果往往有偶然性。例如"牛肉"是一个词,可是它能替代为"羊肉"、"狗肉",又能替代为"牛头"、"牛肚"、"牛尾巴",结果"牛肉"就不恰当地变成了词组。(二) 研究方法上重视语法形式是正确的,但本书似乎还没有完全摆脱词汇意义,如谈到区分词类标准时,主要根据形式(词在句中的位置),但又说还要根据"它自身的意义",实际上采用了多标准分类法。

有关《北京话单音词词汇》的研究著作,有龚千炎《中国语法学史稿》(语文出版社,1987 年)等书的有关章节。

(范　晓)

古音说略 陆志韦

《古音说略》,陆志韦著。刊于 1947 年哈佛燕京学社出版的《燕京学报》专号之二十。收入中华书局 1985 年出版的《陆志韦语言学著作集(一)》。

作者生平事迹见"北京话单音词词汇"条。

1938 年夏,陆氏在燕京大学开始阅读和研究音韵学著作。他本想从顾炎武、江永、戴震、段玉裁诸位先哲那里找到学习和研究的阶梯,结果是总在"似解非解之间"(《古音说略·序》)。后来他找到瑞典汉学家高本汉的《中国音韵学研究》等著作,才恍然大悟。从此,他运用现代西方语言学理论和方法,努力把中国传统的音韵学研究引上科学的道路,写出了《证广韵五十一声类》、《三四等与所谓"喻化"》等重要论文。陆氏研究音韵学,往往有自己独到的见解和研究方法。当时中国音韵学界大多奉高本汉之书为圭臬,陆氏则发现高氏之书支离割裂之处颇多。1942 年 5 月,陆氏被日寇判刑,出狱后书籍荡然无存,生活极清苦。遂排除烦扰,专治音韵,至第二年 10 月,终成《古音说略》一书。

《古音说略》一书是陆志韦音韵研究的集大成之作,全书分为两大部分:(一)"《切韵》的音值",讨论作为汉语中古音代表的《切韵》的声母系统和韵母系统,并构拟声、韵母的音值。(二)"《说文》音跟《诗》音",在前一部分讨论的基础上,进而研究以《说文》谐声字和《诗经》押韵为代表的汉语上古音,并构拟声、韵母的音值。纵观全书,陆氏的创获主要有以下几点。

一、认为陆法言的《切韵》是依照方言来分韵的,其原意"在乎调和当时的各种重要方言。就好比初期的注音字母包含几个浊音,免得江浙人说闲话",因此,"《切韵》代表六朝的汉语的整个局面,不代表任何一个方言"(《〈切韵〉的音值》)。

二、根据反切上字一、二、四等为一类,三等为另一类,认为《切韵》纯四等韵没有介音[i],高本汉的"喻化"说是没有必要的(《〈切韵〉切上字的音值》)。

三、根据声韵配合规律、谐声通转、梵汉对音和现代方言,认为中古床三和禅母的地位应该互换(《贰,"齿音"》)。

四、根据梵汉对音中,对译梵文卷舌音的知系字不是僻字就是新造字,同时根据中古以降的语音演变史,认为《切韵》知、彻、澄三母决不是卷舌音(《叁、所谓"卷舌音"跟"舌上音"、"舌头音"》)。

五、根据日本译音、高丽译音、现代汉语方言和印欧语的语音演变,认为支、脂、祭、真、仙、宵、侵、盐八个三等韵,其重纽字是介音[i]和[I]的区别、声母唇化和非唇化的区别(《肆、腭介音的长短》)。

六、认为合口并不是重唇音变轻唇音的条件,条件只有两个:撮口唇音之后有介音[I];主元音是央后元音。(《陆、唇音的轻重》)

七、认为在周朝之前,上古蒸部、侵部和中部全收[m]尾,蒸跟侵主元音较近,侵又跟中主元音较近,所以《诗经》韵和谐声能通转。周朝以后,蒸部的[m]尾变成[ŋ]尾,蒸跟侵就不通转了(第十二章)。

八、认为"上古有两个去声,一个是长的,跟平上声通转;又一个是短的,跟入声通转"(第十章)。这样上古就有五个声调,即平、上、长去、短去、入声。

陆氏此书在方法论上具有一个十分显著的特点,那就是大量运用数理统计的方法来分析所得的材料,使自己的论断建立在科学计算的基础上。作者把数理统计法引入音韵学领域,可谓是别开生面,开辟了音韵研究的新途径。

《古音说略》一书也存在着一些不足之处。首先,作者的行文过于简练,思想跳跃很大,令人难以读懂。其次,某些见解还不能令人信服,例如鉴于谐声字中明母字跟晓母字大量通转,认为上古有双唇摩擦音[Φ](第十四章),事实上,这一问题后来已由董同龢构拟为清鼻音[m̥]而解决了。又如鉴于上古阴声韵字经常和入声韵字一起押韵,就认为不但入声有长短之分,阴声也有长短之分,长音的入声和阴声变成中古的阴声字,短音的入声和阴声变成中古的入声字(第五章),这样,实际上就打乱了上古阴声韵和入声韵之间的界限,并且长音如何变为中古阴声韵,短音如何变为中古入声韵,其音理也没有加以说明。最后,由于时代和学术水平的限制,作者对于复辅音声母的组合类型等问题未能作深入的探讨。

关于《古音说略》的研究著作,主要有周斌武《汉语音韵学史略》(安徽教育出版社,1987年)、何九盈《中国现代语言学史》(修订本,商务印书馆,2008年)的有关章节。

(杨剑桥)

龙州土语 李方桂

《龙州土语》,李方桂著。版本有中央研究院历史语言研究所单刊之十六,商务印书馆1940年初版、1947年再版,清华大学出版社2005年版《李方桂全集》本。

李方桂(1902—1987),原籍山西昔阳,生于广州。1924年毕业于清华学校医预科。后到美国留学,从国际著名语言学家萨丕尔(E. Sapir)和布龙菲尔德(L. Bloomfield)学习语言学,1928年获芝加哥大学博士学位。1929年至1946年任中央研究院历史语言研究所研究员。1937年以后曾先后担任耶鲁大学和哈佛大学的访问教授,华盛顿大学和夏威夷大学教授。1974年退休,1987年卒于美国加州红木城。李方桂对语言学的贡献有四个方面:一是汉语的研究,尤其是上古音的构拟;二是侗台语的调查与比较研究,尤其是古壮台语的构拟;三是藏语的研究,包括藏汉对音与古代西藏碑刻的研究;四是北美洲印第安语的调查研究。主要著作除本书外,还有《〈切韵〉ä的来源》、《上古音研究》、《三种水家话的初步比较》、《台语支与侗水语支》、《台语比较手册》、《古藏语碑文研究》(与柯蔚南合作)等。论著由后人编为《李方桂全集》。

1935年作者在南宁聘请了广西龙州城内的两位发音人,用一个月的时间记录了他们所说的土语。龙州土语是壮语的一种方言。本书即是根据这一次调查所得材料写成的描写语言学著作。全书分"序"、"导论"、"故事及歌"、"字汇"四部分。

作者在"序"中介绍了调查的经过,并对所记录的故事有所说明。作者记录长篇口语语料的方法有两,一是由发音人讲,边讲边听边记,二是先用Fairchild记音机录音,后让发音人一句一句慢说,逐字记下,再用记音机校正。

"导论"分为"龙州土语的音韵"和"汉语借字的音韵系统"两节。前一节列出龙州土语的声母、韵母和声调,并且说明其特点,对连读音变现象也有所说明,还有一张完整的龙州土语音节表。后一节讨论龙州土语里的汉语借字的源流、类别及其鉴别的原则。这一节还包括:(一)"汉语借字系统表",此表将古调类和今龙州调值相对比,举出许多例字,如古阴去调"报、半"等,今龙州读 55 调。(二)"汉语借字声母系统",包括六张表,每表将汉语古声母和今龙州声母相对照,并举出例字。作者指出,从这些表来看,汉语的古浊母如定、并、澄、从(除去床)母都变成不送气的清塞音或塞擦音;"鞋、盒、汗"三个匣母字读 k-;"夫、分(非)、肥(奉)、粉(敷)"读 p-或 p'-。(三)"汉语借字韵母系统",包括十七张表,每表将汉语古韵目和今龙州韵母相对照,并举出例字。另有一张古汉语各韵母和今龙州音值对照的总表。作者指出,从这些表来看,汉语古辅音韵尾-m、-n、-ŋ、-p、-t、-k 都保留;照二系和照三系在声母上没有分别,但是往往对韵母有影响。例如鱼韵照二系的"初"字读-o,照三系的"书"字读-ɯ。龙州土语中的借字可以分成三类:来源于古代粤语的借字,占多数;来源于近代粤语的借字,占少数;来源于官话的借字。最后一类包括较文的词语。

"故事及歌"部分包括十二个民间故事、两段介绍婚丧风俗的话语、一个长歌《山伯英台》和四个短歌。对每一段语料都用国际音标标出每一个音节,用汉字逐字译出,即所谓"字译"。通篇再用汉语和英语作连贯的翻译。这一部分是全书的主干,共占一百八十五页。

"字汇"部分收三千个左右词语,包括极简单的句子。按音序排列,每一个词语都是先用国际音标标音,后用汉语释义,再用英语释义。

本书是用描写语言学的方法描写和分析国内少数民族语言的经典著作,其特点是忠实、精审,对后来的少数民族语言的调查研究起到了示范作用。本书对台语中汉语借词的研究是开创性的,所记录的龙州的民间故事和民歌是研究台语的可靠材料,不足之处是只记录语言和词汇,未涉及语法。

(游汝杰)

双剑誃殷契骈枝 于省吾

《双剑誃殷契骈枝》，共三编，每编一册。于省吾著。初编于1940年由北京大业印刷局出版，续编于1941年出版，三编于1943年出版，皆石印线装。2009年由中华书局合为精装一册出版。

于省吾(1896—1984)，字思泊，号双剑誃主人、泽螺居士、夙兴叟。辽宁海城人。1919年毕业于沈阳国立高等师范，1928年任奉天萃升书院院监。1931年移居北平，潜心研究古文字、古器物、古籍，先后任辅仁大学、北京大学教授，讲授古文字学和古器物等。1952年任故宫博物院专门委员。1955年任长春东北人民大学历史系教授。早年以文才驰名乡里，喜爱桐城派古文，有《未北庐文钞》行于世，后弃词章文学而潜心研究古文字、古籍。一生著述丰硕，除本书外，尚有《双剑誃尚书新证》、《双剑誃易经新证》、《泽螺居诗经新证》、《双剑誃诸子新证》、《双剑誃古器物图录》、《双剑誃吉金图录》、《商周金文录遗》、《甲骨文字释林》等。论著汇为《于省吾著作集》。

1939年9月，于氏继唐兰、容庚之后受聘于辅仁大学，讲授古文字源流，当时他正致力撰述《诸子新证》，"偶于暇日，浏览卜辞，乃知契学多端，要以识字为其先务，爰就分析点画偏旁之法，辅以声韵通假之方，寤疑通滞，荟辑成编"(《双剑誃殷契骈枝·自序》)。在不到一年的时间中，得甲骨文字考释三十篇，汇集成初编。嗣后于1941年得二十四篇，成续编，后附《双剑誃殷契骈枝校补》，校正初编九条。三编汇集了1943年所撰的四十四篇考证文字，前有《自序》，后附《古文杂识》(考释金文、玺文、陶文、石文共五十一条)、《双剑誃所著各书校勘记》等。于氏于1945年又撰有四编稿本，惜未出。已出的初编、续编和三编共收甲骨文字考释九十八篇，许多是辨认出前人未识或识错的甲骨文，如释两长横间一短横的"三"(与三横等长的数字"三"形略异)为"气"，释"昌"为"败"，释"兀"为"毁"，释"叒"为"丧"，等等。也有不少篇是对前人已有考释再作补充，如释"奚"为用手握持奚奴的发辫，释"戉"为刃尾回曲的透孔斧钺，释"孚"为战争俘获儿童，等等。有的是对已识甲骨文的义训及通假提出新的见解。就所考释的对象来看，则包括了天文、地理、世系、社会生活、卜辞用语等等。

于氏推崇清儒段玉裁、王念孙的考文字、解训诂的方法，谙熟王国维二重证据法，即以地下出土资料证文献，又以文献证出土资料。纵观《双剑誃殷契骈枝》共三编近百篇文字，无不浸透着乾嘉学派无征不信、实事求是的精神。加以能驾轻就熟，运用参验考证的方法，将所考释的字再放到相关卜辞中去核校，文通字顺，所以学者每以"严谨"来称誉本书。于氏的不少考证成为定论，被广泛引用于相关学术领域中，有的篇章本身就成了文字考证的典范而屡为人赞。如上面提到的两长横间一短横的"三"字，旧释为"三"、为"彤"、为"川"，于氏指出旧释"既背于形，复乖于义"，并考定此字乃"气"，在卜辞中之用法有三，又各以文献及卜辞例句来坐实这三种用法：

（一）用为乞求之乞。于氏云"气训乞求，典籍常见"，又引《殷契粹编》七七一"庚申卜今日气雨"等卜辞以证之。

（二）用为迄至之迄。于氏引《尔雅·释诂》"迄，至也"、《殷虚书契菁华》"气至五日丁酉允有来嬉"等证之。

（三）用为终止之讫。于氏引《书·秦誓》"民讫自若是多盘"孔疏"讫，尽也"、《尔雅·释诂》"讫，止也"、《殷虚书契前编》七、三一、三"之日气有来嬉"等证之。

文中对此字由殷至周末战国时代的字形演变也作出了令人信服的阐述。又如以实物来考证字形的《释奚》、《释臤》诸篇，读来都能给人以启发。

1978年于氏将《双剑誃殷契骈枝》共三编所收九十八篇文字本着宁缺毋滥的原则重加删定，删去自认为误释或有疑者四十三篇，存五十五篇，编入《甲骨文字释林》（中华书局，1979年），其中五十三篇入上卷，其余二篇实已重新改写，一入中卷，一入下卷。四编稿本中的文章亦经删削或重写后收入。《甲骨文字释林》乃于氏晚年自定，是其考释甲骨文字的自我总结，但被于氏删削的四十余篇考释，其中有的仍有不少学者引用。

关于《双剑誃殷契骈枝》的研究，可参陈梦家《殷虚卜辞综述》（科学出版社，1956年）、赵诚《二十世纪甲骨文研究述要》（书海出版社，2006年）的有关章节。

（叶保民）

联绵字典 符定一

《联绵字典》,三十六卷。符定一编纂。写定于1940年。1943年初刊于北平,同年北平京华印书局刊印《联绵字典索引》。1946年中华书局重版于上海,附入《索引》。有1954年与1983年中华书局重印本。

符定一(约1878—?),字宇澂。湖南衡山(今衡阳)人。少承家学,师从皮锡瑞。清光绪末年毕业于京师大学堂,习英语。1910年至1912年职司教育,1926年至1927年管辖盐政。自1910年起着手编辑《联绵字典》,至1940年写定。

《联绵字典》名义上是一部以联绵字为收录、诠释对象的词典,实际上本书不但收录六朝以前的联绵字,而且不限于双声、叠韵、叠音,凡两字联缀、不能分开解释的双音节词都广泛收列。注音用反切,所注反切多采自大徐本《说文解字》,大徐本所无或古今音读不一的字,间用隋唐间反语或《广韵》、《集韵》的反切。释义多依古注,遵循汉学师承,一词多音多义,分条注释。例证主要用十三经、《国语》、《国策》、四史、《宋书》、《魏书》、周秦诸子、汉魏丛书、《楚辞》、《文选》、《古文苑》、汉魏名家集等,原书注文及其他重要解说一并移录。引例之后有作者按语,多引证字义,或指明版本异同和字体正俗。如:

  俍倡(俍,集韵吕张切。倡,尺良切。)

  ㈠ 犹跟䠔也。〔楚辞九辩〕然潢洋而不遇兮。注:俍倡后时,无所逮也。〔定一按〕文选射雉赋:已跟䠔而徐来。徐爰注:跟䠔,乍行乍止,不迅疾之貌也。俍倡与跟䠔叠韵,其义相同。王逸言俍倡后时无所逮,与徐注跟䠔义正合。俍倡叠韵,阳部。

  ㈡ 转为俍傍,韵同。(见俍傍下)

全书正文按词目首字部首排列,部首设置及各字归部悉依《康熙字典》,首字部首相同的,按笔画多少排列,首字相同的词按第二字笔画多少排列,本字重叠的放在最后。正文仿《康熙字典》分子、丑、寅、卯等十二集。前有黄侃叙、王树枏叙、自叙及后叙,后有跋尾及附录。

《联绵字典》搜罗宏富、广征博引、为联绵字研究提供了大量资料。但此书摘抄采录之功多,解释判断之功少。作者依黄侃所立古声十九纽和古韵二十八部确定双声、叠韵,但其短于"通转"之学,所加按语屡有失当。书中另收"古有舌上音说"、"古有轻唇音说"等音韵学论文四篇。

(王安全)

中国文法要略 吕叔湘

《中国文法要略》,吕叔湘著。商务印书馆出版,初版分三卷,上卷1942年出版,中卷、下卷1944年出版。1956年商务印书馆出修订本,改为上、下两卷共一册。1987年作为《汉语语法丛书》之一,由商务印书馆重新出版。

吕叔湘(1904—1998),江苏丹阳人。1926年毕业于国立东南大学外语系,曾任教于丹阳县立中学、苏州中学等校。1936年留学英国,先后在牛津大学和伦敦大学学习。1938年回国,历任云南大学文史系副教授、华西协合大学中国文化研究所研究员、金陵大学文化研究所研究员兼中央大学中文系教授。1949年任开明书店编辑。1950年至1952年任清华大学中文系教授。1952年起任中国科学院语言研究所研究员、副所长、所长,并任《中国语文》杂志主编、中国语言学会会长等。1982年起任中国社会科学院语言研究所名誉所长。另著有《语法修辞讲话》(合著)、《语法学习》、《汉语语法分析问题》、《文言虚字》等。论著由后人编为《吕叔湘全集》。

《中国文法要略》是作者依据在云南大学讲授中国文法课的讲义,扩充修改而成的供中学语文教师用的参考书。此书是一部兼顾语体文和文言文的语法专著。作者以丰富的语言材料为基础,从汉语自身的特点出发,力图突破当时流行的模仿印欧语法的框架,建立体现汉语特点的语法体系。修订本两卷,计二十三章。上卷"词句论"八章,专论词、词类和句子结构;下卷"表达论"十五章,论述各种语法意义所赖以表达的语法形式。本书的主要内容如下。

一、词的种类和配合。作者按照意义和作用,把汉语划分为七个词类:名词、动词、形容词、限制词(副词)、指称词(称代词)、关系词、语气词。前三类总称为实义词,因为它们的"意义比较实在";后四类总称为"辅助词",因为它们的"意义比较空虚"。实义词之间的关系有三类:(一)联合关系,即两个同类的词联系起来构成的关系,如"姊妹妯娌"、"明智而忠信"等。(二)组合关系,也可称附加关系,其中主体词叫端语,附加的词叫加语。这样配合的词群称为词组,如"飞鸟"、"行人"、"荒唐之言"、"暗笑"、"明说"等。(三)结合关系,又可称造句关系。凡主语和谓语结合,不论独立与否,都是结合关系。这样配合的词群称作词结,如"山高"、"风吹"、"鸟飞了"等。词组是词法上的概念,词结是句法上的概念。

二、句子。句子是独立的词结。作者按照句子构造中谓语的性质,把句子分成四类:(一)叙事句,是叙述事情的,这类句子的中心是一个动词,句子的格局是"起词——动词——止词",如"猫捉老鼠"。(二)表态句,是记述事物性质或状态的,典型的是用形容词做谓语,如"山清水秀"。(三)判断句,是解释事物的含义或判别事物的同异的,如"长江是中国第一大河"。(四)有无句,也可称为存在句,是表明事物的有无的,中心动词为"有",如"我有嘉宾"。而按照包含的词结的多少,句子又分为两类:(一)简句,指只包含一个词结的,如"鸟飞了"。(二)繁句,指包含两个或更多词结的。繁句又分两类,一类是"构造的结合",即词结与词结相结合时,里头的词结互相套在一起不能拆开,如果拆开必有一个词结站不住,这是狭义的繁句,如"我早知道他不会来"。另一类是"关系的结合",即词结与词结相结合时,凭因果、比较、并时、先后等关系相结合,这类繁句叫复句,如"因为你没有来,大家的兴致都差了"。

三、转换和变化。转换是指句子和词组的相互转换,例如"山高"这个句子可转换成词语"高山","来的人"这个词组可转换成句子"人来"。作者认为,句子一般都可改换成一个词组,大多数的词组也可改换成句子。句子和词组虽可转换,但作用不同。词组无论怎样复杂,它的作用只等于一个词,造句时只能作句子的一个成分。句子的变化是指句法变化。句法变化不外乎"以繁驭简"和"以简驭繁"两个原则。书中主要讲以简驭繁,即繁句变化为简句。例如繁句(复句)"不答所问,答所不问"可变化为简句"所答非所问"。繁句变化为简句的方法:有无句可以利用"有(无)……者"、"有所"、"无所"等;判断句可以利用"者"、"所";表态句可以利用组合式词结。

四、范畴及其表达形式。此书讨论了以下一些范畴:(一)数量。数量的表达形式和数词、单位词(量词)等。(二)指称。"有定"、"无定"两种指称的表达形式,有定指称词和无定指称词。(三)方所。方所的表达形式和方所词,汉语的动向和动势。(四)时间。汉语的三时时间(现在、过去、将来)和动相(动作过程中的各个阶段)及它们的表达形式和时间词、动相词。(五)正反和虚实。"否定"、"可能"、"必要"三种观念的表达形式,某些限制词和动词。(六)传信。直陈语气和表达陈述语气的语气词。(七)传疑。各种疑问语气、疑问句式和表达疑问语气的语气词、语调等。(八)行动和感情。祈使语气和感叹语气,以及表示这些语气的语气词、感叹词、语调等。

五、关系及其表达形式。书中讨论了复句中分句与分句的各种关系及其表达形式。(一)离合和向背。"联合"、"加合"、"递进"、"转折"、"交替"、"排除"等关系和表达这些关系的关系词、限制词以及其他表示方法。(二)异同和高下。"胜过"、"不及"、"均齐"、"得失"、"倚变"等关系以及这些关系的表达形式。(三)同时和先后。"先后相继"、"先后紧接"、"先后间隔"、"两事并进"等关系以及这些关系的表达形式。(四) 释因和纪效。"因果"、"目的"等关系以及这些关系的表达形式。(五) 假设和推论。条件关系及其表达形式,并指出假设句、推论句和因果句各有各的用处,但从根本上说是表示相同的一个关系,即"广义的因果关系"。(六) 擒纵和衬托。"容忍"、"纵予"、"衬托"、"逼进"、"连锁"等关系以及这些关系的表达形式。

《中国文法要略》是一本很有特色的语法著作,在汉语语法史上有很大影响。其特色是:第一,在写法上,上卷"词句论"采取以语法形式为纲,说明词句结构的形式所表达的语法意义;下卷"表达论"以意义为纲(各种范畴,各种关系),说明各种语法意义的表达形式,从而组成了一个严密的系统。这样的布局安排对理解语言和运用语言很有帮助。第二,力图从汉语的事实出发来总结汉语自身的语法规律。例如书中归纳汉语的"动相"(相当于西方语言的"体")就有"方事相"(进行体)、"既事相"(完成体)、"起事相"(开始体)、"尝试相"(尝试体)、"短时相"(短暂体)等十二种。这样以丰富的语言材料为基础,不拘泥于现成的概念和定义,注重汉语的特点和规律的描写,突破了模仿语法的框架。第三,重视比较研究,采用了文言和白话对照的形式。如书中指出,白话用"的"的地方,文言多用"之",但有些地方却不能用"之",而要用"者"。白话说:"有钱的和尚没去成,穷的倒去了。"文言要说成:"富僧不能至,而贫者至焉。"这样通过古今语法的比较,本书发现了不少问题,提出了许多新的见解。第四,重视语义分析。下卷的"表达论"以语义为纲描写汉语句法,分析细致入微,提出了不少富于启发性的观点。本书可以说是我国语法学史上对汉语句法全面地进行语义分析的第一部著作。第五,开创了语法研究中的转换分析的方法。本书关于句子和词组转换的论述,是研究汉语句法结构变换分析的先驱。

本书区分词类以词义为标准是一个缺点;在比较古今汉语时,较着重于具体的描述,而缺乏整体、系统的论述;论述词组和词结采用叶斯柏森(Otto Jespersen)"三品说",也不大能解决问题。例如"马之逸","马"是次品而"逸"是首品,而"马逸","马"就成了首品,"逸"就成了次品,其中的道理很难令人想通。

有关本书的研究,可以参看林玉山《汉语语法学史》(湖南教育出版社,1983年)、龚千炎《中国语法学史稿》(语文出版社,1987年)、邵敬敏《汉语语法学史稿》(修订本,商务印书馆,1996年)等著作的有关章节。

(范 晓)

汉语语法论文集 吕叔湘

《汉语语法论文集》，吕叔湘著。本书是作者在 1940 年至 1949 年间发表的十一篇论文和十二篇札记的汇编。1955 年科学出版社出版，1984 年商务印书馆出版增订本，并收入《吕叔湘文集》、《吕叔湘全集》。

《汉语语法论文集》中的文章，大部分是关于近代汉语语法的论文。1940 年前后，作者打算写一部近代汉语语法，于是写作了一系列有关论文。这些论文发表时文体和术语不很一致，1955 年结集时，略作整理，但大体上还是原来的面貌。

《汉语语法论文集》书前有作者"序"，书后附有"引书目录"和"外文摘要"。论文集内容如下。

一、《释景德传灯录中"在""著"二助词》(1940)。关于"在"，作者指出《传灯录》常用"在"字为语助之词，约与现代汉语的"呢"字相当；唐宋俗语中还有"在里"或单用一个"里"的，相当于《传灯录》中的"在"。这一语助词当以"在里"为最完具之形式，唐人多单言"在"，以"在"概"里"；宋人多单言"里"，以"里"概"在"。"里"字在传世宋代话本都已写作"哩"。这"哩"源于"在里"，现仍留在现代北方多处方言中，而北京话中的"呢"乃是"哩"之变形。关于"著"，作者指出《传灯录》句尾的"著"是祈使之辞，表示命令语气；"著"跟"者"、"咱"相通，"为同一语助之异式"。而宋元俗语中的"则箇"(亦作"子箇"、"之箇")，与"著"、"者"、"咱"等三字用法大致相符。通过语音考证，作者认为"者"、"著"二字，唐人兼用，书面语作"者"，口语用"著"；两宋及元，语音渐变，口语就用"咱"，或又衍为两字，就写作"则箇"。

二、《论"毋"与"勿"》(1941)。认为前人把"毋"与"勿"通释为禁戒之词，不够准确。文章用大量事实进行细微的分析，证明"毋"与"勿"用法不同，"毋"是单纯式，"勿"则包含了代词宾语，与"毋之"、"毋是"大致相当。还进一步论证了"毋"、"勿"两字所表达的各种辞气以及它们的历史演变。

三、《"相"字偏指释例》(1942)。指出"相"字于互指之外另有偏指的用法，这种用法，"先秦经籍不数见,两汉渐多,魏晋以后滋盛"。"相"字的偏指用法,是"由其互指用法变化而生"。作者不同意有些语法书把"相"称作"互指代字"或"状字",认为是"代词性副词"。

四、《"见"字之指代作用》(1943)。指出"见"原为动词,或称助动,义略同"被",后来用法变化,产生了指代作用。"见"字的指代作用,魏以来常见,但限于第一身。

五、《论"底"、"地"之辨及"底"字的由来》(1943)。指出在唐宋时代,区别性加语之后用"底",描写性加语之后用"地",也就是说,"底"用于区别属性的场合,"地"用于描写情态的场合。文章又认为"底"是文言中"者"的继承者。

六、《与动词后"得"与"不"有关之词序问题》(1944)。本文所举之"得"与"不",是指"吃得下饭"、"吃不下饭"中的"得"、"不","得"表可能性,"不"表示不可能性。作者分别讨论了以下几种情形下的词序:(一)"V 得"的肯定式和否定式;(二)宾语与结动词并见之句;(三)有宾语而兼有"得"与"不得"之句;(四)有结动词与"得"或"不得"并见之句;(五)有"得"或"不"、结动词、宾语三种成分之句。

七、《"个"字的应用范围,附论单位词前"一"的脱落》(1945)。"个"字是近代汉语里应用最广的一个单位词,这个字有"个"、"箇"、"個"三种写法。其用途兼及称人和称物,但是比较起来,主要用于称人。作者说:"这不是说多数'個'字都出现在指人的名词前头;是说指物的名词前头可以有各种单位词,'個'字只是这里头的一个,而指人的名词前头除较尊敬时用'位'外,普通都用'個'字。"又说:物件"只有无适当单位词可用的才用'個'字",所以称物的"個"可说"它是个填空子的单位词"。关于单位词"一"的脱落或省略问题,本文指出了以下各种事实:(一)强义的"一"不省,冠词性的"一"才可以省;(二)动词前的不省,动词后的才可以省;(三)动词后的"一"因有种种条件而不能省去。并进一步指出"一"字脱落的原因是:"单位词本身的冠词化";"除本身的轻音化外,还受前面重音的影响"。

八、《从主语宾语的分别谈国语句子的分析》(1946)。本文讨论汉语语法析句方面的一些问题。作者指出:一般地说,用来分别或帮助分别主语和宾语的标准有五项,即代词和名词的格变,动词的身、数、语态,前后位置,施受关系,主语和谓语对立(如说主语是"陈述的对象")等。但就汉语来说,名词和代词没有格变,动词没有语态,主语是"陈述的对象"也是一句空话,所以所能凭借的只有位置和施受关系这两项,而这两项给我们的答案有时一致,有时不一致。因此比较妥当的方法是先依照位置和施受关系分别一些句子类型,然后再讨论各种可能的分析法。文中详尽地列举了汉语句子的十几种类型,如"甲施事,乙受事"、"甲受事,乙施事"、"甲受事,前头省略施事"等等,分析了各种句式的构造特点,并讨论几种可能的分析法,评论它们的利弊。

九、《"把"字用法的研究》(1948)。讨论不能单用的"把"字(包括跟"把"字相同的"将"字)在近代汉语里的用法。作者认为,应用"把"字的条件,可以从三方面来观察:(一)从动词本身的意义方面来观察,动词必须代表一种"作为",一种"处置"。但这只能发现一些消极的限制,因为只知道在哪些情况下不能或不宜用"把"字格式,而不知道哪些情况下宜于或必须用这种格式。(二)从宾语的性质方面来观察,宾语必须是有定性的。这也只能发现一个消极的限制,因为宾语代表无定的事物不能用"把",而并不能肯定,宾语代表有定的事物一定要用"把"。(三)从全句的格局方面来观察,动词的前边或后边必须有其他的成分。作者认为,只有这第三个条件才具有积极的性质,才是近代汉语里发展这个"把"字句式的推动力。文章接着较详细地分析了十三项动词有前后的成分(动词后加成分十项,动词前加成分三项)的条件下使用"把"字的情况。

十、《说"们"》(1949)。主要论述以下几点:(一)"们"的形式及语源。"们"字始见于宋代;唐代文献里有"弭"和"伟"两个字,都当"们"字用;宋代文献里"们"字有"懑(满)"、"瞒(懑)"、"门(们)"等写法;元代文献里也有"们",但大都作"每"。认为"们"字可能渊源于古代汉语的"辈"。(二)"们"的意义和用法。"们"最常见最重要的用法是加在代词"我、你、他、咱"以及准代词的尊称、谦称之后,造成一种复数形式,但也有复数代单数用的。(三)"们"的合音字。"们"字通行后,产生了"们"字的合音字,即"俺"——我们,"您"——你们,"喒"——咱们。

十一、《说代词语尾"家"》(1949)。主要讨论"谁家"、"我家"、"你家"、"他家"、"人家"、"自家"中的语尾"家"以及由语尾"家"构成的词的意义和用法。指出"咱"为"自家"转变而成("自家"的切音),在宋、金、元文献里有单数(相当于"我")跟复数(相当于"咱们")两种用法;"咱"本有"家"字在内,但当合音固定之后,却又由"我家"、"你家"、"他家"类推出一个"咱家"。

十二、《语法札记》(1944—1947)。本文是一组有关近代汉语语法的札记,论述了十二个问题:(一)"这""那"考源,(二)非领格的"其",(三)"伊"作"你"用,(四)"他"字无所指,(五)三身代词前有加语,(六)代词领格的一项特殊用途,(七)领格表受事及其他,(八)重复"一个"、"这个"、"那个",(九)概数"五七",(十)成语"一不作,二不休",(十一)关于"莫须有",(十二)关于"将无同"。

近代汉语语法过去很少有人研究,本书作者经过多年的辛勤考索,不仅开拓了一个新领域,而且取得了丰硕的成果,为近代汉语语法学奠定了基础。本书论文具有很高的学术价值,其特色主要是:(一)注意收集大量语料,引例极为丰富,不仅有一般的用例,也有特殊的用例,而这些用例大多是从接近实际口语的语录、话本、笔记小说和野史等资料中搜集来的。(二)从语法和音韵两方面进行论证,进行古今比较,努力探索某种语法现象的历史渊源及其发展演变,观察入微,论证严谨,分析细密,见解独到。

(范　晓)

粤音韵汇 黄锡凌

《粤音韵汇》，英文书名：*A Chinese Syllabary Pronounced According to the Dialect of Canton*。黄锡凌著。1941年上海中华书局初版，1957年中华书局香港分局重印出版。

黄锡凌(1908—1959)，生平不详。1933年在广州岭南大学西洋语言学科毕业后，留任该校国文系特设华侨国文班教员。课余取历代韵书和中西标音粤语诸书，参酌比较，研究广州话语音。为了教学的需要，先后四易其稿，撰成本书。

本书是中国第一部用现代语音学知识和国际音标记录和研究广州方音的著作。书首有容肇祖撰写的序言。初版本正文包括粤语韵目表、绪言、粤音韵汇检字、粤音韵汇索引、粤音韵汇和用英文写的"本书所用音标说明"(Explanation of Phonetic Symbols)和"导言"(Introduction)，另附有用英文写的韵母表、声母表和声调符号表。

"绪言"长达八十页，主要内容有粤音的标准，指出《分韵撮要》等书的错误；粤音的音素，分析五十三个元音和十七个辅音；粤音的声调，分析九个声调；粤语九声变化，讨论声调的变化；字音误读等。"绪言"有一个附录：粤语罗马字母注音新法建议，文末附有《总理遗嘱》注音举例。"绪言"实际上是一篇研究广州方言语音的专论。

"粤音韵汇检字"以《康熙字典》部首的次第排列。

"粤音韵汇"是一份广州方言的同音字表，收字一万个。以今韵次第排列，同韵则以声的次第排列。每个音节皆用国际音标注音，字调则在字的左上角或左下角用竖线、斜线或横线表示。对难字或难词用夹注释义，如："殷，雷声，又盛皃。""湛，乐也。"对正读(读书音)、语音(口语音)、俗读、或读(一字多音)、今读、旧读、变调、姓氏读音等都一一注明。对一些虚字则指出词性，如："其，语助词。""吓，感叹词。"对广州方言俗字也加以说明，如："哋，粤字，们也。""咁，粤字。"对训读字也有说明，如："[lɐt]甩，粤字。"

英文"导言"简述撰写本书的主要宗旨，是为了使华侨学生能用广州音阅读中国文献。并且比较了 D. Jones 和 K. T. Woo 在《广东话读本》(*A Cantonese Phonetic Reader*，1912)一书中所用的国际音标和经赵元任修改的用于记录汉语方言的音标。

"本书所用音标说明"以英语、法语、德语为例，说明广州话元音、辅音的读法，并用五线谱说明九个声调的调值。

本书记音准确，分析精当，对声调变化的描写和分析尤为精辟，易懂易查，既有学术价值，又有应用价值。本书是早期广州话研究最优秀的专著，它为后来的广州话和粤语研究奠定了良好的基础。

（游汝杰）

现代汉语动词形容词介词为一类说 傅懋勣

《现代汉语动词形容词介词为一类说》，傅懋勣著。1942年发表于《中国文化研究汇刊》第二卷。

傅懋勣(1911—1989)，字兹嘉。山东聊城人。1939年毕业于北京大学。历任华中大学、华西协合大学讲师、副教授，华中大学中文系教授、系主任。1948年赴英国剑桥大学专攻语言学，1950年获博士学位。回国后在华中大学任原职。1951年起，先后任中国科学院语言研究所研究员，少数民族语言研究所、民族研究所副所长、研究员，《民族语文》杂志主编，中国民族语言学会会长等。在语言学领域涉及面甚广，但主要从事少数民族语言的调查和研究。出版有《傅懋勣先生民族语文论集》、《维西麽些语研究》、《丽江麽些象形文〈古事记〉研究》等著作。

本文是作者在语法方面的一篇重要著作。其主要内容是主张把现代汉语的动词、形容词、介词合并为一类。全文一万余字，分为三节：第一节讲词有定类而无定品，第二节讲动词、形容词、介词为一类说，第三节是余论。重点在第二节。现分别简介于下。

一、词有定类而无定品。作者认为词的分类一是依据词在句中的职务分为主词、动词、受词等，或分为主品、述品、受品等，这是"由词之用法着眼，词入句始有类，离句则无别，缺之则词之界限紊乱"；一是依据语词的属性，分为名词、动词、形容词、副词等，这是"由词之本质着眼，词在句为某类，出句仍为某类，缺之则重要之范畴不明"。前者称"品"，后者称"类"，词有定类而无定品，二者相辅，缺一不可。这是作者治语法的基本立足点。

二、动词、形容词、介词为一类。作者反对当时的一般语法论著把形容词、介词独立于动词之外的观点，主张合并为一类。理由是三者均有"情畴"。所谓"情畴"，即"语法成分所构成表情态之范畴"。汉语动词的表"情畴"的附加形式甚发达，如"说了话"、"说着话"中的"了"、"着"。而形容词也有这种附加形式,如"红了"、"红着"、"绿了"、"绿着"、"雨正大着呢"中的"了"、"着"便是。介词也有这种附加形式,如"他不在屋里了"、"他还在着呢"、"我替了他两个月"、"我现在替着他呢"中的"了"、"着"便是。既然都有"情畴",当然可以并为一类。

三、动词分为及词和限词两类。把一般语法著作上的动词、形容词、介词合为广义动词以后,作者认为可以把广义动词依其功用再分为两类:一为及词,即加于他词前、其作用及于他物者,如"打人"、"喝水"、"用手"、"顺堤"中的"打、喝、用、顺";一为限词,即加于他词前、其作用限制他词者,如"好人"、"深水"、"大手"、"长堤"中的"好、深、大、长"。

四、从汉语事实出发,根据形式,区分词类。作者认为汉语虽无印欧语的词形内部变化,但汉语中的"小姐们"、"桌子"、"来了"、"走着"、"我的手"中的"们"、"子"、"了"、"着"、"的"都是附加形式,这是汉语的特点。认为研究一种语言,应"阐释其特性"。批评有些语法学者"只见独立之汉字,不见附加之形式",那就是"因文字之束缚,而抹杀语言之真象"。

本文是把一般所说的动词、形容词、介词合为一类的最早的论著。作者不拘泥于成说,独倡新说,发人深思。在印欧语中,动词和形容词在功能上有明显的差别,而在汉语中,动词和形容词都可以作谓语(除非谓形容词外),都能跟副词结合,多数能用"X 不 X"进行提问,也都能作定语,等等。因此,把形容词合并到动词中,也许是一个较好的方案。关于动词和介词,介词大多是从动词转化来的,有些介词(如"从、自、自从、于、以、把、被")已经完全丧失动词的功能,因而与动词的界限较为清楚,但是也有一些介词(如"往、向、到、用、拿、替、像、在、叫、让、给")仍保留着动词的某些特点(如"他在北京工作",一般认为"在"是介词,可是提问方式是"他在不在北京工作",与动词提问方式相同。又如"拿毛笔写字","拿"究竟是介词还是动词,颇难决定),因而与动词的划界就不清楚。后出的一些语法论著主张广义动词说,如赵元任的《中国话的文法》、吕叔湘的《汉语语法分析问题》,虽然在范围上不完全相同,但与本文的主张有共同之处。目前汉语的这类词究竟如何处理,也还有争论;但不管怎样,要研究这个问题,本文仍是一篇不可缺少的参考文献。

(范　晓)

训诂学概论 齐佩瑢

《训诂学概论》,齐佩瑢著。有1943年北平国立华北编译馆《现代知识丛书》本、1984年中华书局本。中华书局本根据齐氏家属所提供的齐氏生前对华北编译馆本的批校,改正了某些讹误,增添了一些新材料。

齐佩瑢(1911—1961),河北井陉人。20世纪30年代毕业于北京大学中文系,留校任教多年。1949年后先后在天津河北师范学院、张家口师范专科学校任教。所著还有《中国文字学概要》。

本书共四章。第一章"绪说",讨论训诂学的定义、性质、范围、起因、效用及研究训诂学必须具备的知识。第二章"训诂的基本概念",讨论语义和语音的关系、语义的单位、语义的演变方式及字的本义与引申义、假借义之间的关系。第三章"训诂的施用方术",讨论音训、义训及常用的训诂术语。第四章"训诂的渊源流派",勾画了训诂学史的基本轮廓。

齐氏40年代撰写此书时,训诂学这一古老的学科已注入了更多的理论和方法。清儒的众多研究成果,章炳麟推究语言本始的学说,黄侃的训诂学理论,沈兼士对"右文说"的系统总结和有益探讨,以及普通语言学、音韵学、文字学、语法学、校勘学的发展,使作者认识到"训诂学既是探求古代语言的意义,研究语音与语义间的种种关系的唯一学科,它就应当是'历史语言学'全体中的一环。这样,训诂学也可以叫做'古语义学'"。以前的小学家,因为缺乏严格科学的观念和方法,以致有些研究几千年来"可以说是丝毫没有进步","所以要想训诂脱离了文字形体的拘束,抛弃了玄学的空疏的不科学的氛围,走入现代比较语言学的领域,那么就非得以比较语学的理论作出发点不可"。这样,训诂学不但要对前人的研究成果"分析归纳,明言源流,辨其指归,阐其枢要,述其方法",还应该"根据我国语文的特质提出研究古语的新方法、新途径"。正因如此,作者吸取了近代知名学者的研究成果,力图用现代语言学的观点来阐述训诂的基本概念,讨论训诂研究中的基本问题。

基于用新观点、新方法来研究训诂学的设想,全书多处引录了作者多年研究的心得,见解独到,极有可观之处。如"训诂的效用"节从音义两方面纵横旁达,贯串证发,指出"科斗"音转为"骨突",今人谓树根曰"树骨突",而凡圆形之物如蒜头、花苞等无一不可叫"骨突儿"。并进而认为"孤独、孤特、悾独、茕独"等,皆"科斗"的一语之转。作者指出:"科斗、疙瘩这一族的语词,语根似乎原于模仿圆转物的声音,因而以为圆状物之名及形容之词。"齐氏以声音为枢纽,又参之他经,证以成训及方言俗语,所论较之清代黄承吉《字诂义府合按》中"娄罗"之发现及王国维《尔雅草木虫鱼鸟兽名释例》显胜一筹。又如"音训"节引录作者论文《释名音训举例及其在语言学上之贡献》,"义训"节引录作者论文《相反为训辨》,既吸取前人注疏所长,又从音韵、文字、语法诸方面深入剖析,自成一家之言。

对前人研究成果,齐氏既多加肯定,又不为其说所囿,敢于提出自己看法,作出实事求是的评说。如称王引之《经传释词》,"在训诂学上乃是很重要的一大发明",但也指出其中将"不"一律释为"语助无义",例句多有不识古字或不知句调之误。又如称章炳麟"正式以音声相配的原理来推求语言文字的本始和流别","开创了以音系为研究语言文字学的基础的风气",但也指出章氏一味强调《说文》"本字本义",脱不开字形的束缚,"犹以初文为语根,动辄讲求本字,亦为不善变矣"。

《训诂学概论》主要缺点如下。

一、齐氏认为,本字本义的研究应该属于文字学的范围之内,所以"解说文字本义的学问固然也可以视作训诂的广泛领域中的一部,但是严格的站在语言方面来说,只有训释古语古字的用义才能配称'训诂'"。但是不谈本义,词义系统便成无根之木,词义变衍之迹也就无从考察;不谈《说文》,"训诂的方术"便只能说音训和义形,而对传统训诂学从字形求词义的形训法只好避而不提。

二、有的章节内容庞杂,文字繁芜。如"语义和语音"节,谈到语言文字跟面部表情语、感官接触语、手势语、旗语的区别,又大谈语音和语义之间的关系,甚至旁及德国格林和丹麦叶斯泊森之说,这些都是普通语言学的问题。又如"语义的单位"节用相当篇幅谈"字"和"词"的区别,又评析清代段玉裁、王引之及近人陈承泽等关于"字"、"词"的定义,还提到句子类别、词类划分等等,这些均为语法学的问题。此外,"语义的演变"节将古今语义的演变分作缩小式、扩大式、变好式、变坏式、变强式、变弱式,划分标准已不一致,又说有感觉互换式、形状相似式、因此及彼式、以偏概全式、地位相似式、身心动作相易式、虚实相因式,七零八碎,令人有"缘例立式"的生硬之感。

(陈重业)

上古音韵表稿 董同龢

《上古音韵表稿》，一册。董同龢著。有1944年四川李庄石印本，中央研究院历史语言研究所单刊甲种之二十一，又载中央研究院历史语言研究所集刊第十八本(1945)。

董同龢(1910—1963)，江苏如皋人，生于昆明。1932年考入清华大学中文系，师事赵元任、王力等。毕业后考入中央研究院历史语言研究所，在赵元任、李方桂指导下工作。1949年后，在台湾任历史语言研究所研究员，兼台湾大学教授。曾任日本京都帝国大学、美国西雅图华盛顿大学客座教授。1963年春，率领学生调查台湾高雄县的南邹语，因过于劳累而病逝。毕生致力于语言学、汉语音韵学和汉语方言的研究。著有《语言学大纲》、《中国语音史》、《汉语音韵学》、《四个闽南方言》、《邹语研究》等，主要论文由后人编为《董同龢先生语言学论文选集》。

《上古音韵表稿》一书是董同龢在抗战时期写成的，这是汉语音韵学史上对于汉语上古音真正做出音韵表的第一部书，是对"五四"以后高本汉和中国音韵学家开创的现代音韵学研究的一个总结。

《上古音韵表稿》全书分"叙论"和"音韵表"两个部分。"叙论"部分由五个章节组成：第一章声母、第二章韵尾辅音、第三章介音、第四章元音系统、第五章韵母分论；每一章又由若干个小节组成。这一部分的主要内容是从声、韵、调各方面对高本汉的研究加以检查和评论，并提出自己的见解和根据。其中最有价值的是以下几点。

一、关于清鼻音声母[m]的论述。董氏鉴于汉语中有"每：悔"、"墨：黑"一类的谐声，并与苗瑶语的发音加以比较，认为上古汉语存在着清鼻音声母[m]，批评高本汉的主观构拟。

二、关于庄系声母上古归于精系的论述。在中古音中，精系出现于一、三、四等韵，庄系出现于二、三等韵，它们在三等韵中是冲突的。高本汉无法解决这一冲突，只好认为上古既有精系声母，又有庄系声母。董氏则巧妙地证明了中古三等韵中的庄系字本来源于二等韵，在上古时代精系和庄系正相互补，从而确认庄系归精系之说。

三、运用谐声字来证明王力的"脂微分部"说。王力曾根据《诗经》押韵首创"脂微分部"之说，但终因有相当数量的合韵，未获所有学者的首肯。董氏则指出，在谐声系统中，齐韵字绝不跟微、灰、咍韵字以及脂、皆韵的合口字发生关系，齐韵字只跟脂、皆韵的开口字同谐声，由此可见，脂部和微部在上古确实应分为两部。

四、关于删、山两韵和黠、鎋两韵的相配问题。在《广韵》中，黠韵跟删韵相配、鎋韵跟山韵相配，董氏发现，在谐声系统中黠韵跟山韵、鎋韵跟删韵分别具有平行的现象，因此在《广韵》中应当是黠韵配山韵，鎋韵配删韵。

五、关于谈、葉两部再加分部的论述。黄侃在晚年曾经根据他的"古本韵"学说把谈、葉两部分为谈、盍、添、帖四部，董氏从谐声系统证明这一分部是可以成立的。

在"音韵表"部分，作者根据自己在"叙论"中考证确定的上古音系统，做成一个声韵配合表。此表的体例是竖立声母，横分韵部，韵部中分列《广韵》的二百零六韵，而在声韵的经纬相交处排列汉字；表中所列的汉字是以《说文》九千多字为基础，再加上先秦古籍所见而《说文》未收的字。作者认为，对于"上古声调系统仍无较具体的认识"，因此表中所标的四声只不过是作为参考，所以在"平"、"上"、"去"、"入"上都加了括弧；同时，由于对复辅音声母的研究尚处在初始阶段，上古哪些字具有复辅音声母还不很清楚，因此在此表中，仅在某些字后面用括弧注出了它们可能有的复辅音声母。

显然，董氏的音韵表十分清楚地显示了上古汉语的声、韵、调系统，以及上古汉字的音韵地位。这样无论对于一般人的查检，还是专门工作者的继续研究，音韵表都是极重要的参考材料。以后，上古音韵表一再有人制作，而其首创之功，当归董氏。

不过《上古音韵表稿》也有一些缺点。例如根据类型语言学的理论，一种语言的语音系统必定受一种共同规律的制约，比如某语言有舌根音[k]，那它大半也有唇音[p]、舌尖音[t]；但在董氏的系统中，清鼻音声母只有孤零零的一个，而在苗瑶语中则有[m̥]、[n̥]等一整套清鼻音声母，因此董氏的系统就显得不平衡。又如董氏根据某些章系字跟见系字的谐声，比如"支：枝"、"示：祁"，替这些章系字构拟了一套部位偏前的舌根音声母；但是既然这些字跟见系字谐声，它们就不应当是跟见系不同的舌根音声母，同时这些字只出现于三等韵，如果用舌根音声母加[i]介音，变成腭化声母，同样能解释这种谐声现象。

（杨剑桥）

华阳凉水井客家话记音 董同龢

《华阳凉水井客家话记音》,董同龢著。原载中央研究院历史语言研究所集刊第十九本(1948),1956年科学出版社出版新一版。

作者生平事迹见"上古音韵表稿"条。

作者1936年春参加中央研究院历史语言研究所第二次四川方言调查工作,在成都聘请发音合作人,调查记录了华阳(今四川双流县)凉水井客家话。本书即是这次调查结果的书面报告。

本书是用纯粹的描写语言学方法调查记录一种汉语地点方言的代表作。全书内容除"前言"外,分"标音说明"、"记音正文"和"语汇"三大部分。

"前言"对调查经过、调查和记录的方法、本书的目的及客家人移居四川的历史等有简要说明。

"标音说明"包括对声母、韵母、声调、字音的连读变化、句调和音韵表的说明。

"记音正文"包括二十段话语,内容有对话、独白式的闲谈、祭祖时的祷词、童谣、故事。每段每行先用国际音标标音,再逐字用书面语译注。没有相当的字可以折合的,就用意义或用法相同的字来注,外加圆括弧。如:

$ȵi^{13}$　　$tieʔ^{42}$　　tso^{42}　　$moʔ^{42}$　　$kieʔ^{42}$
（你）　　在　　做　　什　　么

"语汇"部分载录四千个左右词语,按音序排列,用国际音标注音,先用汉字逐字释注,后用国语解释,如"$ioŋ^{13} kan^{52}$[洋碱]肥皂"。这些词语主要是从"记音正文"的二十段语料中分析截取的。

作者所使用的调查汉语方言的方法很有特色。传统的方法是从《广韵》音系出发预先选定一些汉字,请本地人发音,用音标记音后,作为整理方言音系的基础。本书作者则一反常规,调查时不用字表,"先问一些事物的名称或说法,以便在较少的词语或句子中辨别出各种最基本的语音。

在对辨音有了相当的把握后,即开始成段以至成篇的语言记录"。最后从成篇的语料中分析截取词语。这种方法的好处,是可以调查出用预定的字表调查不出来的许多语言材料,因此调查所得的结果也可能更接近自然口语的真实面貌。这种方法的缺陷,是难以在较短的时间里整理出一种方言的声韵调系统。

(游汝杰)

金元戏曲方言考 徐家瑞

《金元戏曲方言考》，不分卷。徐嘉瑞著。成书于1944年。1948年商务印书馆出版（收入《民国丛书》第一编），1956年修订重印。

徐嘉瑞（1895—1977），号梦麟。云南昆明人。早年就读于昆明师范学校。1928年任昆明《民众日报》社社长，主办《杂货店》、《象牙塔里》副刊。1936年任云南大学教授兼中文系主任，主编诗刊《战歌》，并任中华全国抗敌协会云南分会主席。1949年后，任云南省教育厅长、省文联主席。另著有《中古文学概论》、《辛稼轩评传》等。

作者认为，元曲中的方言词有许多至今还保存在民间，云南昆明一地就有数十条，遗憾的是，以前没有专书考释，虽然有些曲目的注本偶然注释了方言词，但也是谬误百出。元曲代表了中国一个时代的文学，可是读者在读元曲的时候，遇到方言词常常望文生训，或不求甚解泛览而过，这是很可惜的。于是他把《元曲百种》、《元椠古今杂剧三十种》、元人散曲以及明人曲本，还有朱有燉的杂剧，从"曲"、"白"到"科"、"诨"，重读了一遍，边读边写，以曲释曲，并参考了《元典章》、《元朝秘史》、《辍耕录》、《唐音癸签》、《剧说》、《新方言》等书，以及今天各地的方言，最后写成了本书。

《金元戏曲方言考》书前有罗常培序、赵景深序和自序。书里收集了元曲中六百多条方言词，按笔画编排。如果一个方言词有两个以上的义项，书中便分开解释。如：

抢　（一）动人，美丽。……（二）抢白，即骂人。……

每条都引例证，例证注明引采书名，书名用简称，如：

一托头　一切，所有。（董）一托头的侍婢，尽是十五六女孩儿家。

"董"，即董解元《西厢记》。例证多的有五六个，甚至十多个。有的词条后面加有作者的按语，或指出今某地有此方言词，或注释例证，或对方言词作进一步的解释。如：

净办　清净。（冻）倒也净办。［按］昆明今有此语。

书中所列方言词，大多是难理解的词，如"俏泛儿"、"撑达"、"兀良"、"按酒"；有的表面似乎明白，其实另有含义,如"好古"是假老成,"精细"是苏醒,"王母"是官妓,"牛鼻子"是道士,等等。书末有"引用书名及简称",引书多达一百三十八种。

1956年此书重印时又有了增补,主要有两类:一类是原书已有的方言词,补充一些必要的例证;另一类是新增的方言词,一共增加了一百五十五条。

元代戏曲在我国文学艺术史上占有重要的地位,但使用的语言是十三世纪的北方官话,与古代文言不同,与今天的北方话也不同,不仅一般的人不容易读通,就是研究文学、研究语言的都感到有一定的困难。《金元戏曲方言考》为我们提供了参考。从语言学的角度看,本书"以曲证曲,参以有关文献,证诸隋唐韵书和现代方言,相与揣摩和印证,反复质难,然后定其训诂,明其词义",其研究方法的确超越前人,所以罗常培在序文中称赞道:"嘉瑞之功不减子云,讵杭世骏、戴震、程际盛、徐乃昌、程先甲、张慎仪之流所能望其背耶?"

研究《金元戏曲方言考》的文章,有潘庚《读〈金元戏曲方言考〉质疑》(《中国语文》1960年第5期)、群一《〈金元戏曲方言考〉中的昆明方言词汇》(《昆明师专学报》1989年第1期)等。

(沈榕秋)

口语文法 廖庶谦

《口语文法》，廖庶谦著。成书于1946年，上海读书出版社同年出版。现有1950年三联书店重印本。

廖庶谦，生卒年不详。"上海文化界救国会"成员，1936年与艾思奇在上海发起成立自然辩证法研究会。著作还有《数学讲话》、《生活的逻辑》(合著)等。

《口语文法》是一部重视汉语口语的语法著作。作者简单回顾了过去汉语语法学的概况，着重论述了大众口语上的语法问题。全书二十讲，可以归纳成以下六个方面的问题。

一、从活的语言探讨语法。作者认为以往有的语法书"只注重古文，不注重今文，所以对于我们口头语里面的规律，便完全不曾提到"，有的语法书"所采用的材料，还只是书面上的白话，不是我们当前的口头语"。作者因此主张"我们所研究的语法是我们当前口头上的语法，尤其要是一般大众口头上的语法"，认为"集中力量建立口语文法"，这是"一个急切的工作"，也是"一种艰难而又必须克服的工作"。在这种思想的指导下，本书所用的例句全都是口语上的，具有时代的倾向性。

二、强调重视汉语的事实。作者批评有的语法论著不注意"中国文法上的特殊性，把中国的文法嵌进外国文法的模子(图解)里面去了"。因此强调"要把中国语言里面的特殊性具体的凸现出来。对于西洋文法上的规律，只可以批判的接受"。例如作者认为汉语代名词没有单复数的分别，没有阴阳性的分别，没有主位或宾位的分别，"在句子里所站的位置是和别的名词一样的"，因此将以往文法书上的代名词分做代替名词和疑问名词，作为名词中的两小类。

三、讲究方法的进步。作者主张"我们要把前进的科学理论，在中国文法上展开；同时，还要把中国文法本身上发生发展的规律性，好好的研究出来"。具体地说，此书提倡"把中国的文法，从整个的联系上去研究，从运动的变化上去研究，从矛盾的发展上去研究，而且还可从离开人类意识独立的客观上出发去研究"。这些主张反映了作者试图用唯物辩证法来研究汉语语法的想法。

四、扩大语法学的范围。作者指出,句本位的文法只是把句子分析清楚了,就算完成了,而不过问句子的着重点,这样就不能认识"一个句子的各种作用和它的整体组织"。例如句子"山高"的着重点可在"山",也可在"高",这就是上下文不同的缘故。作者主张"今后的文法研究,不单要研究词类,研究短语,研究句子;而且还要研究段落,研究篇章","我们从今以后,要把文法、文章作法和修辞学在研究上统一起来"。后来许多人主张语法学要包括句群研究、语境研究,廖氏关于扩大语法研究范围的见解,可以说是这种看法的先声。

五、采取广义的动词说。作者不赞成形容词拿来用作动词说,而想把凡能"表示动作或者运动的词类"都称作动词。他将汉语中动词分做六种:(一)存在动词,如"有"、"没有"等。(二)联系动词,如"是"、"像"等。(三)动作动词,如"哭"、"笑"、"讲演"、"允许"等。认为"张先生笑"、"李先生讲演时事",也可以说"张先生笑你"、"李先生讲演",因此"在动词本身上已经没有内动和外动的分别了"。(四)质量动词,如"花红了"、"他七岁了"中"红"和"七岁"。作者认为"首先认识了'花从不红到红'这个过程以后,然后才认识到'红花'这种花的"。(五)一般动词,如"他有麦子好多石"、"我知道他第几"中的"好多石"和"第几"。(六)疑问动词,如"米好多?"和"他第几?"中"好多"和"第几"。

六、关于句子的结构。作者用陈述句的语序做代表,认定它有四种基本的语序:(一)主语——主要述语。如"花红"、"鸡叫"。(二)主语——主要述语—宾语。如"我有书"。(三)主语——次要述语——副语——主要述语——宾语。如"李四买书送人"。(四)主语——主要述语——宾语——次要述语——副语。如"李四买书送人"。作者认为"连续动作只有一个是主要的",因此第三种的"送"是主要动词,第四种的"买"是主要动词。

此书重视口语、重视汉语的特点、重视汉语研究的方法,对当时和后来的语法学都有一定的影响。但是作者主张单按句子成分决定词性,说"某一个方块字必站在句子里面的某一个位置;同时,那个方块字便是那个句子的某种成分;到了那个时候,我们才能够断定那个方块字,属于某一种词类"。因此"红花"的"红"是形容词,"花红"的"红"是动词;"他因为天气不好没有出门"中"因为"是介词,"因为天气不好,他没有出门"中"因为"是连词。其实这正是"依句辨品"的再现。作者又认为世界上各种语言的词类的产生有相同的次序,感叹词是第一种词类,动词是第二种词类,名词为第三种,介词为第四种,连词第五种,副词第六种,形容词第七种,助词第八种。并认为短语产生的先后,也有相同的次序。这种推测实在缺乏根据。他把语言的起源与发展简单地比附人类的劳动和进步,看成世界普遍联系的现象,这可能是受马尔语言起源过程统一说的影响。此外文中论说欠周密,如字、词、短语的界限不够清楚,把疑问代词划归动词等,也是本书的缺点之一。

(杜高印)

汉语语法论 高名凯

《汉语语法论》，高名凯著。成书于1945年。1948年上海开明书店出版，1957年科学出版社出版修订本。1986年作为《汉语语法丛书》之一，由商务印书馆根据修订本重排出版。

高名凯(1911—1965)，福建平潭人。1935年毕业于燕京大学哲学系。1936年留学法国巴黎大学专攻语言学，1940年获博士学位。1941年任燕京大学国文系助教、讲师，1942年任北京中法汉学研究所研究员，1945年起任燕京大学国文系教授、系主任，1952年以后任北京大学中文系教授、语言学教研室主任。一生著述丰富，另有《普通语言学》、《语法理论》、《语言论》等专著十余部。

作者于1941年开始搜集材料，并着手写作，1945年写成本书。其中大部分篇幅曾以单篇论文的形式，在《国文月刊》、《燕京学报》上刊出。1957年出版的修订本，对原书的内容有较大的增补和修改。

1948年版有陆志韦序和作者自序。1986年版有作者为1957年修订版写的《前记》和石安石的《重版〈汉语语法论〉序》，但删去了陆序和自序。

本书正文分五部分：绪论、构词法、范畴论、造句论、句型论。

一、"绪论"。主要论述汉语的特点，以及根据这些特点来研究汉语语法的新途径。指出汉语虽然有一些屈折成分和黏着成分，但在类型上仍是孤立语；汉语缺乏印欧语那样的形态变化，但不是没有语法。认为从汉语语法的特点来看，应该注重"造句的研究"、"表示语法范畴的虚词的研究"和"句型的研究"。

二、"构词论"。论述词类、词形变化和复合词。认为"汉语的词可以分为实词和虚词两大类，而汉语的虚词又可以分为许多类"。词类是词的语法类别，应以词的形态作为分别词类的主要标准。汉语的实词因为没有分别词类的形态，所以没有词类的分别，但是根据实词在具体句子中的作用，可以把它们分成具有名词功能的词、形容词功能的词或动词功能的词。虽然汉语的词也有形态变化,如有附加成分、元辅音替换和声调,但是这种词形变化并不表示词类的分别,而只是表现在构词法上,或表示部分虚词的语法作用。

作者认为汉语复合词的构造方法有六种:并列结构(如"森林、快乐"),规定结构(如"红花、手杖"),引导结构(如"拖鞋、司机"),综合式(如"红绿灯、起重机"),成语式(如"莫名其妙、望梅止渴"),句子形式(如"龙虎斗、鬼见愁")。绝大部分新词都是复合词。

三、"范畴论"。认为语法范畴有广义和狭义的区别。广义的语法范畴指一切语法形式所表达的语法意义类别,包括词类在内;狭义的"语法范畴则指一般语法学家在词类下所讨论的名、动、形容等词所有的形态变化所表示的那些语法意义的概括",即性、数、格、时、态、体、式等。汉语的实词并不能分为名词、动词、形容词等,汉语的实词只在与虚词相结合的时候才有其他语言各词类所固有的语法范畴,因此需要研究虚词所表示的"与词类功能有关的语法范畴"。详细讨论了十类词:指示词、人称代词、数词、数位词、次数词、体词、态词、欲词与愿词、"能"词、量词。

四、"造句论"。主要论述句子中词语和词语的结构关系和句子的分类。认为词语之间的关系可以说明语法结构。这些关系有:规定关系,如"红花";引导关系,如"进城";对注关系,如"我王立三";并列关系,如"山东河北";联络关系,如"如果你来,我就去"。

根据谓语中表示意义核心的词的功能,句子可以分为三类:(一) 名句,表核心的是具有名词功能的词,如"我是中国人"。(二) 形容句,表核心的是具有形容词功能的词,如"这朵花真红"。(三) 动句,表核心的是具有动词功能的词,如"他来了"。缺少主语或谓语的句子可以分为两类:(一) 省略句,指因语言环境允许而缺少主语或谓语的句子,如对话中说"那么早,哪儿去呀"。(二) 绝对句,指根本不需要主语的句子,如"下雨了"。又把简单句(主语谓语均由一个实词充任的)以外的句子分为三类:(一) 复杂句,有两个以上的主语,或有两个以上的谓语;或者主语或谓语甚至全句有附加语;或者动句有特殊的复杂结构(兼语式、动补式、连动式);或者句子里有额外的成分(重复成分、插说)。(二) 包孕句,指句子中间含有一个句子形式。(三) 复合句,指两个或两个以上句子连在一起,而不是一个句子包含在另一个句子里;复合句又分并列复句和主从复句两种。

五、"句型论"。主要论述句子的表达类型。认为一般的语法书只对句子作平面的结构分析,可称为理性的语法,但实际上同样的语言材料可以有不同的说法,这就是表情的语法。作者根据表达的感情,把句子分为五种句型:(一) 否定命题,如:"你不是男儿。"(二) 询问命题,如:"你去不去?"(三) 疑惑命题,如:"你难道也要去吗?"(四) 命令命题,如:"请告诉我!"(五) 感叹命题,如:"好苦呀!"

本书偏重于理论的探讨,全书所达到的理论深度和所反映出来的独特见解,都是前无古人的。作者在理论上深受法国语言学家房德里耶斯(Joseph Vendryes)和马伯乐(Henri Maspero)的影响,如在汉语实词的分类上,不难看出作者所受到的马伯乐的影响。作者比较注意以普通语言学的理论为指导来研究汉语语法,也比较注意依据汉语的特点讲汉语语法。取例全面,解释仔细,而且重视汉语与印欧语、共同语与方言、现代汉语与古汉语之间的比较。全书不拘泥陈说,颇多新见。例如对高本汉关于古汉语第一、第二人称代词有格变化的观点的批评,对汉语近指指示词分齿音和喉牙音两套、远指指示词分鼻音和唇音两套的论述,关于汉语无"时"有"体"的语法范畴的论述,关于汉语具有动词功能的词本身没有施动和受动、内动和外动的区别的论述,关于"的"是规定词不是形尾的观点,关于传递式规定关系中规定词的去取规则的归纳,关于汉语否定词不是否定系词或"动词"而是否定整个命题的论证,等等,都表现了本书强烈的论辩风格。本书的不妥之处主要是:(一)在汉语实词分类问题上很难自圆其说。一方面根据形态否定实词可以分类,一方面又根据功能分出了具有名词功能的词、具有动词功能的词和具有形容词功能的词,这是在理论上把形态和功能截然对立的必然结果,所以无形之中"把词类这个东西分成两种,一种是凭借词本身的形式即形态来分的,是老牌词类,一种是凭形态以外的形式成分来分的,可以说是'引号'的词类"(吕叔湘《关于汉语词类的一些原则性问题》,1954年)。(二)用普通语言学理论来指导研究汉语语法是对的,但在分析汉语语法时却有拿汉语的语法事实去迁就西方语言学理论的倾向,因而未能摆脱西洋语法的格局。此外把汉语说成是"表象主义"、"原子主义"的语言,把"否定命题"与其他命题并列起来等,都欠妥当。

(范　晓)

民国编

文学类

中国文学史 黄 人

《中国文学史》,黄人著。有民国间国学扶轮社线装排印本,二十九册。

黄人(1866—1913),原名振元,字慕韩(或作慕庵),号摩西。江苏常熟人。清光绪二十年(1894)考取秀才。1900年起受聘为东吴大学堂国文教席。1905年参与曾朴经营的小说林书社的创办,后曾主编《小说林》杂志。又创建国学扶轮社,纂辑《国朝文汇》等书。黄氏是南社的早期社员,才华横溢,学贯中西。辛亥革命后以患狂疾,病逝于苏州。著作除本书外,尚有《石陶梨烟阁诗》、《摩西词》、《蛮语摭残》等,并编纂《普通百科新大辞典》,翻译《大复仇》、《银山女王》等英、日文学作品。

中国文学源远流长,中国文学史的编纂却始于西方和日本。翟理斯(H. Giles)的《中国文学史》(1901,伦敦)和笹川种郎的《支那历朝文学史》(早稻田大学讲义,1898年;上海中西书局翻译,1903年),是现已知的由外国学者撰写的两部较早的中国文学史。中国学者的同类著作,则向以林传甲仿日本大学有关讲义而编的《中国文学史》(1904,京师大学堂)为最早。然而从脱却樊篱,自成一家方面论,黄人的《中国文学史》实有开创性的意义。

本书的初稿,是黄人在东吴大学堂执教时的讲义。其编写的年代,约在1904年至1907年间。最初的写印本今已难觅。通行的国学扶轮社线装排印本,是王均卿据黄人生前未完的修订稿再加修改而成的。

国学扶轮社本《中国文学史》全书不分卷,而大致别为两部分。自第一册至第三册为文学史导论部分。该部分以"编"为单位,列有"总论"、"略论"、"文学之种类"、"分论"四编。"总论"从宏观上探讨文学的目的、历史文学与文学史、文学史的效用等问题,"略论"侧重于中国文学的史的划分,"文学之种类"铺叙广义的中国文学的各种体裁,"分论"则讨论文学的起源与定义等文学理论话题。后一部分自第四册起,止于最末的二十九册,是对中国文学史具体情况的较详细的介绍。其中虽未以"编"标题,而实将中国文学史区分为上世(魏晋以前)、中世(魏晋至宋元)、近世

(明代)三编,观书中或于正题,或于题下,或于书口,印有"上世"、"中世"及"近世"字样,即可知。至全书文体,前后两部分颇有不同。前三册导论部分汇聚作者有关文学、文学史的主要见解于其中,侧重于理论性的探讨与文学史概观的讲述;后二十六册则主要是徵引作家传记与作品原典,辅之以扼要的串讲。如第七册"中世文学史"介绍魏晋文学中的三国文学,即在简述之后,先列"三国文学代表"(即诸家传记),次录"三国杂文"、"魏诗歌"等等。其余各部篇章体制也大致类此。故本书虽部帙较大,而多半为历代文学家传记汇辑与历代文学作品选读。

但本书仍不失为一部真正的文学史,因其导论部分与其后上、中、近三世文学史的串讲部分比较充分地显现了作者对中国文学有一种史的把握,而这种史的把握及其文字叙述,前此还不曾有人如此系统、深入地去做过。书中论中国文学源流,以进化论为指导,远探中国文字的起源,而借数理、生理学术语为说,谓"明数理者必起于单位,阐生理者必原于细包。文字者,文学之细包也"。至于具体论及各代文学变迁,则构筑了一个政界与文界、专制统治与文学自由相互斗争、影响的框架,谓"当周公时,有专制文学之外形,而无专制文学之实际;当孔氏时,有专制文学之实际,而无专制文学之外形。周秦之交,则文学得极大自由。至秦汉二主出,而文学始全入于专制范围内,历劫而不能自拔"。由此将战国以前的文学发展定为"胚胎期",战国至汉武帝以前的文学为"全盛期",汉武以下至元代为"华离期",明代开始则为"暧昧期"。作者推崇战国时期的诸子文学,认为春秋以上的"阀阅文学"一变为战国的"处士文学",冲决了周公、孔子以来的种种专制范围,"人人有独立之资格,自由之精神,咸欲挟其语言思想扫除异己,而于文学上独辟一新世界"。而此种文学施于政事,影响诸国君的效用,又证明"非战国之能造此文学,实文学之能造此战国"。秦汉以降,专制日盛,其间虽有司马迁撰《史记》,足为文学的"中兴令主",但盛世终不再起。至明代,一般士大夫创作全为专制所牢笼,非如此则将危及身家性命。所以本书近世文学史一编的"明代前期文学家代表"前,特辟一节,专述"明初文士受祸略记"。这样的一条发展脉络,无疑是与作者在本书第一编"总论"的"文学史之效用"一节中所称"文学为言语思想自由之代表"的观念密切关联的。

另一方面,本书也注意到"全盛期"之后的中国文学依然有发展变化的态势,因别开一途,云:"文治之进化,非直线形而为不规则之螺旋形。盖一线之进行,遇有阻力,或退而下移,或折而旁出,或仍循原轨。故历史之所演,有似往前者,有似后却者,又中止者,又循环者,及细审之,其范围必扩大一层,其为进化一也。"由此联系秦汉以后的文学发展,称"全盛期"虽过而演进并未停止,因为专制的影响"于(文学)种类之发达,固无障碍,而种类之区别,亦不能齐一焉"。至这种新的演进或进化,作者举民族流徙为比,称之为"弃国籍而别殖新基,其力为横决,而其象为华离"。"华离期"即典出于此。考"华离"一词源于《周礼·夏官》"掌制邦国之地域而正其封疆,无有华离之地"一句,原意为国境间地域的犬牙交错。本书作者借其意,以比拟文学发展中新体裁的层出不穷与新旧并存状态,所以在"华离期"中,除述诗赋文章外,特标明《虬髯客传》、《柳毅传》、《聂隐娘》等唐人小说为"唐新文体",称宋代的语录、四六、诗余为"特出之物"。而即便是"暧昧期"的明代,也不抹杀其"演进"的一面,专辟一章论"明之新文学"(戏曲、制艺、章回小说),并敏锐地察觉出"一代之文,每与一代之乐相表里"的文学史实。这一方面表现出作者撰述本书时持一种辩证的研究方法,另一方面又与作者界定文学本义尤重"摹写感情"、"发挥不朽之美"两条颇有关系。作者在第四编"分论"中称"美为构成文学之要素",虽未偏斥"真"与"善",但重视文学的"美"的特质是显而易见的。这应当是其撰述本书时虽倡战国文学"全盛"说而仍注意到秦汉以来文学发展新面貌的一个主要原因。

黄人在《中国文学史》中归纳出的这样一种变线式的中国文学发展模式,有其切近 20 世纪初中国社会现实的优点——使本书具有极强的反专制、争自由的民主气息;也有在分期上过于主观化的缺点——至少单从作者思想上的自由度判断一个时代的文学是否进入文学史的"全盛期",是过于片面了。此外,由于体制过于庞大,前后分期标准不完全统一(导论部分以"胚胎"、"全盛"、"华离"、"暧昧"分期,而介绍部分则以上世、中世、近世分期,两种分期间的联系亦无十分明确的说明),也使本书显得比较枝蔓草率,一定程度上削弱了其学术价值。

但本书存在的这些缺陷,是一个研究领域开拓之初,创业者著书立说过程中难免的失误。而从中国文学研究的历史看,书中提出的不少见解,像专制政权对于中国文学发展的严重影响,八股制艺在文学史上的价值,文与乐的密切关系等,无疑是具有十分重要的启发意义的。书中对中国文学发展历程所作的颇为全面系统的介绍,也在一定范围内为中国文学史编纂学科的确立,置下了一块坚实的基石。

研究本书的论著,有何振球《论黄人的文学史观》(《苏州大学学报》1983 年第四期)、黄霖《中国文学史学史上的里程碑——略论黄人的〈中国文学史〉》、孙景尧《首部〈中国文学史〉中的比较研究》(以上二文均刊载于《复旦学报》1990 年第六期)、戴燕《文学史的力量——读黄人〈中国文学史〉》(《书品》2001 年第一期)、王水照《国人自撰中国文学史"第一部"之争及其学术史启示》(《中国文化》2008 年第一期)、陈广宏《黄人的文学观念与 19 世纪英国文学批评资源》(《文学评论》2008 年第六期)等。

(陈正宏)

清真先生遗事 王国维

《清真先生遗事》,王国维撰。最早刊入 1911 年罗振玉所编《国学丛刊》创刊号。又有《广仓学宭丛书》第二集本、《海宁王忠悫公遗书》本、《海宁王静安先生遗书》本。通行本有《王国维遗书》及《王国维全集》所收本。

作者生平事迹见"观堂集林"条。

《清真先生遗事》是一篇考录评价北宋著名词人周邦彦(1056—1121,号清真居士)生平和作品的论文,也是王国维致力于中国古典文学尤其是词曲研究期间完成的一项出色的学术成果。其写定在 1910 年 12 月。此前不久,王氏完成了其名著《人间词话》的撰述。本文则进一步以个案研究的方式体现了他有关词史与词学研究的基本看法。

《清真先生遗事》全文一万字左右。分成四个部分,即"事迹"、"著述"、"尚论"和"年表"。各部分主要内容如下。

第一,"事迹"。在此部分中,撰者首先将从史部、子部、集部中可搜采到的有关周邦彦的传记资料,如《宋史·文苑传》、《东都事略·文艺传》、《咸淳临安志》、《挥麈余话》、《碧鸡漫志》、《玉照新志》等,一一加以罗列,再对这些成篇的记述进行整理笺释,逐一考论纠正材料中的疏误之处。如周邦彦进献《汴都赋》的时间,王氏经过细致考索,肯定了钱塘丁氏所刊《武林先哲遗书》中的元丰六年(1083)七月说,并指出《宋史·文苑传》和王铚《挥麈余话》中元丰初的说法,以及陈振孙《直斋书录解题》的元丰七年说存有舛误。进而又考定周氏《重进汴都赋表》当作于哲宗元符之初(约 1098),故纠正了《挥麈余话》中所谓蔡京用权以后作的疏漏。他如张端义《贵耳集》和周密《浩然斋雅谈》中均述及李师师(北宋名妓)与周邦彦的交往纠葛,撰者将两书中所记周氏职官、此事的时间与周氏生平仕历相互印证,发现多有不合,且书中记载也有前后牴牾之处,由此指出其中所载颇多失实,有取他人之事附会之嫌。

第二,"著述"。在这一部分中,撰者征引前代书目叙录,并按诗文集、词集、杂著三类,编录了一个周邦彦所有见于记载或为撰者亲见的著作目录,各书目下大都注明著录出处,并有或详或略的解题。解题中有的录有原书序文,还有不少则附有撰者的按语。三类书目著录之末,各有一段撰者的考证文字,着重订正其中重要作品的结集情况、存佚、内容和版本,对有些未署周氏姓名但周氏参与修订的著述,撰者也作了合情合理的推测。如《五礼新仪》为政和中议礼局官员集体编撰,编修人员名单中并未署周氏之名,撰者通过对《宋史》周邦彦传中相关史料的甄别,判断周氏曾在局任检讨官,参与修书,而此书修成之时(约政和三年,1113),周氏已经出知隆德府,故其名不见于该书卷前修书官员名单中。从文学研究的角度说,该部分中有关周邦彦词作的结集和版本的考订,尤见功力。如有关宋溧水本《清真词》中颇有伪词、毛晋所刊《片玉词》确出于宋本等结论,与对宋本及各个刊本中阕数多寡和卷数分合的考订,以及关于三卷本《清真词》虽非周氏手定,也可算最早的结集刊本的推测,均为后来学者的进一步探讨,打下了基础。

第三,"尚论"。在前两部分对原始材料整理的基础上,撰者于此部分中有意识地分成各个专题,如家世、生卒、行踪、仕历、交游等方面,多侧面而有条理地考述了周邦彦的生平事迹,同时对周氏的为人品性和诗文作品也作了较高的评价。从考订的一面看,该部分中有关周邦彦交游的叙述,取《片玉词》中《鬓云松令》与《水调歌头》两词,由史料证实词中涉及的傅国华"奉使三韩"和李伯纪任观文殿大学士二事,均在周氏卒后,从而既考实了此二词为伪作,又对周氏与傅、李二人是否实有交往提出了有力的质疑,这类成果及其所采用的研究方法,无疑对后人是颇有启发的。从评的一面看,像撰者在考订周氏不依附党局,也不颂谀权贵这一事实的基础上,把周氏与同为钱唐词人的潘阆对比,认为周氏一生"立身颇有本末",却没有得到应有的重视,由此提出对有关史事"廓而清之"以重新认识评论周邦彦的建议,即不为无见。而文中论及周氏的创作与作品,如谓《汴都赋》"变《二京》、《三都》之形貌而得其意,无十年一纪之研炼而有其工,壮采飞腾,奇文绮错,二刘博奥,乏此波澜,两苏汪洋,逊其典则";如比周氏之词为词中老杜,又从词句的意境和词的音律两方面进行考述,认为周氏之词能表述常人之感,但"诗人之言,字字为我心中所欲言,而又非我之所能自言",而其音律又"非大晟乐府之新声,而为隋唐以来之燕乐",今其音虽亡,但读其词仍觉"拗怒之中自饶和婉",故由词而论,"两宋之间,一人而已"。诸如此类,既可见撰者对周氏的作品极为欣赏,同时又指示后人从一些非常规的视角去对周邦彦的创作做更深层次的研讨。

第四,"年表"。本节以表格的形式,对周邦彦的生平行踪加以简略的编年。全表分为"纪年"、"时事"、"出处"三栏。其中"纪年"列北宋纪年与周氏年岁,二十三岁前不逐年列出;"时事"记与周氏行踪相关的史事;"出处"记其生平,大都采用"尚论"中各个专题的考订结论。本表简洁明了,既是对前述考证成果的综合,又使读者得以对周氏一生有一全面的感知。

《清真先生遗事》在中国文学研究史上有其特殊的地位。从撰著形式看,论文的前两部分,实际上是撰者在寻找有关作家生平和著述的原始材料,并对之逐一甄录;第三部分,是综合运用上述那些经过考实的材料,全面分析考订作家的生平事迹,并进行言之有据的评论;而第四部分则是对前三部分所有考证结论加以抽取,作一简略而又具有总结性的排比整理。因此,文章四个部分展现给读者的,是撰者研究作家生平事迹逐渐递进的全过程。展示这样一个过程,对于加强传统学术研究的科学性,自然有其重要的示范意义。而从作家传记类著作的体例发展看,本文考评结合,且评必有据的形式,虽然尚显粗糙,其具体结论也可商榷,但这种方法却为撰述新型的作家传记提供了新的思路和视角,现代作家传记的体例也正是在这类论文撰著的基础上逐步发展完善的。此外,从对周邦彦生平研究的角度而言,本文的价值也十分明显。它是最早全面考论周氏事迹的学术论著,由于研究方法比较科学,搜辑资料比较完备,迄今为止,依然是研究周邦彦的学者的必读文献,其中许多结论仍为研究者广泛采用。

本文也存在一些疏漏。如其对周氏生卒年份的考订,在生年的推算上略有舛误。周氏既卒于宣和三年(1121),年六十六卒,则其当生于嘉祐元年(1056),而非文中所说的嘉祐二年。

研究本书的论著,有刘永翔《周邦彦家世发覆》(《华东师范大学学报》1996年第3期),孙虹《清真集校注》前言及《清真事迹新证》(中华书局,2007年),罗忼烈《清真集笺注》下编《参考资料》(上海古籍出版社,2008年),薛瑞生《周邦彦别传——周邦彦生平事迹新证》(三秦出版社,2008年)等。

(吕海春)

中国中古文学史讲义 刘师培

《中国中古文学史讲义》，刘师培著。1920年北京大学出版部初版，1923年、1926年续有重印。1936年，陈钟凡等据1917年北京大学原印本辑入《刘申叔先生遗书》。1957年，人民文学出版社出版据北大出版部本为底本的标点本。1959年，该社又出版由金文渐参阅《遗书》本校点的本书，题名《中国中古文学史》，与刘师培著《论文杂记》合刊一册。近年刊行版本甚多，主要有上海古籍出版社2000年版、商务印书馆2010年版、凤凰出版社2011年版等。

刘师培(1884—1919)，字申叔，号左盦。江苏仪征人。光绪二年(1902)举人。次年赴开封会试受挫，在归途中经上海时结识章炳麟，并受章氏思想影响，改名光汉。后任《警钟日报》、《国粹学报》撰述，并创办《白话报》。1907年春赴日本，任《民报》编辑，加入孙中山领导的同盟会。试图出任同盟会东京本部干事之职，遭拒绝后回国，于1908年入清朝两江总督端方幕府。辛亥革命后，加入"筹安会"，拥护袁世凯称帝。1917年蔡元培任北京大学校长，聘其为中国文学系教授。1919年主编《国故》月刊，反对新文化运动。同年11月，因肺病死于北京大学。一生著作繁多，论群经及文辞、群书校释等约百种。1936年钱玄同等选辑七十四种，编为《刘申叔先生遗书》。其余文字由今人万仕国辑校为《刘申叔遗书补遗》(广陵书社，2008年)。

《中国中古文学史讲义》是刘师培1917年任北大教授时的授课讲义，同时也是作者多年研究文学史的心得总结。早在1905年，刘氏即在《国粹学报》上发表《文章原始》、《文说》等论文，考证区分文学与非文学的界限，对于后世"以经史为文，以子史为文"的现象提出批评，而于北宋以来失却文学本来意味的"古文"占据正统文学地位尤其不满。同年撰写的《论文杂记》，则更明确地排斥"唐宋八大家"与桐城派古文，重视六朝骈偶俪辞，成为作者后来撰写《中国中古文学史讲义》的理论先导。

作者是古文经学名家，因此本书在研究方法上颇近经学，首先从小学入手，考证中古时代"文"、"笔"之辨，继广泛征引各家之说，间加辨析，述而不作。本书的体例在中国文学史编纂史上也绝无仅有,各篇章均以一概述本期文学概况的小引起首,然后分类条列各类史料,于各类下稍作说明,而各篇末则以案语形式作一总结。全书以材料为主,作者的自撰文字,重在解说;而其文学史观,则主要体现在卷首的"概论"和各篇章对材料的选录排比中。

全书篇章以"课"划分,共计五课。第一课"概论",除重申作者早年就提出的"偶词俪语"才是真正的文学这一主张外,更明确地肯定了齐梁文学的历史地位,并对桐城派古文继续提出批评。

第二课"文学辨体",征引梁元帝《金楼子·立言篇》、刘勰《文心雕龙·总术篇》等史料,证明偶语韵词谓之文,非偶语韵词谓之笔。兼述诗、辞、文、笔等概念间的区别,唐以后散文与韵文概念的混淆等,目的在于辨察文学本源,正文名之实。

第三课"论汉魏之际文学变迁",归纳了汉魏之际文风的四大流变:(一)从两汉以经术为本,变为曹操治国时的"清峻";(二)由"建武以还,士民秉礼",变为建安时的"通侻";(三)"骋词之风",始于献帝之初;(四)灵帝时的"华靡"风尚,至魏初仍在。指出魏文与汉文有四不同:"书檄之文,骋词以张势,一也;论说之文,渐事校练名理,二也;奏疏之文,质直而屏华,三也;诗赋之文,益事华靡,多慷慨之音,四也。"为证明这种流变与不同,本课"附录"中还选入了汉代祢衡以来的十二篇文章,逐篇解说风格大略。

第四课"魏晋文学之变迁",分魏自太和至正始之文为两派,一为王弼、何晏派,一为嵇康、阮籍派。王、何上承孔融、王粲,下启夏侯玄、钟会,特点是"清峻简约,文质兼备"。嵇、阮则上继阮瑀、陈琳,盛于竹林七贤,特点是"文章壮丽,摠采骋辞"。晋文以潘岳、陆机为代表,其风格异于汉魏处,一为用字平易,二为偶语益增,三为论序益繁。本课还述及晋人的文学批评,推《文赋》为最先。

第五课"宋齐梁陈文学概论",谓文学自刘宋始独立为一科,南朝文章由晋宋之际延至齐梁,文辞趋缛丽、侈艳,但也不乏雅懿清峻之作。特别指出齐梁文学上变晋宋下启隋唐的历史地位,并云其所以有此地位,原因有二,一为声律说的发明,二为文笔的区别。

刘师培在1919年撰写的《搜集文章志材料方法》(见《左盦外集》卷十三,《刘申叔先生遗书》第四十一册)中曾说:"文学史者,所以考历代文学之变迁也。"正是从这种重在"变迁"的文学史观出发,作者通过对史料的钩稽整理,在《中国中古文学史讲义》中首次清晰地勾勒出了汉魏至南朝间文学发展与变化的大势。尽管书中所述,主要还是文体文风的演化,没有论及这一时期文学中更为深入的思想文化内涵,但这种以实证为基础的开创性研究,已为以后的中古文学史研究开辟了道路。

《中国中古文学史讲义》的另一个成就,是从文学发展的角度,肯定了齐梁文学的地位,并进而动摇了长期以来被视为文学正统的唐宋古文及其后续桐城派古文的地位。作者在"概论"中提出的"非偶词俪语,弗足言文"之说虽未免偏激,但第五课中列举的齐梁文体多种多样,齐梁文风不单为侈靡,齐梁文学下启隋唐等诸端,则以充分的证据证明了齐梁文学作为一种内涵丰富的文学的价值。相比之下,那些所谓"著诚去伪"、"从质舍文"的说教性古文,其文学价值究竟如何,的确是需要重新检讨的。

作为中古文学研究领域里的第一部专史,《中国中古文学史讲义》有着广泛的影响。早在1927年,鲁迅在广州作《魏晋风度及文章与药及酒之关系》的著名演讲时,即指出本书"对于我们的研究有很大的帮助"。1928年,鲁迅又评价说:"中国文学史略……我看过已刊的书,无一册好。只有刘申叔的《中古文学史》,倒要算好的。"(《鲁迅全集》第十一卷"书信"1928年2月24日致台静农)以后如郑振铎编写的《插图本中国文学史》等著作,在论述中古文学时,对齐梁文学持肯定态度,似也受到本书的启发。此外,由于本书大量征引了四部典籍中有关魏晋南北朝的诗文批评文字,尤其是对《文心雕龙》、《诗品》等文学批评名著多加引述考辨,因此本书对于后来的文学批评史研究也有很大的影响,1959年人民文学出版社出版该书,便将之归为"中国古典文学理论批评专著选辑"丛书之一。

本书撰于1917年,其中自然也不免有偏颇失误处。如将散文完全排斥于文学之外,谈魏晋南北朝文学重文轻诗,作文学史却基本不引述文学作品(除第三课外)而单从各代论文材料立论述说,等等,凡此皆显现出中国文学史编纂初创时期的不成熟与实验性。

研究本书的论著,有任维焜《刘师培的文学论》(《新晨报副刊》1930年11月第13、14号),金文渐为1959年版《中国中古文学史·论文杂记》所写"校点后记",殷孟伦《校读偶记——刘师培〈中国中古文学史〉里的错字》(《文学遗产增刊》十辑,中华书局,1962年),陈代湘《刘师培与〈中国中古文学史〉》(《光明日报》2007年8月16日),上海古籍出版社2000年版书前程千帆、曹虹导读,凤凰出版社2011年版刘跃进讲评等。

(陈正宏)

陶渊明 梁启超

《陶渊明》,梁启超撰。最早有1923年9月商务印书馆刊印的单行本,后收入上海中华书局1932年出版的《饮冰室合集》之"专集"第二十二册中。目前通行的读本,是中华书局1989年重印的《饮冰室合集》第十二册所收本。

作者生平事迹见"清代学术概论"条。

《陶渊明》是一部考论评析东晋文学家陶渊明(365?—427)生平事迹和文艺作品的传记著作。据书前民国十二年(1923)梁氏自序与书中第二部分"陶渊明年谱"前的小序,民国十一年秋冬间,梁氏讲学南京,"积劬婴疾",家居静养,以读陶渊明文集自娱,借此机会,参订有关文献记载,钩稽其作品年月,由是以成《陶渊明》一书。

全书由三个体裁不同又各自独立的部分组合而成。书前有梁氏自序,概述撰述缘由、经过及传记内容。第一部分"陶渊明之文艺及其品格",以评析为主,着重论述了陶渊明的家世、生活时代及当时社会思潮,陶氏其人的个性和思想渊源,并分析了其集中一些重要的文学作品。第二部分为"陶渊明年谱"。该谱是梁氏在参据前此诸家,如吴仁节、王质、丁晏、陶澍等人编订的年谱或年谱考异的基础之上,考稽谱主的作品,条考编撰而成。谱前有梁氏所撰小序,以下为对旧传旧谱的考订和谱主家世考。正文中每年均出条,其中一些撰者凭己意揣测、证据尚不确实的事条,均标以问号以示存疑。第三部分"陶集考证",实际上相当于谱主著述版本考。由于陶渊明别集的版本,经著录或传世的都为数不少,篇次难免有所错乱,有的诗文还存在真伪难辨的情况。梁氏按存、佚两类对陶氏别集的版本逐一加以考证,指出各个版本的源流及优劣异同,提出一些有创见的结论。书后有附录一则,题为"陶集私定本"。梁氏以诗史互证的方法,对陶集中部分作品进行整理笺释,推论其创作年代和写作背景。

作为一部传记,本书包含的内容较为博杂,既有考证性的文字,也有从宏观上加以分析评论的内容。与传统的年谱类传记相比,形式上显然有所突破,但又不及现代新型作家传记的形式完整。因而对于本书的特点也应分而言之。

第一，撰者能从宏观和整体性的视角对陶渊明其人及其文学作品进行综合性的研究评析。这着重体现在两个方面。（一）梁氏为陶渊明立传的目的在于"治文学史"，他认为"批评文艺有两个着眼点，一是时代心理，二是作者个性"，因而较为重视考察传主的时代背景与其品性特质，通过对其文学作品和思想情感渊源的对比分析，以期加深对陶氏本人身世经历及文艺思想的理解。例如，撰者在分析陶渊明个性中意气飞扬的一面时，便以几首能体现这一特性的诗作为例进行评析。如举其《杂诗》中"忆我少壮时，无乐自欣豫。猛志逸四海，骞翮思远翥"，和《拟古》诗中"少时壮且厉，抚剑独行游"，说明陶氏年轻时即有意气风发的一面。又以《咏荆轲》和《读山海经》诸诗为例，指出这些诗中都流露出激昂慷慨之情，表明陶氏性格中始终保持着"带性负气"的一面，他在隐居生活中也仍然渴望有所作为。这些分析颇有见地，使读者既对陶氏性格有了更全面的了解，也对其作品有了更新的认识。（二）从行文来看，撰者运用了富于感染力、易于理解的语言进行表述，从而凸显出陶渊明的生活和精神面貌，给人留下深刻的印象。如其中谈及陶渊明故乡的一段文字，语言生动，令读者对陶氏的生活环境有了全新的感性认知。

第二，在本书的二、三两部分中，撰者依然采用了传统朴学的撰述方式，对陶氏生平事迹和著述版本进行了较为细致的考索，得出一些信而有征或富于启发性的结论。书中对于陶氏作品的版本和篇目真伪的考论是比较仔细的，特别是他的关于"《五孝传》及《圣贤群辅录》，决为赝品，当删"，以及"《归园田居》第六首、《问来使》、《四时》，皆误编，当删"等论点，确是正确的见解，为后人深入研究陶氏作品的真伪作了开拓性的工作。此外，撰者能将诗史互证，对陶集中的诗文作品加以系年，并做了一定的笺释整理工作。如义熙十三年丁巳（417）条下，撰者以"是年太尉刘裕北伐，灭姚秦，修复关中晋宗庙陵寝"之史实来证明陶集中《赠羊长史》一诗作于此年，又认为在"中原沦于戎羯，已逾百年"的背景下，陶氏"睹关洛之光复"，诗中反映出的喜悦情绪及欲往游而因病不果的说辞应为实情，即不为无见。

但是，本书也有不足之处。首先，从作家传记发展史的角度看，《陶渊明》应属过渡时期的作品，其中三个组成部分体裁各异，各自独立，前后无紧密连贯的衔接，故从体制上看尚不完备。同时，其对陶氏生平的整体性研究尚处在比较初级的阶段，故有些看法也略显粗浅。如陈寅恪在《陶渊明之思想与清谈之关系》一文中就指出"研究当时士大夫之言行出处者，必以详知其家世之姻族联系及宗教信仰二事为先决条件"，而梁氏在研究陶氏之文艺及其品格时，稍有"取己身之思想经历，以解释古人之志尚行动"之嫌。其次，从考证的一面看，也出现了某些疏漏。如其对陶渊明生卒年的考订便存在推算考论上的错误，详情参见游国恩《陶潜年纪辨疑》一文。

当然，作为一部转型时期的作家传记，本书仍是一部较为优秀的著作，其价值也是显而易见的。从综合研究作家生平的角度而言,梁氏以良好的艺术感觉敏锐地把握陶氏特性所在,从宏观角度对作家生平进行整体性的研究,为新型作家传记的发展提供了理论性的框架,指示了综合考论研究的方向,对现代意义上的作家传记的逐步成熟作出了应有的贡献。此外,就陶氏生平、作品的研究而言,本书提出的一些具体结论已为当今学术界公认,对后人的进一步研究颇有启迪之功。

研究《陶渊明》的论著,有游国恩《陶潜年纪辨疑》(收入《陶渊明年谱》,中华书局,1986年)的相关部分,以及李剑锋《近现代陶渊明研究的开创者梁启超》(《山东师范大学学报》2002年第3期)、戴燕《文史殊途——从梁启超、陈寅恪的陶渊明论谈起》(《中华文史论丛》2007年第二辑)等。

(吕海春)

摩罗诗力说 鲁　迅

《摩罗诗力说》，鲁迅著。作于 1907 年，最初发表于 1908 年 2 月和 3 月在日本出版的《河南》月刊第二、三号，署名"令飞"。后收入 1927 年 3 月由北京未名社初版的《坟》，并曾由作者稍作校订。目前通行的读本，是人民文学出版社《鲁迅全集》所收本。

鲁迅(1881—1936)，原名周树人，字豫才。浙江绍兴人。清光绪二十八年(1902)毕业于南京矿务铁路学堂，旋赴日本，先后就读于东京弘文学院、仙台医学专门学校。以医学无济于改变国民精神，遂弃医从文。在日期间，发表《摩罗诗力说》、《文化偏至论》等文，与弟周作人共同译印《域外小说集》，初步形成了早期文学发展观。1909 年回国，任教于杭州两级师范学堂、绍兴府中学堂等校。辛亥革命后，曾任南京临时政府及北京政府教育部部员、科长、签事等职，兼任北京大学、北京女子高等师范学校讲师。其间创作中国现代文学史上第一篇白话小说《狂人日记》与剖析国民性的中篇小说《阿 Q 正传》，出版小说集《呐喊》、《彷徨》、杂文集《坟》、《热风》等，影响颇广。1926 年赴厦门大学任教授，次年转至中山大学，任文学系主任兼教务主任。蒋介石"四一二"政变后，辞职赴上海，先后参加中国自由运动大同盟、中国左翼作家联盟和中国民权保障同盟。其间先后主编《语丝》半月刊、《奔流》月刊、《萌芽》月刊等杂志，翻译外国文学作品，并撰写了大量的杂文，结集出版有《而已集》、《三闲集》、《二心集》、《南腔北调集》、《且介亭杂文》及其二集等多种。现有《鲁迅全集》行世。生平可参看今人所编著的多种传记与年谱。

鲁迅作《摩罗诗力说》时，年二十六岁，正在日本留学。上一年 3 月，他因痛感医治人的灵魂尤为重要，决然中断了仙台医专的学业而来到了东京。这一时期他阅读了大量的日文和德文的西洋哲学和文学书籍，较多地接触到了 19 世纪末期的各色西方思潮，并与陶成章等光复会人士有来往，逐渐形成了较为成熟的人生观与文学思想，虽然在 1924 年至 1925 年间鲁迅曾有过深刻的思想危机，但其早期的思想基本上一直延存至其生命的末年。《摩罗诗力说》即是体现其早期思想的一篇文学批评名作。

在谈及《摩罗诗力说》时，必须注意到写于同年、发表于同年的鲁迅早期另一篇重要文章《文化偏至论》。在这之前，鲁迅曾有过科学立国的思想，而在社会改造方面则较多地受到严复、梁启超等人的影响。但这一时期的读书自省、对外部世界的观察思考以及社会实践活动，使得鲁迅形成了脱开前人模范的独立的思想体系，或说是思想体系的雏形。如同弃医从文的行为所体现的那样，鲁迅将救国图强的途径转到了"立人"，即改变国民精神上，"是故将生存两间，角逐列国事务，其首在立人，人立而后凡事举；若其道术，乃必尊个性而张精神"（《文化偏至论》）。简而言之，这一时期鲁迅的文化思想，在哲学上尊奉尼采等的主观意志论和天才说，在伦理思想上崇尚个性主义，在审美上以张扬的力为美，在文学上则推举反叛性的浪漫主义。理解这一点非常重要，这有助于我们从整体上去把握《摩罗诗力说》的内在精神；换言之，《摩罗诗力说》通过对几位欧洲浪漫主义诗人的叙论，以文学批评的形式表达了作者的人生指向。

"摩罗"一词为梵文 Mára 的音译，原为佛教传说中的魔鬼，鲁迅在文中则将其理解为叛逆现实、抗争传统的斗士，"恶魔者，说真理者也"。鲁迅认为，往往是这些摩罗诗人，代表了一种生命的强力，显示了一个民族内在的精神生机。

本文共有九个章节，大致可分为两个部分，其要旨如下。

第一、二、三章节可视为第一部分。这部分主要说明撰写此文的旨意。文章首先论述了古印度、希伯来诸国因缺乏"时时上征、时时反顾、时时进光明的长途"的精神内驱力而导致"灿烂于古、萧瑟于今"的严峻史实。19 世纪下半叶起，洋务运动勃兴，以坚船利炮图国之强渐成共识，"近世文明，无不以科学为术，合理为神，功利为鹄"，而视文章为末技。鲁迅则不以为然，他认为社会求进、国家图强，人的精神力更为重要，而诗文之本质，"皆在使观听之人，为之兴感怡悦"，因而具有鼓荡人心、振励精神之功用，试读荷马"以降大文，则不徒近诗，且自与人生会，历历见其优胜缺陷之所存，更力自就于圆满。此其效力，有教示意；既为教示，斯益人生；而其非常教，自觉勇猛发扬精进"，"故文章之于人生，其为用决不次于衣食，宫室，宗教，道德"。鲁迅撰写此文，旨在"举一切诗人中，凡立意在反抗，指归在动作，而为世所不甚愉悦者悉入之，为传其言行思维，流别影响"，藉摩罗诗人的精神以激励国人破陋习，坏旧范，上进图强。

文章第四章节至最后可视作第二部分，一般认为是文章的主要部分。在这六个章节中鲁迅依次介绍了英国的拜伦、雪莱，俄国的普希金、莱蒙托夫，波兰的密茨凯维支、斯洛伐茨基，匈牙利的裴多菲等十数位具有"反抗挑战"精神的摩罗诗人。其中拜伦可谓是宗祖、精神领袖，鲁迅所费篇幅也最多，颂扬其"如狂涛厉风，举一切伪饰陋习，悉与荡涤，瞻顾前后，素所不知；精神郁勃，莫可制抑，力战而毙，亦必自救其精神；不克厥敌，战则不止"。尼采虽晚于拜伦，但鲁迅认为两人在图强的精神上一脉相通，"尼佉（现译尼采）欲自强，而并颂强者；此（指拜伦）则亦欲自强，而力抗强者,好恶至不同,特图强则一而已"。在叙述了拜伦的一生及诗作后鲁迅总结说:"裴伦(现译拜伦)既喜拿破仑之毁世界,亦爱华盛顿之争自由,既心仪海贼之横行,亦孤援希腊之独立,压制反抗,兼以一人矣。虽然,自由在是,人道亦在是。"这一分析和概括是十分精当的。雪莱也是位求正义争自由的诗人,鲁迅介绍他的长诗《伊斯兰起义》时说:"凡修黎(现译雪莱)怀抱,多抒于此。篇中英雄曰罗昂,以热诚雄辩,警其国民,鼓吹自由,掊击压制","盖罗昂者,实诗人之先觉,亦即修黎之化身也"。对于普希金与莱蒙托夫,鲁迅认为前者早年颇有拜伦的勃扬之气,"迨放浪之生涯毕",则转为与世俗社会乃至官方妥协,"而来尔孟多夫(现译莱蒙托夫)则奋战力拒,不稍退转",表现了执著的勇顽精神。密茨凯维支、裴多菲等波、匈诗人又与上述诸人不同,他们的祖国正遭受外强的统治和侵略,因而其抗争的对象不惟俗众旧习,求民族自立、国家兴盛的精神也就更为炽烈,然其内质上沿袭了拜伦一族的血脉。裴多菲少时"尝治裴伦暨修黎之诗,所作率纵言自由,诞放激烈,性情亦仿佛如二人"。最后鲁迅归纳说:"上述诸人,其为品性言行思维,虽以种族有殊,外缘有别,因现种种状,而实系一宗:无不刚健不挠,抱诚守真,不取媚于群,以随顺旧俗;发为雄声,以起其国人之新生,而大其国于天下。"然后鲁迅沉重痛切地发问道:"今索诸中国,为精神界之战士者安在? 有作至诚之声,致吾人于善美刚健者乎? 有作温煦之声,援吾人出荒寒者乎?"鲁迅的"别求新声于异域",实亦无奈之举。

除了以异域诗人的"刚健抗拒破坏挑战之声"来刺激国人精进图强之外,鲁迅此文的学术价值大致有两点:(一) 此文在中国的文学研究史上可谓是第一篇以认真严肃的态度较为系统全面介绍西洋文学的重要文章。以林译小说为首,西洋文学在19世纪末以后虽渐次译介至中国,但大多取游戏或狭隘的政治宣传态度,西洋文学的精粹尚未被真正地认识。拜伦个别的诗作虽以旧诗形式被零星译出,但学界对其文学地位和成就仍不甚了了,更遑论拜伦以降的诗人。鲁迅此文的立意虽不仅在文学,但其叙述介绍的全面及评论分析的精当远过于迄此的所有文字。不仅如此,直至鲁迅编辑《坟》的1926年,在"题记"中谈及此文时作者仍感慨地说:"其中所说的几个诗人,至今没有被人再提起。"因此,此文在近现代中西文学交流史上,具有拓荒辟野的先驱意义。顺便提及,周作人同年发表于《河南》上的《哀弦篇》,也具有相同的价值。(二) 中国的意识形态与正统文学观历来重群体,重秩序,而轻个人,而自《文化偏至论》和《摩罗诗力说》两文始,鲁迅非常突出个人、个体的价值和生命意义,改造社会重在立人,而鲁迅的立人已异于梁启超"新民说"的重在群体更新,而首先是强调个人的独立和完善,并且将个人的价值筑建在与俗众的对立之上,因此在本文中他一再宣扬了拜伦等摩罗诗人对既存社会秩序的叛逆性和挑战精神,这虽有矫枉过正之弊,但在新文化运动勃兴的十年之前鲁迅即已有如此识见,则它对于中国文学乃至文化的精神更新,无疑具有独特的意义。

但颇令人遗憾的是，《摩罗诗力说》在当时并未产生应有的影响，《河南》杂志的知名度低、发行量小是一个原因，而文章文字的古奥、艰涩也严重阻碍了内容的传达，鲁迅后来对此曾有反省（参见《坟·题记》）。

研究《摩罗诗力说》的论著，有周扬《精神界之战士——论鲁迅初期的思想和文学观为纪念他诞生六十周年而作》（连载于《解放日报》1941年8月12至14日，后收入中国文联出版公司1987年刊《1913—1983鲁迅研究学术论著资料汇编》第三卷）相关部分，以及程致中《〈摩罗诗力说〉与比较文学》（《东方丛刊》2002年第一期）、王柯平《〈摩罗诗力说〉与摩罗式崇高诗学》（《鲁迅研究月刊》2005年第四期）、李震《〈摩罗诗力说〉与中国现代诗学》（《中国现代文学研究丛刊》2006年第四期）。另有赵瑞蕻《鲁迅〈摩罗诗力说〉注释·今译·解说》（天津人民出版社，1981年）、日本北冈正子《〈摩罗诗力说〉材源考》（何乃英译，北京师范大学出版社，1983年）等。

（徐静波）

中国小说史略 鲁 迅

《中国小说史略》，鲁迅著。1923年、1924年北京大学新潮社分上、下两册初版。1925年北京北新书局重版，合印一册。1931年北新书局出版修订本，至1935年印至第十版，作者又有改订。嗣后不同出版机构多次再版，而文字均同北新书局第十版。现通行本为人民文学出版社《鲁迅全集》所收注释本。单行本甚多，主要有上海古籍出版社1998年版、人民文学出版社2007年版、中华书局2010年版等。

作者生平事迹见"摩罗诗力说"条。

《中国小说史略》的前身，是作者20年代初在北京大学、北京女子师范学校讲授中国小说史的讲义，本名《小说史大略》，为一写印本。其后因教学之需，北京大学将之排印成铅字本，与原写印本在篇目文字上略有不同。至1923年，始定名为《中国小说史略》，由新潮社正式出版。

在中国传统观念中，小说一向不登大雅之堂，所以中国小说"自来无史"(本书"序言")。鲁迅自幼即喜读说部之书，青年时代受晚清学界重视小说社会功效观点的影响，对域外小说作过翻译与研究，故能较早地摆脱传统观念。辛亥革命前后，他又致力于唐以前小说的辑佚(此后结集为《古小说钩沉》)和唐宋传奇的整理(以后结集为《唐宋传奇集》)，为研究中国小说史打下了扎实的基础。加上他善于用比较科学的方法排比史料，以独到的眼光分析作品，对当时学术界有关小说的研究成果充分利用，所以使《中国小说史略》成为中国文学研究史上第一部系统论述中国小说发展历程的专著。

全书分为二十八篇。第一篇"史家对于小说之著录及论述"，征引自《汉书·艺文志》迄《四库全书总目》的各家著名书目，说明"小说"之名的起源及历来对于所谓"小说"的分类与态度。以下各篇依时代顺次论述中国小说的流变，可归纳为六大部分。

一、第二至第四篇。考述从上古神话传说至魏晋间假托汉人所撰诸种神仙传记的小说成型史。

二、第五至第七篇。介绍以《搜神记》等为代表的六朝志怪小说和以《世说新语》为中心的志人小说。

三、第八至第十篇。历叙唐人传奇与汇辑各种故事逸闻的"杂俎"。

四、第十一至十三篇。考论宋人志怪小说、传奇、话本与拟话本。

五、第十四至二十一篇。评述元明讲史、明代神魔与人情小说,附论明代拟宋人市人小说以及清人选本与续作。

六、第二十二至二十八篇。论析清代小说的七大类型:拟晋唐传奇志怪、讽刺、人情、以小说见才学、狭邪、侠义与公案、谴责。

作者在此六大部分二十八篇的结构中,博征四部典籍,考证诸家杂说,而于中国小说史研究尤有贡献者,约有如下数端。

首先,第一次从文体本身演进的角度,勾勒了中国小说发展的历史轨迹。作者早年受进化论影响颇深,所以本书中时用到"演进"一词,如第一篇谓"迨神话演进,则为中枢者渐近于人性,凡所叙述,今谓之传说",又谓《论衡》引《山海经》之神荼郁垒传说等"有转换而无演进",等等。而比使用词语更进一步的,是全书对中国小说发展的考察,也时时显现从演进观出发的意识。作者将神话传说列为魏晋志怪的"本根",并察觉到小说至唐代有一个较大的变化,"虽尚不离于搜奇记逸,然叙述宛转,文辞华艳,与六朝之粗陈梗概者较,演进之迹甚明"(第八篇)。到宋代又经一变,志怪多欲取信于人,文辞因而也变为"平实简率",传奇则拟古而无独创,所以"市井间,则别有艺文兴起。即以俚语著书,叙述故事,谓之'平话',即今所谓'白话小说'者是也"(第十二篇)。宋以后白话小说蔚为大观,文言的拟晋唐志怪传奇也续有诞生,作者则主要从题材分类愈后愈细的角度,显现小说的演进趋势。同时也涉及了各类题材在近代的发展,如第二十八篇论谴责小说,谓其最终堕落为"谤书"及"黑幕小说",即典型一例。这种主要从文体本身发展变化的角度较完整地叙述中国小说历史的研究方法,是前此学者未曾做过的。

其次,注意到小说与社会思潮及实际生活的关系,较早地对中国小说史上一些重要时期小说的发展作了社会学与思想文化史的阐释。这方面主要的例子,是第七篇论六朝志人小说与清谈的关系、第十六篇论明代神魔小说与明中叶崇奉道教的关系,以及第十九篇论《金瓶梅》等明代人情小说的出现受到明中叶方士文臣以献方药得幸的影响等。第五篇论述六朝志怪时,引《法苑珠林》等史料,说明《续齐谐记》所述阳羡鹅笼故事,受到印度思想的影响,则又将这种阐释推及外来文化方面。

再次,以独到的眼光、简洁的文辞评价具体作品,为后来的研究者进一步研究打下了良好的基础。本书是授课讲义,每需详引小说原文,为节省篇幅,故介绍评论文字均用典雅简洁的文言。

然而语虽寥寥,却往往入木三分。如第十九篇论《金瓶梅》,云:"作者之于世情,盖诚极洞达,凡所形容,或条畅,或曲折,或刻露而尽相,或幽伏而含讥,或一时并写两面,使之相形,变幻之情,随在显现,同时说部,无以上之。"而对世俗所谓"淫书"之说不表赞同,认为书中塑造西门庆这一人物,"著此一家,即骂尽诸色,盖非独描摹下流言行,加以笔伐而已"。这一评价,今天已成为《金瓶梅》研究界的公论。他如谓《儒林外史》"秉持公心,指摘时弊,机锋所向,尤在士林;其文又戚而能谐,婉而多讽"(第二十三篇);评《三侠五义》"为市井细民写心,乃似较有《水浒》余韵,然亦仅其外貌,而非精神"(第二十七篇),也皆鞭辟入里,足资启发。

本书撰于20世纪20年代初期,由于资料寻觅困难等方面的原因,自然存在着一些不足。如第十七篇论《西游记》,误以为百回本《西游记》出于四十一回本《西游记传》后;又沿吴玉搢旧说,简单地认为《天启淮安府志》列射阳山人吴承恩所著《西游记》,即百回本小说《西游记》。前者作者在世时即有郑振铎撰文加以更正(见《痀偻集·西游记的演化》,生活书店,1943年),后者也有学者提出了疑问(见章培恒《百回本〈西游记〉是否吴承恩所作》,载《社会科学战线》1983年第四期)。

作者别有《中国小说的历史变迁》一文,是1924年在西安讲学时的记录稿。经本人修订后,最初收入西北大学出版部1925年印行的《国立西北大学、陕西教育厅合办暑期学校讲演集》第二集。1957年起被作为《中国小说史略》的附录收入《鲁迅全集》中。该文分六讲,其内容实即《中国小说史略》第二至二十八篇六大部分的白话缩写。

《中国小说史略》出版以来,在学术界获得了广泛的好评。胡适在1928年出版的《白话文学史》"自序"中说:"在小说的史料方面,我自己也颇有一点点贡献,但最大的成绩自然是鲁迅先生的《中国小说史略》,这是一部开山的创作,搜集甚勤,取材甚精,断制也甚谨严,可以替我们研究文学史的人节省无数精力。"此后郑振铎在《中国新文学大系·文学论争集》的"导言"中更对之推崇有加,认为本书"是这时期最大的收获之一,奠定了中国小说研究的基础"。而从影响方面看,本书有关宋以前小说的研究,尤其是唐人始有意撰述小说等观点,在其后的中国文学史编纂史上的确发生了很大的影响,如阿英的《晚清小说史》无论是取材还是立论,都明显受到本书有关章节的启示。本书出版后不久,在日本,盐谷温教授即持之以为中国文学的教材。二战前后日本研究中国古典小说的两代学者,如增田涉、松枝茂夫、伊藤漱平等,也无不受到本书的深刻影响。

本书向海外的译介,始于日本人藤原镰兄创办的日文《北京周报》。该报自1924年1月至11月,连载了由署名"一记者"(据考系该报记者丸山昏迷)翻译的《中国小说史略》的前半部分。在日本本土,继1935年魔女社出版增田涉全译的日文本后,1962年岩波书店又出版了增田涉的改译本。到八十年代中期,学研社复推出由今村与志雄据中国1981年新版《鲁迅全集》第九卷注释本全译的最新版日文本。本书的英文本,最早由杨宪益等译就,于1959年由北京外文出版社出版。据有关资料,1973年在美国的韦斯特波特,也出版过一个英译本,但译者及出版社均不详。在韩国,本书又被两位韩国译者丁来东、丁范镇译成韩文,分别于1964年和1978年由锦文社、泛学图书社出版。

研究本书的论著,1949年以前有胡怀琛《读鲁迅〈中国小说史略〉》(上海《时事新报》1935年8月25日)、士居格《关于〈中国小说史略〉》(日本《中国文学月报》第二十号,1936年1月)、赵景深《中国小说史略勘误》(载《银字集》,永祥印书馆,1946年)等。50至70年代,有阿英《关于〈中国小说史略〉》(《文艺报》1956年第20期)、毕晓普(J. L. Bishop)为杨宪益译英文本写的书评(载美国俄克拉荷马《外国图书》1961年第1期)、路工《从〈中国小说史大略〉到〈中国小说史略〉》(《文物》1972年第5期)等。日本东北大学文学部中国文学研究室于1972年在仙台编印的《鲁迅"中国小说史略"固有名词索引》,也是这一时期研究本书的一项成果。80年代以来,有关本书的研究进入全盛期,国内发表了数十篇论文,并有赵景深《〈中国小说史略〉旁证》(陕西人民出版社,1987年),储大泓《读〈中国小说史略〉札记》(上海文艺出版社,1981年),周锡山《〈中国小说史略〉释评本》(上海文化出版社,2005年),欧阳健《中国小说史略批判》(山西人民出版社,2008年),张兵、聂付生《〈中国小说史略〉疏识》(复旦大学出版社,2012年),鲍国华《〈中国小说史略〉研究》(北京师范大学2005年博士学位论文)等专著问世,国外也有中岛长文《中国小说史略考证》(日本《神户外大论丛》1988年各期)等发表。

(陈正宏)

魏晋风度及文章与药及酒之关系 鲁　迅

《魏晋风度及文章与药及酒之关系》，鲁迅著。原为1927年夏作者在广州夏期学术演讲会的演讲，最初以记录稿形式发表于同年8月11至17日的《民国日报》副刊《现代青年》第一七三至一七八期上。同年11月《北新》半月刊二卷二号刊登了经过作者修订的改定稿。次年10月，又收入作者杂文集《而已集》（上海北新书局初版）。此后各版《鲁迅全集》均收录本文。目前的通行本，是人民文学出版社《鲁迅全集》中《而已集》所收本。

作者生平事迹见"摩罗诗力说"条。

本文是一篇魏晋文学史专题论文，但因为最初是以演讲的形式发表，故文体比较自由，有漫谈的风味。文中所谈，据作者后来称，"盖实有慨而言"（1928年12月30日致陈濬函）。然而从其整体阐述看，仍以论学为主。

文章讨论的时段为汉末魏初至东晋末，讨论的中心话题为士人风尚与文学的关系。在起始部分，作者即强调，"我们想研究某一时代的文学，至少要知道作者的环境，经历和著作"。而后列出研究汉末至晋末文学在当时所可参考的基本文献材料有严可均《全上古三代秦汉三国六朝文》、丁福保《全汉三国晋南北朝诗》以及刘师培《中国中古文学史》三种，谓由此三书"能使我们看出这时代的文学的确有点异彩"；并声明本文所述，在略于刘师培所著已详者而详于刘著所略者。于此可见本文与《中国中古文学史》间的关联。

文章的主要部分，是依时代的前后，述评各家文风与时代风气。文中称汉末魏初的文章特点是"清峻，通脱，华丽，壮大"。其中清峻、通脱，是曹操首创的风格，此种文风的形成，作者认为与曹氏政治的尚刑名、反固执有关，因称曹操为"改造文章的祖师"。华丽、壮大，则是由曹丕倡导的文风；曹丕并认为诗赋不必寓含政治或道德的教训，作者因指出："用近代的文学眼光看来,曹丕的一个时代可说是'文学的自觉时代',或如近代所说是为艺术而艺术的一派。"在讨论了曹植的轻视文学恐是违心之论后,文章连带论及"建安七子",谓其文风不外是"慷慨"与"华丽"。

作者接着指出,汉魏文章至魏明帝时因何晏的出现而起了重大的变化。何晏是"空谈"与"吃药"的"祖师",与其为同志的,还有王弼和夏侯玄两人。文中以颇多的笔墨,生动地描述了何晏等服食"五石散",及因之而出现的"行散"、宽衣缓带、穿屐之举与衣服多虱之状,并述及这些"正始名士"所倡导的服药风尚在两晋的影响,如晋代文士因服药而性格火暴之类。同时,文章也论及魏末与何晏等人不尽相同的另一著名文士团体——"竹林七贤"及其代表人物嵇康、阮籍。文中称:"正始名士服药,竹林名士饮酒。"而竹林七贤的饮酒态度,是放浪形骸,无视礼教。至其沉湎于酒的根源,在阮籍这样的大名士,则实因环境险恶使然。而嵇康则以在所写文章中"非汤武而薄周孔",终被杀害。由此作者花了相当的篇幅,对嵇、阮"毁坏礼教"的罪名作了详细的检讨,认为前人之论实有错误,因为"魏晋时代,崇奉礼教的看来似乎很不错,而实在是毁坏礼教,不信礼教的。表面上毁坏礼教者,实则倒是承认礼教,太相信礼教"。嵇康、阮籍之类,正属后者,是一些看不惯恣意利用礼教的时尚,而不平之极,反转为不谈以至于反对礼教的迂执之士。与之相关联的,是魏末晋初文学具有一种"师心"、"使气"的特色。

作者最后指出何、王、嵇、阮的名士风流,到后来流为表面文章,像嵇、阮那样敢于"师心"、"使气"的作家也没有了。至东晋,风气再变,社会思想变为"平静",文章也更"和平",其代表为陶渊明。但陶渊明于世事也并没有完全遗忘和冷淡,只是态度较嵇、阮自然得多。就此本文提出一个观点,以为"即使是从前的人,那诗文完全超于政治的所谓'田园诗人'、'山林诗人',是没有的。完全超出于人世间的,也是没有的"。因为"既然是超出于世,则当然连诗文也没有。诗文也是人事,既有诗,就可以知道于世事未能忘情"。并循此思路,提出陶渊明"用别一种看法研究起来,恐怕也会成为一个和旧说不同的人物"的设想。

由魏晋文学史研究的历史看,《魏晋风度及文章与药及酒之关系》一文,从一个具有时代特色的角度展开论述,向学界提供了研究这一段文学的新视点与新方法,意义无疑是重大的。文中的有关论述,如谓曹丕所处的时代是"文学的自觉时代",也是发前人所未发的精当之评,对以后的文学史研究具有深远的影响。但本文也有些许不足,主要是在描绘时代风尚的同时,对文学本身的衍化发展着笔过于简略,尤其是述正始名士与药及竹林七贤与酒两部分,于当时服药、饮酒之风颇多描写,而于其间文学特征很少涉及,作为一篇讨论文学的论文,不能不说是一大疏忽。

本文在学术界的影响一直很大,并波及海外。以日本为例,早在1935年即有人将其译为日文刊布(收入佐藤春夫、增田涉译《鲁迅选集》,岩波书店出版),此后1937年改造社出版的《大鲁迅全集》第六卷、1953年岩波书店出版的《鲁迅评论集》、1974年平凡社出版的《世界教养全集》第三十六卷等书,也都分别收录了不同译者的日译本。

研究本文的论著,有郑家健《重读〈魏晋风度及文章与药及酒之关系〉》(《广东社会科学》2006年第四期)、鲍国华《关于〈魏晋风度及文章与药及酒之关系〉的几则笔记》(《鲁迅研究月刊》2004年第十二期)等。

(陈正宏)

古小说钩沉 鲁 迅

《古小说钩沉》，鲁迅辑校。最初收入1938年"鲁迅先生纪念委员会"编印出版的二十卷本《鲁迅全集》第八卷。后又有1939年刊行的单行本。1947年出版的《鲁迅三十年集》将此书列入第六、七册。目前的通行本，有人民文学出版社《鲁迅全集》本、齐鲁书社1997年版单行本、人民文学出版社1999年版《鲁迅辑录古籍丛编》本。另外，浙江古籍出版社2008年影印了《鲁迅〈古小说钩沉〉手稿》。

作者生平事迹见"摩罗诗力说"条。

《古小说钩沉》是鲁迅辑录编校的一部文言小说集。全书共辑录已散佚的唐代以前的文言小说三十六种，一千四百余则。此书辑录工作开始较早，而真正着手进行是在1909年鲁迅从日本回国之后。1921年完成初稿。由于各种原因，此书在鲁迅生前一直未能刊行。直到30年代后期编《鲁迅全集》，才将其首次付梓。

《古小说钩沉》所收之书，依鲁迅本人手订目录，按照史志著录情形分为五部。第一部《青史子》一种，为《汉书·艺文志》著录的小说；第二部《语林》、《郭子》、《笑林》、《俗说》、《小说》、《水饰》六种，为《隋书·经籍志》著录的小说；第三部《列异传》、《古异传》、《甄异传》、《述异记》、《灵鬼志》、《祖台之志怪》、《孔氏志怪》、《神录》、《齐谐记》、《幽明录》、《鬼神列传》、《志怪记》、《集灵记》十三种，为《新唐书·艺文志》著录的小说；第四部《汉武故事》、《妒记》两种，《隋志》、《唐志》著录而未列入小说类；第五部《异闻记》、《玄中记》、《异林》、《曹毗志怪》、《集异记》、《神异记》、《续异记》、《录异传》、《杂鬼神志怪》九种，为史志未著录的小说。尚有《神怪录》、《祥异记》、《宣验记》、《冥祥记》、《旌异记》五种未列入目录。

《古小说钩沉》是一部具有重要学术价值的著作。郑振铎在《中国小说史家的鲁迅》一文中说，取"乾嘉诸大师用以辑校周秦古籍的方法，而用来辑校古代小说的，却以鲁迅先生为开山祖，而其辑校的周密精详，至今没有人能追上他"（《人民文学》创刊号）。具体来说，此书的成就主要有以下几个方面。

一、搜罗宏富,资料翔实。此书辑佚的作品有三十六种,征引古籍达八十余种。古小说的辑校工作,鲁迅之前也有人做过,然皆不及此书规模宏伟。如马国翰《玉函山房辑佚书》小说部分仅《青史子》、《语林》、《郭子》、《笑林》、《俗说》、《水饰》、《齐谐记》、《玄中记》八种,大抵见于《隋书·经籍志》小说类。鲁迅辑录此书,采用了现代小说概念,兼顾中国传统分类,不局限于史志所录小说类书目,史部杂传类载录神仙鬼怪之书也一并收入。就每一种书而言,鲁迅所辑也超过前人,如与马国翰辑本相比,此书辑录裴启《语林》就多出二十八则。刘义庆的《幽明录》,胡珽《琳琅秘室丛书》辑得一百六十一则,此书则辑录了二百六十五则。

二、采辑审慎,取舍得当。凡是书名类似而不能断定为同一书者皆不收录。如《太平广记》卷三四二有《赵叔牙》,末注《祥异集》,此书并不将此混为《祥异记》而收进去。同书卷二一九有《梁革》,末注《续异录》,也未收入《续异记》。凡所引资料误注书名或不甚明晰者,均据他书断定。如《太平广记》卷二一八有《华陀》一条,仅注《志怪》,鲁迅据《北堂书钞》和《太平御览》,断定是孔氏《志怪》而非祖台之的《志怪》。同书引有晋戴祚的《甄异传》,又引《甄异记》和《甄异录》,鲁迅据《太平御览》比勘,证明《太平广记》所引实为一书,一并录入《甄异传》。凡所引古籍有后人掺入之伪作,一律删而不录。如《述异记》为晋祖冲之所作,《太平广记》卷一〇八引《巴南宰》条,乃唐昭宗光化年间事,卷三二六引《刘朗之》条,乃萧梁时事,皆摒弃不录,甚为得当。

三、字句完备,文义优长。古小说往往有同一则而各书分别引用一些片断的情况,鲁迅在辑校时把这些片断拼补为一则完整的材料,使之更接近原貌。如此书所收裴启《语林》一则:"郑玄在马融门下,三年不得见,令高足弟子传授而已。融尝算浑天不合,召郑玄,令一算,便决,众咸骇服。"(《御览》七百五十)"及玄业成辞归,融心忌焉;玄亦疑有追者,乃坐桥下,在水上,据履。融果转式,欲敕追之,告左右曰:'玄在土下,水上,据木,此必死矣。'遂罢追。"(《御览》三百九十三)"竟以免。"(《御览》六百九十八)据鲁迅自注,可知此则系据《太平御览》三处引文拼补而成。又如同书"石崇与王恺争豪"一节,分别采自《艺文类聚》和《太平御览》。这些拼补工作,不仅使资料文意完足,而且保留了许多生动的细节描写,使小说更具有文学意味。

此书是鲁迅的遗著,有些工作尚未完成。许广平在《研究鲁迅文学遗产的几个问题》一文中说:"辑录中国唐以前小说佚文的《古小说钩沉》,原意似乎在每一卷之前有一序文,来说明这一卷小说是从哪里搜辑来的,别的书上有没有类似的记载,原著者的略历,和鲁迅先生自己考证所得的意见等,体裁略似《会稽郡故书杂集》。但是因为屡次想付印都没有成功,同时因为别方面的写作也抽不开时间来整理,所以至今印在全集里的仅只是小说,这是很值得惋惜的。"此书在钩沉辑佚方面虽有较多的成果,但仍有阙漏。今人赵景深从《太平广记》中找到《齐谐记》、《冥祥记》、《汉武故事》各一则,又从《古今图书集成·神异典》中找到《述异记》一则、《齐谐记》一则、《幽明录》一则、《冥祥记》两则,此书皆未辑录。戴不凡也曾从慎懋官《华夷鸟兽续考》、钱世扬《古今谈苑》辑得两则此书未收的佚文。此书的校勘也还不够周密详尽,各本字句的异同未一一注出,也未作详细的校勘记。鲁迅所引用的古籍,有些版本不佳,影响到此书的校勘质量。如《太平广记》所据为乾隆十八年(1753)天都黄晟刻的小字本,若校以明嘉靖本则颇多异文。如引《太平广记》卷三一八《幽明录·甄冲》条"女郎乘四望车,锦步障数十张,婢十八人来车前",末句嘉靖本作"婢子八人夹车前",衡以上下文,当从嘉靖本。有些具有校勘价值的古籍,鲁迅未曾引用。王圻《稗史汇编》引用古小说甚多,与《古小说钩沉》时有异文,如《古小说钩沉》引《述异记》一则:"汉宣城太守封邵忽化为虎,食郡民,民呼曰封使君,因去不复来。时语曰:'无作封使君,生不治民死食民。'"《稗史汇编》作:"汉宣城郡守封邵一日忽化为虎,食郡民,民呼曰封使君,因去不复来。故时人语曰:'无作封使君,不治民,喜食民。'"两者互较,以《稗史汇编》引文为佳。

  关于《古小说钩沉》的研究论著,有赵景深《评介鲁迅的〈古小说钩沉〉》(《宇宙风》第七十七期,1938年10月),戴望舒《〈古小说钩沉〉校辑之时代和逸序》、《〈古小说钩沉〉校读记》(均收入所著《小说戏曲论集》,作家出版社,1958年),林辰《鲁迅计划中〈古小说钩沉〉的原貌》(《光明日报》1960年10月30日)、《鲁迅辑录〈古小说钩沉〉的成就及其特色》(《文学评论》1962年第六期),前野直彬《评〈古小说钩沉〉——兼论有关六朝小说的资料》(原载《东洋文化》第四十一号,1966年;中译本刊于台湾《中外文学》第八、九期,1980年),顾农《〈古小说钩沉〉的成就与遗留问题》(《社会科学辑刊》1984年第三期),周楞伽、周允中《试论鲁迅整理的〈古小说钩沉〉及其不足》(《鲁迅研究月刊》2000年第六期)等。

(黄　毅)

彊村丛书 朱孝臧

《彊村丛书》，朱孝臧辑校。现存稿本十六种二十二卷（以丁氏嘉惠堂钞本作底本重编并校）；全书完整的版本，是1922年归安朱氏刻本。目前的通行本，有1980年江苏广陵古籍刻印社影印本和1989年上海古籍出版社影印夏敬观手批评点本；广陵社影印所据底本，与夏氏批本原来的底本，皆为归安朱氏原刻本。

朱孝臧(1857—1931)，原名祖谋，字古微，一字藿生，号沤尹，又号彊村。浙江归安（今湖州）人。清光绪九年(1883)进士，改庶吉士，散馆授编修，历充国史馆协修、会典馆总纂、总校、侍讲学士，累迁至礼部侍郎兼署吏部侍郎。光绪三十年出为广东学政。因国事日非，又与总督不协，遂告病辞归，隐居苏州。江苏法政学堂创立后曾受聘为监督。辛亥革命后，以遗老自居，往来苏沪之间。早岁工诗，四十岁后因结交当时词学名家王鹏运而弃诗作词；又精审音律，有"律博士"之美誉。他"广收珍秘，博访通雅"，精心辑校了大量的词集，所校成果被誉为晚清词学的四大成就之一。其主要著述有诗集《彊村弃稿》、词集《彊村语业》等，门人龙榆生将其未刻及部分已刻著作汇编成《彊村遗书》。

《彊村丛书》是朱孝臧辑校的一部专收词集的大型丛书。在晚清，词及词学又得到了士人的重视及提倡，词学研究已成风气。朱孝臧与王鹏运结交后，相互间不仅填词唱和，而且还共同致力辑校前人之词集，可谓志趣相投。《彊村丛书》正是在此情景下进行辑校的。书成于1917年，至1922年10月刻印时已是三次校补了。

《彊村丛书》收录有《云谣集杂曲子》、《尊前集》、《乐府补题》、《中州乐府》、《天下同文》等唐五代宋金元词总集五种、唐词别集一家、宋词别集一百二十家、金词别集五家、元词别集五十家。集后多附有校记。卷首有曹元忠、沈修为此书所作之序和沈曾植之《彊村校词图序》。

《彊村丛书》的长处及特色有如下几点。

一是收录的词集众多。在近代的词集汇刻诸本中，《彊村丛书》收录了唐五代至元词总集五种、别集一百七十六家,是最多的。为词学研究者提供了大量的资料。

二是校勘精审。曹元忠在卷首之序中称朱孝臧"广收珍秘,博访通雅,必使毫发无憾而后已"。朱氏在辑校此书时,所据版本多为珍本、善本,且搜罗广备。如宋贺铸词作《东山词》,《彊村丛书》便收录有残宋本《东山词》一卷、鲍廷博钞本《贺方回词》二卷、吴伯宛辑《东山词补》一卷,可谓众善咸备。又如黄庭坚词集《山谷琴趣外篇》,经朱氏精校后,《彊村丛书》本胜于宋本,为近人唐圭璋编纂《全宋词》时所采用。

此外,朱孝臧亦很注重词集的补遗。如宋卢祖皋《蒲江词》,明毛晋汲古阁刻本仅存词二十余首,陆贻典、毛扆手校的《宋名家词》亦未有增补,朱孝臧采用了知圣道斋藏明钞南词本《蒲江词稿》,其中虽杂有个别伪作,但在词之数量上较前者要多出七十余首。宋范成大《石湖词》,在王鹏运校本的基础上,朱氏又补遗二十三首。又如赵崇嶓《白云小稿》,是朱氏从各种载籍中收集遗佚而加以新编的,尤见其功力。

从学术的角度来说,《彊村丛书》还是有不足与缺憾之处的。其一,少数词集所据的版本仍有不善不足者。如宋人刘过《龙洲词》,《彊村丛书》所刊为士礼居旧钞本,其出自明王朝用所覆刻宋本,然此本讹误甚多,当时或据传钞本付梓,非宋刊原本,亦非足本。又宋人汪莘《方壶诗余》,朱氏所用者为传钞本《方壶存稿》,有讹脱,而清雍正间刊本《方壶集》实较此本为善。其二,校勘上亦有疏漏处。如宋人李吕《澹轩诗余》,《永乐大典》误将其他六人七阕置其集中,朱氏误从而未能辨证。又《彊村丛书》本宋人朱翌《灊山诗余》,存词五首中,杂入王庭珪、张元幹词各一首。此外,还有一些是《彊村丛书》刊刻时刻工误刻,而朱氏不及更正的。

然瑕不掩瑜,从总体来看,《彊村丛书》是一部搜罗广众、校勘精严的大型词集丛书,是近代辑校汇刻词集中最佳的,在词学研究史上有其重要的地位,并为研词者提供了丰富的资料。

有关《彊村丛书》的研究论著,有唐圭璋《〈彊村丛书〉中所刻元词补正》(《大公报在港复刊三十周年纪念文集》,1978年9月)、《〈全宋词〉跋尾》(《江苏省立国学图书馆年刊》第八期,1935年10月)和《〈全宋词〉跋尾续录》(《制言》第八期,1936年1月。以上三文均收录于唐圭璋《词学论丛》,上海古籍出版社,1986年)的有关论述等。

(林德龙)

元诗纪事 陈 衍

《元诗纪事》,陈衍辑。有二十四卷与四十五卷两种版本。前者为初编,有清光绪间石遗室刊本。后者为增补本,有商务印书馆1921年初刊本及《国学基本丛书》本等。目前的通行本,是上海古籍出版社1987年出版的以商务印书馆本为底本的校点本及福建人民出版社1999年出版钱仲联编校《陈衍诗论合编》本。

作者生平事迹见"福建方言志"条。

《元诗纪事》是一部"纪事"体的元代诗歌研究著作。其编纂的起因,是作者有感于唐、宋诗均有《纪事》,而元诗无,故专力从事纂辑。本书初编完成于光绪十一年(1885),嗣后作者又对其作了较多的补充,增补本约完成于光绪二十六年。全书四十五卷,卷首有光绪十二年"原叙"及"凡例"、"总目"。其分卷,卷一、卷二为帝王及太子诗,卷三至卷二十七为全书主干,大致依年代前后收录诗人诗作;卷二十八至卷四十一,依次为"割据"、"寇贼"、"金遗老"、"宋遗老"、"无时代"、"道流"、"释子"、"宫掖"、"闺阁"、"女冠"、"尼"、"妓女"、"藩属"、"无名子";卷四十一以下,则为"乩"、"仙神鬼怪"、"梦"诗以及"歌颂谣谚谶谜杂语"。全书收有名氏、无名氏诗人八百余家,徵引四部典籍近四百种,以诗人小传、前人论诗人语、诗人诗作,以及有关本诗的记载四者紧密结合的形式,丰富而又多侧面地反映了元代诗歌的独特面貌。

由于在本书编纂之前,元诗总集已有清代顾嗣立的《元诗选》那样一部收诗相对完备的著作存在,所以陈衍编《元诗纪事》的收录原则,是"当搜罗一代传作散见于笔记小说各书者,不宜复收寻常无事之诗"(见本书"原叙")。这便与前此一些比较注意搜罗完备的诗人诗作的"纪事"之作如《宋诗纪事》等有了颇为明显的区别。因为是专门致力于搜集散见于笔记小说中的元诗,故所得自然有一些是不见于诗人别集或像《元诗选》等总集未录的作品。又因为不取"寻常无事之诗",则所收必为"有事可纪"之作。两者结合,使《元诗纪事》成为一部名实相符而又具有较高资料价值的著作。

从元代文学研究的角度论,《元诗纪事》颇显特色的地方,是在于它以征引及案语的形式,对元代作家作品进行了比较细致的考辨。如卷七收有俞伯奇《武陵胜集得是字》一诗,出于《湛渊遗稿补》引《珊瑚屑》,俞伯奇之名则见于《珊瑚屑》所引至元丁亥钱塘白珽之序。但俞氏本名为何,由于《湛渊遗稿补》相关部分讹夺,仅存"亻之"二字形,不易断定。陈衍即据《清河书画舫》有元清江人俞行之《题燕穆之楚江秋晓图》诗,推测该俞行之即俞伯奇,盖伯奇为行之的字。前人引诗注诗,又常将作者及诗人所涉人名张冠李戴,陈氏于此,也多加辨析。如卷二十六所收吴讷两句诗"怪石有痕龙已去,落花无主鸟空啼"以及孔从善以其为基础完成的全篇《续龙爪石壁题句》,钱谦益《列朝诗集》谓前两句诗作者为方行而由孔氏再足成之。陈衍即据《元史》及《新安文献志》,指出《列朝诗集》所载的方行守昱关及退据札溪两事,前代史志均明载为吴讷所为,可能是由于吴讷字克敏而方行字明敏,所以钱氏混而致误了。又如卷六傅定保《四贤祠次韵》一首,据《泉州府志》注称"四贤祠祀唐姜公辅、秦系、韩偓、席相",陈衍则以诗中有"助教衣犹绿"一句,推测所祀当是欧阳詹,而非席相。

这种考辨有时涉及著名作家生平,则为澄清文学史史实提供了切实的依据。如《尧山堂外纪》与《七修类稿》均录有传为杨维桢的一首诗,诗曰:"天子来征老秀才,秀才懒下读书台。商山肯为秦婴出,黄石终期孺子来。太守免劳堂下拜,使臣且向日边回。袖中一管春秋笔,不为旁人取次裁。"《尧山堂外纪》称此诗为杨氏明初不赴召时所作,《七修类稿》则更称杨氏固辞不获,因"作诗缢死",即此诗。其事流传甚广,其诗则连杨维桢的别集也收载。陈衍则在本书卷十六杨维桢《席上作》后,以案语的形式,指出明初朱元璋派詹同征召杨维桢,杨氏但赋《老客妇谣》以见志而已。所谓"商山""黄石"之诗,实际上是宋代一位名叫邱葵的福建秀才不赴元世祖的征召时所写的。诗见邱氏本集,题为《御史马伯庸达鲁花赤征币不出有述》,亦见《林霍诗话》,而《同安县志》等也载邱氏却聘赋诗事。这便以确凿的证据,判定了此诗非杨维桢所作,从而也就昭示了所谓杨氏"作诗缢死"实为误传之辞。

由于元代文学的研究在20世纪初的中国文学研究界相对说来还是一个较少有人涉足的领域,因此《元诗纪事》的编纂,对于推动学术界重视元代文学研究具有积极的影响。《元诗纪事》所搜辑的资料以及陈衍为此所作的一系列考辨工作,也为后人展开元诗研究提供了一个良好的基础。又由于本书所征引旧典达数百种,其中包括了不少诗歌以外的元史内容,因而《元诗纪事》为以后的元史研究,也提供了有益的帮助。

本书的缺点,是作者虽标示其书不收"无事之作",而事实上书中所辑,仍有不少是只被人提及而实为"无事之作"的。又在收入断限上,由宋入元者相对较宽,而由元入明者相对较严,以至一些已为世所通认为元人的诗人诗作,如"元四家"之一的王蒙等也不予收录,则似失当。

　　研究本书的论著,有李梦生为本书校点本所写的"校点说明"(载上海古籍出版社校点本)等。

(陈正宏)

辽诗纪事 陈 衍

《辽诗纪事》，十二卷。陈衍辑撰。有1936年上海商务印书馆线装排印本及1999年福建人民出版社钱仲联编校《陈衍诗论合编》本。

作者生平事迹见"福建方言志"条。

《辽诗纪事》是继《元诗纪事》后，陈衍辑撰的又一部"纪事"体断代文学研究著作。因初版时即与前著《元诗纪事》重排本、后作《金诗纪事》并由商务印书馆刊行，故卷首有丙子年(1936)作者自撰"辽金元纪事总叙"一篇，称"诗纪事之体，专采一代有本事之诗，殆古人所谓诗史也"，进而强调"国可亡，史不可亡，即诗不可亡，有事之诗，尤不可亡"，而对"或以为异族而主中国，则其国之诗可听其亡"的论点不表赞同，于此可见作者编撰辽金元三代诗"纪事"的本意。卷首又有同年所撰"辽诗纪事叙"，于辽诗大概及流传不广的原因有较简要的说明。全书十二卷，正文前有"总目"。各卷大致依诗人身份及诗作性质分，其卷一至卷三为皇帝、后妃、诸王，卷四为普通诗人；卷五卷六分别为"道流"、"释子"；卷七、卷八皆为"属国"，而前收西夏人，后置高丽人；卷九以下，依次为"无名氏"、"乐章"、"杂歌谣谚语"、"鬼神"。卷内以人系诗，人各有传，传后辑录诸书有关该家的史事文评；而后录诗，诗后复系出处及相关之"事"。全书共收有名氏诗人五十九家，并录佚名姓者(包括属国的无名氏)之作二十二篇。

本书在辑录诗作的原则上与《元诗纪事》基本一致，即主在"搜罗一代传作散见于笔记小说各书者"，而不收"寻常无事之诗"。由于辽代曾有严禁文字出境的政令，传世的有关辽代文学的史料颇为稀少零散，所以依此原则辑成的本书部帙尽管不大(本书虽分十二卷，而实际仅一册四十五页)，内容却颇可观。从征引文献方面看，全书引用了六十种左右的图书史料，除常见的四部著作外，还利用了域外的《东国史略》、《高丽史》、《高丽图经》以及非书本类的墓志拓本。像卷四李颋及其《叙怀》诗，诗既出自拓本赵惟阜撰《李颋墓志》，由此墓志复可得见李氏"长工诗"的具体情形；又卷十一佚名"墓志中韵语"一首，出自拓本《张哥墓志》，乃当时志墓者以诗语状写墓的方位与景观,诸如此类,为后人研究辽代诗人以及诗歌在辽代民间的应用实况提供了颇为宝贵的资料。

从"纪事"的角度看,本书所辑,也确有可当"诗史"者。以辽道宗皇后萧氏被诬自尽一事为例,《辽史》有关此事的记录,在当事人萧氏及枢密使耶律乙辛的传中均颇简略。本书则从《焚椒录》中辑出耶律乙辛为诬告萧氏而造作的《十香词》,置于卷四耶律氏名下,并于诗后详录《焚椒录》中所载有关当事人在宫廷内供答的状词,从而由一个侧面反映出辽代宫廷争斗的严酷与奸臣的无耻。其他如卷四胡峤小传及纪事中所录胡氏以汉人仕辽而归中国,后又返辽,其中隐约可见外族入主后汉族士大夫依违两端的心绪,及北宋朝廷对待贰臣的矛盾态度;而卷八所载高丽诸诗人之作及其本事,又堪称当时宋辽与高丽间三方微妙关系的生动实录。

《辽诗纪事》作为一部学术著作的价值,还表现在本书卷首"叙"中有关辽诗的品评,对涉及辽诗的前人著述的纠谬,以及书内正文考订诗人诗作的案语中。在"叙"中,作者虽在将辽诗与金诗相比后作出"辽则名家寥寥"的结论,但仍就辽代诸诗人的高下作了一个纯文学的精细的品评,认为懿德皇后"首偻一指","次则文妃色色、耶律乙辛、东丹王诸人而已"。"叙"里同时还就近人缪荃孙所辑《辽文存》、王仁俊所撰《辽民文萃逸目考》的不足进行了讨论,指出缪、王二作有"有失断限"及张冠李戴等病。至本书正文后所附案语,则亦不乏慎当之见。如卷二文妃萧氏《咏史》诗后案云:"《咏史》一首体格自是律诗,《辽史》乃每句第四字下加一'兮'字,不今不古,今不从。"便断而有据。而卷八朴景绰残句下引拓本《章简公墓志》,谓朴氏名景仁,字令裕,"然绰与裕有关合",故题名仍不改,又可见作者的谨慎。此外书中不少诗作均经过不同版本的校勘,辑者并将文字异同以小字注于正文间,对后人理解诗句亦不无帮助。

本书的缺点,是部帙不大而分卷过细,致一书之中,割裂过甚,不易看出文学发展中的时代衍化痕迹,于"纪事"之体微有妨碍。

评论介绍本书的文字,有米治国为《中国大百科全书·中国文学》所写的本书提要。

(陈正宏)

金诗纪事 陈 衍

《金诗纪事》，十六卷。陈衍辑撰。有1936年上海商务印书馆线装排印本及1999年福建人民出版社钱仲联编校《陈衍诗论合编》本。

作者生平事迹见"福建方言志"条。

《金诗纪事》是陈衍辑撰的辽金元三代"诗纪事"中最后完成的一种。对于金代诗歌在中国文学史上的地位，作者有充分的认识。在前此出版的《辽诗纪事》的"叙"中，陈氏便比较过在时在地两方面有多重关联的辽、金、南宋三朝诗，指出辽"享国与女真相等，而文化远不逮，以诗歌而论，家数多寡已县绝"；而金代"完颜氏则奄有山左右、河南北区域，幽、并、燕、赵之气，济以海岱河岳之英灵，益以大定、明昌、泰和数十年之作人，耆宿党怀英、宇文虚中、吴激、蔡松年之伦，孺染沾溉，故黄华、閒閒、遗山、鹤鸣辈，以逮河汾诸老，蔚为诗歌，视天水南渡，几有过无不及"。正是本着这种金诗的繁盛不仅远远超过辽诗，甚至在某些阶段还超过了南宋诗的基本看法，陈衍于晚年再度旁搜博辑，编成这部《金诗纪事》。

与《辽诗纪事》相同，《金诗纪事》卷首也有"辽金元纪事总叙"一篇。"总叙"后为"金诗纪事凡例"四条，述本书收人断限，"以仕金不仕金为断，其在野者，以所隶版图为断"；排次以科第前后为序；《元诗纪事》已收诸家不录，但元好问等因为本朝"诗中巨子"，故择其"关系宗社存亡、身世危苦，凡一切未入《元诗纪事》者"编入本书。"凡例"下又有"总目"，列十六卷诸家名次。各卷所收，卷一为诸帝，卷二、卷三为"宫闱"、"宗室"；卷四至卷十大致依年代排次诸家诗人作品，与"凡例"第二条相勘，可知卷四所收为辽宋降人、太宗朝人及伪齐人，卷五为熙宗、海陵王两朝人，卷六为世宗大定间人，卷七为世宗明昌、承安、泰和间人，卷八为卫绍王朝人，卷九为宣宗、哀宗两朝人，卷十为金末无科第人及科第时代无考者；卷十一、卷十二分别为"道流"、"释子"，卷十三为"闺阁"；卷十四以下，则又依次为"无名子"、"杂歌谣谚讖语"、"仙鬼"。统计共录诗人二百余家。以人系诗，人各有传。小传、辑诗及所录"纪事"形式，则一如《元诗纪事》与《辽诗纪事》。

本书值得注意的方面，在所录诸家"有事"之诗颇有关涉诗人本身文学见解者，而编者按语偶也显露出个人的论诗主张。前者如卷七王若虚名下录诗三题八首,其中四首皆属同一题,题为"山谷于诗每与东坡相抗,门人亲党遂有言文首东坡、论诗右山谷之语,今之学者亦多以为然。漫赋四诗为商略之云",其下录诗,如第四首:"文章自得方为贵,衣钵相传岂是真。已觉祖师低一着,纷纷嗣法更何人。"便昭示了王氏的"商略"本旨。后者如卷七录刘仲伊《墨梅》诗二首,下引《滹南诗话》批评之语,即所谓"予尝诵之于人,而问其咏为何物,莫有得其仿佛者,告以其题,犹惑也",以及"自赋诗不必此诗之论兴,作者误认而过求之,其弊遂至于此"云云,而加案语反驳,认为"滹南论诗过于拘谨。诗贵有寄托,切自己身分,徒工于赋物,则应试之作与'事类赋'所咏,于己何与哉"。虽语近诡辩,却可见陈氏本人的诗歌主张。而将前后两例合而观之,其对于王若虚文学理论观点的一取一弃,又反映出编者辑撰本书时所取的基本立场。

  本书值得注意的另一方面,是卷十一辑录了一整卷以全真教道士为主的"道流"之作,从一个侧面反映了这一金代甚为盛行的宗教派别与文学的特殊因缘。像其中谭处端(长真子)所作的《骷髅歌》、《落魄歌》,据诗末引《水云集》"序",谓当时谭氏"行化度人,从其教者所至云集",其即以此类诗作"警悟世人";而这些诗作的俗语文风与超脱意绪,又使读者很容易联想到后来明代唐寅等人的七古诗。于此既可见金代宗教传道对文学方式的倚重,又说明后来俗语诗的发展实由多方面前因诱导所致,而全真道士的作品或亦为其一端。

  此外,本书辑撰者也以案语的方式,对金代诗人诗作及其本事进行了具体的考辨,使本书与前两部"诗纪事"同样显得信而有征。如元好问是否为金哀宗时乱臣崔立撰功德碑文事,历来众说纷纭。本书卷九元好问《秋夜》诗下,引《元诗选》注,说明"此为汴京之难言之",并根据《元诗选》注引元好问门人郝伯常所作《辨磨甘露碑》诗末有"且莫独罪元遗山"一句,出案语判定碑文非元好问一人所作,但元氏也"未尝不与其事",便颇合理。而卷九杨廷秀小传下案语,以泽州石刻与《中州集》、《金史·杨邦基传》对勘,发现《中州集》所称"杨廷秀字德懋"可能有误,则又显现出编者重视多种文献参校以定学术是非的著述风格。

  本书的不足,是在征引文献方面总体上过多倚靠《中州集》等少数几种图书,而未能如《元诗纪事》、《辽诗纪事》那样相对来说利用史料范围较广。此外某些诗人诗作的去取断例甚严(如卷四所收张通古乃辽天庆二年进士,所作《灵璧寺诗》为缪荃孙收入《辽文存》,本书据张氏晚年仕金经历,判其当为金诗,且特加案语称"今录正之"),但卷十末所录李申之,其人为宋武经进士,编者却以其"为国捐躯,而中国人无著录其诗者,且仅于《中州集》存此数语",故仍附录,便不免苛于律人,前后矛盾。

  评论介绍本书的文字,有周惠泉《金代文学学发凡》(东北师范大学出版社,1994年)中的本书提要等。

(陈正宏)

雪桥诗话 杨钟羲

《雪桥诗话》初、续、三、余集，共四集，四十卷。杨钟羲撰。余集稿本八卷现存。四集完整的刊本，有民国间刘承幹刻《求恕斋丛书》本。又初、续、三集，有北京古籍出版社1989年及1991年所刊标点排印本。2011年人民文学出版社出版了《雪桥诗话全编》。

杨钟羲(1865—1940)，本姓尼堪氏，名钟广，后冠姓易名。字子勤，号留垞、雪桥。先世居辽阳，隶满洲正黄旗。清光绪十一年(1885)考取举人，四年后中进士，改翰林院庶吉士，授编修。继又出仕江宁知府等职。辛亥以后隐居上海，以著述自娱。20年代中叶曾"奉旨"入宫为南书房行走。除本书外，尚与人合辑有《八旗文经》等。

《雪桥诗话》是一部专记与清诗有关的人事的掌故类著作。全书分四集：初集十二卷，始纂于1912年，成于次年；旋即续纂，续集八卷，成于1916年；三集十二卷，成于1919年；余集八卷，成于1920年。各集纂成后，即依次交刘承幹刻入《求恕斋丛书》中。杨氏1913年所撰本书初集自序，略可见其著述凡例："拙著诗话，专论本朝一代之诗。本朝之诗多矣，以平昔所见为断。平昔所见之诗亦不止此也，第就敷锡堂劫余仅存之残帙，略加诠次（按此指初集情况，其实续集以下所据，大都为友朋所藏清别集）。大抵论诗者十之二三，因人及诗、因诗及事居十之七八。其人足纪而无诗，其诗足纪而无事，概未之及焉。为书十二卷，不足括一代诗之全。而国朝掌故，前言往行，学问之渊源，文章之流别，亦略可考见。"至其著述之专心与劳苦，其子懿涑跋《雪桥自订年谱》有数语言及，颇生动："在沪楼居，伏案剞缉，辄彻夕不睡，微倦则卧于胡床假寐，少醒则灯尚荧然，与日光相映，十余年如一日。"而杨氏之所以如此勤勉地纂著本书，目的正如本书初集李详跋中提到的，是欲"举本朝之诗，存本朝之人；因本朝之人，存本朝之事"。换言之，即为已经灭亡的清王朝留一份以诗歌为中介的比较具体生动的史料。

由于杨钟羲是抱持着一种特殊的具有较强烈的政治色彩的功利目标编纂本书的，所以诗话四集尽管各集各卷条目大致均是依清王朝列朝时代前后排置的，而实际内容仍是相当庞杂，并非纯为有清一代文学史料。书中对于明遗民及满洲八旗文人状况、京都朝野情形乃至朝鲜、安南、缅甸等邻邦政事皆有详细记载，至其中关涉文学的部分，大致可归纳为如下三类。

一类是有关清代作家的生平与创作情况的。在这一类文字中，对于大量不甚著名，或虽著名而生平史料甚缺的作家情况的详细、生动的记录，具有极高的文献价值。如《红楼梦》作者曹雪芹的生平与创作，前此学界所知甚少；清末的一些记载，则时有错讹之处。本书则提供了两条十分有用的资料：初集卷六记宗室敦敏赠曹雪芹的一联诗："寻诗人去留僧壁，卖画钱来付酒家。"寥寥数语，即透露了曹氏的个性、爱好、艺术才能等多方面的消息。续集卷六又记敦敏之弟敦诚曾撰《琵琶行》传奇一折，谓"曹雪芹(小字注：霑)题句有云：'白傅诗灵应喜甚，定教蛮素鬼排场。'"这不仅解答了曹氏本名为何这一重要问题，而且还使曹氏仅存的两句诗得以流传至今。而同样是清代著名小说家的吴敬梓、文康等人，书中亦都有或详或略的记叙，为后人进一步研究指示了出处。又如三集卷四所记太仓"西门二王"王琛、王肇，一为小儿医，一为卖饼翁，而"交若兄弟，以诗相倡和"；尤其是王肇，有客来访，"案间馎饦与丛残卷帙诗稿相杂，剧谈论诗，旁若无人"，其人其事，为一般清代文学史料书籍所失载，对于这类诗人事迹的登录，亦显现了本书慧眼独具的一面。

另一类是综合记录一地或一姓诗歌源流的。这类文字散见各集，并未以专门的顺次加以通编，但前后联系起来考察，仍显现出编著者视野的开阔，及综括一地或一姓诗史的用心。如续集卷五记双林诗人，上溯至明中叶的张渊；三集卷九记江苏江阴以诗名者，谓"自元末席帽山人后，明代之卞华伯、顾室之，国朝曹祭酒未庵、翁徵君霁堂为最"。又同集卷十一云"禾都称诗，沈氏最盛"等等。江阴、嘉兴二地在清或尚可称名邑，双林则不过湖州一小镇，本书亦特为梳理其诗歌源流，可见作者撰述之细心。

还有一类是专门记述清人的文学批评见解的，其中尤其是一些表现清代批评家对前代或本朝文学大势看法的组诗，由编者抉发出来收入本书，对于今人考察清人的文学观颇有助益。如续集卷六记《明诗钞》辑者朱笠亭有读明人诗绝句三十首，并全部钞录；初集卷四谓"冶亭尚书有读乡前辈遗诗感赋十二首，梧门祭酒有奉校八旗人诗集题咏五十首，虽采葺尚未能备，评骘亦未尽允，然亦可见北方诗派之大凡，今并录之，以资研究焉"；又三集卷三录李武曾论文绝句，诸如此类，既展现了清代学者的断代文学研究心得，也从总体上反映了他们所持的基本的文学主张。

此外，书中也有一些文字是直接对清代文学或文学研究作个人性的批评的。如初集卷七云："乾隆以来，多以宋四六体施诸歌咏，生硬槎枒，意相仿效，卷阿矢音之作，尤喜揣摩圣制，助字成语，杂厕于律句间。名家如坤一、正三，亦皆不免。"即尖锐地指出了清代诗风之弊。又同集卷四指出"张南山《诗人徵略》，列(方)沃园于(方)凫宗之前，南山书多疏舛，此其一端"，以沃园乃凫宗之子，凡此皆说明撰者在撰著这部掌故性的著作时，并未遗忘文学家的本位，并保持了学者的一丝不苟态度。

《雪桥诗话》四集相继编纂完成后,在传统文学的研究界引起了颇大的反响。如缪荃孙即以为其书"直与刘京叔之《归潜志》、元遗山之《中州集》相埒"(本书初集缪序),陈三立更认为其"彰阐幽隐,俨然垂一代之典"(本书续集陈序)。从后人的实际利用看,它也的确起到了存一代文学史料的重要作用。像现代学者对《红楼梦》考证的成功,本书的有关记载便提供了至为关键的证据。但从整体上论,本书的散漫的缺陷也是明显存在的,像造纸方法之类的记载,从文学研究角度看,即属赘笔。

研究评价本书的文字,有缪荃孙、李详、陈三立、刘承幹、金蓉镜、陈宝琛等为本书所撰序跋,以及石继昌等为本书标点本(北京古籍出版社出版)所撰"出版说明"等。

(陈正宏)

蕙风词话 况周颐

《蕙风词话》，况周颐著。正编五卷，有 1925 年武进赵氏惜阴堂刻本。续编二卷，系唐圭璋从况氏著作中辑出，原分期发表于 1936 年《艺文》杂志。1960 年，人民文学出版社出版由王幼安校订、合《词话》正编与续编为一书的排印本；中华书局 1986 年出版的唐圭璋编《词话丛编》第五册中，也并收《蕙风词话》正、续编，且为各条标注简要题目，末附夏敬观《蕙风词话诠评》。后又有江西人民出版社 2000 年版屈兴国《蕙风词话辑注》本、中州古籍出版社 2003 年版、巴蜀书社 2008 年版俞润生《蕙风词话·蕙风词笺注》本、上海古籍出版社 2009 年版等。

况周颐(1859—1926)，本名况周仪，后因避清宣统皇帝溥仪名讳，改"仪"为"颐"。字夔笙，号玉楳词人，晚又号蕙风词隐。广西临桂(今桂林)人。光绪五年(1879)举人，历官内阁中书、会典馆纂修等职。又曾在武进龙城书院、南京师范学堂任教。辛亥以后以清廷遗老身份寄迹上海，卖文为生。毕生致力于词学，与王鹏运、郑文焯、朱孝臧被并称为晚清词坛"四大家"。著作除本书外，尚有《蕙风词》、《词学讲义》、《蕙风簃随笔》等。生平可参看上海古籍出版社 2009 年出版的郑炜明《况周颐先生年谱》。

况周颐在辛亥以前即撰著本书，当时不分卷。20 年代前期他鬻文沪上，又断断续续地补撰其作，并将旧编新作合二为一，亲自厘订为五卷，交晚年门生武进赵尊岳刊行，即本书最初的刻本。

据本书卷末赵尊岳撰于 1924 年的"跋"称，本书是乃师"自言生平得力之处，昭示学者致力之途，而证以前贤所作，补救时流之偏弊"的一部著作。统观全书，的确如此，即本书并非是一部纯谈理论的词学专著，而是有针对性地教人读词、作词的书。

这种针对性首先表现在本书开卷未久即标举作词有"三要"上。卷一云："作词有三要，曰重、拙、大。南渡诸贤不可及处在是。"什么是重、拙、大？具体地说，"重者，沉着之谓。在气格，不在字句"。"重"又作"凝重"，其反面是"轻"或"轻倩"。作者解释说："填词先求凝重。凝重中有神韵，去成就不远矣。所谓神韵，即事外远致也。即神韵未佳而过存之，其足为疵病者亦仅，盖气格较胜矣。若从轻倩入手,至于有神韵,亦自成就,特降于出自凝重者一格。若并无神韵而过存之,则不为疵病者亦仅矣。"(以上均见卷一)"拙"的解释,见于卷五:"问哀感顽艳,'顽'字云何诠?释曰:拙不可及,融重与大于拙之中,郁勃久之,有不得已者出乎其中,而不自知,乃至不可解,其殆庶几乎。犹有一言蔽之,若赤子之笑啼然,看似至易,而实至难者。"书中又引同时王鹏运的话说:"宋人拙处不可及,国初诸老拙处亦不可及。"(卷一)夏敬观《蕙风词话诠评》解释这里的"拙"即"朴拙",联系上引,又可知这种"朴拙"出于词人的赤子之心。它的反面是"巧"或"新巧",深为作者所不取,如卷五即称:"词忌做,尤忌做得太过。巧不如拙,尖不如秃。"又如卷二批评"宋宗室名汝芫者"《恋绣衾》中"怪别来,胭脂慵傅,被东风、偷在杏梢",即云:"此等句不过新巧而已。""大"的含义,书中未作正面的详细阐说。赵尊岳"跋"中则点出其反面:"纤者大之反。"而作者对于"纤"的批评,在书中实有不少,如卷一称:"不俗之道,第一不纤。"又卷三批评刘无觉《乌夜啼》"离愁分付残春雨,花外泣黄昏",谓之"近纤、近衰飒"。因此"大"实是指词境的广大。况氏在书中首标作词的"重、拙、大"三要素,其所针对的是晚清以来普遍把词当作表现个人纤巧手艺的小道具的偏向,以及词坛流行的轻、巧、小之风。书中特别强调词的别称"诗余"之"余"为"赢余"之"余",而非"剩余"之"余"(卷一),也就是要求词与诗一样,表现更为丰富真实而广阔的外部世界与内心世界。

与此相关联,况氏又提出"情真景真"之说。卷一谓:"真字是词骨。情真、景真,所作必佳,且易脱稿。"并由此告诫学词者宁浅而不矫饰:"凡人学词,功候有浅深,即浅亦非疵,功力未到而已。不安于浅而致饰也,不恤颦眉、龋齿,楚楚作态,乃是大疵,最宜切忌。"至于求"真"的途径,况氏也作了生动的说明:"吾听风雨,吾览江山,常觉风雨江山外有万不得已者在。此万不得已者,即词心也。而能以吾言写吾心,即吾词也。此万不得已者,由吾心而酝酿而出,即吾词之真也,非可强为,亦无庸强求。视吾心之酝酿何如耳。"(以上见卷一)这种"万不得已"而出的"真",在况氏看来并非简单的率真,而仍可与词的寄托相关联,卷五即又说:"词贵有寄托。所贵者流露于不自知,触发于不克自已。"而如果"横亘一寄托于搦管之先,此物此志,千首一律,则是门面语耳,略无变化之陈言耳"。这一看法也有其针对性。自清代中期常州词派起,即强调词的"意内而言外",讲求比兴与寄托。但发展到晚清,寄托之说成为一种套语,词作内容的空虚矫饰,已难以用形式化了的寄托外观来掩饰。况氏有鉴于此,所以出于常州词派理论而又加以发展,力图给空洞的寄托注入不失词家之真的活力。

因为有针对性,又提倡革新化的实践,所以本书除了卷一外,其余各卷多从正反两方面举示历朝词作词句的优劣所在,而对于词的声韵、炼字,词集版本源流,词人生平事迹等等,也均有颇为详细的讨论,且时见新意。如对长期以来评价不高的南宋吴文英的词,本书即别有新解,卷二称梦窗词"即其芬菲铿丽之作,中间隽句艳字,莫不有沉挚之思,灏瀚之气,挟之以流转。令人玩索而不能尽,则其中之所存者厚"。并认为在梦窗词的"致密"之中,包含了一种"沉着",故"梦窗与苏、辛二公,实殊流而同源"。又如欧阳修《生查子》"去年元夜时"一首,毛晋汲古阁刊宋词,误置朱淑真集中。本书则据曾慥《乐府雅词》、陈耀文《花草粹编》等材料,参以四库提要,考定其当为欧阳修之作;且据史籍,考述了朱淑真的生平。凡此种种,又对后人研究词史颇有参考价值。

《蕙风词话》是继王国维《人间词话》之后,近代词学研究的又一部富有个性的著作。书中提出的重、拙、大三要说、情真景真说以及作者依之所作的具体分析与说明,对现当代的词学研究与教学产生了一定程度的影响。像唐圭璋所著《唐宋词简释》一书,据后记称,便是根据况氏的重、拙、大三要说来分析所选词作的。

研究本书的论著,有玄声《况蕙笙蕙风词话诠评》(《同声月刊》二卷二号,1942 年 2 月)、万云骏《〈蕙风词话〉论词的鉴赏和创作及其承前启后的关系》(《文学遗产》1984 年第 3 期)、杨保国《〈蕙风词话〉"重拙"理论新探》(《上海师范大学学报》1992 年第 3 期)、上海古籍出版社 2009 年版书前孙克强导读等。

(陈正宏)

晚晴簃诗汇 徐世昌

《晚晴簃诗汇》，二百卷。徐世昌编。1929年由徐氏退耕堂初刊。现有1988年中国书店影印本、1990年中华书局标点本。

徐世昌(1855—1939)，字卜五，号菊人(又作鞠人)，又号弢斋、水竹邨人等。直隶天津(今天津市)人。清光绪十二年(1886)考取进士，选庶吉士。历官编修、兵部左侍郎、军机大臣、内阁协理大臣等职。辛亥革命后，曾任袁世凯政府国务卿。1918年至1922年，为北洋政府大总统。此后脱离政界，寓居天津。能诗尚文，除本书外，还著有《水竹邨人集》、《退耕堂集》、《颜李师承记》，并主编了《清儒学案》。

《晚晴簃诗汇》的编纂，始于徐世昌大总统任期内。当时徐氏标榜风雅，倡结诗社，以"晚晴簃"为社名。结社之初，即有人建议，仿朱彝尊《明诗综》，编一部总汇有清一代诗人诗作的"清诗汇"，为徐氏所允。于是在门客王书衡等具体负责下，经众文士分别采择，积数年之功，这部卷帙浩繁的清诗总集终于由徐氏领衔编纂完成。

本书卷首有署"民国十八年十二月天津徐世昌"撰的《晚晴簃诗汇叙》(据考该文实为王书衡嘱黄孝平代撰，原名《清诗汇序》)，对总集源流、清诗发展及其特征作了比较切当的概述。"叙"后为"凡例"十六条，标其"选诗义例"，"本诸竹垞《明诗综》，参以渔洋《感旧》、归愚《别裁》"。"凡例"后为全书"总目"，分上下两卷；"总目"下各卷又有目录。统计收诗人六千一百五十九家(除"御制"外)，诗两万七千余首。卷次排列，卷一至卷四为清代九帝"御制"(其中卷四专辑乐章凯歌)，卷五至卷十为诸王及其子嗣；卷十一单列从祀孔庙的清代七大儒孙奇逢、王夫之、顾炎武、黄宗羲、陆世仪、张履祥、颜元为一卷，置诸家之前；卷十二以下依科目及时代为次，列诸家诗，其中卷十九以前，颇收明遗民之作；卷一八三至一九二为"闺秀"，卷一九三、一九四为"道士"，卷一九五至一九八为"释子"，卷一九九为"女冠、尼"；卷二百为"属国"，所收乃朝鲜、安南、琉球诸家诗。其书与前朝总集相类，不录存者，弃收"乩诗鬼语里谚村谣"，则为独创。卷中各人名下有小传，又采辑诸家评语与编者所撰"诗话",以双行小字列于小传后、所选该家诗前。

据本书卷首"凡例"第十三条,编者选录诗作的原则,是"名大家风行海内,务采其尤,以示规范。其非专家,往往易归沦阙。或偶得孤本,或转假传抄,亦有采自各省方志及总集者,每从宽取,冀其流传。入选多寡,不以诗名为定"。所以本书在录人选诗方面的最大特征,是基本上辑录了编者当时文坛公认的清诗名篇,同时又以人存诗、以诗存人,将不甚著名乃至本非以诗名的清人作品,尽可能多地保留下来。例如潘祖荫是著名的文物收藏家,"诗无专集"(潘氏条下"诗话"语),编者便从《癸酉消夏》、《南苑唱和》等总集中辑出潘氏诗多首,置入本书卷一五四。又如李善兰以数学见长,文学本非其业,卷一五九中却录有其五古一首,使人得以一窥这位著名科学家的文采。

从文学研究的角度看,本书较之此前的清诗总集如沈德潜的《清诗别裁集》、王昶的《湖海诗传》等更胜一筹处,在编者身居民国,既能脱去前朝禁忌,辑录在清代前期横遭文字狱之祸的诸家诗作,又能对包括晚清诗人诗作在内的整个清代诗坛作统观衡量,从而使本书真正具有较全面地反映一代诗风、记录诗界历史的清诗总汇的意味。像清初吕留良、戴名世的诗作,在前此的清诗总集中根本无法见到,由于吕著"至宣统季年始稍稍复出",戴著在光绪间有了辑本刊行,所以本书的卷三九、卷五七中,便有了分别从吕氏《东庄诗存》中选录与从戴氏遗文中辑出的二家诗。同时晚清诗坛的活跃,诗风的变异,由书中卷一七〇以下所收黄遵宪、沈曾植、谭嗣同、康有为等诸家诗中也得到了反映,尽管这种反映在后世看来还不够深入准确。

另一方面,由于本书总体上仍是一部选集,各家名下又多撰有代表编者批评意向的"诗话",所以其书同时又在一定程度上具有文学批评论著的意味,从一个侧面表现出民国中叶学术界对清诗的态度。卷首《晚晴簃诗汇叙》中归纳的清诗四大特点,所谓由统治者的提倡而成的"诗教之盛",与金石考据之学流行而连及的"诗道之尊",以及由"中叶而降,文网渐疏,党锢不兴,风人多刺"而出现的"诗事之详",与"海通以后,闻见日恢"而造就的"诗境之新",在描摹清诗发展全貌方面自然是基本合乎史实的结论。而从录诗的角度看,虽然"凡例"标明"入选多寡,不以诗名为定",但洋洋二百卷中,独钱谦益(卷十九)、王士禛(卷二十九)、施闰章(卷四十三)、张之洞(卷一六二)四家,人各一卷,他人皆无此殊荣;且四家之中,又以王士禛入选诗数量最多,高达一百零五首,可见编者旨趣所在。至"诗话"部分,则主在表述各家诗风特征及其来龙去脉,所论尚称公允。如卷七十六袁枚名下"诗话"云:"简斋诗本清超,特好以天资使其学力,往往傥荡不自矜练。能状难显之境,写难喻之情。又好以通俗语入诗,以古今事供其玩弄,成如脱口,实亦由酝酿而来。晚节之受诟病,尤在《诗话》一编,所采诚多猥滥,论诗雅有深识。后来流为末派,自是学者之过。"便非意气之论。卷一一九沈钦韩下"诗话"批评沈氏诗为"学人之作,胎息未深,似董浦之摹拟韩苏,而不免窘于边幅",对照所选,亦颇中肯。

本书的不足,在作为一部断代诗总集,而不能将以文学标准择诗的宗旨贯彻始终,像书中过多选录张之洞并无太高文学价值的"黄钟大吕"式作品,便是典型的例子。此外在诗家排列方面,独清初诸王孙随亲王次于前十卷中,此后诸王子则依年编入各卷,亦有自乱其例之病。

研究本书的论著,有陈祥耀为《中国大百科全书·中国文学》所撰的本书提要、付幸《徐世昌手札中所见〈清诗汇〉资料》(《文献》2006年第4期),以及闻石为中华书局1990年出版的本书标点本所写的"点校说明"等。

(陈正宏)

小说考证 蒋瑞藻

《小说考证》,正编十卷、续编五卷、拾遗一卷。蒋瑞藻编著。《小说考证》始作于1910年,陆续刊登于上海《神州报》,若干篇章收入何藻安、胡寄尘编刊的《古今文艺丛书》,1913年由广益书局出版单行本。1915年完成正编十卷,由商务印书馆结集刊行。后所增辑之续编五卷及拾遗一卷,于1919年由商务印书馆以合订本印行。50年代古典文学出版社、中华书局上海编辑所利用旧纸型重印三次,1983年上海古籍出版社以中华书局上海编辑所本为底本重加标校出版。

蒋瑞藻(1891—1929),字孟洁,号花朝生、羼提居士。浙江诸暨人。幼年失怙,就读于村塾及民成学堂。年二十撰《小说考证》,与蒋智由结忘年交,被引荐至上海澄衷学堂及杭州女子中学任教国文。1928年应聘为之江大学中文教授,因病未及就职。著有《花朝生文稿》、《花朝生笔记》及《羼提斋丛话》,未及付梓而毁于兵燹。留传者除《小说考证》外,尚有《小说枝谈》、《越缦堂诗话》、《新古文辞类纂》。

《小说考证》考录金元以来小说、戏曲四百七十余种,涉及作者事迹、作品本事及源流、版本情况和分析评价诸方面。所征引的资料,有文集、诗话、曲话、笔记等,不下数百种,为中国古典小说、戏曲研究提供了丰富的资料。其中一部分是目前不易见到的书籍或散见于报刊上的文章,以及编者自著《花朝生笔记》和同时代人的稿本,这些材料尤为珍贵。

此书考录了一些以往小说、戏曲书目未曾记载以及久已失传的作品。如"黑白传"条引《说梦》云:董其昌纵子行凶,横行乡里。郡中有诸生陆绍芳,其仆之女绿英有殊色,董其昌闻而慕之。其子仲权承旨劫去绿英,陆生遍告当地乡民,有士绅何绳武、吴玄水出而劝解,此事暂息。有好事者衍作小说,名曰《黑白传》,其第一回标题曰"白公子夜打陆家庄,黑秀才大闹龙门里"。《黑白传》未流传,然据此则资料,可知当时人们已将小说作为针砭时事、抨击邪恶的武器,显示了中国小说创作的现实主义传统。又如"白门柳"条引《板桥杂记》,谓龚鼎孳有《白门柳》传奇,述其妻顾媚之行事,亦为其他戏曲书目所未载。此书还提及一些同名作品,如引《续板桥杂记》云桐城杨米人作《双珠记》传奇,述秦淮名姝汤九、汤十事,与《今乐考证》著录意园《双珠记》不同。《今乐考证》、《新传奇品》、《曲海目》等书目载高奕著有《千金笑》,此书引《续板桥杂记》说沈起凤有同名作品,却未为诸家书目提及。此书所引资料有助于考证某些作品的作者,并介绍了一些作者鲜为人知的事迹,如《今乐考证》著录《虎口余生》作者为遗民外史,编者据《在园杂志》等资料考定其作者为曹寅。《五尺楼》诸家书目俱署卢见曾作,此书引《秋灯丛话》云是剧为朱夽手笔。朱夽字云裁,号放奔,浙江嘉兴人,生平事迹于史无征,编者所引《秋灯丛话》记载朱夽的事迹,具有较高的史料价值。此书对小说、戏曲作品的版本也有所论及。"西厢记"条引《梦凤楼题识》,详细介绍了王骥德《校注古本西厢记》、徐士范《重刻元本显评音释西厢记》、陈继儒《批评音释西厢记》、闵遇五刻《会真六幻》、即空观主人批评《西厢记》等各种版本,为后来系统研究《西厢记》版本提供了线索。此书是一部资料性的著作,对古代小说、戏曲的评价并不多见,偶有涉及,则颇有见地,如《谭瀛室笔记》评论《海上花列传》说:"专写妓院情形之书,以《海上花》为第一发见。书中均用吴音,……唯吴中人读之,颇合情景,他省人则不尽解也。""虽小说家言,而有伏笔,有反笔,侧笔。语语含蓄,却又语语尖刻,非细心人不能得此中三昧也。"清末民初,描写妓院的小说很多,《海上花列传》是其中上乘之作,其独特的艺术风格、细腻逼真的人物形象和精巧的情节结构历来为小说研究者所称道,此书所论颇能道出个中真味。

《小说考证》具有较高的资料价值,但也存在着比较严重的缺陷。首先,此书体例不纯,虽名为《小说考证》,杂剧、传奇,甚至弹词等作品也一并收入。清末民初文人受传统观念影响,常以"小说"泛指出自街谈巷语的通俗文学,此书编者亦持此缺乏科学性的观念。其次,此书的编排也不够严密。编者在卷首有一段导言性的文字:"今取各家著述之言小说者,略次时代之先后,类为一编,条分缕析,本末井然。"此书正编大致以时代先后排列,卷一为金元作品,卷二至卷五为明代作品,卷六至卷九为清代作品,卷十"杂记"通论小说、戏曲的有关问题。附录《戏剧考证》专论清末民初在舞台上演出的戏曲作品,于此可以了解当时戏剧演出的实际情况。然而在正编中也有时代错乱者,如卷六《一文钱》、卷九《封神传》、《隋唐演义》、《龙图公案》、《玉簪记》等皆是明代作品,却与清代作品编在同一卷。续编排列次序则毫无头绪可寻。再次,此书所引材料颇多谬误之处,编者未加辨析,容易引起误导。如"琵琶记"条引《浪迹续谈》、《小浮梅闲话》、《两般秋雨庵随笔》诸书,或言《琵琶记》为讥刺王四而作,或言写邓敞入赘牛府事,或言影射蔡下。而《琵琶记》乃据民间传说加工而成,诸说都是捕风捉影,牵强附会之论。又如"红楼梦"条引《醒吾丛谈》云《红楼梦》写康熙末允禩诸人夺嫡事,引《海沤闲话》云言纳兰容若事,引《谭瀛室笔记》云写和珅家事,这些都是旧红学索隐派的呓语,而编者在按语中说:《红楼梦》最多异说,上述三则,盖最有力者矣,而考证所得,又各不同,自愧谫陋,亦竟无以决之也。"此书按语不多,但时而考据失当,如"水浒"条按语云:"《水浒传》相传元东都施耐庵撰,贯华堂本有耐庵自序一首,足征此说之不谬。"贯华堂本施耐庵自序,乃金圣叹伪作,不能作为确定《水浒》作者之明证。"金瓶梅"条按语云:"《金瓶梅》之出王弇州手,不疑也。景倩距弇州时代不远,当知其详。乃以名士二字了之,岂以其诲淫故,为贤者讳与?"《金瓶梅》作者迄今无定说,王世贞作《金瓶梅》的说法虽流传最早,却难以成立,所引《寒花庵随笔》、《阙名笔记》、《秋水轩笔记》云王世贞为报父仇,作《金瓶梅》鸩杀唐顺之,更是无稽之谈。另外,此书所引资料,有些文字与原著有出入。如卷十"杂记"引《顾曲杂言》云:"惟周宪王所作杂剧最夥,其刻本名《诚斋乐府》,至今行世,殊有金元风范。"原作为:"惟周宪王所作杂剧最夥,其刻本名《诚斋乐府》,至今行世,虽警拔稍逊古人,而调入弦索,稳叶流丽,犹有金元风范。"由于未作校勘,影响到引用资料的准确性。鲁迅《小说旧闻钞序言》在提到此书时说:"取以检寻,颇获裨助;独惜其并收传奇,未曾理析,校以原本,字句又时有异同。"可谓的论。

有关本书的研究论著,有鳃庐《蒋瑞藻编〈小说考证〉正误》(1937年1月7日《天津益世报·读书周刊》第82期)等。

(黄　毅)

文学改良刍议 胡 适

《文学改良刍议》，胡适著。刊于1917年1月出版的《新青年》杂志二卷五号。初发表时未署年月，收入《胡适文存》一集时，文末有"民国六年一月"字样，应为发表时间。据胡适《四十自述》所述，写作时间约在1916年11月上旬。此文另发表于《留美学生季报》第四卷第一期(1917年3月出版)。两个版本在文字上略有差异，然因刊于《新青年》上的时间早且影响大，一般即以此为正版本。本文目前的通行本，有《中国新文学大系·建设理论集》(有上海文艺出版社1980年影印本)所收本等多种。

作者生平事迹见"中国哲学史大纲(卷上)"条。

关于此文写作的缘起，胡适曾在早年的《藏晖室札记》及以后的《逼上梁山》、《胡适口述自传》中皆有详细的表述。1910年赴美以后，胡适开始留心中国的语文问题，1915年9月胡适做了一首长诗赠送梅光迪，内有"神州文学久枯馁，百年未有健者起。新潮之来不可止，文学革命其时矣"数句，由此围绕中国文学的出路问题在留美同学间数度展开了争辩。胡适初时提出"文学革命"时，心中尚未形成明确的想法，数度争辩之后，约于1916年二三月间，"思想上起了一个根本的新觉悟"，"曾彻底想过：一部中国文学史只是一部文字形式(工具)新陈代谢的历史，只是'活文学'随时起来替代了'死文学'的历史。文学的生命全靠能用一个时代的活的工具来表现一个时代的情感与思想。工具僵化了，必须另换新的，活的，这就是'文学革命'"(胡适《逼上梁山》)。是年十月，胡适在致陈独秀书中表述了此一年多来积累的见解，正式亮出了"文学革命"的口号及具体施行的"八事"，陈氏接读后立即回复说："承示文学革命八事，除五、八二项外，其余六事，仆无不合十赞叹，以为今日中国文界之雷音。倘能评其理由，指陈得失，衍为一文，以告当世，其业尤盛。"(《陈独秀书信集》)于是遂有《文学改良刍议》一文的诞生。另外，1926年梁实秋在《浪漫的与古典的》一文中曾推想《文学改良刍议》受其时盛行于美国的意象主义的影响。此说近来颇为一些人首肯，但也有学者表示异议，并认为《文学改良刍议》是针对南社而立言的。然而胡适在《逼上梁山》及晚年的自传中对此已有详尽的叙述,一般应以此为信。

五四新文化运动标志着中国旧文化传统受到了根本性的动摇和新文化形态的开始生成。而这场运动的大幕便是《文学改良刍议》拉开的。从这一意义上来讲,它具有开启一个时代的革命性的意义。在此文中,胡适开宗明义地提出了自己的见解:"吾以为今日而言文学改良,须从八事入手。八事者何?一曰,须言之有物。二曰,不摹仿古人。三曰,须讲求文法。四曰,不作无病之呻吟。五曰,务去烂调套语。六曰,不用典。七曰,不讲对仗。八曰,不避俗字俗语。"

以下胡适依次对"八事"作了逐一的阐述。

一须言之有物。此"物"非古人所谓的文以载道之"道",而是指发自内心的情感和兼见地、识力、理想为一体的思想。胡适将此置于"八事之首",足见其所注重的并不止于文学工具的革新。

二不摹仿古人。胡适从历史进化论的视角出发,认为"文学者,随时代而变迁者也。一时代有一时代之文学",今人"惟实写今日社会之情状,故能成真正之文学"。

三须讲求文法。这一点胡适未详细展开。

四不作无病之呻吟。在第一项中胡适即明言作文须抒真情感,在眼下的中国则应有费希特、玛志尼式的志士豪情,而须扫尽哀靡沉颓的伤感愁绪。

五务去烂调套语。胡适最初的表述是"不用陈套语",而现在的表述则显得语义坚决。他认为中国历来作诗为文,拾用前人的旧辞套语已成痼习,其弊便在陈陈相因,缺乏新意。"吾所谓务去烂调套语者,别无他法,惟在人人以其耳目所亲见亲闻所亲身阅历之物,一一自己铸词以形容描写之;但求其不失真,但求能达其状物写意之目的,即是功夫。"

六不用典。这一部分作者铺陈最多。为了不引起歧义,胡适在文中将典分成广狭两类,广义之典有古人所设譬喻、成语、史事等五种,此类胡适认为可用可不用;狭义之典则指过于工巧之典、粗拙之典、泛而不切之典、僻冷难解之典等,对此类典胡适则颇表反感。

七不讲对仗。其目的是要打破骈文律诗的规矩,作者视此为文学的末技。

八不避俗字俗语。此项在当时影响甚大,也最具有革命意义。胡适历述欧洲的语文革新而导出的文艺复兴的史实,及中国白话文学的历史,来强调言文一致的必要性和必然性,谓"然以今世历史进化的眼光观之,则白话文学之为中国文学之正宗,又为将来文学必用之利器,可断也"。

《文学改良刍议》一文有破有立,观点明晰,旨在打破长期被视为正统的上层社会的旧经典文学样式,而创立基于俗语白话的可传达新思想新精神的文学范型。胡适深知工具革命的重要性,稍后他说:"我们认定文学革命须有先后的程序,先要做到文学体裁的大解放,方才可以用来做新思想新精神的运输品。"(《尝试集序》)胡适的观点立即得到了陈独秀、钱玄同等人的响应,遂以《新青年》为中心掀起了文学革命的热潮。文学革命并不只是一场单纯的文体变革,它自始即与胡适等所抱定的"再造新文明"的理想联结在一起,构成了一场广义的文化维新运动的一部分,各种新思想新观念借着新文学这一载体逐渐传播到当时的新兴市民阶层,中国新文化的建设由此得以全面展开。

除了对中国新文学及新文化的发展产生了重大影响,胡适的这篇论文在海外亦流布颇广。日本早在1929年即有柳田泉将之与胡适的其他一些文章译成日文,收入《建设的文学革命论(其他)》一书中,由东京春秋社刊行。后来1963年东京平凡社出版的《中国现代文学选集》第三卷里,又收录了由增田涉、服部昌之合译的新的日文本,可见域外学界对该文的重视。

但从文学发展的历程来看,胡适此文也有明显的偏颇之处,尤其是将用典、对仗及非白话类作品等传统文学样式的价值几乎彻底抹杀,不免有矫枉过正之弊。其论述形式,也有过于绝对化之嫌。

有关本文的研究论著,有周策纵《五四运动:现代中国的思想革命》(英文本由哈佛大学出版社初刊于1960年,现有江苏人民出版社、岳麓书社等出版的不同的中译本)的相关部分、沈永宝《〈文学改良刍议〉两种版本的由来》(《文艺报》1993年5月29日)、《"八事"源于〈意象派宣言〉质疑》(《上海文化》1994年第4期)、《"文学改良八事"系因南社而立言》(《复旦学报》1996年第2期),以及日本植田渥雄《〈文学改良刍议〉考——关于文学革命》(《东北师范大学学报》2000年第5期)等。

(徐静波)

红楼梦考证 胡 适

《红楼梦考证》，胡适著。初稿载于上海亚东图书馆1921年5月初版的标点本《红楼梦》卷首。后经修改，收入同年12月该馆出版的《胡适文存》卷三。目前的通行本，有上海古籍出版社1988年版《胡适红楼梦研究论述全编》所收依《胡适文存》排印的改定稿，安徽教育出版社2006年版《中国章回小说考证》本。

作者生平事迹见"中国哲学史大纲(卷上)"条。

《红楼梦考证》是现代中国第一篇用新的方法考证古典文学名著《红楼梦》的作者、版本诸问题的著名论文。胡适撰著本文的缘由大致有二：其一，"五四"前后，胡适以新文化运动主将的地位，力倡白话文，同时试图通过"整理国故"尤其是整理明清优秀的白话小说，以潜移默化的方式逐步建立起现代白话文的基本规范。为此他与亚东图书馆合作，计划推出一批带有他撰写的导言并经过标点分段的新版古典小说，《红楼梦》便是该计划系列中继《水浒》、《儒林外史》后的第三部，而《红楼梦考证》即是胡适为之所撰导言。其二，在胡适撰写本文之前，围绕《红楼梦》一书不少学者已发表论著，或云其书"全为清世祖与董鄂妃而作"(王梦阮《红楼梦索隐》)，或谓其书是康熙朝的政治小说(蔡元培《石头记索隐》)，还有的人说书中所记乃康熙时宰相明珠之子纳兰性德事。诸说多附会史事，形同猜谜，胡适深感不满。而王国维1904年发表的《红楼梦评论》，在以叔本华哲学阐述《红楼梦》的悲剧性之余，提示学界"其作者之姓名，与其著书之年月，固当为唯一考证之题目"，也明显影响了胡适的研究兴趣与方向，因此当他为亚东版《红楼梦》撰写导言时，采用了与他为《水浒》、《儒林外史》二书所撰导言《水浒传考证》、《吴敬梓传》略有不同的形式，不再以介绍源流、评述作家作品为主，而是运用学术性更强的考据方法，驳正旧说，创立新解。这篇以《红楼梦考证》为题的导言初稿于1921年3月27日完成，5月即随亚东版《红楼梦》发表；不久胡适又发现不少新材料，便对原文作了较大的修改，改定稿于同年11月12日写就，仍用原题，收入当时正在编排的《胡适文存》。

改定稿《红楼梦考证》全文两万八千余字，分两节，末附"附记"一则。正文两节中，第一节主要内容是逐一驳斥《红楼梦》研究诸旧说的错误，第二节则比较详细地考证了《红楼梦》的"著者"与"本子"两方面的问题；"附记"一则，则是对初稿所附《寄蜗残赘》所称曹雪芹乃曹纶之孙一事的辨伪。文章有"破"有"立"，以"立"为主，而"破""立"之间，又明显存有一种通过具体考证展示学术研究一般方法的意味。

从"破"的一面看，本文起首即指出向来研究《红楼梦》的人"都走错了路"，"他们并不曾做《红楼梦》的考证，其实只做了许多《红楼梦》的附会"。而后将这种附会的"红学"分为三派，逐一检讨。针对第一派以王梦阮《红楼梦索隐》为代表的主张《红楼梦》为清世祖与董小宛而作，贾宝玉即清世祖，林黛玉即董妃的说法，文章引证孟森《董小宛考》一文，指出董氏死时清世祖尚为孩童，"小宛比清世祖年长一倍，断无入宫邀宠之理"。针对第二派以蔡元培《石头记索隐》为代表的认为《红楼梦》是康熙朝政治小说，其本事在"吊明之亡，揭清之失"，其中人物皆有所指的看法，文章指出那其实不过是一种"很牵强的附会"，是猜"笨谜"，为此举蔡氏所称刘姥姥即清大臣汤斌为例，形象地揭露了其转弯抹角将小说中的王家与王阳明学派相牵扯，又拿小说中刘姥姥所得诸项银两，比附汤斌生前身后所得数目偶合之银两，而终有不能凿合处的可笑与无价值。针对第三派如陈康祺《郎潜纪闻二笔》、俞樾《小浮梅闲话》等所称《红楼梦》乃记纳兰性德事之说，文章又从纳兰性德生卒年与真正的中举年份的考订入手，说明将《红楼梦》宝玉中举年岁合于纳兰性德中举年岁作为主要根据的此说本身就不可靠，而因为纳兰《饮水词》中有几首普通的悼亡词即认为纳兰的夫人即林黛玉，则更不能成立。最后归结，引钱静方之说云："要之，《红楼》一书，空中楼阁。作者第由其兴会所至，随手拈来，初无成意。即或有心影射，亦不过若即若离，轻描淡写，如画师所绘之百像图，类似者固多，苟细按之，终觉貌似而神非也。"

由"立"的一面说，本文第二节开宗明义："其实做《红楼梦》的考证，尽可以不用那种附会的法子。我们只需根据可靠的版本与可靠的材料，考定这书的著者究竟是谁，著者的事迹家世，著书的时代，这书曾有何种不同的本子，这些本子的来历如何。这些问题乃是《红楼梦》考证的正当范围。"循此文章首先讨论"著者"问题。由袁枚《随园诗话》所记曹雪芹撰《红楼梦》一事入手，旁征博引，先考得被袁枚误记为曹雪芹之父的曹寅生平，及曹家世袭江宁织造，康熙五次南巡，曹寅当了四次接驾之差诸事；继据杨钟羲《雪桥诗话》，确证曹寅实为曹雪芹祖父，曹雪芹名霑；再由《雪桥诗话》所提示的清宗室敦诚与曹雪芹交游的信息，追索敦敏、敦诚兄弟诗作，且由有关诗作考见曹雪芹穷愁著书的境况，推测其大约生于康熙末叶（约 1715—1720），死于乾隆三十年左右（约 1765）。作为上述著者家世及生平材料的对照，文章又从《红楼梦》书中举出五个方面的证据，即开端所云"将真事隐去"，第一回石头所称本书"只按自己的事体情理"等语，以及第十六回所记谈论南巡接驾之文,第二回所述荣国府世次,尤其是前八十回所叙及所暗示的贾家由盛及衰,宝玉由做繁华梦而至于沦落,最后得出"《红楼梦》这部书是曹雪芹的自叙传","是曹雪芹破产倾家之后,在贫困之中做的。做书的年代大概当乾隆初年到乾隆三十年左右,书未完而曹雪芹死了","里面的甄、贾宝玉,即是曹雪芹自己的化身;甄贾两府即是当日曹家的影子"等重要结论。

在"著者"问题基本解决后,文章又研究了"本子"问题。由于当时所见不够,本文将《红楼梦》版本分为两个系统三种本子,乾隆间程伟元、高鹗整理的百二十回本(由于刊印年代前后不同又分"程甲本"、"程乙本")为一系,上海有正书局石印、卷首有戚蓼生序的八十回本为另一系。文章认为"《红楼梦》最初只有八十回,直至乾隆五十六年以后始有百二十回的《红楼梦》","后四十回是高鹗补的",理由是:(一) 乾嘉时代诗人张问陶在所著《船山诗草》的一首赠给高鹗的诗的注里已明说"《红楼梦》八十回以后,俱兰墅(高鹗字兰墅)所补";(二) 程伟元在百二十回《红楼梦》序里称原书只存八十回,后得二十余卷,又后在鼓担上得十余卷,"此话便是作伪的铁证,因为世间没有这样奇巧的事";(三) 高鹗自序"字里行间都使人生疑";(四) 也是最重要的证据,即从百二十回《红楼梦》全书的内容看,"后四十回与前八十回决不是一个人作的",为此除征引俞平伯研究本书所得的三个理由外,还列举小红、香菱、凤姐等人前后无照应,或后四十回中相关人物结局与第五回"金陵十二钗"册上所记全然不合为证。但文章同时也承认,高鹗补撰的后四十回自有其"不可埋没的好处",那便是"作一个大悲剧的结束,打破中国小说的团圆迷信","替中国文学保存了一部有悲剧下场的小说"。

《红楼梦考证》是"新红学"的开山之作,它采用的研究方法以及由此得出的具体结论,在二十世纪的红学界产生了广泛而又持久的影响。由于它条理分明的解析,旧红学"索隐派"的诸多附会之说终于成为历史的陈迹;也由于其最初的考索,加上几代红学家的深入研究,《红楼梦》作者是曹雪芹,《红楼梦》后四十回乃高鹗补作,这些在二十年代初尚不为大多数人所知所信的史实,今天已成为中国文学史中最基本的常识。另一方面,胡适在本文末尾所说的"我在这篇文章里,处处想撇开一切先入的成见;处处存一个搜求证据的目的;处处尊重证据,让证据做向导,引我到相当的结论上去",作为一种具有一定操作性的学术研究方法,也不仅在《红楼梦》研究领域内产生了影响,而且对于中国二三十年代的古典文学研究乃至整个人文科学研究,都起到了启迪新方法的推动作用。

因为《红楼梦考证》影响巨大,所以该文存在的缺失也对学术界产生了负面的影响。最明显的就是文中得出的"《红楼梦》这部书是曹雪芹的自叙传"的结论,无意中抹杀了文学与历史的界限,导致红学界部分学者长期以曹雪芹生平研究等同甚至代替《红楼梦》研究,致使红学一定程度上误入歧途。

关于评论、补充与研究本文的论著,有蔡元培《〈石头记索隐〉第六版自序——对于胡适之先生〈红楼梦考证〉之商榷》、胡适《跋〈红楼梦考证〉》(以上两文均收入《胡适红楼梦研究论述全编》)、今村与志雄《关于〈红楼梦〉的论争》(1928年日本《文学》第二十三至二十五期)、魏同贤《胡适的红楼梦考证在红学史上的地位》(《红楼梦学刊》1979年第二辑),以及中国大陆出版的诸种红学史的有关章节等。

(陈正宏)

吴敬梓年谱 胡 适

《吴敬梓年谱》，胡适撰。最初连载于《努力周报》1922年12月至1923年5月间的第三十一、三十三、三十四、三十八、三十九、四十五、四十七及五十二期。后收入1924年版《胡适文存》二集卷四和1925年亚东图书馆出版的《儒林外史》附录之中。目前通行的读本，是《胡适古典文学研究论集》(上海古籍出版社，1988年)下册中所收本，该本以《胡适文存》本为底本。

作者生平事迹见"中国哲学史大纲(卷上)"条。

《吴敬梓年谱》是一部考论清代小说家吴敬梓(1701—1754)生平行实和作品的编年体传记。在五四新文学运动中，胡适大力提倡白话文学，要求提高其地位，并以之代替文言创作，因着手研究一批优秀的中国古典白话小说，诸如《红楼梦》、《儒林外史》等。因为要研究小说，则首先需要对小说作者的生平思想和创作背景有所了解。1920年，胡适完成《吴敬梓传》一文，文中评述了吴氏的一生以及《儒林外史》的价值之所在。然而由于材料的缺乏，该文内容相当简略。其后不久，胡适寻访到四卷本的吴氏别集《文木山房集》，从中发现一些新的传记资料，便开始编订一部较为详细的《吴敬梓年谱》，该谱成于1922年11月间。

《吴敬梓年谱》全文约一万四千字左右。谱前有撰者"自序"，简介撰谱起因及经过。正文分成三个部分。第一部分"家世"，用《文木山房集·移家赋》和《全椒县志》两相对照考论吴氏世系。第二部分为年谱正文，以吴氏文集为基础，参订其交游别集和《儒林外史》，考证吴氏的生平。其中以对谱主中年之后经历家境剧变，思想发生深刻变化，并从事《儒林外史》创作过程的考订尤为详赡，并辅以撰者评论。第三部分"后记"，主要考证谱主作品的写作刊刻年代与版本情况，另附录了撰述年谱所引用的参考书目。

《吴敬梓年谱》的主要特点有二：第一，在资料尚不充足的情况下，胡适能多方搜讨材料，排比参照对证，特别是对于谱主生平的关节点进行了较为细致的考论，也纠正了前人记载中某些失实之处。如乾隆元年丙辰(1736)条记吴氏不赴京参加博学宏词科考试一事，程晋芳《吴敬梓传》中说:"安徽巡抚赵公国麟闻其名,招之试,才之,以博学鸿词荐,竟不赴廷试,亦自此不应乡举。"似是在暗示吴氏对科举始终是不屑一顾的。但胡适根据《文木山房集》唐时琳序和吴氏《丙辰除夕述怀》诗参证,认为吴氏是因为生病才未能赴试,而其事后还很惋惜自己因病不得被荐。之所以择取唐序为证,是由于唐氏当时任江宁教授,也是推荐吴氏的官员,因而序中"余察其容憔悴,非托为病辞者"一段话应很可靠。同时在吴氏集中发现试帖诗三首,以及《正声感人赋》(下注"抚院取博学鸿词试帖")等试帖诗赋,都说明即便吴氏本人也不讳言自己曾参加省里的博学鸿词科考试,而直到此时,吴氏尚未脱热心科名之念,思想见解尚不成熟,所以这一阶段吴敬梓完成《儒林外史》创作的可能性不大,故《外史》刻本中"乾隆元年春二月闲斋老人"序的写作时间不太可靠。胡适这一段考证还是比较令人信服的,对于我们研究吴氏生平行踪和思想发展演变的脉络颇有启迪之功。此外,胡适参据杭世骏《词科掌录》的记载,指出后来荐举吴敬梓入京赴试的官员并非赵国麟,也纠正了程晋芳撰吴氏传中的失实之处。

第二,胡适作年谱的主要目的是为研究《儒林外史》这一部文学作品,故而在考索吴氏事迹的同时,谱中用了相当篇幅去论证小说的创作时间、背景、作者创作心理以及小说与作者生平的相互关联,颇有一些较为独到的见解。例如,在谈到《儒林外史》的写作背景时,援引章学诚《章氏遗书》卷四《答沈枫墀论学书》中"国初崇尚实学,特举词科;史馆需人,待以不次;通儒硕彦,磊落相望,可谓一时盛矣。其后史事告成,馆阁无事,自雍正初至乾隆十许年,学士又以四书文义相为矜尚。仆年十五六时(1752—1753,当吴敬梓将死的时候),犹闻老生宿儒自尊所业,至目通经服古谓之杂学,诗古文辞谓之杂作。士不工四书文,不得为通——又成不可药之蛊矣"一段话,点明吴敬梓撰《儒林外史》的时代正当清代学术研究处于青黄不接,而八股文又大张其势的时期,文人必须完全依附于国家政权,导致人格上的奴化猥琐。正是在这种状况下,吴氏开始创作小说,而且鲜明猛烈地抨击科举制度。此外,撰者认为吴氏本人的生活体验,如他冷眼旁观词科落第归来的名士所表演的种种丑态,以及对亲友困死老诸生,因贫贱而受乡人欺,抱恨归黄泉的悲惨遭遇的深切同情,都是从事创作的动力源泉。胡适的这些考论,既有助于理清谱主的生平思想发展线索,对研究《儒林外史》小说本身也提供了新的思路。

这部年谱也存在不足。胡适过于看重小说与谱主生平的联系,将小说中的人物与吴氏本人及其交游一一对照。诚然,小说的创作中有现实生活的影子,如杜少卿这个人物便多少反映出作者本人的精神面貌。然而《儒林外史》毕竟是文学作品,勉强将人物对号入座,难免有附会之嫌,也影响了年谱本身的可信程度。

当然,这并不能抹杀《吴敬梓年谱》的价值。正如胡适自己所说:"古来的中国小说大家,如《水浒传》、《金瓶梅》、《红楼梦》的作者,都不能有传记,这是中国文学史上一件最不幸的事。"在张举白话文学旗帜的同时,胡适能注意搜集材料,为小说作家立传作年谱,深入研究小说家的生平事迹,也可谓开风气之先了。并且谱中得出的一些具体结论,如谱主的生卒年(1701—1754),创作小说的年代(1740—1750)等,至今在吴敬梓生平和作品的研究中仍具有重要的影响。

有关本谱的研究论著,有何泽翰《胡适〈吴敬梓年谱〉纠误》(收入《儒林外史人物本事考略》,古典文学出版社,1957年)、陈美林《吴敬梓身世三考》(收入所著《吴敬梓研究》,上海古籍出版社,1984年)等。

(吕海春)

五十年来中国之文学

胡 适

《五十年来中国之文学》,胡适著。最初收入1923年上海申报馆出版的《最近之五十年》一书(该书为《申报》五十周年纪念刊)。次年,上海申报馆又出版了该书的单行本。同时上海亚东图书馆出版的《胡适文存二集》也收入了此作。本书目前的通行本,是上海古籍出版社1988年刊行的《胡适古典文学研究论集》上册所收本。

作者生平事迹见"中国哲学史大纲(卷上)"条。

《五十年来中国之文学》是胡适为上海《申报》五十周年纪念册而写的一部论述中国近现代文学历史的论著。所谓"五十年来",是指从《申报》诞生的1872年到写作本书的1923年这段时期。全书分十节,各节均无标题。第一节综述了五十年来中国文学的变迁大势,主要谈了四点:(一)以曾国藩为代表的古文逐渐走向衰亡;(二)翻译、议论、述学、政论文章成为新旧文学的一个过渡;(三)白话小说成为这五十年之中势力最大、流行最广的文学;(四)与此时文学的无意、随便采用白话相比,1917年以来的"文学革命"是一种"有意的主张"。以下九节分别讨论了曾国藩死后的桐城湘乡派、王闿运和金和的诗、有关介绍西洋思想和文学的人、梁启超的"时务的文章"、黄遵宪的新体诗、章炳麟的成绩与失败、欧化的"逻辑"古文、五十年来的白话文学,以及文学革命运动。

作为一部扼要地介评晚清至民国前期文学发展的研究论著,《五十年来中国之文学》有以下两个比较鲜明的特征。

首先,以胡适一贯推崇的白话文学主张为中心,对这一新旧交替时期的文学发展历程作了宏观的描述。在书中,胡适认为,曾国藩死后的桐城湘乡派虽然在当时名声很大,却"实在没有什么精彩动人的文章",其仅有的长处,只在"使古文做通顺了",但终究是"死文学"。同时,胡适尽管对代表晚清旧文学较高水平的王闿运的诗、章炳麟的论学古文作了一定程度的肯定,但是与梁启超的"时务体文章"和黄遵宪的新体诗相比,他显然认为后者超越了前者,因为后者中不乏白话的因子;只是由于四家仍不出旧文学的路径,所以仍只能算是"半死文学"。在谈到其最为看好的这五十年里的白话小说时,胡适认为,与前述的那些"死文学"或"半死文学"相比,白话小说堪称是"活文学"。至于1917年以后兴起的文学革命运动,其对于白话文学的有意的主张,则是对中国历史上近五百年来白话文学的继承和发展。

其次,作者在书中从一种比较新的角度评说了五十年来一些在文学史上具有重要地位的作品。例如,书中称赞林纾的翻译小说"有自己的风味","对原书的诙谐风趣往往有一种深刻的领会",即不为无见。又如胡适认为《人境庐诗钞》最好的诗是《拜曾祖母李太夫人墓》一篇,因为这首诗合乎黄遵宪自己提出的"我手写我心,古岂能拘牵"的主张。再譬如,在近代小说中,胡适最推崇吴沃尧的《九命奇冤》,认为该书"可算是中国近代的一部全德的小说",其比一般的讽刺小说更为出色的地方,在于完全脱去了太露、太浅薄的恶套,"把讽刺的动机压下去,做了附属的材料;然而那些附属的讽刺的材料在那个大情节之中,能使看的人觉得格外真实,格外动人"。同时他认为《九命奇冤》结构上受西洋小说的影响,布局谨严,不枝不蔓,中心突出。凡此都显现了胡适作为新一代文学史家的独特眼光。

但是,胡适的这部著作中也存在着一些明显的缺陷。书中主要以是否白话文学为评价文学发展的标准,对这一基本线索的强调,有时难免导致对有关作家、作品的不公正的评价。如在第十节中,过分推崇中晚唐以后的白话诗词,而认为唐末的李商隐一派诗是"妖孽诗",即失之偏颇。又如认为陈三立的《散原精舍诗》里"实在很少可以独立的诗",就显然不符合事实。此外,认为"这五十年的词,都中了梦窗(吴文英)派的毒,很少有价值的",也过于绝对化了。

从中国文学研究史的角度看,《五十年来中国之文学》的主要贡献,是较早对中国近代文学的发展概貌作了宏观的梳理,用比较现代的文学批评标准对一些近代著名的作家、作品,尤其是白话小说,作了富有启发性的评论,为以后的中国近代文学研究开辟了道路。

有关本书的研究论著,有胡先骕《评胡适〈五十年来中国之文学〉》(《学衡》1923年第十八号)、罗岗《论胡适〈五十年来之中国文学〉》(《文艺理论研究》1993年第四期)等。

(陈正宏)

白话文学史（上卷） 胡 适

《白话文学史(上卷)》，胡适著。1928年上海新月书店初版，1934年商务印书馆再版。1985年岳麓书社据旧版重印。1989年上海书店据新月书店1929年版影印，收入《民国丛书》第一编第五十七种。今有上海古籍出版社2006年版、安徽教育出版社2006年版等。

作者生平事迹见"中国哲学史大纲(卷上)"条。

早在1916年在美就读期间，因受其师杜威的影响，胡适便形成了"一整部中国文学史，便是一部中国文学工具变迁史"的观念(见《胡适口述自传》第七章)，而相对于传统"古文"而言的所谓"新工具"，胡适认为就是"白话"。白话"不只是口语，而且是文字"(同上书第十一章)。以这种观念为指导，当1921年作者应邀赴第三届国语讲习所主讲国语文学史时，便将白话文学作为讲义的中心。此后作者在天津等地续有讲授，且因原讲义仅述至宋代，拟重撰一部上起《国风》下迄"国语文学运动"的全新的"国语文学史"，但终因他事而未果。1927年胡适在国外期间，北京文化学社印行了他的旧讲义稿《国语文学史》。作者认为其作不佳，故于同年重撰该书，由汉至中唐，定名为《白话文学史》上卷，交上海新月书店于1928年出版。本拟续撰中卷与下卷，但迄作者辞世，终未见续。

《白话文学史》上卷，约二十一万字。全书除卷首"引子·我为什么要讲白话文学史呢"外，分"唐以前"和"唐朝(上)"两编，共十六章。书中大量选录了作品原文，故此作者称本书"不但是文学史，还可以算是一部中国文学名著选本"(见本书自序)。

作者所谓的"白话"，据自序有三个意思："一是戏台上说白的'白'，就是说得出，听得懂的话；二是清白的'白'，就是不加粉饰的话；三是明白的'白'，就是明白晓畅的话。"在这样一个宽泛的界定下，作者也就径说本书"名为'白话文学史'，其实是中国文学史"，"白话文学史就是中国文学史的中心部分"。

本书从文学研究的角度看，主要贡献有以下几方面。

一、从理论上阐明了以进化论为基础的文学史价值观。在《白话文学史》之前,王国维的《宋元戏曲考》里曾提出"一代有一代之文学"的文学史观。胡适则更进一步,在本书的"引子"里明确宣称:"你要想寻那可以代表时代的文学,千万不要去寻那'肖子'的文学家,你应该去寻那'不肖子'的文学!""因为不肖古人,所以能代表当世!"从这样的观点出发,作者评价历代文学时,着重于是否富于创造性,而对于那些以模仿为专长的文学,则贬之为"死文学"。

二、率先将中国文学发展的历史勾勒为两条并行的发展线路,一条是官方式的古文文学,一条是平民的民间文学。并认为前者是"半僵半死"的,而后者是"活"的。虽然"一切新文学的来源都在民间"(第三章)的命题未免绝对,但书中以大量的篇幅论述汉代的平民文学、魏晋南北朝的故事诗、初唐的白话诗等先前文学史较少或根本不谈的文学作品,客观上再现了中国文学发展的丰富面貌。

三、较早并且较全面地在文学史中辟专章介绍佛教翻译文学,并第一次总结了这种翻译文学对以后的中国文学的影响。本书的第十、十一两章为"佛教翻译文学",从二世纪的译经说起,一直讲到佛教在中国盛行之晚等问题。其中如云佛教经文"转读"、"梵呗"的歌唱以及"唱导"制度三者,是将佛教文学传到民间去的途径;如云佛教文学在六世纪以后对中国文学发生了抬高白话文地位、促进中国文学的想象力、使中国俗文学重视形式的布局和结构等三方面的影响,皆为极富启发性的论断。

四、对白话文学史上的一些重要作家作品进行了详细的考证与研究,且时有新解。这方面的典型例子,是第十一章中对王梵志及其诗歌的研究,对寒山生平的考证,以及第十五章对卢仝白话诗的论述。

但本书也存在着一些比较明显的缺点。首先是对"白话"的界定过于宽泛,使得书中的论述与作者自己划定的"古文文学"与"白话文学"的分别时相矛盾,有时所谓的"白话"标准似乎仅由作者随意制定。其次,由于作者撰写本书的目的之一是为其在"五四"前后提倡的文学革命、白话文学寻找历史的依据,"要大家知道白话文学不是这三四年来几个人凭空捏造出来的","是有很长很光荣的历史的"(引子),所以书中有着意将中国文学史写成白话文学发展史之倾向,由此从旧文学史的一个极端走向另一个极端,如贬低唐代的律诗即是一典型例子。再次,书中过于强调工具的作用,也削弱了文学内涵演进的价值。

《白话文学史》上卷出版后,学术界对其评价毁誉参半。1949年以后,中国大陆曾展开对胡适学术思想的政治性批判,本书也因此长期遭禁。然而从中国文学史编纂史和中国古典文学研究方面看,本书的影响是一直存在着的。20世纪三四十年代出版的文学史,如陆侃如、冯沅君的《中国诗史》和郑振铎的《中国俗文学史》等多征引其说,自不待言。即1949年以后大陆的古典文学研究,大到研究方向(如对民间文学重视,而贬斥宫廷贵族文学),以及文学时期划分(如以安史之乱为分界线定唐诗发展的前后期),小至作品时代考证(如基本上接受《孔雀东南飞》产生于公元三世纪中叶之说),若寻其渊源,也无不可以追溯到本书的有关论述。而本书提出的"因为不肖古人,所以能代表当世"的文学史价值观,至今依然为文学研究界的有识之士所推崇。

研究本书的论著,大都作于1949年以前。本书初版的当年,即有杨次道《读胡适之白话文学史》(《一般》六卷三期,1928年11月)和素痴(张荫麟)《评胡适白话文学史上卷》(《大公报·文学副刊》第48期,1928年12月3日)两文发表。次年,又有梦笤撰《评胡适之中国白话文学史》(《清华大学校刊》第66至70期),对本书提出批评,且认为"单作白话文学史是不可能的"。至1932年,朱光潜在《东方杂志》三十卷第一号上,发表《替诗的韵律辩护——读胡适的〈白话文学史〉后的意见》,也对本书观点提出商榷。40年代有关本书的评论,主要是郑学稼的《胡适的"白话文学史"读后记》(1942年10月《时代精神》七卷一期)。80年代以来对本书进行学术评价的文字,则有金启华《建国前十三部〈中国文学史〉简评》(《语文导报》1985年第1、2期)、胡明《胡适整理文学遗产的成绩与偏失》(《文学遗产》1991年第3期)、吕微《论科学范畴与现代性价值观——从〈白话文学史〉到〈中国民间文学史〉》(《文学评论》2001年第4期)、刘石《关于胡适的两部中国文学史著作》(《文学评论》2003年第4期)的相关部分等。2006年上海古籍出版社排印本前有骆玉明《导读》。

(陈正宏)

文学革命论 陈独秀

《文学革命论》,陈独秀著。最初发表于1917年2月1日的《新青年》杂志二卷六号,后收入《中国新文学大系·建设理论集》(有上海文艺出版社1980年影印本)。

作者生平事迹见"独秀文存"条。

陈独秀早年积极参加反清及反袁的政治活动,因而两度被迫东渡日本。"二次革命"失败后,他痛感"苟偷庸懦"的国民劣性和精神思想界的昏聩腐弊是阻碍社会进步的主要羁绊,醒悟到"单独政治革命"已"不生若何变化,不收若何效果"(《文学革命论》),改造国家,救亡图存,当从思想革命开始。1915年自日本返国后,他意欲创办一刊物以宣传新思想,于是便有了《青年》(第二期改名《新青年》)杂志的诞生。陈独秀深知"旧文学与旧道德,有相依为命之势"(《答张护兰》,《新青年》三卷三号),欲破旧道德,须更新中国文学。因此,自《青年》杂志创刊伊始,他就陆续刊出了屠格涅夫的《春潮》、龚古尔兄弟的《基尔米里》等西洋文学名作,并在一卷三、四号上发表了《现代欧洲文艺史谭》,强调西洋文艺的发展变化性,并谓"西洋之所谓大文豪,非独以其文章卓越时流,乃以其思想左右一世纪"。其后通过亚东图书馆的同乡汪孟邹结识了远在美国的胡适,知其亦有意于文学改革,遂在1916年10月致书胡适:"文学改革,为吾国目前切要之事",望胡"切实作一文学改良文,寄登《青年》"(《陈独秀文章选编》上卷)。年末,陈独秀收到胡适寄来的《文学改良刍议》一文,即刊登在翌年一月出版的《新青年》二卷五号上。为声援胡适,在文学界、思想界造成更大的声势,陈独秀遂撰此《文学革命论》一文,刊在下一号的《新青年》上。

《文学革命论》一文,大致可分为三部分内容。

第一部分,陈独秀在阐明了革命乃"革故更新之义"后,指出"政治界虽经三次革命,而黑暗未曾稍减"的主要原因乃在于中国人精神思想(文学亦为其一端)上的"黑幕层张、污垢深积",然后亮出了文学革命的大旗,"旗上大书特书吾革命军三大主义:曰推倒雕琢的阿谀的贵族文学,建设平易的抒情的国民文学;曰推倒陈腐的铺张的古典文学,建设新鲜的立诚的写实文学;曰推倒迂晦的艰涩的山林文学,建设明了的通俗的社会文学"。此"三大主义"与胡适的"文学八事"一起,被认为是开启了中国新文学运动的纲领性文字。然而对于"国民文学"、"写实文学"、"社会文学"的内涵,陈独秀并未(以后也未)作出具体的阐述,只是主张文学本义乃在于"达意状物"而已,"文以载道"自当抛弃,"言之有物"亦不必苛求,"文学之文,特其描写美妙动人者耳"(《答曾毅书》,《新青年》三卷二号)。

  第二部分,陈独秀花了较多的篇幅概述了自《诗经》以来的中国文学史,认为中国文学的雕琢堆砌之风起于两汉而大盛于六朝,"此等雕琢的阿谀的铺张的空泛的贵族古典文学,极其长技,不过如涂脂抹粉之泥塑美人"。流衍至唐,时代渐变,"韩、柳、元、白应运而出","变八代之法,开宋元之先",唯韩愈作文仍尚师古,且鼓吹"文以载道",流弊不浅。元明清戏剧小说,"乃近代文学之粲然可观者。惜为妖魔所厄,未及出胎,竟尔流产"。而妖魔"即明之前后七子及八家文派之归、方、刘、姚是也",其弊或为刻意摹古,或为无病而吟,"此等文学,作者既非创造才,胸中又无物,其伎俩惟在仿古欺人,直无一字有存在之价值"。陈独秀对孔教以来的旧道德旧传统憎之甚深,因而对与此相关的旧文学的抨击亦甚为猛烈,虽有偏激之词,然五四时期的启蒙思想家大抵持此态度,只是陈独秀身上呈现出几分勇武的战士姿态。

  第三部分,陈独秀在历述了中国文学流变,同时一一指陈了其弊垢之后,进一步将须排斥的"贵族文学、古典文学、山林文学"的"公同之缺点"昭然揭出:"其形体则陈陈相因,有肉无骨,有形无神,乃装饰品而非实用品;其内容则目光不越帝王权贵,神仙鬼怪,及其个人之穷通利达。"然后将笔锋一转,与第一部分相呼应,表出作者撰写此文的宗旨:"此种文学,盖与吾阿谀夸张虚伪迂阔之国民性,互为因果。今欲革新政治,势不得不革新盘踞于运用此政治者精神界之文学。"最后陈独秀认为,欧洲文明的灿烂,文学亦为其一大支,并表示了对雨果、左拉、歌德诸文学大家的景仰:"吾国文学界豪杰之士,有自负为中国之虞哥、左喇、桂特郝、卜特曼、狄铿士、王尔德者乎?有不顾迂儒之毁誉,明目张胆以与十八妖魔宣战者乎?予愿拖四十二生的大炮,为之前驱!"斗士的无畏气概赫然溢于纸上。

  陈独秀此文全无胡适在《文学改良刍议》中的温和谦恭姿态,文章写得犀利泼辣,气势夺人,在中国新文学史上,是一篇具有文献意义的宣言文,也由此奠定了陈独秀在中国新文学运动史上先驱者的地位。五年后胡适在《五十年来中国之文学》中说:"文学革命的进行,最重要的急先锋是他(按指胡适本人)的朋友陈独秀。陈独秀接着《文学改良刍议》之后,发表了一篇《文学革命论》(六年二月),正式举起了'文学革命'的旗帜。"但陈独秀此文的意义似乎也就仅止于此,因为他的本意,还是企图以文学革命为序曲而进入政治革命的正剧,而于新文学的发展,并未提出卓有建设意义的理论,他的革命军三大主义,实在也是颇为空泛的口号式文字。

　　有关本文的研究论著,有胡适《陈独秀与文学革命》(1932年10月30、31日北平《世界日报》),以及陈建华《"革命"的现代性——中国革命话语考论》(上海古籍出版社,2000年)的有关部分、严家炎《〈文学革命论〉作者"推倒""古典文学"之考辨》(《文学评论》2003年第5期)、唐小林《中国现代文学史叙述的知识性危机——〈文学革命论〉之革命话语考论》(《社会科学研究》2005年第3期)等。

(徐静波)

玉谿生年谱会笺 张采田

《玉谿生年谱会笺》，四卷。张采田撰。有1917年吴兴刘氏《求恕斋丛书》本。1984年文物出版社收入《年谱五种》。目前通行的读本，是1963年中华书局上海编辑所初版、1983年上海古籍出版社再版的校点本，该本以《求恕斋丛书》本为底本。

张采田(1874—1945)，后更名尔田，字孟劬，号遯堪居士，又号许村樵人。浙江钱塘(今杭州)人。早年中举，历官刑部主事、知县等职。辛亥后，任清史馆纂修。后应邀参与《浙江通志》的编纂。1921年以后，先后执教于北京大学、北京师范大学、中国公学、光华大学、燕京大学。他对经、史、子乃至诗、词、佛学均有较深入的研究，于史学尤有造诣。著作除本书外，尚有《史微》、《清史稿》"乐志稿"、"后妃列传别稿"等部分，以及《遯堪文集》等。

《玉谿生年谱会笺》是一部考录唐代诗人李商隐(约813—约858，号玉谿生)生平事迹和诗文作品的编年体传记。据卷首王秉恩序，本书定稿于1916年。在此之前，李商隐年谱主要有朱鹤龄《李义山诗谱》和冯浩《玉谿生年谱》二家流传。但朱谱漏略颇多，冯谱虽钩沉索隐，尚称精确，但因未及见《樊南文集补编》，故而仍有不少舛误之处。张采田《会笺》是在冯谱基础之上，删繁补阙，重新加以条考而成的，不仅纠正了不少前此诸家误漏之处，还有所发明创获。

本书卷首有孙德谦、王国维、王秉恩、曹元忠所撰的序文，又附有《旧唐书·文苑传》、《新唐书·文艺传》、《唐才子传》中的李商隐传，以及同时人赠挽李氏的诗作。通行读本的正文虽名义上仍分为四卷，但区别已不明显。起首有张氏自叙、谱主家世考。每年均出条，顶格为编年条，低一格为事目，每一事都另起行记之。又低一行者为"编年诗"与"编年文"以及作者案语。文间小字双行者，一般是记事条出处和作者笺注的文字。书中兼记时事。

《玉谿生年谱会笺》的主要特点有以下两方面。

第一，对于李商隐的生平事迹和相关史事作了比较周密的排比，材料翔实，考核有据。这体现在以下两方面。首先，关于谱主身世尤其是其生平中某些关键问题的来龙去脉，书中多采用

"细案行年,曲探心迹"的方法详加考订,这在年谱撰述中尚属创格。由此,读者既得以全面了解谱主漂泊穷困的身世,又能够通过作品比较深入地理解谱主复杂矛盾的心情和思想感情的发展变化。如唐开成二年(837)条,据李商隐本年作《上令狐相公第五状》中"今月二十四日礼部放榜,某徼幸成名","幸忝科名,皆由奖饰"诸语,考定李商隐本年得第,"实资令狐之力";又据《上令狐相公第六状》及《及第东归次灞上却寄同年》诗互证,记李氏于夏初省亲济源,另依《祭令狐文》、《圣女祠》、《行次西郊》等诗文,记李氏冬赴兴元辟,旋还京师,排除了此年李商隐入泾原幕,并择婚王氏的可能性,因为李氏"本年得第,方资绚力,旋又有兴元之辟,令狐父子,交契方酣,断无遽依附分门别户之理"。但同时书中又参据《唐摭言》及《韩同年新居饯韩西迎家室戏赠》、《过招国李家南园》、《寄恼韩同年二首时韩住萧洞》等诗文,推测李商隐希冀于王氏,当始于是时,这便将李氏于开成三年(838)就婚王氏的远因揭示了出来。又如谱中据《樊南乙集序》(作于唐大中七年,853)"三年以来,丧失家道"一句和《悼伤后赴东蜀辟至散关遇雪》诗,判定李商隐悼亡当在大中五年,而妻殁未久,李氏即应柳仲郢之召赴东蜀,任节度书记。并据悼亡诸诗皆兼赴辟远行之意,更推断冯谱将李商隐妻王氏之卒系于五年,而把出任节度书记系于六年在系年上存在失误。其次,本书对于李商隐所历文、武、宣三朝的史事,诸如藩镇割据、朋党之争、大臣除罢等,旁搜博采唐人文集、说部和金石文字,对史事条分缕析,并补充及纠正史书记载疏舛之处。如大中二年所记"郑亚贬循州刺史",是牛党倾轧李党的一件大事,李商隐亦不幸为所牵累,所以本书于此徵引《新唐书》"李德裕传"和"李绅传"相关内容详细说明其中因缘。又如令狐绹召拜考功郎中、知制诰并充翰林学士的年月,冯浩据《旧唐书》等材料已订之在大中二年四月,而本书则参《翰苑群书·重修承旨学士壁记》"绹大中二年二月十日自考功郎中知制诰充"和《东观奏记》"令狐绹自湖州刺史召来,翌日,授考功郎中知制诰;到阙,召充翰林学士"诸语改订之,认为其"内召或当在二月前"。再如据《通鉴考异》考定杜悰大中二年徙西川节度使,代李回之职等,皆对新、旧《唐书》之疏失有所补正。

第二,本书于"编年诗"、"编年文"栏下逐篇注明编年依据,并进行细致的笺释工作。如《景阳井》一诗,冯浩列之于开成末,谓伤杨贤妃之死及被弃骨水中事,但本书据新、旧《唐书》相关记录,发现杨贤妃虽是被谮杀,却未有弃骨水葬一事,因推考此诗应为懿安太后而作,其写作年代当在大中二年,并举《东观奏记》和《新唐书·后妃传》证之。又大中十年(856)《与同年李定言曲水闲话戏作》一诗,张氏认为本诗似为悼亡而作,"海燕参差沟水流"暗喻失偶,次句言与李"同病相怜,'相携'而非'秦赘',则无妻明矣";"碧草暗侵穿苑路,珠帘不卷枕江楼。莫惊五胜埋香骨,地下伤春亦白头"两联则言从前寓此,而今楼苑依然,其人已逝,令人倍感伤怀。诗意倍极沉痛,绝非徒感闲情,只是因赠友人,故托之"戏作"。张氏细致地笺释此诗的诗意,使读者加深对诗文的理解。

诸如此类皆其例。这部分内容不仅是通过本集为谱主生平事迹的系年提供依据,也是一部新的李商隐诗的编年笺注。

但是,本书也存在明显舛误疏失之处。如《为濮阳公上陈相公第一状》一文,书中系之于开成二年,然从文辞典故来看,此文应是为颂祝陈夷行除门下侍郎一职而作,当作于开成三年入泾原幕后。又大中二年往来巴蜀事,本书曾据李商隐的诗文详推此间行程,但似乎对某些诗文理解有误,而所谓巴蜀游踪之说,实别无典据,而仅依《无题》"黄鹤沙边亦少留"即判定遇李回于荆州,也无所佐证。此外,本书似过于强调李商隐在党争中的依违态度和无所适从、患得患失的心理,故而把李氏大部分诗文,尤其是一些《无题》诗都看成是有特殊的政治寓意的作品,诸如"身无彩凤双飞翼,心有灵犀一点通","岂知一夜秦楼客,偷看吴王苑内花"等均被视为"诗非艳情"。凡此都不尽与诗所显示的旨意契合,而有曲解之嫌。

当然,《玉谿生年谱会笺》中的一些失误并不能抹杀其本身所具有的学术价值。从总体上看,本谱仍是李商隐年谱中比较精审、成功的一部著作。作者态度严谨,对谱主身世的考订可谓翔实,对研究李商隐生平和作品具有重要的参考价值。此外,由于李商隐生平的复杂性,本书注意到历史事件和背景,以及谱主交游生平事迹的考证,钩稽条贯,曲达旁通,因此对唐代文、武、宣三朝史事有订讹补缺之功,同时读者也通过李商隐一生的行迹和交游,看到了唐代后期士大夫阶层的生活面貌。

研究《玉谿生年谱会笺》的论著,有岑仲勉《玉谿生年谱会笺平质》(《史语所集刊》第十五本,1948 年)、周建国《〈冯谱〉、〈张笺〉李商隐晚年事迹补正》(《唐代文学研究》1988 年第 1 期)等。

(吕海春)

人的文学 周作人

《人的文学》,周作人著。写于1918年12月7日,初拟投寄《每周评论》创刊号,因陈独秀的建议而改刊在1918年12月出版的《新青年》杂志五卷六号上。后收入1931年上海群益书社出版的《艺术与生活》。目前的通行本,是《中国新文学大系·建设理论集》(有上海文艺出版社1980年影印本)所收本。

周作人(1885—1967),字启明,号知堂老人。浙江绍兴人。早年考入江南水师学堂。1905年开始文学活动。翌年至日本留学,1911年归国,在家乡从事教育工作。1917年任北京大学教授。1918年起,经常为《新青年》等杂志撰稿,为五四新文化运动的积极参加者。1918年出版《欧洲文学史》,为我国第一部西洋文学史。1923年起,先后结集出版了《自己的园地》、《雨天的书》等著作多部,以此奠定了在中国现代文学史上的地位。"七七"事变后华北沦陷,1939年起周作人出任伪职。1945年抗战胜利后以汉奸罪入狱,1949年出狱。除早年的《现代日本小说集》等以外,尚有《古事记》、《欧里庇得斯悲剧集》等译著多种。晚年著有《知堂回想录》。今人辑有《周作人散文全集》及《周作人译文全集》。

周作人"人的文学"观念,萌芽于留学日本期间。这一时期周作人有机会较系统地涉猎了欧洲文学,对文艺复兴以来的人文主义思潮兴趣尤深。其时他对俄国的无政府主义也产生过共鸣,主要欣赏其对"家庭专制"及"积习甚深"的旧制度的冲决破坏(《论俄国革命与虚无主义之别》,1907年),究其根本,都是凸现被旧礼教旧缛节所压抑蒙盖的人的本性。自日本归国后,他曾在家乡潜心于儿童问题与家庭教育的研究,主张儿童教育当"重在助长其个性,贵异而不尚同,使人人得尽其天禀之能"(《家庭教育一论》,1914年),这里已可见《人的文学》一文中"人"的观念的雏形。但"人的文学"观念之形成,多半来自以武者小路实笃为精神领袖的日本白桦派文学的影响,特别是文中对"'人的'理想生活"的描述,带有明显的武者小路的"新村"思想的印痕。1917年《新青年》上先后发表了胡适的《文学改良刍议》和陈独秀的《文学革命论》,启开了新文学运动的序幕。

然而胡文偏重于文学形式的改革,陈文的"三推倒三建设"则显得较为空泛,而周作人的《人的文学》,则从内涵上揭示了新文学的根本性的内质。胡适后来评价此文说:"这是当时关于改革文学内容的一篇最重要的宣言。"(《中国新文学大系·建设理论集导言》)

《人的文学》一文从三个层面阐述了文章的主旨。

第一是对"人"的含义的界定。周作人写道:"我们所说的人……乃是说,'从动物进化的人类'。其中有两个要点,(一)'从动物'进化的,(二)从动物'进化'的。"首先人是一种生物,他有求生求愉悦的本能,"人的这一切生活本能,都是美的善的,应得完全满足。凡有违反人性不自然的习惯制度,都应排斥改正"。同时"人是一种动物进化的生物,他的内面生活,比他动物更为复杂高深","这两个要点,换一句话说,便是人的灵肉二重的生活"。这灵肉两面,对于人而言同等重要,"所谓从动物进化的人,便是指这灵肉一致的人"。周作人在这里充分顾及到了人的自然属性,指出了人的自然欲望也自有其合道德性的一面,这显然是针对压迫人性的旧宗法礼教的有的放矢之说。

第二是对人的个体与人类全体之间关系的阐述。周作人强调,他所倡导的人道主义"乃是一种个人主义的人间本位主义",因为人类主体的存在是以个体的存在为前提,"所以我说的人道主义,是从个人做起。要讲人道,爱人类,便须先使自己有人的资格,占得人的位置",同时由于个人存于全体之中,个人要求生存和发展,亦当爱人类全体,"个人爱人类,就只为人类中有了我,与我相关的缘故"。周作人这里一再强调个体的价值,这在国家、家族的利益完全压倒了个人的时代具有突出的意义。

第三是对人的理想生活的描述。所谓人的理想生活也就是完善的人性的体现。其时周作人已开始醉心于武者小路在日本开展的新村运动,他认为新村生活是人类理想在社会现实中的具体展示,因此他在文中对人的理想生活的描述便带有这种书生式的乌托邦色彩:"第一,关于物质的生活,应该各尽人力所及,取人事所需。换一句话,便是各人以心力的劳作,换得适当的衣食住与医药,能保持健康的生活。第二,关于道德的生活,应该以爱智信勇四事为基本道德,革除一切人道以下或人力以上的因袭的礼法,使人人能享自由真实的幸福生活。"周作人亦知此种理想"不能立地实行","所以我们要在文学上略略提倡",至少在文学上表达出这种理想。

在展开了三个层面的表述之后,周作人总结说:"用这人道主义为本,对人生诸问题,加以记录研究的文字,便谓之人的文学。"这人的文学既可正面描绘理想生活,也可从侧面描写人的平常生活甚或非人的生活,但当以严肃的态度,"怀着悲哀与愤怨",而中国旧文学的大半,则"多带着玩弄……的形迹"。周作人列出了十类,将胡适所赞赏的旧白话文学的大部分都归入了此列,因"这几类全是妨碍人性的发展",都应予排斥。这样,周作人通过正面的立论与对对立面的抨击,对新文学的内质作出了规范。完成此文后未数日，周作人又作《平民文学》、《个性的文学》诸文，对"人的文学"作了补充性的表述。

周作人在五四初期对"人的文学"的提倡，一方面是受西方人文主义及日本白桦派人道主义文学的影响，另一方面也是他对自己长久思考而逐渐形成的文学观的一种表述。"人的文学"观显示了新一代知识分子的觉醒和崛起，它的提出，举起了一面与当时泛滥的八股式的载道说教及低俗的黑幕、色情文学截然不同的新旗帜，在理论上为新文学的内容奠定了基调。

周作人此文的褊狭之处似亦不当忽视，比较明显的一点，是他认为人的文学便是对人生诸问题加以记录研究的文字，过于强调了文学改良人生的工具性意义，明显忽略了文学的审美功能，全文几乎未涉及文学所应有的艺术审美价值，这是一个偏颇。一年多以后，他在《新文学的要求》中补全了这一缺失，将"人的文学"发展为"人的艺术派的文学"。

研究本文的论著，有王哲甫《中国新文学运动史》（北平杰成印书局，1933 年）有关章节、细谷草子《五四新文学的理想和白桦派的人道主义》（"五四新文学の理念と白樺派の人道主義"，1972 年《野草》第六号）和朱德发《论五四时期周作人的文学主张》（《文学评论丛刊》1981 年第八辑）两文的相关部分，以及方长安《形成、调整与质变——周作人"人的文学"观与日本文学的关系》（《文学评论》2004 年第 3 期）、袁少冲《周作人早期"人学"思想价值新论——以〈人的文学〉为中心的细读》（《鲁迅研究月刊》2008 年第 8 期）等。

（徐静波）

中国新文学的源流 周作人

《中国新文学的源流》,周作人著。北平人文书店1932年初版。有上海书店1988年据初版影印本、华东师范大学出版社1995年重排本、江苏文艺出版社2007年版、北京十月文艺出版社2011年版等。

作者生平事迹见"人的文学"条。

1932年2月至4月,周作人应沈兼士的约请,到北平辅仁大学作了八次有关新文学发展的演讲。演讲结束后,曾听讲的邓恭三(广铭)将演讲记录整理成文,汇成一书,经周作人同意,交人文书店刊行,即此《中国新文学的源流》。

本书卷首有1932年7月周作人所撰"小引",其中略叙了本书刊行的缘起和经过,并谦称:"我本不是研究中国文学史的","这讲演里的主意大抵是我杜撰的",若要追寻其中说法的来源,则只能说"是从说书来的",因为说书人有一句"很精的格言",即"且说天下大势,合久必分,分久必合"。全书正文分为五讲。依次为:第一讲"关于文学之诸问题",主要讨论文学是什么,文学的起源、范围、用处,以及文学研究的对象及预备知识。第二讲"中国文学的变迁",在认定中国文学的发展是"言志"与"载道"两股潮流交替起伏的前提下,着重论述了晚明公安、竟陵派的文学主张,指出明末的"新文学运动"与民国的新文学运动"很有些相像的地方"。第三讲"清代文学的反动——八股文"和第四讲"清代文学的反动——桐城派古文",所述的是作为明末文学反方向发展的清代乾隆至清末的文学,其中八股文和桐城派古文,因为属于载道派文学的代表,而被提出来作着重的分析;同时指出民国时的新文学运动,其实是对八股文和桐城派古文的再反动。第五讲"文学革命运动",回顾了清末政治变革对于文学的影响,及新文学运动兴起的经过,再次强调新文学运动的根本方向与明末文学运动完全相同,都重在表达个人的思想与感情,并讨论了采用白话的必要性。正文后附录周作人原刊于《骆驼草》的文章《论八股文》,以及沈启无所辑《近代散文钞》的目录,前者以漫谈的形式讨论了研究八股文的意义,八股文与汉字、音乐及中国的奴隶性的关系诸问题;后者所开列的"近代散文"目,上起晚明公安派"三袁"的小品,下及明末清初金圣叹、李渔等的序文、笔札,均是周氏所称颂的"言志"之文。

《中国新文学的源流》从总体上看,是一部成一家之言的中国近世文学发展简史。其中引人注目,或引起争议的见解,主要有以下一些。

一、对于文学的界定。周作人认为:"文学是用美妙的形式,将作者独特的思想和感情传达出来,使看的人能因而得到愉快的一种东西。""文学只有感情没有目的。若必谓是有目的的,那么也单是以'说出'为目的。"同时文学又是"无用的东西",文学中"没有多大鼓动的力量,也没有教训,只能令人聊以快意",但这种使人聊以快意的益处,同时也具有一种"被除作用"。周作人还以生动的比喻,说明文学与变相的文学的区别:"椅子原是作为座位用的,墨盒原是为写字用的,然而,以前的议员们岂不是曾在打架时作为武器用过么?在打架的时候,椅子墨盒可以打人,然而打人却终非椅子和墨盒的真正用处。文学亦然。"

二、对于中国文学史基本线索的把握。周作人十分强调,"言志"与"载道"两种潮流的起伏,便造成了中国的文学史,而不同意胡适的看法,即白话文学是中国文学唯一的目的地,以前朝这个方向发展,而颇多障碍物,新文学运动以后,文学发展走上正轨。在周作人看来,"中国文学始终是两种互相反对的力量起伏着,过去如此,将来也总如此"。对于"言志"与"载道"两派,他赞赏的是前者,而鄙视后者。他说:"言志派的文学,可以换一名称,叫做'即兴的文学',载道派的文学,也可以换一名称,叫做'赋得的文学'。古今来有名的文学作品,通是即兴文学。"在这一基本观点支持下,对于文学史上的一些名家名作,他有不少颇不同于一般看法的评论。他认为"《六朝文絜》内所有的文章,平心静气地讲,的确都是很好的";"虽然韩愈号称文起八代之衰,六朝的骈体文也的确被他打倒了,但他的文章,即使是最有名的《盘谷序》,据我们看来,实在作得不好"。而陆游、黄庭坚、苏轼的作品中,"凡是我们所认为有文学价值的,通是他们暗地里随便一写认为好玩的东西";其中苏轼根本上"仍属于韩愈的系统之下,是载道派的人物"。与之相对的,是周作人对晚明公安派三袁(袁宗道、袁宏道、袁中道)的文学主张颇加推崇,以为三袁的主张"可以说和胡适之先生的主张差不多","假如从现代胡适之先生的主张里面减去他所受到的西洋的影响,科学、哲学、文学以及思想各方面的,那便是公安派的思想和主张了"。他将公安派的主张归结为"独抒性灵,不拘格套",认为公安派的创作特色是"清新流丽",总体评价均很高。

三、对于新文学运动历史渊源的探寻和解说。这是由有关中国文学史的进程是两股潮流起伏交替的观点而引申出的必然结果。周作人明确指出:"明末的文学,是现在这次文学运动的来源,而清朝的文学,则是这次文学运动的原因。"他在解答有关"今次的文学革命运动者主张用白话,明末的文学运动者没有如此的主张,他们的文章依旧是用古文写作,何以二者会相同"的疑问时,特别提到"现在的用白话的主张也只是从明末诸人的主张内生出来的"之说,因为用白话的主张,和明末"信腕信口"的主张,同是从"言志"的主张中生出来的。他还以类比的形式,指出民国的新文学运动在创作趋势上与明末文学运动"很相似";以为胡适、冰心、徐志摩的作品很像公安派,"清新透明而味道不甚深厚";俞平伯、废名之作则类似竟陵派,"有时很难懂,而这难懂却正是他们的好处"。他同时指出俞平伯、废名两人并不读竟陵派的书,从而更从理论上增加了他的两股潮流起伏说的可信度。

从中国文学史编纂史的角度,看周作人在《中国新文学的源流》中提出的这些见解,应当承认,其中颇多真知灼见。尽管有关"言志"、"载道"两派交互作用推动文学发展的观点有循环论、简单化之嫌,但它所描述的中国文学曲折发展的过程,比当时流行的文学每况愈下的传统观念,以及较新的白话文学为主导的观点,都要更切近现代概念上的中国文学史发展历程。而从断代文学研究的角度看,由于本书对晚明文学尤其是公安、竟陵两派的大力推崇,彻底改变了自清代四库提要以来对晚明文学的贬斥态度,促使学界对明代文学重新审视,客观上推动了明代文学研究的长足发展。本书的归结点在"中国新文学的源流",书中将新文学之源上溯至明代,这种历史地看待文学发展的学术眼光,与努力在民族文化中探寻现代文学生成之根的研究方法,对今人深入地研究中国现代文学史也颇有启发。

《中国新文学的源流》出版后,在学术界引起了很大的反响。朱自清在所著《诗言志辨》一书中,即明确提出不同意周著的"言志"、"载道"二分法。稍后的 1939 年,日本文求堂刊行了由松枝茂夫翻译的本书日文本。

研究评论本书的论著,有中书君(钱锺书)所写书评(载《新月》四卷四期,1932 年 11 月)、钱理群《周作人传》(北京十月文艺出版社,1990 年)有关章节、骆玉明《古典与现代之间——胡适、周作人对中国新文学源流的回溯及其中的问题》(《中国文学研究》2000 年第 4 期)、曾锋《轮回对历史叙述的支配——〈中国新文学的源流〉及周作人论之一》(《鲁迅研究月刊》2003 年第 4 期)等。

(陈正宏)

红楼梦辨 俞平伯

《红楼梦辨》,俞平伯著。1923年由上海亚东图书馆初版印行,1929年又由该馆再版。20世纪50年代初,作者修订本书,更名为《红楼梦研究》,由棠棣出版社于1952年出版。至1973年,人民文学出版社又分别重印《红楼梦辨》与《红楼梦研究》。此后《红楼梦辨》有岳麓书社2010年版、商务印书馆2010年版;《红楼梦研究》有复旦大学出版社2004年版、上海古籍出版社2005年版、江苏文艺出版社2010年版。

俞平伯(1900—1990),名铭衡,字平伯,以字行。浙江德清人。出身名门,为清季学术名家俞樾长曾孙。1919年毕业于北京大学文科,曾亲历五四运动。早年任教于燕京、北大、清华等校,又是新潮社、文学研究会、语丝社成员,在新诗与现代散文创作方面成就卓著。同时致力于《红楼梦》及古典诗词研究,是新红学的代表人物。1949年后任北京大学教授、中国社会科学院文学研究所研究员。著作有《冬夜》(新诗集)、《杂拌儿》、《燕知草》(均散文集)、《读词偶得》、《清真词释》、《脂砚斋红楼梦辑评》、《论诗词曲杂著》等多种。

《红楼梦辨》是继胡适《红楼梦考证》之后,红学研究领域出现的又一部力作。1921年春,胡适《红楼梦考证》初稿的发表,引起了俞平伯对高鹗续作《红楼梦》及百二十回本《红楼梦》中后四十回回目是否原有等一系列问题的兴趣。同年四月至八月,俞氏与友人顾颉刚频繁通信,讨论有关问题。本书的基本观点,即是从当时双方书面的论难辩驳中形成的。1922年2月,红学索隐派代表人物蔡元培发表了其对胡适《红楼梦考证》的答辩,俞平伯以此为契机,于同年7月前将其与顾颉刚讨论所得整理为本书,并陆续在《小说月报》十三卷七、八期(1922年7、8月)和《时事新报》1923年1月1日"学灯"发表书中四篇文章,以回驳蔡氏之说。至1923年4月,终由亚东图书馆刊行了前有顾颉刚撰序及俞氏所撰"引论"的本书。

《红楼梦辨》全书分为上、中、下三卷,各卷又分若干篇。上卷专论高鹗续书一事,有五篇,即:(一)"论续书底不可能";(二)"辨原本回目只有八十";(三)"高鹗续书底依据";(四)"后四十回底批评";(五)"高本戚本大体底比较"。中卷专就曹雪芹原作八十回立论,并述俞氏本人对于八十回以后内容的揣测,附带讨论《红楼梦》的时与地问题,自第六至第十一共列六篇,即:(六)"作者底态度";(七)"红楼梦底风格";(八)"红楼梦底年表";(九)"红楼梦底地点问题";(十)"八十回后底红楼梦";(十一)"论秦可卿之死"。下卷则主要考证两种高本以外的续书,并附若干杂论,亦为六篇,起于第十二,止于第十七,细目为:(十二)"后三十回底红楼梦"、(十三)"所谓旧时真本红楼梦";(十四)"读红楼梦杂记选粹";(十五)"唐六如与林黛玉";(十六)"记'红楼复梦'";(十七)"札记十则"。

《红楼梦辨》一书中,对后来学术界影响最大的,是有关高鹗续书的讨论。传世百二十回《红楼梦》中,八十回以后为高鹗所补,这一问题在晚清学者俞樾的《小浮梅闲话》里已经提到,但一直未引起注意。1921年胡适发表《红楼梦考证》,首次征引了俞樾的记载,提出了续书问题。俞平伯则更进一步,考证出原本回目仅八十回,后四十回连回目也是高鹗续补的。他采用的方法,是从《红楼梦》本身寻找内证,发现前八十回与后四十回回目间的矛盾,而"最明显的矛盾之处,是宝玉应潦倒,而目中明写其'中乡魁';贾氏应一败涂地,而目中明写其'延世泽';香菱应死于夏金桂之手,而目中明写'金桂自焚身'"(上卷第二篇)。参以作文程序,不应本文未具,即先有对仗工整的回目,所以断定:后四十回正文、回目均为高氏续补。

由此又进一步评价高鹗续书的价值。作者先提出一个前提:"凡书都不能续","凡续书的人都失败"(卷上第一篇)。理由是:"文章贵有个性,续他人底文章,却最忌的是有个性。"(同上)而反观高鹗所续《红楼梦》后四十回,不过为使其书"颠末毕具"而写了三件事:(一)黛玉死,宝玉做和尚;(二)宝玉中举人;(三)诸人的结局,很草率的结局。而且其中矛盾歧误处又实不少。可见高鹗本人并没有做《红楼梦》的兴趣,也没有真正创作《红楼梦》的可能。所以尽管其续书态度颇为审慎,但终因"文拙思俗",个性上与曹雪芹相差太远而失败。不过俞氏认为高鹗依然有功于《红楼梦》,因为"幸而高氏假传圣旨,将宝黛分离,一个走了,一个死了,《红楼梦》到现在方能保持一些悲剧的空气,不致和那才子佳人的奇书,同流合污"(卷上第四篇)。

《红楼梦辨》中最引人入胜的,则是作者对《红楼梦》前八十回中部分章节原貌与八十回以后曹氏本来情节设计的推测。前者以中卷末所附"论秦可卿之死"一篇为代表,后者集中见于第十篇"八十回后底红楼梦"。秦可卿是金陵十二钗中唯一一位在前八十回已有结局的,但《红楼梦》第十三回写秦氏之死,却颇为隐曲而多疑点,如不曾明写死者如何光景、如何死法,而谓"彼时合家皆知,无不纳闷,都有些疑心",且述宝玉闻讣吐血、贾珍哀痛逾礼,秦氏二丫环一触柱身亡、一誓为义女,等等。俞氏即抓住这些疑点,结合《红楼佚话》中所说的"秦可卿与贾珍私通,被婢撞见,羞愤自缢死的"一条线索,层层盘剥,推考出秦氏实非病亡而是缢死,只是作者不忍暴其丑而有所讳改。这一结论在以后发现的甲戌本《脂砚斋重评石头记》中得到了证实,根据脂批,原稿第十三回中本来确有"秦可卿淫丧天香楼"的情节,只是后来删去了。至于八十回以后的《红楼梦》面貌,俞氏也作了一些颇有意义的推测。他首先从叙事的比例,推测全书若全的话当不止百二十回;接着从贾氏、宝玉、十二钗、众人四个方面提出了曹氏原来情节设计的各种可能。他认为贾家是最终衰败,并且是"事败罹法网,如抄家之类";宝玉是"穷愁而后出家";金陵十二钗中,除已可确定而高鹗续补又大致不差的以外,比较可作揣测的是凤姐与巧姐,俞氏的假说是:"凤姐被休弃返金陵,巧姐堕落烟花,被刘姥姥救出。"诸如此类,书中还列了不少。值得注意的是这些推测大都建立在从前八十回中寻找内证的基础上,因此与游戏式的猜谜截然不同,而俞氏对于所得结论亦多持存疑的谨慎态度。

此外,《红楼梦辨》中还论及了《红楼梦》价值的评判,古典文学研究中考证与鉴赏的关系等问题。作者指出《红楼梦》以写平凡人为主,又是一部极严重的悲剧,这一评价可以说是王国维《红楼梦评论》有关论述的继续。而说"考证虽是近于科学的、历史的,但并无妨于文艺底领略。且岂但无妨,更可以引读者作深一层的领略"(下卷第十七篇),则无疑是作者有别于前人的新解。

本书的不足,在对《红楼梦》是曹雪芹自传一说的过度信任,所以时有将小说与真人实事混作一谈之失。俞氏后来也发觉了这一问题,于1925年的《语丝》十一卷上发表《修正〈红楼梦辨〉的一个楔子》等文。50年代,作者又对全书作了修订,并更书名为《红楼梦研究》。有关修订本《红楼梦研究》与初版《红楼梦辨》的异同情况,可参阅陈正宏《从学术名著的版本变迁看二十世纪中国的古典文学研究》(载《复旦学报》1996年第4期)相关部分。

《红楼梦辨》在《红楼梦》研究乃至整个古典文学研究中具有突出的地位。它与胡适《红楼梦考证》共同开创的"新红学"的研究方法,不仅使《红楼梦》的研究走出了冥想猜疑的迷宫,同时也为20世纪中国古典文学研究的科学化提供了成功的范例。

研究本书的论著,有胡适《俞平伯的〈红楼梦辨〉》(1957年作,收入《胡适红楼梦研究论述全编》,上海古籍出版社,1988年)、郭豫适《红楼梦研究小史续稿》(上海文艺出版社,1981年)有关章节、刘九如《重读俞平伯的〈红楼梦研究〉》(《书林》1981年第四期)、魏同贤《俞平伯〈红楼梦〉研究的再评价》(收入《俞平伯先生从事文学活动六十五周年纪念文集》,巴蜀书社,1992年)、石昌渝《俞平伯和新红学》(《文学评论》2000年第2期)等,另可参阅刘桐雨《二十五年来俞平伯〈红楼梦〉研究述评》(《红楼梦学刊》2005年第1期)。

(陈正宏)

中国文学批评史 陈钟凡

《中国文学批评史》，陈钟凡著。中华书局1927年初版，列为《文学丛书》第一种。后多次重印，1940年已印至第六版。今有江苏文艺出版社2008年版。

陈钟凡(1888—1981)，字觉元，号斠玄，后更名中凡。江苏建湖人。早年就读于南京两江师范学堂、沪江大学、北京大学。1917年起历任北大预科补习班教员、北京女子高等师范学校国文部主任兼教员、东南大学国文系主任兼教授、广东大学文科学长兼教授、金陵大学国文系教授、金陵女子文理学院中国文学讲座教授等职。1952年后，一直在南京大学中文系任教授。早年从事目录学及诸子群经、文学批评史研究，后逐渐转向汉魏六朝文学及中国戏剧史教学工作，先后出版有《古书校读法》、《诸子书目》、《诸子通谊》、《中国文学批评史》、《中国韵文通论》、《汉魏六朝文学》等著作。

《中国文学批评史》是陈钟凡20世纪20年代中期执教于金陵大学国文系时撰写的一部专著，也是中国学者撰写出版的第一部中国文学批评史。全书共分十二章。前三章依次为"文学之义界"、"文学批评"、"中国文学批评史总述"，其中一、二两章各分若干节讨论"文之本义及歧义"、"历代文学之义界"、"近世文学之义界"以及源于西方学术的"文学批评"的意义和派别，末各附中英文参考书目。第四章至十二章依次讨论中国历代文学批评，其目为："周秦批评史"、"两汉批评史"、"魏晋批评史"、"宋齐梁陈批评史"、"北朝批评史"、"隋唐批评史"、"两宋批评史"、"元明批评史"、"清代批评史"。每章之中，又或依批评家及其论著，或依批评领域，分为若干节，节下则再分若干小目，标示所介绍的批评家的主要批评见解或某一批评领域内的主要批评家、批评著作或批评流派。如第七章"宋齐梁陈批评史"中，就又分为"范晔文论"、"谢灵运评文人"、"沈约声律说"、"刘勰文心雕龙"、"钟嵘诗品"、"萧绎文笔辨"、"萧统评陶集"、"萧纲论当代文体"、"萧子显文学传论"、"江淹杂体诗叙"、"总述南朝文评之趋势"等十节，而像"刘勰文心雕龙"一节之下，又分为"尚自然"、"重情性"、"验性习"、"觇风会"、"尚声律"、"论骈偶"、"辨文笔"七个子目。至书中各章节正文,则大多以引述原著文字或前人评述有关批评家的文字为主,而穿插归纳以著者的个人见解。全书最后有"本卷参考书",自卜商《诗大叙》,至铃木虎雄《支那诗论史》,共计开列一百零三家学者的一百四十五种有关论著。

本书的长处,主要表现在以下两个方面。

其一,第一次从现代学术的角度,比较扼要地清理了中国文学批评的发展历史。书中虽存在篇幅不大而章节繁冗的疵病,但从先秦诸子到晚清诸派,历朝论文论诗的名家名作,几乎都已被述及。不仅如此,书中还借鉴西方文学批评理论之长,折中中国传统之说,首先将文学界定为"抒写人类之想象、感情、思想,整之以辞藻、声律,使读者感其兴趣洋溢之作品"(第一章)。然后根据所述史实,而对到隋唐为止的中国文学批评史,得出如下结论,即先秦儒家不认为文章有独立的价值,故其时既无文学批评专家,更无文学批评专书;汉代虽重辞赋,而诸家论文,仍不脱先秦儒家窠臼;至魏晋,始有论文专著,并且批评方面,既能区分体制,又能注重才性,以此可知当时已认文章有独立价值;降至南朝,文学的独立价值更得以确立,而批评又显示出重声律、尚采藻、缘情致、验材性、觇风会的共同特征;北朝及隋唐,批评观念再度转换,纯粹的文学,逐渐不受推崇,到韩愈、柳宗元,更风气大变,而开以后宋人"文以载道"说的先河。这一结论,是比较符合实际而又线索明晰的。

其二,书中对传统文学批评的某些术语辨析比较细致,对一些批评家及其批评著作的评价比较中肯。如第六章"魏晋批评史"中述曹丕《典论·论文》,谈及其中的"文气"说时,已指出所谓"气有清浊","此实指'才性'言之,为后世阳刚、阴柔说之所本,与唐宋人之以'语势'为'文气'者不同"。后第九章"隋唐批评史"论韩愈文学批评见解中有关"文气"部分,又将之与曹丕之说相比较,而点明曹丕的"引气不齐,巧拙有素,虽在父兄,不能以移子弟"诸语中的"气","实指'风格'(Style)";而后世所谓"气盛言宜"、"鼓气壮势","则并指语势(Emphasis)"。这一区分,不仅纠正了前人有关韩愈文气说本自曹丕的看法的错误,而且对于后人准确地理解传统批评术语,也有方法上的指导意义。又如第七章中讨论萧统对陶渊明的评论,认为萧氏对陶氏《闲情赋》有所诟病,是"沿扬雄儒家之说,不知文学自身有其真美,因不以教训为鹄的";第九章述评白居易《与元微之书》,谓其"以讽谕之义,衡量古今文艺,故少所称许。特与纯粹文学之本旨,未必符耳",诸如此类对于批评的批评,亦皆颇能从文学本身出发而切中要害。

此外,本书第二章即界定文学批评是"考验文学作品之性质及其形式之学术",其特征是"必先由比较,分类,判断,而及于鉴赏",故书中对于批评史范围的限定相对较宽。其中像第九章钩稽杜甫对前代及同时诗人的评论颇夥,以显现杜诗渊源及杜甫个人文学趋向所在,从文学史研究的角度看,也是很有价值的。

但本书也存在着明显的不足。首先是从著述体裁上说,前半部比较严谨,多个人心得,而勾勒文学批评史的发展脉络也较清晰;自两宋部分以下,则颇不相称:各章既不再有如前数章一样的章末结论与总述,对涉及的具体批评家及其论著,亦多以罗列或引他人他书之说的方式匆匆写过,尤其是屡屡成段引用《四库全书总目》为叙述主体,而又不加以个人分析判断,即明显失之草率。此外,书中的个别看法,亦有失之偏颇处。如论陆机《文赋》时引清人王闿运"赋者诗之一体,即今谜也"等语,以为是"畅发其旨",而王氏之阐发显然不确。又述《文心雕龙》有"尚声律"之说,而认为刘勰之所以如此,是"欲取是于沈约,不得不枉道从人,以邀时誉",也是出于臆断之见。再如本是一部小型的文学批评史而花较大篇幅介绍刘知幾史学专著《史通》,似亦没有必要。

不过本书毕竟是中国第一部本国文学批评史专著,由于它的诞生,引导了后来同类著述的大量出现,并终使中国文学批评史研究成为中国文学研究领域里的一片硕果累累的天地。它有关中国文学批评历史的框架虽然还不免粗糙,但基本要素明确,相关探索比较全面,为后来研究者从事有关研究打下了一定的基础。从这些方面看,其草创之功不可没,而因草创而生的不足,也是可以理解的。

有关本书的研究文字,有沈达材《评陈钟凡著〈中国文学批评史〉》(1933年《图书评论》一卷五期)等。

(陈正宏)

孟姜女故事研究集 顾颉刚等

《孟姜女故事研究集》，三册。顾颉刚编著。初版由中山大学语言历史学研究所刊行于1928年4月至1929年6月间，列为《民俗学会丛书》之一种。上海古籍出版社1984年重排再版，该本除将已经顾颉刚重新校订的初版三册合印为一册外，同时还搜辑了初版未收的一些顾氏有关孟姜女研究文字，总题为"第四册"，附印在原"第三册"之后。

顾颉刚生平事迹见历史类"古史辨"条。

《孟姜女故事研究集》是一部以顾颉刚有关论著为主，同时汇辑了同时许多学者的相关文字的俗文学专题研究论文集。孟姜女故事在中国流传已久，但这一类民间传说向来不为文人士大夫所重视，故历来很少有学者对之加以注意。20世纪20年代前期，以北京大学《歌谣》周刊的创办为发端，学术界开始重视俗文学的材料，并将之纳入研究的范围。时顾颉刚正任教于北大，探讨古史层累造成问题，一个偶然的机会，使他从研究郑樵诗说，发现了传说中孟姜女故事的变迁线索，时在1921年冬。此后他对有关史料续加搜罗，于1924年11月写成《孟姜女故事的转变》一文，将宋以前该故事变迁的经过作了第一次系统的清理。论文发表于《歌谣》周刊第六十九号，引起学界轰动。顾氏因借《歌谣》为阵地，广泛征集有关孟姜女故事的文字、图像及口头流传史料，此举吸引了包括周作人、沈兼士、刘半农、锺敬文等众多著名学者在内的各方面读者的热情参与，《歌谣》周刊亦因此自六十九号后连续九期编刊《孟姜女专号》发表有关文字。这样到1926年，顾颉刚尽管没有将《孟姜女故事的转变》的续篇，即宋以后故事的变迁写就，却趁写《古史辨第一册自序》之际，从纵（历史变迁）和横（地域差异）两方面对孟姜女故事研究作了又一次的总结。因有关文字篇幅较大，专题性颇强，故写成后便从《古史辨第一册自序》里抽出，以《孟姜女故事研究》为题，发表在1927年初的《现代评论》二周年增刊上。次年，顾颉刚又在锺敬文的协助下，将自《孟姜女故事的转变》发表以来各方面研讨该问题的文字，陆续编为《孟姜女故事研究集》三册，分别于1928年4月、1929年1月、1929年6月由中山大学语言历史学研究所出版，全国范围内形成的孟姜女故事研究热潮,至此暂告一段落。

初版《孟姜女故事研究集》三册,所编文字不依原刊布先后为序,而以文章形式分编。第一册收入了引起有关研究的最早之作《孟姜女故事的转变》和作为本项研究初步总结的《孟姜女故事研究》两篇论文,两文均为顾颉刚之作。该册前有顾氏1928年2月所撰"自序",后有锺敬文写于同年3月的"校后附记"。第二册所收主体为顾氏《孟姜女故事的转变》一文发表以后,学界(包括顾氏本人)继续讨论相关问题的论文,计有吴立模《孟姜女故事的转变》、顾颉刚《孟姜女故事研究的第二次开头》《杞梁妻哭崩的城》《杞梁妻的哭崩梁山》《孟姜女十二月歌与放羊调》、郑宾于《孟姜女在元曲选中的传说》、钱肇基《黄世康秦孟姜碑文考》、郑鹤声《孟姜女事迹考略》、徐玉诺《孟姜女边塞风沙》共九篇,另附有顾颉刚为进一步研究孟姜女故事而写的计划书《顾颉刚启事》,为征集有关史料而写的《征求》启事,以及为已征集到的部分孟姜女故事图像而写的解题性文字《图画》。第三册里收录的,均是各方面学者及读者写给顾颉刚的信,编者为之各加了相应的标题,计有锺敬文《广东海丰的孟姜女传说》、刘复《敦煌写本中之孟姜女小唱》、魏建功《杞梁姓名的递变与哭崩之城的递变》、周作人《山海关的孟姜女墓》等三十八则,其中三十一则后有顾颉刚所加按语。该册前有顾氏1928年6月所撰"自序"。从第二、三册所收他人著述看,顾颉刚1927年发表并收于本书第一册的《孟姜女故事研究》,实为利用各方提供的史料、吸收众家之说而写成的论著。

作为一部中国俗文学专题研究的论文集,《孟姜女故事研究集》的首要成绩,在于其以丰富的资料、科学而谨严的治学方法,从纵横两个方面对孟姜女故事的源流衍化作了第一次成功的梳理。顾颉刚曾说,"我们现在治学,要在看史实之外更懂得看传说,在看传说上正要看它'诇向何处去'"(本书第三册《胶东道的孟姜女古迹》后案语)。本书第一册所收顾颉刚两文,便印证了这一说法。它们一方面上溯《左传》、《礼记·檀弓》、《孟子》等先秦典籍,下探近世各地戏曲唱本,清晰地描绘了故事中心经历的如下变迁,即在战国以前是杞梁之妻不受郊吊,在西汉以前是悲歌哀哭,到西汉后期忽从悲歌而变为崩城,唐宋之际又出现寻夫送衣的情节,其间杞梁之妻由无名而演变为姓孟名仲姿,又成为孟姜女,其后杞梁又讹变为范郎、范杞良、万喜良等,整个故事的情节也变得越来越复杂;另一方面运用从各地搜求到的地方戏曲及其他文献材料,分(一)山东,(二)山西、陕西和湖北,(三)直隶、京兆和奉天,(四)河南,(五)湖南和云南,(六)广东和广西,(七)福建,(八)浙江,(九)江苏,共九个区域,详细地讨论了孟姜女故事在各区域传播的情形、代表性的故事模式,以及因地域不同而导致的差异。孟姜女故事经过了这样全面周到的考察,其历史系统和地域系统两方面的情况,便基本清楚了。而由于前此学界还从未有人对民间传说故事用如此严谨的方法作如此全面的考察,因此顾氏所做的这项工作,同时也为后来的中国俗文学研究者搜辑、整理某一母题民间故事提供了一种成功范式。

《孟姜女故事研究集》所取得的进一步的业绩,是它在从事相关研究时,不仅对史料进行科学的清理,彰显被研究问题的历史脉络,而且十分注重对有关文学现象作合理的阐释。如《孟姜女故事的转变》一文在谈到何以战国以前的故事中心不受郊吊,到西汉前期会变成悲歌哀哭时,就敏锐地指出这与战国以来齐国歌唱之风有关,是当时音乐界风气的反映。而唐以后出现的哭倒长城的情节,则原因至少有两种:一是乐府中《饮马长城窟行》与《杞梁妻歌》的合流,一是唐代时势的反映。《饮马长城窟行》所描写的以长城为背景夫妇离别之痛,颇有成为故事的趋势;而唐代的时势,是东征西讨,兵士劳苦,转战于长城一带,则这些兵士的妻子,"大家有一口哭倒长城的怨气,大家想借着杞梁之妻的故事来消自己的块垒,所以杞梁之妻就成为一个'丈夫远征不归的悲哀'的结晶体"。在《孟姜女故事研究》一文第三部分"研究的结论"中,作者更从历代文化中心的转移、历代的时势和风俗、民众的感情与想象、民众与士流思想的分别等诸多角度,对孟姜女故事纵横两方面的衍化作了全面的阐释。如对春秋战国时期故事起于齐都,西汉以后变为西部之事(故有崩长城之说),而近世传说中的孟姜女、万喜良又都变为江南人这一颇可玩味的转变,文章即指出,这与春秋战国时期齐鲁文化最高,西汉以后历代宅京以长安为最久,而江浙是南宋以来文化最盛之地有关。又如对于故事从最初的杞梁之妻却郊吊,变为哭之哀、痛哭崩城等等,作者认为这其实反映了"民众的情感已经战胜了士流的礼教";后来故事中添加了主人公思春及愿与男子在杨柳树下成婚等情节,则更体现了故事的意义"向纵情任欲的方面流注去"。这些解释,均由小处入手,而能抉发出其后的大背景,对于后人更深入地研究中国俗文学里的现实寓意,有启发之功。

正如顾颉刚在《古史辨第一册自序》中所说,展开孟姜女故事的研究,目的是"为研究古史方法举一旁证的例",也就是为其提出的"层累地造成的中国古史"之说作一实践性的个案研究示范。因此,《孟姜女故事研究集》的编著,从根本上说是想借对这一流传已久、层层累积、越来越复杂的民间传说的变迁历程的揭示,提醒学界对于那些已被习惯认为是信史的典籍重新加以严格的审视。但由于本书讨论的中心话题是一文学故事,而以这种既传统(因为有考证)又现代(因为有阐释)的形式研究一向不登大雅之堂的俗文学又前无其例,所以本书更易为学界称道的一面,其实是它对于中国文学研究现代性确立的重要贡献。顾颉刚的《孟姜女故事的转变》在《歌谣》上初刊后,著名俗文学研究者刘复即写信给顾氏,称赞说:"你用第一等史学家的眼光与手段来研究这故事,这故事是二千五百年来一个有价值的故事,那你的文章也是二千五百年来一篇有价值的文章。"(此信收入本书第三册)这一评价,某种程度上也可以移作对于《孟姜女故事研究集》全书的评价。同时,本书中所体现的众多学者热情参与,不断求索,无私奉献的合作精神,也为后来学人时常缅怀,因为它生动地反映了20世纪二三十年代学术界研究空气的自由与活跃。

初版《孟姜女故事研究集》三册刊行后,直到60年代,顾颉刚仍对孟姜女故事颇感兴趣,在助手的协助下搜集、整理有关史料。其间他曾于1935年撰文称,计划与助手合写一本更为全面的《孟姜女故事考》,但此书最终未能写出。新版《孟姜女故事研究集》"第四册"部分中收辑了顾氏本人所写未收入前三册里的四篇文章,其中《唐代的孟姜女故事的传说》比前三册中所谈及的唐代情况更为详细,《孟姜女故事笔记辑录》一文,则辑录了十四则前此未见的有关史料,包括敦煌发现的著名的《孟姜女变文》。

研究本书的论著,有李稚田为《中国大百科全书·中国文学》所撰本书提要,以及张紫晨《中国民俗学史》(吉林文史出版社,1993年)、前苏联学者李福清《万里长城的传说与中国民间文学的体裁问题》(苏联东方文学出版社,1961年)两书的有关章节等。其中李福清之作的概要,可参阅马昌仪《关于李福清孟姜女研究专著的概述》一文,此文收入《孟姜女故事论文集》(中国民间文艺出版社,1983年)。

(陈正宏)

中国神话研究ABC 茅 盾

《中国神话研究ABC》,茅盾著。1929年世界书局初版,作者署名"玄珠"。1978年人民文学出版社出版《茅盾评论文集》,收入本书,更名为《中国神话研究初探》。2006年上海古籍出版社出版了配入两百幅插图的《中国神话研究初探》插图本。1981年天津百花文艺出版社出版《神话研究》,仍以原名收入本书。本书目前较通行的版本,是上海书店1992年出版的《民国丛书》第四编第五十九册所收录1929年初版影印的本子。

茅盾(1896—1981),本名沈德鸿,字雁冰,笔名玄珠等。浙江桐乡人。1913年考取北京大学预科,1916年进上海商务印书馆编译所。20年代初主编《小说月报》,是著名的新文学团体"文学研究会"的发起人之一。北伐前后,在广州、武汉等地参加革命,并任《民国日报》总编辑。大革命失败后,流亡日本。1930年回国,加入中国左翼作家联盟,主要从事文学创作及编译。抗战期间,辗转于武汉、香港、新疆、重庆等地,积极投身抗日文化宣传工作,其间于1940年赴延安讲学。建国后,历任文化部部长、全国政协副主席、中国文联副主席和中国作家协会主席等职。在中国现代文学史上,他是与鲁迅、郭沫若齐名的左翼作家,所著长篇小说《子夜》、短篇小说《林家铺子》等以出色的写实描写而成为中国现代现实主义小说的经典之作。他作为一个学者的业绩,则主要表现在早年主编《小说月报》时倡导为人生的艺术和持续不断地对现代作家作品进行独到的评论,以及以本书为代表的神话研究与比较文学研究等方面。作品汇编为《茅盾全集》。

《中国神话研究ABC》是国内第一部绪论性的中国神话研究专著,初版于1929年1月。而作者对神话的研究,则可前溯至1924年。该年作者读到几种涉及中国神话的英文著作,而不满其解说,因以西方神话学者安特里·兰(Andrew Lang)、麦根西(D. A. Mackenzie)二家理论为基础,撰写了《中国神话研究》一文,发表在次年一月出版的《小说月报》十六卷第一号上。该文所论,作者虽自称是"一点零碎的意见",但后来成书的《中国神话研究ABC》的一些基本观点,如中国神话的消失、历史化、类别,今人搜辑古代神话的途径等,均已见于文中。至1926年,作者进一步将论文扩充为本书初稿,并于次年写定。1928年到日本后,又写了本书序,这样才有了最初收入世界书局"ABC丛书"中的《中国神话研究ABC》。

初版《中国神话研究ABC》分为上、下两册。前有1928年10月20日作者写于东京的"序",末附一个简要的"中国神话研究参考用书"提要目录(古今中外共十种)。正文共八章,其章目及所述主要内容依次为:第一章"几个根本问题",讨论神话的界定、中国神话"僵死"的原因以及地域区分;第二章"保存与修改",讨论神话的保存者、修改者及其工作的途径与方式,考证中国神话的"杂货库"《山海经》的撰者及其著作时代;第三章"演化与解释",主要以西王母神话在从《山海经》到《汉武内传》等典籍中的演化为例,讨论中国神话的方士道教化,并从解释需要的角度说明中国神话历史化的原因;第四章"宇宙观",讨论反映先民宇宙观的天地开辟神话,着重论女娲补天、昆仑等有代表性的神话;第五章"巨人族幽冥世界",认为中国古代传说的夸父即类似于西方神话中的巨人族,由此讨论中国巨人族神话的演化以及与后土冥王等幽冥世界之主的关系;第六章"自然界的神话及其他",分类讨论了以自然界及自然现象为主体的神话,如日、月、云雨风雷、河海山林、鸟兽鱼虫、方向、灾疫、医药等神的故事传说;第七章"帝俊及羿、禹",讨论中国神话的"诸神世系"问题,指出帝俊在该世系中的首要地位,并对有关羿、禹的神话作了重点分析;第八章"结论",述说本书撰述目的及留待将来的神话研究的三个问题。

作者在本书序中称,其编著时"处处用人类学的神话解释法以权衡中国古籍里的神话材料"。具体到书中,则可知所谓"人类学的神话解释法",首先并且占主导地位的,就是作者前此撰写《中国神话研究》时已称引的安特里·兰所著《神话、仪式与宗教》(*Myth, Ritual and Religion*)中提出的神话是原始人生活与心理状况必然产物的理论。安特里·兰归纳的原始人心理具有确信万物皆有生命等六大特点,既指导着作者对中国古籍中神话与非神话材料的分别,也是本书分章论述的理论基础。而第一章说:"原始人本此蒙昧思想,加以强烈的好奇心,务要探索宇宙间万物的秘奥,结果则为创造种种荒诞的故事以代合理的解释,同时并深信其真确;此即今日我们所见的神话。"这一定义又是前述理论的合理延伸。

从实践方面看,本书采用最多的论述方式,是中西比较。作者撰写本书的同时,对世界各国尤其是希腊及北欧诸国的神话也进行了比较深入的研究,因此在讨论中国神话时,便有了切实的参照系。持一参照系讨论问题,则一方面能显现中国神话在世界神话发展历程中的特殊性,如第三章论神话历史化,指出西方(希腊及北欧)亦有类似情况,但与中国神话很早历史化不同,其历史化之前已获古代弦歌诗人保存。另一方面也是更重要的方面,是相对容易发现涉及中国神话乃至古代历史的大问题,并可以从一个新的角度去诠解有关作品。例如第三、第五章由希腊及北欧神话中均有开天辟地时与神同生的巨人族,推测中国已经历史化的黄帝和蚩尤的战争记述很可能实是中国的神与巨人族争斗的神话,"蚩尤"可能不是一人名而是一族名,蚩尤与黄帝均非人,其说便颇新异。第一章讨论《楚辞·山鬼》,引希腊神话为说,谓"山鬼"大概相当于希腊神话中有不少恋爱故事的山林水泉之神Nymph(义为"新妇"),也为《山鬼》文中描写"鬼"何以写其窈窕妩媚提供了不同于传统诠解而又具有合理性的解释。

作为一部绪论性的中国神话研究专著,作者对于传统文献的熟练采用、梳理及考证,也形成了本书的一大特色。书中第一章提出"现存的中国神话是北中南三部的断片的混合品"的观点,以及现存神话中"南方的保存最少,北部的次之,中部的最多"的结论,便是以比较充分的文献为依据的。其中由盘古开天地的神话始见于三国时吴国徐整的《五运历年纪》,而秦汉诸书毫无言及,汉文帝以后始通南粤,《述异记》称南海有盘古氏墓等,推考盘古故事是现存唯一的南部神话,即无论从方法上还是结论上看,都是颇为独到的。第二章考证《山海经》诸经的撰著年代,将《五藏山经》的时代推前至东周时期,其结论虽不无可商榷处,其考证过程中注意到有关文句反映思想的"原始"性以及地域特征,则对于后人深入地理解该经内容不无启发。

《中国神话研究ABC》是中国神话研究的"开荒"(本书序)之作,它引进的西方神话学理论,以及由此展开的对中国神话的分类研究,为中国文学研究开辟了崭新的领地,奠定了中国神话研究的基础。它对于《山海经》等先秦典籍的神话价值的充分肯定,为学界从一个新的角度去研究诠释古老的文献指引了方向。它运用中西比较方法展开论述,则又为中国比较文学研究提供了可资借鉴的实例。书中的不少观点,至今仍为神话学研究者称引。"结论"一章提出的三个"留待将来的问题",即:(一) 我们能不能将一部分古代史还原为神话;(二) 对中国各民族的神话均当搜辑研究;(三) 如何区分迷信等后世变质神话与原始神话。这三个问题在相当长时期内是神话学界致力解决的主要问题。而早在1943年,本书即有了日文译本(《支那の神话》,伊藤弥太郎译,地平社版)。

本书的缺点与不足,一是过于拘泥于以西方神话的实例来比拟中国神话,人为拉拢二者距离的痕迹颇重,而缺乏对于中国神话独特体系的探讨。二是讨论中国北部神话过早消歇的原因,将"当时社会上没有激动全民族心灵的大事件以诱引'神话诗人'的产生"作为两大主要理由之一,显得论据不足。

研究本书的论著,有马昌仪为《中国大百科全书·中国文学》所写本书提要,以及张紫晨《中国民俗学史》(吉林文史出版社,1993年)的有关章节等。

(陈正宏)

唐代俗讲考 向 达

《唐代俗讲考》,向达著。初稿刊于 1934 年《燕京学报》第十六期。修订稿发表于 1944 年中华书局《文史杂志》第三卷第九、十期合刊,又见载于 1950 年《国学季刊》第六卷第四号。1957 年北京三联书店出版作者论文集《唐代长安与西域文明》,所收本文即录自《国学季刊》。《唐代长安与西域文明》后有多种版本,包括河北教育出版社 2001 年、2007 年版,重庆出版社 2009 年版,湖南教育出版社 2010 年版等。

向达(1900—1966),字觉明,号觉明居士。湖南溆浦人,土家族。1924 年毕业于南京东南大学文史地部,即入商务印书馆任编辑。1930 年转至北平图书馆工作,1932 年起兼任北京大学讲师。1935 年至 1938 年在欧洲从事敦煌卷子与太平天国文书的整理研究。回国后,历任浙江大学、北大文科研究所、西南联大教授。1949 年后为北京大学教授、中国科学院学部委员。专长中西交通史,旁及敦煌学、少数民族问题研究,著有《唐代长安与西域文明》、《印度现代史》等书,校注《西洋番国志》、《郑和航海图》、《蛮书》,并译有《斯坦因西域考古记》等。生平事迹可参看三联书店 2010 年出版的《向达学记》。

《唐代俗讲考》是 1949 年之前研究敦煌俗文学的论著中最为著名的论文之一。"俗讲"之称,文献记载可溯至唐代段成式的《酉阳杂俎》;俗讲的话本,则与 20 世纪初敦煌发现的变文一类讲唱文学作品颇有因缘关系。但在敦煌学研究的前期,大多数学者均未对该课题予以足够的重视。向达最早注意俗讲问题,是在他进北平图书馆后不久。1931 年《北平图书馆馆刊》五卷六号上刊有他撰写的《敦煌丛钞叙录》,即曾提及俗讲,但因材料有限,未得详论。此后他对此问题颇加注意,所得材料渐多,便将旧说加以增补,重写一遍,便有了 1934 年发表于《燕京学报》第十六期上的《唐代俗讲考》初稿。该初稿分"长安寺院与戏场"、"僧人之唱小曲"、"寺院中的俗讲"、"俗讲的演变"五节,文末附录一个包括二十六种公私收藏品的"变文及唱经文目录",是研究唐代俗讲的开山之作。但因文中颇多悬测之词,所以当作者在欧洲整理研究敦煌文献数年回国后,便又根据新得史料对本文作了一次较大的增改,这是在1940年作者任昆明北大文科研究所导师时。至1944年《文史杂志》初刊这篇修订稿,即在学界引起颇大反响。后来凡称引《唐代俗讲考》,绝大多数都是指修订稿。

修订稿全文分六大部分。除第一部分"叙言"外,第二至第六部分依次为:"唐代寺院中之俗讲"、"俗讲之仪式"、"俗讲之话本问题"、"俗讲文学起源试探"、"俗讲文学之演变"。文末有两个附录,一为"长兴四年中兴殿应圣节讲经文",一为"敦煌所出俗讲文学作品目录"(共录五十五种)。与初稿相比,修订稿在章节安排上删去了原来的"僧人之唱小曲"一节,并"长安寺院与戏场"一节于"唐代寺院中之俗讲"部分,增加了"叙言"与"俗讲之仪式"两部分;至于内容上的增删,则所在多有。而综合初稿、修订稿论,本文的主要成果大致有如下几个方面。

一、以丰富的史料,证实唐代寺院有"俗讲"之事,并对俗讲与唱导的关系、俗讲仪式、著名俗讲僧侣等作了初步的考证。初稿第三节曾据所引《南部新书》等史料,提出一假设,谓唐代僧寺中俗讲的轮廓大约是:"以经论为依据,不作高深原理的探讨,只就日常行事,演饰经义,用普通的话语,求畎庶的易懂。演说之际,大约夹以韵语,带说带唱,所以求教坊乐工可以效其声调,作为乐曲。"修订稿则征引更多的材料基本证实了这一假说,并据《续高僧传》,说明俗讲与唐以前即有的僧侣唱导,在本旨上"实殊途而同归,异名而共实"。关于俗讲的仪式,修订稿则引法国国家图书馆所藏敦煌卷子P.3849号背面所录有关文字,指出俗讲过程中的作梵、礼佛唱释经题、说经本文、回向发愿等仪式,与唐宋以来僧寺中的讲经程式并无差别,只有"说押座"一节,似为俗讲所独有。文中还专门考证了不见于僧传的唐代俗讲名僧文溆的生平,谓之从元和末至开成、会昌之际,"历事五朝,二十余年,数经流放,声誉未堕",从一个侧面反映了俗讲在唐代受世俗欢迎的程度。

二、指示了敦煌俗文学中讲唱故事材料与唐代俗讲的关联,并首次对敦煌俗讲文学作了有开创意义的分类。作者在初稿中即指出,敦煌出土的变文与唱经文(修订稿改称为"讲经文")是俗讲话本的两种重要体裁。至修订稿,更明确地把敦煌俗讲文学分为押座文("缘起"归入此类)、变文、讲经文三大类,并以敷衍佛经全文的第三类"讲经文"为俗讲话本的正宗,变文为其"支裔",而纠正旧时将俗讲话本一律称为变文所犯"以偏概全"之误。

三、对俗讲文学的演变作了富有启发意义的推考,指出了唐代俗讲文学与宋代话本小说、金元杂剧及后世弹词宝卷等的渊源关系。作者认为宋代的"说话人"可以溯源至唐代俗讲,敦煌变文中的伍子胥故事、《汉将王陵变》、《季布骂阵词文》、《昭君变》等,即宋代说话人中"讲史书"一科的先声;宋代的"说经说参请",乃唐代讲经文的支裔,而后世的弹词宝卷,则是"俗讲文学之直系子孙"。作者同时也发现:"话本中之入话似即出于俗讲文学中之押座文及缘起,而稍稍予以整齐简单。"而金元戏曲由诸宫调演化为院本杂剧,虽然溯源正宗在唐宋大曲,其个别曲调则仍与俗讲不无瓜葛,如宋以后词及诸宫调中的《文淑子》出自唐代俗讲僧文淑所传《文淑子》曲调,即其例。

此外,本文修订稿的"叙言"及初稿、修订稿的注释、附录,征引、搜集了大量有关敦煌文献尤其是俗讲文学及其研究成果的材料,有关变文的注释并已涉及变文与美术上的"变相"的联系,凡此均为后人进一步研究敦煌俗文学提供了极有价值的导向。

本文的不足,在对变文渊源的讨论中,单以名称相似为据,误认南朝清商旧乐中《长史变》一类的乐府诗歌为唐代变文之源,而事实上二者之间并无实际的关联。另外,将变文完全归入俗讲话本,而未能注意到非僧侣演唱变文的情况,因而未能发现变文在唐代具有更大的天地,也是其不足。

但《唐代俗讲考》在敦煌俗文学的研究史上所具有的划时代意义是显而易见的,其影响也颇为深远。当1944年其修订稿发表时,《文史杂志》的编者即在文前称其为"研究唐代俗讲之最重要论文"。到20世纪70年代末有关学者论及此文,仍谓其"至今还是一般研究敦煌俗文学的人作为主要凭藉的起点站"(白化文《什么是变文》,载《敦煌变文论文录》上册)。至于文中的具体论点,如辨正时人将俗讲文学统称为变文之误,则在当时即获得学界高度评价,谓之"尤具卓识"(周一良《读〈唐代俗讲考〉》,1947年2月8日《大公报·图书周刊》第六期)。

研究本文的论著,除周一良《读〈唐代俗讲考〉》外,尚有关德栋《〈读《唐代俗讲考》〉的商榷》(1947年4月12日《大公报·图书周刊》第15期)。向达本人又有《补说唐代俗讲二三事——兼答周一良、关德栋两先生》,发表于1947年5月9日《大公报·图书周刊》第18期。周一良《关于〈俗讲考〉再说几句话》,由向达作"附记"发表于同年7月20日《大公报·图书周刊》第21期,可参看。以上论著又均收入《敦煌变文论文录》上册(上海古籍出版社,1982年)。

(陈正宏)

宋江三十六人考实 余嘉锡

《宋江三十六人考实》,余嘉锡著。刊登于1939年《辅仁学志》第八卷第二期。后有作家出版社1954年版单行本,中华书局1963年、2007年版《余嘉锡论学杂著》本,岳麓书社1997年《余嘉锡文史论集》本,云南人民出版社2005年本,浙江古籍出版社2012年本。

余嘉锡(1884—1955),字季豫,号狷庵。湖南常德人。清光绪二十七年(1901)举人,曾任吏部文选司主事。科举废除后,执教于常德师范学堂。1928年至京,先后担任北京大学、辅仁大学教授,1931年后任辅仁大学国文系主任、文学院院长,1947年当选为中央研究院院士。1949年后被聘为中国科学院语言研究所专门委员。余嘉锡擅长目录版本学及史学研究,一生勤于著述,著有《四库提要辨证》、《目录学发微》、《世说新语笺疏》等多种专著。

《宋江三十六人考实》是一篇从历史学的角度考证小说《水浒传》所写历史人物虚实的论文。在写作本文之前,余嘉锡已在1932年《清华周刊》三卷九、十期上发表了《水浒传宋江平方腊考》一文,但该文比较简短,余氏因在其基础上进一步扩展,撰成本文。

《宋江三十六人考实》全文分序录、凡例和正文三部分。正文共列十七个子目,依次为:"三十六人"、"呼保义宋江"、"青面兽杨志"、"浑江龙李俊"、"九纹龙史进"、"浪里白条张顺"、"大刀关胜"、"黑旋风李逵"、"一直撞董平"、"赛关索杨雄"、"病尉迟孙立"、"没羽箭张青"、"浪子燕青"、"铁鞭呼延绰"、"船火儿张横"、"女将一丈青"、"梁山泊"。从学术研究的角度看,文章在以下三个方面取得了较高的成就。

首先,据凡例,作者撰述本文的用意,"在援引史传以明稗官小说街谈巷议之所由来",故通过钩稽丰富的史料考出了北宋末以宋江为首的三十六人"横行齐魏",与官府斗争的事迹。文中根据《十朝纲要》等史料考出历史上的宋江率众起事时间在政和四年(1114)后,而其受招安则在宣和三年(1121),并且由史料所载宣和元年朝廷即有诏招抚宋江,而宋江至三年始降,推断《水浒传》所载两次招安不成的情节,并非全出虚构。由于自清初以来,金圣叹评七十回本《水浒传》颇为流行,百回本所载宋江攻方腊事之有无时受人怀疑,本文因据确凿的史料,详细地考证了宋江受招安后的行踪,得出宋江确有跟随宋将童贯参与攻打方腊之事,并且由后来童贯伐辽,宋江未从行,而杨志代将,推测在攻打方腊后不久,宋江即已去世。这方面的考证成果,为后人准确、全面地讨论《水浒传》的价值提供了坚实的基础。

其次,作者对于《水浒传》这部虚实参半的历史小说的特性有清醒的认识,因此在讨论相关问题时,对文学和历史的区别颇加注意,力图通过这种区分,从一个侧面显现中国传统小说的形成经过。如在讨论《宋史·侯蒙传》记载的"(宋)江以三十六人横行齐魏"之说时,一方面把《宣和遗事》、龚圣与《赞》、《水浒传》、《诚斋乐府》、《七修类稿》所记三十六人姓名、绰号一一罗列加以对照;另一方面又征引信史,审慎地指出除宋江、杨志、史斌三人可确证为梁山泊义士外,其余诸位是否确有其人无法证实,宋代史料中虽不乏同姓名者,其中亦有个别人行踪与《水浒传》小说中人事迹颇为类似,但小说人物是否确以其人为原型仍有疑问。像"九纹龙史进"一则中,根据《建炎以来系年要录》有"(史)斌本宋江之党"等记载,参以"进与斌以北音读之,颇相近似",小说所记史进籍贯与《宋史》所录史斌出身均为关中,而推测史斌当是小说中史进的原型,即颇令人信服。又比如"浪里白条张顺"一则中,据有关史料指出《水浒传》所写张顺于涌金门外被枪箭攒死一节,实因南宋末年与之同名的一位民兵部将在襄阳守战中殉难事迹附会而成,也言之有故而持之有据。

再次,本文对于《水浒传》里宋江三十六人的绰号也作了精彩的考证,使读者得以从历史和民俗两个方面,对小说的语言艺术有了更深一层的理解。如宋江的绰号"呼保义",龚圣与《赞》虽有"不假称王,而呼保义,岂若狂卓,专犯忌讳"的解释,但"呼保义"三字究为何义仍不明确。余氏则根据《宋史·职官志》所载"政和二年,易武阶官以新名,以旧官右班殿直为保义郎",推断宋江之名"呼保义","盖言其武勇可为使臣云尔",称"呼保义"而不径直称"保义",是因为其非真保义;至保义郎官阶甚低,宋江何以不以更高官名自称,作者的解释是:"保义郎自朝廷视之,固是卑官,自平民视之,则不免艳羡。"这种以可信的史料为基础,兼及民俗与社会心理,来考证小说中出现的俗语的方法,从学术研究的角度看,确实行之有效,而颇值得肯定。

《宋江三十六人考实》是20世纪30年代史学家参与古典小说研究,并取得了相当成果的一项典范之作。它的出现,标志了现代中国的传统小说研究已经进入到一个更为细密的层次,更为重视历史史实与虚构性的文学之间的联系与区别的研究已经展开。尽管从体制上看,本文仍存在一些缺点,如过多地将与三十六人同姓名的宋代人一一罗列,即使明知其与有关人物无涉,亦加登录之类,但文章在中国古典文学研究史上的突出地位,仍是显而易见的。

余嘉锡此文之后,又有孙楷第《水浒传人物考》(收入氏著《沧州后集》)等予以续考。

(吕海春)

敦煌本维摩诘经文殊师利问疾品演义跋 陈寅恪

《敦煌本维摩诘经文殊师利问疾品演义跋》，陈寅恪著。最初发表于1930年《中央研究院历史语言研究所集刊》第二本第一分册，又刊于《海潮音》十二卷九号。后收入《金明馆丛稿二编》（上海古籍出版社，1980年；三联书店，2001年），又见载于周绍良、白化文编《敦煌变文论文录》（上海古籍出版社，1982年）下册。

作者生平事迹见"隋唐制度渊源略论稿"条。

《敦煌本维摩诘经文殊师利问疾品演义跋》，是陈寅恪早期研究佛经翻译文学的主要成果之一。1924年，罗振玉辑刊了一部敦煌文学资料书《敦煌零拾》，作为其所编《六经堪丛书》初集中的一种。《敦煌零拾》收有《佛曲三种》一卷，其中之一即《维摩诘经文殊师利问疾品演义》。由于当时对于敦煌发现的这些佛教讲唱文学作品的研究尚未展开，所以罗振玉姑总定其名曰"佛曲"。陈寅恪的这篇论文，即是从佛经本身的衍化入手，联系中国传统章回小说的演变情况，从比较文学及文化史的角度，对名列"佛曲"之二的《维摩诘经文殊师利问疾品演义》所作的第一次深入的研究。

本文起首部分，便对佛教经典影响中国文学体裁问题作了一个概括的解说："佛典制裁长行与偈颂相间，演说经义自然仿效之，故为散文与诗歌互用之体。后世衍变既久，其散体中偶杂以诗歌者，遂成今日章回体小说。其保存原式，仍用散文诗歌合体者，则为今日之弹词。"以这一解说为基础，作者提出了本文的基本研究方法，即取此篇演义与其原典——鸠摩罗什译《维摩诘所说经》原文互勘，从而推见演义小说文体的原始形式及其嬗变流别。

作者首先对《维摩诘经》本身进行了研究。根据经中维摩诘以一在家居士神通道力远过于诸菩萨声闻，又对出家僧侣尽其玩弄游戏之能事等内容，断定该经作者必为一在家居士，且其成书的时间比大乘佛典的编纂年代更晚。继由玄奘《大唐西域记》中记载的印度存有与维摩诘有关的名胜古迹等文字,指出维摩诘故事在印度本土的起源虽无法考得,但在当时必盛行于世。在考录了《维摩诘经》现存的藏汉文译本版本后,作者提出了一个饶有兴趣却又十分关键的问题:维摩诘居士有无眷属?

根据鸠摩罗什译《维摩诘经·佛道品》,维摩诘的父母妻子都是一些抽象的概念,如"智度菩萨母,方便以为父","法喜以为妻,慈悲心为女"等等,因此在原典中,他本无眷属。但是到了《佛教大方等顶王经》、《大乘顶王经》、《善思童子经》里,维摩诘的儿子出现了。《月上女经》中,又有了维摩诘的女儿与妻子。这种情形自是维摩诘故事在印度本土自然演化滋乳的结果。但当佛教经典被翻译传入中国后,类似的情形也发生了。如隋代高僧吉藏在所撰《维摩诘经义疏》等著作中,即征引其不曾见过经文的《佛譬喻经》等,称维摩诘姓王氏或雷氏,有父母及儿子。由于王、雷之类的姓氏必非印度所能有,所以陈寅恪在文中说,像《佛譬喻经》之类的典籍,肯定是出自中国人之手,而不是译自梵文原经。

由此,本文得出了一个十分重要的结论:"盖维摩诘经本一绝佳故事,自译为中文后,遂盛行于震旦。其演变滋乳之途径,与其在天竺本土者,不期而暗合。即原无眷属之维摩诘,为之造作其祖及父母妻子女之名字,各系以事迹,实等于一姓之家传,而与今日通行小说如杨家将之于杨氏,征东征西之于薛氏,所纪内容,虽有武事哲理之不同,而其原始流别及变迁滋乳之程序,颇复相似。若更推论之,则印度之顶王经月上女经,六朝之佛譬喻经思惟三昧经等,与维摩诘经本经之关系,亦犹说唐小英雄传小五义及重梦后传之流,与其本书正传之比。虽一为方等之圣典,一为世俗之小说,而以文学流别言之,则为同类之著作。"这一结论一方面清晰地表述了《维摩诘经》自译成中文后在中国的衍化滋生过程,从一个侧面说明了敦煌本《维摩诘经文殊师利问疾品演义》的渊源所自。另一方面,又富于启发性地阐释了佛经翻译文学与后世演义小说的密切联系,以及中印文学中原典与续作关系方面存在的相似性,从而在微观研究的同时,向读者展示了一个可供进一步探索的宏观场景。

本文的结束部分,又由维摩诘故事连带提及了中国哲理小说的创作问题。作者写道:"尝谓吾国小说,大抵为佛教化。六朝维摩诘故事之佛典,实皆哲理小说之变相。假使后来作者,复递相仿效,其艺术得以随时代而改进,当更胜于昔人。此类改进之作品,自必有以异于感应传冥报记等滥俗文学。惜乎近世小说虽多,与此经有关系者,殊为罕见。岂以支那民族素乏幽渺之思,净名故事纵盛行于一时,而陈义过高,终不适合民族普通心理所致耶?"从事历史文献的考据之学,而能如此上下古今,联系文学创作,且远溯民族性格与民族心理的重大课题,确堪称"较乾嘉诸老更上一层"。

《敦煌本维摩诘经文殊师利问疾品演义跋》是20世纪30年代初敦煌文学与佛经翻译文学研

究方面的典范性论文。八十多年以来,虽然有关作品的研究已经取得了长足的进步,"佛曲""演义"之称也早已为更为科学的术语所取代,但是陈寅恪在文中采用的原典续作互勘的研究方法,以及提出的有关佛教翻译文学与近世演义小说之间渊源关系的论点,迄今仍受到推崇与肯定,本文因而也成了比较文学与中国白话小说研究中一些经典性课题的出发点。

作者于1932年复撰有《敦煌本维摩诘经问疾品演义书后》,发表于《清华周刊》三十七卷第九、十期合刊本,亦收入《金明馆丛稿二编》与《敦煌变文论文录》下册,为补充本文而作,可参看。

研究本文的论著,有汪荣祖《史家陈寅恪传》(台北联经出版事业公司,1984年;北京大学出版社,2005年)的有关章节等。

(陈正宏)

秦妇吟校笺 陈寅恪

《秦妇吟校笺》，陈寅恪著。原名《读秦妇吟》，初载于 1936 年 10 月出版的《清华学报》第十一卷第四期。1940 年 4 月经修订由商务印书馆代为排印线装单行本，改名《秦妇吟校笺》。作者晚年对其再作补正，于《岭南学报》第十卷第二期发表有《秦妇吟校笺旧稿补正》，复有油印改定本，题《秦妇吟笺证》。本书最后收入《寒柳堂集》（上海古籍出版社，1980 年；三联书店，2001 年），题名《韦庄秦妇吟校笺》。

作者生平事迹见"隋唐制度渊源略论稿"条。

《秦妇吟》是唐末五代作家韦庄（836—910）早年所作的一首叙事长诗。诗中借一位从长安东逃的女子之口，历述了因黄巢暴动而造成的百姓颠沛流离的惨况。但出于某种忌讳，作者晚年严诫子孙张扬此诗，至其弟韦蔼为编《浣花集》，亦不收之。20 世纪初，这首具有史诗价值的巨制在敦煌石窟中被发现，随即引起了中外学者的关注。国内最早有王国维撰《韦庄的秦妇吟》一文，对该诗作了初步的校勘，发表于 1923 年的《国学季刊》第一卷第四期。次年，罗振玉又在其《敦煌零拾》中辑印了《秦妇吟》第一卷。海外则有翟理斯（Lionel Giles）撰《秦妇吟之考证与校释》，刊载于 1926 年的《通报》第二十四卷第四、五合期。该文后由张荫麟、石明译成中文，分别刊登在 1927 年的《燕京学报》第一卷第一期和《一般》第二卷第四期上。陈寅恪在清华研究院任教期间，曾于 1928 年春请友人俞平伯楷写《秦妇吟》长卷，并注明流传各写本的文字异同，张诸屋壁，时加研究。但直到 1936 年，方发表《读秦妇吟》一文。此后一再修订，终使本书后来居上，成为《秦妇吟》研究中最为学界称道的经典之作。

《秦妇吟校笺》全书分为"甲"、"乙"、"丙"三篇。甲篇"从洛阳东奔之路程"主要考释《秦妇吟》诗后半部分中"出门惟见乱枭鸣"至"见说江南风景异"一段所述的实际路途，并据以校正别本讹误。篇中先就前此研究者多改"仍闻汴路舟车绝，又道鼓门自相杀"一联中"汴路"为"汴洛"一节，列举《元和郡县图志》、《白氏长庆集》与《李文公集》等史料，证实"汴路"乃当时习称，专指通过汴水埇桥往来的咽喉要道,而为"从洛阳东奔"所当经之地,故不能改作"汴洛"。继引《桂苑笔耕集》等说明"彭门自相杀"专指当时在汴路一带发生的徐州(治在彭城)时溥与泗州于涛间的兵争,"彭门"一词乃当时对此次兵争地望的习惯称呼。以此,接下来的"野色徒销战士魂,河津半是冤人血"两句中,"河津"当指汴河之津,而"野色"疑本作"宿野",指宿州或宿迁之野。所以《秦妇吟》的最末一段里,实包含有对当日徐淮之间军事交通形势的真切记录。

乙篇"从长安至洛阳之路程"是本文的中心部分,主要通过诠释"秦妇"由长安至洛阳路途所经历的一些特殊区域及其不可避免的遭遇,考证韦庄晚年讳言《秦妇吟》全诗的真实原因。文章指出,《北梦琐言》所云韦庄讳言此诗乃在诗中"内库烧为锦绣灰,天街踏尽公卿骨"一联之说并不可信。若取两《唐书》王重荣与杨复光传,与诗中所述从长安至洛阳的路途互证,且参以其他史料,可以发现,"秦妇"避难历经的地域,必经当时屯军武功、会兵华渭的杨复光的驻军防地,而杨军的八都大将,其中之一即后来韦庄投奔的前蜀创业之主王建,其余亦多为前蜀的开国元勋。《秦妇吟》虽然原本只是描写故国乱离的惨状,但"秦妇"避难军中的不幸遭遇,日后却正好触及了作者本人所奉新朝的宫内隐情。所以为了免祸,韦庄不得不禁止子孙传布这篇杰出的诗作。

丙篇"诗句校释",是对诗中部分难解或被误解的文句所作的扼要笺释。如诗中"六军门外倚僵尸,七架营中填饿殍"一联里的"七架营"一词,甚不易解。作者根据"架"字别本作"策"等校文,运用《穆天子传》、《白氏长庆集》等材料,证明"架"、"策"均为"萃"字之形误,"七萃"之名古已有之,即禁军之义,唐人文中时有提及,故《秦妇吟》取"七萃营中"与"六军门外"为对文。又诗中"一斗黄金一升粟"句,前人有改"升粟"为"斗粟"者,作者则广征史籍与敦煌文书,说明"斗粟"虽为唐时习称,但古人所书斗升二字字形差别极小,而别本"升粟"又作"盛粟",参以韦庄撰此句意在故甚其词,形容粟之昂贵,从而确定原文当作"一斗黄金一升粟"。

自1940年《秦妇吟校笺》印行后,作者又对其进行了数度修改。如原本丙篇有关"大彭小彭相顾忧,二郎四郎抱鞍泣"的诠释,只是证得旧注"大彭小彭"指黄巢部下之将时溥与秦彦以及"二郎四郎"指黄巢及其弟揆之说并不正确,至《寒柳堂集》所收定本中,则终考证出"大彭小彭"之"彭"即"邦"字,为当时主人称呼奴仆的泛称,而"二郎四郎"的"郎",则与"邦"相对,为奴仆称呼主人的泛名,因此上列两句诗只是指全家上下全体忧泣而已。举此即可概见作者治学谨严有序、穷极底里的风格。

《秦妇吟校笺》是20世纪上半叶敦煌文学研究中的上乘之作,也是现代学术界笺释古典诗歌的典范性作品。书中采用的以历史、历史地理乃至语言文字学知识考证诠释古诗原旨与文句意义的方法,继承和发展了乾嘉考据学的成果,被后人称为"以史证诗",在古典文学研究界有很高的声望。该方法后由作者本人在其所著《元白诗笺证稿》一书中扩展为"诗史互证",在整个文史研究界都产生了广泛的影响。

有关本文的研究论著,有冯友兰《读〈秦妇吟校笺〉》(1941年《国文月刊》第八期)、容媛《〈秦妇吟校笺〉一卷》(1941年《燕京学报》第二十九期)、俞平伯《读陈寅恪〈秦妇吟校笺〉》(《文史》第十三辑,1982年),以及马茂元、刘初棠《韦庄讳言〈秦妇吟〉之由及其他》(《文史》第二十二辑,1985年)等,另参颜廷亮、赵以武辑《秦妇吟研究汇录》(上海古籍出版社,1990年)。

(陈正宏)

读哀江南赋 陈寅恪

《读哀江南赋》,陈寅恪著。最初刊载于1939年昆明版《清华学报·清华三十周年纪念刊》。收入《金明馆丛稿初编》(上海古籍出版社,1980年;三联书店,2001年)。

作者生平事迹见"隋唐制度渊源略论稿"条。

梁代著名文学家庾信(513—581)因亡国而羁留北朝后撰写的思乡之作《哀江南赋》,是中国古典文学中被广为传诵且屡加笺释的名篇。陈寅恪在撰写本文之前,也已有《庾信哀江南赋与杜甫咏怀古迹诗》一文,发表于1931年4月出版的《清华中国文学会月刊》第一卷第一期。该文用"以杜解庾"的方法,对《哀江南赋》进行了独辟蹊径的示范性研究。1939年,作者因抗日战争随西南联大迁居昆明,感时伤世,复撰本文,以"古典"、"今典"并释的新方法,对《哀江南赋》作了更为深入的阐释。

《读哀江南赋》全文分为上、下两篇。起首有一段小引,略述庾信作赋的特色和本文研究的缘起与范围。著者云:"兰成(庾信小字兰成)作赋,用古典以述今事。古事今情,虽不同物,若于异中求同,同中见异,融会异同,混合古今,别造一同异俱冥,今古合流之幻觉,斯实文章之绝诣,而作者之能事也。"但历来诠释《哀江南赋》的文字,对于该赋的两个重要问题,即(一)庾信写作该赋的直接动机,(二)赋末"岂知霸陵夜猎,犹是故时将军。咸阳布衣,非独思归王子"两句结语的特殊旨意,均仅限于诠说古典而不及庾信作赋当时的今典,所以本文对这两个问题重新加以考证。

上篇解说了从事有关考证的方法以及可据以为说的具体史料,并考定了《哀江南赋》撰写的确切年月。篇首一段论述,在文献笺释的历史上,具有划时代的意义:"解释词句,征引故实,必有时代限断。然时代划分,于古典甚易,于'今典'则难。盖所谓'今典'者,即作者当日之时事也。故须考知此事发生必在作此文之前,始可引之,以为解释。否则,虽似相合,而实不可能。此一难也。此事发生虽在作文以前,又须推得作者有闻见之可能。否则其时即已有此事,而作者无从取之以入其文。此二难也。"据此,陈氏认为要解释《哀江南赋》的"今典",首先必须确定该赋撰写的时间。根据赋中"灵光岿然"、"端忧暮齿"等语,对照"中兴道销,穷于甲戌"、"天道周星,物极不反"的时间记录,参以"日穷于纪,岁将复始"之语,文章推定《哀江南赋》的撰写年份在西魏取江陵后岁星再周的陈宣帝太建十年,亦即周武帝宣政元年(578),月份则在该年的十二月。以此年月为前提,文章接着钩稽史料,说明自西魏恭帝三年(556)至周武帝建德四年(575)将近二十年的时间内,陈、周通好,不少流寓北方的人士先后被允许回到故国,而仅有庾信等十数人,虽陈朝与周朝交涉,终不得返。故庾信一方面哀怨益甚,另一方面又必对传到北方的南方文词及陈周交通时双方使者应对言辞的记录特加注意。

下篇以上篇提出的方法与可用材料范围为准则,具体考释了本文起首预设的两个问题。关于庾信作《哀江南赋》的直接动机,文章考证出当日与庾信同羁北朝而后得还梁朝的沈炯,归国不久即撰《归魂赋》,时在庾信撰《哀江南赋》之前,而其体制结构及内容次第与《哀江南赋》颇为相似,且庾信有机会读到此赋。所以《哀江南赋》撰述的直接动机,在庾信得见沈炯《归魂赋》,而非仅本于《楚辞·招魂》"魂兮归来哀江南"一语。关于赋末结语的特殊旨意,文章虽赞同清人倪璠注"岂知霸陵夜猎,犹是故时将军"一句的看法,即该句除用李将军的古典外,复有"谓己犹是故左卫将军"的"今典"。但对倪氏注下句"咸阳布衣,非独思归王子",于其"今典"仅泛以梁国子孙多留长安为说,则认为尚非确解。为此检出《北史·杜杲传》陈文帝以鲁山郡换回羁留周朝的皇弟安成王一节,与陈宣帝日后向作为周朝使者的杜杲提议,以留陈的北朝元定军将士换庾信等人,却被杜杲断然拒绝一事,由杜杲与陈文帝对答中有"安成之在关中,乃咸阳一布衣耳"等语,而杜杲使陈语录,又必为庾信直接或间接所知见,凡此数端,综合考察,证得《哀江南赋》末句实有与切身密切关联的"今典"在,而并非泛泛之语。

《读哀江南赋》全文仅五千余字,却以严密的逻辑,丰富的证据,令人信服地解答了千古名篇中隐含的两个重要问题。不但如此,文中还首次简明扼要地阐述了笺释古代文献中必然要遇到的古典、今典问题,以清晰的条理,界定了前此不甚为研究者注重的"今典"征引范围及其有效程度,在理论上丰富了文献笺释的方法,对于准确深入地诠释中国古典文学作品具有极大的指导意义。作者晚年在所撰长篇论著《柳如是别传》中集中而又创造性地运用了古典、今典并释的研究方法,则又从实践上向学术界展示了该方法在读解古代文献方面的巨大效用与魅力。

涉及本文的研究论著,有饶宗颐《论〈哀江南赋〉》(载氏著《文辙:文学史论集》,学生书局,1991年)等。

(陈正宏)

陶渊明之思想与清谈之关系 陈寅恪

《陶渊明之思想与清谈之关系》，陈寅恪著。有 1945 年 9 月燕京大学哈佛燕京学社所刊单行本，列为《中国文化研究丛刊》第一种。目前的通行本，是收入陈寅恪《金明馆丛稿初编》（上海古籍出版社，1980 年；三联书店，2001 年）之本。

作者生平事迹见"隋唐制度渊源略论稿"条。

《陶渊明之思想与清谈之关系》，是一篇从魏晋思潮演变及陶氏家族信仰的角度，讨论东晋著名文学家陶渊明（365？—427）的思想及其价值的论文。此文作于抗战时期的 1943 年，时陈寅恪执教于桂林广西大学。在此之前的 1941 年，他已撰《魏书司马睿传江东民族条释证及推论》，文中考证出陶渊明的血统属于南方少数民族一支——溪族，而且陶氏家族为世奉道教天师道之家。更早的 1936 年，他还写过《桃花源记旁证》一文，考释陶渊明的著名散文《桃花源记》中有写实成分，且与晋宋坞壁生活有关。本文则是在前面两篇论文的基础上，从一个更为深入的思想史的视角，探讨作为文学名家的陶渊明，其思想在历史中的意义。

文章首先从魏晋两朝"清谈"内容的演变入手，勾勒陶渊明思想之赖以产生的前因与背景。文章指出："大抵清谈之兴起由于东汉末世党锢诸名士遭政治暴力之摧压，一变其指实之人物品题，而为抽象玄理之讨论，启自郭林宗，而成于阮嗣宗，皆避祸远嫌，消极不与其时政治当局合作者也。""当魏末西晋时代即清谈之前期，其清谈乃当日政治上之实际问题，与其时士大夫之出处进退至有关系，盖藉此以表示本人态度及辩护自身立场者，非若东晋一朝即清谈后期，清谈只为口中或纸上之玄言，已失去政治上之实际性质，仅作名士身份之装饰品者也。"而清谈的关键，在老庄自然与周孔名教相同这一点上。

文章接着以"竹林七贤"为例，说明前期清谈如何与士大夫出处进退密切相关。文中先解释"名教"，谓"名教者，依魏晋人解释，以名为教，即以官长君臣之义为教，亦即入世求仕者所宜奉行者也。其主张与崇尚自然即避世不仕者适相违反"。而后依次举嵇康不仕司马氏朝廷，而被坐以违反名教罪名杀害,向秀少与嵇康等同尚自然,后改图失节,出仕新朝,一变而为专遵周孔名教,阮籍始终不屈身事司马氏,但保持其放荡不羁之行以合老庄自然之旨,以及类似阮籍的刘伶、阮咸,以说明这一时期人普遍的看法,是自然与名教不能合一。由此引出魏末主张自然的名士经过司马氏政权的利诱威迫后呈现分化局面的话题。文中以山涛、王戎、王衍为例,说明自然与名教相同说的产生并成为清谈的核心,其根源即在于山、王等人早岁本崇尚自然,栖隐不仕,后变节入朝为官,而不得不利用某一已有的旧说或发明一种新说来为其前后不一的思想与行为辩护,以使其身兼达官与名士的双重身份而不自惭忌,且可获名利并收之实惠。

而后文章又引东晋袁宏《后汉纪》、谢灵运《从游京口北固应诏诗》等材料中论及名教自然相同之说的文字,以显此类言说在当时已无政治上的实际意义,而仅成为当日名士不可须臾离之的点缀品。并指出清谈的衰竭,一方面是其本身已与实际生活无关所致,另一方面也与东晋、刘宋之际佛教在中土的兴盛有关。

文章在对魏晋清谈由起始到衰竭作了如上细致的剖析之后,才转入对陶渊明思想方面的讨论。就此,文章首先设一问题,谓何以绝不发现陶渊明思想上受佛教影响的痕迹。而后归纳出两晋、南北朝士大夫家世夙奉天师道者对于佛教依态度不同可分三派:一保持家传道法,而排斥佛教;二舍弃其家世相传的天师道,而皈依佛法;三则持调停道佛二教态度,不尽弃天师道,但亦兼采释迦教义。作者的结论为"渊明当属于第一派,盖其平生保持陶氏世传之天师道信仰,虽服膺儒术,而不归命释迦"。以此为基础,文章标示了另一个思想史的前提,即:"凡两种不同之教徒往往不能相容,其有捐弃旧日之信仰,而归依他教者,必为对于其夙宗之教义无创辟胜解之人。"反之对所持教义具有创辟胜解之人,则对于家传之教义不仅笃信,且思革新。作者认为出身于世奉天师道的溪族的陶渊明,正属于后者;而最能代表其创获成就的,是关涉形影神的三首诗。"此三诗实代表自曹魏末至东晋时士大夫政治思想人生观演变之历程及渊明己身创获之结论"。而其之所以有此创获,又是时易世移,东晋之末叶宛如曹魏之季年的现实情形使然,故其新说并与其消极不与新朝合作有关。

接着文章依次诠解了《形赠影》、《影答神》、《神释》三诗的主旨,谓《形赠影》乃"非旧自然说之言",《影答形》是"托为是名教者非旧自然说之言",《神释》则"意谓形所代表之旧自然说与影所代表之名教说两非,且互相冲突,不能合一,但己身别有发明之新自然说,实可皈依"。而所谓"新自然说",其要据作者看来即在于该诗结语的"甚念伤吾生,正宜委运去。纵浪大化中,不喜亦不惧。应尽便须尽,无复独多虑"数语,因为其中包含的寓意,在"认己身亦自然之一部,而不须更别求腾化之术,如主旧自然说者之所为",所以成为一种并非反对自然的"新自然说"。

文章最后概括陶渊明的思想云:"渊明之思想为承袭魏晋清谈演变之结果及依据其家世信仰

道教之自然说而改创之新自然说。惟其为主自然说者,故非名教说,并以自然与名教不相同。但其非名教之意仅限于不与当时政治势力合作,而不似阮籍、刘伶辈之佯狂任诞。盖主新自然说者不须如主旧自然说者之积极抵触名教也。又新自然说不似旧自然说之养此有形之生命,或别学神仙,惟求融合精神于运化之中,即与大自然为一体。因其如此,既无旧自然说形骸物质之滞累,自不致与周孔入世之名教说有所触碍。故渊明之为人实外儒而内道,舍释迦而宗天师者也。推其造诣所极,殆与千年后之道教采取禅宗学说以改进其教义者,颇有近似之处。然则就其旧义革新,'孤先发明'而论,实为吾国中古时代之大思想家,岂仅文学品节居古今之第一流,为世所共知者而已哉!"

由文章最后所列结论,可见本文作者视陶渊明不仅为一大文学家,且为中国中古时代一十分杰出的思想家。而就文中所论及所引述,从作家传记的视角看去,无疑也同时为后人全面而又深入地理解作为文学家的陶渊明,提供了相当重要的史料与经过深入思考周密论证的结论。尤其是前此尚无人从清谈历史的角度讨论陶渊明,这使得本文的研究角度与结论更显出其特殊的价值。此外文中对陶渊明作品的具体诠释,包括后半部分对《桃花源记》、《五柳先生传》等从名教自然是非论的角度所作阐发,对于研究者深入考察陶文本旨,亦颇有助益。

有关本文的评价文字,有《图书季刊》新六卷三、四期刊登的佚名者就本文初刊单行本而撰的"书评"等。

(陈正宏)

元白诗笺证稿 陈寅恪

《元白诗笺证稿》，陈寅恪著。原为作者1949年前所撰一组研究唐代诗人元稹(779—831)、白居易(772—846)论文的总题，后经修订合成一书，于1950年由岭南大学中国文化研究室作为《岭南学报丛书》第一种印行。后经作者多次修订，有文学古籍刊行社1955年版、古典文学出版社1958年版、上海古籍出版社1978年版、三联书店2001年版。

作者生平事迹见"隋唐制度渊源略论稿"条。

陈寅恪对于元白诗的研究，可以追溯到抗战前他在清华大学执教时期。其时他不仅在清华中文系开设"元白刘诗研究"，且于1933年发表了《读连昌宫词质疑》一文(《清华学报》第八卷第二期)。1935年，他又撰写了《元微之遣悲怀诗之原题及其次序》，刊于《清华学报》第十卷第三期。至1944年，作者因战事旅居成都，更集中精力对元白诗进行了系统的研究，该年撰就的《长恨歌笺证》、《白香山琵琶引笺证》、《元微之悼亡诗及艳诗笺证》、《元微之古体乐府笺证》及稍后发表的《白香山新乐府笺证》、《读莺莺传》等文，实已具后来《元白诗笺证稿》的雏形，故各篇单独发表时，副题多署"元白诗笺证稿之一"。其时作者又撰有《白乐天之祖先及后嗣》、《白乐天之思想行为与佛道关系》、《论元白诗之分类》、《元和体诗》、《白乐天与刘梦得诗》等五篇论文，这些论文后经修订均作为"附论"收入《元白诗笺证稿》中。

《元白诗笺证稿》全书分为六章。第一章"长恨歌"，第二章"琵琶引"，第三章"连昌宫词"，第四章"艳诗及悼亡诗(附：读莺莺传)"，第五章"新乐府"，第六章"古题乐府"。末有"附论"五篇。其中第五章篇幅最大，分四十九节考证了白居易的《新乐府》五十首(《二王后》、《海漫漫》两首合为一节)，兼论元稹的同题之作。而书中屡为后人称引且引起讨论的，则为前四章。

第一章论白居易《长恨歌》，重点在论证此诗为具备众体体裁的唐代小说中的歌诗部分，其与陈鸿《长恨歌传》为不可分离独立的作品。同时指出，唐明皇与杨贵妃的关系，虽然是唐代文人公开共同习作诗文的题目，但增入以汉武帝李夫人故事为蓝本的升天情节，则为白居易、陈鸿所首创。该章中还针对朱彝尊等清代学者力证杨贵妃"以处子入宫"一事,重新辨正史传小说所称唐玄宗开元二十八年(740)取寿王妃杨氏之说最为可信。并考证出《长恨歌》中"七月七日长生殿,夜半无人私语时"数语实非史实,因为长生殿是祀神沐浴的斋宫,而非寝殿,且玄宗亦无夏季临幸骊山之举。

第二章释《琵琶引》,首先指出此诗乃白居易依元稹《琵琶歌》加以改进而成,但在题旨明晰、寓意真切两方面本诗均超越了元氏之作。继引《容斋随笔》,对洪迈所谓白乐天移船听曲颇涉瓜田李下之疑,及洪氏就此为白居易所作辩护之辞,详加辨正,指出洪氏之误,一在未通白诗文意,二在不了解唐代士大夫极轻贱等级低下女子、进士进身之新兴阶级大都放荡不拘礼法的社会风俗。在有关诗句的具体考释中,作者又推测自称"京城女"的善弹琵琶妇人可能就是史籍中所谓的"酒家胡"。而"江州司马青衫湿"中"青衫"的出典,在唐制服色不视职事官,而依阶官之品,白氏作此诗时散官之品为从第九品下的将士郎,故着青衫。

第三章考元稹的《连昌宫词》,谓此诗为"取乐天《长恨歌》之题材依香山新乐府之体制改进创造而成之新作品",合并融化了唐代小说"史才"、"诗笔"与"议论"于诗歌一体中。章中花了较大的篇幅考证《连昌宫词》是作者经过行宫时的感时抚事之作,还是闭门悬拟之辞。在对元稹一生中可能经过连昌宫而赋此诗的五个年份进行了逐条辩驳后,作者确证《连昌宫词》乃元稹依题悬拟而作,其写作的时间当在元和十三年(818)春元稹任通州司马时,其所依之题,可能为韩愈《和李司勋过连昌宫》七绝及李氏原作。至诗中"老翁此意深望幸,努力庙谟休用兵"之语,作者引正史元和间上属官宦"消兵"之说为证,说明《连昌宫词》之所以特承唐穆宗知赏的内在原因。同时也指出诗中"上皇正在望仙楼,太真同凭栏干立"诸句乃附会传说,杨贵妃从未伴侍唐玄宗到过连昌宫。

第四章诠评元稹所作艳诗及悼亡诗。两类诗的区别,在前者为诗人为早年情人(陈氏认为就是所谓的崔莺莺)而写,后者为诗人为元配夫人韦丛而赋。该章前半部分远征两晋南北朝史料,说明士大夫仕宦与婚姻层次高低直接影响其社会政治地位的情形,至唐犹然。故元稹仕途上先以明经及第,后复举制科,一如其婚恋上抛弃早岁情人、出身贫寒的"崔莺莺",而转娶高门之韦氏,其目的均在提高自身的政治社会地位。但元稹人品虽不足取,而文学上却颇多成就。其艳诗在描摹唐代妇女时世妆方面,颇为传神。而悼韦氏之诗,又能专就贫贱夫妻写实,虽不无溢美,而情文并佳。本章末所附《读莺莺传》一文,则专门考证元稹的小说《莺莺传》亦即《会真记》的本事。作者认为该传是元稹自叙之作,传中张生即元稹本人的化名,张生、崔莺莺的姓氏,则是袭取前此最为流行的"会真"类小说《游仙窟》中男女主人公的旧称。莺莺出身寒门,故元稹后转娶韦氏。而该传文辞,则是以古文试作小说,成就远过韩愈《毛颖传》。至篇末有张生忍情之说,实以当时小说宜备众体,须有"议论"之故。

占有本书最多篇幅的第五章"新乐府"及随后一章"古题乐府",讨论了元白诗中互为关联的两组诗。作者谓元白二人为诗互相仿效，各自改创，既为诗友，亦为诗敌。其新乐府之作，"乃以古昔采诗观风之传统理论为抽象之鹄的，而以唐代杜甫即事命题之乐府，如《兵车行》者，为其具体之楷模"。但白居易一吟咏一事，不杂不复，词句又自然流畅，成就在元作之上。故元稹又有古题乐府之作，以复古之形造创新之辞，期冀追及乃至超越白居易。

书末所列"附论"五篇，主要考述了白居易家世、思想、交游及"元和体"等问题。其中有关白居易父母为舅甥相配不合名教，以致牵涉白居易仕途不利，白居易一生内道外佛，以及"元和体"在当时实指次韵相酬的长篇排律与杯酒光景的短小篇章两类等论断，补充了正文的不足，使全书呈现出研究的周密与完整。

本书从主体形式上看是一部考据之作。但与前此出现的绝大部分作品诠释类著作相比，它又有十分明显的特色。这种特色首先表现在作者研究微观课题时所具有的宏观眼光。书中第四章有一段讨论士大夫阶级在道德标准、社会风习变迁之际不同命运的文字，至今仍时被征引，所谓"值此道德标准社会风习纷乱变易之时，此转移升降之士大夫阶级之人，有贤不肖拙巧之分别，而其贤者拙者，常感受苦痛，终于消灭而后已。其不肖者巧者，则多享受欢乐，往往富贵荣显，身泰名遂。其故何也？由于善利用或不善利用此两种以上不同之标准及习俗，以应付此环境而已"，洵为不刊之论。而从文学研究的角度言，本书富于启发性的特色，则约有如下数端。

一、拓展了文学研究的方向，以丰富的实例，显现了"以诗证史，以史证诗"或称"诗史互证"方法在古典文学研究中的巨大潜力。本书虽题"元白诗笺证"，而其笺证的方向并非单向地以释诗为终结。如第五章"新乐府·道州民"篇在笺释诗中"城云臣按六典书，任土贡有不贡无"诸语时，则不仅检出《六典》中有关条文说明诗句文意，且以诗句为证，就史学界众说纷纭的《六典》曾否行用问题作出了一个明确的结论："《六典》一书，自大历后公式文字中，可以征引，与现行法令同一效力。"这一结论之所得出的逻辑过程，充分展示了"诗史互证"方法既契合于古典文学研究又不囿于古典文学研究的广阔前景。

二、提高了作为学术研究的古典文学作品笺释的科学性，从理论与实践两方面深化了《读哀江南赋》文中提出的古典今典并释之说。第五章"新乐府·七德舞"篇指出："凡诠释诗句，要在确能举出作者所依据以构思之古书，并须说明其所以依据此书，而不依他书之故。若仅泛泛标举，则纵能提出最初之出处，或同时之史事，其实无当于第一义谛也。"就此作者示以实例，即《七德舞》诗之取材实主要来源于太宗实录的分类节要本《贞观政要》。因为白居易喜纂类书，《贞观政要》等类书为当时翰林学士所共同宝重玩习，而其内容与白诗又多契合。与此相关联，本书中还多次提及诠释古典作品时应注意的时空界限。如第二章论《琵琶引》，即首先考证时间上题材相似的元稹《琵琶歌》、刘禹锡《泰娘歌》俱作于白居易《琵琶引》前，而后从空间上说明虽白居易有可能于元和十年春在长安得见刘诗，但由两人交游实况论，则两诗只能视为各自发展、互不相谋，故可以元诗笺白诗,而不能径以刘诗证白诗。这种对于论证前提的异乎寻常的严格要求,在前此类似著作中是极少见到的。而在这种严格的学术规范指导下进行的诠释,其接近文本原旨的准确程度及其可以复验的有效性,也是前所未有的。

三、进一步系统地阐示了唐代小说与古文运动的密切关系,开辟了中国文学史研究的新领域。作者前此曾在哈佛大学《亚细亚学报》第一卷第一期上发表《韩愈与唐代小说》一文,提出唐代古文运动兴起的原因,在当时古文家试作小说而获成功的论点。至本书中,作者又以《长恨歌》、《莺莺传》等为例,进一步说明元白以其出色的创作实践,成功地改革了公式文字,在中国文学史上具有特殊的贡献。书中有关《长恨歌》为兼备众体的唐代小说中的歌诗部分,本与陈鸿《长恨歌传》为一不可分割的整体等论点,迄今仍以其新颖独特而为学界所称道。

1950年版《元白诗笺证稿》出版后,陈寅恪又对原书数次修订,并于1955、1958、1978年分别由文学古籍刊行社、古典文学出版社、上海古籍出版社三度重版。由本书目前的通行本,即上海古籍出版社1982年版《陈寅恪文集》第六种看,经过修订的《元白诗笺证稿》学术风格的谨严一如初版,而具体结论颇有增补。如第三章论《连昌宫词》"明年十月东都破,御路犹存禄山过"两句,初版仅注意到《全唐诗》有关注释的讹误;至此更进一步,引《通鉴》证明安禄山自反后并未到过长安,而《新唐书》为传说所惑,误以其事为实,即既用史笺证了诗句,又反过来用诗句考释了其他史料的真伪。

1945年本书初稿完成时,作者曾致函友人,称其书只是"言唐代社会风俗"(致陈槃函,转引自汪荣祖《史家陈寅恪传》第89页,台北联经出版事业公司,1984年)。然而由于作者深厚的学术功力与严谨的研究作风,经过一再修订的《元白诗笺证稿》今天已成为中国文献笺释史与中国文学研究史上一部具有里程碑意义的名著。尽管书中阐述的一些具体观点,如《莺莺传》是元稹自叙之作等等,时而引起后来研究者的商榷,但全书取径之高远,内容之丰富,考证之精湛,为海内外学界所共誉。书中所示的"诗史互证"方法,也为不少文史研究者效仿,成为当代研究中国古典文学、诠释古典诗文的一个重要流派。

研究本书的论著,有夏承焘《读〈长恨歌〉(兼评陈寅恪教授之"笺证")》(1949年《国文月刊》七十八期),萧公权《陈寅恪:元白诗笺证稿》(1956年《清华学报》新一卷一期),李春棠、林顺曾、方早成《陈寅恪教授和"元白诗证史"》(《史学月刊》1959年第四期),卞孝萱《对陈寅恪〈元白诗笺证稿〉的一些意见》(1960年《文学遗产选集》三),韩国金泰万《〈元白诗笺证稿〉与〈元氏长庆诗集〉》(1985年韩国《中国语文学》第九辑),张耕华《"以诗证史"与史事坐实的复杂性——以陈寅恪〈元白诗笺证稿〉为例》(《华东师范大学学报》2006年第五期),以及汪荣祖《史家陈寅恪传》的有关章节等。

(陈正宏)

中国近代文学之变迁 陈子展

《中国近代文学之变迁》,陈子展著。1929年上海中华书局初版,后多次再版。目前较好的读本,是上海书店1982年据本书1931年版影印的本子(列为"中国现代文学史参考资料"丛书之一种)。又上海古籍出版社2000年刊《中国近代文学之变迁 最近三十年中国文学史》,亦颇通行。

陈子展(1898—1990),原名炳堃,笔名楚狂。湖南长沙人。早年肄业于东南大学教育系。1931年游学日本。回国后任《读书生活》杂志主编。先后执教于上海南国艺术学院、中国公学、沪江大学等校,在解放前后长期担任复旦大学中文系教授。治学由今及古,而尤长于先秦文学,所著《诗经直解》在学术界有广泛的影响。除本书及《诗经直解》外,还出版有《最近三十年中国文学史》、《唐宋文学史》、《楚辞直解》等专著。

《中国近代文学之变迁》,是继胡适《五十年来中国之文学》后,又一部专门述论中国近现代文学发展的文学史名著。其前身,是作者1928年夏应田汉之邀,在南国艺术学院暑期近代文艺讲座上讲授同名课程的讲义。嗣因作者"拟东游,缺乏资斧",故未及修改即"急取付印"。全书卷首有作者1928年9月所写"自序",卷末有同年11月所撰"后记"。正文分九章,其目依次为:(一)"近代文学从何说起";(二)"诗界革命运动";(三)"宋诗运动及其他旧派诗人";(四)"词曲价值的新认识";(五)"小说界革命之前后";(六)"桐城派古文及其他";(七)"从时务文学到政论文学";(八)"翻译文学";(九)"十年以来的文学革命运动"。

作者在"自序"中说:"讲义初拟用胡适之先生所著《五十年来中国之文学》而略附鄙见,继以其为《申报》五十年纪念而作,故分划时代不得不如此,又以其偏重白话文学,故立论不得不如彼;与鄙见颇有出入,始别为讲稿。"而从本书整体看,其深受胡适《五十年来中国之文学》一书的影响,仍是十分明显的。其书章节安排以文学体裁分,尽管顺次上与胡著颇有不同,而内在思路是相近的。对于一些重要作家的论断,本书也吸收了不少胡著中的观点。如第二章中谓谭嗣同、夏曾佑的"诗界革命"是"在以新典故代替旧典故,好像徒以新军阀代替旧军阀的革命一样,自然不彻底,自然要失败",便显然是对胡著第六节开头部分引梁启超《饮冰室诗话》有关论述,而得出"这种革命的失败,自不消说"的结论进行更详细解说的成果。又如本书第八章"翻译文学"里,拈出严复、林纾二家,谓"直到严复,才开始翻译西洋近世思想的书,直到林纾,才开始翻译西洋近世文学的书",这种说法,当即本之胡著第四节里"严复是介绍西洋近世思想的第一人,林纾是介绍西洋近世文学的第一人"诸语。至该章论严复翻译的最后部分,径引《五十年来中国之文学》中赞赏严氏的两段文字,则更是本书依胡著立说的明证。

但是尽管《中国近代文学之变迁》在著述形式及观点上受到胡适《五十年来中国之文学》的较多影响,从根本上说,它仍是一部有独立见解的出色之作。这主要体现以下两个方面。

一、本书第一次提出了"近代文学"的概念,并与后来论者颇为不同地将近代文学的上限划在戊戌变法的1898年,显现了个人的独特眼光。本书第一章"近代文学从何时说起"里,对自己将近代文学"断自'戊戌维新运动'"即"最近三十年"的观点,提出了如下的证据:从外部环境看,戊戌变法"这种政治上的革新运动,实在是中国从古未有的大变动","从这时候起,古旧的中国总算有了一点近代的觉悟"。从文学内部的发展而言,"实在这时候真是中国文学有显明变化的时候"。具体地说,"第一,这个时候才知道要废八股,文人才渐渐从八股里解放出来";"第二,这个时候才开始接受外来的影响","到了这个时期,谭嗣同、梁启超一般人所倡的'新文体'与'诗界革命',又很显然的受到外来影响,并为后来文学革命建立了一个根基"。这样的划分及其对划分依据的解说,不管在结论方面有无可商榷之处,它从文学本身的是否有"明显变化"入手,同时兼顾历史氛围的变迁因素,从文学史研究的方法上说是颇为合理的,因而也就比胡适应时而作的《五十年来中国之文学》在文学史分期方面有了长足的进步。

二、本书中的某些章节与某些论述,能从更为全面客观的角度探索近代中国文学的发展脉络,因此为读者描画了比胡著更为完整的近代文学概貌。例如在《五十年来中国之文学》里,胡适于第三节末写道:"这五十年的词,都中了梦窗(吴文英)派的毒,很少有价值的,故我们不讨论了。"这种一概抹倒的做法不免矫枉过正。本书即与之不同,专列"词曲价值的新认识"一章纠胡著之偏失,并以充分的证据展示了近代词的成就。作者首先指出,"词在文学上的价值愈益为人认识",近代词人如王鹏运、朱祖谋等的"提倡之力","真是不可埋没"。这一看法应当说是颇合文学史实的。同时,本书还对王鹏运、赵熙两家词作了扼要的评析,认为王词"苍凉慷慨,颇有才士不平,壮夫扼腕之意",赵词则"似从自然界的灵悟中得来","淡朴自然",这种不以是否"白话"为唯一评价标准的做法,自然极大地开拓了近代文学研究的眼界。而书中同一章里还对刚去世不久的王国维的文学成就颇加推崇,谓之"是这个时期一个杰出的词人","词做得不多,但很有境界",并由《人间词话》而得出王氏"真是算得中国新世纪第一个文艺批评家",此类评析,又显出作者对当下文学的敏锐的洞察力。此外像"翻译文学"一章里不仅介绍林译小说,还花了不少篇幅介评马君武、苏曼殊翻译的西方诗歌,这方面的情况介绍,也是前所罕见的。

在出版了这部《中国近代文学之变迁》之后,陈子展又在此基础上完成了篇幅更大一些的《最近三十年中国文学史》(1930年上海太平洋书店初版)一书,对本书中未及展开或深化的有关论题作了更详细的讨论,可参看。

研究本书的论著,有杨文凯、朱刚《陈子展的近代文学研究》(《复旦学报》1992年第1期),徐志啸《陈子展先生与近代文学研究——试析他的两部近代文学史》(《北方论丛》2001年第1期)等。

(陈正宏)

中国诗史 陆侃如等

《中国诗史》,陆侃如、冯沅君合著。1931年上海大江书铺初版,次年重版。有山东大学出版社2000年版、百花文艺出版社2008年版。2011年,安徽教育出版社出版了《陆侃如冯沅君合集》。

陆侃如(1903—1978),字衎庐,原名雪成。江苏海门人。早年就读于北京高等师范学校、北京大学。1927年毕业于清华研究院,赴上海任中国公学大学部中文系主任,并在暨南大学、复旦大学兼课。1929年与冯沅君结婚。1932年携夫人赴法,双双考入巴黎大学文学院博士班,至1935年均获文学博士学位。同年回国,先后任燕京大学、中山大学师范学院、东北大学、山东大学等校中文系主任。1949年后,历任山东大学图书馆馆长、校务委员会副主任委员、副校长等职。陆侃如早年专治楚辞,二十岁即出版《屈原》一书。以后研究重点在隋唐以前的文学史,代表作有《中古文学系年》等。

冯沅君(1900—1974),原名冯淑兰,为著名哲学家冯友兰之妹。河南唐河人。1922年毕业于北京高等师范学校,1925年毕业于北京大学研究所国学门。旋赴南京金陵女子大学任教。次年返京,任教于中法大学,兼在北大研究所从事古典文学研究。1928年后,曾在上海暨南大学、中国公学大学部、北京大学等校讲课。1932年至1935年在法国巴黎大学学习,获文学博士学位。回国后,先后受聘为河北女子师范学院、武汉大学、中山大学、东北大学、山东大学等校教授。1949年后,一直在山东大学中文系任教授,60年代曾出任山东大学副校长。冯沅君早年曾从事文学创作,兼治词曲史。30年代起,主要从事古典戏曲的研究,著有《古剧说汇》《古优解》等。

《中国诗史》是陆侃如、冯沅君夫妇合著的第一部著作。全书分"导论"、"古代诗史"、"中代诗史"、"近代诗史"、"附论"五个部分。其中"导论"和"古代诗史"部分,是1925年至1927年陆侃如在北京读书时即写成的。1927年秋至1930年底,在上海教书之余,他又写成了"中代诗史"。其时冯沅君在上海讲词曲,陆即嘱其写"近代诗史"。此外又自撰"附论"一篇,即成《中国诗史》

全稿。

　　在《中国诗史》出版之前,陆侃如已发表过《屈原》、《宋玉》、《乐府古辞考》等论著,冯沅君也撰有《楚词之祖祢与后裔》、《南宋词人小记二则》等论文,使本书的撰述有较为扎实的基础。至本书的取材,据陆侃如撰"导论:中国诗史的材料与分期"云主要依据两条原则:一谓"人取我弃"。所"弃"者,"第一类是伪作,第二类是劣作"。本书将唐以后的诗概判为"劣作",弃之不取,故而在"近代诗史"卷中主要述词与散曲。一谓"人弃我取"。所"取"者,包括明清小曲与近代歌谣。因此作者称本书所谓的"诗",是广义的,"指古往今来一切韵文而言"。

　　全书三卷。卷一"古代诗史"起自上古,讫于汉代,以《诗经》、《楚辞》、乐府为主。论《诗经》主张应完全抛开《诗序》,而代之以以音乐为骨干的新方法,将"二南"之"南"视为与"颂"、"雅"、"风"同列的诗体,并主张仅有"十一国风"。论《楚辞》认为楚民族的诗歌始于《诗经》的"二南",而《九歌》是楚民族文学的开创者。论乐府则在各家分类之外,别分乐府为"贵族特制的"、"外国输入的"、"民间采来的"三组,并认为三组之中,民间乐府时代最迟而成就最高。

　　卷二"中代诗史"起于汉末,终于唐代,以五七言古近体为主,分"曹植时代"、"陶潜时代"、"李白时代"、"杜甫时代"四篇。作者认为五言诗的起源在汉乐府,而将南齐开始出现的微有格律的作品名作"新体诗"。论唐诗则多采胡适《白话文学史》之说,分唐诗为前后两期,称李白"承前",杜甫"启后",分界在安史之乱。李白所承有两派,一为王孟,一为高岑;杜甫所启也有两派,一为韩愈,一为白居易。而称中晚唐之后,"狭义的诗便没有光荣时期了"。

　　卷三"近代诗史"起自唐末,止于清代,以词与散曲为主,分"李煜时代"、"苏轼时代"、"姜夔时代"、"散曲时代"四篇。论词的起源,谓有外族音乐的输入与唐诗的发展两方面原因。将宋词流派,归结为由以苏轼、周邦彦为代表,又分别由辛弃疾、姜夔继承的两大派。论散曲则采用点将式,从马致远跃至冯惟敏,张可久继以王磐,将其归纳为豪放与清丽两群。明清曲家则除两群之外,又出以梁辰鱼、沈璟为代表的第三群,谓其曲"文雅工丽,特重音律"。此后附论小曲、歌谣,盛赞近代歌谣为诗史的"压轴戏"。

　　书末又有"附论"一篇,专论"现代的中国诗"。从清末"诗界革命"讲到作者当时的两大诗歌运动——"白话诗"和"无产诗",认为此二者将代表中国诗歌发展的新方向。

　　本书各篇均以一鸟瞰式的综述起首,卷一、卷二论各家诗又多从考证作家生平、作品真伪、撰述年代入手,广泛征引前贤今人之论,而时加辨说;卷三则于各家词曲多有细致的品评;全书论述重要作家又均将通过考证而得的生平史料排列为一年表,作为附录,凡此皆使本书既富有实证气息,便于研究者复考核实,又不失美学的兴味与对社会文化状况的宏观概括,使读者易于入门。

　　但本书也存在着一些明显的缺点。首先是取材方面既已称所述的"诗"是指"古往今来的一切韵文",又说"至于有韵的散文(如赋赞箴诔等)及有韵的戏剧(如杂剧传奇等)及有韵的小说(如佛曲弹词等),当然不在内",前后矛盾,颇不合理。其次是对宋元明清诗(狭义的)的评价,为了将唐以后的诗史归结为词曲的时代,而概判为"劣作",也过于武断。第三,与此相应,论白居易但说《新乐府》而只字不提《长恨歌》《琵琶行》,谈苏轼仅说他的词而不说他的诗,也颇失"诗史"之体。最后,由于三卷之书,由两人分撰,故风格不甚统一,而各有偏失。前两卷考证有余,评析不足,给人以专述文学文献而不谈诗本身之感;后一卷则反之,赏析有余,史的考述不足。

本书的古代部分曾于 1937 年进行了修改。50 年代,作者又进行了删削,将卷首"导论"和卷末"附论"全文删去,并删去了各卷中引用胡适等学者论断的文字。每卷之下各篇的名称,初版时是以一个代表作家来命名的,至此也大都改为以时代命名。但全书的结构、取材基本没有改变,大部分观点也一仍其旧。这个修订版于 1956 年由作家出版社出版。1983 年,重庆出版社又重印了此新一版。

本书在 20 世纪三四十年代的文学史编纂领域中有较广泛的影响。胡云翼的《新著中国文学史》(北新书局,1932 年),刘麟生的《中国文学史》(上海世界书局,1932 年),杨荫深的《先秦文学大纲》(上海华通书局,1933 年),赵景深的《中国文学史新编》(北新书局,1936 年)等,皆利用了本书的成果。鲁迅也将之与王国维《宋元戏曲史》及其自撰的《中国小说史略》等四种文学史名著并提,列为"可看"的文学史之一(《鲁迅全集》第十二卷"书信"1933 年 12 月 20 日致曹靖华)。

研究本书的论著,最早为 1931 年 7 月《中国新书月报》第一卷第八期上发表的署名为"穷书生"的《读"中国诗史"》。次年,浦江清在《新月》第四卷第四期的"书报春秋"栏内,发表了一篇对《中国诗史》的体例进行商榷的书评。1949 年以后的评论,有谷典撰写的对 1956 年新版《中国诗史》的书评(《文学研究》1957 年第 2 期)、牟世金等撰写的《陆侃如传》(载《中国当代社会科学家传略》第十一辑,书目文献出版社,1990 年)有关段落、张可礼《陆侃如、冯沅君先生〈中国诗史〉的主要贡献》(《文史哲》2002 年第 2 期)等。

(陈正宏)

插图本中国文学史 郑振铎

《插图本中国文学史》，郑振铎著。1932年北平朴社出版部初版。后经作者增订，有作家出版社1957年版、人民文学出版社1982年版、上海人民出版社2005年版、中国社会科学出版社2009年版等。

郑振铎(1898—1958)，笔名西谛、C.T、郭源新。福建长乐人。1917年入北京铁路管理学校学习，"五四"期间曾参加学生运动。1920年与沈雁冰等发起成立"文学研究会"。次年到上海，进商务印书馆编译所工作。1923年起主编《小说月报》。1927年至1928年间，游学欧洲，遍阅法英等国收藏的中国俗文学资料。回国后，于1931年起先后任燕京、清华、暨南等大学中文系教授，并参与主编《文学》、《文学季刊》等刊物，《中国新文学大系》等丛书。抗日战争爆发后，为抢救中国古籍文献多方奔走，并编选影印了《中国版画史图录》等大型文献丛书。1949年后，历任国家文物局局长、考古所文学所所长、文化部副部长等职。1958年因飞机失事罹难。郑振铎在文学、文献学、艺术史、考古学等领域均颇有建树，著作除本书外，著名的尚有《文学大纲》、《中国俗文学史》、《中国古代版画史略》等。其文学作品及论著今集为《郑振铎全集》。

20世纪30年代初，学术界盛行编纂各类中国文学史。在撰述本书前，作者也已出版过一本《中国文学史》中世卷第三篇上册(商务印书馆，1930年)，作为他计划编纂的一大部中国文学史的一部分。"八一三"事变中，那一册《中国文学史》的书版被毁于日军炮火之下，以此作者发愤，撰成四册通代《中国文学史》，即本书。

本书卷首有作者1932年写的"自序"和"例言"。"自序"申明本书的撰写动机，是因为"如今还不曾有过一部比较完备的中国文学史，足以指示读者们以中国文学的整个历史的过程和整个的真实的面目"，已出版的文学史中，"几乎没有几部不是支体残废，或患着贫血症的"，本书则力图改变这种局面。

全书分上、中、下三卷。上卷前又有一篇"绪论"，综述文学史的使命、范围与中国文学进展的动力等理论问题,并首次叙述评价了中外文学史的编纂历程与成果。书中三卷的时代划分,则分别为:上卷"古代文学",述西晋以前的文学历史,其时文学的特点,作者概括为"纯然为未受有外来影响的本土文学"和"纯然为诗和散文的时代"两点。中卷"中世文学",述东晋至明正德间文学的发展史,作者认为这一时期是"印度文学和中国文学结婚的时代",产生了许多新文体,故而"在中国文学史上,这一段的文学的过程是最为伟大,最为繁赜的"。下卷"近代文学",述明嘉靖至五四运动前的文学历程,其所以称为近代文学,作者说是因为它是"活的文学,到现在还并未死灭的文学"。(初版下卷内容实际仅述至明代长篇小说,明代后期文学的大部分、整个清代文学,以及本书卷首目录所列的附录"新文坛的鸟瞰"等均未成书。)各卷均以题为本期文学"鸟瞰"的一章起首,继而分章叙述一期之中各种文学运动或文体演变的详情。全书八十二章(初版实际只写到第六十章),从时代看,以"中世文学"卷所占篇幅最多,达四十三章;以文体论,则前此文学史所不曾注意的俗文学,如变文、戏文、诸宫调、话本、鼓子词等,在本书中受到格外的重视,对它们的论述,占全书篇幅的三分之一左右。

本书与同时代的其他通代文学史相比,有以下几个比较鲜明的特点。

一、把中国文学的发展历程放到世界文学的大背景中加以考察,注意中国文学在不同历史时期所受的外来影响,比较中国文学作品与外国文学作品的异同。作者认为:"文学史的主要目的,便在于将这个人类最崇高的创造物文学在某一个环境、时代、人种之下的一切变异与进展表示出来;并表示出:人类的最崇高的精神与情绪的表现,原是无古今中外的隔膜的。"("绪论")在这样的编纂方针指导下,本书给予了"外来文学影响"这一课题以高度的重视,将其与民间文学的发展一并列为中国文学发展的两大原动力。本书的"中世文学"卷,则更是将印度文学对中国文学的各方面影响大书特书。典型的例子,如第四十章"戏文的起来",认为传奇的体例与组织,完全是由印度输入的,并从五个方面比较了中印戏曲的特征。另一方面,当本书具体介绍一些中国文学作家作品时,又常常将之与一些外国文学作家及名著作类比,如第三十章"李商隐与温庭筠"在比较白居易一派与温、李一派诗时,即说:"白派是托尔斯泰的一流;温、李派则和近代的法国象征派、高蹈派的诗人们,像麦拉尔梅(Mallarmé)、戈底叶(Gautièr)诸人为同党。"

二、第一次在通代文学史中比较完备地叙述了中国文学的各种文体,并给予民间俗文学以应有的地位。本书一方面改正了旧时文学史只重诗文词赋的狭隘文学观,将一向不登大雅之堂的变文、诸宫调、话本、鼓子词等收入文学史中加以叙述;另一方面也避免了唐以后无诗之类的现代偏见,对于宋以来的正统文学做了恰如其分的述评。

三、善于利用新近发现的史料填补文学史空白,吸收前人研究成果。本书对敦煌材料的利用,如第三十三章"变文的出现",首次介绍敦煌写本的发现经过、写本的时代、变文的体制、分类与内容等情况。各章末所列的"参考书目",其中既有王国维《宋元戏曲史》、鲁迅《中国小说史略》这样的文学史名作,也有许地山《梵剧体例及其在汉剧上的点点滴滴》、M. Schuyler《梵剧目录》那样专门的中外论著。此外,书中有关佛教翻译文学、王梵志诗、唐代安史之乱前后文学的不同面貌的论述,又明显受到胡适有关论著的影响。

四、全书文辞优美,图文并茂,便于读者对中国文学发展历程的感性体验与直观把握。作者以文学家笔调撰写文学史,笔端常带感情,故时能将个人对作品的感受形象地传达给读者。又书中附了一百二十余幅颇具文献价值的插图,或显现比较可靠的作家容貌,或展示珍本古籍书影,或反映某个文学小团体的风貌,而所据均为可靠的宋明版画或图书,使读者在文辞之外,又获得一种美术上的享受。

本书在中国文学史的研究与教学领域有较大的影响。初版刊行二十余年后,经作者修订增补,1957年作家出版社出版了该书的新一版。新版比初版增加了后续的四章,使"近代文学"卷的内容下延至明末。

由于本书叙述的内容繁杂、时间跨度大,所以书中也存在着一些缺点。如某些章节介绍作家流于作家简历与作品名称的简单罗列,在说明印度文学对中世文学的影响方面有夸大之嫌(此点作者自己也承认,见《文学研究》1958年第1期作者所撰《中国文学史的分期问题》),等等。

研究本书的论著,有1932年刊登在北平图书馆《读书月刊》第二卷第一期上的书评,1958年第3期《文学研究》上曹道衡等的《评郑振铎先生的〈插图本中国文学史〉》,以及段海蓉《从〈插图本中国文学史〉看郑振铎的中国文学史研究》(《新疆大学学报》2005年第6期)等。

(陈正宏)

中国俗文学史 郑振铎

《中国俗文学史》，郑振铎著。1938年长沙商务印书馆初版，为《中国文化史丛书》第二辑之一种，有上海书店1984年影印本。1954年作家出版社据原纸型重印。又有商务印书馆2005年、2010年版，上海人民出版社2006年版，中国社会科学出版社2009年版等。

作者生平事迹见"插图本中国文学史"条。

自胡适《白话文学史》于1928年出版后，有关俗文学史的研究引起了一些学者的注意，郑振铎便是其中的一位。他自20年代中叶起就注意搜集俗文学尤其是宝卷、弹词、鼓词、小唱本等资料，其间虽因"一·二八"战事而损失了大部分，但此后在北平仍坚持访寻，至撰写本书时，资料又积至不少。在搜集资料的同时，他又做了一些出色的整理研究工作，如编纂《变文及宝卷选》，撰写《三十年来中国文学新资料的发现史略》，在《中国文学史》中世卷第三篇上册中专列一章讲"敦煌的俗文学"，此后又在《插图本中国文学史》中花相当篇幅论述戏曲小说等俗文学体裁，等等，凡此均为本书的撰写打下了良好的基础。

本书叙述的，是除小说、戏曲以外的各体俗文学的历史。之所以不包括小说、戏曲，据作者说是打算"另成为专书"，否则容量太庞大（见本书第一章）。有关小说戏曲史的"专书"作者后来似无暇续撰，但《插图本中国文学史》中的有关叙述，是可以作为本书的补充，显出作者对那两类重要的俗文学体裁的学术见解的。

《中国俗文学史》分上、下二册。上册一至六章，除第一章"何谓'俗文学'"外，余分章介绍古代的歌谣、汉代的俗文学、六朝的民歌、唐代的民间歌赋、变文等内容。下册七至十四章，依次叙述宋金的杂剧词、鼓子词与诸宫调、元代的散曲、明代的民歌、宝卷、弹词、鼓词与子弟书、清代的民歌等文体。全书有一明显的特点，即材料十分丰富，许多文献由于是首次披露，又详加引用，所以对后来的俗文学研究有很大的指导作用。至于从学术角度看本书，则其中比较有新意的，一是首次在书中比较完整地提出了一套有关俗文学的理论，其次是对变文及清代俗文学进行了至本书撰著时为止最为详细的介绍。

有关俗文学的理论,主要见于本书第一章。作者定义俗文学"就是通俗的文学,就是民间的文学,也就是大众的文学","就是不登大雅之堂,不为学士大夫所重视,而流行于民间,成为大众所嗜好,所喜悦的东西"。因为正统文学的范围狭小,所以俗文学"不仅成了中国文学史主要的成分,且也成了中国文学史的中心"。与正统文学相比,俗文学是"活泼泼的东西",而正统文学虽出于俗文学,但已"成为躯壳徒存的活尸"了。这些有关俗文学的基本见解,无论是意义上还是遣辞上都明显受到胡适《白话文学史》有关论述的影响——事实上作者对胡适"因为不肖古人,所以能代表当世"的文学史价值观也深表赞同(见本书第二十页)——但以"俗文学"的概念去解释中国文学史上的那部分特殊的存在,无疑比用"白话"的概念要更合理、更科学些。

关于俗文学的特征与分类,作者也提出了比较完整的看法。他将俗文学的特征归纳为:(一) 大众的;(二) 无名的集体创作;(三) 口传的;(四) 新鲜的,但是粗鄙的;(五) 想象力奔放,气魄伟大,但较多黏附着民间的习惯与传统。而分其类为五大门:

一、诗歌——民歌、民谣、初期词曲。

二、小说(专指话本)——短篇("小说")、长篇("讲史")、中篇。

三、戏曲——戏文、杂剧、地方戏。

四、讲唱文学——变文、诸宫调、宝卷、弹词、鼓词。

五、游戏文章(俗文学的附庸,有散文体的,也有赋体)。

这个分类在当时的历史条件下,可以说是既具有开创性,同时也是最周全的。

本书正文各章之中,以第六章"变文"以及第十一章"宝卷"以下各章有关清代俗文学的论述最引人入胜。作者对于"变文"的介绍,在《插图本中国文学史》里已经作过,至本书则更为详尽。书中有关变文名称与"佛曲"、"俗文"、"唱文"、"讲唱文"、"押座文"、"缘起"等旧称的联系与区别,变文故事与原典的关系及其与西方民间故事类型的比较等,都较作者先前的论述更富于条理,学术性也更强。第十一至第十四章有关宝卷、弹词、鼓词与子弟书、清代民歌的论述,其贡献则主要在于首次比较系统地在文学史中详细介绍了这些过去不登大雅之堂的文学作品。在《插图本中国文学史》的"凡例"里,作者曾说要介绍这些作品,而事实上那部书对清代文学并未给予篇幅加以展开论述,有关清代俗文学的内容也只存一个概述。这一情形由本书得到了一个方面的弥补。值得注意的是,作者有关宝卷、弹词、鼓词、子弟书、民歌等的介绍,其基础几乎全为其本人的藏书,这种研究方法虽难免以偏概全,但在这类资料不被一般研究者重视,文献基础十分薄弱的当时,作者那样做,无疑是具有相当的意义的。

由于本书的题材带有初创的性质,因此也存在着一些缺点。如某些章节引文过多,分析不够;评论作品不少地方单以"好""不好"或"漂亮极了"之类的评语掠过,也嫌简略。但本书的价值与地位是显而易见的,其有关俗文学的特征与分类的见解,至今仍为研究者所重视;而后人有关变文、弹词、宝卷等体制的研究,也依然不能不以之为主要的参考文献之一。

　　研究本书的论著,有1939年北平图书馆《图书季刊》新一卷第三期上发表的署名为"敬"的书评,1988年第四期《民间文艺季刊》上刊载的陈福康《重评〈中国俗文学史〉》等。

（陈正宏）

中国文学批评史 郭绍虞

《中国文学批评史》，郭绍虞著。初版分上、下两卷（下卷又分一、二册），由商务印书馆先后刊行于1934年、1947年，1989年上海书店影印收入《民国丛书》第一编。今有百花文艺出版社2008年版、商务印书馆2010年版。

郭绍虞（1893—1984），原名希汾。江苏苏州人。1919年肄业于北京大学。五四时期加入"新潮社"，任北京《晨报》特约撰稿人，发表过《马克思年表》等译著。20年代初，与沈雁冰、叶绍钧等发起成立"文学研究会"，并撰有宣传新文化的诗与散文。1921年起，先后任教于福州协和大学、燕京大学、大厦大学、光华大学、同济大学等校。1949年后，任复旦大学教授，并曾任该校中文系主任、图书馆馆长等职。著作除本书外，尚有《汉语语法修辞新探》《宋诗话考》《照隅室古典文学论集》等。

中国学者撰述中国文学批评史，始于20世纪20年代中期，其最早出版者，为陈钟凡的《中国文学批评史》（中华书局1927年初版）。陈著从文学定义到批评界说，明显受到西方文学批评与文学理论的影响；而书中所论，虽上溯周秦，下迄清代，然终究以史料偏少，论述简单，而不够完备。郭绍虞《中国文学批评史》上卷初版于1934年，晚于陈著数年，且未包容全部古代批评史，但由于条理明晰、史料丰富，又注意从中国文学本身探讨文学观念的演变与批评的发展，所以后来居上，被视为中国文学批评史编纂历程中带有开创意义的著作。

郭著《中国文学批评史》上卷，卷首有作者写于1934年的"自序"，谓其屡次想编著中国文学史，终以范围过广而不果，故权著本书，目的在于"从文学批评以印证文学史，以解决文学史上的许多问题"。上卷第一编"总论"里，作者又云："文学批评所由形成之主要的关系，不外两方面：一是文学的关系，即是对于文学的自觉；二是思想的关系，即是所以佐其批评的根据。"这两重关系，盖即作者研究中国文学批评史的着眼点。循此文学批评史被分为三大时期：（一）周秦至南北朝，为文学观念的演进期；（二）隋唐至北宋，为文学观念的复古期；（三）南宋至清代，为文学批评的完成期。本书上卷所述,为前两期的批评史。1947年出版的下卷,则专叙第三期的内容,而一、二册的分界,在前者起南宋讫明代,后者单述清代。作者认为中国文学批评从大体上说,北宋以前以文学观念为中心,批评理论每因各家对于文学的认识而转移其主张;南宋以下则以文学批评本身的理论为中心,文学观念只成为文学批评中的问题之一。因此本书上、下卷在编写方法上也有所不同:上卷以问题为纲,而把批评家的理论纳入问题中,即使是像刘勰、钟嵘那样的大家,也不为之特立一章;下卷则恰恰相反,以批评家为纲,而把问题纳入批评家的理论体系中,因为当时的批评家大多能自成一家之言(详本书下卷一册第一编"总论")。至全书体例,则卷下分编,编下分章,章下分节,节下分目,目下有时还分款,颇便检阅。

  本书的特点,其一在注重文学批评的思想背景。上卷综论文学观念的演进与复古时,专辟一章谈其思想的原因(第一编第四章),且云:"历来中国一般人的文学观,大都本于孔子。至于本于孔子,而成为传统的文学观者,则不是一般诗人的文学观,而是文人的文学观,不是骈文家的文学观,而是古文家的文学观,抑且,不是古文家的文学观,而是道学家或道学家之功利派的文学观。"即已初露这一特点的端倪。至第四编第二章论刘勰而特标出"刘勰与复古思想的萌芽",第六编"北宋"详阐"道"、"统"及其与"文"之关系,又进一步显现了这种倾向。下卷第一编"总论"概述南宋批评状况,谓"只见道学家的活跃,不见古文家的笔谈",语虽略嫌绝对,但由其持论的偏向,也可看出作者关注所在。而同编中论明代批评概况,解释其时各家之所以共同表现出不顾一切的大胆精神,在思想界由理学转向心学;又谓明代文学上的复古潮流,不是思想上的复古等等,则诚为的论。而有此论断的前提,在考虑了思想演变对于文学批评的作用。

  本书的另一特点,在对所涉及的文学批评观点详加解说与阐释。本书与罗根泽、朱东润两家批评史同负盛名,若论取材之广、体制之优,则三家各有千秋。但若论解说之详,则无疑当推本书。作者每介绍一说,除从来龙去脉上为之确定地位外,必于其说之本义详加分析,并时引相关之说为旁证。如下卷第二编"南宋金元"第二章论严羽"禅悟说",即先述沧浪以前的诗禅说,复释严氏所谓的"禅"与"悟",再谈神韵与格调和严氏之论的沟通,颇为周到。而其中释"禅与悟"一款,又从以禅喻诗究竟合不合、禅与诗的关系、沧浪诗禅说与以前诗禅说的异同、悟与禅与诗的关系、沧浪之所谓悟与其诗论的关系等诸多方面,对严氏诗论中这两个重要概念作了详尽的解说与推阐。又如第三编"明代"第三章述李东阳的文学批评,一方面指出其诗论近于道学家的见解,一方面又征引史料说明其与明初宋濂、方孝孺的道胜文之说不同;一方面指出李梦阳何景明诗论与李东阳之说有渊源关系,这种渊源在格与声两方面,而其出又可溯至《沧浪诗话》;另一方面又经过比较分析得出李何抽象而西涯具体、李何疏廓而西涯入细的结论。至书中对桐城派文论的解说与评价,更可谓不厌其烦(见下卷第四编"清代"第二章"古文家之文论");然也唯其详尽,桐城古文及其文论的正反两面得以彰示于众,而历来对于桐城派的毁誉之说,也有了一个检验的机会。

　　本书上卷初版之时,中国文学批评史的研究尚处于草创阶段,因此书中有关批评史分期、北宋以前文学批评的趋势等问题的阐述,给予了当时研究界以很大的启发。作者对中国文学批评史中文学观念演进特征的强调,以及对周秦至南北朝"文学"分为"文章"、"文学"两途,"文章"又分为"文"、"笔"二式,至隋唐复合"文"、"笔"而为"文",宋代"文"又被融入"道"中,成为道学,这样一个曲折往复历程的概括描述,更指导与影响了以后的文学批评史研究——罗根泽于二十世纪三四十年代发表的分册本《中国文学批评史》,即在某些方面受到本书上卷有关论述的影响。

　　本书下卷迟至 1947 年方与读者见面,前此朱东润《中国文学批评史大纲》及罗根泽的四册分期批评史等均已刊行,故下卷内容、方法又有借鉴朱、罗二书处。1949 年后,作者又对本书作了较大幅度的修改,合并两卷为一册,由新文艺出版社于 1955 年出版。这个修订本纲目上取消旧版的三段分期,而代之上古(上古至东汉)、中古(自东汉建安至五代)、近古(自北宋至清代中叶)三期,并谓此分期"是按照一般文学史的分期来叙述的"(见上海古籍出版社 1979 年据 50 年代修订本重排的新版本第八页)。虽然内容有所充实(如论及了初版中不曾论及的李渔等人),体制上却反不如初版有特点。

　　研究本书的论著,最早有朱自清的《评郭绍虞〈中国文学批评史〉上卷》(《清华学报》第九卷第四期,1934 年)。1947 年下卷出版后,又有阎简弼的书评发表于《燕京学报》第三十三期,徐中玉《读郭著〈中国文学批评史〉下册》刊登于《文讯》七卷六期(均 1947 年 12 月)。50 年代新版出版后,《文学研究》1957 年第 3 期发表了竞耕所撰的书评。近期研究成果,则有董乃斌《郭绍虞先生中国文学批评史研究的成就与贡献》(《文学遗产》1992 年第 1 期)、王先霈《中国文学批评史研究中的创新和继承——郭绍虞等人治学经验及其现实启示意义》(《华中师范大学学报》2000 年第 6 期)相关部分等。

(陈正宏)

宋诗话辑佚 郭绍虞

《宋诗话辑佚》,郭绍虞辑。有1937年哈佛燕京学社初刊本,列为《燕京学报》专号之十四。又有中华书局1980年重印本。均上、下两册。

《宋诗话辑佚》是20世纪20年代后期郭绍虞开始研究中国文学批评史后,为搜集有关资料撰写《中国文学批评史》而成就的几种副产品之一。作者原打算仿照前人辑佚书之例,通辑唐宋已佚诗话为《唐宋诗话辑佚》一书,后来由于编著授课讲义《宋代诗论史》的关系,于1932年先辑印成有关宋诗话的部分。至1937年则在初稿基础上略加增改,重新写定,交哈佛燕京学社公开发表。

全书分上、下两卷。上卷所收为宋诗话中原有某种已经删节的丛书本,辑者又据他书加以补辑者,计有《王直方诗话》、《古今诗话》、《陈辅之诗话》、《西清诗话》、《潘子真诗话》、《潜溪诗眼》、《汉皋诗话》、《桐江诗话》、《漫叟诗话》共九种。下卷所收则以宋诗话中连残本也不存而辑者据他书加以全辑者为主,共录二十三种,其目为:《蔡宽夫诗话》、《洪驹父诗话》、《诗说隽永》、《唐宋诗话》、《诗史》、《李希声诗话》、《垂虹诗话》、《休斋诗话》、《诗学规范》、《三莲诗话》、《李君翁诗话》、《高斋诗话》、《松江诗话》、《玉林诗话》、《茅斋诗话》、《胡氏评诗》、《纪诗》、《闲居诗话》、《藜藿野人诗话》、《雪溪诗话》、《碧溪诗话》、《粟斋诗话》、《诗事》。其中《蔡宽夫诗话》旧有辑钞本,但不全,作者由《苕溪渔隐丛话》加以重辑,其体兼补辑、全辑二例,特置卷下之首。《唐宋诗话》有目无文,则因为其书辑于"九一八"事变前夕,后因战事而所据一主要资料书《诸家老杜诗评》不得再见,故初刊本只能仅存其目。卷下之后,另附"附辑"两种,为《艺苑雌黄》和《童蒙诗训》。此二书本非专门论诗之作,但因前人有将其与诗话一起著录者,故作者对其中的论诗之语也作了辑录。

全书前有辑者1937年6月自序,后有同年8月自跋。正文前有"总目",又有所辑各本的详细子目,"总目"于各家诗话名后小字注撰人姓名、版本(卷上)或所见著录的书目与所被称引的典籍(卷下),子目于各家诗话名下列所辑条目数及条目名,其辑录多者,如李颀《古今诗话》达四百四十三条,《王直方诗话》三百零五条;其稀见者,如张镃《诗学规范》、员逢原《三莲诗话》、赵舜钦《茅斋诗话》等皆仅一条,也辑录不遗。至辑录所依据之书,则多为子、集二部书,其常用者,则有《苕溪渔隐丛话》、《诗话总龟》、《诗人玉屑》、《诗林广记》、《历代诗话》、《宋诗纪事》、《山谷诗别集注》等十余种。

对于所辑每种诗话中的每一条文,本书的登录格式,基本上是先取有删节本者(卷上)或一较早出的书中所记该条文字(卷下)为底本,再增以他书所记有而底本无的文字,用方括号括出;凡底本有而他书所记无的文字,则加以圆括号。有关文字多寡异同的校记,概见于脚注。而每一条文的出处,又依先底本后校本的次序,列于该条文之末。

作为一部汇辑已佚的宋诗话本文的著作,本书的长处首在体制严明、搜辑丰富,为宋代文学批评史的研究提供了一份经过整理的史料。本书卷首序中,辑者详细阐述了其首辑宋诗话的缘由,涉及唐宋论诗著作性质体例之异、诗话分类、宋诗话的特点等颇具普遍意义的问题。序中引章学诚分诗话为"论诗及辞"与"论诗及事"两类之说,认为宋代诗话与唐人论诗之作最大的不同,在前者多兼涉"及辞"、"及事"两类而后者或仅"及辞"而成诗格诗法,或仅"及事"而成《本事诗》之流。因此申明本书在辑佚原则上,对四类体近诗话的著作不加辑录:一为性质不同诗话者(如前述诗格诗法及笔记语录之类);二为出于依托者;三为虽流传不广而实有钞本者;四为虽知其名而完全散佚者。至录《艺苑雌黄》、《童蒙诗训》两家,以其例不在本当搜辑之列,而文颇有可采,辑者因于序中特加说明,次之于"附辑"并证以《说郛》已将其与《潜溪诗眼》等诗话同列一卷,从而在整体上使本书保持了既有明晰严整的体制,又具备丰富多样的批评史料的特长。

另一方面,本书虽然是一部辑佚著作,但辑者又不满足于仅仅罗列材料,而时以条文后加注案语的形式,对所辑诗话的有关内容进行考证与研究。如《西清诗话》第七十三条"杜诗述王珪母事",原文称引《唐书·列女传》及杜甫《送重表侄王砅》诗,谓王珪母当为杜氏非卢氏。辑者即于条末"案"曰:"《西清诗话》所论此诗颇多误谬。"继详引《容斋随笔》等书所云,以证其失考讹传之由,终得出结论:"故知蔡絛所言多不可从。"又如《蔡宽夫诗话》第二十八条"韩愈阳山之贬",原文谓:"退之阳山之贬,史不载所由,以其诗考之,亦为王叔文、韦执谊等所排尔。"此下曲为解说,颇似得其实。作者则于案语中引胡仔所作以洪兴祖《韩子年谱》为基本材料的有关考证,证实韩愈贬阳山别有他故,并非如《蔡宽夫诗话》所言。这些案语虽然不算太多,却从一个侧面反映了作者辑佚的用意,还在为研究者利用所辑史料时提供一个正确的导向。与前一特长相结合,本书因此也带有了诗话研究专著的意味。

本书的不足,是各家诗话前均无提要,致读者读其书而于书中所辑诗话的大概不甚明了。据辑者跋,其所以不载提要,是因为当时别有《北宋诗话考》、《南宋诗话考》两文,将刊于《燕京学报》,故本书不附。辑者后来著有《宋诗话考》一书(中华书局,1979年),读本书可取该书参阅,以明其概况。

《宋诗话辑佚》对于中国文学研究的历史贡献,主要是与三四十年代出现的几种中国文学批评史(包括辑者所撰的一种)一起,推动了中国传统文学批评及其理论的研究朝纵深方向发展,为后人全面地了解评价宋代诗论提供了可靠的基础。在宋诗话辑佚方面,本书虽然不是唯一的一种,却是迄今为止仍为研究者广泛利用的一部名作。

研究本书的论著,有1937年《燕京学报》二十二期上发表的肖甫的书评,以及吴企明《〈宋诗话辑佚·古今诗话〉案语补》(《中华文史论丛》1981年第四辑)、钟振振《〈宋诗话辑佚·诗史〉校读记》(《南京师范大学学报》1985年第3期)、陈尚君《〈宋诗话辑佚〉匡补》(《中国诗学》第四辑,1995年)、李裕民《〈宋诗话辑佚〉补遗》(《文献》2001年第2期)等。

(陈正宏)

中国文学批评史 罗根泽

《中国文学批评史》，罗根泽著。1934年北平人文书店初版，内容仅由周秦述至六朝。40年代，作者续写至晚唐五代，并改写初版，由商务印书馆分册出版了《周秦两汉文学批评史》(1944)、《魏晋六朝文学批评史》(1943)、《隋唐文学批评史》(1943)、《晚唐五代文学批评史》(1945)，各册封面书名下均有"中国文学批评史第几分册"的副题，是为本书1949年以前的通行本。1957年，上海古典文学出版社出版由作者重加修订并将前四书两两合并的《中国文学批评史》第一、二册。1961年，该社又出版了根据作者遗稿排印的"两宋文学批评史"，列为本书第三册。本书目前通行本，为上海古籍出版社1984年重印的新一版。

罗根泽(1900—1960)，字雨亭。河北深县人。早年家境贫寒，读书时时中辍。1927年，考入清华大学研究院国学门，次年又考入燕京大学国学研究所，始专意学业，且在先秦诸子研究方面崭露头角。曾应顾颉刚之约，主编《古史辨》第四、六两册，为疑古学派的代表学者之一。20年代末起，先后任教于河南大学、河北大学、北京中国大学、北京师范大学、安徽大学、西北联合大学、中央大学等校。1949年后，一直在南京大学任教授。罗根泽自30年代初起由治诸子之学转向文学研究，前期致力于文学批评史的编撰，后期则注重中国文学史的研究。著作除本书外，尚有《诸子考索》、《管子探源》、《乐府文学史》等。

人文书店初版的本书，是1932年春作者由郭绍虞推荐至清华大学接讲"中国文学批评史"时编著的。此后作者在北京师范大学等校讲授该课，又陆续编撰六朝以下各篇。抗日战争爆发后，人文书店版本书被全数焚毁。作者因重加衷集整理，至40年代中期将宋以前的文学批评史编就，作为"中央大学文学丛书"出版。嗣后作者又整理两宋以来批评史料，但以疾病缠身，迄1960年辞世时，仅成两宋批评史的未定稿，宋以下则付厥如，所以本书是一部未完成的中国文学批评通史。

40年代版通行本罗著《中国文学批评史》共四册五篇。除第一册《周秦两汉文学批评史》内含两篇外,其余三册均仅含一篇,因此该三册的书名亦即相关的篇名。此版第一册卷首有 1942 年作者"自序"及 1943 年附记。上海古籍出版社 1984 年刊行的经过修订的新版本书通行本则改为三册六篇。第一册卷首有作者 1942 年的"旧序"、1957 年的"新版序"和 1958 年的"重印序",由此三序可见作者的思想发展脉络,并推知四五十年代两版不同之所在。第一册收三篇:周秦、两汉、魏晋南北朝。第二册收两篇:隋唐、晚唐五代。第三册为两宋一篇,其前有郭绍虞 1961 年所撰"序"。下面先介绍 40 年代版本书所有的五篇的内容概要。

第一篇"周秦文学批评史",分"绪言"、"诗说"、"'文'与'文学'"三章。"绪言"详述文学批评史的有关理论问题及本书编纂的体例、方法及其理由。作者谓文学有广义、狭义、折中义之分,本书所取为包括诗、小说、戏剧及传记、书札、游记、史论等散文的折中义;文学批评也有广、狭两义,本书所取则为包括文学裁判、批评理论、文学理论在内的广义。作者比较中西文学批评的历史,认为"西洋文学批评偏于文学裁判及批评理论,中国的文学批评偏于文学理论"。至本书的编著体例,作者称之为"综合体",即先依编年的方法,分全部中国文学批评史为若干个时期;再依纪事本末的方法,就各期中的文学批评,分文体或问题而列若干章;然后再依纪传体的方法,将各期中的重要批评家设专章介绍。第二章"诗说"述先秦孔、孟、荀、墨诸家对诗的态度,谓先秦的编辑古诗、赋诗及论诗都有浓厚的功用主义色彩。第三章"'文'与'文学'"则由古经中的辞令论讲到韩非的"重质轻文"观点,并指出先秦的"文学"概念是最广义的,"几乎等于现在所谓学术学问或文物制度"。

第二篇"两汉文学批评史",分"诗的崇高与汩没"、"'文'与'文章'及其批评"、"对于辞赋及辞赋作家的评论"、"王充的文学批评"四章。作者将两汉定义为"功用主义的黄金时代",谓这一时代使《诗经》各诗有圣道王功的奇迹,而诗的文学旨趣反被《毛诗序》等埋没。但另一方面,由于战国以来文学的散文及辞赋的兴起,汉代的文学批评也渐及于文章,汉人对于以楚辞为代表的辞赋的批评,即是代表。而批评由于受地域及时代风尚的影响,又有南方"爱美"、北方"尚用"不同立场的矛盾冲突与融合。其时最受推崇者为王充,因为他不仅作了许多具体的文学批评,而且提出并确定了"文学批评"的义界和价值。

第三篇"魏晋南北朝文学批评史"分十一章,前七章讨论文学概念、文笔之辨、文体类、音律说(分上下两章)、创作论、鉴赏论诸问题,第八、九两章叙述两大批评家刘勰、钟嵘,第十、十一两章则论北朝的文学论与佛经翻译论。作者指出"文学"一词发展至魏晋南北朝,含义净化,与今人所说"文学"已无甚差别,而文学概念的这种转变,其突变期在魏晋。因了概念的突变,文学价值也被提举。文学批评方面,则分别文笔,研究体类,由文气说而导音律说,于是有文学批评的专书出现。

第四篇"隋唐文学批评史"分七章,第一、二章述"诗的对偶及作法",着眼于隋唐文学形式方面批评的演进。第三、四章分别讨论唐代前期"诗与社会及政治"及元稹白居易的社会诗论,重在文学内容的批评历史。第五章为"史学家的文论及史传文的批评",讨论范围延及史传文,盖以本书所取文学界说为非狭义的折中义。第六、七章专论唐代的"古文论",以韩柳为界分前后两期,而称韩愈最明显的理论贡献是指明"文以载道"之道为仁义之道、儒家之道。

第五篇"晚唐五代文学批评史",分"文学论"、"诗格"上下、"诗句图"、"诗品及本事诗"五章。第一章"文学论"从唐代社会变迁入手,将晚唐五代文学定为"自娱娱人的文学",而谓其时文学批评演为两途,一为变相的古文文论,一为艳丽文学的提倡与"诗格"的讲明。第二章及以下则重在一般批评史少述的诗格、诗句图的介绍,指出诗格盛行于初盛唐及晚唐五代两个时代,诗句图渊源于唐人摘选秀句,孟棨《本事诗》为诗话的前身,且称用比喻提示各种诗的境界,这种方法之能在文学批评史上取得地位,当归功于司空图的《二十四诗品》。

以上五篇的篇、章、节的次序,至80年代刊修订本无一更改,仅个别小节的题目略有改动,如第五篇第五章第一节原名"司空图的救世与避世",至修订本即改为"司空图的志业与诗笔";各篇、章、节的内容,也略有增删修改,如述传统社会状况,修订本时加"封建"二字之类。但总的来说改动幅度不大。

第六篇"两宋文学批评史"为四十年代版所无,而见于修订本第三册。全篇分十一章,第一、二章述宋初文论及对李杜韩柳集的甄理与鼓吹,第三至十章分别叙论欧阳修、二程、王安石、苏轼诸人及江西派、浙东派、理学派、心学派的文学批评学说。第十一章介绍诗话、词话、文话与诗文评点,最后附录"两宋诗话辑校叙录"。作者谓唐宋皆有文学复古运动,而唐代所复为三代两汉之古,宋代所复为唐代之古,故宋初人对于"韩柳文章李杜诗"尤为着力整理与推崇。北宋复古运动至欧阳修集大成,此后逐渐分化,而有以二程为代表的道学派的道文分合说、王安石为代表的经术派的政教文学说及以苏轼为代表的述意达辞说。诗论则以江西派之说最为盛行。至南宋,各派又有分合:浙东派糅合北宋三派,而道学派又分化为以朱熹为代表的理学派和以陆九渊为代表的心学派,前者倡诗文道流说,后者崇诗文心发说。

与郭绍虞、朱东润著批评史相比,本书所长在资料丰赡,规模宏大,且相对来说具有一较严密的理论体系。作者着手研究中国文学批评史之初,曾拟定一与众不同的计划,即"由博返约",先写逢说就录、资料较详、分册出版的批评史,然后再根据这些资料写一本简明的中国文学批评史纲要。纲要最终没有写出来,而"逢说就录"的特点则贯穿于本书始终。因为注重"博",所以书中为读者提供了许多一般文学批评史所不曾或无意提及的史料。如先秦篇的"古经中的辞令论",魏晋篇的"文体类"、"佛经翻译论",隋唐篇的"诗的对偶与作法",晚唐篇的"诗格"、"诗句图",两宋篇的"宋初对李杜韩柳集的甄理与鼓吹"等章节,便道前人所未曾道,开拓了中国文学批评史的研究领域。但也因为强调"博",故书中个别章节徵引材料不免芜杂。

本书第一篇第一章"绪言",分十四小节讨论中国文学批评史的诸多理论问题,如此强调理论建设,也是前此其他文学批评史未曾做到的。在"文学批评界说"一节里,作者归纳出广义的文学批评由文学裁判到批评理论及文学理论的过程,有批评的前提、批评的进行、批评的立场(80年代版通行本改称"批评的标准")、批评的方法、批评的错误、批评的批评、批评的建设七个阶段,各段又可分出详细的子目,其所建立的体系,实已接近于比批评史更广泛的文学研究史的范围。该节中由英文的Criticism,考证中文"批评"之意,指出本学科相应的中文名称,确切地说应是"文学评论"而非"文学批评",也颇精到。全书采用的体例,虽然是作者自称的"综合体",但由于作者较注重宏观的理论问题,所以书中论述最精彩的,是一些涉及文学基本概念及以批评史基本问题为纲的章节,如前三篇均列专章讨论"文"、"文学"、"文章"等概念的演变,第三篇第三章分辨文体有体派、体类二义等等,即从训诂、历史两方面清晰地阐释了有关的概念与问题。

在中国文学批评史编纂的历史上,本书虽非全璧,而与郭绍虞、朱东润两家批评史鼎足而立,受人推崇。其对于批评史理论的建设以及率先展开的对文学批评史中文体、创作、鉴赏等论的分类研究,指导了后来的研究者在相应领域进行更深入的探讨。书中有关晚唐五代等文学批评史料的详细介绍,至今仍是研究者开展有关研究时必读的文献。

研究本书的论著,在各个时期本书不同版本刊行后均有出现。北平人文书店版《中国文学批评史》出版的当年,即有佚名所撰《评罗根泽〈中国文学批评史〉》刊登于《众志》第二卷第三期(1934年12月)。嗣后李嘉言又撰书评,发表在《文哲月刊》第一卷第七期上。40年代商务版批评史分册出版时,《图书季刊》新五卷一、二、三期及新六卷三、四期均作过介绍;朱自清则于1946年撰《诗文评的发展》(《文艺复兴》第一卷第六期),文中论及罗著;次年《国立中央图书馆馆刊》又发表了署名"南屏"所撰的书评。五六十年代三册本出版后,日本《中国文学报》第二十一号(1966年10月)上刊载有小川环树的书评。80年代本书新一版出版后,有关本书的研究文字,则有聂世美《筚路蓝缕,以启山林——罗根泽著〈中国文学批评史〉再版读后》(《文学遗产》1984年第4期)、周勋初《开拓型的学者罗根泽》(《光明日报》1985年6月18日)的有关段落等。

(陈正宏)

中国通俗小说书目 孙楷第

《中国通俗小说书目》,孙楷第纂辑。有1933年中国大辞典编纂处、北平图书馆初刊本,1957年作家出版社、1982年人民文学出版社重刊修订本。

孙楷第(1898—1986),字子书。河北沧县人。1922年考入北平高等师范学校国文系,1928年毕业,留校任教,兼《中国大辞典》编纂处编辑。1931年至1941年在国立北平图书馆任职。1942年起,历任辅仁大学讲师,北京大学、燕京大学国文系教授。1952年后,任北京大学教授、中国社会科学院文学研究所研究员。早年师从著名学者傅增湘、杨树达。30年代初起,致力于中国古典小说、戏曲的研究,是中国小说目录学的开创者,同时在戏曲文献及敦煌俗文学的研究方面也颇有建树。著作另有《日本东京所见小说中国书目提要》、《也是园古今杂剧考》、《元曲家考略》、《沧州集》、《沧州后集》等。

1928年,孙楷第大学毕业,旋即参与了当时刚开馆的中国大辞典编纂处第二组的资料搜集工作。该组以搜集唐宋以来用近代语写成的文学作品中词语为务,为此须先行编纂有关书目,孙楷第因在当时北平孔德学校图书馆馆长马廉的协助下,专力于"近代语文库书目提要小说之部"的纂辑,并于1930年完成初稿。次年,孙楷第被聘至国立北平图书馆任职,书目纂辑因也成为中国大辞典编纂处与北平图书馆两处的合作项目,名为"近代小说书目提要"。同年经过修订,完成第二稿钞本三册。但孙氏仍感书目不完备,故于1931年夏东渡日本访书,归途又取道大连,赴满铁图书馆检读该馆所藏小说,纂成《日本东京所见中国小说书目提要》八卷、《大连图书馆所见中国小说书目提要》一卷。回国后继续在北京公私藏家寻访小说,终于1932年5月写定其书。由于该书"提要"部分内容庞大,故1933年正式出版的本书,只有书目及简略的版本说明,与同时出版的《日本东京所见中国小说书目提要》中各书均有较详细的提要不同,又所收均为宋元以来迄民国之前的语体旧小说,故其书定名为"中国通俗小说书目"。

初版《中国通俗小说书目》内封有钱玄同署签,卷首有郑振铎1932年序、黎锦熙1933年序与作者1933年自序。序后有"凡例"十三条及"分类说明"一文。全书十二卷,前七卷为正文,后五卷为"附录"。正文分四大部:"宋元部"(卷一),"明清讲史部"(卷二),"明清小说部甲"(卷三,专收明清短篇小说),"明清小说部乙"(卷四至卷七,专收明清非讲史类长篇小说)。各部之下,又分若干类:"宋元部"分"讲史"、"小说"、"小说总集"三类;"明清讲史部"依所讲史事分为从"古史"到"太平天国"十三类,末附通说古今二种;"明清小说部甲"分单本短篇、"总集"(指短篇小说合集)、"自著总集"三类;"明清小说部乙"篇幅最大,分"烟粉"、"灵怪"、"说公案"、"风世"四类,从卷四至卷七,类各一卷。"附录"五卷,其目为:"存疑目"(卷八)、"丛书目"(卷九)、"日本训译中国小说目录"(卷十)、"西译中国小说简目"(卷十一)、"满文译本小说简目"(卷十二)。其中"日本训译中国小说目录"为日本学者仓石武四郎所编,西译及满文译本二目,乃当时中国大辞典编纂处西文编目组与满蒙藏文编目室研究人员所辑,并为孙氏采入,作为附编。

初版本书共著录见存及已佚未见通俗小说六百余种,其资料来源约有二端:一为作者在北平、大连、东京三地实地调查所得。以北平为例,作者所调查的公私藏家,即有孔德学校图书馆、北平图书馆、清华大学图书馆、燕京大学图书馆以及马廉、郑振铎、傅增湘、胡适、泰兴丁氏、通县王氏、歙县吴氏、嘉定徐氏等十余处。一为前此专家学者撰写的有关论著。其中重要的有:《小说林》所载某氏《小说小话专记》所见演史小说、马廉《三国演义》版本调查目录、大连图书馆所藏中国小说目录、晁氏《宝文堂书目》中所记小说、郑振铎《巴黎国家图书馆所藏中国小说目》、日本长泽规矩也《日本现存中国小说目》、辛岛骁《大连图书馆藏大谷氏所捐中国小说目》等。书中著录格式,则首列书名卷数与则数,继另行低格注"存"或"佚"、"未见"、"存(?)"等表示存佚之字样;下空格后叙该书版本、款式、行格、作者、书目著录等情况;记所藏处,时以方括号标示;间又另行附案语及简略考证。而明清著名小说,以版本颇夥,又多于著录各版本前标以小说统称之名,下列一段小叙,于该书书名、作家等先加概说。

本书是国内学者对海内外公私所藏中国通俗小说进行综合著录、编为目录并公开出版的第一部著作。其突出的贡献,首在为中国古典小说的研究提供了一份可靠的版本目录清单,使有关作品及小说史的讨论得以在坚实可靠而又比较全面详确的基础上展开。以两部著名的古典小说《三国演义》与《水浒传》的研究为例,20年代初胡适等首次以现代方式对它们进行整理的时候,由于无小说目录为导引,《三国演义》仅知《第一才子书》本一种,《水浒传》也只能用金圣叹评点的七十回本。而在本书中,见于卷二"明清讲史部"著录的《三国志通俗演义》,从明嘉靖元年(1522)刊二十四卷大字本,到清康熙间刊毛宗岗评六十卷一百二十回本,共有二十三种;见于卷六"明清小说部乙"著录的《水浒传》,在金圣叹七十回本前,又别有十六种。作者对同一部小说的这许多版本依刊刻时代前后一一加以叙录,也就从根本上为研究这些名著的来龙去脉奠定了基础。而事实上直到今天,像《三国演义》等一部分小说,其前所未见的版本虽续有发现,但这些小说的版本源流的基本面貌,实在本书初版中已被颇为完整地记录在案,并无根本性的变化。其他一些发现了重要版本的作品,大部分也只是使本书初版中的溯源部分更向前推进一步,而非改变整个版本源流面貌。

本书的另一引人注目处,是作者对中国通俗小说的分类问题作了比较深入的探讨,继鲁迅《中国小说史略》之后,对小说分类别创一说。作者在大类方面取宋人笔记中所载当时"说话人"色目为据,认为宋元以来通俗小说凡演世间事者,大要不过讲说历史故事的"讲史"和杂讲朝野杂事的"小说"两大部,后世各家,形式上虽千变万化,要不出此两种而加以衍化。因此本书分类,首置包括"讲史"、"小说"两类的"宋元部",之后再列"明清讲史"与"明清小说"两部,而于"明清小说部"又别为甲、乙两部,甲部"以小说短篇合于最初体制者隶之",乙部则"以长篇小说之变古者隶之"。乙部之下,又分小类,其中像"烟粉"、"灵怪"、"公案",古已有之;而"风世"即讽谕劝诫之作,则为清代独有。这一分类上的"树状结构",一方面将所著录的小说妥帖地安排入合适的类目,另一方面又形象地显现了中国通俗小说从初起到发展以至成熟的逐步演化衍生过程,从而使本书在小说分类方面,与《中国小说史略》一起,成为角度各异(鲁迅从文学史的角度,而孙氏从目录学的角度)而又各具特色的名著。

由于本书的如上特色,书成即获得了学术界的广泛好评。胡适在论及本书及作者同时出版的《日本东京所见中国小说书目提要》时即热情地称赞说:"沧县孙子书先生是今日研究中国小说史最用功又最有成绩的学者。他的成绩之大,都由于他的方法之细密。他的方法,无他巧妙,只是用目录之学做基础而已。""他每记载一种书,总要设法访求借观,依据亲身的观察,详细记载板刻的形式与内容的异同,这种记载便是为中国小说史立下目录学的根基。这是最稳固最可靠的根基,因为七八百年中的小说发达史都可以在这些板本变迁沿革的痕迹上看出来。所以孙先生本意不过是要编一部小说书目,而结果却是建立了科学的中国小说史学,而他自己也因此成为中国研究中国小说史的专门学者。"(《日本东京所见中国小说书目提要序》,见该书1933年版卷首;又载《胡适论学近著》第一集,商务印书馆,1945年)郑振铎也称本书的出版,把小说研究"初期的幼稚时代,远远的抛却在后面了"(本书序)。

50年代,作者在友人张荣起的协助下,对本书作了修订增补,根据中日两国新发现的资料,将全书所录小说种数增加到八百余种,更改了部分小类的名称与分部(如卷七"明清小说部乙"的"风世"类,改为"讽喻"类;卷四"明清小说部乙""烟粉"类的子目第一原为"色情",改分为"人情"、"狭邪"两目,等等)。与初版相比,新版有长处亦有短处。如卷四中有关《金瓶梅》的版本,原本将词话本与崇祯本混作一目,虽见其异而未作明确区分,新版则不仅增补了万历本《金瓶梅词话》之目,而且对词话本与崇祯本的不同处作了简明扼要的阐述,即其明显的长处之一。但新版将初版前郑振铎、黎锦熙二序概行删去,致本书撰述缘起不明;又书后附录四"西译中国小说简目"与附录五"满文译本小说简目",前者罗致西方翻译中国小说颇众(如《红楼梦》西译本即著录从 1868 年 E. C. Bowra 的前八章节译本到 1929 年 Wang Chi-chen 全译本共八个本子;《今古奇观》又分合集翻译与单篇翻译两类,每类译本数量均不下十种),后者多著录"满汉合璧"本并附"文言小说及戏曲译本",于小说史研究实多有参考价值,新版也均删去,则显为其不足而颇令人惋惜。

研究本书的论著,除 1933 年《剧学月刊》二卷六期上发表的署名为"棨"的书评外,其余多为对本书的增订补遗,如谢伏琛《〈中国通俗小说书目〉补遗》(《文献》第十六辑,1983 年),吴敢、邓瑞琼《〈中国通俗小说书目〉版本辑补》(《重庆师院学报》1985 年第 2 期),胡士莹《〈中国通俗小说书目〉补》(曾华强整理、萧欣桥校订,《明清小说论丛》第四辑,1986 年),江苏省社科院明清小说研究中心与文学研究所编《中国通俗小说总目提要》(中国文联出版公司,1990 年)后附的《〈中国通俗小说书目〉补编》等。韩国吴淳邦则有《中国通俗小说书目概观》(韩国《中国小说研究会报》第二号,1990 年)。

此外,作者本人自 1983 年起在山西《艺文志》丛刊上连续发表经过修订的旧作《中国通俗小说提要》,后收入其所著《戏曲小说书录解题》一书,可略补本书无详细提要之不足。

(陈正宏)

日本东京所见中国小说书目提要 孙楷第

《日本东京所见中国小说书目提要》六卷，附《大连图书馆所见中国小说书目提要》一卷。孙楷第著。有 1933 年国立北平图书馆、中国大辞典编纂处初印本。另有 1953 年版本和 1958 年作家出版社、1981 年人民文学出版社重刊本，重刊本书名改为《日本东京所见小说书目》，书后附《大连图书馆所见小说书目》。

作者生平事迹见"中国通俗小说书目"条。

日本与中国一衣带水，由于历史的原因，公私收藏中国古典小说颇富。但在 20 世纪 30 年代以前，国内学术界对于日本收藏中国小说的情况知之甚少。1930 年前后，孙楷第纂辑《中国通俗小说书目》，于国内公私收藏的通俗小说多经眼著录，而日本所存中国小说，只能据日本书志学家长泽规矩也所记登录若干种，未得亲睹其书。为了弥补这一缺憾，1931 年 9 月，在中国大辞典编纂处与北平图书馆的帮助下，他专程赴日本检阅公私所藏旧小说。9 月 19 日抵达东京，即闻"九一八"事变消息，欲归复止，便在东京访书一月有余，目览手钞，匆匆回国。行前听说当时大连满铁图书馆收藏有日本大谷氏所捐赠的小说多种，其中不乏内地稀见之本，便又归途取道大连，花五天时间翻阅了该馆所藏小说，并于同年 11 月中旬回到北京。1931 年冬至 1932 年春间，他将这次在东京、大连两地访书时所作的札记重加整理，撰成本书，由北平图书馆、中国大辞典编纂处合刊，与同时刊行的《中国通俗小说书目》成为姐妹篇。

《日本东京所见中国小说书目提要》六卷。卷首有孙楷第之师傅增湘题字两页，一题"海外虞初新录，子书新著属题，壬申端午傅增湘"，一即本书书名，下署"藏园居士书端"。继有 1932 年 7 月胡适序，1932 年 5 月作者自序。序后为"缘起"，共七款，略述日本公私收藏中国小说各家的特色及本书编例。"缘起"后为目录，分所见小说为"宋元部"（卷一）、"明清部"（卷二至卷五）、"附录"(卷六)三大部分。其中"明清部"又分"短篇"(卷二)、"长篇"(卷三至卷五)两大类,"长篇"下复分"讲史"(卷三)、"烟粉"、"灵怪"(以上卷四)、"公案"、"劝诫"、"丛书"(以上卷五)六小类。卷六"附录"所收为类似小说或不全为小说之书,分"传奇"、"通俗类书"、"子部小说"三目。全书共著录小说及附录书九十八部,藏家包括日本宫内省图书寮、内阁文库、帝国图书馆、东京帝国大学文学部支那哲文学研究室、尊经阁、静嘉堂、成篑堂、盐谷温、神山闰次、长泽规矩也、文求堂主人田中氏、村口书店某氏等十余处,当时东京收藏中国古典小说的主要藏家,已尽在其中。

  书中各类下所著录的小说,凡性质、内容相同者均归一处,先标一目,如卷一"宋元部"收有内阁文库所藏元代至治年间刊印的五种平话,即先标名"元至治刊平话五种",下再一一著录五种书的具体情况;卷二"明清部一(短篇)"中有"熊龙峰刊小说四种"之目,卷三"明清部二(长篇)·讲史类"有"三国演义"之目,卷五"明清部四(长篇)·公案类"有"水浒传"之目,等等,也是同样的意思。每部小说的著录格式,则均以书名全称为目,后注卷数及收藏处;提要则换行低格写,包括刊本时代、纸质、版式、收藏印鉴、章回、内容大要等,间记有关本书的轶闻及作者对该种小说版本情况的考证;提要后又时录原书序跋,偶也附原本封面、版记样式,以资说明。

  本书著录的,均是当时国内所无或稀见的小说本子。因而在为国内研究者提供小说资料导向方面,功绩甚大。以《西游记》为例,当时国内通行本有三种,一为乾隆间陈士斌的《西游真诠》本,一为乾隆间张书绅的《新说西游记》本,又一为嘉庆间刘一明的《西游原旨》本,均为清刊本,而无一明刊本。本书则在卷四"明清部三"中共著录前所未见的《西游记》版本四个系统共六部,其中五部都是明本,一部清初刊本。而明本中的"华阳洞天主人校本"一系,后来成为《西游记》的通行读本;明本中的《唐三藏西游释厄传》,至今仍为讨论《西游记》演变的必读之书,尽管其诞生究在通行本《西游记》写定前还是写定后学界看法颇不一致。又如《封神演义》,国内一直非常流行,但明刊本绝不可见,作者不可考,其源流亦不可知。本书则不仅在卷四"明清部三"中著录了明刊《新刻钟伯敬先生批评封神演义》二十卷一百回,并据卷首序及卷二首叶所题指出原编者为许仲琳,改定评次者为李云翔;而且在卷一"宋元部"著录"元至治平话五种"之一《新刊全相平话武王伐纣书》上中下三卷,说明该书即明代《封神演义》的祖本,第一次使《封神演义》衍化、定型的梗概比较清晰地显现了出来。

  与同时出版的《中国通俗小说书目》相比,本书又有一个十分明显的不同,即每部小说名下均有详细的提要(故初版书名题作"日本东京所见中国小说书目提要",重刊本删去"中国"、"提要"二词,实无必要),而提要中又多记作者本人对该部小说的研究心得、考证成果,因此本书实质上不仅仅是一部单纯的小说书目,同时也是一部小说研究专著。如卷三"明清部二"讨论《隋唐演义》的流变,即对著录的熊钟谷编《唐书志传通俗演义》、余应鳌编《唐国志传》、姑孰陈氏尺蠖斋评释《唐书志传通俗演义》、徐文长评《唐传演义》四部明版书进行细致的比较,考定它们实为同一部小说;同时又比较熊钟谷本与别一种明本《隋唐两朝志传》,指出后者实以熊氏本为底本扩充而成。卷四"明清部三"论清初刊本汪澹漪评古本《西游证道书》,又对书中第九回"陈光蕊赴任逢灾,江流僧复仇报本"是否为《西游记》原文问题进行了考证,以该书第九回与其他各回内容相比照的方式,揭示了第九回与全书的诸多不合之处,从而推断该回文字为评点人汪氏所增。其他像卷五"明清部四"著录《忠义水浒志传评林》而考得明代通俗文学刊刻人余文台与余象斗为同一人,卷二"明清部一"述李渔《无声戏》清初刊本而发现其与《连城璧》的密切关联,等等,均超越了一般书目簿记版式、登录册籍的局限,而具有学术专著的特殊价值。

《日本东京所见中国小说书目提要》后附《大连图书馆所见中国小说书目提要》一卷。卷首亦有傅增湘题签和作者 1932 年自序以及目录。书目分"短篇总集"、"长篇"两大类,"长篇"内又分"讲史"、"烟粉"、"灵怪"三小类,末附"子部小说"一种,共著录小说二十六部,撰写提要二十四篇("短篇"中《鸳鸯针》、《一枕奇》、《双剑雪》三书合写一篇)。其著录格式及提要形式一如《日本东京所见中国小说书目提要》,而提要内容也不乏独具慧眼处。如"长篇"中所著录的《新镌绣像批评隋史遗文》,作者撰写的提要,即不仅指出其为褚人获编《隋唐演义》的主要蓝本之一,而且从该书每回后的总评中,考证出其本身又源于一种旧本《隋史遗文》,且此两种《遗文》,可能均与明末文人袁于令有关。这一结论,与《日本东京所见中国小说书目提要》中所载的有关《隋唐演义》的论述结合起来看,《隋唐演义》的流变便颇有绪可寻了。

本书的撰述与出版,与《中国通俗小说书目》一起,被学术界视为中国小说目录学正式成立的标志,对于中国古典小说研究的全面展开,诸部小说名著研究的深入,均有深远的影响。作者孙楷第因此被誉为"中国小说研究史上的哥伦布"(本书初版卷首胡适序)。

本书的不足,在访书时间太短,少数小说提要尚不够完善(如卷二有关《二刻拍案惊奇》的记录);个别考证也略有匆忙下结论之嫌,致引起后来研究者的驳难(如卷四关于《西游释厄传》的结论,即受到现代学者柳存仁的诘难,见柳氏《伦敦所见中国小说书目提要》第二篇及其"附录",书目文献出版社,1984 年)。

有关本书的评论文字,有胡适《日本东京所见中国小说书目提要序》(载《胡适论学近著》第一集,商务印书馆,1935 年)等。

(陈正宏)

唐代俗讲轨范与其本之体裁 孙楷第

《唐代俗讲轨范与其本之体裁》,孙楷第著。最初刊载于1938年北京大学《国学季刊》第六卷第二号。后收入作者所著《俗讲、说话与白话小说》(作家出版社,1956年)、《沧州集》(中华书局,1965年)卷一以及《敦煌变文论文录》(上海古籍出版社,1982年)上册。

作者生平事迹见"中国通俗小说书目"条。

《唐代俗讲轨范与其本之体裁》,是继向达《唐代俗讲考》初稿发表后,敦煌俗文学研究领域中出现的又一篇有关俗讲的力作。据1953年作者在本文末所写跋称,其文草创于1933年。1937年夏将草稿稍加润色,方完稿文中的第一部分"讲唱经文",即发生了卢沟桥事变,故其余部分虽材料具在,未能成文。此后不久正式发表的《唐代俗讲轨范与其本之体裁》,实为该题目下的第一部分。而直至作者去世,本文仍仅有此第一部分问世。但这篇不全的论文,却以其深入而严密的论证,成为敦煌俗文学研究中的名篇。

本文前有"序",略述其撰述缘起,以及其作与向达《唐代俗讲考》初稿在内容上各有侧重:向文主要言唐代有"俗讲"之事,本文则专讨论俗讲的轨范、门类、俗讲话本的形式及其对后世文学的影响。继以敦煌讲唱文学写本为中心,说明本文的讨论将分以下四部分展开:(一)讲唱经文;(二)变文;(三)唱导文;(四)俗讲与后世伎乐之关系。而下所叙者,实仅第一部分而无其余三部分。

第一部分"讲唱经文"所讨论的对象,即向达《唐代俗讲考》中所称的"讲经文"。该部分前也有一段序文,略述俗讲中的讲唱经文,其体制与高僧讲经同,但"颂赞频繁,述事而不述义";并列其节次为:讲前先有"赞呗"(即押座文),接着唱经题目,并"开题"(诠解经题);接着是入文正说。正说的格式,则是先"唱经"(摘诵经文),次释经,又次吟词偈。唱经、释经、吟词各一段,三者相联并不断重复,直到讲毕,再有赞呗,那便是讲唱经文的基本程式。以下则分五节对讲唱经文的诸环节加以详细的研究,其目为:(一)唱经;(二)吟词;(三)吟唱与说解之人;(四)押座文与开题;(五)表白。各节所论,以俗讲的讲唱经文程式上源于高僧讲经,故多取《高僧传》、《续高僧传》、《宋高僧传》及各种史书所载僧侣讲经情状为解。又以俗讲内容与讲经有别,故凡取证,又时以敦煌写本的讲唱经文原本加以复验,以明其异同。

与向达《唐代俗讲考》初稿相比,本文比较突出的成果主要表现在以下几个方面。首先是从佛教仪轨在中土的演变背景中,发现俗讲中讲唱经文体裁形成的具体原因及其比较详细的轨范程式。如第一、二节讨论唱经与吟词,即从《高僧传》"此土诵经则称为转读,歌赞则号为梵音"等史料,说明讲唱经文中的唱经源自转读,吟词源自歌赞,其声有高下、缓急之不同,并由隋唐经师在转读、歌赞方面俯就时调新声的实例,推测俗讲之所以在唐代大受欢迎,原因之一即是其唱经已近时调,吟词也非正宗的梵音。第二节论吟词注意到吟词有长偈短偈二种,其作用均可以"催经"即引出下段经文,并归纳出"凡偈用以催经者,必限来字韵"等四条通则,考得敦煌本讲唱经文中赞偈旁所注"平侧"不仅与音韵有关,而且与音乐有关。第三节论吟唱与说解之人,用俗讲与讲经相比照的方法,考证出唱经、释经与吟词分别由三人承当。凡此均以严密的论证,更为切实地展现了唐代俗讲中讲唱经文程式的细部。

其次是用局部的更为细致的比较形式,展现了唐代俗讲文学与后世戏曲及讲唱文学的渊源关系。如第二节后半部分论及讲唱经文中的词谒在后世的遗存,即指出:"元杂剧,凡判断、命令、及论赞之词,所以隐括事理者,例用偈赞体。其句法或为三、四。或为三、五。或为三、三、四。如《范张鸡黍》、《青衫泪》、《鲁斋郎》、《冤家债主》、《碧桃花》、《张生煮海》等末折皆然。"以下在讨论词偈称"吟"而不称"唱"的原因时,又举《金瓶梅词话》所载尼姑讲《黄氏女宝卷》及《五祖出家宝卷》事为例,说明词偈用于宣讲,虽在后世也例不称"唱",并由此得出"唐五代讲唱时之吟,即后世之念(或曰白);唐五代唱经之唱,相当于后世唱词调之唱"的结论。

再次是对敦煌讲唱文学文本中出现的一些特殊语辞,从佛学的角度作了比较合理的阐释。如"押座文"之名,敦煌讲唱文学文本中多次出现,其义何解? 本文第四节谓:"押者即是镇压之压,座即四座之座。"并举《一切经音义》、《续高僧传·杂科·声德篇》、《翻译名义集》等佛教史料,说明"押座"之意可释为静摄座下听众;又由押座文在俗讲时的位置,指出:"开讲之前,心宜专一,故以梵赞镇静之。"这一解释,颇有道理。故后来向达在《唐代俗讲考》的修订稿中,解释押座文之义,即主要取此说。又如押座文中每遍赞呗后,多另起行书"佛子"字样。这里的"佛子"是什么意思? 作者指出是称座下听众之词,因为根据《法华经》等佛经,凡信佛者,皆可谓之"佛子",而据《大方广华严经》卷十一每段均以"佛子"起首,又可知其式颇古。诸如此类的例子,显示出本文对于俗讲中讲唱经文的研究,确已达到了前所未有的深度。

《唐代俗讲轨范与其本之体裁》发表后,向达又发表了《唐代俗讲考》的修订稿,其中较初稿增加

"俗讲之仪式"一节,而所引前所未曾公布过的法国国家图书馆所藏 P.3849 号敦煌经卷背面的俗讲仪式,尤为引人注目。比较这一俗讲仪式与《唐代俗讲轨范与其本之体裁》一文中考证的讲唱经文程式,可见本文作者的研究是合乎事实并富有创意的。也正因此,后来著名敦煌学家王重民在《敦煌变文研究》(载《中华文史论丛》1981 年第 2 期)中提到本文时,称之为"一篇极有价值的论文"。而敦煌俗文学的研究虽然发展迅速,有关敦煌讲唱文学中讲唱经文的研究,却很少再有超过本文的论著。遗憾的是本文的后三部分未及成文,否则本文的价值将更大。

有关本文的研究论著,有向达《补说唐代俗讲二三事》(原载 1947 年 5 月 9 日《大公报·图书周刊》第 18 期,又收入《敦煌变文论文录》上册)的第三节等。

(陈正宏)

钱牧斋先生年谱 金鹤冲

《钱牧斋先生年谱》，金鹤冲撰。有1932年排印本、1941年广德钱氏本、1943年作者书店排印本。

金鹤冲（1873—1960），字叔远，常熟人。清光绪十九年（1893）庠生，后任教于苏州中西书院（东吴大学前身），曾返乡设馆授徒三十余年。解放后被聘为江苏省文史馆馆员。

《钱牧斋先生年谱》是一部考录明末清初著名文学家钱谦益（1582—1664，号牧斋）生平和创作的编年体传记。据谱后金鹤冲自跋，本谱始撰于1911年，时撰者"住金阊，校雠牧斋诗文集"，因"旁搜诸书之关涉（牧斋）先生者，为年谱"，而其写定，则大约在1928年。全文一万字左右。谱前有1932年张鸿序。正文起首略考钱谦益家世，之后则于有事可系的年份出条。全谱以干支纪年，每年正文的各条之间空一格以示区别，正文下间有小字双行注，一般注事条出处和撰者的简略案语。谱末有1928年金鹤冲自跋及"附录"多则，"附录"主要考述谱主的出处大节、著作情况及文学成就等。最后又附录清代顾苓所撰《东涧遗老钱公别传》。实际上，这是一份简要的钱谦益年表。

《钱牧斋先生年谱》篇幅不大，而特点鲜明。这主要表现在两个方面。

第一，本谱撰者不为传统看法所囿，注意搜集一些自清代以来一直不为人所重视或者看似孤证但却更具说服力的第一手材料，排比订正，力图以更接近真实的面貌展现钱谦益的生活轨迹。由于钱谦益晚年降清，历来史家多贬斥其为"贰臣"。本谱则致力于对钱氏入清后出处实况的考索，以较丰富的史料，钩稽出其晚年参加复明运动的来龙去脉，故对于前人有关钱氏的记载，颇有订补驳正之功。如己丑（清顺治六年，公元1649年）条中，征引了同年七月间钱谦益写给时在桂林的南明留守大学士瞿式耜的一封信。信中详细分析了当时南下清兵与南明朝廷对峙的形势，为复明活动设计了"全着"、"要着"、"急着"三套军事进攻方案；同时此信中又有"幸蛟麟（即马蛟麟，时率清兵驻常德）久有反正之心，与江浙提镇张天禄、田雄、马进宝、卜从善辈，皆平昔关通密约,各怀观望。此真为楚则楚胜,而为汉则汉胜也"的话,联系次年钱氏即有往还金华游说马进宝反清之事,钱氏前后一贯致力复明之决心与举措,便昭然若揭。值得注意的是,本条下有撰者自注:"此书载留守(即瞿式耜)文集,当时无知者。"此盖为实情。即如钱谦益晚年门生顾苓,在其《东涧遗老钱公别传》中亦只说钱氏"以隐语作楸枰三局,寄广西留守太保瞿公",且把此事系年提前,不免疏误。而本谱却能于数百年后将此则材料抉发出来,并据之与其他有关史实,如郑成功与钱谦益的关系,钱氏被捕与黄毓琪案的联系,钱谦益与柳如是往来江南诸地的实际目的等等,相互印证,考实钱谦益对复明运动所起的重要作用,在一定程度上纠正了历来对钱氏出处的误解和偏见。

第二,本谱在谱系钱氏生平,着力展现其参与反清复明活动的行踪的同时,也对钱氏内心世界作了比较深入的探索。由于钱谦益一生在文学方面颇有造诣,而身处明清易代之际,饱经内忧外患,故其诗文作品往往以曲折隐晦的手法,表现个人内心的复杂感受及对时事的看法,这就使得他的这些诗文成为后人深入了解其心迹行踪的最佳史料。本谱撰者于此颇有会心,故谱中多采用联系时事和旧典、曲探心迹之法,对谱主诗文加以钩稽诠释,由此一方面以诗系事,反映其行踪,并以之凸显出钱氏在特定时期中思想感情的发展变化,另一方面也从文学的角度为钱氏诗文作了合乎特定情境的笺注。如钱氏有诗集《投笔集》,此中诸诗多仿杜甫《秋兴》诗而作,故其本身即含有以诗为史之意,且诗中关涉的军国大事,钱氏本人又有所参与,所以更具史料价值。但钱氏后人钱曾在笺注此集时,由于时代的关系,一般只注旧典出处。本谱则在此基础上,将诗文与时事对照,排比订正,着力笺释本事,从而既考实了钱氏这些作品的创作背景,又揭示了当时钱氏的真实心态。像己亥(顺治十六年)诸事条中,即多采录《投笔集》中诗句与史事参证。例如金氏认为《秋兴》诗中"云汉新通博望槎"一句所指,乃郑成功攻打江宁,张苍水为先锋,取徽、宁诸路之事。"编户争传归汉籍,野老壶浆絜早秋",则是写郑氏发布檄文,"徽、宁及太平、池州等四府三州二十四县望风纳款,维扬、常、苏旦夕待变,杭州、江西九江等处俱有密谋举义前来给札者,东南大震"的情状。衡之史实,即颇有据。而同时引钱氏"皮骨久拼犹贳死"、"全躯丧乱有何功,苦恨孤臣一死迟"诸诗语,指出前者的寓意是"盖先生年逾八十,迄无成功",并引申后者之义,谓"其志弥可怜矣",则又真切地展现了钱氏的晚年心境。他如辛丑(顺治十八年)条记钱氏有与赵月潭书,并引录了"人世有八十老书生,未了灯窗业债,如此仡仡不休者乎"诸语,文后未加笺注,但联系钱氏连年为复明运动奔波却屡遭挫折的事实,同样可以理解钱氏此话确是有感而发,而非泛泛虚语。

此外,在具体史实的系年、材料取舍等方面,本谱也不乏独创之见。如有关黄毓琪(顺治三年于舟山起兵抗清)被捕,钱谦益因曾留宿黄毓琪,且答应资助其招兵,故受此案牵连,被急征至南京下狱,夫人柳如是冒死从行、倾力相救一事的时间,金氏直接从钱氏本集中寻找证据,主要采据了《秋槐诗集》中《和东坡西台诗韵六首》的序文和诗注中一段有明确纪年的文字,将此事系于丁亥(顺治四年),而不取《东华录》所载的戊子(顺治五年)说,及《孤忠后录》《南天痕》《南疆绎史》诸书所载的己丑(顺治六年)说,并以小字注的形式简略地驳正二说之误。这从年谱纂述的取材途径与引证方法上说,均是比较谨严的。

本谱也存在着一些明显的不足。首先是由于撰者着意为钱谦益洗刷"污名",不免在撰次时带有过多主观色彩,所以有些条目(主要是记钱氏降清的事条)与实际情况不尽相符。如乙丑(顺治二年)特记诸降臣致多铎的礼币有至万金者之事,而云钱谦益"独致礼甚薄",意似欲借以表明钱氏心念旧国,但据后来研究者考证,此事可能和钱氏当时经济窘迫的现状不无关系。其次,某些诗文系年与有关钱氏行踪的叙述也有疏误。如将《武林观棋》和《伏波弄璋歌》定于癸巳(顺治十年)所作,便无确切的证据。又明崇祯十四年(1641)正月记钱氏与柳如是游杭州西湖,而事实上,钱柳二人仅有同游之约,两人同舟至鸳湖,柳氏即别去,独返松江。凡此都一定程度上于本谱的学术价值有所损削。

《钱牧斋先生年谱》自1932年初刊后,又续有重版,在学术界引起了不同的反响。一方面,它所展现的与以往史书描写不甚相同的明清之际著名文臣钱谦益的形象,以及有关钱氏积极参与复明运动的考述,激发了一些有识之士的研究兴趣,从而使有关明末清初江南士大夫生活与出处大略情况的研讨,成为20世纪中叶以来史学和古典文学研究的一个共同热点;像陈寅恪的名著《柳如是别传》,从一个特定的角度看,也可以说是受本谱的启发而撰著的。另一方面,由于本谱客观上是在为一位历史上的"贰臣"作翻案文章,而抗日战争时期中国大陆沦陷区重印本书时,出版者有意无意地将钱氏与当时投降日军的汉奸作对照,从而致使它很自然地为当时及后来富有民族意识的学者所拒斥。本谱在相当长的一段时间内只受到少数学者的重视,原因即在于此。

从中国文学研究史的角度客观地评价金鹤冲的这部《钱牧斋先生年谱》,应当说,它仍具有较高的学术价值。它对于钱氏参与复明运动的考述,为后来学者从新的视角研究钱氏本人及亲友的生平和著述,指出了一个明确的方向,提供了基本的史料。而从作家传记撰著的角度看,本谱在重视考订谱主生平的同时,能注意反映其内心世界的活动,这种写法上承钱大昕《陆放翁先生年谱》的相关体例,又有所发展,对于现代学者撰述能深入展现作家内心世界的新型传记,也不无启迪之功。

介绍评论本谱的文字,有来新夏《近三百年人物年谱知见录》卷一(上海人民出版社,1983年;增订本,中华书局,2010年)本谱叙录等。

(吕海春)

胡应麟年谱 吴 晗

《胡应麟年谱》，吴晗撰。最初发表于1934年1月《清华学报》第九卷第一期，同年由上海商务印书馆列为《中国史学丛书》之一，出版单行本。目前的通行读本，是《吴晗史学论著选集》第一卷（人民出版社1984年版）所收本，该本以《清华学报》本为底本。

吴晗(1909—1969)，原名春晗，字辰伯。浙江义乌人。1931年考入清华大学历史系，在校期间，参与发起组织史学研究会。1934年毕业，留校任教，开始讲授明史。抗日战争爆发后，辗转南下，先后执教于云南大学和西南联大。1949年后，任北京市副市长。吴晗是一位造诣颇高的明史专家。一生勤于著述，除本谱外，还著有《朱元璋传》、《历史的镜子》、《史事和人物》、《读史札记》等，辑有《朝鲜李朝实录中的中国史料》，并创作了历史剧《海瑞罢官》。论著汇编为《吴晗全集》（中国人民大学出版社，2009年）。

《胡应麟年谱》是一部考录明代文学家胡应麟的生平、交游和学术活动的编年体传记。胡应麟(1551—1602)，字元瑞、明瑞，号石羊生、少室山人，浙江兰溪人，万历四年(1576)举人。好藏书，能诗文，文风受后七子的影响，被时人列为"末五子"之一。传世著作有《少室山房笔丛》、《诗薮》、《少室山房类稿》等。其人学识丰富，作品众多，而在相当长的一段时期内，一直未受到研究者的重视。1931年，吴晗在燕京大学图书馆发现《婺书》卷四有吴之器撰写的《胡应麟传》，其中谈到胡氏卒年，与时人推测不符。他认为可以深入研究，因此收集了部分材料，草成《年谱》初稿。据现存的1931年5月吴晗致胡适信，该初稿分为三部分，第一部分记前后七子的活动，中间部分为胡氏年谱，最后一部分载录胡氏死后至20世纪30年代为止学术界对他的评价及其著作的收集刊版情况。此后在胡适的鼓励下，吴晗又继续搜辑有关资料，并在翔实考订的基础上，对初稿从文字到体例都作了补充修改，最后完成了年谱的撰著。

修订后发表的《胡应麟年谱》将近四万字，也分为三部分，但三部分内容已与初稿颇有不同。第一部分考录胡应麟家世，主要根据《兰溪县志》、《少室山房类稿》中《家大人履历述》及《先宜人行状》介绍胡氏父母的生平。第二部分为年谱正文,按年系事,但也有约五分之一的年份以无事可系未出条。每年所系事目,以胡氏本人活动为主,兼涉交游的事迹,如生卒、著作刊行等。但不录与谱主无直接关系的时事。每页下有脚注,一般是注明各条正文的出处。对于交游人物,则在注中附以小传,并注小传来源。遇到与正文所载有异文的地方,还注引其他版本中收录的原文。如万历十一年癸未(1583)条下记汪道贯借酒侮辱胡应麟一事,在正文中引用的是《弇州四部续稿》及《太函集》的说法,但沈德符《万历野获编》及《武林旧闻》(收在《全浙诗话》中)所记与之不同,因此注中又将《武林旧闻》的说法原文钞录。第三部分是"主要参考书目",共开列了三十种,以谱主及交游的别集和一些有关的诗文总集为主,还有方志和古籍书目等。

  本谱的主要特点有二。

  第一,作者广征博引各种资料,并且考订翔实,解决了胡氏生平和著作中存在的一些疑难问题。例如关于胡氏的卒年问题,前此顾颉刚在《四部正讹序》中据江湛然所言,推算胡氏享寿在六十岁以上,但尚未考出确切卒年。而吴晗根据《婺书》卷四《胡应麟传》所记胡氏卒于万历三十年壬寅(1602),以及《区大相诗集》卷十七《壬寅闻两胡生亡》诗下有注,谓"两胡生"是指"豫章胡比部汝焕"和"兰溪胡孝廉应麟"的记载,断定胡氏卒年应在万历三十年,由此解决了胡氏生平的一个基本问题。又如关于胡氏作品的结集情况,年谱万历九年辛巳(1581)谱文中有"五月,《绿梦馆诗集》刊成"条,条中录有王世贞的序文,其下脚注注明所录序文采自《少室山房类稿》和《弇州续稿》卷四十四《绿梦馆诗集序》,吴晗据《弇州续稿》中此篇序文文同名异,推测《绿梦馆诗集》是《少室山房稿》的原名,后来胡氏又加以新作合为《少室山房稿》,而江湛然刻《类稿》时保留了王序却冠以《少室山房稿》之名,致使本名湮没无闻。追根溯源,在研究方法与结论两方面对后来学者均颇有启迪。

  第二,吴晗在资料的选取上尽量采录可以展示胡氏性格的文字加以编纂,使读者在了解胡氏生平事迹的同时,还能感受到胡氏的个性魅力。例如万历十一年癸未条下记有本年秋胡应麟应邀至钱塘,与众多吴越名士聚会一事,吴晗选用了《少室山房类稿》中《石羊生小传》和同书卷五十七所记、《弇州四部续稿》之《胡元瑞传》、《太函集》卷七十六《沧州三会记》等诸多材料,并细心地把各种材料中关于胡应麟与朋友的对话及活动融汇到一起,在文字上加以巧妙的编排组合,让读者不仅了解这件事发生的始末,领略到胡应麟"孤介耿直"的个性,同时也认识了胡氏周围知识分子群体的生活世界。

  《胡应麟年谱》是 20 世纪 30 年代学术界研究明代作家生平事迹的一部成功之作。由于作者著述态度严谨,用力甚勤,谱中提供了许多有关明代后期文学的可靠资料,为后人研究相关问题打下了扎实的基础。同时,由于作者写作时不局限于对史实的考证,不满足于相关事件的罗列,而力图使读者认识一个活生生的人,它又是重视展现谱主个性的一个范例。

研究评价《胡应麟年谱》的文字,有夏鼐、苏双碧等著《吴晗学术生涯》(浙江人民出版社,1984年)和美国马紫梅著、曾越麟等译校《时代之子吴晗》(中国社会科学出版社,1996年)两书的有关章节,以及吕斌《吴晗〈胡应麟年谱〉补正举隅》(《古典文献研究》2004年7月号)、王嘉川《胡应麟与王世贞交谊考——吴晗〈胡应麟年谱〉补正》(《国学研究》2005年第6期)等。

(吕海春)

高唐神女传说之分析 闻一多

《高唐神女传说之分析》，闻一多著。该文最先发表于1935年《清华学报》第十卷第四期，后收入上海开明书店1948年刊《闻一多全集》首卷"神话与诗"之部。《神话与诗》有多种版本，如天津古籍出版社2008年版、武汉大学出版社2009年版、湖南人民出版社2010年版等。

闻一多(1899—1946)，原名亦多，族名家骅，字益善，号友三。湖北浠水人。1922年毕业于清华学校。旋赴美国留学，在芝加哥美术学院、科罗拉多大学学习美术与西方文学。1925年回国，加入"新月社"。此后先后在中央大学、武汉大学、青岛大学、清华大学、西南联大任教，前期执教于外文系，后转而研究中国文学，并在新文学创作尤其是新诗创作方面颇有成绩。抗战胜利后，积极参加反对内战的民主运动，1946年7月15日在昆明被国民党特务暗杀。遗著以诗集《死水》《红烛》最负盛名。论文与创作由友人朱自清等辑集为《闻一多全集》(开明书店，1948年；三联书店，1982年重印)，后有新编版《闻一多全集》(湖北人民出版社，1993年)。

《高唐神女传说之分析》是一篇运用多学科知识，探讨有关高唐神女神话传说的起源及演化的考证文章。文章的目的，在于揭示历代文学和历史文献传说中的高唐神女，与传说中的涂山简狄一样，实为中国古代几个民族共同的远祖这一事实。全文分九节，文末有一段"补记"。其大致层次和内容如下。

一、"候人诗释义"

考证传说中的高唐神女故事，作者没有直接从宋玉的《高唐赋》入手，而是"从一个较迂远的距离"——《诗经·曹风》的《候人》篇出发的。作者声称这一个"大弯子"是"无法缩短"的，原因就在于：在他看来，理解《候人》简直就是进入神女传说研究考证的一把钥匙。作者对《候人》的传统解释——《诗序》中的"刺近小人"之说表示怀疑，认为《候人》的真实主题应该是反映"奔女"。作者在罗列了《国风》中的大量同类用法的例证后指出，《候人》三章曰"维鹈在梁，不濡其味。彼其之子，不遂其媾"，乃是用鹈不得鱼比女子没有得着男人，故有"不遂其媾"的抱怨；而四章"荟兮蔚兮,南山朝隮。婉兮娈兮,季女斯饥"的"饥"字,指的是情欲而不是腹欲。全文的意义就应是:"曹女是在青春的成熟期中,为一种迫切的要求所驱使,不能自禁,因而犯着伦教的严限,派人去迎候了她所不当迎候的人。"以上文字构成作者印证自己观点的第一点。第二点,作者通过对《鄘风·蝃蝀》的考察,指出《候人》与之在性质上是一致的,两诗的主人公同属"奔女"。最后,作者引用《吕氏春秋·音初篇》有关涂山氏与禹的传说与《候人》相比较,指出两个故事主人公行为动机、迎候方法上的相似性,从而进一步证实了曹女行为的性质特征。通过以上三点,作者遂肯定《候人》篇的主题是"刺淫女"而不是"刺近小人"。

二、"候人诗与高唐赋"

在揭示了《候人》的真实含义后,作者把论述的焦点引入《高唐赋》,正式开始了对高唐神女的考证分析。作者考察了《宋玉集》中《高唐赋》的情节,指出其与《候人》"消息相通之处很多",最显著的有五点:(一) 人物的身份同,诗曰季女,赋亦曰季女;(二) 人物的行为动机同,诗曰"季女斯饥",赋曰"愿荐枕席";(三) 存在形式同,诗曰朝隮,赋曰朝云(按毛传郑笺皆训隮为云,故朝隮即朝云);(四) 地点相近,诗在南山,赋在巫山;(五) 变幻情形同,诗云朝隮能致雨,与赋"暮为行雨"合。根据以上五点,作者认为南山朝隮与巫山朝云都是神话中的人物,是一个女子的化身,从而得出"朝隮与朝云两个神话本是一个"的判断。

三、"释隮"

"朝隮"与"朝云"何以能成为"本是一个"呢?作者接着分析了《蝃蝀》、《候人》两诗及《高唐赋》中提到的蝃蝀、隮、气、云各词之间的关系。在引用大量文字训诂方面的资料后,作者指出在古人那里,虹、云、气不分,虹、云、气与隮是互相通用的名词,为"朝隮"就是"朝云"找到了文字上的依据。

四、"虹与美人"

在上一节文字中,作者重点考证了"隮",认为隮当作"资","资"又是"次"的借字。"次"字依古文则正像虹之形。这样一来,"朝云"、"朝隮"就与"虹"具有某种联系。在本节中,作者通过对从《诗经》、《高唐赋》到汉代的灾异论,刘熙、郭璞、刘敬叔等所记的俗语,一直到隋唐《穷怪录》的研究,发现虹在古人的传说中一直是美人的象征。尽管神话存在的语言方式不同,但美人虹的传说却是很久就存在并千百年流传着。

五、"曹卫与楚"

传说的相似性解释清楚后,一个很显著的疑问就出现了:曹卫与楚相去数千里,怎么会有相同的神话传说呢?作者从民族迁移的角度解答了这个疑难问题。他认为:曹卫曾经一度是楚民族的老家,所以两国的民歌中还保留楚民族神话的余痕,所以楚神话人物所居的地名,在曹国也有。

六、"高唐与高阳"

楚地神话传说中的神女被称为"高唐",原因何在?作者考证的结果是:高唐是高阳的同音通用。高阳即高禖。古代各民族所记的高禖全是各该民族的先妣。作者分析指出:夏人的先妣是涂山氏,殷人的高禖为简狄氏,周人的高禖是姜嫄。依据这个事实,则楚人的高禖当是颛顼之妻女禄。由于传说误把高阳变成男性,为跟神禖资格的性别保持一致,于是将一人变二;又为了便于区分,性别不变的称"高唐",性别变了的称"高阳",于是一男一女,一高阳一高唐遂代代相传,永不合一了。

高唐这一称谓来自郊社的音变。高禖即郊禖。唐与社可通,故高唐就是郊社。从郊社到高唐,是由共名变专名。

七、"高唐神女与涂山氏"

在这一节里,作者以为"高唐神女与涂山氏不但有关系,而且关系密切"。理由有三:(一)两人行为的性质相同,都是神女主动大胆地追求自己喜欢的男人;(二)身份都是天帝之女,所奔之人都是帝王;(三)最引人注目的证据是:史料表明涂山和高唐两地相隔甚近,安徽有涂山又有高唐,四川巴县境内有涂山也有高唐。以上三点综合在一起,作者以为"涂山氏与高唐神女,家世一样,行为一样,在各自的民族里,同是人类的第一位母亲,同是主管婚姻与胤嗣的神道,并且无论漂流到哪里,总会碰到一起"。

八、"云梦与桑林"

在第六节"高唐与高阳"中,作者已认定桑林是宋的高禖,云梦为楚之高禖。在这一节里,作者除了进一步引证材料外,还从桑林(桑社)的功能入手,揭出了神女高唐与简狄都具有"先妣而兼神禖"的特征。

九、"结论"

在七、八两节文字的铺垫下,作者说:"高唐与涂山简狄都那样相似,我们屡次讲那必有缘故。"缘故是什么呢?作者告诉我们说:"若说这几个民族最初出于一个共同的远祖(当然是女性),涂山简狄高唐,都是那位远祖的化身,那便对了。因此,我们若说姜嫄(或古代其他民族的先妣)也是她的化身,那亦无不可。"作者最后总结说:"在农业时代,神能赐予人类最大的恩惠莫过于雨……先妣能致雨,而虹与雨是有因果关系的,于是便以虹为先妣之灵,因而虹便成为一个女子,朝隮(霓)、朝云以及美人虹一类的概念便是这样产生的。"一个神话传说产生的心理动机就被揭示出来了。

"高唐神女传说之分析补记"主要引用杜光庭的《墉城集仙录》中的云华夫人(名瑶姬)助禹治水的故事,证实高唐神女与涂山氏其实是同一人,为全文"中国古代民族的先妣,都是从某一位先妣分化出来"的观点提供更加有力的证据。

　　作为探讨神话起源、演变及实质的一篇文学论文,《高唐神女传说之分析》的特色,在于作者从文字、训诂及人类学、民族学、历史地理学等多方面入手,考察了神话传说的起源、分布情况、存在形态、演变状况和其中反映的人类心理特征。在研究过程中,史证与理证相结合,结论显得准确、可信。

(谯进华)

宫体诗的自赎 闻一多

《宫体诗的自赎》，闻一多著。最初发表于 1941 年《当代评论》第一卷第十期，后收入 1948 年开明书店初版《闻一多全集》第三卷"唐诗杂论"之部。《唐诗杂论》有多种版本，如上海古籍出版社 1998 年版、中华书局 2003 年版、江苏文艺出版社 2007 年版、武汉大学出版社 2008 年版、岳麓书社 2010 年版等。

作者生平事迹见"高唐神女传说之分析"条。

《宫体诗的自赎》是一篇评论六朝及初唐诗歌的论文，写于 1941 年，时值抗战时期，闻一多正在云南昆明的西南联大担任清华中文系主任，并致力于唐代文学的研究。本文的写作，是闻一多早年即十分感兴趣的唐诗研究的继续，而其选题的独特与视野的开阔，又显现了著者对唐代文学的研究至此已臻于一个新的综合的高度。

本文首先从"宫体诗"的界定入手，认为"宫体诗就是宫廷的，或以宫廷为中心的艳情诗，它是个有历史性的名词，所以严格地讲，宫体诗又当指以梁简文帝为太子时的东宫及陈后主、隋炀帝、唐太宗等几个宫廷为中心的艳情诗"。并划定其相关的时段为"谢朓已死，陈子昂未生之间的一段时期"。著者认为这一时期的诗坛"犯了一桩积极的罪"，"是一个污点"，因为宫体诗中充斥了"淫荡"、"堕落"，至唐初则内容不变而形式上更"细致"、"流利"、"乖巧"，并且总体上呈现"萎靡不振"的征象。

接着论文以"但是堕落毕竟到了尽头，转机也来了"一句为转折，叙述初唐诗人卢照邻和骆宾王对于宫体诗的革新。文中举卢照邻《长安古意》为例，谓其是诗人"放开了粗豪而圆润的嗓子"而作的人生咏唱，是"宫体诗中一个破天荒的大转变"，因为它是在"以更有力的宫体诗救宫体诗"。同时又举骆宾王的《代女道士王灵妃赠道士李荣》等诗为例，来显现这一大转变中诗人对于真情的重视与诗中所展现的"气势"。

而后论文又一转，谓卢骆式的"暴风雨"乃是达到刘希夷式的"雨过天晴"的过程。在分析了刘希夷的《公子行》、《春女行》等诗中所展现的痴情也就是著者所认为的"感情返到正常状态"后,文章特意举出刘氏名作《代悲白头翁》里的名句"今年花落颜色改,明年花开复谁在"、"年年岁岁花相似,岁岁年年人不同",指出这其中所透露的消息,是"蜣螂转丸式的宫体诗"已经"一跃而到庄严的宇宙意识",换言之,宫体诗的变革发展至此,已经开始触及更为深刻的人生本质问题。

因此在论文的最后部分,著者很自然地谈起了张若虚及其《春江花月夜》。著者认为《春江花月夜》所表现的,是"更夐绝的宇宙意识",是"一个更深沉,更寥廓,更宁静的境界";"在神奇的永恒面前,作者只有错愕,没有憧憬,没有悲伤";诗中所包含的,是"被宇宙意识升华过的纯洁的爱情",与"由爱情辐射出来的同情心"。因而整体风貌是"冲融和易",而结果则是"向前替宫体诗赎清了百年的罪","向后也就和另一个顶峰陈子昂分工合作,清除了盛唐的路"。在著者看来,由于刘希夷的过渡,张若虚笔下的诗已完全从宫体诗的阴影中解放出来,无论是意境还是思想,都达到了一个前所未有的高度,成为盛唐诗歌的先声。

《宫体诗的自赎》从结构上看自然是一篇从文学史的角度讨论六朝诗与唐诗关联的论文,但从文章的风格而言,它优美俊丽的笔调与颇重个人体验式的文辞,又在很大程度上使其与相对而言比较冷静客观的纯学术论文有所区别。这种特殊的文风的长处,是使本文在讨论诗歌艺术特征时具有相当强烈的感染读者的效果,有利于著者充分展现其论述宗旨。其不足,则在于有时不免忽视讨论对象的复杂内涵,而作过于极端的解释,如本文开始对于"宫体诗"的界定,将之限定在"艳情诗"的框架内,就与史实不尽相符,因而其下对宫体诗的极端情绪化的批评,也就失之偏颇。

本文在中国古典文学研究尤其是唐诗研究领域具有广泛的影响,"宫体诗的自赎"的提法,也为一些文学史论者所采纳。从方法论的角度看,文章从文学内部自身革新的视点考察文学变革,并且打破旧有的朝代分期观念,而置文学发展于一个连续不断的过程之中,凡此均为后来研究者研究中国文学史提供了很有意义的借鉴。

有关本文的研究论著,有傅璇琮《闻一多与唐诗研究》(收入清华大学出版社 1988 年刊《闻一多研究四十年》)的相关部分等。

(陈正宏)

文艺心理学 朱光潜

《文艺心理学》,朱光潜著。1936年由上海开明书店初版。本书原稿约于1931年初至1932年初作者留欧期间写成,写成后又在此基础上著成作者自称为本书"缩写本"的《谈美》一书,先行于1932年由开明书店出版。而本书则经作者几经修改才于1936年最后定稿出版。1981年在收入上海文艺出版社出版的《朱光潜美学文集》时,作者在部分章节后增写了"作者补注"。另有安徽教育出版社2006年版、复旦大学出版社2009年版等。

朱光潜(1897—1986),笔名孟实等。安徽桐城人。1916年考入武昌高等师范学校中文系,次年入香港大学。1922年毕业后在上海等地任教,并与叶圣陶等人创办了开明书店和《一般》(后改名《中学生》)杂志。1925年至1933年期间赴欧洲,先后在英国曼丁堡大学、伦敦大学和法国巴黎大学、斯特拉斯堡大学求学,获文学博士学位。1933年秋归国后在北京大学任教,并与胡适等创办了《文学杂志》。后转入四川大学、武汉大学任教。1949年后一直任北京大学教授,并任中国美学学会会长、中国科学院学部委员等。著作除本书外,尚有《给青年的十二封信》、《变态心理学》、《悲剧心理学》、《诗论》、《克罗齐哲学述评》、《西方美学史》、《美学拾穗集》等,并译有克罗齐《美学原理》、黑格尔《美学》、莱辛《拉奥孔》、维柯《新科学》等。1987年至1992年安徽教育出版社出版了《朱光潜全集》。2012年中华书局出版了《朱光潜全集》。

朱光潜早年兴趣在文学,后在长期的求学生涯中系统地汲取了近代西方哲学和心理学的知识,决定以美学为自己一生专攻的领域。《文艺心理学》是作者在这一领域内开垦播种出的第一个重要成果,也由此奠定了作者在中国现代美学史和文艺批评史上的地位。

全书共分为十七章,着重探讨了美感经验、文艺与道德、美、艺术的起源与创造、悲剧和喜剧诸问题,对与此相关的近代西方诸学说作了整合性的论述,同时阐明了作者自己的学术见解。本书的要旨,即如作者所说的"根据创作和欣赏的事实,寻求关于文艺的原理"。对于近代美学在中国的建立,朱光潜并不是第一位开拓者。早在20世纪20年代初期,俞寄凡诸人已将日本人研究介绍西方美学的著作译介至中国,稍后吕澂诸人又出版了《美学概论》等相关著作十余种,克罗齐的《美学原论》也由傅东华于1931年译介至中国。但朱光潜的《文艺心理学》出版后仍发生了相当的影响,并且数十年来一直受到学术界的重视,原因就在于该书在讨论这些问题上的广泛性、系统性和深入性胜于此前的同类著作。此书的意义不仅在于作者通过原文原作直接介绍了直觉说、距离说、移情说等诸种理论,还在于在对此的分析比较中表述了作者独立的见解,并从诸学说中归纳出一些文艺批评的原理,运用于分析各种文学现象,从而开拓了文学研究的新的视野。

这里根据书中涉及的五个主要问题,将十七章内容分为五个部分作一概要的介绍。

第一部分是美感经验的分析,这包括本书的第一章至第六章和第十一章的大部分。首先,作者根据意大利美学家克罗齐(Croce)的学说将美感经验(作者在1981年读重版校样时补注说,"美感"一词以译为"审美"为较妥)解释为"形象的直觉",当一个人为外界的某事物或艺术品所感动而完全沉浸其间时,"这种经验就是形象的直觉。形象是直觉的对象,属于物;直觉是知物的活动,属于我"(第一章)。美感的经验是凝神的境界,物我两忘是它的特征,亦即意象要处于孤立绝缘的状态。"但是这个意象的产生不能不借助于联想,联想愈丰富则意象愈深广,愈明晰。一言以蔽之,联想虽不能与美感经验同时并存,但是可以来在美感经验之前,使美感经验更加充实。"(第六章)其次,作者主要以英国心理学家布洛(Bullaugh)的"心理距离说"和德国美学家里普斯(Lipps)的"移情说"为基本理论,对美感经验与文艺创作和欣赏间的关系作了分析。关于"距离说",朱光潜认为,在文艺的欣赏方而言,一定的距离往往能感受到事物超越实用意义之外的本质美,或是过于直面时所体现不出的美;而在创造方而言,他虽然要通过某种媒介表达出某种情感,"他在描写时却不能同时在这情感中过活,他一定要把它加以客观化,……他自己对于这情感一定要变成站在客位的观赏者,换一句话说,他一定要在自己和这情感之中辟出一个'距离'来"。但这距离却要适宜,写实主义与理想主义的偏颇往往在于未能恰如其分地把握距离的度。关于"移情说",吕澂1923年出版的《美学概论》即是以里普斯的"移情说"为基本理论展开的。朱光潜在本书中的不同之处,在于他在对福楼拜诸人的创作实例的分析中充分肯定了"移情作用对于创造文艺的影响"的同时,也非常明确地表示"移情作用与物我同一虽然常与美感经验相伴,却不是美感经验本身,也不是美感经验的必要条件"(第三章)。此外,作者指出了美感与快感的本质性的差异,而美感的态度也不同于批评的态度,在审美过程的前后虽有名理的思考,但其本身并不发生判断。

第二部分论述了文艺与道德的关系,这部分包括第七、第八两章。作者考察了中国和欧洲的文学史后指出,在近代以前,无论是西洋还是东方,"文以载道"或文学须有益于社会世道的观念或文学实态一直是文学发展的主流,虽然在某些历史时期曾经步入狭隘的歧途,"现出一种浅薄俗滥的气味",另一方面却也由此诞生过流传至今的优秀文学。进入19世纪后,这一主流受到了两方面的挑战,一是以自由主义为思想根基的浪漫主义者所鼓吹的"为文艺而文艺"说,主张摆脱道德教训的桎梏而实现文艺本身独立的价值;另一则是由康德至克罗齐一线相承的唯心主义美学理论,认为美感经验与道德意志无涉,基于美感经验的艺术活动也就不应寓有道德教训。针对后一个方面,朱光潜首先从心理学和哲学两个角度批评了文艺寓道德教训说的褊狭,然后指出艺术与人生的关系密不可分,这是因为"美感经验只是艺术活动全体中的一小部分",虽然"美感经验只能有直觉而不能有意志及思考;整个艺术活动却不能不用意志和思考",即使美感经验等同于艺术活动,一个人的美感经验也无法与其他的人生活动截然相分开,"承认人生为有机体,便不能不否认艺术活动可以孤立绝缘,便不能不承认文艺与道德有密切的关系"。然而"就美感经验本身说,我们赞成形式派美学的结论,否认美感与道德观有关系"(第八章)。这一视角和见解在当时是独出机杼的。

第三部分论述了审美范畴中美的问题,这部分包括第九、十和第十五章。针对美在于物本身和美是心的产物这两种截然相反的观点,朱光潜指出,"美不仅在物,亦不仅在心,它在心与物的关系上面",这种关系即是"心借物的形象来表现情趣"。"美就是情趣意象化或意象情趣化时心中所觉到的'恰好'的快感"。就艺术而言,"美既不在内容,也不在形式,而在它们的关系——表现——上面"(第十章)。美一般又有"刚性美"和"柔性美"(通常称之为"崇高"和"优美")两种,朱光潜从生理和心理学的角度对此作了细致的分析,认为前者是动态的,后者是静态的,二者差不多可以涵盖世界上一切美的形态。

第四部分讨论了艺术的起源和创造的问题,这部分包括第十二至第十四章。对于艺术的起源,朱光潜基本上倾向于游戏一说,但游戏并不等同于艺术,其分别点一在于前者无社会性,而后者则有,另一在于"游戏只是表现意象,艺术则除了'表现'之外还要'传达'"。对于艺术创造,朱光潜着重厘清了这样两个问题:(一) 想象。艺术在本质上是一种创造活动,因此它所依仗的想象必须是"创造的想象"。创造的想象从心理学的角度来分析虽有理智的、情感的和潜意识的三种成分,但它的共同的功能则是将人在触物生情时产生的各种散漫零乱的意象融成一气,在文艺作品中体现出有机的完整性。灵感属于创造的想象中的一种潜意识的行为,突如其来和不由自主是它的两个重要特征,但它的发生却并不神秘,它实际上是日常间各种意象的长期蕴蓄在某时某刻的一种迸发。(二) 天才。艺术创造要有天才,天才的形成在相当程度上虽得之于遗传与环境的影响,但自我的努力却更为重要,在文艺创造中媒介知识的蓄积、传达技巧的掌握及作品的反复锻炼都需要相当的人力工夫。因此一位具有创造力的艺术家一方面要有匠人的手腕(人力的工夫),一方面又要有诗人的心灵(天才的禀赋),两者缺一,都不能达到完美的境界。

第五部分讨论了悲剧的喜感和笑与喜剧的问题,这部分包括了书中的最后两章。人们在观赏悲剧时为何会获得一种喜感,朱光潜在花了颇大的篇幅介绍了自柏拉图至尼采的诸种学说后指出,"悲剧是一种艺术作品,观悲剧是一种美感经验",因此必然会有一种审美的体验,在人们实际所处的位置与舞台中展现出来的场景之间应有一段适宜的距离,人们在作艺术欣赏时往往会消解悲剧中哀怜和恐怖所带的痛感成分,而在情绪的发散过程中往往伴随着愉快,这是悲剧的喜感的物质。对于笑的起因,朱光潜同样在介绍了西方各种有关的学说之后对此进行了分析比较,他认为各家理论都不免有些偏颇,事实上"笑的种类不同,笑的情境不同,发笑者和被笑者的性质不同,笑的原因自然也不一致"。"一言以蔽之,笑虽非一种纯粹的美感,而它的存在却须先假定美感的存在。把生命当艺术看,言动的丑陋也引起我们的嫌恶和讪笑。就这个意义说,喜剧的情感自然可以说是一种美感了"(第十七章)。

在20世纪30年代中期,我国的现代美学理论尚处于草创时期,西方的美学思想虽已渐次译介至中国,但《文艺心理学》一书还是以其系统性、深入浅出的文风、公允独立的见解而在学术界独树一帜,在当时和以后都产生了较大的影响,朱自清在该书的序言中对此曾有较高的评价。

研究本书的论著,有张景澄《朱光潜的"文艺心理学"》(《国闻周报》第十三卷第四十六期,1936年)、温儒敏《中国现代文学批评史》(北京大学出版社,1993年)、许道明《京派文学的世界》(复旦大学出版社,1994年)、阎国忠《朱光潜美学思想及其理论体系》(安徽教育出版社,1994年)等书的有关章节,以及童庆炳《心理学美学:"京派"与"海派"——朱光潜与胡风在三十年代对美学的贡献》(《文艺研究》1999年第1期)、钱念孙《融会中西的美学开拓——朱光潜〈文艺心理学〉美学观念的生成及启示》(《文艺理论与批评》2005年第2期)等。

(徐静波)

八仙考 浦江清

《八仙考》,浦江清著。原刊于1936年《清华学报》第十一卷第一期。后收入《浦江清文录》(人民文学出版社1958年初版,1989年再版)、《浦江清讲古代文学》(凤凰出版社,2010年)。

浦江清(1904—1957),江苏松江(今属上海)人。1922年考入南京东南大学,主修西洋文学,辅修国文与哲学。1926年毕业,北上至清华学校研究院,任陈寅恪先生助教。1929年后,转至清华大学中文系。1933年至1934年间,曾赴欧洲游学。抗战时期,任西南联大中文系教授,并兼师范学院教职。1946年随清华复员回京。1952年因院系调整,调任北京大学中文系教授。1957年夏因病去世,年仅五十三岁。浦江清早年研习西方文学,后转而研究国学,且长期在大学执教中国文学史,治学根基扎实而屡有新见。三四十年代发表的《八仙考》、《花蕊夫人宫词考证》,以独到的选题与周密的考证蜚声学界。而其长期致力于学术普及的工作,亦颇为后人所称道。

八仙传说是中国俗文学中家喻户晓的题材,也是中国神仙故事中最为著名的一组故事。早在明代,王世贞即对其进行过简略的考证,但"不知其会所由始"(见《弇州山人四部续稿》卷一七一《题八仙像后》)。20世纪初期,英国学者叶慈(P. Yetts)撰写了两篇有关论文("The Eight Immortals", 1916. "More Notes on the Eight Immortals", 1922),发表于英国《皇家亚细亚会学报》(*Journal of Royal Asiatic Society*)上。中国学者赵景深亦有《八仙传说》一文,刊于《东方杂志》第三十卷第二十一号(1933)。但无论是叶慈还是赵氏,都没有对八仙的起源、会合及其演变等问题作出全面、系统而又深入的解答。浦江清的《八仙考》,则在前人研究的基础上,第一次令人信服地解答了有关问题。

《八仙考》全文分为九个小节。第一节广征四部文献,旁引中外学者之说,考证了八仙之名的起源与八仙会合的历程。作者指出,带有道家色彩的"八仙"一词,其出现年代虽可上溯到东汉,但八仙观念直至唐代前后,仍只是非常空泛的而随时随地可以八人实之。宋代始有记载称五代后蜀道士张素卿曾画"八仙真形"。其说虽不可尽信,却提示人们从绘画、戏剧等艺术门类方面探求八仙起源与会合问题。根据文献史料及唐宋之际佛道二教相互斗争的历史,作者推断绘画中的《八仙图》源于道家《十二真人图》而间接承自佛教《十六罗汉图》;《八仙过海图》的蓝本,则出于佛教的《渡水罗汉图》或《渡海天王像》。而真人像在北宋李得柔的画中,也确已有钟离权、吕岩的形象,被李氏题称为"仙君"的,又适为八人。以后将李铁拐、汉钟离、吕洞宾、张果老、曹国舅、韩湘子、蓝采和、何仙姑会合入一图者,约始于元代,而其性质,则为庆寿图。戏剧方面的史料,可溯至南宋,而元明杂剧中涉及八仙的戏,亦多为庆寿之剧,因神仙戏本多用于祝寿,而八仙排场又适合戏剧组织,故最受欢迎。至号称八仙的八人会合的时间,约在宋元之际,其会合并无特别的理由,近世人们所熟悉的八仙组合也是逐渐确定的,且与道教关系甚浅。

第二至第八节分别考述了八仙事迹与传说的流变(其中第八节合考张果老与曹国舅,故为七节)。在细致地分辨史实与传说及其前后时代顺次的基础上,作者得出结论:(一)蓝采和之出典,在沈汾《续仙传》,可能是后人根据流行道曲造作其人,也可能是因为南唐市上确有这么一位乞索道人。北宋及金代有其画像,颇生动,所以为后世绘八仙者采入。(二)何仙姑,因为宋仁宗时永州有位能言休咎的道姑,名颇盛而适与吕洞宾传说同时,所以后人便将她与传说中吕洞宾所度赵仙姑合为一人。(三)吕洞宾,有关传说始于北宋庆历年间,且有自记、著述等被造作出来。而其理论属北宋道家新派,故又成为教主。(四)钟离权,与吕洞宾传说同起于北宋,民间藏其诗及草书,后世亦奉其为祖师。(五)韩湘子,本为唐代大文学家韩愈侄孙,随韩氏赴其贬职之地潮州,本无仙迹。晚唐时传说韩愈某侄能以奇术种牡丹,宋人附会,认为此人即韩湘,能于花中现诗句,而令韩愈悟道。(六)李铁拐,北宋徽宗时有刘跛子,南岳圣寿观有跛仙仙迹,至《吕祖志》合二而一,"李"当是"刘"的音讹。(七)张果老,新旧《唐书》采野史删节而成其传,谓其为唐开元中人,隐于中条山,玄宗征其为银青光禄大夫,道号通玄先生。宋人以讲史,而乐道其神仙事迹,因入八仙。(八)曹国舅,约出于宋人曹佾传说,曹氏本曹彬之孙,曹皇后之弟,无仙迹。但仪容颇美,而又有御赐金带及特缀献寿班故事,故为画八仙者采入。第九节小结前几节内容,并考释了元剧中名列八仙而后为何仙姑等取代的徐神翁、张四郎的两位仙人出处。

《八仙考》是一篇运用丰富的史料,通过各种角度的探索,以严密的考证完整地阐释传统俗文学故事的出色之作。在梳理纷繁复杂、真伪难辨的史料与传说方面,显现出作者具有极强的分析鉴别材料,不为似是而非现象所惑的能力。文中有关何仙姑、吕洞宾事迹的两节考证,即不仅透过"缠夹"无比的史传文字清理出何仙姑、赵仙姑及与之相关的一组传说的原型,使吕洞宾传说与假吕洞宾而得名的道教文献区别开来,而且从传说的发生与演变角度对之作出规律性的精辟阐释,指出:何仙姑的传说,是由实而虚;而吕洞宾的传说,是由虚而实。因此前者"追索及时的史料,即知其为人",而后者"记载不可靠,而那个传说倒是史料"。寥寥数语,便概括地指示了考索不同类型传说所当采用的不同方法。

作者宽广的知识面及其对国外汉学成果的多方面了解,也使本文的论证呈现出左右逢源、新见迭出的面貌。如第六节考证韩湘子,涉及传说中出现的韩愈另一位能以奇术种牡丹的侄子,作者即透过表面的神异,联系牡丹的栽培史,指出这位传说的术士很可能当年是一位栽培牡丹新花种的高手。第一节论八仙排场适合戏剧演出,又从角色的分配正与八仙特点相合一处入手,证实八仙在戏剧中的流行自有道理。其他像提及"八仙"一词出典,即联想及法国汉学家伯希和曾注牟子《理惑论》,对相关问题有所注意。由俄国学者科兹洛夫在黑城考古中发现的南宋版画"四美人图",而引发"八仙图"是否有意组合的话题。在吕洞宾考证中驳正日本佐伯好一郎所谓写《景教流行碑》的吕岩即吕洞宾之说,等等,均使本文的论述在一定程度上带有一种超越单纯考证民间传说框架的意味,而比较生动地展现出现代中国学者解决传统文学难题的深厚功力,与擅长考据又不乏联想兴会灵活性的独特的学术风格。

《八仙考》是浦江清学术生涯中最早正式发表的一篇学术论文,在 20 世纪三四十年代的中国俗文学研究界曾有过较大的影响。文章采用的综合美术、戏曲等艺术史料解决文学传说流变问题的方法,在后来的中外中国俗文学研究界成为一种最基本的研究方法。

有关本文的评论文字有吕叔湘《纪念浦江清先生》(《光明日报》1957 年 11 月 17 日)、关志昌《浦江清(1904—1957)》(台湾《传纪文学》第四十五卷第四期,1984 年)二文的相关部分等;补正文字有周晓薇《四游记丛考》(中国社会科学出版社,2005 年)的第四章《对浦江清先生〈八仙考〉的续补》等。

(陈正宏)

花蕊夫人宫词考证 浦江清

《花蕊夫人宫词考证》，浦江清著。原刊于 1947 年 3 月出版的《开明书店二十周年纪念文集》。后收入《浦江清文录》（人民文学出版社 1958 年初版，1989 年再版）、《浦江清文选》（北京大学出版社，2010 年）。

作者生平事迹见"八仙考"条。

所谓"宫词"，就是以宫廷生活为题材的诗。花蕊夫人《宫词》，是中国文学史上"宫词"一体的组诗中，与前蜀王建所撰《宫词》齐名而被后人广为传诵的作品。其作者花蕊夫人，旧说为后蜀主孟昶之妃。而传世的花蕊夫人《宫词》百首，旧说也多谓其大半为伪作。浦江清于 1936 年发表其著名的考据之作《八仙考》时，已注意到花蕊夫人《宫词》"法云寺里中元节，又是官家降诞辰"与孟昶生日不合的疑点，谓此"真成问题了"。40 年代初，他因休假暂居上海，便撰写了本文的初稿。1943 年在昆明龙泉镇的清华大学文科研究所，他又对本文作了改订，最后于 1947 年正式发表。

全文分为五节。前有"引子"，后有"余论及结论"，末附"花蕊夫人宫词校定本"与"诸本次第表"（后者初刊时未发表，1958 年版《浦江清文录》中始据作者手稿补入）。

"引子"比较中西文学，谓中国文学中虽无西洋文学之单篇长诗，而唐以来诗人利用绝句联章之法所作组诗，实即以小诗体制发挥长诗的作用。因举王建及花蕊夫人《宫词》为其例，而谓花蕊夫人之作"以宫中之主人，咏宫内之实事，自更有亲切之意味"。故撰本文，"以解千古之惑"。

第一至第五节分别为"前人之旧说"、"中元节之问题"、"宫词与宣华苑"、"所谓'逸诗'"和"前蜀之花蕊夫人"。其大要在说明根据史料，前后蜀宫内均有号称"花蕊夫人"的徐姓妃子，而以《宫词》中"法元寺里中元节，又是官家降诞辰"两句对照后蜀主孟昶的生辰，则孟氏生于十一月十四日有案可查，显与"中元节"云云不合。而前蜀主王建之子王衍的生日，适为七月十五日中元节，因此《宫词》当为前蜀花蕊夫人所为。就此复征引史传，与被前人认定为花蕊夫人原作的《宫词》三十二章及被疑为伪作的六十六首《宫词》"逸诗"多方对勘，证明全部九十八首《宫词》均为描写前蜀宣华苑初成时情形,"逸诗"实非赝品,所谓花蕊夫人《宫词》,实即前蜀宣华苑《宫词》。而花蕊夫人,即前蜀主王建的小徐妃,王衍的生母,所谓"顺圣太后"者。

但本文作者最终对《宫词》作者究竟是否即顺圣太后并未轻易下肯定的结论,而仅谓"或其所作"(见文末"余论及结论")。同时指出,《宫词》中亦可能杂有太后之姊翊圣太妃及蜀后主王衍、昭仪李舜弦、宫人李玉箫的作品,因为"此乃宣华苑中花前月下之歌曲,不主于一人也"。同时作者也注意到史书有王衍时中书舍人欧阳炯曾献《宫词》的记载,因对欧阳氏是否为今本《宫词》作者问题作了考证,审慎地保留了史传的说法。但对于《宫词》的写作年代,则肯定其在宣华苑初成时,即公元921至922年间。

《花蕊夫人宫词考证》是浦江清继《八仙考》后发表的又一篇考据力作。其发现问题及解决问题的方式,则明显受到陈寅恪"以诗证史,以史证诗"研究方法的深刻影响,文中讨论《宫词》与宣华苑关系时,即云:"兹就《湘山野录》之花蕊夫人《宫词》三十二章,择其可与史书印合者,为疏记解释于后,请以史证诗,以诗补史。"全文最精彩亦即屡为后人称道的由"法云寺里中元节,又是官家降诞辰"诗句发现作者时代问题一节,从其入手角度论,其实亦是"诗史互证"的成果。但浦氏的研究同时又确有其独到之处,即具有极强的辨析各种繁杂史料尤其是传说的能力。如第一节"前人之旧说"部分,不仅指出旧说相沿及矛盾之误,而且能从宋代王安国《蜀花蕊夫人宫词序》未言及的问题中,发现传说所称前后蜀均有徐妃一事在本文论证中的特殊价值。而当史传诸说于花蕊夫人究竟姓徐姓费缠夹不清屡屡争论时,浦氏又能从语言学的角度,联系后蜀徐妃一称惠妃的记载,简捷地推导出"费"可能是"惠"之讹的结论。他如第四节论"逸诗"部分,引《中山诗话》"王平父因治馆中废书得(《宫词》)一轴八九十首,而存者才三十余篇"等语,在察觉到"存者才三十余篇"一句似与上句"八九十首"相左时,又能敏锐地注意到此"存者"之"存"当是"删存、录存"之意,从而为佐证"逸诗"非伪找到了极佳的依据。

本文虽是一篇考证传统文学作品的论文,但文章起首一段比较中西文学有无长诗的文字,又显现出作者非为考据而考据的研究眼光。这得力于作者早年主修西洋文学的经历。在解释中国何以无西方式的长诗时,作者所作的两点扼要说明,即"一者文学之传统中西互异,二者诗之范围亦不全同",尤其是"范围"说中指出中国的长篇巨制如骚、赋、弹词、戏曲以西方文学定义言均可入"长诗"范围,实已超越了本文的研究范围,而成为精辟的比较文学论述。然而也因此,更凸显出本文取与西方长诗具有异曲同工之妙的绝句联章类之作花蕊夫人《宫词》作考证的题目,在文学研究中具有不同寻常的意义。

本文末有两个附录。附录一"花蕊夫人宫词校定本",分三部分录《宫词》原作及校语:前为三十二首历来被认为是原作的《宫词》,次为六十六首"逸诗",最后为七首真正的伪作。前两部分末均置一段案语,介绍所用底本、校本及有关情况,第三部分每诗后均附出处及考证。附录二"诸本次第表",将本文所用以校勘各本中每一首诗在全组诗中之次序合为二表,表一所列为《宫词》九十八首,表二所列为他人之作为后人杂入《宫词》者。两表竖列均以每诗首四字标目而横排各校本之名,横竖相交处之阿拉伯数字,即某诗在某本之次序。

有关本书的评论文字,有吕叔湘《纪念浦江清先生》(《光明日报》1957年11月17日)、关志昌《浦江清(1904—1957)》(台湾《传记文学》第四十五卷第四期,1984年)二文的有关段落等。

(陈正宏)

中国新文学大系 赵家璧等

《中国新文学大系》,共十集。赵家璧主编。上海良友图书公司1935年5月至1936年2月间陆续出版。1962年香港文学研究社曾出重印本。1980年至1981年上海文艺出版社出版《大系》十集的影印本,是为本书目前的通行本。

赵家璧(1908—1997),江苏松江(今属上海)人。1932年自光华大学英文系毕业后,任良友图书公司编辑,并任文艺图书出版部主任,开始与文坛交往,主编了《良友文学丛书》、《良友文库》及《中国新文学大系》等。1937年任《大美画报》主编,并复刊《良友画报》。1946年11月创办晨光出版公司,主编《晨光文学丛书》。50年代先后调至上海人民美术出版社和上海文艺出版社任副总编辑,1972年退休。其后出版有《编辑生涯忆鲁迅》、《编辑忆旧》、《文坛故旧录》等回忆录著作多种,并有译著数种。主要著作由后人编为《赵家璧文集》。

《中国新文学大系》是现代文学研究史上将"五四"以来的新文学作品及相关史料辑集出版的第一种系统的选集。它将小说、散文、诗、戏剧、文论各类体裁的作品及史料索引汇为一体结集出版,此在中国文学研究史上亦是破天荒的创举。据主编者赵家璧的自述,其产生的契机主要源于两点时代背景。一是其时虽距五四时期并不遥远,但五四运动的主导者和健将们大抵已或转向,或退离,或沉沦,原来的热烈空气已逐渐稀淡消散并为时人所淡忘,相反,作为新文化思潮的反动,尊孔读经之风在当局的鼓吹下日趋浓烈,否定"五四"白话文学的论调也时有所闻,因此编选一套彰显五四新文学实绩、唤起人们对五四传统的尊崇的作品集已是十分必要;二是其时距五四的发轫期已近二十年,其间新文学作品虽以各种形式登场,但一直未有系统而全面的作品选集出版以供世人检阅或后人研究。主编者痛感于此,遂萌发编选若干作品集的心愿。其时他经常出入日本人开设的内山书店,从书店中陈列的日文图书及日本出版商印发的图书目录和成套书宣传品中介绍的丛书、大系、集成等形式中受到启发,经与曾留学日本的郑伯奇商议,决定取日文的"大系"一词为名以编纂一套全面介绍、总结五四新文学的史料性选集。"先把民六至民十六的第一个十年间(按：即1917年至1927年间)，关于新文学理论的发生、宣传、争执，以及小说、散文、诗、戏剧诸方面所尝试得来的成绩，替他整理、保存、评价。在国内一部分思想界颇想回到五四以前去的今日，这一件工作，自信不是毫无意义的；而且供给十年百年后研究初期新文学运动史者一点系统的参考资料，也是我们所应尽的责任"(见赵家璧撰本书前言)。编选计划萌生于1934年的三四月间，经茅盾、阿英、施蛰存等前辈人士的指教，至七八月间大抵酝酿成熟，于是约请胡适、鲁迅等人分集编选，一年后各集陆续编成出版。

《大系》共十集，约五百万字。分为理论、作品、资料三个方面。第一集"建设理论集"，胡适编选；第二集"文学论争集"，郑振铎编选；第三集"小说一集"，茅盾编选；第四集"小说二集"，鲁迅编选；第五集"小说三集"，郑伯奇编选；第六集"散文一集"，周作人编选；第七集"散文二集"，郁达夫编选；第八集"诗集"，朱自清编选；第九集"戏剧集"，洪深编选；第十集"史料·索引"，阿英编纂。在第一集中有主编者赵家璧所撰简短的"前言"和蔡元培所撰"总序"，除第十集仅有编者的"序例"外，第一至九集正文前均有编选者所撰写的"导言"。主编者原来的计划是每篇"导言"约在二万字左右，但实际写成后长短不一，最长者为洪深所作，约六万字，最短者为朱自清所作，不足万字，但朱另撰有"编选凡例"、"选诗杂记"、"诗话"等诸篇，在体例上自成一格。因分集的编选者皆为五四新文学运动的主要参加者，其时已为世人所公认的大家，他们对于新文学的发生和发展都具有较深刻而透彻的认识，因此他们所撰写的"导言"尽管视角和重点不同，但大都体现出了作者不同凡响的独到见解。这些"导言"不仅后来被选收入各种文集，并在1940年由良友图书公司将其集成《中国新文学大系导论集》一册出版，1982年又由上海书店影印重版，对时人及后人的现代文学史观的形成产生了广泛而深远的影响。

以下结合各篇导言按类别对《大系》的编选内容及特点作一简述。

理论编分为"建设理论集"和"文学论争集"两集。在胡适为前者撰写的"导言"中，对五四文学革命的缘起和发生从文字、语言、文体诸方面作了历史的考察，指出文学革命的兴起之所以成为可能，最重要的是因为：第一，中国已有了一千多年的白话文学史；第二，在长久的历史中"官话"已普及至全国大部分地区；第三，是近代世界文化的传入。此外，科举制的废除、清帝室的颠覆也为文学革命的发生提供了政治上的可能。胡适在"导言"中进一步阐述了新文学运动的理论："我们的中心理论只有两个：一个是我们要建立一种'活的文学'，一个是我们要建立一种'人的文学'。前一个理论是文字工具的革新，后一种是文学内容的革新。"胡适特别强调了"这一次文学革命的主要意义实在只是文学工具的革命"。基于这一观念，胡适在本集中分"历史的引子"、"发难时期的理论"、"发难后期的文学理论"三个部分选录了论文五十篇，"第一组是一篇序幕，记文学革命在国外怎样发生的历史；这虽然是一种史实的记载，其实后来许多革命理论的纲领都可以在这里看见了。第二组是文学革命最初在国内发难的时候的几篇重要理论,以及他们所引起的响应和讨论。第三组是这个运动的稍后一个时期的一些比较倾向建设方面的理论文章,包括关于新诗、戏剧、小说、散文各个方面的讨论"(导言)。唯首篇"逼上梁山"乃是1933年底写成的"四十自述"中的一章,时间上已逾出十年的范围。与胡适的对"五四"之前的历史考察不同,郑振铎在"导言"中主要叙述了"五四"以来的文学论争史:白话与文言之争、文学研究会与创造社在基本观念上的歧异、新文学阵营对守旧诸派的反击,同时对各领域的新文学理论作了简要的评价。郑的"导言"对尔后新文学史观的形成影响颇大,其中有些观点在相当长的时期中一直成为定说。这一集中分"初期的响应与争辩"、"从王敬轩到林琴南"、"学衡派的反攻"、"文学研究会与创造社的活动"、"甲寅派的反动"、"白话诗运动及其影响"、"旧小说的丧钟"、"中国剧的总结账"八编,收录了各类文章一百零七篇,其中有十数篇与第一集重复。

小说类的三卷为大系的第三、四、五集。分别是茅盾编选的主要为文学研究会成员作品的"小说一集",郑伯奇编选的主要为创造社成员作品的"小说三集",鲁迅编选除此之外的作家作品的"小说二集"。茅盾在"导言"中以1922年为界点,指出在此之前各种新文学理论虽已出现,而创作的实绩尚颇薄弱,此后(第一个纯新文学社团文学研究会的成立是一个重要的契机)纯文学杂志逐渐萌生,新作者渐次崭露头角,一时在量上蔚为大观。但毕竟尚处草创期,技巧的幼稚自不待言,在生活的体验和表现上亦颇狭窄和肤浅。因此茅盾对入选的作家作品在赞赏了其优秀之处外,也一一指摘了各家的弱点,而茅盾所凭据的基准则可理解为写实主义理论。该"导言"中较可注意的尚有茅盾依据《小说月报》中的"国内文坛消息"栏一一列出了二十年代曾出现的百余家文学社团及其文学期刊,在史料上有搜珍罗珠的价值。"小说一集"收冰心、叶绍钧等二十九位作家的小说共五十八篇,基本上反映了文学研究会及与此相关的作家的面貌。郑伯奇在"导言"中以亲历者的身份简约而又明晰地叙述了创造社诞生的全过程及早期创造社在理论和创作上的诸特点,细致周详,公允剀切,对时人及后世对创造社的研究和评价具有相当的影响。"小说三集"收创造社成员及与此相关的作家十九位,小说三十六篇,其中以郁达夫和张资平为最多,各五篇。鲁迅编选的"小说二集",搜选的作家层非常广泛,自早期的《新青年》作者起,《新潮》、《弥洒》、《浅草》、《莽原》、《京报副刊》、《现代评论》以及狂飚社、未名社等主要作家的作品均有收录,共三十三人,五十五篇作品。并在"导言"中大抵都有简短而又精微的分析,对其特点的评论往往一语中的,鞭辟入里,显示出鲁迅作为一名优秀选家的深厚底蕴和深邃锐敏的眼光。

散文类共两卷,列入《大系》的第六集和第七集。分别由周作人和郁达夫编选。周作人的"导言"与其说是一篇新撰写的文章,不如说是将近几年所写的有关序跋连缀而成的旧文剪辑,这也反映了周作人对现代散文的成熟思考和一贯的见解。周在"导言"中引述旧文说:"中国新散文的源流我看是公安派与英国的小品文两者所合成","现在的小文与宋明诸人之作在文字上固然有点不同,但风致实是一致的,或者又加上了一点西洋影响,使他有一种新气息而已"。而公安派散文的特点,则在于它的率性真情。这是周作人对于现代散文的基本看法。"散文一集"中收入十七位作家的七十篇作品,大半为抒情文,亦有部分论说文及顾颉刚的"古史辨序"这样长达近八十页的记叙文。郁达夫的"导言",前半部有点类似现代散文论,指出现代散文的三个特征:一是"每一篇散文里所表现的个性,比以前的任何散文都来得强";二是"它的范围的扩大";三是"人性,社会性,与大自然的调和"。其视角与周作人颇有些不同。"导言"的后半部则为对入选作家的评说,尤以对周氏兄弟、林语堂的分析颇见精当。郁达夫对周氏兄弟甚喜爱,以致颇带激情地说"中国现代散文的成绩,以鲁迅、周作人两人的最丰富最伟大",因此在所有入选的一百三十一篇作品中,周氏兄弟的部分占了八十一篇,达"全书的十分之六七"。所选作品大抵以美文为主,除冰心、朱自清等名家外,也有如今已为人们所遗忘的罗黑芷、朱大枬等的散文。在入选时间上,与一集相同,亦有少量的作品逾出了1927年的界限。

第八集"诗集"的编选者原定为流亡在日本的郭沫若,一切已联系妥当,但郭因言论开罪蒋介石而为当局所禁,不得已临时改由朱自清编选。朱虽不以诗著称,但却以研究家的敏慧目光,在数月之内编出了一册具有相当水准的诗选。朱对新诗历程的理解是:"民八到十二(1919—1923),诗风最盛。这时候的诗与其说是抒情的,不如说是说理的;人生哲学、社会哲学都在诗里表现着,形式是自由的,所谓'自然的音节'。民十五(1926)'晨报''诗刊'出现以后,风气渐渐转变,一直到近年,诗是走上精致的抒情的一路上去了。"("编选感想")朱自清在文坛上可谓无党无派,因此编选的包容性很广,入选诗人计五十八位,共选有题诗三百六十六首,从最早胡适的尝试式新诗一直选到李金发、戴望舒、冯至的新诗,其中以创造社和新月社的诗人居多,徐志摩一人独有二十六首。在各集中,似以朱自清编选的诗集最为严谨,除"导言"外,尚有"编选凡例"、"编选用诗集及期刊目录"、"选诗杂记"、"诗话"诸篇,对选诗来源及入选诗人都一一有详记,一集在手,新诗色彩纷呈的面貌了然于目前。

戏剧类为大系的第九集,由洪深编选。洪深可谓中国去海外专攻现代戏剧的第一人,于理论、创作及戏剧实践上皆有深厚的功底,因此是戏剧集编选的理想人物。洪深所撰写的"导言"与众不同,洋洋洒洒六万余字,引述了大量有价值的史料,在史料梳理的基础上凸显出了五四前后以来的中国现代戏剧发展史的概貌。不过在第一、二部分用相当的篇幅为我们描绘了一幅与戏剧无直接关联的新文化运动之所以兴起的社会政治背景图,而结尾部分则显得有些匆促,因此全文的条理性和连贯性并不是无懈可击的。尽管如此,"导言"对有关戏剧的部分的叙述和评论相当明白而准确,这对阅读所收的剧本甚有裨益。因剧本的篇幅都较长,所以洪深在编选时把握谨严,每位作家仅收一部作品,共选十八家,自新文学中的第一个剧本《终身大事》(胡适)至具有革命文学倾向的《抗争》(郑伯奇),主要剧作均有收录,具有相当的广泛性和代表性。

第十集的"史料·索引"可谓是编纂者用力最多,也使后世研究者获益最多的一本集子。无导言,惟有编纂者阿英的一篇长不过三千言的"序例",内分总史、会社史料、作家小传、史料特辑、创作编目、翻译编目、杂志编目及中国人名索引、日本人名索引、外国人名索引、社团索引十一个部分。除第一、二、四部分是从各类书刊中选录而来之外,其余均由阿英凭借自己深厚的学养和长期的积累辑理编撰而成。"作家小传"收五四以来新作家共一百四十二名,"创作编目"和"翻译编目"则将五四以来的以单行本形式出现的各类体裁的著作和译作或按性质或按国别一一搜辑入内,"杂志编目"除总目外又编入了《新青年》等十一种主要刊物的细目,详尽而明晰。该集与阿英的《晚清戏曲小说目》一样,至今仍为研究者所常用。

综上所述,《中国新文学大系》有如下三个特点。

一是它在体例上的开创性。《大系》是中国出版史上第一次将某一时期的文学成果按体裁分门别类而又系统有序地综合成一体的文学总集,在它的影响下,以后遂有《中国新文学大系》二辑、三辑、四辑及《中国近代文学大系》的问世,在体例和编选方法上后者可谓都依循了赵家璧开创的范例。

二是它广泛的兼容并包性。当时虽也有各种文学派别,但分集编选者大抵不拘于一己之见,除胡适编的"建设理论集"的作者范围稍嫌褊狭(在入选的五十篇中,胡适本人独占二十篇)及郁达夫编的"散文二集"中的个人偏嗜倾向较明显外,其他各集都具有相当的宽泛性和代表性。

三是它融欣赏性与史料性、研究性于一体。不仅收了小说、散文、诗、剧本等可供一般人阅读的文学作品,又另设了两集理论和一集"史料·索引",并在每集中均有编选者的高水准的导言,这使得《大系》具有相当的学术水准和研究参考价值。

《中国新文学大系》问世后即颇获文坛好评。冰心指出"这是自有新文学以来最有系统、最巨大的整理工作"("大系样本")。叶圣陶说:"良友邀约能手,给前期新文学结一回账,是很有意义的事。"("大系样本")阿英则从史料保存的角度评价说:"良友图书公司发刊'中国新文学大系',其意义可说是高于翻译一切的古籍,在中国文化史上这是一件大事。"("编选感想")

有关《大系》的评论研究文字,有王永生主编的《中国现代文学理论批评史》中册第十一章第一节"《中国新文学大系》与中国现代文学史学科的草创",以及温儒敏《论〈中国新文学大系〉的学科史价值》(《文学评论》2001年第三期)等。

此外,日本讲谈社在1946年曾有翻译出版《大系》日文版的计划,因为当时美国占领军的政策所阻,仅出了"小说一集"后即告流产。

(徐静波)

人境庐诗草笺注 钱仲联

《人境庐诗草笺注》,钱仲联撰。有1936年上海商务印书馆线装排印本。

钱仲联(1908—2003),原名萼孙,号梦苕盦主,又号知止斋主。江苏常熟人。1926年毕业于无锡国学专修学校。历任上海大夏大学、无锡国专等校教授。1949年后,任江苏师范学院中文系古代文学教研室主任、明清诗文研究室主任。后为苏州大学终身教授。著述除本书外,尚有《鲍参军集注》、《韩昌黎诗系年集释》、《后村词笺注》、《剑南诗稿校注》、《吴梅村诗补笺》、《沈曾植集校注》及《梦苕盦清代文学论集》、《梦苕盦诗话》等。

《人境庐诗草笺注》是钱仲联为黄遵宪《人境庐诗草》所作的一部全面系统的注释本。黄遵宪(1848—1905)是清末著名诗人,也是传统诗歌革新运动的努力实践者。他一生无论游宦四方,还是晚年黜归田里,都在积极地进行诗歌的创作。他的诗内容广泛,形式新颖,不拘泥于传统诗歌之藩篱而能"别创诗境"。后人将他奉为"新派诗"的代表人物。《人境庐诗草》是他晚年亲自编订的一部诗歌选集,其中荟萃了他一生诗歌创作的精华。问世以后,流布甚广,有诸多刊刻或排印的本子。最早对其诗进行注释的,是他的从弟黄遵庚和侄儿黄篔孙,但叔侄两人所注,仅是清光绪二十六年(1900)单刻行世的《南汉修慧寺千佛塔歌》一篇。此后,广东学者古直于民国十五年(1926)将黄遵宪诗选出一部分加以注释,成《黄公度先生诗笺》三卷。钱仲联之所以要对《人境庐诗草》再行笺注,一则是因为此集向无完全的注本,古直的注所选不及全集三分之一,且其注在诗歌所涉及的本事及典故出处方面舛误甚夥;又因为时值淞沪战役后,上海沦陷,在沪执教的钱氏回到家乡,苦度"空山拾橡,俯仰伤怀"的无奈时光,于是取爱国诗歌读以壮志,而于黄遵宪此集尤加反复涵咏,颇有异时同境之感,遂立志为全诗作注。这项工作约始于1933年,完成于1936年。

此部笺注的卷次悉遵原编,凡十一卷。书前目录后,首录清光绪十七年(1891)黄遵宪自序及光绪三十四年康有为序。次为1936年钱仲联师友陈柱、冯振、王蘧常为此笺注所作的序及钱氏1932年自序。诸序之后,乃钱氏自订凡例十六则,详述笺注此诗的体例。兹后复录《清史稿》中黄遵宪本传和梁启超为黄氏所作的墓志铭。正文前,有钱氏撰写的《黄公度先生年谱》一卷,较为详赡地考订了黄氏的生平事迹。正文及篇题皆大字排印,注文则以双行小字的形式列于其下。正文卷端题"人境庐诗草笺注卷第几",下署"嘉应黄遵宪公度著,常熟钱萼孙仲联注"。注又分题注及句注两种,题注主要注释诗作年月,及此中所涉及的有关人物及本事;句注则着重笺释诗中典故之出处及文字的训诂。卷末尚有辛亥年(1911)黄遵楷原跋及钱氏辑录的《诗话》二卷,后者为近代一些学者诗人从各个角度出发对黄遵宪诗歌所作的评价。

黄遵宪生前对自己的诗歌创作颇具自信,其所取之材"自群经三史,逮于周秦诸子之注,凡事名物名切于今者,皆采取而假借之",因此,他的诗往往奥衍精赡,几乎达到了所谓"无一字无来历"的境界。要注释这样的诗,诚可谓一件难事。而钱仲联家学有自,其祖父钱振伦即是同光间一位笺注大家,叔父钱玄同亦是一代国学宗匠。钱氏自幼耳熏目染,加之劬劬向学,长遂博通经史,且覃研诗学,非但对历代诗人之诗作风格有颇深研究,又自善为诗,因此他从事此集笺注,实是以诗人之质以注诗,避免了昔人所谓"不能诗而妄注诗,终失作者之用心"的弊端。他在笺注时,注意到黄遵宪诗歌用典博赡的特点,旁征博绍,举凡经史子集、山经地志、释藏诸籍中有可发明黄诗者,悉数钩稽而出,且加以精审的采择。在笺释典故的同时,对古直原笺中的一些失误,是正颇多。如卷六《锡兰岛卧佛》"点点国土墨"句,古直笺释此句诗,以为典出李贺《梦天》"遥望齐州九点烟";钱氏则指出,此句实际上是用了《法华经》中的典故,从而纠正了古注之误。又如卷三《不忍池晚游诗》"银釭衔璧酒波摇"句,古直在笺释的时候,仅对其中的"釭"字详加考辨,而于此句用典之所从出,则付之阙如。钱氏经过考证,确认此句源出于班固《西都赋》"金釭衔璧"。虽然钱氏在笺注过程中纠正了许多古注的谬误,但对古氏注文中有价值的文字,也不掠美,于注中以"古直笺"标明。另外,他还在笺注中保留了很多有价值的黄氏自注,有的地方则径引黄氏所撰书籍以证。如卷一《香港感怀十首》"遣使初求地,高皇全盛时"下,引黄氏自注曰:"乾隆四十八年,英遣使马甘尼来朝,即以乞地为言。"虽则注文中误将乾隆五十八年(1793)作四十八年,但还是有助于读者了解这段史实。又如卷三《都踊歌》之题注,全部征引黄遵宪《日本国志·礼俗志》中的记载,详细说明了日本"都踊"风俗之由来。

黄遵宪生当清末,国势陵夷,外侮踵至,他的诗中有不少有关清季重大历史事件的作品,尤以一些哀叹国运不济、感时伤世的爱国诗篇引人注目,号称当时的"诗史"。这些诗歌创作虽皆有所本,但可惜的是,这些纪时诗或乏自注,或语焉不详。读这些诗歌的人,若对诗中所涉及的史事茫无所知,则不能较好地理解这些诗作,也就无法体味到黄氏作这些诗的用意为何了。钱氏笺注黄遵宪诗的时候,日寇气焰方炽,国家之危急,一如黄遵宪所处的那个时代,而他注黄诗,亦是本着"救亡之一助"这个目的。故而对那些爱国诗篇的笺注十分详赡,所谓"官私著述之翔实可信者均所采择"。如卷八《悲平壤》之题注,引《清史稿·左宝贵传》,将清军出兵平壤援朝而终为日军所败的屈辱史实揭示出来,句注下亦博征清末各种史传,将其中所含典实言明。通过这些注文,使黄遵宪这首既具讽刺又含悲愤的诗作的原旨较清晰地呈现于读者面前。又如同卷的《降将军歌》《台湾行》等,钱氏的注文都能用精炼的征引,将诗中涉及的晚清屈辱史一一勾勒而出,使读者通过注文能了解黄氏生活的那个时代以及他诗歌中饱含的爱国热情。

综而论之,钱仲联的《人境庐诗草笺注》,征引宏富,笺释明晰,是民国时期刊行的最好的一部黄遵宪诗歌的笺注本。此后钱氏又两度修订增补本书,由古典文学出版社、上海古籍出版社于1957年、1981年分别出版,后者成为本书目前的通行本。

(眭　骏)

晚清小说史 阿 英

《晚清小说史》,阿英著。有1937年商务印书馆初版本。后有人民文学出版社1980年版、安徽教育出版社2006年版《阿英全集》本、江苏文艺出版社2009年版等。

阿英(1900—1977),本名钱德富,又名钱德赋、钱杏邨。笔名除阿英外,又有钱谦吾、魏如晦等。安徽芜湖人。早年与蒋光慈等人发起成立"太阳社",主要从事现代文学理论与批评工作。20世纪30年代初,开始搜集、整理和研究明清与近现代文学资料,出版有《小说闲谈》、《中国新文学运动史资料》、《现代十六家小品》等著作。抗日战争时期,除参与编辑《救亡日报》外,又创作了《碧血花》、《李闯王》等剧本。1949年后,在担任华北及全国性的文化部门领导工作之余,致力于中国民间美术与近代文学史料的整理研究,著有《中国年画发展史略》、《中国连环图画史话》、《晚清戏曲小说目》、《晚清文学丛钞》等多部专著。论著由后人编为《阿英全集》(安徽教育出版社,2003年)。

《晚清小说史》是继鲁迅《中国小说史略》之后,小说史研究领域内的又一部名作,也是中国第一部完整论述晚清时期各类小说的专著。全书十四章,十四万余字。除第一章综述晚清小说的繁荣盛况,分析其内外成因,并对之作一总的评价外,以下十三章不依时代顺序,而按照小说的内容,分为十二大类加以讨论,计有:(一)晚清社会概观(第二、第三章);(二)庚子事变的反映(第四章);(三)反华工禁约运动(第五章);(四)工商业战争与反买办阶级(第六章);(五)立宪运动两面观(第七章);(六)种族革命运动(第八章);(七)妇女解放问题(第九章);(八)反迷信运动(第十章);(九)官场生活的暴露(第十一章);(十)讲史与公案(第十二章);(十一)晚清小说之末流(第十三章);(十二)翻译小说(第十四章)。所列各类,由于时涉及一些具体的历史事件,所以于有关章节起首,多置一段背景介绍,且着重于历史与文学的联系,颇具眼光。而文中述论各家小说,又有以下诸项特点。

首先是将晚清小说置于晚清社会政治发展变化的大格局中加以考察,把是否广泛深入地反映社会生活作为评价作品的首要标准。作者在本书第一章里就指出晚清小说有充分反映政治社会情况、抨击一切恶现象、以小说为启蒙工具、不重视两性私生活描写四大特征。由此出发，作者认为在人们习惯上所举的晚清四大小说中，李伯元的《官场现形记》不如同一作者的《文明小史》，因为就表现一个变革的动乱时代说，《文明小史》写得更广泛、更清晰。在论述妇女问题小说时，作者认为颐琐的《黄绣球》是"最好"的一部，理由是"这部书保留了当时新女性的艰苦活动的真实姿态，当时社会中的新旧战争经过，反映了一代的变革"。而对于晚清小说中没有显现"完全的商业活动的面影"表示遗憾。在评论以商人为题材的《胡雪岩外传》时，便对作品仅表现主人公的私生活，而不描写这个经济巨人的社会活动感到不满，并不无惋惜地说："如果作者得人，从其社会活动方面，著为说部，那真将成为一部金融信史。"

其次是本书虽然不是依照时代顺序来讨论晚清小说的历史的，但书中的基本观点和对一些文学现象的分析，依然有比较明显的史的意识。鲁迅对晚清小说有"虽命意在于匡世，似与讽刺小说同伦，而辞气浮露，笔无藏锋，甚且过甚其辞，以合时人嗜好"的评价（见《中国小说史略》第二十八篇"清末之谴责小说"）。作者对其说虽加赞同，但仍从发展的角度，指出晚清小说自有其成就，即"受西洋小说及新闻杂志体例影响而产生的新的形式，受科学影响而产生新的描写"等等，"无一不导中国小说走向新的道路"。关于受西洋小说影响而产生的新形式，书中特意提到了吴趼人的《九命奇冤》。在第十二章中，作者将《九命奇冤》与其故事原本《梁天来警富新书》作了有意味的对比，从写作动机、开场文字、结构穿插、细部描写等诸方面说明《九命奇冤》所表现的，是一种全新的文学风貌。关于受科学影响而产生的新描写，书中所举的一个典型例子，是宣统元年（1909）刊印的《宦海》第十七回中详述轮船里的轻重机的一段文字。作者细致地觉察出："虽然机械早已输入了中国，在文学上的反映，却非常的落后，关于机械的描写，简直不多见。"此外如勾勒从吴趼人的写情小说到"鸳鸯蝴蝶派"的发展脉络，阐明后来的"黑幕小说"与前此的"谴责小说"、翻译小说的关联，比较鲁迅兄弟翻译《域外小说集》的寂寞与林纾译作的热闹，也均是从史的角度出发得出的结论。

再次是尽管全书十分强调作品反映社会现实的功能及其思想价值，但在评论具体作品时，仍能注意到它们的艺术创造性。对一些影响较大的作品，在肯定其思想意义的同时，并不讳言它们在艺术上的失败。如第八章论述种族革命小说时，一方面称赞其为晚清小说中"最激急最进步的支流"，另一方面也指出："作品往往说教多于描写，完全反映了一种新艺术的初生形式，还不够把自己要发表的思想形象化起来。"又如对梁启超所撰影响颇广的《新中国未来记》，作者的评价一针见血："最精彩的部分，只是政治的论辩"，"并非小说"。

本书在论述晚清各家小说时，对各部作品版本著录的重视，也是比较引人注目的。文学史著作向以注重作家生平、作品内容两翼为特征,对于所论作品的版本,或以所见不易而从略,或略为小注,以目见为断。《晚清小说史》则不然,对于所涉及的小说,绝大部分都注明其初刊年代日期及刊物或出版社,重要著作则重版也列入。对于晚清杂志上连载的小说,有未终而止,或他人代续的,也一一交代清楚。

但本书也存在着比较明显的缺点,甚至有些特点,换一个角度看也就是它的缺点。例如本书一反以往文学史依时代顺序安排章节的做法,代之以按内容归类分章,这本是一种创举。但各章内叙述具体作品时,仍不依时间前后,而着眼于作品内容的重要与否,致全书从整体上看不出史的发展线索,就不免给人名实不符之感。第二章论晚清四大小说,以《文明小史》取代《官场现形记》,理由只是前者反映现实的面更广泛,也不是从文学本身出发的公允之论。此外,本书评价作品过多偏向思想价值,论述分析艺术性不足,也是比较明显的缺憾。

1955年,作家出版社应学界之需,重版了《晚清小说史》,该重版本乃作者就初版文字略加删节而成。1980年,人民文学出版社又出版了由吴泰昌根据作者1956年后出版的有关论著及国内外有关本书的研究资料加以修订的新一版,是为本书目前的通行本。通行本与初版本相比,篇章题目及章节安排几乎没有什么改动,而具体论述文字则时有增删。如第十章述反迷信作品《扫迷帚》,初版盛赞其"以朴质清丽的笔姿,缜密的理论,不可变易的事实,扫荡着一切的迷信风俗,可说是晚清的一部最优秀最有着影响的启蒙运动的书",通行本虽保留了这些赞辞,却在其后加了一句:"但不能说是一部优秀的小说。"可见作者在修订时更注重从文学角度评价作品了。

《晚清小说史》出版以来,在海内外学术界影响颇广。其初版后两年,就有德国人阿尔夫雷德·霍夫曼(Alfred Hoffmann)将第一、二章译成德文,刊载于汉堡的《东亚周报》(*Ostasiatische Rundschau*)第十一、十二、十三、十六、十七期。1979年,日本东京平凡社出版了由饭塚朗、中野美代子翻译的日文本。1987年,韩国正音社出版了由全寅初翻译的韩文本。1949年后,中国台港地区也分别翻印了该书的1937年初版和1955年重版。

研究本书的论著,有1939年北平图书馆《图书季刊》新一卷第三期发表的署名"敬"撰写的书评、1957年第2期《文学研究》上刊载的刘世德撰写的书评、1994年第2期《明清小说研究》上发表的署名"泽"的《〈晚清小说史〉的错简》等。

(陈正宏)

白石道人行实考 夏承焘

《白石道人行实考》，夏承焘撰。最初发表于《燕京学报》1938年第二十四期。

夏承焘(1900—1986)，字瞿禅，晚号瞿髯。浙江温州人。1918年毕业于温州师范学校。1930年后，先后执教于浙江之江大学、无锡国学专修学校、太炎文学院、浙江大学、杭州大学。毕生致力于词学尤其是宋词的研究，主要著作另有《唐宋词人年谱》、《姜白石词编年笺校》、《龙川词校笺》、《月轮山词论集》等。论著由后人辑为《夏承焘全集》。

《白石道人行实考》是一篇考录南宋词人姜夔（约1155—约1209，号白石道人）生平和著述的论文。它是夏承焘在前此所撰姜夔年谱的基础上，又参考友人陈思《白石道人年谱》中的有关研究成果，加以改订而成。据《燕京学报》所刊本文后记，本文写定于1937年。

《白石道人行实考》全文四万字左右。分为世系考、生卒考、行迹考、著述考、交游考、议乐考、石帚考、杂考、年表、补传十节。各部分主要内容如下：甲、"世系考"。本节主要以清乾隆九年(1744)姜虬绿编校的《白石道人诗词集》中附载的"九真姜氏世系略表"为依据，考录姜夔先世，并增加了对姜氏后裔的考订，有的附有小传。乙、"生卒考"。有关姜夔生卒的具体年月较难确定，本节通过姜氏及其交游可以考见年月的文字，并参考前此诸家姜夔年谱的论证，排比订正，初步得出姜氏约生于宋高宗绍兴二十余年（约1151—1160）、卒于宋理宗绍定二年（1229）之后的结论。对于姜氏卒于西湖、葬于西马塍，因从文集中获取了明证，考证较为清楚。丙、"行迹考"。此节又分为四小节，即番阳、汉阳、吴兴、杭州。"番阳"一小节是考证姜氏籍贯，后三小节则是以姜氏各阶段的主要居留地为中心，分别考证其各时期的行踪。如姜氏侍奉妇翁萧德藻寓居吴兴的八九年间，还曾过访金陵，客居临安、合肥，游览越赣，只是均未曾久居，凡此均归入"吴兴"一小节中加以考录。丁、"著述考"。姜氏以词章名世，同时对礼乐、书法等也很有研究。本节就其可考的十余种著述，分成词章、乐书、书学、杂著四类考订，各书目下大都附有解题，着重论其出处、存佚、版本、写作时代和内容。戊、"交游考"。本节依照其本集中出现的交游姓名，对姜氏交游分别加以考辨,除姓名见于词集者的小传另见于夏氏所作《白石道人歌曲考证》外,其他都附有小传。己、"议乐考"。庆元三年(1197),姜夔曾上书论雅乐,并进《大乐议》一卷、《琴瑟考古图》一卷,有司留其书以备采择。这是姜氏生平一件大事,本节主要考证其议乐见解不被采用的原因,指出可能是由于太常寺乐官嫉姜氏才能所致,而非如前人记载所云,议乐不合源于当时宰相谢深甫对姜氏有所妒忌。同时,本节对姜氏论乐中的舛误也作了订正。庚、"石帚考"。南宋词人吴文英词集中有六首词题赠姜石帚,前人多以为此姜石帚即指姜夔,石帚为其别号。本节从四个方面论证姜石帚并非姜夔。即第一,姜夔客居苕霅(即吴兴)时吴文英尚未出生;第二,吴文英赠词作于姜夔卒后;第三,姜石帚当指宋末元初杭州的一名士子;第四,吴文英赠词中表现出的富贵豪华之气,与姜夔晚年穷困潦倒的身世不合。辛、"杂考"。这一节着重考录姜夔生平中某些虽然琐碎而又较能反映其生活面貌的事件,如姜氏的擅长书法、艺术品收藏、婚姻情况,及其作品中的零星篇章等;该节还收入了一些对与姜夔有关的事件的考订文字,如宋以后以白石为号者的生平事迹考等。壬、"年表"。本部分具有年谱简编的性质,仅有事可系的年份出条,每事条后有小字注文,注明事条出处。癸、"补传"。本节将历代考论姜夔生平著述的文字和夏氏本人的考证成果加以辑录,重新排缀成一篇传记文章,每一段文字后都注明其出处。其后对前此各家所作的"姜夔传"作了概括性的考辨评价。全文最后有1938年夏氏本人所作后记。

《白石道人行实考》初稿发表后,夏承焘对之又作了全面的修订。1981年上海古籍出版社出版的新一版《姜白石词编年笺校》中即收录有本文的修订本。修订本也分为十节,但删去原本的"补传",而补入"合肥词事"一节。在这一节中,夏氏对姜夔词集中情词的本事,诸如词中涉及的人物、地点、事件缘由等,作了比较细致的钩稽考订,并按时间顺序次第先后。这部分内容,一方面是对姜夔生平事迹的补考,另一方面也使读者对姜氏所作情词有较深入的理解。此外,夏氏对原文中某些考订上尚存疑义的问题和疏漏之处,也进行了新的探索。如对姜夔生卒年月的考证,夏氏经反复推论,得出姜氏约生于宋高宗绍兴二十五年(1155),卒于宋宁宗嘉定十四年(1221)的新结论。尽管其中有关姜氏卒年的结论后又为更具说服力的考证所修正(参见陈尚君《姜夔卒年考》,载《复旦学报》1983年第二期),但与初稿模糊的结论相比,这段考订毕竟前进了一大步。它如对姜氏行迹,夏氏增补浙东、金陵两小节,并于"杭州"一小节下补订姜氏寓居杭州时的著述考和交游考;对于姜氏的交游,又增考五人,并附有小传,等等。总的来说,新一版的《行实考》在初版基础上有较多的修订,由于史料的积累更丰富,考证更翔实,因此结论也就比初版具有更高的学术价值。

《白石道人行实考》初刊于20世纪30年代,是当时词史研究领域里出现的一篇不可多得的高质量的学术论文。从撰述方式看,它显然受到王国维的名作《清真先生遗事》的启发,借鉴了

《遗事》的撰著体例,而同时在论述范围方面又比《遗事》更完整。全文十个部分均可独立成篇,显现出一种全方位、多角度地考论作家的生平事迹与著述的独特风格。从词学和词史研究的角度说,本文基本综合了当时关于姜夔生平研究的学术成果,加以撰者本人的考证,不仅为后来姜氏生平及作品研究打下了扎实的基础,同时对当时学术界还不太重视词家生平研究及词史考订的局面也颇有触动。20世纪40年代以来中国古典文学研究界中词学与词史研究的长足发展,追根溯源,即与《白石道人行实考》等一批高质量的论文的相继刊发有密切的关系。

(吕海春)

全宋词 唐圭璋

《全宋词》，唐圭璋编。最初由国立编译馆委托商务印书馆于1940年在长沙出版线装排印本。1965年，中华书局出版经过修订的新版本。目前的通行本，是中华书局1979年出版的书后又有编者《订补续记》的排印本。另有中华书局1999年初版、2005年重印简体增订本，署"唐圭璋编纂、王仲闻参订、孔凡礼补辑"。

唐圭璋(1901—1990)，江苏南京人。1915年考入江苏省第四师范学校。1922年考取东南大学(后改名为中央大学)，师从词曲专家吴梅研习词曲。1928年毕业，任教于江苏省立第一女子中学、中央军校等。1935年，入国立编译馆担任编纂。1939年后，先后在重庆中央大学、南京通志馆、南京中央大学、长春东北师范大学工作。1953年起，长期在南京师范学院(今南京师范大学)任教授。专长词学，著作除本书外，尚有《词话丛编》、《全金元词》、《宋词纪事》、《宋词四考》、《宋词三百首笺注》等多种。

宋词的汇辑，现存较早并且流传颇广的，是明末毛晋汲古阁刊刻的《宋名家词》六集六十一家。入清以后，又有侯文灿续刻《十名家词》，秦恩复刻《词学丛书》。晚清以降，词学颇盛，汇刻词集更是风靡一时。其著名者，有王鹏运《四印斋所刻词》及《宋元三十一家词》、江标《宋元名家词》、吴昌绶《双照楼景刊宋元本词》、朱祖谋《彊村丛书》、陶湘《续刊景宋金元明本词》等多种。在那样的形势下，词学家陈廷焯在所著《白雨斋词话》中即提出编一部"全宋词"的想法，并认为其编纂无须费时，"月余可成"。但陈氏的想法未免简单，直到20世纪30年代初，词学界汇辑宋词的最新成果，也仅有赵万里的《校辑宋金元人词》和周泳先的《唐宋金元词钩沉》两种。

1931年，唐圭璋在前人的基础上开始编纂《全宋词》。最初的工作是他与同学任中敏合作展开的，计划分四步进行：(一)综合诸家所刻词集；(二)搜求宋集附词；(三)汇列宋词选集；(四)增补遗佚。这一计划自非"月余可成"，任中敏以后也未继续参与。而唐圭璋则历经多年，到1935年其任职国立编译馆编纂时，已完成《全宋词》的资料纂辑，并同时辑成了金、元词和有关资料。此后国立编译馆先后三次印行《全宋词目录》征求各方意见,唐圭璋又在《江苏国立图书馆年刊》与《制言》等杂志上发表了一百家词的"跋尾";而吴梅、夏敬观也分别为《全宋词》作序,刊登在《艺文杂志》和《青鹤》杂志上。1937年,《全宋词》初稿完成,交上海商务印书馆印刷,但由于抗战,迁延至1940年才正式出版,并且印数不多。据初版卷首国立编译馆陈可忠"全宋词跋",当时"赞襄厥业,共与校订者",还有吴梅、汪辟疆、任中敏、王仲闻、郦承铨、夏承焘、叶恭绰、朱衣、赵万里、周泳先、卢前等十一位著名学者。

50年代中期,中华书局开始有计划地开展整理改编前人所纂文学总集的工作,并在1958年至1960年间,先后出版了严可均的《全上古三代秦汉三国六朝文》、丁福保的《全汉三国晋南北朝诗》、曹寅等校刻的《全唐诗》。其间唐圭璋应约对旧著《全宋词》进行改编增补,并推荐王仲闻校订其书,最后复由唐氏本人通读全稿。这部修订版的《全宋词》于1965年由中华书局出版。此后,唐圭璋又不断续辑校订史料,当1979年中华书局重印本书时,写成《〈全宋词〉订补续记》印于书末,便有了目前所能见到的精装成五册的通行本。

本书是迄今为止汇辑有宋一代词作最全的一部总集。初版全书三百卷,编录词人一千余家,收词逾两万首(据卷首唐圭璋撰"缘起")。除1935年夏敬观所撰"序一"、1936年吴梅所撰"序二"、1937年陈可忠跋之外,卷首另有"例言"九则,书后则有两个附录,"附录一"收宋明小说中假托的宋人词,"附录二"为《宋词互见表》,附录之后,还有一全书作者索引。通行本则全书不分卷,依作者时代前后编录了一千三百三十余位宋代词人的词作,合无名氏之作及书后所附"宋人话本小说中人物词"、"宋人依托神仙鬼怪词"、"元明小说中依托宋人词",共收词一万九千九百余首,另有残篇五百余首。前有"凡例"、"引用书目",后有"作者索引",颇便检核。

本书初版及通行本均以人系词,各人有简要的小传。每家词所列的次序,先是本人词集或本人别集中所收词作,编次均依原本旧貌;次为辑逸之作,编次以所出书的成书年代先后为序,如果出于同一部书,其次序也均照原书。出处相同的一组词,于最后一首末注明所出书名与卷次。各首词后,又时有编者所附考证,或辨他书误题作者,或记别本旧题。初版全书无标点;各重要词家词录毕后,时有一段长短不一的跋尾。通行本给每首词都加了标点,句号表示叶韵,逗号、顿号则分别表示句、读;删去全部跋尾;词中又间注有版本异同之文。此外,凡遇一人之作旧本有误以他人之作为其所作,或伪托之词,或实非词而是诗,等等,则又在该家词最后专置"存目词"一类,分调名、首句、出处、附注四栏扼要说明某首的概况与不收入正文的理由("存目词"这一形式当由初版"附录二"《宋词互见表》衍化而来)。

与前此出现的宋词总集相比,初版《全宋词》的特点,首先在其搜罗完备,博采众长,而所取各家词又多善本、足本。如毛晋汲古阁刊《宋名家词》中所收的刘过《龙洲词》为四十五首,本书据明沈愚刻本《龙洲词》校毛本，多出三十四首。王鹏运《四印斋所刻词》本何梦桂《潜斋词》收词四十首，本书则据明成化刻本《潜斋先生文集》增补了七首。江标《宋元名家词》本吴儆《竹斋词》收词二十一首，本书又据明刊本《吴文肃公文集》增补九首。这些底本的选择与辑补，反映出初版《全宋词》在求"全"方面的确达到了相当的水准。

初版《全宋词》的另一特点，是以独具特色的跋尾形式，对宋词别集的版本源流、优劣异同及其相关问题，作了比较系统的考述与评论。如卷五十二秦观词跋尾，由《直斋书录解题》、《传是楼书目》所载秦氏词集已佚失，说到宋本《淮海居士长短句》海内存两本，再述明刻秦观全集本词先后有六家，继指出各清本所从出，最后得出叶遐庵以两宋本合并所刊之本最佳的结论，头绪纷繁而丝毫不紊，即其典型的例子。他如卷八赵彦端词跋尾，不仅指出毛晋藏赵词有三种，且以颇多的实例，证明三者之一、朱祖谋未见的赵氏《宝文雅词》虽"首数与《介庵词》同"，而"文字大有胜处"，亦独具慧眼。而卷二十九欧阳修词跋尾通过细致的比较，将《醉翁琴趣外编》删除重复误入后归入"欧词之可信者"之列，又显现出编者的决断真伪的能力。通行本将这些颇有价值的跋尾概行删削，不能不说是相当可惜的。

但通行本也自有初版所不及的优点。与前代汇辑一朝一体文学作品的著名总集如《唐音统签》、《全唐诗》等相比，通行本《全宋词》一个最明显的优点，就是在编次上不再将帝王置于卷首，附僧道、闺秀于书末，而统以作者时代前后为序。在1940年初版的《全宋词》中，"帝王"、"宗室"仍在卷首，"释道"、"女流"还在卷末。这一情形自1965年出版的修订本起完全改观。全书除宋代及以后伪托之作外，其余作者均以时代先后为序。其"凡例"云："凡生年可考者，以生年为序；生年不可考者，以卒年为参；生卒年不可考而知其登第年者，以登第年为序；三者俱无可考而知其交往酬和者，以所交往酬和者之时代为参。一无可考者，参其作品所出之书成书时代，如孙舣词见于《苕溪渔隐丛话》，以之次于胡仔之前；见于宋末元初各书者，则概次于有时代可考者之后，仍以作品所出之书成书时代为序。无名氏词俱次于编末，亦以作品所出之书成书时代为序。"这样的编排体例，从根本上打破了人以类分的旧模式，而直观地显现了有宋一代词的创作的基本脉络，使本书在提供各家完整词作的同时，也可当一部宋词编年史来读。

与此同时，通行本在作品真伪考订、作家生平钩稽等方面也颇有创获。如卢祖皋《蒲江词稿》最末本有一首《洞仙歌》，编者据该词早已见于生活年代比卢祖皋要早的曾慥的《乐府雅词》这一情况，考证其决非卢氏所作。又如晏几道的事迹，在本书初版中所述甚简，通行本则根据《宋会要辑稿》，写出了其人的扼要小传。而对于前代视同名词人二而一、一而二的情况，通行本也多有驳正。

由于本书主要是以一人之力编就的，故虽经两度修订，而其中仍有不足之处，主要便是搜辑尚有遗漏。就此孔凡礼辑有《全宋词补辑》，由中华书局于1981年出版。近年又有孔凡礼、王学高《〈全宋词〉辑轶四首》(《文教资料》1991年第三期)、葛渭君《〈全宋词〉〈全金元词〉订误》(《文献》1993年第四期)、张朝范《〈全宋词〉误辨与存疑——兼辨〈全宋词补辑〉》(《贵州文史丛刊》1993年第三期)等文发表，对本书有不同程度的补正。

本书在学术界的影响，从狭义的方面说是为宋词研究提供了一种经过整理而又比较完备的资料汇编，推动了自20世纪30年代起出现的词学研究热向更为深入的方向发展。而从广义的方面看，主要是由于60年代中叶修订本《全宋词》的出版，为以后80年代断代诗文总集的编纂在体例上提供了一个合适的示范，从而从一个侧面促进了文学古籍整理工作的展开。

2009年中华书局出版的王仲闻撰、唐圭璋批注的《全宋词审稿笔记》为了解本书的编撰提供了最珍贵的史料。研究与评价本书的论著，除前已述及者外，还有郑骞为本书初版写的书评(1941年《燕京学报》第二十九期)，以及孔凡礼《关于〈全宋词〉的辑补》(《文学遗产》1981年第2期)、曹济平《唐圭璋先生对词学的贡献》(《文学遗产》1992年第2期)、许隽超《有关新版〈全宋词〉的几个问题》(《文学遗产》2002年第5期)、刘尚荣《再话新版〈全宋词〉》(《文学遗产》2003年第4期)等。

有关本书的工具书，有高喜田、寇琪编《全宋词作者词调索引》(中华书局，1992年)，范之麟主编《全宋词典故辞典》(湖北辞书出版社，1996年)，廖珣英编《〈全宋词〉语言词典》(中华书局，2007年)。

（陈正宏）

中国文学批评史大纲 朱东润

《中国文学批评史大纲》,朱东润著。1944年桂林开明书店初版,1957年古典文学出版社重版,1983年上海古籍出版社出版新一版,2001年上海古籍出版社《蓬莱阁丛书》本,2009年武汉大学出版社版。

朱东润(1896—1988),本名世溱,以字行。江苏泰兴人。早年就读于南洋公学,曾任商务印书馆《小说月报》编辑助理。1913年赴英国,入伦敦西南学院学习,间或从事西方文学的翻译。1916年回国,在广西省立第二中学、南通师范学校等处教英文。1929年后,先后任教于武汉大学、重庆中央大学、无锡国学专修学校、江南大学、齐鲁大学、沪江大学。1952年起任复旦大学中文系教授,并长期担任该系系主任。20年代末及30年代,主要从事中国文学批评史及《诗经》、《史记》等研究。40年代初起,转向传记文学研究,所著《张居正大传》,久负盛名。晚年致力于中国现代传记文学学科的建设,又撰有《元好问传》、《梅尧臣传》、《杜甫叙论》等。

《中国文学批评史大纲》的前身,是朱东润30年代初在武汉大学讲授中国文学批评史的讲义。初稿完成于1932年夏季,次年经修改,完成第二稿。1936、1937年间又加删正,是为第三稿。第三稿本已付印,因抗战事起,书印一半而中辍。数年后,该稿下半部分原稿无法收回,作者因将第三稿上半部和第二稿下半部合并,略加校订,交桂林开明书店出版。

在作者撰述本书之初,除了陈钟凡的一本仅七万字的《中国文学批评史》外,尚无同类著作可资借鉴。作者在武汉大学本是一名英语教师,自授此课、撰此书,遂成为一位出色的中国古典文学研究专家。究其所成,除天资聪颖外,早年在南洋公学师从唐文治,精研文史古籍,继留学英伦,广泛涉猎西方文学研究著作及文学批评史专著,是两个主要原因。

与其他文学批评史相比,本书颇有特色,而首要的一点,是全书基本上不以时代或流派分章节,而多以批评家个人题篇目。全书七十六篇,除第一篇"绪言"外,自第二篇"孔子孟子荀子及其他诸家"至第七十六篇"陈廷焯",绝大多数都是用一个(如刘勰、锺嵘、严羽各一题)或数个(如柳冕、柳宗元、李翱、皇甫湜、李德裕合一题)批评家之名作为一篇之题。作者在本书卷首写于1943年的"自序"中说这"一切都是出于有意",因为"伟大的批评家不一定属于任何的时代和宗派","就时代或宗派立论,有时固然增加了不少的便利,有时也不免平添了若干的困难"。而由本书内所引述的有关论点,则可推见作者的此种安排,似有得于清人袁枚"诗无所谓唐、宋也,唐、宋者,一代之国号耳,与诗无与也,诗者各人之性情耳,与唐、宋无与也"(见本书第六十九篇引)之说。

但本书虽以批评家分章节,于各家所处的时代并未弃之不顾,于各时代的各种宗派也言之甚详,而所最重者,在文学批评的流变。作者认为:"文学者,民族精神之所寄也。凡一民族形成之时期,其哲人巨子之言论风采,往往影响于其民族精神,流风余韵,亘千百年。故于此时期中,能深求一代名哲之主张,于其民族文学之得失,思过半矣。"(第二篇)基于这样的高度,作者因能指出中国诗词每作委婉之辞,不敢有所指斥,唯恐失却诗人忠厚之旨,其源皆出于《礼记》"温柔敦厚诗教也"一说;而毛诗序所谓"变风变雅"之论,又直接导致了后代诗人"自命为正,力避其变",中国文坛盛行因袭模拟的风气。除了这样宏观的把握之外,书中在叙述某一家的某种文学观时,又常能将其来龙去脉一并简要地阐释清楚,虽然有时因此在历史时代方面有所错落,但从批评史的角度看,则反显条理清晰。如第三十五篇"严羽"述及沧浪"以禅喻诗",便首引吕居仁、韩子苍等有关论说,指出严氏之说的渊源,继引钱谦益《唐诗英华序》等,辨析其义,兼现晚明学者对其说的反应,终引王士禛《蚕尾续文》,以见其在清代的影响。他如第七篇论《文赋》,扼要地指出其中"文之声色"一节,开沈约的音韵论,"文必己出"一节,开韩愈的文章论。第九篇叙葛洪《抱朴子》逸文有关文论,又点出其说有二源,"其一出于《论衡》,故有今实胜古之说;其一出于《文赋》,故有文非余事之论。"前后照应,颇切史体。

文学批评史涉及有关概念甚多,而中国文字形同义异又极普遍。故本书在注意批评史流变的同时,于文学批评概念的演变也多加考察,注意分辨各家批评中存在的同辞不同义现象。以中国文学批评中常见的"理"这一概念而论,作者就细致地注意到它在北宋苏门诸公那里,是指事理;在南宋朱熹那里,却指义理;而到清初魏禧的《宗子发文集序》,又与苏门诸公之说相近。又如"道"字,在刘勰与韩愈有相似的提法,刘说"因文言道",韩谓"因文见道",但二人之"道"实不相同:刘勰指的是天地自然之道,而韩愈指的是尧舜禹汤文武周孔之道。"三昧"一词,由陆游初引入诗论,其义乃指诗人之志,所谓"工夫在诗外"者;至清代王士禛也称三昧,其要则在以清远评诗,二说大相径庭。凡此作者均一一抉出,反复比较,不使混淆。

本书的另一个特色,是远略近详,注重宋代以来(作者称之为"近代")文学批评史的叙述。全书七十六篇中,宋以前占二十二篇,宋以来占五十三篇,而此五十三篇中,论明末清初及清代批评家的,又约居其半。作者在"自序"里解释这样写的理由,是因为当时知识界仍比较地"信而好古",文学批评史研究对于 11 世纪以后的著作不甚重视,"但我们对于一千年以来的历史既然无法加以'革除',我们的生活同样地也无法超越近代的阶段,遥接一千年以上的古人,那么即使多知道一点近代文学批评的趋势,似乎也不算精力的浪费"。而从书中对清代文学批评诸大家多加推崇的情形看,全书的这种"远略近详",实又显现了作者的文学批评史发展观。第五十六篇称王夫之《夕堂永日绪论》有关门派的批评"上下千年,目光如炬",第六十一篇于叶燮论诗"正有渐衰,变能启盛"之说多有称引,第六十七篇推崇纪昀对于文学批评的贡献,在于"独具史的概念"。诸如此类,都说明在作者看来,文学批评的大势是代代演进,后者时时超越前者,而并非如本书初撰的时代一般人所理解的那样,"文学批评的原理,刘勰、锺嵘已经说尽,其余只剩一些枝叶"。也正是因为对文学批评的发展有这般现代的见解,所以作者能发现一些不被以往论者注意而其批评论又极有历史价值的"近代"批评家。第六十三、六十四篇专辟两章介绍清代小说戏曲批评家金圣叹与李渔,就是以往通代文学批评史中所不曾有的创举。篇中谓金圣叹批评《西厢》、《水浒》,"其长处在于认识主角之人格,了解全书之结构";称李渔以戏曲家论戏曲,为中国文学批评中"仅有之人才",其说也皆切当。

在中国文学批评史编著的历史上,《中国文学批评史大纲》尽管篇幅比郭绍虞、罗根泽两家批评史都短小,但影响却不亚于二书。书中对宋代以来文学批评尤其是清代文学批评的论述,直接启示了后来文学批评史研究界对有关课题作更进一步的探讨。其论明代前后七子的"复古"之说,觉察出"复古往往为革新之机,其说未必谬",这种正本清源的深刻见解自高出流辈,而对于当代明代文学研究者的影响,也颇有迹可寻。第四十七篇指出:"明清以来,古文与时艺关系至切,此为读中国文学史者所不可不知之事实。"则又给明清文学批评乃至整个明清文学研究指示了一个全新的且又十分重要的课题。以此论者将本书与郭、罗两家文学批评史并列,而誉为中国古代文学理论批评史研究的"华岳三峰"。

本书的缺憾,在篇幅相对小而引申不畅;又全书由两次稿本合成,偶有前后失却照应处,如第三十七篇云"东坡少游于柳词皆不满,语见前",而前此并无有关论述。

研究本书的论著,有《图书季刊》新五卷第四期(1944 年 12 月)上发表的书评、朱自清《诗文评的发展》(《文艺复兴》第一卷第六期,1946 年 7 月)的后半部分、章培恒为上海古籍出版社 2001 年重刊本书所写的"导读"、周兴陆《从〈讲义〉到〈大纲〉——朱东润早年研究文学批评史的一段经历》(《古典文学知识》2006 年第 6 期)等。

(陈正宏)

中国文学发展史 刘大杰

《中国文学发展史》,刘大杰著。初版分上、下两卷,1941年、1949年由中华书局刊行。该版目前的通行本,有上海书店1990年出版的《民国丛书》第二编所收影印本、百花文艺出版社1999年出版的重排本、复旦大学出版社2006年排印本等。

刘大杰(1904—1977),湖南岳阳人。1922年考取武昌高等师范学校,师从郁达夫等名家。1925年冬因郁氏辞职,随之离武昌赴上海。1926年赴日本,次年初考入早稻田大学研究科文学部,学习欧洲文学。1930年回国,任上海大东书局编辑。次年起,先后被聘为安徽大学、大夏大学、四川大学、暨南大学教授,并曾任川大、暨大中文系主任及暨大文学院院长。1949年后,任复旦大学中文系教授、中国作协上海分会副主席等。刘大杰早年主要从事创作及外国文学的翻译与研究。1938年后,致力于中国古典文学的研究。著作除本书外,尚有《托尔斯泰研究》、《魏晋思想论》、《〈红楼梦〉的思想与人物》等。其有关古典文学的论著,今编为《刘大杰古典文学论文选集》。

《中国文学发展史》始撰于1938年,次年完成上卷,至1943年又完成下卷。初版卷首有作者写于1940年的"自序",称"文学是人类的灵魂,文学发展史便是人类情感与思想发展的历史",并阐明文学史著者的任务,是叙述文学"进化的过程与状态","以及那作品中所表现的思想与感情"。正文两卷,共三十章。上卷第一至十五章,起自"殷商社会与巫术文学",止于"社会诗的兴衰与唯美诗的复活",描写了五代以前的文学发展情况。下卷第十六至三十章,始于"晚唐五代词",讫于"清代的小说",反映了宋元明清的文学大势。全书文风俊逸,语言富于个性色彩,颇具可读性。

在1949年以前撰述的几种较有影响的文学史中,本书最晚出齐。从文学史编纂史角度看,它可以说是一个时代的总结。这种总结性的成就,具体而言,可分为以下几个方面。

一、第一次使文学史真正具有比较严格意义上的"史"的意味。前此冠以"文学史"之名的各类著作,大部分可归属两种类型,一是选学家式的,其体制源于明清评点派总集,特点是取舍比较随意,代表作如陆侃如、冯沅君的《中国诗史》。一是朴学家式的,其体制源于传统史家的史料长编,特点是述而不作,典型的如刘师培的《中国中古文学史讲义》。王国维《宋元戏曲史》有超越以上两种类型处,但体制上以考据为主,距严格意义上的"史"仍有距离,所以作者生前即更其名为《宋元戏曲考》,一字之异,反映了这位学贯中西的大家对"史"的透彻理解。郑振铎《插图本中国文学史》较后出,从各卷卷首的"鸟瞰"一章可见作者有心将其书靠近严格意义的"史"的体制,但各卷之中具体分述作家作品时,却仍是长编式的。相比之下,《中国文学发展史》具有比以前各家均强的"史"的意味。这种"史"的意味一方面表现为全书有极强的线索感,无论是时代文学思潮,还是大家小家,均串列在各条"史"的线索上。另一方面表现为注重文学本身的发展脉络,而不把它视为通史的附庸,因此在论述作家作品时,虽然有些章节前后安排并不依照绝对的历史年代,但作为一部文学史,其历史感反而更强。如第六章述汉赋的流变,将魏晋至唐宋赋的概况也一并介绍;前此文学史凡述及佛经翻译文学的,均将之单列一节,在南北朝文学中加以叙述,而本书则将之移至唐代变文一节,作为变文的来源加以介绍(见第十二章),凡此皆给读者提供了一个更为清晰的文学演变轮廓,凸现了各代文学之间的联系。作者将本书取名为"中国文学发展史","发展"二字,正体现了其过人的史识。

二、将文学发展与哲学思潮、文学思想的演变紧密联系,从思想史的高度去分析文学现象,勾勒文学演变轨迹。作者在撰写本书的同时,曾对中国古代哲学作过颇为深入的专题研究,出版过《魏晋思想论》等论著。因此本书不少章节的论述,都是结合思想史的发展来展开的。像第八、九两章论述魏晋文学,即首先花三个小节的篇幅,讨论魏晋文学的社会环境,当时的文学理论建设,以及魏晋文学的总的精神特征。其中像依次描绘儒学的衰微、老庄哲学的复活和人性的觉醒,再分析文学精神中的浪漫倾向,便因思想史的介入而使论述显得颇为深刻。另一方面,与以往文学史将各代文学批评置于附庸地位不同,本书对于一个时代、一个作家的文学思想给予了高度的重视,在介绍文学思想时注意这种思想对于创作的影响,在评述作品时又时常点出其中反映的某种文学理论。这种将理论与实践密切相联的文学史编纂方法,对于解释大至中国文学观念的解放,小到张炎词的特征等诸多文学史必须回答的问题,有很好的效用。

三、更为娴熟地运用西方文学理论及相关术语研究中国古典文学,使文学史具有较强的科学性与现代性。20世纪30年代以来,在文学史中引用西方理论包括马克思主义文艺理论成为一种风气,但真正能将这些外来理论与中国文学现象融会贯通,在文学史中作出既精彩又不怪异论断的,却不多见。本书作者早年致力于欧洲文学的研究,对西方文学理论以及西方文学史的编纂方法、规范术语等相当熟悉,因此本书在借鉴西方文学理论梳理中国文学流变,运用西方文学批评术语评论中国文学作品方面，表现出比以往各种文学史都更为成熟的面貌。像卷首"自序"开宗明义，引法国郎宋《论文学史的方法》中语："一个民族的文学，便是那个民族生活的一种现象，在这种民族久长富裕的发展之中，他的文学便是叙述记载种种在政治的社会的事实或制度之中，所延长所寄托的情感与思想的活动，尤其以未曾实现于行动的想望或痛苦的神秘的内心生活为最多。"书中述中国文学衍化的历程，因此始终关注作品中表达的情感与愿望。此外对于作家才力的评述，本书更注重"想象力"和"创造力"；对于作品中人物塑造的得失，本书着眼于"个性"与"心理"等方面；而评诗词，多考虑风格、题材等要素；论小说，则更倾向于结构是否出色完整，等等。由于评价标准相对说来比较规范，因此一些原来不甚被重视的作品的文学史价值得到了重新认定，如指出《汉武帝内传》作为一部小说的文学价值并不十分高，但它"脱离那种残丛小语形式，能用想象力把故事组织起来，成为一个长篇"，因此"开后代传记小说的先声"（第八章）。

除此之外，本书分析文学现象注重社会环境，善于利用美术史等相关学科阐述文学史（见第十四章论王维及第二十三章论元杂剧的演出实况）等，均有超越前人处，并为后来的文学史研究开辟了道路。

作为一个特定时代的产物，40年代版本书也有其时代的局限性与不足。如述汉代文学而遗漏了司马迁的《史记》，过分贬低蒲松龄《聊斋志异》的价值，谓"在过去两世纪间的中国社会，对于助长神鬼的迷信，这本书实有很大的帮助"，因此"是一部有毒的书"，等等。此后作者又三次修订全书，均析两卷为三卷，分别由古典文学出版社（1956、1958年），中华书局上海编辑所（1962、1963年），上海人民出版社（1973、1976年，此版仅刊第一、二册）出版。各修订版中，以60年代版流行最广，它将篇章扩充至三十二章，文字也多有增删修改，从述论的完整性看超越了初版，但某些观点见解则较初版有所倒退，如初版对于六朝文学的价值认识较充分，60年代版则贬之为"形式主义文学"，即最明显的例子。70年代版，则是作者迫于政治压力而写作的产物，该版被修改成为基本违背文学发展规律的面目，这不能不令人感到遗憾。

曾经数次修订的《中国文学发展史》，在中国古典文学的研究与教学方面有深刻而广泛的影响。1949年以后集体编写的几部中国文学史，从方法上看，不少显现了本书的印痕。50年代末在评论者与作者间展开的有关本书的批评与反批评（见《文学评论》1959年第一、二、四期中的有关文章），则从一个侧面反映了本书在当时的影响力。此后本书不仅大陆再出版修订版，而且台湾也曾于1964年翻印，可见这种影响力传播之广。而1983年教育部将之列为高校文科教材，又说明其作为一部初撰于40年代的通代文学史，迄今依然具有重要的价值。

研究本书的论著，有余冠英《评刘大杰〈中国文学发展史上卷〉》（《人文科学学报》第二卷第一期，1943年6月），黄霖《评刘大杰〈中国文学发展史〉》（《书林》1981年第六期），章培恒、谈蓓芳《独具特色的文学史家：刘大杰先生评传》(《光明日报》1985年5月21日)的有关段落,陈尚君《刘大杰先生和他的〈中国文学发展史〉——写在〈中国文学发展史〉初版重印之际》(收入百花文艺出版社重排本),贾毅君《文学史的写作类型与文本性质——论刘大杰〈中国文学发展史〉的三次修订》(《天津大学学报》2001年第3期),骆玉明《中国文学发展史·前言》(复旦大学出版社版)等。

（陈正宏）

诗言志辨 朱自清

《诗言志辨》,朱自清著。上海开明书店 1947 年初版,1949 年再版。有多种重排本及《朱自清全集》本。

朱自清(1898—1948),字佩弦。江苏扬州人,原籍浙江绍兴。1916 年考进北京大学预科,1920 年毕业于该校哲学系。1925 年起任清华大学中文系教授,1932 年后又任该系及西南联大中文系主任。曾于 1931 年至 1932 年间留学英国。抗战结束后,积极支持学生运动。1948 年 8 月拒绝接受美国救济粮,病逝于北平。早年以创作新诗、散文著称,出版有《踪迹》、《背影》等。所撰学术论著除本书外,尚有《经典常谈》、《论雅俗共赏》等。

《诗言志辨》是一部研究中国古典诗论的专著。作者将中国传统诗论中至为重要的"诗言志"、"比兴"、"诗教"、"正变"四个概念特为拈出,列为四章,进行了追本溯源的考辨,揭出了各自的流变特征。四章各自独立成篇,写作、发表的时间也不相同。其中"诗言志"、"比兴"两篇作于抗战前,分别载于《语言与文学》和《清华学报》上。"诗教"、"正变"晚出,载于《人文科学学报》和《清华学报》。因这四篇论文都以"诗言志"一个话题为中心,故单行本以此命名。

《诗言志辨》全书的结构大致如下:(一)自序一篇。(二)诗言志。含"献诗陈志"、"赋诗言志"、"教诗明志"、"作诗言志"四子目。(三)比兴。含"毛诗郑笺释"、"兴义溯源"、"赋比兴通释"、"比兴论诗"四部分。(四)诗教。含"六艺之教"、"著述引诗"、"温柔敦厚"三节文字。(五)正变。含"风雅正变"与"诗体正变"两节。

"序"文指出,现代学术史上诗文评(文学批评)平等地位的取得,是在"西方文化输入了新的文学意念加上新文学的创作"之后,并对传统诗论的源头、材料来源及评论意旨作了简要介绍。在"序"文中,作者还表达了"'言志'的本义原跟'载道'差不多,两者并不冲突"的观点。

"诗言志"从献诗、赋诗、教诗、作诗四个方面阐述了中国诗歌"言志"的特征。认为"诗言志"是中国文学批评"开山的纲领",并从文字学、语义学角度考察,认为"志与诗原本是一个字",证明

"诗"与"志"有最近切的关系。献诗陈志之事,作者以为起于周,是公卿列士为了讽谏的目的而特地做了献上去的,庶人的批评是给官吏打听到了告诵上去的,作意大抵出于讽与颂。赋诗是借已成之诗表达说话人的意志、情感。赋诗的人往往断章取义,随心所欲,没有定准,与献诗都有定指,全篇意义明白不同。教诗明志的情形出现比献诗、赋诗晚,当是诗乐分家后的事。诗乐分家后,教诗明志,诗以读为主,以义为用。诗的观风俗、知得失、自考正的功能受到重视。作诗言志出现在战国时期,最早个人作诗言志的人是荀子,他的《佹诗》是最早的个人诗作。但真正开始歌咏自己心志的还得属"骚人",即辞赋家。由于辞赋家歌咏的是一己之志,以一己的穷通出处为主,"抒中情"的比重极大,"诗言志"的意义不得不加引申,也兼指一己的穷通出处。"言志"发展到现代,又被注入"人人都得自由讲自己愿意讲的话"的内涵,变成了与"载道"大相径庭的一个概念。作者认为这是将"言志"的意义更扩展了一步。

"比兴"有四节文字,专论比兴的含义、源头及说诗特征。"兴"的意义,《毛传》有两方面的解释,一是发端,一是譬喻。这两个意义合在一起才是"兴","兴"而有"比"。《郑笺》释兴诗,多以《毛传》为依据,然较后者更为详明而有系统。但与《毛传》一样,都远出常人想象之外。"兴"义的出现,当追溯到春秋战国时期的赋诗。赋诗是借古诗申己意,有引申,于"作诗人之意"是不问的。到了毛郑时期,在《左传》微言大义的影响下,他们解诗有意深求,以断章之义为全章全篇之义;另一方面,由于毛郑解诗死守着"思无邪"和《传》的"美刺"说"以意逆志",穿凿附会,结果也远出常人想象。在这种附会支离局面下,产生了赋、比、兴的解释。"赋"被理解为"铺陈",是借诗(或作诗)"赋命"。荀子后,"赋"演变成诗的别体。汉后又变,有齐、梁、唐初的"俳体"赋和唐末宋初的"文体"赋。唐、宋取士,更有律赋之类,这又是赋体的分化了。"兴"就是"譬喻"或"比体"的"比"。"兴"有两个变义:一是"兴象",一是"兴趣"。前者重"言外之义",后者取"象外之境"。用"比兴"说诗,宋人是开端。一类受毛、郑的影响,支离破碎;一类系统地用赋比兴或比兴说诗。唐以降,"比兴"一直是诗论中最重要的观念之一,不过所重不是比、兴本身,而是诗的作用。

"诗教"是引证《诗经》的现实意义的一组文字,凡三节。"六艺之教"论《诗》、《书》、《乐》、《易》、《礼》、《春秋》六经的功用和地位。六艺之中,早期的态度是"六学皆大而各有所长",并不特别注重《诗》教。汉代古文学兴,古文家据六艺产生的时代重排六艺的次序为:《易》、《书》、《诗》、《礼》、《乐》、《春秋》。《易》在汉代成为显学,与当时阴阳五行说盛行有关。但就六学而论,应用最广的依然是《诗》。"著述引诗"谈《诗》的征引情况。言语引《诗》,春秋始见,私家著述从《论语》创始。以后墨子、孟子也常引《诗》,而荀子所引独多。汉人引《诗》首推刘向。他们引《诗》的目的在于"为法者章显,为戒者著明"(郑玄语),范围广至德教、政治、学养、天道、制度、风俗等方面。以德教、政治、学养为核心的"诗教"意念到汉已正式形成并充分发展,"温柔敦厚"一语也从这里提炼。"温柔敦厚"被运用到论文上,形成北宋"文以载道"之说。自此以后,"文以载道"论不但代替了《诗》教,且代替了六艺之教。

"正变"两组文字,分别论"风雅正变"和"诗体正变"。变风变雅原义只是"达于事变而怀其旧俗",见于《诗大序》。后郑玄《诗谱序》将"风雅正经"和"变风变雅"对立起来,用"诗妖"说和六气天象正变论诗,构成他的正变说。由于正变说不能圆满解诗,后世引用的便少。"诗体正变"的"变"的源头直接《易》"变则通,通则久"的"通变"说。梁、陈以至隋、唐之际,文论开始采用这种"变"的哲学。这种"通变说"的运用主要为求新,同时也起着为复古论张目的作用。唐代的陈子昂、李白、韩愈等都在复古的旗帜下求通变,宋诗自黄庭坚后更有意求新求变求奇。以"新变"为理论依据论"文变"在刘勰以后多了起来。"文变"是诗文体的"变"。这个"变"是"患凡旧",是"趣时"。在这一点上,清代叶燮的观点更为通达明晓,指出了"诗道变而时随之"、"不能伸正而诎变"的见解,第一次给"新变"以系统的理论的基础。

《诗言志辨》以"言志"为核心,对诗的内容、手法及诗教、诗体演变进行等问题进行了较细致的梳理,为中国文学批评史研究的深化做了有益的贡献。其中的一些论点,至今仍为学术界所重视。

研究本书的论著,有刘绍瑾《朱自清〈诗言志辨〉的写作背景及其学术意义》(《古代文学理论研究》第二十二辑,2004年12月)、邬国平为2009年凤凰出版社版《诗言志辨》所写的讲评等。

(谯进华)

辛稼轩先生年谱 邓广铭

《辛稼轩先生年谱》，邓广铭撰。有1947年上海商务印书馆排印本。后经增订，有上海古籍出版社1979年版、河北教育出版社2005年版《邓广铭全集》本、三联书店2007年版。

邓广铭(1907—1998)，字恭三。山东临邑人。1936年毕业于北京大学史学系，留校任文科研究所及史学系助教。后在北平图书馆、西南联大、中央研究院历史语言研究所工作。1943年起，历任复旦大学史地系教授，北京大学历史系教授、主任，北大中国中古史研究中心主任。他是20世纪宋史研究领域的著名学者，为宋史研究作出了重要的贡献。主要著作另有《稼轩词编年笺注》、《王安石》、《岳飞传》、《宋史职官志考正》、《宋史刑法志考正》等。论著由后人辑为《邓广铭全集》。

《辛稼轩先生年谱》是一部侧重于考证南宋著名词人辛弃疾(1140—1207，号稼轩)生平行实的编年体传记。始撰于1937年，写成于1939年。在编撰本谱的同时，撰者又完成了《稼轩词编年笺注》的编订，两书各有重点，互为表里。在邓谱之前，辛弃疾年谱旧已成书的有四种，撰者各是辛启泰、梁启超、陈思、郑骞。但是这四部年谱，有的失之简略，有的疏于考订，所以本谱除间引辛谱、梁谱的某些研究结论，基本上是一部另起炉灶的新作。

《辛稼轩先生年谱》前有撰者手定的"编例"八则，主要介绍本谱的编撰体例和概况。正文起首为"世系"，考订辛弃疾的家世，并附有辛氏传略。谱中每年均出条系事，着重考索辛氏的行踪、仕历、交游，兼及著述。事条下的小字双行注文分成两部分，一为作者徵引的文字材料，较事目低一格，一为撰者案语，又比注文低一格。谱文叙至辛氏去世后六十八年(1275)，又附考了辛氏后裔的生平。谱后为"年谱附录"，主要辑录了正史、宋人别集、杂记中有关辛氏生平行实和佚事的文章。

《辛稼轩先生年谱》的主要特点有三。第一，由于辛弃疾的文集失传，辛氏事迹多湮没不彰。因而，在资料收辑上，对于凡可搜采到的文献资料，撰者一一加以钩稽甄录，凡文献不足征的问题,也多迂回求索,尽量推证出一个合乎情理的结论。以此,积零碎而成整体,尽可能比较完整准确地勾勒出辛弃疾的生活面貌。如有关辛氏南渡之初几年间的仕历行踪,撰者采据《宋史·高宗本纪》、《宋史·辛弃疾传》、《三朝北盟会编》、《朱子语类》、洪迈《文敏公集》等材料,钩稽出绍兴三十二年(1162)正月,辛氏奉耿京之命奉表南归,被任为右承务郎,闰二月,又改差江阴差判一事。并以《江阴县志》和《宋史·职官志》中的隆兴二年(1164)江阴签判为吴一能这一记载,判定隆兴二年辛弃疾因任满而去职,离开江阴。在其后的乾道元年(1165)条中,撰者根据辛弃疾《美芹十论》中"又况虏廷今日用事之人……非如前日粘罕、兀术辈之比,且骨肉间僭弑成风,如闻伪许王以庶长出守于汴"一段文字,与《金史》中所记世宗之子永中于大定元年(当绍兴三十一年)封许王、大定五年(当乾道元年,1165)改判大兴尹的史事对证,判定辛氏进《美芹十论》的时间当以《稼轩集抄存》中的"乾道元年"说为准。而且还据进十论札子中"官闲心定"及"越职之罪难逃"等语推断辛氏此时必担任官职,当是于江阴任满后又改任它处了。由此,这四年间辛氏的行迹便大致有了着落。他如撰者参考宋代州郡长贰任免的惯例,判断《贵耳集》中所载王淮与周必大讨论是否授予辛氏职官一事应在淳熙十四年(1187)二月王淮入相之后,又参订它书推测,由于王淮的建议见沮于周,又提议特授辛氏主管冲佑观,因此,便将辛氏主管冲佑观一事大致系于淳熙十四年。

第二,本谱较多地引录辛弃疾的词作与史事印证,一方面据词考行实,另一方面以史事为辛氏之词的编年提供依据,同时兼笺词义。例如,撰者征录《永乐大典》中《宋修衡州图经志·郡守题名》中"郑如崈,朝散郎,淳熙十五年四月到,绍熙元年正月罢"一段文字,并查出自淳熙初年至南宋末放任衡州的郡守中郑姓者唯郑如崈一人,因推定《水调歌头·送郑厚卿赴衡州》一词中所提及的郑厚卿即为郑如崈,且系此词之作于淳熙十五年,并谓前此辛氏曾帅任湖南,故词中又有"衡阳石鼓城下,记我旧停骖"一句,即取证确凿,诠解合理。

第三,本谱在编撰体例上,也有不同于其他年谱的地方,即除分年隶事外,兼用纪事本末体。这是因为对于有些事件,辛氏具有举足轻重的作用,如不注明这些事件的来龙去脉,无以显见辛氏的重要性之所在。故而本谱于有些事条综贯叙述其事原委,并不以辛氏参与此事的时间为断限。如创置湖南飞虎军一事,是淳熙七年夏辛氏在湖南帅任时谋建的,然本年十一月,辛氏即差知隆兴府兼江西安抚,不再与谋此事。但此军一成便雄视江上,亘数十年尤为劲军,故颇能从此处显现出辛氏的机略才干。因此撰者在此事条下一一列录了可搜采到的文献资料,使读者了解飞虎军始建及发展壮大的过程。

《辛稼轩先生年谱》成书出版之后,由于新的史料如《宋兵部侍郎赐紫金鱼袋稼轩历仕始末》等的发现,撰者对原作又进行了补充和修改。特别是对辛氏早年的行踪事迹,重新加以考实,使辛氏生平中某些待考或考论不确实的问题得有比较完满的解答。如辛弃疾与范邦彦之女何时成婚的问题,《历仕始末》中谈到在辛氏南渡后"初居京口"之时,联系《满江红》中起句"家住江南,又过了清明寒食",可知《满江红》一词当作于隆兴元年辛氏渡江的第二年,而词中"家住"云云,则表明辛氏抵江南后不久即有家室,同时据史事可知范氏一家此时亦居京口,由此可判定辛范完婚应在绍兴三十二年之内。本谱修订后,由上海古籍出版社于1997年出版了增订本。在增订本中,撰者又补入了一些与辛氏行实相关的时事条目,主要是宋金战争中的重要战役、南宋皇帝的递禅继承、大臣的升擢除罢等。

《辛稼轩先生年谱》是20世纪三四十年代学术界有关宋代作家生平研究的一部名著。撰者广泛搜集各类文献资料,细致地寻证考索,终于使本书成为辛弃疾年谱撰述中考订翔实、最有价值的一部撰著,为以后的研究打下了基础。

介绍评论本书的文字,有常模《辛稼轩年谱评介》(载1948年4月29日《申报》)等。

(吕海春)

谈艺录 钱锺书

《谈艺录》，钱锺书著。1948年上海开明书店初版，列为《开明文史丛刊》之一（有《民国丛书》第四编影印本）。目前的通行本，是中华书局1984年出版的"补订本"，其卷首目录所列部分皆初版所有，而文字经作者稍加"删润"，目录未列而收入其书下半部者，乃作者后来增订之文。又有三联书店2001年版《钱锺书集》本。

钱锺书（1910—1998），字默存，号槐聚，别号中书君。江苏无锡人。1929年考取清华大学外文系，毕业后执教于上海光华大学。1935年赴英国牛津大学留学，以《十七十八世纪英国文学里的中国》一文获副博士学位。旋赴法国，入巴黎大学研究院研究法国文学。1938年回国，受聘为清华大学外文系教授，次年转任蓝田国立师范学院外文系主任。太平洋战争爆发后，因居沪上，任教于震旦女子文理学院。抗战结束，转任上海暨南大学外文系教授，兼中央图书馆《书林季刊》（英文）编辑。1949年回清华大学任外文系教授。1952年院系调整后，被调至中国科学院文学研究所（即今中国社会科学院文学研究所之前身）。1982年后任中国社会科学院副院长。钱锺书学贯中西，知识渊博，在中国古典文学、外国文学及比较文学研究诸多方面皆有很高的造诣。著作除本书外，尚有《管锥编》、《七缀集》、《宋诗选注》等，并出版过著名长篇小说《围城》等文学作品。

《谈艺录》是抗战期间钱锺书撰写的一部文学批评论著。1939年夏，作者因放暑假由云南返沪小住，友人冒效鲁竭力劝其将平时谈说诗文之辞草成"诗话"，是本书写作的最初动因。此后作者离沪任教于湘西蓝田师范学院，山中"悄焉寡侣，殊多暇日"，即具体着手写作。但才及其半，作者"养疴返沪"，后又突遇太平洋战起，滞留南方，是书后半部因成"销愁纾愤"心绪下的成果。全书初稿于1942年撰就，而作者精益求精，"时时笔削之"，至1948年才在王伯祥、叶圣陶的建议下，由开明书店印行问世。

《谈艺录》的基本格局类似于传统的诗话。初版包括正文四十二组，"补遗"二十九条。目录于各组文字皆分则标其内容大旨，如第一组第一则为"诗分唐宋乃风格性分之殊非朝代之别"之类(此类细目当为编者所加,且初版与今通行本目录颇有不同)。正文除第一组前有一小叙述撰述缘起及书名由来外,余各组间于正文后有"附说"数则,"附说"所论,为引申正文之辞。全书以典雅的文言文撰就。正文及"补遗"的大致内容,依次为:第一至第六组杂论诗分唐宋、黄山谷诗补注、近代人诗、诗乐离合、文体递变、性情与才学、神韵等;第七组专论李贺诗;第八组谈模写自然与润饰自然问题;第九组及十二组专论韩愈其人其诗;第十、十一、十三、十四组论王荆公诗注及《辨奸论》、朱子与诗等与宋代文学相关之问题;第十五组专述陶渊明诗的接受史;第十六至二十组分说唐迄清诸家如张籍、赵孟頫、王士禛、朱彝尊等诗作,兼及严羽、竟陵派及王士禛之诗论;第二十一组为说"圆";第二十二至二十三组主论陆游诗;第二十四至二十七组主要论清代袁枚、赵翼、蒋士铨及龚自珍诗,兼及明清人师法宋诗及桐城诗派;第二十八、二十九组由施注元好问诗,述及元好问论金诗与江西派,以及元代刘因诗;第三十组讨论"文如其人"等;第三十一组为论梅尧臣诗及前人对梅诗的评论;第三十二组谈"七律杜样";第三十三至三十五组专论清诗人钱萚石诗及清代对钱诗之评价;第三十六至三十九组皆论《随园诗话》及其所涉及的人与诗;第四十组以比较之法论白瑞蒙等西方学者论诗与《沧浪诗话》颇有相通处;第四十一组言中西诗中用人名地名之例;第四十二组论庾信诗及由此而引发的作家文章与文论不一现象。"补遗"为本书初版已排就后,作者补撰之文,皆与正文诸则相关涉,故各则皆首标当补于正文某页,由其目即可见与文学甚有关系者,为"诗归以禅说诗"等十数条;此外多为补说正文中有关宗教及西方哲学之文。

除了正文中的几组诗人诗话论相对集中外,《谈艺录》在整体上并无一个明晰的著述及理论框架,但书中引及的丰富的文学史及文学批评史史料,与若断若续的各则文字,以及每一则内作者所作的既纵横无羁、又条理分明的述论考证,都显示出本书作为一部现代"诗话"的独特光彩。从文学研究的角度而言,至少以下几个特征在本书中是相当明显的。

一、努力使文学(尤其是中国古典诗歌)研究摆脱传统的功利教化目的论的束缚,主要从美学的角度探讨作家作品的真正的文学价值。以书中有关李贺的部分为例,钱氏首先对"其注一取时事附会","将少不更事、刻意为诗之长吉,说成饱经忧患、寄意于诗之屈平"的前代诸家研究加以驳正,而后一针见血地指出:"长吉穿幽入仄,惨淡经营,都在修词设色,举凡谋篇命意,均落第二义。"因就李贺诗作的用字、比喻及诗境详加检讨,其中像谓李贺诗"赋物",有"使之坚,使之锐"的特征,多用"凝"、"死"等字,而"言物态则凝死忽变而为飞动",多用"转"、"飞"、"扑"、"蓦"、"舞",以及"逗"、"射"等字;而比喻则"往往以一端相似,推而及之于初不相似之他端",如《天上谣》之"银浦流云学水声"等等。诸如此类,在当时皆为发前人所未发之新见。

二、在述论文学现象及文学批评史状况时,十分注重纵向的历史变迁,因此论某一诗人诗作,而时将其前后关联连带讨论,由微观的视角展现文学史的宏观场景。如第十组第二则谈到王安石五七古善用语助词,实得自韩愈。紧接着笔锋一转,便以相当的篇幅,通过引征十分繁富的资料,详细地介绍了"诗用虚字"的来龙去脉。其他像指出南宋陆游虽口头上鄙视晚唐,而其诗实多学晚唐;元代赵孟頫诗"七古略学东坡,乃坚致可诵。若世所传称,则其七律,刻意为雄浑健拔之体,上不足继陈简斋、元遗山,下已开明之前后七子";"明初宣德时长洲刘珏《寄傲园小景自题》五律十首,遣词结响,酷肖竟陵,锺谭之作,几于暗合","亦犹公安派诸之隐开于杨循吉";又谓清初诗家如朱彝尊、顾炎武、吴伟业等"手眼多承七子",凡此皆指示后来学者从一个更为长远扩大的视界去考察中国文学史上的各家各派。

三、在注重"纵"的考察的同时,也十分注意"横"的比较。这种横的比较可分为两方面。其一是中国传统文化艺术不同门类的比较。如谓"明人八股,句法本之骈文,作意胎于戏曲",且称"窃谓欲窥见孔孟情事,须从明清两代佳八股文求之,真能栩栩欲活。汉宋人四书注疏,清陶世徵《活孔子》,皆不足道耳。其善于体会,妙于想象,故与杂剧传奇相通"。其论虽非钱氏首发,而述说明快如此,则前所罕见,同时亦提供了研究中国近世文学的新课题。其二是中国文学及文论与西方相关方面的比较。像谈及中国诗词批评中经常提到的"比兴""寄托"说,即先缕述我国诸家说,归结至常洲派张氏兄弟《词选》的"意内言外"之旨,而后写道:"西方文学有 Allegory 之体,与此略同。希腊斯多噶学派已开后来比拟附会之风。但丁本当时读《圣经》(*The Holy Bible*)引申商度之法,推而至于谈艺,绝似子夏叔师辈议论。"但同时亦指出中西差异:"吾国以物喻事,以男女喻君臣之谊,喻实而所喻亦实;但丁以事喻道,以男女喻天人之际,喻实而所喻则虚,一诗而史,一诗而玄。"并作出了"顾二者均非文章之极致"的客观评价,理由是:"言在于此,意在于彼,异床而必曰同梦,仍二而强谓之一,非索隐注解,不见作意。"这样细致扎实的比较,于读者理解中西文学创作方法的同异,无疑是颇有益处的。

四、能将文学研究的眼界放宽,既作一己的文学批评,也对已有的批评再作批评,即对文学研究的学术史课题颇为重视。如书中花了相当的篇幅讨论陶渊明由不被评论界重视,到宋代之后被推举到崇高的地位,这样一个耐人寻味的衍化过程,即以个案的形式,深刻地揭示了中国传统文学观念在宋代前后所发生的巨大变化。而书中从解析《沧浪诗话》有关诗人才学的文字入手,指出清代以来论者诋毁严羽实因于严文有误读之处,并引西方学者论诗之说,指出《沧浪诗话》论诗与之多有契合,则又于批评史之研究有别开生面之功。

《谈艺录》从中国文学研究史的角度看,是一部以传统体制阐述现代式的文学观念的独特之作。它的"诗话"形式,使它具有一种特殊的引而不发之姿,因而留给后来学者相当广阔的继续探索空间;而它为中国文学史及中国文学批评史所作的大量细密的材料梳理工作,以及建筑在这项基础工作之上的点点滴滴的精彩之论,迄今依然为学术界赞赏不已,并被广泛征引。

研究评论本书的文字,有 1948 年本书初版后阎简弼在《燕京学报》第三十五期上发表的书评,以及张文江《文学批评和比较文学的一本早期名著——读〈谈艺录〉》(《读书》1981 年 10 期)、周振甫《〈谈艺录〉补订本的文艺论》(《文学遗产》1986 年第 2 期)和《〈谈艺录〉(订补本)审读意见》(《中国诗学》第七辑,2002 年 6 月)、蒋寅《〈谈艺录〉的启示》(《文学遗产》1990 年第 4 期)等。上海教育出版社 1991 年出版的《〈谈艺录〉读本》(周振甫、冀勤编;中央编译出版社 2013 年重印,改题《钱锺书〈谈艺录〉读本》)是本书的选注本。此外,中华书局 1990 年出版的《〈管锥编〉〈谈艺录〉索引》(陆文虎编),是阅读本书的一本有用的工具书。

(陈正宏)

中国学术名著提要

（合订本）

第六卷 民国编（下）

中国学术名著提要编委会 编

复旦大学出版社

民国编

艺术类

音 乐

顾曲麈谈 吴 梅

《顾曲麈谈》,上、下两卷。吴梅编。上海商务印书馆1916年初版。后有多种印本。收入河北教育出版社2002年版《吴梅全集》。

吴梅(1884—1939),字瞿安,号霜厓。江苏长洲(今苏州)人。自幼爱好昆曲,后研究杂剧、传奇的创作、演唱规律,写成《顾曲麈谈》、《曲学通论》、《中国戏曲概论》、《元剧研究》、《南北词简谱》等著作,创作了《落茵记》、《东海记》、《双泪碑》等剧本。1917年应聘北京大学为教授,并兼课北京高等师范学校,首开在高等院校讲授戏曲之先河。1922年秋后,他先后在南京东南大学、金陵大学、上海光华大学、广州中山大学教授戏曲。郑振铎写道:"他所教的东西乃是前人所不曾注意到的。他专心致志地教词教曲,而于曲,尤为前无古人后鲜来者。他的门生弟子满天下。现在在各大学教词曲的人,有许多都是受过他的熏陶的。"

吴梅在《顾曲麈谈》"原曲"中写道:"遍问曲家,卒无有详示本末者,故至今日,再不敢缄默以误世人,遂将平生所得,倾筐倒箧而出之,使人知有规矩准绳而不为诵读所误。"他荟萃众说,继承了王骥德、李渔、周德清等人著作的成果,结合自己的研究心得、见解,编成《顾曲麈谈》。

本书上、下两卷。上卷第一章"原曲",分为四节:论宫调、论音韵、论南曲作法、论北曲作法。下卷第二章"制曲",分为四节:论作剧法、论作清曲法、度曲、谈曲。

《论宫调》论述宫调理论及名称。"宫调者,所不限定乐器管色之高低也。"以笛为例,得出工尺七调,"每字皆可作工,此即古人还相为宫之遗意。"每一曲必属于一宫一调,每一套曲又必须同是一宫一调,如一套中前后曲不同宫调即谓"出宫"、"犯调"、"曲律所不许也"。"古今论律者,不知凡几,求一明白晓畅者,十不获一。""南北曲名,多至千余,旧谱分隶各宫。"仙吕宫北曲有《端正好》等,南词有《卜算子》等。南吕宫北曲有《一枝花》等,南词有《大胜乐》等。黄钟宫北曲有《醉花阴》等,南曲有《绛都春》等。中吕宫北曲有《粉蝶儿》等,南曲有《四园春》等。正宫北曲有《滚绣球》等,南曲有《燕归梁》等。道宫有《凭栏人》等,南曲无。大石调北曲有《念奴娇》等,南曲有《东风第一枝》等。小石调北曲有《恼杀人》等,南曲有《骤雨打新荷》。般涉调曲有《脸儿红》等,南曲有《哨编》。商角调北曲有《黄莺儿》等,南曲有《永遇乐》等。高平调北曲有《木兰花》等,南曲无。揭指调、宫调、角调,南曲北曲均无。商调北曲有《集贤宾》等,南曲有《凤凰阁》等。越调北曲有《紫花儿序》等,南曲有《浪淘沙》等。双调北曲有《新水令》等,南曲有《真珠帘》等。

《论音韵》提出:"曲中之要,在于音韵。何谓音,即喉舌唇齿间之清浊是也。何谓韵,即十九部之阴阳是也。音有清浊,韵有阴阳,填词者必须辨别清楚。""天下之字,不出五音,五音为宫、商、角、徵、羽。""以王鵕《音韵辑要》为主"列出二十一部曲韵,每一曲韵分别标明阴平声、阳平声、阴上声、阳上声、阴去声、阳去声、入声,列出同韵单字十几字或几十字。二十一部韵有东同、江阳、干寒、欢桓、天田、萧豪、歌罗、麻韵、车蛇、庚亭、鸠由、侵寻、监咸、纤帘等等。

《论南曲作法》阐述南曲填词。(一) 区别词牌的体式结构,不能随意增减词句。(二) 合符曲牌音乐卑亢和宫调,注意四声。不同宫调和同一宫调的前后曲牌相联,须明曲调的卑亢高低。(三) 注意曲中的板式、节奏。(四) 曲牌之套数宜斟酌,应顺序按谱填词。

《论北曲作法》阐述北曲填词。(一) 要识曲谱。因北曲"诸家所定之谱,颇有出入"。(二) 要明务头。"务头者,曲中平、上、去三音联串之处也"。(三) 要联套数。"北曲之套数,前后联串之处,最为谨严"。

《论作剧法》论述剧本创作。"剧之妙处,在一真字。真也者,切实不浮,感人心脾之谓也"。真、趣二字,"作剧者不可不知。真所以补风化,趣所以动观听,而其唯一之宗旨,则尤在于美之一字"。(一) 结构宜谨严。填词必须"规矩局度,整齐不紊,则一部大文始终洁净"。动笔之先,必须成竹在胸,"全部纲领,布置妥帖"。要注意戒讽刺,立主脑,脱窠臼,密针线,减头绪,均劳逸,酌事实。(二) 词采宜超妙。(三) 宾白宜优美。

《论作清曲法》,"清曲"即去科白的清唱,仅留歌词,要求"少借宫","少重韵","少衬字"。

《度曲》阐述昆曲的唱法。称叶怀庭《纳书楹谱》"分别音律,至精至微","欲求度曲之妙,舍叶谱将何所从乎?"唱曲须讲究:(一) 五音:喉、舌、齿、牙、唇。(二) 四呼:开、齐、撮、合。(三) 四声:平、上、去、入。(四) 出字:分、头、腹、尾。(五) 收声。(六) 归韵。(七) 曲情。"唱曲之法,不但声之宜讲,而得曲之情为尤重。盖声者,众曲之所尽同;而情者,一曲之独异。"

《谈曲》撰述"元明以来曲家遗事轶闻"及词作、剧作。述及关汉卿、马东篱、郑德辉、白仁甫、赵子昂、王实甫、冯子振、张可久、朱权、徐文长、梁伯龙、汤显祖、沈璟、李日华、冯梦龙、吴梅村、李笠翁、孔尚任、洪昇等四十一人。

关于《顾曲麈谈》的研究著作,有江巨荣导读《顾曲麈谈·中国戏曲概论》(上海古籍出版社,2000年)、冯统一点校《中国戏曲概论》(中国人民大学出版社,2004年)、王卫民《曲学大成 后世师表:吴梅评传》(上海古籍出版社,2010年)有关部分。

(刘国杰)

十七世纪以前中国管弦乐队的历史的研究 萧友梅

《十七世纪以前中国管弦乐队的历史的研究》,原著为德文,题名 Eine Geschichtliche Untersuchung über des Chinesiche Orchester bis zum 17. Jahrhundert,作者同时拟中文题名《中国古代乐器考》。萧友梅著。完成于 1916 年。1988 年,由廖辅叔译成中文,在《音乐艺术》1989 年第二至四期连载,1990 年收入上海音乐出版社《萧友梅音乐文集》。

萧友梅(1884—1940),字思鹤,号雪朋。广东香山(今中山)人。1901 年赴日留学,1909 年毕业于东京帝国大学。回国后任中华民国南京临时政府总统府秘书。1912 年赴德国学习,1916 年获莱比锡大学哲学博士学位。1920 年回国,主持过北京大学音乐研究会(1922 年改组为北大音乐传习所)、北京女子高等师范学校音乐科和北平艺术专门学校音乐系等。1927 年 11 月在上海创建中国第一所独立建制的高等音乐学府——国立音乐院,先后担任该院教授、教务主任、代理院长。1929 年 9 月音乐院改组为国立音乐专科学校后任校长,直至病逝。先后编写出版有《初级中学乐理教科书》、《新学制唱歌教科书》、《普通乐学》,以及钢琴、风琴、小提琴、和声学的教科书等。器乐作品有:《新霓裳羽衣舞》、《秋思》等。声乐作品有《别校辞》、《春江花月夜》、《问》等。其音乐论著文稿已辑成《萧友梅音乐文集》出版。生平见廖辅叔著《萧友梅传》(浙江美术学院出版社,1993 年)。

《十七世纪以前中国管弦乐队的历史的研究》是作者于 1916 年向德国莱比锡大学哲学系提出的博士论文,文中对中国古代乐队的历史作了专门的探讨,并对中国古代的乐器进行了科学分类。全文分为《中国乐队概述》和《乐队乐器概貌》两大部分。第一部分又分为"上古时代"和"中世纪"两编,第二部分又分为"节奏乐器、舞蹈道具及打击乐器"、"吹奏乐器"和"弦乐器"三编。

第一部分《中国乐队概述》,在"上古时代合奏的开始"和"周朝乐队的历史"的论述中指出,真正可信的中国管弦乐队是到了周朝才开始的;周朝的乐队可分为"郊祀用"和"宴飨用"两类,但由于后者的体制只不过是郊祀音乐的变种而已,故两类尚不能截然划分。在对"中世纪"的叙述中,作者将中国乐队明确划分为"郊祀音乐"、"世俗音乐"和"军乐"三大类。这里作者注意到了宋元以来戏曲伴奏音乐的乐队组合,指出有必要对此进行一次比较认真的探究。

第二部分《乐队乐器概貌》,按照乐队中乐器的使用情况分三方面进行论述。一是将文中所述乐器只限于17世纪以前在乐队里实际应用的乐器,而对仅有传说和文献上没有明确解说的乐器,均"存而不论",以避免不能反映历史实际的虚假和传讹。二是以现代乐器学的规范,对所涉及的一百四十一种乐器进行了科学的定量分析,依据史书记载,论述了它们的历史传承状况、形制尺寸、声学原理、音律音域、演奏方式和使用场合,同时又将同类乐器、相关乐器作了横向的比较研究。作者在此提供展示了五十四幅清晰的乐器插图和部分乐器定音定弦的详尽表格。三是突破了中国正史典籍之中世代沿用的"八音分类法",借鉴国际常用的以乐器振动方式分类的分类方法,按乐器的实际演奏方式进行主线条分类,将中国古代乐器分为"吹"、"打"、"弦"三大类。由于中国古代的某些器物在乐队的实际演奏中具有特定的意义,因此在第一编论述有关打击乐器时,这些特定的器物和舞蹈道具也包含其中。

《十七世纪以前中国管弦乐队的历史的研究》是近世最早采用音乐学的研究方法对中国古代乐队进行研究的论著。作者从上古到清初的四十二种史籍典册中,发掘出翔实的史料,其目的在于"为了给人们继续探索打下一个初步的基础",也是为了打破和改变西方学者对于中国音乐相当零碎的、无足轻重的甚至是错误片面的评价,本篇在许多方面表现出毋庸置疑的首创性。

有关本篇的研究,见戴鹏海、黄旭东编《萧友梅纪念文集》(上海音乐出版社,1993年)。

(韩小燕)

普通乐学 萧友梅

《普通乐学》,一册。萧友梅著。1928年上海商务印书馆出版。

作者生平事迹见"十七世纪以前中国管弦乐队的历史的研究"条。

《普通乐学》是一部早期中西结合的音乐基本理论教科书。在原载于北京大学音乐研究会《音乐杂志》第一卷第四号至第二卷第七号(1920年6月至1921年7月)的《普通乐理》一文基础上增补改写而成。全书除书前"绪言"和"总论"外,分为十章:(一)音名;(二)乐谱;(三)音程;(四)音阶;(五)理论概说;(六)曲调概论;(七)曲体概论;(八)声乐;(九)器乐;(十)音乐发达的梗概。

全书的主要内容有以下三个方面。

一、基本乐理。其中包括中西音律比较、音名知识、五线谱、记谱法和音乐术语、音程的种类和辨认法、中西音比较等内容。其论述虽然以介绍西洋基本乐理为主,但对于我国传统乐理亦相当重视,论及中国古代的律吕、生律法、声名、宫调,并将其与西洋乐理进行对照比较。

二、作曲技术理论。这部分主要从五个方面简明扼要地介绍了一些作曲技术理论的基础知识。(一)理论概说。作者将作曲技术理论分为普通理论和高级理论两种。前者指和声学;后者指对位法和循环曲、赋格曲作法。(二)曲调概论。主要阐述了曲调的组织要素(曲调的动机、曲调的韵、曲调的句读)以及普通乐句、长乐句的组织形式和曲调的种类(形式上的分类和用途上的分类)。(三)曲体概论。详细介绍器乐曲的七种基本曲式结构和七种体裁形式,又以"单音"、"复音"分类探讨了声乐曲的结构形式。(四)声乐。论述了人声的分类、声域与歌队的组成,以及声乐的种类。(五)器乐。作者利用比照的方法详细地讲述了乐器的分类、中国乐器和欧洲乐器的种类。另外还列表制图说明了乐器的音域、乐器的改调记法、乐队的种类、器乐的种类和音乐会的种类。

三、音乐史。这部分主要讲述了音乐发达的梗概。首先阐述了音乐史的七项要素:音阶的组织、乐器的音域与构造法、记音法与乐谱的组织、乐曲歌曲的组织、音乐理论的变迁、音乐教育机关与音乐教授法、音乐家传记。然后以古代、中古、近古、新时代历史分期，介绍了世界各国音乐的发展状况。

《普通乐学》第一次把基本乐理、作曲技术理论、音乐史合为一体，通称"乐学"。此书还尽可能地把中国传统乐理和欧洲乐理的若干重要概念与术语加以比照融通，从音乐理论与音乐史的具体阐述入手沟通中西。作为我国早期专业音乐系科的一部较有系统的教科书，有其一定的理论价值。

有关本书的研究，见戴鹏海、黄旭东编《萧友梅纪念文集》（上海音乐出版社，1993年）。

（梅雪林　李翠竹）

琴史补、琴史续 周庆云

《琴史补、琴史续》，十卷。其中《琴史补》二卷，《琴史续》八卷。周庆云编著。1919年由编者自费以梦坡室名义刊印。

周庆云(1864—1933)，字景星，一字逢吉，号湘舲，三十三岁时改号梦坡。浙江吴兴(今湖州)南浔镇人。幼年聪颖好学，十五岁应院试，取入县学。曾任清代教谕。后经营盐业。多才多艺，集文人雅士之品味于一身，其诗文、绘画、金石、书画、收藏为当时所闻名；通晓医理，谙熟古琴，曾从俞瘦石、李子昭学习操琴，收藏了众多琴书琴谱，潜心钻研。著作除《琴史补、琴史续》外，尚有《琴书存目》、《晨风庐琴会记》、《琴操存目》、《梦坡室收藏琴谱提要》等。其所编、刻的书尚有《南浔志》、《盐法通志》、《海岸梵音》、《四库阙简记录》、《历代金石诗录》等。郑逸梅《人物和集藏》(黑龙江人民出版社，1989年)有其传。

古籍中琴史专著唯有北宋朱长文《琴史》和明代米万钟《琴史》两种。朱史六卷仅记录宋前琴人；米史八卷已佚，仅见《畿辅通志》载其书目。周庆云鉴于此，故"摘录琴人事略……上起伏羲，下逮近人，凡得六百余家，编《琴史补》二卷、《琴史续》八卷，一以补朱史所失载，一以续朱史所不及"(本书序)。《琴史补》循朱史体例，《琴史续》则又另列方外(僧道)、闺秀各一卷，与朱史小异。

《琴史补、琴史续》前有琴家杨宗稷序文，次为周庆云序和江阴金武祥的题辞四条。目录后附朱长文《琴史》所载琴人姓氏一百六十名。

《琴史补》二卷增补了朱史所缺宋前琴人一百二十八名。卷一从远古至隋代的琴人七十七名，卷二从唐至宋代琴人五十名。两卷共收帝王太昊(伏羲氏)、炎帝、黄帝、楚庄王、梁武帝等十三名；琴学理论家扬雄、杨牧等七名；古琴操缦者师曹、扈子、黄宪、知白、义海等九十六名，斫琴者十名，其中有唐尧传说中的毋勾和唐代的雷威等。

《琴史续》八卷，列琴人五百五十六名。卷一列宋、金、元琴人七十九名；卷二、卷三列明代琴人一百三十名，卷四、卷五、卷六列清代琴人二百四十二名，卷七另列自宋至清的方外(僧道)琴人四十七名,卷八为闺秀琴人五十八名。八卷中列帝王宋徽宗、宋高宗、金熙宗、明宣宗、衡王厚燆、潞王常淓等十五名,其中明代潞王常淓又是著名斫琴家,所制琴数百张编列字号,都为精品;列琴学理论家朱长文、陈旸、朱熹、姜夔、严天池、徐祺等七十七人;列古琴操缦者四百六十人,其中有宋代的郭楚望、文天祥、汪元量、扬赞、徐天民,明代的徐和仲、陈爱桐,清代徐常遇、庄臻凤、夏溥、金陶等著名琴家;斫琴者有明代施彦昭、祝海鹤、宋学古和清代王玮等四人。

历代僧道和闺秀都以其特殊的环境,以及对琴乐的悟性,在琴学理论、风格流派的传承过程中作用斐然。卷七、卷八专列僧道和闺秀,乃此书的一大特色。

《琴史补、琴史续》以琴人为主线,记录其人琴事兼及琴学理论,并逐条注明出处。资料来源除历代正史、琴书、琴谱外,尚有各地方志、县志和杂记文集共数百种。本书和《琴史》历来被尊为中国古代琴史研究的重要著作。

(戴晓莲)

中国音乐史 郑觐文

《中国音乐史》,五卷,附篇二卷。郑觐文著。1929年上海大同乐会发行。

郑觐文(1872—1935),字光裕。江苏江阴人。清末附贡生。十二岁即熟通丝竹,后学大套琵琶,并向名家唐敬洵学习古琴。光绪二十八年(1900),任江阴庙堂音乐助教。1911年后,为上海私立仓圣明智大学古乐教师。1920年,在上海创建大同乐会(前身是琴瑟乐社),自任乐务主任。他竭力主张复兴宫廷雅乐,"以与世界音乐相见"。他的这一思想成为大同乐会建会的宗旨。郑觐文与该会其他会员多方收集研究,并根据《大清会典图》、《皇朝礼乐图式》仿制成各民族乐器(有些是改革乐器)一百六十四件,吹、弹、拉、打,件件分类标名,乐器名称参见郑氏《中国音乐史》附篇"现存乐体"、"现存乐器"。他还组织发掘整理传统民间乐曲,加以改编和创新,并经常演出,论著除本书外,尚有《雅乐新编》(初集)、《箫笛新谱》等。

《中国音乐史》属中国音乐通史性著作,以音乐内容和音乐风格分期编排。卷一:上古,雅乐时期。卷二:三代,颂乐时期。卷三:秦、汉、南朝,清商时期;北朝,胡乐时期。卷四:唐、宋,燕乐时期。卷五:金元,宫调时期;近世,九宫时期。附篇上卷:现存乐体(制乐类)。附篇下卷:现存乐体(普乐类);现存乐器。书前有作者《序》,书后有周庆云《跋》。

全书主旨是以"一乐期之重心者"为本,"上古雅乐时期常用于开化为德性的音乐";"三代为颂乐时期常用于政治教育与国际为功业的音乐";"汉魏六朝清商时期","为感想的音乐";"北朝胡乐时期","为清、燕两乐之过渡";"唐宋燕乐时期"则是"振古灿今、登峰造极",别是一格的音乐风格;"金元"至"明清"是宫调进入到九宫、一支班笛而自成一体的音乐风格。全书的主要内容如下。

一、卷一、卷二论述远古至先秦音乐,分雅乐和颂乐,为区分两者的性质,指出:"雅乐言德性,颂乐则言功业,体制不同,故名称亦当别。雅乐名六律六吕,周乐(即颂乐——笔者注)则云六律六同。"为说明二者在律调旋法上的差异,特制图以示,并称雅乐为右旋,颂乐为左右交旋。

二、卷三、卷四、卷五除主要论述自秦至近世各时期的乐制、乐法、乐理和乐体之外,为强调音韵学对音乐的重要作用,不仅在"作文学"一节中提及,且专设"音韵学之渊源"和"音韵学之原理"的章节说明之。在其简朴的文字叙述中,指出了中国文字是谐声象形发展到音韵象形的过程。"五代以来,音乐由清商而入燕乐,文字由谐声而入音韵。沈约之回声、陆厥之切韵,作者踵起,学说繁纷","至唐乃定为正式学科",而且"为便利作曲起见,别创曲韵"。"元周德清之《中原音韵》、明之《洪武正韵》,其目的皆为作曲而设",所以,"音韵学之与音乐关系甚为重要也"。

三、卷五近世期中论及传入中国之西乐,较详尽地介绍了西方音乐的基本乐理知识,包括五线谱、音符、音名、音程、音阶、节奏等,并相应作了中西乐理的比较对照。

四、为了补充正编,本书专设附篇上、下二卷。附篇"现存乐体",上卷"制乐类"一章中,对中国自上古至近世的制乐发展源流作了阐述,对现存二十八体乐分"祭祀"、"朝会"、"燕享"、"凯旋"四类,对其内容、形式均作一一论述。附篇下卷"普乐类"一章中,对琴学、瑟学、筝学、琵琶学、笛学、丝竹、锣鼓、歌剧(戏曲——笔者注)、方音(曲艺——笔者注)作了论述。其中在"琴学"一节中,对琴的价值、功能、特点等作了较详尽的分析,另还包括宫调、体裁、指法及琴弦按泛的全部音位图和琴弦内外调表。"瑟学"一节中,对琴与瑟的比较也有独到之见。对于瑟的失传缘由亦作了分析阐述。"现存乐器"一章中,对"金、石、丝、竹、匏、土、革、木、筘、虺、韦、贝、鬃"十三类共一百六十一种乐器分别作了介绍。

关于本书的研究著作,有郑祖襄编著《中国古代音乐史——中国音乐学经典文献导读》(上海音乐学院出版社,2009年)有关部分。

(杨 荣)

中国音乐史 叶伯和

《中国音乐史》，上、下二卷。叶伯和著。上卷1922年由成都昌福公司出版。下卷修订稿散佚，仅其初稿连续刊载于1929年《新四川日刊副刊》第五八七至五九三期。此一刊本业已尘封多年，1987年由顾鸿乔发现，将其与上卷合编为全书，1991年由台湾贯雅文化事业有限公司出版。

叶伯和(1889—1945)，原名世昌，又名式和。祖籍广东梅县，生于四川成都。1907年赴日本留学，先学习政法，后改习音乐。与萧友梅、李叔同友善。留学期间，加入中国同盟会。1911年归国，先后担任四川高等师范学校(今四川大学前身)音乐科主任，成都女子师范学校及成都县立中学教师，成都市通俗教育馆音乐部主任等职，教授声乐、钢琴、小提琴、中国音乐史、西洋音乐史诸课。中西乐理并重，五线谱由他介绍至我国西南地区。所著《中国音乐史》，即其讲义大纲。叶伯和倡导新文学，20年代初著有《诗歌集》出版。曾与同仁创办"草堂文学研究会"，编印新文学刊物《草堂》。30年代发起组织"成都海灯乐社"，经常义务演出，颇有社会影响。

《中国音乐史》分五个部分：总序，发明时代，进化时代，变迁时代，融合时代。

"总序"首先叙述"史料的弃取"等问题。作者认为："音乐史是一般研究思想史、文明史的重要部分。""所以编音乐史，第一项要注意一个时代人文的发展，第二项才是考证历代作品的成绩。"接着谈到，中国古书里说音乐的虽然很多，但要寻出可做音乐史的材料的就很难。如像一些论乐的书，都糅杂了许多政治、宗教和神话；或者认为音乐是帝王的、贵族的，而民众所倾向的，学者所发明的，都无从考察；关于律吕、音阶的书，又把许多东西引来附会，尽管说得很神妙，其实毫不相干；还有著史书的人，大半不会使用乐器，或许还有不懂音乐的，因而在那些书中，便寻不出几句真正音乐上的话。所以作者强调："我们现在要把以前的一切旧观念都打消，再用一副哲学的、科学的新眼光来观察他、审定他，要从这样取的，才算得音乐史。"总序次段，提出了"时代的区分"：(一)发明时代，(二)进化时代，(三)变迁时代，(四)融合时代。其后的正文，便按这四个时代分别叙述。

"发明时代"叙述黄帝以前的音乐。先讲"发明的程序":"发明声乐后,才有乐器;发明打击乐器后,才有弦乐,又后才有管乐;发明乐器后,才定音阶;定了音阶后,才制乐曲。"其后是"声乐的起源"(著录《网罟之歌》、《葛天氏之乐》等)、"乐器的起源"(著录土鼓、钟、瑟、琴、笙、竽、管等乐器及所传说的创制者)二节。

"进化时代"叙述黄帝至周的音乐。重点有"揩定音阶"(解释五音、十二律)、"制作国乐"(说古来一朝一代都要制曲纪念。列举《咸池》、《大章》、《大韶》、《大夏》、《大护》、《大武》等)、"当时国乐的内容"(引《庄子》北门成问乐、《乐记》孔子与宾牟贾言乐事)、"增加乐器"(按八音分类列举乐器十余种)、"当时音乐与政治"(引《乐记》、《周礼》中有关文字,说周代制礼作乐收到效果)、"当时音乐与教育"(引《周礼》、《礼记》有关文字,说周代音乐胜过前代是教育上的结果)、"器乐的起源"(说从笙诗到有了琴操才算完成,并列举"九引"、"十二操"的曲名和作者)、"引操作曲趣旨"(引琴谱所载释《走马引》、《雉朝飞操》)、"订正乐谱"(说孔子删诗定乐事)、"乐器的发达"(据《尔雅》、《周礼》所载,并按弦乐器、管乐器、击乐器分类,列举乐器数十种)、"当时的音乐家"(列举了周公、孔子、师挚、师襄等人;著录《伶州鸠传》、《师旷传》)诸节。

"变迁时代"叙述秦汉至唐的音乐。重点有"乐府的设立"、"印度音乐的输入"(引《汉书》张骞出使西域带回《摩诃兜勒》乐曲事、《通典》张重华时关于天竺乐伎入华事、《通考》北魏太武帝通西域又以悦般国鼓舞设于乐署事等,并指出印度音乐对中国的影响)、"改定音阶"(引《隋书》郑译、苏祗婆、万宝常等考寻律吕事)、"中国音乐的输出"(传至高丽、日本)、"胡乐器的流传"(列举横笛、胡琴两种,并指出羯鼓、锣、钹等都是胡乐器)、"乐谱的遗留"(举唐开元《十二诗谱》之《鹿鸣》律吕字谱)诸节。

"融合时代"叙述宋元至现代音乐。先概述这一时代的精神,说自宋以后史料虽不丰富,但很确实,且器乐谱、声乐谱留到现在的很多,可作考究音乐发展的途径。又提到以数学算定音律的发明与进步,以及外来音乐的输入和融洽,以启现代音乐的萌芽等;然后,设节分述"器乐"(着重琴曲,述及源流、派别、音律、指法、曲谱,及对琴曲的解剖,琴的作曲家和制造家)、"声乐"(着重昆曲,述及来源、唱法,及对昆曲的解剖)、"乐谱"(列举琴谱、瑟谱、琵琶谱、笛谱、昆曲谱。因排印不易从略)、"乐律"(列蔡元定、何承天、朱载堉三人的算法表。亦排印从略)、"乐器"(著录兴隆笙、喀尔奈等十余种)、"西洋音乐初入中国"(述利玛窦、毕方济、徐日升、德礼格诸人来华,带入西洋乐器、乐理事)。凡六节。

全书终文为"结论"。作者说"以多年的工夫搜集材料,来编这部音乐史,结果还是大不满意,因为我要取用的材料——如历代的作家和作品等——大半寻不出来",但是接着归结说:"中国自国体变更后,有一些人知道,现在的中国有提倡美育的必要,是以近年到外国去学音乐的人也多了,专门教音乐的学校也有了。并且有人提倡整理国乐,也有人能弹西洋名曲使用西洋的乐器,也有人将中国的旧曲译作今谱,只是还没有伟大的作品出世。数十年后,我想必有成绩表现,等到我作现代音乐史时,或者有很多的材料供给我了。"这也是作者最后的希望。

(朱 舟)

东西乐制之研究 王光祈

《东西乐制之研究》，一册。王光祈著。写成于1924年。通行本有：1926年中华书局本、1958年音乐出版社重印本、1990年上海书店《民国丛书》选印本、1992年巴蜀书社《王光祈文集》(音乐卷)本、1993年人民音乐出版社《王光祈音乐论著选集》本、2011年上海书店出版社《王光祈音乐论著二种》本等。

王光祈(1892—1936)，字润玙，笔名若愚。四川温江人。1908年考入成都高等学堂分设中学(后并入成都府中)。1914年离川进京，任清史馆书记员。同年秋考入中国大学，攻读法律。1918年和李大钊等七人一起发起筹建"少年中国学会"，1919年学会正式成立，被推选为执行部主任，主持学会工作。在京期间先后兼任《四川群报》、《川报》驻京通讯记者和《京华日报》编辑。1920年赴德国留学，初学经济学，1923年起改学小提琴、钢琴与音乐理论。1927年考入柏林大学，专攻音乐学。1932年任波恩大学东方学院讲师。1934年以论文《论中国古典歌剧》获波恩大学哲学博士学位。1936年1月12日因脑溢血死于波恩。主要著作除本书外，尚有《欧洲音乐进化论》、《西洋音乐与诗歌》、《西洋音乐与戏剧》、《德国国民学校与唱歌》、《各国国歌评述》、《西洋乐器提要》、《西洋制谱学提要》、《东方民族之音乐》、《音学》、《翻译琴谱之研究》、《对谱音乐》、《中国音乐史》、《西洋名曲解说》、《西洋音乐史纲要》等。《王光祈文集·音乐卷》和《王光祈音乐论著选集》均有其传，另有韩立文、毕兴编《王光祈年谱》(人民音乐出版社，1987年)。

《东西乐制之研究》系作者在德国留学期间写成。此时正值比较音乐学在欧洲兴起，这对刚去德国的王光祈有极大的启发。他考察了欧洲音乐发展历史之后，发现"西洋音乐之有今日"，乃是拉丁民族的乐理和日耳曼民族付诸实践的结果。他又觉得："今日中国虽万事落他人后，而乐理一项，犹可列诸世界作者之林而无愧色。""当此欧洲音乐界由少律趋向多律之时，我们从新研究中国古律，实是一种对于世界文化极有价值之举。"于是就"考诸正史，旁采专著"，采用比较音乐学的研究方法，撰成本书。作者说："研究乐制而兼及东西各国者，欲以便于比较也。"因此，对我国古代的乐制进行有系统地整理,并将中西各国的乐制进行比较,乃是作者编著此书的主要目的。

《东西乐制之研究》是我国第一部以论述世界各国乐制为中心内容的比较音乐学专著。书前有作者"自序"、"敬白"和"补记",正文由《乐制概论》、《中国》、《欧亚非三洲接壤诸国》、《希腊》、《欧洲中古时代》和《欧洲近代》七编组成。全书的主要内容如下。

一、确立"乐制"的基本意义、研究范围和研究方法。作者按德文中的 Tonsystem(今译"音体系")词义,创用了"乐制"这一个中文词。对于这个词的含义,作者在本书中作了这样的说明:"什么叫做'乐制'? 换言之,便是'律'与'调'的制度";"所谓'乐制'者,即研究'律'与'调'两大问题之意也。"为了便于说明"乐制",作者还把本不属于"乐制"范围的乐谱亦包括在本书之中。故在甲编《乐制概论》中设立了《音级之分析》、《乐调之组织》和《乐谱之种类》三节。作者把一个八度音程作为一个"音级",所谓"音级之分析",即研究一个"音级"被分成多少部分,其中的每一个部分就称为"一律"。因此"音级之分析"亦即对于"律"的研究。我国古代一直采用以发音体的长度来计算律,本书介绍了当时国外采用的频率比、不平均音程值和八度值三种计算方法。所谓"乐调之组织",作者解释"即规定调中各音相距之大小是也"。故本书所云的"调"和现今所说的 C 调、D 调之调稍有差异,其侧重点在于音阶;其所谓"乐调之组织",实即指音阶的结构形式。由于乐谱用于记录音乐,亦可以在一定程度上反映出乐曲所用的律和音阶,所以书中特别加以说明:"著者为解释乐制便利起见,特将乐谱进化大概附记本书之中,以便阅者参考。"在书中将中西各国的乐谱分为字谱、图谱和唱谱三个大类。

二、比较中西各国的乐制。为了比较中西各国的乐制,书中将各国的乐制分别进行梳理。在《中国》一编中,较为详细地介绍了中国最古之律、中国古代定律的三分损益法和以发音体长度为核算单位的算律之法,并掺以日本音乐学家田边尚雄创用的"平均音程值"(以十二平均律为标准,全音作一,半音作〇·五,八度作六),列举了京房六十律、钱乐之三百六十律、何承天新律、蔡元定十八律和朱载堉十二平均律,肯定了汉代京房将管长算律改用弦制律准以弦长算律的进步意义,又列举了古代以三分损益法所产生的五声和七声两种音阶结构,排列出"五音调旋宫"六十调和"七音调旋宫"八十四调的调式音阶,又录吴梅《顾曲麈谈》中的有关文字,介绍中国笛上的"翻七调"。在其余各编中,分别介绍了欧亚非三洲接壤诸国中的印度二十二律、波斯和阿拉伯的十七律以及近世所用的二十四平均律(埃及、亚述、巴比伦、希伯来四国因资料缺乏,故只列国名而未详述)、希腊的毕达哥拉斯律、欧洲的查理罗十九律、纯律、十二平均律和二十四平均律、梅尔克都五十二律、耶可四十一平均律等等律制,还论及上述诸民族的调式音阶结构。作者根据所掌握的大量中西各国乐制资料,在书中列出了两张中西乐制比较表,一张为《中西音级分析表》,另一张为比较中西各国音阶结构的《乐调之组织表》。

三、比较中西各国的乐谱。作者在本书中还介绍了中西各国所用的乐谱,其中包括中国的宫商字谱、律吕谱和工尺谱,印度由七种符号组成的乐谱,阿拉伯的数字谱,希腊的音名谱和阶名谱,欧洲大陆中古时期的纽姆谱、拉丁字母谱、线谱和欧洲近代所用的五线谱。作者在搜集中西乐谱并加以比较之后,认为我国古代的乐谱,"用字虽有变更,而根本形式则始终属于'字谱'一类。字谱用法太简单,不能适应复杂音乐的要求"。"吾国自设立学校以来,教师多采用简谱","其缺点与字谱无异,吾人万不可采用,宜直接改用五线谱"。

《东西乐制之研究》是我国学者较早采用比较音乐学的方法研究世界各国乐制的一部论著。作者通过此书,率先将19世纪末至20世纪初在欧洲兴起的比较音乐学这门新兴学科介绍到国内。此书又为其后他在《东方民族之音乐》一书中提出"世界三大乐系"的理论以及《中国音乐史》等一系列著作问世奠定了基础。因此,本书的问世受到了国内外学者的注意。我国著名作曲家黄自称《东西乐制之研究》是一部"具有创见卓识的著作",日本著名音乐学家岸边成雄称王光祈为"东方传播比较音乐学的第一人"。国内其后的一些乐律学论著,亦无不受到此书的影响;王氏所创用的"乐制"一词,一直沿用至今。本书所提出我国学校"宜直接改用五线谱"的建议,在我国的专业音乐教育中也已经得到实施。由于作者当时受时间和资料条件的限制,故对于东西方各国乐制的论述并不完整,甚至书中尚有错误。作者先在本书出版前夕以《补记》进行补充修正,又在1925年写成的《东方民族之音乐》一书中对波斯、阿拉伯和印度诸国的乐制作了更为详确的论述。

有关《东西乐制之研究》的研究著作,有毕兴、苑树青编的纪念王光祈文集《黄钟流韵集》(成都出版社,1993年)中钟善祥等对本书的专文评论;冯文慈、俞玉滋选注《王光祈音乐论著选集》(下册,人民音乐出版社,1993年)对本书的原文、数据、引文以及原版本文字上的误排之处等作了校注。

(陈应时)

东方民族之音乐 王光祈

《东方民族之音乐》,一册,上、中、下三编。王光祈著。写成于 1925 年。通行本有:1929 年中华书局《音乐丛刊》本、1958 年音乐出版社重印本、1990 年上海书店《民国丛书》本、1992 年巴蜀书社《王光祈文集》(音乐卷)本和 1993 年人民音乐出版社《王光祈音乐论著选集》本等。

作者生平事迹见"东西乐制之研究"条。

《东方民族之音乐》系王光祈旅居德国柏林时撰成。本书采用了"比较音乐学"的研究方法,对亚洲各民族音乐进行论述。作者"自序"称,"凡关于东方各种民族乐制,悉以英人 A. J. Ellis 所著书籍为准。但该书对于东方各种民族音乐,并未悉数网罗",因此"不得不旁采其他各种参考书籍,为之补助"。以便使读者对于东方民族各音乐"得着一个明了概念",故撰成此书。并希望将此书当作一本"三字经",能"引起一部分中国同志去研究'比较音乐学'的兴趣"。

《东方民族之音乐》是我国最早研究东方民族音乐的比较音乐学专著。本书按先论乐制,后举作品的方式,重点对亚洲各民族音乐的"律"与"调"进行了探讨。书前有作者"自序"、"著者附启",正文有《概论》、《中国乐系》、《波斯阿拉伯乐系》三篇,后为附录《各国音名》。各篇的主要内容如下。

在上编《概论》中,作者首创用"调子音阶组织"来作分类的标准,将世界音乐分为三大乐系,即:中国乐系、希腊乐系和波斯阿拉伯乐系。王氏认为中国乐系数千年来"始终喜用'五音调'(即五声音阶)。'半音'虽有,却不多用"。因此,"五音调"是它的"固有特色";希腊音乐理论家毕达哥拉斯的音乐理论,为欧洲"七音调"始祖,并成为希腊乐系的特点;与中国、希腊乐系不同,波斯阿拉伯有"七音调"与"八音调"两种,更在于其音阶中包含有四分之三音的出现,所以"实于世界各种乐制中,特开一种生面"。又认为"解释各种民族之乐制",必须确立"一个标准计算法",故推崇英国人埃利斯的音分计算方法。

在中编《中国乐系》中,首先较详细论述了中国音乐的"律"与"调",随后将中国藏族、蒙古族和朝鲜、越南、日本、爪哇归在此类之中,并从"乐制"、"作品"方面着手,比较研究了诸民族音乐与中国汉族音乐"五音调"的联系,从而达到了介绍东方各民族音乐的目的。作者通过比较希腊、中国乐制的异同,认为"古代希腊'七音调'乐制实与吾国'七音调'乐制完全相同"。还认为以上东方民族的音乐都受中国之"五音"的影响。

在下编《波斯阿拉伯乐系》中,作者在详述波斯阿拉伯音乐的同时,又将中国及希腊乐系与之比较,证明波斯阿拉伯乐制中包含特有的"四分之一音"、"四分之三音"。并认为"世界三大乐系求律之法,皆可谓大体相同"。在本编中将土耳其、印度、缅甸、泰国归为"波斯阿拉伯系",并通过探讨各国律制和列举作品,逐一阐述了各民族的音乐特性及其结构。

王光祈的《东方民族之音乐》是继《东西乐制之研究》后的又一部比较音乐学著作。书中对《东西乐制之研究》所论及的一些问题,进行了补充。如印度之律一节中,补充介绍了"新"、"旧"两种音级算法;而在波斯阿拉伯乐系一编中,增加了波斯阿拉伯音乐的背景、"中立三阶"、"中立六阶"、"二十四平均律"等内容,并在本编中贯串了比较研究中国、希腊乐系与波斯阿拉伯乐系的成果;此外还增加了日本之"调"、"律"等方面的内容。本书率先提出"把'世界乐系'分为三大类"的观点,至今还被民族音乐学界所采用。由于他较早采用"比较音乐学"的研究方法,对东方诸民族的音乐进行探讨,因而他被誉为我国比较音乐学的先驱。

(田 飞 朱艳林)

中国音乐史 王光祈

《中国音乐史》，上、下册，共十章。王光祈著。写成于1931年。1934年编入中华书局《中华百科丛书》，1957年音乐出版社重印。另有1990年上海书店《民国丛书》本、1992年巴蜀书社《王光祈文集》本、1993年人民音乐出版社《王光祈音乐论著选集》本、2011年上海书店出版社《王光祈音乐论著二种》本。

作者生平事迹见"东西乐制之研究"条。

《中国音乐史》系王光祈旅居德国柏林时写成。作者"自序"称，"时人关于中乐之著作，实以西儒所撰者，远较国人自著者为多，为精"，而此类著作"皆出自彼邦教堂牧师、使馆译官、商人、旅客之手。往往嫌其美中不足"。又认为"最能促成国乐产生者，殆莫过于整理中国乐史"，"音乐史，亦先民文化遗产之一也。其于陶铸'民族独立思想'之功，固胜于一般痛哭流涕、狂呼救国之'快邮代电'"，故撰成此书。

《中国音乐史》是一部按专题分类论述我国自远古至清代音乐发展历史的著作，也是我国现代较早的一部音乐史学专著。书中以中国古代文献记载为依据，对中国古代律调、乐谱、乐器、乐队、戏曲等作了较有系统的梳理。全书除"自序"外由十章组成，各章主要内容如下。

第一章《编纂本书之原因》。作者认为当时中国音乐历史上各种重要问题尚未圆满解决，故还不能编写一部"进化线索完全衔接"的《中国音乐通史》，只能将其个人和中外学者的中国音乐历史研究成果"联络起来，成为一种较有系统之音乐历史"。

第二章《律之起源》。本章先阐明了研究方法与根本思想，共四点。随后依次论述了由五律进化成七律、十二律之成立以及黄钟长度与律管算法等问题。作者否定了近代西洋学者认为中国律制来自希腊的观点，认为"吾人不可谓古代中国、希腊乐制实'二而一'者也"。

第三章《律之进化》。本章按我国历代律调的演变过程，较详细地介绍了京房六十律、钱乐之三百六十律、何承天"新律"、梁武帝四通十二笛、刘焯律、王朴律、蔡元定十八律、朱载堉十二平均律和清朝律吕,并探讨了十二平均律与十二不平均律之利弊等问题。指出"倘京房之六十律业已繁杂难用,则钱乐之三百六十律之不适于应用,更属明了易见。其结果三百六十律,只能附会于历数,不能实用于音乐",从而完全否定了六十律、三百六十律在音乐中的实际作用。又指出何承天的"新律"为中国乐制史上一大革命。同时高度评价了朱载堉的"十二平均律"。

第四章《调之进化》。本章对我国古代宫调理论作了较深入的探讨。依次对五音调与七音调、苏祇婆三十五调、从阿拉伯琵琶考证苏祇婆琵琶、燕乐二十八调、唐燕乐与琵琶、燕乐考原之误点、南宋七宫十二调、宋燕乐与觱篥、起调毕曲问题、元曲昆腔六宫十一调、昆曲与小工笛、二簧西皮梆子各调等诸问题进行了论述。

第五章《乐谱之进化》。论述了我国历代乐谱的进化过程,并逐一介绍了律吕字谱与宫商字谱、工尺谱、板眼符号、宋俗字谱、琴谱、琵琶谱等。

第六章《乐器之进化》。将我国古代乐器(也包括一部分少数民族乐器)概括为敲击乐器、吹奏乐器、丝弦乐器三大类,并附图一一介绍。

第七章《乐队之组织》、第八章《舞乐之进化》、第九章《歌剧之进化》、第十章《器乐之进化》,简明扼要地对我国古代的乐队、乐舞、戏曲、器乐及其发展历史进行了初步的探讨。

王光祈的《中国音乐史》是我国现代较早采用分类体例的音乐史。它通过对大量中外文献和个人研究成果的综合与分析。尤其是对中国古代乐律理论进行了较有系统的整理,将中国音乐史的研究推进了一步,故被誉为我国音乐史研究中具"纪念碑性的作品"。

有关王光祈《中国音乐史》的研究著作,有郑锦扬《音乐史学美学论稿》上册(海峡文艺出版社,1993年)、郑祖襄编著《中国古代音乐史——中国音乐学经典文献导读》(上海音乐学院出版社,2009年)有关部分。另有冯文慈、俞玉滋选注《王光祈音乐论著选集》中册(人民音乐出版社,1993年),对原书中的原文、数据、引文等作了校订,是此书目前最佳的版本。

(田　飞)

中乐寻源 童 斐

《中乐寻源》,一册,上、下卷。童斐著。写成于1925年,次年上海商务印书馆初版,后多次再版。

童斐(1865—1931),字伯章。江苏宜兴人。1903年应秋闱试中举。后任周铁桥竺西学堂校长。1907年11月常州府中学堂创立,应监督屠宽(元博)之聘任国文教员,1911年任学监。辛亥革命期间,参与常州地区革命,任常州军政分府秘书长。1913年4月任常州中学(7月改名江苏省立第五中学)校长。在学生课余游艺会中教授乐器和昆曲,笛、笙、唢呐、三弦、二胡、鼓、板诸乐器,生、旦、净、丑诸角色,皆能一一分授。1925年任上海光华大学教授、国文系主任。著作除本书外,尚有《元曲选》、《虚字集解》,以及刊登在省立五中杂志上的《音乐教材之商榷》、《致省教会试唱卿云歌谱意见书》等。

《中乐寻源》是一部论述我国古代音乐和传统歌唱艺术的著作。书前有吴梅"序"和作者"自叙"各一篇,后有"附说"。正文分上、下卷。上卷八章:音乐起源、音乐与教育、律吕、乐器、宫调、音韵、谱式、声歌;下卷为曲谱实例分析。上卷八章主要内容如下。

一、关于音乐的起源和教育。作者认为音乐的起源可分为三个阶段:(一)人心被外物所感动。(二)人心抒发出音乐。(三)音乐反作用于人心。音乐具有增进智能、涵养性情、节性调情的功能,从社会意义来说,音乐有移风易俗改善民心的效果。最后作者提出了"教育以学道为目的,以弦歌为方法"的音乐教育思想。

二、关于律吕和宫调。作者认为中国古代十二律吕和西方的十二音名有相似之处,故有律吕与风琴键盘相配表附书中。同时,作者还介绍了张炎《词源》、古今字谱和八十四调等知识。在介绍传统旋宫法时作者列图并作说明。文中还录有《词源》八十四调雅俗名表、燕乐、燕乐二十八调名表,又论及雅乐与俗乐的律高等问题。

三、关于乐器和谱式。在乐器方面,作者以管类和弦类分别介绍。管类着重介绍笛、箫、笙、觱篥四种乐器;弦类着重介绍了琵琶和三弦。在介绍中还兼论乐器的发展简史、发音原理、常用调式、记谱方法等。在谱式方面,作者采用中西乐谱对照的方法,较为详细地介绍了中国的工尺谱式,并强调指出中西乐器在节拍、节奏、润腔等记谱法方面的异同之处。

四、关于音韵和声歌。作者认为:"盖歌以永言,苟字音不正,余声转折咏叹,所差愈远,人将不知所言为何物矣。"故歌曲者,"于正音为大亟"。作者把"正音"分为切音、分韵、辨四声、正四呼。按梵音,切音分三十六声母,韵则分唐韵、诗韵,并用平、上、去、入四声列成表。"四呼",作者列开口、齐齿、合口、撮口,又列开齐之变、合撮之变、开齐合撮三种变呼。作者认为习歌有四要:正字、合腔、养喉、纯熟。正字有出字诀和收音诀;合腔即"合组七声以成曲折";歌曲"不难于连而难于断";喉音"与年俱进";声带须"常用而弗过劳",最后作者指出唱歌是一个熟能生巧的过程,这样才能达到心神合一、出神入化的境地。

下卷总标题为《歌谱》,分设《古谱及近谱之板色》、《南曲北曲》、《文情声情》、《剧本歌曲之文情声情》、《套曲》五个部分。卷后另有"附说"一篇。

《古谱及近谱之板色》部分列举了古律吕谱和俗字谱两种和近谱工尺谱一种。律吕谱以朱熹《仪礼经传通解》中的《风雅十二诗谱》和姜夔的《白石道人词谱》为例,录其中《醉吟商》一首,亦附工尺谱译谱。对于"近谱"工尺谱之"板色",书中分为乾念式(即乾念不注工尺之韵白)、乾板式(即有板无眼)、一板一眼式、一板三眼式和一板三眼加赠板式五种,每种均有工尺曲谱的实例。

在《南曲北曲》部分,作者认为以五声、七声区分南曲、北曲,起于金元时代,故不能套于之前的古曲,金元以前音乐的南北之分不在音阶而在于格律、声情等方面。书中以此见解列举了唐诗、宋词"派入南北曲"和元代南曲、北曲的实例,并作了相应的分析。

《文情声情》部分主要介绍诗歌、散曲,作者认为诗歌有兴、观、群、怨,冶性正情的功能,诗歌的修辞手法有赋、比、兴三种,并各举实例加以说明,又列举了《中原音韵》六宫十一调于声调各有专属之说。

在《剧本歌曲之文情声情》中,作者认为"唐诗宋词乃文士写怀之歌曲,而传奇杂剧乃叙述故事之歌曲也"。且传奇杂剧与散曲相比,"趣味略异,实歌曲之进步"。书中又选录了《琵琶记》、《长生殿》等片断以作说明。

《套曲》部分主要概述曲之结构章法,作者认为套曲乃"作曲者联络多曲,以表演一事之起、讫",且"套曲之组合各有成法"。又介绍了套曲所用的术语,如言、语、目、白、宾、科等。并以《货郎担》和《长生殿·弹词》中的套曲作为分析。

"附说"一篇补充论述戏曲演唱演奏中必须注意之点,以达到"适聪"和避免过激、过靡之淫声。

童斐的《中乐寻源》是我国较早的几部中国音乐史学专著之一,书中对我国传统的声乐艺术理论作了概括和总结,并有大量曲谱作为实例,表明了作者理论与实践并重的思想。童斐在《中乐寻源》中的某些观点不仅对发扬我国传统声乐艺术有启示,而且对当前声乐艺术的发展也有一定的指导意义。

(胡慈舟　张浩典)

音乐通论 黎青主

《音乐通论》，一册。黎青主著。写成于1930年。通行本有1930年商务印书馆初版本、1934年《百科小丛书》本。

黎青主(1893—1959)，原名廖尚果，又名青主，别署黎青、L.T等。广东惠阳人。曾参加辛亥革命。1912年赴德国学习法律，兼学哲学和音乐。1922年回国，北伐战争期间，曾任国民革命军总政治部秘书等职。1929年起任上海国立音乐专科学校校刊《音》和季刊《乐艺》主编。1934年以后基本脱离音乐界，在同济大学任教。1949年后在复旦大学、南京大学教授德语。著作有《乐话》、《音乐通论》，另有译著《音乐美学问题》等。所创作的歌曲大部分收入与华丽丝合作的《音境》、《清歌集》两种歌曲集，其中《大江东去》、《我住长江头》等流传甚广。

《音乐通论》是黎青主继《乐话》之后的又一部音乐美学论著。作者撰述此书的主旨是"要使一般读者们对于音乐的本身能够得到一种正确的根本认识，同时并要使一般读者们能够领略音乐的全体大用"。全书除书前"撰述主旨"和书后"人名附注"外，分为七章：（一）什么是音乐；（二）音乐的艺术；（三）音乐的原素；（四）音乐的分类；（五）音乐的艺人；（六）音乐的功能；（七）音乐的教育。主要内容大致分为以下几方面。

一、对于音乐本质的探讨。作者认为，中国旧日的音乐由于受到"崇德"、"尊道"等思想的束缚，具体创作中又受语言声韵的支配，而没有一个独立的地位，它只是封建礼仪的附庸。在引述了西方诸学派有关音乐本质的种种见解之后，作者认为只有取"音乐是一种语言"的理解，才能将作为独立艺术的音乐的本质说尽。又针对"艺术的虚伪性"这一观点，作者进行了深入浅出的理论阐述，从而得出结论：音乐既然由人创作、演唱(演奏)，便不是自然界的音，它的"虚伪性"是不可避免的。关键在于所创作的音乐是否对周围人有感染力量。

二、有关音乐"原素"和类别的分析。作者认为，音乐的原素由声调、节拍、和音、曲调构成。声调是趋于自然的音响，经过和声的处理后便是乐音，而乐音又是曲调的基础。曲调依照"和声"

这个法度制成,再合上节拍,便成为一首完整的曲子。除了上述数理上的原素外,曲调还要有其精神的原素,作者若不将自己灵魂深处的内容表达出来,便不是真正的音乐。黎氏又认为音乐可以分为两种:歌乐与曲乐。歌乐将音乐与诗打成了一片,二者相辅相成。尤其在中国,从其最初形式——民歌起,至现在的艺术歌曲,都是曲调流畅、歌辞文雅、意义长远的,故而是表达音乐灵魂的最佳方式。曲乐是"最能够完成音乐的自由独立的生命"。作者认为奏鸣曲是曲乐的最高形式,而标题音乐,尤其是交响诗的发展,令"音乐的独立自由的生命得到了一个最坚固的基础"。

三、关于音乐家的修养。书中指出,作为音乐艺人,首先不可以有自满情绪。其次,也是最重要的一点,要将自己融合在音的感情里面,要加强接受生活的能力,才能创作出真实地表现一般人情感的音乐。再次,音乐艺人在具备了种种技能、阅历之后,更应该将思想与形式完满地结合。

四、关于音乐的功能与音乐教育。作者认为,真正优秀的音乐,能够唤起人们的灵魂,为人们在挫折面前奋斗增添信心。除此,音乐还有民族性、纪律性的约束力和提高人们思想情操的功用。要提倡音乐的教育,就必须在各大学与中学开展起来,如在大学里设立讲授音乐理论和音乐史的讲座,在中学慎重选择音乐教师与教材等,对于普及音乐的教育都是积极的措施。

作者在1925年成书的《乐话》中论述过音乐的本质、音乐与现实生活的关系、音乐的社会作用等问题,《音乐通论》所叙述的基本论点与《乐话》是一致的,但又作了新的阐发,尤其在艺术与现实的关系、音乐艺术的特殊性以及情感在音乐创作和音乐表演上的重要性方面,探讨得更为深入。本书是近世为数不多的系统地论述音乐美学的著作之一。

(王丹丹　于　爽)

中国音乐文学史 朱谦之

《中国音乐文学史》,一卷。朱谦之著。写成于 1931 年。1935 年由商务印书馆出版,次年即由日本学者横利一川译成日文在日本出版。1989 年北京大学出版社再版。

朱谦之(1899—1972),字情牵。福建福州人。1917 年入北京大学哲学系学习。1924 年任教于厦门大学。1929 年至 1934 年留学日本。回国后先后在暨南大学、中山大学任教,历任历史系主任、哲学系主任、文学院院长、研究院文科研究所主任、历史学部主任等职。1952 年调任北京大学哲学系教授。1964 年任中国社会科学院世界宗教研究所研究员。著作除本书外,尚有《中国古代乐律对于希腊之影响》、《中国哲学对欧洲哲学的影响》、《文化哲学》、《文化社会学》、《历史哲学》、《太平天国文化史》、《日本的朱子学》、《日本古学及阳明学》、《日本哲学史》、《老子校释》等。论著由后人辑为《朱谦之全集》。

1924 年,朱谦之曾将其在学校的演讲稿结集成书为《音乐的文学小史》(上海泰东图书局,1925 年),《中国音乐文学史》在此书的基础上增补而成,是我国近代第一部考察文学与音乐之关系的专著。书前有陈钟凡"序",后附"凌廷堪燕乐考原跋"。正文共八章:(一)音乐与文学;(二)中国文学与音乐之关系;(三)论诗乐;(四)论楚声;(五)论乐府;(六)唐代诗歌;(七)宋代的歌词;(八)论剧曲。

第一章《音乐与文学》主要论述音乐和文学的关系。作者认为音乐和文学在感情上是共通的,文学之所以能给人兴发想象,是因为它直接诉于我们的"真情之流",故可以和音乐姐妹相称。书中又将音乐和诗作比较,认为差不多是一致的。真正的诗,是以纯一语言的音乐为作品之生命的。音乐和诗歌,本都不受空间支配,完全是人类心理中想象的产物。正是这种想象的特别心理活动,创造了一个和我们日常生活经验不同的第二世界,即音乐的世界。

第二章《中国文学与音乐之关系》从文学的定义、中国文学的分类、中国文学的起源和中国文学的进化观念四个方面来对于中国文学与音乐的关系作了论述。作者指出:中国文学的最初形式是诗、乐、舞三位一体的混合艺术。从文学的进化观念上来看,它与音乐的进化路径相同,"如一个时代的音乐进化了,便文学也跟着进化,另发展一种新文学",故历代的大众文学和未来的文学,便是建设一种最好听的"音乐文学",也就是具有真挚情感的"平民文学"。所以中国文学的进化,彻始彻终都是和音乐密不相离的。

第三章《论诗乐》以《诗经》为中心,对中国古代的诗乐进行考证。作者认为《诗经》全为乐歌,并据文献记载将诗乐分为歌诗、赋诗、奏诗、笙诗、管诗、籥诗六类,专门论述了《诗经》在音乐上的位置和在艺术上的价值、孔子与音乐;书中主张《诗经》中应是南、风、雅、颂四体并列;又考证了《诗经》的乐谱和六笙诗,认为古代对于笙诗虽存在"有声无辞"和"有声有词"二说,但二说都是承认笙诗和音乐有关,亦可作为《诗经》三百篇都是可歌可奏的一个旁证。

第四章《论楚声》探讨了楚歌的起源、楚声在音乐上的位置,又对《楚辞》的声谱作了考证。作者认为中国文学本出于南音,《诗经》也是南方化了的北方文学。所谓《楚辞》,实即南方长江流域一带民歌的结晶。在楚国以外如吴、越二国的民歌,实质上也都是《楚辞》的起源。楚声是诗乐进化了的产物,在中国音乐文学史上有着重要的地位。作者列举史载隋僧人骞公能以楚声读《楚辞》,以证《楚辞》能歌;又集诸家关于《楚辞·大招》中"四上竞气"之"四上"二字作字谱解释的论述之后,认为《楚辞》虽可肯定为音乐文学,但在当时是否有谱,尚不能拿出历史的证据来。

第五章《论乐府》首先对何谓"乐府"下了定义:"乐府本就是一种'歌诗',一方面编制用'诗'的体裁,一方面又谱音乐以歌之。合这两个条件,才叫做乐府。"其后亦探讨了乐府音乐的来源、乐府在音乐上的位置以及古诗和乐府之间的关系等方面的问题;在《乐府节解谱考》一节中,作者认为我们现在要想知道乐府诗声曲折,确是一件顶困难的事,但乐府的音乐节拍,并不是绝不可考的,《宋书·乐志》所录多篇乐府诗,都标明了音的长短,亦可作为当时的一种谱式。

第六章《唐代诗歌》从乐器和音律两个方面论及唐代兴盛的燕乐,并认为"唐代是新旧音乐交换接续的时代,一方面结束乐府体,一方面开辟词曲体,唯唐代本身也自有一种代表时代的文学,就是那可以播于乐章歌曲的'绝句'"。书中列举了和音乐密切有关的唐代诗人和他们的诗作,又录毛奇龄《皇言定声录》载明宁王臞仙所纂《唐乐笛字谱》中的唐诗曲谱三首。

第七章《宋代的歌词》设《音乐的起源说》、《词的唱法》和《词谱考》三节,分别论述词乐的源流、拍眼和曲谱;又录王骥德《曲律》所载《乐府浑成》的遗谱和姜白石十七首词曲谱中的《暗香》和《疏影》,以供研究。

第八章《论剧曲》探讨"曲"何以到元时才发达的原因及其发展的过程,并对今存的种种曲谱作了介绍。作者认为一时代有一时代的新声,一时代有一时代的音乐文学,故提出进一步发展剧曲的主张:"用现代的白话,建设比昆曲更进一层的'诗剧',并且这种'诗剧'是可以歌唱的,并且平民都可以歌唱的。"

本书附录《凌廷堪燕乐考原跋》是作者对凌廷堪著《燕乐考原》一书的评介。

(李 勤)

新舞蹈艺术概论 吴晓邦

《新舞蹈艺术概论》,一册。吴晓邦著。写成于1939年春,为作者在上海中法剧专教授舞蹈所用的讲义。1950年由上海生活、读书、新知三联书店出版,其后多次再版。1982年经作者修改补充后由中国戏剧出版社出版。

吴晓邦(1906—1995),江苏太仓人。1929年至1936年先后三次赴日留学,师从著名舞蹈家高田雅夫夫妇与江口隆哉夫妇。其间还系统研究了现代舞蹈家I.邓贵和M.维格曼等人的舞蹈理论,从中受到很大启发。1932年在上海创办晓邦舞蹈学校,1935年创办晓邦舞蹈艺术研究所,开始了新舞蹈艺术的研究、创作和教学活动,并分别于1935年、1937年和1939年在上海举办了个人舞蹈艺术发表会。抗日战争爆发后,先后在四川、广东、上海、桂林从事新舞蹈艺术的创作和教学活动。1945年赴延安,任鲁艺舞蹈教员。1948年参加东北民主联军总政治部宣传队。1951年主持中央戏剧学院舞蹈运动干部训练班的教学,为新中国培养了第一批舞蹈骨干。1954年至1960年主要从事中国古代舞蹈的研究和创作工作,并于1957年创办"天马舞蹈艺术工作室"。1979年起任中国舞蹈家协会主席、中国艺术研究院舞蹈研究所所长等职。几十年间,创作了《丑表功》、《义勇军进行曲》、《宝塔牌坊》、《十面埋伏》等百余部舞蹈作品。著作除本书外,尚有《舞蹈新论》、《舞论》、《随想论》、《我的舞蹈艺术生涯》等。

《新舞蹈艺术概论》共九章(1982年版),内容如下。

第一章《绪论》。主要阐述什么是舞蹈、舞蹈学、舞蹈艺术是怎样形成的、我们为什么要舞蹈、中国舞蹈艺术的种类、中国舞蹈艺术上的训练、创作和研究以及关于各剧种演员的舞蹈学习等。其中,舞蹈的定义是作者经过长期理论与实践的摸索而在本书1952年版中形成的——"舞蹈是一种人体动作的艺术。凡是借着人体有组织和有规律的动作,通过作者对自然或社会生活的观察、体验和分析,然后用精炼的形式和技巧,集中地反映了某些形象鲜明的人物和故事,表现个人或者多数人的生活、思想和感情的都可以称为舞蹈。"

第二章《舞蹈和姊妹艺术的关系》。本章专门论述了舞蹈与文学的关系、舞蹈与绘画的关系以及舞蹈与音乐的关系。并在《舞蹈是综合的艺术》一节中指出："必须有真实的、明确的文学内容、生活内容,才能创造出好的舞蹈。舞蹈必须广泛摄取绘画上静止的素材,并且把这种静止的素材联系到音乐上去,和音乐结合起来。因此新舞蹈是综合了文学、音乐和绘画这三种艺术的要素而成长起来的一种融合了的、绝对不可分的综合艺术;这种有机的综合,创造了舞蹈艺术的独立性,并且完整地表现了它的特点。"

第三章《舞蹈的三大要素》。作者对舞蹈的表情(舞情)、节奏(舞律)和构图作了系统的论述。他说:"'舞情'好比音乐的旋律,通过人体动作的抑扬顿挫、缓急轻重、刚柔粗细,表示同意、疑问、命令、恳求、惊叹、威胁、哀怨、悲戚、伤心、果断、踌躇、真挚、嘲讽、关切、淡漠等等各式各样的情感。这些都可以用舞蹈动作去抒发出来。而'舞律'是表情的形式,它是舞蹈表现的一种手段。'舞情'离开了'舞律'是不可能存在的,'舞情'必须循着'舞律'的规律而存在,如像神和形的关系一样。即通过动作的力度、速度、能量、大小和沉浮等等形式塑造形象去表达情感的。而关于'动的构图'是舞蹈上的另一个要素,即在'舞情'和'舞律'密切结合中而形成动的画面,便是舞蹈上的'构图'——一种在运动发展和变化中的和谐的场面。"

第四章《舞蹈美和舞蹈思想》。本章从舞蹈要表现什么、舞蹈是一种美的教育、美的自然属性和社会属性、舞蹈思想、艺术实践中美的作用、美的困惑等六个方面来论述舞蹈所具有的社会功能。

第五章《呼吸、动作、想象》是 1982 年版新增的内容。作者在本章中特别强调:"舞蹈家的真正能力是高度的技巧和丰富的想象力的结合。学生要有模仿的基本课,但单纯模仿对学生是没有出息的。因为它会使年轻人艺术创造上畏首畏尾,不能大有作为。而想象力是无畏的,可以创造出亘古未有的宏伟而瑰丽的民族艺术来。"

第六章《论发展舞蹈的创造性》。这是作者几十年来舞蹈教学、创作和舞蹈理论研究的结晶。它从模仿和创造、创作实习课、创作实习中的造句和编舞等各个角度来介绍创作具有时代感和生活气息新舞蹈的方法和步骤的。作者在本章的最后一段写道:"我国现代舞蹈应是以反映我国现代人民生活为主的,现在已从萌芽状态而成长起来。但现代舞蹈家们总是需要深入地向古代的和各国的舞蹈进行学习和借鉴。但是若认为外国的都是好的,而轻视本民族自己的创造是不对的。我们不应闭门造车,也不应夜郎自大。在学习各国人民的优秀舞蹈和我国古代的传统舞蹈时,还必须在我们的现实社会生活的基础上,从现实生活出发创造新的舞蹈的舞剧。"

第七章《现代舞蹈的基本技术和理论》是全书较重要的内容。为了让读者更容易理解,作者插入了四十二帧图片。本章从为什么要学习现代舞蹈的基本技术、现代舞蹈基本技术的理论、人体基本技术训练中关节的弛缓和硬直的练习、人体基本技术训练步法、基本步法组织上的理论和其本步法上的组织等六个部分进行探讨。其中现代舞蹈基本技术的理论是从人体动是怎样产生的、三大部位、人体动上的反作用、附随动和振动或摇动、本能的动、习性的动、动的力量、动的表情、动和静、动和美、反胴运动、动的发展、动的节奏和动的统一等十四个方面来分析的；人体基本技术训练关节的弛缓和硬直的练习是从单一关节上的弛缓和硬直的练习与两个关节以上的弛缓和硬直的练习两个方面阐述的；人体基本训练中的基本步法介绍了单步、垫步、双步、侧向双步、跑跳步、踢毽步、滑跳步、单步向前顺转步法、单步向后逆转步法、三步走、三步跳步法、六步转步法、三拍子上的其它步法、大跑步转、踢毽步转、跑跳步转、跳跃步法、大跳跃和飞跃转等十九种步法。

第八章《组织创作实习课的经验》。这也是作者几十年来舞蹈教学、创作和理论研究的经验之谈。它从最初的尝试,在创作实习前的准备、创作实习中的十大毛病和几件应注意的事等四个方面作介绍。

第九章《中国舞蹈发展史纲》。作者按社会制度的不同划分历史时期,即原始氏族社会的舞蹈和奴隶制社会的舞蹈、封建社会的舞蹈和近代、现代中国的舞蹈(1840—1919)。同时还引入了历史珍贵图片二十二帧。

《新舞蹈艺术概论》不仅体现了吴晓邦的舞蹈艺术观和美学思想,同时也较早地为我国舞蹈史研究填补了一项空白。

（张　平）

中国音乐史纲 杨荫浏

《中国音乐史纲》,一册。杨荫浏著。写成于1944年。1952年由上海万叶书店出版,1953年再版。

杨荫浏(1899—1984),江苏无锡人。六岁起学习丝竹乐器演奏。1911年入天韵社,师从曲师吴畹卿,学习昆曲及民族乐器。其间随美国传教士郝路易(L. S. Hammond)女士学习英语、钢琴和音乐理论。1916年至1921年就学于无锡江苏省立第三师范学校。1923年至1925年在上海圣约翰大学与光华大学读经济学及英文。后辍学回乡,先后在无锡、宜兴任中学教师,并从事基督教圣咏的编辑工作达十年之久。1936年起任北平哈佛燕京学社音乐研究员、重庆国立音乐院和南京金陵女子大学音乐系教授,兼任国立礼乐馆编纂和乐曲组主任。1949年后,历任中央音乐学院教授、中国音乐研究所所长和中国艺术研究院顾问等职。主要著作另有《雅音集》(与陈鼎钧合编,两集)、《文板十二曲》(与曹安和合编)、《弦乐定音计述略》、《国乐概论》、《中国音乐史新旧音阶的相互影响》、《白石道人歌曲研究》(与阴法鲁合著)、《十番锣鼓》、《中国古代音乐史稿》(上下册)和《三律考》等。论著由后人辑为《杨荫浏全集》(江苏文艺出版社,2004年)。

《中国音乐史纲》是作者40年代在四川重庆国立音乐院任教时,专为中国音乐史课编写的教材。全书除"引子"、"结论"、"尾声"外,分成四章。第一章《历史的音乐观》概述春秋战国时期的儒、墨、道三家音乐思想和对后世的影响。余三章将中国音乐历史分为三个时期:上古期(远古至战国)、中古期(秦代至唐末)和近世期(五代至清末),并分别对各个历史时期的乐曲、乐律、乐器、音韵、词曲关系等方面作了详尽的论述。

《上古期:远古至战国》一章,主要讲述时代之区分、传说与信史、古代史家的出发点、史实发生之复杂性、上古期之特点、初民的乐舞、周前的乐舞、周前的诗乐、周前的其它歌曲、巫风、周前的四夷音乐、周代音乐的特点、周代音乐与典礼的关系、周代的主要典礼、周代音乐与教育之关系、周代的乐舞、周代的诗乐、华夷之分的时代相对性、周代的外族音乐、周代的其他乐曲、乐器的分类——八音、上古期的乐器、乐器略释、周前的乐器、周代的乐器和上古期的乐律——十二律。

《中古期：秦代至唐末》一章，主要讲述中古期的特点、中古期的乐调(从雅乐曲调、民间曲调、异族曲调和创作曲调四个方面来分析)、唐代大曲、中古期间音韵学与诗歌的关系、中古期的乐器和中古期的乐律。

中古期乐调的雅乐曲调，包括雅乐的区分，韶武的因袭迹象，雅乐的相录，两汉、魏晋、南北朝、隋代、唐代的雅乐和三大舞等内容。关于雅乐的区分，作者认为："一般说来，祭祀所用的音乐，大概没有疑问地被各朝人们所同视为雅乐。对于宴飨所用的音乐，人们的看法，便互有出入。通常宴飨所用的音乐，有含有典礼意义的，同时也有重娱乐意义的。最普通的看法，是把含有典礼意义的部分视为雅乐，而把偏重娱乐意义的部分视为俗乐。"

中古期乐调的民间曲调，包括民间音乐政教价值之衰落、汉高祖注意楚声及巴渝舞、汉武帝采修民歌、汉哀帝罢黜民歌、相和歌、清商、清乐等名词的意义之变迁、相和歌的唱奏方法、清乐的流变和清乐的没落等内容。

中古期乐调的外族曲调，包括北狄乐与鼓吹和西域音乐之影响创作两大内容。北狄乐因应用方面的不同，可分四类，即黄门鼓吹、骑吹、横吹和短箫饶歌。西域音乐之影响创作，主要介绍了天竺乐、龟兹乐、西凉乐、高昌乐、康国乐、安国乐和疏勒乐等。

中古期乐调的创作曲调，包括唐玄宗时坐立部伎各曲、燕乐意义之变迁、燕乐与法曲、唐玄宗前的创作曲、唐玄宗时的创作曲、道曲、道曲与道调之区别、道曲的两种意义、羯鼓曲、唐玄宗以后的创作曲、琵琶曲、琴曲和唐曲内容述例。

中古期的乐律，作者陈述了汉刘歆律，汉京房六十律，汉蔡邕铜籥律，魏杜夔律，魏笛律，晋荀勖律和十二笛，南朝宋钱乐之三百六十律，南朝宋何承天三分损益均差律(即新律)，齐、梁、陈律，东魏高间律准，梁武帝律，后魏、东魏、北齐律，北周前律，北周后律，隋前古琴纯律，隋前古琴宫调，隋开皇初年律，苏祇婆龟兹宫调，郑译八十四调，新音阶之应用，隋开皇十年万宝常水尺律，隋刘焯等差管律，隋大业中律，唐贞观中祖孝孙八十四调，唐俗乐二十八调，俗乐音阶形式，唐俗乐律，唐清商律，唐俗乐的角调，俗乐二十八调的音位，唐二十八调之异名，唐魏延陵律，唐古律和唐俗乐新音阶主调音等。

《近世期：五代至清末》一章，主要讲述近世期的特点、近世期的曲调(从雅乐曲调、拟诗乐、外族曲调和词曲音乐四个方面来分析)、近世期间音韵学与词曲的关系、近世期的乐器和乐律等。

作者认为近世期之特点是复古派势力过分抬头，具体表现在：(一)注重典礼音乐的创作与演奏；(二)求旋律与节奏的简单化；(三)规定音高标准；(四)使音域减少到不高不低的阶段；(五)限定所用乐器的种类、形式与音域等。

近世期曲调中的词曲音乐,主要介绍了词、传踏(缠达)、大曲、曲破、法曲、赚词、诸宫调、剧乐的流变、宋官本杂剧、金院本、元杂剧、元院本和南戏。

近世期间音韵学与词曲的关系,主要阐述了曲韵的发展、曲韵南音化、曲韵的分目、曲韵南音化的原因、传统久远的昆曲社、惠杏村吴畹卿之曲韵系统、曲韵与南音之异、声韵与音乐之关系、歌曲音韵的将来、字调与乐调之关系、字调与乐调关系之推论词曲音乐的点板和词曲音乐的宫调。

近世期的乐律,陈述了后周王朴律、后周王朴律准、宋初律、拱宸管为正律器、宋乾德中和岘律、九弦琴及五弦阮宫调、宋初琵琶宫调、宋景祐中李照律、宋景祐中实际用律、宋景祐中旧乐律、宋皇裕中阮逸与胡瑗律、沈括所称宋初之燕部律及后来之燕部律、宋初至熙宁间的教坊律、宋神宗熙宁中教坊律、宋神宗元丰中杨杰与刘几律、宋哲宗元祐中范镇律、元祐中教坊新音阶主调音、宋徽宗崇宁中魏汉津帝指律、宋徽宗大观政和中刘昺律、宋徽宗政和中宴乐宫调、宋徽宗政和后的宴乐律、宋徽宗宣和中田为太正少三律、南宋大乐律、蔡元定十八律、南宋时古琴宫调、宋、元、明以来燕乐宫调的沿革、金、元、明雅乐律、明太常笛新音阶律、明朱载堉等律、清康熙间民间笛上宫调、清康熙前民间箫上及三弦上宫调、宋民间箫笛上半孔按法、清圣祖曲解三分损益律、清代应律的管乐器、清庄亲王改订词曲宫调、清代论律诸家、历代弦律比较表、历代管律黄钟音高比较表和民间流行之工尺谱。

作者在全书的最后总结说:"全部中国音乐史,可以说是一部民间音乐的发展史,其中民间音乐的发展,常包含着对于一部分外来音乐的吸收与融化,虽然偶然有曲调的创作者,可是为数不多。最多的是民间音乐与外来音乐的改编者;宋、元至今,近千年来所有著名的词人曲家,都是些民间音乐改编形式的应用者与填词者。"

《中国音乐史纲》的特点是对史料力图辨伪求真,同时特别注意史料与活的音乐的联系;全书对于雅乐与俗乐的关系及音韵学等都作了较为清晰的论述。它的问世,是我国近世中国音乐史学进步的标志。

关于《中国音乐史纲》的研究著作,有郑祖襄编著《中国古代音乐史——中国音乐学经典文献导读》(上海音乐学院出版社,2009年)有关部分。

(张 平)

小学音乐教材及教学法 缪天瑞

《小学音乐教材及教学法》，一册。缪天瑞著。写成于1946年，次年上海万叶书店初版、再版，1948年三版，1949年四版。

缪天瑞(1908—2009)，别名穆静。浙江瑞安人。1926年毕业于上海中华艺术大学音乐科，先后任浙江温州中学附属小学、上海新陆师范和温州师范等校音乐教师。1933年至1938年任江西省推行音乐教育委员会编辑。1939年至1941年任重庆音乐教育委员会编辑，兼任国立音乐院教师。1942年至1945年任国立福建音乐专科学校教授、教务主任等职。1949年至1958年任中央音乐学院教务主任、副院长。1959年至1983年任天津音乐学院院长。1983年调中国艺术研究院音乐研究所任研究员，1991年离休。著作、翻译、主编期刊共三十余种，著作除本书外，尚有《律学》(1947)、《基本乐理》(1979)；编译《世界儿歌集》(1934)、《音乐的构成》(1948)、《曲调作法》(1949)、《和声学》(1949)、《对位法》(1950)、《曲式学》(1949)等；编著《儿童节奏乐队》(1950)；主编《音乐教育》月刊(1934—1937)，《乐风》月刊、双月刊(1940—1941)，《人民音乐》月刊(1950)；参与主编《中国音乐词典》正、续编(1984、1989)，《音乐百科词典》(1998)。

作者曾任小学音乐教师数年，后任《音乐教育》等杂志主编，又参与江西省推行音乐教育委员会中小学音乐视察工作，在此期间，搜集国内外音乐教学法资料，并实地考察研究中小学音乐教学情况，与音乐教师共同探讨教学方法，还在师范学校音乐课上将若干问题进行实验。1940年后，著者在国立音乐院的"音乐教员讲习班"和国立福建音乐专科学校担任音乐教学法课程，本书根据当时的讲稿整理而成。

本书是一本理论与实践密切结合的普通学校音乐教学法研究专著。它广泛吸收20世纪初国外音乐教育理论，并结合当时中国中小学音乐教学实际，对普通学校音乐教育中诸重要问题，提出著者的见解。

全书共九章。正文前列有中、英、日参考文献二十二种。第一章《唱歌教材选择法》，并附唱歌教材举例三十七首;第二章《听唱教学法》;第三章《视唱教学法》;第四章《唱歌一般教学法》;第五章《发声法与音高矫正法》;第六章《合唱教学法》;第七章《其他音乐活动》(论及唱歌游戏、器乐、欣赏和创作教学);第八章《音乐测验与记分法》;第九章《设备及其他》。书后附歌曲伴奏乐谱和节奏乐乐谱十首。

本书在介绍国外当时音乐教育的先进理论的同时,着重提出采用中国民族民间音乐作教材的主张。指出"本国民歌,不能轻视,应视其性质,多多采用为教材"。在所举唱歌曲例中包括江西、湖北、四川、广东、山东、河北、内蒙民歌十首,以及许多富有民族风格的创作歌曲。

本书主要论述唱歌教学,同时也论及器乐教学、欣赏教学和创作教学等。唱歌教学方面着重阐明四个问题:(一)关于听唱教学法和视唱教学法。详细阐述听唱法的优缺点和具体做法,尤其是从听唱到视唱的过渡,主张"先有应用,后有理论,先有零星的认识,后作有系统的整理",并着重介绍"指谱唱歌法"。关于乐谱和唱名法,作者主张"五线谱与简谱兼用","教儿童音乐,只要把音乐本身教得好,用什么谱,不是重要的问题,只要这个谱不会妨害音乐本身","能用五线谱自然很好;如有困难,就不必勉强","一般中小学校,及一般歌咏团体,以普及音乐教育为目的,可用首调唱名法"。(二)唱歌一般教学法。书中指出:"唱歌教学有三个目标:第一,使儿童对唱歌发生兴趣,从唱歌得到快乐;第二,使儿童养成唱歌上所需的各种技术;第三,使儿童学会以唱歌表现自我。三者不可偏废。"作者认为:"为要获得识谱的技术,使儿童作枯燥的视唱练习;为要获得美妙的歌喉,使儿童作单纯的发声练习,这在一般学校,实不相宜。呆板而乏味的技术练习,与乐理上名词背诵一样,都会使儿童失掉学习的兴趣,不是正当的教学法。"(三)提倡头声唱歌,防止儿童大声"喊歌"。指出"提倡头声唱歌,要而言之,不外两点,即:轻声唱与多唱高音"。"将高声区(头声)向下扩充,则音温柔而悦耳,可以一扫胸声的粗暴。""头声发声,用 o 韵比 a 韵为佳。""儿童发声求质的美,不求量的大。"(四)注重合唱,提倡多声部教学。指出"轮唱可用作合唱的准备"。

器乐教学方面,本书介绍了节奏乐队与节奏乐器,并指出"乐器的学习,在儿童都很有意义"。

欣赏教学方面主张进行"记忆比赛",其"价值在于儿童养成谛听与记忆的能力,并且借此记取了若干乐曲","所选乐曲必须是有价值的名曲,富有特征,而儿童所能够理解者"。

创作教学方面主张"儿童的自发活动"和创造性的表现,并"引导儿童创作歌曲","这种歌曲的创作,于儿童音乐发展上,非常重要"。

此外,作者论及唱歌游戏(简称唱游)教学,认为"唱游实际包括着唱歌游戏、听音动作与唱歌表演三者"。

书中还介绍了国外当时几种著名的"音乐测验",如西沙氏(C. E. Seashore)、希尔布朗氏(E.

K. Hillbrand)、郭华司、卢西(Kwalwasser Ruch)的音乐测验。

本书因其内容"周详而新颖",且"前此竟无像这样的一本好书出现"(钱君匋"序"),深受读者欢迎,当年即再版。

(缪裴言)

律学 缪天瑞

《律学》，一册。缪天瑞著。写成于1947年。通行本有：(一) 1950年万叶书店初版本(后多次再版)；(二) 1965年音乐出版社修订版；(三) 1983年人民音乐出版社增订版；(四) 1996年人民音乐出版社第三次修订版。

作者生平事迹见"小学音乐教材及教学法"条。

《律学》是一部综论古今中外律学的学术专著。万叶本除书前丰子恺"序"、杨荫浏"序"和作者"自序"外，分为八章：《导论》、《五度相生律》、《纯律》、《平均律》、《音程值计算法》、《三种律的比较与应用》、《律史》、《结论》。"修订版"保持初版全书八章的结构不变，仅将其第一章《导论》中的《律的计算法》抽出和第五章《音程值计算法》合拼为《音律计算法》作第二章，又将《平均律》和《三种律的比较与应用》两章合并成第五章《十二平均律》，原书的《结论》变成《亚洲非洲若干民族乐制》和《今天律的应用问题》两章，后附《音律表》。"增订版"将修订版之《律史》一章扩充成《中国律学简史》、《欧洲律学简史》、《四分之三音体系史料》三章，附录又增《音分值和频率对照表》和《专名、人名索引》。"第三次修订版"仍保持增订版十章的结构，除将《四分之三音体系史料》一章更名为《阿拉伯、波斯律学史》外，主要在各章内容上作修订补充。全书的主要内容有以下几个方面。

一、定义"律学"。对于"律"的研究，在我国有着悠久的历史，但在明代朱载堉的《律学新说》提出"律学"一词之前，古代常将律和历合在一起研究而称之"律历"。朱载堉虽然提出了"律学"一词而使之成为一门独立的学科，但对于"律学"一词的含义并未明确界定。《律学》作者在《导论》一章中，对"律学"给以定义："律学就是对'乐制'（音阶及其各音的精密高度所形成的体系）作系统的、全面的研究，亦即对构成乐制的各音依据声学原理，运用数学方法来研究各音间相互关系的一门学科"；并对律学的研究范围和理论性质、音的高度的变化和音色的变化、乐器振动的类别、国际标准高度、律学的实验等诸方面作了详细的说明；又在《音律的计算法》一章中介绍了国际通行的各种音律计算方法,其中包括频率比、音程值、对数值、八度值、音分值、平均音程值等。由于我国古代习惯采用振动体长度为音律计算单位,故本书又专设《振动体长度与音分值的关系》一节,使我国古代的音律计算法和现代国际通行的音律计算法相衔接。

二、分类"律制"和"乐制"。古今中外律制繁多,如何对种种律制进行分类,是一个值得探讨的问题。《律学》作者选取了中西共有并在世界上有较大影响的"五度相生律"、"纯律"、"十二平均律"三大律制,各设立一章,专门论述它们产生方法、各自的特有音程、大小半音和音差;又将三种律制进行比较,分析其中的差异,然后以此三大律制为基础,在其后各章中按中国、欧洲、亚非等不同地区,划分出不同民族的种种律制类别。如中国的"三分损益律"、"琴律"、"新法密率",阿拉伯国家的"十七律"、"十九律"、"二十四平均律",印度的"二十二律",印度尼西亚的"五平均律"、"九平均律"、"十平均律",泰国等地的"七平均律"等等。本书还将世界各地区的乐制分为三大体系,即"五声体系"、"七声体系"和"四分之三音体系"。

三、整理"律史"。在本书之前,有关律学发展的历史,仅在一些史书和辞书中存有个别的律学史料,但并无通史性质的律学史专门著作。《律学》将种种律学史料加以汇集,首开编写律学史先河,尤其对中国和欧洲的律学发展历史作了较有系统的整理。本书"第三次修订版"将中国律学史根据中国律学发展的特点分为四个历史时期:(一) 三分损益律发现时期,约自公元前 8 世纪起的春秋战国时代;(二) 探求新律时期,约自公元前 3 世纪起的汉朝至五代;(三) 十二平均律发现时期,即始于 16 世纪明代律学家朱载堉发明"新法密率";(四) 律学研究的新时期,自 1911 年至今。将欧洲律学史根据欧洲律学发展的特点分为三个历史时期:(一) 五度相生律时期,约自公元前 6 世纪至公元 14 世纪;(二) 纯律时期,约自公元 15 世纪至 17 世纪;(三) 十二平均律时期,自 18 世纪至 20 世纪。在《阿拉伯、波斯律学史》一章,将该地区的律学理论和应用的历史分别叙述,互相印证。对于因律学史料不足而不能划分律学发展历史时期的国家,就按其律制发明和应用的先后,将现有的律学史料加以记述。

四、应用"律制"。本书除了介绍律学基本知识、论述不同律制的生律方法和律学发展历史之外,还注重于律制的应用,提出一些今天各种律制的应用问题。如十二平均律的应用,小提琴演奏、声乐和管弦乐的音律问题,我国民族音乐的律制问题等等。书中论及律制的实际应用时还特别指出:"应当正确地理解音律上的准确性和变通性两者之间的辩证关系。准确性是基础,但是在如此生动的表演艺术上,不可能没有灵活性。我们既不应由于律制的存在而否定演奏实践上的灵活性,但是也不能因演奏上出现音律的自由变化而否定律制的存在。"这是对于处理在律制应用中发生实际测音数据和律制理论数据不一致现象时应取的一条重要原则。

《律学》以深入浅出和生动的文笔,有系统地论述了古今中外的律学研究成果,因而受到了读者的欢迎,书亦一版再版,书中的论述常被其后的律学论著所引用。我国自20世纪50年代以来成长的律学家几乎都主要通过学习此书而进入律学的殿堂。此外,本书自60年代起,内容上一再在新版中吸收作者本人和当代律学研究的新成果而不断加以充实,这也是本书的一大特色。

(陈应时)

戏 曲

宋元戏曲考 王国维

《宋元戏曲考》，又名《宋元戏曲史》。十六章。王国维著。作于1912年，最初以连载形式发表于1913年4月至1914年3月间出版的《东方杂志》第九卷第十、十一号及第十卷第三、四、五、六、八、九号。1915年商务印书馆出版单行本，书名题为《宋元戏剧史》，1927年罗振玉编纂《海宁王忠悫公遗书》收录此作，书名据作者遗愿改题《宋元戏曲考》。主要版本有1915年商务印书馆排印本、1922年上海六艺书局《增补曲苑》排印本、1927年《王忠悫公遗书》石印本、1940年商务印书馆《王静安先生遗书》石印本、1957年中国戏剧出版社《王国维戏曲论文集》排印本。

作者生平事迹见"观堂集林"条。

《宋元戏曲考》是我国第一部戏曲史论著。此书以宋元戏曲作为研究对象，系统地论述了中国戏剧的起源和形成，中国戏剧的艺术特征和文学成就等一系列戏曲史研究中带根本性的问题。全书共十六章，卷首有"自序"、卷末有附录《元戏曲家小传》。

"自序"介绍此书创作缘起。王国维认为："凡一代有一代之文学，楚之骚、汉之赋、六代之骈语、唐之诗、宋之词、元之曲，皆所谓一代之文学，而后世莫能继焉者也。"元人杂剧"能道人情状物态，词采俊拔而出乎自然，盖古所未有而后人不能仿佛也"。由于戏曲被传统文人视为小道末技，皆鄙弃不复道，即有一二学子以余力及此，"亦未有能观其会通，窥其奥窔者"。作者于是"思究其渊源，明其变化之迹"，先后写了《曲录》、《戏曲考原》、《宋大曲考》、《优语录》、《录鬼簿校注》、《古剧脚色考》、《录曲余谈》、《曲调源流表》等专著，并在此基础上完成了这一部带有总结性的重要著作。

第一章，上古至五代之戏剧，论述中国戏剧之起源。王国维指出："后世戏剧，当自巫、优二者出"，"灵（楚人谓'巫'为'灵'）之为职，或偃蹇以象神，或婆娑以乐神，盖后世戏剧之萌芽，已有存焉者矣"，"巫以乐神，而优以乐人，巫以歌舞为主，而优以调谑为主"。因为巫和优未"合歌舞以演一事"，"固未可以后世戏剧视之"。只有到了北齐，如《兰陵王》、《踏摇娘》"皆有歌有舞，以演一事",尽管"其事至简,与其谓之戏,不若谓之舞之为当也",然而"后世戏剧之源,实自此始"。

第二章,宋之滑稽戏。王国维认为宋金戏剧,"其结构实综合前此所有之滑稽戏及杂戏小说为之",其乐曲始有南曲、北曲之分,"亦皆综合宋代各种乐曲而为之者也"。"今欲溯其发达之迹,当分为三章论之:(一)宋之滑稽戏,(二)宋之杂戏小说,(三)宋之乐曲。"宋之滑稽戏,即指宋杂剧,"固纯以诙谐为主,与唐之滑稽剧无异,但其中脚色较为著名,而布置亦稍复杂;然不能被以歌舞,其去真正戏剧尚远"。

第三章,宋之小说杂戏。王国维指出:"宋之滑稽戏虽托故事以讽时事,然不以演事实为主,而以所含之意义为主,至其变为演事实之戏剧,则当时之小说实有力焉",后世戏剧之题目多取诸小说,结构亦多依仿为之,"所以资戏剧之发达者实不少也"。所谓"杂戏",指"傀儡"、"影戏"等,"与戏剧更相近"。

第四章,宋之乐曲,王国维首先论述宋代乐曲与戏剧之关系:"后代之戏剧,必合言语动作歌唱以演一故事,而后戏剧之意义始全,故真戏剧必与戏曲相表里。然则戏曲之为物,果如何发达乎此,不可不先研究宋代之乐曲",接着具体分析了宋代乐曲中词、大曲、曲破、传踏、诸宫调、赚词等形式。王国维对于诸宫调和赚词的考定,是戏曲研究中的重大发现。

第五章,宋官本杂剧段数。此章考证《武林旧事》所载二百八十本官本杂剧,用大曲、法曲、诸宫调、词曲调命名者一百五十余本,可见宋杂剧多以歌曲演之。且此二百八十本不皆纯正之戏剧,"实综合种种之杂戏,而其戏曲亦综合种种之乐曲"。

第六章,金院本名目。王国维解释院本为"倡伎所演唱之本"。通过分析《辍耕录》所载六百九十种金院本名目,得出这样的结论:"此种戏剧实综合当时所有之游戏技艺,尚非纯粹之戏剧也。"

第七章,古剧之结构。所谓古剧,指宋金以前杂剧、院本。此章着重论述古剧之脚色,最后为第二章至第七章宋金戏剧部分的小结:"综上所述者观之,则唐代仅有歌舞剧及滑稽剧,至宋金二代而始有纯粹演故事之剧,故虽谓真正之戏剧起于宋代无不可也。然宋金演剧之结构虽略如上,而其本则无一存,故当日已有代言体之戏曲否,已不可知,而论真正之戏曲,不能不从元杂剧始也。"

第八章,元杂剧之渊源。王国维认为元杂剧是真正的戏剧,其视前代戏曲之进步,主要表现在两方面:(一)乐曲形式,"每剧皆用四折,每折易一宫调,每调之曲,必在十曲以上,其视大曲为自由,而较诸宫调为雄肆";(二)"由叙事体而变为代言体"。"此二者之进步,一属形式,一属材质,二者兼备,而后我中国之真戏曲出焉。"王国维接着指出,元杂剧在乐曲构造和题材两方面虽有特色,而非尽出于创造,"其取诸古剧者不少"。

第九章,元剧之时地。王国维参照《录鬼簿》所载,把元杂剧的创作划分为三个时期:(一) 蒙古时代,自太宗取中原以后,到至元一统之初。这一时期"作者为最盛,其著作存者亦多,元剧之杰作大抵出于此期中"。作家的籍贯皆北方人,其中以大都人居多。(二) 一统时代,自至元后经至顺到后至元间。此期作者的籍贯"则南方为多,否则北人而侨居南方者"。作品"除宫天挺、郑光祖、乔吉三家外,殆无足观;而其剧存者亦罕"。(三) 至正时代。此期剧作"存者更罕,仅有秦简夫、萧德祥、朱凯、王晔五剧,其去蒙古时代之剧远矣"。作者几乎全为南人,其中又以杭州人居多。王国维还论及元代杂剧鼎盛之原因:"元初之废科目,却为杂剧发达之因。盖自唐宋以来,士之竞于科目者已非一朝一夕之事,一旦废之,彼其才力无所用,而一于词曲发之","而又有一二天才出于其间,充其才力,而元剧之作,遂为千古独绝之文字"。

第十章,元剧之存亡。王国维据《太和正音谱》、《录鬼簿》等书所载剧目,断定元杂剧至多当亦不出千种,至明隆、万间流传渐少,至其著此书时仅得见一百十六种。

第十一章,元剧之结构。此章论述元杂剧的艺术形式:"元剧以一宫调之曲一套为一折,普通杂剧大抵四折,或加楔子";"合动作、言语、歌唱三者而成",强调元杂剧创作时"曲白相生",并不如某些说宾白是演剧时伶人自为之;"元剧每折唱者止限一人,若末若旦,他色则有白无唱,若唱则限于楔子中";"元剧脚色中,除末旦主唱,为当场正色外,则有净有丑,而末旦二色支派弥繁";"元剧中歌者与演者之为一人,固不待言";"演剧时所用之物,谓之砌末"。

第十二章,元剧之文章。王国维对于元杂剧的文学成就给以极高的评价:"元曲之佳处何在?一言以蔽之曰:自然而已矣。"他认为元剧之作者均非有名位学问之人,其作剧并无藏之名山,传之其人之意,"彼以意兴之所至,为之以自娱娱人","但摹写其胸中之感想与时代之情状,而真挚之理与秀杰之气,时流露于其间,故谓元曲为中国最自然之文学,无不可也"。王国维还以他创立的"意境"说来评价元剧:"其文章之妙,亦一言以蔽之:曰有意境而已矣","写情则沁人心脾,写景则在人耳目,述事则如其口出是也"。王国维最先从西方引入悲喜剧理论来研究中国古典戏曲,认为"明以后传奇无非喜剧,而元则有悲剧在其中",如《汉宫秋》、《梧桐雨》等,并没有先离后合的俗套。"其最有悲剧之性质者,则如关汉卿之《窦娥冤》,纪君祥之《赵氏孤儿》,剧中虽有恶人交构其间,而其蹈汤赴火者,仍出于其主人翁之意志,即列之于世界大悲剧中亦无愧色也。"

第十三章,元院本。王国维认为元人犹有作院本者,因剧本无存,姑以朱有燉所作《吕洞宾花月神仙会》杂剧中院本为例,说明其体例结构与杂剧不同,而与南曲戏文相近,"院本与南戏之间,其关系较二者之与元杂剧更近"。

第十四章,南戏之渊源及时代。王国维首先指出:南戏"一剧无一定之折数,一折无一定之宫调,且不独以数色合唱一折,并有以数色合唱一曲,而各色皆有白有唱",这是突破元杂剧局限的一大进步。据王国维考证,南曲中出于古曲者几当全数之半,而北曲出于古曲者仅三分之一;当时所能见到最古的五种南戏(荆、刘、拜、杀、蔡)虽作于元明之间,其故事关目皆有所由来,因而南戏之渊源较杂剧更古,结论为:"南戏之渊源于宋殆无可疑,至何时进步至此则无可考。"

第十五章,南戏之文章。此章以《拜月亭》、《琵琶记》为例,分析南戏之文学价值,认为"元南戏之佳处,亦一言以蔽之,曰自然而已矣。申言之,则亦不过一言,曰有意境而已矣。故元代南北二戏,佳处略同,唯北剧悲壮沈雄,南戏清柔曲折,此外殆无区别"。

第十六章,余论。此章论述了以下几方面内容:(一)中国戏剧至元杂剧出而体制遂定,南戏出而变化更多,"于是我国始有纯粹之戏曲",然其与百戏及滑稽戏之关系并未断绝。(二)北剧南戏皆鼎盛于元代,至明代即趋衰落,"元人生气至是顿尽"。(三)辨析了杂剧、院本、传奇、戏文等名称概念的历史变化。(四)我国乐曲对于外来乐曲的吸收及相互融合。(五)中国戏剧实为汉人自创,"不能谓之自外国输入也"。(六)中国戏剧早就走向世界,《元曲选》百种译成外文者已达三十种。

附录《元戏曲家小传》共收录元代杂剧家四十人、南戏作家三人。

《宋元戏曲考》开拓了中国戏曲研究的新领域,不仅在理论观念上有新的发展,在研究方法上也有许多新的突破,实为戏曲史科学研究的开山之作。梁启超曾评价:"曲学将来能成为专门之学,则静安当为不祧之祖矣。"(《中国近三百年学术史》)郭沫若曾把此书和鲁迅的《中国小说史略》并称为"中国文艺史研究上的双璧";"不仅是拓荒的工作,前无古人,而且是权威性的成就,一直领导着百万的后学"。

研究本书的论著,最早为孟真的《王国维之〈宋元戏曲史〉》(《新潮》一卷一期,1919年1月)。20世纪三四十年代,有赵景深的《读〈宋元戏曲史〉》(《青年界》九卷三期,1936年3月)、王玉章的《〈宋元戏曲史〉商榷》(《文史哲》季刊三卷一期,1945年11月)。50年代有日本中川薰的《〈宋元戏曲史〉中所表现的王国维的戏曲观》(《鸟取大学学艺部研究报告》人文学科第四号,1953年12月)。八九十年代有齐森华《试论王国维在戏曲理论上的杰出贡献》(《华东师范大学学报》1983年第5期)、金名《王国维与戏曲史》(《王国维学术研究论集》第3辑,1990年)等。马美信有《宋元戏曲史疏证》(复旦大学出版社,2004年),黄仕忠有《宋元戏曲史》讲评(凤凰出版社,2010年)。

(马美信)

唐宋大曲考 王国维

《唐宋大曲考》，王国维著。最初收入 1927 年罗振玉等辑刊的《海宁王忠悫公遗书》第四集，1928 年清华研究院编刊的《国学论丛》一卷三号又重新发表其文。目前的通行本是上海古籍书店 1983 年出版的《王国维遗书》第十五册所收本，《王国维遗书》据商务印书馆 1940 年刊《海宁王静安先生遗书》影印。

作者生平事迹见"观堂集林"条。

《唐宋大曲考》是继《曲录》（参见"清代编"）之后，王国维撰著的又一种词曲论著。其前身是写定于 1909 年冬的《宋大曲考》，该文连载于《国粹学报》六卷一至六号（总第六十三至六十八期）。《宋大曲考》发表后，作者又续加订补扩充，篇名亦因之改题《唐宋大曲考》。但这个修订本作者生前未再发表，直到 1927 年王国维去世后，方得刊布。

《唐宋大曲考》全文约两万六千字，不分章节。据内容，可大致别为四个部分：（一）叙解大曲之名的渊源及意义；（二）考录唐、宋两朝大曲的数量及曲目；（三）推考大曲的规制与各叠名称的含义；（四）论述大曲与杂剧的关系。

从文学研究的角度看，本文的学术成就主要体现在以下两个方面。

首先是对大曲这种流行于唐宋两代，集文学、音乐、舞蹈三者为一体的艺术形式，作了周密的源流考辨。文中指出，大曲之名虽早在蔡邕《女训》、沈约《宋书·乐志》中已出现，基本含义也无变化，但唐宋大曲的渊源，"实皆自边地来也"，是"胡曲"。文中通过对唐宋大曲曲调、曲目的详细考录，一方面说明这种有特殊音乐背景的艺术样式，结构复杂，遍数繁夥，但从文本的角度看，曲中各部分"固不尽有辞"；另一方面又从侧面显示了大曲中可以填词的各遍，在宋代时有被单独取出，填词咏歌的现象，宋词中的一部分，即是这样产生的；至金元时代，大曲的曲词，又衍化为杂剧曲辞。文中提出的有关文学史的一个重要的问题，是"动作均有节度"的大曲，与"自由动作"的戏剧，"二者如何合并，又其合并在于何时"。作者的看法："二者合并，必在以大曲咏故事之后。"由此引录南宋洪适《句降黄龙舞》的句队词、史浩《剑舞》之辞等,说明大曲与杂剧两者至南宋时期已相接近的具体情形。但同时也指出:"大曲一定之动作,终不足以表现戏剧自由之动作。唯极简易之剧,始能以大曲演之。故元初纯正之戏曲出,不能不改革之也。"

其次是用相当的篇幅,通过徵引颇为丰富的史料,一一考录唐宋(主要是宋代)大曲的曲目,为研究作为文学的大曲以及源自大曲的词调,提供了坚实的基础。如据《宋史·乐志》考录的十八调四十大曲里,像《薄媚》名下不仅说明其本为唐大曲,而且将宋代董颖的《道宫薄媚》大曲十遍的文辞全部引录,据此读者可以从这套咏歌吴越相争中的西施、题为《西子词》的大曲文本内容,细致地考察作为一种文学形式的大曲,其结构与文辞上的特征。又如《新水调》名下,既转录了曾布的尚存大曲遗貌的《水调歌头》七遍与苏轼的著名词作《水调歌头》,又说:"宋词有《新水令》,殆就《新水调》中制令也";"元曲有《新水令》,亦是双调,或大曲遗声也"。并各录作品一首,前为宋人咏乐昌公主词《新水令》,后为元代白朴《梧桐雨》杂剧中的《双调新水令》。由此可见大曲向词、曲衍化的一斑。

《唐宋大曲考》在文学研究方面取得的这些成就,从一个侧面反映了20世纪初期接受了现代学术观念与方法的学者,从事与文学相关的研究时,所取的是一条既有丰富的资料,又有开阔的眼界的学术路径。因此通过《唐宋大曲考》,后来者不仅可以获得有关大曲的基本知识,更可以了解唐宋时期的文学,是在怎样一种与其他艺术形式的交融中发展的。

当然,作为大曲研究的早期成果,本文也间有不够完备之处。1934年上海《文学》杂志二卷六号发表的李素英撰《〈唐宋大曲考〉拾遗》,即补充王氏之作。

(陈正宏)

曲海总目提要 董 康

《曲海总目提要》，四十六卷。董康据清代佚名所撰《乐府考略》残本重编。1928年由大东书局初刊。有1959年人民文学出版社校点本，该本以大东书局本为底本，并将原书中凡属杂剧者一一标出，于原文不详或讹误亦加考辨；1992年天津古籍书店据大东书局原刊本影印本；2009年黄山书社《历代曲话汇编》本。

董康(1867—1947)，字授经(亦作绶经、绶金)，号诵芬室主人。江苏武进(今常州)人。清光绪十六年(1890)进士，授职刑部主事。1911年赴日本研习法律。归国后历任大理院院长、司法总长、财政总长等职。1922年辞职，赴欧美考察，在法国国家图书馆敦煌室钞录唐代法律史料。1926年底，为躲避军阀孙传芳缉捕，赴日本，乘机访求日藏中国古籍。次年回国，任教于上海法科大学、北京大学法科。抗战期间，在华北伪临时政府及汪精卫伪政权中就职，受到国民政府通缉。抗战后病逝于北平。生前研究法律，并喜搜罗辑印古籍。著有《书舶庸谭》、《追记前清考试制度》、《秋审制度》等，刻有《诵芬室丛刊》。

《曲海总目提要》是一部综录元代至清前期戏曲作品的提要目录。在董康编刊这部提要目录之前，王国维已经发表了他的戏曲目录著作《曲录》。《曲录》所收，上起宋金杂剧，下迄清人传奇，剧目超过了三千种，虽不免有将一些非戏曲作品录入的小错误，却是当时编制传统戏曲目录方面的开创之作。但对于更加深入地研究古典戏曲而言，《曲录》也有其先天的不足，即所录各剧大多只有剧名，而无内容提要。《曲海总目提要》则正是以弥补《曲录》的这种不足的面目而出现的。

据《曲海总目提要》卷首董康"自序"，最初董氏尝试自撰一部戏曲提要目录，方法是"集今世通行各本，举其大要"，取其名曰"檀板阳秋"，并且已经做了一些初步的工作。此后他见到了两种清人撰著的戏曲提要目录——《传奇汇考》与《乐府考略》，尤其是《乐府考略》一书，他既在厂肆购得自清内府佚出的残本四函，又借录了盛氏愚斋所藏的三十二册残本，两本相加已得六百九十种戏曲的提要，于是便放弃自撰提要的计划，而致力于整理刊印《乐府考略》的工作。他将所得的六百余篇提要加以校订,编为四十六卷(据大东书局版各卷题署,参与校订的除董康本人外,还有王国维、吴梅、陈乃乾、孟森四人),并认为《乐府考略》当即清乾隆间两淮盐运使署聘黄文旸等人修改戏曲剧本进呈时编纂的剧目提要目录《曲海》二十卷(此书未见传本)的蓝本,"其事其文,悉出于修辑原手",因改书名为"曲海总目提要"付梓,书中各卷端作者署题也成了"江都黄文旸原本"。但后来研究者勘比保留在《扬州画舫录》中的《曲海》目录(俗称"曲海目")与以《乐府考略》为底本的《曲海总目提要》,发现二者互相歧异处甚多,断定黄文旸作《曲海》时并未曾以《乐府考略》为蓝本,甚至可能根本就未见过《乐府考略》,董康将《乐府考略》与《曲海》加以联系并定其作者为黄文旸,是错误的。

不过《曲海总目提要》尽管在书名与作者署题上存在错误,其本身作为一部古典剧曲作品提要目录的价值仍不可抹煞。全书四十六卷,依时代前后著录了六百八十五种杂剧传奇(其中《元宵闹》一剧,既见于卷十四,又见于卷三十三,故实际全书著目为六百八十四种)。卷首有胡适、吴梅、天虚我生撰于1928年的"序"与董康1926年"自序"。正文各剧提要,大致先题作者名氏,继释剧名,再叙剧情大意,末考辨本事有无;正文行间又时有双行小字注文。同一作者所作剧本,相联聚列于一处;同一时代作品,则先列有名氏之作,后次无名氏之作;但杂剧、传奇不加分离而混编。统观全书,其价值约有如下二端。

其一是对上起元代下讫清前期的一大批流行于戏剧舞台的戏曲作品的内容,作了前所未有的详细的记录。由于其中一部分作品今已失传,书中有关剧情的详细记录,便成为研究相关作家作品的重要资料。例如本书卷二十三著录了清初著名戏曲家洪昇早期创作的四部传奇:《四婵娟》、《回文锦》、《回龙记》、《闹高唐》。这四部传奇,除《四婵娟》外,其余三部今天均已亡佚。但因为本书的著录,我们得以知道《回文锦》所写虽亦是前秦时窦滔妻苏蕙织锦回文事,而与元人杂剧《织锦回文》"关目互异";《回龙记》与《闹高唐》则分别演述了韩原睿一门忠孝节义、柴进失陷高唐州又得救两个故事。又由于书中详细介绍了这三部戏的具体剧情,我们又得以取之与现在的洪昇后期作品相比较,而可从构思布局上看出这位戏曲名家的创作发展脉络。

其二是十分重视对所录戏曲的寓意及本事的考察,从而从一个特殊的侧面反映了传统文学与历史的密切联系。提要对有关戏曲作品是否隐含寓意颇加注意,如卷十九吴伟业《临春阁》提要,即点出该剧"隐指福王";卷二十八清佚名《党人碑》提要,又谓其"疑借宋事以暗指明事也"。在考释作品本事方面,本书更是详征史籍,力图将文学性的虚构与历史史实作明确的区分。例如卷十五佚名《五福记》提要,在对该剧所演宋代韩琦"五福俱修"故事加以详细介绍的同时,便又以小注的形式,对照史实,逐段作出"此段是缘饰"、"此段真假参半"、"此事是实"等说明,这在客观上为后人研究历史剧,考察古代剧作家如何采史入戏与融入创造想象的成分,提供了十分有益的基础材料。

本书自也有不少疏漏之处,主要表现在戏曲作品的作者归属方面。有张冠李戴的现象,如把明代邵璨的《香囊记》题作"丘濬撰"(卷五),把沈璟的《一种情》题为"相传近时人李渔作"(卷二十一);也有将有名氏之作归入无名氏的例子,如《红梅记》为明人周朝俊之作,《灌园记》为张凤翼所撰,提要均不知而列其入无名氏。此外提要过于重视史事的真实而一再斥责文学性的戏曲作品不真实,甚而以"史学甚疏"与文词"荒唐"苛责作者,亦不尽合理。卷四十二《西游记》提要起首有"相传《西游记》小说,乃元丘处机所作",也明显有误。

研究本书的论著,有北婴(杜颖陶)编《曲海总目提要补编》(人民文学出版社,1959年)、赵景深《所谓〈曲海总目提要〉》(收入所著《中国戏曲初考》,中州书画社,1983年)、王锳《〈曲海总目提要〉所录元明杂剧本事补证》(《文史》1988年第三十辑),以及江巨荣为《中国大百科全书·中国文学》所撰本书提要等。

(陈正宏)

中国俗曲总目稿 刘 复等

《中国俗曲总目稿》，二册。刘复、李家瑞等编。有1932年中央研究院历史语言研究所排印本，以及1973年台湾文海出版社据原本影印本。

刘复生平事迹见"十韵汇编"条。

李家瑞(1895—1975)，原名辑五。云南剑川人，白族。出身贫寒。1920年相继考取东南大学、北京大学预科。后升入北大中文系，师从刘复，研究俗文学。1928年毕业，进入中央研究院历史语言研究所工作，撰写了《北平俗曲略》、《北平风俗类征》等著作，并协助刘复编纂《宋元以来俗字谱》和《中国俗曲总目稿》。40年代初因病返乡，转而从事云南民族文物及历史的研究。50年代起供职于云南省博物馆，发表了《用文物补正南诏及大理国的纪年》等有关论文多篇。"文化大革命"期间又被迫"疏散"回乡，因病逝世。

《中国俗曲总目稿》是刘复、李家瑞等合作调查、编纂的一部"俗曲"目录。所谓"俗曲"，是指带有乐曲的说唱类曲艺作品以及一部分小型的地方戏曲作品。"俗曲"这一概念的出现，与"五四"前后北京学界掀起民间文学研究尤其是歌谣研究的高潮，有十分密切的联系。歌谣与俗曲的分别，在刘复为本书所作"序"中有明确的说明，即"在于有没有附带乐曲：不附乐曲的如'张打铁，李打铁'，就叫做歌谣；附乐曲的如'五更调'，就叫做俗曲"。但刘氏同时也界定，他们所谓的"俗曲"不包括京剧（皮黄）和昆曲，理由是"这两种已经取得正式的舞台剧的资格，不在'杂耍'之列"了。可见刘复、李家瑞等编纂本书的目的，与前此北京大学歌谣研究会的征集歌谣，是完全一致的，都是为了发掘、保存中国最为大众化的俗文学资料，并为展开具有中国特色的俗文学研究打一个坚实的基础。

本书的编纂始于1928年冬，一面编目，一面采访搜集，至正式出版，前后历时三年有余。全书由刘复主持编写，第一年参与该项工作的，尚有李荐侬、刘澄清二人；此后两年多，协助刘复完成本书的，即是李家瑞；同时另一位俗文学专家常惠在开始编纂本书时，也曾协助刘复工作。因此全书实际上是一个多人合作的成果,而其中出力最多的,则是刘复、李家瑞二人。

本书卷首有1932年3月17日刘复所撰"序"一篇,缕述了本书编纂的缘起、内容及体例。书内正文,则分"中国俗曲总目"和"中国俗曲总目补遗"两部分。两部分中所收的俗曲目,都以俗曲标题字数多少排列(用中文数字标于天头),即标题仅有一个字如《花》、《月》等排在前边,《水浒》、《西厢》等两字标题的接排其后,下依此类推;标题字数相同的,再以标题前三字的笔画多少为序排次(用阿拉伯数字标于前表示标题字数的中文数字之下),如《百年长恨》、《吐血相思》、《安安送米》均是四字标题,而"百""年""长"三字的笔画分别是六六八,"吐""血""相"三字的笔画为六六九,"安""安""送"三字则为六六十,所以三曲的排列顺序,便是《百年长恨》在前,《吐血相思》居中,《安安送米》殿后。至每一曲目的著录,则是先标题,次曲种(如子弟书、马头调等),次流行区域,次曲本形式(如石印本、铅印本或抄本),又次出版者,最下为册数、页数或行数,另起行抄录每曲的开首两行并作断句。书中对于标题相同而内容相异的均加著录,当钞录首两行仍不足以显示两者内容不同时,即于原标题下注"与前种略异"或"与前种不同"。标题不同而内容实同的亦著录,于另有标题者下注"一名某某"并注明另一题之标题上数码。综计"总目"及"补遗"两部分共著录曲目六千三百七十一题,除去异名实同者,实际著录俗曲四千六百四十五种。

这四千余种六千余题俗曲的流行区域,包括河北、江苏、广东、四川、福建、山东、河南、云南、湖北、安徽、江西十一省。从数量上看,河北俗曲收录最多;河北之中,又以北平俗曲的数量为最。从曲类方面说,上述十一省的小曲与小型戏曲形式,均在书中有充分的反映;而其中像北平、苏州、上海等地,则几将该地区流行的俗曲种类囊括于中。例如北平一地,即著录了小岔、石派书、大鼓书、岔曲、子弟书、马头调、莲花落、牌子曲、鼓词、影戏词、快书、单弦、琴腔、十不闲等近六十种俗曲形式。

这四千余种俗曲目,由于编者钞录了开首两行,与原题对照参读,又成为了解俗曲基本内容的最佳导向。从著录可见,中国俗曲长期以来基本上限于三类题旨,一是对传统故事、历史事件及名人佚事的艺术再创造,如《长坂坡》、《安安送米》等题,流行区域颇广;二是对于当代事件及新闻的夸张式复述,如《热河叹》、《外国闲话》等,其中颇有劝诫及宣传性作品,像《戒洋烟歌》、《提倡国货》等即是;三是民间情辞小调,尤其是下层社会的艳情歌曲,如《劝情人》、《俏东风》、《王二姐得病害相思》等。至俗曲的文学表现方式,由本书目亦可窥其一斑:有些用词十分雅致飘逸,如流行于北平的《细细的雨儿濛濛淞淞下》,开首两句为:"细细的雨儿濛濛濛淞淞下,悠悠的风儿阵阵阵的刮,楼儿下有个人儿说些风风风流流的话,我只当情人,不由的口儿里低低低声声的骂。"情景交融,叠字与衬字用得都非常巧妙;而另外一些俗曲,则用词粗放肆意,完全是别一种面貌。由于本书采用了纯客观编目的形式,因此这两种完全不同的俗曲特征均在书中得到了充分的呈现。

这对于后人从文学的角度系统地研究中国俗曲以及其中反映的中国社会状况,无疑是十分有益的。

本书的不足,一是有些俗曲广泛流行的重要地区如浙江、广西等未有曲目登录,一定程度上削弱了本书作为一部"中国俗曲总目"的全面性;二是全书对纯演唱的小曲与表演性的戏剧不作区分,混同而概归并为"俗曲",从艺术分类的角度看也是有缺陷的。

(陈正宏)

中国戏曲概论 吴　梅

《中国戏曲概论》，三卷。吴梅著。写成于1925年。主要版本有1926年上海大东书局铅印本、1983年中国戏剧出版社《吴梅戏曲论文集》、2010年商务印书馆《吴梅词曲论著四种》及《吴梅全集》所收本。

作者生平事迹见"顾曲麈谈"条。

《中国戏曲概论》是吴梅中年时期的重要戏曲论著，它在详细占有资料的情况下，全面地勾勒出我国古代戏曲发展的历史进程，阐述了戏曲艺术的特点和规律，是继王国维《宋元戏曲考》之后又一部较早研究中国戏曲史的著作。

《中国戏曲概论》以朝代为序，分为金元、明、清三卷。每卷除总论外，又据体裁分为杂剧、传奇、散曲三类。

上卷《金元总论》中，吴梅首先对戏曲的源起作了分析，他说："今日流传古剧，其最古者出于金元之间，而其结构，合唐之参军、代面，宋之官剧、大曲而成，故金元一代始有剧词可征。第参军、代面，以言语、动作为主，官剧、大曲，虽兼歌舞，而全体亦复简略。若合诸曲以成全书，略纪一人之始末，则诸宫调词，实为元明以来杂剧传奇之鼻祖。"此论同王国维相同。《诸杂院本》中列举了十一类六百九十种杂剧院本名目，并对院本的含义作了考证。《诸宫调》中对诸宫调的起源和含义作了分析。《元人杂剧》中列举了元代有本流传的杂剧一一九种，认为"戏曲至元代，可为最盛时期"，对杂剧与宫调作了清晰的对比："诸宫调不分出目，此则通例四折……诸宫调不分角目，总以一人弹唱，与后世评语略同，此则分末、旦、外、丑等诸目，而以末、旦为主，元人所谓旦、末双全者也。诸宫调无动作状态，此则分为三类：纪动作者曰科，纪言语者曰白，纪歌唱者曰曲。是合歌舞言动而一之也，是剧曲之进境也。至于文字，则只有本色一家，无所谓词藻缤纷纂组缜密也。"概述之后，对主要作家作品作了不少风格流派方面的分析，如"大抵元剧之盛，首推大都，自实甫继解元之后，创为研炼艳冶之词，而关汉卿以雄肆易其赤帜，所作《救风尘》、《谢天香》、《玉镜台》诸剧,类皆雄奇排奡,无搔头弄姿之态,东篱则以清俊开宗,《汉宫孤雁》,臧晋叔以为元剧之冠,论其风格,自是三家鼎盛,矜式群英。"此论颇有独到之处。在考察元人戏曲的事实中,吴梅还认识到:"一代才彦,绝少达官,斯更足见人民之崇尚。迥非台阁文章以颂扬藻绘者可比也。"体现了他从历史现实出发的进步观点。《元人散曲》中认为"元人散曲,作家至多,其词清新俊逸,与唐诗宋词可以鼎足"。主要作家有"关马郑白,其次为酸甜乐府,而乔梦符、张小山、杨西庵辈,亦戛戛独造,洵文学界之奇观也"。对这些作家的风格特点也都作了精当的分析。

中卷《明总论》中,对明代戏剧的发展作了三阶段简要勾勒,"大抵开国之初,半沿元季余习,其后南剧日盛,家伶点拍,踵事增华,作家辈出,一洗古鲁兀剌之风"。此一时也;杨国材"别创新声,号为海盐腔,西江两京间翕然合之"。此一时也;嘉隆间太仓魏良辅"造水磨调",辰鱼作《浣纱记》付之,"流丽稳协,远出弋阳、海盐旧调之上,历世三百,莫不俯首倾耳,奉为雅乐。"此又一时也。《明人杂剧》中记载了作者所能见到的杂剧九十六种,对明杂剧与元剧的差异进行了分析:元剧多四折,明则折数不定;元剧多一人独唱,明则唱角亦不定;元剧多用北词,明人尽多南曲;元词以拙朴胜,明则妍丽矣;元剧排场至劣,明则有次第矣;苍莽雄宕之气,则明人远不及元。对一些主要剧作如周宪王《嵲赋题桥》、康对山《中山狼》、徐文长《四声猿》等都作了详细的分析。《明人传奇》中择要列举四十三种,简介一些传奇的大致情节,并将它们分为四派:"自《琵琶》、《拜月》出,而作者多喜拙素。自《香囊》、《连环》出,而作者乃尚词藻。自玉茗'四梦'以北词之法作南词,而偭越规矩者多。自词隐诸传,以俚俗之语求合律,而打油钉铰者众。"对各派的代表作家也都作了风格上的分析。《明人散曲》中记载了有总集或别集可考的明散曲作家作品数十种,认为"其间享盛名传丽制者,当以康海、王九思、陈铎、冯惟敏、梁辰鱼、施绍莘为最著"。

下卷《清总论》中,认为"清人戏曲,逊于明代",这主要就戏曲作家的人数而论,"今自开国以迄道光,总述词家,亦可屈指焉"。作者详细分析了原因:"推其原故,约有数端。开国之初,沿明季余习,雅尚词章,其时人士,皆用力于诗文,而曲非所习,一也。乾嘉以还,经术昌明,名物训诂,研钻深造,曲家末艺,等诸自郐,一也。又自康雍后,家伶日少,台阁巨公,不喜声乐,歌场奏艺,仅习旧词,间及新著,辄谢不敏,文人操翰,宁复为此?一也。又光宣之季,黄冈俗讴,风靡天下,内廷法曲,弃若土苴,民间声歌,亦尚乱弹,上下成风,如饮狂药,才士按词,几成绝响,风会所趋,安论正始? 此又其一也。"不过,作者并没有简单地一概否定清代,他说:"虽然词家之盛,固不如前代,而协律订谱,实远出朱明之上,且剧场旧格,亦有更易进善者,此则不可没也。"《清人杂剧》列可见者一四六种,对其中一些名人名作诸如徐石麟《买花钱》、蒋心余《四弦秋》、黄兆魁《红楼梦》散套等进行了情节简介、风格分析和优劣品评。《清人传奇》中列作者所能见者计百种,"以梅村、展成为巨擘"。其中对南洪北孔的评介相当有特色:"顾《桃花扇》、《长生殿》二书,仅论文字,似孔胜于洪,不知排场布置、宫调分配,眆思远驾东塘之上。……二家既出,于是词人各以征实为尚,不复为凿空之谈。"《清人散曲》仅列别集十二种,总集四种,因清人作散曲者寥寥,况不过"全事及此",佳作无多,没有深论。

有关本书的研究著作,见叶长海《中国戏剧学史稿》(上海文艺出版社,1986年)的相关章节,刘伟林、陈永标《史论评相结合的研究方法——读吴梅〈中国戏曲概论〉》(载《中国近代文学评林》第二辑,广东高教出版社,1986年),江巨荣导读《顾曲麈谈 中国戏曲概论》(上海古籍出版社,2000年),冯统一点校《中国戏曲概论》(中国人民大学出版,2004年)等。

(李胜利)

李笠翁与《十二楼》 孙楷第

《李笠翁与〈十二楼〉》，孙楷第著。原载 1935 年 12 月出版的《图书馆学季刊》第九卷第三、四期合刊。目前较易得的读本，是上海古籍出版社 1986 年出版的标点本《十二楼》后附本文，以及浙江古籍出版社 1991 年刊《李渔全集》第二十卷中所收本文，二者皆据《图书馆学季刊》本重排。孙楷第论文集《沧州后集》(中华书局 1985 年版)卷三，也收录了本文，文末出处仍标《图书馆学季刊》，而实际上文内已有删改，最明显的，是删去了原刊本中的最后一节与"附记"，并将"附记"中的有关修订文字移入正文。

作者生平事迹见文学类"中国通俗小说书目"条。

《李笠翁与〈十二楼〉》是一篇考述清初戏曲家李渔(字笠翁)生平事迹及其短篇小说集《十二楼》的论文。文章本是作者应胡适之邀，为亚东图书馆出版的古典小说系列中的《十二楼》作的一篇序，初稿完成于 1934 年 6 月。以亚东版《十二楼》书虽印成而因故尚未面世，故取该序改题为《李笠翁与〈十二楼〉》，先单独发表在《图书馆学季刊》上，刊出时删去了原序中最后一节述亚东版《十二楼》及该序撰写缘起的文字，另加"附记"一则，补充了原稿有关论述之不足。

《李笠翁与〈十二楼〉》全文共五大部分。

第一部分简要分析了戏曲与小说在明清两代的不同地位及其形成原因，并指出了在清初颇负盛名的李渔并没有因自己的戏曲小说及其他论著流行而受人重视的事实。由于对小说戏曲家的轻视，正统文人和史料大都没对李渔的生平事迹做详细记录。为了考证李渔的生平，作者认为只有从李渔自己的诗文集里去寻找资料。

第二部分主要以李渔《一家言全集》为依据，较为全面地展现了李渔一生活动的轮廓。文章考证的结果是：李渔自号"湖上笠翁"，亦号"随庵主人"，浙江兰溪人，出生地却是江苏如皋。生于明万历三十九年(1611)，崇祯八九年间(1635—1636)曾在浙江游泮。在三十岁以前，曾应过几次乡试，均告落第。在癸未(崇祯十六年，1643)、乙酉(清顺治二年，1645)之间，在金华府同知署中避难。浙事定后,于顺治五六年间(1648—1649)第一次移家至杭州,前后约十年光景。他的小说和部分戏曲都作于这个时期,并与"西泠十子"结交。顺治十四年、十五年间移家至金陵(今南京),前后居住了二十年。这期间,李渔常出游各省,并开书肆名曰芥子园。与当时胜流贵人多有来往,与尤侗、吴伟业、倪灿、纪映钟、徐釚交谊尤密。康熙十六年丁巳(1677),复由金陵移家杭州,于西湖边买山建宅,终老于斯。其卒年非康熙十九年即康熙十八年(1679)冬,年约七十岁或六十九岁。

第三部分着重讨论李渔的生活方式及品行。文章说:"他(李渔)的生活,实在是游荡的。他到北京至少有三次。此外,各省也多有他的游踪。"作者认为李渔四出游荡实属于明代以来所谓的山人行径。所谓山人,就是"借士大夫以为利","家无恒产而需要和士大夫一样的享受"。文中用了较丰富的史料,展示了李渔一辈子主要靠别人的施舍为生的经历,证明其负笈四方,实是为生计所迫,不得不如是。同时,文中对李渔缺少恒产而又讲究饮食服饰,建馆刻书,讨姨太太,养歌姬的一面,也有较充分的叙述。从而对李渔以常处窘迫之中而不得不乞求于人,故在人品上无硁硁之守,有时甚至不惜降志辱身以迎合时势的作派,有一较合理的解释,即尽管李渔"有文无行",但其性格仍有可取之点,这一可取之点就是坦白。

第四部分对李渔的著作进行了分类、叙录与考辨。文中把李渔的著作分为三类,即(一) 单篇的诗文,(二) 专集专著,(三) 戏曲小说。并统计出属于(一)、(二)类的大约有十八种,分别为:《一家言》、《耐歌词》、《论古》、《闲情偶寄》、《韶龄集》、《古今尺牍大全》、《尺牍初徵》、《尺牍二徵》、《名词选胜》、《资治新书》、《新四六初徵》、《笠翁诗韵》、《笠翁词韵》、《纲鉴会纂》、《明诗类苑》、《列朝文选》、《古今史略》、《千古奇闻》。属于第(三)类的,戏曲方面最著名的是《十种曲》。另有《绣刻传奇八种》,据本文考证,此书实非李渔所著。小说方面则有《无声戏》、《十二楼》两个短篇小说集和长篇的《回文传》,此外《肉蒲团》一书,本文据刘廷玑《在园杂志》,也认为是李渔的作品。对这部分中涉及的李渔著作,文中大都作了解题与简略的考证。著者并在该部分末对李渔的各体著述作了一个总的评价,认为笠翁的词胜于古今体诗,诗胜于散文;杂著中最好的是《闲情偶寄》;戏曲小说,则是其平生精心之作,从文学史上看,"能拔帜自成一队是没有问题的"。

第五部分着重讨论《十二楼》。文中从《十二楼》的体例入手,就该集的书名分回等作了简要的考察。然后依《十二楼》的篇次,即《合影楼》(三回)、《夺锦楼》(一回)、《三与楼》(三回)、《夏宜楼》(三回)、《归正楼》(四回)、《萃雅楼》(三回)、《拂云楼》(六回)、《十卺楼》(二回)、《鹤归楼》(四回)、《奉先楼》(二回)、《生我楼》(四回)、《闻过楼》(三回),逐一作了内容简介、本事考证及艺术品评。

在 20 世纪 30 年代中国古典文学研究界有关中国古代作家生平研究的众多论著中,《李笠翁与〈十二楼〉》是一篇出色之作。其对于学界的突出贡献,首先在于最早用比较严格的学术方法对李渔的生平事迹进行了详细的考证,并从文学批评的角度,对李渔人品与作品的关系作了一系列的精彩的评论。文章资料丰富翔实,推理严密有序,结论具有相当的可信度。后来对李渔生平进行研究的论文,总体框架上都没有超越本文,而其有关的见解,也一直为学者所征引。其次,从作家传记编纂的角度而言,《李笠翁与〈十二楼〉》一文,其实亦可视为一部小型的李渔评传。它以流畅而清新的文笔,夹叙夹议的方法,向读者生动地展现李渔不平凡的一生,这种撰述形式,实际上是继承了梁启超《陶渊明》一书注重阐发品评的著述风格,同时又吸收了脱胎于传统体裁的年谱及作家生平事迹考一类论文言必有据的长处,而加以新的创造,为以后蓬勃兴起的以扎实的考据为基础的作家评传作了很有价值的探索工作。

(谯进华)

述也是园旧藏古今杂剧 孙楷第

《述也是园旧藏古今杂剧》，孙楷第著。有1940年底北京图书季刊社初印本，列为"图书季刊专刊"第一号。1953年上海上杂出版社出版修订本，书名改作《也是园古今杂剧考》，列为"中国戏曲理论丛书"之一。

作者生平事迹见"中国通俗小说书目"条。

元杂剧的研究，在20世纪30年代以前，有关学者所能见到的剧本合集，以所收数量论，最主要的便是明代臧懋循的《元曲选》百种。但《元曲选》于元曲旧本改动太多，据之研究元杂剧，实存颇多问题。罗振玉、王国维于20世纪初发现的经黄丕烈收藏的《元刊杂剧三十种》，在提供研究者元曲旧貌方面贡献甚大，惜种数仍少。1938年，上海书贾出售经清初藏书家钱曾收藏，又曾著录于钱氏《也是园书目》的《古今杂剧》残本六十四册，经郑振铎多方奔走，书为国立北平图书馆购得。由于书中包括了二百三十余种元明杂剧，其中一半以上为前所未见的孤本，所以这部被称为"也是园旧藏古今杂剧"的秘笈一旦面世，即被研究者称为近五十年来"仅次于敦煌石室与西陲汉简的出世"的重要发现（见郑振铎《跋脉望馆钞校本古今杂剧》，收入《郑振铎古典文学论文集》，上海古籍出版社，1984年）。

孙楷第时供职于北平图书馆，又夙喜治小说、戏曲版本目录之学，闻讯便于1938年8月抵上海，用三周时间将其书通阅一遍，并作了札记。北返后，即将所见所记整理成本书。由于当时急于出书，随编随印，故体例、文字尚有未安处。1947年作者任教于北京大学，便于该年暑假内花二十天时间将该书修改一过，更原名"述也是园旧藏古今杂剧"为"也是园古今杂剧考"。书成未即出，至1953年方重版于上海。

《述也是园旧藏古今杂剧》全书分为上、下两篇。上篇为"述收藏经过"，分赵琦美、钱谦益董其昌、钱曾季振宜、何煌、顾氏试饮堂、黄丕烈汪士钟附顾瑞清、赵宗建丁祖荫共七节加以叙述。下篇为"述今本"，计有"今本之历史"、"今存钞本曲"、"今存刊本曲"、"赵琦美校曲与何煌校曲"、

"编次沿革"、"今本之价值"六节。文末有"附录"三篇:(一)"余所见钱谦益重编义勇武安王集";(二)"也是园曲与也是园藏书目底本";(三)"也是园目尚仲贤《玉清殿诸葛论功》戴善甫《赵江梅诗酒玩江亭》剧未佚说"。后附"征引书目"一百五十三种。书前有"也是园藏本岳阳楼剧中钱遵王补钞字"书影一帧,1940年余嘉锡"序"与1939年作者"自序"各一篇;书末有作者1940年校讫"后序"一篇。全书约二十万字。

1953年出版的本书修订本《也是园古今杂剧考》,在章节方面改原书上下两篇为六章,原上篇改题为第一章"收藏";原下篇六节除合第二、三两节"今存钞本曲"、"今存刊本曲"为一章外,余依次改题为"册籍"、"板本"、"校勘"、"编类"、"品题"(第二至第六章)。正文后"附录"三篇仍保留,且增加"重话旧山楼"(原载《中法汉学研究所图书馆馆刊》第二号)、"元曲新考"(从初刊本下篇第六节"今本之价值"中析出)二篇。后附"徵引书目",增加至一百六十四种。书前有改版"自序",后有"后序",乃由原本后序删节而成。改版自序称新版视旧版"文减于前,事增于旧",今比照二本,新版实主要还是删略旧版之文,使之不显冗长重复,新增内容甚少。有时删去旧版中颇有意味的即兴文字,则颇可惜。

本书的特点,在用文献学的方法,对"也是园旧藏"《古今杂剧》的收藏、流传、版本、校勘、编次等诸方面的内容进行详细的考证,从实证的角度比较全面地讨论了这部稀世秘笈的真正价值。书中上篇论各家收藏,于其间纷繁复杂的过程有至为明晰的考述,论有关本书的时、地、人三者尤为详切。谓本书所收各剧本,最初由明人赵琦美从明内府藏本钞校而得。赵殁而归明清之际大学者钱谦益,谦益又转赠族孙钱曾。其间一度为清初大藏书家季振宜所得,季氏殁,书又回归钱曾。钱曾之后,又历经何煌、元和顾氏、黄丕烈、汪士钟、赵宗建以及近人丁祖荫六家收藏。因本书无直接证据可现钱谦益曾藏此杂剧集,作者特举钱曾《读书敏求记》中"重编义勇武安王集跋",证谦益确曾收藏"内府元人杂剧",且其本即赵琦美之书。下篇论今本之历史,又于剧本存佚种数、册籍多寡录之甚详,谓钱曾藏曲三百四十一种八十五册,至黄丕烈时存二百六十八种七十二册,至赵宗建时又降为二百四十一种六十四册;并探究康熙至道光间承平之世反较后来动乱之时失去为多的缘由,推测根源在乾隆时禁钱谦益书而钱氏于此书很可能有批注之文。论赵琦美钞校所据的"内本",则考证出其系指内府钟鼓司藏本;同时指出赵氏所录于小穀本,也出自内本;且推而广之,谓"明人所刊元曲,其本同出一源,皆近内本"。论编次,则发现赵琦美、钱谦益二人均未曾对所收古今杂剧加以编次整理,又考出钱曾编目后黄丕烈手书目录前曾有人对本书作过两次整理。论得失,则既不讳言钱曾编目之失,同时又对书中重复编目、作者未考等失误一一更正,而得出今本实存元明杂剧二百三十五种,其中无传本者一百三十五种,元人杂剧孤本三十二种的可靠结论。

除了从文献学的角度全面而详尽地展现"也是园旧藏"《古今杂剧》的面貌，本书也对与之相关的一些元明杂剧问题进行了比较深入的研究。这方面的一个典型例子，是对赵琦美所录内府本所附"穿关"的考证。作者通过归纳排比，举《包待制智赚生金阁》一剧为例，证实所谓"穿关"实为排演而设，其作用有二：一为人物登场节次。凡剧本中人物登场若干次，在"穿关"中便记若干次；一为演员穿戴等项。凡服装、扮相、切末诸项，均在人物第一次上场时详注于"穿关"中，以下同则注"同前"，否则另注。其作用类似于现代戏剧演出时除剧本外又有"题纲"，而其命名之义，则兼贯穿、贯行二者。又如本书下篇"今本之价值"论元曲旧本之可贵，举八个问题加以证明，其中像论"折"之意不仅仅指一套曲言，本还有科白之折与插入的歌曲舞曲之折；论"楔子"谓元曲"凡楔子用末唱者，其剧即为末本；用旦唱者，其剧即为旦本"；以及论书会之制在元杂剧发展中的重要地位，等等，或为前人所未曾道，或纠前人解说之失，对于后人研究元明戏曲均颇有启发意义。

本书初撰于抗战时期被日军所占领的北平，故文中时也流露出时世之叹。书中曾引明人高启听教坊歌、清人吴伟业逢琵琶师而所作的两首叹乱离、悲故国的诗歌，寄其"羁栖燕市，三年于兹，故旧零落，家山渺然，言读书则不成，言涉世则无术"的深重感慨。又以历史上的真官职比喻戏曲中的各种角色，虽谓但为使读者易明角色含义，而云"然古之优人，因至尊之嬖，固多有授真官者，且世之真官，犹假官也，则释古剧角色以真官为喻，又何为不可者"，可见其别有用意。至书末"后序"特署："民国二十九年，十二月一日校讫记。时雪后，凝霜封树，缇骑满街，巷无行人，里门不启。余在北平。"亦非赘语。

从古典文学研究的历史看，本书的主要价值，在继王国维编著《曲录》，开创戏曲版本目录学之后，另辟蹊径，独创从文献学角度全面研究一部戏曲集的先例。余嘉锡为本书作序，称赞其"考一书而详密如此，古未尝有也"，即是看出了它在戏曲文献研究方面的独到之处。书中以版本学、校勘学的方法发现元杂剧旧貌的若干重要问题，则又证明了该方法具有适用于古曲戏曲研究的巨大潜力。

但由于本书初稿成文仓促，修订费日不多，所以本书在整体上还存在着时以簿记代替研究的不足。另外初刊本的某些考证也有失误，如谓旧山楼为赵宗建所建，而据《翁文恭日记》，翁同龢父亲翁心存馆赵氏时，校书即在旧山楼，可证楼必非赵宗建所建（参见本书修订本附录"重话旧山楼"）。

研究本书的论著，有秋穀发表于1941年《燕京学报》第二十九期的书评、李玄伯《"述也是园旧藏古今杂剧"跋》（1943年《辅仁学志》十二卷一、二期），以及蒋星煜《常熟赵氏〈脉望馆钞校本古今杂剧〉的流传与校注》（《文学遗产》1980年第2期）等。

（陈正宏）

书法

书林藻鉴 马宗霍

《书林藻鉴》，十二卷。马宗霍撰。有 1935 年上海商务印书馆铅印本、1984 年文物出版社据商务版重印本（重印本与《书林纪事》合刊）。

马宗霍(1897—1976)，湖南衡阳人。十三岁就读于衡阳船山书院，其时字迹已显工整秀丽。20 世纪 20 年代拜章炳麟为师，为入室弟子，后执教于上海同济大学等校。时客寓上海书法家曾熙之宅，曾熙与宗霍有师生之谊。在与曾熙往来求教中，又结识名家李瑞清，过从甚密，获益颇多，尤在书法艺术评鉴方面，多有进益。宗霍擅篆、隶、八分、行书诸体。并融众家之长，自成一体，有超尘脱俗之韵。平生致力于经学、文字学，著述甚丰。潜心研究《说文解字》二十余年，著有《说文解字引经考》、《说文解字引群书考》、《说文解字引方言考》、《说文解字引通人说考》等，还著有《音韵学通论》、《文字学发凡》、《中国经学史》等。历任暨南大学、金陵女子大学、中央大学、湖南国立师范学院教授，湖南大学文学院院长，中央文史馆馆员，中华书局编审。任中华书局编审期间，曾参与二十四史点校工作。

所编《书林藻鉴》有章炳麟为之题签，卷首有其子马雍撰"再版前言"、1934 年作者"自序"。次列"凡例"，系书家史传专著。全书十二卷，共收二千八百一十三人。以朝代为序排列，每一朝代首列帝王，次以书家、诸家、方外、闺阁为序，汇集诸书评语注于书家名下，所引诸说也以时代为序，或用书名，或用人名，皆在引语前标明，所引评语多少不一。其中各代著名书家，如汉代张芝、蔡邕，魏朝钟繇、卫瓘，晋朝二王，唐代欧阳询、虞世南、褚遂良、李邕、颜真卿、柳公权，宋苏轼、米芾、黄庭坚、蔡京，元代赵孟頫，明代董其昌，清代何绍基等，多至数十百条，搜罗繁富，条理明晰。

此书于各朝代之前皆有序论，综述各代书体演变、书法盛衰、书家派别。它为书法研究者提供一部集书家大成的重要资料，书后附人名索引，以供检索。

（王剑冰）

书林纪事 马宗霍

《书林纪事》，四卷。马宗霍撰。有1935年上海商务印书馆铅印本、1984年文物出版社据商务版重印本（重印本与《书林藻鉴》合刊）。

作者生平事迹见"书林藻鉴"条。

本书记述历代书家轶闻逸事。作者"自序"说："余既辑《书林藻鉴》，遇有书家珍闻逸事，别纸录之，积久成帙，乃复略加缀拾，为《书林纪事》四卷。"卷一记帝王后妃七十七人，卷二记公卿士庶四百八十一人，卷三记神仙方外五十二人，卷四记闺阁名媛四十五人。每卷所列书家以时代为序，记述轶闻逸事辄录名论，足发临池之兴，堪资艺苑之谈，较为生动有趣。如所记传说中远古伏羲氏"近取诸身，远取诸物，乃作八卦，是为文字之始"，神农氏作穗书，轩辕氏河图书，少昊氏鸾凤书，颛顼氏蝌蚪书等。对历代著名书家均有记载，虽属轶闻逸事，但从中多反映学书者当求法度、精笔墨的道理，是研究书法史和名家名作、师承创新等方面有价值的资料。

（王剑冰）

历代名家学书经验谈辑要释义(上卷) 沈尹默

《历代名家学书经验谈辑要释义(上卷)》,沈尹默撰。现有 1963 年上海教育出版社影印本。

沈尹默(1883—1971),原名君默,字中,号秋明、瓠瓜。浙江吴兴(今湖州)人。五岁入学,幼年即爱好诗歌书法,曾留学日本东京帝国大学,一年后辍学回国。一生学问,是艰苦自学成功的。曾任《新青年》编委,倡导新诗写作,亦精擅旧体诗词,为五四新文化运动主将之一。1913 年任北京大学及北京女子师范大学文学系教授、北平大学校长、河北省教育厅厅长。在北平大学校长任内,因当局开除学生,力争无效而愤然辞职。抗日战争期间居重庆,致力临池赋诗。抗日战争胜利后回上海,鬻书自给,专志于书法,创获颇丰。1949 年后,历任上海文物保管委员会委员、全国政协委员、中央文史馆副馆长、上海市中国书法篆刻研究会主任委员。晚年时值"文革"浩劫,身患重病,屡遭迫害,含冤去世。他发表过一些白话诗,旧体诗词尤具功力,以运用旧诗音节入新诗见长,巧于构思,讲究含蓄,《三弦》是其代表作。工楷、行、草书,尤以行书著名,更是中国书坛中负有盛名的权威的书法理论家。崇尚晋代二王书风,初学褚遂良,对智永、虞世南等名家墨迹,都探讨临习,刻苦实践。晚年融合苏轼、米芾等名家,精于用笔,清润中有劲健遒逸之姿。倡导以腕行笔,不主张模拟结构,在笔法、笔势等方面多有阐发。书法论著多在晚年丰富艺术实践基础上,有所认真领悟后示人问世的,从不故作玄妙深奥之语。著作除本书外,主要有诗集《秋月集》、杂文《秋月室杂文集》、词集《秋月长短句》、回忆录《回忆伟大的鲁迅》,书法专论《书法论丛》、《沈尹默书法论稿》等。

本书对唐代韩方明《授笔要说》进行注解,多所阐发。除解释名词术语外,还广引众家之说相互补充,遇有异同出入之处,必加以比较分析,进行评论。对执笔一节阐述特详。其中融进了个人作书和教书实践中取得的经验,指出以自己的想象活动去欣赏古人的书法,从静态的形中,体会动态的势,汲取学书的基本功,又指出如何从基本功的实践中达到超诣境界的方法,力求使韩氏理论变得更切实用而行之有效。同时又涉及了书法鉴赏、执笔、用笔、书法掌故以及写字应遵循的原则和注意的问题,使读此书者可洞悉奥秘。书后附有唐代张彦远《法书要录》所载《传授笔法人名》和周星莲《临池管见》。

(王剑冰)

沙孟海论书丛稿 沙孟海

《沙孟海论书丛稿》，一册。沙孟海撰。现有1987年上海书画出版社重排本。

沙孟海（1899—1987），名文若，以字行，号石荒、沙邨。浙江鄞县（今宁波）人。从学于吴昌硕、章炳麟等名家。曾任教于中山大学、浙江大学。晚年曾任浙江博物馆名誉馆长、中国书法家协会副主席等。著述甚丰，另有《助词论》、《沙村印话》、《印学史》、《中国书法史图录》、《论书续稿》、《文史类稿》，还有《沙孟海书法集》、书迹印谱著作《兰沙馆印式》、《洪君家传》、《沙孟海写书谱》等。

此书选录沙孟海自1926年至1984年间历年发表和未发表的论书、论印的散篇论文五十五篇，仿宋代董逌《广川书跋》的体例编辑。书前有王蘧常、马国权二序。马序中介绍沙氏为当代书坛名家的生平。其书法造诣，兼精篆、隶、真、行、草诸体，尤以题榜大字见称于世。亦擅篆刻，虽不多作，允推大家。

本书所辑各篇，纵论宏议，广采博取，品评持平。宣秘奥旨，皆艺进于道，各有所证。所辑论文，以论书、论印之作为主，兼收与书、印有关的文字学、金石学及一部分训诂学、民俗学方面的论文。编者此举，乃以书法不是孤立学科为宗旨，凡对书家应注意的有关知识，一并辑录，提供多方面的参考。尤其论书、论印，内容精辟，创见纷陈，足资参考。《近三百年的书学》一文，是较有系统的关于书法史研究的作品。《书法史上的若干问题》一文，对真书起源、执笔问题，碑版的写手、刻手问题，传统与创新问题，均加以探讨，认为真书起源于三国时代，各种字体不是单线的蜕变，而是经错综复杂的变化过程的。执笔，历来是书家论书法的一个重要问题，此文中亦有所论述。《古代书法执笔初探》一文，对古代描绘的执笔图画进行考索，发现执笔法的姿势和方式，皆因坐姿的改变而变化，认为历来奉赵孟頫所说"结字因时相传，用笔千古不易"之说为金科玉律者，其"千古不易"的结论是不对的。执笔方法正确与否，是在实践中总结出来的。对碑版的写手与刻手问题，认为不能"凡碑皆好"、"凡古皆宝"。传世的碑刻，可分三类，一为书刻俱佳者，如《张猛龙》、《根法师》、《张黑女》、《刘懿》者是。一为书佳刻不佳者,如《嵩高灵庙》、《爨龙颜》、《李谋》、《李超》者是。一为书刻俱劣者,如《广武将军》、《枳阳府君》、《爨宝子》、《郑长猷》者是。主张临习者应知选择,不可盲从。对传统与创新,认为书法史不能"厚古薄今"或"是古非今"。创新的成功,新风格的形成,都是在接受传统、继承传统的基础上发展而来的。《略论两晋南北朝隋代的书法》一文,援引许多史事和书迹,进行细致和客观的分析论证,围绕《兰亭序》的真伪问题以及晋代书体开展的争论,阐述对《兰亭序》的见解,且对那一时期的书势,以及唐代几位大家的书艺渊源,也作了精湛的论述。在《碑与帖》一文中,介绍了碑与帖的知识、石刻以外的书法范本、北碑南帖问题、碑学与帖学。《海岳名言注释》对后人辑录米芾有关书法名言二十六条予以详尽注释。《我的学书经历和体会》总结了六十年冷暖自知的经历,在"彷徨寻求"的过程中,多看多临,如何取得"转益多师"和"穷源竟流"以及"业精于勤"的经验。他如所辑序、跋、题辞、前言、自记、考、释、说等诸文,皆为博取、广证、创新之论。所辑篆刻论文,皆有卓见。如《印学的发展》、《沙村印话》、《谈秦印》、《印学形成的几个阶段》、《近代印人传序》以及所辑的序、跋、题辞等,深入浅出,钩稽史事,详加考释。所辑诸文,均采自《东方杂志》、香港《大公报》、《书法研究》、《书谱》、《西泠艺丛》、《考古》、《艺苑掇英》、《文化娱乐》等报刊和各专书。

(王剑冰)

绘 画

中国画学全史 郑 昶

《中国画学全史》，十二章。郑昶编著。主要版本有1929年中华书局本、1985年上海书画出版社重排本、2008年人民出版社本、东方出版社《民国学术经典》本、2008年上海古籍出版社陈佩秋导读本。

郑昶(1894—1952)，字午昌，别号弱龛、且以居士。浙江嵊县人。历任中华书局美术部主任，上海美专、杭州国立艺专、苏州美专等校教授。为蜜蜂画社、中国画会发起人。擅山水、花卉、蔬果，笔致清新，高旷秀润，兼善书法诗词。作品在国内及美、英、德、俄、法、比等国际艺术展览中展出获奖。早年为中华书局搜集、审订、编印美术著作及画册，传播艺术，多有建树。1932年创办汉文正楷印书局，首创汉文正楷活字，行销海内外。代表性著作有《中国美术史》《苦瓜和尚画语录释义》《画余百绝》《杜陵诗意画册》《梦窗词意画册》等。

《中国画学全史》是一部起自上古、迄于清末的中国绘画史学著作，由作者"以五年之力，搜采编纂"，于1929年成书。全书依据中国绘画演进的过程和流派情况，并就绘画与当时的思想、政教、文化等关系与影响，将绘画在各个不同历史时期呈现出的总体特征分为：实用时期(上古至唐虞)，礼教时期(三代、秦、汉)，宗教化时期(三国、两晋、南北朝、隋、唐)，文学化时期(五代、两宋、元、明、清)。

"实用时期"，是指绘画源起，其主要着眼点是在实用而不是审美。纹饰图案的出现主要是用于状物记事，如有巢氏之绘轮圜，伏羲氏之画八卦，轩辕氏之染衣裳，无不旨在实用。并据典籍记载称中国绘画始祖应为舜之女弟敤首。

"礼教时期"，是指随文明之演进，在唐虞三代、秦、汉之际，绘画多被用作藻饰礼制，成协教化。当时的衣冠车旗、神鼎尊彝，无不用图案纹饰加以装点。厅堂殿堂的四壁也大多绘以古时圣贤以劝后世。另外在歌功、表行、颂德之时亦多用图绘辅之。

"宗教化时期"，自汉末佛教东渐以后，从六朝到唐、宋间，印度绘画随佛教而传入中国，中国绘画受其影响而得到迅速发展。寺壁塔院，遍绘天龙宝迹、地狱变相。其间佛教与道、儒亦有或起反抗、或被同化的斗争往来,因而道、儒题材的绘画如星君乘龙、真人骑狮、孔子问道、七十二弟子像,亦多被描画于宫廷寺院。总而言之,这一时期的绘画全在宗教化的力量控制之下,为弘扬宗教而服务。

"文学化时期",绘画在唐代已讲用笔墨、尚气韵,王维画中有诗,更成为画坛美誉;五代、宋、元,则进一步发展,逸笔草草、神妙生意的文人画被争相传摹。绘画中的书卷气被大力擢扬,甚至有不读万卷,不能作画;不入篆搯法,不为擅画的观点。于画法也取诗文书法相互印证。这种文学化的风气到明清之际,尤为兴盛。

作者指出:"此四时期之划分,并非绝对,其间互有出入,大抵就与绘画之进展或直接或间接发生影响及效力而比较重要者而言,'实用'、'礼教'、'宗教'、'文学'四者,实各有独占一时期之势力焉。更进一步言,第一期之后半,实际应用中,当然包含礼教化。第二期虽其表面仍属实用,实则全然为礼教化,且间呈宗教化之色彩。第三期无论绘画之应用及意义,一受宗教支配,而其作风,且渐启文学化之萌芽。第四期纯为文学化,实用、礼教、宗教化之绘画,仅占极小之部分而已。至于魏晋间之老庄、宋元明之理学、清代之汉学,对于当时绘画,亦各有潜移默化之势力。"

在体例上,以一个朝代为一章,每章下分概况、画迹、画家、画论四节。概况:"概论一代绘画之源流派别及其盛衰之状况,凡与绘画直接或间接有关系之各事项,诸如思想、政教诸类,所以形成一代绘画者,穷原竟委。"画迹:"举各家名迹之已被赏鉴家所记录……或确有价值者集录之。其间尤重要而可称代表作品者,则说明其布局、设色、用笔之法,别定其神、逸、妙、能优劣之差,比较对勘,小以见各家之作风,大以见一代之画学。"画家:"择其当时宗匠、可称代表作家者,录其姓名、爵里、生卒年月等,能评必详。其声望较逊,关系较轻者,则按其所擅何法,以次类录其姓名。"画论:对于历代画家、鉴赏者之论画理法、流传、品第、心得之言"博采众说,录而述之,其重大之著述,限于篇幅不及尽录者,则或从其类而著其名,或提其要而标其用"。书后附有《历代关于画学之著述》,表列专著约三百七十种,还有《历代各地画家百分比例表》、《历代各种绘画盛衰比例表》及《近现代画家传略》等。

本书由吴昌硕题写书名,原有黄宾虹作序,1985年重版时增有谢海燕重刊序。

《中国画学全史》是近代以来中国绘画史著作中篇幅最为宏大、史料罗集最为广富的画史之一。与一般常见的画史撰述不同,本书系以个人的、独特的史学观作为撰史的理论依据,因而形成自身独有的个性与价值。此书出版以来,深受学者好评。黄宾虹褒之为"有条不紊,类聚群分,众善兼该",蔡元培誉之为"中国有画史以来集大成之巨著",余绍宋在《书画书录解题》中对本书有更为翔实而贴切的评价,并称之为"此编独出心裁,自出手眼,纲举目张,本原具在,虽其中不无可议,实开画学通史之先河,自是可传之作"。

(邵 琦)

书画书录解题 余绍宋

《书画书录解题》,十二卷。余绍宋编著。成书于1930年。主要版本有1932年国立北平图书馆本、1982年浙江人民出版社影印本、2003年北京图书馆出版社本。

余绍宋(1883—1949),号越园、樾园,别署寒柯。浙江龙游人。早年赴日本学法律。回国后,于1921年和1924年两度出任司法部次长,并以业余时间从事方志研究,于1925年由北京京城印书局出版了《龙游县志》。年轻时从汤定之学画,生平善画木石松竹,间作山水,笔法谨严中寓有潇洒之致。自1934年至1936年,主编杭州《东南日报》副刊《金石书画》半月刊。1942年任浙江省文史资料征集委员会主任,主持《浙江通志》修纂。晚年卜居杭州,直至逝世。传世画作有《层峦迭嶂图》,图录于《当代名人画海》;《为苏厂仁写竹图》,图录于《1947年中国美术年鉴》。行世著作除《书画书录解题》外,尚有书画著作《画法要录》十卷、《续录》十二卷和《中国画学源流概况》、《续修四库全书艺术类提要》,以及方志学著作《龙游县志》、《万历龙游县志辑佚》等。生平事迹见关国煊《民国人物小传》。

余绍宋早年读书治学有个习惯,"每一书竟,必撮要为之解题"。其原意"非敢有所论著,始以备遗忘而已"。1927年他辞官自京归杭,途经天津,客居一年余,检点行箧,发现那些解题笔记已"遗失泰半",而余存"惟书画书籍较多",遂起意编写此书。1928年秋自津归杭,赋诗作画之外,便将以往的解题笔记"补拾归查,以成斯编"(《书画书录解题卷首序例》)。据为是书作序的林志钧说,全书凡数易稿,先后改订者又五六次,至1932年由国立北平图书馆出版,前后历时四年有余。

本书是中国书画论著提要,对自东汉至民国一千七百年间的八百六十余种书画论著,分类辑录其卷数、版本、著者,略述其内容并加以评论,且对疏漏、错误之处加以考订。在全书的体例安排上,余绍宋认为要使读者"明斯学著作源渊以求学理进展之迹",因此打破过去"以时代为次如《法书要录》之属"和"以文体分类如《书苑菁华》者"的分类法,采用学理分类法。他吸收了清代目录学的成果,将东汉以迄近代的大量书画论著分为以下十大类。

第一类为史传。"凡记述书画家史实而无类书性质者入之"。分为历代史(记载历代书画家)、专史(专记方外闺阁书画院画墨梅以及一地方之书画家)、小传(其书画非史传体例而附有略传者)和通史(多为近人撰著,为书不多)共四部分。

第二类为作法。分为体制(即体裁)、图谱、歌诀(即口诀)、法则(前三目以外言作法者)四部分。在图谱中有书学之书虽与书法有关而为昔日应试之用者,如《干禄字书》、《字学举隅》,不予著录;画学之书如仅有图式而无说明、或无关画理者,如近代石印和珂罗版印的诸画谱,及《历代名人图谱》、《鸿雪因缘》、《花甲闲谈》等,亦不录。

第三类为论述。"凡叙论或辩论源流派别及作家、鉴赏家得失与夫自抒心得之作皆属之。"分为概论(统论大体之文)、通论(通于大体、论述较有系统之作)、专论(专就一端立论者)、杂论(随笔札记之文)和诗篇(论书画之诗,仅为题赠之作不属此目)共五部分。

第四类为品藻。分为四个方面:品第(将书画分列四目九等、考定其高下者,如《书品》、《古画品录》等);评骘(评论书画得失仍列品目者,如《论书》、《中麓画品》等);比咒(以比拟形容论书画而不列等第者,如《古今书评》、《二十四画品》等);杂评(以上三目之外如《侯氏书品》)。

第五类为题赞。分为赞颂(所录多为书著,如殿阁画赞、昭陵六骏图赞、历代名人图谱诸佛菩萨像赞等,因其不注重画理,未收),以及题咏、名迹跋、题自作(即自题)、杂题(即合前二者之题款)五个部分。

第六类为著录。分为记事(多为唐以前著录)、前代内府所藏、一家所藏(以上二者余绍宋认为是著录之正体)、鉴赏(非自藏而就所目见而加鉴定为著录者)和集录(得自传闻或辑于他籍,及搜集一人所作者)五个部分。

第七类为杂识。指不属上述各类及各类俱载者。分为纯言书画之作、不纯言书画之作两个部分。

第八类为丛辑,分为丛书、类书、丛纂(系采辑成书并加诠解删订者)、类纂(系改编而不录全篇,或以一篇分入数类)、摘抄五个部分。

第九类为伪托。分为书部、画部、书画部三部分。若其书虽伪托古人所传而不显著其名,如《永字八法》之类,不予录。

第十类为散佚。亦分为书部、画部、书画部三部分。

本书在编撰上具有四个特点:(一) 正体例。著录对以往庞杂的著作中征引不标明出处、任意分合,或未予分类或分类不当,或所叙内容不符目见等细微过缺均予揭出。(二) 辨疏舛。对以往著录中误收伪书或滥录已佚名迹等错误作了选汰去取,对割裂旧籍、补凑附会及辗转抄袭之作亦予以绳纠。(三) 重考证。对著者未明、时代缺误、同书异名及伪托、散佚等均作了考订。

(四) 存珍本。对历代论著中所涉稿本、抄本及世不经见者均予著录。林志钧为该书作序,称余绍宋"所为解题言必已出,博稽而精思,绝不为蹈袭之语",是为允当的评价。

有关《书画书录解题》的研究著作,有阮毅成《彼岸》(台湾传记文学出版社,1972年)、郑志《兼治方志与书画艺术的余绍宋》(《朵云》1993年第1期)、杨汛桥《余绍宋年谱》(《朵云》1993年第1期)、毛建波《余绍宋:画学及书画实践研究》(中国美术学院出版社,2008年)。

(童一鸣)

园林建筑

营造法原 姚承祖

《营造法原》,十六章。姚承祖原著。成书于 20 世纪初叶。后由张至刚增编、刘敦桢校阅,建筑工程出版社 1959 年出版。姚承祖另有手稿《姚承祖营造法原图》,由陈从周整理,同济大学出版社 1979 年出版影印本。

姚承祖(1866—1939),字汉亭,别字补云。江苏苏州人。家族世袭营造建筑业,近代苏州数十年建筑中的许多住宅、寺庙、庭园等,皆经他本人擘划修建。晚年担任苏州鲁班会会长。他不仅有着丰富的营造经验,又有着自己独特的理论总结。晚年在苏州工专建筑工程系任教期间,根据家藏秘笈和图册中的建筑做法和本人一生的实践经验,写成了阐述苏州地区传统建筑的讲稿,名之为《营造法原》。原稿约三万二千余言,附图式八十余种。由于原书所用术语仅限于苏州一地,未加注解,苦涩难解,且书中若干歌诀,不易明白。书中所有图式,皆依循旧法,没有比例,仅表示式样形状,所以刘敦桢于 1935 年委托张至刚整理。张氏调查实例,以另绘新图与补摄照片为前提,遍访苏州寺观、祠庙、住宅、庭园,择其式样结构与原书符合的,逐一测量,制为图版。增编者以原书为蓝本,征得原著者同意,改编原文,补充遗漏,订正讹误,加编辞解,添加表格,重绘图版,最后又新增照片及插图,到 1937 年夏脱稿,全书共计二十四章,约十二余万言,图版五十二幅,插图七十一张。1949 年后增编者又进行了一次整理,将全书精简为十六章,部分再加注解,最终形成了文字十三万五千余言、插图一百二十八幅、图版五十一幅的现今通行版本。

《营造法原》正文十六章。第一章"地面总论",对建筑地面的各种常用术语进行了界定,并从开间尺寸、开脚总例、水田泥地开脚、筑基用料、房基垫土、筑基用工等六个方面进行了较详细的分析和论证,对建筑地面工程的设计和预算,提供了可资借鉴的经验和数据。

第二章"平房楼房大木总例",对建筑物木构部分的各部件结构及名称进行了详细分类,并对苏式建筑平房及楼房的木质构造及尺寸进行了分析。另从平房楼房各种贴式、屋料定例、选木围量、全宅檐高之比例、天井之比例等方面,广选营造界流传的各种歌诀,充分论证。

第三章"提栈总论",对不同大小建筑屋架(提栈)的做法及规格尺寸举例说明,并特举苏州圆堂抬头轩式、扁作厅重轩抬头轩式、骑廊轩楼厅式、五界回顶前后廊式、满轩式、亭式等诸多建筑的提栈作为典型例证进行了分析。

第四章"牌科",从牌科(斗栱)各部之解释、牌科之种类及名称、牌科之权衡比例、牌科之分件比例、杂例几方面对苏州建筑斗栱的尺寸、类别等分析论证。

第五章"厅堂总论",论述了厅堂建筑的种类及名称、构造、外观,以及厅堂的檐高面阔。

第六章"厅堂升楼木架配料之例",列表说明了厅堂配料的计算方法、圆堂木架配料的比例及扁作木架配料的比例,并列有详尽的数字。

第七章"殿庭总论",系统地论述了殿庭的进深开间、结构、殿庭式样的分类、发戗详细尺寸制度、殿庭上屋、架戗应用物料数目及工数、殿庭屋架所需木料之尺寸比例、数量和工数。

第八章"装折",分门窗框宕子、门、窗、木栏杆、飞罩及挂落五部分,对其"装折"(内檐装修)规制进行了阐释。

第九章"石作",讲述石材的种类及性质、造石的次序、石料的应用、滨河建筑的驳岸、石牌楼的用料及形制,并对每一部分尺寸也有开列。

第十章"墙垣",讲述墙垣的各部分名称、墙垣的砌法及用砖数量、墙垣上光及涂刷颜色的方法、墙垣面积的丈量方法、界墙及荐之(土地房屋侵入他人土地部分)的解释。

第十一章"屋面瓦作及筑脊",先介绍建筑屋面瓦作的各种常用术语,然后分类叙述厅堂筑脊、殿庭筑脊的规制,以及厅堂筑脊配料的各项名称和数目、做脊用灰与纸筋的数目表,最后还概要介绍做脊的用料和各部分名称,做脊时盖瓦用料的选择和次序。

第十二章"砖瓦灰砂纸筋应用之例",介绍砖、瓦、灰的产地及不同性质、不同尺寸砖的不同用途、不同建筑物中瓦的不同用量、灰与纸筋、砂的不同运用等。

第十三章"做细清水砖作",从门楼及墙门、垛头、包檐墙、塞口墙、照墙、地穴、月洞、门景几方面介绍做清水砖(砖料经过刨磨加工用来作为装饰之谓)的选料、花样、尺寸等工艺。

第十四章"工限",系统介绍建筑中的木作、水作和驳岸工限。

第十五章"园林建筑总论",对中国南方古典园林建筑中的亭、阁、楼台、水榭与旱船、廊、花墙洞、花街铺地、假山、地穴门景、池与桥进行详细而精当的分析。此章虽然篇幅不长,但在全书中占有重要地位。

第十六章"杂俎",对塔的高低形制、筑塔时所用的铁器、木料,塔每一层面的修理,城垣的高度、用料、工限,筑灶的大小尺寸及用料,以及整个建筑过程中瓦作和木作所使用的器械、搭架所用工具、化灰必备家具等做了详尽的列举。

正文之外又有"附录",共三部分内容。"量木制度":对杉木的产地与运输、围量用尺及量算方法、量木的长短、量树规则等作了详细开列;"检字及辞解":对一些专业化的建筑术语按汉字笔画顺序排列,加以解释,并在括弧内注入相应的北方术语;"鲁班尺与公尺换算表":将传统建筑使用尺寸与新的尺寸列表换算,一目了然。全书所附插图和图版,则是对全书文字的具象说明。

《营造法原》是著者依据家藏秘笈与图册编撰而成,而这些秘笈图册则为历代人民营造智慧和经验的总结,其中又融入了作者毕生从事建筑的经验与体会,并参以各种建筑物,这就使全书既符合中国古典建筑的实际,又有作者独到的见解。特别是作者立足于水乡苏州的传统建筑,对南方建筑有专门而深入的探讨。这种以地域特征分析建筑形制的特色,在整个中国建筑史上实不多见。作者不仅提供了南方建筑各种详尽的形制数字,同时也对园林艺术的各种构建进行了提纲挈领的论述,从中可见出作者对中国古典艺术精神的理解和把握,被著名建筑学家刘敦桢誉为"南方中国建筑之唯一宝典"。

(林少雄)

清式营造则例 梁思成

《清式营造则例》，一册。梁思成著。1934年中国营造学社出版，1941年再版。50年代初清华大学建筑系翻印该书图版，1981年中国建筑工业出版社重印全书。

梁思成(1901—1972)，广东新会人，梁启超长子。1915年至1928年就学于清华学堂和美国宾夕法尼亚大学、哈佛大学研究院。1928年以后，先后任中国东北大学、清华大学建筑系教授、系主任及中国营造学社法式部主任，从事中国古代建筑科学的教学、研究与考古工作，调查、测绘如佛光寺、独乐寺、赵州桥、应县木塔等许多具有重要历史文化价值的古代建筑遗构。与曾任中国营造学社文献部主任、另一著名建筑学家刘敦桢分工合作，率领学社同志，足踏十六省二百余县，注重实地实物考察，为中国古代建筑学的研究做出了开创性的贡献。1946年应聘赴美国耶鲁大学讲授中国建筑，由美国普林斯顿大学授予名誉文学博士学位，为联合国大厦设计委员会成员，1948年被选为民国中央研究院院士。1949年后，历任清华大学土建系主任、中国建筑科学院建筑历史理论研究室主任、中国科学院学部委员等职。一生设计诸多成功之作，参与中华人民共和国国徽和首都人民英雄纪念碑等的建筑设计，提出北京古城的保护与行政区改造构想。主要著述另有《中国建筑史图释》、《营造法式注释》及多卷本《梁思成文集》(收录古代建筑调查、考古报告和《中国建筑史》、《中国雕塑史》等论著)。认为"近代学者治学之道，首重证据，以实物为理论之后盾"。治学谨严，注重实证，所著具有重要学术价值。

《清式营造则例》的体例和内容如下。

"序"由作者自撰，写于1934年，指出"本书所用蓝本以清工部'工程做法则例'及拙编'营造算例'为主"，是从这两部"蓝本"中"提滤"出来的。全书有卷首图十二幅，插图七十一幅。

第一章"绪论"：从理论上概括中国建筑技术与艺术特征。梁思成夫人林徽因撰。

第二章"平面"：简述中国古代建筑个体与群体的平面布局特点。

第三章"大木"：详述斗栱、构架各部件之则例。对斗栱诸种类、屋顶样式、柱梁、举架等作出理论规定与分析。

第四章"瓦石":阐述台基制度、墙壁形制与屋盖瓦作的各类做法。

第五章"装修":分析门窗格扇的各项规范。

第六章"彩色":对中国古代建筑的色彩装饰逐项作出研究。

第六章之后,专列"清式营造辞解":对清式建筑的各部件按汉字笔画检字法排列,逐一阐说,具有辞典性质,内容详尽。"各件权衡尺寸表"具列十五个表格,内容包括:表一、斗栱各件口数;表二、梁;表三、柱;表四、枋;表五、柱;表六、桁檩;表七、垫板;表八、角梁;表九、椽、连檐、瓦口、望板、枕头木;表十、歇山、悬山各部;表十一、石作;表十二、瓦作;表十三、槛框;表十四、格扇;表十五、琉璃作。"清式营造则例图版",有各类建筑图版二十八幅。最后,附录"营造算例"。"营造算例"的卷首有作者自撰的"初版序"、"再版序";凡十一章,第一章斗栱大木大式做法,第二章大木小式做法,第三章大木杂式做法,第四章装修,第五章大式瓦作做法,第六章小式瓦作做法,第七章瓦作做法,第八章土作做法,第九章桥座做法,第十章牌楼做法,第十一章琉璃瓦料做法。

本书是梁思成在20世纪30年代初期研究中国古代建筑技术与艺术的重要成果。当时作者以清工部工程做法则例为底本,以曾参加过清宫营建的工匠为师,以北京故宫为实物标本,并搜集工匠世代传习的民间、官方秘本,对清式中国建筑的营造技术及制度原则进行考察、比较、研究,详加阐释,厘清诸多建筑法式的疑难课题。书中详细阐释了清代官式建筑的平面布局、斗栱形制、大木构架、台基墙壁、屋顶、装修、彩画等各个部分的作法及其结构名称、权衡和功用,用建筑投影图和实物照片将各部分的构造清晰地显示了出来,并且附载了《清式营造辞解》、《各件尺寸权衡表》、《清式营造则例图版》等具体图表与书中的正文配合诠释,使内容更加明了易懂。另外,作者还将其在30年代中国营造学社搜集的许多匠师的秘传抄本修订、编撰成《营造算例》一文附于书后,使此书更具科学理论依据。

本书初版至今,成为中国建筑学界一部关于清代营造法式的重要教科书与参考书。中国建筑工业出版社1981年版该书"前言"称:"无论中国和外国,凡是想升堂入室,深入弄懂中国古代建筑的人,都离不开《清式营造则例》这个必经的门径。正如梁思成先生自己所说,它是一部中国建筑的'文法课本'。"

(王振复 曾 抗)

民国编

经济类

理财救国论 康有为

《理财救国论》，一册。康有为著。成于1912年。先发表于《不忍杂志》第一册（1913年2月），同年出单行本，未署出版机构。

康有为（1858—1927），原名祖诒，字广厦，号长素，又号更生。广东南海人。少时受程朱理学的教育，后师从朱次琦，倾心于陆王心学。游香港、上海后，对西学发生兴趣。清光绪十四年（1888），曾试图以布衣上万言书给光绪帝，未获成功。南下广州，著书立说，宣传孔子托古改制说，鼓吹变法，并收徒讲学，培养变法人才。光绪二十一年《马关条约》签订时，他鼓动在京会试举人一千三百余人署名上书，要求拒和、迁都、变法。同年考中进士，授工部主事。后发起组织强学会、圣学会、保国会，办《中外纪闻》、《强学报》、《新知报》，力促维新变法。光绪二十四年依靠光绪帝实行"戊戌变法"，失败后流亡国外，组织保皇会，反对革命。辛亥革命爆发后主张保存帝制，行"虚君共和"之制。后为孔教会会长。1917年参与张勋复辟，失败后避美国使馆，伺机脱归上海。著作尚有《大同书》、《新学伪经考》、《孔子改制考》、《长兴学记》、《诸天讲》、《春秋董氏学》、《孟子微》、《春秋笔削大义微言考》等。《清史稿》卷四七三、汤志钧《戊戌人物传稿》等有传。论著由今人辑为《康有为全集》。

关于《理财救国论》的撰写时间，康有为在正文前自记中说："数年前撰《理财救国论》，久未公布"，在后记中又说："此稿成于（1912年）夏初"，前后矛盾。可能是先写成初稿，1912年修改定稿。又此《理财救国论》还标有"上"字，自记中说"其下篇论租税者续出焉"，但下篇迄未问世。

清宣统二年（1910）康有为曾出版《金主币救国议》，提出实行虚金本位制以救国。而在《理财救国论》中则提出建立银行体系，发行公债、纸币、股票以救国。康有为认为按照他的理财办法，"苟得其道而善用之，一年而规模立，三年而成效著，五年而国计民生裕，十年而富力无敌于天下矣"。

《理财救国论》主要观点如下。

一、理财必用银行。康有为认为清末和民国建立以来的财政严重困难,都是由于不懂得理财,而"理财之道无他,善用银行而已"。他将运用银行理财之道解释为:政府发行公债,将公债卖给中央银行。中央银行用纸币购买公债,再将公债卖给各银行、银号、钱庄、当押、金银店等。它们各按自身资本额的一定比例购买,可按购买数发行纸币。中央银行则按搜集到的金银(由各金融机构缴纳的股金,出卖公债款,用纸币收兑等),以三分之一或四成的现金准备,其余为保证准备(公债)发行更多的纸币。纸币又可以向国家购买公债。对于这种"运转于无穷"的办法,康有为认为:"苟能善是,则术同点金,无而为有,虚而为盈,约而为泰,裕国富民,文明安乐矣。"

对于金属货币和纸币的虚实关系,康有为主张以金属货币准备,以纸币流通。他说古人理财用金属货币,而金属货币是有限的。今人理财要善于用纸币,因纸币是无穷的。只发纸币,不以金属货币为依据不行。只发金属货币则因数量受限,也不行。"故无实不立,无虚不行。……金银块其形,而纸币为其影也,影可大于形。公债者其拓影也,而银行为之神。"这类关于虚实的说法同中国传统纸币兑现理论实质上是一样的。康有为只是加进了公债的作用,目的是要学习西方金融制度,使中国的纸币发行带上现代色彩。但他实际主张的是发行不兑现纸币,实金由"国家搜购之,而禁民间之通用"。这样,金属准备的多少意义就不大了。

二、建立银行体系。在分析了西方各类银行的利弊之后,康有为提出了一个在中国建立综合银行体系的设想:"上用欧土中央国家银行之制,以总纸币之枢于内。副以比利时、日本正金银行之法,以平通汇兑、借外债于外。下用美国民银行之制,以集资本而行公债。中用加拿大组合银行之制,以通信用于国与民。用英苏格兰、德联邦、台湾、朝鲜特权银行之制,许发纸币特权,以发边远之富源。行德、法、瑞典劝业兴业银行,许募公债以助人民之资本。用各国股票交易所之制,而增商运之流通。熔欧、美、加、日之法为一炉而治之,以适于中国广土之宜,以畀我国民富源之计。"对这一银行体系的每一部分,他都作了具体的分析。

以中央银行为一切银行之母。中央银行即国家银行,它在这一银行体系中占有最重要的地位,"国家银行实为一切银行之母,为银行之银行,操纵一国金融之权"。中央银行的功能主要有:稍借外债以资挹注;发行纸币与公债,以广流通而资保证;铸行金主币,收回旧银币纸币铜元,以划一币制;大搜购金银,以益厚现款准备。

用国民银行之制,以行公债。康有为主张仿效美、日之法,设国民银行,令其用资本的十分之几购买公债,而许其自出纸币行用。这样对银行没有丝毫损失,而有丘山之益,用不到强迫就会争购公债。"行公债愈多,则国民母财愈足,而银行之保证准备立矣。"

行组合银行之制,以通信用。各地都邑城市有银行若干家以上的,各出资本的十分之几组成一银行团。各银行都派代表担任工作,定期公议,"凡金融之高下,物价之腾落皆考求之;各银行资本准备之厚薄,商务与需要之多寡皆报知之"。各银行所需纸币向中央银行申请后,也由组合银行代发并进行监督。如有亏损则按其资本数分偿。组合银行按资本数,地区分布状况分为上、中、下三级,遍布省会,各府、县、乡。

设正金银行于外以借外债,通外汇,分支店搜金银以为国家银行之辅。在纽约、伦敦、巴黎、柏林设支店以通汇兑,并调节比价,必要时可以在国外募债。并在国外其他一些城市设分店。

在边远设特权银行,以开富源而便拓殖。西藏、新疆、蒙古、吉林、奉天、云南、贵州、南宁、琼州、打箭炉、甘肃都设立特权银行,发行纸币。这样,"地利可辟,富源日拓,农牧林矿出产无穷,屯田练兵,无事不可矣"。

设宅地抵当(房地产抵押)银行以兴农工。令每省设一劝业银行,每县设一兴业银行,许其发行债券,以便举办宅地抵押借款,以增加资本。康有为指出:"夫市街宅地之抵押,尤为兴起国富之要图。建筑愈多,则地价愈涨,人民坐增其富源。农工商矿亦随之而盛长,于是国富大增焉。""若善为劝业银行补助于上,大奖兴业银行鼓行于下,以不动产为抵押,广兴电车、电厂、铁路、轮船、自来水、煤气灯、排泄渠及开河渠、修马路之业,以业生业,以富生富。……十年而农工商矿之业霸于大地矣。"

设股票交易所以增资本。"股票流通,则可化一为万。"令各通商大市开设股票交易所,令各公司商店发行股票,"商店可以抵押,银行可以为保证准备,纸币可为多出,而后资本可计日大增也"。政府还应对股票投机作一定的限制。为防止浪费资本,康有为还强调:"止可本国自为竞争,而万不可与外竞。"

《理财救国论》反映了康有为全面学习资本主义金融制度的主张。它的主要缺陷是:(一)过分夸大了银行和纸币的作用,把这一作用有限的理财方法提到"救国"的高度。在不兑现纸币流通的条件下,多发公债固然可以多发纸币,但会导致通货膨胀的结果。(二)没有正确指出中央银行和国家财政的关系。在欧美国家,中央银行和国家财政是分开的,而康有为却用中国传统的狭义理财思想论述两者的关系。(三)混淆了股票等虚拟资本同真实资本的关系,以为虚拟资本的增加就是真实资本的增加。

有关本书的研究,主要有侯厚吉、吴其敬主编《中国近代经济思想史稿》第三册(黑龙江人民出版社,1984年)、叶世昌《近代中国经济思想史》(上海人民出版社,1998年)有关章节等。

(张 远)

民国财政史 贾士毅

《民国财政史》,上、下册。贾士毅著。成于1916年。1917年由商务印书馆出版,1934年再版。后编入《民国丛书》第二编。

贾士毅(1887—1965),字果伯,号荆斋。江苏宜兴人。早年留学日本,毕业于明治大学政治科。回国后历任北洋政府财政部会计司和赋税司司长等。国民政府时期,历任赋税司司长、财政部常务次长、湖北省财政厅长和江苏省财政厅长、江苏省农民银行董事长、鄂湘赣区财政金融特派员等,并任中央大学、中央政治学校教授。1950年去台湾。著作还有《民国财政经济问题今昔观》、《国债与银行》、《中国经济建设中的财政》等。台湾《民国人物小传》第三册有传。

《民国财政史》是一部系统阐述1916年前中国财政制度和财政状况的著作。凡六编三十四章,另有附录。梁启超、周学熙、熊希龄、陈锦涛、殷汝骊等分别为其作序。本书的特点是:全书体例主要依据当时实行的制度,并参用财政学理;全书以制度为经,因革为纬,详于近今,略于往昔;资料来源主要是官书档案等第一手资料,凡当时法令涉及财政的均按类附入;统计数据和图表十分详尽,各章节均有统计资料以资佐证;实务性质较浓厚,理论色彩较淡薄。第一编《总论》,分《财政之沿革》、《财政之现情》、《财政方针之变迁》、《财务官署之递嬗》、《出入递增之原因》六章。第二编《岁入》,分《岁入概论》、《赋税》、《官有产业》、《杂收入》四章。第三编《岁出》,分《岁出概论》、《宪法费》、《待收费》、《财政费》四章。第四编《国债》,分《国债概论》、《中央公债》、《实业公债》、《地方公债》、《公债偿本付息之额》、《整理国债之筹议》、《偿还国债之计画》七章。第五编《会计》,分《会计概论》、《年度》、《预算》、《收支》、《金库》、《决算》、《特别会计》、《收支书类》、《官厅簿记》九章。第六编《泉币》,分《泉币概论》、《银行》、《货币》三章。另有1912年至1916年全国岁入岁出预算表以及1916年各省岁入岁出预算表作为附录。主要内容概述如下。

一、总论。首先,回顾了中国历代财政的沿革,特别是清代历朝的财政沿革。其次,叙述了民国中央和各省的财政状况以及国家财政和地方财政的划分问题,对财政划分从划分的起源、税项的划分、政费的划分几个方面作了阐述。再次,重点研究了民国成立以来财政方针的变迁,对周学熙、熊希龄、陈锦涛、周自齐任财政部长时期的财政方针分别作了介绍和评论。周学熙时期着重介绍了整理财政的方针,如税项的划分,税权的统一,税目的厘订,税制的更新,公债的筹划,币制的统一以及银行计划和产业保护等。熊希龄时期着重考察了整理旧债,节减军费,裁减政费,改进税制,整顿金融,改良国库等。陈锦涛时期着重考察了整理军政费用,筹措外债,整理税制和预算,统一金库,整理公债,实行烟酒专卖,整理岁入官厅,整理金融机关,确定货币政策等。周自齐时期着重考察了整顿田赋、厘金、常关等旧税,推行验契、印花、烟酒新税,以及额定中央经费,节减各省支出,整理滥币,筹办金库等问题。第四,叙述了财务官署的变迁和沿革。将财务官署分成中央官署和地方官署两大类。中央官署分行政监督官署财政部、司法监督官署审计院和中央特种官署三部分。地方官署包括财政厅、海关常关监督、盐务署、烟酒公卖局、印花税分处、官产处等。对上述机构的职能和上下隶属关系均作了介绍。第五,探讨了民国国家财政收入和支出变化的原因。

二、岁入。对国家财政收入作了划分,认为国家财政收入主要包括赋税、官有产业收入和司法、外交等杂收入三大部分,其中最重要的是赋税收入。而赋税又可大体划分成收益税、行为税、所得税、消费税、货物税、关税、杂税和杂捐八大类。收益税包括田赋、营业税、矿税、房产税、宅地税。其中营业税有牙税、当税、烟酒特许牌照税、特种营业执照税、普通商业牌照税;矿税有煤、铁、铜、铅、锌、锑、锡、汞、金、银、钼、硫等矿税。行为税包括登录税、印花锐、遗产税、运输税。其中登录税有契税、验契税、注册税。注册税又分轮船、民营铁路、公司、矿业、律师、著作等。消费税包括盐、茶、烟酒、糖、牧畜及屠宰、丝茧等税。关税包括海关税和常关税。其中海关税有进出口税和子口税、复进口税、洋药厘金、船钞;进出口税又有沿江沿海进出口税和边境陆路进出口税。作者对上述各种税项的沿革、现状、税率、收入数额、征收方法、考成、程序,迟纳匿报的罚则等均有详述。对某些较复杂的税项还有具体的补充。如印花税有印花的种类,印花的贴用方法;契税有契约用纸的颁给,契约的失效,特别印花的贴用,缴纳契税的期限;所得税有课税的范围,税率等级,计算方法,免税事项,报告手续,调查机构的设置,审查机构的组织等。此外,对一些新税项,如遗产税、运输税等,叙述了提案的理由和内容。

三、岁出。对国家财政支出作了划分,认为国家财政支出包括宪法费、行政费和财政费三大类,其中最大的支出项目为行政费。宪法费由元首费和议会费构成;行政费由外交费、内务费、国防费、司法费、教育费、经济行政费构成。作者用大量统计资料概算了中央和各省财政支出的大致数额。其中有些费用如国防费又分成陆军费和海军费,经济行政费又分成农商费和交通费等细目,分别作了叙述。

四、国债。对国债作了分类,认为国债可划分成中央国债、实业公债、地方公债三大类。中央国债有长期内债和长期外债,短期内债和短期外债;实业公债有交通部内外债和农商部内外债;地方公债有各省的内外债。作者将从清末至民初的所有国债基本上都一一记录在案,叙述了每笔国债的债额、债息、折扣、用途、债权人、担保、期限、权利关系等事项。

五、会计。首先介绍了财政年度的沿革和现状。其次,叙述了财政预算的沿革、现状,预算的编订、补充、议决等问题。第三,阐述了财政收支工作中的一些技术性问题,如支付预算的手续,入款的处理等。第四,说明了金库制度的一些基本内容,主要是财政部金库条例和财政部委托中交两行代理金库暂行章程。第五,介绍了决算的沿革、现状以及决算的编订、审查、议决。第六,叙述了特别会计、收支书类、官厅簿记等具体问题,如特别会计的种类和应用,预算书和决算书等各种收支书类的格式,官厅簿记的组织和程式。

六、泉币。(一)叙述了中央银行、特种银行、实业银行和地方银行四类银行,其中包括中国银行、交通银行、兴华汇业银行、殖边银行、盐业银行、劝业银行、民国实业银行以及各省官银号等银行的沿革和主要业务,又介绍了商业银行、殖边银行、储蓄银行和农工银行的条例。(二)介绍了制钱、铜元、银元的沿革以及造币局厂的沿革,对各种旧币的成色、银铜元换算的价值也有述及,此外还有银元和铜元的统计。(三)叙述了当时各地纸币发行的状况,讨论了各种整理纸币的主张。

1932年,贾士毅又撰成《民国续财政史》,同年仍由商务印书馆作为中国经济学社丛书出版。《民国续财政史》体例同《民国财政史》,时间跨度为1917年至1932年6月。

本书及其续编资料丰富、叙述详细,对于了解和研究北洋政府及国民政府初期中国的财政制度具有较大的参考价值。

(张祖国)

中国人口论 陈长蘅

《中国人口论》,一册。陈长蘅著。成于1918年,同年由商务印书馆出版,1926年出版增订本。增订本编入《民国丛书》第三编。

陈长蘅(1888—1987),字伯修。四川荣昌人。清光绪三十二年(1906)考入四川留学预备学堂英文班。1911年赴美国留学,入密歇根州立大学工学院化工系学习,后改学经济学。1916年获学士学位。再入经济研究院,1917年获硕士学位。同年回国,任北京大学经济系讲师。1918年兼任北京盐务稽核总所翻译。后在北京交大管理学院任教五年。继去南京军需学校任教官二年。后赴四川,任朝阳学院经济系教授兼系主任。1927年任国民政府财政部秘书。1928年任中国经济学社常务理事。十一月起连任四届立法委员。1946年11月,当选为国大代表。1948年任行政院主计部主计官,交通部监察委员会委员。建国后,曾任上海市文史馆馆员、上海市人口学会顾问等职。著作还有《三民主义与人口政策》、《进化之真相》、《社会主义新中国人口增长的趋势》等。

《中国人口论》分为八章,依次为:《绪论》、《人口原理》、《人口编查法略说》、《世界诸国与我国人口之现情》、《人口疏密孳生徐速与国家强弱种族盛衰国民贫富生活文野之关系》、《婚姻之改良》(两章)和《世界进化之趋势与吾国图强之指针》。书中有关人口经济思想的主要内容如下。

一、关于中国人口"孳生过繁"的原因和后果。陈长蘅分析中国人口"孳生过繁"的原因主要有四:第一,农业国的人口增加常较工商业国的人口增加为速。这是因为农民常家居,而且经济欲望不奢,稍可糊口即娶妻生子;工商业者常逐利,往来无定,而且经济欲望较奢,故娶妻较迟。中国是农业国,故人口增加必速。第二,大农多的国家地广人稀,人口常疏;小农多的国家地狭人众,人口常密。中国大农少,小农多,故人口繁密。第三,低生活与低工价是人口稠密的现象。中国生活水平低、工价贱,故人口稠密。第四,中国宗法制仍存,家族世代同居,倚赖成性,经济权在家长手中,少壮夫妇不过问家计,不谋生育节制,孳生无度,使人口日稠。他进一步指出,人口增长远远超过社会财富的增加是中国民贫国弱的根本原因。"地力有限,生育无限,以有限供无限,则殆。生计憔悴岂偶然哉!今日明达之士,固云务科学,兴实业,开财源矣。然而人民生育苟不减低,则人口之增加,恒速于财富之增加,虽实业兴,财源辟,人民将贫困如故。"

二、"时中人口"(适度人口)观点。陈长蘅提出人口不可过稀或过庶,应保持时中人口。他认为:人口太稠生育太繁恒与人民个人发展成反比例,人口已稠之国其人民财富的增加与人口密度的增加成反比例,一国人口与其土地富源应有适当比例,一国人口孳生不可太缓亦不可太速。"人口疏密,孳生徐速,关于国家强弱,种族盛衰,人民贫富,文化高低,莫不至大且巨。一国人口太疏,或太密,生产率太高,或太低,皆不利于国家之富强,种族之昌大,个人之健康,与文明之嬗进。必折衷于二者之间,而后国家与人民最适于生存发展。"他把人口孳生之道比喻为农民播种谷物:"选择固宜得法,布种亦贵有方,太疏则收获不丰,太密则拥簇以死,必也折衷于疏密之间,然后嘉禾可得焉。明夫此则于人口疏密儿女多寡问题,思过半矣。"

三、人口统计观点。陈长蘅很重视人口编查工作。他指出人口编查法可以分为两种:定期统计和常年注册。定期统计是指在一定年限内统计一次人口。常年注册是指"于全国各行政区域设常定注册机关,专掌人民生死、婚姻之随时详细注册"。定期统计的作用有五:(一)可以显示民数多寡、增加徐速与国内各区域人口的疏密。(二)可以知道人的生死存亡,国势的盛衰消长。(三)可以帮助立法者分配行政、选举区域。(四)可以知道有军人资格的男丁,有入学年龄的子弟。(五)可以帮助政府均派赋役,举办公众卫生,慈幼养老,赈穷恤贫,救灾赈饥,宽疾安富与振兴其他庶政。常年注册的作用有二:可以知道全国人民每年生死婚姻总数;可以知道各行政区域每年生死婚姻实数。"常年注册与定期统计贵相辅而行,欲知一国人口之真相,二者皆不可偏废。"

四、反对早婚。陈长蘅主张实行晚婚,严禁早婚,以提高人口质量。对早婚的害处,他从三个方面作了剖析:(一)有妨夫妇子女的身体强健。结婚太早,男女体质未充,气血未壮,身体必萎。所生子女先天不强,后天难壮。父母儿女两败俱伤,个人羸弱,种族不强。(二)有妨个人的生计。男女结婚早,生育多,谋生无术而有养子之责。豪富之家靠先人产业,兄弟子侄多,一旦分产,转瞬立尽。无祖宗遗业的更无以自活。因家庭拖累,难以出外营业经商,唯有苟且偷安,家计日穷。(三)有妨个人的学业。早婚会影响志向,如因家庭负担重而无钱入学等。有鉴于此,他提出了两条"拯救早婚之法":第一,青年男女立志宜高,希望宜大。宜先从事于学术营业,待学业成就、经济裕如后再求佳偶。第二,国家规定法律上最幼结婚年龄,男女未满二十一岁不准结婚。

五、提倡一夫一妻制。陈长蘅对当时中国存在的一夫多妻的婚姻俗制深恶痛绝,极力主张革除。他说:"今欲挽狂澜,祛恶俗,强种族,良风化,拯女权之沦胥,维妻室之尊贵,一夫多妻,当永悬为厉禁。"他认为无论是从伦理上还是从生理上来看,都以一夫一妻为最良好的婚姻制度。他指出:"夫妇者,乃天然二人之关系,而非二人以上之关系也。有二人,则夫妇亲如一体,有三人,则反目矣。盖女子爱情最专,一有妾室争宠,则失其一生希望。为男子者,色衰爱弛,厌故谋新,故多妻之家,绝无真伉俪。"

六、反对族居,主张室家分居。陈长蘅很不赞成由三代以上的人组成的规模较大、成员较多的族居大家庭风俗。族居大家庭之弊有五:第一,家族过大,离心力强,人各私其家,而忘国群之公利公害。第二,家族越大,争端越多,即使勉顾大局,忍让曲全,亦非人道之至公。第三,如果家长不肖,则全家都受其殃。第四,家族太大,难于迁徙,子孙老死于一地。儿女就近择配,社交日隘,种族日弱,方言日杂,民俗日歧。第五,营业必不自由,殖民必难收效。中国十分之八九以上的人民聚居本部一隅,满蒙回藏,人口仅三千余万,田园荒芜,边境空虚。陈长蘅对西欧流行的仅有一对配偶和为数不多的子女组织的分居小家庭十分赞赏,并极力提倡。认为分居小家庭之利有六:第一,夫妇得享完全亲爱自由之乐。第二,无妯娌、姑嫂之争斗。第三,便于营业迁地谋生。第四,养成独立自活的精神。第五,可以奖励迟婚,男子非得谋生有术,不轻于结婚。第六,家中人口少,重视社会交际,可以养成乐群爱众的习惯。

有关《中国人口论》的研究,主要有吴希庸《人口思想史》(北平大学出版社,1936年)、吴申元《中国人口思想史稿》(中国社会科学出版社,1986年)有关章节等。

(傅学良)

实业计划 孙中山

《实业计划》,一册。孙中山著。成于1919年。原稿用英文写成,发表于《远东时报》1919年6月号。《篇首》曾于1918年单独发表,原题的中译为《国际共同发展中国实业计划书——补助世界战后整顿实业之方法》。中译本由朱执信、廖仲恺、林云陔、马君武等翻译,题为《发展实业计划》,在《建设》月刊上分期刊载。1921年由上海民智书局先后出版英文本和中文本。又编入《建国方略》作为《建国方略之二:物质建设》。1956年人民出版社出版的《孙中山选集》,将《实业计划》收入上卷。1981年至1986年中华书局出版的《孙中山全集》,将《实业计划》收入第六卷。

作者生平事迹见"孙文学说"条。

第一次世界大战结束后,交战各国战争用品有很多剩余,同时成千数百万军队又转而从事生产。孙中山认为这样必然导致生产过剩。但是,如果用来发展中国的实业,在中国可以开发丰富的资源,对各国则可以吸收其过剩的资本与货物。于是他开始研究国际共同发展中国实业的计划,"欲利用战时宏大规模之机器,及完全组织之人工,以助长中国实业之发达,而成我国民一突飞之进步;且以助各国战后工人问题之解决"(自序)。为此撰写了本书。全书包括六方面计划,并有"篇首"和"结论"。它的要义是利用外国资本,由政府计划发展中国实业。要点如下。

孙中山认为:"将来各国欲恢复其战前经济之原状,尤非发展中国之富源,以补救中国之穷困不可也。然则中国富源之发展,已成为今日世界人类之至大问题,不独中国之利害而已也。惟发展之权,操之在我则存,操之在人则亡,此后中国存亡之关键,则在此实业发展之一事也。"("自序")"篇首"提出:中国实业的发展主要包括:甲、开发交通。修铁路十万英里,碎石路一百万英里,修浚现有运河并新开运河,治理黄河、扬子江、淮河等,增设电报线路、电话及无线电等,使遍布于全国。乙、开辟商港,于中国中部、北部、南部各建一大洋港口,沿海岸建种种商业港及渔业港,于通航河流沿岸建商场船埠。丙、铁路中心及终点并商港地设新式市街,各具公用设备。丁、发展水力。戊、设冶铁、制钢及造士敏土的大工厂。己、发展矿业。庚、发展农业。辛、灌溉蒙古、新疆。壬、于中国北部及中部建造森林。癸、移民东三省、蒙古、新疆、青海、西藏。

《第一计划》提出中国实业的开发应分两路进行,一是个人企业,二是国家经营。"凡夫事物之可以委诸个人,或其较国家经营为适宜者,应任个人为之,由国家奖励,而以法律保护之。……至其不能委诸个人及有独占性质者,应由国家经营之。"国家经营事业有四原则:(一)必选最有利之途以吸外资。(二)必应国民之所最需要。(三)必期抵抗之至少。(四)必择地位之适宜。

根据上述原则,《第一计划》列为五部,彼此互相关联。第一部,北方大港。拟建筑不封冻的深水大港于直隶湾中。北方大港用为国际发展实业计划的策源地,中国与世界交通运行的关键。所计划之港为大沽口、秦皇岛两地的中途,青河、滦河两口之间,沿大沽口、秦皇岛间海岸岬角上。第二部,西北铁路系统。拟修建铁路由北方大港起,经滦河谷地,以达中国西北的多伦诺尔(今内蒙古正蓝旗东北),由八线组成。第三部,移民蒙古、新疆。此为铁路计划之补助,彼此互相依倚,共同发达。第四部,开浚运河,以联络中国北部、中部道渠及北方大港。包括整理黄河及其支流,陕西渭河,山西汾河暨相连诸运河。同时另筑一新运河,由北方大港直达天津,以为内地诸河及新港之连锁。第五部,开发山西煤铁矿源,设立制铁、炼钢工厂。

《第二计划》的中心为东方大港,亦定为五部。第一部,东方大港。在杭州湾中乍浦正南,位于乍浦岬与澉浦岬之间。为区别于上海港,可将该地称为计划港。东方大港的地位远胜上海,永远无须疏浚,最大的洋船可以随时进出口。然而上海在发展中国的计划中有特殊地位,可求得一种补救方法。即首先解决扬子江的泥沙填塞通路问题,同时创造市宅中心于浦东,又沿新开河左岸建一新黄浦滩,以增加由此计划圈入上海的新地价值。第二部,整治扬子江,计划分六段治理。第三部,建设内河商埠。计划在镇江及其北岸、南京及浦口、芜湖、安庆及其南岸、鄱阳港、武汉等最适宜数点,先辟为内河商埠。第四部,改良现有水路及运河。改良范围包括北运河、淮河、江南水路系统、鄱阳水路系统、汉水、洞庭系统、扬子江上游等。第五部,创建大水泥工厂。钢铁与水泥为现代建筑的基础,且为现今物质文明之重要分子。所以,拟在扬子江岸建无数水泥厂。

《第三计划》主要在广州建一南方大港,亦为五部。第一部,改良广州为一世界港。广州不仅是中国南部的商业中心,且又位于可容航行的三江合流点和海洋航运的起点。现为中国南方内河水运中轴,又为海洋交通枢纽。第二部,改良广州水路系统。包括广州河汊、西江、北江、东江。通过改良,做到既能防止水灾,又能解决航行问题。第三部,建设中国西南铁路系统。由南方大港广州起,向西南各重要城市和矿产地引铁路线,成为扇形铁路网,包括广州至重庆和广州至成都等七线。第四部,建设沿海商埠及渔业港。计划建设四个二等海港(营口、海州、福州、钦州),九个三等海港(葫芦岛、黄河港、芝罘、宁波、温州、厦门、汕头、电白、海口)及十五个渔业港(安东、海洋岛、秦皇岛、龙口、石岛湾、新洋港、吕四港、长涂港、石浦、福宁、湄州港、汕尾、西江口、海安、榆林港)。第五部,创立造船厂。在内河及海岸商埠建船厂,以备前项计划对船舶的急需。

《第四计划》是建造铁路的总计划,共有六部。第一部,中央铁路系统。效能所及地区遍包长江以北的中国本部及蒙古、新疆之一部,以北方、西方两大港为终点,约有二十四条线。第二部,东南铁路系统。以东方大港、南方大港及其间二三等港为诸路终点,约有十三条线。第三部,东北铁路系统。包括满洲全部,蒙古及直隶省各一部分,为一网式系统。在网式中心先设一铁路中心,暂名为"东镇"。东镇当设立于嫩江与松花江合流处的西南。以东镇为中心,计划建造二十条铁路。第四部,扩张西北铁路系统。包括蒙古、新疆与甘肃的一部分,这是对第一计划中西北铁路系统的补充,扩张部分有十八条线。第五部,高原铁路系统。包括西藏、青海、新疆之一部,与甘肃、四川、云南等地方,有拉萨至成都等十六条线。第六部,设机关车、客货车制造厂,与铁路建设相适应。

《第五计划》是消费品的生产,共有五部。第一部,粮食工业。包括粮食的生产、贮藏、运输、保存、制造等。第二部,衣服工业。包括丝、麻、棉、毛、皮工业及制衣机器工业等。第三部,居室工业。包括建筑材料生产及运输,居室建筑,家具制造,家用物供给等。第四部,行动工业。主要指自动车(汽车)的制造,同时要求开发煤、油矿,以供给自动车燃料。第五部,印刷工业。包括造纸工业、墨胶工场、印模工场、印刷机工场等。

《第六计划》为发展矿业计划。矿业与农业同为工业上供给原料的主要源泉。机器为近代工业之树,而矿业为工业之根。分铁矿、煤矿、油矿、铜矿、特种矿、矿业机械制造、冶矿机厂设立等七部。

《实业计划》是中国近代以来第一部规划发展国家实业宏伟蓝图的著作。其中充分体现了利用外资和对外开放的思想。此计划以交通为重点,并注重农矿二业。因为主要是谈国有实业的计划,而农业则以民间自营为主,故未作充分论述。《实业计划》在当时无实行的可能,但对今天的经济建设仍有重要的参考价值。

有关本书的研究,主要有刘枫、曹均伟《孙中山的民生主义研究》,胡显中《孙中山经济思想》有关章节,丁日初主编《近代中国》第一辑中胡寄窗、姜义华、叶世昌等所撰有关篇章等。

(张祖国)

民生主义 孙中山

《民生主义》，一册。孙中山著。为所作三民主义演讲的内容之一。从1924年1月27日起，孙中山在广州国立高等师范学校演讲三民主义。8月3日开始讲民生主义，共讲了四讲，后因对付商团叛乱和北伐战争而没有再讲下去。《三民主义》演讲笔记稿经孙中山修改后，先分编印行，年底出版合订本。后被编入孙中山的各种文集中。1956年人民出版社出版的《孙中山选集》，将《三民主义》收入下卷。1981年至1986年中华书局出版的《孙中山全集》，将《三民主义》收入第九卷。两书的《三民主义》文字和标点略有不同。

作者生平事迹见"孙文学说"条。

孙中山的民生主义学说是在19世纪末20世纪初逐渐产生和形成的。它是中国特殊历史条件的产物。当时西方国家已进入了资本主义的垄断阶段，中国的资本主义生产开始有了初步的发展。欧美资本主义国家的劳资的尖锐矛盾和冲突，使孙中山感到资本主义的社会革命是不可避免的。他希望中国民主革命成功后不致出现这一情况，主张在实行政治革命的同时，就要设法改良社会经济组织，以防止后来将发生的社会革命。因此，提出了民生主义学说，集中地体现在《民生主义》演讲中，其要点如下。

一、民生主义的定义。孙中山说："民生就是人民的生活——社会的生存、国民的生计、群众的生命便是。……故民生主义就是社会主义，又名共产主义，即是大同主义。"

二、民生问题的产生。孙中山提出民生问题的来历不过一百几十年。因为发明了机器，"机器的生产力和人工的生产力便有大大的分别"。机器代替了人工，造成了失业的痛苦。"因为要解决这种痛苦，所以近几十年来便发生社会问题。"民生主义就是为了解决这个社会问题。

三、提出民生史观。孙中山指出："社会主义中的最大问题，就是社会经济问题。……社会问题便是民生问题，所以民生主义便可说是社会主义的本题。现在各国的社会主义，各有各的主张，所以各国解决社会问题的方法也各有不同。"他认为以前的社会主义都是乌托邦派，只有马克思的社会主义是科学派。但是他赞成"美国有一位马克思的信徒威廉氏"的话,"说马克思以物质为历史的重心是不对的,社会问题才是历史的重心,而社会问题中又以生存为重心,那才是合理"。他认为:"这种发明就是民生为社会进化的重心,社会进化又为历史的重心,归结到历史的重心是民生,不是物质。我们提倡民生主义二十多年,当初详细研究,反复思维,总是觉得用'民生'这两个字来包括社会问题,较之用'社会'或'共产'等名词为适当,切实而且明了,故采用之。"他也不同意马克思将社会进化的原因归结为阶级战争,认为经济进化要采用改良的方式。他列举欧美近年来经济进行的事实:第一是社会工业的改良;第二是运输与交通事业收归公有;第三是直接征税;第四是分配的社会化。据此,他认为社会之所以有进化,是由于社会上大多数的经济利益相调和,不是由于社会上大多数的经济利益有冲突。"所以社会进化的定律,是人类求生存。人类求生存,才是社会进化的原因。……阶级战争是社会当进化的时候所发生的一种病症。这种病症的原因,是人类不能生存。"

四、平均地权。这是解决中国民生问题的办法之一。孙中山指出经济的发展导致地价的上涨,使地主成为富翁。地主由地价增加新获的利益是"不劳而获"的利。解决土地问题采用平均地权的办法,即"政府照地价收税和照地价收买"。地价由地主自报。"地主如果以多报少,他一定怕政府要照价收买,吃地价的亏;如果以少报多,他又怕政府要照地价抽税,吃重税的亏。"这样可以防止地主多报或少报。地价定了以后,所加之价完全归公。"因为地价涨高,是由于社会改良和工商业进步。……所以由这种改良和进步之后所涨高的地价,应该归之大众,不应该归之私人所有。"这种涨价归公的作法,就是平均地权,就是民生主义。

五、节制资本和发达国家资本。节制资本是解决中国民生的办法之二。但在讲话中对此未多加解释,主要是谈了发达国家资本的问题。孙中山指出:"中国不能和外国比,单行节制资本是不足的。因为外国富,中国贫,外国生产过剩,中国生产不足。所以中国不单是节制私人资本,还是要发达国家资本。"振兴实业应从三方面着手:一是交通,二是矿产,三是工业。"要发达这三种大实业,照我们中国现在的资本、学问和经验都是做不来的,便不能不靠外国已成的资本。我们要拿外国已成的资本,来造成中国将来的共产世界,能够这样做去,才是事半功倍。"认为"假若是由国家经营,所得的利益归大家共享,那么全国人民便得享资本的利,不致受资本的害"。

六、解决吃饭问题。孙中山指出:"民生主义的第一个问题,便是吃饭问题。"解决吃饭问题要靠农业,"所以农业就是生产粮食的一件大工业"。粮食生产要靠农民,要在政治、法律上制出种种规定来保护农民。"中国的人口,农民是占大多数,至少有八九成,但是他们由很辛苦勤劳得来的粮食,被地主夺去了大半……这是很不公平的。"农民问题的完全解决,是要实现"耕者有其田"。除此之外,还有七个增加农业生产的方法:第一是使用机器;第二是用化学的方法,利用电力来制造肥料;第三是更换种子;第四是消除病虫害;第五是将食物制成罐头;第六是用运河、铁路、车路及挑夫来运输粮食;第七是种植森林以防治水旱灾。在解决生产问题的同时,还要注重分配问题。"所以,民生主义和资本主义根本上不同的地方,就是资本主义是以赚钱为目的,民生主义是以养民为目的。"

七、解决穿衣问题。孙中山指出要解决穿衣问题,便要解决农业和工业的两个问题。农业直接为人们提供穿衣所需的丝、毛、棉、麻四种原料。有了好的原料,但不知道要振兴工业来挽回利权。不仅中国的钱被外国赚去了,还要受外国的压迫。"中国受外国经济的压迫,每年要被外国夺去十二万万至十五万万元。这个十五万万元的损失之中,顶大的就是由于进口货与出口货不相比对。……中国每年进口的损失,大多是由于棉货。"中国的土布竞争不过外国的洋纱洋布,有经济原因和政治原因。外国用政治力量来压迫中国的方法是强迫中国签订了许多不平等条约,并用这些条约束缚中国。孙中山分析了不平等条约与棉纺业的关系。由于外国运纱到中国只纳百分之七点五的厘税,而中国的土布经过内地各地的时候,不能像外国洋布一样只纳一次厘金。所以中国土布的价钱非常高,就是由机器织成的布,也还是不能够和洋布来竞争。因此,要解决民生问题,还必须保护本国工业不为外国侵夺。"便先要有政治力量,自己能够来保护工业",要"打破一切不平等的条约,收回外人管理的海关。我们才可以自由加税,实行保护政策。能够实行保护政策,外国货物不能侵入,本国的工业自然可以发达"。

孙中山的民生主义思想有一个历史发展过程,旧民主主义革命时期的民生主义为平均地权。到新民主主义革命时期,他对中国的社会问题有了进一步认识,将旧三民主义发展为新三民主义。民生主义的内容,除将"平均地权"发展为"耕者有其田"外,还增加了"节制资本"的内容。民生主义演讲代表了孙中山晚期的思想。

有关本书的研究,主要有韦杰廷《孙中山民生主义研究》,刘枫、曹均伟《孙中山的民生主义研究》,胡显中《孙中山经济思想》有关章节等。

(卢文莹)

清史稿·食货志 赵尔巽等

《清史稿·食货志》，六卷。赵尔巽等编修。版本及主持者赵尔巽生平事迹见"清史稿"条。

《清史稿·食货志》记述清代社会财政经济的发展变化情况。《食货志一》为《户口》、《田制》。《食货志二》为《赋役》、《仓库》。《食货志三》为《漕运》。《食货志四》为《盐法》。《食货志五》为《钱法》、《茶法》、《矿政》。《食货志六》为《征榷》、《会计》。《食货志一》的序言概述了清代的财政经济前后期的发展变化。它称颂"康、乾之世，国富民殷。凡滋生人丁，永不加赋，又普免天下租税，至再至三"，为古所未有。道、咸以后，"耗财之途广，而生财之道滞"。当政者"昧于中外大势，召祸兴戎"，巨额战争赔款造成了"以中国所有财产抵借外债，积数十年不能清偿"。作者把清末举办的各项"新政"斥为"孳孳谋利"，不讲"古先圣王生众食寡，为疾用舒之道"。本志主要内容分述于下。

一、户籍制度。清代的民数统计，满族八旗和蒙、汉八旗由户部八旗俸饷处掌管；蒙古、西藏、新疆等地少数民族由理藩院掌管；其他各省诸色人户由地方官吏十月造册，次年八月咨送户部，年终将民数汇记于黄册。户别有军、民、匠、灶四种。"凡民，男曰丁，女曰口。男年十六为成丁，未成丁亦曰口。"内地居民按丁口计，边民按户计。"凡民之著籍，其别有四：曰民籍；曰军籍，亦称卫籍；曰商籍；曰灶籍。其经理之也，必察其祖籍。"禁止冒籍、跨籍、跨边和侨籍。

清世祖入关后，有编置户口牌甲之令，十户立一牌长，十牌立一甲长，十甲立一保长。出则注所往，入则稽所来。乾隆二十二年(1757)修改为十五条，规定甚为具体严密。书中记录了顺治十八年(1661)至光绪元年(1875)部分年份的人口统计数（所记雍正十二年以前的民数实为人丁数）。

光绪三十二年，改户部为度支部，又改新设的巡警部为民政部，职掌户口调查，各省以巡警道负责执行此事。宣统元年，拟定《国籍条例》，对确定中国国籍，外国人加入中国国籍，中国人加入外国国籍及嫁外国人而出籍的女子，因离婚或夫死又请复籍等，均有明确的规定。

二、土地制度。清代土地仍分为官田和民田两大类。清统治者入关之初,曾用暴力强制圈地。许多农民由此失去土地,弃家逃亡,或沦为新主人的奴仆。雍正初年清理旗地,编制宗人府、内务府八旗各种地亩清册,称为"红册"。旗地以及皇庄、王公勋戚等贵族庄田,统称为"官庄"。清入关前已"拨壮丁于旷土屯田"。世祖入关,即定垦荒兴屯之令:"凡州、县、卫无主荒地,分给流民及官兵屯种。如力不能垦,官给牛具、籽种,或量假屯资。次年纳半,三年全纳。"凡自首投诚的,授以荒田为永业田。《田制》介绍了各地垦荒屯田的情况。

清前期较关注兴修农田水利。康熙时开垦了天津荒地万亩为水田。雍正时在滦州(今河北滦县)、蓟州(今天津蓟县)创营田,设立营田水利府,由怡亲王允祥负责。怡亲王在天津地区分立营田四局,至雍正七年(1729)成水田六千顷余。这是一次成功的营田,但后渐废弛。乾隆时曾下令"修治水田",并派遣大理卿汪漋总管江南水利工务,开渠"引水治稻田"。以后僧格林沁、崇厚、周盛传等在北方发展水田亦取得成绩。

三、赋役制度。清初赋役制度沿袭明制,但取消了明末的各类杂派。顺治三年,户部稽核钱粮原额,仍按明万历年间《赋役全书》所载旧例办理,即采用一条鞭法征收赋役。顺治十一年,命户部右侍郎王弘祚重编《赋役全书》,以一省(或府、州、县)为一单位,"先列地丁原额,次荒亡,次实征,次起运存留。起运分别部寺仓口,存留详列款项细数。其新垦地亩,招徕人丁,续入册尾。每州县发二本,一存有司,一存学宫。"同时,编制"丈量册,又称鱼鳞册,详载上中下田则"。又立黄册,"岁记户口登耗",与《赋役全书》相为表里,作为征收赋役的主要根据。当时征收赋税的制度相当繁琐,如征收前先发给纳粮民户易知由单,作为征收田赋的通知单,在开征一月前颁布。开征时,又用截票(串票)作为缴纳钱粮的凭证。纳粮户如不按期纳粮,即用滚单催征。此外,官府还有印簿、循环簿、粮册、奏销册等名目繁多的册簿作为征收的辅助手段。康熙二十四年(1685)又重修《赋役全书》,"止载起运、存留、漕项、河工等切要款目,删去丝秒以下尾数,名曰《简明赋役全书》"。二十六年修成。此后又多次修订。田赋仍分夏、秋两季征收,夏税于五六月,秋粮于九十月。后来,除交纳部分粮食外,大部分都征银和钱,而以银为主。江南苏州、松江、太仓的田赋过重问题,同治二年经曾国藩、李鸿章奏准,"苏、松减三之一,常、镇减十之一","百姓莫不称庆"。

清代役法初沿明旧制,"计丁授役",先是三年一编审,后改为五年。"凡里百有十户,推丁多者十人为长,余百户为十甲,甲十人。岁除里长一,管摄一里事。城中曰坊,近城曰厢,乡里曰里。里长十人,轮流应征,催办钱粮,句(勾)摄公事,十年一周,以丁数多寡为次,令催纳各户钱粮,不以差徭累之。"十六至六十岁为丁。民有平民、乡民、富民、佃民、客民之分。民丁外另有军、匠、灶、屯、站、土丁名。康熙五十一年,规定以五十年的人丁数"定为常额,自后所生人丁,不征收钱粮",即所谓"盛世滋生人丁,永不加赋"。这为以后推行地丁合一创造了条件。雍正初,"令各省将丁口之赋,摊入地亩输纳征解,统谓之'地丁'"。以后丁徭与地赋合而为一,把各地原征丁银的不同比数,平均摊入各该地的田赋,统一征收。地丁制度有利于社会生产的发展。但雍、乾以后,名目繁多的额外加派层出不穷,其中较为典型的是"耗羡"和养廉银。这些额外的征收数量很大,大大加重了人民的负担。

四、货币制度。清代币制从传统币制向近代币制转化,《食货志》对此作了反映。道光以前的货币政策主要是集中在钱币的铸造、流通和注意银钱比价的变动上。清初曾发行纸币,顺治八年起,"岁造十二万八千有奇,十年而罢"。咸丰三年(1853)发行户部官票和大清宝钞,都是不兑现纸币,不久便贬值。又铸造高至当千的大钱,大多不久即废,只有"当十钱行独久,然一钱当制钱二,出国门即不通行"。咸丰年间发行纸币、大钱是为了弥补因镇压太平天国而造成的财政困难,但《食货志》中没有交代这一历史背景。

从明末起,即有外国银元流入中国。清代外国银元流通日广。光绪十五年(《食货志》误为十四年),两广总督张之洞始铸光绪元宝银元,李瀚章(《食货志》误为李鸿章)继之。以后各省纷纷仿铸。二十六年,广东又始铸铜元(《食货志》未写年份,并且把福建铸铜元放在广东前),以后亦推广各省。宣统二年颁《币制则例》(《食货志》未写此名称),规定主、辅币等。

《食货志》对清代前期财政的主要收入地丁、漕政、盐课、关税四项作了详细叙述,对鸦片战争后矿政的兴起,洋关的设立和对外商约的订立亦多有介绍,不一一列举。

总之,本志集中了大量经济史料,为了解和研究清代经济提供了方便。但叙述时有错误,史料取舍亦有不当,参考时应予注意。

有关《清史稿·食货志》的研究,主要有王志英等《中国历代食货志汇编简注》(下册)(中国财政经济出版社,1987年)有关部分等。

(徐培华)

新元史·食货志 柯劭忞

《新元史·食货志》,十三卷。柯劭忞著。版本及作者生平事迹见"新元史"条。

《新元史·食货志》记述元代财政经济发展变化的有关情况。内容如次:一为《户口》、《科差》、《税法》。二为《田制》、《农政》。三为《洞冶课》(附珠、玉、硝、矾、竹、木课)。四为《盐课》。五为《酒醋课》、《茶课》、《市舶课》。六为《常课》、《额外课》、《和籴》、《和买》、《斡脱官钱》。七为《钞法》。八为《海运》。九为《官俸》。十、十一为《赐赉》。十二为《赈恤上》。十三为《赈恤下》、《入粟补官》、《内外诸仓》、《惠民药局》。这些内容与《元史·食货志》相比,作了较多的增补与调整。

卷首有"序",回顾元代财政经济的变化状况。作者认为:"元中叶以后,课税所入视世祖时增二十余倍,即包银之赋亦增至十余倍,其取于民者可谓悉矣,而国用日患其不足。"揭露造成这种后果的症结在于对诸王贵戚和其他人的赏赐无度以及"縻于佛事"。至大二年(1309),中书省大臣上报"财用不继"的实情:"常赋岁钞四百万定(锭,每锭五十贯),入京师者二百八十万定,常年所支止二百七十万定。今已支四百二十万定,又应支而未给者尚百余万定",可见财政亏空数额之大。仁宗即位时(1311),费用共需一千六七百锭,而帑藏只余十一万锭。据此作者指出:"是故元之亡,亡于饥馑盗贼。盖民穷财尽,公私困竭,未有不危且乱者也!"《食货志》的主要内容如下。

一、户籍制度。元代将全国居民按照不同职业以及其他某些条件(如民族)划分成若干种户计,统称"诸色户计"。他们的隶属和管理系统不尽相同,而且一经入籍,就不许随意更动。承担赋役的义务和负担也不相同。户籍主要有军户与民户之别。军户和在站赤系统服役的站赤户占地四顷以内免税,四顷以外依例课税。元前期都可免杂泛差役,中、后期要负担部分差役。民户又分有元管户、交参户、漏籍户和协济户等,都要课税和负担杂泛差役。此外还有匠户、灶户(盐户)、儒户、医户、专为皇室捕猎的打捕户和鹰房户,以及诸王、勋戚、功臣等各自拥有的一部分私属人户,后者不承担国家赋役,完全为其主人役使。"元之取民……丁税、亩税者历代之所同也。至民户之充差发,则开除于分拨,收系于添额,协济者其事犹胶辕烦碎,为历代所未有焉。"有关户口统计情况,中统元年(1260),全国有一百四十一万八千四百九十九户。至元二十八年(1291,书中误为三十八年),"户部上天下户口,内地一百九十九万九千四百四十四,江淮、四川一千一百四十三万八百七十八,口五千九百八十四万八千九百六十四"。

二、土地制度。本志叙述土地制度,以"田制"取代《元史·食货志》的"经理"之名,内容也有较多增补。"元之田制曰官田,曰民田,曰兵民屯田。官田皆仍南宋之旧,第核其影射而已。"至元二十三年,"以江南隶官之田多为豪强所据,立营田总管府履亩计之"。二十六年下诏,限侵占南宋官田的权豪势要于一百日内赴行大司农及劝农营田司出首,其地还官,仍令出首人佃种,依例纳租。大德五年(1301),准许对"于任所佃种官田不纳官租,及占夺百姓佃种田土"的现任官吏进行告发。

作为民田,"则经理之法最为元之秕政,所谓自实田也"。延祐元年(1314),平章政事张驴指出:"经理大事,世祖已尝行之,但其间欺隐尚多,未能尽实。以熟田为荒地者有之,因科差而析户者有之,富民买田而仍以旧名输税者亦有之。由是岁入不增,小民告病。"他主张"行经理之法,使有田之家及各投下寺观、学校财赋等田,一切从实自首"。于是遣官至各地经理。先张榜告示,限四十日自实田于官,并许人首告。"十亩以下田主、佃户皆杖七十七;二十亩以下加一等;一百亩以下杖一百七,流北边,所隐田没官。"州县查勘不力的受罚。但在推行中作伪甚多,"于是人不聊生,盗贼窃发"。

元代屯田有兵屯和民屯。屯田数量很大,其规模远远超过宋代。《新元史·兵志》有不少兵屯的记载。

三、赋税制度。元代有丁税、地税。太祖时"命诸色人等,凡种田者依例出纳地税"。太宗元年(1229),"命汉人以户计出赋,西域人以丁计出赋。每户科粟二石,复以兵食不足,增为四石"。九年定科征之法,"每丁岁科粟一石,驱丁五斗,新户丁驱各半之,老幼不与"。丁税少而地税多的纳地税。地税少而丁税多的纳丁税。工匠、僧道验地,商贾验丁。"至世祖申明旧制,于是输纳之期,收受之式,关防之禁,会计之法始备焉。"

本志《税法》与《元史·食货志一·税粮》的内容基本一致,除补充交代元初对不同民族采取不同的征收赋税制度外,其他内容都相同,只是文字小有改动。其中"驱丁五斗",在《元史》中为"驱丁五升",当有一误。《科差》则两者各目与内容基本相同,仅个别文字稍有增减。

四、货币制度。本志《钞法》较《元史·食货志》详细,补充了一些史料。太宗八年,于元奏行交钞。耶律楚材说:"金章宗时,初行交钞,与钱通用。有司以出钞为利,收钞为讳,谓之'老钞'。至以万贯易一饼,国用日匮,当为殷鉴。今印造交钞,宜不过万定。"太祖晚年,博州(治今山东聊城)行元帅府事何实以丝数印置会子,为用交钞之始。中统元年始造交钞,以丝为本。七月(《元史·食货志一·钞法》作"十月"),又造中统元宝钞。至元十九年,中书省奏准治钞法,"其通行条画凡九事"。以后简要记述了至元二十三年的讨论钞法情况,二十四年改造至元宝钞并定"通行条画凡十四事",至大二年改造至大银钞及被取消,至正十年(1351)的讨论钞法情况,中统元年至天历元年(1328)的印钞数等。

元代钱法,至元十四年禁江南用铜钱。二十三年,又禁海外贸易用铜钱。至大二年十月行铜钱。仁宗即位,仍禁止用铜钱。礼部尚书杨朵尔只提出:"法有便否,不当视立法之人为废置。银钞固当废,铜钱与楮币相权而行,古之道也,何可遽废乎?"未被采纳。至正十年十一月(《元史·食货志五·钞法》作"十一年")铸至正通宝铜钱。《食货志》中引用太保刘秉忠答世祖语,说元代"龙兴沙漠",不宜用钱,"若用钱,四海且不靖"。作者认为这预言符合元代货币流通的实际,"秉忠之言若合符节焉"。

除以上内容外,《农政》叙述"劝农立社"中,有"每社立义仓","每社立学校一,择通晓经书者为学师,农隙使子弟入学"等内容,为《元史·食货志一·农桑》所不载。关于商税,本志增加了天历三年酒、醋课的数字。《海运》增补了至正元年、二年、十五年、十九年至二十三年共八年的运粮数目,以及记载了海运中各种破耗添加数目。《内外诸仓》着重补叙了京仓、通州诸仓、河西务诸仓、宣德府仓、纳蓝不剌仓、塔塔里仓和甘州仓等。《斡脱官钱》介绍了元代贵族经营的高利贷,但同元初的"羊羔息"相混淆。

(徐培华)

张季子九录·实业录 张 謇

《张季子九录·实业录》,八卷。张謇著。《张季子九录》分《政闻录》、《实业录》、《教育录》、《自治录》、《慈善录》、《文录》、《诗录》、《专录》和《外录》。1931年由中华书局出版。编入《民国丛书》第三编。

张謇(1853—1926),字季直,号啬庵。江苏南通人。出身农民家庭。清光绪二年(1876),因家境困顿,入庐江提督吴长庆军中作幕友。八年随军赴援朝鲜,十年回国。十二年在参加会试失败后,就认为中国振兴实业的责任在士大夫,并着手养蚕业的试验。二十年考中状元。次年,经两江总督张之洞奏荐创办南通纱厂以抵制日棉,从此走上了兴办实业的道路。他是强学会发起人之一。戊戌变法中,一再劝康有为、梁启超不要轻易行动。后响应清廷新政,成为立宪派首领,清政府封他为商部头等顾问、学部一等咨议,并任江苏教育总会会长,沪杭甬铁路副经理,江苏咨议局局长。辛亥革命后,被任命为临时政府实业总长。后在袁世凯政府中任农林、工商部总长和水利局总裁。袁世凯称帝前夕,他辞职回乡,继续从事实业、兴学等活动。一生集股创办大生民族资本集团,有三四十个工商企业和十多个盐牧、垦牧公司,还举办了各类学校和社会公益机构,在导淮入河上也倾注了大量精力与财力。刘厚生著有《张謇传记》(上海书店出版社,1985年)。

《实业录》是张謇从事实业活动的文字纪录,写于光绪二十一年(1895)至1925年,有信函、总结、演说稿、文论等,共计一百三十篇。张謇有关实业活动的文字不限于《实业录》,在《政闻录》、《文录》中也有一些。《实业录》中的主要经济思想和主张如下。

一、关于农工商关系。张謇认为立国之本在农业和工业。他说:"凡有国家者,立国之本不在兵也,立国之本不在商也,在乎工与农,而农为尤要。盖农不生则工无所作,工不作则商无所鬻。"(《请兴农会奏》)又说:"民生之业农为本,殖生货者也;工次之,资生以成熟者也;商为之缩毂,而以人之利为利,末也。汉人重农谓为本富,商末富,亮哉!"(《通如海棉业公会棉产统计报告书序》)

二、关于实业与教育的关系。实业和教育是张謇终身为之奋斗的两大目标。他认为中国的不振兴,其重要原因是"国人之无常识","教育之不革新"(《大生纱厂股东会宣言书》)。教育要从实业开始,"非先兴实业,则教育无所资以措手"(《垦牧公司第一次股东会演说公司成立之历史》)。在《政闻录》中,他还提出"实业为教育之母"(《欢迎日本青年会来通参观演说》),同时又认为"有实业而无教育,则业不昌"(《辞谢农工商大臣见召答友函》),所以教育也是实业之母。

三、棉铁主义(又称"棉铁政策")。宣统二年(1910),张謇明确提出棉铁主义的主张。他说:"我国实业,当从至柔至刚之两物质为应共同注意发挥之事。……至柔惟棉,至刚惟铁,神明用之,外交内治裕如,岂惟实业。"(《海关进出口货价比较表序》))棉铁兴则实业兴,实业兴则国势兴。棉铁主义之说散见于《实业录》、《政闻录》诸文中,对为何提出及如何实行都有论述,主要观点为:(一)棉铁系输入品大宗,每年达二三千万两之巨。棉铁可操经济界之全权,要堵塞漏卮,收回利权,当从棉铁入手。(二)中国土地为日本二十倍,人口为八倍,但纱锭仅日本的三分之一。应大力推广植棉和兴办纺织厂,全国统一进行,五年为一期。三五年后至三百万锭,才能有一个发展的基础。(三)要充分利用中国铁矿蕴量丰富之长,积极开采。此项实业本大,可吸收外资。(四)开采铁矿应以官营为主,因民营资本小,一旦借外债,易为人所控。(五)军用钢铁厂应置地势稍偏处,民用钢铁厂应置交通便利处。

四、国家应扶助实业。张謇鉴于资本主义国家对发展本国实业予以扶助的经验,发出了国家扶助实业的呼吁。针对不同的产业,提出了国家应采取的不同方法:(一)民营工业起步时往往靠筹款集资,但开头三五年内多不能获利,不能支付筹款利息,所以筹款发生困难。张謇提出由国家把筹款要支付的息款先借给企业,时间可长达十一年,待企业发展后,再由企业连本带利偿还所借息款。他认为这个方法可以一百二十万借款推动一亿资本的筹集,这是推动民营工业发展的善策。而国家既可从企业税收中得益,借款到期又本利俱还,不损毫厘。(二)国家对某些产业可采取补助的办法。如远洋航运业投资大,技术要求高,风险也重,在困难时应予以补助,待发达之后分年摊还。(三)对于棉、糖、羊毛三类大宗进口货物建立奖励政策,促使农民进行品种改良和扩大产量。除了上述办法,张謇还提出裁厘认捐、贷款兴垦、改正关税等策,以支持和推动实业的发展。

五、发展银行以扶助实业。张謇深感只有资本雄厚,才能振兴实业。他说:"国非富不强,富非实业不张,实业非有多数之母本不昌。欧美人知之,故广设银行。东人师之意,上下一心合力,次第仿效,三四十年之间,由小国而跻于强大矣。"(《劝通州商业合营储蓄兼普通商业银行说帖》)他主张中国兴办新式银行,具体主张有:(一)大力倡办储蓄兼普通商业银行。(二)改造钱庄为银行。(三)国家统一铸币并发行钞票。(四)以中央银行为主,地方银行为辅。(五)私营银行和旧有官银号如以参股形式加入国家银行系统,可享受颁银钞等权利。

六、利用外资发展实业。张謇认为一方面要发展中国实业以堵塞漏卮;另一方面又要利用外国的资本来发展中国实业。利用外资的理由有二,一是"中国内地风气尚未尽开,资本又不充裕",需要有"世界各国经济互助";二是"世界未来大势,骎骎趋于大同,而就实业论,亦有不得不趋向大同之势"(《商榷世界实业宜供求统计中国实业宜应供求之趋势书》)。在具体利用外资的方法上,他提出了合资、借款、代办等法。在利用外资的原则上,他提出"不可丧主权,不可涉国际",外人投资必须遵守中国法律,必须呈验资本;中国人借外债必须"借时即须为还计,用于生利可,用于分利不可。而用之何事,用者何人,用以何法,尤不可不计"(《拟发展盐垦借款成立后宣言》)。

七、开荒以尽地利。开垦荒地以兴农植棉、移民实边是张謇力倡的实业主张之一。他认为"事有有利而无害者莫如垦"(《整理盐垦公司刍议》)。在任农商总长时,他订立了《承垦荒地条例》,对一般原则,荒地分类,竣垦年限,保证金缴纳,地级评等,所有权归属等都作了具体规定。

八、以原料"供求自助",抵制外资输入。"供求自助"的主张是张謇实业思想的重要组成部分,内容包含棉、糖、茶、林、牧等。他认为发展实业若无原料供应,仍需从外进口,若有战争、天灾、凶险等因素造成原料不足,开工之厂将关闭停产。所以发展实业必先求原料"供求自助"(《商榷世界实业界宜供求统计中国实业宜应供求之趋势书》)。他还提出了一个新增植棉地五千五百万亩,扩充糖原料地一千三百万亩,广植林木,奖励推广养牧等的设想。

九、提倡盐务管理和制盐方法的改革。张謇很重视盐法改革。在盐务管理上,他提出统一税率,就场征税,场运合设公司,破除地区分等方法。在制盐方法上,他引进日本盐田方法和板晒方法,以提高品质,增加产量,降低成本。

有关《实业录》的研究,主要有朱志骞《张謇的实业主张》(嘉新水泥公司文化基金会,1972年),侯厚吉、吴其敬主编《中国近代经济思想史稿》第三册,锺祥财《中国近代民族企业家经济思想史》(上海社会科学院出版社,1992年)有关章节等。

(马惠熊)

经济侵略下之中国 漆树芬

《经济侵略下之中国》，原名《帝国主义铁蹄下的中国》。一册。漆树芬著。1925年由孤军杂志社出版。至1929年共发行六版，出版单位有独立青年杂志社、光华书局等。后编入《民国丛书》第一编。

漆树芬(1892—1927)，字南薰。四川江津人。早年参加同盟会。1915年赴日本留学。在京都帝国大学攻读经济学，受业于日本著名的马克思主义经济学家河上肇。1925年春毕业回到上海，在上海政法大学任教。五卅运动后，应聘在重庆中法学校大学部任教，还担任过《新蜀报》主笔，国民革命军第二十军向时俊师的政治部主任。1927年3月被选为重庆市抗议英、美军炮轰南京暴行示威集会执行总主席，被军阀刘湘杀害。其学术研究活动主要致力于揭露帝国主义对中国的经济侵略，曾在《东方杂志》等许多有影响的刊物上发表过一系列有关论文。

《经济侵略下之中国》是在中国人民开展反对帝国主义斗争的五卅运动的历史条件下出版的。在《著者序》中指出："此次事变，非仅一英捕枪杀之事件，乃系资本帝国主义侵略之流毒，与不平等条约缔结后数十年酝酿而成之结果。今后若欲极全力以排除此资本帝国主义之侵略，不可不详析资本帝国主义之为何物。若欲废除此不平等条约，不可不明了其内容，与及于我之利害关系。"那么，如何来揭露帝国主义的侵略呢？作者又在《读者注意》中写道："在我国经济政治界，侵略我最厉害的，就是一资本帝国主义，而从来的经济学者，只有对之讴歌的，赞美的。如我们要与此种制度取敌抗态度，他们的学说，当然为我们不采的。应该为我们采用的，就是一马克斯派。因为世界上，除了马克斯派，实无人能将资本帝国主义的真相曝露于外。马克斯派实为该主义之照妖镜铸奸鼎。自此学说一出，资本帝国主义之吃人的凶相，便赤裸裸露在我们之眼帘前了。"在20世纪20年代初期作者能有这样的认识，是难能可贵的。

本书有吴敬恒、唐绍仪、徐谦、郭沫若等序(后只保留郭序)。正文由《总论》和《各论》二编组成。第一编《总论》讨论的是一般的问题，分《甚么叫帝国主义呢》、《甚么叫资本主义呢》、《近代国家组织之解剖》、《帝国主义在我国之史的发展》、《我国条约特质之分析》五题。第二编《各论》讨论的是一些特殊的问题,第一篇《商埠论》,分《世界商业政策之概要》、《资本主义为甚么要开拓商埠呢》、《帝国主义在我国商埠之政治的侵略》、《帝国主义在我国商埠之经济的侵略》四章;第二篇《交通论》,分《一般之交通观》、《帝国主义对我国交通之侵略》二章;第三篇《国际投资论》,分《国际投资之一般的考察》、《帝国主义在我国之投资的侵略》二章。最后还有《结论》。内容提要如下。

《总论》着重从理论上分析资本主义和帝国主义的经济特征,及其向国外进行经济侵略的必然性,进而分析帝国主义与中国政府签订的不平等条约的性质。关于资本主义经济制度的特征,作者基本上是以马克思《资本论》的理论为依据,指出资本主义生产是剩余价值的生产,资本主义社会的对立是无产阶级和资产阶级的对立。他指出:货币用来希图增殖一个事实,实可称为资本主义之起源。在资本主义制度下,必然产生两极分化,从而出现全社会的购买力减少,生产即呈过剩的现象。因此,资本家阶级向海外寻求市场和投资地,不仅为理论上所必需,抑为事实上所必要,市场获得与投资地独占为资本主义生存与发达上最重要的两个条件。资本主义的帝国化,是引起可恐怖的世界大战发生的罪魁。

关于帝国主义的经济特征,作者非常详细地介绍了列宁的《帝国主义论》一书的内容,说明了帝国主义的五大经济特征,并指出列宁的资本主义最后阶段的帝国主义学说是现今说明帝国主义最有价值的学说。同时,他还简略地介绍了考茨基、希法亭等人关于帝国主义的理论。

在阐明资本主义和帝国主义为何物的基础上,作者进而重点分析资本帝国主义对中国的影响。指出:自工业革命以来,资本主义以胚胎而滋长生息膨胀,其特征不仅于国内并于国外亦造出两个阶级的对立,其手段是以循环工业、商业、借贷三种方式而榨取剩余价值。工商两业是以货物买卖为中心,自非靠市场而集中与分散不可,借贷方式是以资本之投放为目的,自非靠有理想的投资地而吐出其过剩的资本不可。此市场与投资地在世界上实为有限,而列强之欲无厌。以有限之物供无厌之求,必惹起极大纠纷。而中国亦为世界中心的一部分,因此也受其影响。中国纯立于被动地位,列强即立于主动地位;中国为市场和投资地的无条件供给者,列强则为市场与投资地的无条件要求者与享有者。外人在中国通商口岸设置种种特权无非为维持其市场的独立,但中国因此遭受绝大牺牲;外人在中国直接投资的铁路、工厂、矿山、银行等,无不关系到中国的国计民生。他们把中国当成投资地,不外是吐出其过度膨胀的资本而图继续其借贷式和工业式的经济榨取。

作者分析了帝国主义国家同中国签订的条约的不平等性,深刻指出中国的一部条约史,实为一个国际资本帝国主义侵略的结晶体。条约从一般意义而言,是国家间缔结的契约。

而中国条约表面上虽由两国双方之合意行为而成,而其实大多是中国因立于战败地位而缔结的,故条约给外人有无限制的治外法权和最惠特权等,条约包括的内容也实较他国条约远为广大。

《各论》从商埠、交通、国际投资三个方面,详细地论述了帝国主义对中国经济侵略的历史和当时的现状。关于商埠问题,作者认为,商埠就是一个经济市场,在国际经济上占重要位置。商埠有自开商埠和他开商埠之别。自开商埠是为本国经济发达之计而自行开放,凡关于商埠一切组织及税则都是以本国为本位。他开商埠则不然,关于商埠的一切组织及税则以他国之利害为中心,服从于他国利益。欧美各国商埠属前者,而中国则属后者。中国商埠从政治上可分为一般商埠、专管租界和公共租界三种。一般商埠须经中国承认,为中国行使主权的领土,而且一般条约国人有居住、旅行及营业的自由,而租界则相反。作者用相当大篇幅阐述了租界的性质、设定方法以及租界行政权与中国统治权的关系,中国人民在租界中的地位等问题。作者还指出:由于机会均等,利益均占,商埠开设的结果,不仅限于条约国得益,并及于其他条约国。外国在中国设立商埠,是为扩大其货物输出,而外国攫取海关权则是问题的关键。中国的关税因关税自定权和关税管理权的丧失,影响极大。对财政而言,使关税不能成为财政收入的大宗;对工业而言,使关税不能起到任何保护作用;对国际贸易而言,使输入超过输出。因此,为发展中国的工商业,首先要收回关税的定税权和管理权。

关于交通问题,作者用大量事实分析了中国航运业和铁路主权的丧失。其中特别指出铁路是列强掠夺的中心点,是列强扩大商品输出、资本输出和取得势力范围的重要手段。因此,必须用偿还铁路借款和改约、废约等方法,收回利权。

关于国际投资问题,作者正确地指出这是帝国主义国家资本过剩的缘故。认为借贷资本利息是剩余价值的分割,而不是借贷资本自身固有之产物。作者还详细论述了帝国主义在中国投资的历史,深刻揭露了它的侵略性和危害性。但是,我们并不能因此而绝对反对利用外资,只要借款利息轻,担保品不苛刻,无政治色彩,有偿还能力,将款用于生产,就可借贷。外商将资本投入中国开办的企业,或投资于合办企业,有利有弊。一方面能够解决中国缺乏资本、经营能力及技术等问题,有利于中国各项建设事业的发展;另一方面会使中国断送各种经济权利。因此权衡利弊,应当取缔此种利用外资方式。至于外商在中国单独开办工厂,更应予以取缔。这些观点在当时是正确的。

最后,作者在结论中指出进行反帝反封建的革命斗争,是排除帝国主义经济侵略的根本途径,主张联合世界无产阶级弱小民族,以抗共同之敌和在内部实行革命。

《经济侵略下之中国》是中国最早用马克思列宁主义原理分析帝国主义对中国经济侵略的

专著,对于向中国人民揭露帝国主义经济侵略的本质,鼓舞中国人民反帝斗争的热情作出了积极的贡献。

(张祖国)

中华币制史 张家骧

《中华币制史》，一册。张家骧著。1925年民国大学出版部出版。

张家骧，生卒年不详，字季良。曾留学日本，回国后任民国大学教授。

清代末年，中国传统的货币制度受到西方近代货币制度的影响，国内开始大量自铸银元并进行建立货币本位制度的讨论。民国肇建后，北洋政府于1914年颁布《国币条例》，铸造袁世凯像银币，但银两制度仍旧存在，币制未能统一，货币流通的混乱现象依然如故。张家骧关心币制问题，除从公私藏书抄录有关币制史料外，还到北京财政经济各部局、各省财政厅暨京内外银行、银号、商会等广泛积累资料。1922年始作《中华币制史》，目的是"聊供研究币制者一有系统之参考史料"（凡例）。为此，他"疏菜粝饭"，穷日编纂，尝言："非如是则书不能成。余今者来学校任教授，加以外事之烦扰，遂终日劳人，刻无暇晷。自后再成就如斯著作，事势已无可能。"（序八）经过历时三年的辛勤耕耘，终于完成。

《中华币制史》是一部专门研究中国历代货币制度的早期著作。收录上起先秦，下迄成书前的各种货币制度及其管理情况。全书共分为六编。第一编为《历代货币》，分《硬币》、《纸币》两章。第二编为《现代货币》，分《银圆》、《银角》、《铜圆》、《银两》、《制钱》、《金币》、《中央银行发行之钞券》、《特种银行发行之钞券》、《普通商业银行发行之钞券》、《地方银行发行之钞券》、《中外合办银行发行之钞券》、《在华各外国银行发行之钞券》、《纸币之法规及其制度》、《伪造货币禁例》十四章。第三编为《现代币制问题》，分《币制问题之经过》、《币制本位问题》、《币制单位问题》、《现行国币条例与币制问题》四章。第四编为《币制行政》，分《造币机关》、《造币厂之官制及其组织》、《造币之化验与稽查》、《财政部印刷局造纸厂沿革》、《币制局设立之始末》五章。第五编为《金银铜统计》，分《金银铜进出口统计》、《金银铜比价》、《银铜铸币额数》三章。第六编为《附录》。书前载有汪大燮、颜惠庆、黄郛、李思浩、王文典、梁士诒、胡惟德、雷殷、张耀曾等人的序与梁启超的题词，书后载有姚岳的跋。

《中华币制史》在货币制度史研究上的重大贡献主要如下。

一、系统性强。中国的货币制度源远流长，历史长达数千年之久。过去，虽然有些著述提到货币制度,可惜多是片断的言论,没有成为一种有系统的著作。张家骧殚思积虑,突破前人的藩篱,眼光不局限于货币的本身,而是对货币制度进行全方位、多角度的考察与研究。书中不仅论述了古代货币制度的产生、发展以及向近代货币制度演变的过程,而且涉及影响币制的财经政策法令、货币流通的组织形式、机构、人物、货币理论等诸方面,同时阐明货币制度的混乱对社会经济的破坏和人民遭受的祸害,表现出相当广阔的视野。黄郛指出:"环顾国内,凡关币制之著述,皆只如一鳞一爪,漏略不详。其能上追远古,下及现代,一贯相承,成为有系统之作者尚不经见。有之,殆自张君之《中华币制史》始。"(序三)

二、强调实用。在《中华币制史》问世以前的"近人撰述,大率详于域外,略于本国。欲求博通今古,原原本本可以征信而为币制之前导者,实罕其书"(序一)。张家骧考虑到这种风气和研究币制的实际需要,提倡"详今略古",因此对近代货币问题浓墨重彩,凡是清末民初已行和未行的法规、议案,中外银行、官钱局、造币厂的章程条例,纸币的发行程序、数目、营业概况,银两与银元的种类、平色差量等,均按类胪列异同,十分详备。"俾读是史者,知近数十年时局之变迁,而不迷于改革之途。"(序四)这在当时有着积极的现实意义。

三、采摭宏富。张家骧利用的大量资料以官书公报为依据,旁及古今著述,包括二十四史,历代典章制度、政书,货币史与钱币学著作,近人所编中外年鉴,财政、经济、金融、商业、统计杂志,银行年度营业报告书以及各种报纸的有关报道等,莫不广采博取。在此基础上,又对错综复杂的货币问题进行爬梳论断,具有很高的学术价值。

四、重视统计。张家骧对于货币制度的统计资料做了许多有益的搜集、整理和分析工作,以便从数字上反映货币现象变化的特征和规律性。他说:"本书于统计一门特为重视。凡有关币制者,无不详悉登载。"(凡例)为研究中国的历代货币制度提供了重要的数据。

《中华币制史》的主要缺陷是:全书没有排印完整的总页数,仅在各编顺次列页,因而给查阅带来麻烦与不便。古代货币部分的篇幅太少,约当全书的四十分之一。虽然"详今略古"的原则是正确的,但是古代内容过于简括,显得比例欠当,不免有失之偏颇之感。另外,书中有些统计数据,或有遗漏,或有错讹,尚存在一定的问题。

《中华币制史》较全面地总结了中国历代货币制度的发展史和利弊得失,把货币制度史的研究推向新的阶段,堪称一部承前启后的杰出著作。张耀曾评价道:"上穷诸代,旁征群说,而于晚近因革之要,改善之机,考镜尤详,探讨之精远迈前作,诚可谓审制征献空前之宏著矣!"(序九)书中的有些中国近代货币史资料常被后人当作原始史料来引用。

(潘连贵)

藕初五十自述 穆藕初

《藕初五十自述》，一册。穆藕初著。1926年商务印书馆出版。1988年上海古籍出版社出版《上海滩与上海人丛书》，收录本书的自述部分。编入《民国丛书》第三编。1995年北京大学出版社出版《穆藕初文集》，本书亦收在内。

穆藕初（1876—1943），名湘玥，以字行。上海浦东人。清光绪十五年（1889）进花行当学徒，后任职员。二十六年考入上海江海关，任办事员。三十年与马相伯等组织"沪学会"。三十二年任上海龙门师范监学兼英文教员。次年任江苏铁路公司警务长。宣统元年（1909）赴美留学。先后就读于威斯康星大学、伊立诺斯大学和得克萨斯农工专修学院。1914年夏获农学硕士学位回国。1915年在上海创办德大纱厂。1918年与人合办上海厚生纱厂。次年在河南郑州创办豫丰纱厂。后又发起组织上海华商纱布交易所并创办中华劝工银行。担任过北洋政府农商部名誉实业顾问、太平洋商务会议中国首席代表、国民政府工商部常务次长、行政院农产促进委员会主任委员、经济部农本局总经理等职。1916年与人合作翻译出版了美国管理学家泰勒的《工厂适用的学理的管理法》。1917年编译印行《中国花纱布业指南》。还著有《植棉改良浅说》。《民国人物传》第一卷、《中华民国史资料丛稿·人物传记》第二辑等书有传。

《藕初五十自述》是一部记载作者五十岁以前经历和主要思想观点的著作。全书除自传《藕初五十自述》外，还附有《藕初文录》上、下两卷。上卷收文六十一篇，下卷收文三十一篇。书前刊载尤雪行、黄炎培、聂其杰的序言。

本书主要内容包括以下几个方面。

一、以棉业为中心的实业主张。穆藕初的实业活动以棉纺织业为中心。他指出："我国自海通以来，门户洞辟，百货云集，输入额逐年激增"；欧战期间，日货乘虚而入，"日用必需品中，几乎举目皆是，但其中以棉纱布占数为最巨"，"是以振兴棉业不但于平民生计上有密切关系，而于全国经济上亦生莫大影响"（《振兴棉业刍议》）。振兴棉业有两大任务："一方面尽力推广植棉区域，并从事改良棉质,力求原料之充裕,及适合纺织界应时之需要;一方面悉力筹备建设纱厂,大兴纺织工业"(同上)。强调在"开辟荒原,增植棉产"的同时,要"改良种性,加高品质"(《广赠植棉改良浅说通告》)。在棉纺业方面,则"尤在乎厂家改良工作方法与政府采用奖励保育政策"(《中国花纱布业指南自序》)。

二、以改善管理为特色的经营理论。穆藕初分析中国经济落后的原因之一是"无管理方术"(《实业与教育之关系》)。他认为实行科学管理的首先条件是人才,指出:"管理人才在事业管理上所占地位尤为重要,凡增进精良之产额,节省无谓之消费,直接发展工场之隆运,间接开拓国家之富源,皆此项人才之所有事。"(《学理的管理法自序》)他将泰勒的管理法归纳为"节省时间、精神、物质"三大纲,以此作为经营管理的目标。他指出:"欲求事业之固定,必先调查原料、人工、市场,务求来源出路节节灵通,更益之以充分之劳力,施之以精密之管理,方能有伟效之可收。"(《藕初五十自述》)对西方先进的管理方法,他主张结合实际推广运用,"引伸触类变通,化裁而妙用之"(《学理的管理法自序》)。

三、重视交易所作用的流通观点。穆藕初指出:"世界大通,物价涨落时所恒有,苟长此不思良法以改善之,则棉商、纱商以及种种正当商业将如何使其安然插足于市场乎?然则改善之道将安出?即组织交易所是也。"他分析交易所对经济发展的益处是:"以本业中人主持本业贸易要政,消息灵通,时机不致坐失,规划周密,市况得以保持。各本业自卫及力谋开拓之实权,完全在本业人手中,不致受外人操纵与挤轧。"(《论交易所之利弊》)交易所也存在着助长投机、监守自盗等弊端,但他认为奸巧诈伪者终归倾覆,最后胜利恒归之公正诚实者。交易所于代客买卖外,自身不做丝毫买卖;不得将保证金移作别用,以防流弊;对交易双方持"公正"立场,以保障信用,增进效率。

四、筑路与管路并重的便利交通建议。他认识到交通事业不发达足以致国家于贫困,而商业上所受痛苦尤为显著。交通不发达包括三个方面:一是线路不达;二是管理不善;三是路权旁落。他提出了如下挽救措施:(一)利用以工代赈从事各当地马路工程,开浚便于运输的河道。(二)利用闲逸无事的军士从事各本省铁路工程。内地筑路可采取"无财者出力,省力者出资"的办法。交通当局要迅速确定便商办法,遴选公正勤慎的人员管理路局要政,并酌量商业发展情形,随时添备车辆。还需确定计算方法,厘订航行新章等。他断言:"交通事业发皇之日,亦即其他凡百事业发达之日。""振兴商业之要图非一端,便利交通则仿佛于发展商业上,抵得一半工程焉。"(《交通与商业之关系》)

五、注重实践的职业教育思想。穆藕初认为:"实业种因于教育。""吾国实业人才之缺乏,因平素不知所以发育而储备之。穷原竟委,当归咎于教育之不修。"(《实业与教育之关系》)他强调职业教育不仅要使学生掌握职业技能,更要培养他们的思考能力和专业素质,使其"精密思考如何方能使出品精美,如何方合用户心理,如何不浪掷工作时间,如何可以不耗费各种原料,必于此数者一一进求","更努力育成其耐劳习惯,持久性质,克己复礼工夫,斩除一切巧取幸获之观念"(《实业上之职业教育观》)。他主张教育与实习相结合,如各农校宜"扩充农场面积,划出一部分作植棉之用,俾有志振兴棉产之学生,得随时实地练习,养成需要之人才"(《振兴棉业刍议》)。

六、要求改良税制的议论。穆藕初批评当时依据不平等条约制定的国际税法重困国内商民,厘金恶税,漫无限度。他主张根据国际惯例,制定与各国平等的税法,基本原则为:"(甲)免税。如本国不能自制之机件等类。(乙)普通税。人生日用之物,值百抽五。(丙)特别税。如外货之与国货剧烈竞争者,抽百分之十二五。(丁)奢侈税。随时酌定之。"(《改良国际税法之平议》)他还指出厘金实为束缚商业发展之一大原因,要求废除厘卡,以苏商困。

《藕初五十自述》不仅是研究穆藕初思想的主要著作,而且是探讨中国近代民族资产阶级经济思想发展的重要资料之一。《穆藕初文集》中还收有多篇研究穆藕初经营管理思想的论文。

(钟祥财)

无形资产论 杨汝梅

《无形资产论》,一册。杨汝梅著。1926 年在美国出版英文本,原名 Goodwill and Other Intangibles(《商誉及其他无形资产》)。后由施仁夫译成中文,名为《无形资产论》。译文经作者校阅,并授意将原书第五、第六两章合并,故本书的英文本为十章,而中文本为九章。1936 年由商务印书馆出版,1993 年中国财政经济出版社重版。

杨汝梅(1899—1985),字众先。河北磁县人。1920 年毕业于北京铁路管理学校高等科。1921 年夏留学美国密歇根大学,1926 年获博士学位。同年回国,任北京交通大学教授。1927 年为暨南大学教授,曾任商学院院长兼会计系主任。又历任光华、齐鲁、沪江等大学教授。1949 年去香港。1950 年任新亚书院教授,先后任系主任、商学院院长及会计长。后曾任香港中文大学教授、商学院院长及系主任。后又任浸会学院教授、商学院院长。

20 世纪 20 年代,西方会计学者对于商誉等无形资产的性质有所论述,但多半囿于无形资产法律上的特点及其估价问题,而且众说纷纭,莫衷一是,未能从理论上阐明无形资产的本质特征,没有具体地解决会计处理问题。杨汝梅在《无形资产论》中比较全面而系统地论证了无形资产的性质,提出了会计处理的原则和方法,批判了西方会计学者某些观点。他认为有形与无形并非资产分类的适当标准,会计上所谓无形资产,仅是某几种具有相同性质的资产的总合名称,并非另有所谓有形资产与之对立。就是说,商誉、专利权等叫作无形资产,只不过是性质相同资产的综合归类,不能由此而把其他资产相对地称为有形资产。这就澄清了对资产概念使用的混乱情况。此外如无形资产何以有价值,应否计提折旧,在什么情况下要记账,如何记账等的论述,均有独特的观点,有理论,有实例,富有说服力,受到西方会计学家的重视。美国密歇根大学派登教授所编的《会计手册》中,也多次引用本书观点。潘序伦为该书中译本所作的序言中指出,"立论精审,无与伦比,是一本理论高深论著"。

《无形资产论》以探讨商誉为中心,其他各种无形资产是围绕商誉而展开的。各章的内容概述如下。

第一章《总论》。阐述无形资产的定义和特征。西方会计学者区别无形资产与有形资产：以物质的存在与否为标准；以价值实现的难易为标准；以资产的能否分属为标准。作者认为企业资产不能依其概括形式分为有形与无形两类。他指出应收款项、预付费用等不是无形资产，但也是非物质的；各种资产变现都有难易的不同，不是无形资产的绝对标准，批驳了物质存在说、价值实现难易说之不确切。他认为无形资产的特点是：借法律的保护和政府给予特权而产生；它的价值以剩余利益为前提，以经营上的优越性、独占性为条件，失去这些前提和条件，无形资产本身就无任何价值；凭借这种优越性和独占性而产生特殊利益，与成本支出无连带关系；所有无形资产都不能脱离其原属企业而独立存在，因而不能在市场上买卖，但可以随企业一并转移，并以企业所获额外利益的多少决定它的价值，由于企业收益逐期不同，它的价值是不稳定的。

第二、第三章《商誉之性质》和《商誉与企业收益之关系》。商誉在时间上具有持久性，并可转让而用货币计算其价值；反之，就不能构成商誉。它与收益的关系是：（一）销售上的商誉。依赖服务周到迅速，能取得顾客信任；商店所处地点交通便利，能吸引顾客；商标和商品牌号为消费者留有特殊好感；因这些商誉而得的利益，属于销售效率的报酬。（二）制造上的商誉。由于各厂家所得收益不同而产生制造上的商誉。此种额外收益的取得，在于使工人安于工作，不致时时调动，改善工作环境，顾全工人身心安适，使工人对工作发生深切的兴趣。（三）理财上的商誉。企业家经营上的成功和地位的巩固，能引起投资者的信任，从而在借款上取得便利和负担较轻的利息。这些论述涉及经济学、销售学、心理学和理财学等理论，具有独到的见解。

第四章《其他无形资产与商誉之关系》。其他无形资产指商标、商号、继续营业价值、营业特许权、专利权、版权、商业秘密等。消费者对商标商号的好感是构成销售商誉的因素。继续营业价值的起源有不同观点，大多偏重于公用事业的独占性。广义地说，商誉可以代表继续营业价值。营业特许权是政府给予独家经营的权利，因而可以提高取费而增加收益，成为维持商誉的一种权利。专利权、版权有专用专造专卖之权，因而可以控制商品生产供给而产生独占，当一种专利品为消费者喜用而成习惯时会产生商誉。

第五章《商誉与额外收益之关系》。商誉的定义随时代而演变，从过去以业主与顾客间的友谊演变为企业获取额外收益为标准。额外收益产生于各种无形因素，但要确定某种无形因素产生多少额外收益则殊非易事，因而可把构成额外收益的一切无形因素统称商誉。各种无形因素产生额外收益的存续年限有长短，能否实现的程度也不同，企业转让后，因所有权的变更而发生无形资产价值的增减，从而影响额外收益。

第六至第八章《非购入无形资产之处理方法》，《各种非购入无形资产之分析》，《购入无形资产之性质及其处理方法》。非购入无形资产应否入账？一种观点认为不是以现金或其他资产交换而得的,不能以所获额外利益还原为资产价值而列入账表；另一种观点认为应根据企业获利能力,反映整个资产价值,作为管理当局业务上决策的参考。作者是不主张入账的,指出：（一）商业上有价值的未必有会计价值而需记账。（二）资产最初入账,以成本为最可靠最正确,无形资产缺乏一般资产所具有的流动性、变现性、稳定性和确定性,因而无法依照市价入账。（三）除以现金购得的外,通常无需设置折旧准备,作为更新之用。否定了以"差异价值"和"收益还原价值"作为无形资产入账的观点。但对某些发明取得成功的支出,以及向政府注册或因保护专利权而引起诉讼等费用,则可作无形资产列账。

购入无形资产是指企业受让人确认企业有额外收益能力,愿以超过企业实际财产购入的额外价值,是各种无形因素的综合。会计上可以商誉价值处理,或设一"额外获利能力成本"账户处理。购入无形资产应否折旧？作者认为无形资产变幻莫测,应分期摊尽。无形资产产生的额外收益有法定年限的,可按法定年限折旧；能估定额外收益实际年限的,则按实际年限折旧。折旧应直接抵减无形资产的账面价值。

第九章《合伙及公司改组时无形资产之处理》。合伙改组后要考虑股权变动情况：完全变更的,因有额外收益而支出的成本,作资产入账。部分变更而新合伙人股权小于旧合伙人时,以不列账为宜；反之,应作资产列账。合伙改组公司而股东不变的,应以原财产净值为标准；股东和股权关系发生变动的,无形资产的价值由新股东支付而成实在的资产,应予列账。几个公司合并时财产经过估价,有额外收益能力的公司,可以得到超过其实际财产价值的一部分股票,即为商誉之代价,可以"商誉"科目或"股票折价"科目记账,两者各有利弊。以发行新股票收购旧公司而超过实际财产的支出,作无形资产处理。公司合并或合伙改组为公司时,高估的资产价值或短期收益都不应作商誉入账。

合并资产负债表中无形资产的处理方法：统辖公司（控股公司）已全部握有附属公司产权时,其投资额超过附属公司财产净值部分,以商誉价值表现于合并资产负债表；反之,则作"负商誉"处理。将附属公司的资产负债另编附表,因而统辖公司的投资额与附属公司的财产净值不必整理,也就不产生无形资产和表现于合并资产负债表的问题。

《商誉及其他无形资产》一书在美国出版后,蜚声于欧美会计学界。作者也因此而成为中国最早列入世界名人录的会计学者。该书的中译本出版后,无形资产理论和会计处理方法在国内广为流传,并应用于实践,对加强中国工商企业的管理和促进会计科学的发展起了很大的作用。

（赵友良）

盐政辞典 林振翰

《盐政辞典》，一册。林振翰著。1928年由商务印书馆出版，1988年中州古籍出版社出版影印本。

林振翰(1884—1932)，字蔚文。福建宁德人。早年毕业于京师译学馆，擅西文。后相继任职于四川、浙江、江苏等省的盐政机关。著作还有《川盐纪要》、《浙盐纪要》、《淮盐纪要》、《中国盐政纪要》等。

林振翰在自序中认为，"盐法者，国家防制人民分其专利之法也"，但数千年来，盐法已"纷乱复杂至不可究诘"，因此必须进行改革。而要进行盐法改革，必须"局中人人洞明盐务变迁事实，以为考虑及施行因革问题之基础；又必局外人人具有盐务常识，于局中所设施者不至妄议盲从"。"盐务范围极广，内容极晦，欲言者多不能言，能言者又讳而不言"，而已有文献又零星散漫，缺乏兼综条贯之作，一般人阅之皆不得要领。为使更多人能了解盐务的基本知识，熟悉盐务的历史与现状，他花费了十余年心血，"网罗群籍，荟萃见闻"，凡与盐政有关者，事无巨细，辞无雅俗，"皆举其出处，详加诠释"，写成此书。意图"以一己十余寒暑冥索穷搜之劳费，求节省世人之精力光阴，使有裨盐政前途"。

本书是有关盐政的专业辞典，辞条按笔画多少排列，编为子丑寅卯辰巳午未申酉戌亥十二集，另有附编。张謇题写书名，陈衍作序。

本书内容极为丰富，辞条包括全国场区、制造、品质、器具、运销、运道、销地、征榷、缉私、法制、官署、人名、书籍、规章及关于盐的名辞术语，世界各国盐制沿革及与盐务有关之风向、雨量、潮汐、山脉、河流、海岸、铁道等亦均采入。另外，同盐务有关的渔业名辞及同盐有关的化学名辞也予阑入。书末附编包括《盐务大事表》、《全国最近盐场名称位置表》、《全国行盐区域及税率表》、《民国二年至十二年全国盐款收支总比较表》、《民国二年至十二年团银行盐款收支比较表》、《民国二年至十二年各区分所放盐总比较表》、《民国二年至十二年各区分所应征正税总比较表》、

《民国二年至十二年各区分所放盐斤征收正税平均税率比较表》八种。

　　本书的明显特点是内容全,凡与盐务有关的名辞术语皆可从书中找到诠释,这就为中国经济史研究者提供了极大的方便。盐政史是中国经济史研究中最不容易理清楚的领域之一,因为盐政改制频繁,变化复杂,加以内容专门,一般研究者均将其视为畏途而裹足不前。如东三省盐厘,名目繁多,不易分辨。本书"东三省盐厘"条目释文简明清楚:"奉盐自康熙时停征引课后,榷法久废,言榷盐者,必自同治六年始。初以筹饷故,创收盐厘。其后练兵兴学,叠次增加。迨光绪年间,议办督销,筹充官本,复又有加价之目。及督销议浸,而加价之征收如故,盖已与盐厘混而一之矣。榷厘之法,初系就滩征收,后以榷量有差,孳生余盐,乃于滩场附近,设为补征以均之。继而推广及于行销之地,于是又有补征盐厘之目。此外开设店栈有帖税,调销滩票及请票分运有票费,较准滩斗有斗课,津贴办公有斗用,皆于正厘之外,分别征收,统称之曰杂税。此奉省榷盐之大略也。其行销吉、江两省之盐,除由奉省收厘外,而吉、江两省亦以筹饷故,就入境之盐,先后加榷,命之曰盐捐,示与奉省盐厘别也。"条目释文之末还开列了东三省厘捐的十二种名目:四八盐厘,二四盐厘,一二盐厘,四文加价,三旗庄盐,补征,帖税,斗课,斗用,调销票费,分运票费,吉江二省饷捐。这十二种厘捐在本书中都列有专条,逐一检阅,即可对东三省盐厘的来龙去脉及厘捐概况有比较清楚的了解。

　　本书的另一特色是附编的《盐务大事表》。这是一篇简明的中国盐政史,起自传说时代黄帝轩辕氏甲子元年(前2697),迄于民国十三年(1924)。将四千七百多年间的中国盐务大事按年系事,极便查检。

　　本书对其后的中国盐政史研究有重要的影响和作用,有关中国盐政史的论著和各种辞书中盐政的条目释文,多视本书为重要的参考资料。

(吴申元)

杨杏佛讲演集 杨杏佛

《杨杏佛讲演集》，三卷。杨杏佛著。1927年由商务印书馆出版。

作者生平事迹见"杨杏佛文存"条。

《杨杏佛讲演集》收录了作者有关经济问题的论著和讲稿。第一卷《劳动问题》，第二卷《实业改造》，第三卷《效率经济与安全》。其中第一卷分章节撰写，有五章。第二卷收录讲稿八篇。第三卷收录文章七篇。三卷各有主题，以第一卷所占比重最大。

第一卷的篇章结构为：第一章《绪论》，主要阐述劳动问题之意义及其与社会问题之关系，劳动问题之祸源，劳动阶级之进化，资本制度之进化等四个问题。第二章《妇女和儿童劳动问题》，分《妇女和儿童在经济社会的地位》、《妇女和儿童劳动问题发生的原因》两节。第三章《血汗制》，分《血汗制之意义与范围》、《血汗制之原因》、《血汗制之种类》、《英美之血汗制与劳动法》、《中国之血汗制及其现状》、《血汗制之补救》六节。第四章《贫乏与工资及失业问题》，以物质进步与劳动境遇、贫乏、工资、失业为论述中心。第五章《罢工与同盟抵制》，分《罢工与同盟抵制之意义》、《罢工之历史》、《罢工统计》、《罢工之原因及对付手段》、《罢工之法律问题》、《罢工之经济观》、《罢工和社会问题》、《罢工的补救方法》八节。

杨杏佛在本书中最为关注的是当时中国社会中的劳资阶级关系问题。他所分析的劳动问题，是占人口百分之九十的普通劳动人民的切身利益。他认为：在资本主义制度下，"富者愈富，贫者愈贫了，资本家和劳动者之间的距离，一天一天地远离了。经济组织也因此紊乱了，所以他们要改革经济组织，不能不着眼于把劳动工人经济上的分配，重新分配一下，因此就不能不先注意于劳动问题了"。劳动问题产生的根源是劳资之间的不平等，由于这种不平等，使出卖劳动力的劳动者受到资本家的剥削。"资本集中于少数人手里，就成了利害截然的劳资两阶级的仇疾，酿成现在很难解决的劳动问题。"为此他主张改变这种制度，"想一个合理的制度来实现，使劳动者得有人的生活，劳动问题得有适当的解决"。

杨杏佛特别关注当时中国的妇女和儿童的劳动状况。他指出:"我们并不反对伬们作工,我们是反对伬们作不自然的工,我们也不反对伬们作相当的工,我们是反对伬们作无保障的苦工。我们要想法,阻止男女工的竞争,因为男女工的竞争是使资本家利用一方面抵制另一方面的,使男女工中间有不平等的景象,使妇女和儿童处于极困苦的地位的。"认为造成中国女工劳动工资极低的原因有人格的不平等,效率太低,没有团结力,中国家庭习惯,缺乏法律保障,国际经济的压迫等。

杨杏佛抨击了资本主义经济中的血汗制,指出它是工业国中"最无人道的寄生业"。中国尽管工业并不发达,也存在着这种剥削制度,而且普遍存在于中国工业中。他提出了若干消除这种状况的主张:一是谋求法律的保护,制定实施工厂法,防止过度剥削行径;二是开展大工厂制造经济的改良;三是实行工团抵制;四是争取社会支持,实行社会抵制。

鉴于资本主义制度下的工人贫困和失业问题,杨杏佛提出了救济失业的主张。他列举了各国的做法,指出最理想的是生产与分配归政府主持,其他可实施以工代赈,添新工业与扩张旧业或垦荒之类,改良工作分配以调剂工作,成立工人交易所,建立失业保险等措施。

杨杏佛认为,"罢工是实业社会里所不可免的现象,也是为人工作者表示抵抗的惟一利器"。他分析了中国罢工现象的原因,指出思想的变更,工团的组织,生活费用与程度的增高,海员罢工成功的鼓励是导致罢工增加的根源所在。罢工对维护工人的切身利益是有利的,但在经济上也有某些负面影响,所以应通过设立厂务会议,同业联席会议与同业仲裁处,政府设立的和解和仲裁会等进行协调和解决。

第二卷所收讲稿为作者在东南大学、上海商学院、南洋大学等校所作的演说,中心议题是发展中国实业问题。他批评当时的政局黑暗、专制独裁,指出:"政客军阀不死,大盗不止!他们言论愈多,攫钱亦多,国家因之愈不可治。至实业家又以名利为目的,欲救诸弊,惟有合全国之实业政治为一。人人生产,人人参政,乃可有为。"他反对在国家发展问题上的保守倒退观点,断言实业化方向是中国富强的必由之路,强调科学技术的作用。工程学的发展促进了人类的物质文明,增强了人类征服自然的能力,节省了经济中的劳力支出。"工程学于近世文明固功浮于罪,而所谓罪者实由于社会制度之不良与政客军人之误用……故吾人一方希望工程师不为政治野心家所利用,精其杀人灭国之利器,一方犹望社会改革家改进社会幸福之分配,艺术家提倡艺术精神之发展,则人之罪工程学者,庶可免矣。"他主张大力发展中国的实业科学教育,培养学生的独立精神、研究精神和实验精神,服务于实业,使旧工业不难改造,新方法不难引用。

在第三卷中,企业管理是作者的主要论题,所收七篇文章除《防火问题》外,《增进个人效率之原理与方法》、《科学的办事方法》、《个人经济与新文化》、《店员之修养与应具之常识》、《工厂管理法》、《改良成本会计之方法与困难》等六篇均论述企业中资金、劳力的管理问题。企业管理的效率需具备精良的工具,优秀的劳工素质和合理的程序规范。杨杏佛把增进效率的方法归纳为九条原则,即重用、乘用、合群、次序、外物、异同、符号、节奏、限制。对于劳力的素质要求,杨杏佛专以商店职工为例,提出坚、耐、勇、圆、敏"五德"。这五德不特为店员所应具,实则无论何人都不可少。作者认为会计有四种重要性:核算成本,奖罚员工,比较价格,扩大营业。实施的步骤有下列几点:创立信用;编定制度;训练职员;改组机关;实行新制;完善改良。他指出:"中国处现今世界潮中,国内工潮,奔腾澎湃,于改良会计制度,实已迫不及待也。"此外,杨杏佛还对企业中的经理职责、组织体制、材料购买、设备管理等作了详尽的阐述。

本书是中国近代较早论述企业管理的著作之一。书中的经济观点反映了作者同情民苦、推崇科学的思想倾向和治学特点。

(锺祥财)

中国国际贸易概论 武堉幹

《中国国际贸易概论》，一册。武堉幹著。1930年由商务印书馆出版。编入《民国丛书》第四编。

武堉幹(1899—1990)，湖南溆浦人。1921年毕业于武昌商业学校本科。1933年在《太平洋杂志》上发表《中国商业状况述评》，引起国内论坛的重视。曾任中央大学、湖南商业专门学校、湖南商学院、湖南大学和复旦大学教授、系主任、院长等职。建国后先后任复旦大学、上海财经学院、北京外贸学院、对外经济贸易大学教授，并任中国国际贸易学会、中国商业史学会顾问。著作还有《中国国际贸易史》、《中国对外贸易政策研究》、《中国关税问题》、《近十年来的中国国际贸易》等。

《中国国际贸易概论》是一部全面阐述中国国际贸易现状的著作，是作者继完成《中国国际贸易史》之后的又一研究成果。作者认为：今日中国的大患为民穷财尽，造成民穷财尽的原因，一言以蔽之，由于列强商业经济侵略的结果。今日中国国际贸易的危机更甚于从前，凡衣食住行之所需无不仰于外洋，而国内产业且完全受桎梏于经济帝国主义而莫能自拔。为此，他撰写本书以供国人参考，寻求摆脱危机的良方。全书分《中国国际贸易之趋势》、《重要进口贸易》、《重要出口贸易》、《进出口贸易之比较与国际贷借抵偿问题》、《由主要国别上观察中国国际贸易》、《由主要埠别上观察中国国际贸易》、《由航业上观察中国国际贸易》、《由关税制度上观察中国国际贸易》、《中国国外汇兑与金银贸易》、《中国国际贸易之振兴问题》十章。主要内容如下。

一、关于中国对外贸易在现时世界中的地位和趋势。作者指出，中国对外贸易与世界各国比较，有显然不同之点，即历来为"被动的贸易"，而非"主动的贸易"。从贸易史上观察，隋唐以前，与西域罗马诸国贸易，殆全由外商来华营业，或由外商居间经理。唐以后，则中国海上贸易几完全操于阿拉伯人之手。近代初期则操于西班牙、葡萄牙、荷兰、英国诸国之手。现则英、美、日共握中国国际贸易的霸权。中国对外贸易虽属被动地位，但在现时世界中已居重要地位。就1925

年世界五十六国贸易相比较,在进口贸易上中国已居第六位,而出口贸易居第十三位。

现时中国国际贸易最显见的趋势,即国际贸易将来必日趋发达,因为中国人口多,而购买力弱;大战后各国极力向外发展商务;中国新式工业亦有日益发展的趋势。就中国国际贸易之内容言,亦有一明显的趋势,即进口货多为制造品,出口货多为原材料,进口货值远高于出口货值,造成入超现象,而且入超数年年增巨。中国对外贸易除上述两种趋势外,尚有一项尤为重要,即现时中国对外贸易大权完全操于外人之手。中国现在经营直接对外贸易的商家屈指不过数家,进出口贸易皆由洋行代办。此等现象一日存在,则中国对外贸易愈发达,国民经济所受祸害亦愈猛烈。故不从根本上打破外人操纵的局面,绝不足以促进中国国际贸易。

二、关于中国进出口贸易的状况。从进口贸易来看,其趋势大致表现为三项：一为入超继续增加,二为进口总额自然增加,三为进口货中以制造品为巨擘。进口货物可以分为四大部,而以制造品部之总值最大,饮食物及烟草部次之,原料品又次之,杂货最小。此种趋势已成定例。中国进口货中,历来以棉货价额最大,目前仍居第一。棉货输入以日货为特多。日货在战前本不及英货,大战发生,英人无暇经营,于是在华市场为日本取而代之。棉纱亦为进口大宗。进口棉纱向分粗细二种。以前粗纱以印度纱销场最大,1909年以前,日本纱进口数仅及印度纱的一半。此后日本纺织业勃兴,日印两国之数几可相埒。现时,则日纱远过于印纱。细纱以英国最精,故进口亦以英纱最多。唯日本细纱加入竞争后,英纱销路亦逐渐为日纱所夺。中国与美国同为世界上最大产棉国,每年有巨额棉花输出。然而中国又每年输入甚多外棉。进口棉花原因甚多,有因本国棉产品质不良,不宜于纺细纱,故掺用外棉,以由美国进口最多;亦有因外棉市价低落,或外汇行市比较低落而有利可图,更有因投机关系为交割之用而进口。进口外棉大多供沿海各大都市纱厂之用,内地消费外棉几乎绝无仅有。进口棉花中印度棉特多,常占进口总额二分之一至三分之二。作者还依次对棉货、棉纱、棉花、毛织物、米粮、五金、煤油、砂糖、烟草、机器、纸张、海产物、染颜料、杂货等物品的进口状况分别作了阐述。

从出口贸易来看,中国原为世界第一产丝国,丝的品质久闻于世。近因日本丝业发达,中国遂沦为第二位。但在中国出口货中仍常居第一位。中国因产丝极多,丝织业亦随之而发达,故绸缎为出口货之大宗。由广东出口的几占半数以上,其余由江浙一带出口。四川、湖北等处虽有出产,但产额不巨,多供自用。其他出口品主要为豆类及豆制品、植物油、植物籽实、茶、皮货、蛋类及蛋制品、羊毛及毛织品、棕及麻类、猪鬃、猪羊肠等。

三、关于中国进出口贸易差额的抵偿问题。鸦片战争以前,中国国际贸易常为出超,英国东印度公司常以欧洲大批金银运入中国以为清偿工具。其后鸦片进口日多,中国丝茶出口日渐式微,遂启入超之机。及欧洲工业革命以后,过剩制品纷纷输入中国,乃永成为入超现象。入超的抵偿方法大致不出下列数项：(一)借债政策；(二)列国投资；(三)海外华侨送金回国；(四)在华各国使领官署费用；(五)在华各国陆海军及一般官吏费用；(六)在华各国教育慈善团体捐助及费用；(七)外人在华游历费用；(八)国境贸易出超额。以上八项，以借债政策及列国投资为最重要的抵偿方法。这两种方法虽足以延长中国支离破碎之国运，究不免为亡国之政策。与现金清偿的不同处，即一为急性虚脱，一为慢性剥蚀，最后均足以亡国。

四、对中国国际贸易不同角度的观察。首先，从主要地区上观察，中国现时有贸易关系的地区不下数十个，其中贸易额每年在一千万两以上的有英国、香港、印度、加拿大、日本、朝鲜、美国、德国、俄国、法国、荷兰、比利时、意大利等十多个地区。中国进口贸易由日本进口的达三亿三千余万两，占第一位；其次为香港，在二亿两以上；再次为美国，年约一亿八九千万两；又次为英国，年约一亿二三千万两。中国出口贸易运往日本的年值二亿两上下，占第一位；其次为美国，约一亿四五千万两。书中还分专节对中英、中日、中美、中德、中俄贸易等作了介绍。

其次，从主要埠别上观察，无论进出口贸易都以上海、大连、天津、汉口、广州五大埠为最巨。五大埠贸易额合计进口约占全国进口总额六成，出口约占七成。故就大体而论，中国对外贸易几乎完全以五大埠为转移。应注意的是，商埠主权究竟操于何人之手。五大商埠中，以上海对外贸易为最盛，进出口均居第一位。作者分别对上海、大连、天津、汉口、广州的对外贸易状况作了说明。此外，还从航业、关税等角度对中国国际贸易状况作了分析，特别强调了中国关税行政权旁落和关税自主权丧失的关税制度对中国国际贸易的危害作用。

除上述四方面以外，作者还研究了中国国际贸易的振兴问题。认为中国国际贸易不振的原因，在政治方面初则抱闭关主义，拒绝无效之后又听其自然，任外力侵入，还有战乱和政局变化太剧烈。社会原因为农业保守习惯，商业知识缺乏，商业道德低落，国民文化幼稚。经济原因为交通不完备，关税制度不良，国外汇兑危险，货币制度紊乱，金融机构不完备，劳动能力薄弱等。特殊原因为中国国际贸易完全操于外人之手。因此，振兴之策必须努力消除上述原因。

《中国国际贸易概论》论述详尽，特别突出的是统计资料充实。全书附有七十多个各类贸易的统计图表，说服力很强。本书对于研究中国近现代国际贸易史具有重要的参考作用。

（张祖国）

中国人口问题 许仕廉

《中国人口问题》,一册。许仕廉著。1930年由商务印书馆出版。编入《民国丛书》第三编。

许仕廉(1896—?),湖南湘潭人。早年曾赴美国留学,获爱荷华大学哲学博士学位。1924年回国,任武昌国立师范大学教授。同年任燕京大学社会学系教授,并兼任《社会学杂志》经理、编辑。1926年任燕京大学社会学系主任。1927年创办《社会学界》年刊。1928年主持创办了清河实验区。参与建立中国社会学社,先后任该社副理事、理事,兼任北平社会局顾问,《美国社会学及社会研究》杂志特别编辑。1931年赴美讲学,任芝加哥大学社会学系研究导师。此后曾任国民政府外交部参事、条约委员会委员、财政部总务司长等职。抗日战争前夕赴美定居。著作还有英文本《一个市镇调查的尝试》(又名《清河一个社会学的分析》)、《人口论纲要》等。《新中国人物志》有传。

《中国人口问题》是一部研究中国人口问题的著作。分为十一章,依次为《中国人口论调与人口公例》、《研究中国人口材料与人口增加律问题》、《中国人口密度问题》、《生产律与死亡律》、《中国人口之性比例及年龄分配》、《中国人口之婚姻状况及职业分配》、《中国人口之迁徙》、《中国境内的外国侨民》、《中国人口的品质问题》、《解决中国人口问题的方法》和《补论》。本书的人口经济思想主要包括以下一些内容。

一、调和民族主义派和马尔萨斯派的人口观点。许仕廉把中国近代的人口思想分为民族主义派和马尔萨斯派,他认为应该把这两派的主义综合起来。他指出:人为最重要的劳动力,如果"诸事相当",人口愈众,其国力必愈强。如果"诸事不相当",则将适得其反。人口少而财富分配得法、社会组织完善,实优于人口多而分配不得法、社会组织不完善的国家。中国人为抵制外患、保全自己生命起见,恐将寡不敌众,不得不主张加多人口。但如果"诸事不相当",人口众多亦无用,众反不能敌寡。他说:"民族主义派注重团体实力,马尔萨斯派注重个人价值。苟个人价值低微,团体实力必不充足。团体实力不充足,个人亦不能图存。所以谋社会建设,二派学说,不可不融会贯通。"

二、提倡优生运动。许仕廉首先给优生运动下了一个定义:"优生运动就是要用人为方法,去改良种族品质的一个运动。"接着他指出:"优生运动的目的,大致分两种,积极的,是改良种族的原质。消极的,是消除不良的遗传。"积极方面的内容主要有两点:第一,奖励智力最高及身体最强壮的人生育,于是每三十年智慧强健的百分数,可以加高一次。人类的平均智力、平均体力及平均寿命也就渐渐加高。第二,打破"天命"的旧思想,不要专靠地质变迁及地理环境来改变人的生理,应该发明机械方法来改良遗传。消极方面的内容主要也有两点:第一,分开反优生的阶级。如低能的人,疯癫的人,生而暴戾的人,有传染病的人等,使之不能结婚,不能生育。第二,消除伤害种族的毒物,如酒、鸦片、花柳及肺病等。他建议从以下八个方面去开展优生运动的工作:(一)研究遗传法律及婚姻问题(如利用改良动植物的方法来改良人种)。(二)调查个人家庭的发展。(三)普及关于遗传的文字。(四)鼓励身体强壮及脑力充沛的男女互相婚姻。(五)制止早婚及同姓结婚,制止有传染病、神经病、低能、残废的人结婚。(六)提倡体育教育。(七)反对娼妓、缠足、鸦片、赌博、酗酒等的存在。(八)提倡性的卫生和教育。

三、提倡节制生育运动。许仕廉认为节制生育是解决"中国人口过剩之患"的一个主要方法。他指出:"惟土地的供给有限,而人的生产不已。人满之患,日甚一日。"因此他主张进行人口的道德节制,"如迟婚,禁婚,隔离等。个人遏抑性欲,减少生产"。但有时性欲冲动非道德观念所可遏抑,所以,他又主张用机械方法来节制生育。机械方法主要有两种:第一,是永久的节育,即用科学手术解除生育的机能。第二,是暂时的避孕。许仕廉对如何开展生产节制运动工作提出了如下设想:(一)提倡以政府法律限制婚姻。(二)宣传节制生育的需要和方法。(三)提倡智育、体育、美育和社交,以转移性欲。(四)设立公共机关,用科学方法,施行避孕及绝育手术。(五)提倡民族改造,使舆论发展,各国合作,协同解决人口问题。

四、关于中国人口的生育率和死亡率的剖析。许仕廉估计中国人口的生育率达千分之三十至三十五。造成中国人口生育率高的原因有七:(一)中国是农业国,农业国人口的生育率比工商业国高。(二)中国生活程度极低,俭习甚深,能以小小的收入支持很多的人口。(三)在宗法家庭之下,家族世代同居,少壮夫妇常依赖家长生活,不管家庭经济条件如何,不考虑节制生育,子孙多多益善。(四)子女成年,有供养父母的责任,一般父母视子女为一种老年保险金,所以子弟愈多,年老时愈不必虑。(五)中国人口中已婚者的比率比西洋各国高,而中国人的结婚年龄比西洋各国低。又中国盛行一夫多妻制。早婚、普婚及纳妾三项可使生育率加高。(六)依中国旧伦理,婚姻旨趣为繁殖同族,使祖宗血食不致中断。(七)中国教育不普及,民智未开,社会欲望简单,故生育率高。中国人口的死亡率高有三大原因:因不讲卫生而死;因饥荒而死;因兵凶而死。

由于中国人口的死亡率及婴孩死亡率较高,他估计当时中国人的平均寿命在二十三岁左右。

五、向海外移民的观点。许仕廉认为向海外移民也是解决中国人口问题的一条重要途径。他估计当时中国的海外华侨约九百万人。中国人移民海外的原因主要有二:"最重要的移殖原因就是人口过剩的压力。""第二个移殖原因就是喜冒险,得一种新知识,新环境,新经验。"移民海外对中国社会经济的影响可分两个方面:从积极方面来看,第一,海外的中国侨民,每年以力役之所得,汇归本国的款项在一亿万元以上,中国的国际收支逆差赖此款为之填补。第二,侨民目睹外国的政治及经济进步,痛恨本国事事不能振兴,救国热心由此高涨。第三,侨民因能在海外自谋衣食,逐渐脱离旧家庭的势力而独立。第四,中国人口的性别比例,男子超过于女子数比各国高,移殖及当兵可以减少男子过剩的压力。从消极方面来看,迁出的人,大多为身心强健、善事工作、勇往奋发的壮丁。一旦迁出,使本国人口老弱的比例增加,在短期内必致影响本国的生产,并可能会引致人种的退化。

六、解决中国人口问题的办法。许仕廉提出的办法分治标和治本两种。治标办法有六:第一,应用新农业方法,一面使农作物改良,一面增加亩产量。第二,发达工商业。第三,将过剩人口移殖到人烟稀少的地方,如满、蒙、青海各处。第四,提倡职业教育,增加生产人口的百分率。第五,讲求公共卫生,减低死亡率。第六,提倡优生运动。治本办法有四:提倡迟婚运动;提倡平民教育,打破旧思想,使生育率降低;提倡全世界的节制生育运动;使世界各地的土地人口得到适当的分配。

关于《中国人口问题》的研究,主要有吴希庸《人口思想史》、吴申元《中国人口思想史稿》有关章节等。

(傅学良)

中国资本主义在中国经济中的地位其发展及其前途 王学文

《中国资本主义在中国经济中的地位其发展及其前途》,一篇。王学文著。1930年发表于《新思潮》月刊第五期,署名王昂。1986年经济科学出版社出版的《王学文经济学文选》中收有本文。

王学文(1895—1985),原名守椿,号首春,曾用名王昂、念先、思锦、汪铁锋、王秋心、惟明、黄华、黄源等。江苏徐州人。1910年春赴日本求学。1915年毕业于东京第一高等学校预科,入金泽第四高等学校学习。1921年入京都帝国大学经济学部,主攻政治经济学。1925年获学士学位,随后成为著名教授河上肇的研究生。1927年回国。1928年在上海参加创造社,并先后在上海艺术大学、中华艺术大学、上海政法学院、群治大学、暨南大学等校讲授经济学课程。1930年与鲁迅等人发起组织中国自由运动大同盟、左翼作家联盟、中国社会科学家联盟、中国社会科学研究会等。1931年接任中央文委书记。1937年到陕北,任中央党校教员、教务主任兼管理委员会主任。1938年任中央马列学院副院长兼教务主任,1940年任中共中央军委总政治部敌工部部长兼敌军工作干部学校校长,1943年任中央党校研究室主任,1948年任华北财经学院院长兼研究室主任。建国后任中央马列学院教授、政治经济学教研室主任,中国科学院哲学社会科学学部委员。并曾任教育部政治经济学教学委员会主任委员、《资本论》研究会名誉会长、中国经济学团体联合会顾问等职。著作另有《社会问题概论》、《经济学》、《近世欧洲经济思想史》、《解放区工业建设》、《政治经济学教程绪论》、《王学文〈资本论〉研究文集》等。《中国现代社会科学家传略》第三辑、《中国当代社会科学家》第六辑等书有传。

《中国资本主义在中国经济中的地位其发展及其前途》是作者参与当时国内学术思想界关于中国社会性质讨论的一篇论文,分为九节。作者在文中通过对中国社会生产力与生产关系的分析,批驳了当时的一些错误观点。

作者指出:弄清中国经济是否资本主义化,在当时"决定中国革命的性质、革命的动力和革命的路线策略上又成为一个重要的争论中心问题"。为了论证作者的正面意见,文章首先对其他学者的看法进行分析评论,然后观察中国的经济实际状况,从中得出有关中国社会经济性质的判断。

文章认为所谓的"国民经济的初期阶段"说、"资本主义经济的第一期"说、"封建的经济与资本主义经济二者的杂然错综"说、"经济问题列举"说等观点都是错误的,它们或是概念的偷换,或是粗杂的折中,或是表象的罗列,因而均无法科学地说明中国社会经济的性质。

作者在文章中具体分析了中国边疆和内地、乡村和城市的生产关系,揭示:"交换经济在广大的自给自足经济中,只不过是较小的萌芽形态,并不能占主要的支配的地位";"商品生产无论其在农村与都市,都只是单纯商品的生产,前资本主义生产方式的,尤其是封建的半封建的生产方式的生产"。据此,作者断言:"在中国经济中占重要地位、在中国经济生活上演着重要角色的,实在是封建的半封建的经济。"至于资本主义经济,作者认为:"就地域的面积说来,不过少数大都市和少数地方;就发展的程度说来,所谓中国的资本主义经济,所谓中国的民族工业,还只限于资本主义的工业初期时代的轻工业。""中国资本主义经济虽然有数十年间长期发展的历史,而终停顿于一定状态之下,在中国整个经济依然不得不居于次要的地位,不能形成主要的支配的经济形态。"

为什么资本主义经济在中国未能得到正常的发展? 作者从两方面进行了分析,指出:"中国经济,实在处于国内封建的(半封建的)势力和国外帝国主义二重势力压迫之下。"这两种势力是经济发展的束缚者,同时也是中国资本主义经济发展的阻碍者,因此又可以说:"中国经济实在是帝国主义侵略下的一个半殖民地的封建的经济。"

在上述分析的基础上,作者进一步深刻预示了资本主义在中国未来的前景,他写道:"由这看来,中国资本主义经济在这种状态压迫下,无论如何得不到发展条件,不能向上发展,如果想向上发展,非先打破这两重束缚不可。但是,幼稚的中国民族资产阶级……负担不起这种社会的任务,不能完成这种历史的使命……因为中国经济发展的复杂性,搁在中国无产阶级的双肩之上。惟独中国无产阶级能领导革命,能打倒封建的势力和帝国主义,转变社会的经济,走向非资本主义的前途来解放旧社会经济关系下被压迫的一切劳苦群众。""这是中国整个经济的前途,也同时是中国资本主义经济的前途。"

本文发表以后,引起理论界各方面的强烈反响。进步学者著文表示支持,还有人将文章译成日文发表。托派分子则对它进行攻击。1931年7月,王学文又写了《中国经济的性质是甚么?——评中国几位社会科学家的见解》,发表于《读者》杂志第一卷第一期,对托派的攻击作了回答,进一步论证了中国社会的半殖民地半封建性质。

(锺祥财)

中国新工业发展史大纲 龚 骏

《中国新工业发展史大纲》，一册。龚骏著。1933年由商务印书馆出版，后曾修订再版。1978年台湾华世出版社重印。

龚骏，生卒年不详。著作还有《中国近代工业发展概论》、《中国都市工业化程度之统计分析》等。

龚骏先著有《中国近代工业发展概论》，后修改五次，历时两年半写成本书。1928年，国民政府宣布了关税自主政策，并同各国改订新约。这些有助于中国民族工商业的发展，而帝国主义对中国工业的侵略仍在继续。作者念"海禁大开，列强环伺，以中国面积之辽阔，蕴藏之丰富，谁不愿取而代之。成败存亡，固在乎全国同胞之努力。而过去成迹，又未始不可为将来之殷鉴"（《绪言》）。故作此书，叙述并讨论鸦片战争后中国新工业发展之现象、性质及其因果。

本书所谓的"新工业"，是指机械、日用消费品的制造及现代能源工业。在叙述过程中涉及农、商、运输部门的，作附带说明。自鸦片战争到1928年止，凡重要工业的兴废沿革，前后互有关系的，均各立系统。对时代背景亦详加说明。

本书共分九章。第一章为《工业革命以前历史》。以后按时间顺序分为八章。最后附有《六十七年来中国工业大事年表》。

第一章论述手工业（书中称为"手艺工业"）的沿革、性质和组织。作者认为：（一）中国手工业发源极早，但其发展受重农政策抑制。（二）手工业为皇室制造，重艺术而不重生产。（三）中国手工业的组织产生极早，团结极坚固，类似"基尔特"。（四）皇室禁抑作业和手工业组合的封建性是中国手工业不能发达的大症结。

第二章论述清道光二十二年（1842）至咸丰十一年（1861）中国手工业破坏及新局面的产生。作者认为，新工业不能兴起的两大障碍是关税和厘金，而直接影响的原因还有手工业组合的妨碍，排外思想的热烈和各国机器工业的幼稚。

第三章论述同治元年(1862)至光绪三年(1877)军用工业的兴起,包括制炮局、江南制造总局、造船制器工业等的创设。作者认为:(一)这一时期可称为中国机器工业的兴起时期,又可称为军用工业时期。(二)军事工业的兴起的原因有二:一是武力思想的现实,二是曾国藩、李鸿章等人的极力提倡。(三)这一时期造船业初盛而未衰,矿业试办而未著,军械制造最为发达。(四)新兴工业为官办性质,仅开平矿务局有招商之议。(五)各局经费大多由洋厘项下拨充,数额不多,发展受牵制。(六)各局管理多委托于不学无术的外国人,工程大受影响。

第四章论述光绪四年至二十年(1894)的工业。内容有官督商办工业独盛的原因及其失败,缫丝、棉织、开矿制铁、面粉、水泥、制纸、火柴等业的兴起等。作者认为:(一)这一时期是中国制造业的推行时期,官办、官督商办、商办及外人经办均有,而以官督商办为最著,又可称为官督商办时期。(二)官督商办工业兴起的原因,一是民智幼稚而官督商办为工业发展的必然途径,二是各省吸纳商人资本补财政的不足,三是李鸿章、张之洞等人的极力提倡。(三)失败原因,一是总办等要职多委于不学无术的官绅,二是工程经办多依赖于外国劣等工头。(四)清廷仍未放弃武力梦想,故军械制造异常蓬勃,船政则日衰。(五)较大的公司有织呢总局、华盛、湖北纱布局、开平煤矿、漠河金矿、大冶铁矿和汉阳铁厂。

第五章论述光绪二十一年至二十八年(1902)的工业。内容有外人兴业激进的原因,外国设立的纱厂、面粉业、煤铁等矿及其他工业,华商的缫丝业和其他工业,外商企业激进期中朝野的注意等。作者认为:(一)这一时期为外人在华兴业时期,原因之一是《马关条约》允许外商在中国口岸自由设厂制造,二是前一时期外国技师在中国工场有极大的经验,在华办厂可应付裕如。(二)外商投资以英商最多,德、俄、法、美、日次之。(三)《中德胶澳租界条约》(1898)为中国开矿权丧失之始,铁路局奏定《矿章》、外务部奏定《酌定矿务章程》为矿权丧失张本,英福公司攫取山西矿权为矿权丧失的最早一例。(四)国人自办工业有纺纱业、面粉业、矿业、火柴业、缫丝业、印刷业、造纸业,以及强水、制帽巾、洋皂等业。(五)重要的公司或工厂,外资有怡和、老公茂、瑞记、鸿源、增裕、广源盛、福公司、德华煤矿公司等;华资有大生、茂新、复新、阜丰、萍乡煤矿、中兴煤矿、豫丰、和丰、燮昌、商务、华昌等。(六)朝野人士注意到外商企业激增,奖励工业,推行专利免税自此始。

第六章论述光绪二十九年至宣统三年(1911)的工业。内容有新工业过渡的三大现象,政府及各省对于工业的提倡奖励,新兴工业的鸟瞰,棉织、缫丝、毛织、面粉业的发展,矿权收回及汉冶萍公司的成立,火柴、水泥、烟草、造船等业的勃兴等。作者认为:(一)这一时期为中国新工业一大过渡时期,帝国主义对在华利益由武力竞争到经济竞争,国内对发展工商业的必要性由政府觉悟到人民觉悟,国内新工业由官督商办到全民商办。银行团的设立,商部的举行,公司的注册,政府及各省的提倡,工业展览会的推行,工业矿务权利的收回,国货的提倡,排斥美货的进行等,均于这一时期发生。(二)新式工业以棉织、缫丝、毛织、面粉等为最发达,煤铁、火柴、水泥、烟草、造船等次之。制纸、制糖、砖茶、瓷器、榨油、玻璃、罐头、针钉、电汽等业尚在发展中。(三)工业分布,长江流域保持优胜。缫丝、砖茶、瓷器等盛于南方,毛织、面粉、榨油等盛于北方,火柴、水泥、制糖、制纸等分布普遍,棉织业独盛于江浙。(四)重要公司或工厂,外资有内外棉株式会社、满洲制粉会社、抚顺煤矿,华资有大生、甘肃织呢总局、日晖织呢厂、湖北毡呢厂、滦州煤矿、中兴煤矿、汉冶萍公司、扬子机器公司、求新制造厂、江南船坞、启新水泥厂、南洋兄弟烟草公司、博山玻璃公司,中日合资有本溪湖煤矿。(五)外商投资以日商为最多,集中于东三省。英、俄、法次之。投资种类有棉织、面粉、煤铁、机器、造船、烟草、制糖、砖茶、榨油等,以前三项为多。日本的棉织、缫丝、制糖,印度的茶,安南和香港等地区的水泥,与中国相竞争。

第七、第八章论述1912年至1928年的工业。第七章内容有最近新工业兴起的促机,政府提倡及法规的推行,新工业焕发期中的三大现象,新工业兴起的障碍和变迁等。第八章内容有棉织业、缫丝业、毛织业、针织业、面粉业、火柴业、煤铁业和其他工业的发展概况。对这一时期的发展,作者认为:(一)有六个起促进作用的因素:外商经营企业的激增,官吏政客企业心的增加,欧战的机会,"二十一条"的刺激,金融业的勃兴和铁道转运的发达。(二)仍存在的三个障碍是:不平等条约(如协定关税),政局不稳及厘金制度,工业界自身的缺点。(三)存在三大现象:机械化,集中化,劳资争议恒久化。(四)日本在华投资激增,中国新式工业无不有日资在内。(五)中国重要的新式工业组织中,最大者无不为外商所经营。

第九章论述1929年至成书时的工业发展。内容有棉织业、缫丝业、面粉业、火柴业和其他工业的情况及今后工业发展的趋势。作者认为:(一)这一时期中国重要工业均有衰落现象,以纺纱、缫丝等业为最。主要原因是:外货倾销;日本占领东三省及侵犯上海、热河等重要工业区;农村破产,购买力弱,金融停滞,工业大受打击;金价突涨,原料成本高昂,竞争乏力;内乱丛生,苛税横行。(二)今后工业发展的趋势,一是关税保护,二是政府奖励工商,三是建设国家工业资本,四是协调劳资关系。

本书使用中外资料极多,对中国近代工业的发展进行了较好的总结。

(蒋 畅)

农业经济学 董时进

《农业经济学》,一册。董时进著。1933年由北平文化学社出版。

董时进(1900—1984),四川垫江人。1920年毕业于北京农业专门学校。1922年考取清华留美预备班。后入康乃尔大学,获农业经济学博士学位。1928年回国,任北平大学农学院教授,曾任院长兼农业经济系主任。1935年赴江西创建江西农业院,任院长。1938年在重庆自办大新农场,引种柠檬等新产品。又创办中国农业公司,任董事长,并在中央大学等高校任教。1940年创立中国农业协进会,任主席,主办《现代农民》月刊。参与发起成立中国民主同盟,任中央委员。1942年赴成都主持四川省农业改进所工作。1946年组建中国农民党,任主席。1950年去香港。1957年去美国。著作还有《国防与农业》、《农业政策》、《食料与人口》等。

《农业经济学》一书的"序言"首先言明农业非单纯的技术,而为一种生活及营利的实业,农民非单一的技术家,乃亦实业的经营者。故农学讲技术,也应讲经济。如农业效率,农产品价格的提高,农民利益的加大,损失的减少等,均属农业经济的范围。本书介绍农业经济学的基本原理,同时注重中国农业及农民问题的讨论,以期中国农业经济学的形成,及对中国农业及农民问题的认识有所帮助。本书分析、运用所积累的资料,以探求新鲜学理与应用原则,以供实际工作借鉴。

本书分《绪论》、《农业之经济特性》、《农业之起源》、《农业在中国经济之重要》、《土地之特性及利用》、《土地之农业的分类》、《农业上之收益渐减现象》、《农场之面积》、《耕地重划》、《中国佃租制度及佃租问题》、《农业机械与农业及农民之关系》、《农业劳动者》、《农业信用》、《农产贩卖》、《农产物之国际贸易》、《中国农村经济情形之一斑》、《农业合作》、《粮食问题》、《垦殖问题》、《中国农业及农民之根本问题及出路》共二十章。其要点如下。

一、农业经济学的意义及任务。作者概述20世纪二三十年代各国农业经济学由于国情不同,研究内涵亦各异。美国私人农业企业化,农业经济学以研讨农业的最大效率及最大利益为归宿。德国以国家为主体,具有国家主义色彩,故称"农政学"。英国重视农业成本的研究。中欧各国地权集中,以土地重分配为讨论重点。农业为当今世界最大的生产事业,公私经济无不涉及农业和农民,中国更然。农学可分技术与经济两方面,农业技术讲究生产的数量和质量;农业经济讲究生产费用的减少及产品价值的增高,农民收入的增加。农业经济学的任务在于研究如何发展及改良农业的经济要素,求出适宜的经济法则。农民从事农业,其目的在于获利,即如何使全部事业总结算后之利益最大。不能仅责农民增加生产,而不顾其利益。

二、农业经济的特性。作者分析,主要有以下一些特性:农业在管理上比较困难,对大规模经营有一定限制。农业依靠自然,生产很不稳定,产量不能随市场需要而随时增减。农业生产限于一定时期,而农家进款次数少,有定时,因而价格问题突出。到收获时,需款孔亟,急于出售,使价格暴跌。在金融问题上,耕耘、施肥、播种、除草均须花钱,农民无财力者举债度日,受高利盘剥。因之,国家应有长短期低利贷款,兴建平仓,帮助农民。农业生产有季节性,农机具年度利用率不同。农业有自给自足的可能。农业受土地面积、位置及其生产力的限制。上述农业的特性以薄弱环节为多,故各国政府多对农业给予特殊的便利与辅助。农业好,农民富,智识增,则国家获益无可限量。尤不可因援助一时未能见明显成效而灰心。

三、农业在中国经济中的重要性。中国人的衣食原料大部为本国农业所供给。中国人民的大多数职业均为农业所赐予。中国农业为中国工商业的基础。农业为国家财政收入的主要源泉。农业供给中国出口货的绝大部分,1927年农畜产品出口总值占出口总值的百分之六十六点五七,出口的工业品如绸缎、棉纱、纸烟、棉布、木材等亦为农产品的加工品。农业对于中国进口农产品的漏卮堵塞负有重大使命。农业对中国工商业的发展有密切的关系。

四、关于使用农业机械问题。使用农业机械的影响:改变劳动性质,由体力向脑力转变;提高工资;减少工作时间;提高工人生活水平;增加农业生产的稳定性;使收获物提高质量;加大农场面积;工作优良匀整且不失农时;减少人工;使倾斜不平的土地跌价或荒废。中国使用农机的困难在于:要解决劳动力的出路,否则得不偿失;农场面积过小;缺少资金。作者认为农村若能开发各种富源,创造新的职业,则机械的利益甚大。当前可相宜使用轻便的新式农具。

五、中国农村的一般情况。作者自行设计表格,由华洋义赈会于1930年寄交河北省境内各地农村信用合作社调查,计四十三县二百四十二村二万四千多户。调查获得了如下数据:人口每户四至十人的占百分之六十四点七。栽种面积以二十亩以下为主。有土地百亩以上的地主占百分之二十,租地户占百分之六点五,租地面积占总亩数的百分之二点八。农民职业,专务农户占百分之五十七点一六,兼务农户占百分之三十点八六。其结论为:每户耕地面积均小;土地分配不能算十分不平均,华北大多如此;按人均养畜比例言,大小家畜均低于欧美国家,因耕地少,饲料不足;务农者多,劳力有余,收入不足,故兼业多。

六、提倡农业合作。中国地广人多,各地情况极不一致,要提倡符合各地情况及需要的组织。河北省于1922年6月,华洋义赈救灾总会拨款五千元,始组织农村信用社。1931年已有合作社九百零三个。江苏省有各类合作社一千五百四十五个。有些合作是冒名的。成立合作社要按农民的自愿需要,发扬和衷共济,互助互谅精神。这对合作社的成败关系极大。对农民的宗族观念,家长作风,保守散漫习气,应有意教育之。并授以组织办事方法,切忌包办代替。

七、粮食问题。粮食是中国最紧急最重大的问题。一般人均耕地一点八英亩(一英亩合六市亩)或粮地零点六五英亩以下的,粮食均多不足。而中国人均耕地为零点五五英亩(1930—1931),故中国进口粮食不是问题。今后耕地还要减少,则粮食进口还要增加,这与农业有利无害。目前许多人无饭吃或吃不饱,一是因粮食生产不足,一是因为穷,故既要增产,又要治穷。此外还要发展经济,增加就业,限制人口,减少出口,禁止囤积,提倡积谷等。

八、中国农业及农民的根本问题及出路。作者指出:贫与愚为较多人所承认,而贫愚之极峰均在农村。中国耕地少,人口多,发展工商业,吸收农村人口,为吾人所切望。豪强者流(政府即为一有组织之豪强者)剥夺农民,供其挥霍,更成为帝国主义盘剥中国农民的代理人。社会无适当制裁之法,农民无自卫能力。干练的中国人多喜从事政治,不事生产,农民任人宰割,不知抵抗。民为邦本。推广开明教育、职业教育,使农民成为健全的公民,有技术,懂民主,发展农村工商业,增加农产,治贫治愚,中国农业才有振兴的希望。

(蒋楠生)

现代中国的土地问题 陈翰笙

《现代中国的土地问题》，一篇。陈翰笙著。成于 1933 年。原作用英文写成，题为 *The Present Agrarian Problem in China*。由黄汝骧译为中文，发表于《中国经济》第一卷第四、五期合刊（1933）。又收入冯和法编《中国农村经济论》，文字略有改动，1934 年出版。再收入中国农村经济研究会编《中国土地问题和商业高利贷》，1937 年出版。建国后出版的《解放前的中国农村》第二辑、《陈翰笙文集》和《陈翰笙集》亦收此文。

陈翰笙（1897—2004），江苏无锡人。1915 年留学美国，1921 年获芝加哥大学硕士学位。1922 年赴德，1924 年获柏林大学博士学位。同年回国，任北京大学教授。次年经李大钊的介绍，同第三国际建立了关系。1927 年在莫斯科第三国际农民研究所工作。1928 年回国，任国立中央研究院社会科学研究所副所长，在他的主持下进行农村经济调查。1933 年成立中国农村经济研究会，被推为理事会主席，并创办《中国农村》。1935 年在莫斯科东方劳动大学任特级教授，办了由第三国际转到中国共产党的手续。1936 年在纽约任《太平洋事务》季刊编辑。1939 年回香港，编辑《远东通讯》半月刊。1941 年到桂林工作。1944 年因国民党军委会要逮捕他，出走印度。1946 年任美国华盛顿州立大学特约教授。1950 年回国，历任外交部顾问、外交学会副会长、国际关系研究所副所长，并任中国科学院哲学社会科学学部委员兼世界史组主任等。后任中国社会科学院世界历史研究所名誉所长，中国国际文化书院院长等。著作还有《中国农村经济研究之发韧》、《东北的难民与土地问题》、《广东农村生产关系和生产力》、《工业资本和中国农民》（日本、英文）、《中国农民》（英文）、《西双版纳的土地制度》（英文）、《美国垄断资本》、《印度和巴基斯坦经济区域》等。

《现代中国的土地问题》是陈翰笙在中央研究院领导农村调查工作的成果之一。用调查所得的具体数字分析中国农村的生产关系。本文分两部分：一是《贫农需要土地》，又分《土地分配不均》和《耕地的分散》两目；二是《大地主是农村崩解的因素》，在综合分析后再分《地主与富农的工作》和《农产的衰落》两目。其要点如下。

一、土地分配不均。文中介绍了河北定县(今定州)、保定,浙江平湖、临安,江苏无锡,河南南阳和广东省的土地分配情形,各列表说明。定县134村,有11.8%的农户无地可耕;59.7%的农户有25亩以下土地,平均每家10.9亩;2.3%的农户有100亩以上土地。保定调查10村,其中65.2%的贫苦农家只有耕地的25.9%,而11.7%的地主、富农却有土地41.3%。平湖土地多为地主所独占,以3%的人口占有土地80%。无锡调查20个村庄,占农户总数5.7%的地主占有耕地47.3%,而68.9%的贫农与雇农仅占有田地14.2%。临安贫农占农户总数的48.1%,所有耕地仅占13.1%。南阳有65.2%的农户是贫农,他们的耕地仅占全耕地的20.2%。广东未经调查,据匈牙利人马扎亚尔的估计重作估计,得出占74%的农户为贫农与雇农,占有耕地19%;占2%的地主占有耕地53%。

二、耕地的分散。印度、中国都是小农占主要地位,大农田很少见。农家耕地地段的大小可以反映出社会的与经济的意义。从保定的调查可以看出:地主与富农的耕地地段,大块的占百分数最高,小块的占百分数最低;中农与贫农,尤其是雇农,小块的占百分数最高,大块的占百分数最低。穷苦农家大块地段日益减少,小块地段日益加多。每段耕地的平均面积也在减少。农田分散是农业生产的障碍,难以实现合理化的管理及土壤改良。小农田天然排斥大量生产的发展,大量劳力的使用,资本的集中,多数牲畜的饲养与科学的应用。

三、土地向地主集中。中国近代国家及社会的土地多为大地主所掠夺。近年来,在山东、河南、河北、山西及陕西的北部,有成千累万的贫苦难民受饥饿、战争、苛税、征发及土匪的迫害,向关外等省迁移。他们无地可耕,多数赋闲,有的变为佃农或雇农。饥馑使土地集中,陕西中部往往以百亩之田换取全家三日之粮。1931年的长江大水灾又使很多土地集中在大地主及富农手中。佃农无力交付地租。地主不但收租困难,而且田赋负担繁重。最近十年,江苏田赋增加90%。四川有些地区驻军预征田赋至二十到四十年之久。湖南的附加税约当田赋的四倍。1929年至1930年间,全国所有的1941县中,有823县受苛税所苦。赋税繁重使孱弱的旧地主灭亡,又使新地主得以产生。许多有势力的地主从不纳税。地主经营商业参加政治的日多。中国的地主已经跨进新的政治与商业中,而使商业、政治改变其固有的性质。

四、地主与富农的工作。中国的地主大多兼商人、高利贷者或军政官吏。调查江苏占地千亩至六万亩的大地主,其中374个都有主要职业,纯粹收地租的很少。地主官吏以东北、西北各省为多,地主商人则以山东、河北、湖北及其他商业较发达的地区为多。中国的农村行政统统建立在地主权力之上。地主还操纵地方的商业及放债资本。他们通过放高利贷与经营商业,鱼肉贫民,积累财富,增置田产。当铺完全是商业性质的重利盘剥机关。在存在经济的封建残余势力的地方,大部分资本来自地主。当铺是高利贷、商业、地主事业三位一体的组织。中国的富农也放高利贷与经商,已经变成了部分的地主。中国的地租高达全部收获的 40%—60%。1926 年政府采取减租政策,规定地租最高限度为 37.5%,只有湖南、湖北、浙江、江苏公布减租条例。到 1928 年 2 月,除浙江外,都取消了减租律。但地主对不服其意志的佃农往往夺还其土地,佃农尚未收到减租之利时,已经失去土地耕种了。

五、农产的衰落。最近的调查统计表明耕地量在缩小。相伴而来的是生产方法的缩减,如耕畜、农具、肥料的缩减。耕畜减少的原因,或为大水所湮没,或为疾疫所病死,或为贱价所出卖。最近谷价惨落,使贫农更为窘困,大多数无力购买肥料。贫农的耕畜、农器、肥料都被剥夺,只有放弃他们的小块土地。不仅中农、贫农及雇农出卖土地,即许多富农与地主亦无不希望卖出土地,以取得现金而减轻负担。土地集中在新的有势力的大地主手中,他们正利用土地价格的暴落。"这样,土地所有与土地使用间的矛盾,正是现代中国土地问题的核心。"

《现代中国的土地问题》在用马克思主义方法研究中国农村问题上作出了贡献。发表后,曾参加调查的钱俊瑞在《中国农村》第一卷第五期(1935 年)发表了《评陈翰笙先生著〈现今中国的土地问题〉》,在肯定本文的特色和贡献的同时,也指出了一些不足之处;并对翻译用字的不够准确表示了惋惜,如将"生产手段"译为"生产方法"等。他将陈文的题目写作"现今",不作"现代",是据英文直译而来。

(叶世昌)

中国田制史(上册) 万国鼎

《中国田制史(上册)》,万国鼎著。1933年由上海南京书店出版。1934年改由正中书局出版,后曾再版。

万国鼎(1897—1963),字孟周。江苏武进(今常州)人。1916年就读于金陵大学农林系,毕业后留校任助教。1922年在上海商务印书馆任编辑。1924年回校任农业图书研究部主任。1932年起任国民政府国防设计委员会专员、中央政治学校(1947年改为国立政治大学)地政学院教授,曾任地政系主任。其间还担任中国地政学会理事,主编《地政月刊》。1951年在河南省人民政府农林厅工作,1953年任河南农学院农学系教授。1954年任南京农学院农业经济系教授、中国农业遗产研究室主任。1957年中国农业科学院成立,中国农业遗产研究室列入该院建制。著作还有《土地改良法》、《南京市旗地问题》、《中国农学史》等。

《中国田制史(上册)》是一部叙述中国田制发展历史的著作,以作者在金陵大学和中央政治学校地政学院的讲稿为基础而写成。在谈到本书的主旨和研究对象时,作者表示:"土地问题影响于国计民生至巨。……吾侪生中国,亟待解决者中国土地问题,先民经验,尤不可忽。而欲明现状之造因,亦必追溯已往。"另一方面,"土地与当时学风、政治、社会、经济及农工技术均有关系,而其影响所及于国与民者何如,尤为吾人所欲知。故本书以田制为主,而论述所及,不能以此为限也"(自序)。

全书分为四章,每章各有十节。第一章为《上古田制之推测及土地私有制之成立》,包括古书传说之不可信,商时为村落共有制,西周和春秋之采地制,农业与社会之变革,列国之新政,井田论,土地私有制之成立,地主与政权,春秋战国间农民之生活等。第二章为《两汉之均产运动》,包括传统的农本主义,秦汉之赋税,土地私有制的弊害与均产运动,井田论之演进,限民名田,王莽之改革,政府救济贫弱无田之政策,屯田,人口及土地利用等。第三章为《北朝隋唐之均田制度》,包括西晋占田法,南朝田制,后魏至唐之均田制度,职分田与公廨田,屯田与营田,租庸调,均田制度与均贫富等。第四章为《均田制度之破坏后之唐宋元》,包括两税法,五代之赋税与请射,宋初之民田与赋役,王安石之新法,南宋之民田与赋税,两宋官田,辽、金之田制,元之官田、民田与赋税等。此外,本书还附有图表二十二幅,插于文中。

在研究方法上,作者引用大量史料,对上古至元代的土地制度演变作了翔实系统的论述,并对重要的古田制问题发表了自己的见解。

作者对有关井田制的假设提出了否定意见。他指出:"《周礼》本系汉世之书,托诸周官,所言井田制度,虽似详密,实则细碎矛盾而不可通,其伪显然。"他断言:"夏商均无井田制,西周以至春秋所行者为采地制,亦非儒者所传之井田制。"为了论证他的观点,书中列举了数条史料,如"西周赐田,以'臣五家'与'田十田'对举,与八家同井之制不合。田之数以田计……与积井为邑,以至于同之制不合。春秋赐邑,自数邑以至数十,而大邑复有属邑,与井田之邑丘甸县不合"。

关于土地私有制的产生,作者认为:"封建坏,社会组织变,采地制不能独存,于是土地私有制应运而生,此自然之势也。"接着指出:"春秋已入市镇经济时代,至战国时更发生大都市,商业繁盛,交易益为发达,土地自必随之渐可买卖。土地既可买卖,则私有制之性质全备矣。"

对于北朝隋唐诸朝实施的均田制度,作者进行了重点分析评价。他指出这种田制本身规定并不公平,因为平民受田远远不及官僚之数,"君主厚遇官僚,使为己助,小民安得分肥。右官抑民,盖显然也"。另一方面,有法不依,"不独官民私相违制,君主亦立法而不尽遵行。富贵者依法受田,亦已多矣。复于常法之外,赏赐任意"。他进一步揭露说:"然此尚就制度言之,实际之不均,犹甚于此。奸吏弄法,舍豪强而征贫弱,纵奸巧而困愚拙,故西魏苏绰有均赋役之请。"不过,作者在评价均田制时又强调:均田制对贵族及官僚利益的维护既是人之常情,又为势之使然。"故均田制度之设,考其动机,未可厚非。虽不能即达平等,亦可聊为之节,稍得其平。其不平之处,则所以委屈(曲)求全也。"

作者认为均田制破坏有多方面的原因。首先是人口增殖。"易代之际,户口常少,不难均给。待承平稍久,民户增殖,多至三四倍以上,而顷亩不能倍增。荒芜早辟,田各有主,欲谋均给难矣。"其次是户籍失实。由于"政教陵夷,赋重役繁,民不堪命,相率逃亡,诈伪滋多,官亦怠于造籍。旧日之善法寖废,户籍不复可凭。均田制度以户籍为本,籍既失实,欲不废而不能矣"。第三是制度欠妥。由于允许买卖永业田和口分田,"已开兼并之渐","历时既久,法制渐堕,官失其驭,卖易视为固然,于是豪右相率逾限,兼并不殊未行均田制度矣"。第四是自然趋势,他肯定:"盖营利好货,人情之常,知足安贫,百不得一。……人之能力不齐,勤惰不一,执业不同,际遇无定,在在足使贫富升降。"这就使均田制的破坏成为必然。

北宋的王安石新法是得到本书作者肯定的。他指出:"宋之病在贫弱而姑息,故新法以富强积极为归。"至于新法实施中的弊端,作者认为:"虽事由官办,吏或缘以为奸,则奉行者之过。言者辄指为掊克聚敛,损下益上,岂安石之本意哉?"又说:"大抵新法之意甚善,惟以中国之大,用不得人,不能无弊。"

除了对古代均田制发表评论之外,作者还就历史上的有关经济思潮作了考察。在第二章中,他专门论述了农本思想的产生和政策理论内容,其中涉及的古代思想家及其著作有孟轲、荀况、商鞅、《管子》、韩非、晁错、贾谊、《盐铁论》等。作者揭示道:"农本主义之目的,非有厚爱于农民也,主要为谋国家或统治者与官僚阶级之利益,盖别有所为也。"不仅如此,"以累代抑商之故,商不得盛,农亦交困。国用取自田赋,而农业生产受天然之限制,设遇暴君污吏,诛求无度,农民不能安生,流为盗匪而大乱作矣。此亦重本抑末之果也"。

《中国田制史(上册)》出版后,在学术界引起反响,中国地政学会主办的《地政月刊》作了简要评价。马寅初在其所著《中国经济改造》一书中引用了作者有关井田制的见解,而这种见解的提出还推动了当时的井田制问题讨论。

(锺祥财)

农业经济学 许 璇

《农业经济学》,一册。许璇著。成于1934年。1943年由商务印书馆出版,为《中国地政研究所丛刊》之一,至1947年出了三版。

许璇(1876—1934),字叔玑。浙江瑞安人。清光绪二十八年(1902)至上海,入南洋公学肄业。三十年任湖北编书局编辑员,次年任广东学务公所编纂员。同年赴日本留学,1913年毕业于东京帝国大学农科。回国后任北京大学农科教授兼农场场长。1914年任教于由北大农科改建的北京农业专门学校,1922年任代理校长。1923年任浙江甲种农业学校校长。1924年北京农专改为北京农业大学,复任校长。1927年任第三中山大学(浙江大学)农学院教授,并筹组浙江省农民银行和合作人员养成所,兼任所长。1930年主持北平大学农学院,后返浙。1933年又任北平大学农学院教授,主持农业经济系,组织附近农民成立信用合作社。台湾《民国人物小传》第四册等书有传,《中华农学报》第一三八号刊有孙信的《许叔玑先生年谱》。

《农业经济学》是作者从事高等教育二十年长期积累编著而成的书稿。后作为中国地政研究所存稿,经该所整理出版。全书分《农业经济学之意义及其范围》、《农业经济之地位及其发达》、《农业之特性》、《最近世界各国农业状况之变迁》、《农业土地》、《农业经营》、《自耕农及佃农》、《农产物之价格》、《农业机械问题》、《农业金融》、《农业关税》十一章。各章的要点如下。

一、农学就农业的经济方面(不包括技术方面)而论,包括农业经济学和农业经营学。前者研究农业的经济行为及由此产生的种种社会关系,并探究其经济原理及法则,常从社会的立场或国民经济的立场进行研究。后者就农业经营主体的立场,论述其经营的组成、指导、监督的原则及方法等。另有农政学,亦以国民经济为本位,易与农业经济学混淆,但所研究者为农业经济政策的树立、施行准则,并对已施行的农业政策详加检讨。

二、论述了农业经济学的发展史。指出各国农业经济学的发展,应以德国学者为最早最著。此后英、法、美、日等国均按其国情各有发展。作者认为:各国农业互有异同。中国自有其特殊的历史地理及社会事情,中国农业经济学既不要故为立异,也不能强行认同,应本研究的精神,以期自辟途径。但中国农业既入于世界经济圈中,不能再作桃园之梦。故讲求农业经济的学者,要外察世界经济潮流,内审本国农业状况,研求农业经济的原理及法则,以资实地应用。

三、农业所用的土地与工商业大异其趣。农业受土地性质如气候、肥瘠、干湿、轻重、形状、位置等影响特大;农业所占面积较广;农业作业多对土地行之;农业以土地资本为最主要,并受收益渐减法则支配。农业生产季节性显著;作业场所经常变换;使用机械范围较狭;分业困难;农业富于保守精神,技术进步需时较久。

四、本书资料运用到1931年为止,正值世界经济恐慌,农业危机严重时期。作者运用数据,主要谈农业恐慌比工商业更为严重,并探讨其原因。

五、关于农业土地,作者论述了:(一)土地的经济性质。指出土地有支持力、可耕力、培养力,具有自然的独占性,可永久使用。土地为自然物,而今日的农地则为自然与人为互相融合而成。(二)收益渐减法则。从静态和动态进行论述,说明生产要素的合理组合十分重要,而生产技术进步,交通发达,国家农业政策如维持或提高农产物价格及生产费下降等可以缓和其作用的产生。(三)土地价格。中国当时地价下跌,主要原因是农产物价格低落,农村金融枯竭,税捐苛重。(四)土地分配。主张土地所有权应分配于多数人,尤其是使土地所有者与土地经营者同为一人。而不在地主不利于国民经济和农业经济,应设法矫正。

六、农业经营的集约度问题。社会要求集约以增加产量,而农民但求纯收益多,不求集约。近年农产物价格一蹶不振,农业经济入不敷出,要求增加集约度是缘木求鱼。

七、自耕农和佃农。自耕农特别爱护土地,以维持并增进其生产力。所有权的魔力可化砂土为黄金。而地主不劳而获,不但剥削佃农,而且剥削农村的脂膏供其挥霍,助长都市膨胀,使农村资金更形枯竭。还论述了自耕农和佃农的分布情况,佃种的种类及比较,中国佃种制度等。

八、农产物的价格。(一)价格构成。应是生产费加合理的利润。讨论了正常价格与市场价格,价格与价值,供给与需求,界限效用。(二)农产物价格与需要及供给的关系。指出农产物的需供弹性均小,尤以食料的需求弹性为最。而工业原料凡可代替者,弹性稍大。就供给言,农业土地的供给有限,投入土地的资本不可移动,农业劳力的供给等均乏弹性。而农业生产周期又长,不易与价格的高低相适应。(三)农产物价格的调节。为防止农产物价格低落,应由农民(自愿组织合作)、政府政策、国际协议等方面进行调节。

九、农业机械的使用。首先要求农场面积扩大,其次要转移农村劳力,此外还有资金问题。目前不能一蹴而成,将来必成为一重大问题。

十、农业金融的内容有:(一)农业金融的意义及种类。(二)农业金融的特色:长期,低利,较为安全。(三)中国农业金融的问题,主要是资金不足。论述了如何筹集,如何设置农金机关,如何贷放,包括范围、期限、额度、利率、债券等。

十一、农业关税的内容有:关税的意义及种类,近世各国关税政策的变迁,农业关税的得失,中国关税制度与农业的关系。农业为国家的命脉,关税应有意予以保护;出口税与厘捐应一扫而空,促其流通,以增加产量;应增加进口农产物及其加工品的税率,加以限制或禁止。

《农业经济学》为当时本学科的重要著作,被高等学校农科广为采用。本书所述关于农业经济学的一般原理和对中国农业的一些朴素见解,到今天仍具有参考价值。

(蒋楠生)

新经济学大纲 沈志远

《新经济学大纲》，一册。沈志远著。1934年由北平经济学社出版。后由生活书店出版，到1947年已出了十一版。另有北平经济学社版。1949年由三联书店出增订第一版，被作者称为"解放版"。总计从1934年至1954年，共出十八版以上。其1940年版编入《民国丛书》第五编。

沈志远(1902—1965)，原名会春，曾用名沈观澜、沈任重、王剑秋。浙江萧山人。1922年毕业于上海交大附中。1924年到松江景贤女中教书，后任上海大学附中副主任。1926年赴苏联莫斯科中山大学学习，毕业后到莫斯科中国问题研究所当研究生。1930年在共产国际东方部参与编译《共产国际》杂志中文版和《列宁选集》的汉译工作。1931年底回国，曾任中共江苏省文委委员、中央文委委员、社会科学家联盟常委等职。先后任暨南大学、北平大学法商学院、西北大学法商学院教授。1938年底到重庆任生活书店总编辑，曾主编《理论与现实》。1941年到香港，参与编辑《大众生活》杂志。1944年在成都参加中国民主同盟，1945年被选为民盟中央委员。1946年去香港，任达德学院经济系主任兼教授。1949年到北平参加政协会议，任燕京大学教授。建国后，历任中央人民政府文化教育委员会委员、中央人民政府出版总署编译局局长、华东军政委员会参事室主任、民盟上海市主任委员、华东文教委员会副主任、上海市政协副主席、中国科学院哲学社会科学学部委员等职。1956年任中国科学院上海经济研究所筹备主任，后一直任该所研究员。著作还有《计划经济学大纲》、《近代经济学说史》、《中国土地问题与土地改革》、《资本主义总危机论》等。《中国现代社会科学家传略》第六辑、《中国当代著名经济学家》第二集等书有传。

《新经济学大纲》是沈志远的成名之作，它是由中国人自己写的系统完整地介绍马克思主义政治经济学的最早的专著之一。其内容在再版过程中不断充实修订，1949年版为十二编三十六章，另有《绪论》，与1934年的初版相比，字数增加了近一倍。

本书1949年版的编、章为：第一编《前资本主义诸经济形态》，分《原始共产社会底经济》、《奴隶制社会底经济》、《封建制社会底经济》三章。第二编《单纯商品经济》，先有总说《商品经济之基本特征》，再分《商品生产及其矛盾》、《包含在商品中的劳动底特性》、《价值与价值形态》、《货币及其职能》、《所谓"商品拜物主义"论》五章。第三编《资本与剩余价值论》，先有总说《资本主义底基本特征及其发生》，再分《资本底一般概念》、《资本价值之增殖》二章。第四编《工资论》，分《工资底本质》、《工资底形式》二章。第五编《再生产资本积累与经济危机》，分《再生产与资本积累之一般概念》、《资本积累底过程及其相伴诸现象》、《资本主义发展底周期律与经济危机》三章。第六编《资本循环与资本流转》，分《资本底循环》、《资本底流转》二章。第七编《利润论》，分《利润与利润率》、《平均利润率与生产价格》、《商业资本与商业利润》三章。第八编《信贷金融论》，分《放款资本、借贷利息与信用》、《金融机关与金融形态》二章。第九编《地租论》，有《地租之概念类别与作用》一章。第十编《帝国主义论》，分《帝国主义——资本主义底最高阶段》、《帝国主义——腐溃的资本主义》、《资本主义总危机》、《国际经济关系》四章。第十一编《新民主主义经济》，分《新民主主义底历史前提》、《新民主主义经济底性质与规律性》、《新民主主义经济各构成部分》、《新民主主义的经济政策》四章。第十二编《社会主义的经济形态》，分《导论》、《社会主义底发生和发展》、《社会主义经济底法则与范畴》、《苏联经济发展底几个阶段》、《苏联战时经济和战后新五年计划》五章。

在1935年的"自序"中，作者说明了撰写本书的一些基本观点。他指出已经翻译出版的马克思主义经济学著作"都没有能够把经济学底原理达到大众化，现实化的地步"。要补救这个缺点，必须具备五个条件：观点新；方法新；取材新；内容尽量包括一切问题和尽量现实化；说明尽量通俗化。"关于观点，当然是以劳动价值论为基础的经济学为最新而最正确。"方法是采取"动的逻辑"、"矛盾逻辑"的方法。在内容取材方面应尽量做到理论与实践打成一片。"要做到这一步，诸凡与现代世界经济生活有关系的问题，都应在讨论之列。最显著的，如计划经济之原理与实施，战后资本主义总危机底各阶段和现阶段底世界经济恐慌等重要问题，都应作为实际的、迫切的学术问题作有系统的讨论。"现实世界既已分为两个不同的经济体系，政治经济学也自然应该包括资本主义经济原理和社会主义计划经济原理两个部分。在后一部分中，"检讨着过渡时期和社会主义经济底诸法则，同时又介绍现今世界上施行计划经济的唯一国家——苏联——底经济实况"。总之，作者企图以本书"给尽量广大的读者以尽量完备的、正确的、扼要的经济学知识，使一般没有受大学教育机会的广大的知识饥饿群，阅读此书之后能够正确地理解现实问题——经济、社会、政治、国际等问题"。由此可见，作者在以马克思主义政治经济学原理作为全书贯穿主线的同时，力求结合当时国内外的实际经济状况而展开分析阐述，"随时都在指示读者理解现实问题的途径"。

在《绪论》中，作者对学科的一些基本问题发表了见解。他指出："经济学是一种社会科学；它所研究的是：在人类共同劳动过程中，在社会生产过程中所发生的人与人的社会关系。""人与人的生产关系，只发生于社会底物质生产过程中，而且它底发生，是客观的，不受人们意志所支配的。其次，诸种生产关系综合起来便形成社会底经济结构或社会底实在基础。"经济学实质上是历史性的科学，"把同一普遍法则，应用于一切社会或一切历史时代，是政治经济学所做不到的"。作者指出："如果从广泛的意义上讲，政治经济学便是研究人类历史上顺次发生的各个社会经济形态底发生、发展与衰落或过渡到更高形态底运动法则的科学。"各个社会形态的经济规律既有特殊性，互相之间又有一定的统一性、共同性及历史的联系性，所以"经济学就不限于某一特定的社会经济结构之研究，而是研究各个社会经济结构底各种特殊的法则及其统一性和联系性的科学"。在谈到经济学的方法问题时，作者列举了两条：其一，"是从抽象的范畴到具体的范畴，从单纯的基本的到复杂的细节的，从舍象了的空泛的到现实的具体的"；其二，是历史主义的研究方法。

《新经济学大纲》出版后，被一些大学经济系采用为教材，它对20世纪30年代和40年代国内青年的思想进步产生了积极的影响，并传播海外。1952年，日本山下龙三将1949年版的第十一编译成日文，以《新民主主义经济论》为题出版了单行本。

（锺祥财）

人口问题 陈 达

《人口问题》，一册。陈达著。1934年由商务印书馆出版。后编入《民国丛书》第一编。

陈达(1892—1975)，字通夫。浙江余杭人。1915年毕业于清华学校。1916年赴美留学，1923年获哥伦比亚大学博士学位。回国后历任清华大学教授兼社会学系主任、中央研究院院士、内政部户政司司长。曾去南洋和苏联考察。抗战期间，在长沙临时大学、西南联大任教。胜利后参加反对内战的活动，曾任国际人口学会副会长。建国后，历任中央财经学院、中国人民大学教授，中央劳动部劳动干部学校教授兼副校长等职。著作还有《中国劳工问题》、《解放区的工人生活状况》、《现代中国人口》(美国芝加哥大学英文版，1983年译成中文出版)等。《中国现代社会科学家传略》第一辑、《中华民国史资料丛稿·人物传记》第二十一辑等书有传。

《人口问题》分为四编二十二章。第一编为《人口理论》，分《马氏以前的人口习惯与理论》、《马尔萨斯主义》、《马氏以后的人口理论》三章；第二编为《人口数量》，分《人口清查：方法、效用与略史》、《人口清查：内容》、《人口登记》、《人口估计》、《生育率》、《死亡率》、《自然增加率》七章；第三编为《人口品质》，分《人的遗传》、《环境》、《遗传环境与文化》、《自然选择：灾荒》、《社会选择：生育节制》、《社会选择：区别生育率》、《生存竞争与成绩竞争》七章；第四编为《人口与国际关系》，分《世界人口的趋势》、《世界移民现况》、《世界人口与农业》、《世界人口与工商业》、《人口政策》五章。本书主要的人口经济思想如下。

一、人口多寡决定国家的盛衰兴亡。陈达用人口决定论的观点来解释国家盛衰、朝代更替。他说："当一朝初起的时候，户口稀少，机会甚多，人民谋生较易，才智之士往往努力于文化，因此学术渐昌，以至一朝的全盛时代。同时人口渐增，人民生活渐难，加以灾荒或疫疠，战乱即起(内忧或外患)，一朝因此颠覆。"他认为人口压力是一种"永久的社会力"，是中国历史上朝代兴亡循环的"原动力"。

二、生育节制是解决中国人口问题的主要方法。对于当时人们所提出的解决中国人口过剩的方案,诸如移民、工业化、生育节制,陈达逐一加以讨论。

(一)移民。移民可以分为国外移民和国内边疆移民两种。关于国外移民,他指出:"以现状论,我国对于海外迁民的机会,可谓绝少。"世界上的绝大多数国家已经禁止或限制中国人的迁入。至于国内边疆移民,他认为九一八事变宣告了内地向东北移民的破产,内地的过剩人口越法没有出路了。

(二)工业化。陈达认为工业化是不能在短期间奏效的,九一八事变后中国工业化的前途越发暗淡。中国最可忧虑的是铁的缺乏,大部分的铁,产于东三省鞍山铁矿及汉冶萍公司,前者已为日本武力占据;后者向来因外交及经济关系,受日人的控制与威胁。至于中国其余各地的铁与煤,大部分亦受外国资本家的威胁或管理,所以中国要想有大量的铁与煤来发展工业,是很不容易的事。他认为:"日本的工业化比中国还胜一筹,日本的工业前途尚不见稳定,中国不必由工业化来找人口的出路,当是明显的事实。"

(三)生育节制。既然上述两法都是不易走通的路,那么自然归到生育节制了。节育是陈达的一贯主张,认为节育是解决中国人口问题的主要方法。他说:"人口的限制当然要靠生育率的减低。最有效的办法,实恃节育的推广。"

三、人口数量与人口品质处于反对地位。陈达认为改善人口品质必须以限制人口数量为前提条件。社会进步应以增加成绩竞争为出发点。但成绩竞争与生存竞争成反比例,所以增加成绩竞争,必须同时减少生存竞争的苦痛。其主要办法是人口数量的减少,因人数减少之后,谋生较易,闲暇较多,才智之士对于文化的努力易于入手,其结果则人口品质必能趋于优良。他提出的口号是"限制人口的数量,改善人口的品质"。

四、重视人口清查。陈达认为掌握人口数量等基本情况,是国家进行建设和管理的基础。人口清查的重要性可分两方面来说:从广义说,通过人口清查可以弄清政治、经济与社会的基本事实。从狭义说,通过人口清查可以做好人口的统计工作。他指出:"我国的人口,几占全世界人口五分之一强,但尚无可靠的人口统计。因此对内不能策划根本的建设,对外不能与别国的人口材料作比较的研究,所以我国应于最近期间,筹备并举行人口清查。"人口清查应包括以下内容:乡村人口与市镇人口;性别与性比例;年龄;婚姻状况;职业;教育;其他项目,如宗教、人种、文字、人口总数、生育与死亡等。他还对以后中国的人口清查工作提出要求:今后的人口清查必以包括全国的人数为原则,以谋政治、经济及社会的效用为目的,以便民选代表可以人数为根据;政府如遇加税,可确知人民数目及其经济能力;关于社会安宁、人民福利的设施,可由生育死亡婚姻职业贫穷等统计中,搜集研究的资料。

五、重视发展教育,改善人口品质。在影响人口质量的诸因素中,陈达特别强调教育的作用。

"教育愈普遍,(人口)品质当然愈优。"他把受过学校教育的人在总人口中所占比重的高低,视作一个国家人口品质优劣的主要标准。中国小学生与中学生的人数稀少,其主因有三,一是家庭入款太少;二是儿女人数太多;三是教育费用太大。他指出:农业人口虽几占全国人口的百分之八十,但以现有的资料论,他们的入学儿女恐不到学生总数的十分之一;工界(手工业与近世工业)的入学儿女其数更小。"如果我国的教育费用维持现状,如果工农界的入款无显著的增加,以大体论,工农界的儿女于最近的将来,没有入中学的希望;至于入大学的困难当然更多。"为此,他提出了三个解决的方法:免费教育的推广;人民入款的增加;生育节制。并大声疾呼:"为改进我国的人口品质起见,我们必须增加入学的人数","为人口品质的改善,我们必须推广教育于农界及工界"。

有关《人口问题》的研究,主要有吴希庸《人口思想史》、吴申元《中国人口思想史稿》有关章节等。

(傅学良)

经济学大纲 李 达

《经济学大纲》,一册。李达著。1935年由北平大学法商学院出版。1948年生活书店将本书《绪论》和第一部分以《先资本主义的社会经济形态论》的书名出版。1984年人民出版社据北平大学法商学院本排印,收入《李达文集》第三卷。

李达(1890—1966),字永锡,号鹤鸣。湖南零陵(今永州)人。清光绪三十一年(1905)考入零陵永州中学,宣统元年(1909)考入京师优级师范。1913年留日,在东京第一高等师范学习理科。以后受国内爱国运动影响,放弃了理科的学习,全力钻研马克思列宁主义。1920年回国,与陈独秀等共同发起组织中国共产党,在上海首先成立共产主义小组,主编《共产党》月刊,成为中国共产党的创始人之一。1921年7月出席中国共产党第一次全国代表大会,被选为中央宣传主任。同年主持中国共产党创办的人民出版社,还担任中共培养妇女运动人才的上海平民女校校长。1922年任湖南自修大学学长,主编自修大学机关刊物《新时代》。1923年与陈独秀在国共合作问题上发生激烈争论,离开党组织。北伐战争时期任国民革命军总政治部编审委员会主席兼中央军事政治学校代理教官。第一次国内革命战争失败后,曾任教于上海法政学院、暨南大学、北平法商学院、中国大学、广西大学。1949年重新入党。后历任中央政法干校副校长,湖南大学校长,武汉大学校长,中国科学院哲学社会科学学部委员等职。著作还有《社会学大纲》、《货币学概论》、《社会进化史》、《中国产业革命概观》、《民族问题》等。并译有《政治经济学批判》、《法理学大纲》、《社会科学概论》、《马克思主义经济学基础理论》等。《中国当代社会科学家》第二辑、《中共党史人物传》第十一卷等有传。

《经济学大纲》是李达在20世纪30年代研究马克思主义政治经济学的一个成果。全书分为二部十六章。第一部《原始社会古代社会及封建社会的经济形态》,分《原始社会的经济形态》、《奴隶制的经济形态》、《封建的经济形态》三章。第二部《资本主义的经济形态》,分《商品》、《货币》、《货币的资本化》、《剩余价值的生产和工资》、《资本的再生产与积蓄》、《资本的循环与回转》、

《剩余价值的利润化》、《商业资本与商业利润》、《放款资本与信用》、《恐慌》、《地租》、《帝国主义》、《资本主义的总危机与特种萧条》十三章。主要内容如下。

一、《绪论》着重讨论了经济学的对象和范围两个问题。李达指出,经济学是社会科学的一种,而社会科学是以各种社会关系为对象的。人类的社会关系包含着生产关系,政治的法律的关系,意识形态的关系等。这些部门的社会关系成为各种社会科学的对象。意识形态的关系是哲学、文学、艺术等科学所研究的对象,政治的法律的关系是政治学、法律学两部门所研究的对象,而生产关系即经济构造是经济学所研究的对象。

科学的经济学就其范围来说,可分为广义经济学与狭义经济学两种。广义经济学研究历史上各种经济构造的发生、发展与没落及其互相转变的法则;狭义经济学只研究资本主义经济的发生、发展及没落的法则。狭义经济学并不完全离开广义经济学而独立存在,而是广义经济学的构成部分。采取广义经济学的立场,不仅具有纯理论的意义,并且还具有实践的意义。因为广义经济学不仅是为了求得经济学的知识才去研究一切经济构造,而实在是为了求得社会实践的指导原理才去研究的。广义经济学中最重要的部分是目前世界中两种经济体系,即资本主义与社会主义的研究。要从资本主义社会的必然飞跃到未来社会的自由,就必须暴露资本主义社会的发展法则,然后才能顺着这个法则,从事于这个飞跃的实践。而另一方面,在目前的世界中,与资本主义经济体系相对立的有社会主义经济体系。苏俄的布哈林一派主张社会主义经济没有发展法则,因而不需要研究它的经济学,这种见解是非常错误的。我们不能不研究苏俄社会主义经济的法则,只有理解了这种法则,担负改造经济形态使命的人们才能得到行动的指导。

广义经济学还必须研究中国现代的经济。这是因为我们不是为了研究经济学才研究经济学,而是为要促进中国经济的发展。中国现代的经济还停滞在由封建经济到资本主义经济的过渡状态中,但是深深地烙上了国际帝国主义殖民地的火印。就中国经济的现状稍微观察一下,就可以看到三个互相交错的过程:帝国主义侵略的过程,民族资本萎缩的过程和封建农业崩溃的过程。这三个过程中,第一过程居统制的地位,第二过程已是第一过程的附属物,第三过程虽然被第一第二过程统制着,却仍然表现顽强抵抗的力量,仍在困苦状态中挣扎着。中国国民究竟应当怎样寻求自己的生路呢?这不仅是一个经济问题,而是整个中国自求生存、自求解放的问题。一切国民都将到达社会主义,这是一个必然性,但却并不是一切都精密地循着同一路线而到达的。这种必然性的实现,因为各个国民的经济的政治的特殊性,会印刻着各自的特色,这就是广义经济学必须研究中国经济的理由。

二、《原始社会古代社会及封建社会的经济形态》分别对原始社会、奴隶社会和封建社会的生产关系作了阐述。在《原始社会的经济形态》一章中,研究了氏族社会以前的经济,氏族社会的经济和原始社会的经济发展及其崩溃的过程等问题。在《奴隶制的经济形态》一章中,研究了奴隶制经济形态的产生与发展,奴隶制经济形态的崩溃两个问题。在《封建的经济形态》一章中,着重分析了封建经济的形成及其一般特征,都市经济的发展,封建经济的崩溃几个问题。在关于封建社会经济的崩溃中,作者强调,封建生产力的发展在农业与手工业的分工过程中体现出来。农业与手工业的分工引起农村与都市的分离和对立,引起商品、货币关系的发达,因而引起商业资本的成长。随着商业资本的成长,封建经济构造就开始解体,而资本主义的生产方式就开始孕成。因为封建时代的商业资本依存于封建的生产方法而发挥其寄生虫的破坏机能,同时,它又是资本之原始的蓄积形态,是资本主义生产方法的前提。

三、《资本主义的经济形态》主要阐述了马克思《资本论》、列宁《帝国主义论》和斯大林有关资本主义总危机的理论。在第一章至第十一章中,深入浅出地介绍了马克思关于商品的二重性,劳动的二重性,货币的起源、本质和职能,货币转化为资本的条件和过程,剩余价值,资本积累,资本主义经济危机等基本理论。在第十二章中,介绍了列宁关于帝国主义的五大经济特征,帝国主义的垂死性和腐朽性,以及帝国主义发展的不平衡性与社会主义在一国胜利等基本理论。在第十三章中,介绍了斯大林关于资本主义总危机的基本特征,资本主义总危机的三个时期的划分等基本理论。资本主义曾经促进了庞大生产力的发展,但是,这种生产力早已感到资本主义的框子太狭小而容纳不下了,它变成了社会向前发展的障碍。到了帝国主义时代,资本主义的一切基本矛盾都达到了最高限度,都极端的尖锐化。资本主义一切矛盾的极度尖锐化,必然要使帝国主义成为社会主义革命的前夜。

《经济学大纲》是中国较早的一部系统介绍马克思主义经济理论的专著。本书的出版,对于传播马克思主义政治经济学的知识和推动中国革命起了一定的作用。1935年由北平法商学院作为教材印行后,李达曾将此书寄往延安,请毛泽东指正。毛泽东读后给予高度评价,并向延安理论界推荐。李达在书中主张"我们不是为了研究经济学才研究经济学,而是为要促进中国经济的发展才研究经济学"(《绪论》)的观点,至今仍有现实意义。

(张祖国)

统计学大纲 金国宝

《统计学大纲》，精装一册，平装上、下册。金国宝著。成书过程中，褚凤仪曾作了大量增补。1935年作为国立上海商学院丛书出版，同年由商务印书馆出版，至1950年共出十三版。内容迭有增删，最大的一次修订是在1950年。编入《民国丛书》第四编。

金国宝(1894—1963)，字侣琴。江苏吴江人。1917年毕业于复旦大学。后赴美留学，专攻统计学，1924年获哥伦比亚大学硕士学位。同年回国后，任中国公学、复旦大学、暨南大学等校教授。1928年赴欧美考察统计事业。1929年后，历任南京财政局局长、上海交通银行副经理、中央银行会计处处长、四行联合办事总处秘书长等职。1948年参加国际统计学会为个人会员。后历任复旦大学统计专修科主任、上海财经学院教授、上海社会科学院经济研究所教授。著作还有《统计新论》、《物价指数浅说》、《中国币制问题》、《高级统计学》、《工业统计学原理》等。

褚凤仪(1898—1975)，字汉来。浙江嘉兴人。早年于大同大学理学院肄业。1921年留学法国，毕业于南锡大学数学系。1924年又去德国留学，入柏林大学经济系学习。1925年回国后，历任上海法学院、暨南大学、大夏大学、光华大学、复旦大学、沪江大学等校教授。1948年任上海法学院院长。后历任上海财经学院副院长、上海社会科学院经济研究所教授等职。著作有《商用算术》、《理财算术》、《理财数学》、《速算》、《统计会计应用表》、《投资数学》等。

《统计学大纲》是统计学原理性质的专著。它全面、系统地论述了统计学的基本理论及各种统计方法，介绍了欧美及世界各国统计学家的各种学说及流派，特别是美国统计学家欧文·费雪和英国统计学家卡尔·皮尔生的学说。

本书分《绪论》、《统计表》、《统计图》、《平均数》、《离中趋势》、《机率与差误正态曲线》、《偏态与转矩》、《指数》、《吾国重要指数之编制》、《直线系联》、《长期趋势》、《季节变动》、《循环变动》、《时间数列之系联》、《非直线系联》、《他种系联》、《偏系联》、《响应》、《商情预测》、《统计资料的搜集与整理》二十章。还有《数学原理》、《统计习题》、《英华对照统计名词》、《统计符号》、《本书重要参考书》和《统计应用表》六个附录。

统计符号,各家所用很不一致。例如算术平均数有以 A 表示的,也有以 M 表示的;即使在同一书内也不一致,有时以 M 代表算术平均数,有时以 M 代表中位数;甚至一个符号代表两三种以上的意义,使初学者最易混淆。本书力矫其弊,在可能范围内务使一个符号只代表一种意义。

本书统计名词的译名和作者前著的《统计新论》、《物价指数浅说》二书稍有不同,其中较为重要的,有将旧译中的"次数"改译为"频数",将旧译中的"相关"改译为"系联"等。

本书是一本对中国统计学科的建立和发展有较大影响的学术著作。本书出版以前,统计学在中国还是一个空白点,出版的只有由日文翻译过来的一本横山雅男的《统计学》(有纽永建译本、林卓男译本、孟森译本)。由于本书问世早,内容完整新颖,资料丰富,理论密切联系实际,深入浅出,受到了当时统计学界的重视,为全国高等学校广泛采用为教本,并且一直流传到建国初期。本书的出版,对中国开展统计学术研究,进行统计教学,指导统计业务,了解欧美及世界各国统计学家的学说起了很大的作用。

(周颂康)

财政学 何 廉等

《财政学》,一册。何廉、李锐著。1935年由国立编译馆出版,至1947年已出十版。

何廉(1895—1975),字淬廉。湖南邵阳人。早年毕业于长沙雅礼书院。1919年留学美国,获经济学博士学位。1926年回国,先后任南开大学教授、财政系主任、经济学院院长、经济研究所所长。1936年后,历任行政院政务处长、农本局总经理、经济部常务次长、全国粮食管理局副局长和联合国社会经济及人口两委员会中国代表等职。1948年任南开大学代理校长。1949年去美国,任哥伦比亚大学经济系、东亚研究所教授。著作还有《中国工业化之程度和影响》、《所得税比较论》等。台湾《民国人物小传》第三册有传。

李锐(1898—1978),字笔渔。湖南邵东人。1930年毕业于南开大学,留校任教。1934年赴英国,入伦敦大学政治经济学院进修。1939年回国,历任国民政府财政部税务署副署长、川康区专卖局局长、财政部直接税署署长、湖南省政府委员兼财政厅厅长等。后曾任贵州大学、四川财经学院、成都大学教授。

《财政学》是一部体系比较完备、内容比较丰富的财政理论专著。其特点是在内容上包括财政理论、财政制度和财政实务,在研究方法上注重历史和现状相结合,中国和西方相比较。阅读以后能给人提供比较广博的财政学方面的知识。全书分为五编三十三章,另有《绪论》二章。《绪论》分《财政学之定义及范围》和《财政学之发达》二章。第一编《支出》,分《概论》、《公共支出之分类》、《公共支出膨胀及分配之趋势》、《公共支出之经济性质及影响》、《中央支出与地方支出之划分》五章。第二编《收入》,分《公共收入之分类》、《公产收入》、《公业收入》、《行政收入》四章。第三编《租税》,分《租税之意义及发达》、《健全税制应具之要素》、《租税负担之分配》、《租税行政及租税影响》、《租税之转嫁与归着》、《消费税概论》、《关税》、《盐税》、《烟酒税》、《裁厘及统税之举办》、《印花税》、《营业税》、《田赋》、《地价税》、《所得税》、《遗产税》十六章。第四编《公债》,分《公债之性质及用途》、《募举公债之原则》、《公债之种类》、《公债之偿还及转换》、《吾国公债之历史及现情》五章。第五编《财务行政与立法》,分《预算》、《英美之预算制度》、《吾国预算之编制及监督》三章。撮举大意如下。

一、绪论。认为财政学是讨论政府为执行职务所需资财之取得、使用及管理的科学。包括的主要部分有三:一为支出,研究国家财用上的需要;二为收入,研究政府治理公共事务所需财用的源泉;三为财务行政,研究公共支出与收入的预决算及公款的征收管理与使用。研究财政问题必须确立财政的基本原则,而财政基本原则的确立则必须从国家性质及职权方面的特点出发。近代政治学者一般认为国家的特点有三:第一,国家的生命可视为永存;第二,国家为执行某种受托的职务而存在;第三,国家为历史的产物,各国历史不同,故国家形式亦异。美国财政学家亚当斯即据此创立三条财政的基本原则:(一)宜不斫丧国家富源;(二)宜确立政治制裁;(三)宜明认现有政治组织。财政的核心是理财,政府理财和私人理财有本质不同:(一)政府理财须取永远的观点;(二)国家获得资财的方法可以采用强制征收的手段;(三)政府理财的目的为增进全社会的最大利益。财政学和其他社会科学有密切关系,与经济学、政治学、历史学、统计学的关系尤为密切。财政学的研究范围一般包括支出、收入、公债、财务行政四部分。此外,还介绍了欧美财政学发达的历史以及欧美现代财政学界的主要著作。

二、支出。公共支出即政府执行公共事务的支出。量入为出为私人支出的原则,量出为入为制国用的原则。但公共支出非仅以政府的需要为标准,尚须视社会总收入为限度。公共支出的分类,即关于政府职务上支出项目按其重要性排列,使政府职务的性质及费用可以明白揭示而不相混淆。适当的分类足以促进民众对于国家财政上的兴趣,同时,对于编制预算也极为重要。分类通常有按公共支出的性质,按国家机构单位,按国家职务,或按公共支出支付时所购买者为标准。公共支出有增加的趋势,增加的原因通常有:军备费增加,国债费增加,货币贬值,民治发达,工务及工业发达,人口增加,财富增加等。为了减少公共支出,须采用一定的节制方法,如采用预算编制,增进行政效率。公共支出对生产及分配有一定的影响。对生产的影响主要通过保障社会生活的安全与秩序,以及改良社会生活的本质而实现。对分配的影响主要表现在减低财富分配的不平。公共支出应划分为中央支出和地方支出,其划分原则是:(一)关于一般人民利益的事应归中央,属于地方利益的事宜归地方;(二)需要高深技巧及智力的事应归中央,需要精细监督的事应属地方;(三)行动需要一致的应归中央,行动因地制宜的应属地方。此外,还介绍了西欧各国以及中国关于中央和地方支出的划分问题。

三、收入。公共收入即为政府因供其经济需要所收入的货币总数。公共收入的来源随时代变迁而异。现代收入可分为公产、公业、公债、行政收入和租税收入等项。近代财政学者关于公共收入的分类大体有:柏斯特布尔分为政府以法人资格取得的和政府按主权征课而获得的。前者有地租、利息、规费、商业经营所得等,后者有各种租税。亚当斯将收入分为:(一)直接收入,指政府获自公产与公业的收入;(二)间接收入,指由政府运用主权以取之于民,如租税、规费、特征、罚金之类;(三)预期收入,如公债募集,库券发行,此类不可滥举。作者对中国及西欧各国的公产、公业、行政收入分章作了种类、原则、方法等介绍。

四、租税。租税即政府为供给其一般费用,用租税权向人民征收之财务的强制分担。租税有四特点:租税为一种分担;租税为人民的义务;租税为强制征收;租税征收的目的为充政府一般政费之用。租税可大体上分为直接税与间接税两大类。直接税为国家课税时欲使应负税者直接完纳的税。间接税为国家对于应负税者不直接课税,而先课之于他人,预期其将转嫁于应负担者的租税。租税征收方法一般有定率法和配赋法两种。前者为政府按课税单位征之以一定税率,其收入总额非征税完成后不能确定。后者为政府先定课税物件及收入总额,依平均标准率分配于各地方团体,再由各地方团体分配于各纳税者,故政府的收入总额早已确知。租税负担的分配应依据一定的原则。亚当·斯密提出了平等、确定、便利、经济四大原则。租税分配方法一般有比例税和累进税。累进税主要用于所得税、遗产税、土地增价、营业收益等直接税。此外,作者对租税行政、租税影响、租税转嫁与归着作了研究,还对各主要税种分章作了探讨。

五、公债。公债为政府收支不能适合的弥补方法。政府募举公债系借贷行为,故其性质与其他公共收入不同,只能称为特别收入。举公债有益与否视目的为转移,若用于不生产或浪费,则将为财富及生产力上之浪费。政府募集公债的标准宜与私人一致,即对偿还债务具有诚意。公债只能用于弥补经常收入的不足。从长期观点来看,公债用于非生产性支出,损耗较课租税更甚,因为公债除还本外还要付利息。作者还对公债的种类,募集方法,偿还方法,中国公债的历史和现状等问题作了探讨。

六、财务行政与立法。内容包括预算的编制与议决,岁出的行政监督,公款的保管与赋税的征收等。预算作为国家每年的整个财政计划,一般由行政机关编制,立法机关议决。编制预算须确立会计年度和编制时间。预算议决有议决全部与议决部分,总额议定与分科议定之别。预算实行须决定岁计所属年度,采取收支命令机关与实行机关分立的原则,并以实行同一金库制度为保障。预算监督通常有行政、审计、立法三种监督。作者详细介绍了英、美及中国预算制度的历史沿革及具体内容。

《财政学》对于研究中国和欧美的财政制度及思想具有较高的参考价值。其体系以及对某些财政范畴的阐释和财政原理的论述,对现代财政学也有借鉴作用。

(张祖国)

财政学 尹文敬

《财政学》，上、下册。尹文敬著。成于1934年夏。1935年由商务印书馆出版。后编入《民国丛书》第二编。

尹文敬，生于1902年。四川乐山人。1924年毕业于北京法政大学。1925年留学法国，在法国著名财政学家亚里克司指导下从事财政理论研究。1929年在巴黎出版法文版《中国税制》，同年获巴黎大学经济学博士学位。次年回国，任四川省政府顾问，四川大学教授、政治系主任。1934年任北平大学法学院教授，后历任中法大学、燕京大学、圣约翰大学、大同大学教授、系主任等。抗战胜利后曾任山东财政厅厅长。曾任上海财经学院教授，后任上海社会科学院研究员。著作还有《非常时期财政论》、《战时财政论》、《中国战时公债》、《国家财政学》等。

《财政学》是尹文敬在北平大学法学院讲授财政学、地方财政、中国财政问题等课程时，将历年教材所得，旁加搜集而成的一部财政理论专著。本书不仅注重理论，而且兼及各国财政制度之介绍。全书分《概论》、《支出论》、《收入论》、《公债论》、《预决算论》、《战时财政论》六篇。各篇的主要内容如下。

一、《概论》。分《财政》、《财政学》、《财政思想之发达》、《现代之财政学界》四章。作者认为，财政即国家或地方政府当其欲满足共同需要时，关于所需经济的财货之取得、管理及使用等各种行为的总称。财政的内容随时代进化而日趋繁杂。在最初，财政的目的仅在分割人民的财货以应国家需要，其内容仅属经济的。及政事日渐进步，关系日见繁杂，财政的运用遂与经济、政治、社会、法律等发生密切的关系。现代财政为了适应时代，应当恪守正义、节约、公开和国民经济的原则。财政学则是研究国家或各级地方政府关于执行职务，维持生存上所必需货财的取得、保管与使用及调节收支的办法，且及于财政立法的监督，与财务行政的程序等类问题之研究的科学。财政学至今已为独立科学。因其内容包括经济、政治、法律、社会等要素，故其研究范围至广。大致可分为两部分：（一）纯财政学。以经济方法为基础，专门讨论实质的财政问题，包括收入论、支出论、公债论三部分，亦可称为收支适合论。（二）财政立法与财务行政。讨论实施纯财政学的程序,亦即讨论财政的方法。国家征收赋税本于强制权力,实施上不能不有一定程序,以杜绝种种弊端。以上分类亦可称前者为实质的财政学,后者为形式的财政学。

二、《支出论》。分《概论》、《支出之分类及其应守之原则》、《支出膨胀之趋势》、《分论支出》、《支出的技术程序》五章。支出即国家或地方政府为执行职务、满足欲望而支出的财货。支出乃财政本身的目的,故必有支出而后有收入;收入的种类、多寡及性质均须视支出状况为定。支出在国民经济上也具有重要性,因为近代国家权力日益扩张,支出之当否与国民经济有绝大关系。如文化、教育、交通及一切经济建设上的支出多,则其国家的工商各业必日趋繁荣,而国家税收必日趋畅望,民由此富,国以此强。反之,如支出用于军事费用或公债利息偿付过多,则国民经济必因财政上支出无方而日趋颓败。支出以时间为标准,可分为经常支出和临时支出;以经济为标准,可分为生产支出和非生产支出;以使用目的为标准,则可分为宪法支出、国防支出、行政支出和法律文化支出等。近世各国的支出均有膨胀趋势,原因可分为真的膨胀与假的膨胀或表面的膨胀两种。前者包括军费增加、公债费增加、公营事业费增加、社会救济费增加等因素;后者指人口增加、公共富力增加等因素。

三、《收入论》。分《概论》一章和《经济的收入》(共三章)、《强制的收入——租税论》(共十二章)、《事务的收入——规费》(共三章)三部。作者认为,收入定义随时代而不同。古代国家对于人民多征课劳力与实物,及经济进步,货币制度日益发达,国家收入以货币额表示。收入中的经济的收入,大体上可称为私法的收入,为国家或地方团体以私法人的资格,本于财产及企业的运用,对于人民平等交易而获得的收入,主要有公有财产收入,公有企业收入,公共借款收入,官有物卖却收入等。国家的经济收入中往往带有独占性,如铸币与发行纸币,铁路营运等。收入中的强制性的收入即租税,也称国家公法的收入,当国家或地方政府为充给一般支出与实施经济或社会政策,依一般标准,定期继续的分赋于所统治者的强制负担,且以各负担者的各自经济能力为限度,而依货币额所表示的收入。现代国家皆以租税为经营财政的中心,现代租税的征收必须遵守国民经济的原则,注意税本的保护,税源的选择,负担能力的培养。也要遵守财政的原则,依据国家财政政策,做到充分、弹性、确实、便利和经济。更要遵守社会的原则,力求做到租税的负担公平和普及。

四、《公债论》。分《公家信用》、《公债》、《公债各方面之研究》、《公债技术方法之研究》、《各国公债之一瞥》、《中国公债概略》六章。公债的利弊众说纷纭。主张有利的认为公债可奖励储蓄,国家债券的发行能普遍国内,人人皆可投资。反对的认为公债利于现代人,而增加未来者的负担,其分配极不平均,公债使有产阶级获得不当得利收入,直接助长奢侈,间接妨碍储蓄。其实,公债为一筹款方法,本身无好坏可言,视其条件与用途如何。公债的使用必须依支出的性质,遵循一定的规律:(一)公债收入绝不能用于经常支出,因为经常支出为维持一国经济的与社会的必需,不能倚赖公债转嫁负担于未来之人。(二)公债收入可用于生产方面的临时支出,此类支出大都能孳生利息,且有利于未来的国民。(三)不生产无改良的临时支出,决不能以公债应之。公债的经济影响,从外债来看,借外债从事生产事业为一合于经济条件的动作。其次在纸币跌落财政紊乱国家,借入外债亦可以资整理,以充实信用。中国历年所借外债为额巨大,然大率为政治借款,无分毫用于生产事业,导致百业衰退。从内债来看,如公债募得的资本为国内休息状态下的预备资本,则此借款纵不用于工商实业,亦与国内生产无妨碍。如用于生产,则效用甚宏,远逾租税。反之,如所募债款非预备资本,而为工商业所需要者,则政府与工商业者立于争夺资本的地位,结果促进利息上涨,而大有妨碍于国内生产事业。

五、《预决算论》。分《概论》、《预算之编制》、《预算之议定》、《预算之不成立》、《预算之施行》、《决算》六章。预算是国家在一定时期内,根据财政计划预定的经费及收入以数字表明的公文,经立法机关赞同,以为该时期内财政设施的方案。人民对国家输纳财货即有监督财政之权利,故近世立宪国家莫不以编制预算、公布预算为一国的要政。预算的起源与宪政的发达有密切关系,在宪政运动初期预算权运动盛极一时。预算的种类可分为总额预算与纯额预算、临时预算、本预算与追加预算、总预算、分预算与特别预算等。预算的编制机关可分为立法编制和行政编制两种。现代各国预算编制皆由行政机关负责。预算与决算有密切关系,决算的编制即预算的结束。同时下年度预算的编制又须视本年度实际收支数为转移,故本年决算又是下年度预算的基础。总之,决算是继往开来,实为前后年度预算之枢纽。没有决算,则前后年度预算等于具文,官吏的责任无由解除,而财政得失亦无由考查。没有决算,则下年预算无所取法,而单纯的估计又往往与事实不符。据此理由,故各国于会计年度终了后莫不提出决算。

六、《战时财政论》。分《战争与财政》、《货币政策——战费筹集法之一》、《公债政策——战费筹集法之二》、《临时财产税——战费筹集法之三》四章。着重考查战争状态下战费及其筹集方法。作者认为,战费对于一国的国民经济不免有沉重打击,巨额费用必一一取于国民,人民此类负担愈多,则摧残经济的程度亦愈甚。在现代社会,筹集战费的方法不外是非常时期准备金制度、战时公债、通货膨胀、增课临时税等手段。其中发行公债与通货膨胀为最容易而最有效的方法。但其结果,一面促进物价高涨,一面使人民对货币及国家财政无信任心。各国任意采用者,无不陷于财政紊乱状态。

本书是一部体系比较完备、论述比较详尽的财政理论著作。书中尤其对西方各国财政制度及财政学说的分析和介绍较多,对于研究外国财政史和外国财政思想史均有一定的参考价值。

(张祖国)

会计学 潘序伦

《会计学》,四册。潘序伦著。1935年由立信会计图书用品社出版。1938年、1948年两次修订,先后共印二十版。

潘序伦(1893—1985),字秩四。江苏宜兴人。1921年毕业于圣约翰大学。得到南洋兄弟烟草公司华侨简照南的资助,入美国哈佛大学和哥伦比亚大学攻读企业管理与经济学,1924年获哥伦比亚大学经济学博士学位。回国后历任暨南大学教授、商学院院长,上海商科大学教务主任兼会计系主任,并创办立信会计专科学校,任名誉校长。著作还有《审计学》、《英文高级簿记会计》、《基本会计学》以及译著《劳氏成本会计》等四十余种。

《会计学》为中国近代会计学巨著。全书十编七十章。与之相配套的还有《会计问题》两册,为本书的补充教材;《习题详解》一册,供教师批改作业参考。它结构庞大,内容丰富,章节安排由浅入深,循序渐进。兹就早年版本的内容,归纳概述如下。

一、关于会计学的基本原理。主要阐明会计、资产、负债、资本、损益等概念的含义;编制资产负债表和损益表的基础知识;运用借贷原理进行记账结账的基本技能,为初学会计者启引入门途径。

二、关于账户、账簿的设置和应用。主要说明资产、负债、购货、销货、费用、收益类账户的内容及其设置的原则;特种日记簿、普通日记簿的性质内容,以及设置专栏的原则与作用;总分类账、统制账户与原始账簿设专栏的关系;结账前如何盘存商品物资,整理预付应付费用和预收应收收益,计提折旧和坏账准备;编制结账计算表,作成调整分录登记入账,结清当年账目。账户基本上分为资产、负债、资本、收益、损失五类,前三类为实账户,属于资产负债表账户;后两类为虚账户,属于损益表账户。这些账户的排列编号,以便利决算表的编制为原则。

三、关于不同经营方式的会计处理。经营寄销业务的,寄销与承销两方不同的记账方法。有分期付款销货业务的,发生货款延时或停付的记账方法,以及分期销货利益的计算原则。分店完全独立、不完全独立、完全不独立以及国外分店的不同记账方法,总分店之间往来账务的处理与合并决算表的编制办法。为了保持商业秘密而建立机要账簿的会计处理方法。在现金收付的财务活动、购货销货的业务活动和会计凭证账簿的处理等方面,建立内部牵制制度,对于防止错弊的作用及其局限性。应用会计凭证代替日记账和分类账的方法。

四、关于不同组织和不同工业的会计处理。合伙是当事人之间的契约关系。公司为一种社团,具有法人资格。根据这一区别,说明合伙与公司在创立、集资、增资、减资、合并、转让、盈余分配、债权债务的清理归偿等,在会计处理上的异同。工业会计为商业会计的一个分支,它的特点是产品成本计算。以资产负债表和损益计算书的内容,对照地说明工业会计比商业会计更复杂。对成本要素、成本分类和成本计算公式,只从会计学的角度阐明一些基本原理和原则问题。

五、关于财产估价和决算表的分析。财产估价是正确地反映企业财务状况的重要手段,涉及会计理论和实务问题。严格地划分资本支出与收益支出,是财产估价必须掌握的原则。应收账款的估价主要在于确定坏账损失。存货可以采用成本、时价、成本与时价孰低或售价为估价标准,成本与时价孰低是一种稳健的标准,但与会计上的正确性不相容。在特殊情况下,可以采用基本存货法、零售价盘存法和毛利测验法。应收收益和预付费用的估价,要考虑与本期损益的关系。长期投资有营业上与理财上的不同目的,主要是利息的计算和债券折价溢价的估定。固定资产以成本或重造成本为估价标准,要注意资本支出与收益支出划分是否恰当,折旧计提是否正确。无形资产有购入与非购入之分,购入无形资产以购买价列账,非购入无形资产一般以不估价入账为宜。凡属负债都应如数归还,不存在折扣或少还的情况,因此以账面价值为准,但要估定有无未入账的负债。资本包括股本、公积、各种准备,合伙组织与公司组织在估价和会计处理上有很大差别。对于以低估资产价值和高估负债数额而产生秘密盈余,常为企业当局作为调节当年利润的手段,但弊多于利,应特别注意。企业损益按营业年度计算,是公积准备的来源,直接影响资本的净值。决定收益和费用是否属于营业年度,可以现金收付、交易发生、按比例摊算和价值变动为标准。

通过财产估价和损益计算,能够正确地反映企业财务状况和财产增减变化的原因,但要使决算表能起到对内供管理者决定经营政策的参考,对外取得社会的信任,还需要进行分析解释。分析的方法有:(一)比率分析法。不论综合比率或个别比率,均应运用标准比率,即某类企业理想中应有的比率。作为判断实际比率的尺度,用以阐明企业达到现状的原因和预测未来的指针。(二)趋势分析法。可以编制比较决算表,以观察各年度资产负债数额的增减变动情况;编制资金来源运用表,以表明当年资产负债增减变化的原因。趋势分析法优于比率分析法。

六、关于特殊业务会计处理的原则和方法。企业因法律上或财务上的原因,不再或不能继续营业而解散时必须清算,在债权债务的处理和会计记录方面,不同于正常经营情况。清算,因财务是否困难,而分停止支付与不停止支付的清算,均应对清算财产估价编制清算资产负债表和损益估计表。清算事务包括：结束未了业务,收取债款,变卖资产,偿还负债,编制清算决算表,分派剩余财产。债务人不能清偿或停止支付债务时,取得债权人的让步而和解,应提出财产状况说明书、和解申请书及和解方案。会计的特点是债权人清让额的记录。债务人不能清偿或停止支付债务,以及和解不成时,法院可以宣告债务人破产。破产会计中应注意债权的种类不同,而影响受分配数额有多少,如有取回权的债权不因破产而减少；同一人的债务债权可以互相抵消,以抵消后不足之数,列作破产债权；握有抵押权、留置权的资产而受清偿的债权；具有优先支付的债权；然后清偿破产债权。破产会计结束后,依当时法律规定,应编分配表及分配报告。作者的意见,认为应当编制破产收支计算书及破产损益计算表。

本书是中国最早系统地阐述会计理论和实务的著作,被当时设有商科和经济专业的高等学校用作教材。在培养会计人才,健全工商业经营管理,促使会计界从习惯于旧的单式簿记向新的复式簿记转变等方面,起过很好的作用。它为中国会计科学的发展奠定了理论基础,确立了会计操作规范。

（赵友良）

中国经济思想史(上卷) 唐庆增

《中国经济思想史(上卷)》,一册。唐庆增著。1936年由商务印书馆出版,收入《民国丛书》第一编。有商务印书馆2010年版。

唐庆增(1902—1972),字叔高。江苏常州人。早年留学美国,专攻财政学和西洋经济思想史,获美国哈佛大学经济学硕士学位。1925年回国后,曾任中国公学大学部、劳动大学、交通大学、暨南大学、浙江大学、光华大学、江西中正大学、北平铁道管理学院、复旦大学教授,大夏大学教授、经济系主任。建国后在复旦大学经济系任教。著作还有《经济学概论》、《唐庆增经济论文集》等。

唐庆增于1925年从美国回沪,在各大学讲学。他觉得国内有关中国经济史的著作非常缺乏,研究中国经济思想史的学者也鲜有其人,报章杂志偶有这方面的研究文章,大都片断残缺,敷衍成章,尤其缺少就历代经济思想成一专书的作品,与西洋经济思想史的专书相比,无法匹配。而且,各大学文科或商科中虽设有经济思想史的课程,但内中材料往往倾向于西洋各国的经济学说,而忽略中国先哲的经济思想。因此,学生谈论起斯密或李嘉图的学说都觉耳熟,而一旦问起孔孟等中国先哲们的经济学说往往瞠目结舌。为此,他深感有必要发掘祖国经济思想的理论宝库,研究和传播中国先哲们的经济理论贡献。1928年春,他开始在交通大学开设中国经济思想史课程。同年秋着手编著教材,其中古代经济思想的一部分先行付梓,遂成《中国经济思想史》上卷。下卷未见出版。

《中国经济思想史(上卷)》是一部比较系统地研究中国先秦时期经济思想的学术著作。分《绪论》、《老孔以前的经济思想》、《儒家》、《道家》、《墨家》、《法家》、《农家及其他各家》、《政治家与商人》、《史书与经济思想》、《结论》十编。马寅初、赵人儁、李权时为本书作序。本书的主要内容如下。

一、总论。讨论了研究中国经济思想史的重要性,中国经济思想史在世界经济思想史中的地位,以及研究中国经济思想史的方法等问题。作者认为,研究中国经济思想史极为重要,它有助于解决现实复杂的经济问题,有助于建立适合中国国情的经济科学,有助于借鉴各种经济学的研究方法,有助于了解晚近经济学说的源流以及中国经济史上各种专门名词的真正含义。关于中国经济思想史的地位问题,作者认为,中国经济思想虽产生较早,但进步缓慢,因此到近世除日本尚有人重视外,在欧美经济思想史学者有关世界经济史的著作中皆不提及,其心目中或以为中国无经济思想,或以为中国虽有经济思想但简陋不足挂齿。为此,应该努力发掘,扩大影响。关于研究方法问题,主张首先要对中国经济思想史进行分期,认为可分三期:中国上古经济思想史(自原始至秦末),中国中世经济思想史(自汉初至明末),中国近代经济思想史(清初以后)。其次应分清流派,认为中国经济思想严格而论可分成四大流派,即儒家(中庸派)、墨家(实利派)、法家(功利派)、农家(力行派)。其他如道家的学说消极性很大,兵家和纵横家的学说影响微薄。最后应作适当准备,掌握西洋经济学说、中国经济史、国学常识、中国哲学史、中国政治史、中国法制史等知识,对中国经济思想史的材料进行搜集和整理等。

二、儒家经济思想研究。着重研究了孔子、孟子、荀子等代表人物的经济思想,对孔子的门生曾子和子思的经济思想也有述及。作者认为研究孔子经济思想应当明确:孔子是哲学家,而非经济学家;孔子的经济思想并不限于《论语》一部;孔子并非为中国经济思想的首创者,其学说影响虽很大,但不足以代表中国经济学说的全部。对孔子的欲望说、义利观、商业态度、富民论等经济理论作了具体的阐述,认为孔子不主张绝欲;孔子提倡大利,反对小利;孔子并无贬商言论;孔子的富民论是孔子经济学说的基础,放任主义、节用、改善租税是孔子实现富民目标的手段。认为利、俭、欲、惠四个观念是孟子经济思想的核心。孟子取义舍利,其义和大利、公利为同一概念,故其实质是提倡大利,攻击小利。孟子对个人及政府支出均主张节约,对欲望主张和贪要相区别,欲望不可不满足,但要戒贪。孟子还主张天下为公,使万民皆得其利。孟子的富民理论比孔子进一步发展,孟子看到了伦理观念乃以民生为基础,道德建筑于物质文明之上,并进一步论述了恒产、重农、井田、薄敛、荒政、劳民等实现富民的具体途径。此外,作者还认为孟子主张保商,并未看轻商人在社会上的地位;孟子还初步提出了分工理论,崇拜精神劳动等。

三、道家经济思想研究。着重研究了老子、庄子等代表人物的经济思想,此外对列子、杨朱的经济思想也略有述及。对道家经济思想总的评价,作者认为中国经济理论进步迟缓,与孔孟关系甚浅,此责宜由道家承担。道家经济思想中的绝欲主张,排斥工艺的论调等消极思想数千年来深入人心,成为中国经济思想发展上的一大障碍,老子和庄子是中国经济思想史上的罪人。作者认为老子经济思想的哲学基础是静寂态度、自然主义、唯心主义和绝对眼光,其经济思想的核心是绝欲论,完全禁绝个人的欲望,认为物质文明的进步为造成罪恶的根源,对于国内工商各业力加反对。认为庄子的消极倾向更甚于老子,竟主张出世,对一切社会制度的改进皆觉厌恶。对庄子的绝欲论,反对生产工具的改进,主张极端放任主义等思想作了分析。

四、墨家经济思想研究。着重研究了墨子的经济思想,并简略地介绍了宋钘子和尹文子的经济思想。对墨家经济思想的总的评价,作者认为其经济思想富有实用的精神,含有人定胜天的色彩,阐发"利"字意义最详,倡有不少新理论等特点或优点。介绍和分析了墨子的欲望论、节用论、节葬论、非乐论、分工论、人口论、交易论等方面的经济思想,认为墨子的分工理论尤其值得一提,提出了地区分工和工作分工的思想。其重视生产者,主张勤劳,蔑视怠惰的思想也值得称道。

五、法家经济思想研究。着重研究了管仲、商鞅、韩非子等代表人物的经济思想,并对邓析、李悝、申不害、慎到、尹子等人的经济思想作了简略评述。认为管仲经济学说(主要根据《管子》)以国家为基础,在重农政策、货币理论、贸易理论和财政学说等方面很有建树,特别是"务天时,尽地利,用民力"以及轻重理论和盐铁官营思想对后世影响极大,他的富国策为历代大多法家所仿效。但管仲理论有不少矛盾之处。认为商鞅经济学说的特点是干涉政策、功利主义、国家观念和相对主义,其理论优点是能考虑环境、时间、地点三要素与思想和制度的关系,知道土地和人力两大生产要素的重要性。从学说的流弊而言,其主张绝对干涉主义,导致干涉过于严厉,主张重农竟至排斥诗书礼乐等文化生活。

六、农家等其他学派经济思想研究。这一方面内容均比较简略,介绍了农家的许行、陈相,杂家的陈仲、吕不韦,春秋战国时代的政治家晏子、公孙侨,商人计然、范蠡、白圭,以及《春秋》、《国语》两部史书中的经济思想。最后,作者还探讨了中国上古经济思想对西洋各国的影响,认为其对于法国重农学派的影响最为显著,特别重要的有自然法、足民、重农、租税等。亚当·斯密受重农派影响,故间接地与中国经济思想也不无关系。

《中国经济思想史(上卷)》一书,为国内较早的一部比较系统地研究先秦经济思想的著作。在此以前已出版有甘乃光的《先秦经济思想史》(商务印书馆,1926年)和熊梦的《晚周诸子经济思想史》(商务印书馆,1930年)等中国经济思想史著作,但此书后来居上,无论在篇幅上或质量上都超过了前人。书中关于中西经济思想比较研究的方法至今仍值得借鉴。

(张祖国)

货币学 赵兰坪

《货币学》，一册。赵兰坪著。1936年由正中书局出版，后多次再版。

赵兰坪(1898—1989)，浙江嘉善人。早年曾留学日本，获庆应大学经济学学士学位。回国后历任暨南大学、中央大学、中央政治学校教授，中央银行经济研究处专门委员。在1934至1935年间著文提出废除银本位制的主张。1946年任国民党中央候补监察委员。后去台湾。著作还有《经济学大纲》、《现代币制论》、《通货外汇与物价》、《货币与银行》等。

《货币学》是一部论述货币理论的著作。出版后曾被多所高校用作教材，对当时的经济、银行等系学生有较大影响。赵兰坪在自序中指出：世界各国停止金本位后，货币制度大变。"昔之货币原则，遂难说明今之货币现象，推测将来币制之趋势。以前货币学说之缺陷，遂渐显露于外。""以前之货币学理，大半皆已失效。可以说明现状之货币原则，尚未完全成立。"所以本书是新旧货币制度交替、货币学说正在发生巨大变化时期的产物。书中内容也具有这一过渡时期的特点。

全书分上、下两篇。前篇为货币理论，分《总论》、《本位制度论》、《货币价值论》、《货币对外价值论（汇价论）》四章。后篇为各国货币制度，分英国、德国、俄国、法国、美国、日本、印度、中国货币制度八章。以下仅略述前篇的要点。

一、货币的起源与进化。作者指出，原始经济时代物物交换，没有货币，不便殊多。后来于不知不识之间，将一人人乐于收受之物作为交换媒介，表示交换比率的大小，就产生了货币。家畜、贝壳、兽皮、米谷、布帛等都曾充当货币。这时的货币可以名之曰"商品货币"。此种货币或不易保藏，或不能分割，乃渐改用贱金属。后因经济发展，又渐以贵金属为货币。贵金属货币可分前后两期，即称量货币时代和铸币时代。称量货币时代又可分为两期：第一期以金银器具为货币，这种货币兼具货币性和商品性，有本身价值和直接使用价值；第二期以特别金银物件（如金银条块、元宝）为货币，这种货币已非商品，有本身价值而无直接使用价值。铸币时代也可分为两期：一是国家和人民共同铸造时期，二为国家独占铸造时期。后者的流通半在币材的价值，半在国家的信用。近百年来使用纸币,亦可分为两期:前期以兑现纸币为主,纸币为金属货币的代表;后期以不兑现纸币为主,为货币进化的最高阶段,货币的特性始告完成。各国货币进化的阶段并不一致,最后归趋必入纸币时代。

二、货币的本质。货币本质的理论有两大派别:金属主义派和名称主义派。金属主义与货币商品说虽不一致,而对货币本质的见解大体相同。第一次世界大战以来,参战国及若干中立国家金本位制度崩溃,"名称主义,遂得应运而起"。名称主义派以货币职能为立论依据,亦可谓货币职能说。又可分为两派:抽象的观念论和货币筹码说。赵兰坪是名称主义者,他对货币下定义说:"凡充一般交换之媒介者,皆得谓之货币。至其构成元素,或为金银,或为纸片,或竟并无形体,仅有若干文字数目,皆无不可。至其成立,或经国家法制之规定,且于现实经济社会之中,确能完成货币之职能,固得谓之货币。"

三、货币的职能。作者所列的货币职能有:一般交换之媒介,价值之标准或价值之尺度,价值之储藏,价值之转移,一般贷借支付之用具。他认为在今日,价值尺度已不是货币职能。货币的基本职能有二:一般交换之媒介,直接获得财货之手段。其他职能都由这两种基本职能所派生。

四、本位制度。作者解释本位币说:"本位货币为一国之合法货币。使用数额,法律上不加限制。故又谓之无限法货。"本位制度包括金属本位制和纸本位制。其中,"纸本位制"是当时有些学者对纸币流通制度的一种不科学的说法,赵兰坪亦采此说。

五、货币的价值。作者将十六七世纪的货币价值论归纳为两派:一派以英国洛克为代表的货币材料价值说,一派以英国巴贡(书中译为柏奔)为代表的货币价值国定说。前者属金属主义派,后者属名称主义派。认为货币材料价值说在19世纪较为合理,在今日已感落后。他把货币价值分为三种:(一)货币的个人价值,即个人对货币价值的主观评价,由所持有的货币量所决定。这不属于货币学的讨论范围。(二)货币的材料价值。货币价值由货币材料价值决定的学说已有二三百年历史。(三)货币的一般价值,即货币的职能价值,又名货币的使用价值。就对内价值而言,即对国内一般商品的综合购买力。作者持第三种价值观,并专节批评了币材价值说。他认为初期货币可用商品说解释其本质,用币材价值论说明其价值。进入铸币时代,货币已无商品性。进入纸币时代,货币特性更为明显。"今日世界各国之币制,已自铸币时代,进入纸币时代。故主币材价值论者,究难说明今日通货价值之变化也。"

六、货币数量说。作者介绍了法国波丹(书中译为巴丁),意大利达万查蒂,英国托马斯·曼、洛克、休谟、李嘉图、詹姆斯·穆勒,美国费雪(书中译为费休)的机械的货币数量说。他对费雪的理论进行了批评:(一)商品交易额不变的假定不能成立。货币增加物价上涨以后,商品交易额亦较以前为大。假定不能成立,推论即难正确:"物价之膨胀,与货币数量之增加,不能保持正确之比率关系。"(二)活期存款额 M' 同货币数量 M 保持一定比率关系的假定不能成立。(三)仅能说明想象的不变的经济状态,难以说明动摇不绝的现实的经济状态。(四)交换方程式中以物价为被动元素,实际上物价也可成为主动元素而左右货币数量的增减。(五)费雪认为物价腾贵,各人所得增加,商品交易额亦增加。但所得增加非旦夕可期,在所得增加前的时期内,物价腾贵使人民购买力减退,商品交易额将因而暂减。作者又引法国阿夫达利昂(书中译为阿夫脱良)的研究,说明物价涨跌并不与货币增减保持正确的比率关系。不过他又肯定:"通货数量之变化,虽非决定物价币值之唯一要素,而仍不失为其主要要素也。"

七、货币的对外价值。作者介绍了四种货币对外价值学说:国际贷借说,即国际收支说;购买力平价说;国际贷借说与购买力平价说的折中论;汇兑心理说。他对四种学说都有批评,最后提出了自己的观点。认为货币对外价值的决定有直接原因与间接原因,还同本位制度有关,并无普遍一致的原则。金本位国与金本位国之间的汇价涨跌,直接原因是国际收支的变化,涨跌程度以现金输出入点为限;间接原因有利率高低,正货准备多寡,货币对内购买力变化,财政状况,金融恐慌,农产盛衰及非经济因素等。各个"纸本位国"之间的汇价涨跌,直接原因有国际收支的变化,通货膨胀的程度,政府的汇兑政策;间接原因有投机,利率,财政状态,金融恐慌,农产增减及非经济因素等。金本位国与"纸本位国"之间的汇价涨跌,直接原因除国际收支的变化外,在"纸本位国"还有通货膨胀程度和汇兑政策;间接原因有汇兑投机,利率政策,财政状态,通货数量,金融恐慌,农产增减,金本位国的正货准备及非经济因素等。此外,对金本位国与银本位国之间、银本位国与"纸本位国"之间的汇价变动原因也作了分析。

赵兰坪的《货币学》是当时中国多种非马克思主义货币学著作中较有代表性的一种。其论点有不少可议之处,但他力图使货币理论适应已经变化了的货币制度,并提出个人的见解,故仍具有较高的学术价值。本书的一个缺点是较少涉及成书前已产生的西方最新货币理论,如货币数量说只介绍到费雪为止即是明显的例子。

(叶世昌)

中国金融研究 杨荫溥

《中国金融研究》，一册。杨荫溥著。1936 年由商务印书馆出版。

杨荫溥(1898—1966)，江苏无锡人。1920 年毕业于清华大学。后留学美国，1923 年获美国芝加哥西北大学商学院研究部硕士学位。回国后任光华大学教授，中央大学商学院教授、代院长，重庆大学商学院教授，浙江兴业银行南京分行经理等。建国后任交通大学、上海财经学院教授，上海社会科学院研究员等。著作还有《中国金融论》、《中国交易所论》、《民国财政史》等。

《中国金融研究》系杨荫溥于 1930 年至 1936 年间，在《新闻报》、《东方杂志》、《光华大学半月刊》等报刊上发表的三十余篇论文的汇编，作为他所著《中国金融论》(1930 年出版)一书的补充和更新。全书按照论文的性质加以归类，分成《货币制度》、《金融组织》、《票据市场》、《证券市场》、《国外汇兑》、《白银问题》共六编。

第一编，由《吾国新货币政策之分析》、《罗斯来华与中英货币联系》、《辅币及其最近之整理》、《吾国纸币问题与公库制》、《通货膨胀在吾国》、《甘末尔币制法草案批评》、《废两改元问题》等论文组成。内容主要涉及：(一) 关于法币政策的原因和影响。指出法币政策的直接原因是由于美国白银政策导致中国白银大量外流，造成国内通货紧缩，物价惨跌，国民经济萎败。新政策有利于消除社会恐慌心理，健全金融机构，刺激国内产业，发展国际贸易，造成整理财政的机会。(二) 关于英国首席财政顾问李滋罗斯来华问题。认为其目的是企图在经济上谋求与美国相抗衡，并获得英、日两国在对华经济上的新谅解。同时，谋求中英货币联系，获得中英汇价的稳定，从而刺激英国对华贸易和对华投资的增长。(三) 关于解决中国纸币流通混乱问题。中国纸币由私票、政府纸币、外国银行券、本国银行券组成，其中本国银行券是纸币问题的中心。解决纸币问题的根本方法是发行集中，由各地银行公会联合组成公库，作为发行机关。(四) 关于中国的通货膨胀问题。认为通货膨胀在中国的结果是消极的，应该加以制止。(五) 关于美国人甘末尔的币制法草案问题。从价值单位、逐渐推行、纸币统一、基金来源和平价维持等方面进行质疑，认为此案不可行。(六)关于废两改元问题。批驳了一些主张不能立即废止银两制度的观点,认为废两改元越早越好。

第二编,由《吾国之银行业》、《近年吾国金融业之检讨》、《国难后之中国金融业》、《银钱业库存》、《信用放款之分析》等论文组成。内容包括:(一)关于中国银行业的历史、类别、组织、业务等问题。对银行业的业务论述较详。从存款、放款、汇兑等主要业务,到买卖生金银和有价证券,代募公债和公司债,仓库业保管贵重物品,代理收付款项等附属业务,均有实用性的阐述。(二)关于中国金融业的演变和兴革问题。从钱庄和典当业的衰败及银行事业的发展,论述了中国金融事业的进步。从联合准备制的成立,中国征信所的创设,票据交换所的实现,银行学会的组织,票据法的实施,银行法的制定,废两改元的实现,外汇平市委员会的成立等方面,论述了民国以来特别是国民政府成立以来中国金融事业的兴革。(三)关于信用放款问题。着重论述了银行如何实现信用放款,从财产调查,信用调查,经验调查,营业调查,用途调查等方面作了应用性的阐述。

第三编,由《承兑汇票与金融市场》、《吾国之银行承兑汇票》、《钱业汇划》等论文组成。内容主要有:(一)关于商业汇票的使用问题。认为缺乏票据市场是中国金融市场的最大缺陷,推行商业承兑汇票有利于增加资金周转力;特别是在金融恐慌时期,推行商业承兑汇票是解救恐慌的一种较易见效的手段。因为商业汇票活动性强,可以弥补市场通货紧缩的缺陷;同时,推行商业汇票可以形成国内的贴现市场,中央银行可依靠掌握贴现率和重贴现率,以收缩或放松金融,达到金融稳定的目的。(二)关于银行汇票的使用问题。银行承兑汇票比商业承兑汇票的信用更佳,因为其发票人虽为普通商人,而其承兑人则为银行。此外,还具体地叙述了银行票据承兑所的组织,银行承兑汇票的产生,承兑契约的订立,担保物品的管理,承兑汇票的交易等细节性问题。(三)关于钱业汇划问题。介绍了钱庄汇划的起源,汇划总会的组织,钱业准备库的成立,办理汇划的手续等。

第四编,由《新公债政策之检讨》、《公债投资》、《公债投机》、《公债套利》等论文组成。内容包括两个方面:(一)关于1936年实行所谓新公债政策问题。着重分析了国民政府整理公债政策的动机,认为主要是由于税收短少、基金不敷及发行新债须筹基金而引起的。探讨了新公债政策可能获得的利益,认为将有助于获得财政暂时平衡,减少货币政策障碍,阻遏债市投机活动等。(二)关于公债的投资、投机和套利问题。指出了公债投资和投机的区别,前者是谋求债券到期的收益,而后者则是估测债券行市之涨落,在债券买卖活动中牟取暴利。认为作为一个公债投资者,首先应了解公债担保是否确实,其次要比较投资利益是否上算。分析了近代社会公债投机的基础,认为受政局影响公债行市大起大落和期货市场交易的存在是两大因素。用实例说明了"多头"和"空头"的公债投机方式和公债套利方式。

第五编,由《外汇管理》、《"平价""定数"与连锁法》、《外汇信用证书述概》等论文组成。重点是阐述外汇管理问题。首先从国际流动资金的迁移,本国资金的逃避,外汇投机的骚扰,国际贸易的变动,他国外汇管理的影响等角度,说明了一个国家外汇管理的必要性。其次,从资金外流的限制,外汇购买的限制,外币保有的限制,债务清偿的限制等方面具体地介绍了外汇管理的一般方式。再次,从标金结价办法,中央银行外汇挂牌,取缔外汇投机,征收白银出口平衡税,设立外汇平市委员会等方面,概括了国民政府时期中国的外汇管理方式和状况。

第六编,由《美国白银政策及其对我国之影响》、《防止白银外流之我见》、《征收银出口税与我国币制》、《征收银税以后》、《十九年金贵银贱风潮之回顾》、《禁止现银进口问题》、《银价跌落问题之面面观》等论文组成。内容有:(一)关于美国白银政策问题。阐述了美国白银政策的过程和作用,认为美国实施白银政策是企图满足国会银派议员的欲望,恢复国内产业的繁荣,造成国外贸易的优势,实施世界复本位,控制世界金融。至于美国白银政策对中国经济的影响,在金融方面是白银外流,信用紧缩;在产业方面是物价跌落,生产萎缩;在贸易方面是汇率提高,出口减少。(二)关于控制白银外流问题。认为征收白银出口税和平衡税不能根本解决问题,禁银出口应从阻银流入外国银行着手,而要做到这一点,又须实行汇划不能取现。(三)关于金贵银贱风潮问题。主要研究了1930年金贵银贱风潮的起因和影响。认为从世界范围考察,原因主要是产银数量的增加,各国金本位的恢复,辅币质量的减低,银币替代的渐盛,窖银旧习的渐除,工艺消耗的减少,印度金块本位的实行,日金出口的解禁,安南的币制改革,国内需银的不旺,标金投机的反激,进口结算的骤增,生金产额的不丰等。至于影响,则认为弊大于利,在工业方面造成鼓励外商来华投资设厂,与我竞争;在财政上造成关税减少,镑亏损失增大;在民生方面,百姓将面临涨价之苦。因此,主张通过关税征金,制止标金投机,禁止现银进口等手段加以解决。

《中国金融研究》具有理论、历史、应用兼顾的特点,它对于研究中国近现代金融史具有重要的参考价值,对于学习金融理论和实务也有一定的参考价值。

(张祖国)

中国厘金史 罗玉东

《中国厘金史》，上、下册。罗玉东著。1936年由商务印书馆出版，为《国立中央研究院社会科学研究所丛刊》第六种。1977年香港大东图书公司将本书作为《中国社会经济史资料丛编》之二重印出版。又有商务印书馆2010年重排本。

罗玉东，生卒年不详。1932年进北平社会调查所为研究生，1934年该所并入国立中央研究院社会科学研究所，罗任助理员。曾与吴晗、夏鼐、罗尔纲等组成史学研究会。后离所赴中央银行，并任教于成都光华大学。除本书之外，还有译述《财产保险学》。

《中国厘金史》是一部详细研究清代一种特殊的商业税——厘金的史学专著。作者从厘金制度的起源及各省开办次第，清廷对厘金税制的政策措施，全国厘金税制，全国课厘之收支，各省厘金等多方面，对厘金进行了资料统计和分析研究。

全书分为十二章。依次为：《厘金制度之起源》、《历年清廷对于厘金税政之措施》、《全国厘金税制概要》(二章)、《全国厘金收支概况》(二章)、《江苏浙江安徽三省厘金》、《江西湖北湖南三省厘金》、《福建广东广西三省厘金(附台湾省厘金)》、《山东河南山西直隶四省厘金》、《陕西甘肃四川云南贵州五省厘金》、《东三省及新疆四省厘金》。并有附录。附录一收统计表一百二十八张。前十二表为历年各省或全国各种厘金项目的总统计表，从总体上统计分析了全国和各省的厘金收入和支出状况。后一百十六表对各省历年厘金总收入和支出，历年各项厘金收入和支出作了统计；有银钱及银元兑换率统计的省份，还附有历年银钱及银元兑换率表。附录二为各省厘票及厘报式样二十四种。前二十二种为各省的样式，后两种为厘金奏报折式和厘金奏报清单。

第一章论述了厘金制度产生的原因及推行经过，并附有厘金创议人钱江的事迹。作者指出厘金制度"是在清廷对太平天国用兵的时期内偶然发现的一种临时筹款方法"。究其历史原因，则是"在咸丰以前，商税之源未被清廷充分利用，故至咸丰初年财政万分困难之际"，"乃得采之以为饷源"。作者以为,清廷独用厘金制度而未采行加征商税的直接原因还在于厘金轻而商税重,且试行并未招惹民怨。厘金制度产生的史实经过,首先是清副都御史雷以諴在扬州帮办军务时,听从幕客钱江的建议,于咸丰三年(1853)九月在扬州附近,采用一种似捐输而又能施行较久的方法来捐军饷;后经奏报批准,在各省试办。

第二章主要记载了厘金制度实行时期政府采取的管理政策和措施。清廷干涉各省厘务起于咸丰九年三月,"命各省督抚带兵各大员将委办劝捐抽厘官绅职名造册报部,以凭查核,如有弊端,著即严参惩办"。咸丰十一年二月户部为全国厘务拟定章程八条。以后略有修改,并推行了其他一些政策和措施。

第三章和第四章论述厘金的种类,各省厘金的税章,课厘和免税的货物,征收机关和征收制度,报解及考成,厘金的弊端,厘金与条约的关系等。第三章除了详细统计了各省百货厘金分类、各省税率、各省课厘货类及免税货物之外,还从系统、组织、人员数目、人员委任和待遇几方面对厘金征收机关作了细致的解剖和说明。针对官征制度,第四章从各省税章及税票,卡厘征收手续,转运及分运的免厘办法,厘金罚款及其分配,坐厘征收手续,定期蠲免常例等六个方面进行了说明和分析。以广东、江浙情况为例,分析包缴制度的利弊。介绍了报解的程序,考成的比较办法,奖惩章程及其流弊。作者从侵蚀税收、私索商民两方面指出厘金的弊端,并分析其同清廷与外国列强签订的条约之间的关系。

第五章和第六章论述统计材料来源及整理方法,全国厘金的收入和支出概况。资料主要来源于当时所存清廷厘金收入中最为齐全的十四省的厘金报告。为了统计、比较方便,作者采用补插法,将所缺报告年份的上下相邻二年的数目相加,取其平均数以补入缺报告的年份,并将各省计量标准全部折成库平银。全国所抽的厘金主要有百货、盐、洋药、土药四大类,各省略有差异。从咸丰三年至光绪三十四年(1908),十四省中以福建省报告最全,江苏省为各省年收入之冠。十四省之外,各省只有残缺资料。根据这些资料,可知它们的收数占全国份额甚少。全国各省厘金支出分为三类:国用款、省用款和用途不详款。国用款有十种,主要用于军费、行政费用、外债、赔款、铁路等。省用款分为各省行政费及其他开支。用途不详款主要是指解藩库款。作者按照这种划分,一一详细说明,指出全国厘金收入极大部分是供给国用,其中最大者为各省军费,而赔款、国家行政费等则占数甚微。除陕西、安徽、广西等三省收支完全相抵外,收入最多的三个省却常不敷支出,而余下几省盈余之年多于不敷之年。

第七章至第十二章介绍各省厘金税制的沿革及收支状况。每章从厘金制度起源、发展、厘金种类、税率、课厘货类、抽收机关、征收方法、比较、局用和委任章程等方面,对各省厘金税制的沿革作了总结归纳和分析。由于东三省及新疆所存有关厘务的资料甚少,作者仅就四省厘金起源和发展作了说明,并从四省所课厘金种类的角度进行了简略的介绍和分析。有关各省厘金收支情况,作者从各省厘金税收项目和各省厘金开支分类的角度,分别作了统计分析。

《中国厘金史》对清代厘金税的研究系统,资料丰富,仅正文各种类型的表格就达一百三十八个,是研究清代厘金史的一部力作。

(王立新)

中国商业史 王孝通

《中国商业史》,一册。王孝通著。1936年由商务印书馆出版,为王云五、傅纬平主编《中国文化史丛书》第一辑之一种。作者原著有《中国商业小史》,1923年由商务印书馆出版,后多次再版。《中国商业史》在《小史》基础上修订补充而成。1984年上海书店影印出版,编入《民国丛书》第四编。

王孝通(1894—1948),字修盦。浙江瑞安人。早年肄业于圣约翰大学理科,后入北京大学学习。毕业后历任浙江省立法政专门学校、中国公学大学部、光华大学、上海法政学院、复旦大学等校教授。著作还有《票据法》、《公司法》、《海商法》、《保险法论》、《纸币纲要》、《外国商业史》、《商业簿记》、《商品学》等。

《中国商业史》是一部叙述中国商业发展历史的著作。分为三编二十三章,章以下又有节、款。编、章依次为:《绪论》。第一编《上古商业》,分《自黄帝迄唐虞时代之商业》、《夏代之商业》、《商之商业》、《西周之商业》、《东周之商业》、《周末之商业》、《秦之商业》七章。第二编《中古商业》,分《西汉之商业》、《东汉之商业》、《三国之商业》、《两晋及南朝之商业》、《北朝之商业》、《隋之商业》、《唐之商业》、《五代之商业》、《北宋之商业》、《南宋之商业》、《辽金之商业》、《元之商业》、《明之商业》、《明代中外互市》十四章。第三编《近世商业及现代商业》,分《清之商业》、《民国时代之商业》二章。

在本书的序和《绪论》中,作者分析了造成中国商业落后的历史原因和现实弊端。关于现实弊端,作者指出:"盖商业以政治之治、乱为盛、衰,国势随商业之盈、虚而隆、替。我国今日外受强邻经济之侵略,人为刀俎,我为鱼肉;国势阽危,甚于畴昔;内则政刑未修,寇盗充斥,农村破产,市井萧条。"(序)他认为有四个历史原因导致了中国商业的迟滞:物产丰盈;交通阻梗;历代贱商;资本浅薄。他强调"欲振兴商业,必先研究我国商业史"(同上)。这就点明了撰著本书的主旨。

在第一编第一章中,作者论述了商业起源等问题。他指出:"我国北部为黄河流域,多丰沃之地,汉族自西北方移居于是,人口渐次繁殖,建诸部落。人类既蕃,则需要愈多,知识渐开,则欲望愈奢,于是交易之途启。"他还分别考察了货币、度量衡的起源。在第二章中,作者从洪水与商业的关系,禹时的疆域及商业中心,禹贡的商品,大夏的衰亡等四个方面论述了夏代的商业。第三章论述商代的关市之政和庶政。对西周商业,作者在第四章中分周初商业、周商政、西周商业的衰敝等三个方面加以论述。第五章的篇幅较长,分别对郑、卫、齐、鲁、晋、楚、吴、越、秦等国的商业状况作了概述。第六章和第七章主要探讨战国商业及秦统一前后的商业特点。

　　第二编第一章以汉武帝的经济政策和王莽改制为重点。作者认为武帝所行均输平准之法使"国用充裕,惟商民颇苦不便"。又说:"汉初商人不得为吏,而商业反兴,武帝时,商贾得仕宦以至于大农丞,而商业反衰,然则商业之盛衰,初不系在上者之贵贱明矣。"关于王莽改制,作者批评其频变币法,指出"夫钱币之用,专取简便,而改革币制,亦宜行之以渐……若以一二人之私意,巧立名称,骤加改变,辄欲以国家权力,强民必从,此岂有当哉?"但对其税则,作者认为"其法虽近于扰民,然实与近世各国营业税之制相合,亦未可以厚非也"。第二章论述了东汉的商人状况、限商之议、官商、商业繁盛地区、盐铁政策、货币制度、通商概况等。第三章既概括了三国共有的通商、币制情况,又分述了蜀、魏、吴的商业特点。在第四章中,作者除介绍两晋南朝的一般商情外,特地分析了社会风俗和释教传入对商业的影响。第七章的篇幅很长,分别论述唐代的都市、市政、商法、商人、官营商业、商埠、交通、关禁、币制、高利贷、茶叶、盐税、商政等问题。作者在描述唐代商业繁荣的同时,对当时的病商政策提出批评,指出其借商钱以敷国用的做法是"不知公债之法,不明租税之理"。又认为其官定物价侵夺民财,造成"商贾有良货,皆深匿之,每敕使出,虽沽浆卖饼者,皆撤业闭门……处斯虐政之下,商业宜其不发达也"。第八章论述了五代时的通商、商税、钱币等问题。第九章除有一般商业状况的分析介绍外,作者还对宋代由初期的恤商到中后期的病商的政策转变进行探讨,指出:"宋初诸帝能将细碎品物免税,又颁定税则,榜示天下,使征收者与完纳者皆有准绳,无所用其增损,诚便商惠民之举,而堪为后世治国者取法也。"但和买、市易等法的推行,则使商业发展受到损害,"是宋不待南渡扰攘,而商业早入于衰颓之境矣"。第十二章论述的问题有元代的通商、市舶、驿站、商税、币制、工艺、木棉等。第十三章和第十四章都是关于明代商业的,前者论述一般商情,后者专门分析中外通商,其中较详细地论述了郑和下西洋,租借澳门,开辟台湾和南洋各地市易等问题。

　　第三编虽然只有两章,但内容并不少。第一章分别论述了清代的商业政策、商业状况、国际贸易、货币制度、金融机关、交通事业、商业税收等。其中第八节国际贸易又分为公行制度、商馆制度、关税制度、进出口贸易状况等四款;第十二节交通事业又分为铁路、邮政、电政、航业等四款;第十三节货币制度又分为制钱、铜元、银角、银元、银锭、纸币等六款;第十四节金融机关又分为票号、钱庄、银行等三款。第二章是全书中篇幅最长的一章,主要内容有民国初年的商业,民国初年海外侨民的商况,商政整理,关税自主的经过,关税内容的变迁,进出口两税则修正的经过,关税收入,金融机关,废两改元的成功,法币政策的实施,全国交通状况,海外华侨现状,商标保护,商品检验,度量衡制度的统一,民商统一法典的制定,重要商税,各省办理营业税的情形,发展商业的机关,最近五年的对外贸易和主要工商业概况等。

《中国商业史》是一部资料翔实、时间跨度长、研究方法较为全面的著作。在当时,其内容是最为完备的。在研究方法上,作者不仅重视对各朝商业状况进行完整考察,而且还注意联系其他社会经济因素作综合分析,还在有关章节中专门论述各个时期著名商业经营者的思想和事迹。这些特点使《中国商业史》在学术界占有重要地位。

(锺祥财)

中国田赋史 陈登原

《中国田赋史》,一册。陈登原著。1936年由商务印书馆出版,为王云五、傅纬平主编《中国文化史丛书》第一辑之一种,后曾再版。1984年上海书店影印出版。

陈登原(1900—1975),原名登元,字伯瀛。浙江余姚人。1926年毕业于南京东南大学历史系。曾任金陵大学讲师,之江大学、中山大学教授,中央研究院特约研究员。1948至1950年先后在宁波浙东中学和杭州树范中学任教。1950年秋以后任西北大学历史系教授、图书馆馆长。著作还有《国史旧闻》、《中国土地制度》、《中国文化史》等。

《中国田赋史》是一部叙述中国田赋制度的发展历史的著作。分为二编十四章。第一编《前论》,第二编《本论》。《前论》无章,分为《田赋与国家社会之关系》和《今时田赋之积弊》两节。《本论》分《上古田赋概要》、《薄赋论之型成及其实际》、《户调与田赋》、《均田制度与田赋》、《租庸调与两税》、《两宋田赋》、《辽金元之田赋》、《鱼鳞册及清丈》、《明人田赋杂事》、《一条鞭与加派》、《清前叶赋制之因革》、《清赋制之开展》、《晚清以来之田赋》和《今时田赋之动向》十四章。

在《前论》中,作者提出:"田赋者,重要税收之一也。""田赋者,固国家未受外力支配之巨大财脉也。""田赋者,固地方政费之主要收入也。"他强调:"田赋之关切民生,则无论以平时言,以非常时言,于史亦饶有前例可寻。"为了论证他的观点,作者引用了历代思想家包括孔子、朱熹及现代学者马寅初、万国鼎等人的理论观点。

对于中国当时的田赋积弊,作者也进行了揭露。他指出:"册籍之零落也,征收之不统一也,附税之苛杂也,皆田赋之积弊也。"具体而言,田赋的弊端表现在以下几点:正税之重,附税之繁,预征之制,其他还有疲收、隐避、中饱及营私、不平均之患等。田赋积弊后果严重:"若就有国者不患寡而患不均以言,则田赋之现制,已足以弱国祸民而有余。"

在《本论》第一章中,作者论述了原始田赋之意义和方式。"赋之为义,盖有二训,其一曰:赋,取也。……盖自统治者言之,凡取于民者,皆赋也。初不必有布粟泉货,田地屋物之异也。其二曰：赋，献也。……盖自在下者言之，凡献于上者，皆赋也。初不必有力役物力之殊也。"他认为："当年征赋，与定额征赋，殆为后起之制，而非原始之事。"上古田赋有两种形式："其一，民向国家受田，而国家之征赋也，或以军事报效之形式出之。""其二，民向国家受田，而国家之征赋也，或以力役之形式代之。"对于贡助彻，作者认为："贡者，贡也。岁订其额，而使农民供于公上；当解如贡献之贡。""至于助也者，藉也，借也。假民力以耕公田，而即以其力之所生产为赋也。""彻有均量之义……盖据彻之原始意义而言，乃通量土田之所入，而取之于民。"所谓夏贡、殷助、周彻，都是局部通行之制，而非通行于全部古中国。作者指出春秋时期田赋的三个特点：一是履亩而税取代贡助彻；二是"履亩而税，为整理田赋之原则，故田亩封疆，有修明之趋势焉"；三是为多得税履亩而税，"故田赋之增加，推翻以前的什一之成例，于史即有明文"。战国的田赋有四个进步："一则为军事日亟，而国家乃重视田赋之收入。中央地方，各有仓储，是也。二则征赋之权，操诸自上。贵族除差次名田以外，不得干预赋政，是也。三则土田调查，益为进步。商君之先制封疆，后定额赋，是也。四则征收方法，益有进步。征有常官，欠有常刑，是也。"

第二章探讨秦汉田赋问题，主要议题有三：自重赋至薄赋；西汉田赋征收杂事；清丈与亩税。作者认为秦时田赋有三个现象："其一，则税额之重也。其二，则私租与公赋之划分为二，因以造成两层负担也。其三，则征收官吏之舞弊也。"而到了汉代，遂用减赋为号召。但这种薄赋政策只能惠及地主，并未能及乎佃人，而且"足以阻碍国营事业（指官属典礼）之进步"。除此之外，作者指出汉代田赋已有附加、折色等弊端之兆。

第三章论三国时期的田赋、户调和南朝田赋。作者概括这段时期的田赋史说："三国纷争，版籍失稽，户调之制，滥觞于斯……至西晋，始改为从户税……成帝时，虽度田收租，而太元之制，为口税而不为田税矣。"这是田赋发展中的一个重要变化。

第四章着重分析了均田制中的田赋问题。作者指出在均田制实施以前，北方田赋存在着混私租以入公赋，贵豪平民负担田赋不均，以丁税代田税等现象。由于三长制的并行，均田制亦未能履亩而税，而从口征税具有流弊。对此作者指出："从户而税，西晋之户调是也，而流弊为人之不肯析居。……从丁而税，太玄之口税三斛，北魏之一夫一妇，帛一匹，粟二石是也；而其弊为亡丁之多，荫附之众。即以北魏而言，税收之疲，亦可知焉。"

作者在第五章分析从租庸调向两税法的转变时认为，由从户而税到从田而税是一种进步的现象。"夫依资产而定税，本为最平均之税法……则量贫富为税，以代从丁税之租庸调，自为时代之要求。"但他同时也揭露了两税法实施中的折色、附加等弊端。

在论述两宋田赋的第六章中，作者指出："宋初田赋之根本疵累，犹不在田赋集中，更不在于履亩而税……独其所以成为根本疵累者，则在乎未肯彻底整理田赋也。"正因为这样，北宋时量田均税,使赋额可考,是时代的要求。

第七章论述辽、金、元田赋。作者指出元代田赋有几点创新:一是优待军户,二是析纳预征,三是包征之制。"而其最足令人注意者,则为赋税之用银。"

第八章至第十章都是论述明代田赋的。作者分析了鱼鳞册的两个优点:一是以田为母,而以户为子;二是买卖过割不致藏多匿少。他还肯定明代田赋制度的其他优点,如征收时互相牵制,分催、征、监督为三事;经征官吏须负责任;重视田赋的观念与前世不同;有重征大地主之理论等。作者也揭露了明代田赋的流弊,如一条鞭法实际贯彻中的政策走样和加派等。

第十一、十二章及第十三章的前二节论述了清代的田赋情况。作者评价地丁制度说:"世所盛道之地丁制度,实亦与唐之两税,明之一条鞭,不无类似者。""地丁立而丁钱均入田税,地丁之后,力役犹有存焉。然则地丁云云,亦无非使国家之岁计,独着重于田赋而终乎其为因陋就简之制度尔。"

第十三章后两节探讨了民国初年的赋制因革和积弊,而第十四章则着重分析当时田赋制度的新动向,主要内容包括地价税之成立,土地陈报,土地清丈,附加税之裁限,征收制度之改良等。其中前三项已由政府制定法令条文,而作者尤为关注的是后两条,他指出:"综史实而言之,今日田赋之当立时改良者,首当自取缔附加税及改良征收制度始。"这个观点是与本书第一编中的分析相一致的。

(锺祥财)

通俗经济学讲话 狄超白

《通俗经济学讲话》,一册。狄超白著。1936年由新知书店作为《新知丛书》之一种出版,以后多次再版。

狄超白(1910—1977),原名幽青。江苏溧阳人。1931年肄业于中央大学,同年加入中国共产党。1932年任中共溧阳县特支书记,同年被捕,1934年出狱后从事抗日救亡活动。抗战胜利后任香港达德学院教授,《中国经济年鉴》主编。建国后历任中央财政经济委员会统计处处长,国家统计局综合处处长,中国社会科学院经济研究所研究员、代理所长,中国科学院哲学社会科学学部委员等职。著作还有《中国土地问题讲话》、《政治经济学讲话》等。《中国现代社会科学家传略》第一辑有传。

《通俗经济学讲话》是一部把博大精深的马克思主义经济理论平易化、通俗化,使一般人容易了解的著作。有关本书的特点,《新知丛书》编者在序言中作了如下的概括:本书不失为一本很好的经济学入门书,适宜于初学者阅读;提供了狭义经济学的完整概念;在说明资本主义社会的经济范畴以后,扼要地述及社会主义社会的同一范畴在本质和其他方面的差异,作鲜明的对照;叙述简洁明确,没有噜苏冗长的毛病,使初学者不至于一看就害怕。全书分《绪论》、《商品价值》、《价值形态和货币》、《剩余价值和资本》、《工资》、《资本的再生产和积蓄》、《利润及生产价格》、《商业资本及商业利润》、《借贷资本与信用》、《地租》、《资本主义世界的末日》十一讲。主要内容如下。

一、用通俗的语言和生动的例子解释了什么是经济学,为什么要研究经济学。认为经济学是研究人类社会生产关系的发生、发展和灭亡法则的学问。其中,研究各种社会生产关系发生、发展和灭亡法则的是广义经济学,而单纯研究资本主义社会生产关系发生、发展和灭亡法则的是狭义经济学。人类社会为了生产物质财富而发生的人与人之间的关系是人类社会的生产关系,而生产物质财富的能力是人类社会的生产力。生产力和生产关系互相对抗而又互相适应。当生产力不断变动向前发展,使生产关系不能适应并妨碍它的时候,旧的生产关系就会来一次演变,建立一种新的生产关系。人类社会的这种变动,在人类社会的进化史上已经历了原始社会、奴隶社会、封建社会、资本主义社会四个阶段,唯有苏联已进展到第五阶段社会主义社会。在现代世界上,除苏联外,几乎所有国家不是地地道道的资本主义化的国家,就是被资本主义所支配的落后国家。人类社会目前的大部分都离不开资本主义生产关系的束缚,都不能离开其法则的支配。特别是处于资本主义生产关系压迫下的劳苦大众为了彻底了解自己所处的地位,更为了彻底解放自己所处的地位,就有研究资本主义社会即狭义经济学的必要。

二、用通俗化的方法阐述了马克思主义关于资本主义生产关系的一些基本原理。其中有:(一)为什么研究资本主义社会要从研究商品开始?资本主义社会是一种由无数量的商品生产和买卖而联系起来的经济组织所构成的商品经济社会,这是资本主义社会生产物质财富的特殊方式和特殊性质,因此,研究资本主义生产关系要从研究商品开始。(二)关于商品价值的理论。指出在现代资本主义商品经济社会中,其最一般的特征是劳动者没有自己的生产资料,生产手段为资本家所有。劳动者不是为自己生产商品,而是被资本家雇佣,替资本家生产;资本家生产商品的目的也不是为了自己的使用,而是为了剥削劳动者,赚取金钱。由此而决定了资本主义商品经济社会的主要矛盾是"社会的生产"和"资本主义的占有"。资本主义社会的一切罪恶、混乱,一切不合理都是由于这个主要矛盾而发生的。商品具有使用价值和价值两种主要特征,但商品之所以有价值并不是因为商品有使用价值的缘故。因为现实生活中人们感觉用处大的东西未必价值高;同时,商品用处各不相同,很难区别谁重谁轻。只有劳动才是商品价值的基础,因为各种商品都包含着劳动,某一种商品所含劳动的多少,代表了这种商品价值的大小,劳动的性质是等同的,可以比较大小。同一劳动有抽象劳动和具体劳动二重性,抽象劳动决定和创造商品的价值,具体劳动创造商品的使用价值。劳动时间决定商品价值,是指社会一般所需的社会必要劳动时间。(三)关于货币转化成资本的理论。指出货币转变成资本的标志是货币经过一个过程得到利润,这种利润不是来源于流通过程,而是来源于生产过程。在资本主义社会,资本家通过在生产过程中使用劳动者所出卖的劳动力,创造出比劳动力自身价值更高的价值,从而获得剩余价值。社会生产力的发展,是全社会人们共同努力的结果,因此剩余价值应当归全社会共同享有,而不能归某个私人占有。但在私有财产的社会制度下,生产手段被少数资本家独占,生产物变成资本家个人私有的东西,社会收入被资本家不劳而获。这种矛盾和冲突表现在人与人的关系上,就形成劳动阶级和资本家阶级的矛盾和冲突。劳动阶级说,社会所创造的财富应当归社会公有,但资产阶级说,财产是私人的,这是我的。

三、以当时唯一的社会主义国家苏联为范例,概要地介绍了社会主义生产关系的某些基本特征和主要内容。其中有：(一)苏联社会主义商品经济的特征。认为同资本主义的商品经济相比较,社会主义商品经济具有生产手段公有和有计划两个显著的特点,它和资本主义条件下的生产手段私有以及无政府状态形成鲜明的对照,因而消除了"社会的生产"和"资本主义占有"间的矛盾以及私人劳动和社会劳动间的矛盾。(二)苏联社会主义的分配制度和原则。指出苏联已经踏上建设新社会的道路。新社会的建设有两个阶段,前一阶段即社会主义阶段的分配原则是各尽所能,各取所值。而各尽所能,各取所需的分配原则只有在社会主义阶段告终后,进入更高级的共产主义社会阶段才能实现。在苏联社会制度下,由于一切生产手段都收归社会所有,劳动阶级掌握一切生产手段,劳动力已不再是市场上出卖的商品,因而消灭了剥削。为了贯彻各尽所能,各取所值的分配原则,社会主义仍然要采取工资的分配形式,即依照劳动者所提供的劳动的质量和数量多寡,而给予公平的偿付。唯有这样,才能刺激劳动者的生产力,改良生产物的品质,发展社会主义的经济。但到了共产主义废除商品和货币时,也将废除社会主义下的工资。各取所值,并非把劳动者所生产的价值全部当作工资付给。劳动者生产的价值应当分成积蓄部分和个人消费部分。劳动者为了自己阶级将来的幸福必须有积蓄,但也不能极端压制个人消费。所以两者应当依照这种原则分配,即一方面要保证社会主义的建设速度在短时期内赶上并超过先进的资本主义国家;另一方面必须有系统地提高劳动阶级的生活水平。(三)苏联社会主义的利润和利息。认为苏联社会主义经济中的利润已不再是剩余价值的转化,而是劳动者新创造的价值,它表示劳动者积极性的提高。社会主义的利润是社会主义积蓄的来源,是扩大社会主义再生产,造成新技术,促进社会主义生产力发展,为劳动阶级谋取幸福的手段。苏联没有资本主义的利润,所以也没有平均利润和生产价格的范畴,苏联的价格是以价值为基础,并有计划地、自觉地根据生产和消费的需要,由国家制订并加以调剂和控制的。苏联的利息不再是剩余价值的一部分,而是劳动者新创造价值的一部分。社会主义条件下之所以仍不能取消利息,这是因为要吸收社会游资,为了鼓励人民积极储蓄和存款。当商品和货币都消灭的时候,利息就会消灭。

《通俗经济学讲话》对于马克思主义经济理论的传播和社会主义经济制度的宣传起了积极有效的作用。特别是在当时条件下,能够对社会主义生产关系作出大致的描述是难能可贵的。这一方面的内容可以说是中国社会主义经济理论的先驱。

(张祖国)

中国交通史 白寿彝

《中国交通史》,一册。白寿彝著。1937年由商务印书馆出版,为王云五、傅纬平主编《中国文化史丛书》第一辑之一种。1938年经日本学者牛岛俊作译成日文,次年由日本东京生活社出版。1984年上海书店据商务印书馆版影印出版,1987年河南人民出版社改排重印。

白寿彝(1909—2000),河南开封人,回族。1932年毕业于燕京大学国学研究所,获哲学史硕士学位。先后在桂林成达师范学校、云南大学、中央大学、南京大学任教。建国后任北京师范大学教授,并任国务院学位委员会委员、中国伊斯兰教协会副会长等职。自著或主编的著作还有《中国通史》、《中国伊斯兰史存稿》、《回教先正事略》、《回教人物志》、《史学概论》、《中国史学史》等。

《中国交通史》是白寿彝的第一部著作。本书在作者的学术生涯中具有积极意义,自称"我对于通史的兴趣,对于划分历史时期的兴趣,对于寻找时代特点的兴趣,都是从写这本书开始的。我对于中外交通史的兴趣,也是从写本书开始的"(1987年版《题记》)。

本书分为五篇三十一章。第一篇《先秦时代之交通》,分《先秦交通与民族混合运动》、《先秦交通区域之发展》、《先秦底都会》、《先秦底道路沟渠和馆邮》、《先秦底交通工具》、《战国晚年之关于交通的传说想象和理想》六章。第二篇《秦汉时代之交通》,分《秦汉交通与大一统政府》、《秦汉版图及域外交通》、《秦汉底都会》、《秦汉底道路和河渠》、《秦汉底馆舍和邮驿》、《秦汉底交通工具》六章。第三篇《隋唐宋时代之交通》,分《隋唐宋交通与东南财富》、《隋唐宋底国内交通路线》、《隋唐宋底运河》、《隋唐宋底域外交通》、《隋唐宋底大都会》、《隋唐宋底馆驿和交通律令》、《隋唐宋底交通工具》七章。第四篇《元明清时代之交通》,分《元明清交通与海运》、《元明清之河渠与道路》、《元明清之邮驿》、《元明清之中外交通》、《元明清底都会》、《元明清底交通工具》六章。第五篇《现代中国之交通》,分《现代中国交通与五口通商》、《现代中国之水上交通》、《现代中国之陆路交通》、《现代中国之空中交通》、《现代中国之邮电事业》、《中国交通事业之前途》六章。

在第一篇中,作者的论述从夏后氏时期开始,包括殷商宗周以及春秋战国。作者认为在这一时期中,中国历史上最大的事件是民族与民族间继续不断地起一种混合运动,而先秦交通和这种民族混合运动关系甚为密切。后者发展到了某一个程度,往往可以表示交通已达到了某一个阶段。同时,先秦交通的新进展,有时也可以表示出一种民族混合的倾向。另一方面,先秦的交通事业给中国的交通打下了一个实在的根基。

在第二篇的阐述中,作者指出:在秦始皇二十六年(前221)灭六国到隋开皇九年(589)陈亡的八百一十年中,"中国历史上最大的事件,是秦汉大一统政府底出现。这在中国政治上,和在中国民族上,都开前古未有的创局。中国底政治,从此才有大规模的举措。中国底民族,从此才有一个坚固的基础。同时,中国底交通,也就随着政治底进步,走上了一个新的时代"。首先,"车同轨"充分表现了秦汉交通之大一统的新精神。另外,"这时的交通,有一个全国最大的中心。这时的交通建设,如道路的开辟,和河渠底开凿,也都有一个辐射的焦点。这时的交通组织,如馆舍邮驿等,也都有系统地普及于全国各地"。与"西域"、"东夷"和南海上的民族也都开始了往来。魏晋南北朝是秦汉时代的沦落时期,其间所发生的长期民族斗争在性质和交通史上的价值不同于先秦时期的民族混合运动,它对于中国交通的进展没有一点好处。

第三篇的研究时间跨度是从隋开皇十年到南宋灭亡(1279),共六百九十年。这一时期交通发展的特点:"一方面,则由于国内的统一,而唐宋州郡干路,往还交织;他方面,则由于民族地位底优越,隋唐底域外交通大见昌盛。这两方面,无论就哪一方面说,隋唐宋盛时的情形都较秦汉时代为进步。"他又认为隋唐宋交通之所以能为一个新的时代,并不是完全由于上述两方面的情形,这个新时代的最大特征是运河的开浚和使用。这一方面创人工开河的新纪录,另一方面又表现并推进东南诸郡在全国交通上的新地位。这两点,尤其是后一点,在交通史上具有划时代的意义。

第四篇的下限放在清道光二十二年(1842),因为这一年签订了《江宁条约》。"此后,西洋新式交通工具输入,另外成功了一个新的时代。"这一时期交通的特色是海运的发达。自战国以来本来就有海上行船的事,自汉武帝以来每代都有海军。"但元以前的海运,并不是有整个的计划,而元以前的海运也与国家大计,无密切的关系。自元时起,海运底意义便显然和以前不同,这时的海运,显然关系着国家底根本;它在元明清的重要,一如运河之在唐宋。"

从五口通商到20世纪30年代中期的交通发展,是第五篇论述的内容。这期间,一方面中国的许多利权横被侵蚀;另一方面西洋的新文明不断输入。在引起国人惊诧和厌恶的最初反映以后,也促使国内新交通事业的兴办。同治、光绪年间(1862—1908),铁路、轮船和邮电都先后兴办。国民政府成立后,正式开始了汽车公路的建造和民用航空的实行。中国的交通事业算是逐渐走上了现代的路子。作者指出："中国底新交通事业，和以前不同之点：第一，为交通工具之科学化，以机械的力量逐渐代替以前使用的人力、畜力、水力和风力。第二，为交通组织之商业化，凡各种新交通工具之利用，均可以普通的交易方式行之，没有阶级上的限制，和以前专为军事政治上的便利而设的交通事业不同。……如仅就这两点来说，五口通商前三四千年仅是一个时代，近九十年是又一个时代底开始。"

在第五篇的最后一章中，作者对中国交通的发展程度作了分析。他认为："九十年来所积累的今日的成绩，若和世界各先进国相较，这只能算中国交通事业之现代化的开始，距现代化的规模之形成，尚相去甚远。"这表现在：第一，中国政府的力量尚不能完全控制国境内的一切交通事业。第二，中国自办的交通机关尚不能充分发挥效能。第三，中国尚无能力在交通事业的建设上，作全部的甚至一极小部分材料上及机械上的自给。第四，中国新交通事业的领域还嫌太狭，普及的范围太小。第五，中国交通事业包括了不少空白、断烂以及灰色的篇幅。第六，中国在这方面的技术人才还太不够用，而国内这种专门的独立的研究机关简直等于没有。"这六点，都是中国交通事业前途之很大的障碍。在这个时候，国难严重到了极点，这种关系国家兴亡的大事业是需要政府和人民拼命去作的。"

《中国交通史》在国内外受到好评和重视。牛岛俊作在《日译本序》中评价说："著者……举凡有关中国交通文化而可为典据之文献，全部搜用无遗，且都注明出处，确是一部标志着中国交通文化史著中最高水平的作品。"而在国内，此书在较长时间里一直是中国交通史方面仅有的著作。

（锺祥财）

中国度量衡史 吴承洛

《中国度量衡史》，一册。吴承洛著。1937年由商务印书馆出版，为王云五、傅纬平主编《中国文化史丛书》第一辑之一种。程理濬曾对本书进行修订，1957年由商务印书馆出版。1984年上海书店影印出版。

吴承洛(1892—1955)，福建浦城人。1916年毕业于清华大学化工系。次年留学美国，1920年获哥伦比亚大学硕士学位。同年回国，先后任北京师范大学教授、北京工业大学化工系主任。1928年后历任度量衡局局长、中央工业试验所所长、工业司司长、商标局局长等职。建国后，任中央人民政府财经委员会中央技术管理局发明处处长、中国化学会秘书长、全国科普工业宣传计划委员会副主任委员等，为中央学术名词审议委员会化学名词小组成员。他是中国化学科学名词规范化的奠基者和划一现代度量衡的创始人之一。著作还有《应用电化工业》、《化学工程》、《今世中国实业通志》、《菲律宾工商业考察记》等。

《中国度量衡史》分为两编十四章，对上起三代下迄民国的数千年中，度量衡的发展过程进行了系统的整理和叙述。上编为《中国历代度量衡》，分《总说》、《中国度量衡制度之标准》、《中国度量衡单量之变迁》、《中国度量衡命名通考》、《第一时期中国度量衡》、《第二时期中国度量衡》、《第三时期中国度量衡》、《第四时期中国度量衡》、《第五时期中国度量衡》九章。下编为《中国现代度量衡》，分《民间度量衡过去紊乱之一般》、《甲乙制施行之前后》、《中国度量衡制度之确定》、《划一度量衡实施办法之决定》、《划一度量衡行政之经过》五章。全书主要内容如下。

一、研究中国度量衡史的途径和方法。吴承洛指出研究中国度量衡有两个基本困难，一是度量衡史籍缺乏，二是现存古代度量衡实物残缺。欲克服这些障碍，须从以下几方面着手：(一) 黄钟秬黍是中国历代度量衡制的本源和起始标准。(二) 研究各代度量衡单位量的传替变迁关系。(三) 研究历代度量衡单位量的命名。(四) 研究历代度量衡的设施和行政。

二、中国度量衡制度的标准(或工具)。中国历代用作度量衡的标准大致有两类：一为自然物,如人体、谷子;二为人类制造的实物,如律管、货币、圭、璧等。历代均用谷子和律管作为度量衡标准的参证。汉代定黄钟为度量衡的根本标准,取秬黍为参验校正,以后历代奉此为准。吴承洛说:"度量衡本生于黄钟,而古黄钟虑其失,又为积黍之法,由积黍以明度量衡。故度量衡制起于黄钟,法寓于积黍。"

三、中国度量衡单位量的变迁。中国度量衡单位量变迁的总趋势是由小而大。朝廷定制的度量衡单位量增长率以量最大,权衡次之,尺度最小。以时期论,南北朝、隋代最大,唐至清代次之,两汉较小。民间实际行用的度量衡器具单位量增长幅度更大。地积由长度计算而来,故地亩大小可由尺度计之。周制六尺为步,一百方步为一亩。秦汉以后二百四十方步为一亩。唐以后改五尺为一步,仍以二百四十方步为一亩。

四、中国度量衡史的历史分期和特征。吴承洛将它分为五个时期。第一时期从黄帝时至周代,是度量衡制度产生时期。度量衡制度创始于黄帝,直到三代无明显改革,缺乏系统,但对后世有重大影响。第二时期包括秦及两汉,是度量衡制度初步完备时期。商鞅变法中的度量衡变革是度量衡史上第一次显著改革。王莽改变度量衡实量,制作颁行度量衡标准器具,完善设施,完成度量衡史上第二次重大改革。第三时期从三国到隋,是度量衡变化最大的时代,尤以尺度之制最为复杂。第四时期从唐至明,是度量衡变化最少而量衡改制的时代。这一时期权衡之制由铢累改为厘毫,此项改革始于唐,成于宋。创制天平砝码器具;置石为量名,改斛为五斗之进位。第五时期为清代,是集中国以往各代度量衡制度之大成,度量衡制度进一步完备的时期。

五、民间度量衡的不统一。民间实际使用的度量衡十分紊乱,名称不一,大小有差,进位、折算比例各异。书中分析了造成这种情况的原因,并分述了当时民间度、量、衡、亩制的紊乱情况。

六、民国年间度量衡的变化。书中将其分为三个阶段来论述。

(一) 1926年以前为第一阶段。民初,由于度量衡旧制紊乱错杂,缺乏科学性,有碍国内外贸易,工商部遂征询各方意见,向临时参议院提交议案。要求改革度量衡旧制,施行万国权度制,编定通行名称,行十进位规则,以十年为期推行于全国。1914年,张謇掌农工商部,以公尺、公斤单位量过大,民情习俗不易一时变更,遂拟订《权度条例》草案,决定采取两制并行之法。一为营造尺库平制,简称为甲制;一为万国权度通制,简称为乙制。甲制为过渡性辅制,比例折合均以乙制为标准。次年颁布《权度法》,制造颁行标准器具,并设立权度检定所,办理权度检定及推行新制事务。1917年在北京试办推行《权度法》,令商民行用法定甲制,收效有限。此后,山西、云南等省亦曾试办,效果均不佳。

(二) 1927年到1929年是中国度量衡统一前的筹备时期,属第二阶段。所有度量衡制度标准、实施方案、推行办法都在本期内决定、完成。1928年国民政府颁布《中华民国权度标准方案》,

次年颁布《度量衡法》。以万国公制为中国度量衡标准制,以与标准制有简单折算比例并同民间习惯旧制相近者为市用制,作为过渡。市用制深合民俗,故能事半功倍,取得成效,为最终确立标准制奠定基础。

(三) 1930年1月1日正式施行《度量衡法》,进入第三阶段。准备在六年内完成。工商部依据颁布的法规,采取渐进方式,将全国各区域分为三大区,分别限定完成的时间。成立全国度量衡局,掌管全国度量衡行政事宜。中央和地方度量衡行政机关依照划一程序的规定进行各项推进工作。至1934年,全国公用度量衡已基本实现划一,民间度量衡的划一亦在大多数省区取得了良好进展。

在民国出版的同类著作中,吴承洛的《中国度量衡史》是较为全面的一部。书中的一些数据常为国内外史学工作者所引用。但书中也存在一些错误。万国鼎《秦汉度量衡亩考》(《农业遗产研究集刊》第2辑,中华书局,1958年)、王达《试评〈中国度量衡史〉中秦汉度量衡亩制之考证》(《农史研究集刊》第1册,1959年)、梁方仲《中国历代度量衡之变迁及其时代特征》(《中山大学学报》1980年第2期)等文,对本书有评论和订正。

(班耀波)

中国税制史 吴兆莘

《中国税制史》,一册。吴兆莘著。成于1937年作者留学日本期间,同年由商务印书馆出版,为王云五、傅纬平主编《中国文化史丛书》第二辑之一种。1984年上海书店影印出版,后编入《民国丛书》第五编。

吴兆莘(1901—1978),笔名吴乐尧。浙江东阳人。1926年加入中国共产党,次年任东阳县委书记。1928年被捕,1931年获释。不久赴日本留学,先入东京法政大学学习财政学,后转仙台东北帝国大学法学部至毕业。回国后任暨南大学经济系主任。1950年后任厦门大学教授兼经济系主任、总务长、图书馆馆长等职。著作还有《中国财政金融年表》、《资产阶级财政理论批判》(合著)等,译著有《租税原则学说之生成与构造》、《现代财政学理论体系》等。

《中国税制史》是一部叙述中国赋税制度发展历史的著作。上起商代,下迄1937年。全书分为九章,要点如下。

第一章《绪论》。中国历代重农抑商、以农为本的传统思想及政策深深影响赋税制度的形成、发展与转化。征收赋税的社会目的有二:一为提供财政收入,二为实施社会政策。在前者,各代的理想务在节约国家行政费,减少征税额,行政费的标准以量入为出为原则。在后者,各代的理想及政策务在农业轻赋以培养国本,重征商人以达抑商目的。

第二章《三代时之税制》。史传夏禹已制定贡赋。商代有征诸山泽之利的贡和征诸土地的赋。后者为劳役税,即"助法",税率约十一分之一。助法缘于井田制。周代有田赋、力役、关市之税、军赋、罚课等。田赋改为实物税,称为"彻法",依地区远近实行差别税率。关市之税有抑商和增加财政收入的双重目的。军赋是临时特别税。罚课对象为无职业者、田园荒芜者及逃漏关市之税者。春秋战国时期税制发生一些重要变化。以鲁宣公十五年(前594)初税亩为起点,田赋转以私有土地为征收依据,此为后世田赋的基本模式。管仲创立什伍制度为后世保甲制的源流。盐铁税为此时期开征的重要新税种。市籴政策是由政府设置专门机构,直接参与粮食等重要商品买卖,以达平抑物价、调节供求和增加财政收入的目的。

第三章《秦汉时之税制》。秦汉私有土地制度确立。汉代对农业取轻徭薄赋原则。田赋形态以农产品为主,兼有布帛、货币。汉代重征商税,有算商车、算缗钱等。又行盐铁专卖制度。汉初禁酒,后行专卖,继又征税。秦力役之赋苛重,汉又增加人头税"算赋"。汉代均输旨在增加国库收入。常平仓制度至宋代演变为青苗法。

第四章《三国及南北朝时之税制》。此时期税制大体上因袭前代。时局变乱,税制亦乱。

第五章《隋唐之税制》。唐初行均田制,田赋则行租庸调制。德宗时改行两税法,简化税制,扩大纳税面,以资产为差,是税制上一大进步。唐代轻征商税,以保护、奖励工商业。玄宗时商税苛重。盐税、酒税无一贯方针。茶税为唐代新税种。隋唐力役征诸成丁。唐代杂税有银锡税、率贷、借商、捉钱等。隋有义仓、社仓制度。唐有义仓、常平仓制度。

第六章《五代及宋时之税制》。宋初田赋多依前代旧制。神宗时施行王安石方田均税法。因技术上的缺陷,加之政治腐败,政府中反对势力的阻挠,效果有限。屡兴屡废,历时约半个世纪,宣和二年(1120)诏令废止。唐末至五代十国商税奇重,宋取轻税政策。宋末滥征商税。宋代盐法屡变。庆历八年(1048)用范祥之策,行钞盐法,取得良好效果。对酒行官酿官卖制,偶允民酿,施以重税。茶税则专卖与征税交替使用。杂税有算渡、礼钱、水产税、牙契税、经总制钱、月桩钱、板账钱、市例钱等。

第七章《明代之税制》。元代税制作者从略。明初实行轻徭薄赋的税制。洪武年间(1368—1398)编成黄册、鱼鳞册作为征收赋役的依据。万历九年(1581)行一条鞭法,使税制化繁为简,并由实物税转入货币税,是赋税制度的重大改革。明末为筹措军费,开征辽饷、剿饷、练饷等田赋附加税,农民负担苛重。明代盐法实行特许专卖制,即引法。为解决边防军需,实行开中法。此外还有计口配盐、票盐法等。茶法大体用引法。在川、陕两地则随时立法。官府以茶易米,称"粮茶事例";以盐易茶,称"盐茶事例";以茶易马,称"茶马之法"。茶马之法贯彻于整个明代,号为"良法"。明初商税三十税一。永乐元年(1403)颁示课税货物的详细品目。景泰时(1450—1457)按时价规定各种商品税额,编制成册作为纳税标准。隆庆(1567—1572)以后,私卡林立,征收商品通过税,弊害丛生。市肆门摊税是为推行宝钞创设的税种。钞关税是征诸内河商船的税,亦称"船料"。工关税是内河竹木通过税。以矿税最恶,永乐以后税额数十倍上涨,严重危害矿业及民生。

第八章《清代之税制》。顺治三年(1646)废止明代遗存的一切附加税;后又编制《赋役全书》。康熙五十一年(1712)规定新增人丁永不加赋。雍正二年(1724)将丁税合于田赋,地丁合一征收。康乾盛世曾数次免征全国丁地漕粮。清初创设当税、牙税、契税,并开征海关税。嘉庆、道光

(1796—1850)以后，内乱外患频发，财政匮乏，于是苛征赋税，税制大变。太平军起，清政府创设厘金新税，地方各自为政，愈演愈烈。同时开征田赋、盐税、关税等税种的附加税。光绪年间(1875—1908)开征土药(国产鸦片)税、房捐，并仿西方税制，试行印花税。清代的各种税制：(一)田赋。田赋税率粗略分为九等，细则极其复杂。征收办法主要有易知由单截票法、三联单法、滚单法、顺庄编里法。田赋内容有地丁、漕粮、租课、耗羡等五项。(二)丁赋及差徭。摊丁入地后，差徭改为募役法，亦有临时征用力役的。(三)盐税。康熙时曾减免盐税。雍正时盐税制度又坏。咸丰至清末又有票法。盐税包括盐课和盐厘。盐课又分为正课、杂款(附加税)、包课(偏僻地区居民自制土盐税)。(四)常关税。关分属于户部的户关和属于工部的工关，为与道光二十二年后设立的新海关相区别，称为旧关、老关或常关。新海关设立后，常关税只征及帆船等及其所载货物。税率以从价百分之五为原则，附加税名目繁多，税负苛重。(五)厘金税。创于咸丰三年(1853)。无统一税率，各省税卡林立，征收范围、税率互异，重复课税，终成为恶税。二十世纪三十年代才取消。(六)海关税。关税税率以值百抽五为原则，并有减免规定。关税包括输出入税、陆地边境输出入税、子口半税、沿岸贸易税(复进口税)、吨税(船钞)、鸦片(洋药)厘金等项。此外，书中还介绍了茶税、土药税、酒税、契税、牙税、当税、矿税、房捐、印花税等。

第九章《民国之税制》。民国元年(1912)及十二年先后公布划分国家地方收支范围法规，因政局纷乱，无法施行。国民政府成立后，重订划分方案，并付诸实施。民国十七年颁布海关进口税税则，于次年施行。此后又数次修改税则，提高进口税率。民国二十年撤废厘金，征收统税以弥补财政收入损失。北京政府曾将税种划分为直接税、间接税。国民政府设立所得税、遗产税、交易所税等。税收体系中以间接税、消费税为主，税负不公平。民国的各种税制：(一)田赋。北京政府时期，田赋或归中央或归地方收入，几经反复，争论不休。国民政府时期，田赋正式划为地方收入，但税制由中央统一制定和监督实施。(二)海关税和常关税。民国时期进行了关税自主运动，关税税率及结构趋于合理。撤废属于海关税组成部分的子口税、沿岸贸易税、吨税。常关税于民国二十年废止。(三)所得税。民国二十五年颁布所得税暂行条例及施行细则，在当年十月和次年一月依次实施。但税款的起征点偏低，税目、税率有不合理之处。(四)印花税。辛亥革命后根据旧税则公布印花税法，先在北京实施。此后税法逐渐完善，征税地域及税目内容迅速扩大。(五)烟酒税。烟酒税始于清代。民国四年前行征税制，税捐种类、征税机关等极其复杂。此后十余年行烟酒公卖制，征公卖税(费)。但实施中旧税未废，税制愈加混乱。民国十六年后烟酒税制渐趋统一。(六)统税。清末民初，对卷烟、棉纱、麦粉、火柴、水泥等商品的征收税目十分繁复。民国十六年后陆续改革其税制，征收特种消费税，后又改称"统税"。在出厂或海关等环节征收一次性税款，撤销原有杂税。(七)盐税。民初盐税税负各地不一，附加税名目庞杂，且多超过正税。民国二十年颁布新盐法。次年调整税率,以求地区间税负平衡。并改革盐政机构,裁汰多余官吏。此外,书中还介绍了遗产税、通行税、契税、营业税等税制。

(班耀波)

中国救荒史 邓云特

《中国救荒史》,一册。邓云特(邓拓)著。成于1937年,同年由商务印书馆出版,为王云五、傅纬平主编《中国文化史丛书》第二辑之一种。后经作者作了技术性修改,并重新加上原被删去的附录《中国历代救荒大事年表》,1958年由三联书店出版。1984年上海书店据商务印书馆版影印出版,后编入《民国丛书》第二编。又有北京出版社1998年版(作者署邓拓)、河南大学出版社2010年版等。

邓云特(1912—1966),原名子健,亦名云特,后用邓拓之名,笔名马南邨、向阳生等。福建闽侯(今福州)人。1929年考入上海光华大学。次年加入左联和中国共产党。1934年秋就读于河南大学。1937年11月到达五台山抗日根据地,参加《抗敌报》(后改名《晋察冀日报》)的创建工作。历任晋察冀中央局宣传部副部长、晋察冀日报社社长兼总编辑等,参加主持编辑出版《毛泽东选集》。建国后,历任中共北京市委宣传部部长、人民日报社社长兼总编辑、中共中央华北局书记处候补书记、中国科学院哲学社会科学学部委员等职。著作还有《燕山夜话》、《三家村札记》(合著)、《论中国历史的几个问题》等,由后人编为《邓拓文集》。《中国现代社会科学家传略》第三辑有传。

《中国救荒史》分为三编九章,并有《绪言》。本书是邓拓在河南大学求学时用了两个多月的时间写成的,是中国第一部以历史唯物主义为指导的系统的中国救荒史的著作。作者在《绪言》中指出:救荒史不仅应该揭示灾荒这一社会病态和它的病源,而且必须揭发历史上各阶段灾荒的一般性和特殊性,分析它的具体原因,借以探求防治的途径。这是作者写作本书所遵循的原则。

第一编《历代灾荒史实之分析》,分《灾荒之实况》、《灾荒之成因》、《灾荒之实际影响》三章。作者列述了中国有史以来的灾荒实况,对灾荒的成因及其实际影响进行分析,提出了自己的观点。作者将灾荒发生的原因归结为两方面:一是自然条件的作用,即居于人类生活主体之外,并给予人类生活以某种程度阻碍或便利的各种固有的地形、地质、气候等自然因素;二是社会因素,包括苛政、战争和技术落后。而最根本的原因则是后者,因为自然环境属于外部条件,只有通过社会的内在条件才能对社会发生影响。在分析灾荒发生的社会因素时,邓拓论述了封建苛政、战争和技术落后同灾荒的关系,指出:从来灾荒的发生,带根本性的原因无不在于统治阶级的剥削苛敛。我国历史上每次大灾荒的来临,常与农村中剥削的加紧和土地兼并集中的过程相联系。作者对灾荒引起社会变乱后的经济落后进行了深刻分析,认为灾荒是造成劳动力锐减的原因之一,由此又造成了国民经济的破坏,并对苛政于加剧灾荒的形成和发展作了剖析。

第二编《历代救荒思想之发展》,分《天命主义之禳弭论》《消极之救济论》《积极之预防论》三章。作者考察和引述了中国历史上关于灾荒的救治思想,对产生这些思想的社会历史根源也作了概略的分析。禳弭论是救荒思想的原始形态,认为人间的一切灾荒都是天帝有意降罚于人类。由于中国人民,特别是广大的农村人民普遍文化水平不高,这种思想在民间普遍流行。消极救济论是较切合实际的救荒议论中属于事后救济的一类,包括遇灾治标和灾后补救两种。遇灾治标包括赈济、调粟、养恤、除害四项具体措施,灾后补救包括安辑、蠲缓、放贷、节约四项。这些思想都是由事实的逼迫而产生的。积极预防论是切合实际的议论中属于事先预防的一类,包括改良社会条件和改良自然条件两种。改良社会条件包括重农与仓储两项,改良自然条件包括修治水利和林垦两项。积极预防论注重于灾荒的预防即灾荒发生原因的根治。作者在此创立了一个历代救荒思想研究的体系,将先秦以来直至于民国,包括管仲、李悝、狄仁杰、董煟、朱熹、张居正、林希元、锺化民、陆曾禹、杨景仁等人的救荒思想,都纳入了这个体系。

第三编《历代救荒政策之实施》,分《巫术之救荒》《历代消极之救荒政策》《历代积极之救荒政策》三章。主要论述历史上的救荒方法,内容上与第二编一一对应。作者研究了实行这些措施的条件,对这些措施的实行状况作了详细的探讨,指出其利弊所在。作者继承了"秉笔直书"的优良传统,对国民政府的腐败政治进行了批评和鞭笞,揭露了当局实行救荒政策的弊端,使得本书带有鲜明的战斗性。

《中国救荒史》是一部具有开创性的救荒史著作,史料翔实。但所引用的史料往往加上作者的某些说明文字,如年月等,也被放在引号内,易被人误会为原文。故在参考本书的史料时,一定要查对原书,以避免引文错误。

有关《中国救荒史》的研究,主要有王必胜《邓拓评传》、晋察冀日报史研究会《人民新闻家邓拓》的有关章节等。

(华林甫)

中国水利史 郑肇经

《中国水利史》,一册。郑肇经著。1939年由商务印书馆出版,为王云五、傅纬平主编《中国文化史丛书》第二辑之一种,至1952年出过三版。1941年被译成日文出版。1984年上海书店据商务印书馆版影印出版,后编入《民国丛书》第四编。

郑肇经(1894—1989),字权伯。江苏泰兴人。1912年毕业于中国法政大学预科。1921年先后毕业于同济大学德文科和土木工程系。同年赴德留学,1924年毕业于德国科学技术大学水利、市政工程研究院。同年回国,任全国水利局河海工科大学、中央大学教授。1928年后历任上海市工务局技正、工程科长、代局长,青岛市港务局长、总工程师,全国经济委员会简任技正、水利处长,中央水利试验所筹备主任、处长、简任技正,水利部顾问等职。1949年任同济大学教授、工学院代理院长兼土木工程系主任。1952年后任华东水利学院教授。著作还有《渠工学》、《海港工程学》、《中国之水利》、《水文学》、《农田水利学》等,主编《河工辞源》、《中国水利图书提要》、《太湖水利技术史》等,译著有《制驭黄河论》。

《中国水利史》以河川为经,时间为纬,用较短篇幅对上起尧舜下迄近代的水利发展过程及其规律作了系统的论述。书前有《例言》。全书分《黄河》、《扬子江》、《淮河》、《永定河》、《运河》、《灌溉》、《海塘》、《水利职官》八章。各章附简图和统计表。主要内容如下。

一、中国江河以黄河最难治理,为害既剧且久。四千余年间决溢变迁,不可胜数。河道大迁移发生过六次,入海口变动三次。河道迁移或北流夺漳河、卫河,或东流夺漯河、济水,或南流夺泗水、淮河,每每形成大害。以治河成绩论,首推大禹。大禹后,自帝尧八十载(前2278)至周定王五年(前602),凡历一千六百七十七年而无大患。其后善治黄河者当推东汉王景。王景治河成功,黄河东流之局遂定,此后历八百年无大变迁。元代贾鲁治河,疏、浚、塞并用,历半载而达目标,河复故道。明代潘季驯先后四任河总,尽变旧法,塞旁决以挽正流,以堤束水,以水攻沙,开创治河新纪元。清代黄河常有溢决,治河成绩以靳辅最著,康熙十六年(1677)他任河道总督,"遍历河干,周咨博访,得有成算",指出治理黄河"必审全局,合河运(运河)为一体,彻首尾而并治之。治河者止急漕运,不即堵塞决口,水势分而流缓沙停,淤河即以滞运,黄河之水裹沙而作,全赖清水并力助刷,始能挟沙趋海"。因之提出治河方略:取土筑堤,使河宽深;开清口、烂泥浅引河,使得引淮刷黄;加筑高堰堤岸;依次堵塞周桥至翟家坝决口;深挑清口至清水潭运道,增培东西两堤;向淮安、扬州农田及商船货物征收修河银;裁并河政人员以提高效率;按里设兵,划堤分守等。靳辅治河十年,使黄淮底定,受到百姓爱戴,皇帝赞誉。靳辅后任大多能守其成法,黄淮数十年无大患。嘉庆(1796—1820)至清末,河政衰废,黄河水患频发。民国河患不断,时兴修补之工。1933年统一水利行政,研究、规划治本方案。

二、长江四千余年间江岸虽间有小变,而大体安流无恙。自宋代开始,长江灾害频频增加,程度加重,有愈演愈烈之势。修治长江之工亦愈加沉重。近世沿江湖滩围垦日甚,河床淤浅,江水泛滥成灾,治江遂成急务。

三、淮河自大禹导治以后,道尾畅通,交通、灌溉之利极大,莽莽淮甸,都成沃壤。北宋以前淮河都能安流入海,无大水患。南宋时黄河夺淮入海,局势遂变,水患时有发生,但还不剧烈、频繁。明代黄河水患愈烈,夺颍、泇、涡、汴、睢等水道而入于淮,蚀流四溢,侵淹良田。清口淤塞不畅,河水倒灌,附近地域蒙其害。清代清口淤塞愈加严重。堤防之工虽勤,然淮水出路不畅,困于洪泽之内,常横决为暴。待淮河徙长江入海后,长江下游河床不胜负荷,频频发生沿江抄洲圩岸坍削溃败。淮河决溢明以前不多见,清代漫溢次数倍于明代,而决口次数减少。治淮成绩卓著的,明有潘季驯,清有靳辅。国民政府成立后,实施总体勘测设计,制定《导淮工程计划》,并将部分付诸实施。

四、永定河在金、元以前有交通灌溉之利,不闻有大患。明清以来堤防之工愈重,而决溢之患反剧。明代决口二十次,清代决口四十四次。其原因在于知治堤而未知治沙,知治标而未知治本。民国时进行全面勘察规划。因财力缺乏,时间仓促,不能大举施行,成效甚微。

五、略述历代大小运河的兴衰及功用,而详细论述京杭大运河。大运河主要工程完成于隋朝,开通广通渠、通济渠、永济渠、江南河,沟通黄河、淮河、长江三大水系。历代王朝对大运河的疏浚极为重视。南宋时,南北漕运中断,大运河亦陷于瘫痪。元、明、清时续有修治改造。清末海上轮运渐兴,罢漕运,运河北段淤塞废弃,南段尚能通航。大运河在漕运租赋、商旅往来、调节水利等方面起着重大作用,是中国古代的经济大动脉。中国历代都视运河为国计民生之本务。历代运道开辟,十有八九是由于漕运所需,十之二三是由于军事所需,但运河的交通灌溉之利亦农商所赖。

六、记述全国各省区灌溉概况。对各省区河流、湖泊及受益田亩分布,灌溉工程的兴废及缘由,都作了评述。

七、介绍江苏、浙江两省海塘。修筑海塘多以捍御海水倒灌,保护耕稼、生命财产为目的,兼有抵御外国侵略的作用。书中记述了两省海塘修筑沿革及利弊得失,工程概貌,修筑方法,用工用料等。

八、概述历代水利职官。中国水利行政始于黄帝。此后水利行政或简或繁,逐渐完备。总的趋势是专业分工愈来愈细,职官愈来愈多。国民政府成立后,统一全国水利行政,从中央到省、县设专门水利机构。重要江河流域特设专门机构管理,对水灾救治特设临时机构办理。

《中国水利史》集前人水利著作之大成,对研究中国水利史有重要的参考作用。

(班耀波)

古钱大辞典 丁福保

《古钱大辞典》，十二册。丁福保编。成于1938年，同年由上海医学书局刊印，为《古泉丛书》之一种。1982年中华书局出版影印本。

丁福保(1874—1952)，字仲祜，号梅矼、畴隐居士。原籍江苏常州，生于无锡。幼年入家塾读书。清光绪二十二年(1896)肄业于江阴南菁书院，次年补无锡县学生员。平生治学广博，除经史之外，兼习算学、医学等。二十四年为俟实学堂算学教习。二十九年任京师大学堂译学馆算学兼生理卫生学教习。三十二年创办译书公会于无锡。宣统元年(1909)被派为考察日本医学专员、调查日本养育院与孤儿院专员。辛亥革命后，在上海创办医学书局。历任上海福幼院院长、中国古泉学会会长、中国泉币学社社长等职。一生编著极丰，有《丁氏医学丛书》、《古泉丛书》、《说文解字诂林》、《文选类诂》、《佛学指南》、《佛藏经籍提要》、《佛学大辞典》、《全汉三国晋南北朝诗》、《历代诗话续编》、《清诗话》等。《古泉丛书》包括丁福保自编和他人著作。自编的除《古钱大辞典》外，还有《泉志菁华录》、《古泉有裨实用谭》、《古钱学纲要》、《历代古钱图说》等。《民国人物传》第六卷、《中华民国史资料丛稿·人物传记》第二辑等书有传。

丁福保晚年致力钱币研究，不仅"凡历代圜法之沿革，钱制之纷错，以及源流正变，真伪美恶，无不一一严为辨别"(《畴隐居士自述》)，而且以倡导钱币学为己任，十分关注钱币研究的普及与实用。他认为，研究古钱有诸种不便，关键在于"谈论古钱之书籍，虽多至数十百种，而卒无一最易入门之书"(本书自序)。并说："考古来之收藏古泉者，无积久不散之理。……是宜笔之于书，传之其人，乃可以有补于前闻，有裨于后世耳。"(本书后叙)因此，自1935年起开始编辑《古钱大辞典》，以作为研究古钱的入门指导。在金品元、戴葆庭等人的协助下，历时三年编成。

《古钱大辞典》以钱图和辞典两大部分为主。第一册分别为自序、后叙、例言、八大特色、通检(目录)等。第二册至第六册为上编，把古钱分成刀布、圆钱、厌胜支钱马钱三类，依次选列拓图。第七册至第十一册为下编，将前人的考订文字集成辞典，刀布、圆钱两类根据名称笔画加以分列，厌胜支钱马钱类只用资料稍作排列。第十二册为总论,列出关于古钱的综合性论述以及藏泉家、谱录等一些同钱币有关的内容。

《古钱大辞典》是一部汇集古钱图及其文字资料的专门性工具书。收有先秦至民国初年的历代古钱六千多种,辞目一千八百四十六条,包括名词、术语、概念等。它在钱币学上的主要贡献如下。

一、集古钱研究之大成。全书搜罗文献宏富,卷帙浩繁,其中吸收了不少民国以来古钱学研究的最新成果。著录的古钱除编者自藏的以外,重点收录清翁树培《古泉汇考》、刘喜海《泉苑精华》、鲍康《观古阁泉拓》三书未刊稿,近人方若、张乃骥等藏钱的精拓和日本平尾聚泉所辑各种钱谱的古钱拓本也收入书中。此外,还选辑了古钱制度的沿革、古钱与权度的关系、古钱文字书法的演变、鉴别伪钱等综合性论述,并对钱币学家生平经历、著作、思想和学术的传授有简明扼要的介绍。编者通过古钱学及其理论的整理和总结,对历代社会的政治经济状况作了初步探求,从而填补了古钱研究的某些空白点,使钱币学的研究范围得到进一步开拓和发展。

二、著录审慎严谨。在博采众长、兼收并蓄的基础上,对文献进行认真选择,披沙拣金,择其精华,去其讹谬。如倪模《古今钱略》释齐刀"造邦"字为"迟鄂",古币"甘丹"字为"甘井",丁福保认为"皆非是,宜删"(本书例言)。鉴于过去的钱币著作附图均系木刻,往往有差之毫厘、失之千里的谬误,编者遂改用原钱拓片(少数据刻本收入)影印,使钱图与实物大小一致,以存其真。同时,又重视保存原始资料,将辞条释文所引群籍截长补短,用不同字体影印,注明出处,使这些原著的面貌得以保存若干,以便读者参证异同。虽然全书在资料融汇方面不无缺陷,如钱图间有赝品,但总的来说,对后人研究古钱提供了比较可靠的科学依据。

三、编排合理,检索方便。在此之前,列于各谱中的古钱,多以时代先后为次第,一般人欲要翻检某钱,常常要费时久之而始得者,也有始终未能检得者。即使检得,而各家学说,也往往难以迅速看到。现在,《古钱大辞典》把古代的钱币汇集在一起,按类编排;又把散见于各书中有关各家钱谱的学说,都系于各钱之下,凡各钱有关历史上的考据以及各学说是非得失,阅者皆可一览无余。本书将各钱首字,按笔画顺序排列之,又别编"通检",大大方便了读者的检索。

四、标举古钱定价。编者在例言中指出:"古钱价值,今昔不同。……若无标准,购售两方实俱感不便。"故将当时的市价标举于钱图之下,作为买卖双方的价格标准。由于所注定价一般尚属合理,在一定程度上反映了各种古钱数量的多寡,这对于今天考索古钱的历史价值和文物价值仍有参考作用。

《古钱大辞典》是中国第一部图文并茂的大型钱币学辞书。它资料详备,具有很高的学术价值和广泛的实用价值,因而成为钱币爱好者、古钱鉴赏家、文物考古工作者们的重要参考书籍,被奉为"研究古泉学之津逮"。日本钱币学家奥平昌洪曾经致函编者赞誉其书"包罗该洽,采择精确,识裁允当,得益不少,洵为必传之书。至印刷之巧妙,亦无间然。记载诸家之说,各用一不同之字体,使读者可一目了然"(上海医学书局《古泉丛书提要·古钱大辞典》)。

《古钱大辞典》对于文字学研究也具有重要的价值,尤其是辞典中收有相当数量的战国时代货币,这些货币上的文字正是研究战国古文字的一个重要方面。例如《说文》:"离,山神兽也。从禽头,从厹从屮。"徐铉认为"从屮"于义无所取。徐锴认为屮声。今有离石布者,其"离"字作"🔲",像两角兽,正与《说文》相合。又"齐"字古文字作🔲,今有方足布者,其"齐"字作🔲,可与刘仲山《撷华斋印谱》、刘鹗《铁云藏印》中的"齐"字互相印证,说明"齐"之六国文字又有省为🔲者。诸如此类,为数甚多,大多是李斯《仓颉篇》、赵高《爰历篇》、胡毋敬《博学篇》之前的战国文字,可补殷墟甲骨和《说文》之阙,弥足珍贵。此外,刀布中的地名如"屯留"即"纯留"、"同是"即"铜鞮",又可作为汉语上古音研究的宝贵资料。

《古钱大辞典》刊行后,丁福保继续广搜详考,补阙订讹,于1939年编成《古钱大辞典拾遗》一册。主要内容是增补中国和日本两国近代古钱家的传略与谱录,订正刀布古篆的错误,节译奥平昌洪《东亚钱志》一书中日本、朝鲜、越南等国的古钱资料等。中华书局1982年影印本将《古钱大辞典》和《古钱大辞典拾遗》合为全璧。

(潘连贵 于 江)

经济学概论 马寅初

《经济学概论》，一册。马寅初著。成于1938年。1943年由重庆商务印书馆出版，1946年上海商务印书馆仍作为初版出版，1947年出增订版。后编入《民国丛书》第一编。

马寅初(1882—1982)，又名元善。浙江嵊县人。清光绪二十四年(1898)到上海读中学，毕业后考入天津北洋大学工学院矿冶专业。三十二年毕业，赴美留学。留学期间改读经济学，1914年获哥伦比亚大学经济学博士学位。1915年回国，历任北京大学经济系教授、系主任、教务长。长期担任中国经济学社社长职务。1927年南下，先后任杭州财务学校、交通大学、中央大学等校教授，兼浙江省政府委员、立法委员、立法院财政经济委员会委员长等职。抗战爆发后，到重庆创办重庆大学商学院，任院长。1940年因公开批评国民政府而被捕监禁直至1942年8月。抗战胜利后，任重庆大学、上海中华职业学校、上海工商专科学校教授。建国后，历任全国政协第一至四届委员，第二、四届常务委员，第一、二届全国人大常务委员，华东军政委员会副主席，中央人民政府财经委员会副主任，浙江大学、北京大学校长，中国科学院哲学社会科学学部委员等职。1979年，被任命为北京大学名誉校长，并任第五届全国人大常务委员、中国人口学会名誉会长等职。著作主要有《马寅初演讲集》(共四集)、《中华银行论》、《中国关税问题》、《马寅初经济论文集》、《中国经济改造》、《中国新金融政策》、《战时经济论文集》、《经济学概论》、《通货新论》、《新人口论》等。编有《马寅初全集》和《马寅初全集补编》。《中国现代社会科学家传略》第二辑、《中国当代著名经济学家》第二集等书有传。

马寅初的经济思想具有发展进步的特点。在他的早期论著中，关注国内经济问题，反对军阀势力对经济的控制和破坏，反对帝国主义对华的经济侵略，抨击批评不平等条约，维护民族工商业的生存和发展。抗日战争时期，建议改革税制，要求稳定币值，揭露国民党官僚的聚敛劣行。抗战胜利后，呼吁维护民族工商业的利益，反对官僚资本的垄断和压迫，并提出了改造中国经济的道路和实施方法。1949年以后，马寅初参与阐发新民主主义的经济政策，主张完善社会主义的财政预算制度,强调搞好国民经济的综合平衡,提出了新的人口理论,建议实行节制生育的人口政策。

《经济学概论》是马寅初全面阐述其基本经济理论的一部著作。初为七篇二十一章。增订版中加进了边际效用替代率,无异曲线,物品适度分配,资本适度积储,静态全部均衡,投资与储蓄,消费倾向与倍数等新内容。增订本的体系为:第一篇一章,为《概论》;第二篇八章,均为《价值论》;第三篇五章,均为《消费论》;第四篇十章,均为《生产论》;第五篇三章,均为《交换论》;第六篇六章,均为《分配论》;第七篇一章,为《结论》。

关于经济学的定义,马寅初说:"经济学是一种社会科学,讨究人类谋生的活动。"又说:"经济学是人类如何满足并调整物质欲望之学。"在论述经济学基本概念时,他区别了财货、商品和财富:一切可以维持生命的物品是财货,商品是财货的一种,但"财货都具有使用价值,不一定具有交换价值。商品则必须具有二种价值。"财富的含义更广:"财富一名词统括经济财货及有交换价值的财产权利。"马寅初重视价值问题,认为"价值论在经济学为一切讨论之中心"。

在《价值论》中,马寅初论述了成本说、效用说、边际效用说等理论。他赞成边际效用说,以此说作为论述的重点。他认为:"价值之中心点,不在物质,而在吾人之脑中。……有价值之物品,必须有效用,而有效用之物品,未必皆有价值,如水,空气,日光等是也。必以其数量有限,而后始有价值。"

将《消费论》放在《生产论》、《分配论》以前,表明马寅初对消费在经济学中的地位的特别重视。他指出经济学上的消费问题一向乏人注意,直到1901年才有《消费论》的专著。消费欲望的发展促使生产的发展,所以他说:"物品之生产为满足欲望也,人取所需之物,以满足其欲望,谓之消费。消费为效用之原因,如消费发达,效用随之。"接着作者分析了消费与文化的关系,人类社会的消费特点,经济学意义上的消费规律,需要弹性与供给弹性等问题。

在《生产论》中,作者指出:"生产云者,指生产价值,非指生产原料而言也。……所谓生产者,不过将物质之形状,颜色或气味加以人工上的改变使之适用而已。"他把一切提供有用劳务的人都定为生产者:"直接或间接引起人类欲望的满足而增加效用之劳务,是生产者。各种劳务可以助人经营一切获利的事业,亦是生产者。"

马寅初认为生产有四要素,即劳力、资本、土地和企业。劳力包括体力和脑力两大类。"资本是帮助劳力生产的工具",其性质又可分为固定和流动两种。他强调企业在生产中的关键作用,因为它使劳力、资本和土地三种生产要素结合起来。企业是由人负责的,"以上三种要素,是否用之得其宜,施之得其当,皆在此企业人。做(故)企业人之在工商业界,犹如总司令之在战场中"。

货币与价格是《交换论》的主要内容。马寅初认为货币的主要职能有二:"一为价值之测度,一为交易之媒介。"两者必同时发生。他一方面指出货币的价值决定于币材的价值,而所谓币材的价值则是指币材的边际价值;另一方面又介绍了货币数量说,并指出1929年世界大经济危机以后,各国相继实行"纸本位",币材价值说与事实难以适合,货币数量说遂有抬头机会。但在解释物价时,他仍以边际效用理论为根据。作者着重分析了市场经济即自由竞争下的价格制度,认为这种制度能决定生产的方向。他也简述了独占经济下的价格制度和社会主义国家的价格制度。

《分配论》主要研究了工资、利息、利润、地租等问题。其中指出:"社会之财富,由资本家,劳力,地主,企业家四级所分得。资本家所得者为利息,劳力所得者为工资,地主所得者为地租,企业家所得者为利润。"作者把阶级间的贫富差别归因于分配不均,而分配不均又与社会组织息息相关,"譬如私有制度存在,则贫富不均之现象,终难消灭",故讲分配必须注重于组织。

在《结论》中,马寅初将前述各项经济学原理与中国当时的实际相结合,扼要提出了自己的发展中国经济的主张,他指出:"欲改善吾国农民生活,必须开垦边荒为粗放之耕种,在内地改种较贵之农品,为集约之耕种";"欲提高吾国工资减低利率必须增加资本";"我国传统的'安贫乐道'的旧思想应即抛弃"。

(锺祥财)

江村经济 费孝通

《江村经济》，一册。费孝通著。成于1938年。原为英文本，题名 Peasant Life in China（《中国农民的生活》），副题《江村经济》，由英籍指导教师马林诺斯基作序，1939年在英国出版，曾四次重印。1984年由戴可景译为中文，以《江村经济》为书名，1986年由江苏人民出版社出版，并收有作者在1957年和1981年撰写的《重访江村》和《三访江村》等文。又有商务印书馆2001年版、上海人民出版社2007年版、内蒙古人民出版社2010年版，以及外语教学与研究出版社2010年英汉对照版等。

费孝通（1910—2005），江苏吴江人。1928年入东吴大学医预科学习，1930年入燕京大学社会系学习。1933年为清华大学社会学和人类学系研究生，1935年毕业。次年赴英国留学，1938年获伦敦大学博士学位。回国后任云南大学社会学系教授。1943年访问美国芝加哥大学和哈佛大学。1945年加入中国民主同盟，转入西南联大任清华大学教授。1946年访英。建国后参加国内民族工作，1952年任中央民族学院副院长。1978年任中国社会科学院民族研究所副所长，次年任中国社会科学院社会学研究所所长。1981年获英国皇家人类学会的最高荣誉奖赫胥黎奖章。曾任全国人大常委会副委员长、民盟中央主席、中国社会学学会会长、国家民族事务委员会顾问等职。著作还有《禄村农田》《内地农村》《生育制度》《乡土中国》《民族与社会》《迈向人民的人类学》《论小城镇及其他》《乡镇经济比较模式》等。论著由后人编为《费孝通文集》《费孝通全集》。

《江村经济》系费孝通1936年在吴江县庙港乡开弦弓村调查研究，将调查结果作为博士学位论文而写成的。开弦弓村是一个典型的江南鱼米蚕丝之乡。作者以具体资料、数据，联系中国当时的社会经济及世界经济影响，叙述了这一江南农村的社会经济情况，探讨了发展道路，同时涉及社会学、人类学的研究内容和分析方法。受到了他的导师和专家的一致好评。全书分为十六章，另有附录。各章的要点如下。

第一章《前言》。作者指出这是一本描述中国农民的消费、生产、分配、交易等体系的书，旨在说明这一经济体系与地理环境的关系，以及与这个社区的社会结构的关系。正确了解以实事为依据的情况,将有助于引导社会变迁趋向于我们所期望的结果。必须对社会制度的功能进行细致的分析,以达到对情况的适当阐述。

第二章《调查区域》。包括区域的界定,地理状况,经济背景,村庄,村里的人,选择这个区域的理由等内容。记述了面积、人口、职业等数据,并附有地图三幅。

第三章《家》。包括家,扩大的家庭;"香火"绵续;人口控制;父母和子女;教育;婚姻;家中的儿媳妇;表亲婚姻与"小媳妇"等内容。村内平均每家约十亩地。土地数量已受到相当重的人口压力。为了预防贫困,通常的办法是溺婴或流产。杀害女婴更为经常。儿女婚姻完全由父母安排。挑选媳妇主要考虑两条:能生育后代,有养蚕缫丝技术。大量溺女婴造成两性比例的不平衡。结婚费用高,出现了"小媳妇"(童养媳)制度。最近十年"小媳妇"数字增加。

第四章《财产与继承》。包括所有权,家产,财产的传递,继承对婚姻和继嗣的影响,赡养的义务,新的继承法等内容。中国旧法律女人没有继承权。1929年生效的新民法明确承认了女子的继承权。但法律已颁布七年,这个村仍未发生任何实际变化的迹象。

第五章《亲属关系的扩展》。包括父系亲属关系的扩展,母系亲属关系的扩展,名义上的收养,村庄的亲属关系基础等内容。除了父亲、母亲、祖父、祖母的称呼外,人们根据不同的性别、年龄、血统关系和婚姻关系,用父方的亲属称谓来称呼同村人,用除外祖父、外祖母外的母方亲戚称谓来称呼外祖父母村子里的人。家属称谓的这种延伸起到了区分不同的地方和年龄组的作用,并可用来说明不同类型的社会关系。

第六章《户与村》。包括户,邻里,宗教和娱乐团体,村政府,保甲——强加的行政体制等内容。户包括非家庭成员,最普遍的是雇佣,为那家种田或养蚕缫丝。按照1935年的法律,要用统一的保甲单位代替老单位的闾和邻,似乎不大可能行得通。

第七章《生活》。包括文化对于消费的控制,住房,运输,衣着,营养,娱乐,礼仪开支,正常生活的最低开支等内容。礼仪开支在家庭预算中占有很高百分比,出生、结婚、丧葬费用平均每年五十元,约占全部开支的七分之一,还不包括送礼。四口之家年现金开支估计为二百六十三元。

第八章《职业分化》。包括农业——基本职业,专门职业,渔业等内容。从事农业的占人口总数的百分之七十六。手工业和服务行业占村庄总户数的百分之七。

第九章《劳作日程》。包括计时系统,三种历法,经济活动和社会活动时间表等内容。三种历法指阳历、阴历和传统的节气。阳历通常在新建的机构如学校、合作工厂和行政办公室使用。阴历广泛使用在记忆动感情的事件以及接洽实际事务等场合。传统的节气用来记气候变化。

第十章《农业》。包括农田安排,种稻,科学与巫术,劳动组织等内容。农田安排、灌溉与排水、翻土与平地、播秧与除草等农活知识是通过农民的实践长期积累一代一代传授下来的。自然界中尚有不能控制的因素,在这一范围内,人们有非科学的信仰和行动,要求助于巫术。只要巫术对人们的生活起着一些有用的作用,它仍然会存在,非命令所能禁止。

第十一章《土地的占有》。包括湖泊、河流及道路,农田的所有权,雇农及小土地出租,不在地主制,完全所有制,继承与农业等内容。土地被划分为两层,即田面和田底。田底占有是持土地所有权的人,这种人被称为"不在地主"。既占田面又占田底的人被称为"完全所有者"。仅占田面的称为"佃户"。田底权落到城里人手中,意味着城镇资本对乡村进行投资。

第十二章《蚕丝业》。包括变迁过程图解,促进工业变迁的条件,变革的力量及其意图,当地对变革的支持,养蚕的改革计划,合作工厂,政府的支持,改革中的困难,对亲属关系的影响等内容。蚕丝业为第二主业,又为太湖流域蚕丝中心之一。农民手工操作质量差,必须变革。发起和指导变革过程的力量来自外界,浒墅关的蚕业学校对后来的发展起着深远的影响。当地的领导人创办合作工厂。现代机械被引进农村技术上是一个很大的进步,又使一部分妇女失去了劳动机会。妇女进厂有了工资,经济地位起了变化,亲属关系已以新的形式进行着重新组合。

第十三章《养羊与贩卖》。新兴事业中最重要的一项是养羊,增加了收入。农民的另一收入来源是贩卖。

第十四章《贸易》。包括交换方式;内外购销;小贩;零售店;航船,消费者的购买代理人;航船,生产者的销售代理人,其他收集方式,贸易区域和集镇,销售和生产等内容。航船每天到城镇,代农民购买商品不收费,由城里店铺定时送给航船主一些礼物或招待;并代销农产品,从中收取佣金。购销区域的直径是八至十英里。每个贸易区域的中心是一个镇。同本村庄有关的镇主要是震泽。震泽垄断了这个村庄全部大米的贸易。

第十五章《资金》。包括积蓄与亏空;互助会;航船,信贷代理人;高利贷;信贷合作社等内容。蚕丝业萧条使村里的收入减少了三分之一,支出依然不变,结果是亏空。积蓄减少造成了对外界资金流入的需求。互助会是集体储蓄和借贷的机构,有摇会、徽会、广东票会三种。村民通过航船主向城镇米行借米。农民向城镇富裕人家借钱,利息很高。农村的合作信贷系统实际上不是农民自己的组织,而是用低利率向国家银行借钱的手段,因无力偿还而停止发生作用。

第十六章《中国土地问题》。作者指出中国农民真正的问题是饥饿问题。土地改革、减收地租、平均地权是必要的也是紧迫的,它是解除农民痛苦的不可缺少的步骤。这样,排除了引起"反叛"的原因,才得以团结一切力量寻求工业发展的道路。作者强调:"恢复农村企业是根本的措施。"最后附录《关于中国亲属称谓的一点说明》。

(蒋楠生　叶世昌)

晚清五十年经济思想史 赵丰田

《晚清五十年经济思想史》,一册。赵丰田著。成于1938年。1939年由哈佛燕京学社出版。后编入《民国丛书》第一编。

赵丰田(1905—1980),河北昌黎人。1931年毕业于燕京大学,1932年肄业于燕京大学研究院。1937年任燕京大学引得编纂处编辑。1945年后历任北京法学院、东北大学、中法大学华北文法学院教授。建国后调入中央革命博物馆筹备处工作。1951年任平原大学历史系教授、主任。1952年调任河南师范学院历史系教授。1958年入河南省历史研究所(后并入河南省社会科学院)任研究员。著作尚有《康有为年谱》、《梁启超年谱初稿》、《梁启超年谱长编》等。

《晚清五十年经济思想史》是一部按思潮系统论述中国近代经济思想史的著作。全书分前、上、下、后四篇。前篇为《晚清经济状况》。上篇为《国民经济改良诸说》,分《农本说》、《开矿说》、《劝工说》、《重商说》、《改良交通说》五章。下篇为《国家经济改良诸说》,分《除弊政说》、《崇俭约说》、《增岁入说》、《厚俸禄说》、《行预算说》五章。后篇为附论,分《康有为之经济理想》、《晚清经济思想之来源》二章。

本书是赵丰田系统整理19世纪后半叶经济思想家理论观点后写成的,所收史料较为丰富,为当时其他中国经济思想史著作所少见。书中论及的经济思想家有冯桂芬、薛福成、马建忠、黄遵宪、郑观应、汤寿潜、邵作舟、陈炽、何启、胡礼垣、严复、张之洞、张謇、康有为、梁启超等,作者认为"以上诸家,皆具有系统之思想,为积极建设之议论,凡关经济财政各端,莫不在研讨讲求之列"(本书序)。

作者把晚清经济思想概括为"不外开源节流与兴利除弊八字,其议论之范围,不外国民经济、国家经济及经济理想三端"。在国民经济方面,分为农业、矿业、工业、商业、交通业等五类;对国家经济部分,则从经济政策、消费理论、增加税收、提高俸禄、规划预算五个方面进行评析;所谓经济理想即主要是康有为的有关言论。这种概括反映了作者对晚清经济思想的独特认识。

本书内容以引证史料居多,作者析论较简。然在《晚清经济思想之来源》和《结论》中,作者提出了一些值得重视的观点。

其一,作者认为:"晚清经济思想之来源,约有两端:即西洋思想与中国古代思想之影响是已。"关于西洋思想之影响,可分三项:侨华西人对于西洋政事学术之介绍;华人对于西洋政事学术之介绍;个人留学游历考察之所得。"至于所受中国古代思想之影响方面,其有关政治经济而常为诸家所称引者,以《周礼》、《管子》、《史记·货殖列传》、《墨子》、《孟子》诸书为最要。"为了论证上述看法,作者对晚清西方社会思想在中国的传播过程作了较详细的回顾。

其二,作者对晚清经济思想的发展作了总体考察,认为它具有鲜明的历史特点。"当日士大夫之思想,既皆以讲求富强为中心,故凡所以能致富强者,无不研究讲求,腾诸口说,发之议论,慷慨陈词,务极详尽。""诸家言富强,多兼经济、政治、教育诸端而言之,盖皆以为经济财政虽为百事之根本,然三者实亦彼此相需,互为本原者也。""大抵晚清数十年之维新思想,就经济方面言之,咸同两朝,偏重在求强;光宣两朝,偏重在致富。求强不必在致富,致富则在于求强,此四朝前后富强思想之微异也。"

此外,本书作者对晚清重商思想的兴起,农业思想的转折,工矿业思想的发展,交通业思想的意义等问题所发表的学术见解,也均有独到之处。

(锺祥财)

中国棉业之发展 严中平

《中国棉业之发展》,一册。严中平著。成于1941年。1943年由商务印书馆出版。经作者补充修改,易名《中国棉纺织史稿》,1955年由科学出版社再版,1963年重印。1966年,日本学者依田憙家将它译为日文在东京出版,书名改为《中国近代产业发达史》。

严中平(1909—1991),江苏涟水人。1931年考入中央大学英语系,次年考入清华大学经济系。1936年毕业后,入中央研究院社会科学研究所工作。1947年秋赴英进修。1950年回国,任中国科学院社会科学研究所研究员。1953年该所改为经济研究所,严中平任中国近代经济史研究组组长,同年任副所长。1978年任中国社会科学院经济研究所中国经济史研究室主任,同年至1982年兼中国社会科学院研究生院经济系主任。著作还有《清代云南铜政考》、《中国近代经济史统计资料选辑》(主编)、《上海棉纺织工人状况》(与民主德国库钦斯基院士合著)、《老殖民主义史话选》、《科学研究方法十讲》等,论文编为《严中平文集》、《严中平集》。

1936年11月太平洋国际关系学会致函中央研究院社会科学研究所,委托该所做中国棉纺织业的研究。学会的意图是比较太平洋关系各国的棉业现状,预计于1939年11月第七次大会上提出讨论。当时,英、美各国棉业萧条已久,远东市场日货泛滥,中国棉业衰败尤甚。该所决定由王子建和严中平承担这一项目。因战争爆发,原来的研究计划已失去意义,故严中平修订了原定的对棉纺织业进行平面研究的计划,并改由自己独立承担。本书完成后,于1942年获得第一届杨铨(杏佛)纪念奖金。

《中国棉业之发展》是一部以棉业为样本,对中国资本主义生产的发生与发展作一个案研究的专著。故该书的副标题为《中国资本发生过程之个案分析》。全书分《导言》、《中国之棉业遗产》(1289—1833)、《中国国内棉货市场之开辟》(1834—1889)、《中国棉工业革命的发动》(1890—1895)、《一个国际商品市场上的棉纺织业》(1896—1913)、《一个国际投资市场上的棉纺织业》(1914—1931)、《棉业萧条与棉纺织业发展的新动向》(1932—1937)、《棉工业革命中手纺织业之蜕变》(1914—1937)、《棉工业革命中新植棉事业之生长》(1914—1937)九章。第八章另有关于棉纱、棉布的一些数据的附录。主要内容如下。

一、中国资本主义发生的背景。作者认为,中国近百年经济的根本变迁是资本主义的发生。在19世纪,外洋商品所遇到的中国社会是一个久经闭锁的自给体,其中心支柱是小农经济。近百年来,中国经济的新趋向是自给结构的解体,资本主义的发生与列强侵略势力的日盛。但是,过去的中国,不论土地所有权已否集中,土地使用权是极度分散的,土地的利用方式遂成园艺式的集约经营。这种集约性小农制度固不能成为资本主义的不可飞越的牢槛,但对新生产方式的确立 确曾发生异常坚韧的阻挠作用。在这里,每个农家,每个村落是力求自给自足的,每个区域不能充分发挥其自然条件对于某种农作物的优越性,也是力求自给自足的。自给性造成闭关性,这在政治上的表现,对外成为顽固的闭关政策,对内排斥工商业的发展,长期陷入农本主义的泥沼。这样,欲求中国经济的进一步发展,必须打破政治上的闭关政策与经济上的自给结构。闭关政策为列强的炮火所打开,自给结构亦不得不随之而解体。开关后的中国,先为列强的商品宣泄市场,后为列强的投资场所。故中国近百年经济史的演变,实为一部中国沉沦史。然而同时期内,又先有中国手工业对洋货的抗争与败绩,后有中国民族资本的发生与长成,故又成为中国经济的进化史。两个主流同时并进,互相作用,互为因果。

二、中国资本主义发生过程的特征。作者认为,洋货大量入侵后,中国自给经济开始解体,若干手工业部门毁灭,其一方面的意义为这些部门建立集中生产的基础;另一方面的意义是使中国获得原始积累的机缘。中国资本主义生产方式的发生,乃是外力造成的必然结果。这个外力发动的渊源,构成中国资本主义发生过程的重要特征。

中国民族工业资本的原始蓄积是在外洋商品的剥削下进行的。这个特征不但使蓄积数量不能充实扩大,而且使它自始便不能独立发展。外洋商品固为中国国内工厂的建立尽了清道的作用,但关税既不自主,这些商品仍得以继续流入,成为中国工厂的劲敌。甲午战争以后,外人对华再作大量投资,民族资本即使能敌过远道而来的洋货,也无力与近在咫尺的洋货竞争,而终被外资吞并。从第一次世界大战前中国新工业发展的迟滞,大战中的特殊繁荣以及战后的困苦破产情况,可以看出这是近几十年来中国资本主义发生史上的又一基本特征。

中国资本主义发生过程的另一特征为资本市场的畸形发展。一般说来,银行资本乃产业资本的附产品,而银行资本的运用又足以助长产业资本的蓄积增殖。中国产业资本发生以后,由于钱庄势力雄厚,新式银行不得不与钱庄妥协,甚至要假钱庄寻取资金的投放去路。而钱庄放款以行帮组织与私人联络为手段。其结果,一方面短期资金市场常在高利贷的影响下不得下落;另一方面不能建立票据市场而导致资金易于冻结。这是中国金融资本畸形发展的一面。民国以来,政府不断滥发内债,造成人为的信用膨胀。公债高利促进公债投机,更加抬高市场的利息水准。股票市场固无由建立,产业成本也不能得正常的配合。这是中国金融资本畸形发展的另一面。

三、中国前资本主义的棉工业生产组织形式及其特点。副业形式的棉工业组织乃洋货入侵前中国棉工业的主要形式。首先,这种形式的生产体多自行完成全部生产过程,由种棉、轧棉、弹花直到纺织、整染,甚至包括生产工具的制造。这一连串生产工作全由家庭成员特别是妇女成员来操作,没有工资劳动,没有主顾与工人的分野。其次,所使用的生产工具,所消费的原料,所完成的制品以及工作场所都归生产者所有。生产者不受任何资本家的指挥、剥削,而有完全独立自主的权利。再次,生产能力的发展受到严格限制,一切新生产工具的发明或旧生产工具的新使用方法都无法实现。最后,生产活动在农闲时进行。这就使全国最重要的生产部门棉工业成为带有季节性的经营,常以自给为原则,有产品出卖反成为例外。

四、中国资本主义大机器棉纺织工厂的建立。鸦片战争实为掠夺中国棉货市场而起,而外洋棉纱布在中国辟出广大的棉货市场成为中国大机器棉纺织工厂建立的一个先决条件。故从新工业的建立言,经验尽管惨痛,却是必不可少的进步步骤。洋货入侵中国,在消极方面为破坏旧式生产方式,在积极方面又必推动新生产方式的建立,其意义极为深远。

洋货入侵后,中国棉业最先发生变化是手织业生产的商品化。这种变化是洋纱推动的。洋纱的输入,一使中国纺织生产者舍弃纺车,专力于织布,使更多劳力从事于扩大织业生产;二使织布业绝无原料缺乏之虞;三使织业活动的领域因细支棉纱的供给而大为扩张。手织业商品生产的发展,迟早必将引起生产方式的改革,从而使大工厂制度创立。

此外,本书还系统地分析了华商纱厂民族资本的积累问题,研究了从官僚资本到产业资本,从商人资本到产业资本,从银行资本到产业资本的转化过程及其规律性。还系统地阐述了棉织业先驱者的创业经过、成绩及其意义,中国棉业畸形繁荣和极度萧条的原因和过程。对英、美特别是日本等帝国主义国家瓜分中国棉货市场,确立对华投资的霸权也进行了分析和研究。

《中国棉业之发展》是国内较早的一部研究中国资本主义发展史的著作。作者经过细致的分析,独立的思考,得出了在半殖民地半封建中国资本主义不可能顺利发展的结论。1961年,高教部曾把《中国棉纺织史稿》列为高等院校政治经济学专业的指定参考书。

(张祖国)

中国经济史讲稿 李剑农

《中国经济史讲稿》，一册。李剑农著。1943 年由蓝田新中国书局出版，后编入《民国丛书》第三编。1947 年再由武汉大学出版部以《中国经济史稿》为名出版。1956 年略加修订后，改名为《先秦两汉经济史稿》，于次年由三联书店出版。武汉大学出版社 2005 年以《中国古代经济史稿》第一卷"先秦两汉部分"为题刊行，又收入武汉大学出版社 2006 年版《中国古代经济史稿》本。

李剑农（1880—1963），又名剑龙，号德生。湖南邵阳人。清光绪三十年（1904）入湖南中路师范学堂史地科学习。三十二年加入同盟会。三十四年毕业后留校任教。宣统二年（1910）留学日本，入早稻田大学学习政治经济学。辛亥革命爆发，回国参加革命，撰成《武汉革命始末记》等文。1913 年赴英留学。1916 年回国，参与创办政论刊物《太平洋》杂志，并任汉口明德大学教授等职。1921 年任湖南省宪法起草委员会主任委员，次年任湖南省省务院长和教育司长，1924 年辞职。1930 年任武汉大学教授，并曾兼史学系主任。1940 年至 1945 年执教于蓝田师范学院。1947 年重回武汉大学。建国后任全国政协委员。著作还有《中山出世后中国六十年大事记》、《中国近百年政治史》、《魏晋南北朝隋唐经济史稿》、《宋元明经济史稿》等。《中国现代社会科学家传略》第三辑、《中国当代社会科学家》第四辑等书有传。

李剑农在蓝田师范学院讲授中国古代经济史时，曾将讲义油印使用。油印稿分五编，起于殷周，止于明代。本书 1943 年版只收进前三编，自殷周至两汉。主要内容如下。

第一编《殷周之际及周代前期》，共四章。

第一章为《甲骨文时代之经济史影》。指出当时已进入农耕时期，牧畜仍为重要的生产部门，并辅之以狩猎。农耕用具以石制、木制为主。基本耕作方法为火耕。实行氏族共产制。氏族内部已有财产占有的不平等和阶级差别。大小奴隶主处于支配地位，部族中普通自由民和为部族所有的奴隶处于被支配地位。

第二至第四章论述周代前期（西周）的社会经济。周代出现了耜和金属农具钱、镈、铚等。农业生产日益成为重要生产部门。嫡长子继承权和分封制度形成,进入封建领主经济制度阶段。农民在大小领主及其附属职官的指挥监督下劳动。农民耕种领主的直领地(公田),并为其服徭役、兵役及负担其他各种供纳。农民靠份地(私田)获取生活资料来源。

第二编《周代后期》,共六章。春秋时代为封建领主制经济鼎盛期,然已潜伏崩溃危机。内容可分为以下三点。

一、春秋战国时期经济技术的进步有:第一,春秋时铁器萌芽。战国时铁的使用已相当普遍。手工业者逐渐脱离领主的直接控制与束缚,手工业内部分工愈来愈细。农业中,战国时可能已实行牛拉犁耕,并进行施肥和土壤改良,实行人工灌溉,修成都江堰、郑国渠等著名水利工程。农业内部已有农耕和园艺的分工。第二,周灭商前后至战国时,多种形制的金属货币出现,皆由生产工具或饰品等实用器物演变而成。秦灭六国,各地货币形制极为复杂。秦始皇三十七年(前210)统一货币,其形制仿圜钱,圆周方孔成为中国制钱的定式。第三,宗周时期已有专门从事商业的人。春秋时商业取得进步,郑、齐诸国商业领列国之先。春秋晚期,商贾业已成为一种自由职业,商人地位渐有凌驾农民之势。战国时,自由佃农渐有增加,农民成为商人资本买卖活动的重要对象。一些手工业生产与商业经营结合,有工商企业合而为一的倾向。商人操纵物价之术,由春秋时的利用商品供求关系,发展到战国时利用货币轻重和供求关系。商业在社会经济生活中的地位日益重要,货币的权力逐步扩大,出现了金钱万能、商人万能的局面。春秋战国时产生商税,逐渐成为重要的财政收入。春秋以前,城市主要为政治重心,战国后始兼具工商业重心性质。

二、春秋战国时的土地兼并有诸侯兼并、世卿贵族兼并、私家兼并三种形式。诸侯兼并周初即有,春秋为烈。兼并之地形成县邑。于是有"守令之制"产生,守令制下农民渐有国家人民的性质。世卿贵族兼并使私家实力渐强,公室渐弱,于是促成"税亩"、"丘赋"、"田赋"等新赋税制度的产生,并形成私家贵族逐君篡位的局面。战国时,世卿贵族专政之制完全消灭,贵族阶级已大多丧失其世袭特权。土地兼并除政治的方式外,更有一种买卖的方式。私有土地制度至此得以确立。鲁宣公十五年(前594)"初税亩",是以私人占有田亩实数为征税对象的新税种,是后世地主对于国家缴纳田赋的开端。"赋"原为军役和军用品的征发。春秋末至战国,赋已逐渐超出军赋范围,征收对象和依据移诸田亩,"田赋"之名由此而来,亩税和军赋入战国混为一体,称为"赋税"。

三、孟子提出"井田制"理想,以图恢复领主制初期的社会政治经济秩序。历史上并无孟子所说的这样的井田制存在。商鞅变法以摧毁封建领主制,为秦吞并六国,建立全国统一政权奠定了基础。

第三编《两汉时代》,共八章。内容可分为以下五点。

一、秦及两汉,土地已由封建领主所有制转为个人土地所有制。一切士农工商的活动,最后以取得大量土地而成富为目的。两汉时期,土地所有权的转移有买卖和非法谋夺两种形式。汉初,自耕农成为社会主要土地所有制形式。地主占有的土地或佃给农民耕种,或利用"奴客"(奴隶)、"僮客"(雇佣)自营。前汉中后期土地问题日趋严重,遂有将公田、禁苑空地赐予贫民之事。哀帝时发布限田令,不能施行。终于导致推翻前汉政权的赤眉起义。东汉初年,人口在战乱中减少,土地问题暂时缓解。中后期土地问题加剧及人民反抗的历史又如前汉。

二、两汉人口密集于黄河流域,尤以中下游为最。人口密集形成对土地的压力,同时亦刺激生产方法改革和土地利用水平提高。两汉时兴建了漕渠、龙首渠、六辅渠、白渠、汴渠等重要水利工程。西汉赵过制造推广新式农具,创行"代田法"。氾胜之写成著名农艺学著作《氾胜之书》,对农业节气、土壤、选种、播种、施肥、抗旱、除草、收获详细研考,并记述了"区田法"。

三、汉代手工业门类进一步扩大,技术亦大有进步。漆器工艺水平远胜前代。纺织业制成了冰纨、方空縠、吹絮纶、汉锦等著名产品。蔡伦发明造纸术大有功于文化的进展。毕岚发明翻车、渴乌,翻车是后世龙骨车的始祖,渴乌是后世抽水筒的始祖。冶铁、煮盐分布于全国各地,丝、麻纺织业以齐鲁及附近各地最为著名。蜀地盛产蜀锦。江南各地衣着以麻葛制品为主。除冶铁、煮盐、酿酒是工场手工业形式外,其余都属自给自足的家内劳动。

四、西汉商人活动范围扩大。汉武帝以后放松对商人的控制,终汉之世未曾设关津征商税。都会中定期市场已发展为固定的商业市区。商业的发展使商人势力逐渐增大。他们勾结官府,相互利用。对外商业以陆路为主。同周边国家的互市定期举行,无自由输出入之可言。汉代金、钱同为法定货币。钱制经多次变更,至汉武帝时确立五铢钱制。武帝、王莽曾试图将银列于法币之伍,终不得行。王莽屡改币制,币制极为混乱,终于彻底失败。东汉时期,铸钱渐趋恶滥,币制动摇。

五、秦汉国家财政与皇室君主财政有明显界限。国家财政收入税源主要为田租(土地税),次有算赋、口赋和更赋。皇室收入税源为盐铁税、渔税、假税(皇室土地借与民用收取的税)、商税、工业税等。武帝时财用不足,增辟马口钱、酒租、算商船、算缗钱等税种。至宣帝、元帝时逐渐废止。田租征收实物,其余以征收货币为原则。田租率多数时期为三十税一,短期内亦有十五税一或什一之税。算赋、口赋按人征收,税负较重,贫者难以负担。更赋严重影响了人民的生产和生活。

《中国经济史讲稿》史料丰富,论述颇有独到见解,是研究先秦两汉经济史的重要参考书。在三联书店1956年版《先秦两汉经济史稿》中,作者在"卷头语"中称:"书中先秦部分涉及古代社会性质问题,予现在见解与过去已有不同,因无法重新编写,仅作字句修改。"由此可以了解作者晚年一个重要观点的变化。

(班耀波)

中国经济建设之路 吴景超

《中国经济建设之路》,一册。吴景超著。成于1943年,同年由商务印书馆出版。

吴景超(1901—1968),字北海。安徽歙县人。1923年毕业于清华学校,同年赴美留学。1926年、1928年相继获芝加哥大学硕士、博士学位。1928年回国,任金陵大学社会系教授、系主任。1931年后任清华大学社会系教授、系主任、教务长。1936年后曾任国民政府行政院秘书等职。曾主编《清华学报》、《社会研究》、《新经济》、《新路》等刊物。建国后,先后任清华大学、中央财经学院、中国人民大学教授。曾同马寅初一起主张控制中国人口,发表《中国人口问题新论》等文。著作还有《第四种国家的出路》、《都市社会学》、《中国工业化的途径》、《劫后灾黎》、《有计划按比例地发展国民经济》等。台湾《传记文学》第四十六卷第一期(1985)等有传。

《中国经济建设之路》是一部研究中国经济发展战略问题的著作。由自序和十七篇论文组成,分为三章。第一章《抗战前的经济建设》收文一篇,简要论述了1881年以来六十年间的中国经济建设情况,以十年为一阶段。第二章《几个失败的教训》收文六篇,讨论了汉冶萍公司、湖北象鼻山铁矿、安徽售砂公司、龙烟公司、国营钢铁厂的失败教训,最后在《整理生产事业的途径》中提出了办好生产事业所应注意之点。第三章《经济建设的展望》收文十篇,都属于战后经济建设的发展战略问题,其中有一篇题目同书名完全一样。以下介绍第三章的要点。

一、经济建设与人才。作者根据各国统计,有职业的人占全部人口的百分之四十左右,估计三十年后中国如人口仍为四亿五千万人,则有职业的应为一亿八千万人。其职业分布,假定农业占百分之五十,工矿业占百分之二十四,交通运输业占百分之六,商业占百分之十,政府公务与自由职业占百分之六,其他占百分之四。现在如有农民一亿三千五百万人,则在三十年内需转移四千五百万人到其他职业上去。这是一个大问题。进行经济建设需要干部(经理、工程师、会计师等)。干部需要初中以上的教育程度,农业中每百人内有一人,工矿、交通运输及商业中每百人内应有十人,政府公务与自由职业中每百人内应有五十人。按此计算,共需干部一千三百五十万人,要分期训练完成。此外,还需要技术工人,仅工矿业和交通运输业就需有一千三百五十万人,也要分期训练。

二、资源与资金。作者列出四十四种资源,包括农产品、畜产品、林产品、矿产品四类。中国的资源可分三种情况:有盈余的有八种,可望自足的有二十八种,不能自足的有八种。不能自足的可由邻邦及友邦补充。"所以我国将来大规模的经济建设,资源方面,并无十分困难的问题。"关于经济建设的资金,关键在于能否增加人民的储蓄。中国人民的收入实在太低,生产方法不改进,无法有显著的增加。作者认为经过努力,每年用于经济建设的款项可从原来的五亿元增加到十八亿元,仍不能适应大规模建设的需要。

三、工业区与工业。中国的工业都集中在沿江沿海的上海、天津、广州、青岛、汉口等大城市,这种工业布局是不合理的。中国将来所要建设的工业区,第一要顾到经济条件,第二要考虑到国防安全。要达到这两个目的,只有一个办法,即分建成若干工业区,而不像过去只集中于沿江沿海,也不是集中于内地。至少应建成东北、华北、西北、华东、华中、华南、西南七个工业区。在建设工业区的过程中,还应当建成配套的工业体系,至少应包括冶金、机械、动力、化学、兵工、食品、衣着、建筑、交通器材、印刷十个工业部门。作者还指出各区设立整套的工业并不是要在经济上自给自足,企图自给自足在理论上不可能,在实际上也不合算。"将来中国各区域中的工业建设完成之后,中国的国内贸易,将有空前的发展,经济割据的思想,将从此绝迹。"

四、国防与民生。作者认为,经济建设有两个目标,一是致富,二是图强。中国过去的经济建设倾向于致富,而忽略了图强的目标,结果是辛苦创造出来的事业在敌人的炮火下大部分化为灰尘。中国以后的经济建设应当先图强而后致富,把国防工业看得比民生工业更为重要。一个独立的国家,应当有保卫自己、抵抗侵略的能力。战后列强即使裁军,决不会降低到中国现有的军备标准。在军备不平等的情况下,"侈言平等,终是空言"。现在的强国已有巩固的国防基础,这些工业在和平时期不一定制造军需品,但是一旦决定改造军需品,可以迅速完成。中国是一个没有工业基础的国家,在无论何种状况下都不可忽略国防,应使中国潜在的军备能力可以与世界上的任何列强相等。国防与民生两个目标在经济建设初期自然有点冲突,大炮与牛油不可得兼。但等到国防基础稳固以后,就可以用全力于致富。有了国防以后,再来提高人民的生活程度,才能够维持下去。所以先图强而后致富实为经济建设最合理的途径。

五、国营与民营。在经济建设中,究竟以民营为主,还是以国营为主?作者认为,在经济建设的各种事业中,何者应当先办,何者应当缓办,或何者应办,何者不应办,乃是最重要的问题。在政府掌握事业兴办的决定权、指导权和监督权的条件下,国营、民营是无关重要的。中国的民营事业多采取公司组织,而国营事业尚多采取衙门组织。其缺点是管理政治化,权责不分明,行动欠灵敏,减低了效率。这些缺点采取公司组织便可消灭。民营的缺点是收入为资本家所独享。

但中国是一个节制资本的国家,在实施所得税、遗产税、财产税的情形下,就可使一大部分收入由私囊流入国库,作建设国防为促进社会福利之用。为了充分利用社会的财力人力,国营与民营的界限不可划分太清晰。国家规定整个建设计划后,凡国家力量所能担负的事业一定由国家担负。但国库的收入有限,应当引导民间积蓄投资于建设计划中所规定的事业。总之,中国的经济建设应由政府通盘筹划。"在计划中的事业,国营固可,民营亦无妨。计划中所不列的事业,国营固不可,民营亦不许。"

六、自由与管制。在国防第一的政策下进行经济建设,管制经济不但不能取消,还要设法加强。管制经济的内容包括:(一)生产管制,即将全国的生产事业纳入国家的统一计划之下。由于目标一致,建国工作的完成日期,一定比在自由经济的状况下加速若干倍。(二)投资管制,即由政府规定投资的领域和方向。凡投资于电气、机械、化学、纺织、农产制造、采矿、冶炼等重要工矿业的予以奖励。新办公司或扩充事业要经过政府的批准,才能发行股票或债券。(三)分配管制。节制资本便是管制分配的手段,可以达到公平社会的目标。提高累进所得税和遗产税的税率,对于高收入及拥有巨大遗产者,征以类似于没收的税率。"这是变私产为公产,实现社会主义的和平途径。"(四)物价管制。在以重工业为主、轻工业为次的条件下,物价上涨难以避免。因此如不对物价加以管制,势必造成通货膨胀的恶果。

七、内资与外资。经济建设如果完全依靠自己的力量,其发展程度就完全受国内已有资本的限制。如果能够利用外资来开发自己的资源,经济建设的进展就可加速许多。利用外资的方法很多:(一)由政府出面向外国政府借款。(二)由中国公私生产事业通过英、美等国的投资组织,与这些国家的资本市场发生联系,发行股票和债券。英、美等国的投资组织经常将外国公司的股票与债券推销给本国的民众及金融组织,而中国过去与这些投资组织素少联络,所以股票与债券除少数例外,在英美均无市场。(三)关于若干生产部门,让友邦来华直接投资。过去在不平等条约的束缚下,外人在华兴办的事业不受中国法律节制,以致产生许多流弊。外人来华办厂可为中国多添职业,可为中国生产原料者扩充市场,可为中国培养技术人才,可为中国新事业树立规模。但是利用外资也负起了还本付息的重责,全国人民都应节衣缩食,不要失去信用,给债权国一个干涉的借口。

1944年,吴景超又在中周出版社出版另一本《中国经济建设之路》,分专题论述战后经济发展战略和政策问题,系选编本书内容而成。

(叶世昌　张祖国)

工业化与中国工业建设 刘大钧

《工业化与中国工业建设》，一册。刘大钧著。1944年由重庆商务印书馆出版，次年再版。1946年1月上海商务印书馆又作为初版出版，6月再版，为《国民经济研究所丙种丛书》第一编。

刘大钧(1891—1962)，字季陶，号君谟。原籍江苏丹徒，生于江苏淮安。曾留学美国，攻读经济学和统计学。回国后任清华大学教授。1929年任立法院统计处处长，后任统计局局长。发起成立中国经济学社和中国统计学社，任社长。曾任中国经济统计研究所、国民经济研究所所长，《经济统计月志》、《国民经济月刊》、《经济动员半月刊》主编。1941年任重庆大学商学院院长。还曾任汉冶萍总公司会计主任、国民政府军事委员会委员、中央银行经济研究处专门委员等。抗战胜利后任联合国统计委员会中国代表、国民政府驻美大使馆经济参事等。后移居美国。著作还有《中国的工业和财政》、《外国在华投资》、《上海工业化研究》、《我国佃农经济状况》、《经济动员与统制经济》等。台湾《民国人物小传》第二册有传。

抗战以前，刘大钧一直致力于中国工业化问题的研究。抗战爆发后，工业化的需要深入人心，有关工业化的理论研究日趋活跃。当时刘大钧任国民经济研究所所长，他感到一般论者对于工业化仅视为工业本身的发展，而不了解其他一切经济事业对工业化都有影响。为此，他组织国民经济研究所的同仁从1940年起，分十个专题，从各个方面研究工业化。十个专题为十编，列为《国民经济研究所丙种丛书》。《工业化与中国工业建设》为其中第一编，以后出版过《工业化与中国农业建设》、《工业化与中国矿业建设》、《工业化与中国国际贸易》、《工业化与中国交通建设》、《工业化与中国人口问题》、《工业化与中国劳工问题》等编，其余三编未见出版。

《工业化与中国工业建设》分为七章。第一章《绪论》，第二章《工业化之涵义，目标与基本问题》，第三章《工业化之条件》，第四章《战前我国工业》，第五章《此次战事对于工业之影响》，第六章《战后发展工业之方针》，第七章《结论》。其中第二章至第六章的内容比较翔实，兹分述如下。

一、关于工业化的含义、目标与基本问题。作者认为工业化的含义是广泛的，衡量一个国家是否实现工业化的标准是多方面的,主要包括:工业本身的机械化与科学化;矿产的大量开发;运输事业机械化与动力化;各种生产事业以工业为中心而发展,工业化的影响遍及各种生产事业;动力的普遍利用;大规模生产;产品标准化;事业组织及管理科学化与合理化;各种生产事业资本化;工业都市的形成。

工业化的目标无非是国防和民生两端,关键是如何处理两者的关系,即是偏重国防还是偏重民生。对此,作者主张国防与民生两者并重,但其重要性应该用不同的标准加以测定。民生是一种积极的和主动的目标,无论在何种情形下都应予以改进,改进的程度则以国家的经济力量为限。而国防则是一种消极的被动的目标,巩固国防的目的仅在于防止他国侵略,因此国防巩固至何等程度应视国际环境而定。

工业化的基本问题主要有计划和放任问题,国家经济与区域经济问题,革命的与演进的发展问题。对于第一个问题,认为绝对放任或绝对计划均有流弊,主张对工业化应有意识有组织地加以指导,以克服自由放任政策下容易引起的浪费和独占现象。但不能够用一个完备的经济计划来支配一切经济生活。计划经济不必由政府统制一切经济行为,更不必由国家经营一切企业,除各种枢纽事业外,其执行可委诸人民。对于第二个问题,认为中国数十年来,重要的工业大都集中在沿海及长江下游一带,而很少在内陆腹地。这种特定区域工业的畸形发展,往往不顾全国的基本需要,使经济不以全国为单位而平衡发展。因此,在工业化的过程中应加以矫正,做到以全国为单位,各地工业按各自地理形势分别发展,以达到平衡发展的目标。对于第三个基本问题,认为中国以往工业化的失败,表明中国今后的工业化应该速进。中国工业化必须在国际情形许可下尽速进行,拖延愈久,则国际的阻挠会愈多。抗战教训也表明中国必须竭尽全力,从速工业化。

二、关于工业化的条件。工业化的条件大致包括天然资源的开发,劳动力和资金的供给,动力设施的改善,交通运输条件的改善,市场条件的改善以及政府适当的措施。

天然资源主要由矿物资源、动物资源、植物资源以及水力、河流、地势、土地面积、气候等构成,其中矿产资源尤其和工业化关系密切。抗战以前,若干外国经济学者来中国考察后,对中国工业化的展望表示悲观,其理由是中国铁储不丰,适合于冶炼的煤焦也缺乏,因此重工业难以发展。但是抗战以来新发现铁储不少,煤储也有不少修正。特别是以后地质调查更为普遍,中国工业化所需矿产资源的前途是可以乐观的。

劳动力和资金供给与工业化的关系也极为重大。以劳动力而言,中国劳动力的数量资源是丰富的,但素质不良,这也足以影响工业化的进展。因此必须加强培训,改善劳动力素质。以资金而言,中国的国民收入很低,不能依靠个人储蓄来供给,唯一的出路是利用外资。但外资不宜长久依赖,应采取急攻政策,在战后短期中输入巨额外资,以奠定工业化的基础。

动力和运输条件的改善对于工业化的实现也同样至关重要,动力方面尤以电力更为重要。根据1933年全国工业调查,凡有电厂能供给电力的城市,工业发展就较快。英国和苏联的电力化计划也反映出现代工业化与电力关系的密切性。至于交通运输,英国的工业革命和美国的经济史都表明现代航运和铁路的盛衰足以决定工业的盛衰。中国工业化程度低,与交通不便有相当的关系。韦伯的工业区位理论也证明,运输不便,则工业中心不能产生,原料不能充分利用。

为了推进工业化,还应有市场条件和政府稳妥的措施。市场由人口和购买力两大因素构成,中国人口众多,但购买力水平较低。政府和工业化的关系,应看到计划经济已成为现时代的新动力,但不能够一切事业皆由政府经营。

三、关于战前中国的工业和抗战对中国工业的影响。抗战以前,根据大量调查资料,表明中国的工业具有如下四个显著特征:现代工业缺乏;工业畸形发展,片面集中于局部地区;工业结构不平衡,重工业基础薄弱;工业规模狭小。导致中国工业发展迟缓的主要原因有:进口关税太低,而国内工商税重敛;内战频繁;治安混乱,盗匪横行;工业所受法律的保障不充足;政府对于工业没有确定的方针与计划;金融机构欠健全,银行对工业贷款利息太高;缺乏有远大眼光的企业家等。抗战对于中国工业的影响是巨大的,一方面大量企业毁于战火,原先工业基础较好的地区相继沦陷,使中国工业受到严重损失;另一方面由于政府从上海一带迁移大批工厂至四川与云贵一带,使后方工业勃兴。

四、关于战后发展工业的方针。第一,正确处理重工业与轻工业的关系。重工业与国防关系密切,而且重工业能够为轻工业提供生产工具和原料;而轻工业与民生关系密切,为人民提供各种生活必需品。因此轻重工业均不能偏废,应同时并举。第二,正确处理集中和分散的关系。工业既不能十分集中,又不能完全分散。工业本身有集中趋势,如听其自然,则有可能造成畸形的发展和过度集中,导致人口过分密集等社会问题的发生。但完全分散不符合工业本身的规律。为此,应将全国分成若干区域,分别发展其工业。但分区发展应反对经济自足,提倡利用各区的资源优势,进行地区分工。第三,正确处理政府与企业的关系。凡和国防有直接关系的,事业重要而生产不易获利的,资源有限或性质重要的,事业重要但所需资金太多的,可作为政府财源的,有关国民经济命脉的,应由政府经营。其余均应由民营,但国家应予以法律的监督。

(张祖国)

中国工业化计划论 谷春帆

《中国工业化计划论》,一册。谷春帆著。1945年由重庆商务印书馆与上海商务印书馆分别出版。

谷春帆(1900—1979),又名春藩。江苏吴县(今苏州)人。早年毕业于上海圣芳济书院。后一直在各地邮局工作,从邮务员递升至邮政储金汇业局局长。1946年曾任上海市财政局局长。建国后,历任华东邮政总局储汇处处长、邮电部邮政总局副局长、邮电部副部长等职。著作还有《银价变迁与中国》、《工业化与中国文明》、《中国工业化通论》等。

抗战时期的重庆,许多爱国人士因日军的侵略而激发起对现代化的殷切之情,主张在战后重建中通过国家的工业化而使中国进入现代化的社会。为此,当时的社会经济出版社特邀翁文灏、胡庶华、简贯三主编一套中国工业化丛书,由有关学者分别撰著,以适应社会各界人士的需要,并为战后工业化建设进行理论上的准备。谷春帆正好一直致力于中国工业化问题的研究,并在1942年完成《工业化与中国文明》一书。该书着重论述工业化对于中国传统文明及其将来的关系,而没有涉及国家如何实现工业化的问题。因此,谷春帆决定接受丛书编者的征稿,另写《中国工业化计划论》,专门讨论如何实现工业化的问题,作为前书的姐妹篇或续篇。

《中国工业化计划论》是一部从计划的角度研究中国如何实现工业化的著作。书中将经济计划和工业化紧密地结合起来,力图说明国家工业化必须在一个恰当的计划指导下才能顺利实现,并假拟了一个中国工业化第一个五年计划。全书分《国家对经济的三种形态——做、管、放》、《中国工业化的型态》、《生产计画全貌》、《国家如何做——计画的做》、《政策与机构》、《分配计画——生产资本的关键》、《计画的配合》、《假拟工业化第一五年计画》、《战时计画——插曲》、《结论——工业化成功的条件》十章。主要包括以下一些内容和论点。

一、国家对经济的关系有三种形态,即计划经济,放任经济,管制经济或指导经济。计划经济这一名词始于苏联的五年计划,作为一种彻底的计划经济,是要将全社会的经济活动包括生产、交换、分配、消费当作一个有机整体来看待,将全社会的生产要素都集中在国家手里,由国家全权处置。根据斯大林对苏联五年计划任务的规定,苏联计划经济的目的是双重的,一方面要创造和发展生产力;另一方面要使这种创造和发展的生产力适合国家达到工业化和完成国防的特殊需要。符合这种目的的活动在国家计划之内,与这种目的无关的活动便不在国家计划之内。

与计划经济完全相反的是自由放任经济,它以18、19世纪的英、美最为典型。放任经济是国家完全不计划,完全不去做,而是将计划和要做的事业完全交给人民。这种经济形态用一个字来表示其特征就是"放"。计划经济一般是后起的国家为了朝着特定目标积极赶上发达国家而采取的经济形态;而放任经济则往往是先进国家在享有技术、市场、组织、原料等种种优势,别国无可竞争时所采取的经济形态。计划经济要使生产力的发展向着预定目标努力;而放任经济只有一个目的,就是发展生产力,它允许生产力向不同的方向发展。

在两种极端的形态中,另有一种中间形态,即是管制经济或称指导经济。这种中间形态的差异性很大,但有一个共同特性,用一个字来表示就是"管"。在这种经济形态下,一切生产、分配和消费工作,主要由人民去做,国家自己不做。但国家又有一套计划,一个目标,不合于此目标计划的经济活动,便禁止人民去做;合于此目标计划的经济活动,便指导人民甚至强迫人民去做。所有差异,便在指导、干涉、强制、禁阻的程度上。有些国家干涉很少,如战前的英美;有些国家干涉很多,如战时的德国。干涉很少,便接近于放任经济;干涉很多,便接近于计划经济。

由于三种经济形态各有其历史使命,各有其特殊的环境与意义,各有其必要的条件,亦各有利弊和长短。同时,又由于中国工业化的任务不是单纯的,它一方面要破坏旧的桎梏,从旧的思想和制度中解放出来,发展新的技术和组织,提高生产力;另一方面又要使种种方面的努力集中在统一的目标上。因此,中国工业化的形态,势所必然地应当采取一种混合形态,即国家自己计划自己去做,同时也鼓励、放任私人去做,而给予一种指导和管制。它将合并计划经济、放任经济、统制经济三种形态,而从每一种形态中取一些为我所用。

二、在确定中国工业化形态应当采取混合形态的前提下,首先,必须勾画出一个工业化计划的大体面貌。可将事业先分成三大类:第一类是从国家立场而言应当举办的事业,第二类是不论国营、民营均不应举办的事业,第三类是放任人民自由经营的可办可不办的事业。第一类又可分成两小类:(一)急需先办,并根据国家当时的力量能够办到的事业。这类事业如果因为政治或国防原因不能放任人民去办,或者人民不愿自动去办,则政府应当自己去办。(二)鼓励人民办理的事业。这类事业不需有任何计划,但应确定与这类事业特点相符的各种鼓励方法或措施。第二类也可分成两小类:(一)绝对禁止的事业。政府应将这类事业列举种类,让人民知道。(二)数量上限制的事业。这类事业的禁阻一般采取间接的办法,如拒绝新资本募集。第三类事业政府必须注意：如其急剧发展和国家建设竞争资本、原料、人力时，政府可随时将它归入禁止或限制一类；政府建设资金须用课税、募债方式筹集时，应主要以这类自由放任的事业为对象。

其二，应确定计划编制程序和政府经营方式。计划编制程序的第一步是政府最高决策机构决定大政方针，指示应办何种事业，这是政治性的。第二步是经济专家从计划经济的全盘考虑着眼，并根据国家资源、财力、人力状况，编订出国家生产计划清单，这是经济性的。第三步将清单中所列的每个单位的事业，交给各该事业的专家作最后补充和修正，这是技术性的。政府经营方式有：(一)政府公司，即资本属于国家，而经营采取公司方式。(二)混合公司，政府与私人共同出资，经营采用公司方式。(三)公共托拉斯，即资本与事业所有权均属私人，而经营管理大权集中于政府派员组成的董事会手中。(四)公有委托私营，资本与所有权均属政府，而其经营则以合同方式委托私人公司。政府经营总的原则是避免衙门化，因为衙门机构向来是"管"的机构，而不是"做"的机构。

其三，必须制定一套辅助工业化的财政、金融、贸易政策，同时教育、外交政策和机构设置也必须与之配套。总之，应当以工业化为一切政策的中心，其他政策和机构相扶而行，与之配合。

其四，必须通过合理的收益分配政策为工业化计划的执行解决资本来源问题。政府执行分配政策，扩大积累的途径或手段主要有征税、募债、利用金融机构吸收零星储蓄和通货膨胀四种。其中税收是根本，从中国国情而言，中国的大地主阶层拥有巨量剩余购买力，政府应课以重税。通货膨胀政策有害无益，应尽量不用。

其五，必须注意计划的配合。计划的配合包括两个方面：一是工业与农业的配合，即是新的工业建设与原来经济背景的配合；二是各工业单位间横的相互关系的配合，纵的时间先后的配合。从前者来说，在工业化建设的同时，应当进行农业的改革，以解决工业化后产生的劳动力、市场、原料问题。从后者来说，应当处理好重工业和轻工业，国防工业和民生工业的关系。办重工业时必须照顾到轻工业的需要和人民购买力，要考虑到重工业建设能否与一般工业发展的情形相配合，能否有经济上的基础，决不能单纯将重工业孤立起来而单独描绘一套重工业的蓝图。

三、用五张清单说明作者自己假拟的中国工业化第一个五年计划的内容：估计可筹资金表；必须创建事业应需资金表；预备事业清单；奖励指导私资办理事业清单；禁阻事业清单。在此基础上，又进一步说明了中国工业化成功的条件：高度的效率；充分的国际合作；经营、管理和组织的健全；社会的政治、经济、文化和道德的改革。

（张祖国）

中国经济原论 王亚南

《中国经济原论》，一册。王亚南著。1946年由经济科学出版社出版，正文八篇，附论五篇。1947年作修正补充后，增加附论两篇，改由生活书店出版。建国初，三联书店印行过两版。1955年由日本青木书店出版日译本，名为《半殖民地经济论》。同年本书增订，改名《中国半封建半殖民地经济形态研究》，1957年由人民出版社出版，此版共九篇，标题、内容都有修改。1958年出版俄译本。人民出版社版本又收入《王亚南文集》第三卷，1988年由福建教育出版社出版。后编入《民国丛书》第二编。

作者生平事迹见"中国官僚政治研究"条。

《中国经济原论》是王亚南在中山大学开设高级经济学课程的讲稿。先后分篇发表于《中山文化季刊》、《广东省银行季刊》、《时代中国》等刊物。1944年初，桂林文化供应社准备将这些论文集印出版。为此王亚南写了一篇长达三万字的《绪论》，论文集题名《中国经济原论》。纸版刚打成，桂林沦陷，未能出版。后经济科学出版社决定出版此书时，因《绪论》遗失，重写了一篇《总论》，对其他各篇亦作了部分的增订。这是最初一版的成书经过。

《中国经济原论》是王亚南根据马克思《资本论》的体系、规律、范畴来考察、分析旧中国经济的专著。全书分《中国经济研究总论》、《中国商品与商品价值形态》、《中国货币形态》、《中国资本形态》、《中国利息形态与利润形态》、《中国工资形态》、《中国地租形态》、《中国社会的经济恐慌形态》八篇。生活书店1947年版的七篇附录为《中国商业资本论》、《中国商业资本与工业资本间的流通问题》、《中国公经济研究》、《中国官僚资本之理论的分析》、《中国官僚资本与国家资本》、《政治经济学在中国》、《中国经济学界的奥地利学派经济学》。人民出版社1957年版改第一篇为《导论》，又将建国初版本的新加附论《旧社会生产关系下的诸经济倾向的总考察》改为第九篇《结论》。生活书店版的各篇要点如下。

一、论述了中国经济研究的三个阶段，中国经济科学研究在理论与实践上的二重必要，研究中国经济应依据的几种科学及其应采用的几种方法。作者指出正式以中国经济为研究对象的历史还不到二十年,大体上可以分为三个阶段:第一阶段是民国十六七年(1927、1928)到二十一年,第二阶段是民国二十二年到二十六年(1937),第三阶段是抗战以后。所应依据的科学为经济学、经济史学和中国经济史。在经济学方面,作者指出:"我们研究中国经济,已经逐渐知道需要把带有进步性的批判性的经济学,去代替那种保守的缺乏历史性格的有闲阶级经济学了。"前者指马克思主义经济学。采用的方法为比较的研究法、全面的研究法和发展的研究法。

二、商品与商品价值形态。作者分析了中国工业品、农业品、劳动力、土地的商品性质,指出它们还不是资本主义商品生产的性质。从商品价值的增殖过程,增殖价值的实现过程,剩余价值的分割过程可以看出,中国仍有一大部分生产物还是当作使用价值而生产出来的,由使用价值向交换价值生产的转化主要是商业资本的作用。商品价值的大小不是以所费劳动为依据,而是以商人的意兴或慷慨为依据。

三、货币形态。中国在民国二十四年(1935)货币改革以前一直采用银本位制。从世界币制史上看,这已经是落后的币制。中国货币种类复杂。近一二十年已渐走上了单纯化的道路。货币种类多,价格标准至不划一,世界银价变动大,这些都使中国货币不能有效地执行价格标准和价值尺度的机能。币制不健全,其他辅助条件(治安、交通、度量衡、国内市场)差,影响了货币流通手段的发挥,使许多商品化成分逆转为自然经济成分。货币贮藏手段机能的发展有三个阶段:前资本主义社会,现代初期,现代初期以后。中国货币的贮藏机能还逗留在第一和第二阶段,第三阶段的货币贮藏机能不过略具一些萌芽。中国的货币支付机能还限定在极狭的范围内。在世界货币机能上,中国不但不能执行有利于本国经济发展的货币政策,反而执行一些不利于本国经济发展的货币政策。

四、资本形态。非现代的和现代的各种资本形态杂然并存。中国传统的商业资本大体是把地主经济的封建制作为存在前提。在中国现代化的过程中,中国商业资本获得了买办性的性格。高利贷资本还保留着广大的活动地盘,但在大都市,支配地位已逐渐被银行资本所代替。中国的银行资本具有高利贷的、财政的和商业的性格。中国产业资本的来源先天不足,资本的组织形态落后,资本有机构成低下,在各种资本中只占很小的比例。中国资本累积的最主要形态还是原始的。中国经济的国际化,形成了资金由农村流向都市,流向本国金融机关,流向外国银行,其中一部分再行外流的集中过程。中国资本的分散则主要流向交易所和地产经营,形成了都市的游资过剩现象。总之,"中国资本的全运动过程,不论是积累,是集中,抑是分散,都捺上了商业或商业性的印记,而不是产业的"。

五、利息与利润形态。中国同时存在着三种利息基准:外人在华银行的利息基准,中国银行与钱业的利息基准,旧式高利贷业的利息基准。利息率差异与变动的范围大,均衡化或一般化已不可能,但三种基准有互为影响的可能。中国的产业利润同时受着高利息率和低利息率(外人在华银行对在华企业的通融资金)的打击和破坏。

六、工资形态。中国传统的雇佣关系阻碍并歪曲着雇佣劳动现代化的历程。中国约有数千万雇佣劳动者,产业工人不到十分之一。在较新式的产业中,大量使用妇女、儿童劳动以压低工资。在使用原始手工工具的行业中,则采用了学徒制、家长制、血汗制(在家中劳动的计件制)、包工制等雇佣劳动制度。一千五百万左右雇农的劳动力价格平均要低于畜力的价格和农具备置费,这是他们能够被雇的条件。

七、地租形态。中国地租的现代化受着落后的商品货币关系的拘束。中国自耕地占耕地的百分之四十左右,其中属于小土地所有的占有相当大的比例。其特点是多半是较劣等地,每户占地数量少,生产条件极不利。小土地所有制的存在限制了新式地租的产生。中国地主、富农占有了大部分耕地,但地权集中,分散经营。不论是土地经营者或地租收入者,他们的利得主要不是通过土地上使用的资本,而是通过土地本身。地租上的累积差不多是中国农村的累积一般。商业资本及高利贷资本始终在当作它的两位保驾大臣。

八、经济恐慌形态。中国传统的经济恐慌以中国典型的集权封建经济为现实基础。与现代资本主义接触后,传统的经济恐慌形态改变了原有的内容和姿态。但资本主义恐慌的必然性、规律性及其一般性仍不可能从中国经济组织内部发展呈现出来。中国当代的经济恐慌一方面一直在为一种慢性经常化了的痼疾所困厄;另一方面一遇到资本主义世界市场动摇就会使老病加重。中国的经济恐慌是在小商品生产,商业使生产物变为商品,商业支配产业,商业利润高过产业利润,利润受规制于利息,各种不等价交换,资本向都市向外国集中,农村各种原始资本形态的相互作用,劳动驱逐机具甚至畜力等一系列经济法则的作用下产生的。

《中国经济原论》出版后产生了很大的反响,许多评介文章对它作了肯定,也指出了某些不足之处。作者在各版中不断作进一步的修改。直到交人民出版社出版前,加了作为《结论》的第九篇,作者才表示"全书的结构,便像完整了一些"(增订版序言)。

(叶世昌)

中国经济史纲 朱伯康等

《中国经济史纲》,一册。朱伯康、祝慈寿著。1946年由商务印书馆出版。后编入《民国丛书》第一编。

朱伯康(1907—2005),浙江温岭人。1931年毕业于上海国立劳动大学社会科学院经济系。1933年参加福建人民革命政府,任师政治部主任。1934年赴德国留学,1937年获法兰克福大学经济学博士学位。同年回国,先后任中山大学、浙江大学、中央大学、同济大学、江南大学、复旦大学教授。建国后,任复旦大学经济系第一任系主任。著作还有《中国国家财政与财政制度》、《经济学纲要》、《经济建设论》、《中国经济史》(合著)等。

《中国经济史纲》是朱伯康在中央大学任教时为开设中国经济史课程而编写的,由中央大学经济系的学生祝慈寿帮助整理抄录。全书分为四编十四章。它的风格和特点诚如作者在自序中所言:"本书为经济史纲,取材着笔之际,恒求其有新异性,发展性,能作各时代经济轮廓上之区别者为限。至于每一时代之共同现象,或无关经济性质之改变者,恒略而不述,以免对历史大势进展之了解为累赘材料所模糊。"本书《导论》论述了历史观与历史阶段。第一编《上古经济》,分《中国历史传说时代》、《殷商时代》、《西周时代》三章。第二、三编《中古经济》,编上分《封建制度之发展与破坏(春秋战国时代)》、《秦汉时代之经济》、《汉末魏晋时代之经济混乱与变迁》、《南朝与北朝经济(士族经济与小农经济)》四章;编下分《隋唐经济概论》、《两宋之经济发展》、《元代之经济概况》、《明代之经济——中央集权与货币经济》四章。第四编《近代经济》,分《绝对王权与重商主义》、《近代经济之酝酿》、《中国近代经济之发展》三章。内容提要如下。

本书《导论》的主要内容:(一)关于历史观的问题。认为治史,不论治通史、治专史,均有治史之方法。方法中最重要的是史观。史观中唯心论与唯物论并非绝对对立,可以调和综合。就唯心论而言,吾人固可承认历史进化,系由知识进化促成,但人类知识亦受物质环境影响与决定。物质与精神两者对于历史的构成均有其功能。(二)关于经济史的研究对象。经济史所研究的亦为经济学所研究的对象,不外消费、生产、交换、分配诸事。各时代情形不同,经济学并不研究各时代的经济,此为经济史研究者的任务。(三)关于经济史发展的阶段。经济史的各个阶段,在地域上受自然条件所决定,在时间上受文化环境所左右。书中介绍了李士特、桑巴特、马克思等人对经济史阶段的一些观点。(四)关于中国经济发展及其阶段的划分。经济发展至少受三种条件的相互作用所支配,即自然条件、社会条件和技术条件。而对于中国经济发展最有影响的实在于社会条件方面。主张将中国经济发展分为上古、中古、近代三大阶段。其中分水线显然有两个时代可为作标准,一为春秋战国时代,二为清代欧洲经济势力的东来。此两时代为中国经济史上的特殊变革时代。除此之外,各朝代的经济现象皆大同小异,仅有程度上的变化,而无本质上的改革。

第一编《上古经济》的主要内容:(一)传说时代之社会为原始共产社会。其经济生活的满足方式为采集、渔猎或畜牧。此时,人类依自然而生活,逐食物而迁居,农业未发达,对土地无私有观念,故在同血统的集团内必须共产。(二)殷商时代已达于新石器时代末期,青铜时代已开始,当时已由畜牧而入农耕。农产以黍、稷、麦、菽、稻、蚕桑等,以黍为多。耕具有耒、耜,以木为之。至商朝末年,大约耒耜下部以青铜器为之。此时农业已有相当基础,但畜牧亦颇为繁盛,可断言殷商为农牧并重时代。此外,殷商盛行奴隶制度和僧侣统治。(三)西周时代已进入初期封建经济阶段,突出表现在西周的分封制度与土地制度方面。所谓封建,即封土建国之意,所封之物主要为土地,次为庶民,即耕地之农夫。天子将王畿之外分封给诸侯,诸侯对王室的义务仅按期朝觐,出兵助王征战,及接济王畿灾患。周天子在畿内,诸侯在国内,各自将大部分土地分给小封君,每一小封君为其区域内政治上及经济上的世袭主人。但对诸侯及王室有纳贡义务。西周相传实行井田制度,井田制度并非一种整齐划一、普遍推行的制度。农民完全为土地的附属物,并无独立人格,除贵族外均为农奴。

第二编《中古经济(上)》的主要内容:(一)春秋战国时代,农业更见发展,其原动力为铁制农具和耕具的使用,水利设施也受到重视。分封制度渐趋破坏,土地制度发生变迁。表现在土地兼并盛行,世袭制度破坏,租税制度改革,领主与农民关系变化诸方面。商业都市兴起,战国初期已有专业商,冶铁、煮盐、冶铜等业均受商业资本的支配。春秋末期国都已发达,战国时代都市更有飞跃扩展。同时货币制度也迅速演进。(二)秦汉时代封建制度虽已没落,而若干因素依然存在,可称为不完整的封建制度存在时期,或为封建时期至商业资本主义时期中间之过渡时代,实为封建之后期。作者对秦汉时代的农业、工业、货币等均有专节论述。(三)魏晋南北朝时代是经济混乱时期。汉末大乱导致北方人口大流徙,全国人口减少,华北农业生产全部衰败,工商业被破坏,奴婢数量增加。这一时期新庄园制产生,官僚士大夫、名族、豪富以及一般宗族贵戚,争购良田美地,建立庄园。大地主荫庇佃客多至数百人,不出徭役赋税。华北经变乱,在经济上的后果一为地权消灭,疆界不分,二为都市商业彻底毁灭,三为货币使用完全中止。而南朝则门阀经济盛行,肥美田园均掌于大地主手中。

第三编《中古经济(下)》的主要内容:(一)隋唐五代经济仅为汉代经济的重建与中兴,其繁荣或有过之,而无本质上的变化,在经济史发展阶段上并未前进一步。隋唐经济的中兴实得力于诸胡的华化及汉胡血统的混合,使汉族增加活力复有尚武精神。作者对唐代的交通及都市,经济政策,国际贸易及工商业,货币制度,工商组织,庄园制及农业,租庸调及两税制等均有专题论述。(二)两宋时期,中国各地经济状况极不一致,但有一极相同事实,即各地的经济发展均与政治安定息息相关,秩序较为安定的地区经济较发达。这些地区一有可能,商货的贸迁便始终不绝。作者对宋代的庄园、赋税、纸币制度等论述较详。(三)元代经济有一足述之事为交通的改造。元代又一贡献则为驿站邮递的普遍发达。(四)明代经济较前代进步者,一为税收由实物改为银两,二为王公贵族的禄田改为禄米。前者表示货币经济发达,后者表示封建庄园制的逐渐衰退。对明代的庄园制、商业、币制也有论述。

第四编《近代经济》的主要内容:(一)作者认为清朝对中国经济的不良影响至为巨大。如无满族的统治,中国经济必不会如此停滞衰落,因为:第一,满洲部族文化低落,尚未完全摆脱游牧生活,摧残中国原有文化及国民经济基础。第二,大量掠夺土地,使中国农业不能进步。第三,清政府的腐化糊涂,自满自大,闭关排外,不求进步。(二)不平等条约对中国经济的最不良影响当推协定关税,侵害中国自由规定税则的主权。如果中国不丧失关税自主权,则自由通商又有何害处?丧失关税自主权,将看守大门之权让与外国人,遂决定中国经济近百年来破产命运,民族幼稚工业更无法抬头。铁路敷设权、矿产权、外资工业、邮政、航运、金融、商业等经济事业的普及而深入均使中国经济陷于困境。《近代经济》编中还对洋务运动、太平天国以及近代中国工业、交通运输业、商业、金融业等实业的发展作了论述。

《中国经济史纲》是中国第一部包括古代和近代的中国经济史专著。本书对中国经济的历史发展提出了一些独到的见解。本书所说的"封建"实指分封制,故认为秦汉已是封建之后期,与通常对封建制度的理解不属于同一概念。

(张祖国)

生产建设论 郭大力

《生产建设论》，一册。郭大力著。1947年由经济科学出版社出版。

郭大力(1905—1976)，江西南康人。1923年考入厦门大学化学系学习，次年厦门大学部分师生来上海另办大厦大学，郭大力也随之转入大厦大学，并改学社会科学。毕业后，任教于广东文理学院、厦门大学等校。翻译了马尔萨斯《人口论》、穆勒《经济学原理》、杰文斯《政治经济学理论》、洛贝尔图斯《生产过剩与危机》、伊利《经济学大纲》等经济学著作，还和王亚南一起翻译了李嘉图《政治经济学及赋税原理》、亚当·斯密《国富论》和马克思《资本论》、《剩余价值学说史》。毕生从事马克思主义经济学理论在中国的传播工作。建国后，曾任三联书店副总编辑、中共中央党校政治经济学教研室主任等职及中国科学院哲学社会科学学部委员。著作还有《西洋经济思想》、《凯恩斯批判》、《关于马克思的〈资本论〉》等。《中国现代社会科学家传略》第一辑等书有传。

《生产建设论》是郭大力结合中国经济的实际，运用马克思主义的经济理论来研究生产建设问题的一部理论著作。分《论发展生产的方法与目的》、《论生产发展的所谓自然道路》、《论生产问题不单纯是技术问题》、《论国家在生产建设上的位置》、《论产业利润》、《论市场》、《论何种商业是有助于生产的》、《论银行》、《论货币政策》、《论农业》十章。每章均有若干篇附录，作为正文的补充和进一步阐发。全书的内容和论点主要有以下几方面。

一、认为生产是生产使用价值和价值的二重过程，因此生产发展也是二重的，一方面是增加使用价值的生产；另一方面是增加价值的生产。把一切暂时的和局部的因素撇开，生产的发展方式不外是增大劳动的支出量和增进劳动的生产力。前者是生产的绝对发展，即由于劳动量支出的增大，不仅使用价值增加，而且价值也增加；后者是生产的相对发展，即由于劳动生产力提高，价值没有增加，但使用价值得到增加。因此从严格的意义而言，生产的真正发展应当是劳动生产力的发展。无论生产发展是绝对的或相对的，都引起一个结果，即使用价值量的增加，这是生产发展的社会目的之一。此外另一个结果是增加生产的剩余。在一定的社会关系之下，这种剩余曾经流入少数坐食者手中,成为他们浪费的手段。但在一个进步时期,这种剩余被蓄积起来,将会被用于改造人民生活和全体的安全幸福以及社会文化的推进。

二、根据中国的国情,中国的工农业和先进国家的工农业相比较,只有遥为落后的生产力。所以中国的目的不是要在现有的生产力水平上谋求生产量的增加,而是要提高生产力水平。在工业的场合,是使手工业变为机械大工业;在农业的场合,是使小农业变为大农业。在自然条件相等的条件下,劳动生产力的增进有一条从手工业经过制造业(有分工的工场手工业)到机器大工业的典型的自然道路。这条自然道路目前已不适合中国的国情。因为如果任其自然发展,则在这种转型中,会有一个制造业的时期成为过渡。在先进国的工业已经是机器大工业的情况下,中国目前大工业的萌芽已经无法和资本主义先进强国的大工业相竞争,那么我们更没有理由相信制造业生产物的竞争能力。在资本主义先进强国的压力下,中国没有理由等待经过制造业的阶段,然后过渡到机器大工业。中国工业必须迎头赶上,必须飞跃;必须跳过制造业时期直接进入机械时期。

三、中国的生产力由小生产转为大生产,要跳过制造业时期直接进入机械时期,这不单纯是一个技术问题。因为生产是一种社会活动,人们从事生产时必须结成一定的生产关系。资本主义生产关系曾经是机器生产得以发展的一种社会形态,是机器生产的发祥地。但是认为机器生产只能在资本主义生产关系内被采用则是一个根本错误的观念。因为资本主义生产关系在结局上必然成为机器发展的限制,机器的资本主义使用必然引起广泛的民众失业、广泛的生产过剩和互相的吞并倾轧。实在地说,与机械生产真正相容的生产关系,就是孙中山先生所说的生产手段"归诸通国人民公有",就是社会主义。

四、在社会主义的生产建设上,国家的地位是非常明确的,生产手段为国家所有,生产的方向与比例由国家规定。在资本主义的生产建设上,如果联系到中国工业必须飞跃,直接进入机器大生产的任务,那么,如果采取放任主义,让工业家或产业家们为了自己的利益去经营生产,则飞跃是绝对没有可能的。国家必须以其力量加速生产的发展,缩短发展的过程,使不能立即完成的提前完成,使本身不可能的成为可能。但是,国家干预必须防止官吏假借国家名义,实行操纵和垄断,盗取国家利益。否则,国家干涉愈多,产业发展的阻碍就愈重。因此,在强调国家作为民族资本利益的代表,国家干预不与资本主义利益相冲突的条件下,应当通过国家统制,奖励产业的发展;通过国家经营,补充资本家经营的不足;通过国家强制,促成产业资本的增加。对国家认为应当优先发展的产业,给予种种奖励、补助、免税等,以助其发展。对一切不被国家重视的产业课取重税,不给予任何金融或流通的便利,以抑其发展。凡属由资本家个人经营不能有利,但对整个社会极为重要的产业,由国家经营。国家强制就是国家运用种种强化手段使非产业资本转化为产业资本。

五、为了实现中国工业的飞跃,直接进入机器大工业阶段,必须创造一系列条件:(一)提高产业利润水平,引导各种资金流入产业的用途,使经营产业的利润比资金用于其他用途的利益更为优越。为此,应当推行科学管理,改良运输手段,降低生产成本;或者由国家通过国民收入再分配的途径,依靠减租、减息、减商业利润的方法,来变更剩余价值在产业资本家和土地所有者、贷放者、商业资本家之间的分配关系,使产业资本家享受一种特惠。(二)扩大和完善国内市场。机器生产能以最进步的社会分工和最低廉的商品扑灭小生产者,创造出一个国内市场。但是在中国,市场不单纯是一个经济问题,而且也是一个政治问题。因此要建立国内市场,不仅要使自给自足性的小生产破灭,而且要使封建的地方性割据也破灭。此外,中国实际上已经成为资本主义先进国家的殖民地市场,不取消中国的殖民地地位,中国的机器生产是不能够征服国内市场的,因此必须使原来的殖民地市场转化成为民族产业的真正国内市场。(三)消灭买办性的商业资本,使它真正为本国的民族产业资本服务。中国的买办资本是商业资本的一种特殊形态,它依附于外来势力,推销外国产品,为外国产业服务,从而损害或打击了本国的工业。要消灭买办资本,必须消灭买办资本的政治、金融和产业优势。(四)实行稳定的货币政策,制止通货膨胀。通货膨胀政策将使国内产业受到严重损害。币值降低使产业实际利润受到影响;物价上涨,使产业的工资、原料等成本上升;物价上涨,囤积成风,使产业资本周转失灵。

六、发展工业必须发展农业,而农业的发展又要以工业的发展为前提。在工业建设计划中,必须注意使新式农具的改造成为主要部门之一。要使农业能够用机器犁地、播种和收获。总之,应使工业建设配合农业建设。反过来,我们尤需使农业建设配合工业建设,使工业进步所引起的原料需要可以充分地得到供给。这种工农业的配合,在资本主义社会是依靠盲目的市场价值法则来实现的,计划经济的优越性将能避免盲目法则所引起的种种痛苦。

《生产建设论》将马克思主义经济理论运用于中国经济发展道路的研究,并明确指出中国必须走社会主义道路,这在当时有很强的现实意义。

(张祖国)

中国农业经济史 陈安仁

《中国农业经济史》,一册。陈安仁著。写成于抗战期间。1948年由商务印书馆出版。

陈安仁(1890—1964),广东东莞人。毕业于广东高等师范学校及广东大学法科。五四时期任《觉魂》、《大光》、《天声》、《民醒》杂志总编辑。1921年任中国国民党驻澳洲特派员,1923年任驻南洋特派员。1927年任国民革命军总政治部编审委员。1929年任国民政府、国民党中央侨务委员,教育部华侨教育设计委员。他还是岭南大学秘书兼政治训练部主任、中山大学历史系教授、中央军校国文历史教授。1946年任立法院立法委员。著作还有《人生问题》、《中国政治思想史大纲》、《中国近代政治史》、《六朝时代学者之人生哲学》、《中国上古中古文化史》、《中国近世文化史》等。

《中国农业经济史》是一部叙述中国农业经济发展历史的著作,完成于抗日战争时期。当时曾计划由贵阳文通书局以大学丛书名义出版,"因战事之迫逼,未果"(序)。关于此书的意义,作者将其同民族经济的发展振兴联系起来,指出:"中国数千年来,以农业立国,历史上政治之成败得失,均以农业之兴衰为测验器。百年来与世界交通,资本主义国家,以其工商业金融业之势力,紾臂夺食,使中国农村凋敝,社会窘困,而农业亦因以每况愈下,致令大多数之人民,几无以为生。加以八年抗战,农业经济,受日寇之极力摧残,受害愈亟,战后建设,千端万绪,而以农业建设为基础;农业经济之如何起衰救弊,改变数千年来之成法,易以现代进步之新技术,诚目前迫切之要求。"(同上)

全书分为十四章,另有《绪论》和《结论》。十四章分别是:《夏以前农业社会开展之雏形》、《夏商两代农业之开展情形》、《周代农业发展之一般情形》、《秦汉农业转变的概况》、《三国乱离时代的农业状况》、《两晋时代之农业状况》、《南北朝时代之农业状况》、《隋代之农业状况》、《唐代之农业状况》、《五代之农业状况》、《宋代的农业状况》、《元代之农业状况》、《明代之农业状况》、《清代之农业状况》。

在第一章的论述中,作者认为:"中国上古之汉族,大致来自西北边境","植基于黄河流域地带,据许多沃野平原,以立农业之基础"。他分别讨论了中国上古移民与气候变迁原野转变的趋势,上古拓植与战争的关系,上古雏形的农业社会,洪水为灾的时代,上古的谷物、社稷祭祀与农业的关系,上古历法与农业的关系等六个问题。

第二章的内容,包括夏商的土地制度,畜牧与农业混合经济,男系社会与农业,农耕工具与方法,税制等。作者认为:"古代农业开始以后,在私有田土未发生以前,必有一种土地制度,在共同劳力的耕种之下,井田制度的发生,是有可能的。"

作者在第三章中将周代的土地分为三类:公田、私田、山林川泽及废地。指出:"封邑主对于土地有利用权,当时的人民,对于公田有力役之义务。"至于农民的受田,"在那时地方辽阔人口稀少之时,土地已为王土,以一种政治力量,将许多田地平均分配于一般农民耕作,同时耕了公家之田,使公家有农田生产的收入,是有可能的";另一方面,"农民所受的田地,因为只有利用权,而无所有权,所以不能将他所耕种的土地,任意与人交换,或有买卖的行为"。此外,周代农民的生产问题,周代的征收制度,农民为国家的供役义务,农村的军事组织,周代的灌溉事业,荒歉年代的救济政策,农业与商工业的关系,农耕的应用方法,农战精神的提倡,土地争夺战对于农业的影响,土地集中与高利贷的现象等均为作者在本章中的中心议题。

第四章着重分析了秦汉土地制度的改革及其影响。作者指出商鞅改制发生了两种现象:一是小农场的经营;二是造成地主阶级及无产阶级。土地兼并的现象由此产生。作者既肯定汉代很重视劝农政策,又认为汉代之减赋政策是不彻底的。在农业生产方面,作者肯定了代田法的进步作用,介绍了当时的灌溉工程,并概述了垦田和屯田的状况,在列举了汉代限田论之后,作者分析了王莽土地改制失败的三个原因:"民可因循难以更始","王田之制为豪族富族所深恶"和奉行不善。

在第五章中,作者提出了三国土地制度三种形态说,即国家庄园、大族庄园和民有土地。具体论述了三国时的垦荒、田赋、救灾、农耕、水利等问题。

占田制是第六章的重点论题。作者指出:"占田制可认为是一种关于耕地分配之国家的规制,是以土地国有为前提的。……是生产力较为发达之分配制度。"而从实效来看,占田制亦不能免于富豪之兼并。其他内容还有两晋时的农业经济政策、税制等。

作者接着在第七章中分析了北朝的均田制。他指出:"后魏所均之田,虽不是自富者手里攘夺过来,但所均之田,料是富者所有。当异族侵入中原时,土著富人避居南方,所有土地,成了无主之业,如此均田,就有实行的可能。"在评价均田制方面,作者主要引述了章太炎等人的见解。此外,本章还论及了三长制和税制等问题。

第八章分析了隋代的均田制、税制、义仓制、粮食运输等问题。作者进一步揭示了隋朝瓦解的深层原因,指出:"当时人民的倡乱,完全是因为耕稼失时,田畴多荒,财力既竭,不胜冻馁之苦的缘故。"

第九章中探讨了唐代均田制破坏的原因,共有四条:土地可以买卖;赐田逾定例,使受田不均;贫弱诛求的影响;户籍隐冒,影响世业口分之制。这一章讨论的问题还有唐代的职分田、税制、庄田制度、屯田制度、水利制度、高利贷剥削等。

第十章论述了五代均田制之演变,五代的税制和五代之屯田制度。

第十一章的内容,包括宋代均田制的演变,税制,农佃制度,官田制度,屯田制度,农业政策,救济政策,农村组织,水利事业等。作者论述了陈靖、李觏、苏辙、李椿年、朱熹等人的土地主张,分析了经界法、方田法、青苗法等农业政策的利弊,提出了自己的看法。如关于青苗法,他认为:"非法之不善,而在于暴吏之为虐,致一般贫农与佃农,得不到实益,而反受其害也。"

第十二章论述了元代的土地调整,赐田制度,税制,限田制度,救荒政策,农民生活状况,农民起义,屯田制度,水利制度等问题。

第十三章的内容,包括明代的垦田制度,庄田制度,税制,救济政策,佃农状况,屯田制度,水利制度等。作者强调:"明之季世,受土地集中之影响,一般农民与佃农,受了深切的痛苦,遂致内有流寇之扰,外有满人之迫,而国家因此灭亡。谋国者,固不可不慎也。"

第十四章是关于清朝农业状况的分析。圈地政策,垦荒政策,税制,农佃制度,救济政策,调剂粮食政策,水利制度等是作者探讨的主要问题。

作者在《结论》中提出了振兴中国农业的原则见解,指出:"中国农业问题,最重要者,如何以生产的问题,即如何以达到家给人足的问题。其次是如何以分配的问题,即如何以达到有田同耕,有饭同食的问题。"而要实现这个目标,有必要"引述几千年农业之史迹,以为今后农业复兴之写照与运动"。

(锺祥财)

中国近百年经济思想 夏炎德

《中国近百年经济思想》，一册。夏炎德著。成于1941年。1948年由商务印书馆出版。后编入《民国丛书》第一编。台湾也曾再版。

夏炎德(1911—1991)，上海南汇(今浦东新区)人。1935年毕业于上海暨南大学经济系。同年留英，为伦敦大学经济与政治学院研究生，曾受到西方著名经济学家罗宾斯、哈耶克以及经济史学家托尼的直接指导，听过凯恩斯本人对其经济理论的讲解。1938年回国，历任暨南大学、四川大学、中央大学、上海商学院、东吴大学、大同大学、复旦大学教授，江南大学教授兼经济系主任。退休后去美国。著作还有《法兰西文学史》、《欧美经济史》等，译有《经济学之数量研究论》、《理论福利经济学》，参与翻译《高级印度史》、《梅特涅》等。

夏炎德1938年从英国归来后，酝酿对中国经济作进一步研究，以寻找中国经济发展的途径。他感到从事这项工作，一方面要看清世界经济的思潮与趋势；另一方面则要对近百年来本国经济思想的演变进行探讨，评论得失，以供参考。恰好此时，由何炳松、杜佐周等人，依靠中英庚款董事会拨款，在沪创办《学林》杂志，以《中国近百年经济思想》为题，向他征文。他即着手撰稿，于1941年完成。书稿已排成一半，因太平洋战争爆发，《学林》被迫停刊，原稿只能暂留开明书店。1946年，周予同发现此稿幸存，乃代为检出。夏炎德重加校阅后，将其在重庆发表的几篇文章并置一起，改交商务印书馆出版。

《中国近百年经济思想》介绍和评述了从晚清一直到抗战期间中国经济思想的发展和演变。全书分为七章，另有附录三篇。以时间顺序为经，以各时期重要代表人物的经济思想为纬。第一章《绪言》，论述中国传统经济观念和晚清经济思想的转变。第二章《清代重臣的富强政策》，介绍了曾国藩、李鸿章、张之洞的学说。第三章《驻外使节的洋务献议》，评述了郭嵩焘、薛福成、马建忠的经济学说。第四章《维新志士的变法理想》，阐述了康有为、梁启超、严复的改良主义经济主张。第五章《官商巨子的实业方案》，叙述了盛宣怀、张謇的实业救国经济主张。第六章《革命领袖的民生主义》,探讨了孙中山、朱执信、廖仲恺、胡汉民的经济理论。第七章《结论》,是对过去经济思想的评价和今后经济理论建设的意见。附录分别是《中国经济思想之轮廓》、《中国近三十年来经济学之进步》、《中国抗战期间经济研究之成绩》。原稿第七章介绍共产党创始人陈独秀和李大钊的经济思想,因未能通过审查而删去,故由八章改为七章。主要论点如下。

一、中国传统的经济思想,分配重于生产,"均富"观念特别发达。与西洋经济思想比较,中国经济思想忽视生产效率,而保持分配均匀;而西洋经济思想则牺牲分配均匀,而注重生产效率。虽然各有特点,但终究我们是消极的,知足的,而他们是积极的,进步的。所以,中国经济虽发达较早,但西洋后来居上。鸦片战争的失败也就成为必然,这不是疆臣战士的功罪问题,而是两国国力的强弱问题。但鸦片战争使中国经济思想发生转变。因中国处于穷变之时,痼疾满身,一般有识的知识分子开始觉悟,于是各种经济改造的思潮应时而起,中国经济思想展开了新的一页。

二、以曾国藩、李鸿章、张之洞为代表的清末重臣,在外来势力的威胁之下,均主张在保持固有社会制度的基础上,采取西洋经济技术,实现富强目标。前者是保守的,而后者是革新的。如曾国藩把制造轮船与枪炮当作中国自强的基础,为此对于技术人才的培养十分重视,竭力支持向美派遣留学生。李鸿章在曾国藩的基础上进一步努力。他已经认清西洋势力侵入是中国三千多年来的一大变局,应付这种变局,既不是空谈外交,也不是抄袭古方所能济事的。必须学习西法,通过以国防为中心的经济建设才能摆脱危机。与李鸿章同时的张之洞在经济方面主张推行温和的改进计划,在旧的政治制度下实行某些新的经济政策。

三、鸦片战争后由清政府派遣的驻外使节在西方文明的影响下也纷纷提出了一系列改良国内经济的主张。郭嵩焘作为第一任驻英大使,反复宣传西洋的物质文明,认为西洋的富强在于经济,军事远在其次,故主张中国向西洋主要应学习经济和技术。此为一味主兵的李鸿章等人所不能及。薛福成进一步认为,西洋富强的根本在于工商业,尤其是工业,科学家们所致力的是发明创造。而中国过去恰好相反,政府轻视工商,优秀人才的精力都费在文学科名上。因此必须提倡工商业,提倡发明创造。马建忠则认为求强应以致富为先,世界各国都以经商致富,其关键是贸易差额必须有利,此外办铁路、开矿山也是致富的途径。

四、以康有为、梁启超为代表的维新志士,眼看中国的痼疾日渐沉重,主张以改良主义的方式挽救中国。在经济方面,康有为主张通过钞法、铁路、机器和轮船、开矿、铸银、邮政来富国,通过务农、劝工、惠商、恤穷来养民。他的思想除了要开发富源以外,还带有保持利权、抵御帝国主义的用意。他虽然把提倡农业改良与奖励工业发展相提并论,但实际上主张重工,而发展工业的方式应当采用放任政策,听任人民自由发展。因此,康有为的经济思想是一种民族资本主义。梁启超认为中国穷困的原因,不是由于缺少土地与人力,而是由于将资本、劳力用于无益之处。一国的资本和劳力用于生产,则母财再生子财,国家日富;反之,则日贫。总体上看,梁启超的经济思想非常驳杂,虽不是守旧的,但往往反复不定。

五、盛宣怀和张謇作为官商巨子的代表,在实业方面颇有建树。盛宣怀是一个经营实务的人,很少有高远的思想,比较突出的只是铁路国有思想。张謇比较突出的经济思想是他所主张的棉铁政策。

六、孙中山先生的最主要经济思想是民生主义。他的民生主义最初是要实现一面图国家富强,一面防资本家垄断之流弊,明确解决民生问题的方法是平均地权和节制资本两种。朱执信对于经济学颇有研究,他受马克思的影响较深,日后养成了他为大众造福的思想,认为提倡实业要注意分配及就业状况,照顾劳工阶层的利益。廖仲恺对于统一财政计划、币制改革、产业问题有较多的研究。胡汉民在谈到民生主义时,并不特别以资本主义为攻击对象,而对马克思主义却作了严重的批评,断言马克思的共产主义是乌托邦。

七、过去一百年的经济思想,在中国经济思想史中占着极为重要的地位。因为这一时期正逢中国历史的大转变时期,经济思潮起伏激荡的情势,为过去任何时代所不及。另一方面,中国在近代事事落后,门户洞开以后,西洋经济思想随货物与资本同时输入,除本国固有的思想外,在同一空间同一时间竟兼容了各时代各派的思想,以至从封建观念到共产主义无所不有,分歧庞杂,此也为前代所不及。

八、中国近三十年来(指民国以来)经济学得到长足的进展。中国原无经济学,只有散见于历代名家集部片断的经济思想与政策,缺乏完整的体系。西洋经济学正式传入中国以严复译《原富》为发端,对于经济学在中国初期的传播意义深远。1919年国民党中的学者创办《建设》杂志,发表了大量有价值的经济论文。民国以来以留学美国为主的经济学者组织中国经济学社,于1923年正式成立。学社中的马寅初、刘大钧、李权时、唐庆增、叶元龙等为经济学的发展作出了一定的贡献。

《中国近百年经济思想》是国内最早的一部研究中国近现代经济思想史著作,在学术研究上具有一定的开创性意义。

(张祖国)

货币学总论 黄宪章

《货币学总论》,上、下册。黄宪章著。成于1947年。同年由笔垦堂书屋出版。

黄宪章(1904—1985),湖南耒阳人。1925年毕业于上海南方大学教育系。后留学法国,在巴黎大学法科博士班当研究生,攻读经济学和财政学。1931年回国,先后在上海法政学院、上海江南大学、暨南大学、四川大学、华西大学等校任教,曾任四川大学经济系主任,中国民主建国会中央委员。建国后,历任四川大学经济系主任,川西人民行政公署人民监察委员、财经委员,民建四川省工委副主任委员、成都市分会主任委员,四川省工商行政管理局副局长,民建中央委员、四川省副主任委员等职。著作还有《经济学概论》。

《货币学总论》是一部论述货币理论的著作。书首有序言,作者介绍了写作本书的一些情况。他在讲授货币学两年后,"感到中国货币学的书籍,大体上都是抄袭英美货币学的理论体系,似不甚符合货币一现象应有的解释及中国经济的需要"。五年前作者曾以"众北"笔名发表《中国金融学之新体系》一文,提出编撰合于中国需要的金融学的要求。至1943年冬,他收集货币论的参考资料已有百余册。直到1947年,才在四川大学讲授货币学之余编成了本书。作者认为本书有两大缺陷:一是所参考的资料大部分为1940年以前的文献;二是因为赶时间,省略了一些内容。

《货币学总论》分为五编二十四章。第一编《货币之历史发展》,分《物物交换与商品货币》、《金属货币之发生及货币经济之发展》、《货币经济之发展与贵金属货币之关系》、《信用货币与资本主义》四章。第二编《货币之基本原理》,分《货币之本质》、《货币之职能》、《金属货币与铸造》、《银行券与信用制度》、《存款通货》、《纸币》、《国际通货与国际汇兑》七章。第三编《货币制度》,分《货币制度之理论的分析》、《本位制度之种类》、《两本位制》、《银本位制》、《自由金本位制》、《管理金本位制》、《美国管理金银组合本位制》、《苏联底计划通货制度》八章。第四编《货币价值论》,分《货币价值学说》、《货币价值,物价与指数》、《对外汇率》三章。第五编《货币问题与货币政策》,分《货币问题》、《货币政策》两章。

本书摘引了大量中外学者的有关货币学论述,包括对中国古籍及中国货币史学者著作的引用,而对西方资产阶级学者论点的引用,都以马克思主义的货币学说进行批判。所以本书的内容虽然十分庞杂,但就其主导倾向来说,属于马克思主义的货币学著作。主要内容如下。

一、货币的产生和发展。黄宪章用马克思关于价值形态发展的四个阶段来说明货币的产生,然后分述中西方金属货币、信用货币的演进。关于中国金属货币和信用货币(纸币)的演进,写进了许多中国古代货币史的内容。他不是货币史学家,参考了已出版的中国货币史著作,其中难免有以讹传讹之处。如卫聚贤在《中国的软币》中说先秦有以牛皮制成的皮币,是软币的起源。黄宪章同意这一说法,说这"是一种代表真牛价值的信用货币"。

二、货币的本质。黄宪章将货币本质论分为五派:(一)金属主义学派。其论点为:货币的主要职能是充作商品交换的价值尺度与本位;只有商品才能充当价值尺度与本位;金银是商品,具有与其他商品同样的价值;金银的自然性质更适合于充作货币,所以金银天然就是货币;纸币可以代表金银履行货币任务,但应兑现;金银货币具有调节物价与对外贸易平衡的自动机能;金银货币价值比较稳定,且具有国际货币的性质。(二)法定货币学派。其论点为:货币成为一定社会具有通用力的财货,是最初由习惯次由法律所承认的;社会进化到所谓支付社会(即货币经济时代的社会)时,货币是法律规定的支付手段;法定支付手段也是国家任意用法律制定的价值单位;货币材料与货币特性无关;货币的价值由国家法律赋予。(三)观念货币学派。分为抽象的观念论者和主观的价值论者。前者的论点为:货币是一种支付手段;货币最重要的特性是代表物品或劳役请求权的一种证券;货币是一种想象的价值单位,履行计算单位的任务,也可称之为筹码;货币是一切物品交换比例的公分母。后者的论点为:一切财货的价值由人类的主观评价所规定;主观价值评价由限界效用所规定;货币是主观价值评价的代价财货;货币本身的价值也由主观评价所规定。(四)职能货币学派。其论点为:货币的本质在于其履行的职能;货币本身的实质价值可以和其名称价值相符,也可以不相符;货币是交换媒介,是一种获得财货的工具或购买力的证书;货币是一种支付手段,是一种保证信用的工具;在资本主义社会,货币是一种较高级的资本,是一种维持资本主义经济均衡的手段。(五)等价学派又称"经济史观学派"。其论点为:货币是历史的产物;货币是一般等价物;货币是一种商品,在机能上是一种特殊商品;金银是商品,其自然属性适宜于充作等价物,故成为货币;国家或社会可能依习惯或颁布法律公认名价高于实价的货币,事实上仍以货币商品的实值为基础;货币不是人们为交换及支付便利起见而任意造成的技术手段。作者认为"科学地说明了货币底本质者,当推等价货币学派"。表明他是马克思主义的货币本质论者。

三、货币的职能。作者分别介绍了上述各学派的货币职能论,指出等价学派的货币职能论

"把握着货币职能问题的核心"。他据等价学派的基本原理,并参证现代情况,把货币职能分为最基本职能(一般等价物),基本职能(价值尺度、价格标准或本位、价格单位、国际货币),从属职能(流通手段、支付手段、价值贮藏、价值转移)和特殊职能(货币资本化、苏联计划经济的计算单位、调整手段及分配手段)。

四、银行券、存款通货和纸币。作者对三者作了分别的论述。他按照马克思的纸币概念,把纸币仅限于政府或政府委托银行发行的不兑现纸币,发行目的为弥补财政短缺。纸币的价值是代表金属货币的价值,纸币是金属货币的象征。通货膨胀是"货币(特别是纸币)流通数量超过商品总价格所需要的货币数量,纸币价值远低于其所代表的金价值"。在讨论到中国的法币时,他指出不能称法币为"纸本位",因为法币的价值基础并不是纸的价值。他认为法币的法律根据仍未脱离银本位的属性,故称"法币制度为管理银本位制,似乎比较旁的名称要妥当些"。

五、货币价值论。黄宪章将货币价值学说分为七类:(一)金属生产费用说,亦称"币材价值说"。以配第、李嘉图、约翰·穆勒等为代表。(二)货币商品的劳动价值说,即马克思主义的价值论。(三)职能价值说。以亚当·斯密、约翰·穆勒等为代表。斯密是劳动价值论者,但其货币价值论侧重于货币的交换能力,故归入此类。(四)主观价值评价说,即限界效用说。为奥地利学派所首创。(五)心理预测说。以阿夫达利昂为代表。(六)法定价值说,即国定货币说。以克纳普、本迪克逊等为代表。(七)货币数量说。这一说内容最多,有孟德斯鸠、休谟、约翰·穆勒的"绝对数量说",季特、卡塞尔的"相对数量说",费雪的"交换方程式",马歇尔、皮古、凯恩斯的"现金余额说",霍屈莱的"消费支出说"及凯恩斯的"所得说"。黄宪章主张劳动价值说,对其他各说进行了批评。对于心理预测说,他指出第一次世界大战后"德法外汇及物价之忽涨忽落,终至节节提高者,实由于其纸币之金价格的低落,而心理的因素,只是推波助澜的副手罢了"。对于法定价值说,他指出法律"只能规定(货币的)价格标准,不能决定货币的价值"。对于货币数量说,他指出:"一切的货币数量说,均不承认货币具有内在的现实的价值,所以拿货币的购买力为中心问题而讨论。"

马克思主义的货币学说在20世纪20年代传入中国,30年代苏联学者的货币学专著也在中国翻译出版。中国马克思主义学者写的经济学著作中包含有货币理论,李达在30年代著有《货币学概论》,当时未出版。1949年出版的马克思主义货币学专著以黄宪章的《货币学总论》最为详尽。

(叶世昌)

中国国民所得(1933) 巫宝三等

《中国国民所得(1933)》,上、下册。巫宝三主编,汪馥荪等参编。1947年由中华书局出版。

巫宝三(1905—1999),江苏句容人。1932年毕业于清华大学。同年入南开大学经济学院任教,后入社会调查所从事研究工作。1934年起在中央研究院社会科学研究所工作。1936年留学美国,次年获哈佛大学硕士学位。又留学德国柏林大学。1947年再次赴美进修,获哈佛大学博士学位。曾任中央研究院社会科学研究所助理研究员、副研究员、研究员。建国后,任中国社会科学院经济研究所研究员、副所长、代理所长,北京大学兼职教授,中国经济思想史学会副会长、名誉会长,中华外国经济学说研究会副会长等职。著作还有《农业与经济变动》、《国民所得概论》、《中国近代经济思想与经济政策资料选辑(1840—1864)》(主编)、《中国经济思想史资料选辑》(主编)、《管子经济思想研究》、《巫宝三集》等。

巫宝三从20世纪30年代末开始注重中国国民所得的研究,认为这不仅是研究中国经济及社会问题的基本材料,而且可以与其他国家进行同类比较。自1942年起,他全力从事此项研究。经过对当时各国已有的各种统计资料的整体考察,完成了《中国国民所得估计方法论稿》、《国民所得概论》、《国民所得与国际收支》(英文)等一批阶段性研究成果。在全面展开研究之际,汪馥荪(敬虞)、章季闳(有义)、马黎元参加工作。一年之后,又有南钟万、贝友林参加。经过三年努力,全部工作始告完成。本书限于资料,详细统计以1933年为限。但作者还用其他年份的有关数字加以引申,估计1931年至1936年各年的国民所得,以观察其发展趋势。

本书分为四部十五章。上册分《总论》、《各业所得估计》、《消费与投资估计》三部。下册为第四部,说明上册估计方法和附录资料。《总论》分《概念与方法》、《估计结果的分析》两章。《各业所得估计》分《农业》、《矿冶业》、《制造业》、《营造业》、《运输交通业》、《商业》、《金融业》、《住宅》、《自由职业》、《公共行政》、《国际收支》十一章。《消费与投资估计》分《消费》、《投资》两章。附录共有七部分:附录一为农业,附录二为矿业,附录三为工业,附录四为运输业,附录五为商业,附录六为金融业,附录七为行政。巫宝三与马黎元合写第二部之《农业》及附录一,汪馥荪撰写第二部之《制造业》及附录三,章季闳撰写第二部之《运输交通业》《商业》《公共行政》及附录四、五、七,南钟万、贝友林合撰第三部之《消费》,其余均由巫宝三撰写。

一、在《总论》第一章中,作者阐明了九个基本的理论概念问题。他们认为:(一) 国民所得是一个国家或一个社会生产的所得的总数,所以有时也称社会所得。一个社会里面各个人所得的总和并不等于某一社会的所得,因为里面有转移性质的所得在内。(二) 国民所得不是一个社会各个生产组织的总所得,而是一个社会各个生产组织的净所得,或是一个社会各个生产组织的净产值。(三) 国民所得同时包括物质的生产和非物质的生产。(四) 国民所得的真正意义在表示一个社会货物与劳务生产的数量。在货币价值有变动不能表示货物与劳务生产增减的情形的时候,就要用种种方法如物价指数减除货币价值变动的因素,以求出货物与劳务生产的情形。(五) 自产自用的货物以经过货币交换的同类货物价值计算,自建自住的房屋劳务以相类的出租房屋的租金计算,其余不能计算的劳务都不包括在国民所得以内。(六) 国民所得等于消费加投资。(七) 由于一个国家的生产统计、所得统计等常将外国住民的生产或所得等与本国人民的一样看待并统计,所以计算国民所得,应采取住民原则(即不分国籍而以所有住民为统计对象),以求出一个疆域以内的全部产值。(八) 由国内所有各生产原素的所得求出的国民所得,是表示一个国家里面住民所生产的全部所得。在这个全部所得中如果加上从国外收进的所得,并减去从国内付出的所得,就成为一个国家所能支配的所得。(九) 关于国民所得是按消费价格还是按生产价格计算,实际上涉及征收间接税的问题,作者认为两种计算方法各有利弊。

二、关于本书的研究方法,作者采用增加价值法对 1933 年生产所得及所能支配的所得进行估计,并用消费投资法估计同年的消费总值。其具体步骤是将全国所有的生产组织分为十大类(如第二部目录所列),通过分类研究,从中得出:国民所得的来源,或从农业而来,或从制造业而来等等,及各业所得所占全部所得的成数;国民所得的分配,或为劳动所得,或为财产所得;国民所得的用途,或用于消费,或用于投资。对各种疑难项目(如劳务、转移所得、资产增减、生产者自己消费、非法所得、存货计算、间接税、国际收支等),作者都确定了具体的处理方法。

三、在《总论》第二章中,作者得出了如下的结论:(一) 从 1933 年的全国生产所得可知,当时中国经济的结构是一种原始式的生产与交换,活动的主角是地主与商人,新式制造家屈指可数。中国工业未发达,国民生产能力薄弱,从事劳动者多而所得并不按比例增加。中国农业所得中地租约占 45%,而其中半数以上却为占农户人口 10% 的地主及富农所有。(二) 从 1933 年的全国所能支配的所得可知,当时由于在经济凋敝时期,产业界大多亏蚀,不但无力扩充投资,并且原有的投资亦多不能维持原状,其结果唯有挪用作为再投资的资金以应付工资薪金利息等支出,造成负投资情形。消费中的各项分配以食品为最高,占总数46.8%,房屋最少,为7%,衣着则为10.1%,亦可见我国国民生活程度之低。(三)通过对1931年至1936年各年国民所得变动的分析可知,全国生产的所得自1931年以后逐年减少,至1935年始稍有恢复,1936年达于最高峰。作者并进而指出:我国要筹集大量建设资金除输入外国投资外,只有下列三途,一是用征税方法压低人民生活水准,二是向城乡大地主及富商大贾实行高度征借办法,使私人投资变为政府投资,并借以限制其消费,三是改变社会制度使私人权益变为政府权益。"第一种办法不应该实行,因为人民的生活水准已经低至饥寒线,第三种办法不容易实行,因为牵涉整个社会制度,第二种办法实行的结果如不能减低其消费,只有变私人投资为政府投资,并不能增加投资。所以我国的经济建设,主要仍须恃诸国外投资。"

本书从第二部起通过大量的数据图表对上述分析结果进行了论证,资料翔实,范围广泛,统计精确,令人信服。

本书出版后立即受到国际上的高度重视。联合国1948年出版的《各国1938—1947年国民所得的统计》中的中国部分介绍了此书及作者的有关论文,引用了此书的统计资料,包括书中的1931年至1936年国民所得以及各产业部门的统计数字。作为国内第一部研究国民所得的专著,本书对经济史学工作者和实际经济决策者都具有较高的学术参考价值。

(锺祥财)

欧美经济学史 赵廼抟

《欧美经济学史》,一册。赵廼抟著。成于1948年。先在北平的正中书局印刷厂排字并打出纸型,然后运往上海正中书局于同年出版。因上海行将解放,正中书局将纸型和印好的书运往台湾。故此书在大陆很少流传,而在台湾和国外却流传很广。1976年台北正中书局出版了本书的第七版。日本也翻译本书并印行了七版。后编入《民国丛书》第一编。

赵廼抟(1897—1986),号廉澄。浙江杭州人。1915年考入北京大学预科,1918年升入北京大学本科法科经济门,1922年毕业。次年赴美留学,为纽约哥伦比亚大学政治科学院研究生。1924年、1929年先后获硕士、博士学位。博士论文《理查德·琼斯:一位早期英国的制度经济学家》于1930年在纽约出版。同年回国,任中央政治学院教授。1931年任北京大学经济系教授兼系主任,1938年在西南联大任教授。后长期任北京大学经济系教授。著作还有《披沙录》。《中国现代社会科学传略》第一辑、《中国当代社会科学家》第二辑等书有传。

《欧美经济学史》是赵廼抟在将近二十年研究和讲授经济思想史的基础上进一步整理而成的。全书分为六编三十三章,另有《绪论》和附录。对欧美经济思想家和流派包罗较为完备,其中至少对七十六位经济学家的生平与经济学说作了专门的考证和论述。各编大意如下。

第一编《重商主义与重农主义》。作者认为重商主义的贡献在于帮助英、法、德树立起他们的国家地位,并且促进了17及18世纪欧洲经济的发展。对于货币经济的进展予以一种新的力量,促成其发达;随之,也促成交易与信用制度的发达。在理论上注意财政问题,尤其对于赋税的改良有相当贡献。尊视劳动为财富之父,启示劳工可贵之意。承认资本的利息为合理的收入,对于经济现象也有较明确的认识。其缺陷在于对财富缺乏明确的概念,将财富与货币混为一物;只求货币数量之多,而不知货币的社会效用在使其流通。对于商业的价值估价太高,对于其他产业之相对重要性又看得太低。不能认清从长期观察,国际贸易的顺差未必有利;在国际贸易上主张甲国之利益为乙国之损失的错误观念,看不到贸易是双方均有利的事业;过于重视国际贸易,而忽视国内贸易;太置重于商业上的冲突引起国际战争。

关于重农学派的贡献,认为重农主义关于一切社会现象皆受自然法则之支配的思想,将经济学置于科学的基础上。重农主义提示,对于个人最利益的,也是对于一国最有利的,个人与社会是和谐的。重农主义以为自由竞争可以启发个人的创造能力,可以提高生产效率,使消费可以享受低廉的物品。还指出了真实资本的职能与货币资本职能的区别。重农学派所提倡的纯生产物即剩余之观念,对于后世经济学家及社会主义者影响颇大,李嘉图的差额地租,马克思的剩余价值皆渊源于此。重农学派的严重缺陷是对生产缺乏正确的观念,只着眼于物质的生产,而不知效用的创造亦属生产行为。主张工商业的绝对自由,不仅在学理上为不可能,在实行上亦属无益。重农主义的最大错误,即以特殊阶级的利益视为与公共团体的福利相一致,认为个人的自私自利与社会公正常相一致。

第二编《英国经济思想》。着重分析、研究了斯密、马尔萨斯、李嘉图、马歇尔等人的学说。认为斯密经济理论的中心思想是:根据自然法则,推求自然的权利与自由,从而提倡个人主义的自由经济,反对国家干涉经济;深信个人的自利能与社会的利益相调和,主张自私心的启发乃社会组织的基础;承认劳动为财富的源泉,分工制度及促进生产、增加国富的唯一途径。认为马尔萨斯人口论的贡献在于:唤醒父母的责任心,告诫对婚姻切勿草率;其著作为第一部有系统的人口论,古典派的经济理论皆以此为基础;主张社会改良各种问题的讨论应以人口为出发点,提高人们对人口问题的关心程度。其缺陷在于:人口论中所揭示的几何比率与算术比率殊不可靠;所谓报酬的法则,颇富有弹性;所谓生存所需之食物实在是一种相对的东西;对于将来农业科学的进步与交通的便利,由此可以增加粮食的供给量,未曾予以深切的考虑。

第三编《美国经济思想》。认为严格地说,在经济学史上并无美国学派之可言。在19世纪以前,美国的经济思想大都从英国播迁而来,未能脱离传统的观念。但是由于美国为新兴的国家,有其特殊的素养,故也有其卓越的见解。美国经济学家的观点大都富有乐观的色彩,其表现为:不承认报酬递减法则的真实性,反对马尔萨斯的人口学说。美国经济学家对于普通平等的工资率或利息率均予以否认而一致接受分配理论上的边际生产力说。美国新大陆因处于比较孤立的地位,遂形成一种极强的保护主义。新大陆的奠定和建设,其功绩皆出于富有理想的志士,故个人主义极为勃兴。美国初期的经济学家大多见解狭隘,理论武断。自1885年以后,经济思想的发展进入现代思潮时期,努力于新学说的创造,形成边际效用学派、心理学派、制度经济学派、价格经济学派、数理经济学派等重要的流派。

第四编《德国经济思想》。德国经济思想与英、美的经济思想绝对不同。不仅人民的风俗习惯、传统信仰互相悬殊,即社会经济组织与政治法律体系亦大异其趣。个人主义的自由经济极难在集权主义的园地萌芽而滋长,取而代之乃全体主义的统制经济。重要的学派有国家主义学派、历史学派,社会主义学派等。国家主义学派攻击个人主义与国际主义的经济体系以及自由贸易学说,而主张一种经济政策,用以培植一国的生产能力,对于个人财富并不予以密切的注意。国家主义学派还坚持在政治经济的科学范畴内,国家民族的福利高于一切,主张经济现象的正确解释应从国家的眼光来观察。国家主义学派中的保护主义主张关税政策要为促进本国产业发达服务。李斯特的学说即是其代表。德国的历史学派明白指出极端的个人主义与不干涉主义的错误,注重时间与空间的相对性,撰述了许多关于经济史的有价值的著作。但是,历史学派所采取的方法本身有弱点,即摒弃其他方法,仅采用一种历史方法。

第五编《奥国经济思想》。奥国经济思想的代表是边际主义。边际主义的经济学家采取消费、欲望、情感种种观点探讨价值与分配问题。边际主义的创造人欲使经济学成为真正的正确的科学,他们对于数理及逻辑均有相当的训练。边际主义学派所依据的经济哲学,十足表示个人主义的色彩,尤其是功利主义中的所谓享乐主义更为浓厚。他们假定伦理上之善与经济上之物品皆从痛苦与快乐的均衡中得来,大多人民均感快乐多而痛苦少,人类的幸福才达到至高的境界。边际主义学者有两个观点:一己的利益至高至上,用最少的牺牲得到最大的效用是人类行为的目标;人类欲望的最大目的在追求快乐。奥国学派的经济学家皆为个人主义者,他们在任何方面均反对社会主义。边际主义所采用的方法是抽象而演绎的。一方面采用主观的研究,一方面欲将经济学作成一种精确而可计算的科学,结果造成两者难以调和。

第六编《法国经济思想》。举其重要者而言,约可分为四支流派,即正统学派、空想社会主义、和谐乐观派和连带责任主义。正统学派的代表人物萨伊继承了亚当·斯密的理论,但更进一步。如关于不干涉主义,萨伊主张缩减政府的职能范围至最小限度。法国社会主义的主张颇不一致。有的主张一切经济活动应由开明的全权政府统治之。有的主张自动的合作与完全的自由为社会组织的基本信念。他们对于社会改良的办法虽不相同,但都一致主张经济的机会必须平等。和谐经济思想系建筑在一种信仰之上,认为经济机构所流行之弊病实由于自由之未能实现。欲挽救此种流弊,当予人民以更大更充实的自由。劳工的自由可以保障劳动不被剥夺,工资不致减少。自由的贷款可以使高利贷不产生。商业的自由可以使物品精良而廉价。自由竞争能使生产人与消费人同受其益。

《欧美经济学史》对西方各流派及各经济学家经济思想的介绍和评价都比较准确和公正。书中的资料翔实可靠,至今仍对学习和研究外国经济思想史具有重要的参考价值。

(张祖国)

农业与工业化 张培刚

《农业与工业化》,一册。张培刚著。成于1945年冬。原为英文本,题名 *Agriculture and Industrialization*,1949年作为"哈佛经济丛书"第八十五卷,由哈佛大学出版社出版。1951年被译成西班牙文在墨西哥出版。1969年美国再版英文本。1947年至1948年,武汉大学经济系研究生曾启贤、万典武将本书译成中文稿。1982年冬至1983年秋,张培刚以曾、万的译稿为基础,在保持原貌的前提下作了修订,更名为《农业国工业化问题》,作为《农业与工业化》的上卷,1984年由华中工学院出版社出版。

张培刚(1913—2011),湖北黄安(今红安)人。1934年毕业于武汉大学经济系,入中央研究院社会科学研究所从事农业经济的调查和研究工作。1941年留学美国,在哈佛大学研究生院学习工商管理、经济理论、经济史和农业经济。《农业与工业化》即其博士论文。1945年获博士学位。次年回国后,曾任武汉大学经济系主任,华中工学院社科部主任、经济研究所所长。1948年至1949年任联合国亚洲及远东经济委员会顾问和研究员。后任华中理工大学教授、经济管理学院名誉院长、经济发展研究中心主任,中华外国经济学说研究会名誉会长等职。著作还有《微观、宏观经济学的产生和发展》、《熊彼特经济理论》、《当代西方经济思潮》、《经济论文选集》、《新发展经济学》(主编)等。

《农业与工业化》一书很早即已酝酿。张培刚在中央研究院社会科学研究所时,便已经常考虑经济落后的以农业为主的中国如何走上工业化的道路。进入哈佛大学以后,大量阅读了英、法、德、美、日、苏等国实行工业化的书刊,进一步认识到农业国家的工业化是一个带世界性的问题。当时第二次世界大战即将结束,张培刚感到战后的中国迟早必将面临如何实现工业化这一复杂而迫切的历史任务。因此,以中国工业化为中心目标,从世界范围内来探讨农业国家或发展中国家在工业化过程中将要遇到的种种问题,特别是农业与工业的相互依存关系及其调整和变动的问题,将具有十分重要的意义。为此,他试图从历史上和理论上比较系统地对农业国工业化问题作一探讨,完成了这一著作。本书分《基本概念和分析方法述评》、《农业与工业的相互依存关系》、《工业化的理论》、《工业化对于农业生产的影响》、《工业化对于农场劳动的影响》、《农业国的工业化》六章。主要论点概括如下。

一、关于工业化的定义。工业化是经济转变的一种最显著的现象。根据不同的原则和标准,工业化的特征可以用各种方式来说明。若着重技术因素,工业化可以定义为一系列机要生产函数发生变动的过程。若着重资本因素,则工业化也可定义为生产结构中资本广化和深化的过程。若着重劳动因素,工业化更可定义为每人劳动生产率迅猛提高的过程。所有这些特征合起来指明一件事,即经济飞跃进步和以较小的人类劳动获得更大更多的物质利益这一鹄的的实现。

总之,工业化的概念是很广泛的,包括农业及工业两方面生产的现代化和机械化。在工业化的过程中,一系列机要生产函数的变动,对于农业生产及工业生产两方面都有普遍的影响,但制造工业方面的反应和变动比农业更具有代表性。这主要是因为制造工业比农业更容易产生并扩充新的产品,从而产生并扩充新的生产行业。而且,当国民收入上升到较高水平时,对工业品的需要迅速增加而对农产品的需要却只能以渐减率增加。更有甚者,在达到了合理的生活水准以后,对农产品的需要甚至将逐渐减少。由于这些差异,农业在工业化的过程中的变动会被工业的变动所掩盖。同样理由,在解释和分析工业化过程时,通常都忽略了或过分轻视农业的变动和作用。这种错误观念和误解应予以澄清。

二、关于工业发展与农业改革的关系问题。在一个人口稠密的农业地区或国家,工业发展对于农业改革是必要条件还是充分条件?或者相反,农业改革对于工业发展是必要条件还是充分条件?作者认为,如果农业的改革及改良是表示农业的机械化和农场经营的大规模组织,则工业的发展只能说是农业的改良及改革的必要条件,但不是充分条件。因为农场机器、化学肥料以及其他为现代耕种所必需的设备和工具,都必须由现代工业来提供。而且只有当人民的收入由于工商业的发展而获得相当大的增加之后,才可以提高对农产品的需要并刺激农业的改良。但是,若要农业的改革及改良能有效地实现,还必须同时甚至事先就具备其他的条件。最重要的是运输的改良和农场的合并,还有土地重新分配的法律规章。

三、关于农业与工业的平衡问题。在一个国家内,农业与工业之间能否维持一种平衡?理论上,若已知技术状况,则在农业与工业之间应有一个调整的适度点。这个适度点可以称为"平衡"或"接近平衡点"。但是要注意,实际上这种适度点是从来不可能达到的,因此农业与工业之间的平衡也是不可能真正达到的。而且,就农业、工业两种生产部门加以比较,农业的扩张有限,而工业的扩张则几乎无穷。总的来说,农业的扩张多少可以估计出来。工业中有新产品产生,它们的扩张变动不定,无法预知。在一个实际是变动不已的世界里,农业与工业两者中有一项几乎完全是未知数,所以两者之间的任何平衡都是不可想象的。

农业与工业之间的平衡,或者可以用除了所完成的功能以外的单位来表示。可以用国民产品或国民收入作为单位,也可以用工作人口作为单位,来加以测量。但无论什么测量尺度,统计资料表明了在经济进化的扩张过程中,农业在整个经济中的相对重要性是下降了。这并不是说农业本身有了绝对意义的衰落。相反的,就整个世界经济而论,自从工业化初次引入以后,农业生产就有了迅速的扩张,只不过农业的扩张速度比工业小些罢了。因此,即使在高度工业化的国家,从事农业的工作人口的绝对数目和农业生产的绝对数量都是可以不下降的,有的农业生产数量还在不断地上升。

四、关于农业国与工业国的经济关系问题。当农业国开始实行工业化时,以农为主的国家和以工为主的国家之间能否维持协调和互利的关系?农业国的工业化将给予已经高度工业化了的国家以何种影响?对此,可以从两个方面进行分析和解答。

首先,除掉政治上的考虑暂时不计外,在农业国与工业国所完成的经济活动之间的相互依存关系,其深切程度并不下于同一国家内农业与工业之间经济活动的相互依存关系。因为从气候及资源所显示出来的自然因素的差别,以及由劳动技术所表明出来的文化背景的不同,在国与国之间是大于在同一国之内的。因此,根据国际水平的生产分工,似乎比根据一国规模的分工范围要大一些,程度要高一些。

其次,农业国的工业化可以认为是经济发展的不可避免的结果。其长期的影响,对于正在进行着工业化的国家和已经高度工业化了的国家两方面,都将证明是有利的。因为农业国的工业化将提高新近进行工业化各国的生产力和收入水平,这又将提高这些国家"边际输入倾向"而有利于老的工业国家。但是,要得到这些利益必须付出一定的代价。农业国的工业化对于老工业国家的某些行业,无疑地将有竞争的影响,这将迫使老工业国采取某种方法调整生产以应付变动了的形势。老工业国从农业国的工业化中究竟能得到多大利益,大部分取决于它们进行这种调整的能力和方式。

五、关于中国工业化问题的几点讨论。中国在工业化过程中,最可能遇到的是哪些特别迫切的问题?第一,工业化的激发力量必须从农业以外的来源中去寻找。在未来经济大转变的过程中,农业只能扮演一个重要但比较被动的角色。而要使工业化得以开始和实现,还须另找推动力量,特别是在社会制度方面。第二,工业的发展对于农业的改良和改革尽管不是一个充分的条件,却是一个必要的条件。所以那种认为农业可以不依赖工业而单独发展,是由于没有认清这一战略要点。第三,对于农业的改革和改良,除了从工业的发展得到激发和支持外,最重要的是以土地改革的强烈政策为前提条件的农场合并。第四,中国的工业化在某些生产行业方面,无疑地对老的工业国将会有一些竞争的影响。但是这要经过很长的时期才会被老的工业国所感觉到。而且,这种影响有一部分将被中国人民购买力的提高所冲销。如果老的工业国相应地立即努力调整其生产,则中国及其他农业国的工业化将会引导国际分工达到一个新的途径和水平。这在长时期里对于农业国和工业国双方都将是有利的。

《农业与工业化》曾获哈佛大学1946—1947年度最佳论文奖和大卫·威尔士奖金,在国际上有一定的影响。本书被国际学术界誉为发展经济学的开山之作而广泛引用。

(张祖国)

广义经济学 许涤新

《广义经济学》，二卷。许涤新著。1949年由香港三联书店出版。1950年由北京三联书店再版。1984年人民出版社出版修订版。

许涤新(1906—1988)，广东揭阳人。1925年加入中国共产主义青年团，次年考入中山大学文科预科班。1927年因共产党嫌疑被中山大学开除。1928年考入厦门大学，攻读经济学，1929年转入上海劳动大学。1933年加入中国共产党，任中国社会科学家联盟中共党团书记。1934年任党的文化工作委员会委员，并任左翼文化总同盟组织部长，主编由社联领导的《社会现象》周刊。1938年参加创办党刊《群众周刊》和党报《新华日报》，并任《群众周刊》主编兼《新华日报》社论委员会委员。1946年到香港，曾参加创办《香港经济导报》。建国后，历任华东财委副主任，中共上海市委统战部长，上海市财委副主任、工商局长、人民政府秘书长，中共中央统战部副部长，国务院第八办公室副主任，中央工商行政管理局党组书记、局长，全国工商联副主任，中国社会科学院副院长兼经济研究所所长等职。著作还有《中国经济的道路》、《现代中国经济教程》、《官僚资本论》、《新民主主义的经济政策》、《中国过渡时期国民经济的分析》、《论我国社会主义经济》、《论社会主义的生产、流通与分配》、《中国国民经济的变革》、《中国社会主义经济发展中的问题》、《生态经济学探索》等。

1938年以后，许涤新在新华日报社工作时，经常读到青年读者的来信，询问关于学习政治经济学的问题。他了解到，许多读者读了一些政治经济学书籍以后，普遍感到不能解决他们实际接触到的问题，因此"打算写一本把马列主义的普遍真理与中国具体情况结合的政治经济学读本"(本书序言)。1946年秋冬之交，时局恶化，许涤新随中共代表团撤离重庆。在香港期间，他开始抽空执笔撰写《广义政治经济学》。两年时间完成五十万字的巨著，分成两卷出版。第一卷，从原始公社到封建经济；第二卷，资本主义经济与殖民地经济。原计划还有一卷社会主义经济，包括新民主主义经济，当时未完成。1982年以后补充了社会主义部分的内容。

《广义政治经济学》是一部以历史原则和马克思主义中国化的原则为指导的政治经济学著作,力图阐明人类社会各个不同阶级的生产关系及其相互联系。特别是为了使中国的青年能够更易于把马克思主义的真理与中国的实际结合,书中用较多的篇幅阐述了封建经济和半殖民地半封建经济的生产关系。第一卷分《导论》、《原始共产社会》、《奴隶制度》、《封建制度》、《商品与货币》五章;第二卷分《资本主义经济》、《帝国主义与资本主义总危机》、《殖民地经济》三章。各章的主要内容如下。

《导论》着重分析了为什么要研究政治经济学,生产力和生产关系,政治经济学的对象,政治经济学是历史的科学,政治经济学的方法,关于政治经济学的中国化等问题。作者认为只有在广义政治经济学中才能求得政治经济学的中国化,因为中国经济包含的生产关系不但有资本主义的,而且有封建的;不但有封建的,而且有新民主主义的。至于中国资本主义经济,又和先进国不一样,而是带有半殖民地性质。在这种情形下,如果单纯致力于狭义政治经济学即资本主义经济的研究,充其量只能了解中国经济的一面。

《原始共产社会》阐述了原始社会生产技术,原始公社制度,原始公社的矛盾及其崩溃,原始公社制度的残余四个问题。其中比较重要的有劳动创造人类,蒙昧时代和野蛮时代的特征,从原始群到氏族制度的转变,原始家族形式与经济制度,原始公社的共产制度,私有财产的发生和剥削的产生,母权制的废止和父权制的兴起,家族对氏族的替代等。

《奴隶制度》内容包括奴隶制的产生,奴隶制的生产关系,奴隶社会中的商业和高利贷资本,奴隶制度的矛盾及其崩溃,奴隶制度残余等。对于奴隶制度的产生,作者认为这种制度虽然残酷,但比较原始共产主义经济,在劳动生产力上推进了一步,因此是一种历史的进步。对于奴隶制度的矛盾及其崩溃,分别从生产者与生产工具的对立,生产规模的被限制,战争的摧残,奴隶的武装起义几个角度作了分析。

《封建制度》的论述尤为详尽,共包括十一个方面的问题,分别是封建制度的起源,封建经济的特征,庄园制度,封建的生产方法与地租,分益农制与自耕农的小土地所有制,城市与农村,手工业与行会制度,商人资本,高利贷资本,剩余劳动生产物的分割与封建经济的一般法则,资本主义的发生与封建制度的崩溃。在这一部分中,作者对中国封建社会长期停滞的原因作了分析:封建领主和地主阶级对于农奴和农民的残酷榨取,破坏了农民的简单再生产,使农民扩大生产规模成为不可能;小农业和家庭手工业紧密结合的经济结构阻碍了商品经济的发展;实物地租作为一种普遍的剥削形态,使社会处于静止状态;土地的自由买卖阻碍了货币的资本化。

《商品与货币》主要阐述马克思《资本论》中关于商品生产和货币起源问题的理论。内容主要有商品生产的含义,商品的二因素,劳动的二重性,价值形态的发展,价值法则,货币的产生和机能等。

《资本主义经济》主要阐述了《资本论》中有关资本主义生产关系的一些基本原理,如资本的原始积累,资本主义发展的三个阶段,资本与剩余价值,资本主义的工资,资本积累与无产阶级贫困化,剩余价值的分割,资本主义再生产与经济危机。其中结合中国实际分析了中国的资本原始积累,指出来源于官僚资本、买办资本、商人和高利贷资本、华侨资本四个方面。

《帝国主义与资本主义总危机》介绍了列宁《帝国主义论》和斯大林关于资本主义总危机的理论。如帝国主义的五大经济特征,帝国主义的寄生性和腐朽性,资本主义发展的不平衡性和一国社会主义的胜利,超帝国主义论批判,资本主义总危机的起源和内容等。

《殖民地经济》为全书的重点。作者认为殖民地经济伴随资本主义发展相应经历三个时期,即原始积累时期、自由竞争时期和帝国主义时期。殖民地经济一般具有帝国主义与前资本主义剥削相结合,经济畸形发展,对宗主国的严重依赖性和附属性,民族资本经济的脆弱性等特征。帝国主义国家依靠不平等条约,在和殖民地国家的贸易中,通过压低原料价格、抬高工业品价格的不平等交换,获取高额利润。殖民地经济在发展过程中呈现出经济发展不平衡(如相对于宗主国来说殖民地经济极端落后,相对于农业来说工业极端落后,相对于轻工业来说重工业极端落后),宗主国财政束缚的强化和殖民地人民生活赤贫化的一般趋势。上述殖民地经济的特点和一般趋势在鸦片战争后的中国社会经济中同样广泛地存在着。

《广义政治经济学》依据马克思主义与中国实际相结合的原则,以中国的历史事实为主要根据,并从中国经济和其他各国经济的对比中,按照历史发展顺序,阐述了各个社会形态的生产关系,是政治经济学中国化的一次创造性的尝试,对于建国初期的经济理论建设具有深刻的影响。

(张祖国)

民国编

科技类

变星研究法 张 云

《变星研究法》,一册。张云撰。1926年由中山大学出版部出版。

张云(1897—1958),字子春。广东开平人。1920年毕业于武汉高等师范学校,旋即被选派至法国里昂大学留学,获天文学博士学位。1928年回国,任中山大学教授、数学天文系主任、校教务长、校长等职。1929年创建国内第一座大学天文台——中山大学天文台,任台长与广州气象台台长。主要从事关于食变星、物理变星的测光、造父变星的统计与脉动理论等研究,1947年在美国哈佛大学讲学期间曾发现一颗新变星(FW Mon,即麒麟座FW星)。主要著作另有 *Monographie Preliminine des Cepheides*、《普通天文学》、《高等天文学》等。生平事迹见陈遵妫《中国天文学史》。

《变星研究法》是张云在法国里昂大学留学期间所著的我国第一部关于变星观测与研究方法的专著。书首有"自序",叙变星研究在近代天文学中之重要地位、发展历史及撰写动机。正文分为十三章。

第一章《绪论》,叙变星的含义、本书的宗旨。指明本书所述,"乃专指光度有变诸星"。而撰作本书的目的,是"欲将现时所有普通观测变星方法,如何而研究光变规则、光变周期,及一切光变要素说明。再由此等研究结果,或为归纳、或为演绎的推究,以求其光变原因所在"。

第二章《变星发现史略》,叙自公元前134年古希腊卢地士著名天文学家叶伯(Hipargue)发现暂现星(又名新星)起,各重要变星之发现史,至今已有几千。我国最早为1572年11月11日发现的帝颉白拉希(Tycho-Brahe)新星。

第三章《变星分类》,介绍当时公认的前夏娃天文台台长辟克录教授的分类法。其将一切变星分为五类:暂现星或新星,无规则或尚未考定变星,长期变星,短期变星,蚀变星。最后将穆拉与嘎威变星表之1 687颗变星分类统计,并作出进化阶段示图。

第四章《观测目的》,先叙变星观测在物理方面有光带线、发射光的测定,在几何方面有位置、距变、直径的测定,在力学方面有自行、轨道的测定,在现象方面有光度、颜色测定,其他还有统计、摄影等。再阐明"观测为探求现象真相唯一方法。观测逾多,所得结果逾与真相相近","数千年来,天文学中一切家当皆为观测结果产物,将来宇宙构成问题大解决,亦全赖此勤劬不断观测"。

第五章《变星图》,叙观测时除相当仪器外最要者为简略恒星图及变星小图,接叙变星图之绘制方法,列举出 S CEPHEL 变星图三幅(A、B、C)。

第六章《观测种类及设备》,叙直接眼视法(又分"肉眼比较法"与"量光器比较法")与间接相片测量法(又分"单像摄影"与"复像摄影")两种观测法时所需设备。

第七章《亚基浪德观测法》,叙此乃变星观测最便利、最普通的方法,并叙要点二则。

第八章《观测结果之整理》,叙整理步骤有三:光的阶度、观测的相对光辉、变星光等,方法有二:图解法、平均法。

第九章《儒历日及日之分数表》,叙天象观测用民政时与万国时皆不便,当用儒历日(因其只累计天数)。下列《儒历日表》、《日之百分数表》(时下分、秒以百分、千分,以求便利)。

第十章《光变图表法》,叙如何将观测结果画成曲线(名"光之曲线")以表明光变规则,具体有:光的单曲线、光的平均曲线,并列出各类变星(新星、无规则变星、长期变星、短期变星、蚀变星)的曲线实例。

第十一章《变星要素》,叙变星要素有四:周期之长,极大光或极小光所在时日,极大光或极小光相距时日,极大光或极小光之光等,其中以第二项最困难、最重要。极大光与极小光之测定,今多采用博宋(Pogson)方法。

第十二章《变星理论》,叙对变星光变特性与现象的解释理论有不同,而光变规则为基础,再助以光术所得物理、化学、力学等性质证明。并且集公认的结果和分类(新星、无规则变星、长期变星、短期变星、蚀变星)略加说明。

第十三章《变星表》,嘎威与穆拉《变星文史集》(1915年版)中所说的普通变星1 687颗、新星32颗,至1920年增普通变星320颗、新星15颗,至1925年已共达2 910颗。本书选取性质大致明了者,可疑或星团中弱变星不取,并已在第二次万国天文学会(1925年剑桥大学)上提出,以要求研究、解决。表列二组,第一组为急需解答者,数量较少;第二组为稍缓需解答者,数量较多。二组所需研究、解答问题皆以问号(?)标明。每表列项为:辟克敏号数、名称、光等(分极大、极小)、光带、周期、注意。末列《恒星图》,依 Bourges 天文台 Abbe TH. Moreux 天图而作(仅改法文为英文),中为北极星,南及三十度纬,适用于我国长江以北。

作者因对变星研究极有造诣,故所作是书既介绍了当时变星观测与研究的最新方法与成果,又深入浅出、通俗易懂,是我国近代唯一的一部变星专著。

(王贻梁)

星象统笺 高 鲁

《星象统笺》，一册。高鲁撰。1933年由天文研究所出版。

高鲁(1877—1947)，字曙青，号叔钦。福建长乐人。早年毕业于福建马江船政学堂。1905年为清廷选派留学比利时布鲁塞尔大学，获工科博士学位。1909年，在法国巴黎追随孙中山参加同盟会。1911年辛亥革命爆发，次年随孙中山回国，曾任南京临时政府秘书兼内务部疆理司司长、中央观象台台长、中国驻法公使、闽浙监察使等职，并曾在北京女子高等师范学校、北京大学执教。著作另有《图解天文学》、《日晷通论》、《相对论原理》、《中央观象台过去与未来》等。生平事迹见陈遵妫《中国天文学史》。

《星象统笺》为高鲁研究古代恒星观测史的专著。前有蔡元培"序"，又有自撰"引言"与"凡例"。由"引言"可知本书乃历十余年而成。由"凡例"可知本书以三垣二十八宿为纲领，旁及南极星座与天汉星象；所录星象等不以一志所载为限；对爻象、分野、神仙、感遇、道释、占验之属一概不录；书中选星实测用数表所载各项目，皆以1900年1月0日0时为起点，而各垣各宿之星数及距极度之根据，用《清会典》所载。

全书共三十五篇。首篇《三垣四象二十八宿天》，总述中国古代恒星的三十一个分区。第二篇至第二十九篇则对二十八宿之角、亢、氐、房、心、尾、箕、斗、牛、女、虚、危、室、壁、奎、娄、胃、昂、毕、觜、参、井、鬼、柳、星、张、翼、轸各星宿一一作"笺"。每星宿都有星名解说、方位图、《步天歌》、《星座星数距极表》、《选星实测用数表》、《星名对照表》共六项内容。第二十九篇之后，列有《赤道古率宿钤表》、《黄赤道今率宿钤表》，采用的是汉太初、唐开元至清道光甲辰、光绪丁亥间的实测数据。第三十篇至第三十二篇，是对紫微、太微、天市三垣所作之《笺》。每垣《笺》文皆列有方位说明、总图、《步天歌》、《中西星名对照表》、《各星实测用数表》、《星座星数距极表》、各星详考共七项内容。第三十三篇为《二十八宿统笺》，列有《二十八宿成立程序表》、《二十八宿对经对峙差表数》(列有"两宿对峙"、"两宿距度"、"距度差数"三项)两项内容。第三十四篇为《南极星座表》，依

《新法历书》与《灵台仪象志》所载而整理补缀之(因原大半有座无铭、有歌无图)。共取二十三座,歌用《中西经星同异考》。末列《星座星数选星实测用数表》。第三十五篇为《天汉笺》,列出银河系星象全图与天汉起没歌。

本书是我国近代对古代恒星星象、星座、星区最为系统、全面、先进的一次总结与分析。作者沿用三垣二十八宿的古代恒星体系,是为便于我国读者。全书详考中国古代文献,又参阅数十种欧洲星表与星图与 J. Reaves 与 G. Schlegel 对中国恒星观测的研究著作。所有的图表都以中、西两个系统分别表示,以便对照比勘。星图有中国传统系统、西方系统、中西合一,共三份,星表内容翔实丰富。中西结合、古今结合,为本书的最大特点,被视为近代天文学的权威著作之一。

(王贻梁)

历法通志 朱文鑫

《历法通志》,二十四篇。朱文鑫撰。1934年商务印书馆出版。

朱文鑫(1883—1938),字槃亭,号贡三。江苏昆山人。清末附贡生,江苏高等学堂毕业。1910年获美国威斯康星大学理学士,曾任该校助授,以及美国数学会会员、天文学会会员。回国后,历任南洋大学教授、复旦大学教授、南洋路矿学校校长、《江苏通志》编纂委员会委员等职。另著有《中国教育史》、《攀巴司切圆奇题解》、《中国史上日食之统计》、《中国史上哈雷彗星观测之记录》、《史记天文书之恒星图考》、《梅氏表之复测》、《星团星云实测录》、《天文考古录》、《历代日食考》、《天文图书提要》、《天文学小史》、《近世宇宙论》、《中国历法史》等。生平事迹见陈遵妫《中国天文学史》。

本书之首有作者"自序",谓邢云路《古今律历志》取舍未精,梅文鼎《历法通考》有目无书,李尚《司天通志》所成寥寥,顾观光仅《六历通考》等三种,自己所著《天文考古录》舛误迭出,因而撰此《历法通志》,历十余年而成。正文如下。

一、《历法总目》。共列出自古六历至太平天国"天历"共一百零二历。

二、《历法沿革史》。叙述造历的历史。以古六历"大抵皆同四分法,惟上元各异、月建不同耳",实皆周末汉初之作。以《太初历》为历法史上第一次改革。

三、《历法行用年表》。列出历代行用历法共四十一家。

四、《各历岁实朔策表》。表列历名、岁实、朔策、积年、日法五个栏目。

五、《各历近点月、交点月表》。自《乾象历》始有近点月,自《大明历》始有交点月。

六、《各历五星会合周期表》。

七、《六历志略》。叙古六历之法数、上元、测定之时、入蔀年表。所据为《开元占经》。

八、《汉历志略》。以两汉之历法沿革可分三个时期:(一)古历四分时期:汉初至太初元年(公元前204至前104年)。(二)太初历法时期:太初元年至元和二年(公元前104至后85年)。

(三) 后汉四分时期：元和二年至汉末(公元85至220年)。

九、《魏晋历志略》。叙三国(蜀吴魏)与晋代所用历法共九家。其中对刘洪《乾象历》分析甚详，评价甚高。

十、《南北朝历志略》。叙南朝用历六家，北朝及隋代凡十六家。

十一、《唐历志略》。叙唐历凡十六家，行用者(实际使用者)九家。

十二、《五代历志略》。以可考者唯钦天一历而已。

十三、《宋历志略》。宋历凡十二家，可考者七家。

十四、《辽金历志略》。凡三家。

十五、《元历志略》。凡二家。对《授时历》之考证、分析极详，总为考正者七事：冬至、岁余、日躔、月离、入交、二十八宿距度、日出入昼夜时，创法者五事；用五招差求太阳盈缩初末极差、用垛迭招差求月行转分进退及迟疾度数、用勾股弧矢之法求黄赤道差、用圆容方直矢接勾股之法求黄道去极度、用立浑比量求白赤道正交与黄赤道正交之距限。皆为前所未有，比古为密。

十六、《明历志略》。凡六家。

十七、《清历志略》。新创唯《天历》。

十八、《历代仪象考》。历述各代仪象制造与仪器概况。

十九、《汉历交食周与西法之异同》。以汉《三统历》与迦拉底人、美天文学家牛考慕相较，以牛考慕之三百五十八月之周期最为密近，而《三统》之法亦不疏远矣。

二十、《二十八宿距度考》。列出二十八宿之赤道距度与黄道距度。

二十一、《中法十二次与西法十二宫之异同》。认为创设之意、应用之法相同，而唯宫与次之起讫界限相异。再列出宫次对照表。

二十二、《律度量衡沿革考略》。总云："万物起于数，用于天算为历，用于音乐为律，用于事物为度量衡。"以下分"备数"、"和声"、"审度"、"嘉量"、"权衡"五者而叙之。

二十三、《干支法》。分述干支纪日、干支纪年、干支纪月、干支纪时之起始与使用情况。

二十四、《阴阳五行辨惑》。分析阴阳五行对于天文历法的影响，并对宗教迷信作了批判。

《历法通考》既是对旧作《天文考古录》的订正、补充，而更有新的发展。自明代邢云路起，欲对我国古代历法沿革史作系统、全面整理分析者不乏其人。然这项工作费时费力，清代历算大师梅文鼎虽有功力，但时不他与，仅成目而未成文。朱氏历十余年而成此书，无论是整体体系还是具体分析,都远远超越前人。作者对《三统历》《授时历》的研究尤为深入,如关于《授时历》考正者七事、创法者五事的论述至今仍有价值。

(王贻梁)

医学衷中参西录 张锡纯

《医学衷中参西录》,三册(八期)。张锡纯著。通行本有 1934 年天津中西汇通医社本(七期合刊)、1957 年河北人民出版社本(八期合刊)、1972 年河北新医大学修订本(八期合刊)。

张锡纯(1860—1933),字寿甫。祖籍山东诸城,生于河北盐山县张边务乡。幼颖悟,弱冠补博士弟子员,于六经诗文、天文数学皆悉心钻研。稍长,即于读书之暇,依先祖遗训,兼习医理。后因两次乡试不第,遂淡于举业,广求方书,潜心医学。其学《本草》、《内经》、《难经》及张仲景之书均习有心得,能触类旁通;临证又善化裁古方,独出新意。其时欧风东渐,张锡纯不为流俗所惑,师古而不泥古,参西而不背中,力主中西汇通,而不存畛域之见,被当时医界称为"医学革命家"。辛亥革命后,应德州驻军统领之聘,为军医正。1918 年于沈阳开设立达中医院,为院长。行医之余,常应各地医学报刊之约,撰稿颇丰。直奉战争时,由奉(辽宁)回乡,行医于沧县。后又曾出任直鲁联军军医处处长。1928 年后定居天津。1933 年春开设国医函授学校,教授学生。张锡纯治学刻苦,实事求是,于传统医学及西人新说广采博览,卓然自成一家,在辨证论治,选药组方,及药物学的研究等方面都独有创见。与江苏陆晋笙、杨如候,广东刘蔚楚齐名,时称医林四大家。又与慈溪张生甫、嘉定张山雷有"名医三张"之誉。生平事迹见《医学衷中参西录》中的《先祖锡纯公传略》、《盐山名医张锡纯先生事略》。

《医学衷中参西录》为张锡纯临床验方和医学论述的辑集。其中,第一、二、三期初刊于 1918 年至 1924 年,合为八卷。内收作者十余年经验方药一百八十余首,于内伤外感诸证无不涉及。各方均来自作者的临床实践,为避日久不记,在方后各加诠解,并附载重要医案。虽为中医验方,但作者能兼采西人之说与方中义理互为发明。由于作者其时对西药尚未作试验,恐其药性猛烈,故书中虽已采用了西医药的说法,但却没敢投用西药。第四期初刊于 1931 年,作五卷。内收作者历年撰著约三十余万言,内容包括药物讲义、医论、医案三部分。其中,《药物讲义》前四卷讲中药,末一卷讲西药。所述中药均择其在临床实践中别有创见的,自抒心得,予以讲解。而于西药,作者自述无多发明,"附以论说,思为中医欲兼学西医者之嚆矢"(《药物讲义》例言)。第五期初刊于1933年,作八卷。系作者发表于《奉天医学杂志》、《上海中医杂志》、《杭州三三医报》、《新加坡医学杂志》等各省医学报刊的医论增广至六万余言而成。卷一,论述哲学与医学,以及中西医关于人之生理、脏腑经络等问题。卷二,以本经为主,参以实验,讨论药物名实及炮制失宜等。卷三,论脑、脏腑之内伤外感及治法。卷四,论五官、咽喉、肢体及腹内诸病的治法。卷五,论伤寒、温病、温疹及伤暑、疟疾之治法。卷六,论黄疸、痢疾、霍乱、鼠疫的治法。卷七,论痰饮咳嗽、水臌、气臌及吐血等杂症。卷八,为作者与医界同人论医学、论养生、论学医之法、教授之法的信函,以及医界人士采用《医学衷中参西录》诸方治愈各病后的函告信。第六期初刊于1931年,作五卷。前四卷为《志诚堂医案》,是作者见述各医学杂志或家中所藏临床验案的汇辑。末一卷为张锡纯诗集《种菊轩诗草》。第七期初刊于1934年,作四卷。内容为伤寒讲义,附收温病验方十一首。第八期又名《医话拾零》,初刊于1957年,由其子张阴潮收集其父遗稿书简汇辑成篇。全书原无总序,1957年河北人民出版社合编本删除各篇旧序,由段慧轩、卢晓及张锡纯之孙张铭勋为合编本作序。

《医学衷中参西录》反映的张锡纯主要医学思想和成就如下。

一、力主中西医学汇通。他说:"医学以活人为宗旨,原不宜有中西之界限存于胸中。在中医不妨取西医之所长(如实验、器械、化学等),以补中医之所短;在西医尤当精研气化(如脏腑各有性情,及手足六经分治分主六气等),视中医深奥之原理为形上之道,而非空谈无实际也。"(第五期第一卷《论中医之理多包括西医之理沟通中西原非难事》)在临床上,其多喜取西药之所长,以济中药之所短,中西药并用,并指出:"能汇通中西药品,即渐能汇通中西病理,当今医界之要务,洵当以此为首图也。"(第五期第二卷《论中西之药原宜相助为理》)强调当今之世,欲求医学登峰造极,诚非沟通中西医不可。

二、于药物研究别具一功。张氏治学的最大特点是不求虚名,务求实际,不附人于骥尾,对药物的研究尤重实验。为研究小茴香是否有毒,他亲自向厨师调查。为体验药性,即使毒如巴豆、硫黄,峻如甘遂、细辛、麻黄、花椒等,他亦验之于己,而后施之于人,故其用药专一,剂型重大,为他人所莫及。其在药物学研究中的一些独到见解,如论黄肉救脱,参芪利尿,白矾化痰热,三七消疮肿,水蛭生用末服治瘀血症坚,生硫黄丸内服治虚寒下痢,蜈蚣蝎子定风消毒等,发扬了古人学说,扩大了中药效用。其对石膏、生山药的运用更具特色,为医林所重,后人对此撰文多有研究。为辨别市药真伪,他更是不厌其烦,博咨周访,亲自监制,务得其真而后已,表现出张氏严谨的医学风范。其选药组方更是证诸实践,随症变化,所创升陷汤、镇肝熄风汤、理冲汤等方剂均有很大临床价值。书中共载方一百七十余首,其中除有几首为古方外,一百六十余首皆为自拟方。

三、全书医案几逾其半,其《志诚堂医案》所载各例均要言不繁,简而不漏,首尾完整,层次井然,堪为医案之范例。张氏医案融汇了西医临床的病历要求,详载患者年龄、性别、病因、症状、病理、脉象、舌苔、治法、疗效、药理等,特别是记载了如何选取药材、炮制方法、入煎先后、服用方法等为诸书所不备。其晚年病案间有采用西药器械的详细记录,可见其学习西医用于临床的实践。张氏在完整记录病历的同时,更注意总结感性认识,使之提高到理性认识的高度,故其医案是研究其医学思想的重要根据,深得后人重视。

《医学衷中参西录》是近代中医学界中西汇通派的代表作。近代医家恽铁樵长于理论,张锡纯则长于临床,被誉为近代中医临床第一家。本书为张氏一生临床经验的总结,一切辨证论治均从实际出发,不尚空谈,被时人誉为中医界"第一可法之书",至今仍深为医界推重。近年来对于张氏学术思想及临证经验的研究评论更远不局限于上述各点,涉及诸多方面,反映出张氏对近代中医学术的卓著贡献。由于作者思想和在现代医学修养方面的局限,其衷中参西,汇通中西医学的主张亦存在一定的局限性,如其对脏象学说和解剖生理之互证,有的不免显得牵强。

有关《医学衷中参西录》的研究著作,有裘沛然主编《中医历代各家学说》、任应秋主编《中医各家学说》、赵洪钧著《近代中西医论争史》的有关章节,《中国医学百科全书·医史卷》的有关条目。近年中医学界对于张锡纯的学说思想有较广泛的研究,除郑瀛洲等著《张锡纯学术思想研究》、赵洪钧《张锡纯》(见杜石然主编《中国古代科学家传记》)的有关部分外,各类研究文章见载于各地医学杂志的也很多。

（乐　易）

药盦医学丛书 恽铁樵

《药盦医学丛书》，八辑。恽铁樵著。章巨膺辑集。通行本有1948年新中医学出版社本、1954年上海千顷堂书局本。

恽铁樵(1878—1935)，名树珏，字铁樵，笔名有冷风、焦木、黄山。江苏武进(今常州)人。父母早亡，自幼孤苦，十三岁就读族人私塾，奋志读书，遍览儒家经典。二十六岁考入南洋公学，毕业后执教长沙。辛亥革命后，返沪任商务印书馆编译，后又主编《小说月报》、《小说海》，享誉于时。所译美国却而斯·佳维《豆蔻葩》、《黑衣娘》等小说盛行于世。周瘦鹃评其译著"和林畏卢先生(林纾)有异曲同工之妙"(《药盦医学丛书》第一辑文苑集《惮念恽铁樵先生》)。恽氏自幼身体瘦弱，在湘时患失聪，误于医，于是诱发他对中医学产生浓厚兴趣。1916年后，他的三个孩子均患伤寒不治而亡，痛定思痛，乃奋志治医，苦攻《伤寒论》，研究历代医书，并先后问业于汪莲石、丁甘仁等名医。1920年辞《小说月报》主编职，创办铁樵医学事务所，编辑出版《铁樵医学月刊》。因其疗效显著，尤擅儿科临床，声誉鹊起，终成沪上一代名医。1925年，他有志改革中医，创办铁樵中医函授学校，通函受业者达千余人。恽氏贯通中医典籍，于伤寒、温病证治颇有研究，对于西医西药亦能悉心学习，主张在继承传统医学的基础上，吸收新的知识，以充实、提高和发展中医药，是中西汇通派主要代表人物之一。其著述甚丰，医学著作《群经见智录》、《伤寒论辑义按》等二十余种，辑为《药盦医学丛书》传世。生平事迹见《药盦医学丛书》所收《恽铁樵先生传》、《恽铁樵先生年谱》、《恽铁樵先生轶事》。

恽氏著医书始于《群经见智录》，时年四十五岁，为针对余云岫《灵素商兑》一书反对中医、攻击《内经》而著。其后又相继发表了《呈中央国医馆意见书》、《对于改进中医的意见》、《对于统一病名建议书之商榷》、《呈上海国医分馆书》等文章，驳斥当时废止中医派的论点，表述了自己对中医药的看法。其诊病之余著述甚勤，尤以乙丑丙寅间(1925—1926)为多，《伤寒论研究》、《温病明理》、《保赤新书》、《生理新语》、《脉学发微》、《十二经穴病候撮要》、《金匮翼方选按》、《伤寒论辑义按》等均成于此前后。恽氏故后,其门生章巨膺辑集恽氏所著二十五种,为八辑十六册,刊成于1948年。

《药盦医学丛书》是恽铁樵生前医著兼及文学作品的汇辑。第一辑收《文苑集》、《论医集》;第二辑收《群经见智录》、《伤寒论研究》、《温病明理》、《热病学》;第三辑收《生理新语》、《脉学发微》、《病理各论》、《病理概论》;第四辑收《临证笔记》、《临证演讲录》、《金匮翼方选按》、《风劳臌病论》;第五辑收《保赤新书》、《妇科大略》、《论药集》;第六辑收《十二经穴病候撮要》、《神经系病理治疗》、《鳞爪集》;第七辑收《伤寒论辑义按》;第八辑收《药盦医案》。其首辑《文苑集》收恽氏著译小说,及诸方悼念恽氏的文章、挽联等。书前有丁仲英、谢利恒、章巨膺"序",书后有章巨膺"跋"。

恽氏所著医论多能不落古书窠臼,不袭前人陈说,富有创新精神,主要如下。

一、对《内经》有深入的研究。其《群经见智录》一书阐发了《内经》要旨,为恽氏学术思想的奠基之作。他认为《内经》的学术思想博大精深,而《素问·玉板论要篇》的"揆度奇恒,道在于一,神转不回,回则不转,乃失其机",是全书的总纲要。他对"奇恒回转"解释为:"奇对于恒言,恒,常也;奇,非常也。不病,人之常也;病,人之非常也。即奇,病也;恒,不病也。揆度奇恒,审查其人病不病也。"(《群经见智录》内经之总提纲第四)至于转与回,他说:"转为恒,回为奇,故奇恒回转,有为《内经》之总纲。奇恒之道在于一,则一又为总纲之总纲。"(同上)而所谓"一"指的是"天"(大自然)。恽氏对"奇恒回转","道在于一"作了详细的解释,意在说明《内经》研究疾病是将人体与自然界结合起来的,人与自然界是有密切关系的统一体,唯有脏腑之气与天地运行之气相适应,方能保持人体的健康。保持健康的关键,在于维护人与自然的统一;治愈疾病的关键,也在于恢复人与自然的统一。

在论述《内经》与《易经》的相互关系时,恽氏认为如欲明白奇恒之道在于"一"的全部含义,就非求于《易经》不可。他说:"《内经》常言'少壮老病已,生长化收藏',此十字即《易》之精义"(《群经见智录》易之基础在四时),以生物而言,无论动物、植物,均有此过程,而这一过程则为一年四季寒暑变化,日月运行所致。"《内经》全书言四时,其著者如'彼春之暖,为夏之暑,彼秋之忿,为冬之怒'"(同上),"《易经》则曰:'法象莫大乎天地,变化莫大于四时。'知万事万物无不变化,故书名曰'易'"(《群经见智录》万物愈变愈繁),"四时为基础,《内经》与《易经》同建筑于此基础之上者也。"(《群经见智录》易之基础在四时)而四时的变化又可归结为阴阳的变化,因此,恽氏认为《内经》和《易经》是相通的。至于五行与四时的关系,他认为五行本于四时,是四时的代名词,与阴阳六气是相连的,并根据《内经》以时序春、夏、长夏、秋、冬来对应五脏的理论,通过五行的相生相克之理,来说明五脏四时的关系。总之,五行之气为实,四时为主,而变化不离乎阴阳,揆度奇恒,则其道在于一,这就是恽氏阐发的《内经》大义,颇具研究价值,并在恽氏的临床实践中处处显出它的指导作用。

二、对温病的论治有独得之见。恽氏根据《内经》四时定名的法则来确定伤寒及多种温病的名义,冬、春、夏、秋各季之热病可分别谓之伤寒、风温、温病、暑温、湿温、伏暑。又由于每年气候均有变化,故又认为"春之时亦有伤寒","冬之时亦有温病"(《温病明理》),但无论如何变化,总不能逾四时以定名的大纲。在温病治疗上,恽氏分为伤寒系之温病和非伤寒系之温病两大类,前者在春秋两季气候转变之时最易罹患,《伤寒论》中辛凉而不参热药的方剂皆可治疗此种温病。至于非伤寒系之温病则指暑温、湿温,应根据不同症状区别对待,随症加减。

三、对偏差中医的发展,恽氏提出了"改进中医,整理学术"(《论医集》"对于统一病名建议书之商榷")的主张。他认为首先要将中医古书晦涩之医理解释明白,使尽人可喻,同时,强调在诠明中医学理之时,"眼光须注意本身学说"(同上),即以中医学术为主体,并列举中医以手测发热之虚实,其妙用乃在热度表之上,认为中医的诊断法为"形能之学",其途径为解剖所不见,故形能之法有时贤于解剖。恽氏重视中医学术,但并不盲目排斥西方医学,他说:"中医而有演进之价值,必能吸收西医之长,与之化合。"(《伤寒论研究》)尤其西医论述生理的优点更是中医所应当吸取的,主张以中医为主体,用西医学理补助中医,以发展中医学。

另外,恽氏在治疗用药方面亦有很多独到的见解和经验。其《伤寒论辑义按》取日本丹波元简释义,加按语二百三十余条,每条少则百余字,多至千余字,皆从读书临证得来,不蹈袭前人片言只语,对伤寒病的起因、症状,采诸家之长,制定治疗方法。章炳麟为之作序,评价极高。

《药盦医学丛书》从理论的高度阐述了后期中西医汇通派的观点,为中西医汇通派的代表著作,其"改进中医,整理学术"的思想代表着中西医学汇通思潮的主流和方向,在后期中西汇通活动中占主导地位。当然,由于当时科学水平的局限,恽氏著作中对于中西学理的阐述,亦间有牵强附会之处。其《群经见智录》对《易》、《内经》基本理论的发挥与创见,是近代研究中医理论的突出成就,其中五行、六气皆为四时,《内经》之五脏乃四时之五脏的创论,经20世纪30年代杨则民的发挥而成为医学理论界之公认的观点,具有重要的理论价值。

有关《药盦医学丛书》的研究著作,有赵洪钧著《近代中西医论争史》、裘沛然主编《中医历代各家学说》、任应秋主编《中医各家学说》的有关章节,《中国医学百科全书·医史卷》、中医研究院编《中医大辞典·医史文献分册》的有关条目,以及余瀛鳌等《恽铁樵》(见杜石然主编《中国古代科学家传记》)的有关部分。

(乐 易)

民国编

教育类

中国教育史 黄绍箕等

《中国教育史》，五卷。题黄绍箕著，柳诒徵辑补。现存铅印本，叶尔恺作序，署乙丑年（1925），而无出版局名及年月。或谓浙江某书局于1925年至1928年间出版。黄绍箕于20世纪初年着手撰著，或云黄与同里孙诒让曾共商此书义例。清光绪三十年（1904）三月孙诒让《致黄仲弢》云："文明史已脱稿否？闻采摭极博，兼史部政书、子部儒家之精要，是不刊之作，非徒为教科增一佳册也。"（《孙诒让遗文辑存》）就其所述内容，"文明史"当指《中国教育史》，可见1904年撰著已在进行。但书未成，黄绍箕于1908年1月去世。时任两江总督端方与陈庆年议补其书，陈委以柳诒徵。柳氏据黄氏原拟书目加以修订，又缀辑两载，于1910年5月完稿，遂交端方转黄氏后人出版。柳诒徵曾于此书自藏本上题跋："此书应署瑞安黄绍箕草创，镇江柳诒徵辑补"，为此书撰写经过提供了实证。收入福建教育出版社《二十世纪中国教育名著丛书》。

黄绍箕（1854—1908），字仲弢，一字琴穆，号鲜庵，又号竹垞山民。浙江瑞安人。光绪六年（1880）举进士，选翰林院庶吉士。曾典试湖北、四川，任武英殿纂修等职。与其父体芳、弟绍第同为翰林出身的清流健将，与张之洞交深。1888年，与康有为过从甚密，助其上书，亟请变法。1895年秋，参与康有为等筹组北京强学会、发起成立上海强学会。1898年为翰林院侍读学士，以张之洞《劝学篇》进呈，奉旨下各省督抚学政广为刊行。后任京师大学堂总办，究心日本与西方诸国学制，并手订章条。1900年任两湖书院监督，倡设湖北全省学务处，提倡新式学堂和派遣留学生，颇多贡献，甚得张之洞赞赏。1902年冬任京师大学堂译学馆监督。1906年出为湖北提学使，旋东流日本考察学务，归国后对西方教育颇多宣传。黄绍箕少承家学，热衷经世之学。遗著辑为《鲜庵遗稿》一卷，收入《二黄先生集》。《清史稿》卷四四四有传。

柳诒徵生平事迹见"中国文化史"条。

《中国教育史》是民国时期第一部中国教育史专著。约十余万字，有双排小字夹注，详记引据的史料及阐发议论。论述自伏羲、神农、黄帝至孔子的教育。黄绍箕的思想倾向为"中体西辅"。此书即体现这一指导思想。"癸卯学制"颁布以后，高等学堂设有教育史课程，而中国教育史尚无教材，此书即应急需而作，并成为在教育史领域中西结合研究的最早典型。

全书卷目有五：卷一：中国古圣人教育大义；古圣最注重德育；伏羲；神农；黄帝；五教；典乐教育；朴作教刑；虞夏文明大概；夏殷之教育；洪范刚克柔克义；说命论学义。卷二：周为封建时代又为方册时代；周之教育兼体育德育智育三义；周代教育之宗旨在尚武，其教法则匿武而觏文；学校制度；女学及胎教；选举制度。卷三：体育；德育；德育最重身教；成人；知育；知育最重史学。卷四：科学皆世官世学；阴阳变化之学；礼乐；军事教育；春秋诸国教育。卷五：明堂太学制度；天命性道之教；神道教；本教；孔子；孔子之教授法；六艺；四科。

其理论贡献有如下几个方面。

一、划分了先秦教育的发展阶段。全书大体上按时代分卷，将至春秋为止的先秦教育分为周以前的教育(卷一)，西周的教育(卷二、三、四)和春秋的教育(卷四、五)。认为："三代学制，唯周大备。"西周教育的特点是"官守世学"，"教育总之于人君，无私家传授之事也"。发展到春秋，教育发生巨变。一方面春秋诸国"未闻有学校"，另一方面"家塾规则之严尚有可考"。"匹夫穷居闾巷聚徒讲学"，称"孔子之教学者，实三代后一大变局也"。这种对先秦教育发展阶段的划分和对其特点的揭示，至今对先秦教育史研究很有启示。

二、初步确定了中国教育史的研究对象与范畴。首先，研究对象以学校教育为主，辅之以社会教育，兼及选举制度。全书的重点在周代教育(占四卷)，周代的教育重点又在西周的官学制度和春秋孔子的私学。表现出作者对教育史内涵的理解和对中国古代教育实际的把握。也为后世研究中国教育史和编撰教育通史提供了范例。其次，本书最早运用体育、德育和智育范畴，据以研究古代教育的具体实施过程。认为"周代教育实兼体育、德育、智育三义"："学校之重体育主于养人之身体，尚武其余义也"；"德育之重，盖惧民之务胜而力征也"；"体育、德育不能使人不陋，治陋之法非施智育不可。此三育并重，不可缺一之因也。"第三，以西周为典型，提出教育制度研究的范畴顺序为：(一)教育宗旨。(二)学校制度：国学与乡学；大学与小学；学制与入学年龄；学年与入学教育；教育与处罚；视学。(三)学校、教育行政与教师。(四)女学与胎教。(五)学校教育内容。这些范畴大体上也为以后中国教育制度史、教育管理史研究所袭用。

三、尝试运用西方近代教育和社会科学研究方法。全书对西方学者的著述征引颇多，如康德、黑格尔、甄克斯、斯宾塞等，引用的名著有《社会通诠》、《群学肄言》等，涉及的学科则有哲学、历史学、社会学、人类学、民俗学、民族学、教育学、教育心理学、德育心理学、教育病理学等,旨在融通中西。如以孔子教学法与赫尔巴特学派之"五段教学法"相比较,称:"孔子以数言括之曰:'不愤不启,不悱不发,举一隅不以三隅反,则不复也。'……夫先愤后启,自分二段;先悱后发,亦分二段。举一隅不以三隅反则吾不复,是又别为一段。今取而分析之,则显然有五段之别:第一段愤即预备也;第二段启即授与也;第三段悱即联合也;第四段发即结合也;第五段三隅反即应用也。"又运用西方气质理论分析《尚书·洪范》提出的"洪范三德:一曰正直,二曰刚克,三曰柔克"。认为:"粘液、神经二质多偏于柔,多血、胆汁二质多毗于刚。""凡人性质之有刚柔多本于父母之遗传及气血之特质,教育者能求其原,然后知调剂之法。"论述史料缺乏的中国远古教育,引用了澳洲、琉球、秘鲁等地土著的风俗材料和近代对猩猩语言的研究,以说明伏羲、神农、黄帝时代的语言、文字和教育状况。分析上古重乐教的现象,通过与古希腊重诗教的比较,指出两者殊途同归,一方面表现了以情感引导为"进德之基"的意图,同时也是文字、书本等传播手段落后导致教育首重声教。这里值得注意的是作者具有初步的唯物史观,懂得在一定的时代和社会发展背景下去认识教育,认为政治制度、物质生活与文化状况都影响到一个时代的教育,"故言教育而不明当时人民衣食生活之情状,不足以言教育"。对一些具体问题,也能作辩证分析。如论西周"官守世学",指出:"周之教育所以盛者在此,所以衰者亦在此。"

四、提出了许多独到见解。认为中国古代教育特点有三:"一曰贵人,二曰尽性,三曰无类。"即"立教第一义即在考究人与禽兽之区别","因其性而达之","无愚不教"。对古代教育的特质则认为:"古代教人,最重德育。故言德即可赅教。"分析西周学术官守,指出其原有三:"一则民智之不及官也","一则唯官有书而民无书也","一则官有其器而民无其器也"。学术既官守,教育也就非官莫属。分析得颇为周全。分析春秋教育则指出:"春秋诸国虽无学校,然未尝无教育。大概国家有保傅之官,小民受家庭之教,而官师之学亦间有传其世者,此东西二周不同之大要也。"此外如指出西周教育的层次性:保傅之教——嗣王之教;大司乐、师氏、保氏之教——国子之教;大司徒之教——万民之教。说明以孔子为代表的私学特点:"无论何地之人、年齿几何、所学若何,概可施教育而未尝稍加限制。"

五、史料翔实。广征先秦经子史籍,尤其是清人戴震、阎若璩、阮元、汪中、焦循、章学诚、段玉裁、孙诒让等的考据成果,几乎无一说无出处。著者长于考据,惯于从字词训诂入手,广征博引,究其本原。考定明堂,考定辟雍、成均、上庠、东序、瞽宗五学,考定"教育"等,皆其显例。

此书虽吸取了进步的史学思想,但正统史观仍较强烈,表现为:圣贤造世观念,述史以儒家道统为线索,并一一证其为实有。"夷不如夏"的意识也很明显,表现于论证方法的牵强附会。谈到西方近代教育思想、制度,必曰"吾国古圣早发此义",三育论、五段法、气质学说都是中国古已有之。有学者以为西方文明得益于宗教,而以中国无宗教为憾。作者则强调"吾国古代之开化亦由神道设教",因专设"神道教"、"本教"二目以为证明,实为本书的蛇足。

（杜成宪）

蔡元培教育论著选 蔡元培

《蔡元培教育论著选》,一册。蔡元培著,编者高平叔。高氏先于 1980 年应人民教育出版社之约,编订《蔡元培教育文选》,选辑蔡氏教育论著六十七篇。1987 年,又应湖南教育出版社之约,编订《蔡元培教育论集》,除重录《文选》中五十六篇外,又增选一百三十二篇。他在前两本书的基础上,又分别转录《文选》中六十三篇,《论集》中七十六篇,新增一百四十余篇,编成《蔡元培教育论著选》,1991 年由人民教育出版社出版。

蔡元培(1868—1940),字鹤卿,号孑民。浙江山阴(今绍兴)人。清光绪十八年(1892)进士,点翰林院庶吉士,后授职编修。戊戌变法失败,他深感清政府腐败无能,遂弃官南返,开始办理新教育,从事反清革命活动。1898 年冬,出任绍兴中西学堂监督(即校长),为"服务于新式学校的开始"(《我在教育界的经验》)。1901 年,任南洋公学特班总教习。翌年,在上海参与发起创立中国教育会,被选为会长。并创办爱国女学和爱国学社,任总理(即校长),"表面上办理教育,暗中鼓吹革命"。1907 年,赴德国留学,入莱比锡大学研究心理学、美学、哲学等。辛亥革命后,出任民国临时政府第一任教育总长,锐意改革封建旧教育,努力创建新教育体制。1915 年,与吴玉章、李石曾等在法国组织留法勤工俭学会及华法教育会,提倡中国学生赴法勤工俭学。1916 年 12 月,出任北京大学校长,厉行整顿和改革,使北京大学成为蜚声国内的最高学府。1927 年,任国民政府大学院院长。1928 年 8 月,辞去所兼各职,专任中央研究院院长。1932 年 12 月,与宋庆龄等在上海发起组织中国民权保障同盟,任总会副主席,积极营救被捕的进步人士和共产党人。1937 年"七七"事变后,积极拥护国共合作抗日。1940 年 3 月 5 日,在香港逝世。著作编为《蔡元培先生全集》(台北商务印书馆,1968 年)、《蔡元培全集》(中华书局,1984—1989 年)等。生平事迹见陶英惠《蔡元培年谱(上)》(台湾中研院近代史研究所,1976 年)、高平叔《蔡元培年谱》(中华书局,1980 年)、周天度《蔡元培传》(人民出版社,1984 年)、唐振常《蔡元培传》(上海人民出版社,1985 年)等。

《蔡元培教育论著选》为蔡元培有关教育著述的汇编。共收录自1912年至1939年的教育论文二百八十余篇，按写作或发表时间先后编次。它全面反映了蔡元培的教育思想，记录了他为改革和发展中国的教育事业，创建新教育体制所作出的重大贡献。其中尤以《对于新教育之意见》、《就任北京大学校长之演说》、《以美育代宗教》诸篇为突出。

《对于新教育之意见》是蔡元培就任教育总长后不久，于1912年2月间发表的一篇著名教育论文，集中阐述了军国民教育、实利主义教育、公民道德教育、世界观教育和美感教育"皆今日之教育不可偏废"的思想。作者认为，军国民教育虽然不是一种理想社会的教育，然而在中国却是"今日所不能不采者"。这是因为：从国际环境来看，我国处于"强邻交逼，亟图自卫，而历年丧失之国权，非凭借武力，势难恢复"。就国内情况而言，要打破军人成为"全国中特别之阶级"的局面，就"非行举国皆兵之制"，否则"无以平均其势力"。实利主义教育强调"以人民生计为普通教育之中坚"。作者认为，世界上各列强之所以能相互竞争，"不仅在武力，而尤在财力。且武力之半，亦由财力而孳乳"。我国实业界组织尚幼稚，人民中失业者很多，国家十分贫穷。因此，"实利主义教育，固亦当务之急者也"。对于公民道德教育，尤为作者所重视。他认为军国民教育，实利主义教育固然重要，能够强兵富国，但是，强兵富国亦会给社会带来危害。兵强，"然或溢而为私斗，为侵略"；国富，"然或不免知欺愚，强欺弱"。因此，必须"教之以公民道德"。世界观教育为作者在中国近代教育史上所首创。他认为世界分为现象世界和实体世界两部分，"而教育者，则立于现象世界，而有事于实体世界者也"。所以，进行世界观教育，就在于培养人对现象世界持超然态度，对实体世界则抱积极进取态度。为此，他主张必须"循思想自由言论自由之公例，不以一流派之哲学一宗门之教义梏其心，而惟时时悬一无方体无始终之世界观以为鹄"。美感教育又称美育，亦为作者"出全力以提倡"。他认为美感教育具有陶冶人的情感，使人的道德品质高尚纯洁的特性，是进行世界观教育最重要的途径，是人们从现象世界通向实体世界所必经的桥梁。"故教育家欲由现象世界而引以到达于实体世界之观念，不可不用美感之教育"。上述五种教育，作者认为尽管各自的作用不同，但均是"养成共和国民健全之人格"所必需的，是统一的整体所缺一不可的。他借用人体各种器官的生理功能，作了形象的说明："譬之人身：军国民主义者，筋骨也，用以自卫；实利主义者，胃肠也，用以营养；公民道德者，呼吸机循环机也，周贯全体；美育者，神经系也，所以传导；世界观者，心理作用也，附丽于神经系，而无迹象之可求。此即五者不可偏废之理也。"同时，他又指出，这五种教育并不是平分秋色，而必须以公民道德教育为根本；在教育实践中，在从事国文、修身、算学、历史、地理等具体学科教学时，这五种教育也不是孤立进行的，而往往是相互联系、相互交融在一起的。五育并举的思想，为中国资产阶级创建新教育体制提供了思想武器，成为中国近代第一个资产阶级教育宗旨的理论基石。不过，作者在文中把教育分为隶属于政治与超轶于政治两类,认为军国民教育、实利主义教育、公民道德教育隶属于政治,而世界观教育、美感教育超轶于政治,这种划分显然是不科学的。

《就任北京大学校长之演说》是蔡元培接任北大校长后对学生发表的第一次讲演。他对学生提出了三点希望:一是抱定宗旨。他说:"大学者,研究高深学问者也。"因此,学生进大学,"须抱定宗旨,为求学而来",而不应该把大学视为是升官发财的阶梯。告诫学生要"爱惜光阴,孜孜求学",而不要光阴虚度,误己误人。二为砥砺德行。在作者看来,当时社会道德沦丧,败德毁行之事,触目皆是。因此,他要求学生必须束身自爱,砥砺德行,方能不为流俗所染,力矫颓俗。三为敬爱师友。提出学生对教师要以诚相待,敬礼有加;学生之间应该互相亲爱,道义相助。

《以美育代宗教说》是蔡元培1917年4月8日在北京神州学会的演说词。在这篇演说词中,他阐述了原始宗教实"因吾人精神之作用而构成"。所谓吾人精神之作用,即包括知识、意志、感情三种。他说,人类在未开化之时,由于脑力简单,无法认识自身与世界万物,遂以宗教勉强解释之。因而,最初人类的知识、意志和感情,都附丽于宗教。后来,随着社会文化日渐进步,科学发达,人类认识能力的逐步提高,知识、意志都脱离宗教而独立。据此,他认为原本与宗教关系最密切的情感作用,即所谓美感,也会离宗教而独立。他指出:欧洲文艺复兴运动以后,各种美术渐离宗教而尚人文。至于今日,宏丽之建筑多为学校、剧院、博物院。而新设之教堂,在美学上价值者,几无可指数。其他美术,亦多取资于自然现象及社会状态。之所以出现这种趋势,是因为"美育之附丽于宗教者,常受宗教之累,失其陶养之作用,而转以激刺感情。盖无论何等宗教,无不有扩张己教、攻击异教之条件"。所以,他的结论是"鉴激刺感情之弊,而专尚陶养感情之术,则莫如舍宗教而易以纯粹之美育"。

《蔡元培教育论著选》反映的教育思想,适应了辛亥革命后资产阶级改革封建教育的需要,顺应了当时社会变革的潮流,对于促进中国教育的近代化发生了重要影响。

有关《蔡元培教育论著选》的研究著作,有金林祥《蔡元培教育思想研究》(辽宁教育出版社,1994年)等。

(金林祥)

黄炎培教育论著选 黄炎培

《黄炎培教育论著选》,一册。黄炎培著,田正平、李笑贤选编。1993年10月人民教育出版社出版。

黄炎培(1878—1965),号楚南,后改号韧之、任之,笔名抱一。江苏川沙(今属上海)人。早年父母双亡,在家乡任塾师,后举于乡。清光绪二十七年(1901)考入上海南洋公学,师从蔡元培。1905年秋,加入同盟会。辛亥革命前,历任川沙县视学、劝学所总董、江苏学务总会常任调查员、江苏省咨议局议员等职。创办并主持上海县广明小学、师范传习所、浦东中学等新式教育机构。辛亥革命后,主持江苏省教育行政两年,并长期担任江苏省教育会副会长、会长。1913年,发表《学校教育采用实用主义之商榷》一文,首倡教育与学生生活,学校与社会实际相联系。1917年,在上海发起成立中华职业教育社。翌年,在上海创办中华职业学校。以后几十年间,教育活动和社会活动主要通过中华职业教育社进行。1931年后,投身抗日救亡运动,组织上海市民地方维持会。1945年发起组织中国民主建国会。中华人民共和国成立后,历任政务院副总理兼轻工业部部长、全国人民代表大会常务委员会副委员长、政协全国委员会副主席、中国民主建国委员会主任委员等职。主要教育论著有《学校教育采用实用主义之商榷》、《黄炎培教育考察日记》、《中华职业教育社宣言书》等。生平史料事迹见黄炎培《八十年来》(文史资料出版社,1982年)和许汉三《黄炎培年谱》(文史资料出版社,1985年)等。

《黄炎培教育论著选》系人民教育出版社出版"中国近代教育论著丛书"之一种。收录黄炎培1907年至1949年期间教育论著一百零四篇,近三十三万言。本书集中反映了黄炎培关于实用教育、职业教育、华侨教育等方面的言论和主张。

一、首倡学校教育采用"实用主义"。论文《学校教育采用实用主义之商榷》阐述对教育功能的认识和对于德育、智育、体育的理解。认为,教育的功能在于使受教育者"于己具有自立之能力,于人能为适宜之应付"。"德育者宜归于实践","体育者求便于应用",而所谓智育,对于初等教育而言,重在"授以生活所必需之普通知识技能而已"。从这一基本观点出发,批评当时教育专重文字、空虚无用、脱离生活的弊病及其所造成的恶果,"今之学子,往往受学校教育之岁月愈深,其厌苦家庭鄙薄社会之思想愈烈,扞格之情状亦愈著"。主张"打破平面的教育,而为立体的教育","渐改文字的教育,而为实物的教育"。并以小学修身、国文、历史、地理、算术、理科、图画、手工、体育、外语为例,具体地提出"以实用为目的"进行教学内容和教学方法改革的意见。在此前后,黄炎培写下多篇论著,宣传鼓吹上述主张,其重要者如《教育前途危险之现象》、《实用主义产出之第一年》、《实用主义之真谛与一年间之实施状况》、《东西两大陆教育不同之根本谈》、《本能教育》等。

二、发起成立中华职业教育社。《教育杂志》九卷七号的《中华职业教育社宣言书》,既是我国近代第一个提倡职业教育的教育团体中华职业教育社的成立宣言,也全面地反映了黄炎培早期的职业教育思想。文中认为,"今吾中国至重要至困难问题,厥惟生计";"求根本上解决生计问题,厥惟教育";而"中国现时之教育,决无能解决生计问题之希望","不惟不能解决生计问题,且将重予关于解决生计问题之莫大障碍"。解决的出路何在?在于"推广职业教育"、"改良职业教育"、"改良普通教育为适于职业之准备"。文中列举欧美各国职业教育发达的盛况,规划了中华职业教育社的活动纲领,提出从根本上解决中国最重要最困难之生计问题,"舍沟通教育与职业,无所为计"。此后发表的《职业教育》、《年会词》、《中华职业教育社成立五年间之感想》、《职业教育之礁》、《提出大职业教育主义征求同志意见》、《设施职业教育的新标准》、《办职业教育须下三大决心》、《我来整理职业教育的理论和方法》、《我之人生观与吾人从事职业教育之基本理论》、《职业教育的基本理论纲要》等,反映了黄炎培职业教育思想的发展脉络和职业教育理论体系的主要特色。归纳起来主要有:职业教育的目的是为个人谋生之预备,为个人服务社会之预备,为世界及国家增进生产能力之预备。职业教育的终极目标是"使无业者有业"、"使有业者乐业"。职业教育机构的办学方针是"社会化"、"科学化"、"平民化"。职业教育的教学原则是"手脑并用"、"做学合一"、"理论与实际并行"、"知识与技能并重"。重视职业道德训练,标举"敬业乐群"为职业道德教育的基本规范。写于1949年8月的《中华职业教育社奋斗三十二年发见的新生命》则是黄炎培对中国近代职业教育的回顾与反思。文中指出,职业教育的兴起,是"一系列的人受了他们广泛的、天真的人道主义和国家民族主义这些思想的驱使,前前后后奋斗了几十年"。"职业教育,不但是资本制度下的产物,而且还是封建制度下的产物。但它本身是平民化的,是为解决平民生计问题而产生出来的,是进步的"。"只有实现社会主义和共产主义,才能使人类职业问题获得最实际而美满的解决,才能十足地完成它最伟大的'无业者有业'、'有业者乐业'的使命"。

三、重视华侨教育。所收《南洋华侨教育商榷书》和《对于菲律宾华侨教育意见书》是我国近代华侨教育史上两篇重要文献。在这两篇论文中,体现了黄炎培关于华侨教育的基本主张:第一,要坚信"教育为救国惟一方法,而以全力注重之"。"子弟多受一分教育,即国民加高一分人格,国家增进一分地位,无论如何困难,当合内外国共谋解决"。第二,华侨教育要注意专门人才的培养。第三,"宜注意推广小学","女子教育,一律注重"。第四,"宜以教育之力,保存发展中华国民之特性"。为此,在小学教育中要特别强调国文科、本国历史科的教学,尽力提倡本国普通语;各校要附设国语补习科,使一般侨商能利用夜间或休假日来校补习。第五,"宜注重工、农、商职业教育"。第六,"学校体育与卫生宜特别注意"。第七,重视教员培养。第八,华侨教育界要经常保持与祖国教育界、实业界之联系。

除上述三方面外,该书还收有黄炎培关于农村教育、留学教育、家庭教育、教学理论研究、教育统计资料的分析整理等方面发表的研究论文多篇,如《理想的家庭》、《病榻杂感》、《抱一日记序》、《农村教育弁言》、《读中华民国最近教育统计》、《与安亭青年合作社谈乡村事业》等。

《黄炎培教育论著选》既重点反映了作者对中国近代教育有重要贡献的著述,又注意选入一批能全面反映他的教育思想的其他篇章,正文后还附有"黄炎培主要教育论著目录"。本书为读者提供了一个能全面理解和准确把握黄炎培教育思想的比较好的选本。

(田正平)

中学教育 廖世承

《中学教育》,一册。廖世承著。1924年商务印书馆初版,列入《师范丛书》。1932年日军炮轰上海,商务印书馆"将需用较切各书先行复印",该书在复印之列,同年刊印国难后第一版,只是"图版装帧不能尽如原式"。

廖世承(1892—1970),字茂如。上海嘉定人。1912年由南洋公学入北京清华学校。1915—1921年先后获美国勃朗大学学士、硕士及哲学博士学位。1919年就教南京高等师范学校(后称东南大学),任教育科教授兼该校附中主任。在江浙两省开展中学教育和心理测验的编制及测试,先后著《智力测验法》(1921)、《测验概要》(1925),所编测验称为"廖氏之团体测验",被广泛应用。20年代,力主"六三三制",手草1922年新学制方案。1924年写《东大附中道尔顿制实验报告》一书,指出"道尔顿制"不合国情,主张从国情出发,以科学的实验为基础,进行教育改革。1927年以后,任光华大学教育系主任、光华附中主任、光华大学副校长。因主持光华附中成绩出色,多次受教育部嘉奖。同时,面向整个中学教育,针对中等教育的实施和改造发表诸多论著。1938年,在湖南兰田主持创办国立师范学院,主张敞开校门办学,培养出一批杰出人才。中华人民共和国成立后,历任第二、三届全国人民代表大会代表、光华大学副校长、华东师大副校长、上海第一师范学院院长、上海师范学院院长。

《中学教育》是中国较早的一部关于中学教育的专著。廖氏据其在东南大学教育科讲授中学教育的教材总结而成。全书共两编十八章。

第一编,中学教育原理。包括七章:我国中学教育沿革;各国中学教育的比较;中学和小学的关系;中学和大学的关系;中学的改组问题;初级中学的定义和职能;中学学生。时值"六三三制"推行之际,小学、中学、大学的关系为教育界关注的焦点。本书指出,"小学是公民应有的教育,中学教育专养成特殊的人才";"目前中学教育的问题,在养成社会有用的人才,加增社会作业的效率,和促进社会服务的精神;仅小学教育,尚不能达此目的"。比较中学与大学,认为:"中学应有一种独立精神,不应该视大学的步骤为转移。中学的学生,升学的仅占一部分,所以不应以升学预备为唯一的宗旨;课程一切也不应完全受大学支配。"基于此,中学教育应注意:"(一)注意理性,使学生用理智解释过去的经验,为将来立身行事的准则;(二)中学当采用分科选科制,以适应学生的个性;(三)中学应注重科学教育,使预备升学的有良好基础,从事职业的有应用的智识;(四)中学对于天才生,应设法奖励;(五)中学生身心的发达,也须特别调查研究;(六)学生的兴趣和能力,也为现今讨论中学教育的注意点。"

第二编,中学行政及组织。计有十一章内容:中学的行政问题;中学校长;中学课程;中学校的学级编制;科学的考查成绩法;科学的记分法和学业成绩报告;中学教师;中学生的课外活动;中学自治问题;中学校的职业指导;中学校自行度量的标准。

本编讨论了中学如何办的各方面问题。择要如下。

关于中学校长。认为校长与一学校成败关系甚大;强调"中学校长的职务,是一门专门职业,须有专门的学识,专门的职业经验";"中学校长的职责最重要的是领袖事业。他的成绩不在他本身所做的事,而在监督别人做的事",校长的主要职责有三:"办事、支配学校社会生活和增进教学法",三者不能顾此失彼。

关于课程。"课程代表民族的经验",其借鉴或创新都要考察"这种课程与我们现时的生活有几多关系,于儿童将来的生活,有几多关系";科学地改造课程的途径,"一种是根据社会上人们的生活,分析为具体的教育目标,一种是根据先进各国民族经验编制课程,收到进化的实效"。并指出初中课程与高中课程在原则及内容上的区别。

关于科学的考查成绩法。考试应选择适当的方法,"能够去除现行考试的害处,同时保存他的利益";比较三种新的考试方法,"认识法和填字法或问答法最为可靠,是非法稍次之";介绍标准测验,认为其"最大效用,在定一普遍的年龄和年级标准";介绍 T 分数,由于"各科的分数价值不等","用 T 分数,各科分数的价值,绝对相等"。

关于中学的课外活动。"人格的训练,在培养各种良好的习惯……最好的时期,就在中学校内注意各项课外活动";其原则有六:"学生自动参与"、"有教育意义"、"与有组织的事业发生关系"、"种类丰富"、"全体学生有同等资格参与"、"师生合作"。

关于中学的职业指导。中国贫弱之因,"有大部分问题,还在我们一般国民没有相当的事业去做,有用的精力,消耗于无用","职业指导的目的,就在于使各人得到一种相当的事业去做"。做好职业指导的方法主要有:(一)课程方面:"增加职业陶冶课程",如手工、家事等,"教材力图实用"、"利用教授机会提高学生的职业兴趣";(二)训育方面,要"多与学生谈话"、"利用学生课外活动养成职业界所需的特质"、"训育方针兼顾职业训练";(三)注重调查学生;(四)充分利用演讲参观等方式;(五)加强与家庭、职业界的联络等。

本书的特点如下。

一、确定中学教育研究的问题范围,结合原理与应用,探讨中学教育问题。本书认为:"原理与具体的设施方法,应该并重。倘使办学的人,对于原理,不能彻底了解,他的设施,一定不易上轨道。不过只知原理,不明应用,也是徒然。"第一编中,分析清末到民初中学教育变迁,指出其发展趋势给中学教育带来的重要课题,作为第二编讨论的范围。第二编的讨论,多是先阐明问题的性质,再列举处理各类问题应注意的方面,并参考以具体的办法。全书的原理与应用讨论相结合,方式灵活,对人启示颇多。

二、引用西方学术成果,尝试西方社会科学研究方法。首先,全书颇多引用西方理论成果,学科涉及社会学、人类学、教育学、心理学、教育心理学等领域,旨在以西学为基石,阐述中学教育新问题。如借鉴弗洛伊德心理学,对中学生性教育做专门讨论,指出(一)"性知识对于中学生的健康、社会生活、法律、道德、教育、知识增进,都有很大影响";(二)性教育实施的适当程序;(三)"性教育不但要注意'教',还得注重'育'",论及"养成高尚理想"、"尊重女子人格"、"增加课外活动"、"提倡审美环境"、"注重生理卫生"等方面的"性育"问题。其次,本书颇重实证研究,方法主要采用调查、测验、统计等定量方法,每一章都列有国内学校定量研究的结果;全书共引用图二十二张,表格六十六份,散见于书中的数据更不计其数。再次,书中还有作者对西方社会科学研究成果的改进。例如,论述科学记分法时,不仅分析了百分记分法、等级记分法、比较记分法、测验单位记分法的利弊,还对后者进行了修订,以便在求得学生比较分数的同时,更精密地分析学生的努力程度。最后,主张运用科学方法,进行教育的研究与实验。如对于"六三三制",主张要以实践来检验,对其推行的实效进行科学的调查、研究;又如本书在每一章后面都列举了若干研究课题,鼓励教育工作者展开科学的实验与研究。

(汪晓彤)

中国教育史大纲 王凤喈

《中国教育史大纲》,修订版易名《中国教育史》。一册。王凤喈著。1925年完稿。版本甚多,主要有:上海商务印书馆"北京师范大学丛书"1928年初版本、1930年再版本、1932年国难后第一版本;1945年国立编译馆出版、正中书局印行修订本渝初版本、1947年沪版本;1954年台北第三版本、1957年台北第四版修订本,其后多次印刷。收入福建教育出版社《二十世纪中国教育名著丛编》。

王凤喈(1896—1965),湖南湘潭人。幼时随父发蒙,习读经史,"对于历史,极感兴趣"。后入小学、中学,"课余读物,文史为多"(修订版序)。1916年湘潭中学毕业,以国文系第一名考入北京高等师范学校,抵京后改入英语系。1920年毕业,任湖南私立明德中学英语讲席。1922年任湖南省立第一师范教育学科讲席。1925年被推为长沙私立晨光大学校长。1927年参与筹办上海国立劳动大学,任教务主任。1930年赴美入芝加哥大学研究教育心理学,得哲学博士学位。1934年回国任中央大学教育系教授,次年任中央政治学校教授兼副教务主任、教育系主任。后曾任湖南省参议员及教育厅长。1949年5月赴广州任职教育部,继赴香港任教私立辅仁书院。1950年赴台湾,任编译馆馆长迄于逝世,主持编、译、审、刊中外典籍与大、中、小学教科书及丛书多种。曾参与创组孔孟学会,迭膺常务理事,并任《孔孟月刊》主编。并在政大、师大教育系及教育研究所兼授教育课程。著作另有《西洋教育史纲要》、《教育心理学》、《现代教育思潮》等。生平事迹见台北《传记文学》第二十五卷第一期、台北国语日报社编《书和人》第三十四期等。

王凤喈于北京高师求学期间,"以当时教育科目俱备,独缺中国教育史,颇有志于弥补此缺"(修订版序)。后在湖南省立一师主讲教育史,一师为宋张栻城南书院讲学旧址,景仰先贤,对教育思想之渊源、制度之演变,益发悉心研究。在此基础上著成《中国教育史大纲》,是民国时期较早成书的中国教育通史著作。

虽作者自认"此书似为出版最早之中国教育史"未必尽当,然此书自教育起源述至当代,包括教育制度与教育思想两方面,可说是成书较早最为完整的中国教育史著作。全书十一章。第一章绪论,第二章教育起源及其变迁,第三章中国社会之分析,第四章周代及周代以前之教育,第五章春秋战国之教育,第六章秦汉之教育,第七章魏晋及南北朝的教育,第八章隋唐的教育,第九章宋元明的教育,第十章清代教育,第十一章近代教育。第四章至第十章大体都包括通论、教育制度、各家教育学说、结论诸部分。第十一章则包括通论、近代学制之演进、近代教育问题。有附录一,收日本学者撰《历代学术与政治之交互影响》。另有参考书目及照片、图表。本书有如下优点。

一、注意教育史基本理论问题的阐述。认为教育史"是记载、解释及批评过去的教育的"。研究目的有二:"要了解现在的教育思潮、教育实施状况及其来源";"即在推知未来的教育应当如何"。强调教育史研究"须用科学的方法":第一步是征集史料,考真伪,别主次;第二步将史料"为有系统的排列","用分析与综合的工夫";第三步说明教育发展、变迁的因果关系。对中国教育发展,划分为三个时代、八个时期:唐虞至战国为第一个时代,又分唐虞至周之东迁与春秋战国两期;秦汉至清咸丰、同治朝为第二个时代,又分秦汉、魏晋南北朝、隋唐、宋元明、清初至咸同五期;清咸同至当时为第三个时代,共一期。认为"自三代至秦为民族习惯之成立与破坏时代",即起于唐虞,成于西周,坏于春秋战国;自秦起复始建设,自汉至清沿为定型,是为"大民族习惯时代"。教育可分三类:一是学习做文章、预备考试的预备做官的教育。一是知晓写字算数,预备生活的平民教育。一是专门研究、传授学术的私人教授,对中国学术贡献最大;清咸同时起是依据民族习惯的旧教育破坏、根据科学的新教育开始的近代教育时代(绪论)。

二、注意在特定社会条件下分析教育变迁。认为:"教育与社会有密切关系,细考各时代之教育制度、教育学说,莫不以当时之社会情形为重要枢纽;社会情形若有重大的变动,教育非与之俱变不可。"(序)因此对撰述着眼点说明道:"(一) 研究教育源起及其变迁之普遍原理,根据在民族心理学及历史学。(二) 研究中国社会之状况,及古代学说之影响,目的在使读者了解社会情形之大要,以便观察各时代教育之背景。(三) 研究中国自古至今教育演进之过程,及其因果关系。"(绪论)据此,全书专撰第三章,各章起首又有"通论"一节,分述社会、政治、思想、文化、风俗等对教育的影响。如第八章述及南北政治统一、儒佛对峙、募兵制度、科举制度、民风士习乃至女子缠足留给隋唐教育的烙印;论述宋代教育则指出尚文、理学和印刷术带来的教育飞跃。皆有见地。

三、注意概括教育的特点。其序言称:注意根据历史事实"提出许多普遍的论断",并"指出各时代教育之特点及其对于社会之影响"。每章"结论"总结这一时代教育特点;古代与近代教育史结束处亦分别予以总体概括;论述某一教育现象亦作出总结。如第四章对三代教育特点的概括:(一) 注重明伦,由家庭向社会国家推演;(二) 注重实行;(三) 注重尊崇古人;(四) 注重服从;(五)注重礼仪之教;(六)注重军事教育;(七)智、德、体调和发展;(八)政教不分。对清前期教育则概括:(一)注重高等教育,其目的"全在安国经邦,造成善良的官吏"。而对如何发展高教"则全未顾及";(二)对于初等教育和普通教育"毫不注意",听任民众自为;(三)不重体育。至此,"旧教育有必须破坏之势"。对中国旧教育的总体把握则曰:"(一)受民族习惯的支配,一切以遵古为尚。"表现为学者"多缺乏进化的观念",政府所重在取人才而非育人才,教育主旨"无非是养成忠君的人才、遵古法的人才"。"(二)教授偏重记忆与模仿,忽视独立的思考","当然无发展个性,及提倡创造可言"。"(三)偏重文艺忽略实用。""除了书本以外,几无教育可言,故'求学'与'读书'几为同义名词。"一方面造就无用的书生,再一方面"物质科学全不发达"。"(四)缺乏周详的教育制度。"指出中国近代新教育特点为:"注重科学,尤其是物质的科学";"注重平均的发展",即德、智、体、职业、美育;"注重实用的教育";"适合学习心理,提倡自动的教育";"打破'百科全书主义',注重专门的研究";"周详的教育制度"。故此,新教育虽阻力重重,但优越性"远甚于旧教育"。

四、注意揭示一个时代教育的历史地位。各章结论部分大都通过比较,说明本代教育的贡献与影响。如第六章指出:"汉以后的教育制度、教育思潮多源于汉。"表现在:(一)"汉尊儒,儒家思想遂支配中国教育界数千年";(二)秦灭后,汉重整理经籍,"遂变为中国数千年的教科书";(三)汉立学校制度和选举制度亦"为后代教育制度所本"。第十章指出清代教育"一在继往,一在开来"。继往指考证学派整理旧有学术,"系科学的方法",但"只以之研究古学,并未以之研究物质的现象",故对中国近代新教育产生并无影响;开来指开始输入西方文化,直接促成中国新教育产生。

五、注意由思想流派把握教育家。如春秋战国列道家、儒家、墨家、法家;汉代述经学家、道家、儒家;魏晋南北朝论经学家、清谈家、佛学家、文学家;隋唐举经学家、儒家、佛家、道家;宋元明析理学家各派;清分经史派、理学派、实利派、天算派、考证派;近代则分专题探讨教育问题。全书论及教育家甚多,列目者就有:老子、孔子、孟子、荀子、墨子、管仲、商鞅、韩非;董仲舒、扬雄、王充;王通、孔颖达、颜师古、韩愈、李翱;王安石、司马光、邵雍、周敦颐、张载、程颢、程颐、谢良佐、杨时、朱熹、陆九渊、吕祖谦;许衡、吴与弼、薛瑄;王守仁、刘宗周;顾炎武、黄宗羲、王夫之、朱之瑜、孙奇逢、李颙、陆世仪、陆陇其、颜元、李塨、胡渭、阎若璩、惠栋、戴震、龚自珍、魏源。

六、注意运用比较方法。一是先后时代比较,揭示出教育的变迁。如比较秦汉与战国,认为战国教育中心在民间,秦汉则在官府;战国教育百家并起,秦汉定于一尊。比较宋与隋唐,隋唐儒佛对抗,宋时儒佛融合;隋唐授经重训诂,宋则主义理;最大差异在于宋代印刷术发展,得书甚易,致使平民得书易,读书机会增多,士人易于博览群书,私人藏书也多,使学术与教育超越唐代(第九章)。比较清与宋明则认为：虽存在学风朴实与空疏、方法重客观考证与重主观省悟之别,但共同的缺点是主要的,即不注重普通教育,教育内容重文艺、轻实用,教学方法偏重书本、忽略接触社会实践和体育。表明旧教育积弊已深。二是中西比较,揭示出中国教育的特点。认为中国旧教育虽多有缺失,但亦有优点：其一,考试制度下的教育具有平民精神,不为贵族与教会所把持；其二,教育专注于人事,不带宗教色彩；其三,教育注重人格感化,感情陶冶；其四,注重个人修养,体验深刻；其五,追求博爱与和平,有很强同化力。并强调：应保存优点,补救缺点,对中国教育问题,"不可专靠输入西洋的学说来解决,必须注意历史的背景与社会的情况；对于西洋学说本身,亦宜加以选择,不可作盲目的介绍"。

全书持论公允,长于概括,灼见迭出,理论色彩浓厚。且又言辞简练,不足十八万字的篇幅,涵盖了中国教育史的基本方面。不足之处在于：社会背景材料陈示嫌多且杂,不少文化史内容也列入教育史范畴,耗费篇幅；议论常是随处发挥,不少见解嫌简浅；教育制度研究薄弱；教育家选择不精,论述不平衡,二三流人物所占篇幅常超过一流人物；编纂体系欠严整,前三章尤成问题。

1935年,作者以内容嫌简略、论述失均衡、体系欠严整,乃增集资料,重新撰写,于1943年完稿,易名《中国教育史》,由教育部大学用书委员会审定为部定大学用书,1945年初版。1957年台北第四版前再作修订,有如下变化。

一、体系作调整。分四编,十四章。原一、三章合为第一编绪论,分教育史的范围、中国社会文化的分析、中国教育史时期的划分三章。以下按原书所分三个时代分为上古教育、中古教育、近代教育三编。二、三编各三章,其中各有一章结论,其他四章为：三代教育、春秋战国教育、秦汉魏晋南北朝教育、隋唐宋元明清教育。第四编保留通论、学制章,增写教育行政、侨民教育、教育思想三章。附录六,四个介绍科举制度,两个介绍近代著名学校。去除枝蔓,显得结构严密,体系完整。

二、内容有增删。删去原第二章,而在第一章中稍加提及。回避教育起源这一重大教育史理论问题,落入传统史学著史断自唐虞之窠臼,实成理论缺憾。删除删略原书大量时代背景和文化史材料,如三代养老、祭奠释菜制度、魏晋南北朝文化艺术史、唐代兵制、清代图书等内容和教育比较的议论等。增加科举制度、学校制度、教育思想内容。删除杂芜、加强薄弱、弥补缺失,突出教育问题和教育史学科特色。

三、教育制度得充实。选士与科举制度大大充实,以求叙述完整,并另撰《各代科举制度之比较》、收录他人撰《漫谈前清考试》及八股文、殿试卷,作为附录。教育制度也大大加强。如原书对西周学校述焉不详,现从学校制度、课程设置、视学养老诸方面详论；原春秋战国私学几近无述,现从官学崩溃、养士风行、私学繁兴诸方面梳理清楚。以下各代学校均作补充,并以学校制度为主,注意官私学校比较。较之教育思想,已不示弱。

四、教育思想有调整。表现为:其一,以儒家教育学说为中心,注意各派的异同、流变。其二,教育家分主次,论述有详略,人物有增删。孔子的论述极详,次详朱熹、王守仁、颜元、戴震,其他简略如故。增颜之推,宋至清间大量次要教育家或删或略。纠正了人物杂陈、主次不分的弊病。

五、近代教育得强化。篇幅从原仅占八之一增至占四分之一强,论述延至1946年;对近代学制演变叙述详尽;增写侨民教育是其特色;增教育思想一章,分述"中体西用"教育思想、全盘西化教育思想、三民主义教育思想三个思潮和代表人物蔡元培,原书近代无教育思想之缺得以弥补。

修订后,无论形式与内容,水平都大有提高。故一再刊印,有十分广泛的流传与影响。直至20世纪八九十年代,仍为台港地区大学普遍选用的中国教育史课程的教材。

(杜成宪)

中国教育史 陈青之

《中国教育史》,三卷。陈青之著。上卷成于1926年,同年出版;中、下卷成于1934年合成三卷,1936年出版。有北京师范大学心理室1926年版(上),商务印书馆《大学丛书》1936年版(上、下)等。收入福建教育出版社《二十世纪中国教育名著丛编》。

陈青之,生卒年未详。名选善,字青之,又字青士。20世纪30年代著文多署"青之"。浙江杭县(今杭州)人。清华学校毕业后去美国留学,获哥伦比亚大学哲学博士。归国后曾任北京清华学校教育系主任,又任上海特别市政府教育局科长、局长。1931年任上海大夏大学教育学院院长兼教育心理系主任,兼任中华职业教育社编辑股主任。有数量可观的教育论著发表。

本书起自原始氏族社会,迄于撰著当时,是一部完整而周详的中国教育通史著作。分六编,编下分若干期,期下列章,共六十五章。目次顺序如下。

第一编,原始氏族社会时代的教育(前3500—前1123)。第一期,商代以上。分初民的生活与教育的起源、汉人臆造之上古教育制度,二章。

第二编,封建时代的教育(前1122—前222)。第一期,西周。分西周社会的概观、后人附会之西周教育制度,二章。第二期,东周。分东周之社会与思想、东周教育家及其学说,二章。

第三编,半封建时代前期的教育(前221—959)。第一期,秦汉。分半封建社会形成之第一幕、儒家学术之独占与教育、两汉学风、两汉教育制度及其实施、两汉教育家及其学说,五章。第二期,魏晋南北朝。分魏晋六朝之政局与民族、魏晋六朝之学风、魏晋六朝之教育、本期教育家及其学说,四章。第三期,隋唐及五代。分隋唐之国力与士气、隋唐学风、唐之教育制度及其实施、隋唐教育家及其学说、唐末及五代,五章。

第四编,半封建时代中期的教育(960—1643)。第一期,宋。分宋之政治与教育的关系、宋代学风及学派、宋代教育制度及其实况、北宋教育家及其学说、南宋教育家与其学说,五章。第二期,元。分蒙古帝国之政治经济与教育、元代教育制度及其实况、元代教育家及其学说,三章。第三期,明。分蒙古帝国瓦解与汉族主权恢复、明代学风之三变、明代教育制度及其实况、初明教育家及其学说、中明教育家及其学说、晚明教育家及其学说,六章。

第五编,半封建时代后期的教育(1644—1861)。分为清帝国之政治与教育、清代学风之复古、清代教育制度及其实况、清代教育家及其学说(一)、(二)、(三)、(四),共七章。

第六编,初期资本主义时代的教育(1862—1934)。第一期,自英法联军至中日之战。分社会之变迁与新育之产生、萌芽期的新教育之趋势及种类,二章。第二期,自甲午之役至辛亥革命。分外力之压迫与新教育之勃兴、本期教育思潮与宗旨、教育行政机关的组织、学校制度及实施、学部成立后学堂教育之推进、留学教育、本期教育家及其学说,七章。第三期,自民国建元至欧战告终。分民国成立后七年内之教育背景与教育、教育思潮与宗旨、本期教育制度、小学教育之改制、本期教育之实际情形,五章。第四期,自五四运动至"三一八"惨案。分 1919 年之解放运动、教学法之进步、教育制度之改造、三种教育之运动、结论,五章。第五期,自国民政府建都南京至现今。分国民革命与教育、中国国民党之教育宗旨及教育政策、国民政府之教育制度、现今教育之趋势、中国教育今后之出路,五章。

本书特点表现在如下几方面。

其一,注意对教育和教育史基本理论问题的阐述。指出:一切意识形态莫不建筑于经济基础之上,作为社会现象,"教育属于意识形态之一种"。教育思潮之起、教育制度之成,均以社会为背景、以经济为基础,否则即无所谓教育与教育史。社会是变化的,教育也随之变迁。"教育发生于实际生活的需要",原始时代的教育以"维持个体,保存种族"为目的,没有阶级性,"与劳动是一致的"。私有制产生后,阶级产生,文字发明,有了分工,"教育与劳动从此分家"。教育成为统治工具,无独立可言,"教育万能"、"教育神圣"说均为自欺欺人。认为:教育史内容包括实际(教育制度、教育实施、教育者生活)与理论(政府教育宗旨、学者教育思想、时代教育思潮)两方面。研究教育史为了(一)说明历代教育制度与学说之变迁原因;(二)比较各时各地教育之异同与升降;(三)阐发教育与政治经济的关系及统治阶级对教育的利用;(四)更以客观态度批评历代教育得失并标明其特异之点。认为:中国教育史研究有三难,即可靠的材料、真实的背景、适当的编制。这是因中国古籍真伪难辨,而考古学尚幼稚;中国社会发展阶段尚无定论;依据历史分期确定教育史分期标准难定夺。强调:中国民族思想自西周至当时"总是以儒家思想为中心",其发展与社会发展相伴随:商以前为氏族社会,为前生期;西周为典型封建社会,为形成期;秦汉至清后期为变形封建社会和半封建社会,为流传期;最近六十年为初期资本主义社会,为动摇期;自国民党改组以来,为孙中山学说支配期,但孙中山学说以儒家思想为骨髓、以欧美社会学说为资料、以现代中国与世界为背景融合而成,不可忽略儒家思想对中国社会的支配。主张将中国教育分为六期。

对中国教育史还提出一些总体评价：中国学校教育两汉为启蒙期，魏晋六朝为停顿期，唐宋为发达期，元明清为衰落期；君主专制时代以培养治术人才为宗旨，故只有成人教育。民众的、基础的教育，听其自生自灭；中国旧式教育，学校与科举相始终，科举萌芽于汉魏六朝，极盛于明清，"二千年的教育制度史就是一部科举制度史"；中国古代教育家分汉学与宋学两派，前者以读书为目的、后者以修己为目的，前者为记诵主义、后者为实践主义，汉、唐、清教育家属前者，宋、元、明教育家属后者。以上观点体现于撰述过程。

其二，注意从时代特征（政治、经济、文化、学术等）入手考察一个时代的教育。在论述每一期教育之前，均专门列章，以明背景。如指出隋唐国家特征为"政权集中与国力外张"，文化教育遂为各国中心并广播于国外；国运昌则社会安定、富足，缺乏思索人生之热情，遂致思想贫乏；因佛教兴盛与科举导向，崇佛尚文成风，儒学"反形退化了"。分析清代学术和教育四大流派——性理学派、考证学派、今文学派、古文学派的形成，认为皆导因于对明末王学空疏的反动而产生的怀疑精神，由此渐次向宋学（性理）、汉学（考证）回溯，又由东汉返于西汉乃至于周秦（今文、古文）时代。分析中国近代新教育产生，认为有外、内二因。外因为帝国主义文化、军事入侵带来心理和物质上的变动，即由天朝古国自居变而为承认技不如人并"当心相求"，由闭关自足的农业经济变而为门户开放并加入世界经济关系；内因乃人口剧增，一则导致向南洋移民加速内外交流，一则致使内乱频发，加之政治腐败，社会巨变一触即发，教育必随之而变。分析教育家亦无不从其时代、国度、家庭影响入手。

其三，对教育家及其教育思想把握比较准确。一方面，介绍教育家思想能据其具体贡献择要而述。如对老子，述其无为主义、禁欲主义和绝学主义的教育观；对孔子，述其性近习远和智慧三等说，"君子"的教育目的，归纳（学）与演绎（思）并用和反复练习与兴味主义并举的学习方法论，行重于知、因材施教和启发自动的教授方法；对墨子，述其兼爱主义的教育宗旨，提倡积极精神、牺牲精神和平民精神的思想教育，以"所以然"为追求的方法论教育。又如对王守仁，述其心即理说，致良知的教育论，知行合一的道德教育和学习论，重在点化的教授法，儿童教育论。再如述民国初至一次世界大战结束期间的教育思潮有三：军国民教育（蔡元培）、国民教育（汤化龙）和实用主义教育（黄炎培），并分别派生出劳动主义教育、公民教育和职业教育。所述皆精而不滥。另一方面，对教育家的理解与分析较切合实际。如评析朱熹，认为从学术史上看，其集宋学之大成，却又重古籍整理，"实开后世考证学之先声"；从思想史上看，其学说支配中国社会历元、明、清三朝而不衰，可算是"孔子以后孙中山以前的第一人"。再如评析近代"中体西用"的教育思想，其实质是既接收西方物质文明（科学技术），又坚守本国精神生活（礼教伦常）的调和结果，这种思想在世纪之交前后数十年里，"勿论新进知识分子或官僚阶级，大体上全是一致的"。所论均公允得当。

其四,擅长评价,评说教育家和教育史实比较全面,不执一端之辞。评价庄子借伯乐治马故事批评"教育杀人"的社会现象时认为:"极有道理,我们不能一概抹煞。教育确有杀人的地方,吾人倘若受了不良的教育,真个不如不受教育的好,这是实在的情形。但因此之故,便要灭绝智慧,反对一切教育,未免因噎废食了。"评价汉学"一经说至百余万言"的学风时指出:其弊在"支离破碎","缺乏开展思想的机会",其利在"实事求是,精密搜讨,确含有几分科学的精神";整理古籍以利后人,而于个人品德修养却"毫无关系"。评价清末"新教育"时认为:其成就在于新教育有长足进步,教育行政与学校制度较为完备;其不足在于:"完全为模仿的,没有一点创造精神。"表面上的新教育,"骨子里仍是旧教育的势力来支配",对女子教育"还是极端的贤妻良母主义"。清末兴学,政府与人民追求迥异:在政府,迫于被动挨打而兴学,却又深恐新思想产生和学生参与国事;在人民,则希望铲除专制政体,建立新的社会经济组织。由此引发辛亥革命及其教育。评价皆全面而切中肯綮。

其五,注重运用比较方法,揭示教育特点与贡献。一是比较中国不同时代的教育,论其长短。如认为:"孟子是先天论者,以人性为善,所以对于教育的功用在培养,顺其自然。荀子是经验论者,以人性为恶,所以对于教育的功用在积伪,严加干涉。"而在教学论方面,"孟氏远不逮荀氏"。又认为董仲舒借助国家力量推行其教育政策,是"政治家的儒者";郑玄是以讲学方法宣传其教育宗旨,是"学者派的儒者",是为中国儒家学者的两种典型。认为朱熹与王守仁,"晦翁是重经验的,阳明则重直观;晦翁是二元论者,阳明则为一元论者;晦翁所采的归纳法,阳明所用的演绎法"。一是比较中外教育,评其得失。比较老子与法国启蒙教育家卢梭的自然主义教育,认为内涵"殊不相同"。卢梭"极力鼓吹个性的发展",其自然主义偏于情感欲望的实现;老子的自然主义限制个性,禁绝感官欲望,含有"深刻的理性意味"。比较孟轲与美国现代实用主义教育家杜威,认为"孟子的培养说与美(国)人杜威的生长说颇相类似,皆是从内面向外发展的。不过后者包括身心全体,前者偏重于心的一方面;所以杜氏并注意于感官的发达,孟子视感官为小体,不以重视"。此亦为中西教育发展观之差异。再如,认为汉代"转相授受"的"传递式等级教授法","仿佛与欧洲中古时代僧侣学校的教授法相似"。

其六,对当时学术界理论动态反应敏感,不少理论和争鸣问题均在书中留下痕迹。认为中国古籍"真伪难辨","可靠性太少",显见20年代疑古思潮和"古史辨派"观点的影响;认为中国社会发展阶段尚无定论,并将中国社会历史假定为氏族社会(商以前)、典型封建社会(周)、变形封建社会和半封建社会(秦汉至清),实是受二三十年代中国社会史大论战影响。又如,认为"教育属于意识形态之一种,也是建筑在经济基础之上";原始社会"教育与劳动是一致的";私有制产生后"教育为阶级支配的工具";告子人性学说"比较孟子来得切实且具体",荀况学说较孟轲更为进步;以及全书对教育史实坚持运用"二分法"作分析,表明对历史唯物主义和辩证唯物主义方法的吸取。

此外,全书体系宏大,内容全面,编排亦较合理。古代与近现代内容比例较合适,约为二比一;教育思想与制度力求兼顾,并能根据时代的具体情况有所侧重,如春秋战国和宋代以思想为重,汉唐则以教育制度为重;对"教育制度"的内涵规定比较合适,对科举制度不列专章,叙述也不膨胀。

此书不足在于:教育制度论述显弱,宋、元、明、清诸代尤甚,同时代教育思想的论述却嫌膨胀,教育家网罗过多。私学的论述更嫌薄弱,不仅未列节目,甚至极少涉及。以今铸古附会之说亦复不少,如以汉代学制已形成高等教育、中等教育和初等教育,以唐代已有文、理、法等分科,大、中、小学之分级。分章也嫌过于繁杂,不少章节实可以归并。然此书仍以其理论性强、体系严整、评析中肯、见解独到,成为20世纪30年代数量众多的中国教育史著作中最有成就者之一。30年代末被译成日文在日本出版。

(杜成宪)

中国近代学制变迁史 陈宝泉

《中国近代学制变迁史》,一卷。陈宝泉著。1927年北京文化学社出版。

陈宝泉(1874—1937),字筱庄。天津人。清光绪二十三年(1897)考取京师同文馆算学科预备生。1903年留学日本宏文学院师范科,次年归国后入直隶学校司。1905年春任图书科副课长,主持编辑《直隶教育》杂志和《国民必读》、《民教相安》等教科书。1910年任学部实业司司长。1912—1920年任北京高等师范学校校长,在职期间,将原京师优级师范学堂的英语、理化二部,扩充为国文、英文、史地、数理、理化、博物六部,增设附属中小学、教育研究科、职工养成科、体育专修科、东三省师范养成班;筹集经费,完成各科实验室、图书馆、体育馆、工业部的建设;倡设运动会、辩论会、游艺会、新剧团、雅乐团等,引导学生全面发展,奠定日后北京师范大学的规模。1917—1919年先后去日本、菲律宾、美国等地考察教育。其间兼北京通俗教育会会长,与胡适、陶行知合编《孟禄的中国教育讨论》。1922年任北京师范大学筹备会委员。1929年任天津特别市政府参事、教育部名誉编审。1931年任河北教育厅长。另著有《考察日本菲律宾教育记实》、《九国欧美教育考察团教育报告》、《退思斋诗文存》。生平史料见《五十自序》等。

《中国近代学制变迁史》是民国时期第一部较全面地论述近代学制变迁的专著。在本书"自序"中说明了写作原因,当时世界各国教育制度日新月异,中国因没有专门书籍论述近代教育制度的发展,无法与世界各国相比较,从中发现适合国情的新教育。陈宝泉在北京师范大学曾主讲中国近代学制这一门课程,又亲身经历过多次学制改革,因此在1925年至1927年以讲义为基础,三易其稿,完成此书。本书阐述了鸦片战争后至1922年学校系统改革案颁布时期约六七十年时间内中国学制的变迁状况,同时兼涉教育行政制度和教育研究组织的沿革状况。它把中国近代学校教育制度的发展分为五个时期,分期论述。书前有"自序"、"凡例"、"序说"。

序说。提出中国现代学制不是起源于古代学校,而是起源于清季新式学堂。有系统的学校组织始于钦定学堂章程。此后中国近代学制在世界教育潮流的影响下逐步向前发展。

第一期,无系统的教育时期。分析了鸦片战争后中国的兴学动机是缘于外在的影响,一是外交失败,一是震慑于西方的坚船利炮。因急于养成翻译人才和制造船械人才及海陆军人才,外国语及海陆军教育成为这一时期教育的中心。简述了京师同文馆、上海方言馆的创立及办学概况,中国近代第一次派遣留美幼童的经过;及福州船政学堂、北洋水师学堂和武备学堂的创办情况。提出此一时期学堂以注重实用为特点。而在这一时期出现的南洋公学将"学校分为三等(外院、中院、上院)已寓普通学校及预备教育之意味",这是教育界由注重实用主义转向文化主义的开端,是学校系统出现的萌芽。

第二期,钦定学堂章程时期。分析1902年颁布此一章程的历史背景和思想背景。指出庚子赔款和甲午海战使中国开始醒悟洋务运动失败的原因。"皆知中国当时之大患,苦于人才不足,而人才不足,由于学校不兴。"1898年光绪下定国是诏,诏令创办京师大学堂,并制订了详细章程,开设中小学堂,改书院为学校。这些教育改革因百日维新失败而告终。辛丑条约后,1901年清政府施行"新政"派张伯熙为管学大臣,遂颁布钦定学堂章程。考察筹办京师大学堂和拟定学堂章程体系,都曾参照外国的学制,尤其是日本的学制。略叙京师大学堂章程,介绍了大学专门分科课目,及其预备科、仕学馆和师范馆的课目;京师大学堂官制系统,学生入学资格及学额,依照科举制实行的学生出身奖励制度以及建置设施。分别从总纲、功课教法、各种规则、一切建置四个方面概述了高等学堂章程、中学堂章程、小学堂章程和蒙养学堂章程。

第三期,奏定学堂章程时期。分析1904年颁布奏定学堂章程的原因在于钦定学堂章程尚待完善和满汉之争及张之洞入京办理学务。通过比较两个章程,提出奏定学堂章程补益和变更了钦定学堂章程。其补益之处如在学制系统中刷去蒙养学堂,另定蒙养院章程;详订师范学堂章程,农、工、商实业学堂章程。其变更之处如在学务纲要中提出分年递减科举中额,专设总理学务大臣的措施,在学校系统中,大学堂内分通儒院和大学本科两阶段;中小学注重读经讲经以存圣教;学校考试依循科举奖励出身等。在实施过程中,陆续颁布的变通初等小学堂章程、变通中学堂章程、简易识字学塾章程,对奏定章程作了修正。作者对章程作了较高的评价:"奏定学堂章程,对于上列各种学堂,均有详细之规定,而其设学宗旨,俱见于所订学务纲要中,学务纲要所注意之点,撮举之计有三类:(一)指示当时设学者之办法;(二)解除社会对于学校之疑虑;(三)禁戒学校中有害国体、有碍名教之趋向,而尤注重于师范及实业学堂。其主张之是否正确,因限于时代之关系,姑不具论,然……其间虽有多少之改革,大致不过修正科目而止,其宏纲巨领,仍不能脱其规定之范围。故奏定章程在我国教育史上,实具有可供研究之价值也。"

第四期,民国新学制颁布时期。中华民国成立后设置了教育部,第一届教育总长蔡元培在任内提出"对于新教育之意见",确定了国民教育的理想;召集临时教育会议,并依据其议案建立了民国新学制。1912年教育部颁布教育宗旨为"注重道德教育,以实利教育、军国民教育辅之,更以美感教育完成其道德"。作者指出民国新学制仍以日本学制为样本。介绍新成立教育部官制和各省区教育官制及劝学所规程。详细阐述民国四年以后,汤化龙任教育总长时对学制的改革,指出由于普及教育呼声渐高,于是改小学为国民学校,颁布地方学事通则,颁布办理义务教育实施程序。介绍我国京兆及直隶、山东、山西等十九个省区施行义务教育的状况,及我国自清末实行义务教育的经过,绘制以1916年状况为主的中国各省区人口、学龄儿童数、入学儿童数以及所占百分比的统计图表。

第五期,学校系统改革案颁布时期。指出学校系统改革案颁布是由教育思想逐渐发展所引起的。1918年曾有改定教育宗旨为"养成健全人格,发挥共和精神"的提议。大批归国留美学生提倡美国"六三三学制"。1921年第七次全国教育会联合会上,中国十一个省区提出了各自的学制系统草案。教育部根据1921年和1922年教育会联合会议决案颁布学校系统改革案。确立七项标准为:"适应社会进化之需要,发挥平民教育精神,谋个性之发展,注意国民经济力,注意生活教育,使教育易于普及,多留各地方伸缩余地。"确立"六三三学制"系统。提出新学制的课程标准,其中包括小学、初级中学、高级中学、师范学校的课程和学分及各级各科职业学校学程。提出在新学制的实行过程中,教育部特别注重大学专门教育和中等教育的发展。本书后附1902年、1905年、1909年、1923年全国小学、中学、大学大专人数比较表。

（商丽浩）

平民教育概论 晏阳初

《平民教育概论》,一册。晏阳初著。1928年商务印书馆出版,系《平民教育丛书》之一种。

晏阳初(1890—1990),四川巴中人。从小受教会学校教育,1916年留学美国耶鲁大学。1918年毕业后赴法国为战地华工服务,组织识字教育,为其平民教育事业的开端。1919年入美国普林斯顿大学研究院修历史学。1920年回国,推行平民教育。1922年主编出版《平民千字课》,并先后在湖南、山东、上海、直隶等地推行平民教育实验。1923年,以"除文盲,作新民"为宗旨成立中华平民教育促进会,任总干事。1926年把"平教会"的工作重心由城市转向农村,在河北定县进行平民教育与乡村改造运动的实验。后任河北省县政建设研究院院长,华北农村改造协进会执委会主席,并在四川、湖南等地从事农村改造活动。1940年任私立中国乡村育才院(又各乡村建设学院)院长,培训县政干部。1943年被"哥白尼逝世四百年全美纪念委员会"选为十名"现代世界具有革命性贡献伟人"之一。1950年后定居美国,多次去世界各国考察,在国外推行平民教育和乡村建设的主张,曾主持于菲律宾成立国际乡村改造学院。1985年和1987年两次应邀回国访问,被推为中国欧美同学会名誉会长。其著作辑为《晏阳初文集》、《晏阳初全集》。生平事迹见《九十自述》、《晏阳初年谱》(均收入宋恩荣编《晏阳初文集》,教育科学出版社,1989年)。

"民为邦本,本固邦宁"是作者一生从事平民教育和乡村改造运动的根本信条。他自青年时代起,就想通过教育的力量拯救国家,认为"教育界可以支配中国,支配前途,改造社会"。主张办教育既不崇古,也不仿欧,努力探索教育中国化的道路。他提出"深入民间","与平民共同生活,向平民诚心学习"等乡村改造运动的十大信条,试图通过四大教育,即文艺教育、生计教育、卫生教育、公民教育,解决中国农村"愚"、"穷"、"弱"、"私"的基本问题,使广大农民成为具有知识力、生产力、强健力与团结力的"新民",并形成了学校、社会、家庭三种平民教育实施方式。

晏阳初的平民教育思想基于对中国几千年传统教育忽视民众、脱离社会生活实际及近几十年的"新教育"东抄西袭、不合国情的批判,希望通过读书识字,使广大民众具有解决问题的知识和能力,养成民治精神,以达救国目的。他认为平民教育乃中国二百兆民众之教育,与以前慈善性质的"贫儿"教育有显著不同:它是科学的,一切做法均经过科学研究,以教育原理为依据;是实践的,事事经过实验,看其是否适用;是正宗的,作为终身职志,而不仅仅是慈善事业的附属品。平民教育运动就是全民教育运动,应体现无宗教、无党派、无主义之分的超然性;同时也是义务的、地方自给的、人人有份的和以民为主的。即一切为了人民,一切要适应人民的需要。

《平民教育概论》是作者有关平民教育理论的代表作。内容涉及九个方面。

一、平民教育的意义。作者指出,人的人格本来平等,原无上下高低之分,因为社会制度不良,一部分人得有受教育的机会,一部分人没有受教育的机会,于是各人的学问、德行显出不同,而人格的上下高低亦即由是而判别。因此,在社会组织未经改良之前,唯有努力于教育机会的平等,使人人所蕴蓄的无限能力都有发展的机会,人格不平等的原因就可以消除了。平民教育正是要指导这一般失学的,或粗通文字而缺乏常识的青年和成人,以文字教育提高民智,以生计教育充裕民生,以公民教育造成热诚奉公的公民。即平民教育的目的在于养成有知识、有生产力和公德心的"整个的人"。

二、今昔平民教育的区别。作者从五个方面作了比较:"以前把平民教育视为慈善事业,今天则作为民主国家里最重要、最正宗的教育事业;以前多是中等以上的学生,于求学之余附带办理,今天则须有专门的人才,专门的研究和专门去办;以前是零零碎碎,彼此缺乏联络,今天是有组织、有系统;以前只是授予文字教育,今天是培养整个的人;以前区域狭小,今天正有普及全国之势。"

三、平民教育的急需。作者借用"齐家、治国、平天下"阐述了平民教育的迫切性和重要性。通过教育家长,使其认识到送子女上学的重要;家长若是有了学问、有了道德,就能协助学校教育,在培养儿童上收最大的效果。通过平民教育,提高民众的知识,才有实现真正的民主政治的希望。平民教育是开发民众"脑矿"的最简单、最适用的工具,使大多数人民均有受教育的机会,才能多育人才,从而担负国家的各种责任。平民教育还与中国在国际上的地位及保持世界和平有着密切的关系。

四、平民教育的原则。包括全民的、以平民需要为标准的、适合平民生活状况的、根据本国国情和人民心理的、地方自动负责的、人人有参加的可能等六条。

五、平民教育实施的方法。有学校式、社会式和表证式三种。

六、平民教育的现状。介绍了国内外(包括华侨)平民教育事业发展的状况。

七、平民教育总机关的组织。包含行政、研究和训练三种制度。

八、平民教育运动的使命。在于"作新民":养成有知识、有生产力、有公共心的整个人;养成社会健全的分子,发展社会的事业;养成建设国家的国民,增高国际的地位。

九、平民教育推行的政策。采取鼎足而三:地方人士共同提倡、协助;培养或聘请专家实施、指导;地方政府补助经费,维持秩序,并规定奖惩办法。

平民教育运动是五四时期的一种新教育思潮和活动,是民主思潮在教育上的反映,运动的组织和参与者,对平民教育的目的、意义和范围等均有不同的解释。初步具有共产主义思想的知识分子,逐步以工人群众为主要对象,进行马克思主义宣传和文化知识教育,引导和组织工人群众参加革命斗争。一些受杜威实用主义思想影响的知识分子主张"教育救国",以平民教育实现平民政治。晏阳初的平民教育实验同样如此,试图从教育的立场出发,解决农村现代化问题,达到"民族再造"。

当然,"用历史唯物主义的观点来看,晏阳初提出的在社会不良制度未改变之前,教育能够单独负起支配国家前途,改造社会的主张,历史证明这条道路也是行不通的。但是晏阳初身体力行,以全部的热情与精力投身于规模空前的平民教育运动,应该说是反映了关心国家命运的爱国知识分子的忧患意识和民族责任感,是有进步意义的爱国行动"(《晏阳初文集》周谷城序)。他的具体实践也为今天的教育改革提供了有益的借鉴。

有关研究著作,参见毛礼锐、沈灌群主编《中国教育通史》(山东教育出版社,2005年)、宋恩荣《教育与社会发展——晏阳初思想国际学术研讨会论文集》(湖南教育出版社,1991年)等的有关部分。

(周谷平)

近代中国教育思想史 舒新城

《近代中国教育思想史》,一册。舒新城著。上海中华书局1929年出版。收入福建教育出版社《二十世纪中国教育名著丛编》。

作者生平事迹见"近代中国留学史"条。

《近代中国教育思想史》全书共二十一章。除第一章导论、第二章鸟瞰、第二十一章结论外,其余十八章每章各分析一种教育思想的产生背景、变迁发展轨迹、在教育理论和实践中的影响等。涉及范围上自19世纪60年代,下迄20世纪20年代,对六十年间在中国近代教育发展过程中产生的重要教育思想均有所论及。

第一章,导论。分析了思想与思想史、教育思想与教育实际的关系,提出撰写本书的目的在于:(一)用历史的、进化的观念,证明种种教育思想都是当时应付环境解决问题的假设,并不是天经地义,人人可以创造,并不一定要抄袭外国的。(二)用事实证明教育思想是由教育实际产生出来的,研究思想史不可丢开事实空为玄谈。(三)从历史的实证中求出中国近代教育思想产生发展的内在联系,"供给一点创造中国新教育的资料"。(四)从历史上证明教育不是一种独立的社会活动,"常常受制于他种现象,使教育者于教育之外努力改造社会"。

第二章,鸟瞰。总论中国近代新式教育的产生,"完全为外力所逼成","将西洋工业社会的教育制度移植过来,其根本原因可以'势迫处此'四字包括之"。认为对近代教育思想起支配作用的,"首推政治思想,次为社会思想,第三为世界思潮,第四为学术思想"。指出近代教育思想的发展,在清末以被动的、模仿的为其特征;民国以来,以创造的、自动的为其特征。

第三章至第十九章,分别论述方言教育思想、军备教育思想、西学教育思想、西艺教育思想、西政教育思想、军国民教育思想与军事教育思想、实利教育思想与实用教育思想、美感教育思想、大同教育思想、职业教育思想、民治教育思想、独立教育思想、科学教育思想、非宗教教育思想、国家教育思想、公民教育思想、党化教育思想等。各章结构均为三部分：背景、变迁、影响，在以一种教育思想为主线展开论述的同时，注意到同一时期不同教育思想的相互渗透、吸收与影响；也注意到不同时期同一种教育思想的发展演变。

第二十章，近代中国女子教育思想变迁史。把女子教育思想单列一章展开论述，作者认为，中国近代女子教育思想萌发于中日甲午战争之后，历经了"贤母良妻主义"、"培养女国民"和"男女平等教育"三个阶段。梁启超是提倡"贤母良妻主义"的代表，"他之提倡女学，系为外侮所激，所以以强国保种为女学最后的目的"。但"此时所谓贤母良妻完全从男子底方便上着眼，并非以女子的天禀为本，故教育主旨重在服从"。1913年，江苏金一著《女界钟》，宣传女子救国的主张，鼓吹女子参政，提出女子受教育应以养成有人格、有个性的人为宗旨，代表着女子教育思想发展的第二阶段，女子教育，强调国民义务的灌输。1917年，胡适发表《美国的妇人》一文，提出女子教育"超贤母良妻"的意见，主张培养女子的"自立"观念。1922年，高一涵讲演《女子参政问题》，批评女子教育偏重于家事教育的不合理，认为女子要想成为社会的一员，非打破现存的使女子在知识上不能与男子平等的教育制度不可。上述言论标志着女子教育思想发展的第三阶段：女子与男子有同等的人格，对社会对国家亦负有同样的责任，因此，男女应受平等的教育。此外，作者指出，"民国以来还有一种绵延不断的女子教育思想"，其内涵是"既不把女子当作男子看待，也不专重她们底国民责任方面，更不视为男子附属品的妻与母，只从女子底特质及其对社会应负的责任上施以特殊的教育"。作者认为，上述四种女子教育思想之产生，"不是偶然的，有共同的原因，也有特殊背景。前者为社会组织的变更，后者为家族思想、国家思想、人权思想、科学思想的激荡"。

第二十一章，结论——六十年来中国教育思想总评及今后的途径。集中阐述了作者关于近代教育思想发展的基本观点，主要是：（一）近代以来各种教育思想之发展与其起伏，均有政治的、社会的因果可寻，教育本身并不是独立的活动。（二）数十年来中国社会与政治变动甚剧，影响及于教育思想而不能有直线的发展，只有曲线的进步。（三）近代以来虽然各种教育思想纷然杂呈，但始终无中心思想贯彻一切。（四）近代以来的种种教育思想都只在表面上浮沉，其潜在的伏流自始至终不被截断，"而且不时抬起头来，冲断浮流"。伏流的枝节很多，其大者为科举遗毒和复古思想。作者对今后教育的发展提出四点结论：第一，争取经济独立，应提倡生产教育；第二，争取在国际上自卫，应提倡军事教育；第三，要民众对于国事负有责任，应提倡民治教育；第四，要普及教育，应提倡导师考试制的教育。

《近代中国教育思想史》是第一部系统研究中国近代教育思想发展的学术专著。作者力图运用唯物辩证的历史观，"从经济制度、历史背景中研求"近代教育思想发展的规律及特点，第一次提出"教育思潮"的概念。全书史料翔实,立论较为公允。20世纪三四十年代出版的中国教育史著作中,有关近代教育思想的分析与论述,从整体框架到主要观点多受其影响。

(田正平)

新教育大纲 杨贤江

《新教育大纲》,杨贤江著。1930年由上海南强书局作为《新兴社会科学丛书》出版。1936年曾被列为禁书,1937年发行第三版。1961年人民教育出版社重新出版。1982年教育科学出版社将此书的删节本收入《杨贤江教育文集》。

杨贤江(1895—1931),浙江余姚人。1917年毕业于浙江省立第一师范学校。1919年参加少年中国学会,任南京分会书记。1921年起任上海商务印书馆编译所《学生杂志》编辑。1922年加入中国共产党。先后在上海大学、上大附中等校执教,并兼任浙江春晖中学教务主任。1925年参与发起组织上海教职员救国同志会。1926年10月至1927年3月,参加上海三次工人武装起义。第三次工人起义胜利后,被选为上海临时市政府委员。"四一二"事变后,任武汉国民革命军总政治部《革命军日报》总编辑。同年10月流亡日本,担任中国留日学生中共特别支部负责人,并从事研究和翻译工作。1929年5月回国,曾任中共中央文化工作委员会委员,参与组织中国左翼作家联盟、中国社会科学家联盟等。主要著作尚有《教育史ABC》,并有译著《家庭、私有财产及国家之起源》等。后人编有《杨贤江教育文集》(教育科学出版社,1982年)、《青年修养与青年教育》(天津人民出版社,1982年)。生平事迹见《杨贤江纪念集》(商务印书馆,1985年)、金立人和贺世友《杨贤江传记》(江苏教育出版社,1990年)等。

《新教育大纲》是杨贤江受中共中央文化工作委员会的委派而撰写的,是其最主要的教育著作,集中反映了他的教育思想,也是我国第一本运用马克思主义观点,比较系统地阐述教育理论的著作。作者在"序言"中明确指出,"该书以青年为阅读对象","特别是拿有志于教育战线的青年斗士为目标"。目的是为了向他们"解释教育的本质,说明教育的作用,并辟除对教育的迷信,纠正对教育的误解"。全书除序言和绪论外,共分三章十六节。

第一章,教育的本质。这是全书的主要部分,共分四节。第一节,教育是什么。作者根据唯物史观,明确写道"教育是社会上层建筑之一,是观念形态的劳动领域之一,是以社会的经济结构为基础的"。同时又认为,教育与法制、宗教、道德、艺术、哲学等等上层建筑有区别,它不像别的精神生产各有各的内容,而是以其他的各项精神生产的内容为内容。所以,教育不仅受制于经济及政治,同时也受制于其他各项精神生产。第二节,教育的本质及其变质。作者指出,教育从本质上来说,它是为帮助人营社会生活的一种手段,是全社会的统一的。然而,自私有制产生,社会分化成阶级以后,教育便成了阶级的教育。阶级社会的教育具有五大特征:一是教育与劳动分家;二是教育权跟着所有权走;三是专为支配阶级的利益;四是两重教育权的存在及对抗;五是男女教育的不平等。上述现象,在原始社会,即无阶级社会中是不存在的,所以它们仅是教育的变质。第三节,批判几种对教育的曲解。第四节,教育的效能。作者在这两节中,先是针对当时"最流行即最被人迷信"的曲解教育的四种观点,即教育神圣说,教育清高说,教育中正说,教育独立说,一一作了分析批判。接着,又着重批驳了三种错误的教育效能观,这就是教育万能说,教育救国论,先教育后革命说。

第二章,教育的进化。共分四节,依次叙述了原始共产社会、封建社会、资本主义社会和社会主义社会的教育。在第五节"原始共产社会的教育"中,作者分析了原始社会的教育内容和教育方式,指出原始社会的教育特征是:"无阶级性,无尊重私产、拥护支配权的内容,教育与劳动不分,是每个人,无论男女,都有受教育的权利与义务。"在第六节"封建社会的教育"中,作者以欧洲和中国为代表,对封建社会的教育作了分析。指出欧洲中世纪的基督教教育、武士教育、大学教育和市民教育,其实质"是阶级性的教育,不是全人类社会的教育"。中国封建社会的教育内容注重道德,教育目的在于"养成官僚和豪绅——所谓'士大夫',以帮助封建阶级去实行剥削,维持秩序"。关于资本主义社会教育,作者指出,它确实比中世纪教育新颖、进步,然而资本主义社会教育也并不是代表全社会全人类的利益,而是代表某种特殊阶级的利益。他批驳了所谓"新教育"的五个特征的虚伪性,揭露了资本主义社会教育的两大特征,即独占化与商品化。在第八节"社会主义社会的教育"中,作者根据马克思主义经典作家在《共产党宣言》和《哥达纲领批判》中有关教育问题的论述,认为"教育与劳动的结合"、"对一切儿童施行公共的和免费的教育"、"与国民小学一起还有技术专科学校(理论的和实习的)"等,是马克思的一贯思想。指出社会主义社会决不是一朝一夕所能整个实现的,在资本主义社会和社会主义社会之间,必然有一个无产阶级专政的过渡时期。这个过渡时期的教育虽然与资本主义社会教育一样,也是阶级的,但它同资本主义教育又有本质的区别:一是教育权跟政权一样,不在资本家手中,而在无产阶级手中;二是以养成无产阶级的忠实斗士,并且由此以准备将来的无产阶级社会为目的;三是公然宣称教育为阶级的政治的。

第三章,教育的概观。共分八节。第九节"教育与经济";第十节"教育与政治"。作者在这两节中,运用马克思主义的基本原理,正确地阐述了教育与经济、政治之间的辩证关系。他说:"教育这种上层建筑自是依据经济基础以成形,且跟随经济发展以变迁的。"同时,教育同上层建筑的其他意识形态一样,"对于社会的经济结构也有影响的作用"。如资本主义社会各种产业教育的发达,固然是机器大工业生产带来的成果,但同时对资本主义生产的发展也起了促进作用。关于教育与政治的关系,作者指出,政治本身也属社会的上层建筑,同样要受制于经济。不过,教育与政治相比,教育是较为第二义的,较为派生的。因此,教育"不仅由经济所决定,也由政治所决定"。然而教育对政治,对革命也有影响作用,甚至在一定条件下,"教育也有率先领导或者促进的功用"。这种"功用"具体表现为:在革命过程中,教育是革命的武器之一;在获得政权之后,教育又承担起教导民众、训练民众的责任,起着"保卫政权并促进政权"的重要作用。《新教育大纲》中关于教育与经济、政治相互关系的论述,是以前"未经中国人道过的新说"。杨贤江是中国教育史上,第一位用马克思主义观点比较系统地阐明教育与经济、政治之间辩证关系的教育理论家。第十一节"教师"。作者明确指出,教师是"工银劳动者","属于被支配阶级"。在中国现代教育史上,第一次对教师的阶级地位作出了科学的论断。并且认为,在变革社会的斗争中,教师担负着使自己成为革命的教育工作者,以及指导学生和民众去从事革命的重大政治使命;为了完成肩负的重任,教师必须组织起来,结成团体。上述关于教师问题的论述,是在当时其他教育书籍中难以找到的"新的见地"。第十二节"学生"。与一般的教育理论著作不同,作者站在政治的立场上,分析了当时中国学生所面临的问题,以及学生运动的状况,指明了今后学生运动的任务。第十三至十六节,分别介绍了"劳动阶级的教育运动"、"教育劳动者的国际组织"、"美国的教育"和"苏联的教育"。

关于《新教育大纲》的研究,主要有潘懋元等《马克思主义教育理论家杨贤江》(光明日报出版社,2005年),孙培青、郑登云编《杨贤江教育思想研究》(华东师范大学出版社,1989年)等。

(金林祥)

比较教育 常导之

《比较教育》，副标题为"俄意奥丹土日瑞比八国教育概况"。一册。常导之编著。1930年出版，收入中华书局编辑的《教育丛书》。

常导之(1896—1975)，名道直，以字行。江苏江宁人(今南京)。早年就学于南京金陵大学、南京高等师范、北京高等师范。1924年公费留学美国，获哥伦比亚大学硕士学位，后入英国伦敦大学和德国柏林大学的哲学系学习。1928年归国，任中央大学教育系讲师。后在安徽大学、北平师范大学、中央大学等校任教授、教务长、系主任等职。1943年任教育部中教司司长，第二年改任教育研究委员会主任委员。抗战结束后，先后在中央大学、四川大学任教，兼任西北师范大学和台湾省立师范学院的特约教授。1951年起在华东师范大学任教。1947年当选为联合国教科文组织中国委员会委员。其著述尚有《教育行政大纲》、《德、法、英、美四国教育概况》、《新中华比较教育》、《德国教育制度》、《法国教育制度》、《各国教育制度》、《教育制度改进论》等。1921年美国哲学家杜威访华期间，他担任助理，翻译了杜威的演讲《平民主义与教育》。

《比较教育》一书，旨在说明"旧国家之改造与新的国家之建设中，教育乃是主要的力量"。为此，作者着意选择了八个国家，即俄国、意大利、奥地利、丹麦、土耳其、日本、瑞士、比利时。作者认为，丹麦和日本均已获得教育成果。丹麦"物产稀少、疆土狭小"，依靠教育而致"国富民足"，成为"欧洲最进步国家之一"。日本借教育之力，由专制政体、封建社会，一跃而为世界上之强国。瑞士和比利时是两个多民族的小国，"四境皆强邻"，借助教育仍能维持其世界地位。俄国和意大利两国的政治主张、教育目的，以及指导思想是不同的，但它们都在对本国传统的教育制度进行彻底改革。奥地利和土耳其两国历史状况有异，奥地利"由强大而退为弱小"，土耳其则"由瘦弱而进于健强"，但两国都在凭借教育"改进现状，力图生存"。

作者仿照桑德福(P. Sandiford)的《比较教育》(*Comparative Education*)一书的编法，按国别逐一介绍。先简述该国概况，然后分述其教育行政组织、初等教育、中等教育、职业教育、师范教育、高等教育等项。但不囿于划一的框架,而是力图充分展现各国教育的特色。作者在"俄国"部分,对"统一劳动学校"、"单轨制抑多轨制"、"阶级淘汰"(保证工农有优先的受教育权)、"'复合法'课程"(近译"单元教学法")实施状况等,都列出专节予以介绍,阐述其原理及实际情况。作者还对瑞士的"次级学校"、比利时的"中间学校"、土耳其的"私立学校"、"体育及军事训练"、瑞士的"教育视察",以及丹麦、瑞士、日本等国的补习教育与成人教育等,都予以特别的说明。

本书"博采英文及德文之最近著述",辅之以作者在意大利等国的实地访问所得:力求资料的新颖与可靠,注重实证,"务使全书无一空泛揣测之语句"。书中附有行政及学制系统图十四幅,各类学校课程表二十五张,各项教育统计表二十一张。

作者对奥地利的教育改革介绍得尤为详尽。奥地利在第一次世界大战后有很大的变化,疆土缩小,人口骤减,政体改变。为求生存和发展,1919年开始改革教育。政府特设"学制改革局",延教育名宿主事,研究教育改革问题。随后,令各地设立教员会议、家长联合会等组织,以促进各方面的合作;更换大批县视学员;从1919—1920年度起广设试验班,试用新教学原则和教材,并作为教学示范班;假期为教师开设讲习所,进行师资培训;开设"中央教育图书馆";接着确定新课程的实施办法等,使该国教育有了很大的发展和改观。

《比较教育》是我国比较教育领域最早的系统著作之一,具有奠基性。

(洪光磊)

中国学制史 蔡芹香

《中国学制史》,蔡芹香编著。1933年由上海世界书局出版。

蔡芹香,生平事迹不详。

《中国学制史》是民国时期较早的一部中国学校制度通史著作。书前有蔡芹香自序、凡例,后有附录。全书约二十万字,共计六编。第一编,四章,为上古期,记周以前及周、春秋战国之学制。第二编,四章,为中古期,记秦汉、三国两晋南北朝及隋代学制。第三编,四章,为近古期,记唐、宋、元、明四朝学制。第四编,三章,为近世期,记清代学制及清末新学制。第五编,九章,为近时期,记民国时期学制,分叙小学、中学、大学、实业学校、专门学校、女子教育制度。第六编,八章,记南京国民政府三民主义教育,分教育行政、民国十七年(1928)以来之学制,初等、中等、高等、华侨教育,民国以来之教育趋势等。附录,包括教育统计表十七种、全国大学及专门学校一览、民国十九年四月全国第二次教育会议方案提要、学校学年学期及休假规程、儿童节纪念办法。

蔡芹香认为中国自古以来学校教育发达,而少有学制专史,治学制史可以清理教育标准、鼓舞教育精神、使人明民族消长与教育之关系,更觉教育之重要,故著此书。此书特色如下。

一、确定了学制史的研究对象和范围。作者认为:"学制史者,叙述过去学制之历史也,以阐明学制事实、学制理论之发达程序为目的","学制史以学制事实与学制理论为研究之范围"。"学制史应研究之点:一曰一般社会之趋势,一曰教育之实际状况,一曰关于学制之学说",而"教育实际状况,为学制史之中心材料,亦学制史研究之主要对象,其中如教育法令、学校制度、实施教育状况等,最为重要"(自序)。全书鲜明地体现出作者对学制史对象和范围的规定,以第三编第一、二章为例,这两章叙述唐宋学制,作者以京师学校及地方学校、学科及修学年限、考试制度、书院制度、学风、科举与学校关系、当时实施教育之状况等小节扼要完整地描述出唐宋两代学校制度概况。

二、不孤立地看待学制。他说:"教育与思想政治经济以及风俗习惯皆有密切之关系,故研究过去时代之学制史,当注意于其时一般社会之趋势也。"(自序)认为学制与社会的变动有因果关系,例如在叙述周代教育之衰颓时,说:"至周平王时,社会与政治起了大变化,故教育遂就衰颓"(第一编第三章),此变化指王室衰微、夷狄强盛、诸侯强大、旧制度的礼教失去维系力渐遭破坏,由此周代教育也渐趋没落。这种观点虽然尚不够彻底深刻,但是以联系的观点、唯物的观点看问题。其他诸章字里行间都贯串着这个思想。

三、详于近时、略于古代。作者这种详近略古的思想体现在古今篇幅的差别上,全书二十万字中,专门叙述近代以来学制的篇幅就占三分之二,对我国古代封建教育最发达、学校最完备的唐代学制叙述仅用不到五千字,而叙述1927年至1931年间国民政府时期教育制度的篇幅达四万五千字,此书重点突出了近代以来我国学校制度的变迁情况。

四、颇多独到见解。例如作者认为我国近代以来学制"先取法于日本,继则模仿美国。日本源诸欧洲,欧洲学制,又有其逐渐兴革之历史"(自序)。又例如"我国女子教育在新式学校制度未行输入以前,固属委靡不振,无足称述;即在清末采用新式学校制度之后,女子教育亦往往为一般人士所忽视,如光绪二十八年以前之学堂章程,关于女子教育全未提及,即为重男轻女之明证"(第四编第三章)。在第六编第八章中认为"中国习俗,轻视职业",而"职业教育,实为斯时当务之急矣"。"我国言文不一致,各地方言亦互异,于国民精神之结合殊多窒碍",主张普遍采用白话文,"此种运动,于普及教育关系甚大"。"我国古无科学,故自来无科学教育","然普及科学教育为吾国目前极紧要之问题。因科学不振,则实业不兴,而民生凋敝,国势贫弱。又因科学不振,则民智不开,迷信不除,大足为革命进行之障碍"。

五、全书脉络清晰,叙述简明扼要,史料翔实可靠。常用比较法以突出历代学制特点,例如第一编第三、四两章概括出上古期教育特点并比较春秋战国之教育与前期之教育,第二编第二章比较秦汉学制与战国学制之异同。

由于历史条件限制,作者的历史分期概念和方法较模糊。

(刘桂林)

教育通论 孟宪承等

《教育通论》,一册。孟宪承、陈学恂著。以孟宪承原著《教育概论》(1933年版)为基础,依据当时教育部颁行的《师范学校课程标准》增订而成。1948年商务印书馆初版,列入师范教科书。收入福建教育出版社《二十世纪中国教育名著丛编》。

孟宪承(1894—1967),江苏武进(今常州)人。早年毕业于南洋公学,后就读圣约翰大学。1918年留学美国华盛顿大学,获教育学硕士学位。1921年转赴英国伦敦大学研究生院深造,主攻哲学、心理学、教育学、教育史。回国后,历任圣约翰大学、光华大学、清华大学、南京高等师范学校、东南大学、浙江大学、北京高等师范学校、湖南国立师范学院教授,并曾任国立第四中山大学秘书长、中央大学教育学院院长和浙江省立民众教育实验学校校长等职。一贯同情支持进步学生的爱国运动。建国后,任华东军政委员会委员、华东文教委员会副主任委员兼教育部部长、华东师范大学校长。当选为第一、二、三届全国人民代表大会代表,中国人民政治协商会议第三、四届上海市委员会副主席,上海市首届教育学会会长。著有《教育概论》、《教育史》、《西洋古代教育》、《大学教育》等专著和《中国古代教育史资料》、《教育哲学》、《中国教育史》、《外国教育史》等教材;翻译有《思维与教学》、《教育方法原理》、《教育哲学大意》、《现代教育学学说》、《教育心理学辨歧》等西方名著。

陈学恂(1913—1991),江苏江阴人。1935年毕业于浙江大学文理学院教育系。历任浙江大学、浙江师范学院、杭州大学讲师、教授。新中国成立后,任全国教育史研究会理事长,中国教育学会常务理事,浙江省政协第四、五届委员。早年师从孟宪承研究教育基本理论,后从事中国教育史的教学与科研。著作除本书外,还有《中国近代教育史》及与孟宪承合编《中国古代教育史资料》,主编《中国近代教育大事记》、《中国近代教育文选》、《中国近代教育史教学参考资料》等。

孟宪承原著《教育概论》共十章:儿童的发展、社会的适应、教育机关、学校系统、教育行政、小学组织、课程、教学、教学(续)、教师的专业等。经增订后的《教育通论》亦为十章:中国教育的演进、各国教育的普及、大教育家的思想、儿童的发展、文化的传演、国家的教育目的、国民学校、教学、训导、教师等。全书可分为如下三个单元。

一、历史的绪论。主要叙述：（一）中国教育的演进，从商周两代奠定我国民族文化的初基起，概述先秦的诸子讲学、汉代的学校、唐代的科举、宋明的书院、清末的学校改革，直至民国教育的状况。（二）各国教育的普及，以七国教育为例：德意志最早完成义务教育；丹麦是推行成人教育最成功的；英国在19世纪末，由国家制订义务教育法律，经过很长时间，普及教育才逐渐完成；美国与英国相似，到1918年全国才有强迫入学的条例。苏俄、土耳其、墨西哥在20世纪初期相继发生革命，经短短的二三十年，教育普及已有了相当规模。（三）大教育家思想，介绍了孔子、苏格拉底、朱熹、王阳明、颜元、夸美纽斯、裴斯泰洛齐、福禄培尔、蔡元培、杜威等十位教育家的传略和教育思想。引用了蔡元培的话为结束语：孔子是"中国旧文明的代表"，杜威是"西洋新文明的代表"。认为从孔子到杜威，虽有地位、时期的不同，但两者也有相通之处，"这就是东西文明要媒合的证据"。

二、教育的意义与目的。论述要点为：（一）从儿童的发展看教育的作用。婴儿怎样慢慢地长大为成人，有两个因子，即遗传和环境，"发展被遗传所决定，是显然的"，可是环境影响也很大，"人类发展的过程独长，受环境的影响尤巨"，教育学所特别注意的，是人的行为在环境中所发生的变化。而"人类的行为大部分是学习的结果"。因为遗传的行为很少，在环境中行为的变化或学习很多，所以才有教育的可能。"教育是一个人的发展的历程：这历程的趋向是使他成为一个人，成为他那么样一个人格。""教育的目的，是人格的发展的完成。"（二）文化的传演需要教育。社会文化传演有两种方式：一种是世代的传递，"上一代的成人，把社会文化递衍给下一代的青年和儿童"。随着社会的演进，社会共同积累的遗产变得十分丰富，"非有教育的机关，就无法可以传递了"。另一种方式是区域的传播，"一个文化区域的社会文化，由于各种的交通和接触，传播到另一个文化区域里去"。移民、贸易、传教和战争等方式都传播文化，各国之间互派学生"留学"，则是一种有组织的文化传播。文化的世代传递，下一代会在继承学习中创造新的文化；文化的区域传播，使本地文化与外来文化融合成新的文化。（三）国家的教育目的。起初教育与政治相连。我国古代"政教合一"，以教化为政治，"化民成俗"，"以礼代刑"，教育是政治的"大经大本"。教化是社会对于个人的范成，并不注意个人的自由发展。18世纪以后，民主革命要求伸张"个人自由"，出现了"个人主义"思潮，鼓吹超轶政治的教育主张。19世纪以后，民族勃兴，要求国家权力的扩大，出现了"国家主义"思潮，认为教育目的是培养"真正的、万能的'祖国爱'"。20世纪以来，出现了民主主义思潮和社会主义思潮。民主主义教育以美国杜威为代表。社会主义思想在演变过程中派别不一，以争取工农群众的自由平等为任务。中国在20年代末，施行三民主义教育,其教育目的为"根据三民主义以充实人民生活,扶植社会生存,发展国民生计,延续民族生命为目的"。

三、国民学校的教学与训导。论述要点为：(一) 关于国民教育。认为国民教育制度,可追溯至宋明时代。清末开始推行儿童义务教育,1906年清学部颁布《强迫教育章程》十条。民国时期教育部多次颁布法令推行义务教育、提倡民众教育,但没有达到预期效果。许多教育家致力于发展教育,20年代掀起"平民教育运动",晏阳初、陶行知、梁漱溟等热心创办"平民学校"、"乡村学校"和进行社会式的教育工作,注重社会改良和建设,及学校式教育工作,以全村民众作为教育对象。江西的保学和广西的国民基础学校,实行"军、政、教合一"、"管、教、养、卫合一",兼施义务教育与民众教育。按法令规定,乡镇设国民学校,"国民学校实施国民教育,应注重国民道德之培养及身心健康之训练,并授以生活必须之基本知识技能"。1946年在巴黎成立的联合国教育科学文化组织,发起"基本教育运动",我国参加了"示范设计"实验。(二) 关于教学。首先要处理好教材与教法的关系,"没有教材,教师不能凭空教学；没有教法,教材也不能充分发挥它的功用",教师不能代替儿童的学习,不以适当的方法指导,"书本只是书本,并不能成为真的教材"。还要处理好教法和学习的关系,所谓教法,只不过指导学习,"教的法子,要根据学的法子",所以教法也称为教学法。学习的基本原则有三：学习是反应(自动的原则);学习要有动机;学习要有组织。关于学习律有三派学说：制约说、联结说和完形说,"其实各派学习理论的歧异,大部由于所实验的学习情境不同,他们的解释,便只限于某一种学习情境。如果加以会通,也未始不可"。教法可按学习结果分为技能、知识、理想三类。技能,偏于知动的学习,包括各种筋肉的反应。其教学方法有示范、指导练习等。知识,是观念的学习,"各种观念所组成的事实和原则,都属于这一类"。获得知识的技能是思考。其教学方法有讲演法、观察法、表现法、启发法、问题法、设计法等。理想,则是情绪的学习,"理想和欣赏,伴随着感情和情绪的反应"。理想表示对道德价值的感觉,欣赏表示对艺术价值的感觉。学校里所谓"品格""操行",就指理想的学习结果。欣赏教学最重要的步骤是引起动机、指导和习作。教学结果的检查,采用"考试"方式有许多困难和缺点,使用"标准测验和量表"比较优越。(三) 关于训导。儿童的道德行为,是在社会环境中,经过成人的训导而形成的,有习惯、情绪、智慧、理想的形成,直至自我完成——理想的实现。道德教学,有几种相反相成的说法：权力说与自由说,前者注重他律,即礼仪的训练,道德规则的遵行;后者注重自律,即意志的自由,"良知"的培养。直接说与间接说,前者注重道德的知识,后者注重实际道德的行动,从行动中求知。按照道德行为发展的历程,道德教学应"由权力而到自由","由间接而到直接"。道德教学的原则是：制驭环境;注重示范;引发动机;促起努力。国民学校的训育,不设"修身"、"公民"科,而改为"团体训练",按部颁《小学训育标准》开展训练活动。对于"问题儿童",要善导,要"心理诊疗",要进行"感化教育"。(四)关于教师。人们选择教师职业,是因为学校教育与社会经济、政治、文化息息相关,"教师以教学服务于社会",会受到社会"礼赞";更重要的是"儿童的爱","裴斯泰洛齐、福禄培尔,都以白首穷年,和小孩子们在一块儿玩耍、生活,如其不是为着他们对儿童的爱,那是决乎做不到的"。为了当好教师,必须接受基本训练和专业训练,以及服务后的进修,同时,要能"把教育当作一种学问来研究"。

《教育概论》至1937年已发行二十九版,增订后又吸取了中外学者最新研究成果。对于许多学说上的论争和误解,作者"不避烦冗,随处加以比较辨别",概念清楚,意义明确。书后列有参考要目,便于教学与研究。

(钱曼倩)

小学教材研究 吴研因等

《小学教材研究》,一册。吴研因、吴增芥合著。商务印书馆1933年初版,次年四版,属"师范学校教科书甲种"。

吴研因(1886—1975),江苏江阴人。1906年毕业于上海龙门师范学校。后任江阴县立单级小学和上海尚公学校校长,上海中华书局、商务印书馆编辑,江苏省立第一师范学校教员兼附属小学主任。他为小学低年级学生自编油印教材,开小学使用白话文教科书之先河。所编《新法教科书》(1920)、《新学制教科书》(1923)等多种小学课本和教员用书,为当时广泛使用。1929年任教育部教育方案编制委员会党义教育组委员。1947年任教育部国民教育司司长。中华人民共和国成立后,历任教育部初等教育司司长、中学教育司司长。他一生致力于研究小学教育及编写教科书。著作还有《小学国语新读本》、《基本教育》等。

吴增芥(1906—2005),吴研因之子。早年就读东南大学附中,毕业后保送入东南大学,学习英语、教育学、心理学等。1929年1月毕业,被中央大学(原东南大学改名)校长聘任为中大实验学校(设有小学和初中两部)副主任。后任江苏省立苏州女子师范附小校长。抗日战争胜利后,曾任浙江大学师范学院副教授、国立社会教育学院教授。1949年后,历任苏南文教学院、江苏师范学院、苏州大学心理学教授,江苏省心理学会副理事长。主要著作另有《小学各科学习心理》、《心理学知识在教学上的应用》、《心理学与中小学教育》等。

本书系根据当时教育部颁《小学课程标准》编成。对于各科用书问题、小学教材的编辑方法和趋向都有所论列。全书分三编十三章。

第一编"课程",分绪论和课程编制的方法及原则。课程指儿童所有的各种学习和活动,通常是参照教育目标由若干学科组成。小学是实施国民基础教育的场所。"小学课程,应包括人生最重要、最精粹的知识、技能,以及人生应有的习惯态度和行为。"近代课程有革命化的倾向。课程编制的科学方法,作者认为可分五个步骤:(一)归纳人生的活动,(二)调查并分析社会现状,

(三)制定所应达到的教育目标,(四)决定达到目标的科目,(五)进而求各科目中应有的教材。"课程内容须根据社会生活,实施的程序,须根据儿童生活。"因而,编制课程时还要注意几个普通的原则:"适应个别差异;不受学科限制,课程组织要便于学习;顾及生活的各方面;适合一般儿童;度量经验的教育价值;继续不断的努力以适应需要的变化;适当的排列。"

第二编"通论",三章。小学教材的范围不限于学校教室以内,举凡儿童能自行观察,亲自经验的,都是活的教材,应随时充分利用。小学教材可分为四类,即:思考、练习、发表和欣赏。教材价值的估量是以儿童需要和社会需要为标准的。组织教材有多种方法,如论理组织法、心理组织法、直线式的组织法、圆周式组织法和单科中心组织法等,各有其优缺点。排列时应注意四点:从旧到新;由具体而抽象;由心理的进为论理的和比较各种教材的价值。小学教材的分量要适合儿童的能力和程度;适合地方情形;多留伸缩的余地。小学教科图书编制的一般标准体例方面:要排列清楚,要有纲要和索引,要前后联络,要指示课外读本和参考书,要列举问题,要是儿童的语气,要多反复,要有韵调,要叙述详细。在形式方面要求完美的插图,文字流利,用适当的字体和行距,有美术化的封面及好看的字形。

第三编"分论",八章。分小学卫生科、小学体育科、小学国语科、小学社会科、小学自然科、小学算术科及其他各科。讨论各科的范围、性质、价值,选择组织排列、分量支配、参考资料等方面的实际问题。

小学卫生科包含卫生习惯和卫生知能。可把儿童的生活分成饮食、睡眠、上课和游戏等方面,研究其应有的卫生习惯。卫生知识包括个人卫生和公众卫生。卫生教材的分量要根据时令和儿童的活动。排列要适合儿童的发育情形和儿童的生活,还要看能否实行。

小学体育科教材的范围有游戏、舞蹈、运动和体操。游戏是一种很自然的活动,种类很多。游戏"可以强健体魄,使脑筋敏锐,血行迅速,助消化,促排泄",且"可以养成守秩序,服从合众,公正等美德"。选择游戏教材的标准是方法简单,兴趣浓厚,适合儿童年龄和发育状况,适合季节,适合学校的经济情形。小学体育科的舞蹈教材应是最简单的步法、手势,以养成美感娱乐精神为目的。运动教材很多,各有特长,可视儿童的年龄、体力而运用。体操包括步法、姿势训练等,是不自然的活动,小学应尽量少选。这几类教材中应多用有娱乐价值的教材和现代适用的教材。"低年级完全是游戏和听琴动作加以简易土风舞;三、四年级可有技巧运动,简单球类运动;五、六年级应多做球类运动和田径赛运动。"学生最好按运动程度分班,班内再分组上课。

小学国语科的教材可分为说话、读书、作文、写字四项。说话教材是要儿童能用国语来发表自己的情意。儿童语言发达是有程序的(以葛鲤庭的研究为证)。说话无现成的教材,凡儿童生活和儿童环境里的事物,都可采来编配成各种语料。如各种有定式的简单语料、会话、各种故事等。低年级大部用简单语料和会话;三、四年级多用故事;高年级取材广,但要与儿童有切身的关系,且是儿童有兴趣的。读书教材"不重在传授知识,而重在使儿童欣赏","读书教材一定要文学化"。此外,历史、自然、卫生等也可包括在读书教材范围以内。读书教材现成的很少,可以选录作品,搜集民间文学,翻译或创作。读书教材应以儿童的兴趣为主,主要是诗歌、普通文、剧本、应用文等。低年级诗歌和故事平均,诗歌多用儿歌,故事中多用物语和自然故事;中年级故事略多于诗歌,故事教材宜注重实际生活故事和历史故事,兼及剧本。普通文、应用文方面可用书信材料。高年级,故事占四分之二,诗歌四分之一,其余四分之一。对儿童字典也需研究。字典释义要简明扼要,但要把字的意思完全说出来。一字多义要分别解释,字句要浅近,用语体。音释最好用注音符号。读书材料还应包括补充读物。读书材料要注重字汇的选择。对字汇,陈鹤琴、敖弘德、俞子夷都有研究(本书录有他们的研究成果)。读法有多种教具可用。作文教材包括文章研究和作法研究。要选适合于口述或笔述的日常事项及各种故事、实物模型图书、普通文和应用文等。作文教材的排列要照顾到儿童的发表能力。写字教材没有一定的标准。写字的标准是正确、整齐、敏捷和美观。低年级求其不错,中年级注重正字中小字。高年级可学习行书。一般有字帖较好。编辑国语教科书必须对用字、句式、组织、标题、练习等作审慎的考虑;形式方面要注意纸张、封面、字形、图画、行距、标点、段落等。

小学社会科的教材包含公民、历史、地理。公民教材包括适合儿童生活的道德故事、公民应有的知能、人民的权利与义务以及地方自治和公共机构等。历史教材包括民族的演进、社会的演进、文化的进步、伟人的言行、近代的大事以及中外民族政治文化等的关系等。地理教材有乡土地理;当地儿童和当地人的生活;我国的地理情形及和世界大势的关系;关于地球的知识等。编写社会科用书要注意:标题足以使学生了解课文内容,叙述要通畅,要有复习题,要激发改进社会的意愿。还要编写自习书和参考书。

小学自然科的教材包括自然现象和与日常生活有关的各种需要物品的研究。自然现象含气候、生物、天象等。其目的是使学生获得科学上的重要原理的知识,养成儿童的观察习惯、科学研究的态度、试验精神,形成独立的思考习惯。自然教材的选择要适合时令节气,有代表价值,是普通的事物。安排要适合实际需要,随机应变,适合儿童的程度。自然科用书要以实验书为主。

小学算术科教材包括"儿童在学校里从事作业或游戏时所发生的数量问题","家庭里所常遇到的数量事实","社会上应用很广的问题"。可分计算和应用两类。计算又分笔算、珠算和心算。选择的算术教材要是日常应用的,合乎练习心理,多反复且多变化,能引起计算兴味。组织算术教材为的是要帮助儿童的学习,熟练计算方法。组织教材不必依照整数四则、小数四则、诸等数、分数、百分数次序,凡便利儿童学习和应用的教材应联络起来。如:诸等数可以和整数四则联络,生活里没有用的可除去,复杂的单元可分成几个单元等等。算术教材应包括教具的设计和运用。算术教科书和演草本要合在一起。

其他各科的教材。劳作科包括校事、家事、农事和工艺。美术科作业分欣赏、制作和研究三项。音乐科教材包括供欣赏的教材、演习教材和研究教材。这些学科的教材的价值及组织排列都有其特点。

本书分析细致,以各种有关实验为佐证,分析详明,例证丰富,是作者长期编辑教材的总结。

(孙　欣)

中国现代教育史 周予同

《中国现代教育史》，一册。周予同著。1934年上海良友图书印刷公司作为《中国现代史丛书》之一出版。收入福建教育出版社《二十世纪中国教育名著丛编》。

周予同(1898—1981)，浙江瑞安人。1916年以第一名考取北京高等师范学校国文部。1919年参加五四运动，接受科学与民主思想。1921年大学毕业后，在上海商务印书馆任国文部编辑，主编《教育杂志》，并执教于上海大学，始从事教育理论研究，主张改造旧教育制度，不能走"中体西用"老路，推崇苏俄、德国义务教育和普及教育制度。其间与顾颉刚等交往，反对北洋政府强迫各级学校恢复读经，遂从1925年起将研究重点转入经学史，欲如"医学者检查粪便，化学者化验尿素一样"去研究经学，剥去这具"僵尸"的外衣，使青年学人由了解经学而否定经学，去除盲目崇拜。1933年任教于安徽大学，与范寿康分主中、西教育史讲席，兼中文系主任、文学院长。1935年任教于暨南大学，兼史地系主任、教务长。1943年任开明书店编辑兼襄理。1945年起，长期任复旦大学教授，兼历史系主任、副教务长及上海历史研究所副所长。曾任《辞海》副总主编，主持经学史部分。主要著作另有《经今古文学》、《群经概论》、《经学历史》注释本、《孔子》、《朱熹》等。教育史著作另有《中国学校制度》。生平事迹见《中国现代社会科学家传略》第一辑及朱维铮《周予同经学史论著选集》后记。

本书是民国时期成书较早的一部中国近现代教育制度史著作。作者主编《教育杂志》期间，应《中国现代史丛书》主编孙师毅之邀编著此书。认为当时国内从事教育理论研究和实际工作者，多不能从社会、历史认识入手，"见地不免太狭窄"，遂以为以社会的、历史的观点编制教育史"确是刻不容缓的事"(序记)。最初收集的史料包括图片因"一·二八"战争，商务印书馆遭日机轰炸而毁。后在安徽大学时重新编著，于1933年3月成书。全书按专题编撰，分正篇与辅篇两部分。正篇九章，顺序为：导论、教育宗旨、教育行政、学校系统、初等教育、中等教育、高等教育、师范教育、实业教育。本拟再撰留学教育、教育思潮、教育实际(青年运动、学校风潮等)诸章，因篇幅所限及牵涉到当世人物而割爱。辅篇为《中国现代教育年表》。

作为辅篇的《年表》实则最先撰成，占全书篇幅近五分之二。作者以为："教育不能离社会而独存，也不能离社会而被认识；并且教育是社会的上层机构。不明了这个社会的经济、政治的变迁，决不能彻底明了这个社会的教育之所以变迁；我先着手年表，就是想根本把握住中国现代教育的产生、演变和它失败的原因。"（序记及《年表》凡例）概括阐明了其历史观与方法论。又说："中国现代教育之产生，起因于鸦片战争；而中国现代教育之缺陷，暴露于今日。本表上始于1838年林则徐严禁鸦片，下终于1931年日本侵占辽、吉；前者以明导源，后者以证惨败。"表述了对中国近现代教育历史的总体评价。《年表》分五栏，即公元、纪元、干支、史实（教育史料）和备记（经济、政治、外交等背景材料）。

正篇第一章，即导论，着重阐明教育史基本理论问题。其一，教育史研究的意义。关于普遍的、理论的意义，即使教育学在以哲学、伦理学和儿童心理学为基础后，更进到以社会学为基础的水平，而教育史即为"社会之纵的研究"；关于特殊的、实际的意义，即反省历史尤其是1862年仿西方设同文馆以来七十年教育历程，以总结顾及国情的教育道路。其二，中国教育史分期。分五期：先史期；上古期（又分三期：西周前、西周、春秋战国）；中古期（又分四期：秦、两汉、魏晋、南北朝）；近代期（又分五期：隋唐五代、两宋、元、明、清前期）；现代期（自清同治起），具体又可分五期：新教育萌芽期（1862—1901），新教育建立期（1901—1911），民国学制颁行期（1912—1921），新学制修订期（1922—1927），党化教育试行期（1927—1932）。分期以中国近代学校制度建立与沿革为主要依据，颇值得注意。其三，中国新教育产生的原因，"是外铄的而不是内发的，是被动的而不是自主的"。远因是明末以来西洋文化的输入，近因是清嘉、道以来对外战争屡屡失败而激发的富国图强政策。此外，强调应改变忽视研究原始教育的现象，以为原始教育研究有助于转变人们的教育观；指出教育制度是社会阶级分化的产物，并成为阶级统治的工具等，均为有识之见。

第二章，论述中国现代教育宗旨的萌芽、确立和变易过程。萌芽于1896年孙家鼐《议复开办京师大学堂折》所提"中学为体，西学为用"；雏形于1903年《癸卯学制》；1906年学部所颁"忠君、尊孔、尚公、尚武、尚实"为现代教育宗旨正式颁布。表现了专制政体与引进西方学制的矛盾与调和。1912年民国教育部公布的宗旨反映西方民主精神，但与清末宗旨也有因革关系。1922年教育部公布"七项标准"实可视为新宗旨，倾向西方现代民主。1927年的"三民主义教育宗旨"则是党化教育产物。因此，教育宗旨是根植于社会状况的意识形态的具体表现，不可能恒久不变。

第三章，认为中国现代教育行政组织为中央政府—省区—县区三级制。其始于1905年学部成立，次年颁发《学部官制职守清单》，组织始渐严密。民国政府设教育部，1914年形成总长、次长领导下的专门、普通、社会三司制；1927年短暂试行"大学院制"后，恢复部辖高教、普教、社会、蒙藏、总务五司制,基本定型。1917年各省单设教育厅,教育从民政部门始分化出;1921年县改劝学所为教育局,是为地方教育行政之极重要举措。

第四章,认为中国现代学制系统肇端于1862年京师同文馆设立,雏形于1898年《奏定京师大学堂章程》划分大、中、小学堂,正式形成于1903年《奏定学堂章程》。经历了"只有横的、并立的、专门的各式学校,而没有纵的、关联的、普通的学校系统"的第一阶段,以及先有两级制(北洋中西学堂之头等、二等学堂),再有三级制及旁系(南洋公学之外、中、上三院与师范院),又有纵横照应的法定系统学制的第二阶段。认为:宣统三年(1911)以四年小学为义务教育,为中国义务教育之始;1909年设简易识字学塾,为中国成人教育之始;1907年颁女子小学与师范学堂章程,为中国女子教育取得法定地位之始;1912年民国学制纵横更为兼顾,最大特点"在于废除两性的与职业的差别,而形成法律上平等之单轨制"。

第五章,分别从中国现代初等教育的萌芽、学制、宗旨、课程、教学法、训育、教师问题、教科书与教具等方面变化,描绘中国初等教育从无到有的建立过程。认为中国现代小学以1878年张焕纶所办上海正蒙书院(后改梅溪学校)为最早,1896年钟天纬所办上海沪南三等学堂愈有价值;南洋公学外院为"中国公立小学的始祖";1898年光绪下谕州县书院改小学堂,为政府决心推广现代小学之始;《癸卯学制》中初等教育方有其宗旨;自《癸卯学制》起西方阶段教授法、自学辅导法、设计教学法、道尔顿制等教学法传入,有得有失。而1920年前后普遍采用的"儿童本位"、"教育即生活"的实验课程,最为脱离中国国情。

第六章,亦从萌芽、学制、宗旨、课程、教学法、训育、教师等方面叙述现代中国中等教育的形成、发展过程。认为:中等教育可溯源于京师同文馆,而正式出现的中学校当以中西学堂之二等学堂为最早。中等教育正式确立始于《壬寅学制》;《癸卯学制》始提出中等教育的升学预备与职业准备两方面目的;民国始设女子中学。后又提出升学预备、国民陶冶和职业准备三方面目的,职业学校与科目呈强化趋势。又指出:"关于教学法的研究,中学校远不及小学",长期以注入为主,至杜威学说传入,方趋于"启发式的自动主义";自民国初年允许男女同校,引发各种训育问题,但同校之大势不可阻;中学教师问题是中等教育成绩不大的根源,其由在于未建立完备的资格审核制度,高师毕业生不敷所用及待遇问题也是原因。

第七章,分析过程与上二章同。认为中国现代教育产生的一大特点是高教先行,又以外语、机械、军事专门学校为先;京师同文馆是失败的典范。"中日战争是现代教育的大转钮",之前偏"西艺",之后转"西政",方有普通大学创办,"真正的现代教育也从此开始"。中西学堂头等学堂和南洋公学上院是其标志,"也是士大夫阶级由接受西洋物质文明进而接受西洋政治制度的发端";《壬寅学制》"是中国分科分系制度的起源";民国二年《大学规程》为规定教授治校之始。又指出：大学历来是"革命思潮的推进机"。面对学生与工人合作从事革命运动,当局采取拘捕、杀害等恐怖政策,"已完全无训育可言";而自国民党改组到北伐成功,"不可讳言的,很得大学专门学校学生的助力"。

第八章,叙述过程亦与前几章相同。认为师范教育性质是"以辅助普通教育的发展为目的",中国现代普通教育始萌于中日战争后,在此之前也就无中国师范教育;1896年梁启超《论师范》"可视为师范教育议论的发端",南洋公学师范院"可视为师范教育机关的发端"。师范教育制度始于《壬寅学制》,而《癸卯学制》将师范学校分初级、优级,初级中又分完全科、简易科和传习所,始成完备体制;1907年《女子师范学堂令》标志"女子在师范教育上取得地位之始",民国成立后始有女子高师;1922年新学制形成师范大学、大学教育科、师范专修科、师范学校、高中师范科,以及中学单设后二、三年的师范学校、师范讲习科、职业教员养成所的严整体系;1931年又设县中"乡村师范"。又指出：待遇问题和服务问题始终是师范教育中重要而未能很好解决的问题。

第九章,认为中国现代教育的特定环境使"实业教育的出现亦早于普通教育"。中国19世纪后半期所办学校多为实业教育机关。然直到1922年新学制强调自小学高年级起设职业预备教育,职业教育的名称才正式在学制上取得地位,但也多半为一纸空文。又指出："在名词上由实业教育而职业教育,由职业教育而生产教育;在学制上由附属而独立,由独立而混合,由混合而分离;然而实业教育的失败终是无容讳言。"其局部原因在于"实业或职业学校教学法的欠缺",即缺乏实验和实习场所、时间;而其根本原因在于"对外屈伏于帝国资本主义的侵略,对内延误于统制经济政策的缺乏",尤其是中国民族资本主义薄弱,未形成发展的社会基础。黄炎培的完整计划,注定难以成功。

本书史料翔实,脉络清楚。作者擅长考订,敢作断言,不少判断确有见地。尤其是后五章各章之末附有详细统计资料,实可为后来者研究中国近现代教育制度之导引与工具。不足之处在于教育制度发展的理论分析嫌弱,给人以言不尽意之感。

(杜成宪)

现代教育原理 钱亦石

《现代教育原理》,一册。钱亦石编著。中华书局 1934 年出版。1949 年经杨复耀修订,由中华书局出第二版。收入福建教育出版社《二十世纪中国教育名著丛编》。

钱亦石(1889—1938),湖北咸宁人。1916 年秋考入国立武昌高等师范,攻读博物。1920 年夏毕业后,被湖北省教育厅录用为科员,并帮助家乡创办云庄学校,还在武昌的几所学校兼课。他与董必武等人组织"新教育社",出版《新教育》刊物,经常在《武汉星期评论》上撰文,调查分析湖北教育现状,鼓吹普及和革新教育。1921 年受聘为湖北第一师范伦理学教员,同年任"湖北职业教育研究社"、"湖北平民教育促进会"董事。1922 年因支持进步学生运动,被撤去教育厅科员和一师教员之职。后任武昌高师附小教导主任兼中华大学博物教员。1924 年加入中国共产党。1928 年 1 月东渡日本,同年 8 月又转往莫斯科中国劳动者共产主义中山大学特别班学习。1930 年 12 月回国,从事翻译著述工作。1932 年受聘为上海法政学院和暨南大学教授,主讲中国外交史和现代教育原理。抗战爆发后,以"国难教育社"理事身份,宣讲抗日民族统一战线,组织战地服务队,直到逝世。另著有《哲学常识》、《进化论浅释》、《中国怎样降到半殖民地》等,译著有恩格斯的《德国农民战争》。生平事迹见杨存厚、赖钦显《钱亦石》(《湖北英烈传》第一辑,湖北人民出版社,1984 年)。

《现代教育原理》是钱亦石运用马克思主义原理阐述教育问题的代表作。该书为"中华百科丛书"之一种,专为中等学生课外阅读及失学青年自修研究之用。卷首"例言"说明,该书轮廓来自著者在暨南大学讲授教育原理时的大纲,体系系个人所创新,意见亦大半由"暗中摸索"而来。作者在执笔时,一方面注重于时代的变迁和中国社会的实际;另一方面强调教育不是孤立的范畴,而是人类活动的一部分,应与人类的其他活动相联系。全书共有九章。

第一章,绪论。作者首先驳斥了把世界万物看作一成不变的形而上学思维方法,指出教育与整个客观世界一样,始终处于动荡和变化之中,并依据马克思主义的唯物史观,阐释教育变化的规律是：教育原理是意识形态之一，与政治、法律、哲学、宗教等其他各种意识形态一样，由社会存在所决定，随社会经济结构的变动而变动，并以中外教育史为例，给予了论证。由此认为，当时教育界存在的"拘守陈说"、"醉心欧化或美化"的教育道路已为新的时代所否定，新教育原理应该以反帝、反封建作为两大基石。

第二章，教育的本质与目的。指出："教育的本质不是神圣的，不是清高的，不是中正的，不是独立的，它不过是一种工具而已。"至于教育目的则因时、因地而不同，特别强调资本主义国家社会经济制度与社会主义国家根本不同，教育目的各有其特殊性，不可混同。从中国当时的具体情形出发，教育目的应是培养为民族独立与民主政治而奋斗的公民。

第三章到第五章，分别阐述了教育的生物学、社会学及哲学基础。提出，教育的对象是儿童，因此要了解儿童的本性及其个别差异，认识到遗传和环境对于儿童发展的作用。教育不是从外面加什么东西到儿童身上，而是顺其发展的趋势，将其内部潜伏的能力引申出来。儿童期是发展旺盛之年，也是最适宜于教育之年，因此，主张对一切儿童的教育为"公共免费教育"。

作者进一步认为，人与社会是相互作用的，人不能与社会运动的必然律相对抗，但也不是完全无能为力的，人认识了必然律后，可以顺其发展方向，推动社会前进，取得事半功倍的效果。同时，社会也为个人的发展提供了条件。因此，"教育上一切设施应该注重培养社会化的个人"。把教育的基本原则建立于集体主义之上。并且指出，人与人之间的"劳动"联系是社会的基本联系，由此得出"教育与劳动结合"的论断，这种结合"企图从生产劳动中养成新经济生活的建设者"，即"从工厂制度上产生将来教育的萌芽，在将来的社会中，某种年龄以上的儿童，将把教育、体育与生产劳动联合起来，这不但是增加社会生产的方法，而且是造就多方面发展的人之唯一方法"。最后强调，在资本主义社会，教育为一部分人所垄断，统治阶级所谓的"国民教育"、"普及教育"，也"无非利用教育为工具以迷惑被压迫者的意识，使其俯首帖耳，不扰害现代制度而已"。但在社会主义的苏联，教育权从少数人手中夺了回来，公共教育得到真正普遍的发展。通过比较，作者相信后者代表教育发展的新趋势。

教育与哲学的关系十分密切，培养学生辩证的宇宙观是教育的主要任务。作者阐述了辩证宇宙观的四个特点，并把它作为全部教育原理的原理。又分别论述了与教育直接相关的两大哲学问题——认识论和实践论，由此提出学校教育不当专读死书，应授予具体、活泼的知识；要注意五官的训练，多给学生以观察、实验的机会；要排除注入式，启发思考力；而最重要的是教育理论与教育实践的一致。实践既为认识真理的基础，教育上就须"行以求知"；实践既能改变自身，就须在实践中培养时代需要的人。总之，"实践总是教育问题的重心"。

第六章到第八章，立足中国社会现实，分别阐述了政治教育、生产教育、文化教育及三者间的相互关系。从社会结构、国家性质和历史实例三方面,论证了教育是受政治支配的,指出中国现时所需要的政治教育是反帝、反封建,即要求民族独立与民主政治,并具体阐述了校内外实施政治教育的各种途径和方法。从人类教育的起源、社会组织的基础及现代生活的标准出发,论证了生产教育的必要性,指出中国现时所需要的生产教育应与非资本主义的发展联系起来,以"工业为主,农业为辅"。至于文化教育,则强调"文化是社会劳动之产物,文化的形式与内容,跟着社会的发展而变化"。因此,文化教育具有鲜明的时代性。在当时,应从理论与实践上扬弃旧文化教育,建设新文化教育。并对思想文化界的中西文化论战,表明了自己的态度。指出中国需要的是"现代文化",即"科学的文化"、"机器生产的文化",要把"现代文化"从资本主义制度的桎梏中挽救出来,使它向非资本主义前途发展,扫除这种文化的剥削基础,使之变成大众享受的东西。中国现时所需要的正是这种"大众的文化教育",要在大众中做文化启蒙运动,反对帝国主义文化侵略,反对封建文化。最后,作者把上述三章归纳为:民族独立的政治教育、机器工业的生产教育、大众享受的文化教育。三者关系表现为:民族独立是保证,机器工业是条件,而大众教育则对前二者的实现大有裨益。因此,三者不是彼此孤立,而是三位一体的。

  第九章,以"教育与人类前途"为题,充满信心地为我们展示了人类的美好前景,宣告了资本主义必将在新时代光临之前死亡。正确地指出:"教育在人类发展的过程中,不是万能的,也不是无效的,固然说不上有决定的效能,但是确有相当的效能。"而这一效能的发挥,"为教育而教育"是徒劳无功的,"教育战线必须与整个基本运动战线统一起来"。针对当时教育界流行的对教育作用的种种错误估计,作者在全书的结尾大声疾呼:"教育界孤军奋斗是没有出路的!"

  《现代教育原理》以历史唯物论为指导,分析教育现象,阐释教育原理,对马克思主义教育思想在中国的传播,对建设中国进步的教育理论体系作出了积极的贡献。

(周谷平)

中国书院制度 盛朗西

《中国书院制度》，一卷。盛朗西著。1934年上海中华书局出版，后影印收入《民国丛书》第三编。

盛朗西(1901—1974)，青浦人。长期致力于小学教育，担任上海市实验小学校长多年，解放后调至上海第一师范任教。在东南大学教育科就读期间研究中国古代书院制度，撰文刊于《民铎》杂志，此即为本书之蓝本。另著有《小学课程沿革》等。

《中国书院制度》分书院之起源、宋之书院、元之书院、明之书院、清之书院、书院之废替，共六章，系统地阐述中国书院发展演变的历史。其主要内容如下。

一、考察论述书院制度的兴衰状况。首先，考察书院名称、书院制度起源的时间、地点和原因。书院起源于唐末，白麓洞书院是中国最早的书院，书院因学馆藏书，为士子读书的地方而取名。宋初六大书院一般由家塾转变而来，曾受朝廷的褒奖。其兴盛的原因是唐末至五代一百多年中，儒学不修，学校凋敝，乡大夫开始设立书院，教育子弟。其次，考察历代书院的发展。北宋诸儒多私家讲学，南宋书院较北宋繁荣。元代的书院众多，蒙古人虽入主中国，但是教育权仍掌握在汉儒手中。明代书院随王阳明、湛若水讲学逐渐兴盛。万历年间，因东林党锢，书院尽毁，最早受到牵连的是京师首善书院，到崇祯年间，始诏令修复书院。此后书院与阉党一直处于水火交争之中。清代书院逐步官学化，堕落为科举的附庸。最后，考查书院废替。甲午海战后，中国朝野开始觉醒，以增设学堂，整顿书院为急务。张之洞、刘坤一联名上奏提议改书院为学堂。1897年清廷宣谕各省城书院改为大学堂，各府、州书院改为中学堂，各州、县书院改为小学堂。书院逐步废止。

二、考察历代书院的规制。论述书院的规模、选址、建筑、经济、师生、规章等状况，认为书院制度"受当时佛教禅林制度之影响"。宋代书院大都在文物荟萃之区，傍山依林。规模大小不等。有官方授予或私人损增学田，学田提供供祀用品和师生伙食津贴。书院院长一般称为山长，此外还有副山长、助教、讲书等教师。官立书院中,山长一席由州府学教授兼任。宋代书院出现三舍制、讲会制及书院规约。元代私立书院朝廷亦赐额褒奖,山长由官方聘任,士子毕业后可为吏属。明代书院有考科式书院和会讲式书院,以会讲式书院为盛行。书院出现班长制。清代书院逐渐官学化,书院分三类:讲求理学的书院、考试时文的书院、博习经史词章的书院。掌管书院者称院长,士子有生员、童生两大类,书院教养结合,管理严格,考科制度发达,会讲制度盛行。

三、考述书院的"三大事业":藏书、供祀、讲学。历代书院藏书以供士人阅读,至清代规模较大的书院已有专门的藏书楼,书院广征书籍,藏书丰富。供祀使书院"兼有宗教性质",宋代书院祭祀有功德于圣门的先儒,元代祭祀周张程朱等宋代道学先生,明代多祀其师,清代所祭祀者各书院不同。讲学是书院最重要的事业,宋代书院讲求道学。无论"南轩之辩义理,朱子之格物知致,象山之先立乎大焉",其修养方法都致力于躬身实践,不专尚空谈。书院中身教之风盛行,以胡瑗为典范,宋代"人师之多、人格之高"为历代之最,师生问难讲学,一丝不苟。书院各学派教学不一:"朱子以格物知致,陆学以明心,吕学兼取其长。"然都讲求修身为人之道。明代书院讲求心学。有阳明学派、白沙学派、甘泉学派;其中阳明学派最为兴盛,其内部又分门立派为八。明代诸儒讲学各家宗旨不一,如:"白沙之宗旨曰:静中养出端倪。甘泉之宗旨曰:随处体验真理。阳明之宗旨曰:致良知,又曰知行合一……"其特点是宋元时代的程朱理学受禅林影响,渐渐由重视读书到重视人心。清朝中叶以后,书院崇尚博习经史辞章。其中阮元创办的诂经精舍以研究经史疑义及小学、天文、地理、算法闻名,紫阳书院以吴中七子之诗闻于海内外,姚姬传主讲的钟山书院以古文倡天下。

本书撰述极有特色,具体如下。

一、论述书院与科举、学校及与学术的关系。提出书院因官学凋敝而起,与官学的区别在于讲学自由、经济独立。在发展过程中一方面书院与科举相对,纠正科学与学校的弊病。而另一方面科举制度严重侵蚀书院教育,书院堕落为科举的附庸。书中分析书院与学校并存原因时,指出"学校多近科举,不足以餍学者之望,师弟子不能自由讲学,故必于学校之外,别辟一种讲学机关……故淡于荣利,志在讲求修身治人之法者,多乐趣于书院……宋元时州县学校,皆有田产,以赡学者,然以属于官吏,亦可为强权所夺。若书院之制创自私人者,其田产当然属于书院,不至为政府没受。第须规制完善,经理得人,其事反视官立学校为可恃"。认为自汉以后,学校教育皆为利禄之途,无所谓人格教育,胡瑗教于苏州、湖州、太学后,以身教人之风开始兴盛。王阳明的学说是医治当时科举中人口孔孟而心跖蹻之妙药。书院与学术的发展关系密切。唐代佛教盛行,儒家创办书院讲求儒学,儒学的思想内容、著作形式等方面深受佛教禅宗的影响。书院在学术上起因于:"盖儒生学者,遭唐末五代百十余年之摧毁,未能痛快以讲学,斯时即有一种向学之要求!"一千多年中,历代儒家利用书院宣传发展学术,在教学与学术组织中形成各自不同的特色。

二、尝试运用西方教育理论研究书院教育。书中试图运用近代教育理论教育观点评价书院教育,尤其注重二三十年代在中国盛行的实用主义教育思想与书院教育相比较,以融通中西,古为今用。如认为白鹿洞书院学规:"其以博学、审问、慎思、明辨、笃行五者为为学之序,颇有类于近世之所谓科学方法也者。即杜威论思想之五历程,恐亦不外乎是。而其教人专望人之自觉自动,并不取干涉主义,尤合晚近教育思潮。"又评论王阳明的知行合一学说:"今之言教学者,辄宗杜威寓学于作之说,亦喜比附阳明之言。阳明之言,诚有若干寓学于作之意。且其述训蒙大意。及其传人轻快处,尤切合晚近教育原理。"

三、史料翔实。书中引据的史料占全书十分之九强的篇幅,以史实为依据进行分析概括实为本书显著的特点。首先,从各方面收集有关问题的史料,广征经史子集,揽括各种类型的文体。如考察宋初书院时,分析了马端临《文献通考》、王应麟《玉海》、吕祖谦《白鹿洞书院记》、王圻《续文献通考》的见解。再次,较全面运用史料,如考察书院的规制时,列举宋代书院五十余所,元代书院六十余所,明代书院五十余所,在此基础上进行分类总结。

(商丽浩)

中国教育史 陈东原

《中国教育史》，一册。陈东原著。上海商务印书馆 1936 年初版。收入福建教育出版社《二十世纪中国教育名著丛编》。

陈东原(1902—1978)，安徽合肥人。早年毕业于北京大学教育系。后参加中国教育学会、中国社会教育社等学术团体，并曾在国民党中央党部供职。又曾任安徽省督学、安徽大学讲师、安徽省立图书馆馆长等职。1935 年至 1936 年间赴美留学，入哥伦比亚大学专攻教育学。著作另有《群众心理 ABC》、《中国教育新论》、《中国古代教育》、《中国科举时代的教育》、《中国妇女生活史》、《郑板桥评传》等。

陈东原在求学期间深感中国教育制度之复杂，遂开始研究中国教育史。30 年代初任职安徽省立图书馆，得图书资料之便，撰著顺利进行。自称对已出版的约十种中国教育史著作"未能满意之处，通常都由于未能把教育的动态和社会的因变连贯起来，遂不能使读者抓着教育问题的核心，而亦没有方法使读者了解教育的出路"。自认"是渴欲研究中国教育政策的人"，而当时距中国旧教育之终结仅三十年，不仅由旧教育熏陶者大有人在，教育观念和认识亦无甚大变，尤成问题的是新教育三十年"依然还是'养士政策'"，更应对中国传统的养士教育"作一番详细的检阅"(自序)。并谓其研究中国教育史受胡适"影响最深"，研究观点得到胡氏赞成与支持。

全书起自汉代，迄于维新运动失败，上与作者 1931 年商务印书馆版之《中国古代教育》(即先秦教育史)相接，下原拟续写清末至当时一段，因出国求学而辍，所以"是一部尚未完成的著作"。全书共二十八章：汉初之教育，养士教育之产生，儒术与经学，汉代之官学，汉代之私家教学，东汉之选举与学风，东汉之士气，纸与石经，魏晋南北朝之学校，魏晋南北朝之选士，魏晋南北朝之士风，隋之教育与科举，唐之科举，唐之学校，五代时之教育，宋初之科举与教育，王安石之教育政策，南宋之官学与书院，辽金元之科举与教育，宋元之实际教育，八股之形成与明代科举，明代之官学与书院，清代之科举，清代之官学，私塾及其教法，清代之书院，新教育之萌芽时期，新教育之尝试时期。

"自序"集中论述作者的教育史观。其研究目的与意义:"历史的探究,并不是要我们在过去事件中找着今日所需要的答案,而是使我们从过去因变的研究,学习到找寻今日答案的方法。"并据以去创造新时代的教育。研究中国教育可使人知道"教育在过去已经尽过了多少责任";旧的思想态度与方法因何条件而产生、其价值如何、又还有多少留存于今日教育中;今日之国民性尤其是士大夫阶层的习性究为何物;以往的学校教育为何未获期望之效。教育史的故事是旧的,意义却长新。对中国教育史的分期:秦及先秦为第一期,汉至清末为第二期,清末迄今为第三期。本书专以第二期为阐述对象,可总称为"养士教育时期"。称中国传统"养士教育"的特点:(一)国家不费多大力量,只定一个考试标准,教育一事社会便自动起来,琢磨锤炼,以趋向国家所定之标准,教育是被动的、静的、中央集权的。(二)是统治阶级的教育,然被统治者除优伶皂隶之外,其本人或子孙均有步入青云、一跃而为统治阶级之机会,希望永远存在。(三)故而"遂养成极其驯服的被治民性",教育是维持统治阶级的工具。(四)自汉乡举里选迄后世科举,莫不重视乡里籍贯,虽有均衡机遇、防堵流民和稳定社会之功,却也稳定了农村经济与地主经济。中国工业未得发达、封建影响犹存于今,教育制度并非毫无关系。(五)考试本为选才之法,然自汉对策射策迄明清八股律赋,莫不恃文墨,重纸上文章,不出儒学范围,科学在中国历史上难以发生、今日里不能繁荣,教育贻害无可讳言。(六)养士时代之青年,一捧书本,便是统治阶级候补者,国家既予优容,社会又复尊视,故学人之因循怠惰贪私利已,便成风气。

全书长于论述教育实际,最大特色在于研究与叙述取实证方法,表现在如下方面。

第一,论述教育实施,必胪举实例证之。举例以具体、真切为尚,必求说明教育施行之实际状况。在叙述汉代太学教官(博士)的产生时,全文引用汉代荐举博士之保状,具体说明汉博士选拔需经保荐、通晓经术、热爱教授、富有经验、身体健康、品德端正、清廉自守等要求及制度。论述汉代私家授经之盛,胪列两汉著名经师二三十人名姓、教学情形、学生数额,以明汉代在尊儒读经教育政策下,"全国私家教学之众,或更较太学学生为夥"。介绍科举考试制度,着眼于说明"究竟怎样考试"。如唐代考试,除列举常科各科外,又列制科七类六十三科;列考试各法,并举名人试卷以明示各类试题及作法。元代考试,全文征引会试、殿试之试场规则、考试日程、弥封誊录手续、阅卷与发榜、及第仪式等条规,以明示考试过程与考试管理。明代考试则引用八股文名篇,析其源流与结构、特征,并详述考试舞弊诸法,以明示考试之弊。还用大量篇幅描绘考生考试生活及中举、及第后个人、家庭与社会反应情态,以明非人的考试制度对士人身心之摧残和对社会的腐蚀。

第二,对于发生在中国古代社会最基层的教育活动贯注极大兴趣。以为私塾一类私办教育机构,其效率"更较官学为大",是"中国唯一的基本学校",中国古代教育的实际承担者。虽史载素简,却努力发掘,多方钩稽,极述其详。因专辟"汉代之私家教学"、"宋元之实际教育"、"私塾及其教法"诸章,其他论述士习、学风、科举、书院诸章也多所涉及。如考定汉代私家小学名之书馆,以四字和七字句字书为启蒙教材,区分为识字启蒙、专经前(《孝经》、《论语》)和专经(群经)三个学习阶段,教学以讲说为尚,教师以耕种为主业而以授徒为副业,例须缴纳学费。又如以宋元蒙塾为宋元教育之实际,指出其学以识字、习字、学诗作对为主;详细考论《三字经》、《百家姓》、《千字文》等字书和"上大人丘乙己"等习字材料之源流、特点及影响;又主要依据元程端蒙《读书分年日程》详析小学教学目标、课程分年、读书方法和修养要求。再如论述清代私塾,以之为"清代士子真正读书受教育的地方",指出私塾有教馆和坐馆、家塾和私塾、义学和义塾三种;程度极不统一,从五六岁初开蒙到二十岁做八股皆可教;教学大致分识字、教书、背书、理书、讲书、习字、作对、学(古)文、余课等内容;训育采用体罚手段;塾师多为落第秀才、举子,生活清苦,别无他长,而无作育英才之兴趣。并详引清王筠《教童子法》论述蒙学教育思想。论述所据引材料以能"逼真"反映实际教育生活为尚,生动形象。

第三,基于以上追求,全书材料引用有较大开拓,形成鲜明风格。除正史、政书、典志、经书及其注疏、子书外,笔记小说、稗书野史、简牍文书等也得大量引用,材料发掘面之宽,罕有其比。为说明问题,材料常是大段、整篇引用。为说明嵇康"越名教而任自然"的教育观,整篇引《难自然好学论》;为说明科举考试考场情形、士人心态,常大段引《儒林外史》、《官场现形记》等小说的经典场面;为说明私塾学习生活,引胡适《四十自述》达二千多字。此外,八股范文、策题,不少学规、学则,均是全文引用。

第四,善于考定教育史事,考论周密、细致。如考论汉太学博士,其"选用""或由征召,或由荐举,或由选试,或以诸科进,或由他官选";其"职掌"不专在教授,另或奉使、或议政;其秩禄,有定俸,有馆舍,另有劳赐;其"等次"以仆射为之首,并有衣冠制服。考论汉太学学生,其来源,一为太常所择,一为郡国所荐,"不以贵族子弟为限";其待遇,免徭役,给路费,得膳资,有房舍,可偕家眷;其修业,可自由择师,多课外时间,由岁课考试检验学业;其出路,或补官,或受荐举征召,或为师,乃或潦倒为佣卒。并断言:中国官办学校教育之基本型制由此初定。又如考证前后《汉书》所载童子所学之"文史"、"史书",实则均为蒙学识字、习字启蒙教材,"书馆之普通读物"。一则童蒙所习不可能艰深,再则"史书"之称乃沿习《史籀》旧名,颇精当。此外,如考定郡国设学之始和郡国立学制之始、国子监之源起和教育专官之设、州立孔庙之始、科举考试进士科之始设、八股文之起源等,均有论断。

第五,注意并擅长分析教育现象形成原因,论述严谨。分析汉代确定"独尊儒术"文教政策之因，认为汉初诸家均有机会。然法家成功为时甚短，终以失败警世；墨家之余绪游侠一派，其道颇与政府乖违；道家与民休息，合乎人情，却致思想纷乱。均不利于统一思想。而"自政治之需要言之，儒学用世，适合于君主专制"；"自经济之结构言之，儒术出发于农村经济之正面意识，适合于当时需要"；"自儒术本身言之，其范围甚广，利于广用而易于依附，故易发达"。又如分析书院的产生在于："世乱失学的原因"、"禅林精舍之影响"、"印板书发明的结果"。南宋书院大盛，除历史传统原因外，尚有"官学的败坏"、"官学经费的困难"、"崇儒的影响"、"禁道学的反动"诸因。凡重大教育变迁，均力图析其成因，自成见解。

此书也存在不足：其一，特详于教育实际是其特色与所长，甚弱于教育思想之论述是其缺陷。以教育家与教育思想列章者仅王安石，列节者有汉初儒家、玄学家、范仲淹、胡瑗、程端礼（兼及朱熹）、张居正、王筠、张之洞等，所选人物多与教育实施有关。其二，对教育史范畴理解嫌宽泛。两汉经学、东汉士风与党锢、汉造纸与石经、玄学与清谈、察举制、九品中正制、历代科举均有专章。学术史、政治史、文化史色彩浓厚，虽有助于理解教育，却也有冲淡教育主题之嫌。其三，全书篇幅安排亦欠均衡。汉代占八章，唐代仅两章，不及魏晋南北朝三章，有过轻过重之感。此外，将太学、乡学、小学比附为大学—中学—小学；将王莽、王安石、张居正作为教育改革家全面肯定，甚至以为张居正"尽闭天下书院"也"正有未可厚非之处"等，均可商榷。然此书仍以其极具个性的研究和叙述方法，成为20世纪30年代为数众多的中国教育史著作中最有成就者之一。

（杜成宪）

教育哲学大纲 吴俊升

《教育哲学大纲》，吴俊升著。1935年商务印书馆出版。收入福建教育出版社《二十世纪中国教育名著丛编》。

吴俊升（1901—2000），江苏如皋人。早年就学于南京高等师范学校，并获东南大学教育学士学位。后赴法国巴黎大学留学，攻读教育和哲学，获得博士学位。1930年在巴黎时曾遇杜威，深受其实用主义教育思想的影响。1931年回国，任北京大学教授、教育系主任。后历任中央大学、香港新亚书院、珠海学院、香港中文大学和台湾师范学院等校教授、院长、校长。还曾任正中书局总编辑、国民政府教育部高等教育司司长等职。致力于教育学术研究，是中国最早研究教育哲学的学者之一，也是国际知名的杜威教育哲学研究的专家之一。著有《德育原理》、《杜威教育原理》（法文）、《教育论丛》、《教育与文化论文选集》等，译有法国拉兰德《实践道德述要》、美国杜威《自由与文化》等。

《教育哲学大纲》分两编七章，附有英文参考书要目。作者"自序"中指出："这本书乃是著者近三年来在北京大学担任教育哲学一科的讲稿。"又说，撰写出版这本书的目的，一是为以后的教学提供便利，二是为打破当时中国的教育哲学领域的沉寂空气。在成书过程中，北京大学校长蒋梦麟曾经阅过该书原稿并作"序"。中央政治学校孟宪承教授和北京大学汤用彤教授也对作者给予了帮助，或赐函指正，或阅过原稿。

第一编，绪论，共三章。主要论述教育哲学的性质、历史发展及研究方法。

第一章，哲学的对象及其性质。认为哲学的历史表明，哲学的研究对象始终是知与行的问题。从知与行的问题研究中，逐渐分化而成各种独立的科学。现代关于哲学的三种概念：一是"传统的观念"。认为哲学和科学的研究对象虽然相同，但是范围的广狭和程度的深浅各不相同。科学只是各就其自己的范围发现定律，解释现象，而不能窥其全体；而哲学却是综合各种特殊科学的知识，从宇宙人生的全体来考察。哲学的功能，在于从较高的境界总括知识的全体，在于探索现象的根本原因和原则。二是"实证主义者关于哲学的概念"。认为各种科学虽然是分立的，但是彼此并不相隔绝。各种科学从其连带的关系方面探求，自然而然地逐渐组成一个完整的系统，成为唯一的"科学"。这唯一的"科学"，也可以称为哲学，即孔德所称的"实证哲学"。三是"哲学的第三种概念"。既对传统哲学的卖弄玄虚和不切合人生实际表示不满，又不同意实证主义一味抹煞哲学，否认哲学的存在。最后，作者提出的结论是："实证主义并没有把哲学批倒，实证的科学也不能代替哲学；哲学的对象始终还是康德所提出的两个问题：'我们能知什么？我们应该怎样行？'"

第二章，哲学与教育的关系。认为教育哲学能否成立，是以哲学与教育有无关系为先决问题的。从对哲学与教育的关系的历史考察中，可以清楚地看到哲学和教育两者之间有着密切的关系：最初哲学的发生，乃是起源于教育上的需要；各个时代的教育理论和实践，都是当时主要哲学思潮的反映并随之而变迁；哲学家大都同时是教育学家。究其原因：首先是哲学有赖于教育。哲学不仅依赖教育完成它的使命，而且还要靠教育的实施来判明它的价值。教育乃是哲学的试金石。其次是教育有赖于哲学。教育的理论和实践，都与哲学研究的知与行的价值判断有着直接或间接的关系。教育的全部历程无一部分不与哲学有关。因此，哲学与教育的关系是：从哲学方面说，哲学应该恢复原先的使命，注意社会人生的现实问题，提出适当的理想，并提供教育的普通原则。从教育方面说，教育应该随时从哲学的观点来批评它的目的和方法。

第三章，教育哲学的意义及其研究法。指出尽管各家对"教育哲学"一词的看法不一，但是它们有一个共同性，即所有的教育哲学均在于明确哲学和教育的密切关系，探讨教育所根据的哲学的根本原则。因此，"教育哲学的发生，由于教育与哲学关系的确认；其目的在于探究教育所根据的哲学的根本原则，并批评此等原则在教育的理论和实施上所产生的影响"。教育哲学乃是一种应用哲学，把哲学的基本原则应用到教育的理论和实践方面，非任何教育科学所能替代。在教育哲学的研究上，应该采用历史的、比较的和批判的方法。具体来讲，研究教育哲学，不应囿于一家一派的学说，而应就各家各派的学说，依据其历史的发展进行比较的研究，然后再根据它们在教育的理论和实践中所产生的结果加以批判。

第二编，教育哲学的根本问题，共四章。主要论述教育哲学的根本问题。以心灵论、知识论、道德哲学、社会哲学各个主要问题为纲，以各派哲学的解答为目，进而详述其对教育的影响。

第四章，心灵论与教育。认为心灵问题是教育的根本问题之一。在心灵学说上有四个学派：一是"心灵实体说"。它把心灵看做是异于物质的一个实体。因其作用的不同，具有各种能力，可分为记忆力、想象力、判断力、理解力等。这种概念，直接为机能心理学的基础，间接为形式训练说的来源。它在课程方面的影响，即是不注重教材的实用性，而注重其训练性。二是"心理状态说"。它把我们所意识的种种心理作用看做是心灵的本体,心灵是我们自觉的内心生活的种种状态。把心灵看做心理状态的最有名和最有影响的学说是观念联合论或心理原子论。它在教育上的影响是注意课程内容的选择,重视课程的排列和提示方法的步骤。三是"唯物主义的心灵论"。它认为,除了物质以外,别无他物;我们所意识的一切心理的程序,只是物质的功能。这种学说促使教育观念的根本改变,使教育学注意教育的生理基础。四是"试验主义的心灵论"。一方面它从生物学的考察入手,把意识看做适应环境的一种工具;另一方面它承认思想的特殊性,没有把它完全归结为机械的反射作用,更没有把它化为完全的物理化学的现象。它对教育的重要影响是教育的意义的变化,注重经验的自动性,重新建立道德责任的观念和恢复道德教育的意义。

第五章,知识论与教育。指出无论我们对于教育的概念是如何的,在教育历程中,灌输知识总是占据重要的地位。在知识论上有四个学派:一是理性主义的知识论。认为单靠经验不能获得知识,主张心灵对于知识的构成并非是被动的吸收,而是主动的摄取。它对教育的重要影响是,在教育价值方面重视文雅教育而轻视劳动教育,重视理智学科而轻视实用学科,偏重理智训练而忽略实际生活。二是经验主义的知识论。主张从感官接受外界的印象,始可构成知识。它把知识看做完全是经验的产物,因而看重教育的效能。它对于教育最大的影响,乃是注重感觉经验,注重直观教学,注重实际的教材,注重教学方法的革新。三是试验主义的知识论。它认为知识乃成为行动的工具,知识不是一种冥索而是一种行动。它在教育上的重要影响是,不以现成的教材为起点,而以儿童经验中的活动为起点;主张在行动中求得知识,知识亦依赖于行动而完成;使学校生活与儿童的实际生活合而为一。在知识论方面,它调和了理性主义和经验主义。四是社会学派的知识论。它认为个人知识的范畴,非先天所赋予的,也非个人经验所获,乃系社会生活状况所决定的。它发现了知识和教育的一个新的方面,即社会的方面,指出离开社会生活便无所谓个人的人格。发展个人的人格,正应以社会的科学和道德为依据。

第六章,道德哲学与教育。认为道德问题和教育的关系十分密切,发展德性应是教育目的之一。道德哲学上有三个有代表性的学派:一是"快乐主义"。它对于行为的善恶判断,重结果而轻动机;主张善即是快乐,恶即是痛苦;主张善恶的思辨,完全以苦乐的经验为依据。它在教育上的影响是,由于它以求快乐为人生的最高理想,因此主张教育的理想应是帮助个人实现快乐的生活和幸福的生活;同时,为教育价值的判断确立了一个明确的功用标准:能增进快乐或福利。二是"康德的道德学说"。它认为,只有意志有善恶之分,行为的结果与道德无关;道德知识与后天的经验无关。关于道德权威问题,不主张用外力强制,而欲诉之于理性的绝对命令。它在教育上的影响,提倡最初的起点是使儿童服从规律;以规律限止行动是养成儿童品格的基础;训练意志比养成习惯更为重要。三是"杜威的道德学说"。在道德学说方面,它调和了快乐主义和康德的学说。它认为,一个完全的道德行为应该兼重内外各种要素,应该综合行为的内外两方面的因素。价值判断决定应做的行动;价值并非先前已成的事实,而是将来的行动所应该发生的事实。它在教育上的影响,提倡教育的问题在于发现那些本能的力量并加以利用,使其经过相当的改造而成为道德的习惯。要陶冶道德的智慧,应该安排各种活动,使这些活动能吸引儿童的兴趣和注意,并包含各种实际的行为问题,使儿童自己作出道德的判断。最后作者指出,道德教育的最理想方案,应该是把快乐主义、康德的道德说和杜威的道德学说结合起来。

第七章,社会哲学与教育。认为社会哲学的问题和教育也有着密切的关系。社会哲学的派别大致可以分为两派:一是"个人主义"。认为社会乃由个人组织而成,个人是原始的,也只有个人是实在的,社会为个人而存在,一切社会的设施应该以个人的幸福为目的。它在教育上的影响是,产生了个人主义的教育学说。它把教育看成是个人的事情,因此,教育的方法便应该一方面尊重儿童的自由,一方面尽量减少社会成训的压迫,使得儿童的个性得到充分的发展。二是"社会主义"。认为个人生来即在社会中生活,社会是原始的,社会不仅是个人的总和,而且有它的真实的存在,个人为社会而存在,非社会为个人而存在。它在教育上的影响是,使教育的重心由个人移到社会,从而促使教育的目的、方法和组织都发生了根本的变化。在教育理论上表现这种变化的是"社会教育学"的流行和"教育社会学"的产生。主张教育目的应该是社会的,而不应该是个人的;教育的组织和方法也都要社会化;教育不仅是为社会的,还要依赖于社会而施行。最后作者指出,这两个社会哲学派别不过是着重点不同,并非根本不相容,而是彼此相需的。

《教育哲学大纲》一书的体例,是从哲学派别的叙述,归结到教育的应用。通过对各派哲学及其教育含义的分析和评述,旨在把哲学与教育的关系整理出一个有机的系统,使读者明了一切重要的教育理论和实践的哲学基础,为教育界有志于研究教育哲学的人点拨门径。北京大学校长蒋梦麟教授在为本书作的序中指出:此书"先将哲学问题加以讨论,使读者先知哲学之性质和派别,然后讨论教育哲学。识源别流,条理分明,实为有志研究教育哲学者不可不读之书"。又指出:此书"思想的清楚,文字的畅达,传述的忠实,实为近年来出版界不可多得之书"。在20世纪30年代中国的教育哲学著作中,《教育哲学大纲》具有独立见解而又论述清晰,体系上比较完整,内容上比较充实。

(单中惠)

训育论 李相勖

《训育论》，一册。李相勖著。1935年商务印书馆出版。

李相勖（1902—1971），安徽桐城人。早年于北平清华留美预备学校毕业后，赴美深造，获哥伦比亚大学教育硕士学位。后历任中国教育学会、儿童教育社、社会教育社会员，东南大学及大夏大学教授，上海浦东中学校长，安徽省立第一中学校长，上海交通大学注册部主任，厦门大学文学院院长、教育系教授兼主任等职。著译另有《课外活动的组织与行政》（合译）、《中学课外活动》等。生平事迹可参见桥川时雄《中国文化界人物总鉴》（中华法令编印馆，1940年）。

《训育论》是通论训育（今谓德育）理论与实务的大学教材。计十五章，前有自序，后有附录。第一章，绪论，概述训育的性质、目的、意义及训育思潮变迁等。第二、三章，训育的背景，阐释训育的心理学、社会学基础。第四章，训育的原则，涵盖积极的训育与消极的训育、直接的训育与间接的训育等原则。第五章，校风与训育，论及优良校风的意义、目标、要素及养成方法。第六、七章，课程、教学与训育，评析直接教授道德的利弊，各学科的道德价值，教学与训育的关系，以及课堂训育的目的与方法等。第八章，赏罚问题。第九、十章，课外活动与训育，涉及课外活动的目的、作用、实施步骤、原则、方法等。第十一、十二章，学生自治与训育。第十三章，训育的制度，包括级任制、训导制、主任制、导师制。第十四章，训育的目标和成绩考查。第十五章，结论，抨击当时训育的窳败状况，并提出了十条改进意见。

全书基本观点如下。

一、训育的目的"在于培养高尚品格"。李氏认为：训育的目的在个人方面为"养成自治的能力"，在团体方面为"养成牺牲自我而为公众谋幸福的精神"。因而，学校训育工作重心在于养成学生高尚理想和正当习惯，而非纠正学生错误行为。他提出"训育应独立于教学"。视智育较德育为重，乃"科举制度流弊所产生"。在论述三民主义与训育的关系时强调：三民主义要恢复民族地位，必先恢复民族固有的道德；要普及民权，必先培养人民政治上的热情；要扶植民生，亦要养成人民吃苦耐劳的精神和节俭的习惯。因此,"涵养三民主义信仰,锻炼三民主义力量",训育具有十分重要的作用。在评析训育思想变迁时,指出我国古代的学校对于训育取严格主义,要求学生绝对服从教师的命令,稍有违抗则施体罚。西方的训育思想在1850年前可用"专制"二字形容之,此后,欧美学校训育尊重个性,注重学生自治和社会制裁。卢梭、裴斯塔洛齐、赫尔巴特、福禄培尔和斯宾塞等人对训育思想的发展都作了贡献,而杜威学说"博采各家之长,适应了今日之社会情形"。

二、遗传、环境、发育状况、个性差异是影响训育的重要因素。"遗传为人类行为的基础",身心方面有无缺陷与本能、情绪和智力的发育休戚相关,研究训育必须研究儿童的身心发展。"环境为习惯的源泉","环境好,儿童就容易变好;环境坏,儿童就容易变坏"。家庭环境和社会环境都对儿童有很大影响,特别是在习惯的形成方面。而养成良好习惯是"人类所必需的准备",是"教育之重要目的"。要使儿童"随时随地运用他们的智力、理性和评判力,以适应新的环境"。训育的实施要看对象。儿童从出生到成熟,各时期的发育状况各不相同,训育的重点也自然不同。幼稚期自出生至十二岁止"重在根据本能养成良好的习惯",青春期自十三岁起至二十余岁成人期止"重在提高理想养成自治能力"。训育人员应明了学生身心发育状况,积极指导。训育还应适应儿童的个性差异。

三、实施训育的原则和标准"要兼具个人和社会两方面的性质"。个人方面要顾到各人的天性,训练和经验的不同;社会方面要顾到各团体的精神和各种理想。训育的基本原则有四:(一)训育应与校外的社会理想相契合。学校训育要采仿社会各团体最优良的训练,使学校训育优于其他团体的管理方式。(二)训育应是积极的和建设的,而不是消极的和限制的。要着重鼓励学生为其所当为,以预防为主。(三)训育的方法大半是间接的而非直接的。"间接的训育是教师以间接的手段来管理行为。"(四)训育应根据学生要了解的最高标准行之。学生因年龄和经验的增加,活动范围因之扩大,教师应训练他们参加较高尚的社会活动,养成高尚的社会理想。训练的标准按其进化顺序有三个标准,即权力标准、个人统治的标准和社会制裁的标准。与此标准相适应的有三种训育,即以权威为基础的军队式的训育、以人格感化为特征的个人训育以及依靠社会制裁的社会训育。训育的最高标准是"学生自治和社会制裁"。

四、训育不仅要注重"消极的个别制裁",而且要特别注重"积极的团体训练"。学校要注意团体精神的养成,"学校的团体精神,就是我们所谓的校风"。优良的校风具有"预防秩序紊乱"、"促进学生学业"、"锻炼情绪"之功效。一个学校的优良校风,至少要有四种要素,即教职员彼此和衷共济,学生间有友谊态度,师生间有良好感情和社会扶助。校风建设通过学校环境美术化,注重全校集合,鼓励各种学生团体,增进教师和家长的联系,努力教学等方式实施。

课外活动在训育中占有重要地位。课外活动"所训练的大半都关于学生品性方面"。其事业"大半属于团体的",可以养成学生的创造能力、办事能力、合作习惯和牺牲自我的精神,"社会制裁的力量,可以使他们消灭个人的癖性和自私心,经过社会的折磨……可以由粗野变为文雅"。课外活动是"积极训育的最好方法"。课外活动实施的原则有:课外活动组织和行政统一;教师指导与辅助相结合;适应个别差异;机会同等;经济高效等。指导课外活动的方法是谈话、参与计划、列席会议、解决困难、奖励、评定成绩和给予学分等。

促进学生自治。"学生自治,不是自由行动,乃是共同管理;不是取消规则,乃是大家立法守法;不是放任,不是对学校宣布独立,乃是练习自己管理自己的能力。"其优点在于可以适应学生个性需要;代替学校消极的训育方法;养成学生团体的精神;训练学生成为良好公民;训练领袖和办事人才;养成合作精神和优良校风等。其实施过程应遵循以下原则:适应教育原理;以儿童为本位;组织须繁简适中;受学校当局指导;与地方自治相衔接等。

五、"训育不是教学的附属品,训教不能分离。"在课程中设专讲道德知识的修身科目是为直接道德教授。直接教授道德弊大于利,中小学不宜直接开设道德科目,可添设公民训练。因"儿童在中小学的时候,根本就缺少道德判断能力",且"各科都有德育的价值"。接着分析了小学、初中和高中各学科的道德价值基础。

教学与训育彼此互为因果,关系非常密切。"教学是关于知识的灌输,而训育是关于情绪的陶冶,教学的目的在于增进知识,而训育的目的则在养成良好的品性。""无论上哪一堂课,这两种因素都不能没有。"课室训育是训育的重要方面,其目标:其一是保持良好的秩序,以增进教学的效率;其二是养成学生的进取心理和良好习惯,以发展他们的品格。教师保持课室秩序的方法有八项:要有适当态度;要有充分的准备;注意课室内一切情形;要使学生不断地活动;要善于发问;要利用社会化教学法;要能够预料学生的困难;所授的教材要适合学生的兴趣。至于课室训练所应发展的品格,则是集中注意力的习惯,做事认真、实事求是、容忍以及光明磊落的态度等。

实施训育有多种制度。小学有级任制和训导制;中学有训育主任制和导师制。各种制度都既有利又有弊,实行级任制和导师制,有利于训教结合。

本书以心理学、社会学为基础,借鉴古今中外训育理论与实践经验,系统阐释了训育的一些基本问题,并联系当时学校训育之实情,提出了许多改良主张。

(萧远军)

现代中国及其教育 古 梅

《现代中国及其教育》，一名《中国新教育背景》。上、下两册。古梅著。1936年中华书局出版。

古梅(1899—1977)，广东梅县人。1919年考入南京高等师范，1924年毕业后在江苏第五师范任教。1928年应广州国立中山大学之聘，讲授"乡村教育"。历任中山大学、中央大学、教育学院等校讲师、教授。1940年后，一度在上海主持教育实验区。抗战胜利后至1949年任国立社会教育学院教授，并任江苏省教育厅副厅长。曾是中国社会教育会、中国教育学会、中华乡村教育社会员。著作还有《中国教育之经济观》、《乡村教育新论》、《中国农村经济问题》、《社会教育指南》、《美国乡村教育概观》等。生平事迹见《中国文化界人物总鉴》(中华法令编印馆，1940年)。

本书以大量篇幅叙述19世纪60年代后的七十年间中国社会政治经济状况，"用意在于说明教育和社会、政治、经济、学术思想等连锁关系，并指出中国新教育之无凭借、无助力、必致根本的动摇"（自序）。全书内容，除总述外，共分四编二十四章。第一编，经济之发展。第一至七章，内容为：人口之变动；农业之兴衰；工业之递嬗；对外贸易之起落；交通事业之今昔；财政金融之沿革；国家富力与国民经济状况。第二编，社会之变迁。第八至十四章，内容为：社会阶级划分；宗法社会之残留；地方主义之深固；劳动阶级之运动；知识阶级之挣扎；妇女界之觉醒；如此社会如此人民。第三编，政治之改革。第十五至二十章，内容为：外力之侵击；内政之腐败；戊戌之政变；辛亥革命；军阀政治之继起；民权运动。第四编，新教育之进行。第二十一至二十四章，内容为：新教育之产生；新教育之发展与改革；新教育基础之动摇；新教育之背景与前途。

本书主要的教育论点有下列几方面。

一、关于教育的背景。作者认为研究教育者，必须首先研究教育背景，否则"所谓教育云者，将不知从何着手，更不知如何努力，充其量不过为教育而教育已矣"。所谓教育背景，则认为"整个社会皆为教育背景，凡与教育发生关系者均属之"，有经济背景、社会背景、政治背景和学术思想背景等。教育进行如舍经济背景而不顾,"则教育必为优越阶级之占有物,一般民众只有坐观其独占而已";如忽略社会背景,"则教育必为雷同剿袭之事,不能为固有之社会植其根柢";如脱离政治背景,"则教育为无的放矢,命中与否,无所测度";关于学术思想背景较为复杂,但其影响教育的进行亦"至深且巨"。所以,社会、经济、政治、学术思想"皆可为改革教育的动力,使之日益进展"。而教育又可为"改良经济,改进社会,改革政治,改造学术思想的工具,使其更适合于现代民众生活之需要"。反之,经济、社会、政治、学术思想"亦可以阻碍教育思想的进行,使其不易发生积极的功效"。教育与背景的关系含有不可分离性。

二、新教育的产生、发展与失败。作者认为新教育产生的远因是:耶稣教的传入,输入了西学;中外通商,使经济变动;清儒学说,开始怀疑旧学。近因是:历次对外战争的失败,须用西艺;历次外交的失败,需用西文;政治腐败内乱不绝,须行西政。于是产生了两种教育:"一为抵制新敌国的教育;一为改造新国家的教育。"

所谓抵制新敌国的教育,即帝国主义侵入中国,中国人不能把他们推出国门,又不能降服他们,只能与之周旋,设法抵制,所采取的手段和方法,以为根本"乃在设立学堂,派遣留学生,培养匡时济世的人才,同时讲习军备制造,以为抗强御暴的后盾"。这种教育分为两类:一是方言教育,目的在培养熟谙外国语言文字的人,以期和洋人交涉得到胜利;一是军备教育,目的在养成通晓军事、习谙制造的人才,以期能用坚甲利兵和洋人相角逐。这种办法,虽是被动的、模仿的、消极的,但也表明中国人奋起图强的发端。然而,"原来想利用新教育去抵制新敌国,不料想新敌国侵击的势力,竟随新教育的进展而愈加猛烈"。

所谓改造新国家的教育,即是将中国这个有悠久历史文化的文明古国,"因其衰老过甚,散漫无纪,愚昧无知"而改造成为现代化的新国家。而现代化国家,"不但是国富民强,法律严明,组织有系统,并教育普及,民智发达"。改造国家的教育,不应是"东涂西抹,杂乱无章",而应是有条理有系统衔接一贯的。这样就把西洋的学制系统逐步引进。戊戌维新时期,清政府正式宣布采用西方资本主义教育制度。各地方官员、绅民积极兴学。但是资本主义的教育制度,原为工业革命后的产物,其最大特点便是"整齐划一"。原以为学制整齐,便可"普通之才遍天下",但学制公布后,十年、二十年、三十年以往"普通之才仍不多见"。由此证明"一种制度的推行,原非毫无凭借,毫无助力,而可以勉强移植过来的"。中国的经济基础非常薄弱,所以新学虽有发展,实质是动摇不稳的。

新教育输入中国,从1862年设立京师同文馆至1902年颁布钦定学堂章程,历经四十年,具有十大特点:教育行政机关的建立;教育经费的筹措;学校系统的划一;课程的固定;班级教学的通行;心理学的应用;身心训练的并顾;实用知能的注重;学费的征收;规章的限制。这十点各有长短,唯在中国施行起来,因为社会经济背景不同,民族习性各异,结果长处难以表现,而短处暴露无遗。但这四十年毕竟使新教育系统化、组织化,如果中国的经济发展、社会变迁、政治改革,甚至思想进步,也能向着组织化、系统化的途径迈进,新教育或可以得到许多凭借,得到许多助力,协助其进行。但是事实不然,所以自从钦定学堂章程颁布后,新教育的破绽便渐次呈露出来了。

为了发展新教育,曾采取了一些改革措施,如废科举兴学校;改建教育行政;明定教育宗旨;改革学制,公布奏定学堂章程;改造课程;改进教育方法。然而"七十年来施行新教育的结果,非特不能抵制新敌国,造成新国家,甚至新敌国无端来侵略,而受过新教育者竟有做汉奸卖国的……做贪官污吏的,国家腐败日甚,可见新教育不但无功,简直完全失败了"。

三、新教育的弱点。新教育最大弱点是资产化、营业化、闲暇化、机械化。教育权跟着所有权走,从而有产阶级成为有识阶级,无产阶级成为无识阶级,教育成了少数资产阶级的专利品。虽常听见"普及教育"、"义务教育"、"民众教育"的呼声,但毫无资产的农工大众是"不必"享受那种教育的。由资产化而产生的第二个弱点即营业化。学生入学既然以他们的资产或金钱为标准,学校也就抱着一种"营业的宗旨,学生毕业,社会上更按照他们所受教育的程度以定薪金。学校工厂化、商店化,毕业生商品化,成为营业化的三大特征。教育闲暇化,即教育与劳动分家。教育原是帮助人适应社会生活的手段,是为了个人和种族的生存而施行的社会事业,教育同劳动相联系,'同为人类所必须的'。随着社会结构的变化,教育与劳动分了家,到资本主义高度发达时代,更为闲暇阶级所独享,劳动阶级一方面受资产的限制,一方面也因劳动过甚,没有闲暇去享受教育,至多不过得一点职业教育。至于教育的机械化,则表现为划一的制度及对学生的束缚和限制"。新教育不是土产,而是洋货,所以有如此多的弱点,除了自身的问题外,便是它不适合中国的社会经济背景,"尽有他人之弊而无其利"。

四、教育不是万能的。中国施行教育之无效,许多人认为是教育自身的问题,而不知社会、经济、政治、学术思想等对教育的影响,这些"背景"又是一个有机体的组织,有相互联锁的关系,"牵一发而动全身",因此,改革教育决非枝节问题,乃是整个社会的关系。中国复杂的社会问题也不是教育能解决的。"新教育外延——教育背景——既成不易解决的问题;新教育的内涵——教育自身——复多缺陷,而外延和内涵之间关系又极复杂,此不特使新教育无法表现其功效,甚至使中国的问题更难于解决。"只有待中国的问题能解决,中国的民众有出路,中国的教育才有出路。而社会最后的目的是:"经济上的富为人人所创造,为人人所共享;政治上的权为人人所赋有,为人人所分操;社会上的秩序为人人所安立,为人人所维持;文化上的贡献为人人所努力,为人人所沾益。"这是社会发展的目标,也是教育努力的方向。

全书对作为中国教育背景的社会、经济、政治、文化等各方面作了详尽深入的分析,"是第一部有系统地谈中国教育背景的著作"(陈礼江序),对教育的弊端也作了深刻的揭露。本书资料殷实,内容丰富,也可当作历史教科书读。

(李丽萍)

梁漱溟教育论文集 梁漱溟

《梁漱溟教育论文集》,一册。梁漱溟著,唐现之编。1945年开明书店出版。

作者生平事迹见"乡村建设理论"条。

本论文集收录梁漱溟1922年至1942年重要教育论著十三篇,篇目均按写作(或发表)时间先后排列。正文前有唐现之《编者赘言》、《再版赘言》。唐现之曾于1934年编辑《梁漱溟先生教育文录》一书,于1935年出版。1942年梁先生回国后,将《文录》加以增删,题名《梁漱溟教育论文集》。

本论文集较集中地反映了梁漱溟的教育思想和主要的文化、哲学观点。

一、围绕社会、人生问题阐述教育的作用和目的。梁漱溟认为,"人类不能不有生活,有生活就不能不有社会,有社会就不能不有教育,教育是很天然的"(《社会教育与乡村建设之合流》)。在他看来,教育是与人类本身和人类社会的产生、形成和发展相始终的。教育的作用,对于受教育的个体,"应当是着眼一个人的全生活而领着他去走人生大路,于身体的活泼、心理的活泼两点,实为根本重要"(《办学意见述略》)。他批评几十年来所谓新式教育的创办与发展,竟以"知识欲"相标榜,强调实用,提倡实学。结果是科学未发达如故,国家贫穷落后如故。这是因为,"知识技能是生活的工具,是死的;只有生命本身才是活的。必待活泼的生命去进求,而后知识技能才得有;必待活泼的生命去运用,而后其功用乃著"(《丹麦的教育与我们的教育》)。所以,他更注重教育的精神陶冶作用,通过教育从人生问题上启发指点,使之有合理的人生态度,奋勉向上,才能有伟大的创造,担负起时代的任务,开辟民族历史的新局面。教育对于社会的作用,他以为一是在"平时",即在正常的社会环境里,教育的作用表现为"绵续文化而求其进步",换句话说就是"不使文化失传,不使文化停滞不进"(《社会教育与乡村建设之合流》);二是在"变时",即在社会变革转型时期,教育的作用表现为"能减少暴力至可能最小限度于其前,能完成改造达可能最大限度于其后"(《社会本位的教育系统草案》)。他断言:"完成社会改造的工程即教育"(同上)。而教育的目的,则是培养"明人生而敦伦理"、能"自爱爱人,自新新民"的儒者,培养具有"平静通晓而有情"的心理,能担负"文化改造"、"民族复兴"重任的贤智之士等。

二、倡导乡村建设运动,主张社会本位教育。梁漱溟是现代乡村建设运动的倡导者和奠基人,他认为,中国不可能步近代西洋各国的后尘,走资本主义的路发展工商业,完成一种都市文明。这不仅是由于"中国原来是一个大的农业社会。在它境内见到的无非是些乡村;即有些城市(如县城之类)亦多数只算大乡村,说得上都市的很少。就从这点上说,中国的建设问题便应当是'乡村建设'"(《山东乡村建设研究院设立旨趣及办法概要》)。而且,"在这世界上个个具是工商业的先进国,拼命竞争,有你无我;我们工商业兴发之机早已被堵塞严严地不得透一口气。正不是愿步他们后尘或不愿的问题,而是欲步不能了"(同上)。另一方面,近代西方工业文明入侵以来,几十年间,都在朝着"乡村破坏"的方向推进。中国社会的种种弊端都可以从乡村文明受到破坏中找到原因。因此,挽回民族生命的危机,"系于乡村的破坏或建设"。他号召知识分子,"大家一齐回乡,骈力作广义的促兴农业工夫——乡村建设工夫,开出乡村建设的风气,造成乡村运动的潮流,则数十年来乡村破坏之一大方向,又何难扭转过来?自身的出路,民族的出路,一一于此可得"(同上)。在梁漱溟看来,乡村建设事项虽多,大致可归纳为三个方面:经济、政治和教育文化。就教育方面而言,乡村建设中要以民众教育为先,小学教育犹在其次;民众教育的内容,要以提高一般民众之知能为主旨,要突出"人生行谊教育",即关于人生态度、品行及道谊教育。在乡村建设中,教育的实施方式是村学乡学和乡农学校。村学乡学的组织包括学董会、学长、教员、学众;乡农学校包括校董会、校长、教员、乡民(学生)。实际上,村学乡学或乡农学校都是政治、经济、教育、自卫的综合体。以教育力量代替行政力量,"化社会为学校",把全体村民吸收进各级学校,以"推动社会,组织社会",实现建设乡村文明的理想。

社会本位教育是梁漱溟提出的全盘改造中国教育制度的主张。所谓社会本位教育即是以社会教育为"本"建立新的学制系统,在这个系统中,学校教育只是其中的一部分。社会本位教育的提出基于以下三种认识:第一,学校教育社会教育不可分。"两种教育之分判初无学理真据,即于形式上亦复有时难辨。"(《社会本位的教育系统草案》)第二,教育宜放长及于成年乃至终身。现代生活日益繁复,人生所需要学习者,随以倍增,卒非集中童年一个时期所得尽学,教育延长及于成年乃至终身是社会发展的需要。第三,教育应尽其推进文化改造社会之功。认为,中国正处于社会改造时期,这一时期的教育,与平时教育之着重在社会未成熟分子(儿童)、囿于少数个人和在特殊环境中进行不同,必须着重在大多数成年人,扩大受教育的对象,必须使生产大众不"脱离生产行程而教育之"。才能发挥其推进文化改造社会之功。社会本位教育的设施包括乡学、区学、县学、省学、国学五级。乡学在职能上以基本教育为主,在方式上兼用社会教育及学校教育两种方式。区学在职能上以基本教育之高级及技术训练之预备段为主,在方式上兼用社会教育及学校教育。县学在职能上以技术训练人才教育为主,在方式上以学校教育为主,兼用社会教育方式。省学在职能上以专门技术教育及实际问题研究为主,在方式上以学校教育为主,兼用社会教育方式。国学在职能上以学术研究为主,在方式上以学校教育为主,兼用社会教育方式。在详细规定各级设施的职能、方式之后,他强调:"中国此时不应视成人教育或社会教育为临时补充枝节应付之事,而应认为教育上主要工作。"(同上)文集中收入的《社会教育与乡村建设之合流》一文,论证乡村建设与社会教育的关系是"一而二,二而一"。他说:"我们的此刻,正是中国文化的一个转变期,正是除旧布新的时候。所谓除旧,旧是在成人的身上,除旧则必对成人下功夫;所谓布新,尤须对成人而言。""所以要创造文化,故施行成人教育;施行成人教育,即所谓创造文化,即所谓乡村建设,即所谓社会教育。乡村建设与社会教育,是一而二,二而一者。"

三、主要的文化、哲学观点。文集中收入的《东西人的教育之不同》、《精神陶冶要旨》、《三种人生态度》、《中国文化问题》集中反映了梁漱溟的文化、哲学观点,正是这些观点构成其教育思想的理论基础。概括起来主要有:第一,人类的"人生态度"。他认为,"人生态度""向深里讲,即入了哲学范围"(《三种人生态度》)。人类的人生态度有三种,"第一种人生态度,可用'逐求'两字以表示之。此意即谓人于现实生活中逐求不已……此第一种人生态度,能够彻底做到家,发挥至最高点者,即为近代之西洋人。他们纯为向外用力,两眼直向前看,逐求于物质享受,其征服自然之威力实甚伟大"(同上)。第二种人生态度为"厌离"的人生态度。此种厌离的人生态度,为许多宗教之所由生。"最能发挥到家者,厥为印度人","他们最彻底,最完全;其中最通透者为佛家"(同上)。第三种人生态度,可以用"郑重"两字以表示之。"这条路发挥得最到家的,即为中国之儒家。"(同上)主要意义即是教人"自觉地尽力量去生活","清楚地自觉地尽力于当下的生活"(同上)。三种不同的"人生态度",代表着三种不同路向的文化和哲学。第二,东方(指中国)和西洋的教育的不同,"盖由于两方文化的路径根本异趣;他只是两方整个文化不同所表现出之一端。"(《东西人的教育之不同》)西洋人照他那文化的路径,知识方面成就的最大,从苏格拉底一直到杜威,都强调知识的传授;中国的教育偏重在情意的一边,"从来中国人的教育很着意于要人得有合理的生活,而极顾虑情意的失宜"(同上),因此,很少是授人以知识。中国教育与西洋教育相比较,很难说孰优孰劣,"盖西洋教育着意生活的工具,中国教育着意生活本身,各有所得,各有所失也"(同上)。第三,中国文化的特征是人类理性开发得早,而理性则是人类的特征。中国古人对于人类文化最大的贡献即在认识了人类之所以为人,得以有这种根于人类理性而发育成的文化。"一般人最大的错误,是只看见中国不及西洋的一面,而不知中国尚有高过西洋的一面,以致充满了'落后'、'不进步'的感想。"(《中国文化问题》)建设新中国文化的出路,不在于摒弃自己文化的特征,也不在于无批判无改造地吸收模仿照搬西洋文化,正确的态度应是"对西洋要全盘接受而根本改造"(《中国文化问题略谈》)。

1987年,中央教育科学研究所宋恩荣参考《梁漱溟教育论文集》,编辑了新版《梁漱溟教育文集》,共收集有三十八篇(上引《山东乡村建设研究院设立旨趣及办法概要》、《中国文化问题略谈》两篇收于该文集),包括1949年后撰写的文章三篇,并附有《梁漱溟年谱》、《梁漱溟主要著作目录》、《梁漱溟教育思想述略》。

(田正平)

陶行知教育论文选辑 陶行知

《陶行知教育论文选辑》，一卷。陶行知著，方与严编。1946年重庆民联书局出版。1949年第三版由上海三联书店重印。

陶行知(1891—1946)，原名文濬，易名知行，再易名行知。安徽歙县人。1910年入读金陵大学文科。1914年赴美留学，初入伊利诺大学攻读市政，获政治硕士学位，转入哥伦比亚大学，师从杜威，研究教育。1917年归国，先后任南京高等师范学校教授、教务长，东南大学教育科主任，兼中华教育改进社主任干事，主编《新教育》，并发起组织中华平民教育促进会。1927年后提倡乡村教育，在南京郊区晓庄创办试验乡村师范学校。1930年晓庄学校被封，出走日本。次年回国，提倡"科学下嫁"，开展普及教育运动。在沪创办自然科学园，编辑《儿童科学丛书》、《大众科学丛书》。创办"山海工学团"，首创"小先生制"，组织生活教育社。"一二·九"运动爆发后，草拟国难教育方案，组织国难教育社，开展国难教育。担任国民外交使节出访欧美等国，宣传抗日。后当选为国民参政会参政员，致力于战时教育。1939年在重庆创办育才学校，培养流亡儿童。1946年创办社会大学，为在职青年补习高等教育。同年病逝。著述由后人编为《陶行知全集》。生平史料见朱泽甫《陶行知年谱》等。

本书"选辑先生二十年来创造新教育——生活教育之论著代表作凡三十三篇"(《再版序言》)。基本观点有以下几个方面。

一、"生活即教育"。这是生活教育的本体论，"生活教育是生活所原有，生活所自营、生活所必需的教育。教育的根本意义是生活之变化。生活无时不变，即生活无时不含有教育的意义"。过什么样的生活便是受什么样的教育，过好的生活就是受好的教育，过坏的生活便就是受坏教育；过的是少爷的生活，虽天天读劳动的书籍，不算是受着劳动的教育；过的是迷信的生活，虽天天听科学的演讲，不算是受着科学的教育；想受什么样的教育，便须过什么样的生活。生活教育贯串人的一生，"与生俱来，与生同去。出世便是破蒙，进棺材才算毕业"。

生活教育与传统教育不同。生活教育首先是生活的。生活与生活一摩擦立刻起教育的作用。"说的正确些,是受过某种教育的生活与没有受过某种教育的生活,摩擦起来,便发出生活的火花,即教育的火花,发出生活的变化,即教育的变化"。在生活与生活摩擦过程中,摩擦者与被摩擦者都起了变化,便都受了教育。

生活教育是"行动的","为行动而读书,在行动上读书"。生活教育是"大众的",是大众自己办的教育,大众为生活解放而办的教育。反对"有钱、有闲、有脸"的人才能得到知识的"小众教育"。生活教育要"达民之情,遂民之欲"。使大众掌握生活工具,发展生活能力。生活教育是"前进的,要用前进的生活来引导落后的生活,要大家一起来过前进的生活,受前进的教育"。生活教育是"世界的","整个中华民国和整个世界才是我们真正的学校"。生活教育是"有历史联系的"。要把历史经验经"生活滤过"在生活中更加丰富,要"教育大众联合起来解决国难","争取中华民族的解放"。

"生活教育现代化"是教育运动的目标。随着时代的前进,生活教育要负起时代的使命。按此思路,20年代以后,陶行知先生先后倡导过乡村教育运动、普及运动、国难教育运动、战时教育运动、全面教育运动,以及民主教育运动。

二、"社会即学校"。这是生活教育的场所论,"整个社会是生活的场所,也是教育的场所"。"从大众的立场看,社会是大众唯一的学校,生活是大众唯一的教育。我们必须正式承认它,并且运用它来增加自己的智识,增加自己的力量,增加自己的信仰"。凡是生活的场所,都是教育的场所,茶馆、戏院、破庙都可以是大众的课堂,在社会的学校里,人人可以做先生,人人可以做学生,随手抓来都是活书,都是学问,都是本领。

学校必须与社会沟通。"学校自学校、社会自社会"是一种旧观念,同时也批评杜威"学校即社会"的观点:"学校社会化",就"好比笼子里囚着几只小鸟,养鸟者顾及鸟儿的寂寞,搬一两个树枝进笼,以便鸟儿跳得好玩,或再捉几只生物来,给鸟儿作陪伴,小鸟是比较的舒服了。但鸟笼毕竟还是鸟笼,决不是鸟的世界"。我们必须冲开校门、村门、城门、国门,以及所有人造的铁门,把教育要伸张到大自然、大社会中去。

三、"教学做合一"。这是生活教育的方法论。"教学做是一件事,不是三件事。我们要在做上教,在做上学。在做上教的是先生,在做上学的是学生"。"不在做上用功夫,教固不成教,学也不成学,教学做是合一的"。"因为一个活动对事说是做,对己之长进说是学,对人之影响说是教。教学做只是生活的三个方面,而不是三个各不相谋的过程"。

要使教学做合一,必须改革传统的教学。"事怎样做就怎样学,怎样学就怎样做,教的法子要根据学的法子,学的法子要根据做的法子"。做是学的中心,也是教的中心。以种稻为例,学种稻是要在田里学的,也须在田里做,那么为种稻而讲解就是教,为种稻而读书就是学,这是种稻的教学做合一。

要使教学做合一需要新的教科书(可称为教学做指导)。编书"最先须将一个现代社会的生活或该有的力量,一样一样的列举,归类组成一个整个的生活系统,即组成一个用书系统"。编得好不好可按下列三个标准来判断:(一)"看它有没有引导人动作的力量";(二)"看它有没有引导人思想的力量";(三)"看它有没有引导人产生新价值的力量"。

教学做合一以"行是知之始,知是行之成"为认识论根据。《墨辨》提出知识有三种:亲知、闻知、说知。亲知是亲身得来的,就是"行"中得来的;闻知是从旁人得来的或书中得来的,说知是推想出来的。一般学校注重闻知,排斥亲知,其实"亲知是一切知识的基础"。"闻知与说知必须安根于亲知里面方能发生效力。"行动产生理论,发展理论。"行动所产生发展的理论,还是为的是要指导行动引着整个生活冲入更高的境界。"

教学做合一的社会目标是要所有的人"在劳力上劳心",现在的社会"把劳力的和劳心的人分成两个阶级","以致养成'劳心者治人,劳力者治于人'的现象"。劳力与劳心分家,则一切进步都是不可能了。"在劳力上劳心,是一切发明之母。事事在劳力上劳心,便可得事物之真理。人人在劳心上劳力,便可无废人,便可无阶级。"

四、实施生活教育的具体建议。主要的有以下几点。

师范学校,"是要运用环境所需的事物,归纳于他所要传播的那种学校里面,依据做学教合一的原则,实地训练有特殊兴趣才干的人,使他们可以按着学生能力需要,指导学生享受环境之所有并应济环境之所需"。

普及现代生活教育"只好想法子来解决"。用"小先生"制"攻破先生关"、"娘子关"、"买卖关"等各种难关。用工学团来替代学校,"攻破学校关"。"什么叫做工学团? 工是工作;学是科学;团是团体","工以养生,学以明生,团以保生"。工学团将工场、学校、社会打成一片,培养普遍的军事能力、生产能力、科学能力、识字能力、运用民权能力和节制生育能力。总之,普及教育之要义是:整个民族现代化;整个生活现代化;整个寿命现代化,众人养成活到老做到老学到老的态度。

实施民主教育。"民主教育一方面是教人争取民主,一方面是教人发展民主"。在反民主的时代是"教人争取民主"。政治走上民主之后,民主教育是"配合整个国家之创造计划,教人依着民主的原则,发挥各人及集体的创造力,以为全民造幸福"。实施民主教育要有一套具体的措施。

《陶行知教育论文选辑》是20世纪中期唯一较全面地收录陶行知生活教育论著的读本,是研究陶行知教育思想的重要史料,在海内外影响甚广。国内对本书教育思想的评价主要围绕生活教育的政治方向和理论的性质问题展开:1951年以前,一般认为生活教育理论是新民主主义的教育理论;1951年,国内开展对《武训传》的批判后,认为生活教育理论是资产阶级的实用主义的教育理论;80年代后,一般认为生活教育论具有半殖民地半封建中国人民大众反帝反封建,争取自由平等的性质,是19世纪末20世纪初以改造传统教育为鹄的的世界教育革新运动的重要组成部分。当代对本书生活教育思想的研究逐渐深化,试图从理论的高度来加以阐发,研究方法日趋多元,研究重心移向对象主体的文化土壤和文化心理结构。

有关《陶行知教育论著选辑》的研究著作,有戴伯韬《陶行知的生平及其学说》(新中国书局,1949年)、郭笙《陶行知教育思想研究》(辽宁教育出版社,1991年)、周洪宇《陶行知研究在海外》(人民教育出版社,1991年)等。

(商丽浩)

教学通论 罗廷光

《教学通论》，一册。罗廷光著。1940年中华书局出版。

罗廷光(1896—1993)，又名炳之。江西吉安人。1916年起从事教育工作。1926年毕业于国立东南大学。后留学美国，1931年获美国哥伦比亚大学师范学院硕士学位，又去英国伦敦大学皇家学院研究教育科学。1931年起，历任南京中央大学教授兼教育社会学系主任及实验学校校长、湖北教育学院教授兼院长、河南大学教授兼教务长及教育系主任、北京大学和西南联大教授、中正大学教授兼教务长、重庆中央大学教授兼师范学院院长等职。1936年赴欧洲考察法、德、意、丹、波、苏等国教育状况。1948年被聘为联合国教科文组织中国委员会会员。1949年任南京大学教授兼教育系主任，1952年后一直在南京师范学院任教授。1962年任江苏省哲学社会科学联合会副主席。著作另有《教育科学研究大纲》、《教育科学纲要》、《教育研究指南》、《实验教育》、《教育行政》、《比较教育》、《最近欧美教育综览》、《师范教育新论》、《教育概论》、《中国近代教育家》、《外国教育史》等，并于1987年辑成《罗炳之教育论著选》。

《教学通论》是通论教学理论与实务的大学教材。计七编，二十三章，前有自序。第一编，绪论。概述教学之基本问题，包括教学之目的；教学史考察；现代通行的教学法；优良教学的条件和标准等。第二编，教学之心理的基础。论及学习与学习律；心境与动机；注意与兴趣；个性适应等问题。第三编，各种学习及其教学法。包括思想教学；练习教学；欣赏教学；发表教学。第四编，教材的选择与组织。第五编，教学实际问题。论述了上课、指导自习、准备教案等问题。第六编，教学效果的测量。第七编，教师品格与教学技术。其基本观点如下。

一、教学"是鼓励和指导学生的行为使其变更得更经济、更合理，更能满足人类的需要"。教学"不是替代学习"，而是"辅导学习"；不是由"外部加入"，而是从内部引出；其实质在于"助长学生经验的改造"。教学活动"系依据教育宗旨及教育目标而来"。教学的目的是"运用导学的手段，遵照心理的原则，以养成学生适于群体生活的知识、技能、习惯、欣赏及理想德性"，包含增进健康;获得知识与技能;养成良好的习惯;发展审美能力;训练自学方法;涵咏理想、培养德性等方面。据此,"教学法是一种有组织有系统的过程;用以刺激、鼓励和辅导学生的学习,使其变更行为,改造经验,能有效地获得预期的结果,产生教育的价值"。对教学法的研究,缘起很早,成为一门学术则是近代的事。本书在考察了近代唯实主义、自然主义、泛爱派的教学法,以及裴斯塔洛齐、赫尔巴特、福禄倍尔、杜威等人的教学法主张之后,认为"近自教育心理学和教育社会学的发达,无论教材和教法都显有心理化和社会化的趋势","各项教学实际问题,今人皆欲置之科学基础上加以考核,俾得到合理的解决"。现代通用的教学法有讲述法、启发法、问题法、设计法、直观法、实验法、莫利逊单元精习法及社会化的教学法等,各有良窳。实施优良教学需要一定的条件与标准。在物质方面要求校舍适宜、设施齐全;学生方面要身心健康,注意营养和保健。此外,还要有教室的有效管理和有纪律的团体生活。

二、教学要以心理学为基础。学习是行为的改变,而一切行为是有机体对于刺激所发生的反应,故学习的任务是构成"无数适宜的感应结"。学习的重要方法有尝试法、交替反应、模仿和理解等,"各有其特殊的价值"。讨论学习的原理不少。本书着重介绍了桑代克的准备律、练习律和效果律;同时,介绍了极端行为主义者华生和完形主义者苛勒、柯夫卡的理论及其对桑代克的批评,认为"究竟孰最可信,孰则否,现在尚难有定论"。接着研究了心境、动机、注意、兴趣、个性差异性与学习之间关系,提出了教学上的主张。第一,心境。教学须准备适当的心境,养成良好的态度;加强学生的"心向",以提高学习效率;课题转换时要清楚,并唤起有关的观念。第二,动机。要使学生学习在生活情境中有价值的事物;使学生对所学的内容深感需要。第三,注意与兴趣。要提供适当的刺激以引起学生注意;要利用学习内容本身的兴趣;采用实物教学及单元教学;运用特殊教学技术;以及发挥教师自身的影响等。第四,适应个别差异是班级制盛行以后发生的问题,可用改变升留级制度、变更课程及读书法来解决。

三、学习有不同的类型,各类教学的教学法遵循的原则与方法亦不同。学习可分为思想、练习、欣赏和发表四种,其实施的原则或方法各有特点。第一,思想教学。凡含推理性质的课业均属之。教学时要厘清问题的界限;设立意境,激起思绪;权衡各种"意念"的价值;整理思料;审核结论。第二,练习教学。重点在养成习惯。教学时要有正当的开端;练习要注意迅速与准确;引起兴味,集中注意;节省无为的时间;树立好的榜样;复习动作基本部分;以及多注意动作结果等。第三,欣赏教学。其目的在发展审美性能,涵养情操,养成正当娱乐习惯。教学时要"鼓舞受动的沉思的态度";保持适当的姿势;增加基本的知识和经验;避免过分的分析和批评;鼓励学生求达高度的欣赏等。第四,发表教学。使学生能用各种形式发表个人的情意。发表教学可分为语言文字、图画、工艺制造、音乐四种。

四、教材的选择要适应社会和学生的需要。教材的本质一方面是"代表民族和社会的经验",另一方面又是"行为的方法"。因此,教材选择应适合现代社会的需要、地方的需要,能适合学生的经验,能代表民族经验的精华,具有最大的价值。选定的教材,其陈述和排列方式应遵循以下要则:(一)从心理的顺序到论理的顺序;(二)多用归纳的方法,少用演绎的方法;(三)文字要生动有趣;(四)低年级教材叙述要详;(五)图表要多要明了。近代学校组织教材的方法有直接法、循环法、单科中心组织法和其他组织法,各有其优缺点。并介绍了国外选择教科书的标准。

五、教学实际问题的探讨。主要是上课、自习指导和教案的编写。上课包括课前准备、课上得法和课后指习。课前要有充分的准备,如了解学生情况、熟悉课程教材内容、布置好教室、配置好设备,尤其是教案的编写切不可马虎。教案可"使教师授课有预定的计划,不至临渴掘井或以讹传讹"。编制教案应注意以下几点:(一)确定目的;(二)组织教材;(三)复习旧知识;(四)拟定问题;(五)计划教学方法;(六)指导作业;(七)指示参考书和教具;(八)活用教案等。课上更应灵活运用教学技术。诸如发问:语句要清楚而正确;问句要为学生所了解;问题要切于本课的目的;要留有学生思考的余地;教师要对全体学生发问;对劣等生要不时照料;要多发便于激发学生思考的问题;问题只说一遍,不必重复;发问时教师态度要自然;要鼓励学生用完整的语句作答;鼓励学生相互问难等。至于讲述、讨论、示范、订正等亦有详细阐述。课后指习要耐心仔细。如指导学生善用教科书,包括勾画重要语句、做简短记录、举行阅读练习等。归纳起来逾三十余条。

此书吸纳当时最新教育学、心理学的科研成果,体系相对完整,对中国教学实际运用之情形亦多论及。

(萧远军)

儿童心理学 黄 翼

《儿童心理学》，黄翼编著。正中书局1941年渝初版，1947年沪六版。

黄翼(1903—1944)，福建厦门人。1924年毕业于北京清华学堂。次年赴美留学，先后在斯坦福大学、耶鲁大学专攻心理学，从格赛尔学习儿童心理学，1930年获哲学博士学位。又曾在斯密士学院从格式塔派心理学家考夫卡教授进行心理实验工作，其心理学观点倾向于格式塔学派。1930年归国任浙江大学心理学教授，讲授儿童心理学、教育心理学、实验心理学和变态心理学等课程。抗战期间，随浙江大学内迁，在贵州病逝。著作还有《心理学》、《神仙故事与儿童心理》、《儿童绘画之心理》、《儿童训导论丛》等。

作者在《编著旨趣》中称编著此书有四种希望：要能够代表现在科学的儿童心理学的概要；要能够帮助读者了解真正的儿童，在教育上有实用；要浅近易懂，适合中学程度而未习过其他心理学的读者的能力；要适合部颁幼稚师范课程标准，可作教本之用。全书共十六章，主要讲述以下三个问题。

一、儿童心理学的一般问题

"儿童心理学是研究个人行为的发展历程的科学"，"是儿童教育的基础"。"科学的儿童心理学发生于十九世纪下半叶，于今不过数十年"，发源于奥国、德国，渐渐传播到英法美各国。我国的儿童心理学原系欧美传来，近几年来各处学校也颇有一些独立的研究。研究儿童心理学最基本最重要的是实地观察儿童的行为。只用间接手续得所需的材料，虽不能避免，但未免隔膜一层。个案法以一个儿童为对象，系统地收集关于他的一切材料，希望了解他的整个性格行为，以及造成这种性格行为的条件。

二、儿童心理发展的原则

遗传和环境是发展的条件。"我们一切具体的构造或行为，都是遗传的因素和环境的因素会合产生。专靠遗传或专靠环境而成的构造或行为，是不可能的。"每个儿童的遗传在受胎时已经决定,非教育者所能影响,教育所能办到的是控制他的环境。但遗传的重要也不可忽略。

生长和学习是发展的方式。生长和学习同时进行,生长的行为不免受经验(学习)的影响,学习更需有生长做它的基础。教育者的责任是供给最好的机会让儿童充分生长。教材要适合儿童的成熟程度,不可一味要提高程度。生长的历程要依赖经验练习的扶助。

发展的要素是集中的分化。由简单一律变成复杂而有各种互异的部分;由笼统混合变成划分专司;由模糊空泛变成明确有条理。同时各部分合作于集中的统御之下,全体是统一而完整的。

发展的速率是先快后慢的。一个时期有一个时期发展的焦点。

发展的历程受种种因素的支配,各人所受的遗传和环境的条件各各不同,因而产生个别的差异。

三、儿童心理的发展

儿童心理的发展"本没有一个个截然的段落",为研究的便利勉强可分为胚胎期、儿童期(自诞生至性机能成熟,可细分为前儿童期和后儿童期)和青年期。但本书最详及的是六七岁以前的"前儿童期",小学时期也相当注意,青年期则从略。

(一) 游戏行为的进展。婴儿期的游戏,主要是运动自己的身体和摆弄物件;幼儿学校的儿童,极大部分的时间是以物为戏,有的游戏是幻想的、模仿的。游戏是儿童发展的主要途径。旧时有"勤有功,戏无益"的思想,彻底错误。幼稚园要使儿童在适宜的环境下享受自由游戏作业的机会。

(二) 动作的发展。直立、走路和用手是婴儿期一年中获得的。幼儿什么事都喜欢学做,不会做的事也抢着要做。教育者应当利用这种兴趣,尽量让他得到充分的练习,一面发展做事的能力,一面养成独立自信的美德。

(三) 知觉的发展。每个人知觉的内容,是很长久的发展历程的产品。我们对于一个事物,所得的印象如何,是依着我们的成熟程度和经验知识如何而不同的。知觉的发展是从具体的、整个的、有意义的,进到分析的、抽象的、片面的。"幼儿期是获得实际知觉的时期,语言文字的教育,应该从缓。假如符号的学习开始过早,势必不免夺了实际知觉的机会,反而有害无益。"

(四) 语言的发展。儿童语言发展的主要时期是在学龄之前。到了四五岁时,大致可称完毕。其发展的历程有五个时期:预备期:发音游戏和了解语言(一岁以内);第一期:真正语言的开始,单字句(一岁至一岁半);第二期:有意的学习:多字句(一岁至两岁);第三期:文法和句类的分化(二岁至二岁半);"我国的文法,和欧西语言,迥不相同。这一阶段的发展历程如何,大有研究的价值"。第四期:复句和好问(二岁半以后)。语言能力和普通智力很有关系:智力高的儿童,语言的能力也有较高的趋势。女孩说话的能力比男孩子高些。父母的教育背景和职业、家庭的社会地位和经济状况,与儿童语言也大有关系。"成人的责任,只在于供给良好的语言环境。"

(五)智慧的发展。智慧是心理活动的一般效率,特别是思想和学习的效率。智慧不是知识:知识是学习经验的结果;智慧是获得知识和利用知识的能力。"智慧发展的起点,或是在初生时,或是在受胎时,或是在这两者之间。""智慧发展停止的年龄,用各种测验所得的结果各各不同,大概在十五岁至二十岁之间,最好的估量,可说是十八岁。"智慧发展全程速率是变迁的。"智慧将近成熟时,发展速率渐减,这是大家公认的。""至于发展的初段中段情况如何,意见有分歧,但十岁十一岁以前,发展速率,高于十岁十一岁以后,似乎可以认为是成立的结论。"智慧发展方面有明显的个别差别,因此,"在现在班级制度之下,如何使教育适合个人的能力,是一个大问题";"儿童学业的计划,应该根据智慧的情形,加以适当的指导"。

(六)社会行为的发展。初生儿是没有社会行为的。但别人不断地供给他社会的刺激,尤其是母亲周至亲密的爱护,使他很快开始社会化。三四个月的婴儿,对于母亲的态度和对于别人,显然不同。一岁至三岁为模仿的社会化时期,幼儿和别人的关系,日益繁复而深切。他学会了语言这一社交的利器。同时并行不悖的是个性的发展,认识了人己的区别,有了"我"的自觉。"幼儿只有个人的关系而无团体的概念。""了解团体的实在性,觉得自己是其中的一分子,要到小学时期才有。"幼儿的社会性是与年龄俱进的。年龄越大,孤独的就越少。三岁以后,渐多分工合作的游戏,可以各人做不同的事而互相关照。社会性在小学时期得到充分的发展。群体的生活对于学童是一种绝对的需要。为团体的利益或规律,牺牲个人的便利,是办得到的。小学儿童的游戏,已由合作的更进为竞赛的。

(七)情绪的发展。初生儿的情绪,是很笼统不分的;可以辨别的样式,极为有限。各种可辨识的情绪表现,是逐渐分化的结果。儿童年龄和发展程度不同,同样情境所引起的情绪,可以迥不相同。反之,引起同样情绪的情境,也随着发展情形而改变。情绪反应的方式亦是演进的,由散漫的表情,进而为有效的适应。我们因为经验的结果,对于种种人物情事,养成一些发生某种情绪反应的倾向,心理学称之为"情感"(Sentiments)。情感是支配吾人行为的重要因素。儿童训练的一个主要目标,就在于培养适宜良好的情绪的态度。

(八)需欲的发展与控制。初生儿的需欲只有生理的需要。婴儿期,其他的需欲及时地发生了,极显著的是知觉动作的冲动,另一种是社会的兴趣。幼儿期的需欲,关于事物的兴趣,由自觉的试验,进而为理智的好奇、好问、好动,主要的发展当推自尊心之蓬勃发展和社会需求之日益复杂。总之,"儿童需欲的演进,可以说是由保持个体生存(生理、安全),经过发展个体的能力地位(试验、好奇、自尊),而进于适应社会和增进人群的利益(生殖、道德)。再简单一句话,是由'生物的'逐渐'社会化'。儿童行为起初是'非道德的'。高级的行为,不是受一时一种生物冲动的专制,而是社会化、理智化,受整个有组织的人格的支配的"。

(九) 道德的发展。道德的发展有两方面:一是道德观念的形成,一是实际行为的道德化。幼童在最初区分好坏,总是以大人的命令或赏罚为标准,或根据行为所产生的偶然结果作出判断。理性的了解,是道德的必要条件,盲从不是真正的道德。儿童行为的道德化是从"因为经验结果的利害而改变的行为"至"以别人的赞许责怪为动机的行为"达"以道德的理想为标准,相对地不受他人意见的直接影响的行为"。成人和较大的儿童,爱惜名誉的心和道德的情感,已有相当的发达,而原始的需欲,仍旧保持强固的势力,于是不免发生"心理的或内心的冲突"。

寻常所谓"德育",常常只知顾到一面,专要儿童接受社会的道德标准,尽力遵守,而不知顾儿童自己的需欲情绪和心理健康的原则。尤其是学校中所谓"训育",常常只是借惩罚的方法来维持纪律,执行规则,只是消极的裁制而已,连德育都说不上。心理卫生的基本目标是积极的,要根据学理的指示,施行适当的训练,培养良好的习惯态度,完成健美的性格。

科学的儿童训导的根本原则是:了解个别儿童个别问题的心理的真相。

燕国材主编的《中国心理学史资料选编》(第四卷),(人民教育出版社,1990年)称黄翼"编著了解放前我国最好的一本儿童心理学教科书"。

(马文驹)

向传统教育挑战——学习心理学讲话 林汉达

《向传统教育挑战——学习心理学讲话》,林汉达编著。世界书局1941年出版,1988年上海书店影印。

林汉达(1900—1972),浙江镇海人。1924年毕业于浙江之江大学。曾当过小学和中学教师。1937年任上海世界书局英语编辑主任、出版部部长。同年赴美国,1939年获科罗拉多州大学研究院博士学位。1939年任之江大学英语教授、教育系主任、教务长,1946年在大连解放区任关东文化协会理事长,1947年任辽宁省教育厅厅长兼辽北学院副院长,1949年任燕京大学教授、教务长。1950年任教育部社会教育司司长兼燕京大学教务长,1952年任中央扫盲委员会副主任,1954年起任教育部副部长。1959年调文字改革委员会,任文字改革委员会编审。主要著作还有《西洋教育史讲话》、《上下五千年》等。

作者在"代序"中申明:"本书具有双重意义:一方面是'向传统教育挑战',一方面是'学习心理学讲话'。本书所讨论的要点可分为三大类:急须破除的迷信问题;教育上各执一辞的问题;心理学习上一般的问题。"本书共二十讲。研究方法是:"先在日常生活中抓住一个重要的问题,再由这个问题引出学习心理学的原理来,然后以观察和实验为根据去批评那个原理,最后才提出解决问题的办法。"

一、我国教育上有些迷信急须破除,如形式训练说;学习的迁移;练习律与联结说;文字教育和反民主的学说等。其中有的是中华土产,有的却是过时的舶来品。

我国一直认为教育便是识字,其实,"仅仅识字读书不得算是教育";"教员不应单单'教书',还该指导学生追求学问";"课程应多注重内容,少铺张形式";"文字是研究学问的工具,而非学习的本身(除非你专门研究文字学)"。以官能心理学为基础的训练说使我国教育重训练的形式而非学科的内容,"官能心理学既不合科学,形式训练说又不成立,则我们不得不反对借名为训练脑筋的教育。我们须提倡使儿童有兴趣,使他们的经验更有意义,即合于生活的教育"。练习律与联结说强调反复练习,使学生处于被动地位,而"若不设法提高理解的学习,来替代强记的学习,以活的、动的、前进的教育,来替代死的、静的、保守的教育,则人民的思想难以解放,我们的文化难免落后"。值得注意的是,"有人从美国贩来了一些反民主的学说……最主要的有遗传,有本能,有个性差别,有智力恒定等等强辞夺理的臆说。有些教育家和心理学家戴着科学的面具,不惜曲解实验,为特殊阶级作辩护"。

二、教育上各执一辞的一些问题要澄清,如遗传与环境;兴趣与努力;试误与洞悟;嘉许与谴责;工作、疲劳与休息;阴风昧生(Information)与创造的思想等。

"教育上有许多问题是两方面的,而这两方面却组成同一的事物。历来的教育家却各执一辞争论不休,实则都上了二元论的大当。""教育家而迷于遗传,以个人的成败为先天所决定,简直等于在打自己的嘴。因为'人非生而知之',教育才有地位,环境可以改造个人,教育才有意义。""兴趣与努力是有连环性的,兴趣生努力,努力生兴趣。要争论谁先谁后,等于讨论鸡生蛋、蛋生鸡一样的无谓。""试误"是延长的"洞悟","洞悟"是缩短的"试误"。"试误"的学习并不是"瞎撞",其中也有理解的成分;"洞悟"的学习亦不是"突然的福至心灵",其间亦"试误"的过程。他还认为:"对于聪明的儿童,谴责比嘉许更为有效;对于愚钝的儿童,则嘉许比谴责更为有效。"

我们须把工作、疲劳和休息,视为相互错综的行为和状态,却不应把它分割起来,硬使之各自独立。在中国历来不注重思想,今日的学校教育又偏于"阴风昧生"(知识的积聚),因此,以目前的需要而论,我们非鼓励"如何思想"不可。

三、心理学习上一般的问题。主要有:学习的动机;学习的诱因;学习的技术;人格的发展;成人的学习心理;学习的理论。

动机引起学习的行为,学习得到成功的愉快,又引起新的动机,这样循环发展,引导学习进入高级阶段。所以,"课程的分配,技能的指导,学习的兴趣,进展情形的自觉,以及成功的满意,都是引起动机,维持动机的刺激,这种种刺激都能提高学习的效率"。必须指出:"功课的难度不可与学习者的进步程度相差太远。学生的洞悟不足应付所指定的目的,则其学习的效率必致减少。"

凡事在进行时,自己知道进展的情况和结果,便叫做"理智的诱因";以教学为目标的考问、测验和考试,是一种理智的诱因,所以是值得提倡的。但传统的"例行公事"或突然袭击测验和考试应加改良:每次测验须使学生知道其所得的成绩;考问或测验须约定时间;考试的题目须有价值。

奖惩是"情绪的诱因",有利亦有弊。惩罚能引起儿童不良的情绪,"内倾者"因屡受惩罚,会变得胆怯、怕羞、自卑以及自暴自弃,养成奴隶性。"外倾者"因屡受惩罚,变得倔强、顽皮、恨怒、存心报复,以及做出种种反社会的疾世行为。惩罚只禁止儿童的某种行为,而不能抑制该行为的动机。历来的实验,都证明称赞比谴责更为有效。

竞争是"社会的诱因"。不论年纪大小,不论男女,不论智力高低,凡有竞争的工作,其效率总比没有竞争的工作高些。而且对于年纪轻的,智力低的人影响更大。只以名誉为重的竞争者是社会的诱因。由物质的奖赏进而为社会的嘉许是人类行为的一大进步。

学习的方法常随所学习的材料而不同。学习可分四种:技巧的获得;知识的获得;材料的领悟;问题的解决。各类学习有不同的特点:技巧的获得,"以纯熟为贵";知识的获得,"以记忆为贵","必须着重强记";材料的理解,"以理解为贵";问题的解决,"以思考为贵"。

各类学习都需先有学习的准备,包括环境的准备和心理的准备。在环境方面,书室要整洁幽静,文具书籍要有一定的地方。心理方面,要集中注意力,学习要有计划地进行。

适用于各种学习的一般学习技术至少包括下列四项:一是学习的动机,二是复习,三是学习的速度,四是倒摄抑制的防止(防止第二种学习干涉第一种学习)。

各种学习还有其特殊的学习技术。

强记的学习技术最主要的有:联想法;回忆法;材料分配法;过度学习法。理解的学习技术有:贯通全部;认清观点;摘录要点;查究术语;随时应用。

思考技术的训练方法有:引起好奇心;给予适宜的暗示;贯通经验;慎用逻辑;发展语言经验;慢下断语;需要相当的阻力。解答难题可以应用杜威的"五步法"。

教育家与哲学家在研究学习的程序时,常想发现学习的理论。其中最有势力的是三派,即联结主义者的试误说、行为主义的制约反应说和"格式塔"心理学派的洞悟说。哪知学习是多方面的,学习的程序又很复杂;所以要用一种理论来包括多方面的学习和复杂的程序,难免顾到了头,顾不了脚。"照各种的实验看来,试误是原始的学习,制约反射是进一步的学习,而洞悟是最高级的学习。""人类似应多注重洞悟的学习。"

韦悫在本书"序"中指出:作者的"目的在攻击传统式的教学法,是一部极有价值的著作。他以幽默的态度、生动的笔调、深刻的见解与透彻的讨论,揭露传统式的教学法的缺点"。

刘佛年在本书"重版前言"中认为:"这部书有一个极鲜明的特点,战斗性很强,学术性也很强,可以说是战斗性与学术性紧密结合的一个范例。"

(马文驹)

教育心理学 萧孝嵘

《教育心理学》,萧孝嵘著。正中书局1944年渝初版,1948年沪三版,并收入国立编译馆出版的《师范丛书》及福建教育出版社《二十世纪中国教育名著丛编》。

萧孝嵘(1897—1963),湖南衡阳人。1919年毕业于上海圣约翰大学,一度回湖南衡阳船山大学任教。1926年留学美国,在哥伦比亚大学攻心理学,1927年获硕士学位。旋赴德国柏林大学研究格式塔心理学,1928年重到美国,在加利福尼亚大学深造,1930年获哲学博士学位。随即去英、法、德等国心理研究所进行心理学调查。留美期间,因儿童心理研究的成就,获美国科学荣誉学会、心理学荣誉学会"金钥匙"奖。1931年回国,任南京中央大学教授、心理学系主任、心理研究所所长等职。1949年后,任复旦大学教授、教育系主任。1952年任华东师范大学心理学教授,兼上海市心理学会副理事长。主要著作还有《格式塔心理学原理》、《儿童心理学》、《变态心理学》等。

《教育心理学》分三篇,共二十三章,并有实验附录二十四项。

作者在"编者大意"中申明本书的观点:就纵的方面看,可以称为相对的观点(即不为某派之片面观所束缚);就横的方面看,分析与全体两种观点均予以重视;对于以前引起激烈争辩之问题尽量并取适当的透视。内容之选择有下述原则:兼顾理论与实用;扩大视线范围;注重特殊背景;扩充内容分量。

第一篇,教育心理问题及其基本研究工具。共七章。

阐述了心理学为研究行为发生与行为发展之科学,其"目标在预测与控制人的行为","以增进工作效率"、"增进人类幸福"。心理学在教育、工业、商业、医学、军事、政治等等方面均有广阔的用途。

心理学与教育有密切的关系。根据贺林午思电对教育情境的分析,教育过程涉及学习者、目标、课程、教师、技术及偶然活动等六个方面(因素)。每个因素都与心理学有关,各因素之间有复杂的关系，处理这些关系亦同心理学有关。这"足以表明心理学在整个教育中之位置"。要借助心理解决教育问题。

研究教育心理问题要用统计方法分析教育心理资料。教育心理测验有：身体与感官之测验；智慧测验；教育测验；人格测验等。

第二篇，个别差异之分析。共六章。

认为"因材施教为教育中的一个中心问题"。各人不独在身体品质上表现差异，就是在心理品质上亦不相同。心理品质指感觉、智慧、情绪及其他各种人格品质。测量表明："品质上差异往往与常态次数分配颇相类似"；"品质上的差异范围极为阔大"。"最近二十年之研究资料可以表明，各人在发展上比较速率颇为固定。"智慧与学业成绩表现显著的关系，不过教育的等级愈高，而此种相关则反愈低。"此种相关系数在小学生中位于60左右，在中学生位于50左右，在大学生中位于45左右。"

个别差异由多种原因造成。生长（成熟）是一个因素。成熟进程包含身体之发展，情绪与兴趣之发展，智慧与推理能力之发展等三方面。资料表明，各方面的发展与年龄增长有关，但"在年龄相同的儿童中，生理品质之发展颇有差异"，在情绪与兴趣发展和智慧与推理能力之发展方面亦类似。

个别差异与性别有关系。"倘若两性在心理品质上果有差异，则此等差异必属于分量而非属于性质。"各种资料证明："男女两性在身体品质上之区别是显而易见的，但在普通智慧测验之结果中，我们不能发现一致的差异。就各种测验之内容看来，男性在某些方面或较优于女性，而女性则在其他方面或较优于男性。两性的测验成绩及其差异度常视所用测验之性质而异。"

遗传与环境对人有影响。根据智商固定性之研究，兄弟姐妹相似程度的研究、低能与疯狂遗传的研究、天才遗传的研究和各种环境因素与心身状况相关的研究，"给心理学一种最重要的观点，遗传因子在其整个发展进程中必须与其环境发生交互作用"。"我们不能将心理的现象或品质分为纯粹遗传的与纯粹学习的。从心理学的观点看来，最重要的事实还是遗传与环境的交互作用之进程，那就是发展的进程。"

天才与低能是智慧方面个别差异的极端表现。"小学中的天才儿童决不会超过百分之二。"处理不当，他们容易养成懒惰、轻浮或恶作剧的习惯。对天才儿童，"我们现在尚不能确定一种最优良的方法"。但有些方面值得注意，如减少反复练习的次数、教材要适合他们的兴趣等。"天才儿童的教师必须智慧优越、知识丰富、无偏见、无迷信、无嫉妒，且深谙天才儿童的心理。"处理低能儿童的问题需视低能的程度而异。

个别差异集中反映在人格方面。人格是一个整个系统，而不纯粹是各种人格品质相加而成之总和。如要了解或矫正一个人的人格,必须从他的行为之基本现象着手。有些欧洲的心理学家将人格分为一些类别,此等类别常称为"型"(types),此类研究称"型学"。其目的系在发现人类生活中的一些基本形式以解释人格之全体。在分析了四种型学之后,作者引用了石登的一段话:"凡能注意到人格的多义性者便知道品格心理学者对于人格之分型是有限制的。此等人格型之划分,从某种观点看来,或为正确,但是观点一旦改变,则人格之分类亦须因此而改变。因此,现代的型学者虽然企图将某些人格型之划分认为唯一可靠的分类,而此种努力终归于失败。"并认为:"由此可以了解各型学者之分类何以互有差异,因为这种情形多半是由于各人所采取之观点不同所致。"

第三篇,教学心理。共九章。

指出动机是学习的起点。动机有别于目的。动机实为最初引起活动之刺激;目的是对于一种满足动机的方法之符号的想象。一种目的之产生即为动机与计划之联络。意志是动机的另一名词,意志坚强则动机有力。教育心理学将动机可分为:由机体需要而生之动机;由自我被人侵犯而生之动机;根据社会基础之动机;由思想与同情而生之动机。动机之间可能会有冲突。

教育心理学不但必须考虑客观的动机,而且必须考虑主观的动机。在教育工作中,不但不应忽视动机之存在,并且必须知道如何利用动机。人类确能表现高尚的行为,故人类对于非物质的事物之理想亦应予以考虑。理想是对于非常悬远的目标之动机。

介绍学习的进程有四种主要的学说:制约说、复古说、试误说和顿悟说。试误说根据动物实验提出了学习定律,"所谓学习定律往往不顾及研究者在发现此等定律时之实验情境","此等定律必须加以改正"。"倘若心理学家或教师不去寻找固定的公律,而能采取相对的态度,则他们对于每种学习情景中之各种条件,如教材的性质、学习者的资格等等,将予以充分的注意。"领悟仅仅是知觉变化的一种,此种变化必须适合当时的需要始可称为领悟。领悟中含有试误的进程,因此,"我们可以察见,试误和领悟两说均为特殊的实验情境之结果"。"格式塔心理学家多注意于初级解决方法之研究,而美国的心理学家则倾向于次级解决方法之研究。其结论之不同多由于此程度差异所致。"

学习的进程可用学习曲线的形式来显示。曲线表明有速度递减的现象,在一定阶段会出现高原现象。

学习的结果主要是记忆问题。记忆,广义指过去经验所产生的变化,狭义指能复忆。记忆的影响是经验的迁移。支配记忆的条件有:"次数律"、"新近律"、"首先律"、"强度律"等。支配迁移的条件,各家说法不一,具有代表性者有:(一)共同分子说;(二)普遍化说,即首先发现各种情境中的共同分子、共同的关系,然后综合为一种原则以应用于各种情境中,这是"教学法中之机钮";(三)需要共同说,需要与动机有关,根据美国教师 1075 人之报告,动机问题在高中、初中及小学三个教育阶段中皆占有第一重要的位置。

学习的分类,多以学习的材料为依据,可分为下面四种:知动的学习,知觉的学习,观念的学习,情绪的学习。各种学习需有不同的条件,有不同的进程,需用不同的教法。以知觉学习为例,知觉单元之形成为许多条件所支配。外界的条件可分为空间与时间两种;内部的条件,一是经验或习惯;二是兴趣或态度。知觉学习的进程系由轮廓而至细目,复由细目而至概念,再由概念而至特殊的对象。教学要按此进程进行。

学习之效率恒视学习之整个情境而定。此整个情境可分析为下列各种因素:学习者之状态,客观环境之情形,教材之性质,教学之情形。

学科心理即指各种学科所包含之心理问题而言。其实各种学科之教学方法必须以心理原则为根据,始能获得最大的效果。

在学校生活中,存在着不少心理卫生方面的问题。在实施心理卫生计划时,教师应注意的原则是:不可采取仇视或讥刺的态度;注意学生的精力之调节;注意于良好习惯之养成;注意于理性之培植;培植适当的社会精神与团体精神;尤其是应注意于危险性之符号(预兆);注意于个别的情形;辨别各种行为在严重性上之程度;并对于每个问题应当求其根本原因;应设法取消学生的卑逊情感;对于学生的秘密事件应当严守秘密。而学生本身尚应注意三项原则:适中原则;现实原则;诙谐原则。

课程即为教育进程中所用之教材,亦即学生所需学习的动作,所需获得的知识及所需解决的问题。课程的内容常视教育的目标而定。现时的教育家编制课程依据如下方法:工作分析法;现时需要分析法;矫正训练法;学生兴趣之标准;专家的意见和客观的社会调查等。心理学在课程编制中的位置由下可见:课程中的活动必须与学习者的需要或动机相关联;课程必须顾及学习者的优良品质之培养;课程组织必须以心理学的原则为根据,始能表现有效的次序。课程必须适合个别的差异;课程问题亦与教学问题具有密切关系。此等问题皆须按心理学的原则予以解决。

教师在教学中起着重要的作用,其工作分为三类:教学的工作;评判的工作;训导的工作。教学工作之基本原则:一是教学方法必须适合个别的差异;二是教学方法应注重指导学生如何发现一般有效的治学方法,并使他们能由特殊问题的练习察其共同原则。教师不但必须评判学生在学业成绩上之优劣,而且必须评判学生的人格以为训导之根据。教师的训导工作自应完全以心理卫生之原则为根据。

高觉敷主编的《中国心理学史》(人民教育出版社,1985年),将《教育心理学》列为萧孝嵘的主要著作之一,指出他"结合教学所进行的心理学研究,着重心理学的应用,他对我国心理科学作出了较大的贡献"。

(马文驹)

社会心理学 孙本文

《社会心理学》，上、下册。孙本文著。1946年上海商务印书局初版，1986年台湾商务印书馆第八版。

孙本文(1891—1979)，字时哲。江苏吴县(今苏州)人。1918年毕业于北京大学社会学系。1921年赴美留学，1922年获美国伊利诺大学硕士学位，1925年获纽约大学博士学位。归国后在复旦公学执教社会学。1928年起，在南京中央大学执教社会学、社会心理学、社会问题等课程，兼任社会学系主任和中国社会学社理事长。曾任上海暨南大学社会学教授、南京中央大学教育学院院长、国民政府教育部高等教育司司长等职。中华人民共和国成立后，任南京大学教授。主要著作另有《社会学上之文化论》、《社会变迁》、《社会的文化基础》、《社会学领域》、《社会学大纲》、《现代社会学派》、《社会学原理》、《现代中国社会问题》、《近代社会学发展史》、《现代社会科学趋势》等。

《社会心理学》是民国时期第一部大学的社会心理学教科书，系作者1926年后在大学讲学时，搜集国内外有关社会心理学研究资料，历时近二十年始成，1946年出版。

作者"自序"认为"社会心理学研究个人在社会中的行为，或社会中个人的行为"。基本原则有五：（一）个人为满足需要调适环境始表现种种活动；（二）个人的需要愿望与一般行为趋向，都是在特殊社会中养成，而且在特殊社会中表现；（三）个人在社会中行为的表现，是受个人需要愿望的推动与人格特质的限制，并为当时社会情境所制约；（四）社会情境是从心理与文化两方面影响于人的行为，无论个人人格的形成与行为特质临时的表现，都不外受社会情境中心理或文化的影响；（五）个人行为，尤其是伟人的行为，大可影响于当时的社会情境，并领导社会较永久地变迁与进步。全书六编三十章，书后有附录五种。

第一编，绪论，共五章。概述社会心理学的目的、对象、范围、问题及源流和派别。关于社会心理的思想起源甚古，但专门研究的历史甚短，至作者成书时不过三十余年。社会心理学介于社会学和心理学之间，是社会学的一个重要部门，也是心理学的重要分支，又有别于社会学和心理学。社会学以整个社会为其研究单位，研究社会行为；而社会心理学研究社会中的个人行为。心理学研究个人在各种环境中的行为；而社会心理学研究个人在社会中的行为。社会心理学以个人在社会中的行为为研究对象，着眼于社会中的个人，以社会和个人间相互关系与影响为研究的范围。因而也可称之为"个人社会学"或"心理社会学"。社会心理学是以社会学和心理学为基础的科学。现代社会心理学可分为两大派，即系统社会心理学与实验社会心理学，"但已有渐趋一致之势"。社会心理学的发展有待于社会学家和心理学家的共同努力。研究社会心理学，在理论上"要了解社会心理的真相"，在实用方面则"要了解如何指导和控制社会心理的途径"。

第二编，行为的基础与型式，共五章。"从社会的立场"概述行为主义关于个人行为的观点，"社会心理学上的基础知识"在于此。行为以"反射弧"及其生理机制为生理基础，行为可分为反射行为、习惯行为和理智的行为三级。行为的发生有其环境基础，其中有物质基础和社会基础。行为的社会基础指的是人的行为得以发生的文化环境和心理环境。"假如我们没有这类环境的基础，人类行为根本是不可能的，不然也只限于动物性的行为而已。"行为可分为非学习的行为型式和学习的行为型式。学习的行为是人类行为最重要的型式。学习型式按其性质可分为肢体的学习行为、语言的学习行为和情绪的学习行为。这三类学习性质是不同的，但学习的原理是一致的。"从社会心理学看来，学习的重要原理有三：就是制约反应原理、反应整合原理及尝试成功原理。"根据行为主义的观点，"意识就是伴着行为的个人觉知，是行为的一方面，一特征。我们相信，任何行为似乎都有意识的相伴，不过伴着行为的意识的成分，有多少的不同"。意识最集中的行为是"注意"，意识最分散的行为为"无意识"。意识涉及认识、情感和意志等几个重要方面。社会心理学特别关注社会意识。"社会意识就是个人对于社会关系与社会行为的觉知。"这种觉知亦必伴随行为而发生。

第三、第四编，社会对于个人行为的影响，共十三章。首先是心理的社会环境的影响。"心理的社会环境包括人们一切临时表现的主观的流动的行为，无论是个人的或集体的，内在的或外表的。这种由人所表现的行为或行为的趋向，都有影响于在这环境中生活的人的可能"。第一方面是个人方面的，如态度、意见、成见等。"态度是一种未发表的内在的行为"，可以使人对某种对象产生向心或离心的行为倾向。向心的趋势表现为愿望。愿望可以成为一种推动的力量。意见是"用言语发表出来的态度"，但并不能完全表明态度，只是用言语发表的对事件的判断，它对人行为有很大的影响。"人因某种先入之见的束缚，只注意某些方面而忽视其他方面，在行为上表现出一种比较固定的倾向"，就是"成见"了。社会成见，如种族、民族、宗教、阶级和习俗方面的成见，对个人行为有很强的制约性。第二方面是集体行为方面的，如舆论、谣言、群众行为等。舆论是"社会上众人对于一种有争论的重要事故所表示的有力量的共同意见"。"谣言是社会上流传失真或传闻未实之言,亦称无根之言。"群众在社会心理学里是指"人类各种集团中的一种",是有共同的对象,共同的兴趣,在同时暂时集合起来的一群人。群众行为对其中人员的行为有制约作用。第三方面是其他的社会刺激,如团体活动及竞争等。这三方面都对个人行为产生影响。

其次是文化的社会环境的影响。"文化的社会环境包括一切人所造或利用的事物,无论其为有形具体的实物如工具武器之类,或无形抽象的行为规则如制度风俗之类,都是外界的客观存在而为社会所公认者。"个人身处其中,无时无地不受文化的影响。在文化的社会环境里,值得特别注意的是风俗与时尚、道德与法律、宗教等。

社会环境对个人的影响具体表现为人格的形成。人格是个人行为统一的定型。"所以人格发展与研究,为社会心理学中一重要部分。""人格在活动中形成,在活动中发展,人格特质又在活动中表现。"

本书叙述社会环境制约个人行为的重要法则有三:暗示、宣传和教育。"凡任何人的行为或行为的结果,引起他人无批评很迅速的行为,这种过程称为暗示。"暗示可以引起或养成新的态度,可以引起人的旧态度,可以加强人的旧态度,也可以改造人的旧态度。"宣传就是有意地把某种意见态度情绪以及风俗信仰传布于社会的一种努力,其传布的目的,不一定为外人所明了。"宣传可以应用于社会生活的各方面各部门,要按照宣传的原理和规则,运用宣传的技术和社会心理提高宣传的效果。国家要统制宣传工具,防范不纯正与不正当的宣传。"社会环境制约个人行为最彻底最普遍而又最理智的法则,莫过于教育。"教育可扶植个人自立,传递思想文化,造就社会成员与敦促社会进步。

第五编,个人行为对于社会的影响,共五章。伟人与领导人物的个人行为对社会有很大的影响,可以转移社会风气、革新社会制度、增进人类知识、改进人生态度、改良生活技术和安定社会秩序。但一般的人对社会亦有影响作用,可以起到供应需要、传布文化、累积遗产和维持秩序的作用。

个人对于社会环境调适有三个目的:维持人格的完整、满足人生的需要和平衡人我的关系。调适的方法很多,诸如顺应、同化、合作、克制、统御、转变、引导、奋斗、自慰、弥补、谦退等。

第六编,社会心理学的应用,共二章。研究社会心理学的一个重要目的是将理论研究的成果(各种原理定律)运用于社会的各个方面以指导和控制社会心理。应用的目的是:指导或控制社会中个人心理或行为特质的养成;指导或控制社会中人与人间交互刺激及反应的过程;指导或控制社会环境对个人行为的影响;指导或控制个人环境的影响。指导或控制社会心理的标准是"国族化"和"现代化"。国族化是要"发展中国固有的而应该保存的传统思想",如尊理性、主中庸、重自治、崇德化等。现代化是世界的潮流，如重科学、尊民主、崇法治、主团结等。国族化与现代化是没有冲突的。按此标准指导或控制社会心理才能符合个人幸福和社会进步的需要。

社会心理学可运用于家庭方面、教育方面、商业方面、工业方面、政治方面和日常生活方面。在学校教育方面，要使学校环境(精神或物质方面)能适合儿童身心发展及社会标准；要使学生间的各种行为得到适当的发表；要培养学生的自尊心、荣誉心，以扶植高尚纯洁的品格；不能用不正当的手段来对付和利用学生；学生的变态行为要随时加以矫正；要使学生的愿望得到平均适当的发表。

"本书引证资料，以取材本国历史故事为主，兼及西书与报章时事，并尽量采择重要实验例证，总以增进读书兴趣而不背科学原理与社会性为准。"(自序)本书附录五种：社会心理学文献年表，列有1738年休谟《人性论》出版后至1945年欧美发表的文献二百四十三种；社会心理学重要作家小传，列举欧美有贡献的五十八人；所引中文书籍检目，举九十五种；另有学名索引与西文人名索引。

本书是我国社会心理学界最具系统性的著作。燕国材主编的《中国心理学史资料选编》第四卷中认为孙氏的主要贡献有：(一)非常重视文化和心理两因素与社会现象的关系，他最早将美国的文化学派理论介绍到中国，是我国社会学界提倡重视文化的先驱；(二)他的名著《社会心理学》是融古今中外社会心理学理论于一炉的大学教科书，他是社会学界的"心理社会学"理论的倡导者。

(马文驹)

活教育的教学原则 陈鹤琴

《活教育的教学原则》。陈鹤琴著。1947年由上海新华书店发行。此前,书中所论教学原则部分发表于《活教育》月刊,曾于1946年编入《活教育理论与实施》一书。后于1985年收入《陈鹤琴教育文集》。

陈鹤琴(1892—1982),浙江上虞人。早年毕业于清华学堂。1914年与陶行知同行到美国留学。1918年获哥伦比亚大学教育硕士学位。1919年回国,在南京高等师范学校任教。后任东南大学教授兼教务长、南京晓庄试验乡村师范第二院院长等职。1923年创办南京鼓楼幼稚园,为中国第一所幼稚教育实验中心。1927年与陶行知、张宗麟共同组织中国幼稚教育研究会,创办《幼稚教育》刊物。1929年发起组织了"中华儿童教育社"。1934年至1935年,赴欧洲十一国考察教育,回国后积极介绍欧洲教育经验。抗战爆发后,主要从事难民教育。1940年在江西泰和创办江西省立实验幼稚师范学校,在此期间,形成和实践其"活教育"理论。1945年任上海市教育局督导处主任督学,同时创办上海市立幼稚师范。1953年任南京师范学院院长。晚年曾身兼多职,继续关心教育事业发展。著作颇丰,有《儿童心理之研究》、《活教育的理论与实施》、《家庭教育》等专著以及数十种教材、儿童读物,现收入《陈鹤琴教育文集》。

陈鹤琴主张批判传统的"死教育",提倡"教活书,活教书,教书活;读活书,活读书,读书活"。1940年,他吸收了外国教育经验,又受陶行知"生活教育"理论的影响,提出独具特色的"活教育"理论。"活教育的目的就是在做人做中国人做现代中国人",要做现代中国人要有健全的身体,要有建设的能力,要有创造的能力,要能够合作,要服务。"活教育的教材是大自然大社会(大自然大社会都是活教材)","活教育的方法也在'做'(做中教,做中学,做中求进步)",在其江西省立实验幼稚师范学校、幼师附小、正大附小、南昌实小进行实验。1941年,创办并主编《活教育》杂志作为宣传和研讨阵地。在此基础上,将其先前所论教学原则汇编成书出版。

《活教育的教学原则》详细区分活教育与死教育,系统地论述活教育的教学原则,是作者根据儿童心理学说和多年教学经验写成的,其目标是"心理学具体化,教学法大众化"。

书中所举十七条教学原则是:(一)凡是儿童自己能够做的,应当让他自己做;(二)凡是儿童自己能够想的,应当让他自己想;(三)你要儿童怎样做,就应当教儿童怎样学;(四)鼓励儿童去发现他自己的世界;(五)积极的鼓励胜于消极的制裁;(六)大自然大社会是我们的活教材;(七)比较教学法;(八)用比赛的方法来增进学习的效率;(九)积极的暗示胜于消极的命令;(十)替代教学法;(十一)注意环境,利用环境;(十二)分组学习,共同研究;(十三)教学游戏化;(十四)教学故事化;(十五)教师教教师;(十六)儿童教儿童;(十七)精密观察。这些教学原则涉及课程、教学、教师、儿童、行政、设备各个方面。

本书的主要思想,可归纳为如下方面。

一、做中教,做中学,做中求进步。作者认为,教学过程不仅是学生接受间接经验的过程,也是学生通过自觉活动发展创造力的过程。因此,在教学上,要把学生的自觉活动——"做"放在首位。"'做'这个原则,是教学的基本原则,一切的学习,不论是肌肉的,不论是神经的,都要靠做的。""做"比起传统的注入式教学法具有巨大的优越性:其一,做是知行合一,行中有知的表现,知识与技能可由做来联结,"做了就与事物发生直接的接触,就得着直接的经验,就知道做事的困难,就认识事物的性质"。其二,做还能培养儿童的兴趣,发展儿童的能力,让儿童体会劳动的辛苦,培养良好的品质,儿童还可以从做中得到美的享受,得到感性与理性的协调发展,因而,"在学校里的一切活动,凡是儿童自己能够做的,应当让他自己做"。做还不能脱离思想,"思想是行动之母,思想没有受到锻炼,行动就等于盲目,流于妄动"。显然,传统的教师讲,学生听,教师写黑板,学生记笔记,教师用思想,学生被动接受的教法要克服,"凡是儿童自己能够想的,应当让他自己想",让儿童由学习中的被动接受者,变为自己活动,自己思想的主动创造者。要做到这一点,教师的教要投放到学生学的活动中去,在"做中教"。"举凡在学校里各种的活动,各种的教学,你都不应该直接去告诉他种种的结果,应当让儿童自己去试验、去思想、去求结果",教师只是起指导作用,"我们教师的责任,是在旁指导儿童,怎样研究,怎样思想。越俎代庖,是教学中的大错。直接经验,自己思想,是学习中的唯一门径"。

二、寓教育于环境中。作者认为,学生在学校中能学到的东西是很少的,那种以教师教,学生学,教师不教,学生不学的方式是不利于学生学习的,而仅凭薄薄的几本教科书更不能提供学生一个广阔的世界。"学校里所学的实在是很少,即使老师拼命地注入填塞,而儿童所学的东西,还是不够应用的;况且所填塞的东西,都不容易消化,不容易理解,吃了进去,也是如同吞枣,而和学问和修养,仍是没有多大关系的。"环境才是儿童的知识宝库,儿童只有在大自然大社会中学习,才有兴趣,才能发现问题自我提高、自我创造,才能得到真的知识。"儿童的世界,是儿童自己去探讨,去发现的。他自己所求来的知识,才是真知识,他自己所发现的世界,才是他的真世界。"因而,教学不能仅在学校、教室中进行,而是把儿童带到环境中,让他们自己去发现自己的世界。作者认为,脱离实际的书本的教学是害人的,大自然大社会中的知识才是直接的、确实而经济的,是教师应该去探讨去教给学生的,大自然、大社会是我们的活教材。大自然中有花、鸟、虫、鱼,有四季的变化,有生命的萌动与生长等等,"大自然充满了活教材,大自然是我们的教科书"。大社会也是如此。"我们应当向它领教,向它探讨",教学不要教呆板的书本知识。"大自然大社会是我们的活教材,我们为什么不从'现代'的活教材研究到'过去'的事、'过去'的地理呢!"作者认为,在环境中存在许许多多的东西,这些看似与教学没关系的物品,如赌具、娱乐工具、木屑纸头、破布碎纸等等只要细心研究都可加以利用,变成很好的教材和教具,用在教学中。"在大自然大社会的环境中,你可以找到许多活教材、活教具",因而,作为教师,一定要注意环境,利用环境。总之,环境是知识宝库,是活教材,有许多活教具,教学要利用环境进行。

三、寓教学于游戏中。作者认为,"游戏是人生不可缺少的活动,不管年龄、性别,人们总是喜欢游戏的。"好玩,喜欢游戏更是儿童的一个极重要的特征。然而,中国人往往轻视游戏,把读书与游戏完全分开。"这种把读书与游戏孤立分离的看法,完全是错误的,假如说读书只有读书,读书就不应游戏,那么,读书的生活,势必枯燥无味,哪里还谈得到进步!"因而,教学中有必要把读书与游戏结合起来,做到教学游戏化,"做到教学游戏化,就要使读书生活兴致蓬勃,学习进步分外迅速","把枯燥无味的认字造句,化为兴致勃勃的游戏活动,在做的过程中,培养兴趣,加强学习,这就是教学游戏化的真实意义"。寓教学于游戏中可运用于任何学科、任何儿童,"游戏化适用于任何人与儿童,也适用于任何工作与教学,只是儿童年纪越大,教学游戏化的困难愈多罢了,幼稚园比小学容易,小学的比中学容易,至于大学,教学游戏化的困难便更大了"。但是,游戏只是为了达到教学目的而运用的方法,不能因此失掉教学的意义,把算术课、语文课等变成游戏课。游戏不是由少数人进行,少数人做游戏而其余人坐着,称不上是寓教学于游戏,而是任何游戏都是所有的学生都参加。

四、暗示教学。作者认为,儿童是容易受暗示的,教师可以利用儿童的这种心理去支配他的动作,用暗示的方法来纠正儿童本身存在的缺点及解决教学中遇到的问题。积极的暗示比起消极的命令来说有更大的效果,"这种方法看起来似乎是软性的,实际上小孩子是愿意改进的。这种方法,看起来似乎很费时间,你要花一点心思去对付的。最容易做的是一种消极的命令。你看见一个肮脏的小孩子,不知不觉会说他、会骂他,教他这样做、那样做。这种硬性的教育,是不彻底的、是暂时的。积极暗示是比较难做,而收效实际上很大的"。因而,我们可用暗示来养成儿童良好的举动、习惯。暗示有几种:一是语言的,可以是讲故事,也可是几句鼓励的话语或赞扬。一是文字的,让学生通过阅读一些有意义的作品取得潜移默化的效果。一是图画。一是动作。几种暗示对儿童都有很大的教育力量,"不过从儿童心理看来,动作的暗示性,恐怕要算最大的"。因此,教学中要多用积极的暗示方法,不要用消极的命令。

五、分组学习。作者认为,传统的个别教学存在不足,班级教育也同样存在不足,"班级教育是大家一同来读一样的书,一同来学同样的东西,进展的速度是一样的"。班级教育自然有好处,但"使得全班的同学变成了中庸的制裁。好的不能上去,坏的勉强上去,没有主动,没有特殊的进展,大家被'班级'所限制了"。可见,班级不能适应学生个别差异,依各人的智力、体力、能力进行。分组学习则不同,分组学习既不同于班级教学,也不是个别教学,而是把学生分成小组,共同研究,互相探讨,以集体力量,来得到学习的效力。通过分组学习,"各人都有意见发表,彼此都有不同的思想,思想愈多愈复杂,就可以整理出一个真理来"。这种集体学习的方式有利于学生的进步。

除上述几方面外,教师互教、学生互学、注重观察等也是书中强调的教学原则。

《活教育的教学原则》阐述了实施活教育的具体方法,推动了"活教育"的发展,取得了良好的效果。

(黄巧荣)

阅读心理·汉字问题 艾 伟

《阅读心理·汉字问题》。艾伟著。1948年中华书局出版。

艾伟(1891—1955),字险舟。湖北江陵人。早年就学于上海圣约翰大学理科。后赴美留学,1922年获哥伦比亚大学硕士学位,1925年获华盛顿大学哲学博士学位。归国后历任东南大学、大夏大学等校教授,南京中央大学教育系主任、教育学院院长、师范学院院长等职。1932年任伦敦大学统计学研究员,曾在法、德、奥、意等国作短期的考察。1947年以教育部部聘教授身份,在北京师范大学、中山大学研究院等地巡回讲学。1951年在台湾任测验学会理事长。病逝于台湾新竹。著作甚丰,另有《儿童心理学纲要》、《初级教育心理学》、《高级统计学》、《教育心理实验》、《教育心理学》、《教育心理学大观》、《小学儿童能力测量》、《阅读心理·国语问题》等。

《阅读心理·汉字问题》为其代表作之一。作者在"自序"中说:"汉字问题至为重大,盖基本教育之推进有待于汉字问题之解决","汉字问题满意解决后,使"文盲能加速扫除","可进而求一般知识之增进",可使"各地文化水准逐渐提高"。心理学家从事于汉字的研究已有三十年,在"最近二十五年中对汉字问题之心理探讨,虽不敢云锲而不舍,然实较多费工夫",做了大量的实验,参与实验和测验的对象有"数千学子",帮助做实验的也有数十人,对字形问题,汉字横直排列之比较实验,对汉字测验的编辑、实施与统计,词汇分析等作了大量实验研究,才"发现事实,略窥门径","获得最终之结果,使汉字问题得一满意之解决"。

《阅读心理·汉字问题》共九章。第一章,字形研究;第二章,字量问题;第三章,识字测量;第四章,词汇研究;第五章,音义分析;第六章,简化问题;第七章,排列问题;第八章,书法研究;第九章,总结。

"总结"中说:关于汉字问题"以为其因素有六,即字形,字声,字义,字之常用与否,造字原则及儿童需要"。"前四者吾人于实验中略有所知,而后二者则尚须探讨。"归纳全书,艾伟在汉字心理学实验研究上的主要成就如下。

一、识字心理。指出"汉字分形、声、义三部分。所谓识字者谓见形而知声、义,闻声而知义、形也","以形为刺激须能引起声、义二反应,以声为刺激须能引起形、义二反应"。"夫形、声、义相互间之关系既极复杂,故因形而引起声义,决非单字记忆之实验所能解决。必也连字成词,连词成句,使读之,然后考察其于形也,义也,声也,孰已完全领悟,孰须再事学习?而形、声、义三者又各自有难易……不可不一一考察之也。"

书中记述 1923 年至 1924 年间,作者在美国华盛顿城举行此种考察和实验。被试者达二百人,在"观察字形"方面,实验结果是:"容易观察之字,其笔画为一与十之间;笔画在十一至十五之间,有易观察者,亦有难者,视其字形之组织以为定,设有一字其笔画数在十三或以上,为左右偏旁所组织而成,若其任何偏旁之笔画数超过其他偏旁在十以上者(如劉、亂等字),此种组织之字形,观察非常困难;若一字之笔划在十数以上,而分为三、四部,由斜线、曲线所组织而成(如疑、殺等字),此种字之观察,亦感困难;若字之一部分,类似其他字之一部分,为观察者曾经经验者,此字写出之时,容易笔误,且此种臆定颇难改正;字形合拢如田、口、日、目等字者容易观察;字形由横直线组织而成,如罪、华等字者,若其笔画数不过十五,观察亦易;若字之笔画,两方相称,如开、罪等字者,其观察最觉容易。"由此可见"简化汉字"的迫切性。

在字形、字声、字义三者联结方面实验得到的结果为:"在学习历程中,形义与形声两绾结同时组织;若绾结组成以后,当即予以实验,此种方成熟之形义、形声两绾结,其强弱无所差别,若经两星期之不用而后试验,则形义绾结较形声绾结耐久多矣;字形经解释后,所组之绾结,为暂时计,或永久计,均较字形不释者为强而耐久,且此耐久力相差之巨,在三倍左右;用释字法,不但形义绾结强而耐久,即形声绾结亦较不释者为强而耐久;学习以后,经长时间(三四个月)之不用,至再受刺激时,尚能分别字之已释与未释两类……(按两者成绩之比较,为百分之六十八与百分之三十八);绾结之弱者,经长久时间之不用,形声方面先形解体,而形义方面尚余四分之一强;形声绾结消灭以后,形义绾结尚有存在者,惟其反应有正有误;形义绾结消灭以后,形声绾结即无反应,无论其正误与否。"这项研究说明了学习汉字也要反对"死记硬背",而根据汉字中形声字占绝大多数,在字形的偏旁部首,基本结构中,已经形象地显示了字义信息这一特点,进行教与学,方能事半功倍。

根据上述实验,作者提出识字教学的六项原则:"一、在教本之首五课至十课中,各字之笔画数须在一与十之间;二、关于生字之介绍,在可能范围之内,应取偏旁相同者;三、生字介绍以后,应有再见之机会,其次数之分配,应使其均匀,或比较均匀;四、介绍生字之时,对于各字之字形,须加以极简单且极明了之解释;五、字形相似或字声相同之字,须使学生特别注意,以免联想错误;六、在始业时,或在第一学期中,应测验初学者之字形观察力,若在默写时,发现其误点,须使之练习纯熟,以免一误再误。"此六项原则是以科学事实为依据的,事隔半个世纪,仍保持其正确性。作者在学习理论上,则倾向于"联想—行为主义"。

二、常用字汇。作者阐述常用字汇的重要及其功用,说:"吾人日常生活中,无论为看报、读书或作文,其最低限度究需若干字?其所需者,究为何种字?用处最大最多最急者为何种字?用处最小最少最缓者为何种字?此在国语阅读上首先应解决之问题。"常用字汇的取得"是以客观之态度,科学之方法,将日常生活中无论说话、读书、写字、作文各方面所应用之字,作一搜集、分析、归纳、统计以及比较之工夫,求出一种有条理、有层次、有系统、有目的之排列,使国语教材之编制上,或国语教学之改进上,可以获得一种科学之根据与有价值之参考"。书中叙述了1931年艾伟指导周祖训分析初小国语字量,用"新时代"、"新主义"、"新中华"、"新课程"及"基本"五种教科书共约二十万字的材料,其一部分结果经用精细统计方法整理,结果为:初小八册总生字量,五种版本统计总平均为二千三百四十六字。

三、汉字测验。作者于1931年开始编制"汉字测验",参考张耀翔的"汉字测验"法,在字音字义两方面编制时作了改进。1932年他指导郑渭川和费景湖在南京、杭州两地测验。共测得中小学二十九校,九十二班,三千五百八十人,内分小学五、六年级上下两学期三十四班,一千零五十人;初中一、二、三级下学期二十八个班,一千三百八十二人,及高一、二、三级下学期三十班,一千一百八十三人。通过测验建立了"各级识字成绩常模表"。根据汉字测验结果,对九十五个测验用字,逐一进行音义分析,"音成绩好的原因:因常用而能盲记;借偏旁以得声;借部分相同而得声。音成绩不好的原因:偏旁之误;因字形而误读字音;平日读音不正确。义成绩好的原因是就应用方面下定义。义成绩不好的原因:在形声字中借偏旁而猜义颇不容易;字极平常而其定义并不平常;联想错误;不常见之字或见其形而不易联想其义之字;字形认识有误"。

四、汉字简化。我国文字是一种单音字,笔画多,书写困难,"乃一种不适用之符号,为学术上及教育上之大障碍",所以改革汉字迫在眉睫。作者提倡汉字简化,根据其字形心理学研究提出了六项原则:(一)避免形状极其相似之简体字;(二)多用横直线及相称之笔画,少用斜线及曲线之笔画;(三)两偏旁之笔画数比率不宜相差过远;(四)在可能范围内设法顾到六书条例或造字时之原意;(五)形声字中借偏旁而得声者应避免例外;(六)少造形义毫无关联之简体字。

本书集中反映了艾伟关于汉字心理实验研究的特色:(一)选题切合中国实际,直接从中国儿童学习国语科中探索学习规律。(二)取样众多,代表性广。如1932年在南京、杭州两地的"汉字测验"。(三)分析精细、统计准确。在第五章音义分析中,艾伟对汉字测量表第一类九十五字所得结果,逐一进行精细分析。在"小学初级国语教科书各部各册生字数比较表"中,不仅统计全册生字数,每课平均数,而且统计两极差、标准差。(四)博采众长,独立思考。书中不仅充分引证陈鹤琴、张耀翔、章益、刘廷芳、周先庚、蔡乐生、杜佐周、沈有乾、陆志韦等专家的成果,而且对青年学者陈汉标、龚启昌、杨继本、蒋一泉等的研究结果与方法也都逐一介绍,在此基础上提出了自己的实验设计与独到见解。

本书受到心理学界好评,如高觉敷主编的《中国心理学史》评论:"艾伟毕生工作集中于学科心理,尤其是语文科学习心理的研究。他对汉字的研究始于1923年,积二十五年研究成果于《汉字问题》专著,对提高汉字学习效能,推动汉字简化以及汉字由直排改为横排等,均作出重要贡献。"燕国材、朱永新著《现代视野内的中国教育心理观》(上海教育出版社,1991年)也说:"他在教育心理方面的贡献主要集中于学科心理,尤其是语文科学习心理的研究。他的汉字心理研究,对于推动汉字简化和由直排改为横排起了重要作用。""他是在学科心理研究方面最具深度和广度的心理学家。"

(马文驹)

教育哲学 张栗原

《教育哲学》，一册。张栗原著。1949年由三联书店上海联合发行所出版。收入福建教育出版社《二十世纪中国教育名著丛编》。

张栗原(？—1941)，抗日战争期间曾在广东省立勷勤大学教育学院(后更名为广东文理学院)任教，主讲教育哲学、教学社会学、教育生物学等课程。另著有《教育生物学》。

本书系张栗原遗稿，由林砺儒编辑付印。遗稿有两份，一份初稿写于1939年至1940年间，列为前编，一份是作者重写的一些章节，列为后编。

前编六章。分为引论、教育学的诸问题、哲学的诸体系、唯物论的教育哲学、观念论的教育哲学和唯用论的教育哲学等，重在论述教育哲学的基本问题和主要派别。

教育哲学是教育学的一个部门，也是哲学的一个部门。作者说："我的意思，却以为教育哲学，至少从教育学的立场说，应从教育的问题出发批判地综合地建立它的理论并归宿到教育的问题的解答"，"我们不可忘了教育哲学必然地自己是一个整全的体系"。教育哲学的作用是："以综合的理论来衡量教育的知识"，"以综合的理论来指导教育的实践"。

"教育学所以可称为科学，也就在它把不自觉的教育过程，当作自觉的过程来研究。认定了它的目的，从预定的目的决定内容，选择适当的方法，检验所达到的结果。"所以对教育学来说，首先是教育目的问题，其次是教育内容问题，第三是教育方法的问题。在教育目的论的背后是人生的理想，教育的内容是文化的内容，教育的方法虽根据心理学，实质还是心智的观念，"人生的理想、文化、心智诸问题都是哲学问题"。只有从哲学的角度才能解决这些问题。

哲学所探讨的是本质问题、知识问题和道德问题。哲学有几种体系，主要的是唯物论、观念论和唯用论。三派对教育目的、内容、方法有不同的看法。

唯物论的教育哲学。早期辩证唯物论者运用其观点，分析教育的基本因素，证明其依存于社会阶级的经济利益，发现其发展中的矛盾法则。马克思批判了18世纪欧洲唯物主义，分析了19

世纪中叶教育事实,对未来教育提出了要求,揭露了资本主义制度下生产制度与生产教育的矛盾。唯物论教育哲学可以品凯微支所论述的苏联教育理论为代表。其目的在帮助人的全面发展,"而成为无产者的利益——最后也就是为全人类的利益——而争斗的战士"。教育内容是将儿童的科学知识与技术,道德的道理、艺术的兴趣统一在生产劳动的活动课程中,"使'教育与生产的合一'获得了具体的表现"。教学方法方面:"教学要与实际生活问题有密切的联系","教育要与儿童发展的阶段相适应"。

观念论的教育哲学。意大利的香梯尔可作代表。香梯尔认为教育是一种永在更新、永在成长的精神活动,其目的在于人格的自我实现,教育内容是"民族的文化",学校的课程应具有艺术、宗教、哲学三个性质,未给生产劳动以地位。教学方法上,要求儿童以自己的精神活动,重新创造知识。

唯用论教育哲学。以杜威为代表。他竭力批判传统教育,主张"教育是经验的改组","教育即生长"。教学方法是"从做中学"。许多人认为杜威只强调"做"而忽略了"学"。其实,"从做中学"必须解释为"由行动中培养思维",在教育上,"做"只是"学"的手段,它自身不是目的。但世界的变动和美国民主主义的危机使实用主义者进入了彷徨。

后编三章。概述教育本质论、教育目的论和教育价值论。

教育本质论。教育本质"是教育哲学最主要的问题"。关于教育本质,有多种说法,如理念说、社会生产力说、生活说等,未能正确解释教育的本质。"教育是起源于人类之实际生活的需要的。"必须从人类与自然、社会及劳动三方面的关联才能说明教育的作用与必要。据此看来,教育的本质是"一种促进人类与自然、社会以及劳动诸方面之关系的工具",具体地说,即"教育乃是以自然现象、劳动现象、社会现象为其基本的范畴,由教育者指导被教育者,研究自然的劳动的及社会的诸现象之实际的知识及相互间的关系,使被教育者获得在自然环境与社会环境中工作的能力,借以征服自然、扩大生产、改进社会,而谋人群之进化的工具","各个时代的教育莫不依存于社会的组织"。"各种教育制度或各种教育形态是产生于一定的经济的或生产的关系的基础上的上层建筑物。"在阶级社会里,"教育自然不能实现传授自然、社会与劳动之实现的知识给予全人类的机能",这是一种"教育的变质"。将来到了马克思、恩格斯所说的高级形态的社会,"那时人类生活的中心是劳动,是教育,所以教育的组织和生产的组织是紧密地结合着的。人类在教育中劳动,在劳动中教育,从前,劳动与教育分离的现象,乃在更高级的形式上复被综合"。

教育目的论涉及教育的可能,教育的过程及教育的目的。这三个问题是相互联系的。"人类有教育之可能,完全是建筑在他生理的和心理的物质基础上的,绝不是某种先验的、玄学的、不知其来源的神秘之物。"关于教育过程,作者同意品凯微支的意见:教育含养育与陶冶两个要素,包括被教育者在生理上所天赋的能力的成长和发展,也包括各种态度的形成,品格的陶冶以及人生哲学的创立。"教育是一种社会的事业,是一种社会的历程,所以教育上的一切设施,自然具有一定的目的性与有计划性。"所以,"不论在任何教育形态或教育现象中,我们都能发现一个明显而确定的目的,并且这个目的反映着一定的社会集团的社会生活,表现着一定的社会集团的意识和企图"。世界上大致有两类主要的政治制度相异的社会:资本主义社会和苏联的社会主义社会。资本主义的教育目的,"反映出资本主义社会教育之个人主义的特征"。社会主义的教育目的,正如品凯微支所说,要考虑"在现时社会条件下,什么教育最适合无产阶级的利益"。"根据当前的教育思潮之趋势,根据全部人类社会全部发展的方向,在教育哲学的领域内,提出一个教育上的理想,把它作为教育工作者共同努力以赴的目标,这不单是可能的,而且是必要的。"这个教育上的理想是:"教育者应该使被教育者能够创造出一个正确的世界观","发展被教育者的社会性","在教育过程中培养被教育者的实践性"。

  教育价值论。关于知识价值的标准,是因时因地而不同的。知识价值的标准和教育目的存在着密切的关系。教育目的不能公式化,知识价值标准也无从公式化。张栗原提出评价知识教育价值有三个原则:"要看所选择的一切科目,课程,或教材能否促进教育上最大目的之实现";"要看所选择的一切科目,课目,或教材能否表现教育之固有的本质的特色";"要看所选择的一切科目,课程或教材的内容是否合乎客观的真理"。关于真理问题还需同形而上学、极端的相对主义划清界限。"客观真理是存在的,不过关于真理的认识,在历史上被附着条件,所以,我们不能够完全地、整体地、无条件地认识绝对真理。人类关于真理的知识,总是相对的,但在相对之中可能看出绝对,即在承认相对之中的绝对。"

  关于教育的效能,有对立的两派:以洛克为代表的教育万能说和以叔本华为代表的教育无效说。张栗原批判了二者的片面。教育的效能要从两方面考察:教育对社会的作用和教育对教育者的作用。"在社会结构中,教育亦如政治、法律以及科学、哲学、艺术、伦理、宗教等社会现象有其一定的位置,它是社会的上层建筑物的一种形态,它的形式和内容是被社会的生产力所决定的,且随着经济的变动而变动的。""教育这上层建筑物,不拘在理论上,抑或在事实上,对于经济关系之发展,以及社会的生产技术之发展,确有一种反作用存在着。"但"教育的作用是有一定限度的,总结起来,我们可以这样说:在社会的演进过程中,教育确有相当的作用,但是不会是有决定的作用"。教育对被教育者的作用,认为人的发展是遗传、教育、环境诸因素综合作用的结果。同时肯定教育在其中的巨大作用,"人既是具有可塑性的有机体,有容纳各种训练的可能性,除了环境而外,对于个人发展上,可视为最有力的,则莫过于教育"。

本书章节虽不甚完整,"然大致总可以窥见作者的见解"(林砺儒语),是作者用历史唯物主义分析教育问题的成果。

(徐国兴)

民国编

宗教类

佛 教

谛闲遗述语录　谛　闲

《谛闲遗述语录》，又名《谛公遗述语录》、《谛闲大师语录》。一册。谛闲著，弟子宝静辑。通行本有上海佛学书局1995年排印本等。

谛闲(1858—1932)，名古虚，号卓三，以字(谛闲)行。浙江黄岩人。俗姓朱。二十二岁出家于临海白云山。越二年，受具足戒于天台山国清寺。先后从平湖福臻寺敏曦和上海龙华寺晓柔、大海，研习《法华》、《楞严》等经，尤以敏曦法师最为相得。二十八岁在杭州六通寺开讲《法华经》。讲毕，掩关于天台国清寺，潜心精研诸大乘经。翌年，承龙华寺方丈迹端(法名定融)授记付法，为传持天台教观第四十三世。历住浙江慈溪师子庵、永嘉头陀寺、绍兴戒珠寺、上海龙华寺、宁波观宗寺住持。其间应僧俗之请，在各地讲经弘法一百几十次。所讲的经典有：《法华》、《楞严》、《弥陀》、《梵网》、《圆觉》、《仁王》、《金刚》、《观无量寿佛》、《普贤行愿品》、《盂兰盆》等经，《摩诃止观》、《法华玄义》、《大乘止观》、《宝王三昧》、《始终心要》、《十不二门》、《教观纲宗》、《四教仪集注》、《净土十要》、《相宗八要》等论，以及《水忏》、《梁皇忏》、《彻悟语录》、《省庵语录》等，归依弟子达十余万人。1910年在南京三圣殿举办僧师范学校，任监督，召集各地青年僧徒，分班讲解，开近代僧伽教育风气之先。1919年在宁波观宗寺创立观宗学舍，自任主讲，罗致学僧，教授天台宗大小诸部。1928年又将观宗学舍改为弘法研究社，并发行《弘法》月刊，对于天台宗义学的弘扬，贡献殊大。著有：《大佛顶首楞严经序指昧疏》一卷、《圆觉经讲义》二卷、《金刚经新疏》一卷、《普贤行愿品辑要疏》一卷、《观经疏钞演义》一卷、《始终心要解》一卷、《观世音普门品讲义》一卷、《二玄略本》一卷、《念佛三昧宝王论义疏》一卷、《水忏申义疏》一卷、《八识规矩颂讲义》一卷等。后由门人倓虚、叶恭绰、蒋维乔等汇编成《谛闲大师遗集》共十三种十册印行。生平事迹见宝静《谛公老法师别传》、《谛公老法师年谱》、蒋维乔《谛闲大师碑铭》等。

《谛闲遗述语录》是谛闲所撰经论义疏类专著以外的其他文述的汇编。书首为宝静撰的《谛公老法师别传》。正文分为十六类，共收录各种文体的著述二百九十五篇。

一、论说。收《真信切愿一心念佛为净土法门之最要论》、《学佛论》、《唯心论》、《因果三生论》、《八识四分说》、《性心论》等,凡十二篇。

二、开示。收《开示学者道传师》、《示施圣藏居士》、《开示常堂主师》等,凡十二篇。

三、答问。收《答江西刘士安居士十四问》、《答慕西和尚函问拜大悲忏用大乘观法》、《答日本国法华宗行胜长问》等,凡十二篇。

四、演辞。收《宁波佛教会演说辞》、《观宗义校成立开学时演说辞》、《七塔寺佛学院开幕讲演辞》等,凡九篇。

五、书函。收《复程圣西居士书》、《答印光法师书》、《复大伦居士函》等,凡七十四篇。

六、要述。收《台宗三观》、《性具善恶辨》、《略显性具善恶之义》、《台宗三种止观》、《法相宗三自性要义》、《如来禅与祖师关之区别》等,凡十二篇。

七、讲义。收《释佛说阿弥陀经总题》等,凡四篇。

八、特著。收《人生之目的》一篇。

九、序疏。收《净土会要序》、《华严纲要浅说序》、《台湾五指山创兴梵刹序》、《头陀妙智禅寺规约序》、《皇忏随闻录缘起》、《天台山万年寺重建募缘启》、《佛学研究社征集同志启》、《普利功德疏》等,凡三十五篇。

十、跋记。收《随自意三昧跋》、《净土贞节院跋》等,凡十篇。

十一、赞颂。收《观世音菩萨三十二应赞》、《世界宗教会题赞》、《世界佛教居士林新屋落成纪念颂词》等,凡二十三篇。

十二、题辞。收《弘法刊题辞》、《晨钟特刊题词》、《海潮音十周年纪念题辞》、《金刚经略解题辞》、《上海佛教居士林题辞》等,凡十七篇。

十三、联语。收《四明尊者法智大师骨塔联语》、《挽华山老和尚》、《贺圆瑛法师》等,凡二十四篇。

十四、诗偈。收《海门西方释氏挂单舍碑偈》等,凡八篇。

十五、法语。收《在宁波天童寺讲法华经上堂法语》、《头陀山妙智寺讲弥陀疏钞客来山请上堂法语》、《起七法语》、《解七法语》、《大佛开光法语》、《水陆上堂》等,凡一百三十九篇。

十六、年谱。收《谛公老法师年谱》、《谛闲大师碑铭》、《补遗》,凡三篇。

《谛闲遗述语录》为研究谛闲思想和行迹的重要资料。

天台宗的重要学说之一是"性具"说。认为,由六凡(地狱、饿鬼、畜生、阿修罗、人、天)四圣(声闻、缘觉、菩萨、佛)组成的"十法界"中的每一界都同时具有善恶二性(见宋代知礼《十不二门指要钞》)。对此,不少人存有疑问,认为一阐提(断尽善根的人)只有性恶而无性善,佛、菩萨只有性善而无性恶,并在报上撰文或致函谛闲,提出了自己的看法。谛闲依据《大乘起信论》中说的"心真如门"和"心生灭门",作了解答。指出,"生灭是真如之相,真如是生灭之性","真如界内,绝生(众生)佛之假名,生灭门中,有性具之善恶。苟知二门,二而不二,便知生灭中性具善恶,即真如中性具善恶"(《性具善恶辨》)。天台宗说的"诸佛不断性恶,阐提不断性善",指的是诸佛"灭尽修恶,唯留性恶",一阐提"灭尽修善,唯留性善"(同上)。为什么呢?"阐提断修善,不断性善,故云一切众生皆有佛性。凡有心者,皆当作佛。不但有情(众生)性具善恶,即无情(自然物)亦未尝不具。故生公(竺道生)说法,顽石亦能点头也;诸佛断修恶,不断性恶,故能善用性恶法门。是以观音能现焦面鬼王,诸佛如来,及大菩萨,能于异类中,现同类身,度同类众。"(《略显性具善恶之义》)

谛闲既是天台宗的传承者,同时也是净土法门的笃修者。他说:"我佛教化众生,虽法门无量,要而言之,先进三皈,次受五戒。由戒生定,由定发慧,定能伏烦恼,慧能断烦恼。……夫出苦之要有二法门,一者仗自力,二者仗佛力。以自力弱,故欲断除烦恼,了脱生死,千难万难。若烦恼有一丝未断,则生死便不能全出。是以古往今来,明人达士,精修净业,求生净土。以净土法门,全仗弥陀愿力接引,容易往生。既得往生,便永不退转,则轮回永息,圣果可阶。夫净土法门,唯以信愿持名念佛,最为稳当,最极简易,至圆至顿。圆则三根普被,顿则数载成功。"(《示施圣藏居士》)又说:"欲求稳当最直捷之出生死法门,舍横超三界之净土法门而外莫由也。净土法门,三根普被,九界全收,机无分乎大小,行不问于圣凡。是故往圣先贤,人人导往。千经万论,处处指归。如文殊普贤,观音势至,皆法身大菩萨也,莫不发愿生彼极乐。即如东土诸祖,如智者(智𫖮)、永明(延寿)、中峰(明本)、莲池(袾宏)诸师,无论教祖禅宗,一一归向西方。大乘经论,如《华严》、《楞严》、《起信》诸部,莫不明文劝导。"(《开示上海世界佛教居士林净土法门》)

实际上,从《谛闲遗述语录》收录的著述来看,谛闲对净土法门的弘扬和评价并不在天台教门之下,特别是在出离生死,寻求归宿问题上,更看重极乐净土。他在《开示学者道传师》一文中说:"禅宗注重于参,教下(指天台)注重于照。如破千年之暗室,贵在明灯。欲出无始之樊笼,须凭妙观。所以,(禅宗)看话头,须起疑情,疑情不起,功夫不能进步。(天台)修止观只须直照,如在狮子林四五七中用功是也。其实当今之世,吾人业重,须止观,须破惑,方能了脱生死。看话头,莫道不悟,纵使彻悟,而生死尚未了脱。具见此宗教二种修功,俱非了脱生死之对治法也。尔若以真实为了生死用功,唯有信愿持名念佛一法,所谓出生死无别路,入涅槃唯此门。"

谛闲传教四十余年,门人弟子遍天下。其中,较为有名的出家弟子有宝静、倓虚、常惺、戒莲、禅定、可端、根慧、妙真、授松等;较为有名的在家弟子有徐蔚如、王一亭、蒋竹庄、江味农、潘对凫、黄涵之、施省之、李斐然、朱子谦、李云书、袁克文等。1915年,袁世凯在北京发起讲经法会,请谛闲为主讲。谛闲振锡北上,开演《楞严》。"自名公巨卿,各国公使,蒙藏喇嘛,以及都人善信,莫不欢跃赴会,争先恐后,无虑数十万指。颂祷之声,震动天地。"(《谛公老法师别传》)袁世凯曾赠给谛闲"宏阐南宗"的匾额,他的两个儿子袁克定、袁克文也拜谛闲为师。但袁世凯的用意在于假谛闲的名望,筹备帝制。而谛闲独具慧眼,"但云:僧人惟知奉持佛法,不知有君主民主。超然象外,迄未尝以当局眷注之隆,一言劝进"(同上)。他不趋炎附势、不随波逐流、特立独行的人格,也可从本书的载录中略见一二。

(陈士强)

印光法师文钞 印 光

《印光法师文钞》，三编十卷。其中，《正编》四卷，《续编》二卷，《三编》四卷。印光著。1914年，高鹤年将印光数篇文稿交《佛学丛报》发表。1918年，徐蔚如据此并历年搜访所得，编成《印光法师文钞》初编，在北京刊印。翌年，又录存新获文稿三十八篇刊印，是为《印光法师文钞》初篇之续。1920年，由徐蔚如、周孟由等将此初、续两篇，分类重校，勒成《印光法师文钞》一册本，由商务印书馆正式出版。1923年，商务印书馆受印光亲自委托，另排增订本，分为四册。1925年，中华书局据此另排，题为《增广印光法师文钞》，即今本《印光法师文钞》的正编。1939年，明道、妙真等复将未刊存稿与已刊于《弘化半月刊》等报刊之文，辑编成今本《印光法师文钞》的续编刊行。1950年，罗邕鸿将其所搜集之未刊于上述正、续两篇的印光遗稿编成《三编》，至1990年，方由福建莆田广化寺公开刊行。通行本有苏州灵岩山寺1991年重刊本、宗教文化出版社2000年版张育英校注本等。

印光（1861—1940），法名圣量，号常惭愧僧、继庐行者等，以字行。俗姓赵，名绍伊。陕西郃阳（今合阳）人。幼随兄习儒。少时曾受韩愈、欧阳修影响，尊儒辟佛。后因病数载，顿革前心。年二十一，投终南山南五台莲花洞寺出家，剃度师为道纯。翌年，从陕西兴安双溪寺印海定律师受具足戒。此前，曾于湖北莲花寺得读《龙舒净土文》，初知净土修持之道，至双溪寺乃获证验。自此一以净土为归。清光绪十二年（1886），至北京怀柔红螺山资福寺专修净土，辅以阅藏，学业大进。其间曾朝礼五台山文殊道场。后迁北京龙泉寺、圆广寺。光绪十九年应化闻法师之邀，至普陀山法雨寺安居，两度闭关修学。出关后，往来江苏、浙江、上海弘扬净土，并曾应谛闲法师之邀赴京请藏。在此期间，他撰写的大量文稿逐渐披露，致使海内善信纷来皈依。1922年应真达之请移居上海太平寺。1930年归隐苏州报国寺，与许止净一起，完成了普陀、清凉（即五台）、峨嵋、九华四大名山志的修辑。时苏州灵岩山寺正在重兴之中，一切规约章程，悉依印光主张而定。1937年，印光驻锡灵岩山寺。在其影响下，该寺遂成中国净土宗最为著名的严整道场之一。印光是中国近代净土宗最主要的代表人物。一生为弘扬净土,卫护佛教,举办社会福利救济事业,改善社会道德风尚而身体力行,皈依他的社会名流、在家信徒不下十余万,被尊为净土宗第十三祖。事见其《自述》、真达等《印光法师行业记》、佚名编《莲宗十三祖传略》等。

《印光法师文钞》正、续、三编为印光平生书信、论述、序跋、疏记、杂著的结集,总计一百四十余万字。它集中反映了印光的佛学思想、为人处世以及佛教在近代所遭受的冲击与净土宗对此的反应,具有重要的思想价值与史料价值。但有些体现印光在继承佛教传统基础上努力除弊兴利的文稿,如《灵岩山寺共住规约》等未收在内;他与人共同修辑的著述,如四大名山志,他亲自讲述的如《弥陀便蒙钞》讲稿等亦未收入。

全书三编的体例不尽一致,盖以收辑时各类文稿多寡不一而略有变通。如《正编》分书(信)、论、疏、序、跋、记、杂著、附录八类;《续编》分六类;《三编》不分类,唯隐见上述次序,且偶有重复之文。

书信占全书的篇幅为最大,计千余通,间附来函。印光的书信甚少应酬语,最可见其真实见解、人格。其通信者不但有众多的佛教大师,也有张謇、张静江、王一亭、朱庆澜、屈映光等许多社会名流,以及一般平民百姓。书信的内容多为就净土教理应机答问,亦有正面阐述其佛学见解者,如《与体安和尚书》、《与友人论校经纲要书》等。

论、疏不多。其中,论八篇,疏三十四篇,但都为全书精要所在。论者,论难辨驳,如《净土决疑论》、《宗教不宜混滥论》等,如徐蔚如所言,无一语无来历,深入浅出,议论中肯有力。疏者,疏解说明,并非注解,而类似近代说明文,说明寺院修建、莲社组织、法物流传、慈善事业兴办的因缘来历,可供撰修近代佛教史志者参考。

序、跋所占篇幅仅次于书信,计序近二百,跋二十三。此类不但对考订近代佛教书刊源流、寺院规制因革等为不可多得的史料,而且也反映印光的重要见解,如《儒释一贯序》。记与杂著两类较庞杂,分别有五十六篇、二百三十七篇之多。部分"记"的内容与"疏"相类,另一些为"往生记",可据此增补《净土圣贤录》。杂著中包括"演说",与"论"接近;"发隐"、"缘起",内容与"记"、"疏"近似;以及赞颂、墓志铭、题词、祝词、楹联等。附录部分不可忽视,其中如徐蔚如《印光法师文钞·跋》及《中兴净宗印光大师行业记》、《得助念失助念比较》等印光道友真达、德森著述,对研究印光思想、近代净土宗等均富启示。

尽管本书并非全集,但基本已体现了印光的主要佛学见解。

一、在主张诸法平等的同时,竭力推崇净土。书中认为"佛法平等之怀,所有言论,唯理是尚,毫无偏私"。"律、教、禅、密、净五宗名目虽异,理体是一,可专主一门,不可偏废余法。"然而,净土能"普被上中下三根,统摄律、教、禅诸宗,如时雨之润物,若大海之纳川,偏圆顿渐,一切法无不从此法界流"。书中强调净土"下手易而成功高,用力少而得效速"。总结净土修持实践,概括出持名、观像、观想、实想四种形式,指出"唯持名一法,摄机最多,下手最易"。书中认为,尽管修持净土最为简易可行,但要真正得益,还须以真信笃愿为前提,恒持"摄心念佛"不懈。

二、倡导佛教救世。书中指出:"世人多视学佛为消极。盲目之人,甚至斥佛法无益于世。不知医世之药,无过佛法。盖能医人心也。""欲为救援(世道),舍昌明佛学,莫能为力,故盛以提倡佛学为急务。"

三、主张儒释合一。书中认为,儒释之旨均在救世,在使众生"返迷归悟,溯源穷源,以复其因有之性而已"。长期以来,释、儒互相影响,相辅相成,"合之则双美,离之则两伤"。"佛法虽属出世间之法,(然)所有世间经世之道,悉皆包括无遗。"佛教的因果法与儒学一样,为"诚意正心,修身齐家治国平天下的要图"。

四、坚持不当住持,不收出家弟子,不登大座说法。针对近代佛教界有些人以追求名闻利养为念,印光在书中以"一生不收一剃度徒弟,不接住一寺"为荣。他虽常讲经,但不登大座,不召外方来听,也是为了"以免招摇,扰乱正念之嫌"。

本书不仅是近代净土宗的主要代表作,而且由于印光主要弘法区域在江浙一带,他所全力弘扬的净土在长江下游地区产生了极大影响,故也是研究近代中国宗教,特别是其在江浙沪地域流行状况的重要参考书之一。由于印光在佛教徒中具有极大号召力,本书流传极广,仅在二十世纪二三十年代其正、续两编发行量即达十余万册之多,《三编》晚出,初印本仅二千八百余部,但在佛教徒中均有抄本流传。近年还新发现了些印光佚稿,将来可补入。

有关本书的研究,有正如《略谈印光大师及其佛学思想》、明学《印光大师弘扬净土教的伟业》和《印光大师年谱》等。

(邓子美)

佛学研究十八篇 梁启超

《佛学研究十八篇》，二册。梁启超著。中华书局1936年出版，并收入《饮冰室专集》第十四、十五两册中。此外尚有辽宁教育出版社1998年版、上海古籍出版社2001年版、江苏文艺出版社2008年版、岳麓书社2010年版校点本等。

作者生平事迹见"清代学术概论"条。

清光绪二十八年(1902)，梁氏著《论佛教与群治的关系》一文，力辟世人认佛教为消极、厌世、迷信之说法，指出佛教乃智信、兼善、入世、无量、平等、自力之宗教，故"佛教有益于群治"。次年，在《近世第一大哲康德之学说》中，认为"康氏哲学大近佛学"，以佛学传播康德思想，以康德哲学抬高佛学。《佛学研究十八篇》为梁启超佛学研究专集。梁氏自1920年游历欧洲回国后，决心编著一部中国佛教史。为此开始系统研读佛典，1922年带病到支那内学院聆听欧阳渐讲唯识学。在此前后，陆续写出一批研究中国佛教史沿革、佛经翻译和传播以及佛学理论等论文。全书正文十八篇，并收十篇附录。

上册所收主要为佛教史研究文章：《中国佛法兴衰沿革说略》(附《佛教大事表》)、《佛教之初传入》(附《汉明求法说辨伪》、《四十二章经辨伪》、《牟子理惑论辨伪》)、《印度佛教概观——印度史迹与佛教之关系》、《佛陀时代及原始佛教教理纲要》(附《说无我》)、《佛教与西域》、《又佛教与西域》、《中国印度之交通》(亦题为《千五百年前之中国留学生》)、《佛教教理在中国之发展》、《翻译文学与佛典》。

《中国佛法兴衰沿革说略》，系对中国佛教史的序说。认为佛教传入中国后，可分为两晋南北朝的确立期和隋唐的建设期。佛学所以能在中国确立，在于思想文化和动乱两大原因。

《佛教之初传入》，依据《后汉书·西域传》及王充《论衡》等，从正反两方面"足证两汉时人鲜知有佛"，"故语佛教之初纪元，自当以汉末桓灵以后为断"。"佛教之来，非由陆而由海，其最初根据地不在京洛而在江淮。"

《佛教教理在中国之发展》为一未完文稿，着重阐述在宗派产生之前，佛学思想的开合演变。

从社会环境变迁,考察东晋、宋、齐、梁间,北地多高僧,南方多居士的现象,认为:"此二百年余间,南朝之佛教,殆已成'社会化'——为上流士夫思潮之中心,其势力乃在缁徒上,而其发展方向,全属名理的,其宗教色彩乃甚淡。故仪式的出家,反不甚以为重也。其所为相率趋于此涂者,则亦政治上社会上种种环境有以促之。"

在《翻译文学与佛典》中,详细考察了东汉至唐开元年间七百年来佛经翻译的史实,计有译经人物一百七十六位,翻译佛经二千二百七十八部,合七千四十六卷。并高度肯定佛经翻译引起我国语法和文体上的变化。

下册所收主要为经典考证:《佛典之翻译》、《读〈异部宗轮论述记〉》、《说四〈阿含〉》、《说〈六足〉、〈发智〉》、《说〈大毗婆沙〉》、《读〈修行道地经〉》、《〈那先比丘经〉书后》、《佛家经录在中国目录学之位置》、《见于〈高僧传〉中之支那著述》,以及《〈大乘起信论考证〉序》、《佛教心理学浅测》、《支那内学院精校本〈玄奘传〉书后关于玄奘年谱研究》、《〈大宝积经·迦叶品〉梵藏汉文六种合刻序》四篇附录。

梁氏重视原始佛典与小乘佛教教义的研究,以纠正传统中国佛教学者忽视小乘与《阿含》的弊病。在《〈大乘起信论考证〉序》中,将对《大乘起信论》是否为马鸣所著、真谛所译的疑问,追溯到隋法经等所著《众经目录》、唐均正《四论玄义》,然后世学者习焉不察,直至近代日本松本文三郎、望月信亨、村上专精等学者,始推定此论为中国梁陈间人所撰。梁氏对此发二感想:其一,《大乘起信论》在中国注释者百七十余家,为书不下千卷,其地位有如《奥义书》之于印度教。"前此共指为二千年前印度大哲所撰述,一旦忽证明其出于我先民之手,吾之欢喜踊跃乃不可言喻。""得此足以为我思想界无限增重,而隋唐之佛学,宋元明之理学,其渊源所自,皆历历可寻。质而言之,此为印度文明与中国文明结婚所产之胤嗣。"其二,由此一段公案,引出治学须讲方法之教训。"吾以为今后而欲昌明佛法者,其第一步当自历史的研究始。印度有印度之佛学,中国有中国之佛学,其所宗向虽一,其所趣发各殊。谓宜分别部居,溯源竟流,观夫同一教义中而各派因时因地应机蜕变之迹为何如。其有矫诬附益者则芟汰之。夫如是,以言修持耶,则能壹其宗尚;以言诵习耶,则能驭繁赜。要之,七千卷之大藏,非大加一番整理,不能发其光明。而整理之功,非用近世科学方法不可。"

梁启超虽未能如愿写成一部佛教史,然从千头万绪的佛教史料中爬梳考证,运用近代学术方法为佛学和佛教史研究开辟了一条启蒙道路。筚路蓝缕,有首创之功。此外,梁启超从本书中抽出《佛教之初传入》(附《牟子理惑论辨伪》)、《千五百年前之中国留学生》、《翻译文学与佛典》、《佛教与西域》、《佛典之翻译》、《读〈异部宗轮论述记〉》、《说四〈阿含〉》、《说〈六足〉、〈发智〉》、《说〈大毗婆沙〉》、《读〈修行道地经〉》、《〈那先比丘经〉书后》、《〈大乘起信论考证〉序》等十二篇,另行编辑为《中国佛教研究史》。

(王雷泉)

唯识抉择谈 欧阳渐

《唯识抉择谈》，一篇。欧阳渐著。有两个版本：一是欧阳渐自撰的原稿，现收于金陵刻经处木刻印行的《欧阳竟无内外学》；二是由聂耦庚笔记、吕澂校订的记录稿，有支那内学院蜀院1941年刻本行世。现两个版本皆收入蓝吉富主编的《欧阳渐选集》（《现代佛学大系》第五十一册，台湾弥勒出版社，1984年）。

欧阳渐(1870—1943)，字竟无。江西宜黄人。早年治程朱理学，中日甲午战争后，痛感国事日非，乃改治陆王心学，欲以补救时弊。欧氏庶出，早年丧父，自幼孤苦，三十六岁时因母丧，哀恸逾常，从此绝意仕进，断荤离欲，皈心于佛法。受友人桂伯华之导，开始读《大乘起信论》、《楞严经》，次年到南京从杨文会学习佛学。曾奉杨文会命东游日本，学习密宗要旨，寻访佛教遗籍。1911年杨文会逝世，乃继承杨遗志，经营金陵刻经处。1912年与李证刚、桂柏华等人创立中国佛教会，主张政教分离，推行佛教改革，未获实现。1922年和学生吕澂等人创办支那内学院，抗战期间迁至四川江津，仍是讲学和刻经并重。办内院以作育人才，编《藏要》以刊定经籍，为一生两大业绩。佛学重点在《瑜伽》、《唯识》，而旁通《般若》、《涅槃》，并能融贯空有。其治学不在一字一句的研讨，而是善于归纳，扼其大意，故其著作多以叙说为名。主要著作尚有《内院院训释》、《瑜伽师地论叙》、《法相诸论叙》、《藏要论叙》、《唯识研究次第》等。现存有晚年手订《竟无内外学》二十六种，由内学院蜀院辑为三十余卷印行，台湾新文丰出版公司1976年集为《欧阳大师遗集》四大册。事迹见吕澂《亲教师欧阳先生事略》，周邦道、章斗航《欧阳大师传》。

欧阳渐1922年在南京支那内学院开学时，在开讲《成唯识论》之前，先于9月2日至9月22日分十次讲此论。演讲之初，先列举当时中国佛学有五蔽：（一）盲修禅宗者作口头禅、野狐参而废弃经教。（二）思想方法侊侗，同凭私见，妄事创作。（三）天台、贤首等宗畛域自封，得少为足，而使佛法之光日晦。（四）学人于经典著述不知简择最精当之唐人之书，所以义解常错。（五）学人全无研究方法。针对"时俗废疾"的空疏之病，在体用、真俗等关系上，强调即用显体、即俗修真,并辨别法相、唯识实有二系。认为唯有法相、唯识之学能对治上述五蔽,"学者于此研求,既能洞明义理,又可药思想侊侗之弊,不为不尽之说所惑;且读唐人译述,既有了义之可依,又得知理之可思,前之五蔽不期自除;今所以亟提倡法相唯识也"。全文分作十节,兹据记录稿而作解说如下。

第一,抉择体用谈用义。凡有为、生灭、因果转变等法皆即是用,而无为、非生灭、常一、一真法界等皆是体。"凡法皆即用以显体",故虽从体而言,心、佛、众生三者本性相同;但从用而言,则修行的因果次第历然。"是故须知有为不可歇,生灭不可灭,而拨无因果之罪大。"要学诸佛菩萨,在有为生灭法中恒修无漏功德,尽未来际。

第二,抉择四涅槃谈无住。四涅槃为自性涅槃、有余涅槃、无余涅槃、无住涅槃。无余涅槃为佛教唯一不二之教,然非小乘人所误解之灰身灭智,故唯识家侧重言无住涅槃。"无住涅槃者,就大用方面以诠,诸佛如来不住涅槃,不住生死,而住菩提;菩提者即因涅槃体而显之用,非可离涅槃而言之也。体则无为,如如不动;用则生灭,备诸功德。"

第三,抉择二智谈后得。二智为根本智与后得智,根本智进入不变种种相状相分而泯诸分别之见道位,此时戏论既除,思议不及,故无言说可以利他;后得智为真见道后次第起心,有能观所观二重十六心差别,且大乘修道断理事二种惑,亦用后得智,故功用极大。因此为菩萨度众故,当强调后得智,"菩萨于何求? 当于五明求。一切智智,五明是资,闻思所成,修慧引生"。

第四,抉择二谛谈俗谛。二谛为胜义谛与俗谛,胜义谛非言语所能安立,故须通过俗谛而言诠。性相二宗俱谈空义,但性宗之谈系以遮为表,相宗之谈系即用显体。以遮为表,故一切诸法自性皆无,即用显体故依他因缘宛然而有。在真俗二谛关系上,空宗是俗有真无,而相宗则是俗无真有。"俗无真有者,于世俗谛瓶盆遍计一切皆无,于胜义谛一真法界圆成而实。……俗则如幻,真则不空,是诠是表,非是其遮。"认为空宗所说的真无与相宗所说的真有,虽同指涉一真法界,但相宗能"不可名而可名,不可言而可言",则尤胜于空宗。

第五,抉择三量谈圣言。在认识上的现量、比量、圣言量三者中,虽然取舍从违,皆依现量(直觉的认识)为准,但真现量唯见道的圣者乃能,非有漏众生所能见。故为众生计,唯依圣言量为最初方便。

第六,抉择三性谈依他。在相宗说明存在的遍计所执性、依他起性、圆成实性三自性中,依他起性说明了因缘幻有的现象,在三自性说中占据枢纽地位,故净分、染分皆摄于依他起性。"有漏缘生曰染依他,无漏缘生为净依他,执为实有曰遍计所执,空其所执曰圆成实。"此亦从即用显体的理路而来,故"拨因缘无,黜依他有,彼恶取空流,诸佛说为不可救药者"。

第七,抉择五法谈正智。五法为《楞伽经》所立相、名、分别、正智、真如,前四法为依他起,后一法为圆成实,在正智与真如的关系上,"真如是所缘,正智是能缘。能是其用,所是其体。诠法宗用,故主正智"。正智为破除妄分名、相之分别心,契合真如之体的智慧,故即用显体,以正智表真如净用。真如趋绝言思,本不可名,是在"遮"(否定)的意义上强名之曰真如,"真简有漏虚妄,又简遍计所执;如简无漏变异,又简依他生灭",并非有一可以正面表述(表)的真如存在。欧阳慨叹古人多昧此解,直视真如二字为表,故有真如受熏缘起万法之说。在此用三次演讲的时间批判《大乘起信论》等真如缘起论的思想。首先,《起信论》作者马鸣原为小乘,此论系其首宏大乘的过渡时期作品,故立说粗疏远逊后世;其次,马鸣受小乘分别论者(大众部、一说部、说出世部、鸡胤部)影响,不立染净种子,而言熏习起用,其熏习义亦不成;第三,《起信论》不立正智无漏种子,使真如自能离染成净,乃合正智真如为一,于理失用义,于教违《楞伽经》;《起信论》竖说八识,三细八粗次第而起,几似一类意识,于理失八识之差别,于教违《解深密经》。

第八,抉择二无我谈法无。因烦恼障而执人我,因所知障而执法我。佛教大要无非破执二字,大乘将性宁无我贯彻到人法二空,以法空无我而为究竟。

第九,抉择八识谈第八。在眼、耳、鼻、舌、身、意、末那、阿赖耶识八识中,重在第八阿赖耶识,有五层理由:

(一) 五教十理及于八证而立此识。五教,指《阿毗达摩经》二颂、《解深密经》和《入楞伽经》各一颂以及《摄大乘论》所载小乘各派诸密意经说,为成立阿赖耶识的教证。唯识十理,对应《瑜伽》、《显扬》、《对法》之八证,表列如下:

唯识十理	《瑜伽》《显扬》《对法》八证
一、持种心。	四、有种子心。
二、异熟心。	六、身受差别。
三、趣生体。	
四、能执受。	一、依止执受。
五、持寿暖。	
六、生死心。	八、命终不难。
七、二法缘。	
八、依识食。	
九、识不离。	七、二定不离。
十、染净心。	
	二、并不初起。
	三、并则明了。
	五、业用差别。

（二）唯识以识摄蕴而立此识。指此第八识已包含了原来五蕴（色、受、想、行、识）中之识的潜在含义。

（三）深细不可知之识是此识。在无想定、灭受想定、无想天、睡眠、闷绝五位中，第六意识不现，而在第七第八识中仍现。

（四）不为声闻而立此识。谓阿赖耶识深细难测，恐凡愚执著为我，故不说。

（五）因为大悲而立此识。智由悲起，悲为大用之源。观众生无常之苦而起大悲，转变众苦根源在于识别种子差别，必究阿赖耶识而后能尽。

第十，抉择法相谈唯识。提出法相、唯识是两种学的主张，"法相赅广，五姓齐被；唯识精玄，唯彼后二"。认为法相摄《阿毗达摩》全经，唯识摄《摄大乘论》一品；法相摄十二部经全部，唯识摄方广一部。早在1917年撰就的《瑜伽师地论叙》中，欧阳以十义区别唯识、法相二宗（参见《欧阳竟无先生内外学》条）。在1921年撰就的《瑜伽师地论·真实品叙》中，又补充六义：（一）譬如被机，唯识被二，不定及大；法相齐被二乘、无姓。（二）譬如正智，唯识虽净，唯是相应，而非即智；法相家言，依他具二，一妄分别是心心所，一即正智。（三）譬如论议，唯识有五不判；法相即无不谈。（四）譬如三世，唯识谈种，即一现在托过未种变似三时，而实一现；法相谈相，果相所对，便谈过去，因相所对，便说未来，三法展转而实现在。（五）譬如六根，唯识缕分，最后判言，若入果位，六根互用；法相家言，法相不可乱。（六）譬如涅槃，唯识无住，但对般若自性涅槃，而俱简小；法相普被有余、无余，以为其果。

欧阳渐提出"法相、唯识非一"的理论，当时曾得到沈曾植的赞同，后来章炳麟亦赞其说其识"足以独步千祀"（《内学院缘起》）。此论出后，与欧阳同出杨仁山之门的太虚法师，陆续撰《佛法总抉择谈》、《竟无居士学说质疑》、《论法相必宗唯识》、《再论法相必宗唯识》等文驳斥，由此开启太虚与支那内学院之间的法义之争。

（王雷泉）

欧阳竟无先生内外学 欧阳渐

《欧阳竟无先生内外学》，三十册。欧阳渐著。收录作者晚年手订二十六种著作。支那内学院蜀院于1942年印行。通行本有金陵刻经处木刻本。

作者生平事迹见"唯识抉择谈"条。

欧阳渐在《谈内学研究》中，规定内学（即佛学）有三义：（一）无漏为内，有漏为外。（二）现证为内，推度为外。（三）究竟为内，不究竟为外。外学，此指儒学。欧阳渐于深通程朱陆王之学后研究佛学，然后以佛摄儒，阐孔佛之同归，本内外之两明，故将一生著述编定为"内外学"。然儒佛两家学说虽有相似处，但就实践是否趋向人生究竟而论：孔行而无果，佛则是行即是果。对自己生平治学，主张：（一）不可以以凡夫思想为基础，而必以等流无漏为基。（二）不可主观而必客观。（三）不可宥于世间见，而必超于不思议。（四）不可以以结论处置怀疑，而必以学问思辨解决怀疑（《孔佛概论之概论》）。

欧阳渐备尝人世凄苦而栖心佛学，故将学问与生命体验和医民救国结为一体，"悲而后有学，愤而后有学"（《内学杂著·内学序》）。书中充溢着"生死事大，无常迅速"的悲凉之感，而又从字里行间洋溢着不媚时俗、穷未来际的豪迈情怀。全书分装三函。

甲函收九册，各册如下。

册一为《内院院训释》。1926年，欧阳渐为支那内学院作为居士道场而立"师、悲、教、戒"四字院训，"师、悲"着重对于人群社会的责任，"教、戒"强调学佛的理论与实践。自次年始，陆续为院训作《释师》、《释悲》、《释教》，规划办学理念和治学方向。认为佛法为一切教育之极，教育首在于确立师道，"师体曰慧，所谓知见；师道曰悲，所谓为人之学，充人之量"。在《释师·辟谬五》中，列举经证，驳斥唯许声闻为僧、居士非僧类、居士全俗、居士非福田、在家无师范、白衣不当说法、在家不可阅戒、比丘不可就居士学、比丘绝对不礼拜、比丘不可与居士叙次等十条为谬，而倡居士堪以住持正法之说。《释教》作于蜀院时期，形成成熟的佛学思想和教学体系，提出"证智无戏论，佛境菩萨行",以顿境渐行之论,期由言教史实之真,以求观行实践之真。并确立毗昙、戒律、瑜伽、唯智(般若)、涅槃五科院学大纲,后由弟子吕澂发展为五科三周教学体系。

册二为《大般若波罗蜜多经叙》三卷。本书原文四卷三万余言作于1928年。以四门概述《大般若经》:(一)五周以叙事,取篇幅适中之《大品般若经》,分舍利弗、须菩提、信解、实相、方便等五类般若概述(以上为卷一至卷三)。(二)十义以抉择。(三)诸经之所系。(四)诸家之所明。卷首论《般若经》曰:"般若者智也,智也者用也,用也者以空为具,非以空为事也。是故空有二义:非义、不义、无义之空,空亦应空;如义、实义、涅槃义之空,空则非空。般若之相无住涅槃,般若之行瑜伽巧便,般若之至无上菩提。"1941年欧阳渐重订时,删削二、三、四门,收入集中的为《五周以叙事第一》和《绪言第五》,并重写了其中《方便般若》部分。

册三为《瑜伽师地论叙》两卷。以四门概述《瑜伽师地论》:(一)五分以叙事,以《本地分》为本论,其余《抉择分》、《释分》、《异门分》、《事分》等四分为释论而概述全书。(二)十要以提纲,说唯识、法相、平等殊胜、相应、依、用、渐、无种姓、异门、依经等十大要义。(三)十支以畅义,凡本论不及处,资于《百法明门论》、《五蕴论》、《摄大乘论》、《杂集论》、《分别瑜伽论》、《辨中边论》、《二十唯识论》、《成唯识论》、《庄严论》、《显扬圣教论》而详阐之。(四)十系以广学,叙述唯识学源流传承,标举弥勒、无著、世亲、陈那、安慧、护法、戒贤、真谛、玄奘、窥基等十个代表人物。在本文中,明确提出唯识与法相是两种学派的思想,以十义区别唯识、法相二宗:(一)对治外小心外有境义,建立唯识义;对治初大恶取空义,建立法相义。(二)缘起义建立唯识义;由缘生义建立法相义。(三)约观心门建立唯识义;约教相门建立法相义。(四)八识能变,是唯识义;三性所变,是法相义。(五)约有为无为一切法归于一识,是唯识义;约一识心开为五蕴、十二处、十八界、二十二根、四谛等万法,是法相义。(六)就识所生法因果相属、宛若为一,开为唯识义;就万法各称其位,约为法相义。(七)了别义,是唯识义;如如义,是法相义。(八)理义,是唯识义;事义,是法相义。(九)流转真如、实相真如、唯识真如义,是唯识义;安立真如、邪行真如、清净真如、正行真如义,是法相义。(十)今论言境独标五识、身地、意地,是唯识义;古《阿毗达摩》言境多标三法,是法相义。

册四为《大涅槃经叙》。认为"诸佛常住无有变易、一切众生皆有佛性、《大涅槃经》是秘密藏"等三句话摄尽全经大意,并以法句、法行句、法义句、法用句四句判读全经二十五品。自第三《哀叹品》至第十七《一切大众所问品》,为法句所摄;法句者,指在十五品中以三十四问答反复讨论"常住、佛性、秘密"三句主旨。自第十八《现病品》至第二二《高贵德王品》,为法行句所摄;法行者,指五行(病行、圣行、梵行、天行、婴儿行)及所得之效利十德。第二三《师子吼菩萨品》,为法义句所摄;法义者,指对佛性、涅槃等意义的讨论。最后《迦叶品》、《憍陈如品》二品,为法用句所摄;

法用者,指"如来大力无边,大雄无畏,大智无前。无规可范,无则可循,无险可言,恣肆纵横,奇哉不可思议,是之谓涅槃用也"。晚年自述治佛学自《瑜伽》而《般若》,至六十岁上完成本叙,如无余涅槃为佛法唯一宗趣,从此确立一生学问之重心。

册五为《阿毗达摩俱舍论记叙》两卷。以九品叙事、阿毗达摩、五天时学、俱舍称学不称宗、舍有部义取经部义、舍经部义取俱舍义、舍余部义取俱舍义、舍具舍义取大乘义、称赞世亲、略说其余等十事,概述《俱舍论》界、根、世、业、随眠、贤圣、智、定、无我等九品大意,在学术思想上梳理出通过小乘经部通向大乘唯识学的各要点。

册六为《藏要·经叙》。自 1927 年起,欧阳渐即组织人力,用新的研究方法在全部藏经中撰择要典,校勘文字,编辑一套精要的佛经丛书《藏要》。原计划分将菩萨藏、声闻藏中之经律论、西土此方著述,抉其要分为六辑,然后以此为基础彻底整理全藏,刻成比较可靠的定本。实际上编成三辑,其中,一辑收经十一种,律三种,论十一种;二辑收经八种,律六种,论十三种;三辑收经十种,律二种,论十种。本册收录欧阳渐为三辑《藏要》所作经叙:《大般若经第二分》及《第五分》、《解深密经》、《大方广佛华严经》(以上一辑),《华严经·十回向品》、《大涅槃经·师子吼品》、《无尽意菩萨经》、《维摩诘所说经》(以上二辑),《大般若经第十六分》、《合部金光明经》、《大涅槃经·师子吼品》、《大乘密严经》(以上三辑)。《大乘密严经叙》为晚年所作,将一代时教系属于境行果三,"果之为《大涅槃经》,行之为《大般若经》、《华严经》,而境之为《大乘密严经》"。

册七为《藏要·论叙》。收录欧阳渐为《藏要》第一辑所收十一种论典作的内容简介或提要:《中论》、《辨中边论》、《大智度论》、《瑜伽师地论》、《集论》、《摄大乘论》、《二十唯识论》、《成唯识论》、《因明正理门论》、《品类足论》、《异部宗轮论》。卷首为《藏要》第一辑总叙,认为本辑所收十一经三律十一论,为经律论三藏中"要中之要"。并叙述所收论典的要义:"摩诃衍义,创始于龙树,充量于无著。合之则相圆,分之则义窒,岂空有之或异,实偏依之各详。《中论》谈遍计空,《中边论》谈依他有,中之义备也。《大智度论》,释经论中详一切法,而详于对小;《瑜伽师地论》,宗经论中详一切法,而详于自大。龙树毗昙为《智论》,无著毗昙为《集论》,是则乘之事备也。唯识为入道之体,《摄论》创始于其先,《二十唯识论》、《成唯识论》昌于其后。因明为拣外之用,而《因明正理门论》者,又基本之作也。毗昙多种,六足为精,《集论》为大乘毗昙之终,《品类足论》为小乘毗昙之始,龙树、无著皆所宗矣。其余部执,则《异部宗轮论》亦足知概。"

册八为《法相诸论合刊》。收录《百法五蕴论叙》、《瑜伽·真实品叙》、《摄大乘论释叙》、《杂集论述记叙》、《佛地经论叙》、《成实论叙》。据吕澂《亲教师欧阳先生事略》,欧阳渐在其女欧阳兰病卒后,哀伤悱愤,治唯识学常达旦不休,稿久乃晓然法相与唯识两宗本末各殊,并叙刻上述法相诸论,反复阐明。此观点唯国学者宿沈曾植深赞之,故每《叙》成,必赴上海谒沈畅究其义而返。

册九为《五分般若读》《心经读》。皆作于晚年。《心经读》发挥"妄真一味"之旨,吕澂称为"最后精至之作"。

册十为《唯识抉择谈》(另有提要)、《唯识研究次第》。

乙函收十一册,各册如下。

册十一、册十二为《内学杂著》。收录《〈内学〉序》、《影印宋〈碛砂版大藏经〉序》、《〈瑜伽法相辞典〉序》、《内学院经版图书展览缘起》、《精刻大藏经缘起》、《得南藏初刻记》附考、《辨方便与僧制》、《辨虚妄分别》、《辨二谛三性》、《辨唯识法相》、《与章行严书》、《复陈伯严书》、《复魏斯逸书》、《答熊子真书》、《复欧阳浚明书》、《与李正刚书》、《答陈真如书》二则、《复梅撷芸书》七则、《杨仁山居士传》等佛学文章与书信。《与章行严书》中,向当时教育总长章士钊备述支那内学院办学特点及研究成果,并以"教育不以兴国为的,而以民能充其所以为人之量为的",视为"教育神髓"。认为自唐韩愈以来诸儒,乃至门下熊十力背弃师说,皆在于误认寂灭为断灭,以清谈废事为禅而恶之,故在《答陈真如书》、《复梅撷芸书》等晚年书信中,反复讨论涅槃、佛性、法界、法身等佛教的终极命题,为一生佛学思想之总结。

册十三为《中庸传》。作于1940年。认为孔学有系统谈之概论,止是《中庸》一书。沿明代憨山德清之说,以寂灭般若为自本体,以法相唯识释性天情欲,谓舍染取净即是教。性无顿渐,教有等差。离位育参赞,是个人事,亦天下人事。故中庸之道,实为大乘菩萨道。值此抗战时期,尤应提倡"狂狷中庸",慨叹"中国自孟子后数千年来,曾无豪杰,继文而兴,盖误于乡原中庸也"。在《跋〈中庸传〉寄诸友》中,认为孔佛相通,通于此册,此非积七十年之学不能说此,将《中庸传》与《心经读》同视作晚年定论之作。

册十四为《孔学杂著》。收录《孔佛》、《孔佛概论之概论》、《夏声说》以及收于丙函内之《四书读》、《论孟课》、《毛诗课》的《叙》、《论学书》为致陶闿士、蒙文通、熊子真、张溥泉、万君默、王化中、李贞白、冯超如等人讨论儒学的书信。认为一切学问,都是在求安身立命、安邦定国的道体,其差异不过在求道的深浅、广狭而已,即"佛学渊而广,孔学简而晦"。然根据真俗、体用不二的关系,儒学若无超世出世之精神,则不能排除意、必、固、我之封执;佛学若无入世治世之方便,则流入顽空守寂的小乘境界。因此,"知孔道之为行者说生生,生生,行也,非流转于有漏,奔于习染也。知佛法之为果者说无生,无生,果也,非熏歇、烬灭、光沉、响绝之无也。淆孔于佛,坏无生义;淆佛于孔,坏生生义"(《孔佛》)。

册十五、册十六为《竟无诗文》、《小品》。收录《词品甲叙》、《词品乙叙》、《心史序》等,以及自作诗、文、小品。标举孔佛两家标语为:古之欲明明德于天下者,我皆令入无余涅槃。认为"孔子救世于明德,非救世于饱食暖衣逸居;佛度生于涅槃,非度生于有涯之福"(《小品》)。

册十七、册十八为刻于1925年的《楞伽疏决》六卷。以为"读《楞枷》有四难六利四最,难者疏而通之,利者最者抉而出之,名之曰《楞伽疏决》。"全书分作百八品(卷一)、知法义、辨中边(卷二)、解深密(卷三)、超一切量(卷四)、五法三自性(卷五)、八识二无我、陀罗尼(卷六)等八品。

册十九为刻于1924年的《解节经真谛义》两卷。从唐代圆测《解深密经疏》中辑出真谛所著《解节经记》、《翻译目录》、《般若记》、《七事记》、《金刚般若疏》、《金光明记》、《九识章》、《无上依经释》、《部执论记》、《梁摄论疏》等十部佚书,系于《解深密经》的相关经文下。

册二十、册二一为《在家必学内典》。应戴季陶之请,连附属共收录十五部在家佛教徒必读经典:《佛说父母恩重难报经》、《大方便佛报恩经·教养品》、《佛说孛经》、《佛说演道俗业经》、《中阿含经·大品·善生经》、《十善业道经》、《优婆塞戒经·受戒品》(以上男子必读)、《佛说鹿母经》、《银色女经》、《玉耶女经》、《佛说长者法志妻经》、《佛说七女经》、《佛说月上女经》、《优婆夷净行法门经》(以上女子必读),附《四十二章经钞》。

丙函收九册,各册如下。

册二二、册二三为《经论断章读》。为初学者从经论中选出十五章片断,加以断句,并略作提示。本书为十分精要的佛典选读,所选经论皆为权威的大乘典籍,且依境行果构成一个严密的体系,所选篇章及标准为:舍生死身而取法身,犹儒者义利之辨,入德之门,如是读《维摩经·方便品》和《密严经·胎藏生品》;以解空法方能舍生死身,如是读《大智度论·十喻》;与空相应应先观无常、数息以定心、不净以入境,如是读《大般若经·念住品》;修定应先有念佛、法、僧、戒、舍、天、出入息、死等基础,如是读《大智度论·八念》;三学之慧,般若真谛,瑜伽俗谛,如是读《大般若经·空性品》、《大智度论·般若波罗蜜》、《瑜伽师地论·胜义伽他》;佛之知见,方便为究竟,如是读《法华经·方便品》;一乘绝唱,在不舍离一切众生,明地前菩萨行愿,如是读《华严经·净行品》及《梵行品》;地上菩萨自在无碍行,如是读《华严经·十忍品》;佛前佛后,皆本一行,如是读《华严经·普贤行愿品》;学佛在决定死心,如是读《金光明经·舍身饲虎故事》;学佛所忌在决定死法,如是读《涅槃经·阿阇世王故事》。

册二四至册二六为《四书读》。《论语十一篇读》,类聚《论语》原文,重新编排为劝学、君子小人、为学、仁、礼、性天、达道、为政、圣德、群弟子、古今人等十一篇。《中庸读》,对《中庸》句读解释并分段提示,以"诚"之一字概括《中庸》全书,叹"千有余年中庸不明,人不务诚,失其本心,大义不行,浩然之气不存"。《大学读》,先录王守仁《大学古本旁注》,然后阐明《大学》十义:(一)大人之学,(二)天下之欲,(三)孔子之志,(四)忠恕之道,(五)得国之宝,(六)格物之功,(七)孔颜之乐,(八)真实之知,(九)《学》《庸》之事,(十)《学》《庸》之序。《孟子十篇读》,类聚《孟子》原文,重新编排为气、士、民、义利王霸、仁政(上)(下)、孝弟、君臣朋友、学、非彼、自宗等十篇。

册二七至册三十,分别为《论孟课》、《毛诗课》、《词品》(甲)(乙),为自编内学院诗文课本。欧阳渐精于文学,晚年因国难而倡忠义救国之心之气,选《毛诗课》叙曰:"绸缪在作新,作新在作气,作气在观感而愤悱。"认为中国数千年神圣之教可归结为"忠恕",忠于己曰自由,以之抗敌,恕于人曰平等,以之建国,二者又相辅相成。"抗敌以不受尔汝之忠,气不愤悱不能忠,《词品甲》语悲歌慷慨。建国以不受尔汝之恕,气不和顺不能恕,《词品乙》语清净幽闲。非相违也,而相从也。不娴斯意,不能读是词也。"

　　欧阳渐在杨仁山之后,尽毕生精力主持金陵刻经处和支那内学院,一生校刻佛典千余卷,尤以刻完杨仁山未竟的《瑜伽师地论》并作长叙,使自明代以来久已晦塞的唯识宗学说,得以重新昌明,当时梁启超、吕澂、王恩洋、黄忏华、汤用彤、梁漱溟、熊十力等,皆受学于欧阳渐门下。奉行"讲学以刻经"方针,平生所学主要体现在对佛典的选编校订及叙论中。尤在晚年感到来日无多,故将自己的学术观点体现在讲学和书信中,以《内学杂著》和《孔学杂著》最为精要。台湾新文丰出版公司于1976年出版《欧阳大师遗集》四大册;中华书局1991年出版的《中国佛教思想资料选编》第三卷第四册,亦收录欧阳渐部分论文,主要选自《内学杂著》;另有上海远东出版社1996年出版王雷泉选编的《悲愤而后有学——欧阳渐文选》。

(王雷泉)

藏要 欧阳渐等

《藏要》，三辑。欧阳渐、吕澂编校。支那内学院于1929年出版第一辑，1935年出版第二辑。1985年，金陵刻经处将当时尚未完成的零本编为第三辑，与前两辑一起成套出版。另有台湾新文丰出版公司1988年版和上海书店1991年版影印本。

欧阳渐生平事迹见"唯识抉择谈"条；吕澂生平事迹见"西藏佛学原论"条。

支那内学院秉承杨文会编辑《大藏辑要》，进而对历代刻印的大藏经进行整理考订的遗训，本着"讲学以刻经"的办学方针，自1927年起，即组织人力，用新的研究方法在全部藏经中选择要典，校勘文字，编辑一套精要的佛经丛书《藏要》。尽量搜罗国外校印的梵文、巴利文、藏文佛典及康藏各种刻本的西藏大藏经，比较研求，对汉文翻译的藏经重加考证，以为佛学研究提供可靠的文献基础。原计划将菩萨藏、声闻藏中之经律论、西土此方著述，抉其要分为六辑；然后以此为基础彻底整理全藏，刻成比较可靠的定本。欧阳渐把编《藏要》和《晚年定论》视作有生之年发愿完成的两大工作。1934年10月在《复陈伯严书》中，指出编辑《藏要》分考据和义理两个阶段进行；考据校勘嘱吕澂完成，此事千年以来已无作者，须择译善、版善，必求精审，以饷学者；义理抉择由欧阳渐承担，此事千年以来亦芜秽不治，"第一分部不确当，第二各溺所宗而诬概全局，第三肤浅泛滥充栋汗牛，乃无一纸切当示要之论"，故必须叙次文法、抉择经义。但因战乱等原因，实际上编成三辑（其中第三辑没有完成）；在所收七十种四百余卷佛书中，所作叙文仅二十余种。

《藏要》的编校方法是：第一，采取刻校、译校、类校三周校勘方式，在校勘文字上一变从来重视高丽本的偏向，而在刻校方面取南宋后思溪版藏经为底本，勘以北宋福州及高丽新雕版，误文夺字，皆订正注明。第二，在译校方面，对译文内错落晦涩的地方，择要用原典或异译本来证文，并加标注。第三，在类校方面，取有关义解之异籍参证，分清段落，剖析章句，并阐明学说上的相关联系，如《佛母宝德藏经》注出所摄《五分般若》之处（注《五分》印本某页某行）、《佛地经论》注出所据戒贤释论之文（注戒贤论同或缺）、《成实论》注出成实宗所立之章门（依《大乘义章》注某章某段)、《俱舍论》注出萨婆多难解之余义(依《顺正理论》注某卷)等。第四,对书中的重要义理,用提要体裁写成叙,以供学人了解,欧阳渐对二十余种重要经论作了叙文,对各书的传承和前后变化,皆能穷源竟委,扼其学说大意。

第一辑收经十一种,律三种,论十一种,共二十八册,分装甲乙丙丁四函。卷首为《藏要》总叙,概述经典的要义及收录原则,认为本辑所收,为经律论三藏中"要中之要"。下按原书编号标出所选佛典的译本、卷数和在本辑中的册数。

一、《大般若经·第二分·舍利子般若》,唐玄奘译,选卷四百一至卷四百五(第一册)。欧阳渐有《大般若经十六分总叙》及《大般若经第二分品目舍利子般若四品叙》,吕澂有校勘说明。《大般若经·第二分·方便般若》,选卷四百五十九至卷四百七十八(第二至四册)。欧阳渐有《方便般若二十品目录》,吕澂有校勘说明。

二、《大般若经·第五分》,选卷五百五十六至卷五百六十五(第五、六册)。欧阳渐有《大般若经第五分品目叙》,吕澂有校勘说明。

三、《华严经·十地品》,唐实叉难陀译,选卷三十四至卷三十九(第七册)。吕澂有校勘说明。

四、《楞伽阿跋多罗宝经》,刘宋求那跋陀罗译,全四卷(第八册)。吕澂有校勘说明。

五、《大般涅槃经·迦叶品》,北凉昙无谶译,选卷三十三至卷三十八(第九册)。吕澂有校勘说明。

六、《解深密经》,唐玄奘译,全五卷(第十册)。欧阳渐有《解深密经品目叙》,吕澂有校勘说明。

七、《大菩萨藏经·般若品》,唐玄奘译,选卷十六至卷十九(第十一册)。吕澂有校勘说明。

八、《胜鬘师子吼经》,刘宋求那跋陀罗译,全一卷(第十一册)。吕澂有校勘说明。

九、《大宝积经·无量寿会》,唐菩提流志译,选卷十七、卷十八(第十一册)。吕澂有校勘说明。

十、《妙法莲华经》,后秦鸠摩罗什译,全七卷(第十二、十三册)。吕澂有校勘说明。

十一、《杂阿含经·缘起诵》,刘宋求那跋陀罗译,选卷十一、卷十二;附《瑜伽师地论》卷九十三、九十四"摄事分中契经事缘起食谛界择摄第三之一、二"(第十四册)。吕澂有校勘说明。

以上大乘经十种、小乘经一种。欧阳渐叙选编理由如次:"菩萨乘有正轨,有便道。乘乎正轨又有不易之则曰境行果,依此抉择而得四经:一曰《大般若经》,二曰《华严经》,行菩萨乘有不易之则,一曰因果、二曰差别:因果者,运用之妙,《般若》尽之;差别者,境界不同,《华严》尽之;故《般若》、《华严》者,菩萨正轨之行也。三曰《楞伽经》,古学一百八句,一切自心所现,今学五法、三自性、八识、二无我,知法、知义于此广博,故《楞伽经》者,菩萨正轨之境也。四曰《大涅槃经》,我皆令入涅槃而灭度之,此佛出世大事因缘,对机则四邬柁南,毕竟则常乐我净,见性而已,又多乎哉? 是故《大涅槃经》者,菩萨正轨之果也。《解深密经》,境行果三都约其要。《菩萨藏经》,但约行中因果差别。《胜鬘》明识,属隶《楞伽》。《无量寿经》,是方便道。《法华》,则经中之楬橥者也。声闻举一,曰《杂阿含》,佛言诸佛世尊具大智力,总摄诸法,安处四种邬柁南中,辗转传来,是名《阿含》,传此四句是名《阿含》,《瑜伽》五分释《杂含》多,大小沟通,《阿含》亦大故也。"

十二、《菩萨戒本》及《菩萨戒羯磨文》,唐玄奘译(第十五册)。吕澂有校勘说明。

十三、《十诵比丘戒本》,姚秦鸠摩罗什译,附录"十诵比丘众学法三本类勘类";《十诵羯磨比丘要用》,刘宋僧璩依律撰出(第十五册)。吕澂有校勘说明。

十四、《善见律毗婆沙·序品》,萧齐僧伽跋陀罗译,选三卷(第十五册)。吕澂有校勘说明。

以上大乘律一种,小乘律两种。欧阳渐叙选编理由如次:"律三者,《地持善戒》,译非全文,是故戒本羯磨,应抉《瑜伽》为大乘律。北方小戒,论其圆通,《僧祇》为最;究其严密,《十诵》为尤,《四分》、《五分》及迦叶维,严不及《十诵》,通不及《僧祇》,是故戒本羯磨,唯独取于《十诵》。南方小戒,此土传来,但见《善见律》,录序而已。"

十五、《中论》,青目释,鸠摩罗什译,全四卷(第十六册)。欧阳渐有《叙》,吕澂有校勘说明。

十六、《辨中边论》,世亲造,玄奘译,全三卷(第十七册)。欧阳渐有《叙》,吕澂有校勘说明。

十七、《大智度论·初品》,龙树造,鸠摩罗什译,选卷一至卷三十四(第十八至二十二册)。欧阳渐有《叙》,吕澂有校勘说明。

十八、《瑜伽师地论·菩萨地》,弥勒说,玄奘译,选卷三十五至卷五十(第二十三、二十四册)。欧阳渐有《叙》,吕澂有校勘说明。

十九、《集论》,无著造,玄奘译,全七卷(第二十五册)。欧阳渐有《叙》,吕澂有校勘说明。

二十、《摄大乘论》,无著造,玄奘译,全三卷(第十七册。原书的序号与册数偶有不一致处)。欧阳渐有《叙》,吕澂有校勘说明。

二十一、《二十唯识论》,世亲造,玄奘译,全一卷(第二十五册)。欧阳渐有《叙》,吕澂有校勘说明。

二十二、《成唯识论》,玄奘译,全十卷(第二十六、二十七册)。欧阳渐有《叙》,吕澂有校勘说明。

二十三、《因明正理门论》,大域龙造,玄奘译,全一卷(第二十五册)。欧阳渐有《叙》,吕澂有校勘说明。

二十四、《品类足论·辩千问品》,世友造,玄奘译,选卷十至卷十七;附录三种毗昙法门对照表(第二十八册)。欧阳渐有《叙》,吕澂有校勘说明。

二十五、《异部宗轮论》，世友造，玄奘译，全一卷（第二十八册）。欧阳渐有《叙》，吕澂有校勘说明。

以上大小乘十一种论典，欧阳渐叙选编理由如次："摩诃衍义，创始于龙树，充量于无著。合之则相圆，分之则义窒，岂空有之或异，实偏依之各详。《中论》谈遍计空，《辨中边论》谈依他有，中之义备也。《大智度论》，释经论中详一切法，而详于对小；《瑜伽师地论》，宗经论中详一切法，而详于自大。龙树毗昙为《智论》，无著毗昙为《集论》，是则乘之事备也。唯识为入道之体，《摄论》创始于其先，《二十唯识》、《成唯识论》昌于其后。因明为拣外之用，而《理门论》者，则又基本之作也。毗昙多种，六《足》为精，《集论》为大乘毗昙之终，《品类足论》为小乘毗昙之始，龙树、无著皆所宗矣。其余部执，则《异部宗轮论》亦足知概。"

第二辑收经八种，律六种，论十三种。卷前有欧阳渐所作本辑总叙，将本辑与第一辑所收经典一一对照比较，并新增吕澂所作《藏要》第二辑校例。

一、《佛说佛母宝德藏般若波罗蜜经》，宋法贤译，全三卷（第一册）。

二、《能断金刚般若波罗蜜多经》，唐玄奘译，全一卷（第一册）。

欧阳渐总叙曰："般若道场，闻者记录或广或略，或以长行，或以偈颂。一辑于长行略广，五分中撮其大凡；二辑则举《宝德藏经》三十二品偈颂。读者若先颂后长行，此经犹前嗢陀南；若先长行后颂，此经则后嗢陀南也。《心经》谈空三昧，是舍利子般若类；《金刚》谈无相三昧，是须菩提般若类也。"

三、《大方广佛华严经·十回向品》，唐实叉难陀译，选卷二十三至卷三十三（第二、三册）。欧阳渐有《华严经品目叙》，并作本品叙。其卷首总叙曰："一辑举《华严》根本为《十地》，二辑举《华严》临入为《十向》，小大、自他、理事，无不资力回向以为转移也。"

四、《大般涅槃经·师子吼菩萨品》，北凉昙无谶译，选卷二十七至卷三十二（第四册）。欧阳渐有《大涅槃经·师子吼品叙》及《大般涅槃经师子吼科判》。其卷首总叙曰："一辑《涅槃》，举《迦叶》法用；二辑《涅槃》，举《师吼》法义，用以示善巧义以示切要也。"

五、《无尽意菩萨经》，刘宋智严共宝云译，全四卷（第五册）。欧阳渐有《叙》。其卷首总叙曰："《般若》以殊特义，说行中因果义；《无尽意经》则以平等义，说行中因果义也。"

六、《维摩诘所说经》，后秦鸠摩罗什译，全三卷（第五册）。欧阳渐有《叙》及《维摩诘经科文》。其卷首总叙曰："又《般若》、《华严》诸经，以殊特义说境行果义；而《维摩诘经》，亦以平等义说境行果义也。方便利他，真俗神通，行菩萨行，见十方佛。世俗以之为神奇，大道以之为通途也。"

七、《佛说长阿含经·第一分》，后秦佛陀耶舍共竺佛念译，选卷一至卷五（第六册）。欧阳渐于卷首总叙曰："《杂含》五诵，深于谈禅；《长含》四分，详于破执。一辑、二辑，都举其初而已。"

八、《法句经》，法救撰，吴维祇难等译，全二卷（第六册）。本经与《长阿含经》二部，为小乘经典，欧阳渐于卷首总叙曰："《法句经》者，要偈多存，古经犹聚。诚根据之有由，而小藏之精要欤！"

九、《四分戒本》，后秦佛陀耶舍译，全一卷；附录四分巴利二本众学法对照表（第七册）。

十、《弥沙塞五分戒本》，刘宋佛陀什等译，全一卷（第七册）。

十一、《解脱戒经》（出迦叶毗部），元魏瞿昙般若流支译，全一卷（第七册）。

十二、《根本说一切有部戒经》，唐义净译，全一卷，附录净译藏译二本众学法对勘表（第七册）。

十三、《摩诃僧祇律大比丘戒本》，东晋佛陀跋陀罗译，全一卷（第七册）。

十四、《根本萨婆多部律摄》，胜友集，唐义净译，全十四卷（第八、九册）。

本辑收律部六种，欧阳渐于卷首总叙曰："一辑所举，《十诵》《善见》而已。二辑则法藏之《四分》、化地之《五分》、饮光之《解脱》、有部之《戒经》、大众之《僧祇》，无不次第举其戒本，而使八家部执，详略异同，比例研求，堪资取舍，则戒学之大营也。复举有部《律摄》，以四句颂摄戒多事，复叙戒文随事分释。文则视广律为简，义则较广律为繁。研戒之初，莫此为便。又戒学之切要也。"

十五、《十二门论》，龙树造，后秦鸠摩罗什译，全一卷（第十册）。

十六、《百论》，婆薮造，后秦鸠摩罗什译，全二卷（第十册）。

十七、《广百论本》附《教诫弟子品释》，圣天造本，护法造释，玄奘译，全二卷（第十册）。

十八、《大乘中观释论》，安慧造，宋惟净等译，全十卷（第十一册）。

十九、《究竟一乘宝性论》，元魏勒那摩提译，全五卷（第十二册）。

以上与龙树中观学有关之五部论典，欧阳渐于卷首总叙曰："龙树《中论》，大小染净，三科十二支，二取二空，赅摄于四百四十六偈，阐扬空义，汪哕大哉。而无以示入德之门，于是抉择《中论》，约为十二以示之门。初三因缘观空，次三相观空，次二生灭变异观空，后四因果作者时生以观空是也。提婆推演《中论》，作瑜伽行四百颂，未能全来，所来者《百论》十品，罪福、神我、一、异、情、尘、因、果、常、空而已。又《广百论》八品，常、我、时、见、根、边、相、诫，为四百颂之后二百颂而已。然外内之论义，既已详尽，《中论》之法门，亦复增多。谈空之义，至矣极矣！虽然，教诫弟子毋恶取空，当留意也。诠释《中论》，此土唯三。青目既举于前，安慧当续于后，故继于《中观释论》也。《宝性论》者，依《陀罗尼自在王经》，以七金刚句摄一切佛法。《自在王经》与《大涅槃经》，均说一切众生皆有佛性。菩提功德，利众生业，皆所以见性。三宝一归，但指不同，初无歧异。然所谓一切空者，见性涅槃是也。上来五论，皆龙树学也。"

二十、《瑜伽师地论·抉择分·五识身相应地·意地》，弥勒说，玄奘译，选卷五十一至卷五十七（第十三册）。

二十一、《大乘庄严经论》，无著造，唐波罗颇迦罗蜜多罗译，全十三卷(第十四、十五册)。

二十二、《观所缘论释》，护法造，唐义净译，全一卷(第十六册)。

二十三、《佛地经论》，亲光等造，玄奘译，七卷(第十六册)。

二十四、《因明入正理论》，商羯罗主造，玄奘译，一卷(第十六册)。

以上与无著、世亲系瑜伽行派有关之五部论典，欧阳渐于卷首总叙曰："一辑举菩萨行，二辑举菩萨境。五识意地抉择，则唯识了义境也。《庄严》与《菩萨地》诸品，名同而义别，西域不娴不能弘法，盖菩萨行之推广谈，与菩萨地功用无或殊也。《观所缘》，则唯识相分自内而已。此宗谈果，莫详于《佛地论》。四智心品为用，清净法界为体，菩提、涅槃二转依义，体用须明也。一辑《门论》，谈因明原理。二辑《入论》，谈因明作法而已。上来五论，皆无著学也。"

二十五、《菩提行经》，龙树集，宋天息灾译，全四卷(第十二册)。卷首总叙曰："抉集群经，赞发菩提心，修行六度，回向众生，非龙树所作，而谈空义大破瑜伽，倘亦龙树学欤？"

二十六、《成实论》，诃梨跋摩造，鸠摩罗什译，全二十卷(第十七至十九册)。

二十七、《阿毗达摩俱舍论》附本颂，世亲造，玄奘译，全三十一卷(第二十至二十四册)。

以上两部小乘论典，卷首总叙曰："小趣大者，《成实》入《般若》之半途，《俱舍》造《瑜伽》之中路。欲探大乘由来，二论诚不可不读也。"

第三辑尚未编竣，故卷首无总叙及目录，所收经典的编号目次亦有错漏。计收经十一种，律两种，论十种。

一、《大般若经第十六分》，玄奘译，选卷五百九十二至卷六百(第一册)。欧阳渐有《叙》，并附大般若经第十六分大科。

二、《华严行位七品读》，选录《华严经》中《净行品第十一》、《十住品第十五》、《梵行品第十六》、《十行品第二十一》、《十无尽藏品第二十二》、《十忍品第二十九》、《普贤行品第三十六》等七品(第二册)。前有吕澂简短说明。

《首楞严三昧经》，鸠摩罗什译，全三卷(第二册)。

三、《大般涅槃经·正法分》，北凉昙无谶译，选卷三至卷十(第三册)。欧阳渐有《叙》。

四、《大宝积经·普明会》(失译)，附录一：晋译《摩诃衍宝严经》"胜解胜利"段；附录二：《瑜伽师地论》卷第七十九及八十七《菩萨地抉译释》(第四册)。

五、《虚空藏问经·抉择分》，唐不空译，选四卷，卷首序分不录(第四册)。

六、《合部金光明经·正宗分》，据尼泊尔梵本、失译藏文本等合本，选四卷(第五册)。欧阳渐有《叙》。

八、《大乘密严经》，不空译，全三卷(第六册)。欧阳渐有《叙》，并附《大乘密严经科文》。

九、《中阿含经·双品》,东晋瞿昙僧伽提婆译,选卷四十八、卷四十九(第七册)。

十、《佛说义足经》,吴支谦译,全二卷(第七册)。

十二、《清净毗尼方广经》,鸠摩罗什译,全一卷(第七册)。

十四、《根本说一切有部百一羯摩》,唐义净译,全十卷(第八册)。

十五、《十住毗婆娑论》,龙树造,鸠摩罗什译,全十五卷(第九、十册)。

十七、《菩提资粮论》,龙树造,自在释,隋达摩笈多译,全六卷;附:《菩提资粮论大科》(第十一册)。

十八、《六门教授习定论》,无著本,世亲释,义净译,全一卷(第十一册)。

十六、《显扬圣教论》,无著造,玄奘译,全二十卷;附:《显扬圣教论大科》(第十二至十四册)。

《大乘掌珍论》,清辨造,玄奘译,全二卷;附:《大乘掌珍论科文》(第十五册)。

《成唯识宝生论》(一名《二十唯识顺释论》),护法造,义净译,全五卷;附:《成唯识宝生论科目》(第十五册)。

二十一、《舍利弗阿毗昙论·非问分道品》,后秦昙摩耶舍共昙摩崛多译,选卷十三、卷十四(第十六册)。

《三法度论》,世贤本,众军释,东晋瞿昙僧伽提婆译,全三卷(第十六册)。

《解脱道论》,优波底沙造,僧伽婆罗译,全九卷(第十七册)。

《藏要》为中国有史以来第一部用科学严谨的方法编校的佛典选集,最初目的是为今后彻底整理全藏作准备。1940年,欧阳渐在《精刻大藏经缘起》中,提出整理藏经的三大要事:(一)删芜。(二)严部。(三)考订。对于大量宋元明清以来从无整理的中土著述,提出"余付藏外,任世沉浮"的主张。由此亦可一窥未及完成的《藏要》后三辑的编辑理路。《藏要》在文字上重新标点、校勘,拣除伪似,并写有叙论,为后人研究提供了种种方便。此书印行后,国内外学者好评如潮,其中一部分曾被日本各佛教大学作为课本使用,有些为印度国际大学用作研究资料。中华书局出版的《中国佛教思想资料选编》四卷十余册,凡《藏要》所收者,皆视为善本而优先选用之。台湾新文丰出版公司等机构,除翻印全书外,还将《叙文》结集成单行本出版。

(王雷泉)

虎禅师论佛杂文 杨 度

《虎禅师论佛杂文》,一册。杨度著。本书包括《续》、《二续》,收集杨度全部佛学著作。有民国年间自刻本。现收入湖南人民出版社1986年出版的《杨度集》。

杨度(1875—1931),原名承瓒,字皙子,号虎公,又号虎禅师、虎头陀、释虎。湖南湘潭人。二十岁中举人,曾师从清末著名学者王闿运,学"《庄子》逍遥之旨,更治《春秋》经世之学",志在物色、辅佐"非常之人",而成帝王之业。1902年和1903年,两度留学日本。平生以帝王师自许,思想以多变著称。早期主张君主立宪,曾为袁世凯复辟帝制制造舆论,参与组织"筹安会"。"洪宪"帝制失败后,避居天津、青岛,潜心研究佛学。意欲开创佛教新宗派"无我宗",自号"虎禅师",以宗师自居。并由佛学的"无我论"之中介,参与孙中山的革命事业,以自己特殊身份出入北洋军阀曹锟等人幕中。晚年接受社会主义学说,于1929年秋秘密加入中国共产党,旋以上海帮会头子杜月笙的"清客"身份,从事地下工作,并参加中国互济会、中国自由运动大同盟和中国社会科学家联盟的活动。生平事迹见何汉文、杜迈之《杨度传》(湖南人民出版社,1979年)。

本书包括《逍遥游辞并引》、《新续高僧传序》、《我佛偈赠美国贝博士并序》、《菩提三偈序》、《楞严偈并序》、《轮回偈并序》、《唯识八偈序》、《除习偈序答畸道人》、《真如生灭偈序》、《佛法偈序》、《江亭词序》、《六根偈序答妹庄》、《新佛教论答梅光羲君》等。

《逍遥游辞并引》,为1921年7月述其"庐山悟道"之作。自称:"夜登庐山,仰首视天,云开月出。此心忽然大彻大悟,遇机而通,应缘而解。"其时尚是以庄子逍遥思想与佛教万法皆空思想相比附,所以他于以后的《江亭词序》中说:"余于君宪三败之后,自谓对国家、对主义忠矣,可以已矣。乃不更言经世,而由庄以入佛。"

《我佛偈赠美国贝博士并序》,为1924年3月赠来华考察的美国哲学家贝博士而作。认为"一切人事无非佛事,一切世法无非佛法。一旦此心豁然,我即是佛。死去活来,大彻大悟,则知众生无所短欠,佛亦无所增加,迷时众生同佛,悟后佛同众生。"因此,佛法是科学的、实行的、救人的、现在当下承担的。"我即是佛"的思想,在《菩提三偈序》有进一步阐发,认为神秀一偈,为相对心,心内有尘,自分净垢,是第一关,名佛子偈;慧能一偈,非相对心,心内无尘,何净何垢,是第二关,名菩萨偈;然"皆未见性",都不能达究竟。故提出自己的第三偈:"身是菩提树,心如明镜台,尘埃即无物,无物即尘埃。"称自己一偈"为绝对心,心外无尘,众生佛祖,即垢即净,即空即有,是第三关,名佛祖偈"。

杨度把全部佛法归结为"心法",故学佛贵在心悟,无需离世独立。在《复五妹杨庄函》中,以"身是凡夫,心超世界"八字诠释"学佛","所以说身是凡夫性,学佛之心则须超凡入圣"。只要在凡夫境中,去掉一切烦恼妄念,踏实做人,即成为佛,而所谓佛即是圣人,"身不必离凡夫、离世界,而心实超凡夫、超世界,此即兄所谓圣人也"。

作于1928年的《新佛教论答梅光羲君》,是杨度学佛论佛的思想总结。作为接受佛教而又要求改造佛教的学者,极其明确地提出传统佛教必须同十六世纪的天主教一样进行改革。在此用一切唯心、一切唯念、一切唯习、一切唯假、一切唯对、一切唯我"六义",对"无我论"作了新的解释,"以上六者,皆明心理相对,即为无我,统于一切唯心"。然而,心物实相对而言,"故自人类言之,一切唯心;而自宇宙言之,一切唯物。人生哲学,应为唯心;宇宙哲学,应为唯物。心统于物,故无二元之说"。由此新"无我论",提出我果谛、我因谛、无我因谛、无我果谛对传统佛法的总纲苦集灭道"四谛"作了新的解释。

他认为传统佛教各宗派割裂了性与相、教与宗、理论与实行,门户各殊,不相通贯。今提出此无我法门,"以一'对'字包括三论宗,以一'习'字包括法相宗;对、习即二,故以'无二'二字,包括三论、法相二宗;无二即为直指本心,故以'一心无二'四字,包括三论、法相、无上乘禅宗三宗。以一合二,以二合三,以三合一。于是此无我法门,又成为性相合一、教宗合一之法门,所有从前佛教一切难决问题,今皆一时解决,实于佛学界开一新纪元"。此新创立的法门只能别立为"无我宗","可为未来世界发心成佛者,敷一至平之路,开一至大之门"。此"无我宗"的教义,合乎"论理科学",能把所有"迷信神秘"的"灵魂、轮回等义"以及"违反生理"的一切戒律,扫除干净。因此,他把创立"无我宗"称为"佛教革命"、"佛教革新",并与马丁·路德的宗教改革相提并论。

杨度临终前曾作自挽联:"帝道真如,如今都成过去事;医民救国,继起自有后来人。"本书是其鼓吹帝制失败后,经逃禅省过,并试图"以佛救世"乃至改造佛教,到最后成为共产党人这一复杂过程的思想记录。杨度在此提出许多与众不同的见解,有些确实对传统佛教教义有所发挥,有的论述则因故意标新立异而含义不清,令人费解。20世纪的中国思想界,处于如万花筒般的动荡剧变中,佛学亦不能例外。本书为研究本世纪佛学思想的变迁,提供了一个比较特殊的标本。

(王雷泉)

新续高僧传四集 喻 谦

《新续高僧传四集》,六十六卷(正文六十五卷、卷首一卷)。喻谦撰。成于1923年,有北洋印刷局排印本。通行本有上海古籍出版社1991年版《高僧传合集》本。

喻谦(？—1933),字昧庵,自号昧庵居士。幼而问学,为清末湖南湘潭著名学者王闿运弟子,"耽志丘坟,轶情述作"。早有文名,与靳云鹏、杨度等均有交往。1918年秋,南方战起,避地北上,寓居于北京法源寺。法源寺长老道阶禅师,早有编纂一部自宋至今高僧传记愿望,惜无其人而事不举。见到喻谦后,即与之商量。喻谦以事体重大,未敢遽允,便先为法源寺纂修寺志,数月之后,志稿初就。1919年,喻谦接受法源寺长老道阶和其他佛寺长老委托,纂修《新续高僧传四集》。"乃从事搜讨旧编,征求遗简,穷焉矻矻","铅椠三易,寒暑五周","潦草命觚,大致粗成"。经过五年努力,终于撰成《新续高僧传四集》,书成之后受到各方面的赞许。

《新续高僧传四集》是一部分科记载高僧事迹的传记。记载宋初至清末一千年左右高僧功德业绩。正传著录七百九十二人,附见七百零九人,共计一千五百零一人。包括宋僧正传一百七十五人,附见一百零二人;辽僧正传五人,附见五人;金僧正传十三人,附见十三人;元僧正传七十六人,附见八十八人;明僧正传二百二十七人,附见二百七十人;清僧正传二百九十六人,附见二百三十一人。著录面相当广泛,从地域看,较之过去僧传范围更广,于辽、金、元三朝高僧皆有记录,而元代尤多。《明高僧传》所载僧人则全部收入,疏漏者予以补充。篇幅宏大而结构严整,是中国佛教史上的一部重要文献。

《新续高僧传四集》之所以称为"新续",因为它是上承梁慧皎《高僧传》、唐道宣《续高僧传》、宋赞宁《宋高僧传》、明如惺《明高僧传》的新的续作。又所以称为"四集",是承袭清末学者杨仁山居士在光绪十年(1884)刊刻梁慧皎《高僧传》后序中提出的主张而来。杨仁山说:"梁会稽沙门慧皎撰《高僧传》十六卷,至天监中而止。唐释道宣续之,终于贞观间,凡四十卷,曰《续高僧传》。宋释赞宁又续之,迄于端拱之初,凡三十卷,曰《宋高僧传》。至明季沙门如惺辑录南宋、元、明大德仅成六卷,曰《明高僧传》。窃以为宋、明命名未恰,盖宋传多唐、五代人,而明传多宋元人也。当易其名曰初集、二集、三集。至于明传,遗漏殊多,未臻完善,拟博采群书,自北宋以迄于今择其道行超著者汇为一编,名曰'四集'。"就是说"四集"是承袭梁、唐、宋三部僧传为初集、二集、三集而来,至于《明高僧传》,因其数量既少,遗漏殊多,将其纳入四集中重作。杨仁山虽提出这一主张,但无力完成。喻谦成书后,"再四商之同学,佥谓仁山之言无以易也"。因而采用杨仁山意见,定书名为《新续高僧传四集》。

《新续高僧传四集》全书六十六卷,包括卷首一卷,正传六十五卷,按佛教人物传记十科分类法著录自宋初至清末高僧事迹。卷首一卷,载引用书目;发起、审订、参订、采辑、理事、书记等工作人员名单;靳云鹏序、杨度序、王景禧序、严修序、夏寿田序、喻谦自序;征文启,向僧俗各界广泛征集遗文、碑铭、行状等资料;义例、目录。正传六十五卷,包括译经二卷、义解八卷、习禅十六卷、明律六卷、护法三卷、灵感三卷、遗身二卷、净读八卷、兴福十一卷、杂识六卷。

全书按时代先后记载各类僧人如下。

一、译经。列入者的条件是:"西竺遗经,尚未尽出,有能译出未刊之典,残篇剩义,尤当宝贵。"即翻译佛经卓有成绩者。此科共载高僧十四人,附载十八人。如宋京师传法院沙门法天共译出《大方等总持宝光明经》等四十四种。元云南玉案山寺沙门雄辩说:"吾其南归,将以方言,译其经论,饷我荒服。"终于他用僰人语言译出许多经论,推动六诏佛教的兴盛。

二、义解。列入者的条件是:"寻文见义,豁然悟解,或释经训,或撰语录,或说理精深,方当此选。"即解释、领悟经义卓有成绩者。此科共载高僧一百零三人,附载七十八人。如宋永嘉瑞鹿寺沙门本先,"侍韶国师服勤十年,韶初导以'非风幡动,仁者心动'语,即时悟解,述颂三首:见色见心,自己了明,身心安乐,物不碍膺"。清四明山天童寺沙门超静著《二会录》行于世。

三、习禅。列入者的条件是:"清修枯坐,万念俱亡,幽山穷岩,古佛所宅,闭关深造,方足当之。"即能净心修习,功夫显著者。此科载高僧二百零二人,附载一百三十人。如宋常德文殊寺沙门心道,"三十得度,诣成都习唯识,了悟万有,证彻真如"。清峨嵋毗卢院沙门克诚"年四十弃家为僧……居山三十年,一瓶一钵,无他长物"。

四、明律。列入者的条件是:"精严戒德,说明警众,勘破虚妄,著有律训者,均入此科。"即能严行戒律,撰著戒律有显著成绩者。此科共载高僧七十二人,附载二十九人。如杭州昭庆寺沙门朴原,"奉诏开坛说法,为天下传戒宗师"。清金陵宝华山隆昌寺沙门实泳"精求律意,早夜孜孜,不遑宁息。……领悟其最深者,莫如智园律师所著《会真记》"。

五、护法。列入者的条件是:"外道相贼,功深捍卫,议论纵横,辩者莫当,或以身殉,尤为难能。"即能以身卫道有显著成绩者。此科共载高僧二十三人,附载五十二人。如宋钱塘灵隐寺沙门契嵩作《原教论》,阐明"儒、释一贯,以抗韩愈排佛之论,闻者惊服"。从而捍卫了佛教的地位。清丹徒焦山定慧寺沙门了然"舍身研求梵典,精进无已"。

六、灵感。列入者的条件是:"至诚所积,感而遂通,理有自然,世俗罕测,事必可验,道无或爽。"即能感通佛法有显著效验者。此科载高僧四十一人,附传十九人。如金燕都潭柘山寺沙门开性"初参佛日于汴梁,未几豁悟心法"。拟重建潭柘山道场,众以规模宏大,惧难遽集。开性说:"忠诚不至耳,至矣患无成。方凿石间,忽有大石崩坠,众悉骇避,开恬不顾。石飞落,去开才咫尺。众皆异之,以为志愿精悫,致神祐也"。清五台山清凉寺沙门源修,"取道西藏,往参佛国"。"忽闻呼江南源修者三,且云'佛召见汝'。遂飘然随去,至则殿宇光明,目不能视,志诚顶礼。佛坐莲台,摩顶慰劳,赐名阿王"。

七、遗身。列入者的条件是:"捐躯见志,明道相期,舍此秽浊,回我金刚,心无疾忿,方足称此。"即能胸怀宽广,捐躯成道卓有成绩者。此科载高僧二十人,附传十三人。如南宋华亭青龙庵沙门妙普,坐在盆中,口吹铁笛,顺潮而下水葬。作偈曰:"坐脱立亡,不如水葬,一省柴烧,二免开圹,撒手便行,不妨快畅,是谁知音,船子和尚"。靖江宁华山沙门海润,四月初一日"众忽见山顶火光烛天,亟趋视,见润跏趺贵人峰,火从眼耳口鼻中迸出,照其躯,良久,其身端直,火尽不倾"。

八、净读。列入者的条件是:"诵经讽佛,是曰净修,功果圆时,西土非遥,念念自持,庶证真如。"即能坚持净心诵经修行有成者。此科载高僧一百零三人,附传九十九人。如宋金陵太平兴国寺沙门有基"随言解义,曲尽其妙。端拱元年郡人请演教于太平兴国寺。学者数百人,每白黑月,必集众诵菩萨戒法,劝人念佛,如是四十年,数达万众"。明黔中永祥寺沙门兴宗,"日诵《法华经》,一字一拜,无一夕间,持此四十年,膝所著处,木板为穿"。

九、兴福。列入者的条件是:"名胜古刹,岁久荒落,苦志重修,或启兰若,独自创构,厥功尤伟。"即能在募化修建佛寺中卓有成绩者。此科载高僧一百三十二人,附载一一二人。如宋润州金山寺沙门瑞新,修复金山寺殿堂。"庆历八年,金山火。明年瑞新来治寺事,闵兹天灾,念彼灵境,不忍荒废,抗心修复。乃择山阳亢爽之区,劝州人士为水陆堂,积钱百三十万,不日而堂成。曾巩为之记"。如明代州七佛寺沙门道梅,"清康熙二十二年地震,楼殿损毁,梅甚忧之。因谋于众,为恢复计。会参宪陈公捐俸为助,而前后殿堂,扶危莫倾,正其柱础,禅室厨库,次第绸缪,俱臻巩固"。

十、杂识。列入者的条件是:"声音文字,足显佛法,自古以来,不废此科,戒德无愆,不愧斯选。"即学识渊博,能撰写诗文,弘扬佛法卓有成绩者。此科载高僧七十三人,附载七十二人。如宋京师左街天寿寺沙门赞宁,著《内典集》一百五十卷、《外学集》四十九卷,内翰王禹偁为之序,极为推崇。如清雪峰寺沙门照拙"赋性恬淡,言笑不苟,住山四十余年,甘淡泊,以法道自持,高风峻节,足为典型者。有《雪峰语录》二卷及《球堂草》一卷"。

《新续高僧传四集》引用灯录、传记、寺志、文集、碑铭以及宋、辽、金、元诸史六十余种,旁采博搜,著录自宋初至清末高僧千余人事迹,文字畅达,叙事简洁,为研究宋至清末佛教史、文化史、学术思想史提供翔实资料。

(来可泓)

佛学大辞典 丁福保

《佛学大辞典》，一册。丁福保编纂。成于1919年。1921年至1939年已出四版。通行本有文物出版社1984年版、上海书店1991年版影印本。

作者生平事迹见"古钱大辞典"条。

丁福保编纂《佛学大辞典》的动机，是他在注经过程中产生的。中年信佛后，他曾为多种佛典作注。其间，他感到佛典浩繁，想注完所有佛典，非力所能及，于是考虑采取一种简易的办法。他在《佛学大辞典序》中说："其注而未毕业者，有《法华经》及《楞严经》，此外尚拟注《地藏本愿经》、《维摩经》、《圆觉经》、《无量寿佛经》、《胜鬘经》、《金光明经》、《梵网经》、《楞伽经》、《华严经》、《大日经》、《成唯识论》等数十种。预计杀青之赀，已非余个人之所为役矣。……经注之叶数较少者，固易为力矣。脱欲注《华严》、《大日》等，其功将穷年而不能竟。日月逝于上，形神衰于下。即此发愿欲注之经，在三十年内，且不易脱稿。况十二部经，浩浩大海，形有尽，愿无尽。以无尽之愿，入有尽之年，幻躯石灰，心力难酬。昧昧我思之，不得不变通其例矣。爰拟一注经之简捷法于此，选择诸经中之专门名词，先去其复见者，而后释其意义，示其出处。以第一字之笔画，分别部居，略如《骈字类编》，而严密其体例，使检查者可一索而得之。倘此书果成，可作为一切经之总注。余发愿注经之心，庶几而得大遂矣，正不必逐部而笺注也。"

因此，从1912年起，丁福保就着手编纂《佛学大辞典》。他先搜罗了佛书中的专有名词数千条，命名为《佛学大辞典》，后来感到此事工程浩大，于是"屏弃一切，痛自淬历"，全力以赴，以至于"沉面濡首，至忘寝食"。在编纂过程中，他"参以日本织田氏、望月氏之《佛教大辞典》，若原氏之《佛教辞典》，藤井氏之《佛教辞林》等，以弥补旧稿之不足"。经过八载寒暑之辛劳，终于完成了这一皇皇巨著。

《佛学大辞典》是中国近代第一部大型佛教工具书。共收辞目三万余条，凡三百六十万言。

内容丰富,解释详尽,被誉为"东西大小乘元气浩瀚之一切经总注"(《佛学大辞典》自序一)。它在佛学上的重要贡献如下。

一、《佛学大辞典》参考明朝《骈志类编》和清代《钦定骈字类编》的体例,采用以各个名辞第一字及第二字笔画之多寡分类而排列,自一画至三十三画为止,整部《辞典》分为三十三部,这样的编排,避免了我国辞书以音韵、偏旁两种分类法所带来的检索上的困难,有与众不同的特色,使读者使用时甚为便易。

二、对于每条辞目,均先注明辞性,然后解释其辞义,并征引出处。另外,辞典各个条目之下还附设门类,有名数、术语、地名、天名、界名、人名、譬喻、佛名、菩萨、罗汉、异类、真言、修法、仪式、职位、传说、故事、印名、种子、经名、书名、流派、寺名、塔名、动物植物、杂语、杂名等。如此安排,能使读者了解名词的来龙去脉,加强理解。

三、对于辞目中有梵文翻译的异名和一辞多义的,都一一列出,有的还作了适当的考验。如"般若",又作班若、波若、钵若、般罗若、钵刺若、钵罗枳娘、般赖若、波赖若、钵罗肾禳、波罗娘。而且每一个别名都按笔画的多少分载于辞典的索引中,以便检查,在重要的专有名词下,又附西文,西文后附梵语或巴利语,使读者知道其西文是梵、巴二语的音译。而对一辞多义者,则用"又"字"加黑框"一一列出,以清楚眉目。

四、《佛学大辞典》编有详细的辞条索引,以便检索。

此外,在引用经论、原文、注疏、俗语等诸方面亦有其特色。

《佛学大辞典》的不足之处是:对某些辞目的释义上,尚有不够准确、不够清楚之处,在辞目字头笔画、正文的编排上,也有若干的错误和混乱的地方,等等。但无论如何,《佛学大辞典》开创了现代化佛教大辞典的先河,对以后各类佛教辞典的编纂产生了重大的影响。至今它仍然不失为一部查检佛教知识的便利的工具书。

(夏金华)

首楞严经讲义 圆 瑛

《首楞严经讲义》,二十四卷。圆瑛著。始撰于1901年,完成于1951年。次年出版流通,后收入《圆瑛法汇》。

圆瑛(1878—1953),俗姓吴,法名岩悟,别号韬光,又号一吼堂主人。福建古田人。清光绪二十二年(1896)出家于福州鼓山涌泉寺。次年受具足戒。1898年,行脚参访各大名刹高僧,先后从冶开、敬安(八指头陀)、通智、谛闲、祖印、慧明等参禅习教,终于在佛学上有较高造诣。1914年起,先后讲经于北京、福建、浙江、天津、武汉、安徽、湖南、湖北、河北、台湾等地,并远渡重洋,抵香港、日本、朝鲜及南洋一带弘宗传教。此后历任宁波七塔寺、天童寺,福州崇圣寺、鼓山涌泉寺、法海寺、林阳寺及南洋槟榔屿(今马来西亚境内)极乐寺等名刹住持。1929年与太虚等共同发起成立中国佛教会,被选为会长,后连任七届。1935年秋,在上海创建圆明讲堂,作为净土道场。曾编述净土经书多种。抗战期间,投入抗日救亡运动,被日本宪兵逮捕。出狱后住持圆明讲堂,闭户注经讲学。1945年创办圆明楞严专宗学院,招收青年学僧学习《楞严经》。1953年担任中国佛教协会第一任会长。其佛学思想,不拘宗派门户,台、贤并弘,禅净双修,尤精于《楞严经》。一生著述不辍,主要有《首楞严经讲义》、《大乘起信论讲义》、《圆觉经讲义》、《金刚经讲义》、《佛说阿弥陀经要解讲义》、《一吼堂诗集》、《一吼堂文集》等近二十种,后合编为《圆瑛法汇》行世。事迹见《圆瑛大师年谱》、《中国近现代高僧与佛学名人小传》等。

《首楞严经讲义》是《首楞严经》的注释书。这里说的《首楞严经》指的是唐代般剌密帝译的全称《大佛顶如来密因修证了义诸菩萨万行首楞严经》(一卷),亦即通常说的《楞严经》。《楞严经》主要阐述"一切世间诸所有物,皆即菩提妙明元心;心精遍圆,含裹十方",众生不明自心"性净妙体",所以流转生死,因而必须修习禅定,破除各种"颠倒"之见,通过一系列由低至高的修行阶次,达到妙证菩提之目的。

圆瑛立志撰写《首楞严经讲义》,始于1901年。此后,他虽法务冗繁,也见缝插针,从事著述。

遇有疑难之处,则"一一书条,贴于壁上,逐条静坐参究"(《首楞严经讲义·自序》),领悟一条,即撕去一条,如是八载,而且"每讲一次,则有一次发明;多究一番,自有一番进步"(同上)。圆瑛一边讲《楞严经》,一边撰写《讲义》,到他六十八岁时,已讲此经十三次,著《楞严纲要》一卷,续编《讲义》六册(相当于《讲义》全书的三分之一)。不久,他突遭中风。痊愈后,他力摒世缘,集中精力,从容著述。1951年,集他多年心血、几乎纵贯其一生的《首楞严经讲义》终于告竣。

本书是圆瑛集毕生心血的经典之作,他在继承先贤注疏优秀成果的基础上,力排门户之见,殚心竭虑,提出了不少新的观点,使《楞严经》研究达到了近代史上的较高水平。其具有以下特点。

一、由于《楞严经》思想涉及中国大乘佛教许多宗派的学说,因而诸家注疏各标一帜,有宗贤首的,有尊天台的,有信奉禅宗的,也有不属专宗,仅据经释义的。本书虽专宗贤首,但避免了以往疏家是己非彼的门户之见,而是本着据经释义的态度,符合哪一家的思想,即以哪一宗的思想来注,做到了"不偏不倚",契合经文本意。

二、在判教问题上,融贯天台、贤首二家教法,认为《楞严经》属于大乘终教,同时兼有顿教和圆教之义。

三、《楞严经讲义》在兼收并蓄旧注优点的基础上,又根据经本义提出了新的见解:(一) 指出《楞严经》中的三处错讹:卷一有一段经文次序颠倒、卷八有一段话"错简"、经中"脱漏"了"迦楼罗"(义译"金翅鸟")。(二) 重新诠释了经中"三四四三,宛转十二;流交三迭,一十百千,总括始终,六根之中,各各功德,有千二百"(《首楞严经·讲义》卷四)的确切含义。(三) 纠正了旧注中有关"征心七处"的说法,认为"征心"实际直只有两处,而"七处"不过是"七种计度"而已。(四) 创造性地提出了"佛性"的新解释,认为人的六根性即是佛性:"佛知见,乃众生六根中,所具见闻觉知之性。此性即是佛性,人人本具。"(《楞严经讲义》卷一)

《首楞严经讲义》出版后,即获佳评,被誉为"海内独步"(转引自《圆瑛大师年谱》六十三岁条),认为圆瑛"深入如来藏性,发挥自性楞严,无人能出其右"(同上)。可见本书对于今后《楞严经》研究的重要性。

(夏金华)

中国佛教史 蒋维乔

《中国佛教史》，一册。蒋维乔撰，成于1928年。1931年由商务印书馆出版。通行本有上海书店1989年版《民国丛书》本、上海古籍出版社2004年版、岳麓书社2010年版等。

蒋维乔(1872—1958)，字竹庄，法名显觉，别号因是子。江苏武进(今常州)人。1918年，建议在北京大学哲学系开设唯识课，为我国大学有佛学课之始。1922年出任江苏省教育厅厅长，主张毁寺兴学，后因皈依谛闲法师，乃顿改以往作风。从政余暇，研究经教，禅净共修、显密兼备。1925年就任南京东南大学校长，曾在该校开讲"佛教入门"、"百法明门论"等课。1929年为上海光华大学聘为哲学系教授，后历任中文系教授、系主任、教务长等职，前后执教二十余年。主要著作尚有《因是子静坐法》、《佛学概论》、《佛教浅测》、《佛学纲要》、《大乘广五蕴论注》、《中国近三百年哲学史》等。

本书为中国近代最早出版的一部系统的中国佛教通史，全书四卷十八章。作者认为中国佛教在教理方面特别发达，而在历史上向无有系统之典籍可供参考，"研求教理若有历史为依据，则所得结果更益精确，是则历史之研究，实是教理之辅助"。乃依据日本境野哲《支那佛教史纲》(史一如已于1923年译为《中华佛教史》，为武昌佛学院教材)，检阅正续藏经予以改正、补充，并补叙了第十二章《造像与石经》、第十七章《近世之佛教》、第十八章《近世各宗》等三章。

卷一叙述汉魏两晋南北朝佛教。有《佛教东传之期》、《佛经传译之初期》、《四大翻译》、《佛教之弘传与道教》、《隋唐以前之二大系统》(一)(二)、《禅之由来》等八章。蒋氏把佛学总结为泛神论、缘起论、实相论三大理论支柱。在第六章中，认为"因果二字，足以包括佛教全体"。以为小乘以因果论显示世界之所由成，大乘则以实相论、缘起说表明世界之所由成及三界唯心的理论。由此理论的差异，印度佛教分为龙树、世亲两大系统，下及中国由鸠摩罗什及觉贤(佛陀跋陀罗)所传之空、有二宗，以及由此而导出的天台、华严两大思潮。并认为隋唐以前尚未有所谓宗派，对日本凝然在《三国佛法传通缘起》及《内典尘露章》中所称十三宗之说，持否定态度。

卷二叙述净土思想及隋唐建立的佛教各宗派。有《极乐往生与兜率往生》、《天台宗之起源及其开创》、《嘉祥之三论宗》、《造像与石经》、《会昌以前之佛教概况》、《唐之诸宗》等六章。认为北魏之石窟造像及隋代静琬所刻之石经，乃佛教史上重大事实，故增设一章以专门叙述之。石窟与石经，皆与北方统治者的毁佛运动有关，故不能仅看作美术而已。位于大同的云岗石窟和洛阳的伊阙石窟，虽始于魏文成帝的复兴佛法之后，然据志书所载，亦不限于帝王之家，人民亦多作此功德。石经可溯自北齐时的慧思，虑东土藏教有毁灭时，发愿刻石藏，密封岩壑中，弟子静琬，承师遗志，乃于涿州西北之白带山(今之北京房山)凿刻石经，自唐至辽，历代续刻，迨元至正年间，仍有高丽僧慧月继续此事。然蒋氏说明代以后刻经无闻，此语并不确切。

卷三叙述中唐及宋以后的佛教。有《华天之再兴与唐武周世之破佛》、《宋以后之佛教》两章。详述因佛教盛极之弊，引起狄仁杰、韩愈等忧世之士谏言。而在五十余年中，佛教经唐武宗和五代周世宗两次灭佛事件，"经典既失，人才亦稀，益陷于衰微矣"。认为我国佛教之末期，所应注意者，为诸教融合之倾向。"总之宋以后之佛教，唯禅独盛；以无所羁束为高，其弊在放浪；因惹起其他教律之抗争，不易一致；故眼光高大者，或谓禅、教一致，或唱三学一源，以企其融合。"

卷四补叙了清代和民国的内容。有《近世之佛教》、《近世各宗》两章。历述顺治、康熙、雍正、乾隆诸帝的参禅、崇佛、刻经，嘉庆以后，国势凌替，佛教亦随之衰颓。至光绪年间，随西学输入，士大夫竞谈变法，推翻墨守儒学之成见，研究佛学之风，亦勃然兴起。居士佛教之勃兴，对近世佛教的复兴影响最大。最使蒋氏钦佩的有宋世隆、毕奇、周梦颜、彭绍升、郑学川、杨文会和高鹤年。民国以来，佛教所以有兴盛之曙光，其动机不外三端：(一)清末中外交通，西方学术输入；科举废，学校兴，学者思想解放，不复拘囿于儒家一孔之见；对于外来科学，固喜从事研究；而对古来相传之学术，亦多为之整理；有文艺复兴之现象。(二)佛典单本之流行，得之较易，唤起学人研究之兴味。(三)民国元年至今二十余载，战乱不息；民生因苦痛而觉悟，遂皈依佛教，以求精神之安慰；故有革命时善战之军人，亦一旦摒弃万缘，祝发入空门。

本书虽是编译本，毕竟是中国最早用近代方式所撰之佛教通史。特别是自撰近世佛教部分，缕析各宗代表人物、流行情况和特点，对近代佛教史之研究有草创之功。

(王雷泉)

瑜伽师地论科句披寻记汇编 韩清净

《瑜伽师地论科句披寻记汇编》，一百卷。韩清净著。据"后记"称，本书为韩清净最后的宏著，弟子朱芾煌为此书的撰作襄助甚多，书成后，韩、朱二人先后逝世，由马一崇将科句、披寻记两部分会编，未及刊印而逝。1959年7月，由三时学会油印百部。原稿在"文革"中已荡然无存，幸有油印本存世，郑颂英在上海发现后倡印，1989年由上海佛教协会出版流通组据油印本影印流通。另有台湾新文丰出版公司1996年刊行本。

韩清净（1884—1949），名克忠，字德清，别署清净居士。河北河间人。幼习儒业，青年应试，中举人，曾为地方官，颇有声誉。中年学佛，专研唯识。1924年春与门人朱芾煌、徐森玉等在北京创立法相研究会，至1927年春，改名为"三时学会"，被推为会长。当时与南京欧阳渐领导之"支那内学院"均以研究唯识学著称，有"南欧北韩"之誉。韩清净治学精审，善作科判，穷究《瑜伽师地论》、《摄大乘论》等论书，字句熟背而直言出处。主张建立佛教训诂章句学，最先用新式标点断句佛经，并致力于印行唯识学古籍，于华北佛学之开展，颇有启迪之功。著作尚有《唯识三十颂诠句》一册、《唯识三十论略释》一册、《成唯识论述记讲义》二册、《大乘阿毗达摩集论别释》七册、《唯识指掌》二册、《般若波罗蜜多心经略释》二册、《解深密经分别瑜伽品略释》三卷、《十量义》一册、《摄大乘论科文》一册等。

《瑜伽师地论》，一百卷，弥勒说，玄奘译。为大乘唯识学派最重要的论典。瑜伽，梵语为相应，即修行者（瑜伽师）以种种方便善巧而相应于菩提涅槃，并有从凡夫至终极解脱之修行层层上进的境界。本书内容分作五个部分。

一、《本地分》（卷一至卷五十），将瑜伽师修行所依、所行的境界分为十七地，以境、行、果三种相摄。境：（一）五识身相应地。（二）意地。因一切法以识为主，故此二地为境体。（三）有寻有伺地。（四）无寻唯伺地。（五）无寻无伺地。此三地有上下粗细的不同，为境相。（六）三摩呬多地。（七）非三摩呬多地。（八）有心地。（九）无心地。此四地有定散隐显的作用,为境用。行:(十)闻所成地。(十一)思所成地。(十二)修所成地。此三地为三乘通行。(十三)声闻地。(十四)独觉地。(十五)菩萨地。此三地为三乘别行。果:(十六)有余依地。(十七)无余依地。此二地为三乘果。以上第一部分是本论,后面四部分是对"地论"的解释。

二、《摄抉择分》(卷五十一至卷八十),对十七地中的问题和没有详述的深隐要义进行抉择。

三、《摄释分》(卷八十一至卷八十二),对十七地中有关诸经特别是《阿含经》的说法和解释的仪则。

四、《摄异门分》(卷八十三至卷八十四),略释十七地中有关诸经特别是《阿含经》各种法义的差异。

五、《摄事分》(卷八十五至卷一百),解释与十七地有关的三藏特别是《杂阿含经》等众多要事义。

《瑜伽师地论科句披寻记汇编》为韩清净倾毕生精力而作之鸿篇巨制。他在本书《叙》中认为:"《唯识》精旨,遮无外境,犹不足以窥大乘全体大用。"只有《瑜伽师地论》才能彰显大乘佛教的精义,但此论传译虽久,研讨无人。故以"三万小时为期",先是"厘句读,立科判,以为读本。三易其稿,纲领次第,始得井然"。于是写成《瑜伽师地论科句》四十万言,系对《瑜伽师地论》的校订。继而撰成《瑜伽师地论披寻记》七十万言,融会本论前后文义,综考所有有关论疏,而阐发《瑜伽师地论》之奥义。自1937年9月始,迄1943年1月终,花了五年时间,完成这部巨著。

韩清净在撰写本书过程中,发现玄奘所译《瑜伽师地论》"文句舛误者固多,章节错间者亦有","非唯传写之讹,亦乃原译之失"。例如:(一)"《抉择分》中的《思所成慧地》所举差别各法内,有所知、所识法,应置所缘法前,而竟漏略不及……至所漏略所知、所识诸法,发见妄列《抉择分·声闻地》中。"(二)《大论》卷一百、二十页云:"'复有十智,能觉一切所知境界……此广分别,如《声闻地》。'然此十智,分别应属《抉择分·思所成慧地》,皆是所知法差别,不应列入《声闻地》中。"(三)"《大论·本地分·菩萨地》中,分列《初持瑜伽处》、《第二持随法瑜伽处》、《第三持究竟瑜伽处》、《第四持次第瑜伽处》诸品,不知何所依据。《菩萨地》初嗢柁南曰:'初持、次相、分,增上意乐、住、摄受、地、行,建立最为后。'长行释云:持有三种:一为'堪任性持',次为'行加行持',笔后'圆满大菩提持'。皆为'初持'所摄,次后皆不名'持',何可分为第二、第三、第四诸所'持'相。译文当根据梵文,定非弥勒菩萨所说。此则论文中间,义不容有者也。翻译诸师沿袭增入,岂非随自意解,与论相矛盾!"

顾兴根在影印本后记中称:"记中将《瑜论》奥义,以独具之灼见,阐发无遗。尤为难得者,论中前后相关之处一一指出,使读者瞻此顾彼,披寻有方。"范古农老居士生前读其部分初稿,赞叹备至,誉为20世纪来汉文内典中之惊人作品。

(王雷泉)

真现实论 太 虚

《真现实论》,一册。太虚撰。成于1927年。1940年由中华书局初刊。后与未完成稿一起由门人编入《太虚大师全书·论藏》中,有宗教文化出版社2005年版《太虚大师全书》本行世。

太虚(1889—1947),俗姓张,本名淦森,法名唯心,号华子、悲华、雪山老僧、缙云老人。浙江崇德人。十六岁出家,十八岁依天童寺寄禅受具足戒。尝游学于杨文会创办之祇洹精舍,与欧阳渐、梅光羲等同学。1912年在南京创立中国佛教协进会,后并入中国佛教总会。翌年提出教理、教产、教制三大革命纲领,撰文鼓吹佛教复兴运动,建立新僧团制度。二十九岁时,代圆瑛参加台湾法会,游历日本,并在上海创设觉社,主编《觉社丛书》,翌年改为《海潮音月刊》。1922年创办武昌佛学院,与欧阳渐之支那内学院有法义之争,力主"法相必宗唯识",并为《大乘起信论》辩护。1928年在南京创立中国佛教会,并弘化于英、法、德、荷、比、美等国,应法国学者建议,在巴黎筹设"世界佛学院",为中国僧人赴欧美传播佛教之始。致力于新式僧教育,先后任闽南佛学院、武昌佛学院、汉藏教理院院长,并派遣学僧分赴西藏、印度、锡兰等地留学。自谓"志在整理僧伽制度,行在菩萨瑜伽戒本",一生实践佛僧、佛化、佛国之三佛主义,被视为中国近代佛教界革新派之代表人物。主要著作尚有《整理僧伽制度论》、《释新僧》、《新的唯识论》、《法相唯识学》等,后由印顺等辑为《太虚大师全书》六十四册行世。传记有印顺《太虚大师年谱》、江灿腾《太虚大师前传》等。

太虚痛感早期佛教改革运动之失败,并为反击社会上认佛教为消极厌世的偏见,乃著此书,以建立实行"人乘正法"的理论体系。为与当时所流行的人本主义、实验主义等世俗哲学相区分,标举佛法才是真正的现实主义,乃命名为《真现实论》。"现实"具有四义:(一)现实即宇宙。(二)现实即法界。(三)现实即现实。(四)现实乃佛陀无主义之主义。

全书分为《宗依论》、《宗体论》、《宗用论》三编。"宗",依因明用法,为"主张"之意,通过能知的方法和所知的境事,为"真现实"这一主张提供依据和凭借,此为《宗依论》;通过"宗依"以知存在之理,对"现实"作存在上的说明,开拓现观境界,此为《宗体论》;再以此现观经验为根据,回应并解决现实问题，此为《宗用论》。

一、《宗依论》。三十八岁时写于杭州灵隐寺，近三十万言，共分五章。（一）能知现实的方法。（二）所知现实之成事。（三）所知现实之蕴素。（四）所知事素之关系。（五）能知所知之抉择。主要围绕"知"之一字，阐述有关知的各方面，以此而明现实存在的实相。如对能知的有情、构成所知世间的蕴素及能知所知的关系、如何而构成知等，都征引大量佛教经论，且附会一般哲学、科学之术语，而有详尽的分析。

二、《宗体论》。写于四十九岁时，据印顺说原拟撰现实之理、现实之行、现实之果、现实之教、现实之教理行果五章，但只讲出第一章，此后即无缘再续。第一章分为五节。（一）现变实事，即当前具体无始恒转的变现事实，而析其皆由因素构成，故不得执色等为常住之体。（二）现事实性，据此变现事素而明缘起之实性，即空、一真法界、真如。（三）现性实觉，对此现事实性，不能以一般哲学的方法认识，而是通过现量如实觉知，则如理实证无相真如，不偏不谬。（四）现学实变，本此现量觉知以观觉后之世界，虽仍在刹那变化之中，然已彻悟存在的奥秘，成为觉者的境界。（五）四现实轮，上述四重"现实"，如轮而重重摄入，"无论凡愚菩萨佛，都不能超越现实这一词的范围"，故"真现实只是就现下一刹那事实而言，故无内外、无始无终、即内即外、即始即终"。本章的哲学运思比《宗依论》更为精细，由事相而理性，进而明知此真现实之事相理性的现观觉慧，及由觉慧所起的全体大用，对"现实"一词作层层深入的探索，以导人背尘合觉，净化人间，变娑婆成极乐。

三、《宗用论》。太虚未及写出，印顺法师在编《太虚全书》时，将太虚平日论及世学之一百八十四篇文章，按文化、宗教、国学、哲学、道德、心理学、科学、人生观、社会、教育、健康、文艺等问题，辑为《宗用论》，以成本书之全璧。

太虚在写《宗体论》之前，有一首述怀式的诗偈："仰止唯佛陀，完成在人格；人圆即佛成，是名真现实。"由人至佛的升进，在于用智慧超越凡俗层次，达到对现实存在的真正把握。故菩萨的理想境界并不在他界彼岸，而必须在当下完成。此即《宗体论》结语所说："发达人身即证佛身，淑善人间即严佛土。"本书是建构太虚"人生佛教"理论基础的重要著作。

（王雷泉）

法相唯识学 太 虚

《法相唯识学》，二册。太虚撰。1938 年由商务印书馆印行。后收入《太虚大师全书》第十四至十八册，有宗教文化出版社 2005 年版《太虚大师全书》本行世。

作者生平事迹见"真现实论"条。

太虚在近代佛教史上以唯识大家著称于世，在他所创办的闽南佛学院、武昌佛学院、汉藏教理院等佛学院中，皆重视唯识课程的开设，并经常出入各种大学和文化学术团体，弘扬唯识学。本书收集了他研究法相唯识学的大部分论文，书前有《法相唯识学概论诸序》，载有王恩洋、张化声、唐大圆、彦明、梅光羲、罗普悟、密林、法尊、妙观、黄忏华等人作的序。

上册分两类。

一是"概论类"，收录《法相唯识学概论》、《论法相必宗唯识》、《释会觉质疑》、《再论法相必宗唯识》等四篇。

《法相唯识学概论》，为 1934 年秋在厦门大学文哲学会的讲演，认为一切有为法所成的现象界和无为法所成的本体界，都是识的变现或显现，结合对贝克莱、黑格尔、叔本华、詹姆士、柏格森等各种西洋唯心论的分析批判，将唯识理论重新整理成十四个问题：（一）独头意识与同时意识——虚实问题；（二）同时六识与第八识变——象质问题；（三）自识所变与他识所变——自共问题；（四）第八识见与第七识见——自他问题；（五）八心王法与诸心所法——总别问题；（六）能缘二分与所缘三分——心境问题；（七）第八识种与第七识现——因果问题；（八）第八识现与一切法种——存灭问题；（九）一切法种与一切法现——同弊问题；（十）前六识业与八六识报——生死问题；（十一）诸法无性与诸法有性——空有问题；（十二）唯识法相与唯识法性——真幻问题；（十三）染唯识界与净唯识界——凡圣问题；（十四）净唯识界行与净唯识果——修证问题。根据人的认识规律，创立一种新的唯识学讲授法，从六识到八识，从共不共变到自他形成，从现行果到种子因，从现象差别到生命差别，从染唯识界到净唯识界，由浅至深，层次分明。

针对欧阳渐在《唯识抉择谈》中将唯识与法相分为两种学的观点,太虚在《论法相必宗唯识》等文中给予辩驳,认为法相、唯识都是无著、世亲一系所传,法相纷繁如画龙,必须唯识来点睛,故法相必宗唯识。

二是"唯识教释类",收《新的唯识论》、《唯识三十论讲录》、《唯识三十论讲要》、《唯识二十颂讲要》、《八识规矩颂讲录》、《大乘法苑义林唯识章讲录》、《唯识讲要》、《附成唯识论科目表》等八篇。

1922年5月,太虚在武汉中华大学讲授《新的唯识论》,认为在现代各种思想及需求的"推荡催动"下,唯有唯识论思想能处于现代思潮之顶点。其"新"的意义在于:(一)近代科学的进步,使神教、旧形而上学都已渐次失去往日的效用,只有唯识论能适应新近思想学术上最要之需求。(二)新的唯识论,即真的唯识论之应化身,所谓"应化",即能适应时代的需要。(三)新的唯识论,在互相排斥的唯心论与唯物论之上,"别开出之一时雨之新化"。(四)运用现代科学成果而又超越其局限,"转科学而不为科学转,圆成大用,与科学始终相成相用"。

《大乘法苑义林唯识章讲录》,1929年讲于汉口佛教会,曾在《海潮音》第十一卷第一至四期上连载。《大乘法苑义林章》,为唐代窥基所撰,太虚对此书和窥基的另一本杰作《成唯识论述记》用力最多,认为基师平生杰作,在此《义林》。太虚有感佛法之在中国,信仰修行者甚众,而求其明白教理者则鲜,故综合了唯识的教理行果,熔教观于一炉。

下册分三类。

一是"唯识理论类",收《二无我论》、《唯物科学与唯识宗学》、《对辨唯识圆觉宗》、《唯识观大纲》、《阿陀那识观》、《能知的地位差别上之所知诸法》、《人心所缘有为现行境之本质与影像关系》、《种子法尔熏生颂》、《为无为漏无漏对观颂》、《遣虚存实唯识观之特胜义》、《听太虚法师谈唯识》、《唯识诸家会异图》、《诸法众缘生唯识观》、《法空人空与唯识》、《爱因斯坦相对论与唯识论》第十五篇;唯识答辩类,收《答黄忏子问》、《答王容子居士问》、《关于唯识之问答二则》、《见相别种辨释难》、《答起信论唯识释质疑》、《四大种之研究》、《对于唯识试题之总批》、《评印顺共不共研究》、《略评新唯识论》等九篇。

二是"唯识旁通疏释类",收《深密纲要》、《瑜伽真实义品讲要》、《附慈宗要藏目录》、《瑜伽师地论菩萨地真实品亲闻记》、《慈宗三要叙》、《大乘起信论唯识释》、《因明概论》、《六离合辞例释义》、《大乘五蕴论讲录》、《摄大乘论初分讲录》等十篇。

《瑜伽真实义品讲要》,1929年冬讲于闽南佛学院。认为《瑜伽师地论》"对于由凡夫渐进至佛果之依次修行法门,有圆满之说明,最为具足全部大乘之思想与精神。故习佛法者,咸应奉为圭臬,以作超出生死海之指南针"。而《真实义品》在本论中之价值尤为重大,"在此中含有哲学上之重要问题甚多,如认识论、本体论、宇宙论、进化论之种种哲理,皆有相当之说明。普通哲学家所发明之原理,乃就其感官之经验,加以意识推度而得结论。本论之说明者,则凭真智所亲证之境界,故普通哲学又难与此《真实义》同日而语"。

《慈宗三要叙》,提出唯识学人的归趣是弥勒净土,于弥勒(慈氏)的众多著作中,选择《瑜伽师地论·菩萨地真实品》、《瑜伽菩萨戒本》和《上生兜率经》三种,为依据慈氏为宗者的最基本的经典,概括境行果三者,具备经律论三藏性质。

三是"应用理论类",收《佛法总抉择谈》、《成大乘论》、《四现实论》、《相宗新旧两译不同论书后》、《佛疑今解》、《三种法界观》、《缘起抉择论》、《曹溪禅之新击节》、《缘起性空之人生宇宙观》、《文化人与阿赖耶识》、《性释》、《从"无我""唯心"的宇宙观到"平等""自由"的人生观》等十二篇。

在《佛法总抉择谈》中,批判欧阳渐在《唯识抉择谈》排斥贤首宗、非《大乘起信论》的观点。发明以遍计所执性、依他起性、圆成实性三性抉择一切佛法。略说依他起的浅相而未遣遍计所执相,是人天教的罪福因果教;依据遍计的我法执,以破除遍计之人的人我执而弃舍依他起相,是声闻乘的四谛教。至于大乘佛教,亦于三性有所侧重:(一)偏依遍计所执自性施设言教,唯破无立,以扫荡一切遍计执尽,证圆成实而了依他起。此以《十二门论》、《中论》、《百论》为代表,所宗尚在一切法智都无得,其教以能起行趣证为最胜用。(二)偏依依他起自性施设言教,有破有立,以能将依他起法如实明了,则遍计执自遣而圆成实自证。此以《成唯识论》等为代表,所宗尚在一切法皆唯识所变,其教以建理发行为最胜用。(三)偏依圆成实自性施设言教,唯立无破,以开示果地证得圆成实令起信,当通达圆成实时,则遍计所执自然远离依他起自然了达。此以《华严》、《法华》等经和《起信》、《宝性》等论为代表,所宗尚在一切法皆真如,其教以能起教信求证为最胜用。

《文化人与阿赖耶识》,1929年10月10日在汉口文化学院演讲。认为各人的阿赖耶识与全人类所造之共业紧密相连,由此在时间上表现为"恒"和"转",在空间上表现为"共"和"不共",构成"文化的人"的历史和社会之两重意义。万古如斯的"恒",存在于新生旧灭的"转"中;"共"的环境,体现为无数"不共"的个人行为。人类"恒"而"共"的社会历史,实由特立独行的"不共者"所引导而转动。因此,能发展不共性,而能互摄世界的共性,就是文化人。能以不共性,去共世界的共通性,就是普度众生的救世主。

太虚的法相唯识学研究,与近代科学、哲学紧密联系,建立起以科学为基础的佛学,同时以此弥补科学的缺陷而促成社会进步。太虚以人生为本的唯识学体系,是其推行佛教革新,进而改造现实的染污世间之理论基础。

(王雷泉)

中国佛学 太 虚

《中国佛学》，一篇。太虚著。收入1948年大法轮书局所刊《太虚大师全书》第一编《佛法总学》。后收入浙江古籍出版社1990年《佛学入门》一书，有宗教文化出版社2005年版《太虚大师全书》本行世。

作者生平事迹见"真现实论"条。

本文原是太虚一次学术讲演，表达了太虚对佛学基本思想和中国佛教史发展的基本观点。共分五章。第一章"佛学大纲"，简要勾勒出了中国佛学的大纲。中间三章用三句话提纲挈领地概括了中国佛学的发展脉络：一、中国佛学特质在禅。二、禅观行演为台贤教。三、禅台贤流归净土行。最后一章表达了作者重建中国佛学的意旨。

作者指出，来华传教的梵僧以其渊博高深的学问和幽深寂寞端庄的风仪，引起了当时唯清高静逸是尚的知识分子的倾慕并随之参修佛法，这样以中国人的思想追求接受佛教学说后，便养就了中国佛学之特质——禅。禅为"禅那"的简称，或云"禅定"、"禅观"，有静虑之意，即在静定中探索思维真理，以达于佛。佛学在中国虽然源远流长，教派林立，异说纷呈，但终离不开清澈之禅风，故禅是中国佛学之本。起初，中国僧人多是依据佛教经典修习禅法，太虚名之为"依教修心禅"，禅宗与教对立，故初期禅法是禅宗以前之禅。又分四段：依安世高译的《安般守意经》、《阴持入经》而修的安般禅，重在调息；依佛陀蜜多译的《五门禅法要略》而修的五门禅；庐山慧远法师专主提倡的注重禅定而念佛的念佛禅；以鸠摩罗什译的《中论》、《智论》、《法华经》、《维摩经》等为本的实相禅，是由天台宗的慧文、慧思、智者等创立并实地修行的。这四种禅法不仅在当时，而且在有了宗门禅之后一直流行于世。

至菩提达摩东来，始成为独立的禅宗，与"依教修心禅"相对成趣，属教外别传之禅。随着禅宗的发展，其禅法呈"悟心成佛禅"、"超佛祖师禅"、"越祖分灯禅"以及"宋元明清禅"的次第。禅宗尊达摩为初祖，经慧可、僧灿、道信、弘忍至六祖慧能终止衣法再传，主张直指人心，见性成佛，故称"悟心成佛禅",慧能以后,宗风大畅,参学者也索性撇佛于一边,而唯以祖师为中心,如希迁、百丈等禅师仅参祖师之意,注重自家契悟,即为太虚列为禅宗第二期的"超佛祖师禅"。禅宗到了"越祖分灯禅"这一期,沩仰、临济、曹洞、云门、法眼五宗分传禅灯,已不再以祖师意为意,而各自称尊,极尽呵骂佛祖之能事。这五宗展示了禅宗后期演变的一般情形。时至宋元明清,五宗渐次衰微,禅师们又开辟了多种修行法门。如公案之拈颂、疑参话头、禅净合修、宗与教的合修、纂研语录、坐跑兼运等,太虚名为"宋元明清禅"。从禅的演化看,无论是依教修心禅,或教外别传的宗门禅,是如来禅还是祖师禅的顿悟,其本总在于"禅定"中求得无上正果。

禅作为中国佛学之特质,讲究个人内心的证悟,无须诉诸语言文字,然佛总要凭借语言文字等具体形式将证悟所得之真理表露出来,达到教化众生普渡众生成佛的目的。因而禅行必然演化为教义,于是天台学与贤首学便相应而生,这即太虚说的"禅观行演为台贤教"。天台宗与华严宗是中国独创的两个佛学宗派,其思想完全出自于自修禅观内证三昧并印证于大乘经论,而非依印度传来的佛教思想系统才创立的,这是与禅宗、净土宗的不同之处。台、贤都以禅为本源,两宗的祖师同时也是禅师,后来才向教理方面发展,始有两宗学说之开创。《中国佛学》概述了天台、华严二宗的教义及发展演变。天台宗最初三位祖师都是依《法华经》而修实相禅的大禅师。慧文禅师悟得一心三观之真谛,始萌生天台学。慧思尝诵《法华经》,修安乐行三昧,更加奠定了天台学的根基。至智者大师总前二师之大成才正式成立天台宗。该宗对佛法的贡献在于创立一心三观、十法界、性具、六即等教义,五时八教为其判教方法。智者逝后百余年,荆溪湛然复兴天台宗;在宋代,天台宗分山内、山外两派相互对峙;明末,蕅益盛弘天台,并融之以禅宗、法相宗学说,以后教宗天台行归净土,则属于净土宗了。此为天台宗演变的大概情形。贤首教由如来禅演绎而出,初祖杜顺和二祖智俨都依《华严经》修观判教,基本上创立了华严五重法界、十玄、六相、五教等学说基础。三祖法藏承前两师之说,并使贤首学体系更趋完整。贤首学后为慧苑刊定所乱,至四祖清凉始得弘扬,唐时经会昌之乱,便逐渐衰落。天台宗与华严宗的历代祖师宗派意识甚浓,唯重自宗而不能融摄他宗之说,终是一家之学,一宗之义。

中国佛学发展的第三阶段是"禅台贤流归净土行"。四宗之中,台贤为教义,禅净为行门。宋元以后随着禅、台、贤的衰微,僧人多转修净土法门,净土宗始融合禅宗与台、贤教而得以弘扬。太虚分四期明之:初期为"依教律修禅之净",依教修心禅中的念佛禅是净土宗的根源,此期修净土者精依教义,严遵教律,以念佛为最高之禅观。又有三种行门:一为无量佛刹,修持者常诵佛的功德成就,可生归向清净佛刹之心;二是弥勒净土,修行者少而不流行;三是弥陀净土,即常念阿弥陀佛求生净土,由庐山慧远创立。慧远是专主提倡修念佛禅的,因此可算作净土行的始弘者。次为"尊教律别禅之净","别禅之净"既力斥禅之禅,又斥其余诸禅观为依自力的难行道,唯以净土法门为依他力的易行道。此期净土法门始于昙鸾法师,由善导、承远、法照、少康等依次相承。再次是"透禅融教律之净",与前二期不同,此期不但透禅,而且融摄台、贤等一切教律,有禅宗之净、台教之净与贤教之净。因为初期修禅,二期别禅修净,皆处于禅、台、贤三宗并称的时代,所以这一期净土法门可代表中国佛法纯粹的净土宗时代,末期为"夺禅超教律之净",承袭了宗门禅超教之特点,并呈夺禅之势,唯念阿弥陀佛是务。

太虚在概述了中国佛学之精髓及其发展脉络后,表达了重建中国佛学之意旨。这种重建不依任何一古代宗义或一异地教派,而是普融古德诸说,探本于无尽之一切佛法,将佛教发达的人生理论推行于现实人生,建立依人乘趣大乘行果的现代佛学,并指出其可能性在于众生皆具备与佛共通的佛性。

本书以不长的篇幅叙述了中国佛学的发展与演进,深入浅出,言简意赅,是初学者的入门书。

(聂士全)

佛学概论 王恩洋

《佛学概论》，一册。王恩洋著。1929年由支那内学院刊行。

王恩洋(1897—1964)，字化中。四川南充人。1919年在北京大学哲学所当旁听生，从梁漱溟习印度哲学。课余读《成唯识论》及其他瑜伽法相类著作。1922年，南京支那内学院成立，他随欧阳竟无学习佛学，深究法相唯识学，与吕澂、姚柏年、汤用彤等为同学。校勘了《唯识述记》、《唯识枢要》、《唯识学记》、《唯识了义灯》、《能显慧日中边论》、《仁王般若测疏》、《顺正理论》等要籍。1925年，支那内学院创办大学预科，他担任主任兼教授，编写《佛学概论》。1927年北伐军兴，他返回四川南充养病。1929年创设"龟山书室"，聚众讲学。1942年创办了东方佛教院(后改名为东方文教研究院)，招收学员，讲授儒学和佛学。次年，担任支那内学院理事。1944年先后到成都、重庆、自流井、泸州等地讲学。1952年撰写《佛教概论》一文，连载于《弘化月刊》。同年担任四川省政协委员、参事室参事和文史馆馆员。1953年被聘为中国佛学院教授。生平学通内外，著述甚多，除本书外，尚有：《唯识通论》、《大乘佛说辨》、《八识规矩颂释论》、《二十唯识论疏》、《佛法直义》、《解脱道论》、《佛教解行论》、《新理学评论》、《老子学案》等。事迹见《中国近代高僧与佛学名人小传》等。

1925年支那内学院开办法相大学，聘请王恩洋教佛学概论。他"欲融通佛理，缀辑要义，总略以谈；示初学者以佛法之大纲，治学之正轨"。于是，边写边教，恪守"阐佛正理，立言必准夫往古，祛外邪见"的立场，兢兢业业，"一年之内，讲授论述，仅成六章而已"。他取书名为《佛学概论》，并说："今作斯论，盖为学佛者示正理，明宗趣，令于佛法得正知见，不为世间异说所惑，而得正信，起正行焉；凡所言者，皆为学者言也。且我本凡夫，非立教者，仅就所学举以示人，期共学焉；是固有以异夫诸佛圣贤开宗创教之旨。因据斯义，名本论曰：《佛学概论》。"

后因北伐军兴，法相大学停办，王恩洋返回四川老家，在贫病交迫中，仍著述不辍。1929年因南洋董联科居士的资助，才由支那内学院印成单行本流通。

《佛学概论》共七章,其中第七章(原书误作第八章)是附论。各章的主要内容如下。

第一章,"道论"。叙述一切有情众生均有"乐生适意之欲求",然而,"求乐不得,反以苦来;求适不得,反以逼来"。因此,人类不得不去寻求解决的办法。并由此产生了科学、哲学、宗教和儒道之学。但是,此四种学问,只能解决人类生活之皮毛问题,并不究竟。唯有佛学才能最终解决根本的生死问题。因为佛陀已得涅槃,他主张去除世俗的智慧和欲念,才能获得真正的智慧和快乐。

第二章,"佛学缘起"。此章叙述,一分为二:(一) 叙事以征其实。此从释迦牟尼降生说起,中经游四门,出家,成道和初转四谛法轮,此后"游行诸国,普化无人,弘三乘教四十余年",直至娑罗树间入灭。(二) 述理以究其归。叙述人生有八苦:生、老、病、死、爱别离、怨憎会、求不得和五取蕴。佛陀悲此苦,所以出家、学道、成正等觉。又悲怜一切众生之苦,所以"护持正法,广宣流布",使他们脱离苦海。佛法是能使人超越生死的根本大法,又是超越时代的,能够"亘古长存"。

第三章,"教乘差别"。就教法义类差别而言,可分为十二分教:(一) 契经。(二) 应颂。(三) 记别。(四) 讽颂。(五) 自说。(六) 缘起。(七) 譬喻。(八) 本事。(九) 本生。(十) 方广。(十一) 未曾有。(十二) 论议。此十二分教为经、律、论三藏所摄。依诸教所说,总有三乘:声闻、缘觉、菩萨。此三乘也可以归为大、小二乘,或增为五乘(人天为一,在三乘外再加"不定"),或统摄为一乘等。天台宗依一切有情皆有佛性,认为一切众生皆得成佛,因此以三乘为权说,一乘为真实。法相宗依《地持》等经所说"诸有情无始时来,法尔成就五种姓别",所以决定"无姓"不能出离生死。

第四章,"诸宗流演"。此章叙述了天竺小乘二十部的分裂和大乘般若、瑜伽两派的兴起以及中国俱舍、成实、三论、慈恩、摄论、地论、华严、涅槃、天台、真言、律宗、禅宗、净土十三大宗派的产生、流传、特点和所尊崇的经论等情况。

第五章,"略述法相"。此章分别十门论述法相百法:(一) 出名数。(二) 显次第。(三) 彰体性。(四) 辨假实。(五) 大小乘异议。(六) 漏无漏别。(七) 摄三性。(八) 摄三科。(九) 有情一异。(十) 释诸疑难。以此作为学佛理之基础。

第六章,"缘生论"。此为独立一章。分为导言(论述著此论之缘起),释名(解释缘、生二字),出体(论述有为法、无为法及种子俱能为缘生法),广四缘(论述因缘、等无间缘、所缘缘和增上缘),辨十因(出名数、出所依、显体性、说废立、二因相摄、摄四缘、述三种十因、总抉择),详五果(论述等流果、异熟果、离系果、士用果和增上果),缘生种类(自性缘起、爱非爱缘起和清净缘起),严七义(一是诸法生起必有因缘,二是诸法不但从种子生,必待余缘增上力故方乃得生,三是诸法因缘但生自果,四是诸法增上缘,必为同类同性随顺增益者,始能招感引发诸余法果,五是因缘俱备必定生果,六是因缘法中种子周遍现行对碍义,七是缘生法中能生所生性必平等),彰六相(无主宰相、不自在相、无常相、不断相、不一相、不异相),譬喻举似(论述缘生相虚幻不实)和抉择答疑。

第七章附论,"世间论导言"。依据佛法大义,阐述有关世间的观点。

《佛学概论》是近代较早的佛学著述之一,在当时有一定影响。全书观点鲜明,阐述透彻,是初学者重要的入门书。

(夏金华)

因明学 陈望道

《因明学》,一册。陈望道著。1931年10月由世界书局出版。有中华书局2006年排印本(书名作《因明学概略》)。收入《陈望道文集》第二卷(上海人民出版社,1980年)、《陈望道学术著作五种》(复旦大学出版社,2005年)、《陈望道全集》第三卷(浙江大学出版社,2011年)。

作者生平事迹见"修辞学发凡"条。

《因明学》是我国第一本白话文的因明著作,说解简明,通俗易懂。翻译因明论著的玄奘及其弟子,只从信和雅两方面做工夫,而忽略了达的一面,用的是文言文,而且迁就或模仿梵文形式,写成整齐的四言、五言、八言的句子,甚至作成骈文体,使得本来就言简意赅的因明论著显得更加古拗,成为该学传播的一大障碍。陈望道著《因明学》,借鉴日本著名文学家大西祝《论理学》(有1907年汉译本)一书,用白话文写成教科书,举例大多采用新例,减少了阅读障碍,有利于普及。本书是在1928年秋,应复旦大学若干青年希望通晓一点此学门径,以为阅读及实习论辩文体之助的要求而写成的。

除刘大白的序和例言外,全书分为三篇。第一篇为概说,第二篇和第三篇分别讲述因明的主要内容真能立和似能立。

《因明学》的主要因明观点如下。

一、关于因明的定义。"其实因明中的所谓'因',就是逻辑的三段论法中的所谓媒概念。因明云者,简洁地说,就是关于媒概念的学问;再详,也只要将因解作立言的'所据'或'理由';而以因明两字作探究阐明立言的所据或理由的意思解,就够了。"

二、关于陈那新因明的发展。"陈那、天主以后,因明就不曾有过显著的进步;所不同的不过以后因明传播的地域较广,解释的书籍较多而已。"没有看到陈那的新因明后来发展到法称阶段,由类比推理上升到演绎推理的重大革新。

三、关于因明和逻辑的不同。"因明的三支作法和逻辑的三段论法的不同,比较重要的有后引几点：（一）三段论法是思维的法式，三支作法是辩论的法式；（二）三段论法是在演绎断案，三支作法是在证明断案；（三）三段论法是以思维正当为目的，三支作法是以辩论胜利为目的；（四）三段论法不像三支作法留心过失论；（五）三段论法不像三支作法混和归纳法；（六）三支作法的因，不像三段论法备列命题的全形。"间接地把三支作法当作演绎推理来看待。

四、关于论法的种类。"因明组织论法，在形势、形式、分量、意义上，颇有种种的区别。"（一）在辩论形势上区分为自比量（自守的论法）、他比量（进攻的论法）和共比量（对诤的论法）。（二）在言语形式上区分为表诠、遮诠。本来因明中表诠、遮诠是就概念而言的，《因明学》误解作表诠相当于肯定命题，遮诠为否定命题。（三）在言语分量上区分为全分、一分。"全分就是逻辑上的所谓全称，一分就是逻辑上的所谓特称。"其实因明的全分与逻辑全称有同有异，而一分不同于逻辑之特称。

五、关于因的第二相同品定有性。"所谓定有性者，就是说宗的同品中必定具有该因的性质的意思。但不须同品全都具有该性质，只须有些具有该性质。所以只说'定有'，不说'遍有'，也不说'悉有'。……正和因明的九句因中，正因必如第二句同品为有，或如第八句同品为有非有——就是同品至少须为有非有的意思相当。"

（郑伟宏）

陈那以前中观派和瑜伽派之因明 许地山

《陈那以前中观派和瑜伽派之因明》，一篇。许地山著。刊于 1931 年《燕京学报》第九期。有中华书局 2006 年版排印本。

许地山（1893—1941），名赞堃，笔名落华生。原籍台湾台南，寄籍福建龙溪（今龙海）。1922 年毕业于燕京大学，获神学士学位。后留学美国、英国，并赴印度研究佛学。回国后，先后任燕京大学、北京大学、清华大学教授，是"文学研究会"发起人之一。抗战前后在香港大学任教，从事进步文化活动。著有《空山灵雨》、《缀网劳蛛》、《危巢坠简》等文学作品。研究印度文学、佛教和道教，翻译《二十夜问》、《太阳底下降》，编著《印度文学》、《大藏经索引》、《中国道教史》（上）等。

《陈那以前中观派和瑜伽派之因明》是一篇长达六万多字的印度因明史专论，为国内所仅见。文中认为，佛教诸宗派中最重要的是毗婆沙、经量、瑜伽及中观四派。四派中争论最激烈的是瑜伽与中观两派。陈那以前的佛教理论家多半是这两派人物。据历史的说法，龙树和圣天属于中观派，弥勒、无著与世亲属于瑜伽派。这两派的论法，辩护和破斥的方式都是采用正理派足目的原则。论文依次评介了龙树、圣天（仅有生平）、弥勒、无著、世亲其人其书，理清了陈那以前中观、瑜伽派发展因明的线索，同时发掘了不少很有价值的史料，发表了一些新鲜见解。

本文主要贡献如下。

一、提出了佛教逻辑所以特名为因明的猜测。佛教的因明与外道的因论或因明的不同之点可以用《瑜伽师地论》来比较。现存《瑜伽师地论》的五分是否同时成立不能确知，但其主要的部分，五分中的第一分本事分十七地，可以断定是佛教论理系统最初的发展形式。那里在建立了佛教的论说以外还加入外道的说法，尤其是采取尼也耶派所用的一般论理说和材料，把它们扩充起来。《瑜伽师地论》搜集材料的方向与外道论不同，它不为以论辩为中心的五分作法所概括，也不发展得像弥曼差派或胜论派所研究的那种论式,乃是进一步去搜集像在《摩诃婆罗达》里的论理家所说的复杂材料。把这些材料搜集起来,不用"尼也耶"而用"因"为名,大概是因为它是从许多论理家发展出来的论说建立起来的缘故。"如果单独根据尼也耶派底论法或单独采取尼也耶派以后底材料;它就不会用'因明'来做论理学底名称。佛教论理学派以特名为因明就在它与外道底论理学不同。"

二、对《瑜伽师地论》中关于因明的定义"谓于观察义中,诸所有事"作出清楚明确的解释,并纠正了窥基《大疏》中的误写或错刻。"《地论》底定义是对于一般所观察底事物建立一种意见,其中关于能立与能破底一切论证底历程便是因明。明(Vidya)在现代的术语上当译为'学',所以'因明'就是关于因底学问。'因'底狭义的解释当指五分或三支中底'因'而言;至于因明底'因',意义就较为广泛了。因明命名底主旨在以五分三支中最重要的因来表示及概括一切关于论证底形式和事物,一切事物至终要归到使宗能正确地建立起来底因,所以这种学问称为因明。"窥基《大疏》中有"诸所有事即是因喻"一说,其中"因喻"乃"因明"之误写或错刻。

三、关于《瑜伽师地论》与《正理经》的比较。"就《瑜伽论》所述底因明说起来,学者以为它和《正理经》所说底很相近。它没有超出《正理经》所说底范围,但在叙述上比较地单纯一些。因为它所述说底只就论理底纯正方面而言,却不详论那不正或矛盾方面。……《瑜伽论》虽然只论纯正方面,但它底方法亦不是形式的。……只是关于因明的全部事情,它底注意亦不在因明中心底论理的理论。从因明底进步方面说起来,《瑜伽论》所叙述底可以当因明初期的状态看。它是后来因明论先导,所以成为佛教学术中底重要部分。"

四、对最早提出因三相说的《顺中论》作了介绍。《顺中论》原是龙顺(即龙树)所造,无著所释,是无著随《顺中论》的义理附加自己意见的著作。其中可见到因三相的最早提法,所举实例为五分作法,但值得注意的是五分作法的喻由喻体和喻依组成。这是因明发展史上的珍贵史料。

无著在《顺中论》中借问者(数论师)的口气说:"朋中之法,相对朋无,复自朋成。"《顺中论》有因三相说是日本学者宇井伯寿的发现。宇井认为,"朋中之法"便是第一相"遍是宗法性"的异译。"相对朋"是异品之异译,"相对朋无"即第三相"异品遍无性"。"复自朋成"与第二相"同品定有性"相当。《顺中论》在举出因三相之后,复将实例用问者的口气举出来。删去混入的注释便成下式:

因　以造作故,

喻　若法造作,皆是无常,譬如瓶等,

合　声亦如是,

结　作故无常。

在以上几方面,本文对于研究印度佛教因明学具有一定的参考价值。

(郑伟宏)

法相辞典 朱芾煌

《法相辞典》，一册。朱芾煌编集。成于1937年。1939年由商务印书馆出版。有上海佛学书局2007年刊行本。

朱芾煌(1877—1955)，又名黻煌。四川江津人。1910年听太虚讲《法华经》，曾提出七个佛学问题请教。1927年师从韩清净，执弟子礼，专门研究法相唯识学，历时二十年，深有所得。

在专究法相唯识之学中，朱芾煌萌生了编纂《法相辞典》的构想。他认为，虽然在此之前已有人编过佛学辞典，但是不免有失，例如："彼诸辞典，泛载俗名者多，唯取法名者少，其失一；于法名中，随自意解者多，依圣教释者少，其失二；所依教中，中土师说者多，佛菩萨说者少，其失三；佛菩萨说中，依不了义经者多，依了义经者少，其失四；依了义经中，译文讹误者多，译文正确者少，其失五；译文正确中，选材芜杂者多，选材精慎者少，其失六；选材精慎中，唯举一义者多，兼具众义者少，其失七；兼具众义中，略释概要者多，详陈本末者少，其失八；详陈本末中，大小无分者多，小可别者少，其失九；大小可别中，出处不明，难可查对者多；详志卷页，易可查对者少，其失十。"（本书自序）

此外，朱芾煌还感到诸佛菩萨所说的经论，意义最为精深，如果是大乘经，就不可以以声闻之义来解释；若是小乘经，则不可以菩萨之义来解释，更何况"随自意解"或者"以讹误之译，为作证明"呢！因此，他从1934年起即开始编纂《法相辞典》，历时二年半，方才完成。全书共收辞目一万四千六百多条，合二百六十余万言，分为四册。纵观全书，具有以下特点。

一、辞典专宗玄奘，共徵引其所译的《解深密经》、《缘起初胜法门经》、《显扬圣教论》、《瑜伽师地论》、《辨中边论》、《摄大乘论》、《佛地经论》、《成唯识论》、《成业论》、《二十唯识论》、《集论》、《杂集论》、《五蕴论》、《广五蕴论》、《因明正理门论》、《因明入正理论》、《瑜伽释》、《大毗婆沙论》、《俱舍论》、《法蕴足论》、《集异门论》、《入阿毗达摩论》、《发智论》、《品类足论》、《界身足论》、《五事毗婆沙论》等佛教经论，达二十八种之多。但不引中土诸师解说。

二、凡征引经论,皆摘录原文,不掺己意,不加解释,但标明卷数、页数,便于读者寻检。

三、所收辞目,往往多录数义,以二解、三解、六解、九解等标出。如"大悲"一条,即列出《瑜伽师地论》卷四十四、卷五十,《显扬圣教论》卷四,《无性释》卷九,《杂集论》卷十四,《俱舍论》卷二十七,《大毗婆沙论》卷三十一、卷八十三等共九条原文。

《法相辞典》为我国第一部法相学辞典,也是汇集大小乘阿毗达摩等诸论有关名词的辞书,因而成为研究法相唯识学重要的辅助工具书,对于一般佛学研究者亦不无裨益。

(夏金华)

西藏佛学原论 吕 澂

《西藏佛学原论》，一册。吕澂著。1933 年出版。收入《吕澂佛学论著选集》（齐鲁书社，1991 年）。

吕澂(1898—1989)，字秋逸（或作秋一、鹫子）。江苏丹阳人。早年即随其兄吕凤子到金陵刻经处听杨仁山讲经，购阅佛书，并结识欧阳竟无。年十九，进欧阳创办的佛学研究部学习。一年后，留学日本，专攻美术。1916 年担任上海美术专科学校教务长。1918 年受欧阳竟无之邀，至金陵刻经处研究部，协助筹建支那内学院工作，从此专心于佛学研究。1922 年任支那内学院教务长、院长等职。欧阳竟无逝世后，续办内学院蜀院于四川江津，聚徒讲授佛学。建国后，支那内学院更名为中国内学院，他继续任院长，直至 1952 年停办。1953 年起，先后任中国佛教协会常务理事、名誉理事、中国佛学院院务委员会副主任、中国科学院哲学社会科学学部委员、哲学研究所兼职研究员。1955 年任中国佛教百科全书编纂委员会副主任委员。1961 年受中国科学院哲学社会科学部委托，在南京举办为期五年的佛学研究班。晚年移居北京。一生著述甚丰，主要有《佛典泛论》、《印度佛学源流略讲》、《中国佛学源流略讲》、《佛教研究法》、《新编汉文大藏经目录》、《因明入正理论讲解》等，后编为《吕澂佛学论著选集》行世。另有早期的美学著作《美学概论》、《西洋美术史》等。事迹见《中国近现代高僧与佛学名人小传》等。

《西藏佛学原论》是内地较早介绍西藏佛学思想的著作之一。它不仅系统地介绍了西藏佛学思想，而且指出了宗喀巴和阿底峡两家学说的异同之处。主要内容如下。

一、西藏佛学之渊源。指出西藏佛学的源头在印度晚期大乘佛学。此部分内容又分为：（一）印度佛学分化时期。认为"印度大乘佛学自龙树、提婆而兴，递至世亲，博大精深，充其极量"，尔后渐次演化为传毗昙之安慧、传唯识因明之陈那、传律学之德光和传般若学之解脱军四大家及其他一些支派。密乘学系亦随之而起。（二）印度佛学衰颓时期。指法称之后佛教势力大减，偏安印度一隅，但至波罗王朝，崇信佛法，"主宏密乘"，显教为附。直至回教入侵，佛法在印度灭迹。

二、西藏佛学之传播。指出唐代贞观年间文成公主入藏后,佛法亦随之兴起。后来曾一度遭毁佛之厄,但不久就得复兴。所以分为前、后两大时期,前期偏重显教,后期偏重密教。蔓延迄今,盛传不衰。

三、西藏佛学之文献。有佛典翻译和创编大藏两大类,所有西藏佛学内容,皆出于此。

四、西藏佛学之学说。先后有寂护等传清辨中观学说、胜友等传瑜伽学说、阿底峡传寂天和会中观瑜伽两派之说、超岩寺贯通显密之宗派等。其中影响最著者,为阿底峡和宗喀巴两人,并且作了比较。指出无论在"显乘"还是"密乘"方面,两者都有不同。"以显乘论,阿底峡释正观要义悉本龙树、寂天,以为其学说出于一系;宗喀巴则全宗月称,而以寂天学出文殊,为瑜伽别派,与龙树、无著鼎足而三。""至于密乘,阿底峡无上瑜伽极于胜乐,宗喀巴则推尊时论;又,阿底峡分析密乘为七类,宗喀巴则约为四部。"至于宗喀巴所传之西藏佛学与汉地佛学相比较,亦各有短长与得失。

五、附录。有两项内容:(一)藏译显乘论典略目。(二)本书(指《西藏佛学原论》)所据西藏典籍目录。

《西藏佛学原论》是研究西藏佛学开创性的著作之一,具有重要价值,对于今日的藏学研究亦有帮助。

(夏金华)

因明纲要 吕　澂

《因明纲要》，一册。吕澂著。1926 年 9 月由商务印书馆出版。有中华书局 2006 年版排印本。

《因明纲要》是因明学于清末在内地复苏以来第一本有学术价值的因明通论性著作。全书分为八章。第一章为《引论》，包括"因明名义"、"古今异说"、"因明所详"、"因明必要"、"研究方法"等五节，对因明的性质、发展、内容、作用、研习途径及研究方法都作了提纲挈领的说明，使读者易于把握因明的全貌。第二章至第八章为：《三支——宗及似宗》、《因及似因》、《喻及似喻》、《三支作法及其刊定》、《能破》、《似能破》、《现比量及论轨》。这七章按《因明入正理论》一书来讲解，涉及了新因明在立破方面的主要内容。

《因明纲要》的主要观点如下。

一、提出因明研究的指导思想为"宜宗论而简疏"。在《引论》中，他举出"宜宗论而简疏"的理由有三条。第一，"因明译籍不过三数"。陈那的因明论著共有八论，八论相互发明。玄奘只译了《因明正理门论》和商羯罗主的《因明入正理论》，武周时，义净译了《集量论》，然旋即散失，从典籍上来说，很不完全。第二，所译二论拘于格律，文字比较晦涩。在表面上讲求，很难得其确解，如加以揣摩，又易流于穿凿。后人疏记（包括唐疏和日本僧人的疏记）多达百余种，所存不多。虽是入门向导，尽信疏又可能导致错谬与确解兼收。"其间或出传闻，或出臆解，禀承莫晓，苦于研寻"，"广解繁词，疑似无当"。治学须探源，判定是非必须反复研习原著，"必得直取其解，以为是非"。第三，如果只求对因明作一般了解，"期于闻持旧文"，那么读唐疏是一捷径，甚至舍此无由，但要超越唐人，发前人所未发，就不能仅满足于读疏记。此外，吕澂在其他著作中对奘译提出质疑，认为奘译是意译，对梵文原典时有增损，因此，阅读原本就很有必要。为此，后来吕澂还翻译了陈那的其他论著。

二、关于因明研究的具体方法有三条。第一是辨别古今。对因明的发展史作了划分，仅仅指出每一期的特点和代表作,而没有展开评述,显得过于简略。第二是旁考外宗。"古因明说,多取诸外,正理宗言,尤为关合",古因明来源于外道正理派的正理学说,新因明所说过类,也不保留《正理经》的内容。旁考外宗一可"见渊源",二可"愈明义蕴"。第三是"广研诸论"。因明是佛家辩论的工具,要熟悉因明论式,必须详细掌握实例。"以是恒言不悉因明莫通诸论,今谓非研诸论难晓因明。"《因明纲要》从诸论中选了许多实例来讲解因明的法式。特别是《大疏》在解能破和似能破时,义例不详,《因明纲要》补其不足,搜讨颇详。

三、主张"能立"有二义。在一个论式内部,因、喻为能立,宗为所立。宗、因、喻三支合起来又构成一完整的能立。"然从立破总谈,宗固同为能立。"

四、主张九句因为陈那首创。"旧传九句因足目所说,然今寻正理经文无此,唯陈那《因轮》、《理门》,广辨其相,以理推徵,应创自彼。"

五、关于"表诠"、"遮诠"之理解。并未直接解释这两个词的逻辑意义,从对两个词的用法来看,是就概念而言的,并非涉及命题的质。在论宗体有无时说:"视能别言,遮、表、遣、立,宗中有法随应有无。总宗从别,遂成四式。"这是说能别有遮表之分,能别相当于论题的谓项,是一个概念。这就间接回答了"遮"、"表"非指命题的质。

六、认为《大疏》误解了《入论》,杜撰了"因同品"、"因异品"二名词。"《大疏》谓同喻显相正显因同品处宗法随有,异喻显相兼显因异品处宗亦随无。窥师所据,在《小论》解同喻处'显因同品决定有性'一句,以'显因同品'为读,遂立名目。解作因同品处来决定有宗。于是广衍其说,释喻释因,触处葛藤,莫由拔豁。"《因明纲要》随后引了《门论》的三处说法,都不过是说明同喻、异喻显示因之后二相同品定有异品遍无,但据此得不出设因同品、因异品反而带来混乱的结论。值得商榷。四十年代出版的陈大齐的《因明大疏蠡测》充分论证了《大疏》设此二词的合理性。

《因明纲要》是吕澂的第一本因明力作,其基本思想一直影响着他随后几十年的因明研究。吕澂的大量译注和论著都是《因明纲要》中提出的因明研究的指导思想和研究方法的产物。吕澂的包括《因明纲要》在内的全部因明成果开创了汉传因明发展的新局面,成为因明研究的必读书。

(郑伟宏)

因明大疏删注 熊十力

《因明大疏删注》，一册。熊十力著。1925年下半年为北京大学授课而作，是随讲随记的讲稿。1926年由商务印书馆出版。有上海书店出版社2008年版排印本。收入《熊十力全集》。

作者生平事迹见"新唯识论"条。

《因明大疏删注》写作于吕澂的《因明纲要》之后，但比吕著早两个月出版，书中常有对《因明纲要》的评述。作为一本不乏我见的《大疏》入门之作，基本上做到删注得当，对20世纪的因明研习起到了承前启后的推动作用。主要内容有以下四个方面。

第一，对《因明大疏》的评价。

（一）《大疏》的优点。为什么要选取窥基的《大疏》来删注呢？这是由《大疏》在汉传因明中的重要地位来决定的，是取"胜范鸿征"之捷径，并且舍此无由入门。玄奘翻译因明著作"独取陈那师徒大小二论，其间抉择，谅有权衡"，"陈那精要，汇归《正理》，《入论》者，则又《正理》之要删，简明博大，肯綮总揽"。但《入论》也"义繁文约"，如果孤译无疏，还是难于钻研。"唐贤疏述，虽累十家，独有基文，世称大疏。"《大疏》有三大优点：其一，"提控纪纲，妙得论旨。征文选义，虽有繁芜，经纬堪寻，仍殊滥漫"。其二，"详徵古义，环列洋洒，今古沿革，略可推原"。其三，"《理门》奥旨，抉择无遗，法户枢机，舍此莫属"。

（二）删注的理由。《大疏》既有三善，为何要删注？"《大疏》虽备三善，然舛词碎义，时复错见，学者病焉。若豁神思，必应删削。"《大疏》不及窥基其他译著那样"译笔宏整，韵语沉雄"，"独有疏记，乃多凌乱无序，不易解了"。推想其原因，窥基经年五十，作疏百部，"但取材纂类，未及刊定也欤"。

在删注过程中，还改动了原文。为此被其友林志钧批评为"非董理故籍所宜"，作者承认这一批评是对的，并解释说为求语意的贯穿易晓，"为利始学计，宜当从权"。

第二，删削的内容。

主张披读佛家法相的一个原则是"当理大端,捐其苟节",要删去悬空或琐碎之推析,要有"阔斧大刀,纵横破阵"之魄力气势。

(一) 删去非因明基本理论的内容。这又分四个方面。首先删去了科判名句章段的科文和窥基所作的后序,后序中有追求玄奘求学和奉诏译经以及奘门弟子竞相作疏的情况。其次是删去人物传说故事,其中有新因明创始人陈那作《门论》缘起的传说故事。第三是删去关于各派学说的背景材料。第四是删去关于论辩的要求。以上内容对于进一步的研究来说很有必要,但对于初习因明者来说,的确可以转置不问。

(二) 删去重复繁琐之说。《大疏》在释四相违因时,有自性差别之解释,与前面解释宗依时重复;在解释能立之宗、因、喻时,就提出了后面似能立即过失论的许多内容,既有重复之病,对新出现的概念又未加解释,删去后显得简洁好读。

(三) 删去古今沿革。例如,删去新古因明关于所立、能立划分之演变。

(四) 删去大量答难的内容。《大疏》卷二有关于宗因喻顺序之问答,共有七问七答,熊本目为"碎义"而统统删去,读来痛快。《大疏》对因同品、因异品两概念有详细解释,亦全部删去,值得商榷。

第三,调整原文。

(一) 梳理顺序。《大疏》卷一释"极成有法,极成能别"句,先释"极成",再释"有法"、"能别",不合逻辑顺序。极成是对有法、能别两概念组成宗体时的要求,理应先释对象概念,再释使用这些概念有什么要求。《大疏》对"自性"、"差别"两概念的解释,有三问三答,行文是先提出三问,后作三答。为"使问者语气较易清楚",拆成三个一问一答,虽有背古籍整理之则,却有利于初习者阅读。

(二) 改易原文。按照自己的理解改动原文,更不合古籍整理之惯例。改易原文大致有两种情况,一是改实例,二是增补。用通俗的例子来取代原有涉及不同学派背景的例句,有利于理解因明的基本术语。增补方面,有的增补得恰当。例如《大疏》卷四释"此中常言表非无常,非所作言表无所作"一句时说:"下释成义,显异无体,亦成三相。"《因明大疏删注》将"亦成三相"改为"成第三相",并加注说:"原本无第字,今依后记补之,谓成因之第三相也。"这样改动是正确的,因为异喻不能满足因三相,只能满足其中的第三相。

第四,关于注疏。

(一) 为例证和疏文作注。《揭旨》中说,主要在两方面作了注,并慨叹其中的艰苦。一是"触及例证,义涉各宗。征引繁博,因嫌支蔓。训释过简,又惧奄味。综练显了,其事已难"。二是"疏文质直,绝少虚字。属辞比事,复务周纳。……间遇险涩,不过数字,一发全身,竟日短趣。……

此复干枯,又且增苦。是则删非得已,注亦愈艰"。

(二) 提纲挈领,清楚明确。关于例证方面的注释,往往涉及各宗学说,这对不谙佛学的人来说,确是一大困难。《因明大疏删注》的注释确实做到了"综练显了",即提纲挈领,清楚明确。《入论》中关于"法差别相违因"过的实例,自来号称难解,古今异解纷呈,疏文之释,独有创发。但若不加注疏,还是很难理解,其中有些句子晦涩得令人难于卒读。《因明大疏删注》对字、句详加诠解,然后总评,大大便利了初习者了然疏文之意。

对新因明的推理性质有恰当的评价:"此五分义,颇合晚世名学内籀之术。……至陈那改作三支,以喻摄因……语其凭借,则在五分。形式虽更,实质未甚异也。"即是说三支作法还没有达到演绎的水平,仍停留在内籀即归纳(包括类比)的水平。可惜这一见解并未加以论证。

对于因明所设"世间相违"、"自教相违"等过,熊注力排众议,发表了独到见解:"今人每谓佛家因明,说世间相违、自教相违诸过,为束缚思想之道。此妄谈也。因明所标宗因诸过,本斟酌乎立敌对辩之情而立,用是为辩论之则,非所以立思想之防。文义甚明,可复按也。浮浅之徒,援思想自由之新名词,妄行攻诘,不思与所攻诘者渺不相干。"因明设上述诸过,是论辩规则,双方必须遵守。如果辩论的一方提出了与世间、自教不同的新见解,那么可以采用简别的方式,从语言上区别开来而不犯过,从而避免了"束缚思想"的弊病。

《因明大疏删注》存在不足,对因明基本理论的理解有不少失误,如对能立、宗同品、因的第二相等的解释。因循《大疏》、文轨《庄严疏》"文人不乖古"、"义别先师"之说,将《入论》"宗等多言名为能立"中的"宗"当作所立而排除在能立之外,这是误解。对同品的解释,误将同喻依当作了同品,也因袭了《大疏》之误,影响至今。还误把同喻体等同于因的第二相。

另外,删去了一些不该删的字、句。《大疏》对因同品、因异品两概念有详细解释,把它们删去并无充足理由。又如,将《大疏》卷四"谓若有所作因,见有无常宗。犹如瓶等,是无常宗随因所作同品之言"一句中"因所作"三字删去,改变了宗同品随因同品的原意,全句意思变成"宗同品随宗同品",同语反复,毫无意义。

(郑伟宏)

佛家名相通释 熊十力

《佛家名相通释》，二卷。熊十力著。成于1936年秋。通行本有中国大百科全书出版社1985年版、上海书店出版社2007年版排印本。收入《熊十力全集》。

作者生平事迹见"因明大疏删注"条。

《佛家名相通释》是一部解释法相唯识类佛教术语（"名相"）的著作。书首有作者的"序"和"撰述大意"。"序"简略地介绍了本书的撰作缘起（主要是为"有志于研究佛学，而苦名词难解"的学子而作）。"撰述大意"叙述了本书的结构体例，为何这般设定的原因，以及作者对如何研究佛学的看法。作者认为："唯识法相，渊源广远，资藉博厚，而其为书也，又条件分明（如法相书——原注），统系严整（如唯识书——原注），佛家哲学方面名词术语，盖亦大备于唯识法相诸要典，撮要而释之，则可以读其书而通其学。大有（大乘有宗）之学既通，而诸小有（小乘中执有者）小空（小乘中执空者），爰及大空（大乘空宗），一切经论，无不可读。"印度佛学，在本土亡绝已久，"今欲求佛学之真，必于中国"。读佛书，有"四要"：分析、综会、踏实、凌空。读佛书，必先读"论"，而读"论"，必先唯识法相，而次空宗。

正文分为上、下二卷，共解释佛教名词四十六条。

卷上：依世亲《大乘五蕴论》，诠释法相类佛教名词。有：法、有宗、空宗、法性宗、法相宗、唯识宗、诸行、《五蕴论》、五蕴、色蕴、性、善等三性、业、三业、假实、假法、相、心心所、种子、受蕴、想蕴、行蕴、识蕴、十八界、无为法、止观、十二缘生、三苦、四谛、二谛、外道十六异论、数论、胜论。总计三十三条。

卷下：依世亲《大乘百法明门论》，并参酌《成唯识论》等，诠释唯识类佛教名词。有：《百法论》、《识论》（指《成唯识论》）、诸识、能变、四分、功能、四缘、三境、识性、修行位次、四智心品、法身、情识。总计十三条。

作者认为，坊间刊印的《唯识开蒙》、《相宗纲要》等书，虽然也是为初学者所编的入门书。但由于它们只是"粗列若干条目,而卤莽灭裂,杂取经论疏记等陈语分缀之",故学子反复览观,"卒无一径可通"("撰述大意")。而本书的主要特点在于依据论典选取词条,并将它们置于法相体系和唯识体系之中予以说明。

如书中释"性"字说:"佛书中凡言性者,多为体字之异名,其义有二:(一)指绝对的真理而言,即东方玄学上所谓本体或实体及体用之体,是也(此在宋明儒书中屡见之诸儒所谓本原之学,即谓穷究本体之一种学。佛书中所谓实性或实相,皆实体之异名。——原注)。(二)指诸法之自体而言。佛书中每举一法,必刊定其自体,读法相唯识诸论,尤须明了此意。"(卷上)释"相"字说:"相字有二义:(一)体相。如说诸法实相,即实体之异语,亦云真如。(二)相状。如法相之相,对法性而得名(此中法性,犹言诸法实体。——原注)。此相字,即相状之相,乃斥指色心诸行而名之也。故法相一词,略当通途所云现象。"(同上)

佛教的名词术语是互相交叉的,重重无尽的,也就是说,一条佛教名词术词中包含了几条乃至几十条、几百条其他的名词,而那些被用来说明某一条佛教名词术语的名词,本身又可独立成条。如"色蕴"条所包含的内容有:四大(地、水、火、风)、五根(眼、耳、鼻、舌、身)、五尘(色、声、香、味、触)、五因(生、依、立、持、养)等。"行蕴"条所包含的内容有:遍行五种(触、作意、受、想、思)、别境五种(欲、胜解、念、三摩地、慧)、善有十一种(信、惭、愧、无贪、无瞋、无痴、勤、轻安、不放逸、舍、不害)、烦恼六种(贪、瞋、痴、慢、疑、恶见)、随烦恼二十种(忿、恨、覆、恼、嫉、悭、诳、谄、害、憍、无惭、无愧、掉举、昏沉、不信、懈怠、放逸、失念、散乱、不正知)、不定有四种(悔、眠、寻、伺)等。对于这种情况,本书一般是先对某一词条作一概括性的说明,然后依次解释它所蕴含的众多的义理,即相关的多组佛教术语。因此,词条的释文长短不一,短的不到一百字(如卷上"法性宗"条),长的则有一万几千字(如卷上"行蕴"条、卷下"诸识"条)。作者对于法相唯识学的融会理解在释文中得到了充分的反映。

值得注意的是,作者虽然学尊法相唯识学,但他认为"法相是无著学,唯识是世亲学"("撰述大意"),两者之间尚存在一定的区别。"无著说较少病,世亲便多差失"(卷上"有宗"条释文夹注)。因此,他在书中对世亲之学颇有微词,并一再强调,他的《新唯识论》就是为纠正世亲之失而作的。这在卷上"法相宗"、"唯识宗"两条的释文表达得尤为明显。

"法相宗"条说:"相者,相状或形相。有宗解析诸法形相或缘生相,其旨在于析相以见性(析诸法相,而知其无自性,则即诸法而见为实性之显现也。无著本旨如此,世亲唯识便失此意,此《新唯识论》所由作也。——原注)。然以其善说法相故,因得法相宗之名,亦省称相宗。"

"唯识宗"条说:"此宗虽导源无著,而实成立于世亲。无著作《摄论》(具云《摄大乘论》——原注)授世亲,世亲由此舍小入大(世亲初治小宗——原注),未几创明唯识,作《唯识二十论》,成必外无境义;作《百法明门论》,成一切法不离识义。最后作《唯识三十颂》,理论益完密,而意计穿凿之病,亦不可掩云(拙制《新论》及《破破论》,学者倘虚怀玩之,则世亲学之得失不难见也。——原注)。"文中所说的《新论》指的是《新唯识论》,《破破论》指的是《破破新唯识论》。

由此观之,《佛家名相通释》既是查检法相唯识学名词术语的实用的佛教辞典,也是研究熊十力佛学思想的一部值得注意的重要的著作。

（陈士强）

名山游访记 高鹤年

《名山游访记》，一册。高鹤年著。1935年苏州杨鉴庭初刻。1951年再版。通行本有江苏省佛教协会1986年重印本、上海佛学书局1995年版排印本、宗教文化出版社2000年版排印本。

高鹤年（1872—1962），名恒松，号隐尘，又字野人，别号终南侍者、云山道人、云溪道人。祖籍安徽贵池，生于江苏兴化。"幼承庭训，即知敬佛，及长而信心益笃。"（《名山游访记》附篇《恒松亲撰遗嘱》）清光绪二十四年（1898）朝礼普陀山，晤印光法师于法雨寺。1903年登五台山，不久往终南山结茅潜修。年四十一，到上海频伽精舍，与陈撄宁同参佛理，并协助狄楚青办佛学流通处及《佛学丛报》，与寄禅法师、李证刚、欧阳渐等办佛教会。1919年至湖南赈济灾民，后至云南巡礼鸡足山。1920年经上海去普陀山，与印光长谈，并撰述《印光大师六十年苦行记》。年八十四，赴南京出席江苏省人民代表大会。八十九岁，返故乡刘庄净土安老院养病。主要著作还有《救灾徵信录》、《山中归来记》等。

《名山游访记》各篇，陆续成于数十年间。作者从光绪十六年（1890）起，行脚至民国十三年（1924）止，前后达三十五年之久。所游之处，往往追忆记之。其中部分篇目曾刊登于当时的《学佛丛报》。1933年作者在友人的劝说下，将多年写就的稿子请许止净点定。次年又请余了翁撰《发刊序》，后来虚云、谛闲、印光又先后为本书写序，来果写《名山参访事略》、陈撄宁写《告读者》等，并刊行出版，曾轰动一时。

《名山游访记》一书，记录了高鹤年一生三十五年畅游名山大刹的经过。主要内容分为序编、正编、外编和附编四个部分。

序编：除作者自序外，还收有余了翁、虚云、谛闲、印光、吴济时、霜亭、来果和陈撄宁的序文八篇。主要论述作者撰写本书的缘由及其对本书的评价等内容。

正编：此为全书的重点。共收游记五十三篇，涉及海内名山八十多座如五岳、佛教四大名山、终南山、天台山、雁荡山、罗浮山、鸡足山、武当山、云居山、黄山、庐山等。真可说是"北走幽燕，南入滇黔,结茅终南,休夏清凉,枕青山而卧白云,侣樵牧而友麋鹿"(《名山游访记·续编序》)。

外编:收入《山中归来略记》、《行脚住山略记》、《兴化辛未水灾临时救命团日记》和《参加中国佛教协会成立会议附记》四篇文章。

附编:除《恒松亲撰遗嘱》一篇为作者自撰外,其余《刘庄妇女安老净土院略记》、《题赠高鹤年居士》、《高鹤年居士生平简介》等诗文,均为作者友人或时贤所撰。

本书虽是游记,但又与一般游记不同。一般游记每每多有意为文,不注意写实,即使偶涉名山,亦是走马观花而已。而《名山游访记》则不同,它不仅记录了作者三十五年的行脚实况,有时一座名山往往数次游访,且于每篇目录下标出重要山名,并撰有提纲,说明由某处起脚,中经某处,最后到达哪里等。纵观全书,具有以下鲜明特点。

一、多记名山的寺宇道场的盛景,涉及古今兴废的历史变迁。信笔拈来,皆成文章。

二、对各地文化遗迹,常常着力描写,但也以佛教文化为重。如五台山碧山寺的华严经塔、涿州云居禅林的石刻藏经、北京雍和宫的古佛、云岗的石刻大佛、应州的高塔、泰山的唐宋碑铭、长安的碑林、龙门北魏时期的佛教造像、孔庙的汉魏唐宋古碑等。

三、每于游记中运用佛教经偈,或禅师机锋,玄机问答,体现作者重在参访,住山苦修的情景,别有一番情趣。

此外,本书还记载了作者参与救灾济世、行菩萨道的事迹。

《名山游访记》融游记和佛教义理于一体,是一部有资料价值的著作。

(夏金华)

续比丘尼传 震 华

《续比丘尼传》，六卷。震华撰。成于1939年。通行本有镇江竹林寺刊本、上海古籍出版社1991年版《高僧传合集》本。

震华（1909—1947），俗姓唐，自号京口夹山沙门。江苏兴化人。镇江竹林寺、上海玉佛寺主持。自幼颖悟，"年未自立，识已过人"。感梁释宝唱撰《比丘尼传》以后，"步尘无继"，使女尼事迹"寥落千百余年"，于是决心奋笔续写梁释宝唱以来比丘尼传。经过三年努力，书稿垂成。震华发现施蛰群先生在《学生杂志》上发表《黄心大师》一文，其中言及"北平某藏书家庋有明钞本《比丘尼传》八卷"，喜出望外，认为此八卷文字系继宝唱所作，拟借阅后，改写自己著述。不意1932年1月28日上海抗日战争爆发，书稿被弟子携走遗失。"所托非人，顿遭遗忘之惨"，悲叹"前功尽弃，徒劳剔抉之勤。兵火无情，善缘多阻"。然历劫之后身体健康，便下决心从头做起，重新纂辑。"故业重寻，自是识途之马，只以图书尽行毁失，参考无从，记忆能有几何。"编修非易，只好到处借阅资料，发信搜集，终于在1939年再成此书，1941年4月在镇江竹林寺刊刻，1942年2月竣工。其撰述之辛勤，有志竟成，实堪称道。《续比丘尼传》是一部记述高德女尼事迹的传记，为梁释宝唱《比丘尼传》之续作。按时间顺序，略古详今。著录梁尼三人、陈尼一人、北齐尼一人、隋尼一人、唐尼二十九人，附见四人；五代尼一人、宋尼二十九人、元尼八人，附见一人；明尼十四人，附见一人；清尼八十六人，附见十六人；民国尼二十七人，附见二十二人。总计正传二百人，附见四十七人。最末两篇，所记为尚生存的女尼。

书前有玉山退隐守培序，从佛唱众生平等为立论根据，赞颂《比丘尼传》之意义，乃"振兴佛教，援引迷途之梯航"。又有震华自序，叙述撰著该书的目的和艰辛的经过，并赋一诗以纪其事，诗曰："阅岁几千载，高尼岂乏人？言行能轨物，简册独遗珍。感此耕余日，摛词著彼仁，宁惟史箴缺，亦可范同伦。"书后有弟子超尘跋，以目击者身份，叙述震华法师撰写此书的艰辛经历。

全书六卷。卷一：载梁、陈、北齐、隋、唐高德女尼。卷二：载五代、宋高德女尼。卷三：载元、明高德女尼。卷四:载清高德女尼。卷五:载清高德女尼。卷六:载民国高德女尼。

总观《续比丘尼传》,有以下几个特点。

一、时间跨度大,取材不易,保存了大量高德女尼的生平史料。在我国古代,高僧传屡有续作,而女尼传自梁释宝唱撰《比丘尼传》,载自晋咸和(326—334)至梁普通(520—527)六十五位比丘尼之后,未有继作。震华"悲尼众之不振,叹佛法之萧条","振襟而起,宁计学殖之疏,奋笔直书,浑忘言词之拙","访过去有道之高尼,为今后释子之龟鉴",承担撰写自梁至民国高德女尼的传略。由于时间跨度极大,取材不易,从文献到口碑,多方搜集,又因战争关系,一波三折,终于为二百人立正传,四十七人为附见,超过宝唱数倍,为研究佛教僧团中比丘尼的事迹保存了大量珍贵的资料。

二、保存了不少名胜古迹的来历趣闻,并为开发旅游经济,提供文化资料。如梁州法华寺尼道迹,为达摩弟子,达摩返天竺时,嘱其遁居湖州弁岭峰,昼夜诵《法华经》,她诵满万部,不下山者凡二十年,感空中白雀常来听经,此山遂名为"白雀山"。如梁宜都紫竹庵尼太清,"日夕诵经,资为行业,庵临溪侧,一日奚水暴涨,太清大笑,掷蒲团于水中,趺坐其上,诵《普门品》,顺流由长阳江出大江而去,莫知所至",因名其溪曰"师姑溪"。如齐五台秘魔岩尼法秘,木食涧饮,行苦自持,积五十年未尝下山,后人名其住处曰:"秘魔岩"。如五代永明石佛寺尼昌志,削发入山修道,"因石为佛,因石为室,苦行清修,至老不倦,村老信服,逾百岁乃涅槃,村人称其山曰师姑岩,庵曰:石佛寺"。如清沧州憩水井尼慧坚,"戒律谨严",连白糖也不吃,认为糖是猪油点成;不穿裘衣,认为寝皮与食肉相同;不穿绸绢,认为一尺之帛,千蚕之命。乾隆甲戌、乙亥间,过清代大学者纪晓岚家,临行请纪晓岚为佛殿题一匾额,纪晓岚嘱赵春硐代书。慧坚合掌曰:"谁书即乞题谁名,佛前勿作诳语。"纪晓岚便为她改题赵春硐名字,才拿着回去。如此等等。

三、保存着不少女尼创作的诗词,为研究中国文学史、妇女史提供了难得的材料。在《续比丘尼传》中收录不少女尼所作诗文,从僧尼传体例看,应载僧尼事迹,夹杂诗文,不够严谨,但从研究妇女史、文学史角度看,保存材料,是值得称道的。如宋西湖五云山尼杨淑芳,自度为尼,有《浣溪纱》词云:"散步山前春草香,朱栏绿水绕吟廊。花枝惊堕绣衣裳,或定或摇江上柳。如鸾如凤月中篁,为谁掩抑锁云窗。"如元某县长明庵尼妙湛,曾画长明灯庵图,并题诗云:"双树阴阴落翠岩,一灯千古破幽关。也知诸法皆如幻,甘老烟霞水石间。"如明莒州某庵尼悟莲为诗清峭,人争传诵。其《立秋》云:"秋风吹雨过南楼,一夜新凉是立秋。宝鸭香消沉火冷,侍儿闲自理筌篌。"如清白下某庵尼静照著宫词诗百首。清泰州青莲庵尼德日著《镜奁十咏集》、清吴县西洞庭山尼德隐有《侣云居遗稿》,清长洲某庵尼上鉴有《再生遗稿》,清苏州葑溪般若庵尼妙惠著有《昙花轩集》等。

四、为活人立传。古语说"盖棺论定",我国从古至今撰写人物传记有一条不成文的规定,这就是"生人不立传"。而《续比丘尼传》的末两篇,民国武进净观庵尼天正传、民国青阳心安寺尼观愿传则为尚活着的人立了传记。这虽不是震华的首创,而是承袭《续高僧传》的先例而来。但这样做毕竟是有影响的。特别是观愿传中,保存了杨衢云烈士事迹,及其女杨秀霞发愿为尼事迹,弥足珍贵,显示了本书的又一特色。

(来可泓)

中国佛教史 黄忏华

《中国佛教史》，一册。黄忏华著。1940年商务印书馆出版。通行本有上海文艺出版社1990年影印本、东方出版社2008年排印本等。

黄忏华(1890—1977)，广东顺德人。1926年结识太虚。1928年当选为中国佛学会常务理事，1931年为改组后的中国佛教会常务理事。此后任教于复旦大学、厦门大学。他精通法相唯识学，知识渊博，佛学研究的领域广泛，且通晓梵文和藏文。主要著作尚有《佛学概论》、《唯识学轮廓》、《华严根本教义》、《印度哲学史纲》、《三论家底中道论》、《佛教各宗大意》、《有部宗底万有解释》、《金刚顶菩提心论浅释》等。事迹见《中国近现代高僧与佛学名人小传》等。

《中国佛教史》是一部较早研究中国佛教历史的专著。内容丰富，见解深刻，在论述佛教史实的同时，兼述义理，并有对史实的考证，具有重要影响。在书中，作者将中国佛教分为以下四个时期。

一、中国佛教之肇始时代。主要论述汉、魏和两晋时期的佛教历史。作者认为，汉明帝永平十年(公元67年)是佛家所公认的佛教初传中国的年代。对于《四十二章经》，他认为"实后世之伪作。而伪作之年代，在道安(东晋)以后，僧佑(齐梁间)以前"。"其内容，大都自当时译出之经典中抄出，而以简洁之文笔改撰之。"

二、中国佛教之进展时代。着重叙述东晋及南北朝时期的佛教史。作者根据唐代道宣《续高僧传》考证禅宗初祖达摩来华时间应在南北朝时期的宋代，而非梁武帝时，从而否定了达摩与梁武帝之问答，"六度被害，只履西归"等禅门传说。同时对毗昙、成实、涅槃、摄论、地论五宗作了重要论述，并给予道安、慧远、罗什等人以极高评价。

三、中国佛教之光大时代。这是全书的重点所在。作者认为隋唐时代是"中国佛教全盛的时期"，"为中国佛教之精华"。并重点介绍了智顗、吉藏、智俨、道绰、善导、玄奘、道宣、窥基、法藏、慧能、神秀、善无畏、金刚智、不空等数十位高僧对佛教的贡献。对于其间各宗派的学统、教义，也作了阐述,提出:三论宗之学统"实际应作罗什——僧肇——僧朗——僧诠——法朗——吉藏",其教义"为破邪显正、真俗二谛、八不中道三科"。天台宗之学统为龙树、慧文、慧思、智𫖮、灌顶、智威、慧威、玄朗、湛然九祖相承,其教义主要有"三谛圆融"、"一念三千"、"一心三观"、"六即"等。又以五时八教判释一代圣教。华严宗之学统,为慧光、道凭、灵裕、彭渊、智正、智俨、法藏,其宗派之相承为杜顺、智俨、法藏、澄观、宗密。主要教义有"法界缘起"、"四法界"、"十玄门"、"六相圆融"等,又以"五教十宗"判释一代佛教。法相宗之学统,为弥勒、无著、世亲、护法、戒贤、玄奘、窥基、慧沼、智周。主要教义是:"万法唯识"、"五位百法"、"种子现行"、"阿赖耶缘起"、"三性三无性"等。律宗,"即四分律宗,此宗至道宣而大成,以宣为中心,前有智首,后有文纲、道岸"。当道宣之南山宗兴盛时,还有相部宗、东塔宗,与之并立三家。净土宗有继昙鸾之道绰,后有善导,善导之弟子怀感,怀感之后有少康等,倡导念佛往生,为易行道。禅宗以达摩为初祖,继之以慧可,后有僧粲、道信至弘忍五祖,五祖之下以慧能、神秀为最著,开南顿北渐两派。其后支派繁衍,皆慧能之系统,但"慧能以后之禅,与慧能以前,大异其趣"。密宗之弘传,西晋有帛尸梨密多罗、东晋有竺昙无兰,皆"杂部密教",而弘传金刚界、胎藏界两大部法门者,为"开元三大士"善无畏、金刚智和不空三人。

四、中国佛教之保守时代。简要评述了自五代到清代的佛教逐渐趋向衰落的历史。五代时期,由于王朝交叠,战乱频仍,佛寺荒废,经籍散佚,佛教大小各宗无不衰息,独禅宗居深山大壑,标榜教外别传,而稍兴盛。宋代佛教各宗派又渐复兴,净土宗较盛,各宗学者多兼弘净土。元代佛教,以禅宗为最著,而西藏佛教更受帝室重视。明代佛教受帝王保护,有所发展。清代以降,帝王重视编刊佛经,各宗派也有一些著名僧人出现。清末,有石棣人杨文会发心刊印单行本藏经,弘布佛教于海内外,对于佛教之复兴有重要贡献。

《中国佛教史》凡十万余言,上起汉代佛教初传,中经两晋南北朝、隋唐,直至宋元明清,对佛教在中国的演变、发展、衰微以至复兴等现象,作了较系统的论述。史料翔实,论证有据,其中有些观点至今仍为佛教学者所引用。稍嫌不足的是,该书对佛教与我国政治、经济、哲学、文学、艺术诸方面的关系及影响,少有论述。尽管如此,它仍不失为一部研究中国佛教历史的有价值的参考书。

(夏金华)

汉魏两晋南北朝佛教史 汤用彤

《汉魏两晋南北朝佛教史》，二册。汤用彤著。成于1938年。同年由商务印书馆在长沙印行。1955年由中华书局再版，1962年重印。1983年中华书局将它改为横排简体的新版出版，并列为《汤用彤论著集》之一。后有北京大学出版社1997年版、河北人民出版社2000年版《汤用彤全集》本、昆仑出版社2006年版、武汉大学出版社2008年版等。

作者生平事迹见"魏晋玄学论稿"条。

《汉魏两晋南北朝佛教史》是一部叙述佛教在汉代传入中国，并在魏晋南北朝时期发展的佛教史著作。关于它的选述缘起，作者在书末的"跋"中有这样的说明："彤幼承庭训，早览乙部。先父雨三公教人，虽谆谆于立身行己之端，而启发愚蒙，则常述前言往行以相告诫。彤稍长，寄心于玄远之学，居恒爱读内典。顾亦颇喜疏寻往古思想之脉络，宗派之变迁。十余年来，教学南北，尝以中国佛教史授学者。讲义积年，汇成卷帙。自知于佛法默应体会，有志未逮，语文史地，所知甚少。故陈述肤浅，详略失序，百无一当。惟今值国变，戎马生郊。乃以其一部勉付梓人。非谓考证之学可济时艰。然敝帚自珍，愿以多年研究所得作一结束。惟冀他日国势昌隆，海内乂安，学者由读此编，而于中国佛教史继续述作。"简而言之，此书乃是作者积十余年教学与研究的成果，而勒成的一部力作。

《汉魏两晋南北朝佛教史》分为二十章。第一章至第五章为"第一分：汉代之佛教"，第六章至第二十章为"第二分：魏晋南北朝佛教"。上册为第一章至第十二章，即"汉代之佛教"的全部和"魏晋南北朝佛教"的前部分；下册为第十三章至第二十章，即"魏晋南北朝佛教"的后部分。

第一章，佛教入华诸传说。叙述在佛教传入中国的年代问题上的各种传说。对《山海经·海内经》及郭璞注所传夏禹时代伯益已知有佛说；《周书异记》称周昭王时已知有佛说；《列子》中孔子称佛为"大圣"说；晋王嘉《拾遗记》载战国燕昭王时有道人（僧人）自"身毒"（印度）来朝说；刘宋宗炳《明佛论》称西晋时已于临淄、蒲坂发现阿育王时代所建佛寺说；唐法琳《对傅奕废佛僧事》称秦始皇时有外国沙门释利防等来华传教说;梁慧皎《高僧传》载西汉武帝时东方朔已言"劫火"(佛教的一种说法)说;《魏书·释老志》所记张骞通西域而"始闻浮屠之教(佛教)",霍去病讨匈奴而获"金人"(隐喻佛像)说;西汉刘向《列仙传》所言西汉刘向校书时已见佛经说等,一一进行了介绍与辨析,指出这些传说都是不可靠的。

第二章,永平求法传说之考证。对最早见于《牟子理惑论》、《四十二章经》记载的汉明帝永平年间,遣使前往大月氏求法,此为佛教入华之始的传说加以考证。认为"牟子汉末作《理惑论》,上距永平不过百余年。《四十二章经》则桓帝以前亦已译出,《经序》或已早附入,上距永平更近,或且不及百年。此推论若确,则其记载出于佛徒,虽或有虚饰,然不应全属无稽,无中生有也。"又说,"凡治史者,就事推证,应有分际,不可作一往论断,以快心目。求法故事虽有可疑,而是否断定则全无其事则更当慎重。昔者王仲任(指王充)著《论衡》,《书虚》、《语增》分为二事。汉明求法之说,毋宁谓语多增饰,不可即断其全属子虚乌有也。"从而对"永平求法"说作了基本肯定。但同时指出,"至若佛教之流传,自不始于东汉初叶"。

第三章,《四十二章经》考证。对被梁启超等人视为出世甚晚,而且为中国人所自著的《四十二章经》进行考证。指出,《四十二章经》在东汉时就已出世。最早引用它的是后汉的襄楷。襄楷在延熹九年(166)上书桓帝时,有"浮屠不三宿桑下,不欲久,生恩爱,精之至也。天神遗以好女,浮屠曰:此但革囊盛血。遂不盼之。其守一如此"语,其中"不三宿桑下"、"革囊盛血"云云,出自《四十二章经》。"则后汉时已有此经,实无可疑。"三国时的《法句经序》及东晋郗超的《奉法要》也引用了此经。对于此经的性质,作者的看法是:"《四十二章经》,虽不含大乘教义,《老》、《庄》玄理,虽其所陈朴质平实,原出小乘经典,但取其所言,与汉代流行之道术比较,则均可相通。一方面本经诸章,至见于巴利文及汉译佛典者极多,可知其非出汉人伪造。一方面诸章如细研之,实在与汉代道术相合。"

第四章,汉代佛法之流布。叙述两汉时期的佛教流布及有关的一些问题。认为,"(佛教)最初传入中国之记载,其可无疑者,即为大月氏王使伊存授《浮屠经》事。"此事在西汉末年哀帝之世,见《三国志》裴松之注所引的曹魏鱼豢《魏略·西戎传》。佛教传入中国的路线,最初是陆路,通过西域大月氏、康居、安息诸国传入,到了东汉也有经海上输入的。东汉时,楚王英为浮屠(即"佛陀")斋戒祭祀,桓帝并祀黄老、浮屠,均说明"佛教最初为道术之附庸"。"考伊存授经、明帝求法以后,佛教寂然无所闻见。然实则其时仅为方术之一,流行民间,独与异族有接触,及好奇之士乃有称述,其本来面目原未显著。"及至东汉末年桓帝、灵帝之际,安清(字世高)、支谶(全称"支娄迦谶")等相继来华,出经较多,佛教才有依据,逐渐昌明。

第五章,佛道。论述汉代佛教的主要教理、修持、僧伽(僧团)、《太平经》与佛教的关系,汉晋的讲经与注经,并对五章所述"汉代之佛教"进行总结。认为,精灵起灭、省欲去奢(克欲的方法为禅定与戒律)、仁慈好施、佛陀祭祀,是汉代佛教的主要理论。汉代的佛教僧人("沙门")主要是自西域来华的传教者,汉人出家的很少,信奉佛教的一般是未出家的居士。

第六章,佛教玄学之滥觞(三国)。叙述三国佛教的史实与传说,支谦、康僧会的译经及所主的学说,以及作为西行求法第一人的曹魏朱士行的事迹。说:"汉末洛都佛教有二大系统。至三国时,传播于南方。一为安世高之禅学。偏于小乘,其重要典籍为《安般守意经》、《阴持入经》、安玄之《法镜经》,及康氏(指康僧会)之《六度集经》等。安之弟子有严浮调,临淮人也。此外有南阳韩林、颍川皮业及会稽陈慧。而生于交趾之康僧会,曾从三人问学。……二为支谶之《般若》,乃大乘学。其重要典籍为《道行经》、《首楞严经》及支谦译之《维摩》与《明度》等。支谶之弟子支亮,支亮之弟子支谦。世高与谶同在洛阳,僧会与谦同住建业,二者虽互相关涉,但其系统在学说及传授上,固甚为分明也。"

第七章,两晋际之名僧与名士。对两晋时期《般若经》的流传,竺法护、于法兰、于道邃、竺叔兰、支孝龙、帛法祖、竺道潜、支遁等名僧的事迹,东晋诸帝与佛法的关系,名士与佛学的因缘等展开了论述。说:"自佛教入中国后,由汉至前魏,名士罕有推重佛教者。尊敬僧人,更未之闻。西晋阮庾与孝龙为友,而东晋名士崇奉林公(指支道林,即支遁),可谓空前。此其故不在当时佛法兴隆。实则当代名僧,既理趣符《老》、《庄》,风神类谈客。而'支子特秀,领握玄标,大业冲粹,神风清萧'(《弘明集·日烛》中语——原注),故名士乐与往还也。"

第八章,释道安。叙述东晋高僧道安的生平事迹、思想学说,以及他在佛学上的地位,兼及魏晋佛法兴盛的原因和西晋高僧竺佛图(道安之师)的事迹等。

第九章,释道安时代之般若学。介绍东晋佛学的主潮——般若学(以《般若经》为中心而阐发的性空学说)学中的"六家七宗"的代表人物及其理论。所说的"六家",指的是:道安的本无宗、支道林的即色宗、于法开的识含宗、道壹的幻化宗、支愍度的心无宗、于道邃的缘会宗;"七宗",指的是竺法深、竺法汰的本无异宗(本无宗的支派)。作者指出:"六家七宗,盖均中国人士对于性空本无之解释也。道安以静寂说真际。法深、法汰偏于虚豁之谈。其次四宗之分驰,悉在辨别心色之空无。即色言色不自识,识含以三界为大梦,幻化谓世谛诸法皆空。三者之空,均在色也;而支公(指支遁)力主凝神,于法开言位登十地,道壹谓心神犹真。三者之空,皆不在心神也。与此三相反,则有心无义。言无心于万物,万物未尝无,乃空心不空境之说也。至若缘会宗既引灭坏色相之言,似亦重色空。综上所说,《般若》各家,可分三派。第一为二本无(指本无宗和本无异宗),释本体之空无。第二为即色、识含、幻化以至缘会四者,悉主色无,而以支道林为最有名。第三为支愍度,则立心无。此盖恰相当于《不真空论》所呵之三家。"

第十章，鸠摩罗什及其门下。详述东晋时译经大师鸠摩罗什的生平、行历、译经、著作、学说、弟子，以及他的大弟子僧肇的事迹。认为，鸠摩罗什的为学宗旨可以归纳为四事："一曰：什公确最重《般若》三论(或四论——原注)之学也。""二曰：什公深斥小乘一切有之说也。""三曰：至什公而无我义始大明也。""四曰：罗什之学主毕竟空也。"而僧肇之学，"一言以蔽之曰：即体即用"。在他所著的论、序、表、注、诔、书中，以《肇论》的影响为大，"其所作论，已谈至有无、体用问题之最高峰，后出诸公，已难乎为继也"。而在《肇论》中，又以《物不迁论》为最重要。

第十一章，释慧远。叙述东晋时庐山高僧慧远的生平事迹以及他在佛教史上的地位，兼及东晋末年朝廷与佛教的关系、毗昙学的传布、江东禅法的流行等。

第十二章，传译求法与南北朝之佛教。叙述南北朝时期中国与印度之间的交通路线，西行求法运动，以及佛典的传译等。指出："佛典之来华，一由于我国僧人之西行，一由于西域僧人之东来。西行求法者，或意在搜寻经典，或旨在从天竺高僧亲炙受学，或欲睹圣迹，作亡身之誓，或远诣异国，寻求名师来华。"晋末宋初，西行求法运动至为活跃，其中最有名的是东晋法显。法显旅行所至之地，不但汉代的张骞、甘英未曾到过，而且在他之前西行求法的西晋朱士行、东晋支法领等也未曾到过。"海陆并遵，广游西土，留学天竺，携经而返者，恐以法显为第一人。"东晋南北朝时期的译经较以前有很大的进步，后世所流通奉行的经典不是隋唐时译，就是晋以后出。究其原因，大致有："第一，翻译眼光之渐正确也。""第二，翻译工具之渐完备也。""第三，翻译制度之渐严密也。"

第十三章，佛教之南统。叙述南朝诸帝、诸王、世族、名士与佛教的关系，以及儒、道、佛三教之间的交争。认为，南朝时朝廷与佛教的关系，可以归纳为十件事：(一)奉行八关斋。(二)营建寺塔。(三)造佛像。(四)举办法会。(五)舍身入寺。(六)令沙门致敬王者。(七)汰沙僧人。(八)设置僧官。(九)延请名僧到郡州去弘法。(十)僧尼干预政事。"北朝道佛之争根据在权力。故其抗斗之结果，往往为武力之毁灭。南方道佛之争根据为理论。其争论至急切，则用学理谋根本之推翻。南朝人士所持可以根本推翻佛法之学说有二：一为神灭，一为夷夏。因二者均可以根本倾覆佛教，故双方均辩之至急，而论之至多也。"

第十四章，佛教之北统。叙述北朝的毁佛、排佛、兴佛，以及与之相关的造像之风、僧伽管理、佛道之争等。认为，南朝与北朝的佛教在学风上存在一定的差异。"南朝之学，玄理、佛理、实相合流。北朝之学，经学、佛学，似为俱起。合流者交至影响，相得益彰。俱起者则由于国家学术之发达，二教各自同时兴盛，因而互有关涉。""隋唐之佛理，虽颇采取江南之学，但其大宗，固犹上承北方。于是玄学渐尽，而中华教化以及佛学乃另开一新时代。"

第十五章，南北朝释教撰述。将南北朝时的佛教撰述分为六大类，进行详细的介绍：甲、注疏,包括章句、叙大意。乙、论著,包括经序、通论或专论、义章、争论、杂论。丙、译著撰集,包括单经的钞录、群经的纂集、会译、法集。丁、史地编著,包括释迦传记、印土圣贤传记、中国僧传、佛教通史、名山寺塔记、外国传志、史料集。戊、目录。己、伪书。指出:"研究我国佛教之依据,首重译本。搜讨我国佛教之思想,则当研前贤撰述。印度有印度佛教,中国有中国佛教。其异点不专在经典之不同,而多在我国人士对于传来学说,有不同之反应也。……我国佛教之成熟,学说之分派,悉可于此丰富之著作见之。"

第十六章,竺道生。叙述刘宋时高僧竺道生的生平事迹、思想学说,以及他在佛学上的地位,兼及涅槃类经典的翻译、顿悟渐悟之争等。说:"晋宋之际佛学上有三大事。一曰《般若》,鸠摩罗什之所弘阐。一曰《毗昙》,僧伽提婆为其大师。一曰《涅槃》,则以昙无谶所译为基本经典。竺道生之学问,盖集三者之大成。"

第十七章,南方涅槃佛性诸说。介绍南北朝佛学的主潮——涅槃佛性说(以《涅槃经》为中心而阐发的佛性学说)中的"本三家"和"末十家"。所说的"本三家",指的是:竺道生的"当有为佛性体"义;昙无谶的"本有中道真如为佛性体"义;法瑶的"于上二说中间,执得佛之理为正因佛性"义。"末十家",指的是:白马寺爱法师的"执生公义云,当果为正因"义;灵根寺慧令的"执瑶师义云,一切众生本有得佛之理,为正因佛性"义;灵味寺宝亮的"真俗共成众生真如佛理为正因体"义;梁武帝的"真神为正因体"义;中寺法安的"心上有冥传不朽之义为正因体"义;光宅寺法云的"心有避苦求乐性义为正因体"义;河西道朗等的"众生为正因体"义;定林寺僧柔、开善寺智藏的"假实皆是正因"义;地论师的"第八无没识为正因体"义;摄论师的"第九无垢识为正因佛性"义。

第十八章,南朝《成实论》之流行与般若三论之复兴。介绍《成实论》的传译、研究者(称"成实论师")和注疏,《般若》三论(龙树的《中论》、《十二门论》和提婆的《百论》)的研究者以及他们对《成实论》的批评。

第十九章,北方之禅法、净土与戒律。介绍南北朝时期北方(兼及南方)的禅法修持、净土信仰和戒律之学。关于禅法,作者说,汉晋流行的禅法,大别有四:(一)念安般。"此法于安世高译《安般守意经》后甚见流行。"(二)不净观。觉贤所译的《禅经》和鸠摩罗什所译三部《禅经》皆言及此门。(三)念佛。"此门最要,为净土教之所依据。"(四)首楞严三昧。"盖大乘最要之禅定也。首楞严者,华言健相,或曰勇伏定。因其威力最大,故得是名。"自北魏孝文帝以后,禅法大行于北土。"魏世禅师以菩提达摩为有深智慧,而其影响亦最大。达摩称为中国禅宗之初祖。"他的学说为"二入四行"。二入,指理入(即壁观)和行入(即四行);四行,指报怨行、随缘行、无所求行和称法行。关于净土,作者说:"念佛本为禅之附庸。及神教信仰羼入佛教,他力往生,渐占势力,于是蔚为大国。我国净土教,大别有二:一弥勒净土,二阿弥陀净土。"关于戒律,作者说:"南方在宋代除《十诵》以外,已几无律学。齐梁更然。""北方在元魏时所行之律为《僧祇》及《十诵》。"此外,作者还介绍了由魏郡信行创立的三阶教的情况。

第二十章,北朝之佛学。简要地叙述北朝的涅槃学、四宗(因缘宗、假名宗、不真宗、真宗)说、毗昙学、成实学、地论学、摄论学和华严学的情况,以及《摄论》(《摄大乘论》)的翻译者真谛的事迹。说:"释迦之教,空有两轮。南方空学较盛,北方偏于有学。其于大乘,则研《涅槃》、《华严》、《地论》,于小乘则行《毗昙》、《成实》。"

《汉魏两晋南北朝佛教史》条理清晰,资料宏富,论述必据事实,故自问世以来,驰誉海外,成为汤用彤全部著述中影响最大的一部名著。凡是研究中国佛教史、佛教哲学史的人莫不视之为瑰宝。以至迄于今日,在积聚汉魏两晋南北朝佛教史料方面,还没有别的著作能够超越它。

(陈士强)

释氏疑年录 陈 垣

《释氏疑年录》,十二卷。陈垣著。成于1938年。通行本有:1939年辅仁大学丛书本、中华书局1964年版刊行本、北京师范大学出版社1982年版《励耘书屋丛刻》本、广陵书社2008年版、安徽大学出版社2009年版《陈垣全集》本等。

作者生平事迹见"史讳举例"条。

《释氏疑年录》是一部叙录历代高僧生卒年并附以考证的著作。书首有作者撰的《小引》和《凡例》。《小引》说:"往阅僧传,见有卒年可纪者,辄记之。阅他书,有僧家年腊亦记之。积久遂盈卷帙。顾同一僧也,而有记载之殊。同一传也,而有版本之异。达摩卒年,有五说。玄奘年岁,有四说。所见愈广,纠纷愈烦,悔不株守一编为省事也。然既见之,则不能置之,故又每以考证其异同为乐。同则取其古,异则求其是。讹者订之,疑者辨之。辨论既定,遇有佳证,仍复易之。如是一人恒用三四出处。不敢冀无误,亦冀少误云尔。始于康僧会,会以前至者,无确年可纪也;终于清初,以生于明者为限也。按生年编录。无生年,或年过一百三十,未可遽信者,则略以卒年为次。生卒年俱阙者,虽有岁数弗录也。凡得二千八百人,分十二卷,颜曰《释氏疑年录》。"

《凡例》共分为六条:"一、僧人同名者多,故名上悉冠地名,寺名,此僧传例也。宋元而后,僧辄有号,或以号缀名上,如'觉范洪',或以号缀名下,如'洪觉范'。今悉以号缀名上;二、清初僧派甚繁,或从剃度师出,或从得法师出。既略去排行,辄不复知名上为何字。今悉从原著,非有确据,不臆加也;三、此录历千年,地名屡易,加以文人著述,恒用异名,欲求画一难矣。然正为其不画一,可见出处之不同。如同一寺也,在《梁传》称京师,在《唐传》则称扬都,名从主人,自易识别;四、生年借用西纪,年月对此未必悉符,取其便于排检而已。若欲专考一人,尚须更求精密;五、所引习见之书,类用简称。如《梁高僧传》,以至近出《新续高僧传》,均略去'高'字。《开元释教录》、《景德传灯录》等,简称《开元录》、《景德录》。《法苑珠林》,称《珠林》。《文苑英华》,称《英华》。《隆兴佛教编年通论》,称《隆兴通论》。元时《新修科分六学僧传》,称《六学僧传》。《五灯会元续略》，称《五灯续略》也；六、《续高僧传》卷数各本不同。宋元本三十一卷，明本四十卷，高丽本三十卷，今依宋元本。"

全书共收录三国至清初高僧二千八百人，以生年为序排次。卷一：始孙吴建业建初寺康僧会，终梁代大僧正南涧寺慧超，凡二百二十四人。卷二：始梁代禅宗东土初祖菩提达摩，终隋鼓城崇圣道场靖嵩，凡一百三十四人。卷三：始隋代天台宗四祖智者智顗，终唐代京师大总持寺智实，凡二百四十一人。卷四：始唐代京师大慈恩寺玄奘，终唐代京师西明寺慧琳，凡二百三十六人。卷五：始唐代华严宗四祖清凉澄观，终后周钱塘报恩寺慧明，凡二百六十一人。卷六：始后周金陵清凉院大法眼文益，终北宋湖州广法院源，凡一百八十五人。卷七：始北宋杭州佛日山明教契嵩，终北宋焦山普灯法成，凡一百九十三人。卷八：始北宋筠州清凉觉范德洪，终金代嵩山少林寺兴崇，凡二百三十五人。卷九：始元代燕都报恩寺万松行秀，终明代日本建长寺古先印原，凡二百四十五人。卷十：始明代嘉兴本觉楚石梵琦，终明代卓然广度，凡二百三十八人。卷十一：始明代云栖莲池袾宏，终清代江宁古林寺海华，凡三百人。卷十二：始清代广州雷峰天然函昰，终清代苏州狮林寺书秀，凡三百零八人。

《释氏疑年录》的著录方式是：第一行（顶格）叙列僧名（排大字）、籍地和俗姓（排小字）、生年（用公元纪年，省略"年"字，排小字）；第二行（缩一格）叙列卒年和寿龄（排大字），下附考证（排小字）。如：

"长安鸠摩罗什，天竺人。三四四（年）生。

  姚秦弘始十五年东晋义熙九年癸丑卒，年七十。《佛祖通载》作隆安四年卒，未审何据。《梁僧传》（卷）二作弘始十一年卒。《开元录》云弘始十四年末什仍未卒。今据《广弘明集》（卷）二三僧肇撰《什法师诔》。"（卷一）

"京师龙兴寺竺道生，巨鹿魏氏，三五五（年）生。

  宋元嘉十一年卒，年八十。宋慧琳撰《诔》及《出三藏记集》、《梁僧传》均无年岁，《释氏通鉴》作年八十，今从之。"（同上）

书中采录了二三百种佛典和俗书，对僧人的生卒年代进行了考定，纠正了常见史料上的一些疏误，这对于推进佛教人物的研究，特别是重要的有影响的佛教人物的研究，具有很大的参考价值。

梁代禅宗东土初祖菩提达摩的卒年。《续高僧传》中未有著录，宋代佛教史书《景德传灯录》、《传法正宗记》、《嘉泰普灯录》、《佛祖统纪》、《隆兴编年通论》等的记载又不相同。本书的作者根据《八琼室金石补正》卷七十五收录的唐大中七年陈宽撰的《再建圆觉大师塔铭》，考定达摩卒于梁大同二年（见卷二）。

梁代扬都庄严寺僧旻的卒年。《续高僧传》卷五作"大通八年二月",作者根据《释氏通鉴》的记载以及"大通"并无"八年"的情况,考定《续高僧传》的"大通八年"当是"普通八年"之误(同上)。

隋代天台宗四祖智者智𫖮的年寿。《续高僧传》、《弘赞法华传》说:"开皇十七年卒,年六十七"。而《智者大师别传》、《释门正统》等作"年六十",作者考订为"年六十"(见卷三)。

唐代中岳嵩阳寺一行的年寿。《宋高僧传》卷五无著录,《旧唐书·方技传》作"年四十五",作者据《释门正统》定为"唐开元十五年卒,年五十五"(见卷四)。

唐代华严宗四祖清凉澄观的卒年。《宋高僧传》卷五说,"元和年卒,年七十余",《华严悬谈会玄记》说:"开元二十六年戊寅生,开成己未卒,年一百二。"作者从《会玄记》之说,将澄观的卒年定为"唐开成四年己未"(见卷五)。

凡此种种,若无广博的学识是无法得出的。

由于《释氏疑年录》是一部考证僧人生卒年的著作,相对一般的佛教著作而言,显得有些专门。但这种专门有助于扩大佛学研究者的视野,避免因株守一说而造成的疏误(通常是随手抄录《高僧传》、《续高僧传》、《宋高僧传》、《新续高僧传》等僧传上的记载,而不去理会或不知道其他史书上的说法)。另外,从书中考证一个僧人的生卒年时使用的资料入手,也可对僧人的生平事迹有更广的了解。

(陈士强)

中国佛教史籍概论 陈　垣

《中国佛教史籍概论》，一册六卷。陈垣著。成于1942年。1955年10月印行。通行本有中华书局1962年版、上海书店出版社2001年版排印本、安徽大学出版社2009年版《陈垣全集》本等。

《中国佛教史籍概论》原是作者早年讲稿，按成书年代，分类介绍六朝以来研究历史所常参考的佛教书籍，培养学生掌握和运用史料能力。

全书六卷。卷一：《出三藏记集》、《历代三宝记》、《开元释教录》。卷二：《高僧传》、《续高僧传》、《宋高僧传》。卷三：《弘明集》、《广弘明集》、《法苑珠林》、《玄应一切经音义》、《慧苑华严经音义》。卷四：《慧琳一切经音义》、《希麟续一切经音义》、《辅行记》、《景德传灯录》、《五灯会元》。卷五：《宝林传》、《北山录》、《传法正宗记》、《释门正统》、《佛祖统纪》、《法藏碎金录》、《道院集要》。卷六：《禅林僧宝传》、《林间录》、《罗湖野录》、《佛祖通载》、《释氏稽古略》、《神僧传》、《大藏一览》、《法喜志》、《长松茹退》、《吴都法乘》、《南宋元明僧宝传》、《现果随录》。共介绍了学者常读、常用以及与史学有关的三十五部佛教书籍。书前有《缘起》，叙述撰著目的、重点、方法。书后有《后记》，叙述撰著意图与出版此书目的。

总观全书有以下三个值得注意的地方。

一、作者从指导学生研究历史出发，介绍与史学有关的佛教书籍。

陈垣在该书《缘起》中说："中国佛教史籍，恒与历朝史事有关，不参稽而旁考之，则每有窒碍难通之史迹。此论即将六朝以来史学必须参考之佛教史籍，分类述其大意，以为史学研究之助，非敢言佛教史也。"因此，所选佛教史籍范围比较广泛，分目录、传记、护教、纂集、音义等各类，而又"大抵为士人所常读、考史所常用及四库所录存而为世所习见之书"，特别注意四库著录和存目之书，目的在于帮助学生参稽引用资料，研究历史。

二、作者介绍佛教书籍的方法是"每书先条举其名目、略名、异名、卷数异同、版本源流、撰人略历及本书内容体制并与史学有关诸点"。

现以作者介绍《景德传灯录》一书为例加以说明。首先,概述本书,包括书名、卷数(三十卷)、作者(宋释道原)、版本、书籍得名原由("景德、宋真宗年号,灯能照暗,以法传人,譬犹传灯,故名。")等。并引用晁公武《郡斋读书志·释书类》,说明本书的性质、内容、特点、成书经过及其价值。说"其书披奕世祖图,采诸方语录,由七佛以至法眼之嗣,凡五十二世,一千七百一人,献于朝。诏杨亿、李维、王曙同加裁定。……为禅学之源","不啻一部唐末五代高逸传"。其次,介绍《景德录》之体制及内容,指出《灯录》为"纪言体",又为"谱录体","按世次记载","则限于禅宗"。其内容以"释迦牟尼以前为七佛……以摩诃迦叶至菩提达摩为西土二十八祖,以达摩至慧能为东土六祖。慧能之下,分南岳、青原二派,南岳下出沩仰、临济二宗,青原下出曹洞、云门、法眼三宗"。附带述及宋时著名"五灯"。其三,介绍著者道原宗派。指出"道原为天台韶国师之嗣,法眼清凉益之孙,故本书记青原诸宗特详"。又顺便辨正有人认为此书为临济所著之误。其四,介绍《景德录》版本。指出景德间进呈本,有杨亿序,已不得见。有四部丛刊本,虽非道原、杨亿原本,从注中得知,大体尚为道原、杨亿本之旧。有元祐本,对原本的注文有所保留,可供研究者探讨。有碛砂藏泰定本,所据"乃较早之本也"。其五,辨正《景德录》撰人问题。指出"本书著者为吴僧道原,本无问题"。唯延祐本绍兴二年长乐郑昂跋中忽持异论,认为此书是"湖州铁观音院僧拱辰撰",因而造成混乱。作者考辨后指出:"此跋可称毒箭,欲以一矢贯双雕,而不知其说之无稽也。"

三、贯穿着缜密而深刻的考据风格。作者擅长考据之学,对于所介绍的佛教史籍中的错误,引证丰富材料,加以周密考订,是正讹误。特别对《四库全书总目》中出现的错误,一一予以纠正。如《现果随录》,《四库》附有存目云:"一卷,九十一则"、作者"字晦堂"。陈垣根据《续藏经》本纠正为"四卷,百三则",作者"戒显,俗名王瀚,字原达,太仓人"。为僧后,改今名,"字愿云,号晦山,得法于汉月藏弟子具德礼,为密云悟三传"。并指出《四库存目提要》误作"字晦堂",是循袭《清诗别裁集》小传之误。此外指出《提要》谓戒显顺治间居医隐亦不确。如《佛祖通载》,《四库提要》说"念常所见之帝师为八思巴"。陈垣指出:八思巴死在念常未出生之前,不可能见到他。而念常所见之帝师"必公哥罗也"。原因是《提要》撰人"仅知有帝师八思巴,而不知八师巴卒后,终元之世,嗣为帝师,名见《释老传》者,尚十余代"。此外还指出《提要》张冠李戴,将与杨琏真加无涉之云峰妙高与教家在元始祖面前辩论禅宗宗旨事加在杨琏真加身上,从而指责《通载》包庇杨琏真加,"乃没其事迹,但详述其谈禅之语"。实质是"《提要》撰者阅书疏忽之咎"。这种考证,书中俯拾皆是,既显示作者学识之渊博,又体现擅长考据之学问。

《中国佛教史籍概论》介绍六朝以来研究历史所常参考的佛教书籍,作者运用丰富的历史材料,旁徵博引,对这些书籍实事求是地加以分析、作出评价,对其中错讹,一一予以订考、辨正,特别对《四库提要》记载的错误,一丝不苟地加以纠正,对于研究中国历史、中国佛教史都有重要的价值。因此成书以后,深受史学工作者、宗教史研究者的重视。

(来可泓)

密教通关 持松

《密教通关》，一册。持松著。成于1936年。1939年在上海排印出版。通行本有华东师范大学出版社1993年版《持松法师论著选集》本。

持松(1894—1972)，俗姓张，法名"密林"，受学密法后阿阇黎赐灌顶号为"入入金刚"。又因私淑唐代高僧玄奘，自号"师奘沙门"。湖北荆门人。家世业儒，幼时从父学习四书五经。十八岁时投荆门沙洋铁牛寺默满法师出家，二十岁受具足戒于汉阳归元寺。同年，考入由近代高僧月霞在上海爱俪园创办的华严大学深造，修学三年。毕业后，回湖北当阳县玉泉寺，从祖印学习天台教观。1918年2月，继月霞之后，出任江苏常熟兴福寺方丈。在五年任期内，两次开坛传戒，并创立华严预备学校，培养僧才。1922年冬，因读《法轮宝忏》，深感瑜伽密典幽深难解。中国真言宗（密教）自唐代惠果以后，已成绝学。而在日本，由受学于惠果的空海创立的日本真言宗，其法脉绵延至今。于是，发愿重兴唐密，只身东渡，初登日本古义真言宗道场，礼天德院金山穆韶阿阇黎，受此派传授，得第五十一世阿阇黎位。1923年学成回国，初在杭州菩提寺传法灌顶，继而住持武昌洪山宝通寺，在那里建立了真言宗道场，将绝传已久的唐代密教传回中国。1926年至1946年，先后在辽宁、南京、北京、杭州、武汉、上海等地巡回讲经、传戒、灌顶、修法，弟子达数万人。其间两次东渡日本，再次上登高野山，得东密、台密之心传，获古义、新义之要旨。1947年3月，被推为上海静安寺方丈，兼静安佛教学院院长，在寺内建立了真言宗坛场，传授密法。1953年6月，当选为中国佛教协会常务理事。1956年任上海佛教协会会长。持松精通日文、梵文，善诗词，兼工书法绘画，学识渊博，显密兼通。他的佛学思想，前期以华严宗为主，后期以真言宗为主。其显教著述有《华严宗教义始末记》、《摄大乘论义记》、《观所缘缘论讲要》、《因明入正理论易解》、《心经阐秘》、《般若理趣经集解》、《仁王护国经阐秘》、《悉昙入门》、《梵语千字文》、《梵语杂名》、《梵文心经异译本》、《释尊一代记》、《施诸饿鬼食法注》、《师奘文钞》等；密教著述有《密教通关》、《大日经住心品纂注》、《金刚顶大教王经疏》、《苏悉地羯磨经略疏》、《金刚界行法记》、《胎藏界行法记》、

《护摩行法记》《随行一尊供养秘记注》《三陀罗释》《真言宗朝暮行法》《密教图印集》《菩提心论纂注》等。总计二十六种，今大多亡佚。见收于《持松法师论著选集》的，是《密教通关》《菩提心论纂注》《心经阐秘》三种。生平事迹见真禅主编的《持松法师纪念文集》（华东师范大学出版社，1993年）。

《密教通关》是一部系统阐述密教（又称"真言宗"）的理论、修持和史迹的著作。它是密教研究的入门书，也是持松的主要代表作。在中国佛教中，有关密教的著述极为稀少。见存的仅有唐代一行的《大日经疏》、海云的《两部大法相承师资付法记》、辽代觉苑的《大日经义释演秘钞》等数种，而且除海云的《付法记》以外，几乎全是经疏、仪轨。在唐密绝传之后，在近代全面介绍密教的，持松的《密教通关》当属第一部。

《密教通关》书首有初刊时朱庆澜撰的序。序中说："师（持松）三次渡海，五载请业，故得新古两义，博综于腹笥；东台二密，淹贯于胸次。"归国以后，唯冀以著述利方来。几年中，疏解经论，已达数十万言。"今为习真言者入门方便，又复条撰事类，汇辑群言，征法苑之典据，详宗趣之异同，品骘邪正，辨别真伪，审宗派之源流，溯兴替之沿革。名相繁糅，则胪为图表；音训淆混，则注以梵书。剖析义例，标章十门，而署曰《密教通关》。使学者睹凡而得度，因约以知博。诚可谓三密之指掌，五智之南车，岂仅便于初学而已哉。"

全书由《总叙》和正文十门（相当于章）组成。《总叙》对显密二教进行了比较。认为，在现行显教各宗（如净土、禅、华严宗）中，能够与真言宗相表里的，只有华严宗。但"真言宗之方便多门，虽华严犹当让之。而华严事事无碍之旨，真言实为之启键之宝钥矣"。在佛教各派中，真言宗"雄大崇伟，无出其右，而统摄赅含，又无与此比肩也"。然而，真言法门犹如大补全活之方，峻攻猛泻之剂，倘若依法授受，则"旷劫之无明（烦恼），一朝可尽"；反之，如盗法自作，或者滥授非器（授徒不当），则必将"自祸而祸人"。有鉴于真言宗中的有些流派，如东瀛（日本）的"立川派"、藏卫（西藏地区）的"阙群派"，"其所行者，则以吞刀喷火、呼蛇役尸为能。或专奉阴阳抱持之像，视赤白二渧，为理智不二之甘露；男女交遘，为定慧双融之金刚。使清净圣教，一变而为魍魉之邪说；住持僧宝，一变而为破法之魔侣"。唐代密教，自唐武宗会昌毁佛以后，"玄言流散，元明（指元朝、明朝）绝响，中土稀音"，为此，作者花了一个月的时间，撰成本书。所分的十门如下。

一、显密名义。解释显教与密教的名称、含义。说，显教以"显了"为究竟，"秘密"为方便；密教则以"显了"为方便，"秘密"为究竟，二教对显、密的理解正好相反。弘法大师（指空海）以说法的教主分判显、密。显教为"应化释迦如来"所说，"皆为曲顺众生之粗机"，而未曾开示如来自证的境界；密教为"法身毗卢如来"所说，"皆如来自受用身为自受法乐故，与自内眷属，各各演说内证三密法门"，也就是说，它显示的是如来自证的境界。这种境界连法身大士（菩萨）以下的十地菩萨都没有达到,更况且凡夫中人。另外,显教的经典,是任人受持的;而密教的经轨,对于未经灌顶(皈依密教的仪式)的人来说,是不许宣示的。

密教,有密宗、瑜伽宗、真言宗、金刚乘、秘密藏、持明藏、总持藏、陀罗尼藏等种种名称。各种名称都有内在的含义。"言密宗者,即以三密为宗也。三密者,身口意三种,与心佛众生三种,三三平等。所谓身等于口,口等于意,意等于身。又如来三密,行者(修行者)三密,众生三密,一如平等,涉入无碍。此三平等法,在凡夫人,不能明了,故称三密。今欲实证此三平等故,依三密修行。身则结契印,召请圣众,以除身业之障;口则诵真言,令文句了了分明,无有谬误,以净口业之罪;意则住于白净月轮,观菩提心等,以忏意业之非。三业既净,则三密互具,而心、佛、众生亦圆融矣,故曰密宗。"显、密二教的功效大不相同。依《金刚顶五秘密经》所说,"于显教修行,久经三大阿僧祇劫(比亿万年还长远的时间),然后证果",这中间还要经历"十进九退",即进十步而退九步的反复。"若依密教,则由加持威力故,于须臾顷,当证无量三昧耶,无量陀罗尼门。以不思议法,能变易俱生我法种子,应时生在佛家。"因此,"密教功能之大,成果之速,非显教之人,可得望其项背也"。

二、经轨本据。阐述密教所依据的基本经典。说,密教的经典分为"经"和"轨"两类。"经为如来亲唱,故先之。轨为菩萨渐制,故次之。""经"分为纯密、杂密两部。纯密部经典又分根本经、支流经两类。根本经有两部(《大日经》、《金刚顶经》)、三部(上两部更加《苏悉地》)、五部(上三部更加《瑜祇经》、《要略经》)三种不同的说法。支流经分亲近(《苏婆呼经》、《瞿醯耶经》、《理趣经》等)和疏远(《炽盛光》、《一字佛顶》等)两类。杂密部经典,有《仁王》、《楞严》、《金光明》、《孔雀》、《陀罗尼集经》等;"轨"下分六类,有诸佛轨(药师、弥陀等)、诸经轨(宝楼阁、仁王等)、诸菩萨轨(文殊、地藏、观音等)、诸明王轨(大威德、金刚药叉等)、诸天轨(焰摩、十二天等)、杂作法轨(受戒、施食等)。另外,密教也有"三藏"。密教三藏指的是:经藏,有《大日经》、《金刚顶经》等二百卷;律藏,有《苏摩呼童子经》、《毗奈耶经》等百七十卷;论藏,有《菩提心论》、《释摩诃衍论》十一卷。

具体说来,胎藏界法以《大日经》(全称《摩诃毗卢遮那成佛神变加持经》)为依据,金刚界法以《金刚顶经》(全称《金刚顶一切如来真实摄大乘现证大教王经》)为依据。两部大经的差别在于:《大日经》表现为(或象征着)理、本有、因、生(众生)、本觉、平等、莲花、东、梵文"阿"字、胎、色、五大;《金刚顶经》表现为智、修生、果、佛、始觉、差别、月轮、西、梵文"鍐"字、金、心、识大。"胎为理具之佛种","金刚为显得之智果",明了这一点,两部大经的差别也就大体上掌握了。《大日经》的广本相传有十万颂,于世无传。传世的为略本,有三千五百颂,即唐代善无畏译的《大日经》七卷;《金刚顶经》的广本相传有无量颂,于世无传。中本有十万颂、三百卷、十八会,相传金刚智来华时,失落于海中,也不传。传世的为略本,有四千颂,相当于十八会中的初会,即唐代金刚智译的《略出经》四卷和不空译的《教王经》三卷。两部大经(《大日经》、《金刚顶经》)以外的《瑜祇经》为金刚界的苏悉地法(成就法),《苏悉地》为胎藏界的苏悉地法,《要略念诵经》(全称《大毗卢遮那佛说要略念诵经》)为《大日经》的供养法(内容相当于《大日经》卷七)。

三、立教差别。论述密教的判教。说:"密教分教相、事相二大部门,其事相不能宣说,但凭秘授;其教相乃能分析名言,核理深浅。"密教只以显、密判别佛教,它的判教属于"教相"的范围。日本东密的弘法大师(空海)依《金刚顶经》横判显密二教,依《大日经·住心品》竖判"十住心教"。所说的十住心教,指的是:异生羝羊心(诸趣外道)、愚童持斋心(人趣)、婴童无畏心(天趣)、唯蕴无我心(声闻)、拔业因种心(缘觉)、他缘大乘心(唯识)、觉心不生心(三论)、一道无为心(天台)、极无自性心(华严)、秘密庄严心(真言)。而台密的安然和尚对"十住心教"多有非难。他承慈觉大师(圆仁)之意,判《法华》、《华严》、《般若》、《维摩》等为"理密教",《大日》、《金刚顶》等为"理事俱密教",其他三乘等经为"显教"。又因不空有"一大圆教"(指密教)之语,而谓一切佛名一佛、一切时名一时、一切处名一处、一切教名一教,即一佛、一时、一处、一教之说。

持松不赞同东密、台密的这两种判教。他认为:"余意古今判教诸师,以华严宗贤首大师所立之小、始、终、顿、圆五种教门,最为圆满。今将密宗根本两部大经,用五教判摄,当是第五圆教。而圆教中,又分同圆、别圆,此宗属同圆教也。"

四、安心观道。论述密教的观法。说:"佛教根本,皆以观心为主,无论何宗何派,若舍诸法实相外,别求他法,即是魔说,非佛教也。故天台以止观为业,华严以法界观心,唯识、三论,亦各有安心之法,净土十六观,禅宗参究等,皆安心之方法也。"密教的观法,不外乎因字、因事、因法、因人四种,即"四种曼荼罗"。因字起观,指观梵文"阿"字等;因事起观,指观月轮、莲花等;因法起观,指观慈悲喜舍、三平等观等;因人起观,指观本尊形像等。密教修行者在寝时、坐时,以及其他时间内各有观法,如以数字为序排列,则有:一体速疾力三昧(即"阿"字观)等、双身观等、三平等观等、四无量观等、五字轮观等、六大无碍观等、七空点观等、八叶肉团心观等、九重月轮观等、十缘生观等。

五、悉地种类。论述密教的成就("悉地")法。说,密教修法(指成就法),其数虽多,约而言之,不过四种,即息灾、增益、敬爱、调伏。这四种修法通金刚界五部(如来部、金刚部、宝部、莲花部、羯磨部)和胎藏界三部(如来部、莲花部、金刚部)。息灾,指"除灾生德";增益,指"增进福智,圆满万行";降伏,指"损减怨敌,克服强暴";敬爱,指"得人宗仰,使众和合"。在这四种成就法以外,另加钩召(指"召摄欲得之人"),名"五种法"。另外,还有延命法,为增益法的分支。四种成就法的差别在于护摩的作法不同。"护摩为密教大法,凡求成就,必作护摩。"护摩,意为"焚烧",有浅深二解:"浅者,因印度外道有事火之法,以火为梵天之口,为令供物,上达于天,故以火进之。今密教为摄伏彼故,借用彼法,造作坛场,构设炉器。以诸供物,顺次加持,投于炉中,供养本尊,求成就也。"此为"外护摩"、"世谛护摩"。深者,"须作三平等观,自身、本尊及炉,一体无二。以智火烧无明薪,以一切众生,皆从业生,今烧除前业,即得解脱也"。此为"内护摩"、"佛法真正护摩"。由于密教"当相即道",故外护摩亦不可废除。

六、行位断惑。评述佛教各宗的悟修(修行觉悟)理论。说,各宗在悟修上的差别,归纳起来有五个方面。

(一)缘起现相。"即各宗对于万有之开展,生起之缘由及所现之相,而认识不同也。"小乘持"业感缘起"说,大乘相宗持"阿赖耶缘起"说,大乘性宗持"如来藏缘起"(又名"真如缘起")说,一乘圆教持"法界缘起"说,真言宗(密教)持"六大缘起"说。真言宗的"六大缘起"说,"兴法界缘起,名虽不同,而义无差别",它以"四种曼荼罗"概括"现相诸法":一是大曼荼罗,指"一一佛菩萨相好之身,及彩画其形像"。二是三昧耶曼荼罗,指"所持标帜、刀剑杵莲等,或画作其形者"。三是法曼荼罗,指"真言种子字"。四是羯磨曼荼罗,指诸佛菩萨的"种种威仪动作"。以上是就"佛界"一方面说,"实则十法界之身,皆名大曼荼罗。山河草木,有形物质,皆三昧耶曼荼罗。语言文字,一切声响,皆法曼荼罗。一切动作,行住坐卧,幡飘树摇,都为羯磨曼荼罗。故此四种,即包罗一切法相。得各具四种,而其体则皆六大也"。

(二)发心根本。"即要求解脱之出发点各各不同也。"大乘权教发心,是将"心"与"菩提"对立起来,心为"能求"(主体),菩提为"所求"(客体)。"真言宗发心,则是自心寻求本有之觉体,名曰菩提即心。"

(三)断惑品类。"即扫除成佛之障碍各不同也。"小乘须"断除见惑八十八使及思惑八十一品",方能去烦恼,证得"我空"之理。大乘相宗须"断烦恼所知二障",方能转八识,成"四智"。性宗须"断正使及习气",方能知"一切烦恼即菩提"之理。一乘圆教则"惑性本融,不可说其体性"。而真言宗则以"无明"为因,由无明转生出"六烦恼"(贪、嗔、痴、慢、疑、恶见),再辗转生出一百六十心,分为三品,名"三妄执",此为"一切应断的惑品"。

(四)修行时分。"即成佛所经之时间各不同也。"小乘说成佛要经历三生百劫,法相宗说要经历三大阿僧祇劫,法性宗不限劫数。真言宗虽然也说断除无明、妄执要经历三大阿僧祇劫,"但此非就时分长短而言"。"若一刹那间能越此三种妄执,即刹那成佛,不须更经长久之时间也。真言宗之所以即身成佛者,以此。"

(五)行位阶差。"即成佛之阶级不同也。"小乘说成佛要经历"五位"(五个阶位),法相宗说要经历"四十二位",法性宗说要经历"三贤十地"。而真言宗的《大日经》说要经历"三劫十地",《金刚顶经》则在"十地"之内,立"十六大菩萨生"。

七、佛果道场。论述密教即身成佛的果位和大曼荼罗诸尊。下分四小节:(一)明种姓。(二)别相好。(三)论佛身。(四)辨佛土。说,地、水、火、风、空、识"六大"(前五者为"色法",末者为"心法")自在无碍,遍及有情与无情(有情识的众生和无情识的草木等),它们都是大日如来体性的表现。"即身成佛"义有三种,称为"三种即身":一是理具,指"一切众生身心,本为两部(金、胎)之体。身为胎藏,理也。心为金刚,智也。故肉体之外,更无本觉之体性,而当相为大日法身也"。二是加持,指"众生本觉之功德,与如来加持三密力相应,而成办一切佛事也"。三是显得,指"自身成就三密相应,而显现法性之万德,乃真实之证悟也"。其中,"理具"为"体",为凡夫所本有;"加持"为"相","显得"为"用",为修生(修行而后生)。"若行人(修行者)依各尊三密修行,则将本尊功德引入自身,即自身成本尊身,早得悉地。"关于"佛身",金刚界属"智",故称"智法身";胎藏界属"理",故称"理法身",理智互具不二。显教转"八识"而成"四智",而密教更转第九识"庵摩罗识"(又称"白净识")而成"五智"。五智,又与五方、五大种子、五大色、五佛、五位等一一对应相配。简而言之,中央为"地"、"大日如来"、"法界体性智",东方为"空"、"阿閦佛"、"大圆镜智",南方为"火"、"宝生佛"、"平等性智",西方为"风"、"阿弥陀佛"、"妙观察智",北方为"水"、"不空佛"、"成所作智"。关于曼荼罗,金刚界为九会(羯磨会、三昧耶会、微细会等),胎藏界为十三大院(中台八叶院、金刚手院、观音院等)。

八、灌顶次第。论述密教的灌顶次第。说:"密教有一极隆重而最庄严尊贵之事业,即灌顶作法是矣。"灌顶,指的是以"甘露法水,灌佛子顶","用以除无始轮回之恶业,显本有性德之佛体"。灌顶之前,弟子须先受"三昧耶戒"(又名"发菩提心戒")。灌顶时,阿阇黎(导师)令弟子投花于密坛上,根据花落于哪一位本尊(佛、菩萨、金刚等)的位置,判断他"与何尊相应,受持何尊行法"。一切真言,只有在履行灌顶仪式之后,方能向弟子传授。未经阿阇黎亲自传授而自己念诵,不但诵之无效,反招大咎。灌顶的种类,各经所说不一。大体说来,有结缘、息灾(包括增益、降伏)、受明、阿阇黎(包括佛、莲花、金刚部)、传法(包括印法、事业、以心)、自作、本尊七种,其中主要的是结缘灌顶、受明灌顶、传法灌顶三种。但无论是哪一种灌顶,其主要事项大致相同:"一、灌顶道场图。二、各种加持作法。三、两界系牵曳式。四、八流幡悬式(并幡图样)。五、系缕作法(并合香药法)。六、教授作法。七、宿曜吉凶选择法。八、三昧耶戒场图。九、灌顶道具图。十、声明赞德次第(钹谱)。"灌顶之后,对弟子加授金刚名号。

九、宗派源流。论述密教的传承源流。说:"中国之有密教,以西晋怀帝永嘉六年,天竺三藏帛尸黎密多罗,来至建康,译《大孔雀王神咒经》等,为初最也。"其后,佛陀跋陀罗、鸠摩罗什、昙无谶、求那跋陀罗、达摩笈多、玄奘、佛陀波利、地婆诃罗、义净、菩提流支等也相继翻译密经,但所译大抵属于事相,而且系"杂密"。"纯密"的传来,并且正式成为一宗,则自唐玄宗时始。其时,善无畏、金刚智、不空(合称"开元三大士")从印度来华,译出《大日经》等,并授法于一行、惠果等,又通过"入唐八大家"传到日本,形成由传教大师最澄所创的台密,和由弘法大师空海所创的东密,乃使密教支流繁衍,绵延至今。

有关密教的传承,日本台密的传教大师《内证佛法血脉图》、智证大师圆珍《贤师血脉图》、东密的弘法大师《真言付法传》,以及唐代海云《两部大法相承师资付法记》、玄超《两界血脉图》均有记载。据海云所记,胎藏界法的传承是:大日如来——金刚手——掬多——善无畏——金刚智、一行、玄超——不空(得法于金刚智)、惠果(得法于玄超)——法润、空海、义愍等——法全(得法于法润)、海云(得法于义愍)——圆仁、圆载、圆珍、遍明、宗睿(均得法于法全)。金刚界法的传承是:大日如来——普贤——龙猛——龙智——金刚智——善无畏、不空——惠果(得法于不空)等——空海、义操(均得法于惠果)——法全、海云(均得法于义操)——圆仁、圆载、圆珍、遍明(均得法于法全)。至于最澄的传承,在海云的《付法记》中没有记载,而据智证大师《贤师血脉图》,最澄得法于顺晓,顺晓得法于义林,义林得法于善无畏,因而属于胎藏界付法系统。

东密、台密二系的差异,归纳起来有以下五点。一是教主。"东密以大日为本,与释迦别体,故台密斥为昧于一实之理。台密释迦与大日同体,故东密斥为未脱显网。"二是教义。"东密无理密事密之分,除两部外皆为显教。台密分理密和事理俱密,故法华、华严与两部无轩轾。"三是两部。"东密偏重金刚界,为金胎次第,两部外不立不二。台密偏重胎藏,为胎金次第,两部外立苏悉地为三部。"四是血脉。"东密,两部一系,故法流统一。台密,两部各分系门,故教门分张。"五是修法。"东密,以爱染法为至极之大法。台密,以炽盛光佛顶为至极大法。"

十、法义略诠。解释密教中常用的名词术语(如器物、仪轨、作法等)。有五峰八柱宝楼阁、坛、声明、唱礼、十二合掌、三种本尊、真言诵法四种、四度次第、三业度人、西藏密教、作法选日、三九秘要、结护、阿尾舍法、五种犯三昧耶、《理趣经》、护法等。如释"四种法要"说,这是作法会时最重要的仪式,"一、梵呗。先于法会之初,讽咏如来妙身之偈,以赞叹佛德,且静止外缘也;二、散花。梵呗之次,先唱愿我在道场等句,而后各随其佛之伽陀,以散花供佛也;三、梵音。散花之次,唱十方所有胜妙花等句,以净音供养也;四、锡杖。梵音之次,唱手执锡杖偈,而振锡杖也"。释"四度次第"说,此又称"四度加行",是真言行者学法的次序。"最初学习梵文及显教,数年纯熟,经阿阇梨许可,练习三大陀罗尼,即尊胜、宝箧、弥陀根本咒。诵习纯熟之后,即开始修习《理趣经》加行、护身法加行各三日,要修十八道加行。……十八道后,修金胎两部及护摩法,是为四度加行。"

《密教通关》作为研究密教的入门书,自问世以后,颇为密教修行者所重。但由于在我国内地,自古以来显教始终占据主导地位,而《密教通关》基于作者的立场,其观点为"密教胜于显教",故也招致当时显教各宗人士的不满,对之颇有非义。但在中国密教发展史上,它所具有的重要的理论价值当是毋庸置疑的。

（陈士强）

因明大疏蠡测 陈大齐

《因明大疏蠡测》，陈大齐著。1938年以油印本分赠，1945年8月在重庆铅印出版。有中华书局2006年排印本。

陈大齐(1886—1983)，字百年。浙江海盐人。1912年获日本东京帝国大学文学士，1961年获香港大学名誉文学博士。历任北京大学教授，系主任、代理校长。1948年去台湾，任台湾大学教授、政治大学校长等。主要著作尚有《理则学》、《实用理则学八讲》、《名理论丛》、《印度理则学》、《因明入正理论悟他门浅释》、《孔子学说》等。

《因明大疏蠡测》十二万余字，由四十二个专题和序、跋组成。它集中地反映了陈大齐的因明学研究成果。《因明大疏蠡测》运用传统逻辑的工具，研究了因明的体系，探幽发微，阐发宏富，内容博大精深，处处显示出作者的创见，具有重要的学术价值。可以说在逻辑与因明比较研究方面，长期以来还没有一本著作可以与之媲美。

陈大齐在序中概括了本书的写作指导原则和写作的特点，这可以看作他研究因明的指导思想及具体方法。

一、因明研究的指导原则

（一）遇有艰疑，深思力索。表明自己的刻苦钻研精神和严谨的写作态度，决不浮光掠影，浅尝辄止。因明论、疏，晦涩艰深，学人视为畏途。《因明入正理论疏》内容富赡，为诸疏之冠。"取读此书，格格难入，屡读屡辍，何止再三，然研习志，迄未有衰。"他拿来日文著作《因明入正理论方隅录》作为入门工具，"悉心诵读，粗有领悟"，写成《因明入正理论浅释》，自觉"殊不惬意"，对因明理论尚未彻悟。于是，又细读《大疏》，用数载之功，才写成本书。其治学因明的成功之路，有普遍意义，其攻坚精神，勘为因明研习者之楷模。

（二）但遵因明大法。《因明大疏蠡测》所包含的四十二个专题都是在"因明大法"的统率下写成的。"因明大法"的主要依据是玄奘翻译的《因明正理门论》和《因明入正理论》。"但遵因明大法"就是主张读原著,从经典著作中找具体理论的依据。

(三) 不泥疏文小节。不应该全盘接受唐疏的解释。玄奘没有自己的因明著述,他的思想保留在众多弟子的疏记中。要习因明,唐疏是入门阶梯,舍此无由。但是唐疏的代表作窥基的《大疏》有成就也有不足,"探源穷委,博征繁引。于因明理,阐发尤多,内容富赡,为诸疏冠……《大疏》精神,堪为楷式",但"名言分虽,界限不清。后先阐述,不相符顺。义本连贯,散见不聚。理有多端,挂一漏余。积此诸故,益复难解。且令因明体系,失其谨严,损其贯通"。鉴于上述,既要学习前人,又要敢于纠正前人。

(四) 参证其他疏记。主张在研读《大疏》的同时,还要参阅其他疏记。神泰的《因明正理门论述记》、文轨的《因明入正理论疏》等都成书于《大疏》之前,《大疏》与诸疏一脉相承,又诸多新见,而日文著作《因明论疏瑞源记》又是《大疏》的集注本,其中引用各家注释有几十家之多,以上各书以及窥基的弟子和再传弟子之疏记均可相互发明。

(五) 间亦旁准逻辑。把因明与逻辑作比较研究。"因明逻辑,二本同理。趋向有别,进展随异。逻辑详密,因明弗如。亦有道理,逻辑本说,如有无体,如自他共。因明发扬光大之可期者,与夫足补逻辑所不逮者,其或在斯。故于此二,尤致力焉。"作为逻辑学家的陈大齐,时时自觉地运用逻辑眼光来看待因明理论,偶尔还尝试用数理逻辑的观点来对照因明的特点,在汉传因明研究中实属凤毛麟角。

二、因明研究的具体方法

(一) 紊者理之。以有体、无体两个概念的解释为例。有体、无体是因明术语中最复杂难解的语词。古今异说纷呈,头绪繁多。《大疏》也未集中论述,而是散见各处,显得紊乱。《因明大疏蠡测》把它们汇集起来,经过耙梳整理,在古今因明著作中第一次全面明确地解释了这两个语词的各种用法。

《有体无体表诠遮诠》一节中说:"疏言有体无体,其义似有三类。"

第一种含义的有体、无体,"指别体之有无。言有体者,谓因言所指,于有法所指之外,别有其体。如烟与火,各为一物。言无体者,谓因所指,附丽有法所指事物,不于其外,自成一体。如热与火,热依存于火,非于火外别有热体。是故有体云者,意即物体,无体云者,意即物体所具属性"。

第二种含义的有体、无体是指"谓言陈之有无。言陈缺减者是曰无体,不缺者曰有体"。《大疏》是在谈及三支的缺过时使用这一含义。三支完整为有体,不完整称无体(正确的省略式属三支完整)。

第三种含义的有体、无体是讨论得最多的一种。《大疏》说:"故此过是两俱有体一分不成,余无体两俱一分一种不成。"《因明大疏蠡测》认为:"疏言有无,多属此类。"这就为有体、无体的讨论确定了论域。这一含义的有体、无体是讨论三支内部各概念的,"立敌不共许其事物为实有者,是名无体",反之为有体。

(二) 似者正之。《大疏》对《入论》的解释多为真知灼见,但也不乏误解。《入论》关于"宗等多言名为能立"是指宗、因和喻三支为多言合为能立,《大疏》却把宗排除在外,违反《入论》之本意。又如,《大疏》解释同品概念时,把同品错解成同喻依,《因明大疏蠡测》都作了详细剖析。

(三) 晦者显之。《大疏》解释了宗同品的数种含义,其中之一是同品同于不相离性。《因明大疏蠡测》认为"说欠明畅,易滋误解"。"因明设宗同品……欲以证实所作无常属著不离。然无常性散在瓶盆,依体以存,不能离体。……是故同品举瓶,意本不在于瓶,借此所依之体,以显能依之法。是故疏云'不相离性',殆谓他处有法及法不相离性,非谓宗中有法及法。"

(四) 缺者足之。《三十三过与自他共》一节说:"《论》说三十三过,但以共比为例,未及自他。《大疏》说过,条析益明。然举过类,犹有未尽,判别正似,间有不当,且说有体、无体、未分自他与共。用是不揣简陋,妄作续貂之计。"

(五) 散者合之。这是《因明大疏蠡测》常用的一种研究方法。关于有体、无体之解释,关于能立之解释等等,都具有"散者合之"的特点。这一方法体现了作者对论和疏的整体研究,避免了一孔之见。

(六) 违者通之。《宗因喻间有无体之关系》指出,《大疏》论宗因喻间有体无体之关系,计有之则,"第一、第三两则之间,显有不相符顺之处,在第一、第三两则之间,虽无明显的自相矛盾之处,但作详细探讨后,也可见不尽符顺之处。""推其原故,则以泛说有无,来分自他及共,且于随一有无,或说为有,或说为无,不尽一致。又于无宗,或说其总,或但一分,不兼其余,名实不一,遂滋混淆。有体、无体、有义无义……应各分四。"

三、因明基本理论研究方面的主要贡献

(一) 关于能立二义。最全面地论述了"宗等多言名为能立"的含义,纠正了《大疏》关于宗只能是所立而不属能立的错误。将《入论》中十五处涉及能立的说法逐一考察,指出"并摄宗者有九","指因法者有六",并一步提出能立二义的观点。

(二) 关于表诠、遮诠。第一次直接对新因明中表诠、遮诠作出正确解释,"故此遮义,与逻辑中所云负名,约略相当",指出因明中遮诠近似于逻辑之负概念,纠正了遮诠相当于逻辑否定命题的观点。

(三) 关于全分、一分。把因明之全分、一分与逻辑之全称、特称作比较,提出全分与逻辑全称命题有同有异,而一分不同于特称命题,纠正了全分等于逻辑之全称,一分等于逻辑之特称的错误。"逻辑全称特称,偏重形式,因明全分一分,偏重实质。其言全分,或谓一名之全,或谓多名之全,一分亦尔。或谓一名之分,或谓多名之分,皆属内义,无关外形。"

(四)关于有体、无体。第一次清楚地解释了有体、无体语词的多义性,对使用最多的第三种含义作出正确的定义,并阐明了有体、无体与有义、无义和表诠、遮诠的联系,"三虽异名,义实相通",同时也阐明了宗、因、喻间在有、无体关系上所应遵守的规则。

(五)关于因同品、因异品。从五个方面论证《大疏》增设因同品、因异品两术语的合理性,"所贵乎别创新名者,意义确定,不可游移,庶足资阐述之方便"。《大疏》规定了宗因双同、异为法,宗同、异为品,"诚能守此界说,以解因、同异品,庶几义无混淆,而有助于阐述"。

(六)关于同品定有性与同喻体。在汉传因明史上第一次明确指出同品定有性不同于同喻体,指出同品定有性是逻辑上特称命题。"同品定有者,谓宗同品有因,同法喻体,先因后宗,其所显示,说因宗随。是故论云'若于是处显因同品决定有性',谓因有宗,非宗有因。前者自果求因,后者自因求果,其在言陈,主谓位置适相颠倒。"

(七)关于因的后二相。明确提出因的后二相不可缺一。从九句因来看,"同品定有,其异品之或有或无,至不一定,无可推知,故必遍集异品,别为检察,以定第三相之能否完成。复据异品遍无言之,同品亦三,非有一定"。

(八)关于三十三过中的三种比量最完整地阐述了因明三十三过中自、他、共三种比量的不同情况,弥补了论、疏的不足,是对因明理论的发展。

四、因明基本理论研究的不足

(一)关于陈那三支作法的推理性质。"同品除宗,既未尽举,自同品定有性而言之,三支作法,仅知特殊以推知特殊,非自普遍以推知特知,亦即但有比论之力,而无演绎论证之功。"又说:"因明二种正量,宗因及同喻体,俱属全称肯定判断,故为逻辑 AAA 式。"未能坚持前观点,陷入自相矛盾。

(二)关于因的后二相与同、异喻体。既主张要由因的后二相共证同喻体,又主张单由因的第三相便可双证同异二喻体,这在逻辑上是不成立的。可见其对同异品除宗的正确理解未能贯彻到底。

(三)关于因的后二相与归纳推理。把因的后二相说成是归纳推理是没有根据的。因的后二相只是作为正因的条件提出来的,至于这两个条件是怎么来的,特别是异品遍无性这个除外命题是怎样得到的,陈那的因明理论本身并没有直接回答。正如不能把三段论第一格的规则"大前提必须全称"本身当成归纳推理一样,也不能把因后二相说成归纳推理。

(郑伟宏)

佛法概论 印 顺

《佛法概论》，一册。印顺著。1949厦门佛学院铅字排印本。1960年收入印顺自己编定的《妙云集》中编，由台湾正闻出版社出版。1989年至1990年中国佛教文化研究所影印，列为该所编印的《佛教文化丛书》之一，在佛教界流通。有上海古籍出版社1998年排印本与中华书局2010年收入《印顺法师佛学著作选集》系列的排印本等。

印顺（1906—2005），浙江海宁人。二十五岁出家，受学于太虚法师。从佛学院毕业后，在太虚创办的闽南佛学院、汉藏教理院任教。1949年赴香港，后赴台湾新竹创福严精舍，讲学育人。历任香港佛教联合会会长、《海潮音》月刊社长、善导寺住持等。力弘太虚所提倡的"人间佛教"思想，著述宏富，德高望重，为当代著名高僧。主要著作尚有《性空学探源》、《唯识学探源》、《印度之佛教》、《初期大乘佛教之起源与发展》、《中国禅宗史》、《妙云集》等。

《佛法概论》是印顺早期著作，系据其在汉藏教理院等处授课的《阿含讲要》讲稿改编增补而成，讲稿曾陆续发表于《海潮音》月刊。

此书从"应机设教"的弘法立场出发，以《阿含经》为本，寻根探源、顺应时势，力图用通俗简明的现代语言，阐明佛教的基本教义。认为古代印度的声闻法，主要适应于苦行、厌世的沙门根性，并不能充分表达释迦的本旨；大乘菩萨法主要适应于乐行、事神的婆罗门根性，在今日中国已失却其方便大用。宏通佛法，"不应为旧有的方便所拘蔽，应使佛法从新的适应中开展，这才能使佛光普照这现代的黑暗人间"（序）。从此立场出发，作者既不把《阿含经》看作小乘的，也不把它看作原始的。强调佛法"是理智的德行的宗教"，"是从身心的笃行为主，而达到深奥与究竟的"（序）。佛法虽可学术化，作有条理、有系统的说明，但其本质在于由信解而行，由实行而亲证。

全书按佛法之内在结构，分二十章。大体依信、解、行、证的次第而展开。第一、第二两章，述佛、法、僧"三宝"之功德，属信分；第三至九章，述佛教所说众生的身心、世界之相状，乃众生流转生死、轮回诸道的根本、业力因果法则，阐佛法"二谛"中的"世俗谛"；第十至十三章，论佛法的基本原理"缘起法"及义理核心"三法印"、"中道",阐二谛中的"真实谛",真俗二谛,合为解分;第十四至十九章,述佛教徒修行实践之道,分在家众、出家众、菩萨众各自须修的德行,属行分;第二十章述声闻与佛陀的果地功德,属证分。

　　全书内容,依学术性研究的所得,探佛陀本怀,针治中国佛教积弊,重新阐明佛教教义,颇多独特见地。如认为"在佛法的流行中,融摄与释尊本教不相碍的善法,使佛法丰富起来,能适应不同时空,这是佛法应有的精神";认为就"理和同证"而言,在家教徒与出家教徒完全平等,"白衣能理和同证,也可称之为僧伽";认为佛教既是宗教,又是无神论,强调佛陀教法以人间为本,以发达人生为基本精神;强调佛法以完善德行为要,佛教徒修行以信、戒为基础,以正见、慧为导,在家众、出家众修行方式应有不同,在家众以过好合理生活、尽到伦理责任为本,出家众以离欲脱俗而勤修戒定慧为本,以空悲不二、从利他行中去成佛、实现人间净土的菩萨行为最高尚、最合时机。这些主张,是对太虚"人间佛教"思想的进一步发挥,对当代佛教的走向有相当大的影响。

(陈　兵)

道　教

道教史　许地山

《道教史》，一册。许地山著。通行本有：商务印书馆1934年排印本、上海书店1991年版《民国丛书》影印本、上海古籍出版社1999年排印本等。2010年凤凰出版社出版了詹石窗的评注本。

作者生平事迹见"陈那以前中观派和瑜伽派之因明"条。

《道教史》是一部叙述道教历史的著作。原拟分上、下两册。上册讲述"道家及预备道教底种种法术"，即"道教前史"；下册讲述"道教发展中教相与教理"。但是，许地山只写成了上册，由商务印书馆于1934年出版，并冠以"道的源起与发展"的副标题。可以认为，许地山的《道教史》是第一部由中国作者编写的道教历史研究著作，只是它是未竟之作。全书由《绪说》和正文七章组成。

在《绪说》中，许地山介绍了刘勰的"道家三品说"，阮孝绪的"方内方外说"，马端临的"五品说"以及《云笈七籤》的"三教说"（真正之教、返俗之教、训世之教），认为"道家思想可以看为中国民族伟大的产物"，"道家思想是国民思想底中心"，而"道"则大体可以分为"思想方面底道与宗教方面底道"。

第一章《道底意义》，认为"在道教建立以前，古代思想家已经立了多门道说"，而与道教有关系者则是"唯道论底道家"。

第二章《道家思想底建立者老子》，分述"老子是谁"、"道德经"、"老子底思想"、"道论"、"人生论"、"老子底论敌"等。

第三章《老子以后底道家》，分述"关尹子"、"杨子"、"列子"等学说。

第四章《道家最初的派别》，分述"彭蒙、田骈、慎到底静虚派"、"假托管子所立底法治派"、"假托太公底阴谋派"、"庄子一流底全性派"（包括庄子、庄子的著作及思想、庄子门人及稷下法治派底庄子学、秦汉儒家化的庄子学、杨朱派的庄子学）等。

第五章《秦汉底道家》，分述"吕氏春秋及养生说"，"淮南子及阴阳五行说（包括阴阳思想、五行说)"等。

第六章《神仙底信仰和追求》,指出"神仙信仰底根源当起于古人对于自然种种神秘的传说","道家采取民间传说中底超人或神仙生活来做本派理论底例证"。许地山在分析了中国古代的天仙说和地仙说的基础上,列举秦汉时期的民间对于不死之药和长生术的追求,以及各种祭祷神鬼的仪式,指出汉武帝听从李少君祠灶"与后来道教底炼丹及民间祭灶有密切关系",汉武帝听从谬忌祭祠太乙建坛奉旗"与后来道教底祭醮一科很有关系",所用供物"也是后来祭醮供品之源","武帝所作诸宫观与后来道观底标本"。

第七章《巫觋道与杂术》,分述"尸与巫底关系"、"巫底职能"、"秦汉底巫祠"、"杂术"等,指出"中国古代神道也是后来道教底重要源头","巫觋道与方术预备了道教底实行方面,老庄哲学预备了道教底思想根据。到三张二葛出世,道教便建立成为具体的宗教"。

在"弁言"中,许地山自谦地说"全书创见极少,成见也无,不完不备,在所难免"。如果全书果真像作者所言,创见不多,那么,它在完整地叙述道教前的道家思想和神仙方术这一点上,却是成果显著的。并且,确如"弁言"中说的,作者毫无儒生之成见,对于道家和道教的思想联系以及对于道教和中国古代神仙信仰的关系都作出了较为客观而公允的评价。因此,尽管该书是一部不完全的未竟之作,但是它在中国道教史的研究中,仍然占有其一席之地。

(陈耀庭)

中国道教史 傅勤家

《中国道教史》，一册。傅勤家著。通行本有商务印书馆1934年排印本、上海书店1984年影印本、东方出版社2008年排印本等。

傅勤家，生卒年不详。据本书第二章称，傅氏曾编有《道教史概论》，因其"只举大略，似未得一般之注意"。20世纪二三十年代，日本先后有小柳司气太、妻木直良和常盘大定的道教研究著作问世，傅氏认为日本学者的研究"不过初为尝试，其不能圆满，可断然也"，只是"其深刻之观察，不能不为今之道教危惧也"。傅氏指出，"惟彼之著作既未完成，而吾人对于道教之源流，实未可即以此为满足"，于是，以过去所编《道教史概论》为基础，加以补充，"庶使关怀道教史者，稍存充分之兴味。而于整理道教之方，使之复兴，有厚望焉"。

《中国道教史》是一部叙述道教历史的著作。全书共二十章。

第一章《绪言》，分述"宗教共同之点"和"神仙之观念"。从宗教的起源和世界范围的宗教背景上，指出"自有人类以来，稍能进化者，莫不有宗教。随其文化进步之程度，而有拜物、泛神、多神、二神、一神之不同。其蛮野、文明之现象虽不同，而自有其共同之点"。道教与世界上各大宗教一样，其根本之点，实属一致。

第二章《外人对于道教史之分期》，评述日本学者对于道教史分期的研究。

第三章至第六章，论述道教的形成和历史发展。第三章《诸书所述道教之起源》，指出"道教实源于道家，及古代以来方士神仙之说，其先皆托于老子。惟自道教因与佛教对抗之后，遂别造起源之说"。第四章《道之名义与其演变》，分述"子思中庸宋儒朱子所说之道"、"张衡灵宪广雅列子及宋儒周子所说之道"、"道家之所谓道"、"道经之所谓道"。第五章《道教以前之信仰》，分述"古代之巫祝史"、"秦汉之方士"等。第六章《道教之形成》，从"于吉太平道及张角"、"太平清领书与太平经之关系"、"张陵天师道及孙恩"开始，列举"张天师世系"传承以及"寇谦之改革天师道"、"茅山道与武当道"等。

第七章至第十章,论述道教的神系、方术和规戒等形式特点。第七章《道教之神》,分述"天地间之神"、"人身中之神"和"洞天福地"等。第八章《道教之方术》,分述"符箓祈禳禁劫诸术"、"守庚申"、"房中行跻变化"等。第九章《道教之修养》,分述"内丹"、"存思"、"导引沐浴"和"服食烧炼"等。第十章《道教之规律》,分述"传受"、"赏善罚恶"、"斋戒及清规"、"诵持"等。

第十一章《道佛二教之互相利用》和第十二章《道佛二教之相排》,论述道佛二教互相利用和排斥的关系。指出"道佛二教同以出世为宗,所标义旨,或有相同,初非相袭。又佛教初入中国,译天竺文为汉字,不能不利用道家之字义","佛教初入,尚沿袭道称,号为浮屠道,与道教并重"。其后,在传播过程中,佛道间遂有相互利用和排斥的关系。傅勤家公正地认为"道教模仿佛教,造作诸种伪经,佛教亦然,尤以密教利用道教之信仰而有造伪经之事","道佛二教相争为师,互相排诋、遂日以激烈矣"。

第十三章《唐宋两朝之道教》,详述唐宋两代崇道和道教发展至极盛的事实。

第十四章《道教之流传海外》,分述"新罗之花郎"、"日本之山伏"、"真腊之八思及其他"等。

第十五章《道教经典之编纂与焚毁》,分述"汉书艺文志"、"道教经典之编纂"和"元代之焚经"等史实。

第十六章《道教之分派》,依据北京白云观藏的《诸真宗派总簿》,列举道教历史上八十六个派别道徒传承系名。

第十七章《明清时代之道教》,简述明清道教从此衰落。

第十八章《现在之道藏与辑要》,简述明代《道藏》的编纂和《道藏》中十类有助于学术研究的内容。

第十九章《宫观及道徒》,简述宫观的起源、形成和分类。

第二十章《结论》,作者批评了历代评论家的评述。指出道教有"可取"之处,一是"道家之言,足以清心寡欲,有益修养,儒家所不及";二是"道家独欲长生不老,变化飞升,其不信天命,不信业果,力抗自然,勇猛何如耶";三是烧炼黄白,"其术西传大食,旋入欧洲,至十九世纪,化学始立";四是"他若生理物理之研究,医学药学之昌明,而长寿难老却病之方,亦复可期"。傅勤家认为"道教之说,虽多虚诞,其思想非无可取,惜不知科学,费精神于无用之地,有似掷黄金于虚牝耳",如果知道道教的真相,就可知道教"非无用也。矧道教实中国固有之宗教,剖析而分明之,岂非学者之责哉"。

《中国道教史》作为由中国学者编写的第一部完整地叙述道教历史的专著,较客观而公允地概述了道教的历史以及佛道、儒道的关系,并且从道教是中国固有的宗教和文化,以及将道教列身于世界宗教的一种角度,显示出现代中国学者对于道教具有一种与传统的儒家和释家不同的科学态度和公正立场,并且在字里行间显露出与当时日本学者对道教衰落的幸灾乐祸态度不同的期待复兴的心情。

(陈耀庭)

孙不二女丹诗注 陈撄宁

《孙不二女丹诗注》，全称《孙不二女功内丹次第诗注》。一册。陈撄宁著。书名中的"孙不二"，为金代全真女道士，道教全真教派创始人王重阳的女弟子，"全真七子"之一。"女丹"，指女子内丹术。由于女子的生理条件和男子的不同，因而女子修炼丹术的目的和功法次第也和男子的不尽相同。因此，本书是叙述道教内丹术女修功法的著作。通行本有上海翼化堂民国刊本、华文出版社1989年版陈著《道教与养生》本、宗教文化出版社2008年版《陈撄宁仙学精要》本等。

陈撄宁(1880—1969)，原名志祥、元善，字子修，道号圆顿子。后因好读《庄子》，取"撄宁也者，撄而后成者也"句意，改名撄宁。安徽怀宁人。自幼习儒，熟读四书五经，十岁左右始读道家经籍，十五岁时乡试中秀才，后因得痨疾而习道。二十五六岁时入安徽高等法政学堂学习，又因痨疾复发，遂中止学业，修习道教养生之法。先后参访诸名山宫观，渐趋康复，遂坚信道教养生术。1933年和1939年，先后参与《扬善》半月刊和《仙道月报》的编辑工作，并对两刊有重大影响。1953年被浙江文史馆聘为馆员。1957年当选为中国道教协会副会长、秘书长。1961年当选为中国道教协会会长，直至病逝。

《孙不二女丹诗注》是陈撄宁道教内丹术研究的重要著作。起初连续发表于1933年9月至1934年8月的《扬善》半月刊的第一卷至第二卷各期。《孙不二女功内丹次第诗》共十四首，即"收心"、"养气"、"行功"、"斩龙"、"养丹"、"胎息"、"符火"、"接药"、"炼神"、"服食"、"辟谷"、"面壁"、"出神"和"冲举"等。其中有十首注明"男女同"。而"行功"、"养丹"、"符火"等三首，各有两句注明"女子独用"。"斩龙"一首则都是"女子独用"，其修炼方法是以太阴炼形法行斩赤龙的功法，以炼血为主。

《孙不二女功内丹次第诗注》中称："按女丹诀传世者，现止数种，较之男丹经，未及百分之一，已憾其少，且大半是男子手笔，虽谈言微中，终非亲历之境，欲求女真自作者，除曹文逸之《灵源大道歌》而外，其惟此诗乎。"陈撄宁特别强调女修和男修的差别，指出女子修道要先断月经，"斩龙者,用法炼断月经,使永远不复再行也","女子修炼与男子不同者,即在于此。女子成功较男子更速者,亦在于此。若离开此道,别寻门路,决无成仙之希望"。道书称"男子修成不漏精,女子修成不漏经"。另外,男子养气与女子养气亦有异,女子行功之时,"血海中有气上冲于两乳",因此,"女子修仙,必先积气于乳房",神气合一,魂魄相拘,则大丹可成。本书在道教的女子内丹术研究上有重要贡献。

(陈耀庭)

黄庭经讲义 陈撄宁

《黄庭经讲义》，一册。陈撄宁著。成于1933年至1934年间。通行本有上海翼化堂民国刊本、华文出版社1989年版陈著《道教与养生》本、宗教文化出版社2008年版《陈撄宁仙学精要》本等。

作者生平事迹见"孙不二女丹诗注"条。

《黄庭经讲义》是一部研究道经《黄庭经》及内丹术的著作，初次发表于《扬善》半月刊第一卷第一至十四期。陈撄宁十分重视《黄庭经》，认为它是"寿世长生之妙典"，"丹家之要旨"和"玄门之总持"。在他青年时期的养生治病时，就曾对经文作了详尽的研究并且积累了丰富的实践体验，因此，《黄庭经讲义》不同于一般的道教史研究，而是现代内丹术研究的代表作。

全书分为《弁言》和八章。每章都围绕本题有个题解，引证一段《黄庭经》本文，并对于本文作出详尽的解释。

《弁言》中认为《黄庭经》是南岳魏夫人之作，由其口授予弟子，至晋哀帝兴宁二年时，方传于世。并且《黄帝外景经》先出于《内景经》。《内景》和《外景》两篇虽非出于一手，但"精理贯通，体用相备"。

第一章《黄庭》，古注称"黄乃土色，土位中央，庭乃阶前空地，名为'黄庭'"。陈撄宁将古注和人体生理、修炼之术相结合，称"脐内空处，即黄庭也"。

第二章《泥丸》，称"泥丸即上丹田，在头顶中，针灸家名百会穴，乃脑也，为修炼家最重要之关键"。炼功时，周天火候，即"升到泥丸终，降自泥丸始"。

第三章《魂魄》，比较古代十种魂魄之说，择其合于内丹术者，认为"精聚则魄聚，气聚则魂聚"，精气相聚，魂魄相依。

第四章《呼吸》，认为内修"下手之诀，皆不外呼吸作用"，"贵在以神驭气，使神入气中，气包神外"。《黄庭经》"所论之呼吸，乃胎息以前之初步"。

第五章《漱津》，指出修炼人静坐时口中自然发生一种甘津，"此津由炼气而生，与常津不同。吞入腹中，大有补益"。如果咽上百千万次，功同乳转醍醐。

第六章《存神》，认为存神与存思不同，心无所想，非依他力而后存，"丹道步步皆以存神为用"。

第七章《致虚》，指出"致虚者，非枯坐顽空也，乃动中之静也"，"心依于息，息依于心，浑然而定，寂然而照也"。

第八章《断欲》，认为"仙家初步工夫，贵在返老还童"，"断欲者，指世俗男女媾精之事而言"。"欲修长生之术，最宜戒慎者，房中之事也"。

《黄庭经讲义》将道家思想和医家之术结合起来，语言浅显易懂，使历来口口相传的内丹秘术为有志于内修之人易于理解，便于实践，因而在道教内修术的发展史上有着重要的历史地位。

（陈耀庭）

南宋初河北新道教考 陈 垣

《南宋初河北新道教考》,四卷。陈垣著。1941年刊行于北京。通行本有：中华书局1962年排印本、河北教育出版社2003年版《明季滇黔佛教考(外宗教史论著八种)》本、安徽大学出版社2009年版《陈垣全集》本等。

作者生平事迹见"史讳举例"条。

《南宋初河北新道教考》是一部研究南宋和金元道教教派史的著作,引用了大量碑刻资料,考证了金元之间在黄河流域兴起的几个新道教派别。

卷一《全真篇上》,论述"全真教之起源"、"教徒之制行"、"杀盗之消除"、"士流之结纳"、"藏经之刊行"和"教史之编纂"等。认为"全真之初兴,不过'苟全性命于乱世,不求闻达于诸侯'之一隐修会而已","立教之初,本为不仕新朝,抱东海西山之意"。其教徒"大抵以刻苦自励,淡泊寡营为主,故能保西山之节"。其教"本以不杀不争为尚,王立之投戈,犹是个人感悔,李志远之立观,已化导一方矣,邱处机之止杀,岂非泽及天下乎"。

卷二《全真篇下》,论述"人民之信服"、"妇女之归依"、"官府之猜疑"、"焚经之厄运"、"末流之贵盛"、"元遗山之批评"等。认为全真教传布广阔而飞速,多有弟子千人、庵观百所的,其原因"不外三端,曰异迹惊人,畸行感人,惠泽德人"。陈垣感慨说"呜呼！全真家能攻苦,能治生,又能轻财仗义,济人之急,人民信服,至于讼狱者不之官府而之全真,斯其效也矣",特别是"自昔女学不兴,利禄之途又不行于闺阃,故女子聪明无所用,惟出家学道,则必须诵经通文义,方能受度","是儒家无女学,道家有女学也"。而全真末流则"崇之以冠服,侈之以宫观台榭",贵盛隆极,又不谙世故,于是逐渐失去民众信仰。

卷三《大道篇》,论述"大道教之起源及戒目"、"五祖郦希成、八祖岳德文之道行"、"九祖张清志之高风"、"九祖十一祖叠出之稽疑"和"大道教宫观一斑"等。认为真大道教"不肯婴世故,蹈乱离,佯狂独往于山泽之间,力耕作,治庐舍,联络表树,自相保守",也是宋遗民气节的表现。真大道教重戒律,其戒有"不色,不欲,不杀,不饮酒,不茹荤,以仁为心,恤困苦,去纷争,无私邪,守本分,不务化缘,日用衣食,自力耕桑赡足之"。其五祖、八祖和九祖都能身体力行,名垂清史。大道教之传布"上不及全真,下有余太一",元中叶后盛极而衰。

卷四《太一篇》,论述"太一教之起源"、"二祖萧道熙、三祖萧志冲之道行"、"四祖萧辅道之重望"、"五祖李居寿之宠遇"、"六七祖传授之推测"、"太一教人物一斑"等。认为"太一与全真、大道殊异者,全真、大道不尚符箓,而太一特以符箓名,盖以老氏之学修身,以巫祝之术御世者也"。

书前有全真、大道和太一教传授源流表四,每表列有世次、姓名、字号、赐号和生卒年、掌教年和谢事年,供读者检阅参考。书后附有"征引书目略",有正史、道书、文集和方志、金石录等六十八种。另外,书中还大量利用了作者在1923年和1924年间辑录的千余通道教碑文的一部分,史料丰富,考核精详。由于金元正史中,有关宗教史实往往语焉不详,因此,《南宋初河北新道教考》开创了利用金石文字研究道教史的新途径,对于中国乃至世界的道教史研究都具有深远的意义。

《南宋初河北新道教考》一书,1941年初刊,1962年重印。陈垣在"重印后记"中称,"卢沟桥变起,河北各地相继沦陷,作者亦备受迫害,有感于宋金及宋元时事,觉此所谓道家者类皆抗节不仕之遗民,岂可以其为道教而忽之也。因发愤为著此书,阐明其隐",其隐乃"消极方面有不甘事敌之操,其积极方面复有济人利物之行"。由此可见,《南宋初河北新道教考》一书,也是陈垣以史家之笔叙爱国抗日之志的史作。

(陈耀庭)

道藏源流考 陈国符

《道藏源流考》,二册。陈国符著。通行本有中华书局1949年初版本、1963年增补本。

陈国符(1914—2000),江苏常熟人。1937年毕业于浙江大学化工系。在浙大学习期间,曾译介美国麻省理工学院戴维斯的《中国炼丹术》一文,发表于《化学杂志》,引起国内外的注意。1937年至1942年在德国达姆施塔特工科大学学习,获工学博士学位。在德国期间,曾应戴维斯教授之约请,将《道藏》中的《丹经要诀》和孙思邈的传记译成英语。回国后,1942年至1946年任西南联合大学工学院副教授、教授,兼理学院化学系教授,每半周在昆明市内讲课,余半周则住在龙泉镇的北京大学文科研究所潜读《道藏》,写成《道藏源流考》草稿。1946年任职于南京资源委员会,又于公余借阅国学图书馆、金陵大学图书馆、泽存书库藏书。除了阅读道经全藏外,还旁及道教名山志、宫观志、佛藏传记、正史、类书、地方志和唐宋以降的重要文集。凡与《道藏》有关者,均搜罗务尽。又漫游茅山、当涂、武进、吴县、上海、北京及江西龙虎山,凡载籍记其庋有《道藏》者,咸亲往访问。《道藏源流考》增补了大量材料,数易其稿,始克写定。1948年任北京大学工学院化工系教授和系主任。1952年院系调整后,又赴新组建的天津大学化工系创建造纸专业,并开设了中国第一门纤维素化学课。在课余仍进行《道藏》研究工作,先后写出了《南北朝天师道考稿》、《说〈周易参同契〉与内外丹》、《道馆考原》、《道乐考略稿》等文以增补前著。

《道藏源流考》全书分为四个部分。

一、《三洞四辅经之渊源及传授》。认为"道书自东汉以来,陆续出世,后人视其渊源(及传授),分为七部,编成《道藏》。其最要者为《三洞经》,次则《四辅经》"。三洞,指洞真、洞玄和洞神,"《洞真经》者,《上清经》也。《洞玄经》者,《灵宝经》也。《洞神经》者,《三皇经》也"。四辅,指太玄、太平、太清和正一,"太玄辅洞真,太平辅洞玄,太清辅洞神,正一通贯总成七部也"。陈国符考证指出"东晋葛洪撰《抱朴子》,尚未有三洞之称。至刘宋陆修静总括三洞,《三洞经》之名,实昉于此"。对此,日本著名道教学者吉冈义丰认为,陈国符这一独立的研究,"在道教教理研究史上是划时期的成果"(《道教经典史论》)。在对于三洞四辅经典的成书、类集、演变、孳乳的研究中,《道藏源流考》整理和考证了大量道教历史人物的传记,如:紫阳真人周君内传、茅三君传、苏君传、清灵真人裴君传、清虚王君传、南真传、魏华存传、杨羲传、许谧传、许翙传、许黄民传、马朗传、马罕传、陆修静传、孙游岳传、王远知传、潘师正传、司马承祯传、李含光传、帛和传、鲍靓传、左慈传、葛玄传、郑隐传、王长传,等等。传记资料汇自各种经籍、正史和方志资料,并经陈国符详细辨证。《道藏源流考》为道教史的研究奠定了坚实的基础。

二、《历代道教书目及道藏之纂修与镂板》。对于从汉代至明代的道教经籍的编目、成藏以及存佚情况作了考证,认为陆修静的《三洞经书目录》是"道书目之最古者"。唐玄宗先天(712)中,敕京太清观主史崇及诸观大德、诸馆学士修《一切道经音义》,开元(713—741)中"纂修成藏,目曰《三洞琼纲》,总三千七百四十四卷(或曰五千七百卷)。天宝七载(748),诏传写以广流布",是写《道藏》之始。陈国符指出,"道书雕板始于五代;而全藏付刊,则始于宋徽宗政和中"。宋元《道藏》经板,屡雕屡毁于火。明永乐(1403—1424)中,成祖敕四十三代天师张宇初纂校《道藏》,直至英宗正统九年(1444)始刊,十年事竣,都五千三百五卷四百八十函,是为《正统道藏》。明神宗万历三十五年(1607)又敕五十代天师张国祥刊《续道藏》三十二函,是为《万历续道藏》。正续《道藏》共五百十二函,经板十二万一千五百八十九叶。入清后,存板火毁于八国联军侵略之中。1923年至1926年,上海涵芬楼据北京白云观所藏《正统道藏》、《万历续道藏》影印,凡一千一百二十册。在增补本《道藏源流考》中,陈国符还提出了修补残缺的《道藏》和再续《道藏》的愿望,称"北京白云观《道藏》虽经道光间修补,仍稍有缺卷。宜搜访各处道观残藏,辑印补遗。又敦煌卷子,颇存《道藏》佚书。内且有元藏中已亡佚之书。万历三十五年,距今已三百五十余年。晚出道书,道教名山志,宫观志,卷帙不少。皆宜收集校印,以成再续《道藏》。海内学者,希留意焉"。这一有远见的愿望,直至四十年后,才逐步付诸实现中。此外,陈国符还据方志记载,道门人士介绍和实地调查结果,对于明清两代各地宫观的收藏正续《道藏》的情况作了较为完整的介绍。

三、《引用传记提要》。对于《道藏源流考》中引用的各种传记典籍的版本、源流和作者等都作了考证。其中包括有《道藏》所收的《真诰》、《三洞珠囊》、《云笈七籤》、《历世真仙体道通鉴》等,也有《道藏》未收的已经亡佚的《道学传》、《洞仙传》等,也有佛教典籍《笑道论》。在《甘水仙源录》项下,还有作者李道谦事迹的详考。李道谦是元初著名道士,有《七真年谱》等著作多种,但无传记存世。陈国符的考证极为详密和可靠。

四、《道藏札记》。有多则关于道教史研究的专题论证。如"三十六部异说","方士道士术士","道及道教","道教形象考原","老子、老君、玄元皇帝、混元皇帝"等,这些考论都是言必有据的研究成果。

道教历史久远，《道藏》卷帙浩大。而道经的编写和源流的研究正是道教研究的最基础的工作。日本学者吉冈义丰在其《道教经典史论》的《道藏编纂史·序言》中称，"《道藏》何时成立，它在什么样的情况中编纂，它又从什么时候书写刊行。这些都是道教的文献学研究的基础工作之一。可是对于《道藏》编纂历史的纵横研究，一向很少有专门的研究成果发表。不过，最近陈国符教授的大作《道藏源流考》发表了，为这方面的研究提供了大量的资料"。国际公认陈国符此书是道教文献研究的权威，是"超过其他书籍的最佳书籍"。

《道藏源流考》原由中华书局出版于 1949 年，1963 年又出版该书的增补本，并分为上、下两册。其中增补的《中国外丹黄白术考略论稿》、《道藏札记》中的部分章节，以及 20 世纪 70 年代在台湾出版《道藏源流续考》、上海古籍出版社 1997 年版《中国外丹黄白法考》，全面探讨了道教炼丹术的起源、门类以及外丹术和医学的关系、中国外丹术和西域炼金术的关系等，在中国道教的外丹研究方面，牢固地确立了陈国符作为开拓者和奠基人的学术地位。

（陈耀庭）

基督教

元也里可温教考 陈 垣

《元也里可温教考》,一册。陈垣撰。成于1917年5月。旋出单行本,题为《元也里可温考》。同年8月增订再版,并载于《东方杂志》第十五卷第三、四、五号(1918年3、4、5月)。1920年10月,又出增订三版单行本。1923年12月作为《东方文库》之第七十三种出版,又作了修订。此后,至1934年9月,又续有增删修订,并将题目改为《元也里可温教考》。通行本有:上海人民出版社1981年版《陈垣史学论著选》本、河北教育出版社1996年版《中国现代学术经典·陈垣卷》本、河北教育出版社2003年版《明季滇黔佛教考(外宗教史论著八种)》本、安徽大学出版社2009年版《陈垣全集》本等。

作者生平事迹见"史讳举例"条。

《元也里可温教考》是一部考证元代基督教情况的著作。全书共分十五章。

第一章,《也里可温之解诂》。作者认为"也里可温"一词为蒙古人之音译阿剌比语,实即景教碑所称之"阿罗诃"。

第二章,《也里可温教士之东来》。作者根据西籍,列举了元代西方天主教传教士(即也里可温教士)东来的经过。另据《元史世祖纪》,考证了寓俱蓝国也里可温主遣使奉表入朝之事实。

第三章,《也里可温之戒律》。作者根据《至顺镇江志》、《元史世祖纪》、《元史国语解》等汉籍,考订也里可温是教而非部族,信徒一般有家室,修士例不婚娶。

第四章,《也里可温人数之推想》。作者根据元朝的典章和各地的方志以及管辖也里可温的崇福司的记录,考证了镇江、蒙古、畏吾儿、河西、契丹等地该教的人数。

第五章,《也里可温人物之大概》。作者根据元代史籍中散见于各处的材料,列举了元也里可温人物郭全、杨瑀、淮南廉访金事马世德、镇江府路总管府马薛里吉思、府尹安震亨、少中大夫阔里吉思、镇江路总管达鲁花赤诸人事迹。

第六章,《也里可温军籍之停止》。作者列举至元二十九年(1292)七月,元政府诏令停止也里可温的军籍,以示优待。

第七章,《也里可温徭役之蠲除》。作者列举了至元十四年、至元三十一年以及元典章所录的诏令,其中有免除佛僧和也里可温人等徭役的内容。元时诏令用蒙文,这些诏令是用汉语的俚语译成,通令天下,可见也里可温流行之广。

第八章,《也里可温租税之征免》。作者列举了中统四年(1263)、五年,至元元年、十三年、十九年等年份元政府下令免除也里可温租税的情况。也里可温不同于佛、道等教,离人群独立。他们身虽奉教,而其人为农、为工、为商、为仕如故,未尝因奉教而脱离其职业,故免除他们的租税,对国家收入影响至大。

第九章,《也里可温马匹之拘刷》。元政府数度下令,不准也里可温和其他人等骑坐马匹,亦不得用马拽碾耕地,将其马匹收归政府所用。

第十章,《政府对于也里可温之尊崇》。也里可温在元代为一有势力之宗教,元政府特置崇福司,秩从二品,其阶级在宣政院下,而与集贤寺等。这是专门管理该教的机构。元典籍载,不少官吏纷纷骑马匹,来扬州等地也里可温寺降御香,赐予德主段疋酒等。又命也里可温入显懿庄皇后神殿作佛寺(礼拜)。

第十一章,《异教归附也里可温之一斑》。集贤院有奏报,说时人投入也里可温教门者,是为规避差役之计。但当时僧、道也免除差役,故此可以三思其缘由。

第十二章,《也里可温被异教摧残之一证》。作者根据集贤学士赵孟頫奉敕撰碑文,叙述了镇江十字寺被摧毁的经过,以为元也里可温受佛、道排挤的证明。

第十三章,《关于也里可温碑文之留存》。作者列举了北京护国寺大殿西的"至元正十四年圣旨碑"、大隆善护国寺(崇国寺)三块元朝遗碑,以及法人罗朗波奈巴元代金石图志的虎儿年七月圣旨碑影本等碑刻中的也里可温史料。作者认为这些碑刻都因也里可温的异教而留存。

第十四章,《也里可温与景教之异同》。元人将基督教统称"也里可温","至其所以混称之由,则因教派大致相同;其不同者,或在学说之微,或在仪文之末,均为教外人所不辨。景派自波斯传入,而罗马派来自欧洲,景派传至唐朝,而罗马派元时始至,其为基督之教虽同,其派别本非一致"。

第十五章,《总论》。作者指出:"有元得国,不过百年耳。也里可温之流行,何以若此?盖元起朔漠,先据有中亚细亚诸地,皆昔日景教流行之地也。既而西侵欧洲,北抵俄罗斯,罗马教徒,希腊教徒之被掳及随节至和林者,不可以数计;而罗马教宗之使节,如柏朗嘉宾、隆如满、罗伯鲁诸教士,又先后至和林,斯时长城以北,及嘉峪关以西,万里纵横,已为基督教徒遍布矣。燕京既下,北兵直驱直进,蒙古、色目,随便居住,于是塞外之基督徒与传教士,遂随军旗弥漫内地,以故太宗初元诏旨,即以也里可温与僧道及诸色人等并提。"

(顾卫民)

天主教传行中国考 萧若瑟

《天主教传行中国考》，八卷。萧若瑟著。成于1931年前。1931年由河北献县天主堂排印，收入《民国丛书》第一编，又收入《中国天主教史籍汇编》（台湾辅仁大学出版社，2003年）。

萧若瑟（1858—?），字静山，教名若瑟。河北交河（今泊头市）人。天主教耶稣会士、神甫，关于天主教方面的著译较多，除本书外，还译有《新约全集》《崇修引》等，著有《圣教史略》《献县教区义勇列传》等。

《天主教传行中国考》是一部论述天主教在中国流传和发展历史的著作。全书分为八卷。

第一卷：自汉唐至元末。

考古学家谓圣多默曾来中国传教，此说绝非无因。近数百年间，发见之古十字石碑，亦足证主后数世纪中，圣教确已传行中国。"明季福建肖发见古十字石碑三座，皆形状整齐，雕刻精致，确系圣教会敬奉之圣物。……福建濒临大海，泉州为古通商巨埠，必有传教士随海舶而来者。"今在蒙古、河北等处，发见之古十字石碑，又足证明千余年前，有由陆路东来之传教士。在古迹中最显著者，则首推唐之景教流行中国碑颂。碑之原文，首叙教理，观碑所载，其为基督教之遗迹，确实无疑。"前清光绪庚子年在甘肃敦煌一石洞发见有景教书籍数种，所言与景教碑颂名词理论全相符合。""元初圣方济各会修士柏朗、嘉宾等来中国传教，犹遇其人于燕京，惟其人为内斯多略异派，非罗马天主教正宗，斯可惜耳。"

第二卷：自元太祖至顺帝末。

当蒙古兵西征时，西域诸国多奉基督教。一入欧洲，则更无异教之混杂。在蒙古大规模西侵面前，罗马教皇为保全欧洲，派遣柏朗、嘉宾等人"充作使臣，与蒙古修好"。元定宗在和林接见了教皇使臣。后来，教皇又派圣方济各会修士五人携书进见元世祖忽必烈，忽必烈接见后请教皇多遣教士东来。"据马可孛罗书及当时教士此记载，世祖虽偏于信佛教……然对于基督教，亦颇重视，不惟左右近侍，多选奉教人……"1289年，世祖以基督教日渐盛行，有裨于国家政教，乃特旨设崇福司衙门,专管教中事宜。元顺帝待教士恩礼有加,教务亦愈畅行,终元之世,与教皇信使往来,迄未断绝。但到朱元璋灭元后,"洪武君臣一意排外,凡蒙古所建设与所保护之外人,圣堂修院,悉遭摈斥焚劫,数万教友纷纷避难,不知所之"。

第三卷:自明初至万历末。

耶稣会士方济各、白来斯、罗明坚求准在内地传教均被拒绝,待至1581年,"即明万历八年,利玛窦偕二三同志,始得入内地,实行开教,使元代以来,已绝之统得以再续,是以史家论中国开教事,有明以来,咸以利氏为第一"。利玛窦等人从澳门经肇庆、韶州,由赣江北上,到南昌、南京,继续北上,于万历二十八年抵京觐见神宗皇帝,获准在京择地建堂传教。太仆寺卿李之藻与"后起之徐相国光启、杨侍御廷筠,为中国开教之三大柱石。"他们三人倡首奉教,风声所感,教务日见发达,至1616年,教友数达五百之多。

第四卷:自沈㴶教难至崇祯末。

"中国第一次教难,发源于南京奏疏。主之者,礼部侍师沈㴶也。"沈㴶受沙门怂恿,起与圣教为难,誓欲拆毁教堂,驱逐教士,逼令教友反教。徐光启为保教上书辩护。沈㴶内结太监魏忠贤,使得皇上传谕下逐客令,沈㴶图谋得逞了。沈㴶还诬圣教为白莲教,但后由于叶向高相国保教,致使教仇逐于末路。南京教难平后,西洋教士源源而来,其尤著名者,有汤若望、罗亚谷、邓玉函、利类思,皆先后至中国传教。继之还有艾儒略、高一志、方德望、毕方济、龙华民诸人在内地传教。"其时教传十三省,而教务最盛者,首推江南。徐光启提倡于先,其子徐骥圣名雅各伯提倡于后,士民观感兴起,奉教者所在多有。计江南一省,领洗信教者,不下十万有余。得中国奉教者三分之二。"

第五卷:自崇祯末至永历末。

李自成进京伊始,即出谕保护教堂,张贴圣堂门首,严禁军民人等毋得侵犯。清兵入京,汤若望上书保教,摄政王多尔衮出谕礼待。明永历帝时,皇太后皇后太子俱领洗。皇太后还致书教皇,令卜弥格神父奉使罗马。然而,"中国圣教会,遭明季之乱,亏损颇多,及清朝定鼎,南省用兵,累年不休,亦大不利于行教,计明末清初,先后二十年中,教士遇害者八九人。其他未遇害之教士,亦多遭险履危"。清入关十余年之后,教友数逐增。穆尼格神父请旨往关东开教。顺治帝批示云:"关东一带,地广人稀,食宿诸多不便,无庸前往。中国内地各省,准随意往来传教可也。"

第六卷:自顺治初至康熙末。

顺治帝宠爱汤若望,"屡次临幸天主堂与若望住宅","屡次传旨召若望进内廷晤语,不拘礼节,如家人父子,异常欢洽"。康熙帝登位初赐汤若望义孙一人,是当时做侍卫官的热心奉教者潘尽孝之子士宏。汤若望遭忌嫉的亦不少,其嫉之尤甚者,则莫如回教人杨光先。杨光先揣知辅政大臣心思,状告汤若望三大罪,酿成京内外教难。康熙亲政后,遣近侍访西士,考究中西历法优劣,发现西历密合天象,把杨光先革职,为教难翻了案。康熙从南怀仁讲求西学,南巡优礼教士,赐地建堂,御题匾额对联,外加律诗一首,京内外大行教化。后由于中国敬孔子与敬亡人之礼而使教士意见不一,教皇出谕宣布此礼为异端。这使得康熙帝不悦,"勒令神父领票违者被逐"。神父奉旨与俄国划界,还奉旨分赴各省绘画中国舆图,功不可没。

第七卷:自雍正至咸丰末。

"雍正不喜西士,于圣教道理多所隔膜,又性好疑忌。"从此教仇迎合上意,苏努全家首先"为义被难"。紧接着,闽浙总督满宝奏请禁教。禁教令下后,通国教难大作,各省西士被逐,而在京之西洋人,于行教立堂诸事,仍听其自便。雍正三年冬,教皇遣使通好,葡国遣使通好。雍正设译学馆,派巴多明等神父为教习,但学生未能应用,此馆几同虚设。乾隆嗣位后,认为天主教非邪教可比,不必禁止,而部臣坚执不可。嘉庆不识西士,不受西学西艺,较乃祖雍正为尤甚,钦天监不复用西洋人。"道光在位三十年,一遵先朝故辙,以仇教为宗旨。"重申教禁,教难又炽。鸦片战争后,中英南京条约中有"凡有传教奉教者应一体保护"条文,耶教始入中国,渐弛教禁。第二次鸦片战争后,中国与英、法签订了北京条约,西方列强相继来华通商传教,法国传教士迎获得了"在各省租买田地,建造自便"的权利。"从此中国门户洞开,不复闭关自守,以前风气为之一变,各国教士因而来者愈多圣教亦愈昌明。"洪秀全非天主教徒。

第八卷:自咸丰末至光绪末。

同治初年,皇上出谕,永革教禁。从此西洋各国教士在中国内地往来交错于途,毫无禁阻。同治二年,教皇提出"在中国分区传教"。各省主教在所辖区域,又各立修道院培植传教人才,从此中国神父亦与年俱增,不似从前惟仰给于澳门、槟榔屿。各省传教之区,又广设大小学堂,教育教中子女,立慈善院、育婴堂,种种义举推行日广。当时各省教务虽称平顺,而民间仇教之事仍时有所闻。"若不肖之地方官,须固性成,惟知排外,视条约若废纸,疾教士如眼钉,遇有顽民闹教事,坐视不管,甚或暗中授意,推波助澜,以致教士教民,备受屈抑,含冤莫伸,教务因而不振。凡此情形,在长江流域,固数见不鲜也。"后来发生红灯照的斗争,清廷"下诏灭教"。

萧若瑟从一个天主教徒的角度,详细、全面地考察了天主教传行中国的历史情况,特别是元、明、清时期天主教在华的传播发展及其所遭受的挫折,史料十分丰富。书中有考证、辩诬、答问、附记、附评等。对研究天主教在中国的传行具有较高的资料和学术价值。

(罗晋辉)

基督教与中国文化 胡雷川

《基督教与中国文化》，一册。胡雷川著。1936年由上海的青年协会书局出版。有上海古籍出版社2008年排印本。

胡雷川（1870—1944），原籍浙江杭州，生于江苏徐州。其父为清末地方小吏。早年接受私塾教育，考取过秀才、举人、进士，后领翰林院编修。1905年至1909年任浙江高等学堂督学，1909年入清史馆，1912年至1925年任教育部参事。1922年开始在燕京大学授课，1925年正式入燕大执教，次年任副校长，1929年首任中国方面校长（此前曾在南京任教育部次长九个月），1934年辞职后继续在中文系执教。1942年迁入北京城内，以抄书鬻字度余生。胡雷川是在1914年经朋友介绍读《圣经》的，次年受洗加入基督教。著作尚有《墨翟与耶稣》、《基督教的希望》。

本书是一部研究基督教与中国文化的著作。作者是"以本国文化为立场，参合时代思潮，来论述基督教"的，但在论述时是将两者分开的。作者大体上以耶稣及其教义概括基督教，指出"就耶稣的教义而言，它（按：基督教）是一个革命宗教——谋求社会改造的宗教"。关于基督教和耶稣，作者的结论是："耶稣人格之所以伟大……是由其自觉、自择、自定的"，他显示了"为人类而艰苦奋斗的决心与勇气"，他的"精神生命，乃永远与全人类的生命相联属而常存"；"天国，分明是理想中的新社会"，这个"理想的新社会，其主要条件即是物质的平均分配"；"以平等、自由、博爱为极则，人类自然就没有相争相杀的祸害，自然不致灭亡"；"耶稣训言中所示的真理，大部分可以与中国先哲的遗言相印证"、"使我们相信真道之合一"。接着论到基督教对世界历史的影响和贡献。

然后，本书以《基督教与中国的关系》一章为过渡，说到基督教自唐初以来几次传入。指出，近代传教凭借"不平等的条约"，依靠列强的"政治势力来保护传教"；检讨中国"教会和教徒"的"缺欠"。

关于中国文化，作者将其分"学术思想"和"政治社会"两部分加以论述。学术思想部分的处理方法是,"从近代人的著述中采取其各不相同的评论"来"得到各方面的大要",他选了夏曾佑《中国古代史》、梁启超《先秦政治思想史》、冯友兰《中国哲学史》、陶希圣《中国政治思想史》、李麦麦《中国古代政治哲学批判》等五部书,讨论了儒、墨、道、法、阴阳、玄、佛各家,研究了《大学》、《中庸》、《周易》等书,汉学、宋学诸派,以及程、朱、陆、王等人,提纲挈领,繁徵博引。

政治、社会头绪纷繁,于是作者各择数端以概括。以用人、理财为政治之代表,对教育设施、取士之法、因人设官、重内(皇帝侍从之臣)轻外(地方亲民主官);对儒家的一味重农、节制消费,法家的统制经济、税外加税,以及官吏中饱私囊、苛刻民生等,均严加批判。在社会部分,对家族的宗法制度、三纲五常,以及古时宗教思想、历代政教关系,均详加检讨。

针对"是今而非古","有意贬损本国文化的价值"等指责,作者表白并不否认"中国文化在过去的贡献和对今日的意义";同时认为,当"中国处在这内忧外患交迫,国势十分危急的时期",亟须解决"民生问题"、"教育问题",及"个人与集体问题和自由民主和独裁统制问题"。

本书最后一章《基督教更新与中国民族复兴》,从当时社会的需要出发讨论基督教和中国文化的关系,得出结论:基督教须洗刷其在历史上的错误,回归固有的社会改革精神;中国文化须向创造新社会这一方向发展,在此过程中基督教可有其独特的功用。

本书在社会、政治问题上,尤其在涉及救国时,态度十分激进,主张激烈的变革,如"人类社会必须改造的原理,耶稣在二千年前启发了后人","改造社会也就是寻常所谓革命";"在这切望民族复兴的时期中,所有一切礼制风俗习惯等,都要加以审定,如其阻碍民族复兴的事,就必要铲除它";"建立天国以改革经济制度为中心","必变更旧有的组织"。以作者的经历和社会地位言,这种态度更显得突出。

本书作者对中国文化有深刻的了解,所加褒贬即使不尽为人同意,也成一家之言;但另一方面,他未受过系统的神学训练,也不谙外文,对基督教的说明是存在质疑余地的。

(田文载)

耶稣传 赵紫宸

《耶稣传》，一册。赵紫宸撰。成于 1935 年。1935 年由上海的青年协会书局出版（至 1948 年已出第五版）。通行本有上海社会科学院出版社 1988 年排印本、商务印书馆 2003 年版《赵紫宸文集》（第一卷）本。

赵紫宸（1888—1979），浙江德清人。1910 年毕业于东吴大学。1916 年、1917 年在美国范德比尔德大学先后获文科硕士和神学士学位，1927 年在东吴大学获文学博士学位。1917 年至 1923 年在东吴大学任社会学、宗教学教授，1925 年改授哲学。1926 年起在燕京大学任教，讲授基督教哲学、文学，任宗教学院院长；宗教学院改组后任燕京神学院、燕京协和神学院院长。曾当选为中华基督教青年协会董事、中华全国基督教协进会执委、中国基督教三自爱国运动委员会常委；代表中国教会多次出席在美国、耶路撒冷、印度等地举行的国际会议。1948 年世界基督教会联合会在阿姆斯特丹成立时当选为六主席之一，1951 年辞职。主要著作尚有《基督教哲学》、《耶稣的人生哲学》、《巴德的宗教思想》、《圣保罗传》、《系狱记》、《神学四讲》、《从中国文化说到基督教》、《基督教的伦理》、《今日中国的青年还该学耶稣吗？》、《中国基督教教会改革的途径》、《用爱心建立团契》、《审判之下教会的革新》（以上用中文写作）、《我们的文化遗产》、《当代中国的宗教思想和宗教生活》、《知识分子阶层的领袖和公民》、《基督教文艺现状》（以上用英文写作）等。

自福音书以来，描写耶稣的书汗牛充栋，赵紫宸之所以写作本书，"其中有几个缘故。第一是我们中国人中，到如今还没有自出心裁，用独到的眼光，脱西洋的窠臼，做过这件事。……第二是我（按：指作者自己）感觉到我们中国人中，尤其是耶稣的中国弟子之中，很少有人认识耶稣的。……第三是我愿意让中国的青年，尤其是中国的青年基督徒，做一点微小的贡献。……第四是我自己对于耶稣的崇拜。……读书的人没有不戴眼镜的，我也不能免除这个人类不能免除的毛病。所希望的是本色玻璃磨得准确些，戴上眼镜子，不把耶稣看得太模糊了"（导言）。

本书是第一部由中国人写的耶稣传。全书分为十八章，章名的用语均出自中国古籍，典雅而贴切。兹据上海青年协会书局本抄录如下(为上海社会科学院出版社本所无)。

导言,请事斯言矣(《论语》);第一章,宇宙方来事会长(文天祥);第二章,而特不得其朕(庄周);第三章,全体大用无不明(朱熹);第四章,初日照高林(常建);第五章,千寻铁锁沉江底(刘禹锡);第六章,山高水长(范仲淹);第七章,世上万事无不有(杜甫);第八章,循循然善诱人(《论语》);第九章,吉日兮良辰(屈原);第十章,战苦陈云深(张巡);第十一章,峰回路转(欧阳修);第十二章,心知去不归(陶潜);第十三章,而浑然中处(张载);第十四章,欸起持天钧(李白);第十五章,同恶随荡析(杜甫);第十六章,是所望于群公(王勃);第十七章,上帝深宫闭九阍(李商隐);第十八章,如是我闻(佛书)。

耶稣的传记尽管多,关于耶稣的可信史料却很少。本书的编写原则是:(一) 充分利用先前的各种史料。(二) 在空白处补以想象,但必在度情、揆理之后。(三) 对一些费解的记载提出自己的解释。

关于史实,作者除使用了《福音书》及字原材料(关于耶稣生平的一份原始材料,《圣经》研究者认为马太、马可、路加等前之福音都引用了它)、若瑟夫斯的《古代史》这些基本材料以外,还参考了自古罗马至近代的十多种著作,特别是狄尼的《耶稣的事迹及其意义》、莫斐德的《凡人耶稣》、夏尔孟的《文献里的耶稣》。作者对这些材料都详加审察、鉴别、分析后再行取舍,治学严谨。

作者用想象来补史料之不足,因为"想象是生翅膀的生灵,会飞翔在没有道路的云天"。如对抹大拉的马利亚的描述,"依史实论,全属子虚",然而它是如此合乎情理,文字是那样优美,美丽的马利亚因此活了起来。

施洗约翰为何被捕被斩?犹大究竟为何卖主?耶稣为何去耶路撒冷自投罗网?耶稣复活的意义何在?思考之下总觉《圣经》记载语焉不详,或嫌牵强,让人费解。作者对它们提供了自己的解释,于此也可见作者在基督论上的一些独特见解和别具一格的研究方法。

总之,本书的显著特点,也是作者的意图,就是用中国人"独到的眼光"来描绘耶稣、崇拜耶稣,而不让"神学教义等等东西将耶稣蒙住"。

(田文载)

基督教进解 赵紫宸

《基督教进解》，一册。赵紫宸撰。成于1943年。通行本有上海的青年协会书局1947年排印本、商务印书馆2004年版《赵紫宸文集》（第二卷）本。

作者生平事迹见"耶稣传"条。

《基督教进解》一书的写作目的，据赵紫宸在该书"自序"中注，写"阐发教之真理，以期脱出西人传述之窠臼，树立汉家独立之旗旌"。

全书分写八章，书首有《导言》和《知识与信仰》。内容大致可分为两大部分：（一）基督教与中国文化（第一、二章）。（二）教义神学（第三章至第七章）。

基督教与中国文化部分要回答的是"基督教能否与中国文化融洽的问题"。作者先勾勒两者之特征，对中国文化不如有些受西方教育人士那般妄自菲薄，而认为"祖宗所遗，虽然老大，却非褴褛，虽然文弱，却非无能"，对孔孟黄老各有精当的归纳、评估，还论及诗词、绘画、书法等，特别提到中国人的人格、品节；关于基督教则归纳"耶稣给人类的八种珍贵的礼物：一是生活，二是模范，三是诫命，四是标准，五是救法，六是权能，七是团体，八是永生"，并对此八项各各条分缕析。作者的结论是两者是可以沟通的，尤其伦理和艺术二端更有不少相同、相合处。

教义神学部分，论及神学的基本命题，基督、上帝、救赎、教会，简述各家，至为渊博。这些论题欧西诸家已研讨千年，本书也未出其右，然作者力图使论述、介绍适合中国人的思维方法。

末了一章《基督教与世界》，述说作者的政治理想，从基督教伦理出发，认为国际关系应是"和平公道"的。这是针对当时日本侵略中国，作者也曾被日军关押半年之久，有感而发。

《基督教进解》对基督教作了理性的分析，就中国文化和基督教进行比较，对传播基督教知识起过一定的作用。

（田文载）

中国基督教史纲 王治心

《中国基督教史纲》，一册。王治心著。1938年由青年协会书局作为其《青年丛书》的第二集第六种出版。据作者称，十五年前在编辑《金陵神学志》时就有志于撰写一部中国基督教史，但由于各种原因而延宕，后因青年协会书局编辑部主任吴耀宗的邀请敦促，才完成此书。有上海古籍出版社2004年版《蓬莱阁丛书》本。

王治心(1881—1968)，浙江吴兴(今湖州)人。清末副贡。曾于上海、南京等地多所中学任国文教员。1913年至1918年主编基督教刊物《光华报》。1921年任南京金陵神学院中国哲学教授。1926年至1928年任中华基督教文社主任编辑。1928年起任福建协和大学文学院院长、国文系主任兼党义教授。1934年后先后担任沪江大学国文系主任及金陵神学院教授等职。另著有《孔子哲学》、《道家哲学》、《墨子哲学》、《中国学术源流》、《佛学研究》、《庄子研究及浅释》、《中国宗教思想史大纲》、《三民主义研究大纲》、《中国学术概论》、《中国文化史类编》等，为当时中国基督教界有较大影响的、多产的著述家之一。

《中国基督教史纲》是一部叙述中国基督教(包括新旧两派)产生和发展的历史的著作。全书分为二十二章，并附有参考书目。目次为：第一章，导言；第二章，中国的宗教背景；第三章，基督教教义与中国；第四章，基督教始入中国的传疑；第五章，基督教在唐朝的传布；第六章，元代基督教的传布；第七章，明代基督教的输入；第八章，利玛窦与其他教士；第九章，南京教难的始末；第十章，天主教在文化上的贡献；第十一章，第二次教难前后；第十二章，礼仪问题的争端及其影响；第十三章，更正教(新教)输入中国的预备时期；第十四章，太平天国与基督教；第十五章，道光以后天主教的复兴；第十六章，道光以后更正教(新教)各宗派的活动；第十七章，庚子的教难；第十八章，庚子后基督教的新趋势；第十九章，基督教与国民革命；第二十章，非基同盟与本色运动；第二十一章，基督教的事工；第二十二章，结论。

关于基督教入华一千三百多年"或断或续"的历史，王治心采用了当时普遍的观点，认为应分为四个阶段或时期：(一) 唐代的景教；(二) 元代的也里可温教；(三) 明代的天主教；(四) 近代的更正教(新教)。作者自述该书的目的在于探讨以下几个重要问题：第一，基督教教义与中国固有的宗教习惯，是融合的还是冲突的？第二，基督教输入后，其经过的情形在中国的文化上发生了什么影响？第三，过去基督教的发展与所引起的变动，究竟是有功还是有过？第四，基督教在中国所经营的事业与工作，于新中国的建设究竟有无关系？这四大问题便是贯穿全书的基本线索。

一向力主基督教会本色化的王治心在书中指出，中国自古以来就是一个多宗教的国家，既然儒、释、道均能在中国生长发展，基督教也必然能在中国生存下来。基督教教义的一神崇拜，与中国固有的"天"的观念，没有多少冲突；基督教的教义包括在一个"爱"字里，这与儒家的"仁"相同。基督教的道德主张，首先叫人明白人生的价值，不是在物质方面，乃是在精神方面，在中国也有"正其义不谋其利，明其道不计其功"的说法。他论证了基督教的许多教义与中国传统文化精义的一致性，认为基督教与中国的文化传统并不相悖，其在中国的传播有着社会的基础和根源，只要教会今后加倍努力于本色化建设，完全能够"使教会的形式精神，得与中国固有的文化与习惯打成一片"。《中国基督教史纲》从侧面指出了中国社会在1922年前后风行一时的非基督教运动的不合理性，可以说是基督教界对该运动在史学上的一种回应。

在书中，王治心还注意到了中西文化之间的差异，并用心探讨了基督教在华传播过程中引起冲突的文化习俗等方面的原因。比如王治心把教案的缘起归因于：(一) 中国是一个多神教的国家，与基督教只信仰上帝是相矛盾的；(二) 自古形成的文化中心主义，认为周边的文化皆不如我；(三) 中国人民浸润于儒佛教义历时已久，一以纲常礼教为中心，一以三世因果为社会信仰。而基督教主张自由平等，这给儒教以打击，主张现实生活，给予佛教以难堪；(四) 中国乡村生活中每以迎神赛会为唯一的娱乐与团结，而基督教是反对迷信的；(五) 中国伦理以孝顺父母为中心，在祭祀中有祭祖一项，而基督教不强调此种形式。

作为教会中人，王治心在书中尽量避免作对基督教不利的政治分析，这并不难理解。作者护教的观点在诸如"庚子的教难"等章的标题上就显而易见。作者带有情绪地指出，从历史上来看，那些认为基督教传入中国是"用夷变夏"、"文化侵略"的看法，完全是历史的误会。西差会"慷慨捐输，煞费经营"；西教士"历经艰苦，为道牺牲"，他们不仅奠定了基督教在中国的基础，也对中国社会的发展作出了贡献。尤其在近代，基督教在介绍西洋科学、改良社会风俗、推行慈善事业、提倡新教育等方面的贡献"实为不容否认的事实"，均有助于我国的社会革新运动。作者还呼吁中国教会提倡以天下为怀的社会福音，而不是"独善其身的小乘宗教"。

然而作者也并未一味袒护基督教会。在该书的"结论"部分，王治心承认基督教会虽有助于中国,但"亦自有其无庸讳饰的缺点",成为传教的障碍。首先是传教的背景不幸与列强在华的不平等条约发生关系,这不能不是"基督教在中国历史上不易洗涤去的污点";其次是宗派的分歧,实在予人以莫大诟病。基督教会在西方固有其分门别户的背景,而在中国实无必要有这种"奴主之见"。近年来大多数教会虽力谋联合与统一,但仍不乏固执成见、是己非人的现象,如浸礼洗礼的争执,新教旧教的水火,及属世属灵的区别;再次是基督徒文化程度的低下,不仅不能引起社会人士的尊重,反给社会以不良印象,甚至引起许多社会的不幸。

作者为科举中人,对利用汉语文献史料,自然驾轻就熟,全书的文字也简洁通畅典雅。但作者不精外文,该书所使用的主要外文资料,大部分由其子女翻译而来,加上成书比较仓促,又没有多少前人的著作可资借鉴,因而颇多缺漏。尽管如此,《中国基督教史纲》作为第一部对中国基督教史进行系统综合研究的中文学术著作,为该领域的研究奠定了基础。

(徐以骅)

中国天主教传教史概论 徐宗泽

《中国天主教传教史概论》，一册。徐宗泽著。1938年由土山湾印书馆本出版。有上海书店出版社1990年版《民国丛书》影印本、上海书店出版社2010年新版。

徐宗泽(1886—1947)，上海人。字润农，为徐光启裔孙。天主教神父，教名若瑟。主编天主教《圣教杂志》，并主管徐家汇天主堂藏书楼。著作还有《明清间耶稣会士译著提要》等。

本书是一部论述中国天主教传教史的著作。作者在书首"叙略"中说："本书论文，已载《圣教杂志》第二十五、六两卷中，读者以散漫零落，不得整个观念为恨，故促重编，汇为一册，亦化零为整之义也。"全书共有十一章。

第一章，《开封犹太教》。

河南开封有犹太遗民，及犹太寺，且尚保存五六百年之古圣经。利玛窦首先注意并研究犹太教。"利子殁后，第二个研究犹太教的是艾儒略。"艾子考察未著功效，而孟正气因得要领调查最为详细。最后由韩国英研究。十九世纪中叶去开封查访，犹太寺已"片木无存"。关于犹太之研究书籍，已有多部论述出版，其中中文书有陈垣先生所撰之《开封一赐乐业教考》。犹太人何时入中国，据考证，"犹人在汉时入中国，不无相当可信之事实作佐证也"。犹太寺经典有"道经十三部"。犹太人所奉之教是一赐乐业教。赐乐业者希伯来民族之译音，"今人译为义撒厄尔或以色列也，又名挑箸教"。赐乐业教与回教不同，"赐乐业教者乃天主降生前之古教"。今在开封之犹太教，乃仍保存古教之礼仪。犹太人亦祭祖敬孔，舞外教之异端。现在犹太人尚有五六家，"亦不自知其教义，盖一赐乐业教已失其宗教存在之性质"。

附录一《关于开封一赐乐业教之吉光片羽》；附录二《重建清真寺碑记》，弘治二年(1489)；附录三《尊崇道经寺记》，正德七年(1512)；附录四《重建清真寺记》，康熙二年(1663)。

第二章，《唐景教碑出土史略》。

"1925年，在陕西青城西安府城近段，为建筑房屋，工人锄地，掘得一石碑，长九尺强，阔四尺，厚一尺强,头端为金字塔形,面上镌有十字……下有华文'大秦景教流行中国碑'九字。"景教碑发现后,"盖其影响,实一时轰动全球,当明末利玛窦等之入吾国传教,莫不希望在此硕大之中国,恐一旦能寻获一二圣教传到之踪迹。今果然在西安无意之中,掘得古色古香之一大石碑,而审察其石质,寻绎其刻文,则知基利斯督教已远在七世纪之初,由波斯而传入中国,且盛传一时,博得皇帝及宰臣之信仰。传教于中国之耶稣会士,喜不自胜,以为足以辩护现在以传之圣教,千载前已宣扬于中国矣"。

第三章,《唐景教论》。

"景教者聂斯脱利派,大秦国人阿罗本,于唐贞观九年(635)传入中国。聂斯脱利派乃第五世纪之一异端,创于聂斯脱利。聂斯脱利为安底奥血(即吾国古书之安都城)隐修院院长,律己严,善辞令,四百二十八年升为君士旦丁堡大宗主教。""盖景教谓耶稣有二性二位:天主性、天主位、人性、人位,圣母非天主之母亲,此异端道理也。此异端寄生于中国,不即消灭,为圣教之传扬不特是一阻碍,且为信德之一致,是一扰乱,景教之绝迹于中国,实天主上智之安排也。"不过,景教"在中亚细亚仍繁植其间"。

第四章,《元代之聂斯脱里异教》。

"迨蒙人入据中原,布在中亚之聂思脱利派随之入关,一时颇为兴旺。"可是,后来事情发生了变化,"蒙古波斯王弃聂教而回教,因之教难不绝而来也。……自此以后聂斯脱利派异端无声无息而绝迹矣"。聂教发生这么大的变化,与聂派大宗主教雅八拉哈"归正"有很大关系。

第五章,《罗玛教廷与蒙古通使史略》。

元朝初年,罗玛教皇派遣柏郎嘉宾来华,开教廷与蒙古通使之先声。柏郎嘉宾携教皇致元帝国书,于1245年4月自里昂起程东来,至次年7月抵元朝国都和林。元帝接见后复书教皇,由柏氏带回,回到里昂已是1247年之终。

"元世祖御极之初,有意大利威尼斯商人马哥孛罗者,偕其弟玛窦,于1260年,乘满装商品之商船到君士坦丁堡行商,继至窝尔加河,卒随旭烈王使臣远来中国,觐见大汗忽必烈——元世祖,颇蒙优待,垂问甚详,二人应对如流,世祖大悦,拟遣派二人充作使臣,而觐教皇。"

"蒙古王与罗玛教廷使节往返固未尝或断,然得获其传教之效而成立传教区者,要以孟高未诺为始。"孟高未诺被任命为北京总教主,在华传教三十八年,授洗三万余人。

第六章,《明末天主教之传入中国》。

随着海上新航路的开通和耶稣会的创立,"自二百年圣教继绝于中国后,首来吾国传教者,即圣依纳爵之同志圣方济各沙勿略,继有以发其轫而定其基础者,则利玛窦也"。利玛窦从广州到肇庆、韶州、南昌、南京,于1601年1月抵北京,上疏献天主圣像和自鸣钟及万国图志等。他会中文,善辞令,娴交际,行动谨慎,特别重视与官绅来往,克服种种困难艰苦,传教取得成绩。1584年,信奉天主教者仅三人。1610年,可推想约有二千五百名教友。

第七章,《中国天主教——自利玛窦逝世至明末》。

利玛窦逝世时圣教传到的地方有:肇庆、韶州、南昌、南京、北京、上海、杭州。奉教中有名望之人不少,其中徐光启、李之藻、杨廷筠,被称谓"中华圣教三柱石"。接任利子为耶稣会士之会长者乃龙华民。在其任时,1616年发生了南京教难。此为南京礼部侍郎沈㴶所兴起。教难发生后,教堂被焚,教徒被刑罚,波及全国。之后,沈㴶又诬天主教为白莲教,教难复起,逮捕教友。两次教难的发生都与太监魏忠贤有关。教难发生后,"中国圣教之三柱石,即竭力为之保护"。徐光启上书辩护,甚至"愿以自己身家性命担保","叶向高保教之功亦不少也",徐光启欲为圣教筹一久安之计,荐汤若望等西士治历,"其效果且自明末延至嘉道间"。明永历皇太后皇后亦进教。中国圣教自利玛窦逝世之年以迄明末,中间虽遭沈㴶兴起之教难,然显然有极大之进步;圣教传之明代版图之十三省(明代全国分十五省),教友之数,到1650年"竟增至十五万"。

第八章,《中国天主教史——自清入关至康熙朝》。

"明亡,满清入据中原,圣教之前途,安危莫测,天主又生汤若望,以保障圣教,而圣教得以渡过危险。"顺治元年,汤若望取得修历权,圣教之宣传,亦因之而得便利。"然德高则谤兴,为事之所难免者,汤公受宠于清帝,而忌嫉之者不在少数,尤以杨光先为甚。"杨光先兴起之历狱,致使汤若望差一点处死,恰当时发生大地震,"合都惶惧",因得以"开释"。不久,汤公因在与杨光先"同测日影"中得胜,而被恢复官职,还升了官,使得传教更有进展。这时,法国耶稣会士开始来华传教。传教士力量增加,"于是当注意于圣教会内部之组织。圣教会者是有系统有组织有制度之社会也"。1696年,罗马"教皇意诺增爵第十二世简定中国十二主教区,分治中国教务"。至1664年,共付洗二十四万六千人。

第九章,《雍乾嘉道时之天主教》。

天主教传入中国后,"常生活于患难之中,而开始难为圣教者,厥为雍正"。雍正朝可述之教难有苏努案、福建案。

苏努为清太祖努尔哈赤之四世孙,与雍正为从昆弟行。"本论所谓之苏努案,即谓苏努全家之皈依圣教,及为主而被窘是也。"苏努全家信奉圣教,"其所遭之难,即雍正以为苏努获罪于己,而发往至远边也。苏努之罪,雍正以其曾允祀谋继立,大为所忌"。"然此苟非借端,亦不过原因之一,而奉教亦系其中之一原因也。"

"自雍正朝起,历乾嘉至咸道,吾国整个圣教地所遭之教难也,其教难发端于福建之福安。""雍正初年,福安多明我会士,筑圣堂,行将竣工,有不良教友控告教士于福安县,县长陈报闽浙总督满宝,满宝素知雍正疾恶圣教,乃一面出示严禁所属境内,建堂传教,传教士则一律驱逐出境;一面则上奏皇上禁绝天主教。"于是,雍正下了禁教令。各地执行后,教士被驱,教堂充公。

到了乾隆朝,教难更严重,"盖有流血之致命也"。1776年7月,教皇格来孟第十四,出谕正式解散耶稣会。此谕于1777年,方至中国,中国耶稣会乃于是年解散。

第十章,《中国圣教史——自鸦片战争至今日》。

"1814年耶稣会在欧洲重行恢复,吾中国于是有复请耶稣会士来华之运动。"1840年鸦片战争爆发,清廷败北,中国被迫与英签订南京条约。该条约写道:"耶稣天主教原系为善之道,自后有传教者来至中国,一体保护。"美法等列强紧随其后,在与清廷所结条约中亦有类似内容。"因上条约天主教之在中国可谓入一新时代矣。""至是教士可以建堂传教,华人可以入教敬主,昔日充公之圣堂,可以发还教士。"但在这段时期,亦有教案陆续发生,而最烈者是庚子义和拳之时。

自鸦片战争后,中国传教事业有极大之进步,而教会内部之组织,亦日益精密。"1879年,教皇良第十三分中国为五大传教区域。……截止(至)1936年末,全国有一本主教区(澳门),八十五个代牧区,三十六个监牧区,七个自立区,共计一百二十九个教区。"随着天主教宣传之扩大,许多慈善教育事业要发展,于是许多中外籍修女会陆续在各地建立,修道院亦在澳门设立,培养司铎。及民国成立,"传教之进步,诚有一日千里之慨"。

作者在本章末尾作"结论",谈了五个感想。

第十一章,《附录:中国圣教掌故拾零》。

本书以翔实的资料阐述了中国天主教的传教史,具有重要的学术价值。

(罗晋辉)

明清间耶稣会士译著提要 徐宗泽

《明清间耶稣会士译著提要》，十卷。徐宗泽编著。成于1940年。通行本有中华书局1949年排印本、上海书店1989年版《民国丛书》影印本、上海书店出版社2006年新版。

作者生平事迹见"中国天主教传教史概论"条。

本书是一部依仿《四库全书总目》体例编写的介绍明清间天主教译著的著作。作者在本书的"绪言"中说："今西士遗传于吾人之著述，散佚者亦不在少数，前哲心血所结善果，而后人不知保存，且漠不关心，此则可惜耳。余有感于此，爰将徐汇书楼所藏诸书作此简单提要，以饷读者。本年又逢耶稣会创立至今四百年，是书之刊印，亦为纪念云尔。"作者在1946年3月写的"编后记"中说："本提要为纪念耶稣会创立后四百年（1540—1940）而作，五年前承中华书局接受排印，因战争未能出版。今抗战胜利，天日重光，而此书得与读者相见，亦可作胜利之一纪念也。"

全书分为七类十卷，另有"补遗"。"每一类之首，有一总论，每一类中一书有一提要；述译著者之名姓，刊印之时期，出版之地点等等；有序者直录其序；无序者则抄目录，俾读者能窥各书之精蕴。"书后附有明清间耶稣会士译著、人名、书名、史事索引。各卷大意如下。

第一卷，"绪言"。主要内容有以下几点。

（一）明清之际，把西洋科学输入中国的，主要是利玛窦、汤若望、南怀仁、艾儒略等耶稣会士。

（二）西士所著之书大致可分为宗教及科学两大类，书中思想各异。

（三）罗明坚的《天主圣教实录》是"天主教教士到中国后之第一刊物"。

（四）继《天主圣教实录》出版之第二书，是利玛窦的《天学实义》（后改名《天主实义》）。

（五）西士所著书影响于中国整个学术界，尤其在地理学、天文学和火器制造等方面，影响较大，贡献巨大。

（六）明末清初西士对我国学术界的影响，不在某种学问，而在于治学之精神，"即以科学之方法研究学问"。

（七）西士所著之宗教书，主要"有十诫劝，论圣迹、天主圣教问答、告解原义、圣教四规、天学略义等书"。

（八）西士与华士译著书籍是艰难的。西士所译之书，必经西士寓目审考，再由华士润色。

（九）西士所编译书之文理有深浅雅俗之殊异，不可一律而论，造成这种情况的原因是多方面的。

（十）为西士书籍润色的第一流华儒当推徐光启、李之藻、杨廷筠等人。

第二卷，"圣书类"。

（一）《古新圣经》。耶稣会士贺清泰译。系官话，章、节与拉丁文圣经不甚符同，抄本未刊。

（二）《圣经直解》。极西耶稣会士阳玛诺译，1642年出版，有自序，共八卷。"是书乃诠解一年中之主日圣经，而加以箴言，一年中瞻礼亦详解清晰，文理古雅，诚一本好书。此书之特点，允在索引，中文书之有索引者当以此书为嚆矢。"此书译者还作了自序。

（三）《天主经解》。远西耶稣会士罗雅谷著述，瀛海李天经阅润，河东韩云校梓，一卷共二十章。

（四）《主经体味》。远西耶稣会士殷绪弘继宗著述。此书即天主经诠解，共八卷。

（五）《弥撒经典》。极西耶稣会士利类思译。

（六）《司铎日课》。极西耶稣会士利类思译，1674年书刻于北京。

（七）《司铎典要》。极西耶稣会士利类思述，刻于北京，1676年出版。分上下两卷。

（八）《圣事礼典》。极西耶稣会士利类思译，1675年刻于北平。

（九）《圣教日课》。龙华民编译，分三卷，是一本天主教日常公诵之经本。

（十）《总牍汇要》。极西耶稣会士阳玛诺、郭居静、费奇规、傅汎际、费乐德同订，同会利类思、南怀仁重订。共上下两卷。

（十一）《振心总牍》。大西耶稣会士费奇规译述，系抄本。

（十二）《圣母小日课》。耶稣会士利类思译，1676年北京出版，一卷，为恭敬圣母之经文。

（十三）《已亡日课经》。极西耶稣会士利类思译，是为亡者在炼狱中受苦，求天主赐其早登天国。

（十四）《炼灵通功经》。耶稣会士利国安、龚宾同订。

（十五）《显相十五端玫瑰经》。泰西耶稣会士毕多明我，值令德玛诺阅订，云间敬一堂梓。

（十六）《念珠默想规程》。龙华民撰。

（十七）《超性俚吟》。云间许鼎金元声作。

（十八）《圣人祷文》。龙华民撰。

（十九）《天主降生言行纪略》。极西艾儒略译述，刻于1642年，共八卷，是一部耶稣传。

（二十）《圣年广益》。远西耶稣会士冯秉正端译述，刻于1738年，北京印行，共十三编，每编分上下两集。

（二十一）《圣母行实》。远西耶稣会士高一志撰,刻于 1631 年,共三卷。

（二十二）《圣人行实》。耶稣会士高一志述,刻于 1629 年,共七卷。

（二十三）《圣若瑟行实》。远西耶稣会士阳玛诺著。

（二十四）《古圣行实》。太西聂仲迁著。

（二十五）《崇一堂日记随笔》。远西耶稣会士汤若望、道味甫译述。

（二十六）《圣若望臬玻移传》。远西耶稣会后学魏继晋译。

（二十七）《圣若撒法行实》。远西耶稣会士龙华民译。

（二十八）《德行谱》。远西耶稣会修士巴多明克安译述,刻于 1726 年。译者为本书作了序。

（二十九）《济美篇》。远西耶稣会士巴多明克安译述。

（三十）《轻世金书》。极西耶稣会士阳玛诺译述。1860 年出版,共四卷。

（三十一）《七克七卷》。两江总督采进本,西洋人庞迪我撰。

（三十二）《崇修精蕴》。极西耶稣会士林安多译,同会贾达纳奥原著。译者作了自序。

（三十三）《励修一鉴》。"福唐李九功其叙纂评,绥安李嗣玄又玄,清漳严赞化思参订正。"刻于 1639 年。

（三十四）《善生福终正路》。远西耶稣会士陆安德、泰然甫著,共上下两卷。著者写了自序。

（三十五）《真福训诠》。远东汤若望著。此书对耶稣所讲之真福八端加以训诠。

（三十六）《真福直指》。泰西耶稣会士陆安德述,全书分上下两卷。

（三十七）《十慰》。耶稣会后学高一志述。

（三十八）《哀矜行诠》。极西耶稣会士罗雅谷著。

（三十九）《死说》。远西罗雅谷撰,是劝人想死备死之格言。

（四十）《神鬼正纪》。极西高一志撰,是一本论天神与魔鬼之书。

（四十一）《善恶报略说》。耶稣会士南怀仁述,刻于 1670 年,分八章,"解说善人为何在业受苦,而恶人反享福之疑难"。

（四十二）《求说》。泰西耶稣会士罗雅谷遗稿。

（四十三）《身心四要》。长洲周志于道撰述,作者写了序。

（四十四）《人罪之重》。泰西耶稣会士卫方济述,共三卷。

（四十五）《盛世刍荛》。"远西耶稣会士冯秉正端友指示……是一部语体文之好书。"

（四十六）《庞子遗诠》。耶稣会士庞迪我著,共四卷,是一部诠解信经之论道书。

（四十七）《原染亏益》。远西耶稣会士郭纳爵译著,分上下两卷。

(四十八)《忆说》。耶稣会佐劝修士、云间陆思默著述。"此书勖勉人时时刻刻,在日常事中,勉有超越意想而修德立功。"

(四十九)《天阶》。泰西天学士潘国光用观父述。

(五十)《瞻礼口铎》。泰西耶稣会士潘国光著,分上下两卷,是每年瞻礼之讲道本。

(五十一)《天主圣母暨天神圣人瞻礼日解说》。阳玛诺译。

(五十二)《莫居凶恶劝》。远西耶稣会修士殷弘、绪继宗著述。

(五十三)《策怠警喻》。南昌熊士旗著,系语体文。

(五十四)《忠言逆耳》。远西耶稣会士殷弘、绪继宗著述。

(五十五)《则圣十篇》。耶稣会士高一志撰。

(五十六)《圣母领报会规》。耶稣会士苏霖叙,刻于1694年。

(五十七)《圣体仁爱经规条》。泰西耶稣会士冯秉正述。

第三卷,"真教辩护类"。

其中,耶稣会士中阐明天主教是辟邪崇正的译著书主要有:

《辟妄或名释氏诸妄》、《破迷》、《息妄类言》、《推验正道论》、《天释明辩》、《铨真指妄》、《性学醒迷》、《醒世迷编》。

耶稣会士中阐述天主教是论教讲道的译著书主要有:

《性理参证》、《咨诹偶编》、《祭祖答问简约》、《辩学遗牍》、《天教明辨》。

耶稣会士中论述天主教是辩护真教的译著书主要有:

《真道自证》、《圣教理证》、《归真集》、《辨学》、《天儒同异考》、《补儒文告》、《天儒印正》。

耶稣会士中用科学之方法,证明神之实有的译著书主要有:

《经书精蕴》、《古今敬天鉴天学本义》、《易经本旨》或名《易经吕注》、《周易原旨探》、《琐言分类》、《六书实义》、《铎书》、《赠言》、《天主圣教实录》、《天主实义》、《畸人十篇》、《三山论学纪》、《主制群征》、《答客问》、《拯世略说》、《代疑篇》、《代疑论》、《儒交信》、《天主教要》、《教要序论》、《天学蒙引》、《天主圣教引蒙要览》、《天学略义》、《主教要旨》、《天主圣教百问答》、《天主圣教四字经文》、《圣教浅说》、《天教便蒙》、《圣水纪言》、《万物真原》、《主教缘起》、《天主圣教约言》、《天主教小引》、《天主正教约征》、《天主圣教豁疑论》、《天主圣像略说》、《圣洗规仪》、《告解原义》、《圣体要理》、《圣体答疑》。

耶稣会士中阐明天主教示人以真教妙道的译著书主要有:

《十诫真诠》、《十诫劝论圣迹》、《圣教四规》、《斋旨》、《天主圣教斋说》、《急救事宜》。

第四卷,"神哲学类"。

编著者认为,神哲学即神学与哲学。"哲学之本身,为神学之婢女,以其当侍奉神学故,即谓研究神学,非先明哲学不为功。"西士到华后,神哲学亦有多种译著,其中主要有以下几种。

(一)《超性学要》。极西耶稣会士利类思译义,原书为拉丁本,是圣多玛斯所著的一部有名的神学书。

(二)《穷理学》。耶稣会士南怀仁译,是一部论理学,译自亚利斯多德哲学之一部分。

(三)《名理探》。远西耶稣会士傅汎际译义,"译音为逻辑学,译义为论理学,是哲学之一份"。

(四)《寰有诠》。傅汎际译义,刻于1628年,是一本论宇宙之书。

(五)《灵言蠡勺》。泰西毕方济口授,吴淞徐光启笔录。刊印于1624年。其译义为灵魂。

(六)《灵魂道体说》。远西耶稣会士龙华民撰。

(七)《性灵说》。泰西利类思著,是一本论说体小册,"论人有灵性,多哲学思想"。

(八)《记法》。泰西利玛窦诠著。

(九)《寰宇始末》。极西耶稣会士高一志撰。

(十)《性学觕述》。极西艾思及先生译著。"此书可谓心理学之常识。"

(十一)《西学治平》。耶稣会士高一志著,"此书为继修身西学,西学齐家而作"。系抄本,无序及年月,共十一章。

(十二)《民治西学》。西海耶稣会士高一志撰,系抄本,封面上书平治西学卷五卷六,但书内分上下两卷。

(十三)《童幼教育》。极西耶稣会士高一志著。

(十四)《修身西学》。极西高一志撰。此书系伦理学中之一小部分,"论人之行为,则为之宗向,动机;及德行,四枢德等等"。

(十五)《性理真诠》。耶稣会士孙璋著。是一部辩护真教之书。

第五卷,"教史类"。

作者说:"明清间教士入吾国,宣传天主教,欲证是教为天主所立,人当信奉,著有多种书籍。又天主教传至吾国后,圣教之发进、艰难等等,亦有其纪述。"这些教史类著述有:《圣教信证》、《道学家传》、《大西利先生行迹》、《徐光启行略》、《奉天学徐君元行实小记》、《思及艾先生行迹》、《张弥格尔遗迹》、《悌尼削》、《安南副教先生》、《人类源流》、《钦命传教约述》、《天学传概》、《景教流行中国碑颂正诠》、《辨学章疏》、《具揭》、《鸮鸾不并鸣说》、《不得已辩》、《妄占辩》、《崇正必辩》。

第六卷,"历算类"。

作者认为,我国古代沿用的大统历和回回历至明季而错误百出。"万历三十八年礼部疏请博求精通历学者,于是五官正周子愚疏请起用大西洋远臣庞迪我、熊三拔等,会同徐光启、李之藻同译西洋历法,以资参订修改。一部有名之崇祯历书,卒以译成。其他算数书籍嗣后亦有译编,约分为五类:一几何学;二八线表;三对数表;四借方根;五割圆法。"历算诸书有:《崇祯历书》、《几何原本》、《浑盖通宪图说》、《同文算指》、《测量法义》、《测量法义测量异同勾股义评》、《测量异同》、《简评仪说》、《勾股义》、《圜容较义》、《天问略》、《地震解》、《表度说》、《民历铺注解惑》、《天学初函五十二卷》、《熙朝定案》。

第七卷,"科学类"。

作者指出:"吾国古时未尝不有学问,但仅为一般之经验,非科学式的,即无系统、无组织之知识。知其然而不知其所以然。自明末耶稣会士来,而我中国学问乃得其新精神,而成为科学式矣。"西士所著关于科学之书有:《西学凡》、《远镜说》、《奇器图说》、《御览西方要纪》、《西方问答》、《火攻契要》又名《则克录》、《毕方济奏折》、《泰西人身说概》、《进呈鹰论》、《狮子说》、《泰西水法》、《乾坤体义》、《职方外纪》、《万国舆图》、《坤舆全图》、《坤舆图说》、《皇舆全览图》、《西儒耳目资》、《律吕正义》。

第八卷,"格言类"。

作者说:"'格言不出庸人之口'是也。西士到吾国后,亦有此种至言之传入,为学者所欣赏;又有一种寓言,寓有至意,可作劝勉,可作箴规,助人为善之法也。朋友之道为吾国所极重视,西国亦尊友谊,交友之道,阐发尽致。"格言类书有:《二十五言》、《五十言余》、《圣纪百言》、《譬学警语》、《焰迷四镜》、《睡答画答》、《圣梦歌》、《交友论》、《述友篇》。

第九卷,"译著者传略"。

记有:罗明坚、利玛窦、郭居静、苏如望、龙华民、罗如望、庞迪我、费奇观、高一志、熊三拔、阳玛诺、金尼阁、艾儒略、毕方济、曾德昭、邓玉函、傅汎际、费乐德、汤若望、伏若望、罗雅谷、卢德安、瞿西满、陆希言、杜奥定、郭纳爵、何大化、潘国光、利类思、安文思、贾宜穆、卫匡国、穆尼各、卜弥格、聂仲迁、穆进我、鲁日满、陆安德、南怀仁、柏应理、殷铎泽、恩理格、闵明我、徐日昇、洪若翰、白晋、卫方济、张诚、李明、刘应、利国安、马若瑟、巴多明、殷弘绪、雷孝思、聂若望、赫苍璧、杜德美、沙守信、冯秉正、德玛诺、戴进贤、徐懋德、宋君荣、孙璋、魏继晋、蒋友仁、钱德明、安国甯、贺清泰。"中西名字合璧"附在此卷末。

第十卷,"徐汇巴黎华谛冈图书馆书目"。

本书对于研究天主教在中国的传播和发展,具有重要的学术价值。

(罗晋辉)

基督教思想史 彭彼得

《基督教思想史》，一册。彭彼得撰。上海广学会1939年排印本，影印收入《民国丛书》第一编。

彭彼得，生平事迹不详。从本书的"自序"中得知，曾任齐鲁神学院教授，讲授基督教思想史，苦无中文教材，经四年努力，撰成此书。内容多录西方教会领袖人物著作思想，而缺少东亚基督教思想，准备以后力事搜集，弥补不足。另著有《基督教义诠释》。

《基督教思想史》是一部扼要叙述西方基督教思想的发展历史的著作。

全书共二十章。第一章，耶稣降生以前之思想。第二章，耶稣自己之思想。第三章，使徒时代教父之思想。第四章，第二世纪之异端。第五章，护教者朱司丁等。第六章，亚历山大神学及异端。第七章，拉丁神学及异端。第八章，第四世纪之希拉教父及异端。第九章，第四世纪之拉丁教父及异端。第十章，黑暗时代。第十一章，经院时代之思想（中代）前期。第十二章，经院期之神秘主义。第十三章，经院后期。第十四章，教会改革时期（近代）。第十五章，别国的改教运动。第十六章，近代思想。第十七章，神学之改造。第十八章，现代之趋势。第十九章，巴特运动。第二十章，读神学史之感想。

书前有自序，叙述撰述目的、经过及其不足之处。书后附章，分三个部分：（一）信表释义。认为信表学乃专为阐发基督教之基本信仰，包括基本信经、特殊信经、比较信经三个方面。作者根据这三个方面节录了基督教从创始、传说到教义、教规、宣言、教仪等方面的文献，为研究基督教思想史提供翔实的资料。（二）参考书。（三）西名中译表。作者主张尽量给予西方作者以中国的姓，便于中国读者阅读。

总观全书，大致概括地叙述了以下问题。

一、阐明基督教思想的发展，是与时代的发展紧密联系的，它反映了时代的思想和精神。所以基督教思想家及其著作，都有他们自己的背景、环境和独自的主张。作者认为基督教"生于犹太,依社会集体性的意义来说,无论如何,它总逃不出遗传和环境的努力"。所以研究基督教的教义,"当辨明其'纯基督'的、'次基督'的和'外基督'的三个要素"。"纯基督"是原出于基督自身的言行的;"次基督"是仍属于基督教全部,但非基督自身所视为绝对必要的;"外基督"是不属于希伯来教和基督自身而由于基督教以外的来源的,从而掌握基督教思想的真谛。

二、叙述和理清基督教思想发展、演变的线索。这是本书内容的主要部分。根据本书二十个章节的安排(除二十章外),基督教思想的产生、发展、演变可以分为古代、黑暗时代、中代、近代、现代五个阶段。

自第一世纪至第六世纪是古代(第一至九章)。此时教会的努力是向外发展,与外邦文化接触、宣传,拥护自身之信仰,奠定基督教的基础。此时神学主要的题目,多半是关于上帝、基督、恩惠的灵"三位一体"的。尤其是基督的性格,教会的努力,要保全基督之神人合一性,反对一切唯人的看法。奈西阿议会,喀帕多西安三教父,对于三一信条,作了可贵的努力,而敖古司丁则总神学统系之大成。他的宗教修养是圣人之典型。他的神学是后代信条之基础。他的神学系统,相传千余年之久,直至现代才进行改革。

自第七世纪至第九世纪(第十章)。自敖古司丁至经院时期,可称为"黑暗时代"。这个时期没有一个出类拔萃的人物。因为关于教义的重大争论,到了第六世纪已大体决定,而哲学家们在修释雄辩之余已感到疲劳,根据人类"心理平衡"原则,便自动地收缩和静默,没有什么创新的思想,所以称为"黑暗时代"。尽管如此,但这一时代还有几件事是不能忽略的。如大桂格利等重用教制教仪,以谋求教会的统一。夏立门、柯老丢等打破教会圣像的崇拜,及宗教观念的物质化和迷信化。关于信条,又有圣餐和圣灵出处的争辩。

自第十世纪至第十五世纪(第十一至十三章)。可称为中代,即经院主义时代。这个时期的特点是教会向内集中,理解及深究教义,在思想与生活两方面,都比以前更加深刻,大力建树经院的风气和理想,以谋求教会的统一。神秘派、乞丐派、经学派对于基督教都有莫大的发现,推进了基督教思想的深化。

自十六世纪马丁路德宗教改革至十九世纪(第十四至十七章)。可称为近代。这一时期基督教由哲理、信条、制度而至经验、生活、价值都有了一系列的转变。虽然十八世纪有唯理主义,但不像古代那种臆度哲学。唯理主义仍以自然、理性、人道为重,将神学自然化,即广义的合理化。康德、施来尔马克、司超司、包尔都是持这一主张的。

现代(第十八至十九章)。随着科学的进步,现代共和意识的确立,社会经济的发展,新的神学应时而生,神学运动有了很大的转变。将宗教社会化,神学科学化,多从人本主义的进步观点来看待宗教的价值。如实验派、社会福音派,都是偏重于人本主义的。自然也有反动的巴特派,主张"绝对的上帝","上帝之绝对性"。

三、概括地表达了作者读神学史的感想(第二十章)。作者总结了神学思想二千年发展的历史后,首先认为"力求信仰合理化,这是西方神学发展的根本动力"。其次,认为基督教的思想是在争论中发展的。信仰常因争辩得到一个公准,不辩不明,不明不立。作者认为,"万物是形形色色,不必尽同,人类之思想动作不必一致,生命正因其种种变化而流露其丰富的蕴藏,人类断不能以机械规律以求一致"。第三,认为没有人能设立完全的神学系统。"一位神学家,无论下了多大工夫,组织了多门拜尽的系统,仍有欠缺",所以他认为今日教会的领袖,只可说个人所得,只是真理的一部分,固执己见,就会以偏概全,陷于谬误。第四,认为基督教中国化的提法要慎重考虑。基督自有其特殊、绝对、优越的真理和使命。神学史告诉我们,希拉、罗马界之教父,想将基督教希拉、罗马化,但希拉、罗马之文化不能代替基督教,亦不能使之完全同化。第五,认为基督教"不只是内心的天国,乃是社会的天国。这是现代的呼声,是现代人对于基督教的看法,是救世的基督教原有的精神"。第六,认为研究基督教思想史,要看到这样一种现象,"许多现代的问题,即是古代、中代的问题。许多现代的新标志,即是古代、中代所已有的主张。所谓之新者,并非绝对的新,所谓之旧者,亦非绝对的旧",要历史地、辩证地看问题。

《基督教思想史》比较系统地阐述了基督教哲学从古到今的发展历程,对于了解、研究基督教乃至西方哲学史有一定的参考价值。此外,作者在附章"信表释义"中所提供的基督教文献资料,对于了解基督教的教义、教规、教仪等都有一定帮助。

(来可泓)

基督教与文学 朱维之

《基督教与文学》，一册。朱维之撰。成于 1940 年。通行本有：青年协会书局 1941 年版《青年丛书》本、上海书店 1990 年版《民国丛书》影印本、吉林出版集团有限责任公司 2010 年新版。

朱维之(1905—1998)，浙江温州苍南人。曾留学日本，回国后任福州协和大学讲师，五年后任上海沪江大学国文教授。1952 年起任南开大学教授。著作尚有《中国文艺思想史略》、《李卓吾论》、《沙恭达罗与宋元南戏》等。

朱维之撰写《基督教与文学》是上海沦陷之后，在沪江大学任教期间。当时接受青年协会书局总编辑吴耀宗邀约编著是书，并曾找刘廷芳博士讨论编写提纲。在图书散失、资料难觅的极其困难条件下，经过艰苦努力，终于撰成本书。

《基督教与文学》是一部从文学视角出发，阐述基督教经典、教仪活动中所包含的文学因素，论证基督教与文学的关系、基督教在文学中地位的著作。"启发人们体会基督教文学之美。读经而能欣赏它的美妙，唱歌而能深入诗歌三昧，祈祷而能有灵感，说教而能有生气活力。"

全书共七章，书前有刘廷芳博士的序和导言。"序"中叙述本书的撰述经过、主旨及其意义。作者从文学的欣赏出发，表现出信仰的虔诚，启发人们对基督教文学的追求。这是"中国基督教文学史中的第一部参考书"。

"导言"首先阐述文学和宗教的关系，指出"基督教文学才是真正伟大的文学"。其次，论述从古至今文学发展的思潮，指出中国"有丰富的文学遗产，但那只是旧时代底贡献，祖宗底努力。现在我们成了新世界的一环时，亟需新的精神，新的品格，新的作用，来作新的文学贡献"。第三，表达了作者的希望：希望基督教徒青年多发生文学的兴趣，希望我国文学青年多发生对基督教的兴趣。

正文七章，大致可以分为两个部分。前五章，叙述基督教本身的文学；后两章叙述基督教在世界名著中所占的地位。现逐章加以概括叙述。

第一章,《耶稣与文学》。下分《诗人耶稣》、《耶稣底作品》、《耶稣传与文学》三节。首先,从考察耶稣的血统、家族、禀赋中,说明耶稣是天生的诗人,是诗的化身。其次,从耶稣的作品中阐明包含着文学的美妙,如一泓碧水,清澈可见水底游鱼;是千古不易的诗的说教,永远不能磨灭。第三,从《耶稣传》优美文采中,体现耶稣用全生命来写最可惊人的诗,耶稣就是文学的化身。

第二章,《圣经与文学》。下分《圣经文学的伟大性》、《圣经文学的特质》、《圣经对于后世文学的影响》三节。作者首先分析传世之作应具备的特点,然后将《圣经》与西方古典文学、中国古典文学、佛道文学作比较,认为《圣经》"博大精深,能触动人类各种的情绪,精美而有力,传达那样广阔的人生经验",是"综合众美的一部伟大文集"。其次,阐述《圣经》的特质是博大精深,生活丰富,上帝的存在,信仰和精神,先知先觉。第三,指出《圣经》为欧美文学的源泉后,阐述《圣经》对欧美文中诸如诗歌、小说、戏剧、散文体裁以及对但丁、莎士比亚、乔叟、罗斯金等作家的影响。

第三章,《圣歌与文学》。下分《文苑中的一枝奇葩》、《世界民歌源流》、《中国圣歌与中国文学》三节。首先指出圣歌(赞美诗)"是基督教的主要部门之一,是《圣经》之后的伟大文学贡献"。"圣歌的美,不但在于文字,也在于音乐。"分析其特点是"生的喜欢"、"生的昂进"、"积极的安慰",从而得出"圣歌真是文苑中的一株繁盛的奇葩"的结论。其次,阐述圣歌产生的历史后,指出圣歌是欧美著名作家写作民歌的源流。第三,从中国诗歌发展的历史中,指出圣歌与中国新诗相结合,走上合乐的道路。从事圣歌的创作,扩大了中国诗歌创作的视野。

第四章,《祈祷与文学》。下分《祈祷与诗歌》、《赞叹和恳求》、《默想和神交》三节。首先叙述祈祷与诗歌的关系,认为祈祷辞就是一首首的好诗,"祈祷时的心境既与唱读诗歌时候的心境和谐,也和写诗时的精神相通"。并指出祈祷文的四类内容:一赞叹感谢,二痛苦哀求,三静心默想,四心神契合。其次,祈祷文学赞叹和恳求的文学形式,表达对上帝的虔敬之情。第三,叙述祈祷文默想和神交的文学形式,强调文学创作和为人处世中的静思默想的内心修养工夫。

第五章,《说教与文学》。下分《登峰造极的雄辩文学》、《先知与修辞学》、《近代说教文学》三节。首先指出"文学底目的在于表现真理,以为文学的目的正是说教"。"而活泼有生气的大说教,人们会觉得它是天上来的徽音,给人以一剂清凉散,烦恼全消。"基督教的说教,正是这样的一种注重口说的雄辩文学,给人以鼓舞和力量。其次,叙述说教原是先知(原意为上帝代言人)们的主要本领和使命,为了达到良好的宣传教育效果,必须注意修辞,反过来又推动了修辞学的发展。第三,列举从18世纪开始的著名说教家的演讲词、从而形成近代的说教文学。

第六章,《诗歌散文与基督教》。下分《抒情诗》、《叙事诗》、《散文》三节。首先叙述基督教中美妙的抒情诗,分为爱情的诗歌、哀悼的诗歌、体验的诗歌三类。其次,介绍了基督教中从古代到近代所产生的伟大的叙事诗,它们一方面写得很美,另一方面主题伟大,能处理人生的严肃问题和促进基督教根本的信仰。第三,介绍了表现基督教精神的优美散文。

第七章,《小说戏剧与基督教》。下分《小说戏剧之起源与基督教》、《几本有关于基督教的小说》、《几本有关于基督教的戏剧》三节。首先指出"世界各国小说、戏剧都起源于宗教"。其次,介绍了哥尔德密司《维克裴牧师传》、司各脱《撒克逊劫后英雄略》、迭更司《劳苦世界》、伊里娥特《牧师生活风景线》、萧伯纳《黑女寻神记》、雨果《悲惨世界》等等,指出它们都表现了基督教的精神。第三,介绍了莎士比亚《哈姆雷特》、《麦克白》、《奥赛罗》、《罗密欧与朱丽叶》四大悲剧,拜伦的《该隐记》、巴蕾《小牧师》、萧伯纳《圣女贞德》、歌德《浮士德》等等戏剧,指出它们与基督教精神息息相关。

《基督教与文学》比较系统地阐述了基督教与文学的关系和基督教在文学中的地位,对于研究基督教文学史有一定参考价值。

(来可泓)

没有人看见过上帝 吴耀宗

《没有人看见过上帝》,一册。吴耀宗撰。成于 1943 年。同年刊登于成都《基督教丛刊》,次年由青年协会书局在成都出版,1946 年第四版起由青年协会书局在上海出版。1948 年第五版有较大修订,原第一章《圣经中的上帝信仰》改成《圣经中的上帝》,位置往后挪为第四章,并增添了两篇短文作为附录。1949 年后曾据此重印。

吴耀宗(1893—1979),广东顺德人。1908 年考入北京税务学堂。1913 年毕业后在广州、牛庄、北京等地海关服务。1920 年任北京基督教青年会学校部干事,1922 年任主任干事,1931 年起兼任北京基督教学生同盟执行干事。1924 年至 1927 年在美国纽约协和神学院和哥伦比亚大学学习,获哲学硕士。回国后担任中华基督教青年协会校会部主任,1933 年起改任出版部主任、青年协会书局总干事。抗战期间从事爱国救亡运动。1946 年 6 月被上海市各界人民团体联合会推为代表往南京请愿,要求停止内战,经历了"下关惨案"。新中国成立后,成为中国基督教会领导人。1950 年 7 月带头发起"三自宣言",1954 年中国基督教三自爱国运动委员会成立起任主席。他还是历届全国政协委员、常委,全国人大代表、常委,建国初任华东军政委员会委员。主要著作尚有:《社会福音》、《大时代的宗教信仰》、《基督教与新中国》、《黑暗与光明》、《基督讲话》等。另外,还在《微音》、《真理与生命》、《基督教丛刊》、《教务杂志》、《唯爱》、《天风》等刊物上发表了大量论文。

《没有人看见过上帝》是吴耀宗最主要的神学著作,集中论述了他的上帝观:"看不见的上帝是一个真实的上帝";"上帝是一元化了、情感化了、人格化了的真理……上帝的本体我们看不见,但我们可以看见上帝的作为;上帝的作为就是他在宇宙万事万物中所表现的真理"。全书分为八章。书首有《引言》,书末有《后记》、《附录》。主要内容如下。

《引言》中说:"上帝的信仰是基督教最重要的成分;相信基督教的一切,而不相信上帝——虽然这是可能的——还是等于不相信基督教,因为基督教其他一切的信仰都建筑在上帝的信仰上面。但是信仰上帝却不是一件容易的事","必须经过一番深刻、理智洗炼的"。

一、《上帝存在的问题》。"'上帝'可以说就是一元化了、人格化了、情感化了的那个贯彻着宇宙、支配着人生的真理。"换句话,上帝即真理,是真理的高度概括和抽象,具有无限的包容性。"人有情感上的需要",于是人们就"把真理人格化、情感化,使它成为崇拜对象"。"我们从宇宙可见的现象,可以认识上帝",有如"我们从人的外表行为,可以认识'心'"。"传统的上帝使人头痛",是因为"神学家们把上帝当作一个可以离开客观世界而直接认识的独立存在"。

二、《上帝的信仰与唯物论》。"斯宾诺沙的上帝观和我们的庶几相近",因为他把上帝和客观的宇宙,看为同一样东西。"上帝的信仰和唯物论没有冲突",但有"不同",唯物论者"把相对的东西看成绝对的","对于社会问题的看法,总是以社会物质生活演变的法则作出发点"。相对地,基督教"把一切的东西看成是相对的,而同时又是绝对的","以上帝的爱,和这个爱所要求的公义、自由、平等为出发点"。对客观世界而言,上帝既是"内在"的,又是"超然"的。

三、《从直觉体认上帝》。人从理智上认识上帝;同时因为"人有情感的需要",还能"直觉地体认到上帝,我们所体认到的就是这些东西(按:自然界)的美和真"。

四、《圣经中的上帝》。"上帝是经验,不是理论;是真际,不是玄想;人在生活中体验到上帝"的方方面面,就赋予他各种属性。所以"《圣经》中的上帝不是一成不变的,他是随着时代,随着人的认识而不断地演变的。不是上帝改变了,是人的认识改变、进步了"。"《圣经》中的上帝起先只是一个战争的、种族的神;到后来他就变成一个爱的上帝……起先只是一个地域性的神……到后来他就变成一个为全世界所敬仰崇拜的天父。"公元前七八世纪的先知们的一大贡献是"表彰了一个富有道德心的上帝"。《新约》的上帝观更丰富、更全面,"甚至把历史上一神主义的固有形式突破",特别是保罗确立了"'三位一体'说的雏形"。

五、《耶稣的上帝观》。"耶稣"生活在上帝的信仰之中,"但是他没有证明上帝的存在",因为这对当时的犹太人是"不需要"的。耶稣的上帝是"父",这是"一个象征的名词","并不是一个'拟人'的说法";耶稣的"上帝就是爱","就是互助合作","因为他是爱我们的,所以也是至善的"。

六、《上帝的信仰与祈祷》。"基督教生活里一个最重要的成分就是祈祷,而祈祷的对象就是上帝",祈祷"就是把我们的心灵向着这个无穷无尽的真理打开,使我们不再是我们自己的,而是为真理所变化了、洗净了、锻炼过的新的人格"。祈祷类似"我们所谓的'慎独'的工夫",其"功用与意义"有三:为"和谐"、为"光明"、为"能力"。

七、《上帝的信仰对生活的意义》。第一,"使我们对人生抱一种入世的,而同时又是出世的态度";第二,"使我们感觉到……生活在一个善意的,与人为友的世界";第三,"可以给我们一个广大无边的爱心,爱可爱的人,也爱不可爱的人;爱朋友,也爱仇敌。爱应当是没有阶级的";第四,

"可以使我们不断地追求真理";第五,"一个信仰上帝的人,应当是最勇敢的";第六,"使人谦卑";第七,"使人对于自然的欣赏更加深切,因为宇宙都是上帝的手所造成的,并且一切都是美的";第八,"使人得到不可言喻的平安,因为信仰上帝的人可以把一切都交托给上帝"。耶稣的"道成肉身",他的死及复活震撼了"人的心灵"。

八、《什么是真理》:"认识真理可以说有两个异途同归的方法。一个是科学家的方法。他用理智去研究、分析、归纳……另一个是宗教家的方法。他不摒弃理智,然而他所注重的是直觉和情感,是用在社会和人生的爱。""凡与客观事实相符合的就是真理。""认识真理,无论从主观方面,或客观方面来说",都是困难的,但"还是可以有客观而科学的标准。这个标准就是不断的实践和评价"。

《后记》说明了写作动机。《附录》收《基督教与唯物论——一个基督徒的自白》和《真理可以调和吗?》申述了对"理智与信仰"、"唯物与唯心"、"相对与绝对"等关系的看法,其思想基本上已包括在正文各章中。

自19世纪末以来,基督新教出现了一批所谓现代主义者,超越了传统信仰,也超越了以往把理性和信仰牵强调和的理性宗教思想,使基督教神学十分活跃,吴耀宗于1937年就读过的纽约协和神学院"在当时被认为思想最前进的一个神学校",他深受现代派(自由派)尤其是富引迪的影响。而中国新教,一直是现代派的声音很微弱,反映中国自由派神学家思想、理论的著作更是凤毛麟角。作者把自己的神学思想公诸于众,需要学识——神学的、哲学的、历史的、社会的——更需要勇气和爱心。《没有人看见过上帝》自出版之始,即在自认正统的基督徒和教会中大受挞伐,作者被指为不信派。但这本书(和作者其他许多著作)促使有思想的基督徒和严肃的神学家不能不进行深思。许多非基督徒的中国青年则因本书对基督教有所认识,或有了新的观感。称《没有人看见过上帝》是中国自由派神学的代表作品,是一点儿也不过分的。另外,本书运用了许多比喻来支持论点,这在神学著作中并不罕见,不过这与严格意义上理性的论证终究不是一回事。

(田文载)

方豪文录 方 豪

《方豪文录》，一册。方豪著。1948年由北平上智编译馆出版。

作者生平事迹见"中西交通史"条。

《方豪文录》是方豪有关明清之际天主教东传以及中西交通史的论文的汇编，其中包括对在《中外文化交通史论丛》第一辑和《中国天主教史论丛》甲集中刊载的一些文章的补充和修订。全书共收论文五十一篇，其目次如下。

一、明季西书七千部书流入中国考。二、明清间译著底本的发现和研究。三、十六世纪我国老私港(Liamp)考。四、清代禁抑天主教所受日本之影响。五、中国在日欧初期交通史上之地位。六、徐霞客与西洋教士关系之探索。七、徐霞客年谱订误。八、遵主圣范之中文译本及其注疏。九、名理探译刻卷数考。十、记明刻明理探十卷本。十一、考性理真诠白话考与文言底稿。十二、拉丁重音研究序。十三、天主实义之改窜。十四、徐文定公耶稣像赞校异。十五、半我与二我。十六、十七八世纪来华西人对我国经籍之研究。十七、同治前欧洲留学史略。十八、康熙间西士在贵州余庆测绘舆图考。十九、康熙间测绘舆图之云南地方史料。二十、陶琰书郑板桥道情题记。二十一、茚溪森追封明道正觉禅师之年月。二十二、汤若望汉名之来历。二十三、南怀仁之汉字书法与汉文尺牍。二十四、李我存研究自序。二十五、了一道人山居咏笺记。二十六、杰人文存自序。二十七、顺治刻本西洋新历法历书四种题记。二十八、明末清初旅华西人与士大夫之晋接。二十九、拉丁文传入中国考。三十、梵蒂冈出版利玛窦坤舆万国全图读后记。三十一、读吴渔山遗著札记。三十二、王石谷之宗教信仰。三十三、西文清代经济史料四则。三十四、杜鹃诗草序。三十五、清初宦游云南之犹太人。三十六、明清之际中西血统之混合。三十七、伽利略与科学输入我国之关系。三十八、伽利略生前望远镜传入中国朝鲜日本史略。三十九、节译裴化行著灵采研究院与中国。四十、节译裴化行著论汤若望之历书。四十一、相偷戏与打簌戏源流考。四十二、康熙时曾经进入江宁织造局的西洋人。四十三、红楼梦新考发表的经过和反应。四十四、红楼梦所记钟表修理师。四十五、清初中国的自动机器。四十六、红楼梦九十二回所记汉宫春晓围屏的来历。四十七、马相伯先生事略。四十八、雷鸣远司铎纪念碑。四十九、雷故司铎鸣远事略。五十、浙江之回教。五十一、增补。

方豪是著名的天主教历史学家,同时对中西交通史也极有研究,本书所收的论文包括了中国天主教史和中西交通史两个方面。《明季七千部书流入中国考》根据北平北堂(西什库)图书馆发现之拉丁文和希腊文版本,考察了明末法国耶稣会士金尼阁从欧洲带来的七千余本西洋图书的史实。《十八世纪来华西人对我国经籍之研究》,叙述了 18 世纪在中国的西洋传教士研习、翻译我国儒家经典的概况,文中认为西洋教士热心研究和译介我国经典的原因,一是在于传教的热心,二是因为当时中国社会对儒学的推崇已是一种习尚,要影响中国士人,必须了解中国经籍。同时,传教士结交中国文士,一定程度上影响了他们,而反对者攻击传教士不懂中国文义,也促使他们下决心研习儒典。《明末清初旅华西人与士大夫之晋接》讨论的也是西洋传教士与中国文士的交往。《伽利略与科学输入我国之关系》与《伽利略生前望远镜传入中国朝鲜日本史略》两文为纪念伽利略逝世三百周年而作,文中叙述了伽利略与来华耶稣会士邓玉函的交往,以及他有关地动之说,木星有卫星环绕以银河的解释传入中国的情况,还讨论了伽利略望远镜是如何传入中国朝鲜日本的经过。《十六世纪我国老私港(Liamp)考》是一篇关于中西交通史的论文,作者依据大量的史料,考订 Liamp 不是浪白滘,而是宁波港。《马相伯先生事略》及《雷故司铎鸣远事略》则是两篇有关近代教会史的论文,前者叙述了著名爱国教会人士马相伯先生一生的业绩,后者叙述了长期在中国服务,力主教会本地化,并在抗战中亡故的比利时传教士雷鸣远的一生。

(顾卫民)

伊斯兰教

回回教入中国史略 陈 垣

《回回教入中国史略》，一篇。陈垣著。成于 1927 年。通行本有：上海人民出版社 1981 年版《陈垣史学论著选》本，河北教育出版社 2003 年版《明季滇黔佛教考（外宗教史论著八种）》本，安徽大学出版社 2009 年版《陈垣全集》本。

作者生平事迹见"史讳举例"条。

《回回教入中国史略》最初为陈垣先生在北京大学研究所国学门的演讲，题目是《回教进中国的源流》，时为 1927 年 3 月。同年 9 月，冯沅君所记讲演稿在《北京大学研究所国学门月刊》发表。1928 年 1 月《东方杂志》第二五卷第一号再发表，改题《回回教入中国史略》。1981 年上海人民出版社刊行的《陈垣史学论著选》收入此文，文字上与 20 年代所发表的略有出入，编者说是"据作者手写的两份讲演提纲作了校订"。宁夏人民出版社 1983 年出版的白寿彝所著《中国伊斯兰史存稿》一书的附录里收入此文，白寿彝说："讲演词似应以当时所发表者为准。今依《东方杂志》本付排。"本提要以白寿彝收入的陈垣讲演稿为依据。

《回回教入中国史略》各段落大意如下。

（一）欲知回回教进中国的源流，应先知中回历法之不同。回历以三百五十四日或三百五十五日为一年，并无闰月。若以中历与之对算，则每经三十年即差一年，百年即差三年，一千年应差三十年。"然中国人言回教者，对此多不注意。"欲治中国回教史，必先从明白回历与中历不同始。

（二）问回教何时入中国？多数言隋开皇中。但据陈垣考证，大食与中国正式通使，确自唐永徽二年（651）始。

（三）大食在唐宋间与中国之关系，殆如今日之英美，明时之葡萄牙。当时外国来华之海船，以波斯大食为最多。

（四）中国典籍记回教事最早而又最正确者，当推杜佑的《通典》。《通典》所引的杜环《经行记》中说："其大食法者，不食猪、狗、驴、马等肉，不拜国王父母之尊，不信鬼神，祀天而已。其俗每七日为一假。不买卖,不出纳。"此种记载,在唐以后中国书中言回教者,实未见有此清楚。"所谓法,即教也。大食法,回教也。"

(五) 回教有著名之碑,在陕西西安礼拜寺。是碑题唐天宝元年户部员外郎兼侍御史王鉷撰。据陈垣考证,"此碑为明时所造。……窃疑此碑或即王鉷舍宅为观时所建。后此观入于回教人之手,乃就原碑唐改为回教寺碑,而仍用天宝元年户部员外郎兼御史王鉷衔名入石也。"

(六) 唐时回教势力占领中亚细亚之先后,据慧超《往五天竺国传》,及《册府元龟》,即可知其形势。"大食对待异教国增税之重,而战将屈底波之名,亦于此时见知于唐。然唐对于各国之请援,均未之许。由此知唐人于大食情况极为了然,不敢轻于用兵也。""唐人不独不愿与大食结怨,肃宗时且曾借大食兵以平安史之乱,其后更有主张连大食以抗吐蕃者。"总之,唐与大食关系密切。据陈垣考证,由永徽二年(651)至贞元十四年(798)一百四十八年间,正式遣使之见于记载者,已有三十七次。

(七) 至于五代时,回教无大事可记,且时代亦短。但其中颇有足资谈柄者。唐时有大食人李彦昇成进士,五代时亦有波斯人李珣,兄妹皆有才名。黄休复《茅亭客话》、何光远《鉴诫录》、杨慎《词品》中有记载。

(八) 至于宋代,关于回回教史料甚多。其与他代特异者,则每以佛的名称施于回回教。五代时国主喜纳波斯女,而宋时宦族亦爱嫁大食人。宋时与回回通婚上下均有。宋与大食之通使不少,多由海通。辽与大食之通使,多由陆路。

(九) 至于元代,回回人势力尤大。

(十) 关于回回名称的起源,研究者源不乏人。其名实由回纥转变而来。(甲) 行为摩尼教时代之回鹘;(乙) 行为非阿萨兰教之回鹘;(丙) 行为改从阿萨兰教之回鹘。观此可知回回名目,由回鹘转变到回回之次第。

(十一) 回教本名"伊斯兰",然伊悉烂之名早见于《册府元龟》及《旧唐书·西域传》。至于回回教之名称,各代不同。回回教之名称,各代译音亦不同。摩诃末(穆罕默德)名称各代亦不同。可知一名词之成立,亦经若干时之蜕变而成。

(十二) 至于明代,回回教乘元代之后,由中亚东来之回回人,散居中国已及百年。以武功著者固有,其读书应举者亦不少。回人尊孔,"此为中国回教特别情况,与其他外来宗教不同"。

(十三) 清人待回教徒甚虐,故回教徒叛清之事亦特多。自乾隆中叶,至光绪初,中间不过百年,回教徒叛清者有五次:"一、苏四十三之乱;二、马明心之乱;三、张格尔之乱;四、杜汶秀之乱;五、阿古柏之乱。"

(十四) 至于回教势力,虽经清人屡次戮杀,其势不少衰。今将回教势力传播之原因,略举如下:"一、商贾之远征。二、兵力之所届。三、本族之繁衍。四、客族之同化。"四项原因之外,尚有两原因:"一、回教在中国不传教。二、回教不攻击儒教。"

因不传教,故不惹异教人之嫉视。所有六朝及唐代元代佛道相争之历史,在中国回教史上无有。又因向不攻击儒教,回教徒对于孔子,独致尊崇,故能与中国一般儒生不生恶感。从未闻回教有受人攻击之事。"苟无清朝官吏之苛待,不至有陕、甘、新疆、云南之事件发生,则回教势力之保全,尚不止此。"

(十五)关于中国回教史之研究,除前述中回历之不同外。尚有二事,为回教作者之通病,不可不注意:"一、引书不检原本,凡考证家引书通例,必须书原本已佚,无可寻检,始据他书所引以为证。同时并须声明系据何书所引,不能直称引用原书。""二、任意改窜古本,凡考证家引用古书,为行文方便,删节字句,原无不可。然不能任意改窜,仍称出自原书,眩人耳目。……后人翻刻古书,应仍原译,或附注说明亦可,然不能任意改窜原文,致失原来面目。"

本文考证回回教进中国的源流,史论结合,简明扼要,正如白寿彝所说:"陈垣先生的讲稿是一篇很有影响的论述,是从事伊斯兰史研究工作的人应该读一读的。"

(罗晋辉)

伊斯兰教概论 马邻翼

《伊斯兰教概论》,马邻翼著。成于1933年。通行本有商务印书馆1947年排印本。

马邻翼,字振武,生卒年不详。湖南宝庆(今邵阳)人。清末任学部主事、宪政筹备处筹备员。1912年任甘肃提学使,次年任甘肃省教育司长。1914年后任教育部参事、安徽省教育厅长、直隶教育厅长等职,1921年任北洋政府教育部次长。1928年任国民政府蒙藏委员会委员及驻北平办事处处长。

本书共分五章,每章三至七节不等,书后有附编。作者在附编的开头说:"曩余撰《伊斯兰教概论》时,适成达师范学校,聚师生于一堂,树教义为标的,分类研讨,逐日演讲,每成一章,辄赘余修饰而润色之。爰择其问题较大,而为世人所欲知者,删繁就简,辑为一册,名曰《伊斯兰教概论》附编,缀诸简末,以补余论所不足云。"

第一章,《总则》。共有三节。

第一节,《伊斯兰教之原始及其传统》。伊斯兰教始于人祖阿丹,直至穆罕默德,集伊斯兰教之大成,后继者"缵承道统,世守罔替,此伊斯兰教所以灿烂于世界,见其进而未见其衰也"。

第二节,《伊斯兰之名称及其意义》。"中国称伊斯兰曰回教,……中国以外无是称也。""伊斯兰之释义,曰顺,曰安,顺者顺乎主者也;安者顺乎主而获安者也。""穆士林,其义亦曰顺主之人已耳。"

第三节,《认主》。伊斯兰教认主独一,"其有踪迹之可寻耳,真主之存在也。……万象各得其所,各司其职,谓作主之踪迹而何乎?即踪迹以溯本源,则主之真有,而非空无,虽不见而如见矣"。

第二章,《五功》。

第一节,《五功总义》。"五功者,念拜斋课朝是也。""五功者,亦人以归还本境之途,使之由远而近,由离而合之妙谛也。""主以五功诏人,圣以五功立制,盖有相需至切,不容稍弛之理,非偶然也。"

第二节,《念功》。"念者念主也。……无时无地而或忘主是也。"念有十制:诵辞、审义、笃信、谨守、问不讳答、求不缓授、明主有、认主一、绝比拟、崇至圣。"此十制者,本乎主命者也。"

第三节,《拜功》。"拜者,拜主也。……伊斯兰教之拜,尤为最敬中之最敬。身不清不拜,服不洁不拜,地不净不拜,时不正不拜,向不端不拜。"未拜之前,必先沐浴。入拜之始,审向为先拜,向以天阙为正。天阙曰克尔白,为天方朝拜之中心。

第四节,《斋戒功》。"伊斯兰教每年斋戒一次,每次斋戒一月。是月也,由日出而迄日入,不饮不食,不御妇女。一日之中,除礼拜外,凡百工作,一律停辍,官不听讼,民不列市。或肆道于寺,或守静于家,身思过,念虑不纷。"

第五节,《课功》。"课者,奉主命而定之赋税也,也曰天课。天课纳于天库。""人以应出之课币或课物,秉其良心,持平而分配于贫人之身。"纳课不强人之所难,亦不留人以推诿之隙,授人以规避之机。

第六节,《朝功》。"朝者,朝主也,主无定所,而朝主必于天阙。"伊斯兰教规定每值十二月一朝。凡四方来朝之人,无论何地何国,途程远近何若,交通利塞何若,皆必于朝期之前赶至。伊斯兰教规定每人终身一朝,但"路塞,费难,无亲命,有废疾,可不朝"。

第三章,《五典》。

第一节,《五典总义》。"五典者,夫妇、父子、兄弟、君臣、朋友等五者是也。"一面藉五功以合天,一面资五典而尽人。五典尽而人事完。

第二节,《夫妇》。"夫妇各有其道,夫道本乎爱,妇道本乎敬。""本乎爱者道凡五:教以礼,食以义,量丰歉,严内外,戒毁伤。有乎敬者道亦凡五:不违夫言,不拂夫欲,取与听命于夫,不私出,不外见。"

第三节,《父子》。"天地父母,皆奉主使命而代行其化育者也。"父子为五典所最重。"父尽其为父以慈,其道有十:谨胎教,开乳,锡嘉名,报牲,防侵害,洁衣食,严教训,择师友,量才授业,完婚嫁。子尽其为子以孝,其道亦有十:敬事而顺,洁诚而养,事以亲身,执守良业,勤学敏事,不危其身,不辱其名。喻亲于道,亲在从其事,亲没守其爱。"

第四节,《兄弟》。"兄尽其为兄,其道四:曰悯其不足,曰欣其有余,曰不累以繁重,曰不与争小忿是也。弟尽其为弟,其道亦曰:曰恭而敬,曰顺而安,曰勤事而励,曰有屈不愠是也。"

第五节,《君臣》。"伊斯兰教规定君臣一典,固专指国君朝臣而言,即以推广范围论,亦必有主从之分、尊卑之等,而后附于君臣之列,非泛泛也。君尽其君以仁,其道十:一曰体主,二曰法圣,三曰敬贤,四曰亲民,五曰广惠,六曰守法,七曰烛奸,八曰从谏,九曰省己私,十曰察民患。"臣尽其为臣以忠。其道有四：正其身,高其志,定其心,宽其量。伊斯兰教认君为主之影,以归主为唯一要则。

第六节,《朋友》。"伊斯兰教谓朋友之大别有三：曰义友,曰利友,曰戏友。""夫尽己之谓忠,以实之谓信,以忠信通义也。而伊斯兰教则以忠信为朋友之本,本有忠而后有相与善导之雅,本有信而后有相与成全之功。故朋友尽其为朋友以忠信,盖谓忠信外无朋友也。"凡交友必先问志,志同而友之,交必可从,志不同而友之,交必终离。

第四章,《饮食特殊之点》。

第一节,《饮食特殊之总因》。世人之于饮食,惟伊斯兰教则以卫生与卫性相提而并重。"伊斯兰教不食不饮之物,其类虽繁,而其原则,要可约之为三：曰性质恶劣也,曰形状窳怪也,曰宰不以礼法也。知此三大原则,可以瞭然其择别之标准矣。"

第二节,《不食豚犬》。豚犬实为天下至污极劣之物,伊斯兰教之于豚犬,禁食特别加严,以其兼有上述第一第二原则之害故也。

第三节,《不食自死肉》。"血气者嗜欲之母。""伊斯兰教之于生物,必依法宰之而后食者,亦求去其血气而务尽焉耳。"而自死肉却不是这样,如食之,"必贻吾人心性之忧"。不食自死肉,"此其杜渐防微之意"。

第四节,《不食妄杀之物》。伊斯兰教宰牲,必请清真寺教长,或其他有相当修养者为之。否则宰不以礼,抑或宰非其人,是曰妄杀,妄杀之物即为违法之物。换言之,即为叛主之物。伊斯兰教视妄杀之物,等于自死之肉,绝对不许入口。

第五节,《不饮酒》。饮酒危害大,伊斯兰教禁酒,是讲究文明的。圣人曰："人饮酒一口,四十日内,所作功课,概不为主所纳。"防制之严,无通融余地。

第六节,《不食一切动物之血》。"伊斯兰教不食自死与妄杀之肉,盖以其血之未泄,抑泄而未尽耳。泄血未尽之物,尚并其肉而全弃之,岂有由肉泄出之血,而反熟而食之者乎？""伊斯兰教不食一切动物之血,殆根于原则第一项,亦以完足第三项之义。"

第七节,《食与不食之分域》。凡是性恶或形怪的动物,都在必不可食之列。其余的一般属于必食的或不常食的。惟蝗一物,是因时而食的。

第五章,《礼制之异同》。

第一节,《礼制异同之总因》。"伊斯兰教所定礼制,不偏于极端之旧,亦不倚于极端之新,有防止欲性横决之功,而不阻塞世界刷新之路。"

第二节,《婚姻》。伊斯兰教婚姻典礼可以三个时期分别述之：始为预备时期。在这期间要做的有七件事：一择善,二通媒妁,三问名,四立主婚,五纳定,六纳聘,七请期。其次为结婚时期,在此期间应做的有四：一书婚,二铺陈婿室,三亲迎,四下帏。再次为婚后时期。这时期主要是新婚夫妇拜见尊长等。皆有常仪。

第三节,《丧葬》。伊斯兰教丧葬规定,当人病危时,屏声息,禁行走,除本生子女外,男不入妇室,妇不入男室,惟有明教义者守侍其侧。既卒,分掌丧事,例用四人：相礼、司宾、司书、司用。"至戚挚友吊于内,余吊于外。其来吊者,必购之货财,以助丧费。讣告亲邻,不用主人出名。"葬必先殓。伊斯兰教之殓,纯用细白布为之。殓服按一定尺寸使用。葬必有圹,挖圹也按一定尺寸,可用木石,惟不得用陶砖。葬期既届,鸡初鸣,让浴床于尸床之侧,按一定规矩沐拭尸体,浴毕先展席于袭床,施以枕,首铺大殓,次铺小殓,然后移尸入柩,行殡礼。柩行,提炉前导,焚香不断。及墓,出尸自柩,下圹,"穴口砌以土坯,再用竹笆以封其外,务极严紧,最后命工人筑土实圹"。至若葬期不迟于三日,服制不短于三年。每届祀期,必沐浴躬诣亲墓,或延教长诵经祈祷。每遇喜庆大事,必先为亡亲举行祀礼。于葬之夕,履行亡人所嘱,是为伊斯兰特色。

本书比较全面地叙述了伊斯兰教原貌,消除了世人对伊斯兰教的一些误解,促进了伊斯兰教在中国的流传,对伊斯兰教的研究和教学都有补益。

(罗晋辉)

中国回教史研究 金吉堂

《中国回教史研究》，金吉堂著。通行本有北平成达师范出版部1935年排印本、宁夏人民出版社2000年版《回教学丛书》本。

金吉堂，生卒年不详。北京通县（今通州）人。曾在北平成达师范学校任教。青年时有志，好学深思，"不为习俗所移，风气所囿，黻屣事功，恪守教道，埋首典籍，从事著述"。他全面地提出了中国回教史的构造和搜集史料的办法，在中国回教史研究方面是有成就的。

本书分上、下两卷，每卷有三章。作者在《例言》中说："上卷就个人研究所得，指示致力于此道者一些门径，俾减少其前进困难，因名《中国回教史学》。下卷系就所见各书，撷检资料，为一略具雏形之叙述，故名《中国回教史略》。"作者"序言"置于书首。序言说明，作者以"业余之暇，从事探讨。积久稍有所获。每欲作为有系统的文字，贡献当代"，写作此书"直接采用资料约百种"，"间接采用者，亦不下三四十种"。

上卷，《中国回教史学》。

第一章，《中国回教史上应解决之问题》。

第一节，《回回、回纥辨》。作者说：把"回纥"误认为"回回"，自顾炎武的《日知录》始。"元初及其以前所言回回，殆专指花剌子模国人而言也。"自元初以后，"回回"一名，在中国即为伊斯兰教之代名词。有时亦以"回回"为"回纥"为"回鹘"。回纥其先匈奴之裔，隋炀帝后称回纥。"回鹘与畏吾儿自人种言，实同源而异流，同为回纥之裔；以所居之地带，所服之水土，所接触之环境，各有不同，而在面貌、骨骼、语言、习俗，生出不同之差别；以其信仰，则又殊途而同归；至于二者与内地回回之关系，在未奉回教之前，可谓绝不相通，及奉回教后，或因信仰相同，而发生血统关系。"总之，回纥、回鹘与回回是不同的。

第二节，《回教民族说在历史上的证据》。作者说："吾人经若干时日之考察，觉得今日回民之祖先，原来为外国人——若分析言之，有叙利亚人、小亚细亚人、伊拉克人、伊思巴罕人、各部波斯人、各族中亚人、女真人、蒙古人、犹太人、乞卜查克人……此等庞杂不同——风俗、习尚、语言、服色、饮食、面貌、骨骼,都不同之外国人,因有共同之目的,相率来中国居住;又因同属一教,信仰相同,而发生婚媾关系,经长时间同化,蕃殖生息,而形成今日回民。"回教民族在历史上之证据,主要有:(一)以姓为证,有些姓为回教徒所独有,非回教徒所无。如:赛、纳、喇、哈、萨、买等。(二)以事实为证。如白布缠首等。

第三节,《回教何时始入中国》。对此问题以前有各说,其中主要有:(一)"隋开皇中"说;(二)"唐武德中"说;(三)"贞观二年"说;(四)"贞观六年"说;(五)"永徽二年"说。经过考证,作者说:"吾人断定回教入华在唐太宗贞观二年。"

第二章,《中国回教史上应认识之各问题》。

第一节,《中国历代对回教徒之不同的称谓》。伊斯兰教与伊斯兰教徒在中国历代载籍上不同之名称,大致有:(一)曰蕃;(二)曰胡;(三)曰獠;(四)曰夷;(五)曰答失蛮;(六)曰木速蛮;(七)曰回回,又曰回纥,又曰回鹘。

第二节,《重要名辞同音异译表》。

第三节,《中国历来对回教之误认》。由于种种原因,以致外教人对回教每多悬揣,贻误错出,主要有:(一)回与佛杂谈;(二)误摩尼即回;(三)误景、回、末尼为一教;(四)误景、火、回、婆罗门、摩尼为一;(五)误犹太教为回教。

第四节,《清真》。"清真"在目前为伊斯兰在中国之专用名词,且甚严格,但在数百年前,"则清真二字固一普通名辞也,尝为各方所引用"。

第五节,《中回历不同》。中国旧历,道称阴历,实则此非真正阴历,真正阴历乃回历。中国农历与回历不同,在于回历无闰月,而中国农历有闰月。

第三章,《中国回教史之构造》。

第一节,《前此关于中国回教史的作品及其评价》。有关中国回教史的作品,作者列了六种,此外,还列举了陈汉章的《中国回教史》,指出"陈氏之作,佳点固多,疵处自亦难免,且其作只是若干史料之说明而已"。

第二节,《未来中国回教史的构造》。作者设想的中国回教史的总目录如下:(一)大事志(唐宋之经济、元明之地位、清代之革命);(二)人物志(经师、卓行、政绩、武功、文苑、杂流);(三)氏族志;(四)经籍志;(五)古迹志(寺院、古迹、金石);(六)户口志;(七)风俗志(婚、丧、生产、教育)。

附:(一)中回历对照年表;(二)唐宋辽大食交聘表;(三)元明清回回科第表;(四)东土圣裔的源流表;(五)历代哈吉表;(六)回教氏族表;(七)教门学案。

一部中国回教史可分三期叙述：第一时期，回民在中国侨居时期；第二时期，回民在中国同化时期；第三时期，回民在中国普遍时期。

第三节，《如何搜集史料》。（一）先决问题，要明确搜求原则，知其轻重缓急，有所抉择。（二）史料来源，要从纵的和横的方面，"举凡有关系各材料，均宜旁徵博引"。（三）搜集方法，作者认为要"委任适当人材，组织一'中国回教志史编辑委员会'，专门从事此项工作，然后事有专责，成功自易，数年之后，或有可观"。

下卷，《中国回教史略》。

第一章，《回民在中国历史上之侨居时代》。

第一节，《回教入华》。回教入华，为西历六二八年，即在唐太宗贞观二年间。太宗皇帝接待了穆罕默德来使，敕建礼拜寺于广州，"此为回教发现于中国历史上之第一幕"。

第二节，《回教商贾东来之路程与在东土上之发展》。当时东来之路程分两途：（一）陆路。其行程自波斯湾头东北向，经土耳其斯坦，逾葱岭循天山南北路而东，与中国商人互市于河西诸郡，以长安为终点。（二）海路。航海来华之回教商人，在中国最早着落处所当属广州。自广州循海岸线北上至泉州，或由广州再取道梅岭，入洪州（南昌），转入江苏扬州，经运河，赴洛阳。

第三节，《古代回教商人侨居中国状况》。作者说："自唐初以后来华通商之阿剌伯人，在中国各开港埠中，事实上彼等虽常在城内与中国人杂居，而原则上则有一定之居留地，供彼等住居，当时称此居留地曰'番坊'。""番坊设署管理之，曰'番长司'，司置'都番长'，或称'番长'，以管理一切公务。其人选以侨番之最有德望者选充，由中国政府任命之。"宋代各朝，对番客是格外加以优待的。

第四节，《大食与中国之政治外交军事等关系》。穆圣而后正式向中国派遣使节之时，为唐高宗二年，"是为大食与中国发生政治外交关系之始"。在军事上，一是唐大将高仙芝率兵两万与大食战，结果大败而归；二是唐借大食等兵二十万平安史之乱。"历代来聘之使节，多贡献方物。中国政府亦常赐彼等以礼物与官爵。"辽与大食还有婚嫁关系。

第五节，《回教徒给予中国风俗制度上之影响》。回教徒之影响主要有：（一）用银为钱币；（二）吃槟榔；（三）泉州女子不缠足；（四）指南针之应用。

第二章，《回民在中国历史上之同化时代》。

第一节，《蒙古统治下之中国回回概况》。蒙古统治者是信奉回教的。"信乎史家朱凡尼之言曰：'蒙古人之勃兴，是真主使伊斯兰以广播也。'"各个不同种族之回教信徒，于蒙古政府吸引之下，源源东来，同时向中国各地发展，"起一大结合，经百年间之合同混化，是为今日中国'回教民族'的起源"。

第二节,《元代之回教人物》。元代之回教人物中,当数蒲寿庚、赛典赤为杰出,此二者为回教徒后裔中在中国之伟人。其他回教徒,登仕版,绾军符,文武名流,所在多有。

第三节,《回回传入中国之学术》。回教各种学识,随着蒙古人之马首,传来中国,主要有:(一)天文历法;(二)医药;(三)火炮;(四)波斯语文。

第四节,《明代前半叶之回回概况》。作者说:明太祖诸臣,"强半回人",甚至还有说"太祖本身亦系回回者"。"明承元制,用回回历,与大统历并存","三保太监郑和者,其父马姓,云南回籍"。"如今普通社会用语回汉两教,回向列居汉之上,呼回教为'贵教'或教门皆起源于明朝。""明代出品之瓷器铜器及景泰蓝,多有书阿拉伯文者。"

第五节,《元明两代回回发展之趋向》。先是宋室南迁,回回之定居中原者,多从驾而南;及蒙古势力统治中国后,回回又大量地自西北向东南发展;待到明成祖建都北平后,回回又不断地循运河向北发展。

第三章,《回民在中国历史上之普遍时代》。

第一节,《普遍》。"自本时期开始——明朝中叶以后,所谓'回教民族'已经构成,蕃衍既久,遂遍于全中国。"发展之原因约有五:(一)移民;(二)变乱;(三)国都北平回民较集中;(四)贸易所至;(五)伟人之培植。

第二节,《衰落》。"衰落之现象,时至清末,回民衰落之程度,已达极点。其现象,吾今借三字以形容之:曰贫,曰弱,曰愚。"衰落的原因,主要有:(一)大食遗族与新兴的基督教各民族相比较衰弱了;(二)回历被黜;(三)明清之国情不适于回民在政治上发展;(四)盛极而衰,"骄奢淫逸生焉";(五)不读汉文,不重文化。

第三节,《清人之排斥回教与康雍乾三大帝对回回之态度》。入清后,首先排斥回回。"一部分臣工百姓,务在排斥回教;而清帝为维持其国家大局计,往往从宽发落,然浅视回教之态度已流露于字里行间。"

第四节,《清代回民大事》。清代回民大事,主要有:(一)反清复明之役;(二)回部之属清与回疆之叠次兵祸;(三)马明心之役;(四)陕甘回疆之役;(五)云南之役。

第五节,《近代教民人才与著述》。中国学术,四千年来,至于清而称极盛;同时中国回教之宗教人才,亦蔚起于清代之前末叶,其中有:张中、王岱舆、马忠信、伍遵契、袁汝琦、刘汉英、刘智、米万济、马明龙、李永寿、马伯良、舍蕴善、马注、马德新、马联元、马来迟、马明新、金天柱等。至于教中之其他方面的人才,亦有不少,其中主要有:在明代有木讷、马欢、金大车、金大舆、丁之翰、海瑞、销懋坚、马上捷、闪继修。清代有马世俊、丁澎、薛春梨、薛时雨、马秋田、改琦、张舒和、宛梅庵、马光焘。

第六节,《清代之回回》。"回民至清代,大势虽趋衰弱,然因人口蕃庶,人才亦往往而有。康熙间征蒙古,雍正间征苗、征缅各役,马进良、哈国兴、哈元生、许世亨等颇著劳绩。""至光绪初,阿古柏将军指导下之回教王国,为左宗棠覆灭,于是天山南北两路,完全直辖于北京政府。清廷循左宗棠之意,于光绪十年设置行省,是即今日之新疆省。""中国内之回教徒,除回疆外,虽自诩为回教正统派,且自认为阿卜哈尼法正宗,实则其日常生活,颇糅杂不少石阿派之习俗。"西北回回,"派别尤多,竞争更烈;二百年来,许多战事,每因派别间之争执而起;而先烈创造之革命事业,屡起屡扑,生命财产牺牲至无量数,而卒归失败者,要亦内讧之剧烈有以牵制之耳"。

本书比较全面详细地分析了回教及回教徒在中国历代的情形,可以给人以概括的认识。书中探讨的种种问题,为后人研究中国回教史指示了门径,提供了便利。

(罗晋辉)

中国回教史鉴 马以愚

《中国回教史鉴》，一册。马以愚著。1940年初版。通行本有商务印书馆1941年排印本、宁夏人民出版社2000年版《回教学丛书》本。

马以愚，生卒年不详。安徽怀宁人。出身伊斯兰教世家，家庭对其影响极大。他在本书"例言"中说："先大父绍文公信道笃，持躬严，生平不妄语……明年辛亥，先君子介愚公撰《回教考略书后》成，举以诲予兄弟曰，读书当明圣贤之道，思继先人之志，尔辈其勉之。兢兢二十余载，深惧弗克负荷也。"

《中国回教史鉴》共有八章，书末有二附录：《回教考略书后》和《回教要指》。书首"例言"中说："是书初稿简略，择精汰芜。继思考证之作，取材亦可过简，计分八章，附表三。所引书目，凡二百余部。"谢无量在为本书所作的"序"中指出：马以愚"尝念回教流入中夏，已逾千稔，而其渊源教义，及古德应化事迹，往往传闻异辞，疑莫能明。乃躬赴浙苏闽粤，周访刹墓，求其碑牒，核其时代，游迹所至，载笔而书，遂成卷帙，命曰《回教史鉴》"。作者在书前有序，书后有跋。

第一章，《至圣纪要》。

至圣世系。概述了至圣穆罕默德的生平、业绩和家庭情况。

哈里发。继至圣而弘大道者，先后有四人：阿布伯克、奥玛、鄂斯曼、阿力。

东大食。黑衣大食即东大食。至圣衣裔阿拔斯所建之国。

西大食。白衣大食即西大食。阿布的拉曼所建之国。

南大食。至圣之女法狄玛所治之国。

阿拉伯疆域。位于亚洲的西南部，"地面积方约八十万里"，中央多沙漠，都城曰麦加。

第二章，《回教之道》。

孔圣之道。至圣先师孔子集大成。

穆圣之道。至圣穆罕默德，与孔子是先圣后圣的关系。

天道。孔穆两圣对天道的看法是有所不同的。孔子于天于命,"谓造化未尝有言"。"夫子之言性与天道,不可得而闻也。"孔子不喜谈"性与天道",对鬼神表示怀疑,但信仰"天命"。穆罕默德所传的伊斯兰教是笃信主宰的。

圣使。耶历前五五一年,孔子生,耶历前五五七年,释迦牟尼生;后五百余岁,耶稣生;再五百余岁,穆罕默德生。"生乎至圣之后者,亦未闻有教也。"

回教命名。"且回教之称,阿剌伯语为伊斯兰母,其义和平也。和也者,天下之达道也。""然则回教之入中国,盖亦有道矣。"

乾方先圣。明太祖文集中提到过"乾方先圣之书"。"谓至圣为乾方先圣者,以生中国之西,为天方圣人,与孔子而并称也。"圣人者,先知先觉,是出类拔萃的。

十叶派、孙尼派。这两派均为伊斯兰教内部的两大派。"十叶派,以哈里发由至圣亲属及阿力之裔哈申族继之。""孙尼派以哈里发,由古来氏,继绪。……翁未亚,阿拔斯俱古来氏也。"

元宗室信回教。"元代武功,远过汉唐,而其宗室笃信回教者亦多矣。"

第三章,《礼法制度》。

经典。"回教经典,为阿剌伯文……今译《可兰经》,或作《古兰经》。""《新疆纪游》曰:《可兰经》一书,共一百十四章,为回教之基本。举凡人生一切动作以及婚葬礼仪,无不明白规定。教徒视为金科玉律,不敢少有抵触。回教能在世界成一独立系统者,亦当赖此。"

功令。"而功令之属天常者五:曰信念,曰礼拜,曰斋戒,曰捐廉,曰觐见。"

信念。"以默识主宰为宗,以敬事主一为功,以归根复命为究竟。""是言天常之信念,阿剌伯语以玛里者也。"

沐浴。"男女悉以净水遍身洗灌,而后行礼。"沐浴分小净和大净。"无水则撮土代之,礼拜诵经,无日敢怠忽。"

礼拜。"聚礼十拜,令礼二拜。"

聚礼之拜。"《西域图志》曰:每七日赴礼拜寺诵经一次。务集四人合诵,不论贵贱贫富皆然。"四人合而成聚礼。

五时之礼。"《海国图志》曰:晨礼四拜,晌礼十拜,晡礼四拜,昏礼五拜,宵礼九拜。……此为五时之礼,是皆言天常之礼拜。"

斋戒。"《元史译文证补》曰:致斋一月,终日不饮不食,不沐不睡,屏退妇女,谢绝世务,或缄默竟日,至暮乃饮食。次晨亦如之。"斋期为回历九月。

捐廉。"《新疆图志》曰:其教重爱群合众,有不能自存者,相与助赀财,谋生聚,遇饧口远人,赀而遣之。是言天常之捐廉。"

觐见。麦加为穆罕默德降生地,默德那是穆罕默德墓茔所在,这两处"回人凡终身必亲往礼拜一次,以答鸿庥"。

嘉礼。"回教婚礼,父母主之,媒妁缔之,男女同心,纳征成之。及结褵之时,而礼拜寺教长诵经以证之。……"

冠礼。"回俗,子生之日,报礼拜寺,阿衡为诵经,起圣名……男女九岁沐浴礼拜,男子并行割礼。"

凶礼。"《新疆纪游》曰:死者速葬,取净水洗尸,以白布缠身,掘地为穴,舁尸其中,头北足南,面西向,垒土为墓,诵经而后返。"

宾礼。回民"相见无跪拜礼式,遇尊长交手抚胸,俯首诵赛拉母,犹问安之意,再合手摸须,以为亲敬"。

缠冠。回民多用白布制帽缠头。

禁戒。"其所禁者,物之死者,生物之血及豚豨也,皆以其浊而不食……贪狠暴戾者亦不食,饮酒、利贷赌博,所当禁者,烟所戒也。"

第四章,《历代史志》。

回回。阿剌伯回教国。"《辽史》则曰:回回大食部。所回回之名所自始也。"

回回教。"《明史》……称其教曰:回回教。"

天方教。"清季以《明史》为天方,亦称之为天方教。"

史籍所载。记载大食国情况的史籍很多,其中有《旧唐书》、《新唐书》、《宋史》、《辽史部族表》、《明史》、《唐会要》、《明会要》。

类书。记述大食情况的类书亦不少,其中有《通典》、《通志》、《文献通考》、《续通典》、《续通志》、《续文献通考》、《清通考》、《太平御览》、《正字通》。

地志。记述大食(天方)情况的地志,有《明一统志》、《清乾隆一统志》、《嘉庆一统志》。

私家撰记。记载大食情况的私家书籍有唐杜环《经行记》、《辛卯侍行记》,贾耽敦诗《四夷述》,宋乐史子正《太平寰宇记》,赵汝适《诸蕃志》,元刘郁《西使记》,汪大渊焕章《岛夷志略》,费信《星槎腾览》,黄省曾勉之《西洋朝贡典录》等。

教门。"回教而称教门者,又权舆于明。"

记载之异。这主要有梁任昉彦升的《述异记》,宋叶隆礼渔林的《契丹国志》。

记载之谬。记载大食情况谬误的书籍有明罗曰褧的《咸宾录》,顾炎武的《天下郡国利病书》,纪昀的《阅微草堂笔记》等。

第五章,《回纥源流》。

顾炎武在《日知录》里始以回纥为回回,后人遂沿其误。作者在此书一一考证辨正之。作者认定,回纥崇信回教始于元,回教之名非自回纥。回纥系回教徒,非回种人。

第六章,《回回历法》。

作者在书首"例言"中说:"回回历法,失传久矣。明贝宗器、唐荆川、袁了凡、周述学、黄太冲,清时吾省梅定九、江慎修、戴东原,均有论述,可得而考也,今择其要者言之。""回回历者,宗太阴也。以月见为朔,约迟合朔二三日。……其与中国之为朔者异矣。岁凡三百五十四日。大建三十日,小建二十九日。每岁大小建皆六,奇月大而偶月小。""回教纪年及斋戒之月,均依太阴年,今世界各回教国,及各国回教人,皆乃遵之。""《明史》谓:'回回历法,天之周度三百六十。十二宫,宫三十度,度六十分,分六十秒,秒六十微,微六十纤;日二十四时,时六十分,日九十六刻,刻十五分,日一千四百四十分。'此亦今世用之而不废也。"

第七章,《文章勋业》。

很早以来,回教人在中国历史上建立了功勋,在好几个朝代做官效力。

在唐代,玄宗时发生安史之乱,肃宗以回纥、大食等兵十余万讨贼,收复长安、洛阳。德宗时,以大食使三人为中郎将。

至宋朝,太祖以大食使为怀化将军;神宗以大食使为郎将。

元世。"置回回司天台,复升为回回司天监。""忽必烈(世祖)即位之初,命不花刺人回教赛典赤综理全国财赋。赛典赤死,人皆服其廉洁。"

明世。回人常遇春是朱元璋手下的大将,战功显赫。回人郑和七下西洋,足迹所至,"凡三十余国"。

清世。世祖时,回人粤指挥羽凤麒等殉国。清末回人左宝贵殉节。

民国。回人安德馨在抗日前线率一营人不屈尽殉。

回人中有艺文之流传者亦不乏其人。

在元代,波斯天文学家扎马剌丁用回回法撰万年历。瞻思,其先大食国人,博极群籍。所著述有《四书阙疑》、《五经思问》、《奇偶阴阳消息图》、《志庄精诣》、《镇阳风土记》、《续东阳志》、《重订河防通议》、《西国图经》、《西域异人传》、《金哀宗纪》、《至大诸臣列传》、《审听要诀》及文集三十卷。

明时,回教徒马文升著《征西石头记》一卷、《兴复哈密记》一卷、《奏议》十六卷、《文集》一卷。

清时,回教徒王涯(字岱舆)著《正教真诠》二卷;马注(字文炳、号仲修)著《樗樵录》、《经权二集》、《清真指南》;刘智(号一斋)著《天方典礼择要解》二十卷、《天方性理》五卷、《五功释义》、《字母解义》一卷、《至圣实录年谱》一卷;马德新(字复初)著《四典要会》、《大化总归》、《天方春秋》、《道行究竟》、《寰宇述要》、《天方蒙引歌》、《指南要略》。

民国时,回教徒马介泉著《回教考略书后》一卷;马邻翼著《伊斯兰教概论》一卷。

第八章，《名寺古墓》。

海陆分程。阿剌伯人至中国，海陆分程，其径有三：一由海道入粤；二由高昌入西北方；三由云南入西南方。

杭县名寺。杭州府有真教寺，系回回教门聚众礼拜之所，故名礼拜寺。

南京名寺。南京（江宁府）有净觉寺，与各省回教人士朝夕相接。

江都寺墓。江都有礼拜寺、普哈丁墓。

广州寺墓。广州有怀圣寺、干葛思墓。

晋江寺墓。晋江有清净寺、圣墓。

昆明之寺。昆明有清真寺。

徽县之寺。徽县有一清真寺。

天水之寺。天水有一清真寺。

长安名寺。长安有清修寺、清净寺、真教寺。

重庆之寺。重庆有两座清真寺。

山西之寺。山西祈县有清真寺。

陕西之寺。陕西高陵县有一清真寺。

甘肃之寺。甘肃临潭县有一礼拜寺。

安徽之寺。安徽合肥县有一礼拜寺。

北平之寺。北平有一清真寺、一礼拜寺。

四川之寺。四川新都县有一清真寺。

云南之寺。云南顺宁府有一礼拜寺。

江苏之寺。江苏常州有一真教寺。

湖北之寺。湖北汉口有一清真寺。

福建之寺。福建邵武县有一清真寺。

大理之寺。大理有一清真寺。

蒙古之寺。蒙古哈剌和林有一回教礼拜堂。

怀宁之寺。怀宁有一清真寺。

本书系考证性著作，把回教入中土以来的基本问题，仿《通鉴纪事本末》，分类纂成，论列详细，辨审勘误，为后人研究回教在中国的流传沿革及发展，提供了宝贵资料。

（罗晋辉）

中国伊斯兰史存稿 白寿彝

《中国伊斯兰史存稿》,一册。白寿彝著。主要部分成于1949年前。通行本有宁夏人民出版社1983年排印本。

作者生平事迹见"中国交通史"条。

本书为白寿彝有关伊斯兰教研究方面的论文的汇编。作者在书首"题记"中写道:"这本小书收了我十一篇文章,基本上是三四十年前的旧作,不只观点旧,词汇和表述形式也是旧的。现在把这些文章汇集出版,总因为它们也许在历史资料和思想方面多少可以参考参考。这些文章原来散在各处,汇集起来,总可以对愿意阅览的人提供一点方便。原作,除个别文字上的改动和烦文赘词的删削外,基本保持原来的面目。附录里收了几篇别人的作品。其中,陈垣先生的讲稿是一篇很有影响的论述,是从事伊斯兰史研究工作的人应该读一读的。其他几篇,都是现在不易见到的在某些方面有代表性的资料。"本书收编的十一篇论文的大意如下。

一、《中国回教小史》

本文写于1943年,发表于同年《边政公论》。1944年作了一些修改,由商务印书馆出单行本。

第一章,《中国大食间的交通》。说:自唐时起至今,中国大食间的交通路线有四条。正常的两条是:北走陆路,即经由现在的北疆、中亚细亚以相往还;南走海路,即经由南海、满剌加海峡、孟加拉湾、马拉巴海岸、阿拉伯海和波斯湾以相往还。还有两条道:云南通天竺道和云南通安南道。

第二章,《大食商人的东来》。说:回教传入中国,大概是信奉回教的大食商人带来的。但其本人似无传教之事,而对于教义的传布,似亦不无关系。

第三章,《大食法之记载》。说:回教,唐时叫做大食法,中国人记述大食法最早的,是唐代杜环的《经行记》。此书记载是最早的,也是最好的。

第四章,《礼堂和公共墓地的创建》。说:回教人宗教活动的中心,在礼拜寺。唐人把它叫做

"礼堂"。回教人在中国创建礼堂和公共墓地,他们和中国人的关系一天天地密切起来,回教和中国的关系也是如此。

第五章,《回回之始盛》。说:元代,把回教人称作"回回"。因为东来回回的数目很多,回教就很容易发达;同时,更因为当时回回在政治、军事、经济、学术上都有相当高的地位,回教便更容易昌盛。

第六章,《歧视与厄害之发生》。说:回教或回教人之遭歧视,始于元代,明清有所增加,清政府对回教人,由歧视而压迫,在多次战事中杀害。

第七章,《寺院教育的提倡》。说:面对朝野的歧视和厄害,遂有回教中才智之士出来设法作各种救护宗教的活动。其表现最大者,有两种:一是寺院教育的提倡,一是寺文译述的发表。首创者是胡登洲。

第八章,《汉文译述的发表》。说:汉文译述的发表,始于明末。真正能自成体系,立论正确的译述,从王岱舆开始。岱舆后,张中、伍遵契、马注、刘智,直到马德新、马联元等,都是很重要的译述者。

第九章,《最近的三十二年》。说:在最近的三十二年中,中国回教的大事有五:一是政府及教外人对回教的重视;二是各种学校之提倡;三是出版物之逐渐增加;四是回教组织逐渐扩大;五是回教人爱国的情绪很高。总之,是表示回教在往新生的路上走。

二、《中国穆斯林的历史传统》

这是作者于1962年2月在巴基斯坦历史学会第十二届年会上宣读的论文,原文在《北京师范大学学报》1962年第二期发表。

中国穆斯林在一千三百多年的悠久岁月里,在许多方面形成了自己的传统:(一)他们有追求学问的精神,学术兴趣广泛,善于学习别人的长处(如学习汉族文化),并不断作过新的贡献,丰富了祖国的文化。(二)他们中涌现了一些宗教著作家,如王岱舆、马注、刘智、马德新等,表现了他们刻苦钻研和善于吸取他人长处的优点,这曾有助于伊斯兰教义在中国的传播。(三)他们认为,发展生产,反对封建压迫,积极参加反侵略反帝国主义的斗争,是光荣的历史传统,是每一个穆斯林应尽的职责,在经济、政治上做出了历史性贡献。(四)对中外文化交流和贸易的发展,他们和外国的穆斯林都起过积极的作用。中国穆斯林的历史传统不是孤立的,而是中国历史传统不可分割的一个组成部分。

三、《从怛逻斯战役统引伊斯兰教之最早的华文记录》

怛逻斯是一个城,也是一个川,大约是现在俄罗斯土尔其斯坦的 Talas 河,怛逻斯城大约就是现在 Talas 河上 Aulie-ata。至少在唐玄宗时是碎叶川流域的一个商业市场和军事重镇。天宝中,镇西节度使高仙芝因石国无藩臣礼而伐之,虏其王及部众,悉杀其老弱,取金宝瑟瑟驼马等。国人号哭。其子逃难告于诸胡国,"诸胡皆怒,潜引大食,欲共攻四镇。仙芝闻之,将藩汉三万众,击大食,深入七百余里,至怛逻斯城,与大食遇"。"相持五日。葛逻禄部众叛,与大食夹攻唐军。仙芝大败……"这次战事的结果,"是唐朝与大食在中亚霸权消长的表面化",但唐在西域仍然保持相当的势力。此战役在唐大食国际史上的意义说,是两国间唯一的最大的武力接触。就唐大食间的整个关系说,并未见受到怛逻斯战役的显著影响。此战役的偶然影响有二:"一种是中国造纸术的西行,又一种是伊斯兰教义之开始有中文的记录。"这都是当时从事怛逻斯战争的人梦想不到的结果。

四、《宋时大食商人在中国的活动》

宋以前南海上的香料贸易一直处于发展的趋势,大食有香料名产,中国香料消费大。在天宝年间似已以大食商人占相当地位。宋时,大食商人中来中国贸易的巨商不少。可使我们看出其在蕃商中之居有领导地位。当时,大食人到阙朝贡的不少。这些朝贡的人大概都是商人。中国朝廷是最大的顾主,为了商务的发展,必须和中国朝廷联络。宋时,大食商人在中国经常居留的地方,有广州、泉州、杭州三处。中国政府对前来经商者都表示欢迎,但也有约束。这时,大食商人有在中国留居许多年的,有的在中国定居。他们在中国贩卖的商品,可分为香药、犀象、珍宝三大类。大食商品在中国的影响是不少的。最要者,有下列三项:(一)对于中国国用上的影响;(二)对于中国风习上的影响;(三)在中国医药方剂上的影响。

五、《元代回教人与回教》

蒙古人之西征,"此在西亚诸回教国及中国回教,均为新时代之发端。在前者,为由繁华安乐转向于惨酷之悲运,在后者则为由萌芽时期转入于兴盛时期"。宋末及元时回教人政治地位是高的,元承宋后,回教人在政治上实际上往往与蒙古人享受同等之待遇。宋末及元代回教人之显宦,其行事足以耸动当时或德业足以传诸后世者,颇不乏人。其尤著者有:蒲寿庚、扎八儿火者、赛典赤赡思丁、怯烈、阿合马、答失蛮、倒剌沙、赡思。元代回教人之西学,是有所表现于当世的。这多为应用技术,而学理方面者甚少。其一,为天文历算学;其二,为药物学;其三,为造炮学;其四,为语言文字学。元代回教人之华学,较有成绩者有七人:赡思,显宦兼学人;萨都剌,元代大诗人;丁鹤年,元季诗坛巨子;伯笃鲁丁,为西域十二诗人之一;买闾,诗人;马九皋,甚工于篆和曲;高克恭,善画山水及墨竹;亦黑迭儿丁,建筑家,负责设计并监督燕都之宫室城邑。宋末及元代,回教受到朝廷重视和优待;回教徒逐渐自认为中国人;回教人遍于全国各地,并有不少汉人、蒙古人等信教。这都是不同于过去的,表示回教入兴盛时期。

六、《赛典赤赡思丁考》

（一）赛典赤赡思丁的家世。包括：(1)赡思丁的生卒年和名号。(2)关于赡思丁家世的记载。(3)他原来的国籍。(4)他的世系。(5)关于他先人的事迹。(6)他或他的先人归元经过的问题。(7)综述。

（二）赛典赤赡思丁在燕京和陕川的政治生活。包括：(1)赡思丁政治生活的开始。(2)他在燕京的政治生活。(3)他在陕川的政治生活。(4)他离开陕川到云南去。

（三）赛典赤赡思丁与云南行省之建制。包括：(1)赡思丁之统一云南行政。(2)他在云南设置的路、府、州、县。(3)他的设置对后来的影响。

（四）赛典赤赡思丁与云南之屯田、水利及驿道。包括：(1)赡思丁之创设云南屯田区。(2)他对于云南水利的建设。(3)他对于云南驿站道路的建设。

（五）赛典赤赡思丁经营云南时的策略。包括：(1)赡思丁在云南的"惠"政。(2)他也用武。(3)他在云南政治史上的地位。

（六）赛典赤赡思丁与云南回教。包括：(1)回教传入云南的时期。(2)在赡思丁以前，到云南来的穆斯林。(3)赡思丁与云南回教。

七、《柳州伊斯兰与马雄》

在明代末年，伊斯兰大概已经传到柳州了。传说中的鹧鸪台清真寺之为柳州伊斯兰的初期建筑，据考证，"似尚近实"。在柳州为伊斯兰作建基事业的是马雄。马雄先在广西任总兵，后继任提督。康熙十三年九月，他投奔吴三桂，康熙帝极想招抚他，但这时他已病死。柳州城内寺，"就是现在潭中路回教礼拜堂"。这规模宏大的清真寺是马雄在柳州任提督之后，死亡之前经手创建的。柳州伊斯兰人的公共墓地有三处，但规模较大的是城东柳江西岸窑埠村的"回教坟山"，墓地西南角有经亭一座，作者认为创建人也是马雄。马雄在柳州还聘请了许多著名的经师，如马明龙、常永华、李延龄、马君实等人。马雄死后，柳州伊斯兰几经波折，能在好几个方面提倡伊斯兰的人，马雄是空前绝后的。"对于柳州伊斯兰的功绩，他是值得纪念的。"

八、《跋吴鉴〈清净寺记〉》

本文写于1940年10月，在同年《云南大学学报》第二期发表。

"吴记之为中国伊斯兰寺院中可考的最古汉字碑记，世人每能言之。然是记所包含之问题及提供之暗示甚多，亟应有详细之研究。"

九、《跋〈重建怀圣寺记〉》

《重建怀圣寺记》原石现存广州光塔街怀圣寺内，此记与泉州《清净寺记》，并为中国最古之汉字伊斯兰碑记。作跋者提出了两个问题待研究：一点是怀圣寺的性质问题，是私人所有，还是当地穆斯林公众所有？又一点,是伊斯兰的中国化和各宗教间的互相影响问题。

十、《〈古兰经〉马译本序》

"用汉文正式翻译《古兰经》,依我们所知,是始于马复初译的《宝命真经直解》。""现在我们印刻的这部《古兰经》汉译本的译者是马坚教授。"

十一、《〈泉州伊斯兰教石刻〉序》

作序者希望各地的伊斯兰教石刻都能够陆续汇集起来,编印、出版。这对于伊斯兰教史的研究将是一个很大的促进。

全书之末《附录》,所收为他人的专论六篇：陈垣《回回教入中国史略》、庞士谦《中国回教寺院教育之沿革及课本》、《清真教育会纪事》、王宽《〈中国回教俱进会本部通告〉序》、王振武《三十年来之中国回教文化概况》、王静斋《五十年求学自述》。

本书是作者半个多世纪的研究成果和史料结晶,对于深入研究中国伊斯兰史具有重要价值。

(罗晋辉)

其他

中国宗教思想史大纲 王治心

《中国宗教思想史大纲》，一册。王治心著。成于1931年。通行本有三联书店1988年版《近代名籍重刊》本、东方出版社1996年版《民国学术经典文库》本等。

作者生平事迹见"中国基督教史纲"条。

《中国宗教思想史大纲》是一部系统论述中国宗教思想的起源、发展、演变历史的著作。全书共有六章，各章分三至五节不等。作者在"自序"中说："自十七年秋起，编辑讲义，为协大同学演讲，并一度为沪大暑校演讲，几经修改，始成此稿。""纯用客观的态度来考察过去的思想变迁，并不含着主观的提倡或宣传的意味，力求避免畸轻畸重的偏见，容许有因材料的关系，详略不很匀称，但这不是作者故意如此。"各章大意如下。

第一章，《绪论》。

第一节，《何谓宗教思想》。"所谓宗教思想者，就是人们对于精神生活的要求，而表现出自然的崇拜行为，从无意识的动作，进而至于理智的分析。"虽不必人人都有宗教的信仰，却不能说人人都没有宗教思想。宗教思想与哲学没有显著的界线。宗教思想与伦理关系密切，"宗教思想就是一切伦理道德的根源"。一民族的宗教思想与一民族的生活有不可分离的关系。

第二节，《中华民族与宗教》。中华民族有独树一帜的伦理化宗教，其在宗教思想上的特点是：(一) 中华民族在宗教思想上没有入主出奴的成见，信仰有绝对的自由，所以没有宗教上信仰的争端，外来的任何宗教莫不宏量地容纳。(二) 中华民族不很注重宗教上的限制，纯凭各个人的自由信仰，所以一个人可以同时信仰几种不同的宗教，没有教权集中的流弊。(三) 中华民族政教分离得很早，古代政治虽不免含着神权的色彩，但政由天启的思想，在周代已经打破了。(四) 中华民族的宗教信仰，不受崇拜仪式所拘束，祭礼的规定，虽不免有徒重形式的流弊，但是儒家设礼，多含着政治和伦理的作用，与祈祷礼拜等宗教仪式不同。(五) 中华民族对天的信仰，虽有若干不同的见解，但是大多数人的心理，莫不承认天为至高无上的精神主宰，为一切伦理道德的根源。

第三节,《中华民族宗教的起源》。中华民族宗教的起源,有如下说法:甲、图腾崇拜;乙、庶物崇拜与群神崇拜;丙、开辟的神话;丁、感生的神话;戊、巫觋与卜筮。原始宗教之中,往往含着带有魔术性的巫术,中国自亦不能例外。遂使三千年来的中国社会,尽在巫术支配之下。中国巫术发达的原因:(一)民智的幼稚;(二)帝王的信仰;(三)学者的倡导。

第二章,《三代时的宗教思想》。

第一节,《宗教生活概况》。春秋战国时候,一般人信神祇鬼魅。到了周代,怀疑的思想发生了。在宗教思想上分出了两条路:一条是怀疑的路向,一条是迷信的路向,前者以老子为代表,后者以墨子为代表。由于说天说鬼颇能迎合普通人民的心理,故对天鬼的信仰一直流传到现在。

第二节,《夏商的宗教》。到了夏朝,祭天格外虔诚。商朝在祀天之外,又很信鬼,且祭祀权限分得很严,不能有丝毫的僭越。"虔诚祀天的人,天必定眷顾他,这是古代牢不可破的宗教信仰。"夏禹是虔诚祀天的,所以他就得到天的特别眷顾,治水成功了。祀祖从黄帝后便开始了。不过,最初的祀祖并不以血统为标准,乃是以功德为标准。到夏后氏以后,方始祖宗血统。从此,祀祖与祀天并列,成为中国古代的二神宗教,即宗教的二元论了。这种风尚,"便成了中国宗法社会的骨干"。殷人神鬼信仰,比夏朝更要厉害。他们把一切政治都属之于鬼神,甚至把一切人民的生活,都是好像是为鬼神的缘故。

第三节,《周代宗教思想的变迁》。明堂是古代政治宗教教育上的一种制度。明堂起源于神农。明堂制度由简而繁,前后不同。"古代明堂,乃一切行政的中心,现在我们可以归纳做三个大纲,就是德政、施教和祭祖。"祭祀是明堂制度中最重要的。"明堂是法天而治的",祀祖宗,"这是中国宗法社会的根据"。到了东周,有人对天表示怀疑了,天道观念起了变化。春秋战国学者的宗教思想,有三大家为代表:(一)道家,否认天是有意志的;(二)儒家,不承认有客观的鬼神;(三)墨家,肯定天有意志。祭祖是"根本反始之意",即颂扬祖宗功德的意思。古代祭祖必立尸,后来以木主代之。用香,"大约是从外国传入的,并不是中国固有的风俗"。纸钱,也是从唐朝起头的。中国的宗教思想,充满着伦理的精神,伦理的中心就是孝。"所以中国的孝道,实在是一种宗教化的伦理,也可以说是伦理化的宗教。"

第三章,《秦汉时的宗教思想》。

第一节,《宗教生活概况》。秦汉的宗教思想,已由单纯的天祖崇拜,渐入于复杂的迷信时代。秦始皇统一中国后,那些聪明的帝王,为要保住他那地位和基业,变本加厉地走入到进一步的迷信中去。一方面恢复古代的天鬼崇拜,一方面又倡导儒教,把孔子看作一个宗教的教主。董仲舒是这种迷信开创的先锋。佛教的输入、道教的产生,逐渐变成民间的普遍信仰,支配了数千年来全国民众的生活。

第二节,《制度宗教与迷信》。东汉以后,有组织的固定宗教即制度宗教逐渐形成。佛教的正式传入在汉明帝时候。此后,佛教传布很快,成为中国很普遍的制度宗教。道教分丹鼎、符箓两派。张道陵是符箓派道教的起头。这以前方士一派已很盛行了。道教中丹鼎派以长生不死为标榜,符箓派以驱除疾病为号召,都是假借老子的学说以行的。五斗米道就是符箓派的起头。谶与纬本是两样东西,并不是同时产生的。纬起于西汉之初,而谶起源还在其前。"光武而后,谶纬混合,历代鼎革之时,莫不引谶纬为符瑞。"谶纬学与迷信亦是紧相连的。

第三节,《厌世思想的发端》。

第四章,《魏晋南北朝时的宗教思想》。

第一节,《宗教生活概况》。东汉以后,宗教思想发生转变,"舍儒学老,舍老学佛,这便成了当时学术思想上的普遍趋势。老佛学说因而大兴,竟夺孔子的地位"。其原因,也可以说半由于喜新厌旧,半由于时局纷扰。修仙学佛,成为这时代极普遍的趋向。大家以为神仙可学,不死有方,信从者日益众多。当时来自西域的僧徒越来越多,译经建寺,僧尼数达二百万。南北朝时,在宗教生活方面,深受佛教影响。

第二节,《魏晋的人生观》。此时的人生观,清谈派足以为代表。这种消极的人生观,含有两种素质:一根于老庄的学说,一源于浮屠的旨趣。此时还有纵乐人生的倾向,亦是厌世思想的一种表现。他们抱着"遇饮酒时须饮酒,得高歌处且高歌"的态度。"这种悲观厌世的纵乐主义,也做了道佛宗教发皇的媒介。"

第三节,《佛徒的特兴》。佛经传入后,需译成汉文。翻译极盛的时代,在自东汉至中唐约七百年间。鸠摩罗什,为翻译事业第一人。佛教输入后,信佛的帝王不少。南北朝的帝王中,几无一不信佛教。以后各朝信佛帝王亦非常之多,佛教兴"大半因此"。佛道两教在晋代以后思想和仪式上都有渐趋于混同之势。但两教争端亦有。"这种争端,并不是由于两教本身而起,乃是一般有权势的人借此以行使他的权威。"在这期间,已有四次佛教遭厄的事。然而这与民间的宗教信仰,绝不发生任何影响,而且因佛教频受摧毁之故,民间拥护更力。

第四节,《佛教思想的影响》。当时出现了一场灵魂存灭的大讨论,发端于范缜著的《神灭论》。这场笔战可说是宗教史上的奇观。六朝时,儒道佛三教同源的意见已较普遍了,其影响于后世亦非常之大。"隋唐以后,佛教宗派始确然成立,便有普遍所谓十三宗,即毗昙、成实、律、三论、涅槃、地论、净土、禅、摄论、天台、华严、法相、真言。"在当时及后世思想界中发生较大影响的只有几种,如:念佛、参禅、一切皆空、制欲的戒律与知识论数者而已。

第五章,《唐宋元的宗教思想》。

第一节,《宗教生活概况》。这一时期受到了外来宗教的影响,在朝廷容纳下,景教、祆教、摩尼教、回教等陆续传来,但并不影响佛道的继续传布,民间吃素、念佛、修仙学道,非常普遍。

第二节,《景教的输入与传布》。景教据考证是基督教。从明天启五年在西安所掘得的《大秦景教流行中国碑》所载可知,景教是从唐贞观九年传入中国的。这景教即聂斯脱里派的基督教,其教义确与基督教相同。景教与佛教是不相容的,但景教徒摹仿佛教是有证据的。唐代帝王对于景教皆有相当的敬意。其传教方法一为翻译经典,二为医治疾病。景教亡于唐武宗会昌五年,"武宗此举是出发于排他的思想"。

第三节,《回教的输入与影响》。回教(又称天方教、清真教、伊斯兰、回回教),是阿剌伯墨加(麦加)人穆罕默德所创立的,于唐永徽二年传入中国。其经典名《可兰经》。教徒崇拜阿拉,要做念真、礼真、斋戒、课赋、朝觐五种功,在道德方面主张济贫扶危、忍受苦难等。回教繁盛于中国的原因有:商贾之远征,兵力之所屈,本族之繁衍,客族之同化。加之对于佛家思想的容纳和尊崇。从总体上看,回教在中国千余年的经过,总算是十分融洽的。

第四节,《儒佛道的相互关系》。在唐代,忽然发生一回极有趣味的对天讨论,其发起人要算是韩愈,还有柳宗元、刘禹锡,都是对古代所信仰的天表示怀疑,从超神的而变为泛神的,从唯心的而变成唯物的,"是中国宗教思想中的一重公案"。此后,宋之欧阳修以及程子、张子、朱子等理学家,皆有反佛的言论。理学是宋朝特产的哲学,是儒佛思想调和的结晶。理学亦是中国的形而上学。理学家的修养工夫,莫不含有宗教上祈祷面目。因此,我们认为这也是一种宗教思想的表现。

佛教的全盛时期是唐朝。西来僧徒日愈多,译经事业亦发达。在佛教史上最著名人物,首推玄奘,玄奘弟子有三千之多。继玄奘之后,当选义净。宋代,佛教皆得国家保护。元代的国教为喇嘛教。

唐代虽称为三教鼎立,但尤尊道教,因为国姓与老子相同。道教以神仙长生之术诱人信仰。唐朝多位帝王服食丹药而死。故虽道教一时得帝王的信仰提倡,偶有一时的兴旺,但并无特别发旺的机会。

第五节,《也里可温教的传布》。也里可温是元朝基督教的名称,与景教同是基督教的一种。元世祖对基督教宽容,使得传布全国,开一新纪元。也里可温的兴盛,乃至引起佛、道二教的排挤。基督教的南北两派又自相倾轧,自然佛教得收渔翁之利。也里可温教随元而亡。它既然是"藉着国家的势力而兴隆,当然要随着国势而衰灭,固不单是由于教派倾轧的缘故"。

第六章,《明清及近代的宗教思想》。

第一节,《宗教生活概况》。明清时,对佛道约束较严,因而趋于衰落。明末基督教又卷土重来,这主要是靠传教士的努力,特别是利玛窦等人的有效宣传。海禁一开,西洋学说随着各国商船载入中国,动摇了中国固有的礼教,产生出革命的思想,这也是思想解放中的一种趋势。

第二节,《耶稣会的输入与传布》。耶稣会士利玛窦来到中国传教,其生活完全中国化了。他的贡献有四:赞扬儒教,结交名士,介绍科学,翻译书籍。传教士所以能取得朝廷的信任,而有公开传教的机会,都是由于他们努力于科学和艺术的介绍。在明清之交,先后发生了两次非教风潮,一次由沈㴶发动,一次由杨光先发难。天主教真正衰落的原因,乃起于教会的内讧。内讧的焦点,就是多美它可派、佛兰西司可派与耶稣会派神学思想的冲突。

第三节,《基督新教百年来的情形》。将基督新教传来中国的是英国人马礼逊。自他以后,英美法等列强继续派传教士来华传教。他们为儿童教育,建立慈善机构,渐得人们信仰,信徒日增。教会大发展后,教徒中的不良分子假借教势,为非作歹,导致反教风潮产生。使中国遭受巨大损失的,有好些是以教案为导火线的。民国成立后,教会的名称渐改为"中华基督教",自主自传的声浪日高,然而教会内部所谓新旧两派的冲突也是显著的。

第四节,《太平天国与宗教》。太平天国领袖洪秀全受基督教的影响,创立拜上帝会,组建了太平军,在政治军事上都是宗教化的。其后遭失败,与宗教上的关系很大。天主教和基督教都反对太平天国。另外,它对中国固有的迷信和风俗改革操之过急,引起人民不满。太把宗教当作一种工具,是太平天国失败的最大原因。

第五节,《宗教思想的变迁》。秘密社会中的秘密宗教统统立足于迷信,这是宗教思想中最低下的东西。宗教与科学是"互相为用而必须并存的"。反宗教运动在青年学生中存在。一部分知识青年在搞"非基运动"。

本书贯串今古,作综合的系统的研究,又能驭繁就简、纲举目张地说明历史的演化,是一部较有学术价值的著作。

(罗晋辉)

宗教心理学 夔德义

《宗教心理学》，一册。夔德义著。成于1935年。通行本有上海书店1990年版《民国丛书》本。

夔德义，生卒年不详。20世纪二三十年代任济南齐鲁神学院教授，长期从事宗教心理学的教学和研究。作者在"自序"中介绍，"本书之材料系已往六年间，教授此科与一般预备作宗教事业之人而形成者"。

《宗教心理学》共分为五段，每段又分为数章不等。作者在书末附列了有关的中文参考书。南京金陵神学院李天禄博士为此书作"序"，指出阅读本书，"可以了然近代宗教心理学说一切主张之大致"。各段大意如下。

第一段，概论。

一、指出用心理学的原理和方法研究宗教的重要意义和极端必要性。科学研究有益而无害于宗教经验。宗教哲学为宗教课程中的极峰，宗教一切研究的归宿，奠定宗教生活之理智的基础，而宗教心理学是宗教哲学基本资料来源之一，倘若人们在宗教哲学中放弃心理学的研究，就会入于玄想的歧途。所以，用心理学原理和方法研究宗教是适宜的，必要的。

二、简述现代心理学界诸多派别。

三、略述宗教心理学演进的趋向。

四、阐述宗教心理学研究和解释的方法。

五、论述宗教心理学与神学的关系。

六、对宗教意识作概要研究。对几种有代表性的宗教定义进行比较，认为赖漫教授的宗教定义是较为适当的。即谓："宗教是人根据本性，受社会的影响，对于超然者所怀之态度。藉此态度，人可以得到救赎的经验，并发现和成全人生价值的鼓励。"

第二段，原始宗教意识的考究。

一、举例说明原始的宗教意识与行为。从尚存于地球上的野蛮人的生活以推得原始宗教的心理,但原始宗教心理与今日是不同的。

二、集中探讨宗教意识的起源问题。指出,"虽在初时原始的宗教现象可与巫术列为一类,但在宗教演进的过程中,二者即渐见分离,巫术即渐失其信用"。魂灵主义和宗教二者的起源不同,魂灵主义应被现代学者所鄙弃。而神话却不一样,"世界上宗教经典之最早的部分,其中充满有此种神话"。在人类阶段中,"宗教意识,在某种社会情况熏陶之下,显然是人的经验和动机之特殊性的融合"。

三、阐述神观、献祭及祈祷的发展。神观、献祭和祈祷这三者颇有密切的关系,在人类宗教活动发展过程中,祈祷地位显得更重要了,活动亦增加了。

第三段,宗教在个人内的生成。

一、考察人类本性中的宗教基础。若将宗教置于人性之基本的需要中,可用"以全部的自我应付全部的环境"一语。"宗教不是一种本能,乃是一种复杂情操,是利用本能所连带之种种情绪所组合的。……人有全部自我之需要兴趣和能量——即人之所以为人而超越其生理的有机体的部分,宗教在其中,当更占主要的位置,以满足自我趋向完成之基本的迫力。"

二、研究个人心理禀赋——习惯、兴趣、情操、隐机及人格的长成。

三、考察儿童期的宗教情操。儿童的宗教情操是经教育和感染而来,其自然的凭借是动作和表示,而非默思和长时期的思考。

四、考察青春期宗教情操的发展。青年由儿童期的朴实的、外部性的宗教态度,逐渐进至较深的虔诚的成人宗教意识。

五、考研"改心"的心理学。

六、分析成年人的宗教情操——宗教的种类。"宗教宗派之根本,乃在乎个人和团体之心理的需要和习尚。"

第四段,成人的基督教的宗教意识。

一、分析对于上帝的经验。"在大自然中经验上帝","在人类社会中经验上帝","在个人灵魂中经验上帝"。"对于上帝的信念与对上帝的经验,是有互相关系的。信念和经验互相效用,互相藉赖,互相维系,互相促进。"

二、讨论崇拜的经验。举出基督教崇拜的三个样式;探析崇拜经验所凭借的四个主要心理原则(客观性原则、容受性原则、社会性原则、象征性原则)。

三、研究祈祷的心理学。具体阐述了祈祷与崇拜的区别、祈祷的分类、祈祷的解释、祈祷的原因、祈祷心理的构造、暗示与祈祷的区别、体式与祈祷的关系、私祷的功能、公祷的功能、祈祷的心理功效、祈祷的客观性。

四、论述神秘经验。神秘经验很广,可分为宗教的和非宗教的,神秘经验有"直接性"、"确实性"、"豁朗"、不能以言语说明等心理特征。神秘经验有"自我的发现"、"自我的扩展"、"藉着体会以经验上帝"等功能。"神秘经验常是产生宗教自由与内性的助力。""其综合的功能,或能取吾人今日所宝贵的社会理想及价值,作为新的镕化,给人一种以前未曾出现的社会性的神秘主义。"

五、研究灵感与宗教天才。神秘家为宗教之天才,灵感和神秘经验有密切关联。直观与灵感也有关联。举列数学家灵感的实例并作解释。"个人藉以获得经验及认识之直观的与潜意识的历程,实较意识思想之清明的焦点内所显者更为深远。在宗教天才(例如先知)之潜意识中所富藏的内容,不特有其个人之经验,更有其从民族之宗教遗传及宗教经验之融会所得者。"

六、研究道德的奋斗。分为上、下两个章节。上一章节讲述:(一)试诱的经验,试诱的内心性质,试诱冲动的种类,试诱的社会关系方面,预想的试诱。(二)罪与罪的心理学的意义,自我统一与罪。(三)有罪之感觉,罪与罪之感觉的不同,罪之感觉是否自馁的隐机,罪之感觉的心理来源。(四)良心,良心缘起与性质诸学说,采纳的见解,形成良心因素的纵横分析,关于良心的解疑,良心的培养。下一章节讲述:(一)有罪之感觉的解脱,悔改、认罪及其心理的效验、调和。(二)应付试诱,积极的自我调整,道德精神的维持,坚固宗教情操的知的方面、情的方面、意欲的方面,注意律,生理的条件,联系律。

七、剖析宗教与变态心理。主要讲述:(一)精神病的分类。(二)答佛派之宗教为变态说。(三)心理治疗的方法。(四)心理分析家的技术。(五)心理治疗需要宗教。(六)宗教的预防功能。(七)祈祷的预防及治疗能力。(八)宗教信仰的治疗能力。(九)心理治疗与宗教需要合作。

第五段,结论。宗教之恒久的功能及价值。

本段简要分析了一些主要宗教学流派;肯定了"宗教信念在常态人心中之真功用"、"心理学必涉及真理问题"、"宗教经验对于真理之贡献";指出"在宗教活泼的功能之中,尚有此获得真理之功能,即与人以若许对于宇宙之不可少的认识"。

本书阐述了近代世界宗教心理学说的概貌及趋势;对于宗教意识、宗教行为、宗教情操,有发挥独创的地方;对于信念、崇拜、祈祷、神秘等经验,各有较透彻的解释;论述了精神内道德冲突的调剂、变态心理的治疗,指出了宗教对人生和人格发展的重要影响,在当时是属于在宗教学领域内填补空白性质的名著。

(郭建庆)

中国古代宗教与神话考 丁 山

《中国古代宗教与神话考》,一册。丁山撰。约撰于1949年,后又有修订。通行本有:上海龙门联合书局1961年排印本、上海文艺出版社1988年影印本、上海书店出版社2011年新版。

丁山(1901—1952),安徽和县人。1929年任中央研究院历史语言研究所专任研究员。后历任中央大学、山东大学、四川大学、东北大学、西北大学、西南联大、暨南大学等校中文系、历史系教授。曾开设过文字学、音韵学、尚书学、中国制度史等二十余门课程。是一位有成就的古文史专家。

《中国古代宗教与神话考》是一部按专题展开的研究我国古代宗教与神话的著作。作者于1950年12月15日在青岛写的《卷头语》有这样的文字:"这篇《中国古代宗教与神话考》,意在探寻中国文化的来源,正是商周史的前编,用比较语文学与比较神话学给史前神话加以初步的分析,距离'宗教史'的成熟时期还是很远的。……竭尽我的智能,贡献给当代学者与未来学者。"本书依照目次,大意如下。

一、《自古代祭典说起》。"自然崇拜,是宗教的发轫,任何原始民族都有此共同的俗尚。"中国古代崇拜是动植物崇拜,中国古代盛行多神教。秦祖大业即水中。姜嫄可能就是周人所祀的社神,也即原始"地母"。简狄即高禖,也即爱神(春神)。

二、《后稷与神农》。统治者称"后",实始于夏世;"后",实为中国最古的君称。秦汉以后的后,遂为皇帝嫡夫人专称。后稷与神农,在宗周以前都称农神,但到了晚周时代,神农压倒了后稷。田祖,可能是后稷的子孙,也可能是古代农官演变而成。烈山民就是烈山泽而焚之原始田猎时代的生产技术,不一定是古代帝王的名号。

三、《后土为社》。"柱",《礼祀·祭法》作农。能殖百谷百蔬的"柱",就是"地母"别名,也就是"后土"省称。"禹即句龙",其别名为"九首蛇身的相柳"。杜宇就是禹。"纵目人所祀的丛帝,确即崇伯鲧,杜宇也该是'禹死为社'的'社主'。"杜主即为社主,亦即社,"社即土神"。"在周代,则社母为姜嫄,社公就是后稷。""王社,在商称为亳社,在周称即为周社。"社神的祭祀,有时带有图腾崇拜之意。地道曰方即四方形,五社即中央与四方。

四、《社稷五祀》。"句芒即玄鸟。""熒即孛星。""灭即房心。""楚与邾莒不必同祖。"祝融即城隍。玄冥即禺京,禺京即禺疆,禺疆即义京。"媧即女娲。""昏即玄冥。""止若即昌若。""蓐收亦农神。"

五、《月神与日神》。"西王母即月精",月精即月神或刑神。"东母即日母羲和","羲和即有娀氏","义京即姜嫄"。

六、《四方之神与风神》。"殷商时代四方风名,确涵有四时节令的意义;其四方神名,则全是天空上的岁次,与'羲和月母'之神的关系很密切,但与周以来'天子有方望之事,无所不通',更有不可分割的因缘。"

七、《五祀与五工正》。社稷五祀是:"句芒、祝融、后土、蓐收、玄冥"。"木正曰句芒","木正即析木","火正曰祝融","火正即鹑火","金正水正互易位","龙师即土正","凤鸟即风正"。"郯子传说古官即社稷五祀"。"'五工正'者,攻金、攻木、搏埴、都水、掌火等五种生产工人的首领,昭公二十九年左传总称之为'五行之官',正是古代统治阶级五种专业分工的职官,本来没有什么哲学意味存于其中。""五材就是水、火、木、金、土五种原料,五行,当然也说这五种物质为一切器用之原。"

八、《五行思想之唯物辩证观》。五行生殖为万物成因。墨子之量变论,揭出了辩证法"新陈代谢"的一些道理。"'五行之官',完全蜕变于初民的'四大种子'的崇拜,其思想确乎是源远流长。""五行学统,直接演变自生产分工的古代'五工正',间接的附会那原始宗教的社稷五祀,原是有唯物意味的。""五行所以为五行者,殆因古代的军阵常以五色旗裘分别为东、西、南、北、中五个行列。"古代社会组织与军旅编制总是一体的。原始社会,社神为至尊,所以祭社常用人牺,战胜归来亦必献俘于社。社神,即是古代社会的法官。古代刑罚分为五种:墨、劓、剕、宫、大辟。"余故谓'五行'共名,实蜕变于'五刑'。"

九、《帝五丰臣与四中星》。"商有五工正,即有五行之官;有五行之官,必有五行之神了,这五行之神,甲骨文总称之为'帝五臣'。""帝五臣"必以"帝使凤"为"历正",其余四臣,或为四方天神,或为四方风神。

十、《方帝与方望》。"商之旧典,祭四方之神为'方帝',周初谓之'三方',春秋谓之'三望',《华阳国志》称'杜宇'曰'望帝','望帝'正是'方帝'的语数。由是言之,甲骨文所见'方帝',该是《诗》所谓'方社',《礼记》所谓方望之事,也限于四方之神,不涉山川,亦不涉日月星辰之属。"

十一、《天体》。晚周有墨子、孔子、荀子等天体论。中国古代研究天体之学的约分以下三大派：(一) 宣夜论；(二) 盖天论；(三) 浑天论。《易传》的宇宙观,以为八卦代表天、地、雷、风、水、火、山、泽八个原始文字。"'八卦'正是中国初民所崇拜的比较原始的宗教。这个宗教,不见金属,最可反映出来石器时代的文化。"石器时代人都认识天为万物之原,天就是宇宙间的至高无上的大神。先秦时期对它似乎没有一定尊号。

十二、《帝与上帝》。武丁时代,帝即天神的最古尊号。可以断言束茅为籍以象征上帝,这种宗教仪式的发端,至晚不能迟于殷商中期武丁以后。"大体说来,夏时,地神称后,天神称天,其君主生或称后,死亦配地称后；殷时,地神称土,天神称帝,其君主生称王,死或配天称帝。夏忠、殷质,周人尚文,称地神曰社,曰后土,称天神曰上帝,其君主生称王,人称之则时亦冠以皇号。"

十三、《天命论与皇、帝、王、霸之古史退化观》。到了殷商晚期,帝几乎成为天界、空界、地界以至人鬼一切比较尊重的神祇之共名。所谓皇降为帝、帝降为王、王降为霸,这套"一蟹不如一蟹"的退化论,盖创自道家；儒、墨、法、纵横各家,无不蒙其影响。

十四、《洪水传说》。《尧典》洪水即中国历史的起点。禹是辟地大神。"也是说中国有史时代自'汤汤洪水方割'发韧。禹平水土,当然是中国的辟地大神；所以两周王朝与列国的重要文献,一回溯远祖的历史,必断自伯禹了。"

十五、《史官与史料》。太史,当然是古代史官的领袖,而小史,也可能即是内史。小史相当于西汉的尚书。尚书秩微而权重,后世的真宰相,都是从内史演变出来。以典机要政令的内史秉国之锡,为国之度,"这是中国政治史上一件值得注意的大事"。先秦的学术与史料,至少有诗、书、执、礼、乐、箴、诵、谏、赋、世、令、语、图、法、故态、训、典、春秋十余种记载,而春秋为本。"晚周以后,诸子百家,竞说上古,由三王上伸至五帝,再由五帝上伸至三皇,以至天地开辟之初,正是根据宗教神话与古代训语'层累而成'。……我们要了解三皇五帝系统之构成的原因,必先自宗教祭典中剖析他们各个的神格。"

十六、《尧与舜》。尧舜的人格与政治,是跟着晚周诸子思想的本体随时变化,因人而异其趣的。"浑敦即骧兜、丹朱","梼杌即雷神","饕餮本吉祥神","四凶即天神","日神月神即尧二女","尾为九子即尧九男","尧即东皇太一"。

十七、《尧舜禅让即春归夏至寓言》。"凡《左传》、《国语》以来所常赞颂的帝尧,必然是自殷周祭典中'高祖夔'演绎而来。""尧为春神,舜为夏神,儒、道、墨、杂诸家所传说'尧禅天下于舜'的故事,正是春归夏至的寓言,不必论其是非,辨其有无了。"

十八、《颛顼与祝融》。颛顼本是北方天神,宜即甲骨文所谓"北方曰㱿"的别名。"颛顼即高祖夔","颛顼死即复苏"。"以方位言,他说是北方上帝,以时令言,他说是冬神。他的夫人名'脀',正是'日行北陆'的寓言。"

十九、《帝喾也是夒》。古代神话无定型,神话中的主人也无定名。"十二宫先于二十八宿","四妃即四季神","喾即黄帝","夋繇即喾尧"。

二十、《高辛与八元八恺》。"八元即八音。""周代的编钟编磬所以用八为节者,当由于乐器的基本物质只有金、石、土、草、丝、木、匏、竹八种,原始乐律只有八音。八音者,'八元'也。八音相和,以成恺乐,是为'八恺'。""高辛即效用上辛。"

二十一、《高阳与高祖汤》。"郊天主日是为高阳。""高阳,即是高明的太阳,谓即冬至复活的颛顼,亦无不可。""高祖汤省称亦为高阳。""汤号大乙即东皇太一","他是殷商王朝所尊祀的太阳神"。

二十二、《大皞与青阳》。"青阳即月九行的青道","大皞为春神,为东帝",青阳"即'执规而治的春'大昊"。

二十三、《少皞与熙》。"少皞者,西天之神也","总章即西宗","熙即噎鸣,亦即太岁","太岁即太阴,太阴即月神"。

二十四、《炎帝与蚩尤》。从大昊、小昊、少典一串的名字考察,中国古代当然也盛行过拜日教。"炎帝即燧人氏",赤帝(或炎帝)确即蚩尤。他是中国古人所惧怕的战神、兵神,也是天神。

二十五、《炎帝与山岳》。"商之岳祭,不一定登泰山或者登崧高,燔柴祭天,似乎在较高丘陵之上或高台之上,都能举例祭仪。由是言之,岳,可能是祭山神的通名。""昆仑山神话是婆罗门教徒由印度输入中国的。""轩辕即是昆仑异译。"

二十六、《黄帝》。"黄帝即皇天上帝。""黄帝简直成了中国一切文物的创造者,——自天空的安排直至人类的衣履,都是黄帝命令他的官吏分别制作的。这样,黄帝不就等于《创世记》所谓耶和华上帝吗?""伶偏即以琴弦和声的发明家。""仓颉创造汉字。

二十七、《观象制物的文化史观》。"生产工具的发明,是人类文化最重要的起点。""可是,将所有生产工具的重大发明,一一归之古圣先王,那就谬以千里了。"

二十八、《五帝系统说三元》。五色帝说来源:承袭印度"四天王天",汉高祖增一黑帝。明堂五帝说来源:取理论于阴阳五行,取神名于训语神话,殆欲创立中国式的古典宗教。五帝之圣王观:正式创说于荀子,这就是五帝性质最大变化,给中国人文史的影响也为最大。

二十九、《三皇说之成立》。三皇名词,可能是创说于晚周的道家。三皇系统说的来源,"若非直接演自春秋士大夫所常谈的天、地、民三事,必然由阴阳三合的理论——天、空、地三界推阐而成"。秦始皇称"皇帝",将古代宗教思想作了一个总结。

三十、《史前神话人物世系多出商周祭典》。"所谓燧人、虑牺、有巢、神农、黄帝一类的史前人物,都是自殷商王朝的祭典之神或更取证于当时民族的宗教神话,而逐渐演绎为古圣先王的。……胚胎于商周王朝的祭典。"

三十一、《祭典分论》。一切宗教的精神，都是寄托在祭神的仪式上。在商周，大概是按着神的性质不同而举行各种不同的仪式，从这些祭典形式看，可以决定中国古代确是多神教。

三十二、《自祭品中观察商周农产之一斑》。祭物中自万物之灵的人，至于人所生产的五谷，无一不可献于鬼神。宗法即家长制，以不孝为首恶，"孝是'宗法社会'的基本思想，也即是家族社会所赖于维系的有力武器"。

三十三、《神话观之夏、商、周、秦建国前的先王世系》。"四代开国前世系皆宗祝伪托"，"都是神话多于史实，又不独其开国前先公先王那套神话世系而已也"。

三十四、《总结》。中国古代也是多神教。古代人不明新陈代谢的自然规律，疑惑有神灵在暗中主持，所以发生禳祈的祭典。图腾祭显然是纯自然经济时代渔猎为生者的宗教。到了新石器时代，无神不祭。这套不修人事但凭鬼神的宗教思想，后被荀卿完全否定了。但人们还是不曾勘破"听天由命"思想，迎神赛会，举国若狂。这不能不归于统治阶级欲以神道设教愚弄民众的荒唐手段。儒家一方面否定了自然神，一方面又推阐氏族家族精神，建立一套"宗法"组织以维系社会，使社会组织沉浸在封建深渊里达两千多年，长期停顿在家族主义的生产关系上。殷周时的教条所尊祀的圣王贤相，只能从训语与瞽史之记一类传说里，探寻出来各式各样的天地开辟神话与文化创造神话而已，那只是古代的宗教祭典，说不上历史的体系。

本书以丰富的资料，深入探讨了商周文化和商周之前的史前文化，着重考证了中国古代的宗教和神话，这对于后人进一步研究中国古代史特别是宗教史具有重要的参考价值。

（罗晋辉）

图书在版编目(CIP)数据

中国学术名著提要. 民国编/中国学术名著提要编委会编. —上海：复旦大学出版社, 2019.2
ISBN 978-7-309-06793-4

Ⅰ.①中… Ⅱ.①中… Ⅲ.①著作-内容提要-中国-民国 Ⅳ.①Z835

中国版本图书馆 CIP 数据核字(2009)第 124143 号

中国学术名著提要(合订本)
第六卷　民国编
中国学术名著提要编委会　编

出 品 人　严　峰
责任编辑　吴仁杰　宋文涛

复旦大学出版社有限公司出版发行
上海市国权路 579 号　邮编：200433
网址：fupnet@fudanpress.com　http://www.fudanpress.com
门市零售：86-21-65642857　团体订购：86-21-65118853
外埠邮购：86-21-65109143　出版部电话：86-21-65642845
浙江新华数码印务有限公司

开本 850×1168　1/16　印张 77.5　字数 1448 千
2019 年 2 月第 1 版第 1 次印刷

ISBN 978-7-309-06793-4/Z·64
定价：395.00 元

如有印装质量问题,请向复旦大学出版社有限公司出版部调换。
版权所有　侵权必究